U0632815

现行教育
法律法规规章汇编

（上）

◎辽宁省教育厅　编

吉林人民出版社

图书在版编目(CIP)数据

现行教育法律法规规章汇编 / 辽宁省教育厅编.
长春:吉林人民出版社,2013.3
ISBN 978-7-206-09453-8

Ⅰ. ①现…
Ⅱ. ①辽…
Ⅲ. ①教育法—汇编—中国
Ⅳ. ①D922.169

中国版本图书馆CIP数据核字(2013)第065121号

现行教育法律法规规章汇编

编　　者:辽宁省教育厅
责任编辑:陆　雨　　　　封面设计:王晓芳　屈　洋
吉林人民出版社出版 发行(长春市人民大街7548号　邮政编码:130022)
印　刷:北京汉玉印刷有限公司
开　本:787mm×1092mm　　1/16
印　张:91.5　　　　字　数:1780千字
标准书号:ISBN 978-7-206-09453-8
版　次:2013年4月第1版　　印　次:2013年4月第1次印刷
印　数:1-1 000册　　　　定　价:280.00元

目 录

一、中华人民共和国宪法

二、全国人大及其常委会通过的教育法律

三、与教育有重要关系的法律

四、中共中央、国务院重要文件

五、国务院发布（批准）的教育行政法规

六、国务院发布（批准）的法规性文化

七、党的有关重要文件

八、辽宁省地方性教育法规

九、辽宁省委、省政府重要文件

十、教育部部门规章

十一、辽宁省地方性教育规章

十二、教育部等部委、辽宁省政府、省教育厅规范性文件

（一）综合、教师、体卫艺、经费财务、对外交流等

综　合

一 中华人民共和国宪法

中华人民共和国宪法

（1982年12月4日第五届全国人民代表大会第五次会议通过，1982年12月4日全国人民代表大会公告公布施行，根据1988年4月12日第七届全国人民代表大会第一次会议通过的《中华人民共和国宪法修正案》、1993年3月29日第八届全国人民代表大会第一次会议通过的《中华人民共和国宪法修正案》、1999年3月15日第九届全国人民代表大会第二次会议通过的《中华人民共和国宪法修正案》和2004年3月14日第十届全国人民代表大会第二次会议通过的《中华人民共和国宪法修正案》修正）

序　言

中国是世界上历史最悠久的国家之一。中国各族人民共同创造了光辉灿烂的文化，具有光荣的革命传统。

一八四〇年以后，封建的中国逐渐变成半殖民地、半封建的国家。中国人民为国家独立、民族解放和民主自由进行了前仆后继的英勇奋斗。

二十世纪，中国发生了翻天覆地的伟大历史变革。

一九一一年孙中山先生领导的辛亥革命，废除了封建帝制，创立了中华民国。但是，中国人民反对帝国主义和封建主义的历史任务还没有完成。

一九四九年，以毛泽东主席为领袖的中国共产党领导中国各族人民，在经历了长期的艰难曲折的武装斗争和其他形式的斗争以后，终于推翻了帝国主义、封建主义和官僚资本主义的统治，取得了新民主主义革命的伟大胜利，建立了中华人民共和国。从此，中国人民掌握了国家的权力，成为国家的主人。

中华人民共和国成立以后，我国社会逐步实现了由新民主主义到社会主义的过渡。生产资料私有制的社会主义改造已经完成，人剥削人的制度已经消灭，社会主义制度已经确立。工人阶级领导的、以工农联盟为基础的人民民主专政，实质上即无产阶级专政，得到巩固和发展。中国人民和中国人民解放军战胜了帝国主义、霸权主义的侵略、破坏和武装挑衅，维护了国家的独立和安全，增强了国防。经济建设取得了重大的成就，独立的、比较完整的社会主义工业体系已经基本形成，农业生产显著提高。教育、科学、文化等事业有了很大的发展，社会主义思想教育取得了明显的成效。广大人民的生活有了较大的改善。

中国新民主主义革命的胜利和社会主义事业的成就，是中国共产党领导中国各族人民，在马克思列宁主义、毛泽东思想的指引下，坚持真理，修正错误，战胜许多艰难险阻而取得的。我国将长期处于社会主义初级阶段。国家的根本任务是，沿着中国特色社会主义道路，集中力量进行社会主义现代化建设。中国各族人民将继续在中国共产党领导下，在马克思列宁主义、毛泽东思想、邓小平理论和“三个代表”重要思想指引下，坚持人民民主专政，坚持社会主义道路，坚持改革开放，不断完善社会主义的各项制度，发展社会主义市场经济，发展社会主义民主，健全社会主义法制，自力更生，艰苦奋斗，逐步实现工业、农业、国防和科学技术的现代化，推动物质文明、政治文明和精神文明协调发展，把我国建设成为富强、民主、文明的社会主义国家。

在我国，剥削阶级作为阶级已经消灭，但是阶级斗争还将在一定范围内长期存在。中国人民对敌视和破坏我国社会主义制度的国内外的敌对势力和敌对分子，必须进行斗争。

台湾是中华人民共和国的神圣领土的一部分。完成统一祖国的大业是包括台湾同胞在内的全中国人民的神圣职责。

社会主义的建设事业必须依靠工人、农民和知识分子，团结一切可以团结的力量。在长期的革命和建设过程中，已经结成由中国共产党领导的，有各民主党派和各人民团体参加的，包括全体社会主义劳动者、社会主义事业的建设者、拥护社会主义的爱国者和拥护祖国统一的爱国者的广泛的爱国统一战线，这个统一战线将继续巩固和发展。中国人民政治协商会议是有广泛代表性的统一战线组织，过去发挥了重要的历史作用，今后在国家政治生活、社会生活和对外友好活动中，在进行社会主义现代化建设、维护国家的统一和团结的斗争中，将进一步发挥它的重要作用。中国共产党领导的多党合作和政治协商制度将长期存在和发展。

中华人民共和国是全国各族人民共同缔造的统一的多民族国家。平等、团结、互助的社会主义民族关系已经确立，并将继续加强。在维护民族团结的斗争中，要反对大民族主义，主要是大汉族主义，也要反对地方民族主义。国家尽一切努力，促进全国各民族的共同繁荣。

中国革命和建设的成就是同世界人民的支持分不开的。中国的前途是同世界的前途紧密地联系在一起的。中国坚持独立自主的对外政策，坚持互相尊重主权和领土完整、互不侵犯、互不干涉内政、平等互利、和平共处的五项原则，发展同各国的外交关系和经济、文化的交流；坚持反对帝国主义、霸权主义、殖民主义，加强同世界各国人民的团结，支持被压迫民族和发展中国家争取和维护民族独立、发展民族经济的正义斗争，为维护世界和平和促进人类进步事业而努力。

本宪法以法律的形式确认了中国各族人民奋斗的成果，规定了国家的根本制度和根本任务，是国家的根本法，具有最高的法律效力。全国各族人民、一切国家机关和武装力量、各政党和各社会团体、各企业事业组织，都必须以宪法为根本的活动准则，并且负有维护宪法尊严、保证宪法实施的职责。

第一章　总纲

第一条　中华人民共和国是工人阶级领导的、以工农联盟为基础的人民民主专政的社会主义国家。

社会主义制度是中华人民共和国的根本制度。禁止任何组织或者个人破坏社会主义制度。

第二条　中华人民共和国的一切权力属于人民。

人民行使国家权力的机关是全国人民代表大会和地方各级人民代表大会。

人民依照法律规定，通过各种途径和形式，管理国家事务，管理经济和文化事业，管理社会事务。

第三条　中华人民共和国的国家机构实行民主集中制的原则。

全国人民代表大会和地方各级人民代表大会都由民主选举产生，对人民负责，受人民监督。

国家行政机关、审判机关、检察机关都由人民代表大会产生，对它负责，受它监督。

中央和地方的国家机构职权的划分，遵循在中央的统一领导下，充分发挥地方的主动性、积极性的原则。

第四条　中华人民共和国各民族一律平等。国家保障各少数民族的合法的权利和利益，维护和发展各民族的平等、团结、互助关系。禁止对任何民族的歧视和压迫，禁止破坏民族团结和制造民族分裂的行为。

国家根据各少数民族的特点和需要，帮助各少数民族地区加速经济和文化的发展。

各少数民族聚居的地方实行区域自治，设立自治机关，行使自治权。各民族自治地方都是中华人民共和国不可分离的部分。

各民族都有使用和发展自己的语言文字的自由，都有保持或者改革自己的风俗习惯的自由。

第五条　中华人民共和国实行依法治国，建设社会主义法治国家。

国家维护社会主义法制的统一和尊严。

一切法律、行政法规和地方性法规都不得同宪法相抵触。

一切国家机关和武装力量、各政党和各社会团体、各企业事业组织都必须遵守宪法和法律。一切违反宪法和法律的行为，必须予以追究。

任何组织或者个人都不得有超越宪法和法律的特权。

第六条 中华人民共和国的社会主义经济制度的基础是生产资料的社会主义公有制，即全民所有制和劳动群众集体所有制。社会主义公有制消灭人剥削人的制度，实行各尽所能、按劳分配的原则。

国家在社会主义初级阶段，坚持公有制为主体、多种所有制经济共同发展的基本经济制度，坚持按劳分配为主体、多种分配方式并存的分配制度。

第七条 国有经济，即社会主义全民所有制经济，是国民经济中的主导力量。国家保障国有经济的巩固和发展。

第八条 农村集体经济组织实行家庭承包经营为基础、统分结合的双层经营体制。农村中的生产、供销、信用、消费等各种形式的合作经济，是社会主义劳动群众集体所有制经济。参加农村集体经济组织的劳动者，有权在法律规定的范围内经营自留地、自留山、家庭副业和饲养自留畜。

城镇中的手工业、工业、建筑业、运输业、商业、服务业等行业的各种形式的合作经济，都是社会主义劳动群众集体所有制经济。

国家保护城乡集体经济组织的合法的权利和利益，鼓励、指导和帮助集体经济的发展。

第九条 矿藏、水流、森林、山岭、草原、荒地、滩涂等自然资源，都属于国家所有，即全民所有；由法律规定属于集体所有的森林和山岭、草原、荒地、滩涂除外。

国家保障自然资源的合理利用，保护珍贵的动物和植物。禁止任何组织或者个人用任何手段侵占或者破坏自然资源。

第十条 城市的土地属于国家所有。

农村和城市郊区的土地，除由法律规定属于国家所有的以外，属于集体所有；宅基地和自留地、自留山，也属于集体所有。

国家为了公共利益的需要，可以依照法律规定对土地实行征收或者征用并给予补偿。

任何组织或者个人不得侵占、买卖或者以其他形式非法转让土地。土地的使用权可以依照法律的规定转让。

一切使用土地的组织和个人必须合理地利用土地。

第十一条 在法律规定范围内的个体经济、私营经济等非公有制经济，是社会主义市场经济的重要组成部分。

国家保护个体经济、私营经济等非公有制经济的合法的权利和利益。国家鼓励、支持和引导非公有制经济的发展，并对非公有制经济依法实行监督和管理。

第十二条 社会主义的公共财产神圣不可侵犯。

国家保护社会主义的公共财产。禁止任何组织或者个人用任何手段侵占或者破坏国家的和集体的财产。

第十三条 公民的合法的私有财产不受侵犯。

国家依照法律规定保护公民的私有财产权和继承权。

国家为了公共利益的需要，可以依照法律规定对公民的私有财产实行征收或者征用并给予补偿。

第十四条 国家通过提高劳动者的积极性和技术水平，推广先进的科学技术，完善经济管理体制和企业经营管理制度，实行各种形式的社会主义责任制，改进劳动组织，以不断提高劳动生产率和经济效益，发展社会生产力。

国家厉行节约，反对浪费。

国家合理安排积累和消费，兼顾国家、集体和个人的利益，在发展生产的基础上，逐步改善人民的物质生活和文化生活。

国家建立健全同经济发展水平相适应的社会保障制度。

第十五条 国家实行社会主义市场经济。

国家加强经济立法，完善宏观调控。

国家依法禁止任何组织或者个人扰乱社会经济秩序。

第十六条 国有企业在法律规定的范围内有权自主经营。

国有企业依照法律规定，通过职工代表大会和其他形式，实行民主管理。

第十七条 集体经济组织在遵守有关法律的前提下，有独立进行经济活动的自主权。

集体经济组织实行民主管理，依照法律规定选举和罢免管理人员，决定经营管理的重大问题。

第十八条 中华人民共和国允许外国的企业和其他经济组织或者个人依照中华人民共和国法律的规定在中国投资，同中国的企业或者其他经济组织进行各种形式的经济合作。

在中国境内的外国企业和其他外国经济组织以及中外合资经营的企业，都必须遵守中华人民共和国的法律。它们的合法的权利和利益受中华人民共和国法律的保护。

第十九条 国家发展社会主义的教育事业，提高全国人民的科学文化水平。

国家举办各种学校，普及初等义务教育，发展中等教育、职业教育和高等教育，并且发展学前教育。

国家发展各种教育设施，扫除文盲，对工人、农民、国家工作人员和其他劳动者进行政治、文化、科学、技术、业务的教育，鼓励自学成才。

国家鼓励集体经济组织、国家企业事业组织和其他社会力量依照法律规定举办各种教育事业。

国家推广全国通用的普通话。

第二十条 国家发展自然科学和社会科学事业，普及科学和技术知识，奖励科学研究成果和技术发明创造。

第二十一条 国家发展医疗卫生事业，发展现代医药和我国传统医药，鼓励和支持农村集体经济组织、国家企业事业组织和街道组织举办各种医疗卫生设施，开展群众性的卫生活动，保护人民健康。

国家发展体育事业，开展群众性的体育活动，增强人民体质。

第二十二条 国家发展为人民服务、为社会主义服务的文学艺术事业、新闻广播电视事业、出版发行事业、图书馆博物馆文化馆和其他文化事业，开展群众性的文化活动。

国家保护名胜古迹、珍贵文物和其他重要历史文化遗产。

第二十三条 国家培养为社会主义服务的各种专业人才，扩大知识分子的队伍，创造条件，充分发挥他们在社会主义现代化建设中的作用。

第二十四条 国家通过普及理想教育、道德教育、文化教育、纪律和法制教育，通过在城乡不同范围的群众中制定和执行各种守则、公约，加强社会主义精神文明的建设。

国家提倡爱祖国、爱人民、爱劳动、爱科学、爱社会主义的公德，在人民中进行爱国主义、集体主义和国际主义、共产主义的教育，进行辩证唯物主义和历史唯物主义的教育，反对资本主义的、封建主义的和其他的腐朽思想。

第二十五条 国家推行计划生育，使人口的增长同经济和社会发展计划相适应。

第二十六条 国家保护和改善生活环境和生态环境，防治污染和其他公害。

国家组织和鼓励植树造林，保护林木。

第二十七条 一切国家机关实行精简的原则，实行工作责任制，实行工作人员的培训和考核制度，不断提高工作质量和工作效率，反对官僚主义。

一切国家机关和国家工作人员必须依靠人民的支持，经常保持同人民的密切联系，倾听人民的意见和建议，接受人民的监督，努力为人民服务。

第二十八条 国家维护社会秩序，镇压叛国和其他危害国家安全的犯罪活动，制裁危害社会治安、破坏社会主义经济和其他犯罪的活动，惩办和改造犯罪分子。

第二十九条 中华人民共和国的武装力量属于人民。它的任务是巩固国防，抵抗侵略，保卫祖国，保卫人民的和平劳动，参加国家建设事业，努力为人民服务。

国家加强武装力量的革命化、现代化、正规化的建设，增强国防力量。

第三十条 中华人民共和国的行政区域划分如下：

(一)全国分为省、自治区、直辖市；

(二)省、自治区分为自治州、县、自治县、市；

(三)县、自治县分为乡、民族乡、镇。

直辖市和较大的市分为区、县。自治州分为县、自治县、市。

自治区、自治州、自治县都是民族自治地方。

第三十一条 国家在必要时得设立特别行政区。在特别行政区内实行的制度按照具体情况由全国人民代表大会以法律规定。

第三十二条 中华人民共和国保护在中国境内的外国人的合法权利和利益，在中国境内的外国人必须遵守中华人民共和国的法律。

中华人民共和国对于因为政治原因要求避难的外国人，可以给予受庇护的权利。

第二章 公民的基本权利和义务

第三十三条 凡具有中华人民共和国国籍的人都是中华人民共和国公民。

中华人民共和国公民在法律面前一律平等。

国家尊重和保障人权。

任何公民享有宪法和法律规定的权利，同时必须履行宪法和法律规定的义务。

第三十四条 中华人民共和国年满十八周岁的公民，不分民族、种族、性别、职业、家庭出身、宗教信仰、教育程度、财产状况、居住期限，都有选举权和被选举权；但是依照法律被剥夺政治权利的人除外。

第三十五条 中华人民共和国公民有言论、出版、集会、结社、游行、示威的自由。

第三十六条 中华人民共和国公民有宗教信仰自由。

任何国家机关、社会团体和个人不得强制公民信仰宗教或者不信仰宗教，不得歧视信仰宗教的公民和不信仰宗教的公民。

国家保护正常的宗教活动。任何人不得利用宗教进行破坏社会秩序、损害公民身体健康、妨碍国家教育制度的活动。

宗教团体和宗教事务不受外国势力的支配。

第三十七条 中华人民共和国公民的人身自由不受侵犯。

任何公民，非经人民检察院批准或者决定或者人民法院决定，并由公安机关执行，不受逮捕。

禁止非法拘禁和以其他方法非法剥夺或者限制公民的人身自由，禁止非法搜查公民的身体。

第三十八条 中华人民共和国公民的人格尊严不受侵犯。禁止用任何方法对公民进行侮辱、诽谤和诬告陷害。

第三十九条 中华人民共和国公民的住宅不受侵犯。禁止非法搜查或者非法侵入公民的住宅。

第四十条 中华人民共和国公民的通信自由和通信秘密受法律的保护。除因国家安全或者追查刑事犯罪的需要，由公安机关或者检察机关依照法律规定的程序对通信进行检查外，任何组织或者个人不得以任何理由侵犯公民的通信自由和通信秘密。

第四十一条 中华人民共和国公民对于任何国家机关和国家工作人员，有提出批评和建议的权利；对于任何国家机关和国家工作人员的违法失职行为，有向有关国家机关提出申诉、控告或者检举的权利，但是不得捏造或者歪曲事实进行诬告陷害。

对于公民的申诉、控告或者检举，有关国家机关必须查清事实，负责处理。任何人不得压制和打击报复。

由于国家机关和国家工作人员侵犯公民权利而受到损失的人，有依照法律规定取得赔偿的权利。

第四十二条 中华人民共和国公民有劳动的权利和义务。

国家通过各种途径，创造劳动就业条件，加强劳动保护，改善劳动条件，并在发展生产的基础上，提高劳动报酬和福利待遇。

劳动是一切有劳动能力的公民的光荣职责。国有企业和城乡集体经济组织的劳动者都应当以国家主人翁的态度对待自己的劳动。国家提倡社会主义劳动竞赛，奖励劳动模范和先进工作者。国家提倡公民从事义务劳动。

国家对就业前的公民进行必要的劳动就业训练。

第四十三条 中华人民共和国劳动者有休息的权利。

国家发展劳动者休息和休养的设施，规定职工的工作时间和休假制度。

第四十四条 国家依照法律规定实行企业事业组织的职工和国家机关工作人员的退休制度。退休人员的生活受到国家和社会的保障。

第四十五条 中华人民共和国公民在年老、疾病或者丧失劳动能力的情况下，有从国家和社会获得物质帮助的权利。国家发展为公民享受这些权利所需要的社会保险、社会救济和医疗卫生事业。

国家和社会保障残废军人的生活，抚恤烈士家属，优待军人家属。

国家和社会帮助安排盲、聋、哑和其他有残疾的公民的劳动、生活和教育。

第四十六条 中华人民共和国公民有受教育的权利和义务。

国家培养青年、少年、儿童在品德、智力、体质等方面全面发展。

第四十七条 中华人民共和国公民有进行科学研究、文学艺术创作和其他文化活动的自由。国家对于从事教育、科学、技术、文学、艺术和其他文化事业的公民的有益于人民的创造性工作，给以鼓励和帮助。

第四十八条 中华人民共和国妇女在政治的、经济的、文化的、社会的和家庭的生活等各方面享有同男子平等的权利。

国家保护妇女的权利和利益，实行男女同工同酬，培养和选拔妇女干部。

第四十九条 婚姻、家庭、母亲和儿童受国家的保护。

夫妻双方有实行计划生育的义务。

父母有抚养教育未成年子女的义务，成年子女有赡养扶助父母的义务。

禁止破坏婚姻自由，禁止虐待老人、妇女和儿童。

第五十条 中华人民共和国保护华侨的正当的权利和利益，保护归侨和侨眷的合法的权利和利益。

第五十一条 中华人民共和国公民在行使自由和权利的时候，不得损害国家的、社会的、集体的利益和其他公民的合法的自由和权利。

第五十二条 中华人民共和国公民有维护国家统一和全国各民族团结的义务。

第五十三条 中华人民共和国公民必须遵守宪法和法律，保守国家秘密，爱护公共财产，遵守劳动纪律，遵守公共秩序，尊重社会公德。

第五十四条 中华人民共和国公民有维护祖国的安全、荣誉和利益的义务，不得有危害祖国的安全、荣誉和利益的行为。

第五十五条 保卫祖国、抵抗侵略是中华人民共和国每一个公民的神圣职责。

依照法律服兵役和参加民兵组织是中华人民共和国公民的光荣义务。

第五十六条 中华人民共和国公民有依照法律纳税的义务。

第三章　国家机构

第一节　全国人民代表大会

第五十七条 中华人民共和国全国人民代表大会是最高国家权力机关。它的常设机关是全国人民代表大会常务委员会。

第五十八条 全国人民代表大会和全国人民代表大会常务委员会行使国家立法权。

第五十九条 全国人民代表大会由省、自治区、直辖市、特别行政区和军队选出的代表组成。各少数民族都应当有适当名额的代表。

全国人民代表大会代表的选举由全国人民代表大会常务委员会主持。

全国人民代表大会代表名额和代表产生办法由法律规定。

第六十条 全国人民代表大会每届任期五年。

全国人民代表大会任期届满的两个月以前，全国人民代表大会常务委员会必须完成下届全国人民代表大会代表的选举。如果遇到不能进行选举的非常情况，由全国人民代表大会常务委员会以全体组成人员的三分之二以上的多数通过，可以推迟选举，延长本届全国人民代表大会的任期。在非常情况结束后一年内，必须完成下届全国人民代表大会代表的选举。

第六十一条 全国人民代表大会会议每年举行一次，由全国人民代表大会常务委员会召集。如果全国人民代表大会常务委员会认为必要，或者有五分之一以上的全国人民代表大会代表提议，可以临时召集全国人民代表大会会议。

全国人民代表大会举行会议的时候，选举主席团主持会议。

第六十二条 全国人民代表大会行使下列职权：

(一)修改宪法；

(二)监督宪法的实施；

(三)制定和修改刑事、民事、国家机构的和其他的基本法律；

(四)选举中华人民共和国主席、副主席；

(五)根据中华人民共和国主席的提名，决定国务院总理的人选；根据国务院总理的提名，决定国务院副总理、国务委员、各部部长、各委员会主任、审计长、秘书长的人选；

(六)选举中央军事委员会主席；根据中央军事委员会主席的提名，决定中央军事委员会其他组成人员的人选；

(七)选举最高人民法院院长；

(八)选举最高人民检察院检察长；

(九)审查和批准国民经济和社会发展计划和计划执行情况的报告；

(十)审查和批准国家的预算和预算执行情况的报告；

(十一)改变或者撤销全国人民代表大会常务委员会不适当的决定；

(十二)批准省、自治区和直辖市的建置；

(十三)决定特别行政区的设立及其制度；

(十四)决定战争和和平的问题；

(十五)应当由最高国家权力机关行使的其他职权。

第六十三条 全国人民代表大会有权罢免下列人员：

(一)中华人民共和国主席、副主席；

(二)国务院总理、副总理、国务委员、各部部长、各委员会主任、审计长、秘书长；

(三)中央军事委员会主席和中央军事委员会其他组成人员；

(四)最高人民法院院长；

(五)最高人民检察院检察长。

第六十四条 宪法的修改，由全国人民代表大会常务委员会或者五分之一以上的全国人民代表大会代表提议，并由全国人民代表大会以全体代表的三分之二以上的多数通过。

法律和其他议案由全国人民代表大会以全体代表的过半数通过。

第六十五条 全国人民代表大会常务委员会由下列人员组成：

委员长，

副委员长若干人，

秘书长，

委员若干人。

全国人民代表大会常务委员会组成人员中，应当有适当名额的少数民族代表。

全国人民代表大会选举并有权罢免全国人民代表大会常务委员会的组成人员。

全国人民代表大会常务委员会的组成人员不得担任国家行政机关、审判机关和检察机关的职务。

第六十六条 全国人民代表大会常务委员会每届任期同全国人民代表大会每届任期相同，它行使职权到下届全国人民代表大会选出新的常务委员会为止。

委员长、副委员长连续任职不得超过两届。

第六十七条 全国人民代表大会常务委员会行使下列职权：

(一)解释宪法，监督宪法的实施；

(二)制定和修改除应当由全国人民代表大会制定的法律以外的其他法律；

(三)在全国人民代表大会闭会期间，对全国人民代表大会制定的法律进行部分补充和修改，但是不得同该法律的基本原则相抵触；

(四)解释法律；

(五)在全国人民代表大会闭会期间，审查和批准国民经济和社会发展计划、国家预算在执行过程中所必须作的部分调整方案；

(六)监督国务院、中央军事委员会、最高人民法院和最高人民检察院的工作；

(七)撤销国务院制定的同宪法、法律相抵触的行政法规、决定和命令；

(八)撤销省、自治区、直辖市国家权力机关制定的同宪法、法律和行政法规相抵触的地方性法规和决议；

(九)在全国人民代表大会闭会期间，根据国务院总理的提名，决定部长、委员会主任、审计长、秘书长的人选；

(十)在全国人民代表大会闭会期间，根据中央军事委员会主席的提名，决定中央军事委员会其他组成人员的人选；

(十一)根据最高人民法院院长的提请，任免最高人民法院副院长、审判员、审判委员会委员和军事法院院长；

(十二)根据最高人民检察院检察长的提请，任免最高人民检察院副检察长、检察员、检察委员会委员和军事检察院检察长，并且批准省、自治区、直辖市的人民检察院检察长的任免；

(十三)决定驻外全权代表的任免；

(十四)决定同外国缔结的条约和重要协定的批准和废除；

(十五)规定军人和外交人员的衔级制度和其他专门衔级制度；

(十六)规定和决定授予国家的勋章和荣誉称号；

(十七)决定特赦；

(十八)在全国人民代表大会闭会期间，如果遇到国家遭受武装侵犯或者必须履行国际间共同防止侵略的条约的情况，决定战争状态的宣布；

(十九)决定全国总动员或者局部动员；

(二十)决定全国或者个别省、自治区、直辖市进入紧急状态；

(二十一)全国人民代表大会授予的其他职权。

第六十八条 全国人民代表大会常务委员会委员长主持全国人民代表大会常务委员会的工作，召集全国人民代表大会常务委员会会议。副委员长、秘书长协助委员长工作。

委员长、副委员长、秘书长组成委员长会议，处理全国人民代表大会常务委员会的重要日常工作。

第六十九条 全国人民代表大会常务委员会对全国人民代表大会负责并报告工作。

第七十条 全国人民代表大会设立民族委员会、法律委员会、财政经济委员会、教育科学文化卫生委员会、外事委员会、华侨委员会和其他需要设立的专门委员会。在全国人民代表大会闭会期间，各专门委员会受全国人民代表大会常务委员会的领导。

各专门委员会在全国人民代表大会和全国人民代表大会常务委员会领导下，研究、审议和拟订有关议案。

第七十一条 全国人民代表大会和全国人民代表大会常务委员会认为必要的时候，可以组织关于特定问题的调查委员会，并且根据调查委员会的报告，作出相应的决议。

调查委员会进行调查的时候，一切有关的国家机关、社会团体和公民都有义务向它提供必要的材料。

第七十二条 全国人民代表大会代表和全国人民代表大会常务委员会组成人员，有权依照法律规定的程序分别提出属于全国人民代表大会和全国人民代表大会常务委员会职权范围内的议案。

第七十三条 全国人民代表大会代表在全国人民代表大会开会期间，全国人民代表大会常务委员会组成人员在常务委员会开会期间，有权依照法律规定的程序提出对国务院或者国务院各部、各委员会的质询案。受质询的机关必须负责答复。

第七十四条 全国人民代表大会代表，非经全国人民代表大会会议主席团许可，在全国人民代表大会闭会期间非经全国人民代表大会常务委员会许可，不受逮捕或者刑事审判。

第七十五条 全国人民代表大会代表在全国人民代表大会各种会议上的发言和表决，不受法律追究。

第七十六条 全国人民代表大会代表必须模范地遵守宪法和法律，保守国家秘密，并且在自己参加的生产、工作和社会活动中，协助宪法和法律的实施。

全国人民代表大会代表应当同原选举单位和人民保持密切的联系，听取和反映人民的意见和要求，努力为人民服务。

第七十七条 全国人民代表大会代表受原选举单位的监督。原选举单位有权依照法律规定的程序罢免本单位选出的代表。

第七十八条 全国人民代表大会和全国人民代表大会常务委员会的组织和工作程序由法律规定。

第二节 中华人民共和国主席

第七十九条 中华人民共和国主席、副主席由全国人民代表大会选举。

有选举权和被选举权的年满四十五周岁的中华人民共和国公民可以被选为中华人民共和国主席、副主席。

中华人民共和国主席、副主席每届任期同全国人民代表大会每届任期相同，连续任职不得超过两届。

第八十条 中华人民共和国主席根据全国人民代表大会的决定和全国人民代表大会常务委员会的决定，公布法律，任免国务院总理、副总理、国务委员、各部部长、各委员会主任、审计长、秘书长，授予国家的勋章和荣誉称号，发布特赦令，宣布进入紧急状态，宣布战争状态，发布动员令。

第八十一条 中华人民共和国主席代表中华人民共和国，进行国事活动，接受外国使节；根据全国人民代表大会常务委员会的决定，派遣和召回驻外全权代表，批准和废除同外国缔结的条约和重要协定。

第八十二条 中华人民共和国副主席协助主席工作。

中华人民共和国副主席受主席的委托，可以代行主席的部分职权。

第八十三条 中华人民共和国主席、副主席行使职权到下届全国人民代表大会选出的主席、副主席就职为止。

第八十四条 中华人民共和国主席缺位的时候，由副主席继任主席的职位。

中华人民共和国副主席缺位的时候，由全国人民代表大会补选。

中华人民共和国主席、副主席都缺位的时候，由全国人民代表大会补选；在补选以前，由全国人民代表大会常务委员会委员长暂时代理主席职位。

第三节 国务院

第八十五条 中华人民共和国国务院，即中央人民政府，是最高国家权力机关的执行机关，是最高国家行政机关。

第八十六条 国务院由下列人员组成：

总理，

副总理若干人，

国务委员若干人，

各部部长，

各委员会主任，

审计长，

秘书长。

国务院实行总理负责制。各部、各委员会实行部长、主任负责制。

国务院的组织由法律规定。

第八十七条 国务院每届任期同全国人民代表大会每届任期相同。

总理、副总理、国务委员连续任职不得超过两届。

第八十八条 总理领导国务院的工作。副总理、国务委员协助总理工作。

总理、副总理、国务委员、秘书长组成国务院常务会议。

总理召集和主持国务院常务会议和国务院全体会议。

第八十九条 国务院行使下列职权：

(一)根据宪法和法律，规定行政措施，制定行政法规，发布决定和命令；

(二)向全国人民代表大会或者全国人民代表大会常务委员会提出议案；

(三)规定各部和各委员会的任务和职责，统一领导各部和各委员会的工作，并且领导不属于各部和各委员会的全国性的行政工作；

(四)统一领导全国地方各级国家行政机关的工作，规定中央和省、自治区、直辖市的国家行政机关的职权的具体划分；

(五)编制和执行国民经济和社会发展计划和国家预算；

(六)领导和管理经济工作和城乡建设；

(七)领导和管理教育、科学、文化、卫生、体育和计划生育工作；

(八)领导和管理民政、公安、司法行政和监察等工作；

(九)管理对外事务，同外国缔结条约和协定；

(十)领导和管理国防建设事业；

(十一)领导和管理民族事务，保障少数民族的平等权利和民族自治地方的自治权利；

(十二)保护华侨的正当的权利和利益，保护归侨和侨眷的合法的权利和利益；

(十三)改变或者撤销各部、各委员会发布的不适当的命令、指示和规章；

(十四)改变或者撤销地方各级国家行政机关的不适当的决定和命令；

(十五)批准省、自治区、直辖市的区域划分，批准自治州、县、自治县、市的建置和区域划分；

(十六)依照法律规定决定省、自治区、直辖市的范围内部分地区进入紧急状态；

(十七)审定行政机构的编制，依照法律规定任免、培训、考核和奖惩行政人员；

(十八)全国人民代表大会和全国人民代表大会常务委员会授予的其他职权。

第九十条 国务院各部部长、各委员会主任负责本部门的工作；召集和主持部务会议或者委员会会议、委务会议，讨论决定本部门工作的重大问题。

各部、各委员会根据法律和国务院的行政法规、决定、命令，在本部门的权限内，发布命令、指示和规章。

第九十一条 国务院设立审计机关，对国务院各部门和地方各级政府的财政收支，对国家的财政金融机构和企业事业组织的财务收支，进行审计监督。

审计机关在国务院总理领导下，依照法律规定独立行使审计监督权，不受其他行政机关、社会团体和个人的干涉。

第九十二条 国务院对全国人民代表大会负责并报告工作；在全国人民代表大会闭会期间，对全国人民代表大会常务委员会负责并报告工作。

第四节 中央军事委员会

第九十三条 中华人民共和国中央军事委员会领导全国武装力量。

中央军事委员会由下列人员组成：

主席，

副主席若干人，

委员若干人。

中央军事委员会实行主席负责制。

中央军事委员会每届任期同全国人民代表大会每届任期相同。

第九十四条 中央军事委员会主席对全国人民代表大会和全国人民代表大会常务委员会负责。

第五节　地方各级人民代表大会和地方各级人民政府

第九十五条　省、直辖市、县、市、市辖区、乡、民族乡、镇设立人民代表大会和人民政府。

地方各级人民代表大会和地方各级人民政府的组织由法律规定。

自治区、自治州、自治县设立自治机关。自治机关的组织和工作根据宪法第三章第五节、第六节规定的基本原则由法律规定。

第九十六条　地方各级人民代表大会是地方国家权力机关。

县级以上的地方各级人民代表大会设立常务委员会。

第九十七条　省、直辖市、设区的市的人民代表大会代表由下一级的人民代表大会选举；县、不设区的市、市辖区、乡、民族乡、镇的人民代表大会代表由选民直接选举。

地方各级人民代表大会代表名额和代表产生办法由法律规定。

第九十八条　地方各级人民代表大会每届任期五年。

第九十九条　地方各级人民代表大会在本行政区域内，保证宪法、法律、行政法规的遵守和执行；依照法律规定的权限，通过和发布决议，审查和决定地方的经济建设、文化建设和公共事业建设的计划。

县级以上的地方各级人民代表大会审查和批准本行政区域内的国民经济和社会发展计划、预算以及它们的执行情况的报告；有权改变或者撤销本级人民代表大会常务委员会不适当的决定。

民族乡的人民代表大会可以依照法律规定的权限采取适合民族特点的具体措施。

第一百条　省、直辖市的人民代表大会和它们的常务委员会，在不同宪法、法律、行政法规相抵触的前提下，可以制定地方性法规，报全国人民代表大会常务委员会备案。

第一百零一条　地方各级人民代表大会分别选举并且有权罢免本级人民政府的省长和副省长、市长和副市长、县长和副县长、区长和副区长、乡长和副乡长、镇长和副镇长。

县级以上的地方各级人民代表大会选举并且有权罢免本级人民法院院长和本级人民检察院检察长。选出或者罢免人民检察院检察长，须报上级人民检察院检察长提请该级人民代表大会常务委员会批准。

第一百零二条　省、直辖市、设区的市的人民代表大会代表受原选举单位的监督；县、不设区的市、市辖区、乡、民族乡、镇的人民代表大会代表受选民的监督。

地方各级人民代表大会代表的选举单位和选民有权依照法律规定的程序罢免由他们选出的代表。

第一百零三条　县级以上的地方各级人民代表大会常务委员会由主任、副主任若干人和委员若干人组成，对本级人民代表大会负责并报告工作。

县级以上的地方各级人民代表大会选举并有权罢免本级人民代表大会常务委员会的组成人员。

县级以上的地方各级人民代表大会常务委员会的组成人员不得担任国家行政机关、审判机关和检察机关的职务。

第一百零四条 县级以上的地方各级人民代表大会常务委员会讨论、决定本行政区域内各方面工作的重大事项；监督本级人民政府、人民法院和人民检察院的工作；撤销本级人民政府的不适当的决定和命令；撤销下一级人民代表大会的不适当的决议；依照法律规定的权限决定国家机关工作人员的任免；在本级人民代表大会闭会期间，罢免和补选上一级人民代表大会的个别代表。

第一百零五条 地方各级人民政府是地方各级国家权力机关的执行机关，是地方各级国家行政机关。

地方各级人民政府实行省长、市长、县长、区长、乡长、镇长负责制。

第一百零六条 地方各级人民政府每届任期同本级人民代表大会每届任期相同。

第一百零七条 县级以上地方各级人民政府依照法律规定的权限，管理本行政区域内的经济、教育、科学、文化、卫生、体育事业、城乡建设事业和财政、民政、公安、民族事务、司法行政、监察、计划生育等行政工作，发布决定和命令，任免、培训、考核和奖惩行政工作人员。

乡、民族乡、镇的人民政府执行本级人民代表大会的决议和上级国家行政机关的决定和命令，管理本行政区域内的行政工作。

省、直辖市的人民政府决定乡、民族乡、镇的建置和区域划分。

第一百零八条 县级以上的地方各级人民政府领导所属各工作部门和下级人民政府的工作，有权改变或者撤销所属各工作部门和下级人民政府的不适当的决定。

第一百零九条 县级以上的地方各级人民政府设立审计机关。地方各级审计机关依照法律规定独立行使审计监督权，对本级人民政府和上一级审计机关负责。

第一百一十条 地方各级人民政府对本级人民代表大会负责并报告工作。县级以上的地方各级人民政府在本级人民代表大会闭会期间，对本级人民代表大会常务委员会负责并报告工作。

地方各级人民政府对上一级国家行政机关负责并报告工作。全国地方各级人民政府都是国务院统一领导下的国家行政机关，都服从国务院。

第一百一十一条 城市和农村按居民居住地区设立的居民委员会或者村民委员会是基层群众性自治组织。居民委员会、村民委员会的主任、副主任和委员由居民选举。居民委员会、村民委员会同基层政权的相互关系由法律规定。

居民委员会、村民委员会设人民调解、治安保卫、公共卫生等委员会，办理本居住地区的公共事务和公益事业，调解民间纠纷，协助维护社会治安，并且向人民政府反映群众的意见、要求和提出建议。

第六节 民族自治地方的自治机关

第一百一十二条 民族自治地方的自治机关是自治区、自治州、自治县的人民代表大会和人民政府。

第一百一十三条 自治区、自治州、自治县的人民代表大会中，除实行区域自治的民族的代表外，其他居住在本行政区域内的民族也应当有适当名额的代表。

自治区、自治州、自治县的人民代表大会常务委员会中应当有实行区域自治的民族的公民担任主任或者副主任。

第一百一十四条 自治区主席、自治州州长、自治县县长由实行区域自治的民族的公民担任。

第一百一十五条 自治区、自治州、自治县的自治机关行使宪法第三章第五节规定的地方国家机关的职权，同时依照宪法、民族区域自治法和其他法律规定的权限行使自治权，根据本地方实际情况贯彻执行国家的法律、政策。

第一百一十六条 民族自治地方的人民代表大会有权依照当地民族的政治、经济和文化的特点，制定自治条例和单行条例。自治区的自治条例和单行条例，报全国人民代表大会常务委员会批准后生效。自治州、自治县的自治条例和单行条例，报省或者自治区的人民代表大会常务委员会批准后生效，并报全国人民代表大会常务委员会备案。

第一百一十七条 民族自治地方的自治机关有管理地方财政的自治权。凡是依照国家财政体制属于民族自治地方的财政收入，都应当由民族自治地方的自治机关自主地安排使用。

第一百一十八条 民族自治地方的自治机关在国家计划的指导下，自主地安排和管理地方性的经济建设事业。

国家在民族自治地方开发资源、建设企业的时候，应当照顾民族自治地方的利益。

第一百一十九条 民族自治地方的自治机关自主地管理本地方的教育、科学、文化、卫生、体育事业，保护和整理民族的文化遗产，发展和繁荣民族文化。

第一百二十条 民族自治地方的自治机关依照国家的军事制度和当地的实际需要，经国务院批准，可以组织本地方维护社会治安的公安部队。

第一百二十一条 民族自治地方的自治机关在执行职务的时候，依照本民族自治地方自治条例的规定，使用当地通用的一种或者几种语言文字。

第一百二十二条 国家从财政、物资、技术等方面帮助各少数民族加速发展经济建设和文化建设事业。

国家帮助民族自治地方从当地民族中大量培养各级干部、各种专业人才和技术工人。

第七节 人民法院和人民检察院

第一百二十三条 中华人民共和国人民法院是国家的审判机关。

第一百二十四条 中华人民共和国设立最高人民法院、地方各级人民法院和军事法院等专门人民法院。

最高人民法院院长每届任期同全国人民代表大会每届任期相同，连续任职不得超过两届。

人民法院的组织由法律规定。

第一百二十五条 人民法院审理案件，除法律规定的特别情况外，一律公开进行。被告人有权获得辩护。

第一百二十六条 人民法院依照法律规定独立行使审判权，不受行政机关、社会团体和个人的干涉。

第一百二十七条 最高人民法院是最高审判机关。

最高人民法院监督地方各级人民法院和专门人民法院的审判工作，上级人民法院监督下级人民法院的审判工作。

第一百二十八条 最高人民法院对全国人民代表大会和全国人民代表大会常务委员会负责。地方各级人民法院对产生它的国家权力机关负责。

第一百二十九条 中华人民共和国人民检察院是国家的法律监督机关。

第一百三十条 中华人民共和国设立最高人民检察院、地方各级人民检察院和军事检察院等专门人民检察院。

最高人民检察院检察长每届任期同全国人民代表大会每届任期相同，连续任职不得超过两届。

人民检察院的组织由法律规定。

第一百三十一条 人民检察院依照法律规定独立行使检察权，不受行政机关、社会团体和个人的干涉。

第一百三十二条 最高人民检察院是最高检察机关。

最高人民检察院领导地方各级人民检察院和专门人民检察院的工作，上级人民检察院领导下级人民检察院的工作。

第一百三十三条 最高人民检察院对全国人民代表大会和全国人民代表大会常务

委员会负责。地方各级人民检察院对产生它的国家权力机关和上级人民检察院负责。

第一百三十四条 各民族公民都有用本民族语言文字进行诉讼的权利。人民法院和人民检察院对于不通晓当地通用的语言文字的诉讼参与人，应当为他们翻译。

在少数民族聚居或者多民族共同居住的地区，应当用当地通用的语言进行审理；起诉书、判决书、布告和其他文书应当根据实际需要使用当地通用的一种或者几种文字。

第一百三十五条 人民法院、人民检察院和公安机关办理刑事案件，应当分工负责，互相配合，互相制约，以保证准确有效地执行法律。

第四章　国旗、国歌、国徽、首都

第一百三十六条 中华人民共和国国旗是五星红旗。

中华人民共和国国歌是《义勇军进行曲》。

第一百三十七条 中华人民共和国国徽，中间是五星照耀下的天安门，周围是谷穗和齿轮。

第一百三十八条 中华人民共和国首都是北京。

二　全国人大及其常委会通过的教育法律

中华人民共和国教育法

（1995年3月18日第八届全国人民代表大会第三次会议通过，自1995年9月1日起施行。根据2009年8月27日第十一届全国人民代表大会常务委员会第十次会议《关于修改部分法律的决定》修正）

第一章　总则

第一条　为了发展教育事业，提高全民族的素质，促进社会主义物质文明和精神文明建设，根据宪法，制定本法。

第二条　在中华人民共和国境内的各级各类教育，适用本法。

第三条　国家坚持以马克思列宁主义、毛泽东思想和建设有中国特色社会主义理论为指导，遵循宪法确定的基本原则，发展社会主义的教育事业。

第四条　教育是社会主义现代化建设的基础，国家保障教育事业优先发展。

全社会应当关心和支持教育事业的发展。

全社会应当尊重教师。

第五条　教育必须为社会主义现代化建设服务，必须与生产劳动相结合，培养德、智、体等方面全面发展的社会主义事业的建设者和接班人。

第六条　国家在受教育者中进行爱国主义、集体主义、社会主义的教育，进行理想、道德、纪律、法制、国防和民族团结的教育。

第七条　教育应当继承和弘扬中华民族优秀的历史文化传统，吸收人类文明发展的一切优秀成果。

第八条　教育活动必须符合国家和社会公共利益。

国家实行教育与宗教相分离。任何组织和个人不得利用宗教进行妨碍国家教育制度的活动。

第九条　中华人民共和国公民有受教育的权利和义务。

公民不分民族、种族、性别、职业、财产状况、宗教信仰等，依法享有平等的受教育机会。

第十条　国家根据各少数民族的特点和需要，帮助各少数民族地区发展教育事业。

国家扶持边远贫困地区发展教育事业。

国家扶持和发展残疾人教育事业。

第十一条 国家适应社会主义市场经济发展和社会进步的需要，推进教育改革，促进各级各类教育协调发展，建立和完善终身教育体系。

国家支持、鼓励和组织教育科学研究，推广教育科学研究成果，促进教育质量提高。

第十二条 汉语言文字为学校及其他教育机构的基本教学语言文字。少数民族学生为主的学校及其他教育机构，可以使用本民族或者当地民族通用的语言文字进行教学。

学校及其他教育机构进行教学，应当推广使用全国通用的普通话和规范字。

第十三条 国家对发展教育事业做出突出贡献的组织和个人，给予奖励。

第十四条 国务院和地方各级人民政府根据分级管理、分工负责的原则，领导和管理教育工作。

中等及中等以下教育在国务院领导下，由地方人民政府管理。

高等教育由国务院和省、自治区、直辖市人民政府管理。

第十五条 国务院教育行政部门主管全国教育工作，统筹规划、协调管理全国的教育事业。

县级以上地方各级人民政府教育行政部门主管本行政区域内的教育工作。

县级以上各级人民政府其他有关部门在各自的职责范围内，负责有关的教育工作。

第十六条 国务院和县级以上地方各级人民政府应当向本级人民代表大会或者其常务委员会报告教育工作和教育经费预算、决算情况，接受监督。

第二章　教育基本制度

第十七条 国家实行学前教育、初等教育、中等教育、高等教育的学校教育制度。

国家建立科学的学制系统。学制系统内的学校和其他教育机构的设置、教育形式、修业年限、招生对象、培养目标等，由国务院或者由国务院授权教育行政部门规定。

第十八条 国家实行9年制义务教育制度。

各级人民政府采取各种措施保障适龄儿童、少年就学。

适龄儿童、少年的父母或者其他监护人以及有关社会组织和个人有义务使适龄儿童、少年接受并完成规定年限的义务教育。

第十九条 国家实行职业教育制度和成人教育制度。

各级人民政府、有关行政部门以及企业事业组织应当采取措施，发展并保障公民接受职业学校教育或者各种形式的职业培训。

国家鼓励发展多种形式的成人教育，使公民接受适当形式的政治、经济、文化、科学、技术、业务教育和终身教育。

第二十条 国家实行国家教育考试制度。

国家教育考试由国务院教育行政部门确定种类，并由国家批准的实施教育考试的机构承办。

第二十一条 国家实行学业证书制度。

经国家批准设立或者认可的学校及其他教育机构按照国家有关规定，颁发学历证书或者其他学业证书。

第二十二条 国家实行学位制度。

学位授予单位依法对达到一定学术水平或者专业技术水平的人员授予相应的学位，颁发学位证书。

第二十三条 各级人民政府、基层群众性自治组织和企业事业组织应当采取各种措施，开展扫除文盲的教育工作。

按照国家规定具有接受扫除文盲教育能力的公民，应当接受扫除文盲的教育。

第二十四条 国家实行教育督导制度和学校及其他教育机构教育评估制度。

第三章 学校及其他教育机构

第二十五条 国家制定教育发展规划，并举办学校及其他教育机构。

国家鼓励企业事业组织、社会团体、其他社会组织及公民个人依法举办学校及其他教育机构。

任何组织和个人不得以营利为目的举办学校及其他教育机构。

第二十六条 设立学校及其他教育机构，必须具备下列基本条件：

（一）有组织机构和章程；

（二）有合格的教师；

（三）有符合规定标准的教学场所及设施、设备等；

（四）有必备的办学资金和稳定的经费来源。

第二十七条 学校及其他教育机构的设立、变更和终止，应当按照国家有关规定办理审核、批准、注册或者备案手续。

第二十八条 学校及其他教育机构行使下列权利：

（一）按照章程自主管理；

（二）组织实施教育教学活动；

（三）招收学生或者其他受教育者；

（四）对受教育者进行学籍管理，实施奖励或者处分；

（五）对受教育者颁发相应的学业证书；

（六）聘任教师及其他职工，实施奖励或者处分；

（七）管理、使用本单位的设施和经费；

（八）拒绝任何组织和个人对教育教学活动的非法干涉；

（九）法律、法规规定的其他权利。

国家保护学校及其他教育机构的合法权益不受侵犯。

第二十九条 学校及其他教育机构应当履行下列义务：

（一）遵守法律、法规；

（二）贯彻国家的教育方针，执行国家教育教学标准，保证教育教学质量；

（三）维护受教育者、教师及其他职工的合法权益；

（四）以适当方式为受教育者及其监护人了解受教育者的学业成绩及其他有关情况提供便利；

（五）遵照国家有关规定收取费用并公开收费项目；

（六）依法接受监督。

第三十条 学校及其他教育机构的举办者按照国家有关规定，确定其所举办的学校或者其他教育机构的管理体制。

学校及其他教育机构的校长或者主要行政负责人必须由具有中华人民共和国国籍、在中国境内定居、并具备国家规定任职条件的公民担任，其任免按照国家有关规定办理。学校的教学及其他行政管理，由校长负责。

学校及其他教育机构应当按照国家有关规定，通过以教师为主体的教职工代表大会等组织形式，保障教职工参与民主管理和监督。

第三十一条 学校及其他教育机构具备法人条件的，自批准设立或者登记注册之日起取得法人资格。

学校及其他教育机构在民事活动中依法享有民事权利，承担民事责任。

学校及其他教育机构中的国有资产属于国家所有。

学校及其他教育机构兴办的校办产业独立承担民事责任。

第四章　教师和其他教育工作者

第三十二条 教师享有法律规定的权利，履行法律规定的义务，忠诚于人民的教育事业。

第三十三条 国家保护教师的合法权益，改善教师的工作条件和生活条件，提高教师的社会地位。

教师的工资报酬、福利待遇，依照法律、法规的规定办理。

第三十四条 国家实行教师资格、职务、聘任制度，通过考核、奖励、培养和培训，提高教师素质，加强教师队伍建设。

第三十五条 学校及其他教育机构中的管理人员，实行教育职员制度。

学校及其他教育机构中的教学辅助人员和其他专业技术人员，实行专业技术职务聘任制度。

第五章 受教育者

第三十六条 受教育者在入学、升学、就业等方面依法享有平等权利。

学校和有关行政部门应当按照国家有关规定，保障女子在入学、升学、就业、授予学位、派出留学等方面享有同男子平等的权利。

第三十七条 国家、社会对符合入学条件、家庭经济困难的儿童、少年、青年，提供各种形式的资助。

第三十八条 国家、社会、学校及其他教育机构应当根据残疾人身心特性和需要实施教育，并为其提供帮助和便利。

第三十九条 国家、社会、家庭、学校及其他教育机构应当为有违法犯罪行为的未成年人接受教育创造条件。

第四十条 从业人员有依法接受职业培训和继续教育的权利和义务。

国家机关、企业事业组织和其他社会组织，应当为本单位职工的学习和培训提供条件和便利。

第四十一条 国家鼓励学校及其他教育机构、社会组织采取措施，为公民接受终身教育创造条件。

第四十二条 受教育者享有下列权利：

（一）参加教育教学计划安排的各种活动，使用教育教学设施、设备、图书资料；

（二）按照国家有关规定获得奖学金、贷学金、助学金；

（三）在学业成绩和品行上获得公正评价，完成规定的学业后获得相应的学业证书、学位证书；

（四）对学校给予的处分不服向有关部门提出申诉，对学校、教师侵犯其人身权、财产权等合法权益，提出申诉或者依法提起诉讼；

（五）法律、法规规定的其他权利。

第四十三条 受教育者应当履行下列义务：

（一）遵守法律、法规；

（二）遵守学生行为规范，尊敬师长，养成良好的思想品德和行为习惯；

（三）努力学习，完成规定的学习任务；

（四）遵守所在学校或者其他教育机构的管理制度。

第四十四条 教育、体育、卫生行政部门和学校及其他教育机构应当完善体育、卫生保健设施，保护学生的身心健康。

第六章　教育与社会

第四十五条 国家机关、军队、企业事业组织、社会团体及其他社会组织和个人，应当依法为儿童、少年、青年学生的身心健康成长创造良好的社会环境。

第四十六条 国家鼓励企业事业组织、社会团体及其他社会组织同高等学校、中等职业学校在教学、科研、技术开发和推广等方面进行多种形式的合作。

企业事业组织、社会团体及其他社会组织和个人，可以通过适当形式，支持学校的建设，参与学校管理。

第四十七条 国家机关、军队、企业事业组织及其他社会组织应当为学校组织的学生实习、社会实践活动提供帮助和便利。

第四十八条 学校及其他教育机构在不影响正常教育教学活动的前提下，应当积极参加当地的社会公益活动。

第四十九条 未成年人的父母或者其他监护人应当为其未成年子女或者其他被监护人受教育提供必要条件。

未成年人的父母或者其他监护人应当配合学校及其他教育机构，对其未成年子女或者其他被监护人进行教育。

学校、教师可以对学生家长提供家庭教育指导。

第五十条 图书馆、博物馆、科技馆、文化馆、美术馆、体育馆（场）等社会公共文化体育设施，以及历史文化古迹和革命纪念馆（地），应当对教师、学生实行优待，为受教育者接受教育提供便利。

广播、电视台（站）应当开设教育节目，促进受教育者思想品德、文化和科学技术素质的提高。

第五十一条 国家、社会建立和发展对未成年人进行校外教育的设施。

学校及其他教育机构应当同基层群众性自治组织、企业事业组织、社会团体相互配合，加强对未成年人的校外教育工作。

第五十二条 国家鼓励社会团体、社会文化机构及其他社会组织和个人开展有益于受教育者身心健康的社会文化教育活动。

第七章 教育投入与条件保障

第五十三条 国家建立以财政拨款为主、其他多种渠道筹措教育经费为辅的体制，逐步增加对教育的投入，保证国家举办的学校教育经费的稳定来源。

企业事业组织、社会团体及其他社会组织和个人依法举办的学校及其他教育机构，办学经费由举办者负责筹措，各级人民政府可以给予适当支持。

第五十四条 国家财政性教育经费支出占国民生产总值的比例应当随着国民经济的发展和财政收入的增长逐步提高。具体比例和实施步骤由国务院规定。

全国各级财政支出总额中教育经费所占比例应当随着国民经济的发展逐步提高。

第五十五条 各级人民政府的教育经费支出，按照事权和财权相统一的原则，在财政预算中单独列项。

各级人民政府教育财政拨款的增长应当高于财政经常性收入的增长，并使按在校学生人数平均的教育费用逐步增长，保证教师工资和学生人均公用经费逐步增长。

第五十六条 国务院及县级以上地方各级人民政府应当设立教育专项资金，重点扶持边远贫困地区、少数民族地区实施义务教育。

第五十七条 税务机关依法足额征收教育费附加，由教育行政部门统筹管理，主要用于实施义务教育。

省、自治区、直辖市人民政府根据国务院的有关规定，可以决定开征用于教育的地方附加费，专款专用。

第五十八条 国家采取优惠措施，鼓励和扶持学校在不影响正常教育教学的前提下开展勤工俭学和社会服务，兴办校办产业。

第五十九条 国家鼓励境内、境外社会组织和个人捐资助学。

第六十条 国家财政性教育经费、社会组织和个人对教育的捐赠，必须用于教育，不得挪用、克扣。

第六十一条 国家鼓励运用金融、信贷手段，支持教育事业的发展。

第六十二条 各级人民政府及其教育行政部门应当加强对学校及其他教育机构教育经费的监督管理，提高教育投资效益。

第六十三条 地方各级人民政府及其有关行政部门必须把学校的基本建设纳入城乡建设规划，统筹安排学校的基本建设用地及所需物资，按照国家有关规定实行优先、优惠政策。

第六十四条 各级人民政府对教科书及教学用图书资料的出版发行，对教学仪器、设备的生产和供应，对用于学校教育教学和科学研究的图书资料、教育仪器、设备的进口，按照国家有关规定实行优先、优惠政策。

第六十五条 县级以上人民政府应当发展卫星电视教育和其他现代化教学手段，

有关行政部门应当优先安排，给予扶持。

国家鼓励学校及其他教育机构推广运用现代化教学手段。

第八章　教育对外交流与合作

第六十六条　国家鼓励开展教育对外交流与合作。

教育对外交流与合作坚持独立自主、平等互利、相互尊重的原则，不得违反中国法律、不得损害国家主权、安全和社会公共利益。

第六十七条　中国境内公民出国留学、研究、进行学术交流或者任教，依照国家有关规定办理。

第六十八条　中国境外个人符合国家规定的条件并办理有关手续后，可以进入中国境内学校及其他教育机构学习、研究、进行学术交流或者任教，其合法权益受国家保护。

第六十九条　中国对境外教育机构颁发的学位证书、学历证书及其他学业证书的承认，依照中华人民共和国缔结或者加入的国际条约办理，或者按照国家有关规定办理。

第九章　法律责任

第七十条　违反国家有关规定，不按照预算核拨教育经费的，由同级人民政府限期核拨；情节严重的，对直接负责的主管人员和其他直接责任人员，依法给予行政处分。

违反国家财政制度、财务制度，挪用、克扣教育经费的，由上级机关责令限期归还被挪用、克扣的经费，并对直接负责的主管人员和其他直接责任人员，依法给予行政处分；构成犯罪的，依法追究刑事责任。

第七十一条　结伙斗殴、寻衅滋事，扰乱学校及其他教育机构教育教学秩序或者破坏校舍、场地及其他财产的，由公安机关给予治安管理处罚；构成犯罪的，依法追究刑事责任。

侵占学校及其他教育机构的校舍、场地及其他财产的，依法承担民事责任。

第七十二条　明知校舍或者教育教学设施有危险，而不采取措施，造成人员伤亡或者重大财产损失的，对直接负责的主管人员和其他直接责任人员，依法追究刑事责任。

第七十三条　违反国家有关规定，向学校或者其他教育机构收取费用的，由政府责令退还所收费用；对直接负责的主管人员和其他直接责任人员，依法给予行政处分。

第七十四条　违反国家有关规定，举办学校或者其他教育机构的，由教育行政部门予以撤销；有违法所得的，没收违法所得；对直接负责的主管人员和其他直接责任人员，依法给予行政处分。

第七十五条　违反国家有关规定招收学员的，由教育行政部门责令退回招收的学员，退还所收费用；对直接负责的主管人员和其他直接责任人员，依法给予行政处分。

第七十六条　在招收学生工作中徇私舞弊的，由教育行政部门责令退回招收的人员；对直接负责的主管人员和其他直接责任人员，依法给予行政处分；构成犯罪的，依法追究刑事责任。

第七十七条　学校及其他教育机构违反国家有关规定向受教育者收取费用的，由教育行政部门责令退还所收费用；对直接负责的主管人员和其他直接责任人员，依法给予行政处分。

第七十八条　在国家教育考试中作弊的，由教育行政部门宣布考试无效，对直接负责的主管人员和其他直接责任人员，依法给予行政处分。

非法举办国家教育考试的，由教育行政部门宣布考试无效；有违法所得的，没收违法所得；对直接负责的主管人员和其他直接责任人员，依法给予行政处分。

第七十九条　违反本法规定，颁发学位证书、学历证书或者其他学业证书的，由教育行政部门宣布证书无效，责令收回或者予以没收；有违法所得的，没收违法所得；情节严重的，取消其颁发证书的资格。

第八十条　违反本法规定，侵犯教师、受教育者、学校或者其他教育机构的合法权益，造成损失、损害的，应当依法承担民事责任。

第十章　附则

第八十一条　军事学校教育由中央军事委员会根据本法的原则规定。

宗教学校教育由国务院另行规定。

第八十二条　境外的组织和个人在中国境内办学和合作办学的办法，由国务院规定。

第八十三条　本法自1995年9月1日起施行。

中华人民共和国义务教育法

（1986年4月12日第六届全国人民代表大会第四次会议通过，2006年6月29日第十届全国人民代表大会常务委员会第二十二次会议修订，自2006年9月1日起施行）

第一章　总则

第一条　为了保障适龄儿童、少年接受义务教育的权利，保证义务教育的实施，提高全民族素质，根据宪法和教育法，制定本法。

第二条　国家实行九年义务教育制度。

义务教育是国家统一实施的所有适龄儿童、少年必须接受的教育，是国家必须予以保障的公益性事业。

实施义务教育，不收学费、杂费。

国家建立义务教育经费保障机制，保证义务教育制度实施。

第三条　义务教育必须贯彻国家的教育方针，实施素质教育，提高教育质量，使适龄儿童、少年在品德、智力、体质等方面全面发展，为培养有理想、有道德、有文化、有纪律的社会主义建设者和接班人奠定基础。

第四条　凡具有中华人民共和国国籍的适龄儿童、少年，不分性别、民族、种族、家庭财产状况、宗教信仰等，依法享有平等接受义务教育的权利，并履行接受义务教育的义务。

第五条　各级人民政府及其有关部门应当履行本法规定的各项职责，保障适龄儿童、少年接受义务教育的权利。

适龄儿童、少年的父母或者其他法定监护人应当依法保证其按时入学接受并完成义务教育。

依法实施义务教育的学校应当按照规定标准完成教育教学任务，保证教育教学质量。

社会组织和个人应当为适龄儿童、少年接受义务教育创造良好的环境。

第六条　国务院和县级以上地方人民政府应当合理配置教育资源，促进义务教育均衡发展，改善薄弱学校的办学条件，并采取措施，保障农村地区、民族地区实施义务教育，保障家庭经济困难的和残疾的适龄儿童、少年接受义务教育。

国家组织和鼓励经济发达地区支援经济欠发达地区实施义务教育。

第七条 义务教育实行国务院领导，省、自治区、直辖市人民政府统筹规划实施，县级人民政府为主管理的体制。

县级以上人民政府教育行政部门具体负责义务教育实施工作；县级以上人民政府其他有关部门在各自的职责范围内负责义务教育实施工作。

第八条 人民政府教育督导机构对义务教育工作执行法律法规情况、教育教学质量以及义务教育均衡发展状况等进行督导，督导报告向社会公布。

第九条 任何社会组织或者个人有权对违反本法的行为向有关国家机关提出检举或者控告。

发生违反本法的重大事件，妨碍义务教育实施，造成重大社会影响的，负有领导责任的人民政府或者人民政府教育行政部门负责人应当引咎辞职。

第十条 对在义务教育实施工作中做出突出贡献的社会组织和个人，各级人民政府及其有关部门按照有关规定给予表彰、奖励。

第二章 学生

第十一条 凡年满六周岁的儿童，其父母或者其他法定监护人应当送其入学接受并完成义务教育；条件不具备的地区的儿童，可以推迟到七周岁。

适龄儿童、少年因身体状况需要延缓入学或者休学的，其父母或者其他法定监护人应当提出申请，由当地乡镇人民政府或者县级人民政府教育行政部门批准。

第十二条 适龄儿童、少年免试入学。地方各级人民政府应当保障适龄儿童、少年在户籍所在地学校就近入学。

父母或者其他法定监护人在非户籍所在地工作或者居住的适龄儿童、少年，在其父母或者其他法定监护人工作或者居住地接受义务教育的，当地人民政府应当为其提供平等接受义务教育的条件。具体办法由省、自治区、直辖市规定。

县级人民政府教育行政部门对本行政区域内的军人子女接受义务教育予以保障。

第十三条 县级人民政府教育行政部门和乡镇人民政府组织和督促适龄儿童、少年入学，帮助解决适龄儿童、少年接受义务教育的困难，采取措施防止适龄儿童、少年辍学。

居民委员会和村民委员会协助政府做好工作，督促适龄儿童、少年入学。

第十四条 禁止用人单位招用应当接受义务教育的适龄儿童、少年。

根据国家有关规定经批准招收适龄儿童、少年进行文艺、体育等专业训练的社会组织，应当保证所招收的适龄儿童、少年接受义务教育；自行实施义务教育的，应当经县级人民政府教育行政部门批准。

第三章　学校

第十五条　县级以上地方人民政府根据本行政区域内居住的适龄儿童、少年的数量和分布状况等因素，按照国家有关规定，制定、调整学校设置规划。新建居民区需要设置学校的，应当与居民区的建设同步进行。

第十六条　学校建设，应当符合国家规定的办学标准，适应教育教学需要；应当符合国家规定的选址要求和建设标准，确保学生和教职工安全。

第十七条　县级人民政府根据需要设置寄宿制学校，保障居住分散的适龄儿童、少年入学接受义务教育。

第十八条　国务院教育行政部门和省、自治区、直辖市人民政府根据需要，在经济发达地区设置接收少数民族适龄儿童、少年的学校（班）。

第十九条　县级以上地方人民政府根据需要设置相应的实施特殊教育的学校（班），对视力残疾、听力语言残疾和智力残疾的适龄儿童、少年实施义务教育。特殊教育学校（班）应当具备适应残疾儿童、少年学习、康复、生活特点的场所和设施。

普通学校应当接收具有接受普通教育能力的残疾适龄儿童、少年随班就读，并为其学习、康复提供帮助。

第二十条　县级以上地方人民政府根据需要，为具有预防未成年人犯罪法规定的严重不良行为的适龄少年设置专门的学校实施义务教育。

第二十一条　对未完成义务教育的未成年犯和被采取强制性教育措施的未成年人应当进行义务教育，所需经费由人民政府予以保障。

第二十二条　县级以上人民政府及其教育行政部门应当促进学校均衡发展，缩小学校之间办学条件的差距，不得将学校分为重点学校和非重点学校。学校不得分设重点班和非重点班。

县级以上人民政府及其教育行政部门不得以任何名义改变或者变相改变公办学校的性质。

第二十三条　各级人民政府及其有关部门依法维护学校周边秩序，保护学生、教师、学校的合法权益，为学校提供安全保障。

第二十四条　学校应当建立、健全安全制度和应急机制，对学生进行安全教育，加强管理，及时消除隐患，预防发生事故。

县级以上地方人民政府定期对学校校舍安全进行检查；对需要维修、改造的，及时予以维修、改造。

学校不得聘用曾经因故意犯罪被依法剥夺政治权利或者其他不适合从事义务教育工作的人担任工作人员。

第二十五条　学校不得违反国家规定收取费用，不得以向学生推销或者变相推销商品、服务等方式谋取利益。

第二十六条 学校实行校长负责制。校长应当符合国家规定的任职条件。校长由县级人民政府教育行政部门依法聘任。

第二十七条 对违反学校管理制度的学生，学校应当予以批评教育，不得开除。

第四章 教师

第二十八条 教师享有法律规定的权利，履行法律规定的义务，应当为人师表，忠诚于人民的教育事业。

全社会应当尊重教师。

第二十九条 教师在教育教学中应当平等对待学生，关注学生的个体差异，因材施教，促进学生的充分发展。

教师应当尊重学生的人格，不得歧视学生，不得对学生实施体罚、变相体罚或者其他侮辱人格尊严的行为，不得侵犯学生合法权益。

第三十条 教师应当取得国家规定的教师资格。

国家建立统一的义务教育教师职务制度。教师职务分为初级职务、中级职务和高级职务。

第三十一条 各级人民政府保障教师工资福利和社会保险待遇，改善教师工作和生活条件；完善农村教师工资经费保障机制。

教师的平均工资水平应当不低于当地公务员的平均工资水平。

特殊教育教师享有特殊岗位补助津贴。在民族地区和边远贫困地区工作的教师享有艰苦贫困地区补助津贴。

第三十二条 县级以上人民政府应当加强教师培养工作，采取措施发展教师教育。

县级人民政府教育行政部门应当均衡配置本行政区域内学校师资力量，组织校长、教师的培训和流动，加强对薄弱学校的建设。

第三十三条 国务院和地方各级人民政府鼓励和支持城市学校教师和高等学校毕业生到农村地区、民族地区从事义务教育工作。

国家鼓励高等学校毕业生以志愿者的方式到农村地区、民族地区缺乏教师的学校任教。县级人民政府教育行政部门依法认定其教师资格，其任教时间计入工龄。

第五章 教育教学

第三十四条 教育教学工作应当符合教育规律和学生身心发展特点，面向全体学生，教书育人，将德育、智育、体育、美育等有机统一在教育教学活动中，注重培养学生独立思考能力、创新能力和实践能力，促进学生全面发展。

第三十五条 国务院教育行政部门根据适龄儿童、少年身心发展的状况和实际情况，确定教学制度、教育教学内容和课程设置，改革考试制度，并改进高级中等学校招生办法，推进实施素质教育。

学校和教师按照确定的教育教学内容和课程设置开展教育教学活动，保证达到国家规定的基本质量要求。

国家鼓励学校和教师采用启发式教育等教育教学方法，提高教育教学质量。

第三十六条 学校应当把德育放在首位，寓德育于教育教学之中，开展与学生年龄相适应的社会实践活动，形成学校、家庭、社会相互配合的思想道德教育体系，促进学生养成良好的思想品德和行为习惯。

第三十七条 学校应当保证学生的课外活动时间，组织开展文化娱乐等课外活动。社会公共文化体育设施应当为学校开展课外活动提供便利。

第三十八条 教科书根据国家教育方针和课程标准编写，内容力求精简，精选必备的基础知识、基本技能，经济实用，保证质量。

国家机关工作人员和教科书审查人员，不得参与或者变相参与教科书的编写工作。

第三十九条 国家实行教科书审定制度。教科书的审定办法由国务院教育行政部门规定。

未经审定的教科书，不得出版、选用。

第四十条 教科书由国务院价格行政部门会同出版行政部门按照微利原则确定基准价。省、自治区、直辖市人民政府价格行政部门会同出版行政部门按照基准价确定零售价。

第四十一条 国家鼓励教科书循环使用。

第六章 经费保障

第四十二条 国家将义务教育全面纳入财政保障范围，义务教育经费由国务院和地方各级人民政府依照本法规定予以保障。

国务院和地方各级人民政府将义务教育经费纳入财政预算，按照教职工编制标准、工资标准和学校建设标准、学生人均公用经费标准等，及时足额拨付义务教育经费，确保学校的正常运转和校舍安全，确保教职工工资按照规定发放。

国务院和地方各级人民政府用于实施义务教育财政拨款的增长比例应当高于财政经常性收入的增长比例，保证按照在校学生人数平均的义务教育费用逐步增长，保证教职工工资和学生人均公用经费逐步增长。

第四十三条 学校的学生人均公用经费基本标准由国务院财政部门会同教育行政部门制定，并根据经济和社会发展状况适时调整。制定、调整学生人均公用经费基本标准，应当满足教育教学基本需要。

省、自治区、直辖市人民政府可以根据本行政区域的实际情况，制定不低于国家标准的学校学生人均公用经费标准。

特殊教育学校（班）学生人均公用经费标准应当高于普通学校学生人均公用经费标准。

第四十四条 义务教育经费投入实行国务院和地方各级人民政府根据职责共同负担，省、自治区、直辖市人民政府负责统筹落实的体制。农村义务教育所需经费，由各级人民政府根据国务院的规定分项目、按比例分担。

各级人民政府对家庭经济困难的适龄儿童、少年免费提供教科书并补助寄宿生生活费。

义务教育经费保障的具体办法由国务院规定。

第四十五条 地方各级人民政府在财政预算中将义务教育经费单列。

县级人民政府编制预算，除向农村地区学校和薄弱学校倾斜外，应当均衡安排义务教育经费。

第四十六条 国务院和省、自治区、直辖市人民政府规范财政转移支付制度，加大一般性转移支付规模和规范义务教育专项转移支付，支持和引导地方各级人民政府增加对义务教育的投入。地方各级人民政府确保将上级人民政府的义务教育转移支付资金按照规定用于义务教育。

第四十七条 国务院和县级以上地方人民政府根据实际需要，设立专项资金，扶持农村地区、民族地区实施义务教育。

第四十八条 国家鼓励社会组织和个人向义务教育捐赠，鼓励按照国家有关基金会管理的规定设立义务教育基金。

第四十九条 义务教育经费严格按照预算规定用于义务教育；任何组织和个人不得侵占、挪用义务教育经费，不得向学校非法收取或者摊派费用。

第五十条 县级以上人民政府建立健全义务教育经费的审计监督和统计公告制度。

第七章 法律责任

第五十一条 国务院有关部门和地方各级人民政府违反本法第六章的规定，未履行对义务教育经费保障职责的，由国务院或者上级地方人民政府责令限期改正；情节严重的，对直接负责的主管人员和其他直接责任人员依法给予行政处分。

第五十二条 县级以上地方人民政府有下列情形之一的，由上级人民政府责令限期改正；情节严重的，对直接负责的主管人员和其他直接责任人员依法给予行政处分：

（一）未按照国家有关规定制定、调整学校的设置规划的；

（二）学校建设不符合国家规定的办学标准、选址要求和建设标准的；

（三）未定期对学校校舍安全进行检查，并及时维修、改造的；

（四）未依照本法规定均衡安排义务教育经费的。

第五十三条 县级以上人民政府或者其教育行政部门有下列情形之一的，由上级人民政府或者其教育行政部门责令限期改正、通报批评；情节严重的，对直接负责的主管人员和其他直接责任人员依法给予行政处分：

（一）将学校分为重点学校和非重点学校的；

（二）改变或者变相改变公办学校性质的。

县级人民政府教育行政部门或者乡镇人民政府未采取措施组织适龄儿童、少年入学或者防止辍学的，依照前款规定追究法律责任。

第五十四条 有下列情形之一的，由上级人民政府或者上级人民政府教育行政部门、财政部门、价格行政部门和审计机关根据职责分工责令限期改正；情节严重的，对直接负责的主管人员和其他直接责任人员依法给予处分：

（一）侵占、挪用义务教育经费的；

（二）向学校非法收取或者摊派费用的。

第五十五条 学校或者教师在义务教育工作中违反教育法、教师法规定的，依照教育法、教师法的有关规定处罚。

第五十六条 学校违反国家规定收取费用的，由县级人民政府教育行政部门责令退还所收费用；对直接负责的主管人员和其他直接责任人员依法给予处分。

学校以向学生推销或者变相推销商品、服务等方式谋取利益的，由县级人民政府教育行政部门给予通报批评；有违法所得的，没收违法所得；对直接负责的主管人员和其他直接责任人员依法给予处分。

国家机关工作人员和教科书审查人员参与或者变相参与教科书编写的，由县级以上人民政府或者其教育行政部门根据职责权限责令限期改正，依法给予行政处分；有违法所得的，没收违法所得。

第五十七条 学校有下列情形之一的，由县级人民政府教育行政部门责令限期改正；情节严重的，对直接负责的主管人员和其他直接责任人员依法给予处分：

（一）拒绝接收具有接受普通教育能力的残疾适龄儿童、少年随班就读的；

（二）分设重点班和非重点班的；

（三）违反本法规定开除学生的；

（四）选用未经审定的教科书的。

第五十八条　适龄儿童、少年的父母或者其他法定监护人无正当理由未依照本法规定送适龄儿童、少年入学接受义务教育的，由当地乡镇人民政府或者县级人民政府教育行政部门给予批评教育，责令限期改正。

第五十九条　有下列情形之一的，依照有关法律、行政法规的规定予以处罚：

（一）胁迫或者诱骗应当接受义务教育的适龄儿童、少年失学、辍学的；

（二）非法招用应当接受义务教育的适龄儿童、少年的；

（三）出版未经依法审定的教科书的。

第六十条　违反本法规定，构成犯罪的，依法追究刑事责任。

第八章　附则

第六十一条　对接受义务教育的适龄儿童、少年不收杂费的实施步骤，由国务院规定。

第六十二条　社会组织或者个人依法举办的民办学校实施义务教育的，依照民办教育促进法有关规定执行；民办教育促进法未作规定的，适用本法。

第六十三条　本法自2006年9月1日起施行。

中华人民共和国职业教育法

（1996年5月15日第八届全国人民代表大会常务委员会第十九次会议通过，自1996年9月1日起施行）

第一章　总则

第一条　为了实施科教兴国战略，发展职业教育，提高劳动者素质，促进社会主义现代化建设，根据教育法和劳动法，制定本法。

第二条　本法适用于各级各类职业学校教育和各种形式的职业培训。国家机关实施的对国家机关工作人员的专门培训由法律、行政法规另行规定。

第三条　职业教育是国家教育事业的重要组成部分，是促进经济、社会发展和劳动就业的重要途径。

国家发展职业教育，推进职业教育改革，提高职业教育质量，建立、健全适应社会主义市场经济和社会进步需要的职业教育制度。

第四条　实施职业教育必须贯彻国家教育方针，对受教育者进行思想政治教育和职业道德教育，传授职业知识，培养职业技能，进行职业指导，全面提高受教育者的素质。

第五条　公民有依法接受职业教育的权利。

第六条　各级人民政府应当将发展职业教育纳入国民经济和社会发展规划。

行业组织和企业、事业组织应当依法履行实施职业教育的义务。

第七条　国家采取措施，发展农村职业教育，扶持少数民族地区、边远贫困地区职业教育的发展。

国家采取措施，帮助妇女接受职业教育，组织失业人员接受各种形式的职业教育，扶持残疾人职业教育的发展。

第八条　实施职业教育应当根据实际需要，同国家制定的职业分类和职业等级标准相适应，实行学历证书、培训证书和职业资格证书制度。

国家实行劳动者在就业前或者上岗前接受必要的职业教育的制度。

第九条　国家鼓励并组织职业教育的科学研究。

第十条　国家对在职业教育中作出显著成绩的单位和个人给予奖励。

第十一条 国务院教育行政部门负责职业教育工作的统筹规划、综合协调、宏观管理。

国务院教育行政部门、劳动行政部门和其他有关部门在国务院规定的职责范围内，分别负责有关的职业教育工作。

县级以上地方各级人民政府应当加强对本行政区域内职业教育工作的领导、统筹协调和督导评估。

第二章 职业教育体系

第十二条 国家根据不同地区的经济发展水平和教育普及程度，实施以初中后为重点的不同阶段的教育分流，建立、健全职业学校教育与职业培训并举，并与其他教育相互沟通、协调发展的职业教育体系。

第十三条 职业学校教育分为初等、中等、高等职业学校教育。

初等、中等职业学校教育分别由初等、中等职业学校实施；高等职业学校教育根据需要和条件由高等职业学校实施，或者由普通高等学校实施。其他学校按照教育行政部门的统筹规划，可以实施同层次的职业学校教育。

第十四条 职业培训包括从业前培训、转业培训、学徒培训、在岗培训、转岗培训及其他职业性培训，可以根据实际情况分为初级、中级、高级职业培训。

职业培训分别由相应的职业培训机构、职业学校实施。

其他学校或者教育机构可以根据办学能力，开展面向社会的、多种形式的职业培训。

第十五条 残疾人职业教育除由残疾人教育机构实施外，各级各类职业学校和职业培训机构及其他教育机构应当按照国家有关规定接纳残疾学生。

第十六条 普通中学可以因地制宜地开设职业教育的课程，或者根据实际需要适当增加职业教育的教学内容。

第三章 职业教育的实施

第十七条 县级以上地方各级人民政府应当举办发挥骨干和示范作用的职业学校、职业培训机构，对农村、企业、事业组织、社会团体、其他社会组织及公民个人依法举办的职业学校和职业培训机构给予指导和扶持。

第十八条 县级人民政府应当适应农村经济、科学技术、教育统筹发展的需要，举办多种形式的职业教育，开展实用技术的培训，促进农村职业教育的发展。

第十九条 政府主管部门、行业组织应当举办或者联合举办职业学校、职业培训机构，组织、协调、指导本行业的企业、事业组织举办职业学校、职业培训机构。

国家鼓励运用现代化教学手段，发展职业教育。

第二十条 企业应当根据本单位的实际，有计划地对本单位的职工和准备录用的人员实施职业教育。

企业可以单独举办或者联合举办职业学校、职业培训机构，也可以委托学校、职业培训机构对本单位的职工和准备录用的人员实施职业教育。

从事技术工种的职工，上岗前必须经过培训；从事特种作业的职工必须经过培训，并取得特种作业资格。

第二十一条 国家鼓励事业组织、社会团体、其他社会组织及公民个人按照国家有关规定举办职业学校、职业培训机构。

境外的组织和个人在中国境内举办职业学校、职业培训机构的办法，由国务院规定。

第二十二条 联合举办职业学校、职业培训机构，举办者应当签订联合办学合同。

政府主管部门、行业组织、企业、事业组织委托学校、职业培训机构实施职业教育的，应当签订委托合同。

第二十三条 职业学校、职业培训机构实施职业教育应当实行产教结合，为本地区经济建设服务，与企业密切联系，培养实用人才和熟练劳动者。

职业学校、职业培训机构可以举办与职业教育有关的企业或者实习场所。

第二十四条 职业学校的设立，必须符合下列基本条件：

（一）有组织机构和章程；

（二）有合格的教师；

（三）有符合规定标准的教学场所、与职业教育相适应的设施、设备；

（四）有必备的办学资金和稳定的经费来源。

职业培训机构的设立，必须符合下列基本条件：

（一）有组织机构和管理制度；

（二）有与培训任务相适应的教师和管理人员；

（三）有与进行培训相适应的场所、设施、设备；

（四）有相应的经费。

职业学校和职业培训机构的设立、变更和终止，应当按照国家有关规定执行。

第二十五条 接受职业学校教育的学生，经学校考核合格，按照国家有关规定，发给学历证书。接受职业培训的学生，经培训的职业学校或者职业培训机构考核合格，按照国家有关规定，发给培训证书。

学历证书、培训证书按照国家有关规定，作为职业学校、职业培训机构的毕业生、结业生从业的凭证。

第四章　职业教育的保障条件

第二十六条　国家鼓励通过多种渠道依法筹集发展职业教育的资金。

第二十七条　省、自治区、直辖市人民政府应当制定本地区职业学校学生人数平均经费标准；国务院有关部门应当会同国务院财政部门制定本部门职业学校学生人数平均经费标准。职业学校举办者应当按照学生人数平均经费标准足额拨付职业教育经费。

各级人民政府、国务院有关部门用于举办职业学校和职业培训机构的财政性经费应当逐步增长。

任何组织和个人不得挪用、克扣职业教育的经费。

第二十八条　企业应当承担对本单位的职工和准备录用的人员进行职业教育的费用，具体办法由国务院有关部门会同国务院财政部门或者由省、自治区、直辖市人民政府依法规定。

第二十九条　企业未按本法第二十条的规定实施职业教育的，县级以上地方人民政府应当责令改正；拒不改正的，可以收取企业应当承担的职业教育经费，用于本地区的职业教育。

第三十条　省、自治区、直辖市人民政府按照教育法的有关规定决定开征的用于教育的地方附加费，可以专项或者安排一定比例用于职业教育。

第三十一条　各级人民政府可以将农村科学技术开发、技术推广的经费，适当用于农村职业培训。

第三十二条　职业学校、职业培训机构可以对接受中等、高等职业学校教育和职业培训的学生适当收取学费，对经济困难的学生和残疾学生应当酌情减免。收费办法由省、自治区、直辖市人民政府规定。

国家支持企业、事业组织、社会团体、其他社会组织及公民个人按照国家有关规定设立职业教育奖学金、贷学金，奖励学习成绩优秀的学生或者资助经济困难的学生。

第三十三条　职业学校、职业培训机构举办企业和从事社会服务的收入应当主要用于发展职业教育。

第三十四条　国家鼓励金融机构运用信贷手段，扶持发展职业教育。

第三十五条　国家鼓励企业、事业组织、社会团体、其他社会组织及公民个人对职业教育捐资助学，鼓励境外的组织和个人对职业教育提供资助和捐赠。提供的资助和捐赠，必须用于职业教育。

第三十六条　县级以上各级人民政府和有关部门应当将职业教育教师的培养和培训工作纳入教师队伍建设规划，保证职业教育教师队伍适应职业教育发展的需要。

职业学校和职业培训机构可以聘请专业技术人员、有特殊技能的人员和其他教育机构的教师担任兼职教师。有关部门和单位应当提供方便。

第三十七条　国务院有关部门、县级以上地方各级人民政府以及举办职业学校、职业培训机构的组织、公民个人，应当加强职业教育生产实习基地的建设。

企业、事业组织应当接纳职业学校和职业培训机构的实习和教师实习；对上岗实习的，应当给予适当的劳动报酬。

第三十八条　县级以上各级人民政府和有关部门应当建立、健全职业教育服务体系，加强职业教育教材的编辑、出版和发行工作。

第五章　附则

第三十九条　在职业教育活动中违反教育法规定的，应当依照教育法的有关规定给予处罚。

第四十条　本法自1996年9月1日起施行。

中华人民共和国高等教育法

（1998年8月29日第九届全国人民代表大会常务委员会第四次会议通过，自1999年1月1日起施行）

第一章　总则

第一条　为了发展高等教育事业，实施科教兴国战略，促进社会主义物质文明和精神文明建设，根据宪法和教育法，制定本法。

第二条　在中华人民共和国境内从事高等教育活动，适用本法。

本法所称高等教育，是指在完成高级中等教育基础上实施的教育。

第三条　国家坚持以马克思列宁主义、毛泽东思想、邓小平理论为指导，遵循宪法确定的基本原则，发展社会主义的高等教育事业。

第四条　高等教育必须贯彻国家的教育方针，为社会主义现代化建设服务，与生产劳动相结合，使受教育者成为德、智、体等方面全面发展的社会主义事业的建设者和接班人。

第五条　高等教育的任务是培养具有创新精神和实践能力的高级专门人才，发展科学技术文化，促进社会主义现代化建设。

第六条　国家根据经济建设和社会发展的需要，制定高等教育发展规划，举办高等学校，并采取多种形式积极发展高等教育事业。

国家鼓励企业事业组织、社会团体及其他社会组织和公民等社会力量依法举办高等学校，参与和支持高等教育事业的改革和发展。

第七条　国家按照社会主义现代化建设和发展社会主义市场经济的需要，根据不同类型、不同层次高等学校的实际，推进高等教育体制改革和高等教育教学改革，优化高等教育结构和资源配置，提高高等教育的质量和效益。

第八条　国家根据少数民族的特点和需要，帮助和支持少数民族地区发展高等教育事业，为少数民族培养高级专门人才。

第九条　公民依法享有接受高等教育的权利。

国家采取措施，帮助少数民族学生和经济困难的学生接受高等教育。

高等学校必须招收符合国家规定的录取标准的残疾学生入学，不得因其残疾而拒绝招收。

第十条 国家依法保障高等学校中的科学研究，文学艺术创作和其他文化活动的自由。

在高等学校中从事科学研究、文学艺术创作和其他文化活动，应当遵守法律。

第十一条 高等学校应当面向社会，依法自主办学，实行民主管理。

第十二条 国家鼓励高等学校之间、高等学校与科学研究机构以及企业事业组织之间开展协作，实行优势互补，提高教育资源的使用效益。

国家鼓励和支持高等教育事业的国际交流与合作。

第十三条 国务院统一领导和管理全国高等教育事业。

省、自治区、直辖市人民政府统筹协调本行政区域内的高等教育事业，管理主要为地方培养人才和国务院授权管理的高等学校。

第十四条 国务院教育行政部门主管全国高等教育工作，管理由国务院确定的主要为全国培养人才的高等学校。国务院其他有关部门在国务院规定的职责范围内，负责有关的高等教育工作。

第二章　高等教育基本制度

第十五条 高等教育包括学历教育和非学历教育。

高等教育采用全日制和非全日制教育形式。

国家支持采用广播、电视、函授及其他远程教育方式实施高等教育。

第十六条 高等学历教育分为专科教育、本科教育和研究生教育。

高等学历教育应当符合下列学业标准：

（一）专科教育应当使学生掌握本专业必备的基础理论、专门知识，具有从事本专业实际工作的基本技能和初步能力；

（二）本科教育应当使学生比较系统地掌握本学科、专业必需的基础理论、基本知识，掌握本专业必要的基本技能、方法和相关知识，具有从事本专业实际工作和研究工作的初步能力；

（三）硕士研究生教育应当使学生掌握本学科坚实的基础理论、系统的专业知识，掌握相应的技能、方法和相关知识，具有从事本专业实际工作和科学研究工作的能力。博士研究生教育应当使学生掌握本学科坚实宽广的基础理论、系统深入的专业知识、相应的技能和方法，具有独立从事本学科创造性科学研究工作和实际工作的能力。

第十七条 专科教育的基本修业年限为2至3年，本科教育的基本修业年限为4至5年，硕士研究生教育的基本修业年限为2至3年，博士研究生教育的基本修业年限为

3至4年。非全日制高等学历教育的修业年限应当适当延长。高等学校根据实际需要，报主管的教育行政部门批准，可以对本学校的修业年限作出调整。

第十八条 高等教育由高等学校和其他高等教育机构实施。

大学、独立设置的学院主要实施本科及本科以上教育。高等专科学校实施专科教育。经国务院教育行政部门批准，科学研究机构可以承担研究生教育的任务。

其他高等教育机构实施非学历高等教育。

第十九条 高级中等教育毕业或者具有同等学力的，经考试合格，由实施相应学历教育的高等学校录取，取得专科生或者本科生入学资格。

本科毕业或者具有同等学力的，经考试合格，由实施相应学历教育的高等学校或者经批准承担研究生教育任务的科学研究机构录取，取得硕士研究生入学资格。

硕士研究生毕业或者具有同等学力的，经考试合格，由实施相应学历教育的高等学校或者经批准承担研究生教育任务的科学研究机构录取，取得博士研究生入学资格。

允许特定学科和专业的本科毕业生直接取得博士研究生入学资格，具体办法由国务院教育行政部门规定。

第二十条 接受高等学历教育的学生，由所在高等学校或者经批准承担研究生教育任务的科学研究机构根据其修业年限、学业成绩等，按照国家有关规定，发给相应的学历证书或者其他学业证书。

接受非学历高等教育的学生，由所在高等学校或者其他高等教育机构发给相应的结业证书。结业证书应当载明修业年限和学业内容。

第二十一条 国家实行高等教育自学考试制度，经考试合格的，发给相应的学历证书或者其他学业证书。

第二十二条 国家实行学位制度。学位分为学士、硕士和博士。

公民通过接受高等教育或者自学，其学业水平达到国家规定的学位标准，可以向学位授予单位申请授予相应的学位。

第二十三条 高等学校和其他高等教育机构应当根据社会需要和自身办学条件，承担实施继续教育的工作。

第三章 高等学校的设立

第二十四条 设立高等学校，应当符合国家高等教育发展规划，符合国家利益和社会公共利益，不得以营利为目的。

第二十五条 设立高等学校，应当具备教育法规定的基本条件。

大学或者独立设置的学院还应当具有较强的教学、科学研究力量，较高的教学、科学研究水平和相应规模，能够实施本科及本科以上教育。大学还必须设有3个以上国家规定的学科门类为主要学科。设立高等学校的具体标准由国务院制定。

设立其他高等教育机构的具体标准，由国务院授权的有关部门或者省、自治区、直辖市人民政府根据国务院规定的原则制定。

第二十六条 设立高等学校，应当根据其层次、类型、所设学科类别、规模、教学和科学研究水平，使用相应的名称。

第二十七条 申请设立高等学校的，应当向审批机关提交下列材料：

（一）申办报告；

（二）可行性论证材料；

（三）章程；

（四）审批机关依照本法规定要求提供的其他材料。

第二十八条 高等学校的章程应当规定以下事项：

（一）学校名称、校址；

（二）办学宗旨；

（三）办学规模；

（四）学科门类的设置；

（五）教育形式；

（六）内部管理体制；

（七）经费来源、财产和财务制度；

（八）举办者与学校之间的权利、义务；

（九）章程修改程序；

（十）其他必须由章程规定的事项。

第二十九条 设立高等学校由国务院教育行政部门审批，其中设立实施专科教育的高等学校，经国务院授权，也可以由省、自治区、直辖市人民政府审批；设立其他高等教育机构，由国务院授权的有关部门或者省、自治区、直辖市人民政府审批。对不符合规定条件审批设立的高等学校和其他高等教育机构，国务院教育行政部门有权予以撤销。

审批高等学校的设立，应当聘请由专家组成的评议机构评议。

高等学校和其他高等教育机构分立、合并、终止，变更名称、类别和其他重要事项，由原审批机关审批；章程的修改，应当报原审批机关核准。

第四章　高等学校的组织和活动

第三十条 高等学校自批准设立之日起取得法人资格。高等学校的校长为高等学校的法定代表人。

高等学校在民事活动中依法享有民事权利，承担民事责任。

第三十一条 高等学校应当以培养人才为中心，开展教学、科学研究和社会服务，保证教育教学质量达到国家规定的标准。

第三十二条 高等学校根据社会需求、办学条件和国家核定的办学规模，制定招生方案，自主调节系科招生比例。

第三十三条 高等学校依法自主设置和调整学科、专业。

第三十四条 高等学校根据教学需要，自主制定教学计划、选编教材、组织实施教学活动。

第三十五条 高等学校根据自身条件，自主开展科学研究、技术开发和社会服务。

国家鼓励高等学校同企业事业组织、社会团体及其他社会组织在科学研究、技术开发和推广等方面进行多种形式的合作。

国家支持具备条件的高等学校成为国家科学研究基地。

第三十六条 高等学校按照国家有关规定，自主开展与境外高等学校之间的科学技术文化交流与合作。

第三十七条 高等学校根据实际需要和精简、效能的原则，自主确定教学、科学研究、行政职能部门等内部组织机构的设置和人员配备；按照国家有关规定，评聘教师和其他专业技术人员的职务，调整津贴及工资分配。

第三十八条 高等学校对举办者提供的财产、国家财政性资助、受捐赠财产依法自主管理和使用。

高等学校不得将用于教学和科学研究活动的财产挪作他用。

第三十九条 国家举办的高等学校实行中国共产党高等学校基层委员会领导下的校长负责制。中国共产党高等学校基层委员会按照中国共产党章程和有关规定，统一领导学校工作，支持校长独立负责地行使职权，其领导职责主要是：执行中国共产党的路线、方针、政策，坚持社会主义办学方向，领导学校的思想政治工作和德育工作，讨论决定学校内部组织机构的设置和内部组织机构负责人的人选，讨论决定学校的改革、发展和基本管理制度等重大事项，保证以培养人才为中心的各项任务的完成。

社会力量举办的高等学校的内部管理体制按照国家有关社会力量办学的规定确定。

第四十条 高等学校的校长，由符合教育法规定的任职条件的公民担任。高等学校的校长、副校长按照国家有关规定任免。

第四十一条 高等学校的校长全面负责本学校的教学、科学研究和其他行政管理工作，行使下列职权：

（一）拟订发展规划，制定具体规章制度和年度工作计划并组织实施；

（二）组织教学活动、科学研究和思想品德教育；

（三）拟订内部组织机构的设置方案，推荐副校长人选，任免内部组织机构的负责人；

（四）聘任与解聘教师以及内部其他工作人员，对学生进行学籍管理并实施奖励或者处分；

（五）拟订和执行年度经费预算方案，保护和管理校产，维护学校的合法权益；

（六）章程规定的其他职权。

高等学校的校长主持校长办公会议或者校务会议，处理前款规定的有关事项。

第四十二条 高等学校设立学术委员会，审议学科、专业的设置，教学、科学研究计划方案，评定教学、科学研究成果等有关学术事项。

第四十三条 高等学校通过以教师为主体的教职工代表大会等组织形式，依法保障教职工参与民主管理和监督，维护教职工合法权益。

第四十四条 高等学校的办学水平、教育质量，接受教育行政部门的监督和由其组织的评估。

第五章 高等学校教师和其他教育工作者

第四十五条 高等学校的教师及其他教育工作者享有法律规定的权利，履行法律规定的义务，忠诚于人民的教育事业。

第四十六条 高等学校实行教师资格制度。中国公民凡遵守宪法和法律，热爱教育事业，具有良好的思想品德，具备研究生或者大学本科毕业学历，有相应的教育教学能力，经认定合格，可以取得高等学校教师资格。不具备研究生或者大学本科毕业学历的公民，学有所长，通过国家教师资格考试，经认定合格，也可以取得高等学校教师资格。

第四十七条 高等学校实行教师职务制度。高等学校教师职务根据学校所承担的教学、科学研究等任务的需要设置。教师职务设助教、讲师、副教授、教授。

高等学校的教师取得前款规定的职务应当具备下列基本条件：

（一）取得高等学校教师资格；

（二）系统地掌握本学科的基础理论；

（三）具备相应职务的教育教学能力和科学研究能力；

（四）承担相应职务的课程和规定课时的教学任务。

教授、副教授除应当具备以上基本任职条件外，还应当对本学科具有系统而坚实的基础理论和比较丰富的教学、科学研究经验，教学成绩显著，论文或者著作达到较高水平或者有突出的教学、科学研究成果。

高等学校教师职务的具体任职条件由国务院规定。

第四十八条 高等学校实行教师聘任制。教师经评定具备任职条件的，由高等学校按照教师职务的职责、条件和任期聘任。

高等学校的教师的聘任，应当遵循双方平等自愿的原则，由高等学校校长与受聘教师签订聘任合同。

第四十九条 高等学校的管理人员，实行教育职员制度。高等学校的教学辅助人员及其他专业技术人员，实行专业技术职务聘任制度。

第五十条 国家保护高等学校教师及其他教育工作者的合法权益，采取措施改善高等学校教师及其他教育工作者的工作条件和生活条件。

第五十一条 高等学校应当为教师参加培训、开展科学研究和进行学术交流提供便利条件。

高等学校应当对教师、管理人员和教学辅助人员及其他专业技术人员的思想政治表现、职业道德、业务水平和工作实绩进行考核，考核结果作为聘任或者解聘、晋升、奖励或者处分的依据。

第五十二条 高等学校的教师、管理人员和教学辅助人员及其他专业技术人员，应当以教学和培养人才为中心做好本职工作。

第六章　高等学校的学生

第五十三条 高等学校的学生应当遵守法律、法规，遵守学生行为规范和学校的各项管理制度，尊敬师长，刻苦学习，增强体质，树立爱国主义、集体主义和社会主义思想，努力学习马克思列宁主义、毛泽东思想、邓小平理论，具有良好的思想品德，掌握较高的科学文化知识和专业技能。

高等学校学生的合法权益，受法律保护。

第五十四条 高等学校的学生应当按照国家规定缴纳学费。

家庭经济困难的学生，可以申请补助或者减免学费。

第五十五条 国家设立奖学金，并鼓励高等学校、企业事业组织、社会团体以及其他社会组织和个人按照国家有关规定设立各种形式的奖学金，对品学兼优的学生、国家规定的专业的学生以及到国家规定的地区工作的学生给予奖励。

国家设立高等学校学生勤工助学基金和贷学金，并鼓励高等学校、企业事业组织、社会团体以及其他社会组织和个人设立各种形式的助学金，对家庭经济困难的学生提供帮助。

获得贷学金及助学金的学生，应当履行相应的义务。

第五十六条 高等学校的学生在课余时间可以参加社会服务和勤工助学活动，但不得影响学业任务的完成。

高等学校应当对学生的社会服务和勤工助学活动给予鼓励和支持，并进行引导和管理。

第五十七条 高等学校的学生，可以在校内组织学生团体。学生团体在法律、法规规定的范围内活动，服从学校的领导和管理。

第五十八条 高等学校的学生思想品德合格，在规定的修业年限内学完规定的课程，成绩合格或者修满相应的学分，准予毕业。

第五十九条 高等学校应当为毕业生、结业生提供就业指导和服务。

国家鼓励高等学校毕业生到边远、艰苦地区工作。

第七章 高等教育投入和条件保障

第六十条 国家建立以财政拨款为主、其他多种渠道筹措高等教育经费为辅的体制，使高等教育事业的发展同经济、社会发展的水平相适应。

国务院和省、自治区、直辖市人民政府依照教育法第五十五条的规定，保证国家举办的高等教育的经费逐步增长。

国家鼓励企业事业组织、社会团体及其他社会组织和个人向高等教育投入。

第六十一条 高等学校的举办者应当保证稳定的办学经费来源，不得抽回其投入的办学资金。

第六十二条 国务院教育行政部门会同国务院其他有关部门根据在校学生年人均教育成本，规定高等学校年经费开支标准和筹措的基本原则；省、自治区、直辖市人民政府教育行政部门会同有关部门制订本行政区域内高等学校年经费开支标准和筹措办法，作为举办者和高等学校筹措办学经费的基本依据。

第六十三条 国家对高等学校进口图书资料、教学科研设备以及校办产业实行优惠政策。高等学校所办产业或者转让知识产权以及其他科学技术成果获得的收益，用于高等学校办学。

第六十四条 高等学校收取的学费应当按照国家有关规定管理和使用，其他任何组织和个人不得挪用。

第六十五条 高等学校应当依法建立、健全财务管理制度，合理使用、严格管理教育经费，提高教育投资效益。

高等学校的财务活动应当依法接受监督。

第八章　附则

第六十六条　对高等教育活动中违反教育法规定的，依照教育法的有关规定给予处罚。

第六十七条　中国境外个人符合国家规定的条件并办理有关手续后，可以进入中国境内高等学校学习、研究、进行学术交流或者任教，其合法权益受国家保护。

第六十八条　本法所称高等学校是指大学、独立设置的学院和高等专科学校，其中包括高等职业学校和成人高等学校。

本法所称其他高等教育机构是指除高等学校和经批准承担研究生教育任务的科学研究机构以外的从事高等教育活动的组织。

本法有关高等学校的规定适用于其他高等教育机构和经批准承担研究生教育任务的科学研究机构，但是对高等学校专门适用的规定除外。

第六十九条　本法自1999年1月1日起施行。

中华人民共和国民办教育促进法

（2002年12月28日第九届全国人民代表大会常务委员会第三十一次会议通过，自2003年9月1日起施行）

第一章　总　则

第一条　为实施科教兴国战略，促进民办教育事业的健康发展，维护民办学校和受教育者的合法权益，根据宪法和教育法制定本法。

第二条　国家机构以外的社会组织或者个人，利用非国家财政性经费，面向社会举办学校及其他教育机构的活动，适用本法。本法未作规定的，依照教育法和其他有关教育法律执行。

第三条　民办教育事业属于公益性事业，是社会主义教育事业的组成部分。

国家对民办教育实行积极鼓励、大力支持、正确引导、依法管理的方针。

各级人民政府应当将民办教育事业纳入国民经济和社会发展规划。

第四条　民办学校应当遵守法律、法规，贯彻国家的教育方针，保证教育质量，致力于培养社会主义建设事业的各类人才。

民办学校应当贯彻教育与宗教相分离的原则。任何组织和个人不得利用宗教进行妨碍国家教育制度的活动。

第五条　民办学校与公办学校具有同等的法律地位，国家保障民办学校的办学自主权。

国家保障民办学校举办者、校长、教职工和受教育者的合法权益。

第六条　国家鼓励捐资办学。

国家对为发展民办教育事业做出突出贡献的组织和个人，给予奖励和表彰。

第七条　国务院教育行政部门负责全国民办教育工作的统筹规划、综合协调和宏观管理。

国务院劳动和社会保障行政部门及其他有关部门在国务院规定的职责范围内分别负责有关的民办教育工作。

第八条　县级以上地方各级人民政府教育行政部门主管本行政区域内的民办教育工作。

县级以上地方各级人民政府劳动和社会保障行政部门及其他有关部门在各自的职责范围内，分别负责有关的民办教育工作。

第二章　设　立

第九条 举办民办学校的社会组织，应当具有法人资格。

举办民办学校的个人，应当具有政治权利和完全民事行为能力。

民办学校应当具备法人条件。

第十条 设立民办学校应当符合当地教育发展的需求，具备教育法和其他有关法律、法规规定的条件。

民办学校的设置标准参照同级同类公办学校的设置标准执行。

第十一条 举办实施学历教育、学前教育、自学考试助学及其他文化教育的民办学校，由县级以上人民政府教育行政部门按照国家规定的权限审批；举办实施以职业技能为主的职业资格培训、职业技能培训的民办学校，由县级以上人民政府劳动和社会保障行政部门按照国家规定的权限审批，并抄送同级教育行政部门备案。

第十二条 申请筹设民办学校，举办者应当向审批机关提交下列材料：

（一）申办报告，内容应当主要包括：举办者、培养目标、办学规模、办学层次、办学形式、办学条件、内部管理体制、经费筹措与管理使用等；

（二）举办者的姓名、住址或者名称、地址；

（三）资产来源、资金数额及有效证明文件，并载明产权；

（四）属捐赠性质的校产须提交捐赠协议，载明捐赠人的姓名、所捐资产的数额、用途和管理方法及相关有效证明文件。

第十三条 审批机关应当自受理筹设民办学校的申请之日起三十日内以书面形式作出是否同意的决定。

同意筹设的，发给筹设批准书。不同意筹设的，应当说明理由。

筹设期不得超过三年。超过三年的，举办者应当重新申报。

第十四条 申请正式设立民办学校的，举办者应当向审批机关提交下列材料：

（一）筹设批准书；

（二）筹设情况报告；

（三）学校章程、首届学校理事会、董事会或者其他决策机构组成人员名单；

（四）学校资产的有效证明文件；

（五）校长、教师、财会人员的资格证明文件。

第十五条 具备办学条件，达到设置标准的，可以直接申请正式设立，并应当提交本法第十二条和第十四条（三）、（四）、（五）项规定的材料。

第十六条 申请正式设立民办学校的，审批机关应当自受理之日起三个月内以书面形式作出是否批准的决定，并送达申请人；其中申请正式设立民办高等学校的，审批机关也可以自受理之日起六个月内以书面形式作出是否批准的决定，并送达申请人。

第十七条 审批机关对批准正式设立的民办学校发给办学许可证。

审批机关对不批准正式设立的，应当说明理由。

第十八条 民办学校取得办学许可证，并依照有关的法律、行政法规进行登记，登记机关应当按照有关规定即时予以办理。

第三章 学校的组织与活动

第十九条 民办学校应当设立学校理事会、董事会或者其他形式的决策机构。

第二十条 学校理事会或者董事会由举办者或者其代表、校长、教职工代表等人员组成。其中三分之一以上的理事或者董事应当具有五年以上教育教学经验。

学校理事会或者董事会由五人以上组成，设理事长或者董事长一人。理事长、理事或者董事长、董事名单报审批机关备案。

第二十一条 学校理事会或者董事会行使下列职权：

（一）聘任和解聘校长；

（二）修改学校章程和制定学校的规章制度；

（三）制定发展规划，批准年度工作计划；

（四）筹集办学经费，审核预算、决算；

（五）决定教职工的编制定额和工资标准；

（六）决定学校的分立、合并、终止；

（七）决定其他重大事项。

其他形式决策机构的职权参照本条规定执行。

第二十二条 民办学校的法定代表人由理事长、董事长或者校长担任。

第二十三条 民办学校参照同级同类公办学校校长任职的条件聘任校长，年龄可以适当放宽，并报审批机关核准。

第二十四条 民办学校校长负责学校的教育教学和行政管理工作，行使下列职权：

（一）执行学校理事会、董事会或者其他形式决策机构的决定；

（二）实施发展规划，拟订年度工作计划、财务预算和学校规章制度；

（三）聘任和解聘学校工作人员，实施奖惩；

（四）组织教育教学、科学研究活动，保证教育教学质量；

（五）负责学校日常管理工作；

（六）学校理事会、董事会或者其他形式决策机构的其他授权。

第二十五条 民办学校对招收的学生，根据其类别、修业年限、学业成绩，可以根据国家有关规定发给学历证书、结业证书或者培训合格证书。

对接受职业技能培训的学生，经政府批准的职业技能鉴定机构鉴定合格的，可以发给国家职业资格证书。

第二十六条 民办学校依法通过以教师为主体的教职工代表大会等形式，保障教职工参与民主管理和监督。

民办学校的教师和其他工作人员，有权依照工会法，建立工会组织，维护其合法权益。

第四章　教师与受教育者

第二十七条 民办学校的教师、受教育者与公办学校的教师、受教育者具有同等的法律地位。

第二十八条 民办学校聘任的教师，应当具有国家规定的任教资格。

第二十九条 民办学校应当对教师进行思想品德教育和业务培训。

第三十条 民办学校应当依法保障教职工的工资、福利待遇，并为教职工缴纳社会保险费。

第三十一条 民办学校教职工在业务培训、职务聘任、教龄和工龄计算、表彰奖励、社会活动等方面依法享有与公办学校教职工同等权利。

第三十二条 民办学校依法保障受教育者的合法权益。

民办学校按照国家规定建立学籍管理制度，对受教育者实施奖励或者处分。

第三十三条 民办学校的受教育者在升学、就业、社会优待以及参加先进评选等方面享有与同级同类公办学校的受教育者同等权利。

第五章　学校资产与财务管理

第三十四条 民办学校应当依法建立财务、会计制度和资产管理制度，并按照国家有关规定设置会计账簿。

第三十五条 民办学校对举办者投入民办学校的资产、国有资产、受赠的财产以及办学积累，享有法人财产权。

第三十六条 民办学校存续期间，所有资产由民办学校依法管理和使用，任何组织和个人不得侵占。

任何组织和个人都不得违反法律、法规向民办教育机构收取任何费用。

第三十七条 民办学校对接受学历教育的受教育者收取费用的项目和标准由学校制定，报有关部门批准并公示；对其他受教育者收取费用的项目和标准由学校制定，报有关部门备案并公示。

民办学校收取的费用应当主要用于教育教学活动和改善办学条件。

第三十八条 民办学校资产的使用和财务管理受审批机关和其他有关部门的监督。

民办学校应当在每个会计年度结束时制作财务会计报告，委托会计师事务所依法进行审计，并公布审计结果。

第六章　管理与监督

第三十九条 教育行政部门及有关部门应当对民办学校的教育教学工作、教师培训工作进行指导。

第四十条 教育行政部门及有关部门依法对民办学校实行督导，促进提高办学质量；组织或者委托社会中介组织评估办学水平和教育质量，并将评估结果向社会公布。

第四十一条 民办学校的招生简章和广告，应当报审批机关备案。

第四十二条 民办学校侵犯受教育者的合法权益，受教育者及其亲属有权向教育行政部门和其他有关部门申诉，有关部门应当及时予以处理。

第四十三条 国家支持和鼓励社会中介组织为民办学校提供服务。

第七章　扶持与奖励

第四十四条 县级以上各级人民政府可以设立专项资金，用于资助民办学校的发展，奖励和表彰有突出贡献的集体和个人。

第四十五条 县级以上各级人民政府可以采取经费资助，出租、转让闲置的国有资产等措施对民办学校予以扶持。

第四十六条 民办学校享受国家规定的税收优惠政策。

第四十七条 民办学校依照国家有关法律、法规，可以接受公民、法人或者其他组织的捐赠。

国家对向民办学校捐赠财产的公民、法人或者其他组织按照有关规定给予税收优惠，并予以表彰。

第四十八条 国家鼓励金融机构运用信贷手段，支持民办教育事业的发展。

第四十九条 人民政府委托民办学校承担义务教育任务，应当按照委托协议拨付相应的教育经费。

第五十条 新建、扩建民办学校，人民政府应当按照公益事业用地及建设的有关规定给予优惠。教育用地不得用于其他用途。

第五十一条 民办学校在扣除办学成本、预留发展基金以及按照国家有关规定提取其他的必需的费用后，出资人可以从办学结余中取得合理回报。取得合理回报的具体办法由国务院规定。

第五十二条 国家采取措施，支持和鼓励社会组织和个人到少数民族地区、边远贫困地区举办民办学校，发展教育事业。

第八章　变更与终止

第五十三条 民办学校的分立、合并，在进行财务清算后，由学校理事会或者董事会报审批机关批准。

申请分立、合并民办学校的，审批机关应当自受理之日起三个月内以书面形式答复；其中申请分立、合并民办高等学校的，审批机关也可以自受理之日起六个月内以书面形式答复。

第五十四条 民办学校举办者的变更，须由举办者提出，在进行财务清算后，经学校理事会或者董事会同意，报审批机关核准。

第五十五条 民办学校名称、层次、类别的变更，由学校理事会或者董事会报审批机关批准。

申请变更为其他民办学校，审批机关应当自受理之日起三个月内以书面形式答复；其中申请变更为民办高等学校的，审批机关也可以自受理之日起六个月内以书面形式答复。

第五十六条 民办学校有下列情形之一的，应当终止：

（一）根据学校章程规定要求终止，并经审批机关批准的；

（二）被吊销办学许可证的；

（三）因资不抵债无法继续办学的。

第五十七条 民办学校终止时，应当妥善安置在校学生。实施义务教育的民办学校终止时，审批机关应当协助学校安排学生继续就学。

第五十八条 民办学校终止时，应当依法进行财务清算。

民办学校自己要求终止的，由民办学校组织清算；被审批机关依法撤销的，由审批机关组织清算；因资不抵债无法继续办学而被终止的，由人民法院组织清算。

第五十九条 对民办学校的财产按照下列顺序清偿：

（一）应退受教育者学费、杂费和其他费用；

（二）应发教职工的工资及应缴纳的社会保险费用；

（三）偿还其他债务。

民办学校清偿上述债务后的剩余财产，按照有关法律、行政法规的规定处理。

第六十条 终止的民办学校，由审批机关收回办学许可证和销毁印章，并注销登记。

第九章 法律责任

第六十一条 民办学校在教育活动中违反教育法、教师法规定的，依照教育法、教师法的有关规定给予处罚。

第六十二条 民办学校有下列行为之一的，由审批机关或者其他有关部门责令限期改正，并予以警告；有违法所得的，退还所收费用后没收违法所得；情节严重的，责令停止招生、吊销办学许可证；构成犯罪的，依法追究刑事责任：

（一）擅自分立、合并民办学校的；

（二）擅自改变民办学校名称、层次、类别和举办者的；

（三）发布虚假招生简章或者广告，骗取钱财的；

（四）非法颁发或者伪造学历证书、结业证书、培训证书、职业资格证书的；

（五）管理混乱严重影响教育教学，产生恶劣社会影响的；

（六）提交虚假证明文件或者采取其他欺诈手段隐瞒重要事实骗取办学许可证的；

（七）伪造、变造、买卖、出租、出借办学许可证的；

（八）恶意终止办学、抽逃资金或者挪用办学经费的。

第六十三条 审批机关和有关部门有下列行为之一的，由上级机关责令其改正；情节严重的，对直接负责的主管人员和其他直接责任人员，依法给予行政处分；造成经济损失的，依法承担赔偿责任；构成犯罪的，依法追究刑事责任：

（一）已受理设立申请，逾期不予答复的；

（二）批准不符合本法规定条件申请的；

（三）疏于管理，造成严重后果的；

（四）违反国家有关规定收取费用的；

（五）侵犯民办学校合法权益的；

（六）其他滥用职权、徇私舞弊的。

第六十四条 社会组织和个人擅自举办民办学校的，由县级以上人民政府的有关行政部门责令限期改正，符合本法及有关法律规定的民办学校条件的，可以补办审批手续；逾期仍达不到办学条件的，责令停止办学，造成经济损失的，依法承担赔偿责任。

第十章　附则

第六十五条 本法所称的民办学校包括依法举办的其他民办教育机构。

本法所称的校长包括其他民办教育机构的主要行政负责人。

第六十六条 在工商行政管理部门登记注册的经营性的民办培训机构的管理办法，由国务院另行规定。

第六十七条 境外的组织和个人在中国境内合作办学的办法，由国务院规定。

第六十八条 本法自2003年9月1日起施行。1997年7月31日国务院颁布的《社会力量办学条例》同时废止。

中华人民共和国教师法

（1993年10月31日第八届全国人民代表大会常务委员会第四次会议通过，自1994年1月1日起施行。根据2009年8月27日第十一届全国人民代表大会常务委员会第十次会议《关于修改部分法律的决定》修正）

第一章　总则

第一条　为了保障教师的合法权益，建设具有良好思想品德修养和业务素质的教师队伍，促进社会主义教育事业的发展，制定本法。

第二条　本法适用于在各级各类学校和其他教育机构中专门从事教育教学工作的教师。

第三条　教师是履行教育教学职责的专业人员，承担教书育人，培养社会主义事业建设者和接班人、提高民族素质的使命。教师应当忠诚于人民的教育事业。

第四条　各级人民政府应当采取措施，加强教师的思想政治教育和业务培训，改善教师的工作条件和生活条件，保障教师的合法权益，提高教师的社会地位。

全社会都应当尊重教师。

第五条　国务院教育行政部门主管全国的教师工作。

国务院有关部门在各自职权范围内负责有关的教师工作。

学校和其他教育机构根据国家规定，自主进行教师管理工作。

第六条　每年9月10日为教师节。

第二章　权利和义务

第七条　教师享有下列权利：

（一）进行教育教学活动，开展教育教学改革和实验；

（二）从事科学研究、学术交流，参加专业的学术团体，在学术活动中充分发表意见；

（三）指导学生的学习和发展，评定学生的品行和学业成绩；

（四）按时获取工资报酬，享受国家规定的福利待遇以及寒暑假期的带薪休假；

（五）对学校教育教学、管理工作和教育行政部门的工作提出意见和建议，通过教职工代表大会或者其他形式，参与学校的民主管理；

（六）参加进修或者其他方式的培训。

第八条 教师应当履行下列义务：

（一）遵守宪法、法律和职业道德，为人师表；

（二）贯彻国家的教育方针，遵守规章制度，执行学校的教学计划，履行教师聘约，完成教育教学工作任务；

（三）对学生进行宪法所确定的基本原则的教育和爱国主义、民族团结的教育，法制教育以及思想品德、文化、科学技术教育，组织、带领学生开展有益的社会活动；

（四）关心、爱护全体学生，尊重学生人格，促进学生在品德、智力、体质等方面全面发展；

（五）制止有害于学生的行为或者其他侵犯学生合法权益的行为，批评和抵制有害于学生健康成长的现象；

（六）不断提高思想政治觉悟和教育教学业务水平。

第九条 为保障教师完成教育教学任务，各级人民政府、教育行政部门、有关部门、学校和其他教育机构应当履行下列职责：

（一）提供符合国家安全标准的教育教学设施和设备；

（二）提供必需的图书、资料及其他教育教学用品；

（三）对教师在教育教学、科学研究中的创造性工作给以鼓励和帮助；

（四）支持教师制止有害于学生的行为或者其他侵犯学生合法权益的行为。

第三章 资格和任用

第十条 国家实行教师资格制度。

中国公民凡遵守宪法和法律，热爱教育事业，具有良好的思想品德，具备本法规定的学历或者经国家教师资格考试合格，有教育教学能力，经认定合格的，可以取得教师资格。

第十一条 取得教师资格应当具备的相应学历是：

（一）取得幼儿园教师资格，应当具备幼儿师范学校毕业及其以上学历；

（二）取得小学教师资格，应当具备中等师范学校毕业及其以上学历；

（三）取得初级中学教师，初级职业学校文化、专业课教师资格，应当具备高等师范专科学校或者其他大学专科毕业及其以上学历；

（四）取得高级中学教师资格和中等专业学校、技工学校、职业高中文化课、专业课教师资格，应当具备高等师范院校本科或者其他大学本科毕业及其以上学历；取得中等专业学校、技工学校和职业高中学生实习指导教师资格应当具备的学历，由国务院教育行政部门规定；

（五）取得高等学校教师资格，应当具备研究生或者大学本科毕业学历；

（六）取得成人教育教师资格，应当按照成人教育的层次、类别，分别具备高等、中等学校毕业及其以上学历。

不具备本法规定的教师资格学历的公民，申请获取教师资格，必须通过国家教师资格考试。国家教师资格考试制度由国务院规定。

第十二条　本法实施前已经在学校或者其他教育机构中任教的教师，未具备本法规定学历的，由国务院教育行政部门规定教师资格过渡办法。

第十三条　中小学教师资格由县级以上地方人民政府教育行政部门认定。中等专业学校、技工学校的教师资格由县级以上地方人民政府教育行政部门组织有关主管部门认定。普通高等学校的教师资格由国务院或者省、自治区、直辖市教育行政部门或者由其委托的学校认定。

具备本法规定的学历或者经国家教师资格考试合格的公民，要求有关部门认定其教师资格的，有关部门应当依照本法规定的条件予以认定。

取得教师资格的人员首次任教时，应当有试用期。

第十四条　受到剥夺政治权利或者故意犯罪受到有期徒刑以上刑事处罚的，不能取得教师资格；已经取得教师资格的，丧失教师资格。

第十五条　各级师范学校毕业生，应当按照国家有关规定从事教育教学工作。

国家鼓励非师范高等学校毕业生到中小学或者职业学校任教。

第十六条　国家实行教师职务制度，具体办法由国务院规定。

第十七条　学校和其他教育机构应当逐步实行教师聘任制。教师的聘任应当遵循双方地位平等的原则，由学位和教师签订聘任合同，明确规定双方的权利、义务和责任。

实施教师聘任制的步骤、办法由国务院教育行政部门规定。

第四章　培养和培训

第十八条　各级人民政府和有关部门应当办好师范教育，并采取措施，鼓励优秀青年进入各级师范学校学习。各级教师进修学校承担培训中小学教师的任务。

非师范学校应当承担培养和培训中小学教师的任务。

各级师范学校学生享受专业奖学金。

第十九条　各级人民政府教育行政部门、学校主管部门和学校应当制定教师培训规划，对教师进行多种形式的思想政治、业务培训。

第二十条 国家机关、企业事业单位和其他社会组织应当为教师的社会调查和社会实践提供方便，给予协助。

第二十一条 各级人民政府应当采取措施，为少数民族地区和边远贫困地区培养、培训教师。

第五章 考核

第二十二条 学校或者其他教育机构应当对教师的政治思想、业务水平、工作态度和工作成绩进行考核。

教育行政部门对教师的考核工作进行指导、监督。

第二十三条 考核应当客观、公正、准确，充分听取教师本人、其他教师以及学生的意见。

第二十四条 教师考核结果是受聘任教、晋升工资、实施奖惩的依据。

第六章 待遇

第二十五条 教师的平均工资水平应当不低于或者高于国家公务员的平均工资水平，并逐步提高。建立正常晋级增薪制度，具体办法由国务院规定。

第二十六条 中小学教师和职业学校教师享受教龄津贴和其他津贴，具体办法由国务院教育行政部门会同有关部门制定。

第二十七条 地方各级人民政府对教师以及具有中专以上学历的毕业生到少数民族地区和边远贫困地区从事教育教学工作的，应当予以补贴。

第二十八条 地方各级人民政府和国务院有关部门，对城市教师住房的建设、租赁、出售实行优先、优惠。

县、乡两级人民政府应当为农村中小学教师解决住房提供方便。

第二十九条 教师的医疗同当地国家公务员享受同等的待遇；定期对教师进行身体健康检查，并因地制宜安排教师进行休养。

医疗机构应当对当地教师的医疗提供方便。

第三十条 教师退休或者退职后，享受国家规定的退休或者退职待遇。

县级以上地方人民政府可以适当提高长期从事教育教学工作的中小学退休教师的退休金比例。

第三十一条 各级人民政府应当采取措施，改善国家补助、集体支付工资的中小学教师的待遇，逐步做到在工资收入上与国家支付工资的教师同工同酬，具体办法由地方各级人民政府根据本地区的实际情况规定。

第三十二条 社会力量所办学校的教师的待遇，由举办者自行确定并予以保障。

第七章 奖励

第三十三条 教师在教育教学、培养人才、科学研究、教学改革、学校建设、社会服务、勤工俭学等方面成绩优异的，由所在学校予以表彰、奖励。

国务院和地方各级人民政府及其有关部门对有突出贡献的教师，应当予以表彰、奖励。

对有重大贡献的教师，依照国家有关规定授予荣誉称号。

第三十四条 国家支持和鼓励社会组织或者个人向依法成立的奖励教师的基金组织捐助资金，对教师进行奖励。

第八章 法律责任

第三十五条 侮辱、殴打教师的，根据不同情况，分别给予行政处分或者行政处罚；造成损害的，责令赔偿损失；情节严重，构成犯罪的，依法追究刑事责任。

第三十六条 对依法提出申诉、控告、检举的教师进行打击报复的，由其所在单位或者上级机关责令改正；情节严重的，可以根据具体情况给予行政处分。

国家工作人员对教师打击报复构成犯罪的，依照刑法有关规定追究刑事责任。

第三十七条 教师有下列情形之一的，由所在学校、其他教育机构或者教育行政部门给予行政处分或者解聘：

（一）故意不完成教育教学任务给教育教学工作造成损失的；

（二）体罚学生，经教育不改的；

（三）品行不良、侮辱学生，影响恶劣的。

教师有前款第（二）项、第（三）项所列情形之一，情节严重，构成犯罪的，依法追究刑事责任。

第三十八条 地方人民政府对违反本法规定，拖欠教师工资或者侵犯教师其他合法权益的，应当责令其限期改正。

违反国家财政制度、财务制度，挪用国家财政用于教育的经费，严重妨碍教育教学工作，拖欠教师工资，损害教师合法权益的，由上级机关责令限期归还被挪用的经费，并对直接责任人员给予行政处分；情节严重，构成犯罪的，依法追究刑事责任。

第三十九条 教师对学校或者其他教育机构侵犯其合法权益的，或者对学校或者其他教育机构作出的处理不服的，可以向教育行政部门提出申诉，教育行政部门应当在接到申诉的30日内，作出处理。

教师认为当地人民政府有关行政部门侵犯其根据本法规定享有的权利的，可以向同级人民政府或者上一级人民政府有关部门提出申诉，同级人民政府或者上一级人民政府有关部门应当作出处理。

第九章 附则

第四十条 本法下列用语的含义是：

（一）各级各类学校，是指实施学前教育、普通初等教育、普通中等教育、职业教育、普通高等教育以及特殊教育、成人教育的学校。

（二）其他教育机构，是指少年宫以及地方教研室、电化教育机构等

（三）中小学教师，是指幼儿园、特殊教育机构、普通中小学、成人初等中等教育机构、职业中学以及其他教育机构的教师。

第四十一条 学校和其他教育机构中的教育教学辅助人员，其他类型的学校的教师和教育教学辅助人员，可以根据实际情况参照本法的有关规定执行。

军队所属院校的教师和教育教学辅助人员，由中央军事委员会依照本法制定有关规定。

第四十二条 外籍教师的聘任办法由国务院教育行政部门规定。

第四十三条 本法自1994年1月1日起施行。

中华人民共和国学位条例

（1980年2月12日第五届全国人民代表大会常务委员会第十三次会议通过，2004年8月28日第十届全国人民代表大会常务委员会第十一次会议修正，自1981年1月1日起施行）

第一条 为了促进我国科学专门人才的成长，促进各门学科学术水平的提高和教育、科学事业的发展，以适应社会主义现代化建设的需要，特制定本条例。

第二条 凡是拥护中国共产党的领导、拥护社会主义制度，具有一定学术水平的公民，都可以按照本条例的规定申请相应的学位。

第三条 学位分学士、硕士、博士三级。

第四条 高等学校本科毕业生，成绩优良，达到下述学术水平者，授予学士学位：

（一）较好地掌握本门学科的基础理论、专门知识和基本技能；

（二）具有从事科学研究工作或担负专门技术工作的初步能力。

第五条 高等学校和科学研究机构的研究生，或具有研究生毕业同等学力的人员，通过硕士学位的课程考试和论文答辩，成绩合格，达到下述学术水平者，授予硕士学位：

（一）在本门学科上掌握坚实的基础理论和系统的专门知识；

（二）具有从事科学研究工作或独立担负专门技术工作的能力。

第六条 高等学校和科学研究机构的研究生，或具有研究生毕业同等学力的人员，通过博士学位的课程考试和论文答辩，成绩合格，达到下述学术水平者，授予博士学位：

（一）在本门学科上掌握坚实宽广的基础理论和系统深入的专门知识；

（二）具有独立从事科学研究工作的能力；

（三）在科学或专门技术上做出创造性的成果。

第七条 国务院设立学位委员会，负责领导全国学位授予工作。学位委员会设主任委员一人，副主任委员和委员若干人。主任委员、副主任委员和委员由国务院任免。

第八条 学士学位，由国务院授权的高等学校授予；硕士学位、博士学位，由国务院授权的高等学校和科学研究机构授予。

授予学位的高等学校和科学研究机构（以下简称学位授予单位）及其可以授予学位的学科名单，由国务院学位委员会提出，经国务院批准公布。

第九条 学位授予单位，应当设立学位评定委员会，并组织有关学科的学位论文答辩委员会。

学位论文答辩委员会必须有外单位的有关专家参加，其组成人员由学位授予单位遴选决定。学位评定委员会组成人员名单由学位授予单位确定，报国务院有关部门和国务院学位委员会备案。

第十条 学位论文答辩委员会负责审查硕士和博士学位论文、组织答辩，就是否授予硕士学位或博士学位作出决议。决议以不记名投票方式，经全体成员三分之二以上通过，报学位评定委员会。

学位评定委员会负责审查通过学士学位获得者的名单；负责对学位论文答辩委员会报请授予硕士学位或博士学位的决议，作出是否批准的决定。决定以不记名投票方式，经全体成员过半数通过。决定授予硕士学位或博士学位的名单，报国务院学位委员会备案。

第十一条 学位授予单位，在学位评定委员会作出授予学位的决议后，发给学位获得者相应的学位证书。

第十二条 非学位授予单位应届毕业的研究生，由原单位推荐，可以就近向学位授予单位申请学位。经学位授予单位审查同意，通过论文答辩，达到本条例规定的学术水平者，授予相应的学位。

第十三条 对于在科学或专门技术上有重要的著作、发明、发现或发展者，经有关专家推荐，学位授予单位同意，可以免除考试，直接参加博士学位论文答辩。对于通过论文答辩者，授予博士学位。

第十四条 对于国内外卓越的学者或著名的社会活动家，经学位授予单位提名，国务院学位委员会批准，可以授予名誉博士学位。

第十五条 在我国学习的外国留学生和从事研究工作的外国学者，可以向学位授予单位申请学位。对于具有本条例规定的学术水平者，授予相应的学位。

第十六条 非学位授予单位和学术团体对于授予学位的决议和决定持有不同意见时，可以向学位授予单位或国务院学位委员会提出异议。学位授予单位和国务院学位委员会应当对提出的异议进行研究和处理。

第十七条 学位授予单位对于已经授予的学位，如发现有舞弊作伪等严重违反本条例规定的情况，经学位评定委员会复议，可以撤销。

第十八条 国务院对于已经批准授予学位的单位，在确认其不能保证所授学位的学术水平时，可以停止或撤销其授予学位的资格。

第十九条 本条例的实施办法，由国务院学位委员会制定，报国务院批准。

第二十条 本条例自1981年1月1日起施行。

中华人民共和国国家通用语言文字法

（2000年10月31日第九届全国人民代表大会常务委员会第十八次会议通过，自2001年1月1日起施行）

第一章　总则

第一条　为推动国家通用语言文字的规范化、标准化及其健康发展，使国家通用语言文字在社会生活中更好地发挥作用，促进各民族、各地区经济文化交流，根据宪法，制定本法。

第二条　本法所称的国家通用语言文字是普通话和规范汉字。

第三条　国家推广普通话，推行规范汉字。

第四条　公民有学习和使用国家通用语言文字的权利。

国家为公民学习和使用国家通用语言文字提供条件。

地方各级人民政府及其有关部门应当采取措施，推广普通话和推行规范汉字。

第五条　国家通用语言文字的使用应当有利于维护国家主权和民族尊严，有利于国家统一和民族团结，有利于社会主义物质文明建设和精神文明建设。

第六条　国家颁布国家通用语言文字的规范和标准，管理国家通用语言文字的社会应用，支持国家通用语言文字的教学和科学研究，促进国家通用语言文字的规范、丰富和发展。

第七条　国家奖励为国家通用语言文字事业做出突出贡献的组织和个人。

第八条　各民族都有使用和发展自己的语言文字的自由。

少数民族语言文字的使用依据宪法、民族区域自治法及其他法律的有关规定。

第二章　国家通用语言文字的使用

第九条　国家机关以普通话和规范汉字为公务用语用字。法律另有规定的除外。

第十条　学校及其他教育机构以普通话和规范汉字为基本的教育教学用语用字。法律另有规定的除外。

学校及其他教育机构通过汉语文课程教授普通话和规范汉字。使用的汉语文教材，应当符合国家通用语言文字的规范和标准。

第十一条 汉语文出版物应当符合国家通用语言文字的规范和标准。

汉语文出版物中需要使用外国语言文字的，应当用国家通用语言文字作必要的注释。

第十二条 广播电台、电视台以普通话为基本的播音用语。

需要使用外国语言为播音用语的，须经国务院广播电视部门批准。

第十三条 公共服务行业以规范汉字为基本的服务用字。因公共服务需要，招牌、广告、告示、标志牌等使用外国文字并同时使用中文的，应当使用规范汉字。

提倡公共服务行业以普通话为服务用语。

第十四条 下列情形，应当以国家通用语言文字为基本的用语用字：

（一）广播、电影、电视用语用字；

（二）公共场所的设施用字；

（三）招牌、广告用字；

（四）企业事业组织名称；

（五）在境内销售的商品的包装、说明。

第十五条 信息处理和信息技术产品中使用的国家通用语言文字应当符合国家的规范和标准。

第十六条 本章有关规定中，有下列情形的，可以使用方言：

（一）国家机关的工作人员执行公务时确需使用的；

（二）经国务院广播电视部门或省级广播电视部门批准的播音用语；

（三）戏曲、影视等艺术形式中需要使用的；

（四）出版、教学、研究中确需使用的。

第十七条 本章有关规定中，有下列情形的，可以保留或使用繁体字、异体字：

（一）文物古迹；

（二）姓氏中的异体字；

（三）书法、篆刻等艺术作品；

（四）题词和招牌的手书字；

（五）出版、教学、研究中需要使用的；

（六）经国务院有关部门批准的特殊情况。

第十八条 国家通用语言文字以《汉语拼音方案》作为拼写和注音工具。

《汉语拼音方案》是中国人名、地名和中文文献罗马字母拼写法的统一规范，并用于汉字不便或不能使用的领域。

初等教育应当进行汉语拼音教学。

第十九条 凡以普通话作为工作语言的岗位，其工作人员应当具备说普通话的能力。

以普通话作为工作语言的播音员、节目主持人和影视话剧演员、教师、国家机关工作人员的普通话水平，应当分别达到国家规定的等级标准；对尚未达到国家规定的普通话等级标准的，分别情况进行培训。

第二十条 对外汉语教学应当教授普通话和规范汉字。

第三章 管理和监督

第二十一条 国家通用语言文字工作由国务院语言文字工作部门负责规划指导、管理监督。

国务院有关部门管理本系统的国家通用语言文字的使用。

第二十二条 地方语言文字工作部门和其他有关部门，管理和监督本行政区域内的国家通用语言文字的使用。

第二十三条 县级以上各级人民政府工商行政管理部门依法对企业名称、商品名称以及广告的用语用字进行管理和监督。

第二十四条 国务院语言文字工作部门颁布普通话水平测试等级标准。

第二十五条 外国人名、地名等专有名词和科学技术术语译成国家通用语言文字，由国务院语言文字工作部门或者其他有关部门组织审定。

第二十六条 违反本法第二章有关规定，不按照国家通用语言文字的规范和标准使用语言文字的，公民可以提出批评和建议。

本法第十九条第二款规定的人员用语违反本法第二章有关规定的，有关单位应当对直接责任人员进行批评教育；拒不改正的，由有关单位作出处理。

城市公共场所的设施和招牌、广告用字违反本法第二章有关规定的，由有关行政管理部门责令改正；拒不改正的，予以警告，并督促其限期改正。

第二十七条 违反本法规定，干涉他人学习和使用国家通用语言文字的，由有关行政管理部门责令限期改正，并予以警告。

第四章 附则

第二十八条 本法自2001年1月1日起施行。

三　与教育有重要关系的法律

中华人民共和国未成年人保护法

（1991年9月4日第七届全国人民代表大会常务委员会第二十一次会议通过，2006年12月29日第十届全国人民代表大会常务委员会第二十五次会议修订，自2007年6月1日起施行）

第一章　总则

第一条　为了保护未成年人的身心健康，保障未成年人的合法权益，促进未成年人在品德、智力、体质等方面全面发展，培养有理想、有道德、有文化、有纪律的社会主义建设者和接班人，根据宪法，制定本法。

第二条　本法所称未成年人是指未满十八周岁的公民。

第三条　未成年人享有生存权、发展权、受保护权、参与权等权利，国家根据未成年人身心发展特点给予特殊、优先保护，保障未成年人的合法权益不受侵犯。

未成年人享有受教育权，国家、社会、学校和家庭尊重和保障未成年人的受教育权。

未成年人不分性别、民族、种族、家庭财产状况、宗教信仰等，依法平等地享有权利。

第四条　国家、社会、学校和家庭对未成年人进行理想教育、道德教育、文化教育、纪律和法制教育，进行爱国主义、集体主义和社会主义的教育，提倡爱祖国、爱人民、爱劳动、爱科学、爱社会主义的公德，反对资本主义的、封建主义的和其他的腐朽思想的侵蚀。

第五条　保护未成年人的工作，应当遵循下列原则：

（一）尊重未成年人的人格尊严；

（二）适应未成年人身心发展的规律和特点；

（三）教育与保护相结合。

第六条　保护未成年人，是国家机关、武装力量、政党、社会团体、企业事业组织、城乡基层群众性自治组织、未成年人的监护人和其他成年公民的共同责任。

对侵犯未成年人合法权益的行为，任何组织和个人都有权予以劝阻、制止或者向有关部门提出检举或者控告。

国家、社会、学校和家庭应当教育和帮助未成年人维护自己的合法权益，增强自我保护的意识和能力，增强社会责任感。

第七条 中央和地方各级国家机关应当在各自的职责范围内做好未成年人保护工作。

国务院和地方各级人民政府领导有关部门做好未成年人保护工作；将未成年人保护工作纳入国民经济和社会发展规划以及年度计划，相关经费纳入本级政府预算。

国务院和省、自治区、直辖市人民政府采取组织措施，协调有关部门做好未成年人保护工作。具体机构由国务院和省、自治区、直辖市人民政府规定。

第八条 共产主义青年团、妇女联合会、工会、青年联合会、学生联合会、少年先锋队以及其他有关社会团体，协助各级人民政府做好未成年人保护工作，维护未成年人的合法权益。

第九条 各级人民政府和有关部门对保护未成年人有显著成绩的组织和个人，给予表彰和奖励。

第二章　家庭保护

第十条 父母或者其他监护人应当创造良好、和睦的家庭环境，依法履行对未成年人的监护职责和抚养义务。

禁止对未成年人实施家庭暴力，禁止虐待、遗弃未成年人，禁止溺婴和其他残害婴儿的行为，不得歧视女性未成年人或者有残疾的未成年人。

第十一条 父母或者其他监护人应当关注未成年人的生理、心理状况和行为习惯，以健康的思想、良好的品行和适当的方法教育和影响未成年人，引导未成年人进行有益身心健康的活动，预防和制止未成年人吸烟、酗酒、流浪、沉迷网络以及赌博、吸毒、卖淫等行为。

第十二条 父母或者其他监护人应当学习家庭教育知识，正确履行监护职责，抚养教育未成年人。

有关国家机关和社会组织应当为未成年人的父母或者其他监护人提供家庭教育指导。

第十三条 父母或者其他监护人应当尊重未成年人受教育的权利，必须使适龄未成年人依法入学接受并完成义务教育，不得使接受义务教育的未成年人辍学。

第十四条 父母或者其他监护人应当根据未成年人的年龄和智力发展状况，在作出与未成年人权益有关的决定时告知其本人，并听取他们的意见。

第十五条 父母或者其他监护人不得允许或者迫使未成年人结婚，不得为未成年人订立婚约。

第十六条 父母因外出务工或者其他原因不能履行对未成年人监护职责的，应当委托有监护能力的其他成年人代为监护。

第三章 学校保护

第十七条 学校应当全面贯彻国家的教育方针，实施素质教育，提高教育质量，注重培养未成年学生独立思考能力、创新能力和实践能力，促进未成年学生全面发展。

第十八条 学校应当尊重未成年学生受教育的权利，关心、爱护学生，对品行有缺点、学习有困难的学生，应当耐心教育、帮助，不得歧视，不得违反法律和国家规定开除未成年学生。

第十九条 学校应当根据未成年学生身心发展的特点，对他们进行社会生活指导、心理健康辅导和青春期教育。

第二十条 学校应当与未成年学生的父母或者其他监护人互相配合，保证未成年学生的睡眠、娱乐和体育锻炼时间，不得加重其学习负担。

第二十一条 学校、幼儿园、托儿所的教职员工应当尊重未成年人的人格尊严，不得对未成年人实施体罚、变相体罚或者其他侮辱人格尊严的行为。

第二十二条 学校、幼儿园、托儿所应当建立安全制度，加强对未成年人的安全教育，采取措施保障未成年人的人身安全。

学校、幼儿园、托儿所不得在危及未成年人人身安全、健康的校舍和其他设施、场所中进行教育教学活动。

学校、幼儿园安排未成年人参加集会、文化娱乐、社会实践等集体活动，应当有利于未成年人的健康成长，防止发生人身安全事故。

第二十三条 教育行政等部门和学校、幼儿园、托儿所应当根据需要，制定应对各种灾害、传染性疾病、食物中毒、意外伤害等突发事件的预案，配备相应设施并进行必要的演练，增强未成年人的自我保护意识和能力。

第二十四条 学校对未成年学生在校内或者本校组织的校外活动中发生人身伤害事故的，应当及时救护，妥善处理，并及时向有关主管部门报告。

第二十五条 对于在学校接受教育的有严重不良行为的未成年学生，学校和父母或者其他监护人应当互相配合加以管教；无力管教或者管教无效的，可以按照有关规定将其送专门学校继续接受教育。

依法设置专门学校的地方人民政府应当保障专门学校的办学条件，教育行政部门应当加强对专门学校的管理和指导，有关部门应当给予协助和配合。

专门学校应当对在校就读的未成年学生进行思想教育、文化教育、纪律和法制教育、劳动技术教育和职业教育。

专门学校的教职员工应当关心、爱护、尊重学生，不得歧视、厌弃。

第二十六条 幼儿园应当做好保育、教育工作，促进幼儿在体质、智力、品德等方面和谐发展。

第四章 社会保护

第二十七条 全社会应当树立尊重、保护、教育未成年人的良好风尚，关心、爱护未成年人。

国家鼓励社会团体、企业事业组织以及其他组织和个人，开展多种形式的有利于未成年人健康成长的社会活动。

第二十八条 各级人民政府应当保障未成年人受教育的权利，并采取措施保障家庭经济困难的、残疾的和流动人口中的未成年人等接受义务教育。

第二十九条 各级人民政府应当建立和改善适合未成年人文化生活需要的活动场所和设施，鼓励社会力量兴办适合未成年人的活动场所，并加强管理。

第三十条 爱国主义教育基地、图书馆、青少年宫、儿童活动中心应当对未成年人免费开放；博物馆、纪念馆、科技馆、展览馆、美术馆、文化馆以及影剧院、体育场馆、动物园、公园等场所，应当按照有关规定对未成年人免费或者优惠开放。

第三十一条 县级以上人民政府及其教育行政部门应当采取措施，鼓励和支持中小学校在节假日期间将文化体育设施对未成年人免费或者优惠开放。

社区中的公益性互联网上网服务设施，应当对未成年人免费或者优惠开放，为未成年人提供安全、健康的上网服务。

第三十二条 国家鼓励新闻、出版、信息产业、广播、电影、电视、文艺等单位和作家、艺术家、科学家以及其他公民，创作或者提供有利于未成年人健康成长的作品。出版、制作和传播专门以未成年人为对象的内容健康的图书、报刊、音像制品、电子出版物以及网络信息等，国家给予扶持。

国家鼓励科研机构和科技团体对未成年人开展科学知识普及活动。

第三十三条 国家采取措施，预防未成年人沉迷网络。

国家鼓励研究开发有利于未成年人健康成长的网络产品，推广用于阻止未成年人沉迷网络的新技术。

第三十四条 禁止任何组织、个人制作或者向未成年人出售、出租或者以其他方式传播淫秽、暴力、凶杀、恐怖、赌博等毒害未成年人的图书、报刊、音像制品、电子出版物以及网络信息等。

第三十五条 生产、销售用于未成年人的食品、药品、玩具、用具和游乐设施等，应当符合国家标准或者行业标准，不得有害于未成年人的安全和健康；需要标明注意事项的，应当在显著位置标明。

第三十六条　中小学校园周边不得设置营业性歌舞娱乐场所、互联网上网服务营业场所等不适宜未成年人活动的场所。

营业性歌舞娱乐场所、互联网上网服务营业场所等不适宜未成年人活动的场所，不得允许未成年人进入，经营者应当在显著位置设置未成年人禁入标志；对难以判明是否已成年的，应当要求其出示身份证件。

第三十七条　禁止向未成年人出售烟酒，经营者应当在显著位置设置不向未成年人出售烟酒的标志；对难以判明是否已成年的，应当要求其出示身份证件。

任何人不得在中小学校、幼儿园、托儿所的教室、寝室、活动室和其他未成年人集中活动的场所吸烟、饮酒。

第三十八条　任何组织或者个人不得招用未满十六周岁的未成年人，国家另有规定的除外。

任何组织或者个人按照国家有关规定招用已满十六周岁未满十八周岁的未成年人的，应当执行国家在工种、劳动时间、劳动强度和保护措施等方面的规定，不得安排其从事过重、有毒、有害等危害未成年人身心健康的劳动或者危险作业。

第三十九条　任何组织或者个人不得披露未成年人的个人隐私。

对未成年人的信件、日记、电子邮件，任何组织或者个人不得隐匿、毁弃；除因追查犯罪的需要，由公安机关或者人民检察院依法进行检查，或者对无行为能力的未成年人的信件、日记、电子邮件由其父母或者其他监护人代为开拆、查阅外，任何组织或者个人不得开拆、查阅。

第四十条　学校、幼儿园、托儿所和公共场所发生突发事件时，应当优先救护未成年人。

第四十一条　禁止拐卖、绑架、虐待未成年人，禁止对未成年人实施性侵害。

禁止胁迫、诱骗、利用未成年人乞讨或者组织未成年人进行有害其身心健康的表演等活动。

第四十二条　公安机关应当采取有力措施，依法维护校园周边的治安和交通秩序，预防和制止侵害未成年人合法权益的违法犯罪行为。

任何组织或者个人不得扰乱教学秩序，不得侵占、破坏学校、幼儿园、托儿所的场地、房屋和设施。

第四十三条　县级以上人民政府及其民政部门应当根据需要设立救助场所，对流浪乞讨等生活无着未成年人实施救助，承担临时监护责任；公安部门或者其他有关部门应当护送流浪乞讨或者离家出走的未成年人到救助场所，由救助场所予以救助和妥善照顾，并及时通知其父母或者其他监护人领回。

对孤儿、无法查明其父母或者其他监护人的以及其他生活无着的未成年人，由民政部门设立的儿童福利机构收留抚养。

未成年人救助机构、儿童福利机构及其工作人员应当依法履行职责，不得虐待、歧视未成年人；不得在办理收留抚养工作中牟取利益。

第四十四条 卫生部门和学校应当对未成年人进行卫生保健和营养指导，提供必要的卫生保健条件，做好疾病预防工作。

卫生部门应当做好对儿童的预防接种工作，国家免疫规划项目的预防接种实行免费；积极防治儿童常见病、多发病，加强对传染病防治工作的监督管理，加强对幼儿园、托儿所卫生保健的业务指导和监督检查。

第四十五条 地方各级人民政府应当积极发展托幼事业，办好托儿所、幼儿园，支持社会组织和个人依法兴办哺乳室、托儿所、幼儿园。

各级人民政府和有关部门应当采取多种形式，培养和训练幼儿园、托儿所的保教人员，提高其职业道德素质和业务能力。

第四十六条 国家依法保护未成年人的智力成果和荣誉权不受侵犯。

第四十七条 未成年人已经完成规定年限的义务教育不再升学的，政府有关部门和社会团体、企业事业组织应当根据实际情况，对他们进行职业教育，为他们创造劳动就业条件。

第四十八条 居民委员会、村民委员会应当协助有关部门教育和挽救违法犯罪的未成年人，预防和制止侵害未成年人合法权益的违法犯罪行为。

第四十九条 未成年人的合法权益受到侵害的，被侵害人及其监护人或者其他组织和个人有权向有关部门投诉，有关部门应当依法及时处理。

第五章 司法保护

第五十条 公安机关、人民检察院、人民法院以及司法行政部门，应当依法履行职责，在司法活动中保护未成年人的合法权益。

第五十一条 未成年人的合法权益受到侵害，依法向人民法院提起诉讼的，人民法院应当依法及时审理，并适应未成年人生理、心理特点和健康成长的需要，保障未成年人的合法权益。

在司法活动中对需要法律援助或者司法救助的未成年人，法律援助机构或者人民法院应当给予帮助，依法为其提供法律援助或者司法救助。

第五十二条 人民法院审理继承案件，应当依法保护未成年人的继承权和受遗赠权。

人民法院审理离婚案件，涉及未成年子女抚养问题的，应当听取有表达意愿能力的未成年子女的意见，根据保障子女权益的原则和双方具体情况依法处理。

第五十三条 父母或者其他监护人不履行监护职责或者侵害被监护的未成年人的合法权益，经教育不改的，人民法院可以根据有关人员或者有关单位的申请，撤销其监护人的资格，依法另行指定监护人。被撤销监护资格的父母应当依法继续负担抚养费用。

第五十四条 对违法犯罪的未成年人，实行教育、感化、挽救的方针，坚持教育为主、惩罚为辅的原则。

对违法犯罪的未成年人，应当依法从轻、减轻或者免除处罚。

第五十五条 公安机关、人民检察院、人民法院办理未成年人犯罪案件和涉及未成年人权益保护案件，应当照顾未成年人身心发展特点，尊重他们的人格尊严，保障他们的合法权益，并根据需要设立专门机构或者指定专人办理。

第五十六条 公安机关、人民检察院讯问未成年犯罪嫌疑人，询问未成年证人、被害人，应当通知监护人到场。

公安机关、人民检察院、人民法院办理未成年人遭受性侵害的刑事案件，应当保护被害人的名誉。

第五十七条 对羁押、服刑的未成年人，应当与成年人分别关押。

羁押、服刑的未成年人没有完成义务教育的，应当对其进行义务教育。

解除羁押、服刑期满的未成年人的复学、升学、就业不受歧视。

第五十八条 对未成年人犯罪案件，新闻报道、影视节目、公开出版物、网络等不得披露该未成年人的姓名、住所、照片、图像以及可能推断出该未成年人的资料。

第五十九条 对未成年人严重不良行为的矫治与犯罪行为的预防，依照预防未成年人犯罪法的规定执行。

第六章　法律责任

第六十条 违反本法规定，侵害未成年人的合法权益，其他法律、法规已规定行政处罚的，从其规定；造成人身财产损失或者其他损害的，依法承担民事责任；构成犯罪的，依法追究刑事责任。

第六十一条 国家机关及其工作人员不依法履行保护未成年人合法权益的责任，或者侵害未成年人合法权益，或者对提出申诉、控告、检举的人进行打击报复的，由其所在单位或者上级机关责令改正，对直接负责的主管人员和其他直接责任人员依法给予行政处分。

第六十二条 父母或者其他监护人不依法履行监护职责，或者侵害未成年人合法权益的，由其所在单位或者居民委员会、村民委员会予以劝诫、制止；构成违反治安管理行为的，由公安机关依法给予行政处罚。

第六十三条 学校、幼儿园、托儿所侵害未成年人合法权益的，由教育行政部门或者其他有关部门责令改正；情节严重的，对直接负责的主管人员和其他直接责任人员依法给予处分。

学校、幼儿园、托儿所教职员工对未成年人实施体罚、变相体罚或者其他侮辱人格行为的，由其所在单位或者上级机关责令改正；情节严重的，依法给予处分。

第六十四条 制作或者向未成年人出售、出租或者以其他方式传播淫秽、暴力、凶杀、恐怖、赌博等图书、报刊、音像制品、电子出版物以及网络信息等的，由主管部门责令改正，依法给予行政处罚。

第六十五条 生产、销售用于未成年人的食品、药品、玩具、用具和游乐设施不符合国家标准或者行业标准，或者没有在显著位置标明注意事项的，由主管部门责令改正，依法给予行政处罚。

第六十六条 在中小学校园周边设置营业性歌舞娱乐场所、互联网上网服务营业场所等不适宜未成年人活动的场所的，由主管部门予以关闭，依法给予行政处罚。

营业性歌舞娱乐场所、互联网上网服务营业场所等不适宜未成年人活动的场所允许未成年人进入，或者没有在显著位置设置未成年人禁入标志的，由主管部门责令改正，依法给予行政处罚。

第六十七条 向未成年人出售烟酒，或者没有在显著位置设置不向未成年人出售烟酒标志的，由主管部门责令改正，依法给予行政处罚。

第六十八条 非法招用未满十六周岁的未成年人，或者招用已满十六周岁的未成年人从事过重、有毒、有害等危害未成年人身心健康的劳动或者危险作业的，由劳动保障部门责令改正，处以罚款；情节严重的，由工商行政管理部门吊销营业执照。

第六十九条 侵犯未成年人隐私，构成违反治安管理行为的，由公安机关依法给予行政处罚。

第七十条 未成年人救助机构、儿童福利机构及其工作人员不依法履行对未成年人的救助保护职责，或者虐待、歧视未成年人，或者在办理收留抚养工作中牟取利益的，由主管部门责令改正，依法给予行政处分。

第七十一条 胁迫、诱骗、利用未成年人乞讨或者组织未成年人进行有害其身心健康的表演等活动的，由公安机关依法给予行政处罚。

第七章　附则

第七十二条 本法自2007年6月1日起施行。

中华人民共和国预防未成年人犯罪法

（1999年6月28日第九届全国人民代表大会常务委员会第十次会议通过，自1999年11月1日起施行）

第一章　总则

第一条　为了保障未成年人身心健康，培养未成年人良好品行，有效地预防未成年人犯罪，制定本法。

第二条　预防未成年人犯罪，立足于教育和保护，从小抓起，对未成年人的不良行为及时进行预防和矫治。

第三条　预防未成年人犯罪，在各级人民政府组织领导下，实行综合治理。

政府有关部门、司法机关、人民团体、有关社会团体、学校、家庭、城市居民委员会、农村村民委员会等各方面共同参与，各负其责，做好预防未成年人犯罪工作，为未成年人身心健康发展创造良好的社会环境。

第四条　各级人民政府在预防未成年人犯罪方面的职责是：

（一）制定预防未成年人犯罪工作的规划；

（二）组织、协调公安、教育、文化、新闻出版、广播电影电视、工商、民政、司法行政等政府有关部门和其他社会组织进行预防未成年人犯罪工作；

（三）对本法实施的情况和工作规划的执行情况进行检查；

（四）总结、推广预防未成年人犯罪工作的经验，树立、表彰先进典型。

第五条　预防未成年人犯罪，应当结合未成年人不同年龄的生理、心理特点，加强青春期教育、心理矫治和预防犯罪对策的研究。

第二章　预防未成年人犯罪的教育

第六条　对未成年人应当加强理想、道德、法制和爱国主义、集体主义、社会主义教育。对于达到义务教育年龄的未成年人，在进行上述教育的同时，应当进行预防犯罪的教育。

预防未成年人犯罪的教育的目的，是增强未成年人的法制观念，使未成年人懂得违法和犯罪行为对个人、家庭、社会造成的危害，违法和犯罪行为应当承担的法律责任，树立遵纪守法和防范违法犯罪的意识。

第七条 教育行政部门、学校应当将预防犯罪的教育作为法制教育的内容纳入学校教育教学计划，结合常见多发的未成年人犯罪，对不同年龄的未成年人进行有针对性的预防犯罪教育。

第八条 司法行政部门、教育行政部门、共产主义青年团、少年先锋队应当结合实际，组织、举办展览会、报告会、演讲会等多种形式的预防未成年人犯罪的法制宣传活动。

学校应当结合实际举办以预防未成年人犯罪的教育为主要内容的活动。教育行政部门应当将预防未成年人犯罪教育的工作效果作为考核学校工作的一项重要内容。

第九条 学校应当聘任从事法制教育的专职或者兼职教师。学校根据条件可以聘请校外法律辅导员。

第十条 未成年人的父母或者其他监护人对未成年人的法制教育负有直接责任。学校在对学生进行预防犯罪教育时，应当将教育计划告知未成年人的父母或者其他监护人，未成年人的父母或者其他监护人应当结合学校的计划，针对具体情况进行教育。

第十一条 少年宫、青少年活动中心等校外活动场所应当把预防未成年人犯罪的教育作为一项重要的工作内容，开展多种形式的宣传教育活动。

第十二条 对于已满16周岁不满18周岁准备就业的未成年人，职业教育培训机构、用人单位应当将法律知识和预防犯罪教育纳入职业培训的内容。

第十三条 城市居民委员会、农村村民委员会应当积极开展有针对性的预防未成年人犯罪的法制宣传活动。

第三章　对未成年人不良行为的预防

第十四条 未成年人的父母或者其他监护人和学校应当教育未成年人不得有下列不良行为：

（一）旷课、夜不归宿；

（二）携带管制刀具；

（三）打架斗殴、辱骂他人；

（四）强行向他人索要财物；

（五）偷窃、故意毁坏财物；

（六）参与赌博或者变相赌博；

（七）观看、收听色情、淫秽的音像制品、读物等；

（八）进入法律、法规规定未成年人不适宜进入的营业性歌舞厅等场所；

（九）其他严重违背社会公德的不良行为。

第十五条 未成年人的父母或者其他监护人和学校应当教育未成年人不得吸烟、酗酒。任何经营场所不得向未成年人出售烟酒。

第十六条 中小学生旷课的，学校应当及时与其父母或者其他监护人取得联系。

未成年人擅自外出夜不归宿的，其父母或者其他监护人、其所在的寄宿制学校应当及时查找，或者向公安机关请求帮助。收留夜不归宿的未成年人的，应当征得其父母或者其他监护人的同意，或者在24小时内及时通知其父母或者其他监护人、所在学校或者及时向公安机关报告。

第十七条 未成年人的父母或者其他监护人和学校发现未成年人组织或者参加实施不良行为的团伙的，应当及时予以制止。发现该团伙有违法犯罪行为的，应当向公安机关报告。

第十八条 未成年人的父母或者其他监护人和学校发现有人教唆、胁迫、引诱未成年人违法犯罪的，应当向公安机关报告。公安机关接到报告后，应当及时依法查处，对未成年人人身安全受到威胁的，应当及时采取有效措施，保护其人身安全。

第十九条 未成年人的父母或者其他监护人，不得让不满16周岁的未成年人脱离监护单独居住。

第二十条 未成年人的父母或者其他监护人对未成年人不得放任不管，不得迫使其离家出走，放弃监护职责。

未成年人离家出走的，其父母或者其他监护人应当及时查找，或者向公安机关请求帮助。

第二十一条 未成年人的父母离异的，离异双方对子女都有教育的义务，任何一方都不得因离异而不履行教育子女的义务。

第二十二条 继父母、养父母对受其抚养教育的未成年继子女、养子女，应当履行本法规定的父母对未成年子女在预防犯罪方面的职责。

第二十三条 学校对有不良行为的未成年人应当加强教育、管理，不得歧视。

第二十四条 教育行政部门、学校应当举办各种形式的讲座、座谈、培训等活动，针对未成年人不同时期的生理、心理特点，介绍良好有效的教育方法，指导教师、未成年人的父母和其他监护人有效地防止、矫治未成年人的不良行为。

第二十五条 对于教唆、胁迫、引诱未成年人实施不良行为或者品行不良，影响恶劣，不适宜在学校工作的教职员工，教育行政部门、学校应当予以解聘或者辞退；构成犯罪的，依法追究刑事责任。

第二十六条 禁止在中小学校附近开办营业性歌舞厅、营业性电子游戏场所以及其他未成年人不适宜进入的场所。禁止开办上述场所的具体范围由省、自治区、直辖市人民政府规定。

对本法施行前已在中小学校附近开办上述场所的，应当限期迁移或者停业。

第二十七条 公安机关应当加强中小学校周围环境的治安管理，及时制止、处理中小学校周围发生的违法犯罪行为。城市居民委员会、农村村民委员会应当协助公安机关做好维护中小学校周围治安的工作。

第二十八条 公安派出所、城市居民委员会、农村村民委员会应当掌握本辖区内暂住人口中未成年人的就学、就业情况。对于暂住人口中未成年人实施不良行为的，应当督促其父母或者其他监护人进行有效的教育、制止。

第二十九条 任何人不得教唆、胁迫、引诱未成年人实施本法规定的不良行为，或者为未成年人实施不良行为提供条件。

第三十条 以未成年人为对象的出版物，不得含有诱发未成年人违法犯罪的内容，不得含有渲染暴力、色情、赌博、恐怖活动等危害未成年人身心健康的内容。

第三十一条 任何单位和个人不得向未成年人出售、出租含有诱发未成年人违法犯罪以及渲染暴力、色情、赌博、恐怖活动等危害未成年人身心健康内容的读物、音像制品或者电子出版物。

任何单位和个人不得利用通讯、计算机网络等方式提供前款规定的危害未成年人身心健康的内容及其信息。

第三十二条 广播、电影、电视、戏剧节目，不得有渲染暴力、色情、赌博、恐怖活动等危害未成年人身心健康的内容。

广播电影电视行政部门、文化行政部门必须加强对广播、电影、电视、戏剧节目以及各类演播场所的管理。

第三十三条 营业性歌舞厅以及其他未成年人不适宜进入的场所，应当设置明显的未成年人禁止进入标志，不得允许未成年人进入。

营业性电子游戏场所在国家法定节假日外，不得允许未成年人进入，并应当设置明显的未成年人禁止进入标志。

对于难以判明是否已成年的，上述场所的工作人员可以要求其出示身份证件。

第四章　对未成年人严重不良行为的矫治

第三十四条 本法所称“严重不良行为”，是指下列严重危害社会，尚不够刑事处罚的违法行为：

（一）纠集他人结伙滋事，扰乱治安；

（二）携带管制刀具，屡教不改；

（三）多次拦截殴打他人或者强行索要他人财物；
（四）传播淫秽的读物或者音像制品等；
（五）进行淫乱或者色情、卖淫活动；
（六）多次偷窃；
（七）参与赌博，屡教不改；
（八）吸食、注射毒品；
（九）其他严重危害社会的行为。

第三十五条 对未成年人实施本法规定的严重不良行为的，应当及时予以制止。

对有本法规定严重不良行为的未成年人，其父母或者其他监护人和学校应当相互配合，采取措施严加管教，也可以送工读学校进行矫治和接受教育。

未成年人送工读学校进行矫治和接受教育，应当由其父母或者其他监护人，或者原所在学校提出申请，经教育行政部门批准。

第三十六条 工读学校对就读的未成年人应当严格管理和教育。工读学校除按照义务教育法的要求，在课程设置上与普通学校相同外，应当加强法制教育的内容，针对未成年人严重不良行为产生的原因以及有严重不良行为的未成年人的心理特点，开展矫治工作。

家庭、学校应当关心、爱护在工读学校就读的未成年人，尊重他们的人格尊严，不得体罚、虐待和歧视。工读学校毕业的未成年人在升学、就业等方面，同普通学校毕业的学生享有同等的权利，任何单位和个人不得歧视。

第三十七条 未成年人有本法规定严重不良行为，构成违反治安管理行为的，由公安机关依法予以治安处罚。因不满14周岁或者情节特别轻微免予处罚的，可以予以训诫。

第三十八条 未成年人因不满16周岁不予刑事处罚的，责令他的父母或者其他监护人严加管教；在必要的时候，也可以由政府依法收容教养。

第三十九条 未成年人在被收容教养期间，执行机关应当保证其继续接受文化知识、法律知识或者职业技术教育；对没有完成义务教育的未成年人，执行机关应当保证其继续接受义务教育。

解除收容教养、劳动教养的未成年人，在复学、升学、就业等方面与其他未成年人享有同等权利，任何单位和个人不得歧视。

第五章　未成年人对犯罪的自我防范

第四十条 未成年人应当遵守法律、法规及社会公共道德规范，树立自尊、自律、自强意识，增强辨别是非和自我保护的能力，自觉抵制各种不良行为及违法犯罪行为的引诱和侵害。

第四十一条　被父母或者其他监护人遗弃、虐待的未成年人，有权向公安机关、民政部门、共产主义青年团、妇女联合会、未成年人保护组织或者学校、城市居民委员会、农村村民委员会请求保护。被请求的上述部门和组织都应当接受，根据情况需要采取救助措施的，应当先采取救助措施。

第四十二条　未成年人发现任何人对自己或者对其他未成年人实施本法第三章规定不得实施的行为或者犯罪行为，可以通过所在学校、其父母或者其他监护人向公安机关或者政府有关主管部门报告，也可以自己向上述机关报告。受理报告的机关应当及时依法查处。

第四十三条　对同犯罪行为作斗争以及举报犯罪行为的未成年人，司法机关、学校、社会应当加强保护，保障其不受打击报复。

第六章　对未成年人重新犯罪的预防

第四十四条　对犯罪的未成年人追究刑事责任，实行教育、感化、挽救方针，坚持教育为主、惩罚为辅的原则。

司法机关办理未成年人犯罪案件，应当保障未成年人行使其诉讼权利，保障未成年人得到法律帮助，并根据未成年人的生理、心理特点和犯罪的情况，有针对性地进行法制教育。

对于被采取刑事强制措施的未成年学生，在人民法院的判决生效以前，不得取消其学籍。

第四十五条　人民法院审判未成年人犯罪的刑事案件，应当由熟悉未成年人身心特点的审判员或者审判员和人民陪审员依法组成少年法庭进行。

对于已满14周岁不满16周岁未成年人犯罪的案件，一律不公开审理。已满16周岁不满18周岁未成年人犯罪的案件，一般也不公开审理。

对未成年人犯罪案件，新闻报道、影视节目、公开出版物不得披露该未成年人的姓名、住所、照片及可能推断出该未成年人的资料。

第四十六条　对被拘留、逮捕和执行刑罚的未成年人与成年人应当分别关押、分别管理、分别教育。未成年犯在被执行刑罚期间，执行机关应当加强对未成年犯的法制教育，对未成年犯进行职业技术教育。对没有完成义务教育的未成年犯，执行机关应当保证其继续接受义务教育。

第四十七条　未成年人的父母或者其他监护人和学校、城市居民委员会、农村村民委员会，对因不满16周岁而不予刑事处罚、免予刑事处罚的未成年人，或者被判处非监禁刑罚、被判处刑罚宣告缓刑、被假释的未成年人，应当采取有效的帮教措施，协助司法机关做好对未成年人的教育、挽救工作。

城市居民委员会、农村村民委员会可以聘请思想品德优秀，作风正派，热心未成年人教育工作的离退休人员或者其他人员协助做好对前款规定的未成年人的教育、挽救工作。

第四十八条 依法免予刑事处罚、判处非监禁刑罚、判处刑罚宣告缓刑、假释或者刑罚执行完毕的未成年人，在复学、升学、就业等方面与其他未成年人享有同等权利，任何单位和个人不得歧视。

第七章 法律责任

第四十九条 未成年人的父母或者其他监护人不履行监护职责，放任未成年人有本法规定的不良行为或者严重不良行为的，由公安机关对未成年人的父母或者其他监护人予以训诫，责令其严加管教。

第五十条 未成年人的父母或者其他监护人违反本法第十九条的规定，让不满16周岁的未成年人脱离监护单独居住的，由公安机关对未成年人的父母或者其他监护人予以训诫，责令其立即改正。

第五十一条 公安机关的工作人员违反本法第十八条的规定，接到报告后，不及时查处或者采取有效措施，严重不负责任的，予以行政处分；造成严重后果，构成犯罪的，依法追究刑事责任。

第五十二条 违反本法第三十条的规定，出版含有诱发未成年人违法犯罪以及渲染暴力、色情、赌博、恐怖活动等危害未成年人身心健康内容的出版物的，由出版行政部门没收出版物和违法所得，并处违法所得3倍以上10倍以下罚款；情节严重的，没收出版物和违法所得，并责令停业整顿或者吊销许可证。对直接负责的主管人员和其他直接责任人员处以罚款。

制作、复制宣扬淫秽内容的未成年人出版物，或者向未成年人出售、出租、传播宣扬淫秽内容的出版物的，依法予以治安处罚；构成犯罪的，依法追究刑事责任。

第五十三条 违反本法第三十一条的规定，向未成年人出售、出租含有诱发未成年人违法犯罪以及渲染暴力、色情、赌博、恐怖活动等危害未成年人身心健康内容的读物、音像制品、电子出版物的，或者利用通讯、计算机网络等方式提供上述危害未成年人身心健康内容及其信息的，没收读物、音像制品、电子出版物和违法所得，由政府有关主管部门处以罚款。

单位有前款行为的，没收读物、音像制品、电子出版物和违法所得，处以罚款，并对直接负责的主管人员和其他直接责任人员处以罚款。

第五十四条 影剧院、录像厅等各类演播场所，放映或者演出渲染暴力、色情、赌博、恐怖活动等危害未成年人身心健康的节目的，由政府有关主管部门没收违法播放的音像制品和违法所得，处以罚款，并对直接负责的主管人员和其他直接责任人员处以罚款；情节严重的，责令停业整顿或者由工商行政部门吊销营业执照。

第五十五条 营业性歌舞厅以及其他未成年人不适宜进入的场所、营业性电子游戏场所，违反本法第三十三条的规定，不设置明显的未成年人禁止进入标志，或者允许未成年人进入的，由文化行政部门责令改正、给予警告、责令停业整顿、没收违法所得，处以罚款，并对直接负责的主管人员和其他直接责任人员处以罚款；情节严重的，由工商行政部门吊销营业执照。

第五十六条 教唆、胁迫、引诱未成年人实施本法规定的不良行为、严重不良行为，或者为未成年人实施不良行为、严重不良行为提供条件，构成违反治安管理行为的，由公安机关依法予以治安处罚；构成犯罪的，依法追究刑事责任。

第八章　附则

第五十七条 本法自1999年11月1日起施行。

中华人民共和国妇女权益保障法

（1992年4月3日第七届全国人民代表大会第五次会议通过，根据2005年8月28日第十届全国人民代表大会常务委员会第十七次会议《关于修改〈中华人民共和国妇女权益保障法〉的决定》修正）

第一章　总则

第一条　为了保障妇女的合法权益，促进男女平等，充分发挥妇女在社会主义现代化建设中的作用，根据宪法和我国的实际情况，制定本法。

第二条　妇女在政治的、经济的、文化的、社会的和家庭的生活等各方面享有同男子平等的权利。

实行男女平等是国家的基本国策。国家采取必要措施，逐步完善保障妇女权益的各项制度，消除对妇女一切形式的歧视。

国家保护妇女依法享有的特殊权益。

禁止歧视、虐待、遗弃、残害妇女。

第三条　国务院制定中国妇女发展纲要，并将其纳入国民经济和社会发展规划。

县级以上地方各级人民政府根据中国妇女发展纲要，制定本行政区域的妇女发展规划，并将其纳入国民经济和社会发展计划。

第四条　保障妇女的合法权益是全社会的共同责任。国家机关、社会团体、企业事业单位、城乡基层群众性自治组织，应当依照本法和有关法律的规定，保障妇女的权益。

国家采取有效措施，为妇女依法行使权利提供必要的条件。

第五条　国家鼓励妇女自尊、自信、自立、自强，运用法律维护自身合法权益。

妇女应当遵守国家法律，尊重社会公德，履行法律所规定的义务。

第六条　各级人民政府应当重视和加强妇女权益的保障工作。

县级以上人民政府负责妇女儿童工作的机构，负责组织、协调、指导、督促有关部门做好妇女权益的保障工作。

县级以上人民政府有关部门在各自的职责范围内做好妇女权益的保障工作。

第七条　中华全国妇女联合会和地方各级妇女联合会依照法律和中华全国妇女联

合会章程，代表和维护各族各界妇女的利益，做好维护妇女权益的工作。

工会、共产主义青年团，应当在各自的工作范围内，做好维护妇女权益的工作。

第八条 对保障妇女合法权益成绩显著的组织和个人，各级人民政府和有关部门给予表彰和奖励。

第二章　政治权利

第九条 国家保障妇女享有与男子平等的政治权利。

第十条 妇女有权通过各种途径和形式，管理国家事务，管理经济和文化事业，管理社会事务。

制定法律、法规、规章和公共政策，对涉及妇女权益的重大问题，应当听取妇女联合会的意见。

妇女和妇女组织有权向各级国家机关提出妇女权益保障方面的意见和建议。

第十一条 妇女享有与男子平等的选举权和被选举权。

全国人民代表大会和地方各级人民代表大会的代表中，应当有适当数量的妇女代表。国家采取措施，逐步提高全国人民代表大会和地方各级人民代表大会的妇女代表的比例。

居民委员会、村民委员会成员中，妇女应当有适当的名额。

第十二条 国家积极培养和选拔女干部。

国家机关、社会团体、企业事业单位培养、选拔和任用干部，必须坚持男女平等的原则，并有适当数量的妇女担任领导成员。

国家重视培养和选拔少数民族女干部。

第十三条 中华全国妇女联合会和地方各级妇女联合会代表妇女积极参与国家和社会事务的民主决策、民主管理和民主监督。

各级妇女联合会及其团体会员，可以向国家机关、社会团体、企业事业单位推荐女干部。

第十四条 对于有关保障妇女权益的批评或者合理建议，有关部门应当听取和采纳；对于有关侵害妇女权益的申诉、控告和检举，有关部门必须查清事实，负责处理，任何组织或者个人不得压制或者打击报复。

第三章　文化教育权益

第十五条 国家保障妇女享有与男子平等的文化教育权利。

第十六条 学校和有关部门应当执行国家有关规定，保障妇女在入学、升学、毕业分配、授予学位、派出留学等方面享有与男子平等的权利。

学校在录取学生时，除特殊专业外，不得以性别为由拒绝录取女性或者提高对女性的录取标准。

第十七条 学校应当根据女性青少年的特点，在教育、管理、设施等方面采取措施，保障女性青少年身心健康发展。

第十八条 父母或者其他监护人必须履行保障适龄女性儿童少年接受义务教育的义务。

除因疾病或者其他特殊情况经当地人民政府批准的以外，对不送适龄女性儿童少年入学的父母或者其他监护人，由当地人民政府予以批评教育，并采取有效措施，责令送适龄女性儿童少年入学。

政府、社会、学校应当采取有效措施，解决适龄女性儿童少年就学存在的实际困难，并创造条件，保证贫困、残疾和流动人口中的适龄女性儿童少年完成义务教育。

第十九条 各级人民政府应当依照规定把扫除妇女中的文盲、半文盲工作，纳入扫盲和扫盲后继续教育规划，采取符合妇女特点的组织形式和工作方法，组织、监督有关部门具体实施。

第二十条 各级人民政府和有关部门应当采取措施，根据城镇和农村妇女的需要，组织妇女接受职业教育和实用技术培训。

第二十一条 国家机关、社会团体和企业事业单位应当执行国家有关规定，保障妇女从事科学、技术、文学、艺术和其他文化活动，享有与男子平等的权利。

第四章 劳动和社会保障权益

第二十二条 国家保障妇女享有与男子平等的劳动权利和社会保障权利。

第二十三条 各单位在录用职工时，除不适合妇女的工种或者岗位外，不得以性别为由拒绝录用妇女或者提高对妇女的录用标准。

各单位在录用女职工时，应当依法与其签订劳动（聘用）合同或者服务协议，劳动（聘用）合同或者服务协议中不得规定限制女职工结婚、生育的内容。

禁止录用未满16周岁的女性未成年人，国家另有规定的除外。

第二十四条 实行男女同工同酬。妇女在享受福利待遇方面享有与男子平等的权利。

第二十五条 在晋职、晋级、评定专业技术职务等方面，应当坚持男女平等的原则，不得歧视妇女。

第二十六条 任何单位均应根据妇女的特点，依法保护妇女在工作和劳动时的安全和健康，不得安排不适合妇女从事的工作和劳动。

妇女在经期、孕期、产期、哺乳期受特殊保护。

第二十七条 任何单位不得因结婚、怀孕、产假、哺乳等情形，降低女职工的工资，辞退女职工，单方解除劳动（聘用）合同或者服务协议。但是，女职工要求终止劳动（聘用）合同或者服务协议的除外。

各单位在执行国家退休制度时，不得以性别为由歧视妇女。

第二十八条 国家发展社会保险、社会救助、社会福利和医疗卫生事业，保障妇女享有社会保险、社会救助、社会福利和卫生保健等权益。

国家提倡和鼓励为帮助妇女开展的社会公益活动。

第二十九条 国家推行生育保险制度，建立健全与生育相关的其他保障制度。

地方各级人民政府和有关部门应当按照有关规定为贫困妇女提供必要的生育救助。

第五章　财产权益

第三十条 国家保障妇女享有与男子平等的财产权利。

第三十一条 在婚姻、家庭共有财产关系中，不得侵害妇女依法享有的权益。

第三十二条 妇女在农村土地承包经营、集体经济组织收益分配、土地征收或者征用补偿费使用以及宅基地使用等方面，享有与男子平等的权利。

第三十三条 任何组织和个人不得以妇女未婚、结婚、离婚、丧偶等为由，侵害妇女在农村集体经济组织中的各项权益。

因结婚男方到女方住所落户的，男方和子女享有与所在地农村集体经济组织成员平等的权益。

第三十四条 妇女享有的与男子平等的财产继承权受法律保护。在同一顺序法定继承人中，不得歧视妇女。

丧偶妇女有权处分继承的财产，任何人不得干涉。

第三十五条 丧偶妇女对公、婆尽了主要赡养义务的，作为公、婆的第一顺序法定继承人，其继承权不受子女代位继承的影响。

第六章　人身权利

第三十六条 国家保障妇女享有与男子平等的人身权利。

第三十七条 妇女的人身自由不受侵犯。禁止非法拘禁和以其他非法手段剥夺或者限制妇女的人身自由；禁止非法搜查妇女的身体。

第三十八条 妇女的生命健康权不受侵犯。禁止溺、弃、残害女婴；禁止歧视、虐待生育女婴的妇女和不育的妇女；禁止用迷信、暴力等手段残害妇女；禁止虐待、遗弃病、残妇女和老年妇女。

第三十九条 禁止拐卖、绑架妇女；禁止收买被拐卖、绑架的妇女；禁止阻碍解救被拐卖、绑架的妇女。

各级人民政府和公安、民政、劳动和社会保障、卫生等部门按照其职责及时采取措施解救被拐卖、绑架的妇女，做好善后工作，妇女联合会协助和配合做好有关工作。任何人不得歧视被拐卖、绑架的妇女。

第四十条 禁止对妇女实施性骚扰。受害妇女有权向单位和有关机关投诉。

第四十一条 禁止卖淫、嫖娼。

禁止组织、强迫、引诱、容留、介绍妇女卖淫或者对妇女进行猥亵活动。

禁止组织、强迫、引诱妇女进行淫秽表演活动。

第四十二条 妇女的名誉权、荣誉权、隐私权、肖像权等人格权受法律保护。

禁止用侮辱、诽谤等方式损害妇女的人格尊严。禁止通过大众传播媒介或者其他方式贬低损害妇女人格。未经本人同意，不得以营利为目的，通过广告、商标、展览橱窗、报纸、期刊、图书、音像制品、电子出版物、网络等形式使用妇女肖像。

第七章　婚姻家庭权益

第四十三条 国家保障妇女享有与男子平等的婚姻家庭权利。

第四十四条 国家保护妇女的婚姻自主权。禁止干涉妇女的结婚、离婚自由。

第四十五条 女方在怀孕期间、分娩后一年内或者终止妊娠后六个月内，男方不得提出离婚。女方提出离婚的，或者人民法院认为确有必要受理男方离婚请求的，不在此限。

第四十六条 禁止对妇女实施家庭暴力。

国家采取措施，预防和制止家庭暴力。

公安、民政、司法行政等部门以及城乡基层群众性自治组织、社会团体，应当在各自的职责范围内预防和制止家庭暴力，依法为受害妇女提供救助。

第四十七条 妇女对依照法律规定的夫妻共同财产享有与其配偶平等的占有、使用、收益和处分的权利，不受双方收入状况的影响。

夫妻书面约定婚姻关系存续期间所得的财产归各自所有，女方因抚育子女、照料老人、协助男方工作等承担较多义务的，有权在离婚时要求男方予以补偿。

第四十八条 夫妻共有的房屋，离婚时，分割住房由双方协议解决；协议不成的，由人民法院根据双方的具体情况，按照照顾子女和女方权益的原则判决。夫妻双方另有约定的除外。

夫妻共同租用的房屋，离婚时，女方的住房应当按照照顾子女和女方权益的原则解决。

第四十九条 父母双方对未成年子女享有平等的监护权。

父亲死亡、丧失行为能力或者有其他情形不能担任未成年子女的监护人的，母亲的监护权任何人不得干涉。

第五十条 离婚时，女方因实施绝育手术或者其他原因丧失生育能力的，处理子女抚养问题，应在有利子女权益的条件下，照顾女方的合理要求。

第五十一条 妇女有按照国家有关规定生育子女的权利，也有不生育的自由。

育龄夫妻双方按照国家有关规定计划生育，有关部门应当提供安全、有效的避孕药具和技术，保障实施节育手术的妇女的健康和安全。

国家实行婚前保健、孕产期保健制度，发展母婴保健事业。各级人民政府应当采取措施，保障妇女享有计划生育技术服务，提高妇女的生殖健康水平。

第八章　法律责任

第五十二条 妇女的合法权益受到侵害的，有权要求有关部门依法处理，或者依法向仲裁机构申请仲裁，或者向人民法院起诉。

对有经济困难需要法律援助或者司法救助的妇女，当地法律援助机构或者人民法院应当给予帮助，依法为其提供法律援助或者司法救助。

第五十三条 妇女的合法权益受到侵害的，可以向妇女组织投诉，妇女组织应当维护被侵害妇女的合法权益，有权要求并协助有关部门或者单位查处。有关部门或者单位应当依法查处，并予以答复。

第五十四条 妇女组织对于受害妇女进行诉讼需要帮助的，应当给予支持。

妇女联合会或者相关妇女组织对侵害特定妇女群体利益的行为，可以通过大众传播媒介揭露、批评，并有权要求有关部门依法查处。

第五十五条 违反本法规定，以妇女未婚、结婚、离婚、丧偶等为由，侵害妇女在农村集体经济组织中的各项权益的，或者因结婚男方到女方住所落户，侵害男方和子女享有与所在地农村集体经济组织成员平等权益的，由乡镇人民政府依法调解；受害人也可以依法向农村土地承包仲裁机构申请仲裁，或者向人民法院起诉，人民法院应当依法受理。

第五十六条 违反本法规定，侵害妇女的合法权益，其他法律、法规规定行政处罚的，从其规定；造成财产损失或者其他损害的，依法承担民事责任；构成犯罪的，依法追究刑事责任。

第五十七条 违反本法规定，对侵害妇女权益的申诉、控告、检举，推诿、拖延、压制不予查处，或者对提出申诉、控告、检举的人进行打击报复的，由其所在单位、主管部门或者上级机关责令改正，并依法对直接负责的主管人员和其他直接责任人员给予行政处分。

国家机关及其工作人员未依法履行职责，对侵害妇女权益的行为未及时制止或者未给予受害妇女必要帮助，造成严重后果的，由其所在单位或者上级机关依法对直接负责的主管人员和其他直接责任人员给予行政处分。

违反本法规定，侵害妇女文化教育权益、劳动和社会保障权益、人身和财产权益以及婚姻家庭权益的，由其所在单位、主管部门或者上级机关责令改正，直接负责的主管人员和其他直接责任人员属于国家工作人员的，由其所在单位或者上级机关依法给予行政处分。

第五十八条 违反本法规定，对妇女实施性骚扰或者家庭暴力，构成违反治安管理行为的，受害人可以提请公安机关对违法行为人依法给予行政处罚，也可以依法向人民法院提起民事诉讼。

第五十九条 违反本法规定，通过大众传播媒介或者其他方式贬低损害妇女人格的，由文化、广播电影电视、新闻出版或者其他有关部门依据各自的职权责令改正，并依法给予行政处罚。

第九章　附则

第六十条 省、自治区、直辖市人民代表大会常务委员会可以根据本法制定实施办法。

民族自治地方的人民代表大会，可以依据本法规定的原则，结合当地民族妇女的具体情况，制定变通的或者补充的规定。自治区的规定，报全国人民代表大会常务委员会批准后生效；自治州、自治县的规定，报省、自治区、直辖市人民代表大会常务委员会批准后生效，并报全国人民代表大会常务委员会备案。

第六十一条 本法自1992年10月1日起施行。

中华人民共和国残疾人保障法

（1990年12月28日第七届全国人民代表大会常务委员会第十七次会议通过，2008年4月24日第十一届全国人民代表大会常务委员会第二次会议修订，自2008年7月1日起施行）

第一章　总则

第一条　为了维护残疾人的合法权益，发展残疾人事业，保障残疾人平等地充分参与社会生活，共享社会物质文化成果，根据宪法，制定本法。

第二条　残疾人是指在心理、生理、人体结构上，某种组织、功能丧失或者不正常，全部或者部分丧失以正常方式从事某种活动能力的人。

残疾人包括视力残疾、听力残疾、言语残疾、肢体残疾、智力残疾、精神残疾、多重残疾和其他残疾的人。

残疾标准由国务院规定。

第三条　残疾人在政治、经济、文化、社会和家庭生活等方面享有同其他公民平等的权利。

残疾人的公民权利和人格尊严受法律保护。

禁止基于残疾的歧视。禁止侮辱、侵害残疾人。禁止通过大众传播媒介或者其他方式贬低损害残疾人人格。

第四条　国家采取辅助方法和扶持措施，对残疾人给予特别扶助，减轻或者消除残疾影响和外界障碍，保障残疾人权利的实现。

第五条　县级以上人民政府应当将残疾人事业纳入国民经济和社会发展规划，加强领导，综合协调，并将残疾人事业经费列入财政预算，建立稳定的经费保障机制。

国务院制定中国残疾人事业发展纲要，县级以上地方人民政府根据中国残疾人事业发展纲要，制定本行政区域的残疾人事业发展规划和年度计划，使残疾人事业与经济、社会协调发展。

县级以上人民政府负责残疾人工作的机构，负责组织、协调、指导、督促有关部门做好残疾人事业的工作。

各级人民政府和有关部门，应当密切联系残疾人，听取残疾人的意见，按照各自的职责，做好残疾人工作。

第六条 国家采取措施，保障残疾人依照法律规定，通过各种途径和形式，管理国家事务，管理经济和文化事业，管理社会事务。

制定法律、法规、规章和公共政策，对涉及残疾人权益和残疾人事业的重大问题，应当听取残疾人和残疾人组织的意见。

残疾人和残疾人组织有权向各级国家机关提出残疾人权益保障、残疾人事业发展等方面的意见和建议。

第七条 全社会应当发扬人道主义精神，理解、尊重、关心、帮助残疾人，支持残疾人事业。

国家鼓励社会组织和个人为残疾人提供捐助和服务。

国家机关、社会团体、企业事业单位和城乡基层群众性自治组织，应当做好所属范围内的残疾人工作。

从事残疾人工作的国家工作人员和其他人员，应当依法履行职责，努力为残疾人服务。

第八条 中国残疾人联合会及其地方组织，代表残疾人的共同利益，维护残疾人的合法权益，团结教育残疾人，为残疾人服务。

中国残疾人联合会及其地方组织依照法律、法规、章程或者接受政府委托，开展残疾人工作，动员社会力量，发展残疾人事业。

第九条 残疾人的扶养人必须对残疾人履行扶养义务。

残疾人的监护人必须履行监护职责，尊重被监护人的意愿，维护被监护人的合法权益。

残疾人的亲属、监护人应当鼓励和帮助残疾人增强自立能力。

禁止对残疾人实施家庭暴力，禁止虐待、遗弃残疾人。

第十条 国家鼓励残疾人自尊、自信、自强、自立，为社会主义建设贡献力量。

残疾人应当遵守法律、法规，履行应尽的义务，遵守公共秩序，尊重社会公德。

第十一条 国家有计划地开展残疾预防工作，加强对残疾预防工作的领导，宣传、普及母婴保健和预防残疾的知识，建立健全出生缺陷预防和早期发现、早期治疗机制，针对遗传、疾病、药物、事故、灾害、环境污染和其他致残因素，组织和动员社会力量，采取措施，预防残疾的发生，减轻残疾程度。

国家建立健全残疾人统计调查制度，开展残疾人状况的统计调查和分析。

第十二条 国家和社会对残疾军人、因公致残人员以及其他为维护国家和人民利益致残的人员实行特别保障，给予抚恤和优待。

第十三条 对在社会主义建设中做出显著成绩的残疾人，对维护残疾人合法权益、发展残疾人事业、为残疾人服务做出显著成绩的单位和个人，各级人民政府和有关部门给予表彰和奖励。

第十四条 每年5月的第三个星期日为全国助残日。

第二章 康复

第十五条 国家保障残疾人享有康复服务的权利。

各级人民政府和有关部门应当采取措施，为残疾人康复创造条件，建立和完善残疾人康复服务体系，并分阶段实施重点康复项目，帮助残疾人恢复或者补偿功能，增强其参与社会生活的能力。

第十六条 康复工作应当从实际出发，将现代康复技术与我国传统康复技术相结合；以社区康复为基础，康复机构为骨干，残疾人家庭为依托；以实用、易行、受益广的康复内容为重点，优先开展残疾儿童抢救性治疗和康复；发展符合康复要求的科学技术，鼓励自主创新，加强康复新技术的研究、开发和应用，为残疾人提供有效的康复服务。

第十七条 各级人民政府鼓励和扶持社会力量兴办残疾人康复机构。

地方各级人民政府和有关部门，应当组织和指导城乡社区服务组织、医疗预防保健机构、残疾人组织、残疾人家庭和其他社会力量，开展社区康复工作。

残疾人教育机构、福利性单位和其他为残疾人服务的机构，应当创造条件，开展康复训练活动。

残疾人在专业人员的指导和有关工作人员、志愿工作者及亲属的帮助下，应当努力进行功能、自理能力和劳动技能的训练。

第十八条 地方各级人民政府和有关部门应当根据需要有计划地在医疗机构设立康复医学科室，举办残疾人康复机构，开展康复医疗与训练、人员培训、技术指导、科学研究等工作。

第十九条 医学院校和其他有关院校应当有计划地开设康复课程，设置相关专业，培养各类康复专业人才。

政府和社会采取多种形式对从事康复工作的人员进行技术培训；向残疾人、残疾人亲属、有关工作人员和志愿工作者普及康复知识，传授康复方法。

第二十条 政府有关部门应当组织和扶持残疾人康复器械、辅助器具的研制、生产、供应、维修服务。

第三章　教育

第二十一条　国家保障残疾人享有平等接受教育的权利。

各级人民政府应当将残疾人教育作为国家教育事业的组成部分，统一规划，加强领导，为残疾人接受教育创造条件。

政府、社会、学校应当采取有效措施，解决残疾儿童、少年就学存在的实际困难，帮助其完成义务教育。

各级人民政府对接受义务教育的残疾学生、贫困残疾人家庭的学生提供免费教科书，并给予寄宿生活费等费用补助；对接受义务教育以外其他教育的残疾学生、贫困残疾人家庭的学生按照国家有关规定给予资助。

第二十二条　残疾人教育，实行普及与提高相结合、以普及为重点的方针，保障义务教育，着重发展职业教育，积极开展学前教育，逐步发展高级中等以上教育。

第二十三条　残疾人教育应当根据残疾人的身心特性和需要，按照下列要求实施：

（一）在进行思想教育、文化教育的同时，加强身心补偿和职业教育；

（二）依据残疾类别和接受能力，采取普通教育方式或者特殊教育方式；

（三）特殊教育的课程设置、教材、教学方法、入学和在校年龄，可以有适度弹性。

第二十四条　县级以上人民政府应当根据残疾人的数量、分布状况和残疾类别等因素，合理设置残疾人教育机构，并鼓励社会力量办学、捐资助学。

第二十五条　普通教育机构对具有接受普通教育能力的残疾人实施教育，并为其学习提供便利和帮助。

普通小学、初级中等学校，必须招收能适应其学习生活的残疾儿童、少年入学；普通高级中等学校、中等职业学校和高等学校，必须招收符合国家规定的录取要求的残疾考生入学，不得因其残疾而拒绝招收；拒绝招收的，当事人或者其亲属、监护人可以要求有关部门处理，有关部门应当责令该学校招收。

普通幼儿教育机构应当接收能适应其生活的残疾幼儿。

第二十六条　残疾幼儿教育机构、普通幼儿教育机构附设的残疾儿童班、特殊教育机构的学前班、残疾儿童福利机构、残疾儿童家庭，对残疾儿童实施学前教育。

初级中等以下特殊教育机构和普通教育机构附设的特殊教育班，对不具有接受普通教育能力的残疾儿童、少年实施义务教育。

高级中等以上特殊教育机构、普通教育机构附设的特殊教育班和残疾人职业教育机构，对符合条件的残疾人实施高级中等以上文化教育、职业教育。

提供特殊教育的机构应当具备适合残疾人学习、康复、生活特点的场所和设施。

第二十七条　政府有关部门、残疾人所在单位和有关社会组织应当对残疾人开展扫除文盲、职业培训、创业培训和其他成人教育，鼓励残疾人自学成才。

第二十八条 国家有计划地举办各级各类特殊教育师范院校、专业，在普通师范院校附设特殊教育班，培养、培训特殊教育师资。普通师范院校开设特殊教育课程或者讲授有关内容，使普通教师掌握必要的特殊教育知识。

特殊教育教师和手语翻译，享受特殊教育津贴。

第二十九条 政府有关部门应当组织和扶持盲文、手语的研究和应用，特殊教育教材的编写和出版，特殊教育教学用具及其他辅助用品的研制、生产和供应。

第四章 劳动就业

第三十条 国家保障残疾人劳动的权利。

各级人民政府应当对残疾人劳动就业统筹规划，为残疾人创造劳动就业条件。

第三十一条 残疾人劳动就业，实行集中与分散相结合的方针，采取优惠政策和扶持保护措施，通过多渠道、多层次、多种形式，使残疾人劳动就业逐步普及、稳定、合理。

第三十二条 政府和社会举办残疾人福利企业、盲人按摩机构和其他福利性单位，集中安排残疾人就业。

第三十三条 国家实行按比例安排残疾人就业制度。

国家机关、社会团体、企业事业单位、民办非企业单位应当按照规定的比例安排残疾人就业，并为其选择适当的工种和岗位。达不到规定比例的，按照国家有关规定履行保障残疾人就业义务。国家鼓励用人单位超过规定比例安排残疾人就业。

残疾人就业的具体办法由国务院规定。

第三十四条 国家鼓励和扶持残疾人自主择业、自主创业。

第三十五条 地方各级人民政府和农村基层组织，应当组织和扶持农村残疾人从事种植业、养殖业、手工业和其他形式的生产劳动。

第三十六条 国家对安排残疾人就业达到、超过规定比例或者集中安排残疾人就业的用人单位和从事个体经营的残疾人，依法给予税收优惠，并在生产、经营、技术、资金、物资、场地等方面给予扶持。国家对从事个体经营的残疾人，免除行政事业性收费。

县级以上地方人民政府及其有关部门应当确定适合残疾人生产、经营的产品、项目，优先安排残疾人福利性单位生产或者经营，并根据残疾人福利性单位的生产特点确定某些产品由其专产。

政府采购，在同等条件下应当优先购买残疾人福利性单位的产品或者服务。

地方各级人民政府应当开发适合残疾人就业的公益性岗位。

对申请从事个体经营的残疾人，有关部门应当优先核发营业执照。

对从事各类生产劳动的农村残疾人，有关部门应当在生产服务、技术指导、农用物资供应、农副产品购销和信贷等方面，给予帮助。

第三十七条 政府有关部门设立的公共就业服务机构，应当为残疾人免费提供就业服务。

残疾人联合会举办的残疾人就业服务机构，应当组织开展免费的职业指导、职业介绍和职业培训，为残疾人就业和用人单位招用残疾人提供服务和帮助。

第三十八条 国家保护残疾人福利性单位的财产所有权和经营自主权，其合法权益不受侵犯。

在职工的招用、转正、晋级、职称评定、劳动报酬、生活福利、休息休假、社会保险等方面，不得歧视残疾人。

残疾职工所在单位应当根据残疾职工的特点，提供适当的劳动条件和劳动保护，并根据实际需要对劳动场所、劳动设备和生活设施进行改造。

国家采取措施，保障盲人保健和医疗按摩人员从业的合法权益。

第三十九条 残疾职工所在单位应当对残疾职工进行岗位技术培训，提高其劳动技能和技术水平。

第四十条 任何单位和个人不得以暴力、威胁或者非法限制人身自由的手段强迫残疾人劳动。

第五章 文化生活

第四十一条 国家保障残疾人享有平等参与文化生活的权利。

各级人民政府和有关部门鼓励、帮助残疾人参加各种文化、体育、娱乐活动，积极创造条件，丰富残疾人精神文化生活。

第四十二条 残疾人文化、体育、娱乐活动应当面向基层，融于社会公共文化生活，适应各类残疾人的不同特点和需要，使残疾人广泛参与。

第四十三条 政府和社会采取下列措施，丰富残疾人的精神文化生活：

（一）通过广播、电影、电视、报刊、图书、网络等形式，及时宣传报道残疾人的工作、生活等情况，为残疾人服务；

（二）组织和扶持盲文读物、盲人有声读物及其他残疾人读物的编写和出版，根据盲人的实际需要，在公共图书馆设立盲文读物、盲人有声读物图书室；

（三）开办电视手语节目，开办残疾人专题广播栏目，推进电视栏目、影视作品加配字幕、解说；

（四）组织和扶持残疾人开展群众性文化、体育、娱乐活动，举办特殊艺术演出和残疾人体育运动会，参加国际性比赛和交流；

（五）文化、体育、娱乐和其他公共活动场所，为残疾人提供方便和照顾。有计划地兴办残疾人活动场所。

第四十四条 政府和社会鼓励、帮助残疾人从事文学、艺术、教育、科学、技术和其他有益于人民的创造性劳动。

第四十五条 政府和社会促进残疾人与其他公民之间的相互理解和交流，宣传残疾人事业和扶助残疾人的事迹，弘扬残疾人自强不息的精神，倡导团结、友爱、互助的社会风尚。

第六章 社会保障

第四十六条 国家保障残疾人享有各项社会保障的权利。

政府和社会采取措施，完善对残疾人的社会保障，保障和改善残疾人的生活。

第四十七条 残疾人及其所在单位应当按照国家有关规定参加社会保险。

残疾人所在城乡基层群众性自治组织、残疾人家庭，应当鼓励、帮助残疾人参加社会保险。

对生活确有困难的残疾人，按照国家有关规定给予社会保险补贴。

第四十八条 各级人民政府对生活确有困难的残疾人，通过多种渠道给予生活、教育、住房和其他社会救助。

县级以上地方人民政府对享受最低生活保障待遇后生活仍有特别困难的残疾人家庭，应当采取其他措施保障其基本生活。

各级人民政府对贫困残疾人的基本医疗、康复服务、必要的辅助器具的配置和更换，应当按照规定给予救助。

对生活不能自理的残疾人，地方各级人民政府应当根据情况给予护理补贴。

第四十九条 地方各级人民政府对无劳动能力、无扶养人或者扶养人不具有扶养能力、无生活来源的残疾人，按照规定予以供养。

国家鼓励和扶持社会力量举办残疾人供养、托养机构。

残疾人供养、托养机构及其工作人员不得侮辱、虐待、遗弃残疾人。

第五十条 县级以上人民政府对残疾人搭乘公共交通工具，应当根据实际情况给予便利和优惠。残疾人可以免费携带随身必备的辅助器具。

盲人持有效证件免费乘坐市内公共汽车、电车、地铁、渡船等公共交通工具。盲人读物邮件免费寄递。

国家鼓励和支持提供电信、广播电视服务的单位对盲人、听力残疾人、言语残疾人给予优惠。

各级人民政府应当逐步增加对残疾人的其他照顾和扶助。

第五十一条　政府有关部门和残疾人组织应当建立和完善社会各界为残疾人捐助和服务的渠道，鼓励和支持发展残疾人慈善事业，开展志愿者助残等公益活动。

第七章　无障碍环境

第五十二条　国家和社会应当采取措施，逐步完善无障碍设施，推进信息交流无障碍，为残疾人平等参与社会生活创造无障碍环境。

各级人民政府应当对无障碍环境建设进行统筹规划，综合协调，加强监督管理。

第五十三条　无障碍设施的建设和改造，应当符合残疾人的实际需要。

新建、改建和扩建建筑物、道路、交通设施等，应当符合国家有关无障碍设施工程建设标准。

各级人民政府和有关部门应当按照国家无障碍设施工程建设规定，逐步推进已建成设施的改造，优先推进与残疾人日常工作、生活密切相关的公共服务设施的改造。

对无障碍设施应当及时维修和保护。

第五十四条　国家采取措施，为残疾人信息交流无障碍创造条件。

各级人民政府和有关部门应当采取措施，为残疾人获取公共信息提供便利。

国家和社会研制、开发适合残疾人使用的信息交流技术和产品。

国家举办的各类升学考试、职业资格考试和任职考试，有盲人参加的，应当为盲人提供盲文试卷、电子试卷或者由专门的工作人员予以协助。

第五十五条　公共服务机构和公共场所应当创造条件，为残疾人提供语音和文字提示、手语、盲文等信息交流服务，并提供优先服务和辅助性服务。

公共交通工具应当逐步达到无障碍设施的要求。有条件的公共停车场应当为残疾人设置专用停车位。

第五十六条　组织选举的部门应当为残疾人参加选举提供便利；有条件的，应当为盲人提供盲文选票。

第五十七条　国家鼓励和扶持无障碍辅助设备、无障碍交通工具的研制和开发。

第五十八条　盲人携带导盲犬出入公共场所，应当遵守国家有关规定。

第八章　法律责任

第五十九条　残疾人的合法权益受到侵害的，可以向残疾人组织投诉，残疾人组织应当维护残疾人的合法权益，有权要求有关部门或者单位查处。有关部门或者单位应当依法查处，并予以答复。

残疾人组织对残疾人通过诉讼维护其合法权益需要帮助的，应当给予支持。

残疾人组织对侵害特定残疾人群体利益的行为，有权要求有关部门依法查处。

第六十条 残疾人的合法权益受到侵害的，有权要求有关部门依法处理，或者依法向仲裁机构申请仲裁，或者依法向人民法院提起诉讼。

对有经济困难或者其他原因确需法律援助或者司法救助的残疾人，当地法律援助机构或者人民法院应当给予帮助，依法为其提供法律援助或者司法救助。

第六十一条 违反本法规定，对侵害残疾人权益行为的申诉、控告、检举，推诿、拖延、压制不予查处，或者对提出申诉、控告、检举的人进行打击报复的，由其所在单位、主管部门或者上级机关责令改正，并依法对直接负责的主管人员和其他直接责任人员给予处分。

国家工作人员未依法履行职责，对侵害残疾人权益的行为未及时制止或者未给予受害残疾人必要帮助，造成严重后果的，由其所在单位或者上级机关依法对直接负责的主管人员和其他直接责任人员给予处分。

第六十二条 违反本法规定，通过大众传播媒介或者其他方式贬低损害残疾人人格的，由文化、广播电影电视、新闻出版或者其他有关主管部门依据各自的职权责令改正，并依法给予行政处罚。

第六十三条 违反本法规定，有关教育机构拒不接收残疾学生入学，或者在国家规定的录取要求以外附加条件限制残疾学生就学的，由有关主管部门责令改正，并依法对直接负责的主管人员和其他直接责任人员给予处分。

第六十四条 违反本法规定，在职工的招用等方面歧视残疾人的，由有关主管部门责令改正；残疾人劳动者可以依法向人民法院提起诉讼。

第六十五条 违反本法规定，供养、托养机构及其工作人员侮辱、虐待、遗弃残疾人的，对直接负责的主管人员和其他直接责任人员依法给予处分；构成违反治安管理行为的，依法给予行政处罚。

第六十六条 违反本法规定，新建、改建和扩建建筑物、道路、交通设施，不符合国家有关无障碍设施工程建设标准，或者对无障碍设施未进行及时维修和保护造成后果的，由有关主管部门依法处理。

第六十七条 违反本法规定，侵害残疾人的合法权益，其他法律、法规规定行政处罚的，从其规定；造成财产损失或者其他损害的，依法承担民事责任；构成犯罪的，依法追究刑事责任。

第九章　附则

第六十八条 本法自2008年7月1日起施行。

中华人民共和国国旗法

（1990年6月28日第七届全国人民代表大会常务委员会第十四次会议通过，自1990年10月1日起施行。根据2009年8月27日第十一届全国人民代表大会常务委员会第十次会议《关于修改部分法律的决定》修正）

第一条 为了维护国旗的尊严，增强公民的国家观念，发扬爱国主义精神，根据宪法，制定本法。

第二条 中华人民共和国国旗是五星红旗。

中华人民共和国国旗按照中国人民政治协商会议第一届全体会议主席团公布的国旗制法说明制作。

第三条 中华人民共和国国旗是中华人民共和国的象征和标志。

每个公民和组织，都应当尊重和爱护国旗。

第四条 地方各级人民政府对本行政区域内国旗的升挂和使用，实施监督管理。

外交部、国务院交通主管部门、中国人民解放军总政治部对各自管辖范围内国旗的升挂和使用，实施监督管理。

国旗由省、自治区、直辖市的人民政府指定的企业制作。

第五条 下列场所或者机构所在地，应当每日升挂国旗：

（一）北京天安门广场、新华门；

（二）全国人民代表大会常务委员会，国务院，中央军事委员会，最高人民法院，最高人民检察院；中国人民政治协商会议全国委员会；

（三）外交部；

（四）出境入境的机场、港口、火车站和其他边境口岸，边防海防哨所。

第六条 国务院各部门，地方各级人民代表大会常务委员会、人民政府、人民法院、人民检察院，中国人民政治协商会议地方各级委员会，应当在工作日升挂国旗。

全日制学校，除寒假、暑假和星期日外，应当每日升挂国旗。

第七条 国庆节、国际劳动节、元旦和春节，各级国家机关和各人民团体应当升挂国旗；企业事业组织，村民委员会、居民委员会，城镇居民院（楼）以及广场、公园等公共活动场所，有条件的可以升挂国旗。

不以春节为传统节日的少数民族地区，春节是否升挂国旗，由民族自治地方的自治机关规定。

民族自治地方在民族自治地方成立纪念日和主要传统民族节日，可以升挂国旗。

第八条 举行重大庆祝、纪念活动，大型文化、体育活动，大型展览会，可以升挂国旗。

第九条 外交活动以及国家驻外使馆领馆和其他外交代表机构升挂、使用国旗的办法，由外交部规定。

第十条 军事机关、军队营区、军用舰船，按照中央军事委员会的有关规定升挂国旗。

第十一条 民用船舶和进入中国领水的外国船舶升挂国旗的办法，由国务院交通主管部门规定。

公安部门执行边防、治安、消防任务的船舶升挂国旗的办法，由国务院公安部门规定。

第十二条 依照本法第五条、第六条、第七条的规定升挂国旗的，应当早晨升起，傍晚降下。

依照本法规定应当升挂国旗的，遇有恶劣天气，可以不升挂。

第十三条 升挂国旗时，可以举行升旗仪式。

举行升旗仪式时，在国旗升起的过程中，参加者应当面向国旗肃立致敬，并可以奏国歌或者唱国歌。

全日制中学小学，除假期外，每周举行一次升旗仪式。

第十四条 下列人士逝世，下半旗志哀：

（一）中华人民共和国主席、全国人民代表大会常务委员会委员长、国务院总理、中央军事委员会主席；

（二）中国人民政治协商会议全国委员会主席；

（三）对中华人民共和国作出杰出贡献的人；

（四）对世界和平或者人类进步事业作出杰出贡献的人。

发生特别重大伤亡的不幸事件或者严重自然灾害造成重大伤亡时，可以下半旗志哀。

依照本条第一款（三）、（四）项和第二款的规定下半旗，由国务院决定。

依照本条规定下半旗的日期和场所，由国家成立的治丧机构或者国务院决定。

第十五条 升挂国旗，应当将国旗置于显著的位置。

列队举持国旗和其他旗帜行进时，国旗应当在其他旗帜之前。

国旗与其他旗帜同时升挂时，应当将国旗置于中心、较高或者突出的位置。

在外事活动中同时升挂两个以上国家的国旗时，应当按照外交部的规定或者国际惯例升挂。

第十六条 在直立的旗杆上升降国旗，应当徐徐升降。升起时，必须将国旗升至杆顶；降下时，不得使国旗落地。

下半旗时，应当先将国旗升至杆顶，然后降至旗顶与杆顶之间的距离为旗杆全长的1/3处；降下时，应当先将国旗升至杆顶，然后再降下。

第十七条 不得升挂破损、污损、褪色或者不合规格的国旗。

第十八条 国旗及其图案不得用作商标和广告，不得用于私人丧事活动。

第十九条 在公众场合故意以焚烧、毁损、涂划、玷污、践踏等方式侮辱中华人民共和国国旗的，依法追究刑事责任；情节较轻的，由公安机关处以十五日以下拘留。

第二十条 本法自1990年10月1日起施行。

中华人民共和国体育法

（1995年8月29日第八届全国人民代表大会常务委员会第十五次会议通过，自1995年10月1日起施行。根据2009年8月27日第十一届全国人民代表大会常务委员会第十次会议《关于修改部分法律的决定》修正）

第一章　总则

第一条　为了发展体育事业，增强人民体质，提高体育运动水平，促进社会主义物质文明和精神文明建设，根据宪法，制定本法。

第二条　国家发展体育事业，开展群众性的体育活动，提高全民族身体素质。体育工作坚持以开展全民健身活动为基础，实行普及与提高相结合，促进各类体育协调发展。

第三条　国家坚持体育为经济建设、国防建设和社会发展服务。体育事业应当纳入国民经济和社会发展计划。

国家推进体育管理体制改革。国家鼓励企业事业组织、社会团体和公民兴办和支持体育事业。

第四条　国务院体育行政部门主管全国体育工作。国务院其他有关部门在各自的职权范围内管理体育工作。

县级以上地方各级人民政府体育行政部门或者本级人民政府授权的机构主管本行政区域内的体育工作。

第五条　国家对青年、少年、儿童的体育活动给予特别保障，增进青年、少年、儿童的身心健康。

第六条　国家扶持少数民族地区发展体育事业，培养少数民族体育人才。

第七条　国家发展体育教育和体育科学研究，推广先进、实用的体育科学技术成果，依靠科学技术发展体育事业。

第八条　国家对在体育事业中做出贡献的组织和个人，给予奖励。

第九条　国家鼓励开展对外体育交往。对外体育交往坚持独立自主、平等互利、相互尊重的原则，维护国家主权和尊严、遵守中华人民共和国缔结或者参加的国际条约。

第二章　社会体育

第十条　国家提倡公民参加社会体育活动，增进身心健康。

社会体育活动应当坚持业余、自愿、小型多样，遵循因地制宜和科学文明的原则。

第十一条　国家推行全民健身计划，实施体育锻炼标准，进行体质监测。

国家实行社会体育指导员技术等级制度。社会体育指导员对社会体育活动进行指导。

第十二条　地方各级人民政府应当为公民参加社会体育活动创造必要的条件，支持、扶助群众性体育活动的开展。

城市应当发挥居民委员会等社区基层组织的作用，组织居民开展体育活动。

农村应当发挥村民委员会、基层文化体育组织的作用，开展适合农村特点的体育活动。

第十三条　国家机关、企业事业组织应当开展多种形式的体育活动，举办群众性体育竞赛。

第十四条　工会等社会团体应当根据各自特点，组织体育活动。

第十五条　国家鼓励、支持民族、民间传统体育项目的发掘、整理和提高。

第十六条　全社会应当关心、支持老年人、残疾人参加体育活动。各级人民政府应当采取措施，为老年人、残疾人参加体育活动提供方便。

第三章　学校体育

第十七条　教育行政部门和学校应当将体育作为学校教育的组成部分，培养德、智、体等方面全面发展的人才。

第十八条　学校必须开设体育课，并将体育课列为考核学生学业成绩的科目。

学校应当创造条件为病残学生组织适合其特点的体育活动。

第十九条　学校必须实施国家体育锻炼标准，对学生在校期间每天用于体育活动的时间给予保证。

第二十条　学校应当组织多种形式的课外体育活动，开展课外训练和体育竞赛，并根据条件每学年举行一次全校性的体育运动会。

第二十一条　学校应当按照国家有关规定，配备合格的体育教师，保障体育教师享受与其工作特点有关的待遇。

第二十二条　学校应当按照国务院教育行政部门规定的标准配置体育场地、设施和器材。

学校体育场地必须用于体育活动，不得挪作他用。

第二十三条　学校应当建立学生体格健康检查制度。教育、体育和卫生行政部门应当加强对学生体质的监测。

第四章　竞技体育

第二十四条　国家促进竞技体育发展，鼓励运动员提高体育运动技术水平，在体育竞赛中创造优异成绩，为国家争取荣誉。

第二十五条　国家鼓励、支持开展业余体育训练，培养优秀的体育后备人才。

第二十六条　参加国内、国际重大体育竞赛的运动员和运动队，应当按照公平、择优的原则选拔和组建。具体办法由国务院体育行政部门规定。

第二十七条　培养运动员必须实行严格、科学、文明的训练和管理，对运动员进行爱国主义、集体主义和社会主义教育，以及道德和纪律教育。

第二十八条　国家对优秀运动员在就业或者升学方面给予优待。

第二十九条　全国性的单项体育协会对本项目的运动员实行注册管理。经注册的运动员，可以根据国务院体育行政部门的规定，参加有关的体育竞赛和运动队之间的人员流动。

第三十条　国家实行运动员技术等级、裁判员技术等级和教练员专业技术职务等级制度。

第三十一条　国家对体育竞赛实行分级分类管理。

全国综合性运动会由国务院体育行政部门管理或者由国务院体育行政部门会同有关组织管理。

全国单项体育竞赛由该项运动的全国性协会负责管理。

地方综合性运动会和地方单项体育竞赛的管理办法由地方人民政府制定。

第三十二条　国家实行体育竞赛全国纪录审批制度。全国纪录由国务院体育行政部门确认。

第三十三条　在竞技体育活动中发生纠纷，由体育仲裁机构负责调解、仲裁。

体育仲裁机构的设立办法和仲裁范围由国务院另行规定。

第三十四条　体育竞赛实行公平竞争的原则。体育竞赛的组织者和运动员、教练员、裁判员应当遵守体育道德，不得弄虚作假、营私舞弊。

在体育运动中严禁使用禁用的药物和方法。禁用药物检测机构应当对禁用的药物和方法进行严格检查。

严禁任何组织和个人利用体育竞赛从事赌博活动。

第三十五条　在中国境内举办的重大体育竞赛，其名称、徽记、旗帜及吉祥物等标志按照国家有关规定予以保护。

第五章　体育社会团体

第三十六条　国家鼓励、支持体育社会团体按照其章程，组织和开展体育活动，推动体育事业的发展。

第三十七条　各级体育总会是联系、团结运动员和体育工作者的群众性体育组织，应当在发展体育事业中发挥作用。

第三十八条　中国奥林匹克委员会是以发展和推动奥林匹克运动为主要任务的体育组织，代表中国参与国际奥林匹克事务。

第三十九条　体育科学社会团体是体育科学技术工作者的学术性群众组织，应当在发展体育科技事业中发挥作用。

第四十条　全国性的单项体育协会管理该项运动的普及与提高工作，代表中国参加相应的国际单项体育组织。

第六章　保障条件

第四十一条　县级以上各级人民政府应当将体育事业经费、体育基本建设资金列入本级财政预算和基本建设投资计划，并随着国民经济的发展逐步增加对体育事业的投入。

第四十二条　国家鼓励企业事业组织和社会团体自筹资金发展体育事业，鼓励组织和个人对体育事业的捐赠和赞助。

第四十三条　国家有关部门应当加强对体育资金的管理，任何组织和个人不得挪用、克扣体育资金。

第四十四条　县级以上各级人民政府体育行政部门对以健身、竞技等体育活动为内容的经营活动，应当按照国家有关规定加强管理和监督。

第四十五条　县级以上地方各级人民政府应当按照国家对城市公共体育设施用地定额指标的规定，将城市公共体育设施建设纳入城市建设规划和土地利用总体规划，合理布局，统一安排。

城市在规划企业、学校、街道和居住区时，应当将体育设施纳入建设规划。

乡、民族乡、镇应当随着经济发展，逐步建设和完善体育设施。

第四十六条　公共体育设施应当向社会开放，方便群众开展体育活动，对学生、老年人、残疾人实行优惠办法，提高体育设施的利用率。

任何组织和个人不得侵占、破坏公共体育设施。因特殊情况需要临时占用体育设施的，必须经体育行政部门和建设规划部门批准，并及时归还；按照城市规划改变体育场地用途的，应当按照国家有关规定，先行择地新建偿还。

第四十七条 国家发展体育专业教育，建立各类体育专业院校、系、科，培养运动、训练、教学、科学研究、管理以及从事群众体育等方面的专业人员。

国家鼓励企业事业组织、社会团体和公民依法举办体育专业教育。

第七章 法律责任

第四十八条 在竞技体育中从事弄虚作假等违反纪律和体育规则的行为，由体育社会团体按照章程规定给予处罚；对国家工作人员中的直接责任人员，依法给予行政处分。

第四十九条 在体育运动中使用禁用的药物和方法的，由体育社会团体按照章程规定给予处罚；对国家工作人员中的直接责任人员，依法给予行政处分。

第五十条 利用竞技体育从事赌博活动的，由体育行政部门协助公安机关责令停止违法活动，并由公安机关依照治安管理处罚法的有关规定给予处罚。

在竞技体育活动中，有贿赂、诈骗、组织赌博行为，构成犯罪的，依法追究刑事责任。

第五十一条 侵占、破坏公共体育设施的，由体育行政部门责令限期改正，并依法承担民事责任。

有前款所列行为，违反治安管理的，由公安机关依照治安管理处罚法的有关规定给予处罚；构成犯罪的，依法追究刑事责任。

第五十二条 在体育活动中，寻衅滋事、扰乱公共秩序的，给予批评、教育并予以制止；违反治安管理的，由公安机关依照治安管理处罚法的规定给予处罚；构成犯罪的，依法追究刑事责任。

第五十三条 违反国家财政制度、财务制度，挪用、克扣体育资金的，由上级机关责令限期归还被挪用、克扣的资金，并对直接负责的主管人员和其他直接责任人员，依法给予行政处分；构成犯罪的，依法追究刑事责任。

第八章 附则

第五十四条 军队开展体育活动的具体办法由中央军事委员会依照本法制定。

第五十五条 本法自1995年10月1日起施行。

中华人民共和国国防教育法

（2001年4月28日第九届全国人民代表大会常务委员会第二十一次会议通过）

第一章　总则

第一条　为了普及和加强国防教育，发扬爱国主义精神，促进国防建设和社会主义精神文明建设，根据国防法和教育法，制定本法。

第二条　国防教育是建设和巩固国防的基础，是增强民族凝聚力、提高全民素质的重要途径。

第三条　国家通过开展国防教育，使公民增强国防观念，掌握基本的国防知识，学习必要的军事技能，激发爱国热情，自觉履行国防义务。

第四条　国防教育贯彻全民参与、长期坚持、讲求实效的方针，实行经常教育与集中教育相结合、普及教育与重点教育相结合、理论教育与行为教育相结合的原则，针对不同对象确定相应的教育内容分类组织实施。

第五条　中华人民共和国公民都有接受国防教育的权利和义务。

普及和加强国防教育是全社会的共同责任。

一切国家机关和武装力量、各政党和各社会团体、各企业事业组织以及基层群众性自治组织，都应当根据各自的实际情况组织本地区、本部门、本单位开展国防教育。

第六条　国务院领导全国的国防教育工作。中央军事委员会协同国务院开展全民国防教育。

地方各级人民政府领导本行政区域内的国防教育工作。驻地军事机关协助和支持地方人民政府开展国防教育。

第七条　国家国防教育工作机构规划、组织、指导和协调全国的国防教育工作。

县级以上地方负责国防教育工作的机构组织、指导、协调和检查本行政区域内的国防教育工作。

第八条　教育、民政、文化宣传等部门，在各自职责范围内负责国防教育工作。

征兵、国防科研生产、国民经济动员、人民防空、国防交通、军事设施保护等工作的主管部门，依照本法和有关法律、法规的规定，负责国防教育工作。

工会、共产主义青年团、妇女联合会以及其他有关社会团体，协助人民政府开展国防教育。

第九条 中国人民解放军、中国人民武装警察部队按照中央军事委员会的有关规定开展国防教育。

第十条 国家支持、鼓励社会组织和个人开展有益于国防教育的活动。

第十一条 国家和社会对在国防教育工作中作出突出贡献的组织和个人，采取各种形式给予表彰和奖励。

第十二条 国家设立全民国防教育日。

第二章 学校国防教育

第十三条 学校的国防教育是全民国防教育的基础，是实施素质教育的重要内容。

教育行政部门应当将国防教育列入工作计划，加强对学校国防教育的组织、指导和监督，并对学校国防教育工作定期进行考核。

第十四条 小学和初级中学应当将国防教育的内容纳入有关课程，将课堂教学与课外活动相结合，对学生进行国防教育。

有条件的小学和初级中学可以组织学生开展以国防教育为主题的少年军校活动。教育行政部门、共产主义青年团组织和其他有关部门应当加强对少年军校活动的指导与管理。

小学和初级中学可以根据需要聘请校外辅导员，协助学校开展多种形式的国防教育活动。

第十五条 高等学校、高级中学和相当于高级中学的学校应当将课堂教学与军事训练相结合，对学生进行国防教育。

高等学校应当设置适当的国防教育课程，高级中学和相当于高级中学的学校应当在有关课程中安排专门的国防教育内容，并可以在学生中开展形式多样的国防教育活动。

高等学校、高级中学和相当于高级中学的学校学生的军事训练，由学校负责军事训练的机构或者军事教员按照国家有关规定组织实施。军事机关应当协助学校组织学生的军事训练。

第十六条 学校应当将国防教育列入学校的工作和教学计划，采取有效措施，保证国防教育的质量和效果。

学校组织军事训练活动，应当采取措施，加强安全保障。

第十七条 负责培训国家工作人员的各类教育机构，应当将国防教育纳入培训计划，设置适当的国防教育课程。

国家根据需要选送地方和部门的负责人到有关军事院校接受培训，学习和掌握履行领导职责所必需的国防知识。

第三章 社会国防教育

第十八条 国家机关应当根据各自的工作性质和特点，采取多种形式对工作人员进行国防教育。

国家机关工作人员应当具备基本的国防知识。从事国防建设事业的国家机关工作人员，必须学习和掌握履行职责所必需的国防知识。

各地区、各部门的领导人员应当依法履行组织、领导本地区、本部门开展国防教育的职责。

第十九条 企业事业组织应当将国防教育列入职工教育计划，结合政治教育、业务培训、文化体育等活动，对职工进行国防教育。

承担国防科研生产、国防设施建设、国防交通保障等任务的企业事业组织，应当根据所担负的任务，制定相应的国防教育计划，有针对性地对职工进行国防教育。

社会团体应当根据各自的活动特点开展国防教育。

第二十条 军区、省军区（卫戍区、警备区）、军分区（警备区）和县、自治县、市、市辖区的人民武装部按照国家和军队的有关规定，结合政治教育和组织整顿、军事训练、执行勤务、征兵工作以及重大节日、纪念日活动，对民兵、预备役人员进行国防教育。

民兵、预备役人员的国防教育，应当以基干民兵、第一类预备役人员和担任领导职务的民兵、预备役人员为重点，建立和完善制度，保证受教育的人员、教育时间和教育内容的落实。

第二十一条 城市居民委员会、农村村民委员会应当将国防教育纳入社区、农村社会主义精神文明建设的内容，结合征兵工作、拥军优属以及重大节日、纪念日活动，对居民、村民进行国防教育。

城市居民委员会、农村村民委员会可以聘请退役军人协助开展国防教育。

第二十二条 文化、新闻、出版、广播、电影、电视等部门和单位应当根据形势和任务的要求，采取多种形式开展国防教育。

中央和省、自治区、直辖市以及设区的市的广播电台、电视台、报刊应当开设国防教育节目或者栏目，普及国防知识。

第二十三条 烈士陵园、革命遗址和其他具有国防教育功能的博物馆、纪念馆、科技馆、文化馆、青少年宫等场所，应当为公民接受国防教育提供便利，对有组织的国防教育活动实行优惠或者免费；依照本法第二十八条的规定被命名为国防教育基地的，应当对有组织的中小学生免费开放；在全民国防教育日向社会免费开放。

第四章 国防教育的保障

第二十四条 各级人民政府应当将国防教育纳入国民经济和社会发展计划，并根据开展国防教育的需要，在财政预算中保障国防教育所需的经费。

第二十五条 国家机关、事业单位、社会团体开展国防教育所需的经费，在本单位预算经费内列支；企业开展国防教育所需经费，在本单位职工教育经费中列支。

学校组织学生军事训练所需的经费，按照国家有关规定执行。

第二十六条 国家鼓励社会组织和个人捐赠财产，资助国防教育的开展。

社会组织和个人资助国防教育的财产，由依法成立的国防教育基金组织或者其他公益性社会组织依法管理。

国家鼓励社会组织和个人提供或者捐赠所收藏的具有国防教育意义的实物用于国防教育。使用单位对提供使用的实物应当妥善保管，使用完毕，及时归还。

第二十七条 国防教育经费和社会组织、个人资助国防教育的财产，必须用于国防教育事业，任何单位或者个人不得挪用、克扣。

第二十八条 本法第二十三条规定的场所，具备下列条件的，经省、自治区、直辖市人民政府批准，可以命名为国防教育基地：

（一）有明确的国防教育主题内容；

（二）有健全的管理机构和规章制度；

（三）有相应的国防教育设施；

（四）有必要的经费保障；

（五）有显著的社会教育效果。

国防教育基地应当加强建设，不断完善，充分发挥国防教育的功能。被命名的国防教育基地不再具备前款规定条件的，由原批准机关撤销命名。

第二十九条 各级人民政府应当加强对国防教育基地的规划、建设和管理，并为其发挥作用提供必要的保障。

各级人民政府应当加强对具有国防教育意义的文物的收集、整理、保护工作。

第三十条 全民国防教育使用统一的国防教育大纲。国防教育大纲由国家国防教育工作机构组织制定。

适用于不同地区、不同类别教育对象的国防教育教材，由有关部门或者地方依据国防教育大纲并结合本地区、本部门的特点组织编写。

第三十一条 各级国防教育工作机构应当组织、协调有关部门做好国防教育教员的选拔、培训和管理工作，加强国防教育师资队伍建设。

国防教育教员应当从热爱国防教育事业、具有基本的国防知识和必要的军事技能的人员中选拔。

第三十二条 中国人民解放军和中国人民武装警察部队应当根据需要和可能，为驻地有组织的国防教育活动选派军事教员，提供必要的军事训练场地、设施以及其他便利条件。

在国庆节、中国人民解放军建军节和全民国防教育日，经批准的军营可以向社会开放。军营开放的办法由中央军事委员会规定。

第五章　法律责任

第三十三条 国家机关、社会团体、企业事业组织以及其他社会组织违反本法规定，拒不开展国防教育活动的，由人民政府有关部门或者上级机关给予批评教育，并责令限期改正；拒不改正，造成恶劣影响的，对负有直接责任的主管人员依法给予行政处分。

第三十四条 违反本法规定，挪用、克扣国防教育经费的，由有关主管部门责令限期归还；对负有直接责任的主管人员和其他直接责任人员依法给予行政处分；构成犯罪的，依法追究刑事责任。

第三十五条 侵占、破坏国防教育基地设施、损毁展品的，由有关主管部门给予批评教育，并责令限期改正；有关责任人应当依法承担相应的民事责任。

有前款所列行为，违反治安管理规定的，由公安机关依法给予治安管理处罚；构成犯罪的，依法追究刑事责任。

第三十六条 寻衅滋事，扰乱国防教育工作和活动秩序的，或者盗用国防教育名义骗取钱财的，由有关主管部门给予批评教育，并予以制止；违反治安管理规定的，由公安机关依法给予治安管理处罚；构成犯罪的，依法追究刑事责任。

第三十七条 负责国防教育的国家工作人员玩忽职守、滥用职权、徇私舞弊的，依法给予行政处分；构成犯罪的，依法追究刑事责任。

第六章　附则

第三十八条 本法自公布之日起施行。

中华人民共和国科学技术进步法

（1993年7月2日第八届全国人民代表大会常务委员会第二次会议通过，2007年12月29日第十届全国人民代表大会常务委员会第三十一次会议修订，自2008年7月1日起施行）

第一章　总则

第一条　为了促进科学技术进步，发挥科学技术第一生产力的作用，促进科学技术成果向现实生产力转化，推动科学技术为经济建设和社会发展服务，根据宪法，制定本法。

第二条　国家坚持科学发展观，实施科教兴国战略，实行自主创新、重点跨越、支撑发展、引领未来的科学技术工作指导方针，构建国家创新体系，建设创新型国家。

第三条　国家保障科学技术研究开发的自由，鼓励科学探索和技术创新，保护科学技术人员的合法权益。

全社会都应当尊重劳动、尊重知识、尊重人才、尊重创造。

学校及其他教育机构应当坚持理论联系实际，注重培养受教育者的独立思考能力、实践能力、创新能力，以及追求真理、崇尚创新、实事求是的科学精神。

第四条　经济建设和社会发展应当依靠科学技术，科学技术进步工作应当为经济建设和社会发展服务。

国家鼓励科学技术研究开发，推动应用科学技术改造传统产业、发展高新技术产业和社会事业。

第五条　国家发展科学技术普及事业，普及科学技术知识，提高全体公民的科学文化素质。

国家鼓励机关、企业事业组织、社会团体和公民参与和支持科学技术进步活动。

第六条　国家鼓励科学技术研究开发与高等教育、产业发展相结合，鼓励自然科学与人文社会科学交叉融合和相互促进。

国家加强跨地区、跨行业和跨领域的科学技术合作，扶持民族地区、边远地区、贫困地区的科学技术进步。

国家加强军用与民用科学技术计划的衔接与协调，促进军用与民用科学技术资源、技术开发需求的互通交流和技术双向转移，发展军民两用技术。

第七条 国家制定和实施知识产权战略，建立和完善知识产权制度，营造尊重知识产权的社会环境，依法保护知识产权，激励自主创新。

企业事业组织和科学技术人员应当增强知识产权意识，增强自主创新能力，提高运用、保护和管理知识产权的能力。

第八条 国家建立和完善有利于自主创新的科学技术评价制度。

科学技术评价制度应当根据不同科学技术活动的特点，按照公平、公正、公开的原则，实行分类评价。

第九条 国家加大财政性资金投入，并制定产业、税收、金融、政府采购等政策，鼓励、引导社会资金投入，推动全社会科学技术研究开发经费持续稳定增长。

第十条 国务院领导全国科学技术进步工作，制定科学技术发展规划，确定国家科学技术重大项目、与科学技术密切相关的重大项目，保障科学技术进步与经济建设和社会发展相协调。

地方各级人民政府应当采取有效措施，推进科学技术进步。

第十一条 国务院科学技术行政部门负责全国科学技术进步工作的宏观管理和统筹协调；国务院其他有关部门在各自的职责范围内，负责有关的科学技术进步工作。

县级以上地方人民政府科学技术行政部门负责本行政区域的科学技术进步工作；县级以上地方人民政府其他有关部门在各自的职责范围内，负责有关的科学技术进步工作。

第十二条 国家建立科学技术进步工作协调机制，研究科学技术进步工作中的重大问题，协调国家科学技术基金和国家科学技术计划项目的设立及相互衔接，协调军用与民用科学技术资源配置、科学技术研究开发机构的整合以及科学技术研究开发与高等教育、产业发展相结合等重大事项。

第十三条 国家完善科学技术决策的规则和程序，建立规范的咨询和决策机制，推进决策的科学化、民主化。

制定科学技术发展规划和重大政策，确定科学技术的重大项目、与科学技术密切相关的重大项目，应当充分听取科学技术人员的意见，实行科学决策。

第十四条 中华人民共和国政府发展同外国政府、国际组织之间的科学技术合作与交流，鼓励科学技术研究开发机构、高等学校、科学技术人员、科学技术社会团体和企业事业组织依法开展国际科学技术合作与交流。

第十五条 国家建立科学技术奖励制度，对在科学技术进步活动中做出重要贡献的组织和个人给予奖励。具体办法由国务院规定。

国家鼓励国内外的组织或者个人设立科学技术奖项，对科学技术进步给予奖励。

第二章　科学研究、技术开发与科学技术应用

第十六条　国家设立自然科学基金，资助基础研究和科学前沿探索，培养科学技术人才。

国家设立科技型中小企业创新基金，资助中小企业开展技术创新。

国家在必要时可以设立其他基金，资助科学技术进步活动。

第十七条　从事下列活动的，按照国家有关规定享受税收优惠：

（一）从事技术开发、技术转让、技术咨询、技术服务；

（二）进口国内不能生产或者性能不能满足需要的科学研究或者技术开发用品；

（三）为实施国家重大科学技术专项、国家科学技术计划重大项目，进口国内不能生产的关键设备、原材料或者零部件；

（四）法律、国家有关规定规定的其他科学研究、技术开发与科学技术应用活动。

第十八条　国家鼓励金融机构开展知识产权质押业务，鼓励和引导金融机构在信贷等方面支持科学技术应用和高新技术产业发展，鼓励保险机构根据高新技术产业发展的需要开发保险品种。

政策性金融机构应当在其业务范围内，为科学技术应用和高新技术产业发展优先提供金融服务。

第十九条　国家遵循科学技术活动服务国家目标与鼓励自由探索相结合的原则，超前部署和发展基础研究、前沿技术研究和社会公益性技术研究，支持基础研究、前沿技术研究和社会公益性技术研究持续、稳定发展。

科学技术研究开发机构、高等学校、企业事业组织和公民有权依法自主选择课题，从事基础研究、前沿技术研究和社会公益性技术研究。

第二十条　利用财政性资金设立的科学技术基金项目或者科学技术计划项目所形成的发明专利权、计算机软件著作权、集成电路布图设计专有权和植物新品种权，除涉及国家安全、国家利益和重大社会公共利益的外，授权项目承担者依法取得。

项目承担者应当依法实施前款规定的知识产权，同时采取保护措施，并就实施和保护情况向项目管理机构提交年度报告；在合理期限内没有实施的，国家可以无偿实施，也可以许可他人有偿实施或者无偿实施。

项目承担者依法取得的本条第一款规定的知识产权，国家为了国家安全、国家利益和重大社会公共利益的需要，可以无偿实施，也可以许可他人有偿实施或者无偿实施。

项目承担者因实施本条第一款规定的知识产权所产生的利益分配，依照有关法律、行政法规的规定执行；法律、行政法规没有规定的，按照约定执行。

第二十一条 国家鼓励利用财政性资金设立的科学技术基金项目或者科学技术计划项目所形成的知识产权首先在境内使用。

前款规定的知识产权向境外的组织或者个人转让或者许可境外的组织或者个人独占实施的，应当经项目管理机构批准；法律、行政法规对批准机构另有规定的，依照其规定。

第二十二条 国家鼓励根据国家的产业政策和技术政策引进国外先进技术、装备。

利用财政性资金和国有资本引进重大技术、装备的，应当进行技术消化、吸收和再创新。

第二十三条 国家鼓励和支持农业科学技术的基础研究和应用研究，传播和普及农业科学技术知识，加快农业科学技术成果转化和产业化，促进农业科学技术进步。

县级以上人民政府应当采取措施，支持公益性农业科学技术研究开发机构和农业技术推广机构进行农业新品种、新技术的研究开发和应用。

地方各级人民政府应当鼓励和引导农村群众性科学技术组织为种植业、林业、畜牧业、渔业等的发展提供科学技术服务，对农民进行科学技术培训。

第二十四条 国务院可以根据需要批准建立国家高新技术产业开发区，并对国家高新技术产业开发区的建设、发展给予引导和扶持，使其形成特色和优势，发挥集聚效应。

第二十五条 对境内公民、法人或者其他组织自主创新的产品、服务或者国家需要重点扶持的产品、服务，在性能、技术等指标能够满足政府采购需求的条件下，政府采购应当购买；首次投放市场的，政府采购应当率先购买。

政府采购的产品尚待研究开发的，采购人应当运用招标方式确定科学技术研究开发机构、高等学校或者企业进行研究开发，并予以订购。

第二十六条 国家推动科学技术研究开发与产品、服务标准制定相结合，科学技术研究开发与产品设计、制造相结合；引导科学技术研究开发机构、高等学校、企业共同推进国家重大技术创新产品、服务标准的研究、制定和依法采用。

第二十七条 国家培育和发展技术市场，鼓励创办从事技术评估、技术经纪等活动的中介服务机构，引导建立社会化、专业化和网络化的技术交易服务体系，推动科学技术成果的推广和应用。

技术交易活动应当遵循自愿、平等、互利有偿和诚实信用的原则。

第二十八条 国家实行科学技术保密制度，保护涉及国家安全和利益的科学技术秘密。

国家实行珍贵、稀有、濒危的生物种质资源、遗传资源等科学技术资源出境管理制度。

第二十九条 国家禁止危害国家安全、损害社会公共利益、危害人体健康、违反伦理道德的科学技术研究开发活动。

第三章 企业技术进步

第三十条 国家建立以企业为主体，以市场为导向，企业同科学技术研究开发机构、高等学校相结合的技术创新体系，引导和扶持企业技术创新活动，发挥企业在技术创新中的主体作用。

第三十一条 县级以上人民政府及其有关部门制定的与产业发展相关的科学技术计划，应当体现产业发展的需求。

县级以上人民政府及其有关部门确定科学技术计划项目，应当鼓励企业参与实施和平等竞争；对具有明确市场应用前景的项目，应当鼓励企业联合科学技术研究开发机构、高等学校共同实施。

第三十二条 国家鼓励企业开展下列活动：

（一）设立内部科学技术研究开发机构；

（二）同其他企业或者科学技术研究开发机构、高等学校联合建立科学技术研究开发机构，或者以委托等方式开展科学技术研究开发；

（三）培养、吸引和使用科学技术人员；

（四）同科学技术研究开发机构、高等学校、职业院校或者培训机构联合培养专业技术人才和高技能人才，吸引高等学校毕业生到企业工作；

（五）依法设立博士后工作站；

（六）结合技术创新和职工技能培训，开展科学技术普及活动，设立向公众开放的普及科学技术的场馆或者设施。

第三十三条 国家鼓励企业增加研究开发和技术创新的投入，自主确立研究开发课题，开展技术创新活动。

国家鼓励企业对引进技术进行消化、吸收和再创新。

企业开发新技术、新产品、新工艺发生的研究开发费用可以按照国家有关规定，税前列支并加计扣除，企业科学技术研究开发仪器、设备可以加速折旧。

第三十四条 国家利用财政性资金设立基金，为企业自主创新与成果产业化贷款提供贴息、担保。

政策性金融机构应当在其业务范围内对国家鼓励的企业自主创新项目给予重点支持。

第三十五条 国家完善资本市场，建立健全促进自主创新的机制，支持符合条件的高新技术企业利用资本市场推动自身发展。

国家鼓励设立创业投资引导基金，引导社会资金流向创业投资企业，对企业的创业发展给予支持。

第三十六条 下列企业按照国家有关规定享受税收优惠：

（一）从事高新技术产品研究开发、生产的企业；

（二）投资于中小型高新技术企业的创业投资企业；

（三）法律、行政法规规定的与科学技术进步有关的其他企业。

第三十七条 国家对公共研究开发平台和科学技术中介服务机构的建设给予支持。

公共研究开发平台和科学技术中介服务机构应当为中小企业的技术创新提供服务。

第三十八条 国家依法保护企业研究开发所取得的知识产权。

企业应当不断提高运用、保护和管理知识产权的能力，增强自主创新能力和市场竞争能力。

第三十九条 国有企业应当建立健全有利于技术创新的分配制度，完善激励约束机制。

国有企业负责人对企业的技术进步负责。对国有企业负责人的业绩考核，应当将企业的创新投入、创新能力建设、创新成效等情况纳入考核的范围。

第四十条 县级以上地方人民政府及其有关部门应当创造公平竞争的市场环境，推动企业技术进步。

国务院有关部门和省、自治区、直辖市人民政府应当通过制定产业、财政、能源、环境保护等政策，引导、促使企业研究开发新技术、新产品、新工艺，进行技术改造和设备更新，淘汰技术落后的设备、工艺，停止生产技术落后的产品。

第四章 科学技术研究开发机构

第四十一条 国家统筹规划科学技术研究开发机构的布局，建立和完善科学技术研究开发体系。

第四十二条 公民、法人或者其他组织有权依法设立科学技术研究开发机构。国外的组织或者个人可以在中国境内依法独立设立科学技术研究开发机构，也可以与中国境内的组织或者个人依法联合设立科学技术研究开发机构。

从事基础研究、前沿技术研究、社会公益性技术研究的科学技术研究开发机构，可以利用财政性资金设立。利用财政性资金设立科学技术研究开发机构，应当优化配置，防止重复设置；对重复设置的科学技术研究开发机构，应当予以整合。

科学技术研究开发机构、高等学校可以依法设立博士后工作站。科学技术研究开发机构可以依法在国外设立分支机构。

第四十三条 科学技术研究开发机构享有下列权利：

（一）依法组织或者参加学术活动；

（二）按照国家有关规定，自主确定科学技术研究开发方向和项目，自主决定经费使用、机构设置和人员聘用及合理流动等内部管理事务；

（三）与其他科学技术研究开发机构、高等学校和企业联合开展科学技术研究开发；

（四）获得社会捐赠和资助；

（五）法律、行政法规规定的其他权利。

第四十四条 科学技术研究开发机构应当按照章程的规定开展科学技术研究开发活动；不得在科学技术活动中弄虚作假，不得参加、支持迷信活动。

利用财政性资金设立的科学技术研究开发机构开展科学技术研究开发活动，应当为国家目标和社会公共利益服务；有条件的，应当向公众开放普及科学技术的场馆或者设施，开展科学技术普及活动。

第四十五条 利用财政性资金设立的科学技术研究开发机构应当建立职责明确、评价科学、开放有序、管理规范的现代院所制度，实行院长或者所长负责制，建立科学技术委员会咨询制和职工代表大会监督制等制度，并吸收外部专家参与管理、接受社会监督；院长或者所长的聘用引入竞争机制。

第四十六条 利用财政性资金设立的科学技术研究开发机构，应当建立有利于科学技术资源共享的机制，促进科学技术资源的有效利用。

第四十七条 国家鼓励社会力量自行创办科学技术研究开发机构，保障其合法权益不受侵犯。

社会力量设立的科学技术研究开发机构有权按照国家有关规定，参与实施和平等竞争利用财政性资金设立的科学技术基金项目、科学技术计划项目。

社会力量设立的非营利性科学技术研究开发机构按照国家有关规定享受税收优惠。

第五章　科学技术人员

第四十八条 科学技术人员是社会主义现代化建设事业的重要力量。国家采取各种措施，提高科学技术人员的社会地位，通过各种途径，培养和造就各种专门的科学技术人才，创造有利的环境和条件，充分发挥科学技术人员的作用。

第四十九条 各级人民政府和企业事业组织应当采取措施，提高科学技术人员的工资和福利待遇；对有突出贡献的科学技术人员给予优厚待遇。

第五十条 各级人民政府和企业事业组织应当保障科学技术人员接受继续教育的权利，并为科学技术人员的合理流动创造环境和条件，发挥其专长。

第五十一条 科学技术人员可以根据其学术水平和业务能力依法选择工作单位、

竞聘相应的岗位，取得相应的职务或者职称。

第五十二条 科学技术人员在艰苦、边远地区或者恶劣、危险环境中工作，所在单位应当按照国家规定给予补贴，提供其岗位或者工作场所应有的职业健康卫生保护。

第五十三条 青年科学技术人员、少数民族科学技术人员、女性科学技术人员等在竞聘专业技术职务、参与科学技术评价、承担科学技术研究开发项目、接受继续教育等方面享有平等权利。

发现、培养和使用青年科学技术人员的情况，应当作为评价科学技术进步工作的重要内容。

第五十四条 国家鼓励在国外工作的科学技术人员回国从事科学技术研究开发工作。利用财政性资金设立的科学技术研究开发机构、高等学校聘用在国外工作的杰出科学技术人员回国从事科学技术研究开发工作的，应当为其工作和生活提供方便。

外国的杰出科学技术人员到中国从事科学技术研究开发工作的，按照国家有关规定，可以依法优先获得在华永久居留权。

第五十五条 科学技术人员应当弘扬科学精神，遵守学术规范，恪守职业道德，诚实守信；不得在科学技术活动中弄虚作假，不得参加、支持迷信活动。

第五十六条 国家鼓励科学技术人员自由探索、勇于承担风险。原始记录能够证明承担探索性强、风险高的科学技术研究开发项目的科学技术人员已经履行了勤勉尽责义务仍不能完成该项目的，给予宽容。

第五十七条 利用财政性资金设立的科学技术基金项目、科学技术计划项目的管理机构，应当为参与项目的科学技术人员建立学术诚信档案，作为对科学技术人员聘任专业技术职务或者职称、审批科学技术人员申请科学技术研究开发项目等的依据。

第五十八条 科学技术人员有依法创办或者参加科学技术社会团体的权利。

科学技术协会和其他科学技术社会团体按照章程在促进学术交流、推进学科建设、发展科学技术普及事业、培养专门人才、开展咨询服务、加强科学技术人员自律和维护科学技术人员合法权益等方面发挥作用。

科学技术协会和其他科学技术社会团体的合法权益受法律保护。

第六章　保障措施

第五十九条 国家逐步提高科学技术经费投入的总体水平；国家财政用于科学技术经费的增长幅度，应当高于国家财政经常性收入的增长幅度。全社会科学技术研究开发经费应当占国内生产总值适当的比例，并逐步提高。

第六十条 财政性科学技术资金应当主要用于下列事项的投入：

（一）科学技术基础条件与设施建设；

（二）基础研究；

（三）对经济建设和社会发展具有战略性、基础性、前瞻性作用的前沿技术研究、社会公益性技术研究和重大共性关键技术研究；

（四）重大共性关键技术应用和高新技术产业化示范；

（五）农业新品种、新技术的研究开发和农业科学技术成果的应用、推广；

（六）科学技术普及。

对利用财政性资金设立的科学技术研究开发机构，国家在经费、实验手段等方面给予支持。

第六十一条 审计机关、财政部门应当依法对财政性科学技术资金的管理和使用情况进行监督检查。

任何组织或者个人不得虚报、冒领、贪污、挪用、截留财政性科学技术资金。

第六十二条 确定利用财政性资金设立的科学技术基金项目，应当坚持宏观引导、自主申请、平等竞争、同行评审、择优支持的原则；确定利用财政性资金设立的科学技术计划项目的项目承担者，应当按照国家有关规定择优确定。

利用财政性资金设立的科学技术基金项目、科学技术计划项目的管理机构，应当建立评审专家库，建立健全科学技术基金项目、科学技术计划项目的专家评审制度和评审专家的遴选、回避、问责制度。

第六十三条 国家遵循统筹规划、优化配置的原则，整合和设置国家科学技术研究实验基地。

国家鼓励设置综合性科学技术实验服务单位，为科学技术研究开发机构、高等学校、企业和科学技术人员提供或者委托他人提供科学技术实验服务。

第六十四条 国家根据科学技术进步的需要，按照统筹规划、突出共享、优化配置、综合集成、政府主导、多方共建的原则，制定购置大型科学仪器、设备的规划，并开展对以财政性资金为主购置的大型科学仪器、设备的联合评议工作。

第六十五条 国务院科学技术行政部门应当会同国务院有关主管部门，建立科学技术研究基地、科学仪器设备和科学技术文献、科学技术数据、科学技术自然资源、科学技术普及资源等科学技术资源的信息系统，及时向社会公布科学技术资源的分布、使用情况。

科学技术资源的管理单位应当向社会公布所管理的科学技术资源的共享使用制度和使用情况，并根据使用制度安排使用；但是，法律、行政法规规定应当保密的，依照其规定。

科学技术资源的管理单位不得侵犯科学技术资源使用者的知识产权，并应当按照国家有关规定确定收费标准。管理单位和使用者之间的其他权利义务关系由双方约定。

第六十六条 国家鼓励国内外的组织或者个人捐赠财产、设立科学技术基金，资助科学技术研究开发和科学技术普及。

第七章　法律责任

第六十七条　违反本法规定，虚报、冒领、贪污、挪用、截留用于科学技术进步的财政性资金，依照有关财政违法行为处罚处分的规定责令改正，追回有关财政性资金和违法所得，依法给予行政处罚；对直接负责的主管人员和其他直接责任人员依法给予处分。

第六十八条　违反本法规定，利用财政性资金和国有资本购置大型科学仪器、设备后，不履行大型科学仪器、设备等科学技术资源共享使用义务的，由有关主管部门责令改正，对直接负责的主管人员和其他直接责任人员依法给予处分。

第六十九条　违反本法规定，滥用职权，限制、压制科学技术研究开发活动的，对直接负责的主管人员和其他直接责任人员依法给予处分。

第七十条　违反本法规定，抄袭、剽窃他人科学技术成果，或者在科学技术活动中弄虚作假的，由科学技术人员所在单位或者单位主管机关责令改正，对直接负责的主管人员和其他直接责任人员依法给予处分；获得用于科学技术进步的财政性资金或者有违法所得的，由有关主管部门追回财政性资金和违法所得；情节严重的，由所在单位或者单位主管机关向社会公布其违法行为，禁止其在一定期限内申请国家科学技术基金项目和国家科学技术计划项目。

第七十一条　违反本法规定，骗取国家科学技术奖励的，由主管部门依法撤销奖励，追回奖金，并依法给予处分。

违反本法规定，推荐的单位或者个人提供虚假数据、材料，协助他人骗取国家科学技术奖励的，由主管部门给予通报批评；情节严重的，暂停或者取消其推荐资格，并依法给予处分。

第七十二条　违反本法规定，科学技术行政等有关部门及其工作人员滥用职权、玩忽职守、徇私舞弊的，对直接负责的主管人员和其他直接责任人员依法给予处分。

第七十三条　违反本法规定，其他法律、法规规定行政处罚的，依照其规定；造成财产损失或者其他损害的，依法承担民事责任；构成犯罪的，依法追究刑事责任。

第八章　附则

第七十四条　涉及国防科学技术的其他有关事项，由国务院、中央军事委员会规定。

第七十五条　本法自2008年7月1日起施行。

中华人民共和国立法法

(2000年3月15日第九届全国人民代表大会第三次会议通过，自2000年7月1日起施行)

第一章　总　则

第一条　为了规范立法活动，健全国家立法制度，建立和完善有中国特色社会主义法律体系，保障和发展社会主义民主，推进依法治国，建设社会主义法治国家,根据宪法，制定本法。

第二条　法律、行政法规、地方性法规、自治条例和单行条例的制定、修改和废止，适用本法。

国务院部门规章和地方政府规章的制定、修改和废止，依照本法的有关规定执行。

第三条　立法应当遵循宪法的基本原则，以经济建设为中心，坚持社会主义道路、坚持人民民主专政、坚持中国共产党的领导、坚持马克思列宁主义毛泽东思想邓小平理论，坚持改革开放。

第四条　立法应当依照法定的权限和程序，从国家整体利益出发，维护社会主义法制的统一和尊严。

第五条　立法应当体现人民的意志，发扬社会主义民主，保障人民通过多种途径参与立法活动。

第六条　立法应当从实际出发，科学合理地规定公民、法人和其他组织的权利与义务、国家机关的权力与责任。

第二章　法　律

第一节　立法权限

第七条　全国人民代表大会和全国人民代表大会常务委员会行使国家立法权。

全国人民代表大会制定和修改刑事、民事、国家机构的和其他的基本法律。

全国人民代表大会常务委员会制定和修改除应当由全国人民代表大会制定的法律以外的其他法律；在全国人民代表大会闭会期间，对全国人民代表大会制定的法律进行部分补充和修改，但是不得同该法律的基本原则相抵触。

第八条 下列事项只能制定法律：

（一）国家主权的事项；

（二）各级人民代表大会、人民政府、人民法院和人民检察院的产生、组织和职权；

（三）民族区域自治制度、特别行政区制度、基层群众自治制度；

（四）犯罪和刑罚；

（五）对公民政治权利的剥夺、限制人身自由的强制措施和处罚；

（六）对非国有财产的征收；

（七）民事基本制度；

（八）基本经济制度以及财政、税收、海关、金融和外贸的基本制度；

（九）诉讼和仲裁制度；

（十）必须由全国人民代表大会及其常务委员会制定法律的其他事项。

第九条 本法第八条规定的事项尚未制定法律的，全国人民代表大会及其常务委员会有权作出决定，授权国务院可以根据实际需要，对其中的部分事项先制定行政法规，但是有关犯罪和刑罚、对公民政治权利的剥夺和限制人身自由的强制措施和处罚、司法制度等事项除外。

第十条 授权决定应当明确授权的目的、范围。被授权机关应当严格按照授权目的和范围行使该项权力。授权机关不得将该项权力转授给其他机关。

第十一条 授权立法事项，经过实践检验，制定法律的条件成熟时，由全国人民代表大会及其常务委员会及时制定法律。法律制定后，相应立法事项的授权终止。

第二节　全国人民代表大会立法程序

第十二条 全国人民代表大会主席团可以向全国人民代表大会提出法律案，由全国人民代表大会会议审议。全国人民代表大会常务委员会、国务院、中央军事委员会、最高人民法院、最高人民检察院、全国人民代表大会各专门委员会，可以向全国人民代表大会提出法律案，由主席团决定列入会议议程。

第十三条 一个代表团或者30名以上的代表联名，可以向全国人民代表大会提出法律案，由主席团决定是否列入会议议程，或者先交有关的专门委员会审议、提出是否列入会议议程的意见，再决定是否列入会议议程。专门委员会审议的时候，可以邀请提案人列席会议，发表意见。

第十四条 向全国人民代表大会提出的法律案，在全国人民代表大会闭会期间，可以先向常务委员会提出，经常务委员会会议依照本法第二章第三节规定的有关程序审议后，决定提请全国人民代表大会审议，由常务委员会向大会全体会议作说明，或者由提案人向大会全体会议作说明。

第十五条 常务委员会决定提请全国人民代表大会会议审议的法律案，应当在会议举行的1个月前将法律草案发给代表。

第十六条 列入全国人民代表大会会议议程的法律案，大会全体会议听取提案人的说明后，由各代表团进行审议。各代表团审议法律案时，提案人应当派人听取意见，回答询问。各代表团审议法律案时，根据代表团的要求，有关机关、组织应当派人介绍情况。

第十七条 列入全国人民代表大会会议议程的法律案，由有关的专门委员会进行审议，向主席团提出审议意见，并印发会议。

第十八条 列入全国人民代表大会会议议程的法律案，由法律委员会根据各代表团和有关的专门委员会的审议意见，对法律案进行统一审议，向主席团提出审议结果报告和法律草案修改稿，对重要的不同意见应当在审议结果报告中予以说明，经主席团会议审议通过后，印发会议。

第十九条 列入全国人民代表大会会议议程的法律案，必要时，主席团常务主席可以召开各代表团团长会议，就法律案中的重大问题听取各代表团的审议意见，进行讨论，并将讨论的情况和意见向主席团报告。主席团常务主席也可以就法律案中的重大的专门性问题，召集代表团推选的有关代表进行讨论，并将讨论的情况和意见向主席团报告。

第二十条 列入全国人民代表大会会议议程的法律案，在交付表决前，提案人要求撤回的，应当说明理由，经主席团同意，并向大会报告，对该法律案的审议即行终止。

第二十一条 法律案在审议中有重大问题需要进一步研究的，经主席团提出，由大会全体会议决定，可以授权常务委员会根据代表的意见进一步审议，作出决定，并将决定情况向全国人民代表大会下次会议报告；也可以授权常务委员会根据代表的意见进一步审议，提出修改方案，提请全国人民代表大会下次会议审议决定。

第二十二条 法律草案修改稿经各代表团审议，由法律委员会根据各代表团的审议意见进行修改，提出法律草案表决稿，由主席团提请大会全体会议表决，由全体代表的过半数通过。

第二十三条 全国人民代表大会通过的法律由国家主席签署主席令予以公布。

第三节　全国人民代表大会常务委员会立法程序

第二十四条 委员长会议可以向常务委员会提出法律案，由常务委员会会议审议。国务院、中央军事委员会、最高人民法院、最高人民检察院、全国人民代表大会各专门委员会，可以向常务委员会提出法律案，由委员长会议决定列入常务委员会会议议程，或者先交有关的专门委员会审议、提出报告，再决定列入常务委员会会议议程。如果委员长会议认为法律案有重大问题需要进一步研究，可以建议提案人修改完善后再向常务委员会提出。

第二十五条 常务委员会组成人员10人以上联名，可以向常务委员会提出法律案，由委员长会议决定是否列入常务委员会会议议程，或者先交有关的专门委员会审议、提出是否列入会议议程的意见，再决定是否列入常务委员会会议议程。不列入常务委员会会议议程的，应当向常务委员会会议报告或者向提案人说明。专门委员会审议的时候，可以邀请提案人列席会议，发表意见。

第二十六条 列入常务委员会会议议程的法律案，除特殊情况外，应当在会议举行的7日前将法律草案发给常务委员会组成人员。

第二十七条 列入常务委员会会议议程的法律案，一般应当经三次常务委员会会议审议后再交付表决。常务委员会会议第一次审议法律案，在全体会议上听取提案人的说明，由分组会议进行初步审议。常务委员会会议第二次审议法律案，在全体会议上听取法律委员会关于法律草案修改情况和主要问题的汇报，由分组会议进一步审议。常务委员会会议第三次审议法律案，在全体会议上听取法律委员会关于法律草案审议结果的报告，由分组会议对法律草案修改稿进行审议。常务委员会审议法律案时，根据需要，可以召开联组会议或者全体会议，对法律草案中的主要问题进行讨论。

第二十八条 列入常务委员会会议议程的法律案，各方面意见比较一致的，可以经两次常务委员会会议审议后交付表决；部分修改的法律案，各方面的意见比较一致的，也可以经一次常务委员会会议审议即交付表决。

第二十九条 常务委员会分组会议审议法律案时，提案人应当派人听取意见，回答询问。

常务委员会分组会议审议法律案时，根据小组的要求，有关机关、组织应当派人介绍情况。

第三十条 列入常务委员会会议议程的法律案，由有关的专门委员会进行审议，提出审议意见，印发常务委员会会议。

有关的专门委员会审议法律案时，可以邀请其他专门委员会的成员列席会议，发表意见。

第三十一条 列入常务委员会会议议程的法律案，由法律委员会根据常务委员会组成人员、有关的专门委员会的审议意见和各方面提出的意见，对法律案进行统一审议，提出修改情况的汇报或者审议结果报告和法律草案修改稿，对重要的不同意见应当在汇报或者审议结果报告中予以说明。对有关的专门委员会的重要审议意见没有采纳的，应当向有关的专门委员会反馈。法律委员会审议法律案时，可以邀请有关的专门委员会的成员列席会议，发表意见。

第三十二条 专门委员会审议法律案时，应当召开全体会议审议，根据需要，可以要求有关机关、组织派有关负责人说明情况。

第三十三条 专门委员会之间对法律草案的重要问题意见不一致时，应当向委员长会议报告。

第三十四条 列入常务委员会会议议程的法律案，法律委员会、有关的专门委员会和常务委员会工作机构应当听取各方面的意见。听取意见可以采取座谈会、论证会、听证会等多种形式。常务委员会工作机构应当将法律草案发送有关机关、组织和专家征求意见，将意见整理后送法律委员会和有关的专门委员会，并根据需要，印发常务委员会会议。

第三十五条 列入常务委员会会议议程的重要的法律案，经委员长会议决定，可以将法律草案公布，征求意见。各机关、组织和公民提出的意见送常务委员会工作机构。

第三十六条 列入常务委员会会议议程的法律案，常务委员会工作机构应当收集整理分组审议的意见和各方面提出的意见以及其他有关资料，分送法律委员会和有关的专门委员会，并根据需要，印发常务委员会会议。

第三十七条 列入常务委员会会议议程的法律案，在交付表决前，提案人要求撤回的，应当说明理由，经委员长会议同意，并向常务委员会报告，对该法律案的审议即行终止。

第三十八条 法律案经常务委员会三次会议审议后，仍有重大问题需要进一步研究的，由委员长会议提出，经联组会议或者全体会议同意，可以暂不付表决，交法律委员会和有关的专门委员会进一步审议。

第三十九条 列入常务委员会会议审议的法律案，因各方面对制定该法律的必要性、可行性等重大问题存在较大意见分歧搁置审议满两年的，或者因暂不付表决经过两年没有再次列入常务委员会会议议程审议的，由委员长会议向常务委员会报告，该法律案终止审议。

第四十条 法律草案修改稿经常务委员会会议审议，由法律委员会根据常务委员会组成人员的审议意见进行修改，提出法律草案表决稿，由委员长会议提请常务委员会全体会议表决，由常务委员会全体组成人员的过半数通过。

第四十一条 常务委员会通过的法律由国家主席签署主席令予以公布。

第四节 法律解释

第四十二条 法律解释权属于全国人民代表大会常务委员会。

法律有以下情况之一的，由全国人民代表大会常务委员会解释：

（一）法律的规定需要进一步明确具体含义的；

（二）法律制定后出现新的情况，需要明确适用法律依据的。

第四十三条 国务院、中央军事委员会、最高人民法院、最高人民检察院和全国人民代表大会各专门委员会以及省、自治区、直辖市的人民代表大会常务委员会可以向全国人民代表大会常务委员会提出法律解释要求。

第四十四条 常务委员会工作机构研究拟订法律解释草案，由委员长会议决定列入常务委员会会议议程。

第四十五条 法律解释草案经常务委员会会议审议，由法律委员会根据常务委员会组成人员的审议意见进行审议、修改，提出法律解释草案表决稿。

第四十六条 法律解释草案表决稿由常务委员会全体组成人员的过半数通过，由常务委员会发布公告予以公布。

第四十七条 全国人民代表大会常务委员会的法律解释同法律具有同等效力。

第五节　其他规定

第四十八条 提出法律案，应当同时提出法律草案文本及其说明，并提供必要的资料。法律草案的说明应当包括制定该法律的必要性和主要内容。

第四十九条 向全国人民代表大会及其常务委员会提出的法律案，在列入会议议程前，提案人有权撤回。

第五十条 交付全国人民代表大会及其常务委员会全体会议表决未获得通过的法律案，如果提案人认为必须制定该法律，可以按照法律规定的程序重新提出，由主席团、委员长会议决定是否列入会议议程；其中，未获得全国人民代表大会通过的法律案，应当提请全国人民代表大会审议决定。

第五十一条 法律应当明确规定施行日期。

第五十二条 签署公布法律的主席令载明该法律的制定机关、通过和施行日期。

法律签署公布后，及时在全国人民代表大会常务委员会公报和在全国范围内发行的报纸上刊登。在常务委员会公报上刊登的法律文本为标准文本。

第五十三条 法律的修改和废止程序，适用本章的有关规定。法律部分条文被修改或者废止的，必须公布新的法律文本。

第五十四条 法律根据内容需要，可以分编、章、节、条、款、项、目。编、章、节、条的序号用中文数字依次表述，款不编序号，项的序号用中文数字加括号依次表述，目的序号用阿拉伯数字依次表述。法律标题的题注应当载明制定机关、通过日期。

第五十五条 全国人民代表大会常务委员会工作机构可以对有关具体问题的法律询问进行研究予以答复，并报常务委员会备案。

第三章 行政法规

第五十六条 国务院根据宪法和法律，制定行政法规。

行政法规可以就下列事项作出规定：

（一）为执行法律的规定需要制定行政法规的事项；

（二）宪法第八十九条规定的国务院行政管理职权的事项。

应当由全国人民代表大会及其常务委员会制定法律的事项，国务院根据全国人民代表大会及其常务委员会的授权决定先制定的行政法规，经过实践检验，制定法律的条件成熟时，国务院应当及时提请全国人民代表大会及其常务委员会制定法律。

第五十七条 行政法规由国务院组织起草。国务院有关部门认为需要制定行政法规的，应当向国务院报请立项。

第五十八条 行政法规在起草过程中，应当广泛听取有关机关、组织和公民的意见。听取意见可以采取座谈会、论证会、听证会等多种形式。

第五十九条 行政法规起草工作完成后，起草单位应当将草案及其说明、各方面对草案主要问题的不同意见和其他有关资料送国务院法制机构进行审查。国务院法制机构应当向国务院提出审查报告和草案修改稿，审查报告应当对草案主要问题作出说明。

第六十条 行政法规的决定程序依照中华人民共和国国务院组织法的有关规定办理。

第六十一条 行政法规由总理签署国务院令公布。

第六十二条 行政法规签署公布后，及时在国务院公报和在全国范围内发行的报纸上刊登。在国务院公报上刊登的行政法规文本为标准文本。

第四章 地方性法规、自治条例和单行条例、规章

第一节 地方性法规、自治条例和单行条例

第六十三条 省、自治区、直辖市的人民代表大会及其常务委员会根据本行政区域的具体情况和实际需要，在不同宪法、法律、行政法规相抵触的前提下，可以制定地方性法规。较大的市的人民代表大会及其常务委员会根据本市的具体情况和实际需要，在不同宪法、法律、行政法规和本省、自治区的地方性法规相抵触的前提下，可以制定地方性法规，报省、自治区的人民代表大会常务委员会批准后施行。省、自治区

的人民代表大会常务委员会对报请批准的地方性法规，应当对其合法性进行审查，同宪法、法律、行政法规和本省、自治区的地方性法规不抵触的，应当在四个月内予以批准。省、自治区的人民代表大会常务委员会在对报请批准的较大的市的地方性法规进行审查时，发现其同本省、自治区的人民政府的规章相抵触的，应当作出处理决定。

本法所称较大的市是指省、自治区的人民政府所在地的市，经济特区所在地的市和经国务院批准的较大的市。

第六十四条　地方性法规可以就下列事项作出规定：

（一）为执行法律、行政法规的规定，需要根据本行政区域的实际情况作具体规定的事项；

（二）属于地方性事务需要制定地方性法规的事项。

除本法第八条规定的事项外，其他事项国家尚未制定法律或者行政法规的，省、自治区、直辖市和较大的市根据本地方的具体情况和实际需要，可以先制定地方性法规。在国家制定的法律或者行政法规生效后，地方性法规同法律或者行政法规相抵触的规定无效，制定机关应当及时予以修改或者废止。

第六十五条　经济特区所在地的省、市的人民代表大会及其常务委员会根据全国人民代表大会的授权决定，制定法规，在经济特区范围内实施。

第六十六条　民族自治地方的人民代表大会有权依照当地民族的政治、经济和文化的特点，制定自治条例和单行条例。自治区的自治条例和单行条例，报全国人民代表大会常务委员会批准后生效。自治州、自治县的自治条例和单行条例，报省、自治区、直辖市的人民代表大会常务委员会批准后生效。

自治条例和单行条例可以依照当地民族的特点，对法律和行政法规的规定作出变通规定，但不得违背法律或者行政法规的基本原则，不得对宪法和民族区域自治法的规定以及其他有关法律、行政法规专门就民族自治地方所作的规定作出变通规定。

第六十七条　规定本行政区域特别重大事项的地方性法规，应当由人民代表大会通过。

第六十八条　地方性法规案、自治条例和单行条例案的提出、审议和表决程序，根据中华人民共和国地方各级人民代表大会和地方各级人民政府组织法，参照本法第二章第二节、第三节、第五节的规定，由本级人民代表大会规定。地方性法规草案由负责统一审议的机构提出审议结果的报告和草案修改稿。

第六十九条　省、自治区、直辖市的人民代表大会制定的地方性法规由大会主席团发布公告予以公布。省、自治区、直辖市的人民代表大会常务委员会制定的地方性法规由常务委员会发布公告予以公布。较大的市的人民代表大会及其常务委员会制定的地方性法规报经批准后，由较大的市的人民代表大会常务委员会发布公告予以公布。自治条例和单行条例报经批准后，分别由自治区、自治州、自治县的人民代表大会常务委员会发布公告予以公布。

第七十条 地方性法规、自治区的自治条例和单行条例公布后，及时在本级人民代表大会常务委员会公报和在本行政区域范围内发行的报纸上刊登。在常务委员会公报上刊登的地方性法规、自治条例和单行条例文本为标准文本。

第二节 规章

第七十一条 国务院各部、委员会、中国人民银行、审计署和具有行政管理职能的直属机构，可以根据法律和国务院的行政法规、决定、命令，在本部门的权限范围内，制定规章。部门规章规定的事项应当属于执行法律或者国务院的行政法规、决定、命令的事项。

第七十二条 涉及两个以上国务院部门职权范围的事项，应当提请国务院制定行政法规或者由国务院有关部门联合制定规章。

第七十三条 省、自治区、直辖市和较大的市的人民政府，可以根据法律、行政法规和本省、自治区、直辖市的地方性法规，制定规章。

地方政府规章可以就下列事项作出规定：

（一）为执行法律、行政法规、地方性法规的规定需要制定规章的事项；

（二）属于本行政区域的具体行政管理事项。

第七十四条 国务院部门规章和地方政府规章的制定程序，参照本法第三章的规定，由国务院规定。

第七十五条 部门规章应当经部务会议或者委员会会议决定。地方政府规章应当经政府常务会议或者全体会议决定。

第七十六条 部门规章由部门首长签署命令予以公布。地方政府规章由省长或者自治区主席或者市长签署命令予以公布。

第七十七条 部门规章签署公布后，及时在国务院公报或者部门公报和在全国范围内发行的报纸上刊登。地方政府规章签署公布后，及时在本级人民政府公报和在本行政区域范围内发行的报纸上刊登。在国务院公报或者部门公报和地方人民政府公报上刊登的规章文本为标准文本。

第五章 适用与备案

第七十八条 宪法具有最高的法律效力，一切法律、行政法规、地方性法规、自治条例和单行条例、规章都不得同宪法相抵触。

第七十九条 法律的效力高于行政法规、地方性法规、规章。行政法规的效力高于地方性法规、规章。

第八十条 地方性法规的效力高于本级和下级地方政府规章。省、自治区的人民政府制定的规章的效力高于本行政区域内的较大的市的人民政府制定的规章。

第八十一条 自治条例和单行条例依法对法律、行政法规、地方性法规作变通规定的，在本自治地方适用自治条例和单行条例的规定。经济特区法规根据授权对法律、行政法规、地方性法规作变通规定的，在本经济特区适用经济特区法规的规定。

第八十二条 部门规章之间、部门规章与地方政府规章之间具有同等效力，在各自的权限范围内施行。

第八十三条 同一机关制定的法律、行政法规、地方性法规、自治条例和单行条例、规章，特别规定与一般规定不一致的，适用特别规定；新的规定与旧的规定不一致的，适用新的规定。

第八十四条 法律、行政法规、地方性法规、自治条例和单行条例、规章不溯及既往，但为了更好地保护公民、法人和其他组织的权利和利益而作的特别规定除外。

第八十五条 法律之间对同一事项的新的一般规定与旧的特别规定不一致，不能确定如何适用时，由全国人民代表大会常务委员会裁决。行政法规之间对同一事项的新的一般规定与旧的特别规定不一致，不能确定如何适用时，由国务院裁决。

第八十六条 地方性法规、规章之间不一致时，由有关机关依照下列规定的权限作出裁决：

（一）同一机关制定的新的一般规定与旧的特别规定不一致时，由制定机关裁决；

（二）地方性法规与部门规章之间对同一事项的规定不一致，不能确定如何适用时，由国务院提出意见，国务院认为应当适用地方性法规的，应当决定在该地方适用地方性法规的规定；认为应当适用部门规章的，应当提请全国人民代表大会常务委员会裁决；

（三）部门规章之间、部门规章与地方政府规章之间对同一事项的规定不一致时，由国务院裁决。

根据授权制定的法规与法律规定不一致，不能确定如何适用时，由全国人民代表大会常务委员会裁决。

第八十七条 法律、行政法规、地方性法规、自治条例和单行条例、规章有下列情形之一的，由有关机关依照本法第八十八条规定的权限予以改变或者撤销：

（一）超越权限的；

（二）下位法违反上位法规定的；

（三）规章之间对同一事项的规定不一致，经裁决应当改变或者撤销一方的规定的；

（四）规章的规定被认为不适当，应当予以改变或者撤销的；

（五）违背法定程序的。

第八十八条 改变或者撤销法律、行政法规、地方性法规、自治条例和单行条例、规章的权限是：

（一）全国人民代表大会有权改变或者撤销它的常务委员会制定的不适当的法律，有权撤销全国人民代表大会常务委员会批准的违背宪法和本法第六十六条第二款规定的自治条例和单行条例；

（二）全国人民代表大会常务委员会有权撤销同宪法和法律相抵触的行政法规，有权撤销同宪法、法律和行政法规相抵触的地方性法规，有权撤销省、自治区、直辖市的人民代表大会常务委员会批准的违背宪法和本法第六十六条第二款规定的自治条例和单行条例；

（三）国务院有权改变或者撤销不适当的部门规章和地方政府规章；

（四）省、自治区、直辖市的人民代表大会有权改变或者撤销它的常务委员会制定的和批准的不适当的地方性法规；

（五）地方人民代表大会常务委员会有权撤销本级人民政府制定的不适当的规章；

（六）省、自治区的人民政府有权改变或者撤销下一级人民政府制定的不适当的规章；

（七）授权机关有权撤销被授权机关制定的超越授权范围或者违背授权目的的法规，必要时可以撤销授权。

第八十九条 行政法规、地方性法规、自治条例和单行条例、规章应当在公布后的30日内依照下列规定报有关机关备案：

（一）行政法规报全国人民代表大会常务委员会备案；

（二）省、自治区、直辖市的人民代表大会及其常务委员会制定的地方性法规，报全国人民代表大会常务委员会和国务院备案；较大的市的人民代表大会及其常务委员会制定的地方性法规，由省、自治区的人民代表大会常务委员会报全国人民代表大会常务委员会和国务院备案；

（三）自治州、自治县制定的自治条例和单行条例，由省、自治区、直辖市的人民代表大会常务委员会报全国人民代表大会常务委员会和国务院备案；

（四）部门规章和地方政府规章报国务院备案；地方政府规章应当同时报本级人民代表大会常务委员会备案；较大的市的人民政府制定的规章应当同时报省、自治区的人民代表大会常务委员会和人民政府备案；

（五）根据授权制定的法规应当报授权决定规定的机关备案。

第九十条 国务院、中央军事委员会、最高人民法院、最高人民检察院和各省、自治区、直辖市的人民代表大会常务委员会认为行政法规、地方性法规、自治条例和单行条例同宪法或者法律相抵触的，可以向全国人民代表大会常务委员会书面提出进行审查的要求，由常务委员会工作机构分送有关的专门委员会进行审查、提出意见。

前款规定以外的其他国家机关和社会团体、企业事业组织以及公民认为行政法规、地方性法规、自治条例和单行条例同宪法或者法律相抵触的，可以向全国人民代表大会常务委员会书面提出进行审查的建议，由常务委员会工作机构进行研究，必要时，送有关的专门委员会进行审查、提出意见。

第九十一条 全国人民代表大会专门委员会在审查中认为行政法规、地方性法规、自治条例和单行条例同宪法或者法律相抵触的，可以向制定机关提出书面审查意见；也可以由法律委员会与有关的专门委员会召开联合审查会议，要求制定机关到会说明情况，再向制定机关提出书面审查意见。制定机关应当在两个月内研究提出是否修改的意见，并向全国人民代表大会法律委员会和有关的专门委员会反馈。全国人民代表大会法律委员会和有关的专门委员会审查认为行政法规、地方性法规、自治条例和单行条例同宪法或者法律相抵触而制定机关不予修改的，可以向委员长会议提出书面审查意见和予以撤销的议案，由委员长会议决定是否提请常务委员会会议审议决定。

第九十二条 其他接受备案的机关对报送备案的地方性法规、自治条例和单行条例、规章的审查程序，按照维护法制统一的原则，由接受备案的机关规定。

第六章　附　则

第九十三条 中央军事委员会根据宪法和法律，制定军事法规。中央军事委员会各总部、军兵种、军区，可以根据法律和中央军事委员会的军事法规、决定、命令，在其权限范围内，制定军事规章。军事法规、军事规章在武装力量内部实施。军事法规、军事规章的制定、修改和废止办法，由中央军事委员会依照本法规定的原则规定。

第九十四条 本法自2000年7月1日起施行。

中华人民共和国民法通则

（1986年4月12日第六届全国人民代表大会第四次会议通过，自1987年1月1日起施行。根据2009年8月27日第十一届全国人民代表大会常务委员会第十次会议《关于修改部分法律的决定》修正）

第一章　基本原则

第一条　为了保障公民、法人的合法的民事权益，正确调整民事关系，适应社会主义现代化建设事业发展的需要，根据宪法和我国实际情况，总结民事活动的实践经验，制定本法。

第二条　中华人民共和国民法调整平等主体的公民之间、法人之间、公民和法人之间的财产关系和人身关系。

第三条　当事人在民事活动中的地位平等。

第四条　民事活动应当遵循自愿、公平、等价有偿、诚实信用的原则。

第五条　公民、法人的合法的民事权益受法律保护，任何组织和个人不得侵犯。

第六条　民事活动必须遵守法律，法律没有规定的，应当遵守国家政策。

第七条　民事活动应当尊重社会公德，不得损害社会公共利益，扰乱社会经济秩序。

第八条　在中华人民共和国领域内的民事活动，适用中华人民共和国法律，法律另有规定的除外。

本法关于公民的规定，适用于在中华人民共和国领域内的外国人、无国籍人，法律另有规定的除外。

第二章　公民（自然人）

第一节　民事权利能力和民事行为能力

第九条　公民从出生时起到死亡时止，具有民事权利能力，依法享有民事权利，承担民事义务。

第十条 公民的民事权利能力一律平等。

第十一条 18周岁以上的公民是成年人，具有完全民事行为能力，可以独立进行民事活动，是完全民事行为能力人。

16周岁以上不满18周岁的公民，以自己的劳动收入为主要生活来源的，视为完全民事行为能力人。

第十二条 10周岁以上的未成年人是限制民事行为能力人，可以进行与他的年龄、智力相适应的民事活动；其他民事活动由他的法定代理人代理，或者征得他的法定代理人的同意。

不满10周岁的未成年人是无民事行为能力人，由他的法定代理人代理民事活动。

第十三条 不能辨认自己行为的精神病人是无民事行为能力人，由他的法定代理人代理民事活动。

不能完全辨认自己行为的精神病人是限制民事行为能力人，可以进行与他的精神健康状况相适应的民事活动；其他民事活动由他的法定代理人代理，或者征得他的法定代理人的同意。

第十四条 无民事行为能力人、限制民事行为能力人的监护人是他的法定代理人。

第十五条 公民以他的户籍所在地的居住地为住所，经常居住地与住所不一致的，经常居住地视为住所。

第二节 监 护

第十六条 未成年人的父母是未成年人的监护人。

未成年人的父母已经死亡或者没有监护能力的，由下列人员中有监护能力的人担任监护人：

（一）祖父母、外祖父母；

（二）兄、姐；

（三）关系密切的其他亲属、朋友愿意承担监护责任，经未成年人的父、母的所在单位或者未成年人住所地的居民委员会、村民委员会同意的。

对担任监护人有争议的，由未成年人的父、母的所在单位或者未成年人住所地的居民委员会、村民委员会在近亲属中指定。对指定不服提起诉讼的，由人民法院裁决。

没有第一款、第二款规定的监护人的，由未成年人的父、母的所在单位或者未成年人住所地的居民委员会、村民委员会或者民政部门担任监护人。

第十七条 无民事行为能力或者限制民事行为能力的精神病人，由下列人员担任监护人：

（一）配偶；

（二）父母；

（三）成年子女；

（四）其他近亲属；

（五）关系密切的其他亲属、朋友愿意承担监护责任，经精神病人的所在单位或者住所地的居民委员会、村民委员会同意的。

对担任监护人有争议的，由精神病人的所在单位或者住所地的居民委员会、村民委员会在近亲属中指定。对指定不服提起诉讼的，由人民法院裁决。

没有第一款规定的监护人的，由精神病人的所在单位或者住所地的居民委员会、村民委员会或者民政部门担任监护人。

第十八条 监护人应当履行监护职责，保护被监护人的人身、财产及其他合法权益，除为被监护人的利益外，不得处理被监护人的财产。

监护人依法履行监护的权利，受法律保护。

监护人不履行监护职责或者侵害被监护人的合法权益的，应当承担责任；给被监护人造成财产损失的，应当赔偿损失。人民法院可以根据有关人员或者有关单位的申请，撤销监护人的资格。

第十九条 精神病人的利害关系人，可以向人民法院申请宣告精神病人为无民事行为能力人或者限制民事行为能力人。

被人民法院宣告为无民事行为能力人或者限制民事行为能力人的，根据他健康恢复的状况，经本人或者利害关系人申请，人民法院可以宣告他为限制民事行为能力人或者完全民事行为能力人。

第三节　宣告失踪和宣告死亡

第二十条 公民下落不明满二年的，利害关系人可以向人民法院申请宣告他为失踪人。

战争期间下落不明的，下落不明的时间从战争结束之日起计算。

第二十一条 失踪人的财产由他的配偶、父母、成年子女或者关系密切的其他亲属、朋友代管。代管有争议的，没有以上规定的人或者以上规定的人无能力代管的，由人民法院指定的人代管。

失踪人所欠税款、债务和应付的其他费用，由代管人从失踪人的财产中支付。

第二十二条 被宣告失踪的人重新出现或者确知他的下落，经本人或者利害关系人申请，人民法院应当撤销对他的失踪宣告。

第二十三条 公民有下列情形之一的，利害关系人可以向人民法院申请宣告他死亡：

（一）下落不明满四年的；

（二）因意外事故下落不明，从事故发生之日起满二年的。

战争期间下落不明的，下落不明的时间从战争结束之日起计算。

第二十四条 被宣告死亡的人重新出现或者确知他没有死亡，经本人或者利害关系人申请，人民法院应当撤销对他的死亡宣告。

有民事行为能力人在被宣告死亡期间实施的民事法律行为有效。

第二十五条 被撤销死亡宣告的人有权请求返还财产。依照继承法取得他的财产的公民或者组织，应当返还原物；原物不存在的，给予适当补偿。

第四节　个体工商户、农村承包经营户

第二十六条 公民在法律允许的范围内，依法经核准登记，从事工商业经营的，为个体工商户。个体工商户可以起字号。

第二十七条 农村集体经济组织的成员，在法律允许的范围内，按照承包合同规定从事商品经营的，为农村承包经营户。

第二十八条 个体工商户、农村承包经营户的合法权益，受法律保护。

第二十九条 个体工商户、农村承包经营户的债务，个人经营的，以个人财产承担；家庭经营的，以家庭财产承担。

第五节　个人合伙

第三十条 个人合伙是指两个以上公民按照协议，各自提供资金、实物、技术等，合伙经营、共同劳动。

第三十一条 合伙人应当对出资数额、盈余分配、债务承担、入伙、退伙、合伙终止等事项，订立书面协议。

第三十二条 合伙人投入的财产，由合伙人统一管理和使用。

合伙经营积累的财产，归合伙人共有。

第三十三条 个人合伙可以起字号，依法经核准登记，在核准登记的经营范围内从事经营。

第三十四条 个人合伙的经营活动，由合伙人共同决定，合伙人有执行和监督的权利。

合伙人可以推举负责人。合伙负责人和其他人员的经营活动，由全体合伙人承担

民事责任。

第三十五条 合伙的债务，由合伙人按照出资比例或者协议的约定，以各自的财产承担清偿责任。

合伙人对合伙的债务承担连带责任，法律另有规定的除外。偿还合伙债务超过自己应当承担数额的合伙人，有权向其他合伙人追偿。

第三章　法　人

第一节　一般规定

第三十六条 法人是具有民事权利能力和民事行为能力，依法独立享有民事权利和承担民事义务的组织。

法人的民事权利能力和民事行为能力，从法人成立时产生，到法人终止时消灭。

第三十七条 法人应当具备下列条件：

（一）依法成立；

（二）有必要的财产或者经费；

（三）有自己的名称、组织机构和场所；

（四）能够独立承担民事责任。

第三十八条 依照法律或者法人组织章程规定，代表法人行使职权的负责人，是法人的法定代表人。

第三十九条 法人以它的主要办事机构所在地为住所。

第四十条 法人终止，应当依法进行清算，停止清算范围外的活动。

第二节　企业法人

第四十一条 全民所有制企业、集体所有制企业有符合国家规定的资金数额，有组织章程、组织机构和场所，能够独立承担民事责任，经主管机关核准登记，取得法人资格。

在中华人民共和国领域内设立的中外合资经营企业、中外合作经营企业和外资企业，具备法人条件的，依法经工商行政管理机关核准登记，取得中国法人资格。

第四十二条 企业法人应当在核准登记的经营范围内从事经营。

第四十三条 企业法人对它的法定代表人和其他工作人员的经营活动，承担民事责任。

第四十四条 企业法人分立、合并或者有其他重要事项变更，应当向登记机关办理登记并公告。

企业法人分立、合并，它的权利和义务由变更后的法人享有和承担。

第四十五条 企业法人由于下列原因之一终止：

（一）依法被撤销；

（二）解散；

（三）依法宣告破产；

（四）其他原因。

第四十六条 企业法人终止，应当向登记机关办理注销登记并公告。

第四十七条 企业法人解散，应当成立清算组织，进行清算。企业法人被撤销、被宣告破产的，应当由主管机关或者人民法院组织有关机关和有关人员成立清算组织，进行清算。

第四十八条 全民所有制企业法人以国家授予它经营管理的财产承担民事责任。集体所有制企业法人以企业所有的财产承担民事责任。中外合资经营企业法人、中外合作经营企业法人和外资企业法人以企业所有的财产承担民事责任，法律另有规定的除外。

第四十九条 企业法人有下列情形之一的，除法人承担责任外，对法定代表人可以给予行政处分、罚款，构成犯罪的，依法追究刑事责任：

（一）超出登记机关核准登记的经营范围从事非法经营的；

（二）向登记机关、税务机关隐瞒真实情况、弄虚作假的；

（三）抽逃资金、隐匿财产逃避债务的；

（四）解散、被撤销、被宣告破产后，擅自处理财产的；

（五）变更、终止时不及时申请办理登记和公告，使利害关系人遭受重大损失的；

（六）从事法律禁止的其他活动，损害国家利益或者社会公共利益的。

第三节　机关、事业单位和社会团体法人

第五十条 有独立经费的机关从成立之日起，具有法人资格。

具备法人条件的事业单位、社会团体，依法不需要办理法人登记的，从成立之日起，具有法人资格；依法需要办理法人登记的，经核准登记，取得法人资格。

第四节　联　营

第五十一条 企业之间或者企业、事业单位之间联营，组成新的经济实体，独立

承担民事责任、具备法人条件的，经主管机关核准登记，取得法人资格。

第五十二条 企业之间或者企业、事业单位之间联营，共同经营、不具备法人条件的，由联营各方按照出资比例或者协议的约定，以各自所有的或者经营管理的财产承担民事责任。依照法律的规定或者协议的约定负连带责任的，承担连带责任。

第五十三条 企业之间或者企业、事业单位之间联营，按照合同的约定各自独立经营的，它的权利和义务由合同约定，各自承担民事责任。

第四章　民事法律行为和代理

第一节　民事法律行为

第五十四条 民事法律行为是公民或者法人设立、变更、终止民事权利和民事义务的合法行为。

第五十五条 民事法律行为应当具备下列条件：

（一）行为人具有相应的民事行为能力；

（二）意思表示真实；

（三）不违反法律或者社会公共利益。

第五十六条 民事法律行为可以采取书面形式、口头形式或者其他形式。法律规定是特定形式的，应当依照法律规定。

第五十七条 民事法律行为从成立时起具有法律约束力。行为人非依法律规定或者取得对方同意，不得擅自变更或者解除。

第五十八条 下列民事行为无效：

（一）无民事行为能力人实施的；

（二）限制民事行为能力人依法不能独立实施的；

（三）一方以欺诈、胁迫的手段或者乘人之危，使对方在违背真实意思的情况下所为的；

（四）恶意串通，损害国家、集体或者第三人利益的；

（五）违反法律或者社会公共利益的；

（六）以合法形式掩盖非法目的的。

无效的民事行为，从行为开始起就没有法律约束力。

第五十九条 下列民事行为，一方有权请求人民法院或者仲裁机关予以变更或者撤销：

（一）行为人对行为内容有重大误解的；

（二）显失公平的。

被撤销的民事行为从行为开始起无效。

第六十条 民事行为部分无效，不影响其他部分的效力的，其他部分仍然有效。

第六十一条 民事行为被确认为无效或者被撤销后，当事人因该行为取得的财产，应当返还给受损失的一方。有过错的一方应当赔偿对方因此所受的损失，对方都有过错的，应当各自承担相应的责任。

双方恶意串通，实施民事行为损害国家的、集体的或者第三人的利益的，应当追缴双方取得的财产，收归国家、集体所有或者返还第三人。

第六十二条 民事法律行为可以附条件，附条件的民事法律行为在符合所附条件时生效。

第二节　代理

第六十三条 公民、法人可以通过代理人实施民事法律行为。

代理人在代理权限内，以被代理人的名义实施民事法律行为。被代理人对代理人的代理行为，承担民事责任。

依照法律规定或者按照双方当事人约定，应当由本人实施的民事法律行为，不得代理。

第六十四条 代理包括委托代理、法定代理和指定代理。

委托代理人按照被代理人的委托行使代理权，法定代理人依照法律的规定行使代理权，指定代理人按照人民法院或者指定单位的指定行使代理权。

第六十五条 民事法律行为的委托代理，可以用书面形式，也可以用口头形式。法律规定用书面形式的，应当用书面形式。

书面委托代理的授权委托书应当载明代理人的姓名或者名称、代理事项、权限和期间，并由委托人签名或者盖章。

委托书授权不明的，被代理人应当向第三人承担民事责任，代理人负连带责任。

第六十六条 没有代理权、超越代理权或者代理权终止后的行为，只有经过被代理人的追认，被代理人才承担民事责任。未经追认的行为，由行为人承担民事责任。本人知道他人以本人名义实施民事行为而不作否认表示的，视为同意。

代理人不履行职责而给被代理人造成损害的，应当承担民事责任。

代理人和第三人串通，损害被代理人的利益的，由代理人和第三人负连带责任。

第三人知道行为人没有代理权、超越代理权或者代理权已终止还与行为人实施民事行为给他人造成损害的，由第三人和行为人负连带责任。

第六十七条 代理人知道被委托代理的事项违法仍然进行代理活动的，或者被代理人知道代理人的代理行为违法不表示反对的，由被代理人和代理人负连带责任。

第六十八条 委托代理人为被代理人的利益需要转托他人代理的，应当事先取得被代理人的同意。事先没有取得被代理人同意的，应当在事后及时告诉被代理人，如果被代理人不同意，由代理人对自己所转托的人的行为负民事责任，但在紧急情况下，为了保护被代理人的利益而转托他人代理的除外。

第六十九条 有下列情形之一的，委托代理终止：

（一）代理期间届满或者代理事务完成；

（二）被代理人取消委托或者代理人辞去委托；

（三）代理人死亡；

（四）代理人丧失民事行为能力；

（五）作为被代理人或者代理人的法人终止。

第七十条 有下列情形之一的，法定代理或者指定代理终止：

（一）被代理人取得或者恢复民事行为能力；

（二）被代理人或者代理人死亡；

（三）代理人丧失民事行为能力；

（四）指定代理的人民法院或者指定单位取消指定；

（五）由其他原因引起的被代理人和代理人之间的监护关系消灭。

第五章　民事权利

第一节　财产所有权和与财产所有权有关的财产权

第七十一条 财产所有权是指所有人依法对自己的财产享有占有、使用、收益和处分的权利。

第七十二条 财产所有权的取得，不得违反法律规定。

按照合同或者其他合法方式取得财产的，财产所有权从财产交付时起转移，法律另有规定或者当事人另有约定的除外。

第七十三条 国家财产属于全民所有。

国家财产神圣不可侵犯，禁止任何组织或者个人侵占、哄抢、私分、截留、破坏。

第七十四条 劳动群众集体组织的财产属于劳动群众集体所有，包括：

（一）法律规定为集体所有的土地和森林、山岭、草原、荒地、滩涂等；

（二）集体经济组织的财产；

（三）集体所有的建筑物、水库、农田水利设施和教育、科学、文化、卫生、体育等设施；

（四）集体所有的其他财产。

集体所有的土地依照法律属于村农民集体所有，由村农业生产合作社等农业集体经济组织或者村民委员会经营、管理。已经属于乡（镇）农民集体经济组织所有的，可以属于乡（镇）农民集体所有。

集体所有的财产受法律保护，禁止任何组织或者个人侵占、哄抢、私分、破坏或者非法查封、扣押、冻结、没收。

第七十五条 公民的个人财产，包括公民的合法收入、房屋、储蓄、生活用品、文物、图书资料、林木、牲畜和法律允许公民所有的生产资料以及其他合法财产。

公民的合法财产受法律保护，禁止任何组织或者个人侵占、哄抢、破坏或者非法查封、扣押、冻结、没收。

第七十六条 公民依法享有财产继承权。

第七十七条 社会团体包括宗教团体的合法财产受法律保护。

第七十八条 财产可以由两个以上的公民、法人共有。

共有分为按份共有和共同共有。按份共有人按照各自的份额，对共有财产分享权利，分担义务。共同共有人对共有财产享有权利，承担义务。

按份共有财产的每个共有人有权要求将自己的份额分出或者转让。但在出售时，其他共有人在同等条件下，有优先购买的权利。

第七十九条 所有人不明的埋藏物、隐藏物，归国家所有。接收单位应当对上缴的单位或者个人，给予表扬或者物质奖励。

拾得遗失物、漂流物或者失散的饲养动物，应当归还失主，因此而支出的费用由失主偿还。

第八十条 国家所有的土地，可以依法由全民所有制单位使用，也可以依法确定由集体所有制单位使用，国家保护它的使用、收益的权利；使用单位有管理、保护、合理利用的义务。

公民、集体依法对集体所有的或者国家所有由集体使用的土地的承包经营权，受法律保护。承包双方的权利和义务，依照法律由承包合同规定。

土地不得买卖、出租、抵押或者以其他形式非法转让。

第八十一条 国家所有的森林、山岭、草原、荒地、滩涂、水面等自然资源，可以依法由全民所有制单位使用，也可以依法确定由集体所有制单位使用，国家保护它的使用、收益的权利；使用单位有管理、保护、合理利用的义务。

国家所有的矿藏，可以依法由全民所有制单位和集体所有制单位开采，也可以依法由公民采挖。国家保护合法的采矿权。

公民、集体依法对集体所有的或者国家所有由集体使用的森林、山岭、草原、荒地、滩涂、水面的承包经营权，受法律保护。承包双方的权利和义务，依照法律由承包合同规定。

国家所有的矿藏、水流，国家所有的和法律规定属于集体所有的林地、山岭、草原、荒地、滩涂不得买卖、出租、抵押或者以其他形式非法转让。

第八十二条 全民所有制企业对国家授予它经营管理的财产依法享有经营权，受法律保护。

第八十三条 不动产的相邻各方，应当按照有利生产、方便生活、团结互助、公平合理的精神，正确处理截水、排水、通行、通风、采光等方面的相邻关系。给相邻方造成妨碍或者损失的，应当停止侵害，排除妨碍，赔偿损失。

第二节 债 权

第八十四条 债是按照合同的约定或者依照法律的规定，在当事人之间产生的特定的权利和义务关系，享有权利的人是债权人，负有义务的人是债务人。

债权人有权要求债务人按照合同的约定或者依照法律的规定履行义务。

第八十五条 合同是当事人之间设立、变更、终止民事关系的协议。依法成立的合同，受法律保护。

第八十六条 债权人为二人以上的，按照确定的份额分享权利。债务人为二人以上的，按照确定的份额分担义务。

第八十七条 债权人或者债务人一方人数为二人以上的，依照法律的规定或者当事人的约定，享有连带权利的每个债权人，都有权要求债务人履行义务；负有连带义务的每个债务人，都负有清偿全部债务的义务，履行了义务的人，有权要求其他负有连带义务的人偿付他应当承担的份额。

第八十八条 合同的当事人应当按照合同的约定，全部履行自己的义务。

合同中有关质量、期限、地点或者价款约定不明确，按照合同有关条款内容不能确定，当事人又不能通过协商达成协议的，适用下列规定：

（一）质量要求不明确的，按照国家质量标准履行，没有国家质量标准的，按照通常标准履行。

（二）履行期限不明确的，债务人可以随时向债权人履行义务，债权人也可以随时要求债务人履行义务，但应当给对方必要的准备时间。

（三）履行地点不明确，给付货币的，在接受给付一方的所在地履行，其他标的在履行义务一方的所在地履行。

（四）价款约定不明确的，按照国家规定的价格履行；没有国家规定价格的，参照市场价格或者同类物品的价格或者同类劳务的报酬标准履行。

合同对专利申请权没有约定的，完成发明创造的当事人享有申请权。

合同对科技成果的使用权没有约定的，当事人都有使用的权利。

第八十九条 依照法律的规定或者按照当事人的约定，可以采用下列方式担保债务的履行：

（一）保证人向债权人保证债务人履行债务，债务人不履行债务的，按照约定由保证人履行或者承担连带责任；保证人履行债务后，有权向债务人追偿。

（二）债务人或者第三人可以提供一定的财产作为抵押物。债务人不履行债务的，债权人有权依照法律的规定以抵押物折价或者以变卖抵押物的价款优先得到偿还。

（三）当事人一方在法律规定的范围内可以向对方给付定金。债务人履行债务后，定金应当抵作价款或者收回。给付定金的一方不履行债务的，无权要求返还定金；接受定金的一方不履行债务的，应当双倍返还定金。

（四）按照合同约定一方占有对方的财产，对方不按照合同给付应付款项超过约定期限的，占有人有权留置该财产，依照法律的规定以留置财产折价或者以变卖该财产的价款优先得到偿还。

第九十条 合法的借贷关系受法律保护。

第九十一条 合同一方将合同的权利、义务全部或者部分转让给第三人的，应当取得合同另一方的同意，并不得牟利。依照法律规定应当由国家批准的合同，需经原批准机关批准。但是，法律另有规定或者原合同另有约定的除外。

第九十二条 没有合法根据，取得不当利益，造成他人损失的，应当将取得的不当利益返还受损失的人。

第九十三条 没有法定的或者约定的义务，为避免他人利益受损失进行管理或者服务的，有权要求受益人偿付由此而支付的必要费用。

第三节 知识产权

第九十四条 公民、法人享有著作权（版权），依法有署名、发表、出版、获得报酬等权利。

第九十五条 公民、法人依法取得的专利权受法律保护。

第九十六条 法人、个体工商户、个人合伙依法取得的商标专用权受法律保护。

第九十七条 公民对自己的发现享有发现权。发现人有权申请领取发现证书、奖金或者其他奖励。

公民对自己的发明或者其他科技成果，有权申请领取荣誉证书、奖金或者其他奖励。

第四节　人 身 权

第九十八条　公民享有生命健康权。

第九十九条　公民享有姓名权，有权决定、使用和依照规定改变自己的姓名，禁止他人干涉、盗用、假冒。

法人、个体工商户、个人合伙享有名称权。企业法人、个体工商户、个人合伙有权使用、依法转让自己的名称。

第一百条　公民享有肖像权，未经本人同意，不得以营利为目的使用公民的肖像。

第一百零一条　公民、法人享有名誉权，公民的人格尊严受法律保护，禁止用侮辱、诽谤等方式损害公民、法人的名誉。

第一百零二条　公民、法人享有荣誉权，禁止非法剥夺公民、法人的荣誉称号。

第一百零三条　公民享有婚姻自主权，禁止买卖、包办婚姻和其他干涉婚姻自由的行为。

第一百零四条　婚姻、家庭、老人、母亲和儿童受法律保护。

残疾人的合法权益受法律保护。

第一百零五条　妇女享有同男子平等的民事权利。

第六章　民事责任

第一节　一般规定

第一百零六条　公民、法人违反合同或者不履行其他义务的，应当承担民事责任。

公民、法人由于过错侵害国家的、集体的财产，侵害他人财产、人身的，应当承担民事责任。

没有过错，但法律规定应当承担民事责任的，应当承担民事责任。

第一百零七条　因不可抗力不能履行合同或者造成他人损害的，不承担民事责任，法律另有规定的除外。

第一百零八条　债务应当清偿。暂时无力偿还的，经债权人同意或者人民法院裁决，可以由债务人分期偿还。有能力偿还拒不偿还的，由人民法院判决强制偿还。

第一百零九条　因防止、制止国家的、集体的财产或者他人的财产、人身遭受侵害而使自己受到损害的，由侵害人承担赔偿责任，受益人也可以给予适当的补偿。

第一百一十条　对承担民事责任的公民、法人需要追究行政责任的，应当追究行政责任；构成犯罪的，对公民、法人的法定代表人应当依法追究刑事责任。

第二节　违反合同的民事责任

第一百一十一条　当事人一方不履行合同义务或者履行合同义务不符合约定条件的，另一方有权要求履行或者采取补救措施，并有权要求赔偿损失。

第一百一十二条　当事人一方违反合同的赔偿责任，应当相当于另一方因此所受到的损失。

当事人可以在合同中约定，一方违反合同时，向另一方支付一定数额的违约金；也可以在合同中约定对于违反合同而产生的损失赔偿额的计算方法。

第一百一十三条　当事人双方都违反合同的，应当分别承担各自应负的民事责任。

第一百一十四条　当事人一方因另一方违反合同受到损失的，应当及时采取措施防止损失的扩大；没有及时采取措施致使损失扩大的，无权就扩大的损失要求赔偿。

第一百一十五条　合同的变更或者解除，不影响当事人要求赔偿损失的权利。

第一百一十六条　当事人一方由于上级机关的原因，不能履行合同义务的，应当按照合同约定向另一方赔偿损失或者采取其他补救措施，再由上级机关对它因此受到的损失负责处理。

第三节　侵权的民事责任

第一百一十七条　侵占国家的、集体的财产或者他人财产的，应当返还财产，不能返还财产的，应当折价赔偿。

损坏国家的、集体的财产或者他人财产的，应当恢复原状或者折价赔偿。

受害人因此遭受其他重大损失的，侵害人并应当赔偿损失。

第一百一十八条　公民、法人的著作权（版权）、专利权、商标专用权、发现权、发明权和其他科技成果权受到剽窃、篡改、假冒等侵害的，有权要求停止侵害，消除影响，赔偿损失。

第一百一十九条　侵害公民身体造成伤害的，应当赔偿医疗费、因误工减少的收入、残废者生活补助费等费用；造成死亡的，并应当支付丧葬费、死者生前扶养的人必要的生活费等费用。

第一百二十条　公民的姓名权、肖像权、名誉权、荣誉权受到侵害的，有权要求停止侵害，恢复名誉，消除影响，赔礼道歉，并可以要求赔偿损失。

法人的名称权、名誉权、荣誉权受到侵害的，适用前款规定。

第一百二十一条 国家机关或者国家机关工作人员在执行职务中，侵犯公民、法人的合法权益造成损害的，应当承担民事责任。

第一百二十二条 因产品质量不合格造成他人财产、人身损害的，产品制造者、销售者应当依法承担民事责任。运输者、仓储者对此负有责任的，产品制造者、销售者有权要求赔偿损失。

第一百二十三条 从事高空、高压、易燃、易爆、剧毒、放射性、高速运输工具等对周围环境有高度危险的作业造成他人损害的，应当承担民事责任；如果能够证明损害是由受害人故意造成的，不承担民事责任。

第一百二十四条 违反国家保护环境防止污染的规定，污染环境造成他人损害的，应当依法承担民事责任。

第一百二十五条 在公共场所、道旁或者通道上挖坑、修缮安装地下设施等，没有设置明显标志和采取安全措施造成他人损害的，施工人应当承担民事责任。

第一百二十六条 建筑物或者其他设施以及建筑物上的搁置物、悬挂物发生倒塌、脱落、坠落造成他人损害的，它的所有人或者管理人应当承担民事责任，但能够证明自己没有过错的除外。

第一百二十七条 饲养的动物造成他人损害的，动物饲养人或者管理人应当承担民事责任；由于受害人的过错造成损害的，动物饲养人或者管理人不承担民事责任；由于第三人的过错造成损害的，第三人应当承担民事责任。

第一百二十八条 因正当防卫造成损害的，不承担民事责任。正当防卫超过必要的限度，造成不应有的损害的，应当承担适当的民事责任。

第一百二十九条 因紧急避险造成损害的，由引起险情发生的人承担民事责任。如果危险是由自然原因引起的，紧急避险人不承担民事责任或者承担适当的民事责任。因紧急避险采取措施不当或者超过必要的限度，造成不应有的损害的，紧急避险人应当承担适当的民事责任。

第一百三十条 二人以上共同侵权造成他人损害的，应当承担连带责任。

第一百三十一条 受害人对于损害的发生也有过错的，可以减轻侵害人的民事责任。

第一百三十二条 当事人对造成损害都没有过错的，可以根据实际情况，由当事人分担民事责任。

第一百三十三条 无民事行为能力人、限制民事行为能力人造成他人损害的，由监护人承担民事责任。监护人尽了监护责任的，可以适当减轻他的民事责任。

有财产的无民事行为能力人、限制民事行为能力人造成他人损害的，从本人财产中支付赔偿费用。不足部分，由监护人适当赔偿，但单位担任监护人的除外。

第四节　承担民事责任的方式

第一百三十四条 承担民事责任的方式主要有：

（一）停止侵害；

（二）排除妨碍；

（三）消除危险；

（四）返还财产；

（五）恢复原状；

（六）修理、重作、更换；

（七）赔偿损失；

（八）支付违约金；

（九）消除影响、恢复名誉；

（十）赔礼道歉。

以上承担民事责任的方式，可以单独适用，也可以合并适用。

人民法院审理民事案件，除适用上述规定外，还可以予以训诫、责令具结悔过、收缴进行非法活动的财物和非法所得，并可以依照法律规定处以罚款、拘留。

第七章　诉讼时效

第一百三十五条 向人民法院请求保护民事权利的诉讼时效期间为二年，法律另有规定的除外。

第一百三十六条 下列的诉讼时效期间为一年：

（一）身体受到伤害要求赔偿的；

（二）出售质量不合格的商品未声明的；

（三）延付或者拒付租金的；

（四）寄存财物被丢失或者损毁的。

第一百三十七条 诉讼时效期间从知道或者应当知道权利被侵害时起计算。但是，从权利被侵害之日起超过二十年的，人民法院不予保护。有特殊情况的，人民法院可以延长诉讼时效期间。

第一百三十八条 超过诉讼时效期间，当事人自愿履行的，不受诉讼时效限制。

第一百三十九条 在诉讼时效期间的最后六个月内，因不可抗力或者其他障碍不能行使请求权的，诉讼时效中止。从中止时效的原因消除之日起，诉讼时效期间继续计算。

第一百四十条 诉讼时效因提起诉讼、当事人一方提出要求或者同意履行义务而中断。从中断时起，诉讼时效期间重新计算。

第一百四十一条 法律对诉讼时效另有规定的，依照法律规定。

第八章 涉外民事关系的法律适用

第一百四十二条 涉外民事关系的法律适用，依照本章的规定确定。

中华人民共和国缔结或者参加的国际条约同中华人民共和国的民事法律有不同规定的，适用国际条约的规定，但中华人民共和国声明保留的条款除外。

中华人民共和国法律和中华人民共和国缔结或者参加的国际条约没有规定的，可以适用国际惯例。

第一百四十三条 中华人民共和国公民定居国外的，他的民事行为能力可以适用定居国法律。

第一百四十四条 不动产的所有权，适用不动产所在地法律。

第一百四十五条 涉外合同的当事人可以选择处理合同争议所适用的法律，法律另有规定的除外。

涉外合同的当事人没有选择的，适用与合同有最密切联系的国家的法律。

第一百四十六条 侵权行为的损害赔偿，适用侵权行为地法律。当事人双方国籍相同或者在同一国家有住所的，也可以适用当事人本国法律或者住所地法律。

中华人民共和国法律不认为在中华人民共和国领域外发生的行为是侵权行为的，不作为侵权行为处理。

第一百四十七条 中华人民共和国公民和外国人结婚适用婚姻缔结地法律，离婚适用受理案件的法院所在地法律。

第一百四十八条 扶养适用与被扶养人有最密切联系的国家的法律。

第一百四十九条 遗产的法定继承，动产适用被继承人死亡时住所地法律，不动产适用不动产所在地法律。

第一百五十条 依照本章规定适用外国法律或者国际惯例的，不得违背中华人民共和国的社会公共利益。

第九章 附 则

第一百五十一条 民族自治地方的人民代表大会可以根据本法规定的原则，结合当地民族的特点，制定变通的或者补充的单行条例或者规定。自治区人民代表大会制定的，依照法律规定报全国人民代表大会常务委员会批准或者备案；自治州、自治县人民代表大会制定的，报省、自治区人民代表大会常务委员会批准。

第一百五十二条 本法生效以前，经省、自治区、直辖市以上主管机关批准开办的全民所有制企业，已经向工商行政管理机关登记的，可以不再办理法人登记，即具有法人资格。

第一百五十三条 本法所称的“不可抗力”，是指不能预见、不能避免并不能克服的客观情况。

第一百五十四条 民法所称的期间按照公历年、月、日、小时计算。

规定按照小时计算期间的，从规定时开始计算。规定按照日、月、年计算期间的，开始的当天不算入，从下一天开始计算。

期间的最后一天是星期日或者其他法定休假日的，以休假日的次日为期间的最后一天。

期间的最后一天的截止时间为二十四点。有业务时间的，到停止业务活动的时间截止。

第一百五十五条 民法所称的“以上”、“以下”、“以内”、“届满”，包括本数；所称的“不满”、“以外”，不包括本数。

第一百五十六条 本法自1987年1月1日起施行。

中华人民共和国行政许可法

（2003年8月27日第十届全国人民代表大会常务委员会第四次会议通过，自2004年7月1日起施行）

第一章　总则

第一条　为了规范行政许可的设定和实施，保护公民、法人和其他组织的合法权益，维护公共利益和社会秩序，保障和监督行政机关有效实施行政管理，根据宪法，制定本法。

第二条　本法所称行政许可，是指行政机关根据公民、法人或者其他组织的申请，经依法审查，准予其从事特定活动的行为。

第三条　行政许可的设定和实施，适用本法。

有关行政机关对其他机关或者对其直接管理的事业单位的人事、财务、外事等事项的审批，不适用本法。

第四条　设定和实施行政许可，应当依照法定的权限、范围、条件和程序。

第五条　设定和实施行政许可，应当遵循公开、公平、公正的原则。

有关行政许可的规定应当公布；未经公布的，不得作为实施行政许可的依据。行政许可的实施和结果，除涉及国家秘密、商业秘密或者个人隐私的外，应当公开。

符合法定条件、标准的，申请人有依法取得行政许可的平等权利，行政机关不得歧视。

第六条　实施行政许可，应当遵循便民的原则，提高办事效率，提供优质服务。

第七条　公民、法人或者其他组织对行政机关实施行政许可，享有陈述权、申辩权；有权依法申请行政复议或者提起行政诉讼；其合法权益因行政机关违法实施行政许可受到损害的，有权依法要求赔偿。

第八条　公民、法人或者其他组织依法取得的行政许可受法律保护，行政机关不得擅自改变已经生效的行政许可。

行政许可所依据的法律、法规、规章修改或者废止，或者准予行政许可所依据的客观情况发生重大变化的，为了公共利益的需要，行政机关可以依法变更或者撤回已经生效的行政许可。由此给公民、法人或者其他组织造成财产损失的，行政机关应当依法给予补偿。

第九条 依法取得的行政许可，除法律、法规规定依照法定条件和程序可以转让的外，不得转让。

第十条 县级以上人民政府应当建立健全对行政机关实施行政许可的监督制度，加强对行政机关实施行政许可的监督检查。

行政机关应当对公民、法人或者其他组织从事行政许可事项的活动实施有效监督。

第二章 行政许可的设定

第十一条 设定行政许可，应当遵循经济和社会发展规律，有利于发挥公民、法人或者其他组织的积极性、主动性，维护公共利益和社会秩序，促进经济、社会和生态环境协调发展。

第十二条 下列事项可以设定行政许可：

（一）直接涉及国家安全、公共安全、经济宏观调控、生态环境保护以及直接关系人身健康、生命财产安全等特定活动，需要按照法定条件予以批准的事项；

（二）有限自然资源开发利用、公共资源配置以及直接关系公共利益的特定行业的市场准入等，需要赋予特定权利的事项；

（三）提供公众服务并且直接关系公共利益的职业、行业，需要确定具备特殊信誉、特殊条件或者特殊技能等资格、资质的事项；

（四）直接关系公共安全、人身健康、生命财产安全的重要设备、设施、产品、物品，需要按照技术标准、技术规范，通过检验、检测、检疫等方式进行审定的事项；

（五）企业或者其他组织的设立等，需要确定主体资格的事项；

（六）法律、行政法规规定可以设定行政许可的其他事项。

第十三条 本法第十二条所列事项，通过下列方式能够予以规范的，可以不设行政许可：

（一）公民、法人或者其他组织能够自主决定的；

（二）市场竞争机制能够有效调节的；

（三）行业组织或者中介机构能够自律管理的；

（四）行政机关采用事后监督等其他行政管理方式能够解决的。

第十四条 本法第十二条所列事项，法律可以设定行政许可。尚未制定法律的，行政法规可以设定行政许可。

必要时，国务院可以采用发布决定的方式设定行政许可。实施后，除临时性行政许可事项外，国务院应当及时提请全国人民代表大会及其常务委员会制定法律，或者自行制定行政法规。

第十五条 本法第十二条所列事项，尚未制定法律、行政法规的，地方性法规可以设定行政许可；尚未制定法律、行政法规和地方性法规的，因行政管理的需要，确需立即实施行政许可的，省、自治区、直辖市人民政府规章可以设定临时性的行政许可。临时性的行政许可实施满一年需要继续实施的，应当提请本级人民代表大会及其常务委员会制定地方性法规。

地方性法规和省、自治区、直辖市人民政府规章，不得设定应当由国家统一确定的公民、法人或者其他组织的资格、资质的行政许可；不得设定企业或者其他组织的设立登记及其前置性行政许可。其设定的行政许可，不得限制其他地区的个人或者企业到本地区从事生产经营和提供服务，不得限制其他地区的商品进入本地区市场。

第十六条 行政法规可以在法律设定的行政许可事项范围内，对实施该行政许可作出具体规定。

地方性法规可以在法律、行政法规设定的行政许可事项范围内，对实施该行政许可作出具体规定。

规章可以在上位法设定的行政许可事项范围内，对实施该行政许可作出具体规定。

法规、规章对实施上位法设定的行政许可作出的具体规定，不得增设行政许可；对行政许可条件作出的具体规定，不得增设违反上位法的其他条件。

第十七条 除本法第十四条、第十五条规定的外，其他规范性文件一律不得设定行政许可。

第十八条 设定行政许可，应当规定行政许可的实施机关、条件、程序、期限。

第十九条 起草法律草案、法规草案和省、自治区、直辖市人民政府规章草案，拟设定行政许可的，起草单位应当采取听证会、论证会等形式听取意见，并向制定机关说明设定该行政许可的必要性、对经济和社会可能产生的影响以及听取和采纳意见的情况。

第二十条 行政许可的设定机关应当定期对其设定的行政许可进行评价；对已设定的行政许可，认为通过本法第十三条所列方式能够解决的，应当对设定该行政许可的规定及时予以修改或者废止。

行政许可的实施机关可以对已设定的行政许可的实施情况及存在的必要性适时进行评价，并将意见报告该行政许可的设定机关。

公民、法人或者其他组织可以向行政许可的设定机关和实施机关就行政许可的设定和实施提出意见和建议。

第二十一条 省、自治区、直辖市人民政府对行政法规设定的有关经济事务的行政许可，根据本行政区域经济和社会发展情况，认为通过本法第十三条所列方式能够解决的，报国务院批准后，可以在本行政区域内停止实施该行政许可。

第三章　行政许可的实施机关

第二十二条　行政许可由具有行政许可权的行政机关在其法定职权范围内实施。

第二十三条　法律、法规授权的具有管理公共事务职能的组织，在法定授权范围内，以自己的名义实施行政许可。被授权的组织适用本法有关行政机关的规定。

第二十四条　行政机关在其法定职权范围内，依照法律、法规、规章的规定，可以委托其他行政机关实施行政许可。委托机关应当将受委托行政机关和受委托实施行政许可的内容予以公告。

委托行政机关对受委托行政机关实施行政许可的行为应当负责监督，并对该行为的后果承担法律责任。

受委托行政机关在委托范围内，以委托行政机关名义实施行政许可；不得再委托其他组织或者个人实施行政许可。

第二十五条　经国务院批准，省、自治区、直辖市人民政府根据精简、统一、效能的原则，可以决定一个行政机关行使有关行政机关的行政许可权。

第二十六条　行政许可需要行政机关内设的多个机构办理的，该行政机关应当确定一个机构统一受理行政许可申请，统一送达行政许可决定。

行政许可依法由地方人民政府两个以上部门分别实施的，本级人民政府可以确定一个部门受理行政许可申请并转告有关部门分别提出意见后统一办理，或者组织有关部门联合办理、集中办理。

第二十七条　行政机关实施行政许可，不得向申请人提出购买指定商品、接受有偿服务等不正当要求。

行政机关工作人员办理行政许可，不得索取或者收受申请人的财物，不得谋取其他利益。

第二十八条　对直接关系公共安全、人身健康、生命财产安全的设备、设施、产品、物品的检验、检测、检疫，除法律、行政法规规定由行政机关实施的外，应当逐步由符合法定条件的专业技术组织实施。专业技术组织及其有关人员对所实施的检验、检测、检疫结论承担法律责任。

第四章　行政许可的实施程序

第一节　申请与受理

第二十九条　公民、法人或者其他组织从事特定活动，依法需要取得行政许可的，应当向行政机关提出申请。申请书需要采用格式文本的，行政机关应当向申请人提供行政许可申请书格式文本。申请书格式文本中不得包含与申请行政许可事项没有直接关系的内容。

申请人可以委托代理人提出行政许可申请。但是，依法应当由申请人到行政机关办公场所提出行政许可申请的除外。

行政许可申请可以通过信函、电报、电传、传真、电子数据交换和电子邮件等方式提出。

第三十条 行政机关应当将法律、法规、规章规定的有关行政许可的事项、依据、条件、数量、程序、期限以及需要提交的全部材料的目录和申请书示范文本等在办公场所公示。

申请人要求行政机关对公示内容予以说明、解释的，行政机关应当说明、解释，提供准确、可靠的信息。

第三十一条 申请人申请行政许可，应当如实向行政机关提交有关材料和反映真实情况，并对其申请材料实质内容的真实性负责。行政机关不得要求申请人提交与其申请的行政许可事项无关的技术资料和其他材料。

第三十二条 行政机关对申请人提出的行政许可申请，应当根据下列情况分别作出处理：

（一）申请事项依法不需要取得行政许可的，应当即时告知申请人不受理；

（二）申请事项依法不属于本行政机关职权范围的，应当即时作出不予受理的决定，并告知申请人向有关行政机关申请；

（三）申请材料存在可以当场更正的错误的，应当允许申请人当场更正；

（四）申请材料不齐全或者不符合法定形式的，应当当场或者在5日内一次告知申请人需要补正的全部内容，逾期不告知的，自收到申请材料之日起即为受理；

（五）申请事项属于本行政机关职权范围，申请材料齐全、符合法定形式，或者申请人按照本行政机关的要求提交全部补正申请材料的，应当受理行政许可申请。

行政机关受理或者不予受理行政许可申请，应当出具加盖本行政机关专用印章和注明日期的书面凭证。

第三十三条 行政机关应当建立和完善有关制度，推行电子政务，在行政机关的网站上公布行政许可事项，方便申请人采取数据电文等方式提出行政许可申请；应当与其他行政机关共享有关行政许可信息，提高办事效率。

第二节　审查与决定

第三十四条 行政机关应当对申请人提交的申请材料进行审查。

申请人提交的申请材料齐全、符合法定形式，行政机关能够当场作出决定的，应当当场作出书面的行政许可决定。

根据法定条件和程序，需要对申请材料的实质内容进行核实的，行政机关应当指派两名以上工作人员进行核查。

第三十五条 依法应当先经下级行政机关审查后报上级行政机关决定的行政许可，下级行政机关应当在法定期限内将初步审查意见和全部申请材料直接报送上级行政机关。上级行政机关不得要求申请人重复提供申请材料。

第三十六条 行政机关对行政许可申请进行审查时，发现行政许可事项直接关系他人重大利益的，应当告知该利害关系人。申请人、利害关系人有权进行陈述和申辩。行政机关应当听取申请人、利害关系人的意见。

第三十七条 行政机关对行政许可申请进行审查后，除当场作出行政许可决定的外，应当在法定期限内按照规定程序作出行政许可决定。

第三十八条 申请人的申请符合法定条件、标准的，行政机关应当依法作出准予行政许可的书面决定。

行政机关依法作出不予行政许可的书面决定的，应当说明理由，并告知申请人享有依法申请行政复议或者提起行政诉讼的权利。

第三十九条 行政机关作出准予行政许可的决定，需要颁发行政许可证件的，应当向申请人颁发加盖本行政机关印章的下列行政许可证件：

（一）许可证、执照或者其他许可证书；

（二）资格证、资质证或者其他合格证书；

（三）行政机关的批准文件或者证明文件；

（四）法律、法规规定的其他行政许可证件。

行政机关实施检验、检测、检疫的，可以在检验、检测、检疫合格的设备、设施、产品、物品上加贴标签或者加盖检验、检测、检疫印章。

第四十条 行政机关作出的准予行政许可决定，应当予以公开，公众有权查阅。

第四十一条 法律、行政法规设定的行政许可，其适用范围没有地域限制的，申请人取得的行政许可在全国范围内有效。

第三节 期限

第四十二条 除可以当场作出行政许可决定的外，行政机关应当自受理行政许可申请之日起20日内作出行政许可决定。20日内不能作出决定的，经本行政机关负责人批准，可以延长10日，并应当将延长期限的理由告知申请人。但是，法律、法规另有规定的，依照其规定。

依照本法第二十六条的规定，行政许可采取统一办理或者联合办理、集中办理的，办理的时间不得超过45日；45日内不能办结的，经本级人民政府负责人批准，可以延长15日，并应当将延长期限的理由告知申请人。

第四十三条 依法应当先经下级行政机关审查后报上级行政机关决定的行政许可，下级行政机关应当自其受理行政许可申请之日起20日内审查完毕。但是，法律、法规另有规定的，依照其规定。

第四十四条 行政机关作出准予行政许可的决定，应当自作出决定之日起10日内向申请人颁发、送达行政许可证件，或者加贴标签、加盖检验、检测、检疫印章。

第四十五条 行政机关作出行政许可决定，依法需要听证、招标、拍卖、检验、检测、检疫、鉴定和专家评审的，所需时间不计算在本节规定的期限内。行政机关应当将所需时间书面告知申请人。

第四节　听证

第四十六条 法律、法规、规章规定实施行政许可应当听证的事项，或者行政机关认为需要听证的其他涉及公共利益的重大行政许可事项，行政机关应当向社会公告，并举行听证。

第四十七条 行政许可直接涉及申请人与他人之间重大利益关系的，行政机关在作出行政许可决定前，应当告知申请人、利害关系人享有要求听证的权利；申请人、利害关系人在被告知听证权利之日起5日内提出听证申请的，行政机关应当在20日内组织听证。

申请人、利害关系人不承担行政机关组织听证的费用。

第四十八条 听证按照下列程序进行：

（一）行政机关应当于举行听证的七日前将举行听证的时间、地点通知申请人、利害关系人，必要时予以公告；

（二）听证应当公开举行；

（三）行政机关应当指定审查该行政许可申请的工作人员以外的人员为听证主持人，申请人、利害关系人认为主持人与该行政许可事项有直接利害关系的，有权申请回避；

（四）举行听证时，审查该行政许可申请的工作人员应当提供审查意见的证据、理由，申请人、利害关系人可以提出证据，并进行申辩和质证；

（五）听证应当制作笔录，听证笔录应当交听证参加人确认无误后签字或者盖章。

行政机关应当根据听证笔录，作出行政许可决定。

第五节　变更与延续

第四十九条　被许可人要求变更行政许可事项的，应当向作出行政许可决定的行政机关提出申请；符合法定条件、标准的，行政机关应当依法办理变更手续。

第五十条　被许可人需要延续依法取得的行政许可的有效期的，应当在该行政许可有效期届满三十日前向作出行政许可决定的行政机关提出申请。但是，法律、法规、规章另有规定的，依照其规定。

行政机关应当根据被许可人的申请，在该行政许可有效期届满前作出是否准予延续的决定；逾期未作决定的，视为准予延续。

第六节　特别规定

第五十一条　实施行政许可的程序，本节有规定的，适用本节规定；本节没有规定的，适用本章其他有关规定。

第五十二条　国务院实施行政许可的程序，适用有关法律、行政法规的规定。

第五十三条　实施本法第十二条第二项所列事项的行政许可的，行政机关应当通过招标、拍卖等公平竞争的方式作出决定。但是，法律、行政法规另有规定的，依照其规定。

行政机关通过招标、拍卖等方式作出行政许可决定的具体程序，依照有关法律、行政法规的规定。

行政机关按照招标、拍卖程序确定中标人、买受人后，应当作出准予行政许可的决定，并依法向中标人、买受人颁发行政许可证件。

行政机关违反本条规定，不采用招标、拍卖方式，或者违反招标、拍卖程序，损害申请人合法权益的，申请人可以依法申请行政复议或者提起行政诉讼。

第五十四条　实施本法第十二条第三项所列事项的行政许可，赋予公民特定资格，依法应当举行国家考试的，行政机关根据考试成绩和其他法定条件作出行政许可决定；赋予法人或者其他组织特定的资格、资质的，行政机关根据申请人的专业人员构成、技术条件、经营业绩和管理水平等的考核结果作出行政许可决定。但是，法律、行政法规另有规定的，依照其规定。

公民特定资格的考试依法由行政机关或者行业组织实施，公开举行。行政机关或者行业组织应当事先公布资格考试的报名条件、报考办法、考试科目以及考试大纲。但是，不得组织强制性的资格考试的考前培训，不得指定教材或者其他助考材料。

第五十五条　实施本法第十二条第四项所列事项的行政许可的，应当按照技术标准、技术规范依法进行检验、检测、检疫，行政机关根据检验、检测、检疫的结果作出行政许可决定。

行政机关实施检验、检测、检疫，应当自受理申请之日起五日内指派两名以上工作人员按照技术标准、技术规范进行检验、检测、检疫。不需要对检验、检测、检疫结果作进一步技术分析即可认定设备、设施、产品、物品是否符合技术标准、技术规范的，行政机关应当当场作出行政许可决定。

行政机关根据检验、检测、检疫结果，作出不予行政许可决定的，应当书面说明不予行政许可所依据的技术标准、技术规范。

第五十六条 实施本法第十二条第五项所列事项的行政许可，申请人提交的申请材料齐全、符合法定形式的，行政机关应当当场予以登记。需要对申请材料的实质内容进行核实的，行政机关依照本法第三十四条第三款的规定办理。

第五十七条 有数量限制的行政许可，两个或者两个以上申请人的申请均符合法定条件、标准的，行政机关应当根据受理行政许可申请的先后顺序作出准予行政许可的决定。但是，法律、行政法规另有规定的，依照其规定。

第五章 行政许可的费用

第五十八条 行政机关实施行政许可和对行政许可事项进行监督检查，不得收取任何费用。但是，法律、行政法规另有规定的，依照其规定。

行政机关提供行政许可申请书格式文本，不得收费。

行政机关实施行政许可所需经费应当列入本行政机关的预算，由本级财政予以保障，按照批准的预算予以核拨。

第五十九条 行政机关实施行政许可，依照法律、行政法规收取费用的，应当按照公布的法定项目和标准收费；所收取的费用必须全部上缴国库，任何机关或者个人不得以任何形式截留、挪用、私分或者变相私分。财政部门不得以任何形式向行政机关返还或者变相返还实施行政许可所收取的费用。

第六章 监督检查

第六十条 上级行政机关应当加强对下级行政机关实施行政许可的监督检查，及时纠正行政许可实施中的违法行为。

第六十一条 行政机关应当建立健全监督制度，通过核查反映被许可人从事行政许可事项活动情况的有关材料，履行监督责任。

行政机关依法对被许可人从事行政许可事项的活动进行监督检查时，应当将监督检查的情况和处理结果予以记录，由监督检查人员签字后归档。公众有权查阅行政机关监督检查记录。

行政机关应当创造条件，实现与被许可人、其他有关行政机关的计算机档案系统互联，核查被许可人从事行政许可事项活动情况。

第六十二条 行政机关可以对被许可人生产经营的产品依法进行抽样检查、检验、检测，对其生产经营场所依法进行实地检查。检查时，行政机关可以依法查阅或者要求被许可人报送有关材料；被许可人应当如实提供有关情况和材料。

行政机关根据法律、行政法规的规定，对直接关系公共安全、人身健康、生命财产安全的重要设备、设施进行定期检验。对检验合格的，行政机关应当发给相应的证明文件。

第六十三条 行政机关实施监督检查，不得妨碍被许可人正常的生产经营活动，不得索取或者收受被许可人的财物，不得谋取其他利益。

第六十四条 被许可人在作出行政许可决定的行政机关管辖区域外违法从事行政许可事项活动的，违法行为发生地的行政机关应当依法将被许可人的违法事实、处理结果抄告作出行政许可决定的行政机关。

第六十五条 个人和组织发现违法从事行政许可事项的活动，有权向行政机关举报，行政机关应当及时核实、处理。

第六十六条 被许可人未依法履行开发利用自然资源义务或者未依法履行利用公共资源义务的，行政机关应当责令限期改正；被许可人在规定期限内不改正的，行政机关应当依照有关法律、行政法规的规定予以处理。

第六十七条 取得直接关系公共利益的特定行业的市场准入行政许可的被许可人，应当按照国家规定的服务标准、资费标准和行政机关依法规定的条件，向用户提供安全、方便、稳定和价格合理的服务，并履行普遍服务的义务；未经作出行政许可决定的行政机关批准，不得擅自停业、歇业。

被许可人不履行前款规定的义务的，行政机关应当责令限期改正，或者依法采取有效措施督促其履行义务。

第六十八条 对直接关系公共安全、人身健康、生命财产安全的重要设备、设施，行政机关应当督促设计、建造、安装和使用单位建立相应的自检制度。

行政机关在监督检查时，发现直接关系公共安全、人身健康、生命财产安全的重要设备、设施存在安全隐患的，应当责令停止建造、安装和使用，并责令设计、建造、安装和使用单位立即改正。

第六十九条 有下列情形之一的，作出行政许可决定的行政机关或者其上级行政机关，根据利害关系人的请求或者依据职权，可以撤销行政许可：

（一）行政机关工作人员滥用职权、玩忽职守作出准予行政许可决定的；

（二）超越法定职权作出准予行政许可决定的；

（三）违反法定程序作出准予行政许可决定的；

（四）对不具备申请资格或者不符合法定条件的申请人准予行政许可的；

（五）依法可以撤销行政许可的其他情形。

被许可人以欺骗、贿赂等不正当手段取得行政许可的，应当予以撤销。

依照前两款的规定撤销行政许可，可能对公共利益造成重大损害的，不予撤销。

依照本条第一款的规定撤销行政许可，被许可人的合法权益受到损害的，行政机关应当依法给予赔偿。依照本条第二款的规定撤销行政许可的，被许可人基于行政许可取得的利益不受保护。

第七十条　有下列情形之一的，行政机关应当依法办理有关行政许可的注销手续：

（一）行政许可有效期届满未延续的；

（二）赋予公民特定资格的行政许可，该公民死亡或者丧失行为能力的；

（三）法人或者其他组织依法终止的；

（四）行政许可依法被撤销、撤回，或者行政许可证件依法被吊销的；

（五）因不可抗力导致行政许可事项无法实施的；

（六）法律、法规规定的应当注销行政许可的其他情形。

第七章　法律责任

第七十一条　违反本法第十七条规定设定的行政许可，有关机关应当责令设定该行政许可的机关改正，或者依法予以撤销。

第七十二条　行政机关及其工作人员违反本法的规定，有下列情形之一的，由其上级行政机关或者监察机关责令改正；情节严重的，对直接负责的主管人员和其他直接责任人员依法给予行政处分：

（一）对符合法定条件的行政许可申请不予受理的；

（二）不在办公场所公示依法应当公示的材料的；

（三）在受理、审查、决定行政许可过程中，未向申请人、利害关系人履行法定告知义务的；

（四）申请人提交的申请材料不齐全、不符合法定形式，不一次告知申请人必须补正的全部内容的；

（五）未依法说明不受理行政许可申请或者不予行政许可的理由的；

（六）依法应当举行听证而不举行听证的。

第七十三条　行政机关工作人员办理行政许可、实施监督检查，索取或者收受他人财物或者谋取其他利益，构成犯罪的，依法追究刑事责任；尚不构成犯罪的，依法给予行政处分。

第七十四条 行政机关实施行政许可，有下列情形之一的，由其上级行政机关或者监察机关责令改正，对直接负责的主管人员和其他直接责任人员依法给予行政处分；构成犯罪的，依法追究刑事责任：

（一）对不符合法定条件的申请人准予行政许可或者超越法定职权作出准予行政许可决定的；

（二）对符合法定条件的申请人不予行政许可或者不在法定期限内作出准予行政许可决定的；

（三）依法应当根据招标、拍卖结果或者考试成绩择优作出准予行政许可决定，未经招标、拍卖或者考试，或者不根据招标、拍卖结果或者考试成绩择优作出准予行政许可决定的。

第七十五条 行政机关实施行政许可，擅自收费或者不按照法定项目和标准收费的，由其上级行政机关或者监察机关责令退还非法收取的费用；对直接负责的主管人员和其他直接责任人员依法给予行政处分。

截留、挪用、私分或者变相私分实施行政许可依法收取的费用的，予以追缴；对直接负责的主管人员和其他直接责任人员依法给予行政处分；构成犯罪的，依法追究刑事责任。

第七十六条 行政机关违法实施行政许可，给当事人的合法权益造成损害的，应当依照国家赔偿法的规定给予赔偿。

第七十七条 行政机关不依法履行监督职责或者监督不力，造成严重后果的，由其上级行政机关或者监察机关责令改正，对直接负责的主管人员和其他直接责任人员依法给予行政处分；构成犯罪的，依法追究刑事责任。

第七十八条 行政许可申请人隐瞒有关情况或者提供虚假材料申请行政许可的，行政机关不予受理或者不予行政许可，并给予警告；行政许可申请属于直接关系公共安全、人身健康、生命财产安全事项的，申请人在一年内不得再次申请该行政许可。

第七十九条 被许可人以欺骗、贿赂等不正当手段取得行政许可的，行政机关应当依法给予行政处罚；取得的行政许可属于直接关系公共安全、人身健康、生命财产安全事项的，申请人在三年内不得再次申请该行政许可；构成犯罪的，依法追究刑事责任。

第八十条 被许可人有下列行为之一的，行政机关应当依法给予行政处罚；构成犯罪的，依法追究刑事责任：

（一）涂改、倒卖、出租、出借行政许可证件，或者以其他形式非法转让行政许可的；

（二）超越行政许可范围进行活动的；

（三）向负责监督检查的行政机关隐瞒有关情况、提供虚假材料或者拒绝提供反映其活动情况的真实材料的；

（四）法律、法规、规章规定的其他违法行为。

第八十一条 公民、法人或者其他组织未经行政许可，擅自从事依法应当取得行政许可的活动的，行政机关应当依法采取措施予以制止，并依法给予行政处罚；构成犯罪的，依法追究刑事责任。

第八章 附则

第八十二条 本法规定的行政机关实施行政许可的期限以工作日计算，不含法定节假日。

第八十三条 本法自2004年7月1日起施行。

本法施行前有关行政许可的规定，制定机关应当依照本法规定予以清理；不符合本法规定的，自本法施行之日起停止执行。

中华人民共和国行政强制法

（2011年6月30日第十一届全国人民代表大会常务委员会第二十一次会议通过，自2012年1月1日起施行）

第一章　总则

第一条　为了规范行政强制的设定和实施，保障和监督行政机关依法履行职责，维护公共利益和社会秩序，保护公民、法人和其他组织的合法权益，根据宪法，制定本法。

第二条　本法所称行政强制，包括行政强制措施和行政强制执行。

行政强制措施，是指行政机关在行政管理过程中，为制止违法行为、防止证据损毁、避免危害发生、控制危险扩大等情形，依法对公民的人身自由实施暂时性限制，或者对公民、法人或者其他组织的财物实施暂时性控制的行为。

行政强制执行，是指行政机关或者行政机关申请人民法院，对不履行行政决定的公民、法人或者其他组织，依法强制履行义务的行为。

第三条　行政强制的设定和实施，适用本法。

发生或者即将发生自然灾害、事故灾难、公共卫生事件或者社会安全事件等突发事件，行政机关采取应急措施或者临时措施，依照有关法律、行政法规的规定执行。

行政机关采取金融业审慎监管措施、进出境货物强制性技术监控措施，依照有关法律、行政法规的规定执行。

第四条　行政强制的设定和实施，应当依照法定的权限、范围、条件和程序。

第五条　行政强制的设定和实施，应当适当。采用非强制手段可以达到行政管理目的的，不得设定和实施行政强制。

第六条　实施行政强制，应当坚持教育与强制相结合。

第七条　行政机关及其工作人员不得利用行政强制权为单位或者个人谋取利益。

第八条　公民、法人或者其他组织对行政机关实施行政强制，享有陈述权、申辩权；有权依法申请行政复议或者提起行政诉讼；因行政机关违法实施行政强制受到损害的，有权依法要求赔偿。

公民、法人或者其他组织因人民法院在强制执行中有违法行为或者扩大强制执行范围受到损害的，有权依法要求赔偿。

第二章　行政强制的种类和设定

第九条　行政强制措施的种类：

（一）限制公民人身自由；

（二）查封场所、设施或者财物；

（三）扣押财物；

（四）冻结存款、汇款；

（五）其他行政强制措施。

第十条　行政强制措施由法律设定。

尚未制定法律，且属于国务院行政管理职权事项的，行政法规可以设定除本法第九条第一项、第四项和应当由法律规定的行政强制措施以外的其他行政强制措施。

尚未制定法律、行政法规，且属于地方性事务的，地方性法规可以设定本法第九条第二项、第三项的行政强制措施。

法律、法规以外的其他规范性文件不得设定行政强制措施。

第十一条　法律对行政强制措施的对象、条件、种类作了规定的，行政法规、地方性法规不得作出扩大规定。

法律中未设定行政强制措施的，行政法规、地方性法规不得设定行政强制措施。但是，法律规定特定事项由行政法规规定具体管理措施的，行政法规可以设定除本法第九条第一项、第四项和应当由法律规定的行政强制措施以外的其他行政强制措施。

第十二条　行政强制执行的方式：

（一）加处罚款或者滞纳金；

（二）划拨存款、汇款；

（三）拍卖或者依法处理查封、扣押的场所、设施或者财物；

（四）排除妨碍、恢复原状；

（五）代履行；

（六）其他强制执行方式。

第十三条　行政强制执行由法律设定。

法律没有规定行政机关强制执行的，作出行政决定的行政机关应当申请人民法院强制执行。

第十四条　起草法律草案、法规草案，拟设定行政强制的，起草单位应当采取听证会、论证会等形式听取意见，并向制定机关说明设定该行政强制的必要性、可能产生的影响以及听取和采纳意见的情况。

第十五条 行政强制的设定机关应当定期对其设定的行政强制进行评价，并对不适当的行政强制及时予以修改或者废止。

行政强制的实施机关可以对已设定的行政强制的实施情况及存在的必要性适时进行评价，并将意见报告该行政强制的设定机关。

公民、法人或者其他组织可以向行政强制的设定机关和实施机关就行政强制的设定和实施提出意见和建议。有关机关应当认真研究论证，并以适当方式予以反馈。

第三章 行政强制措施实施程序

第一节 一般规定

第十六条 行政机关履行行政管理职责，依照法律、法规的规定，实施行政强制措施。

违法行为情节显著轻微或者没有明显社会危害的，可以不采取行政强制措施。

第十七条 行政强制措施由法律、法规规定的行政机关在法定职权范围内实施。行政强制措施权不得委托。

依据《中华人民共和国行政处罚法》的规定行使相对集中行政处罚权的行政机关，可以实施法律、法规规定的与行政处罚权有关的行政强制措施。

行政强制措施应当由行政机关具备资格的行政执法人员实施，其他人员不得实施。

第十八条 行政机关实施行政强制措施应当遵守下列规定：

（一）实施前须向行政机关负责人报告并经批准；

（二）由两名以上行政执法人员实施；

（三）出示执法身份证件；

（四）通知当事人到场；

（五）当场告知当事人采取行政强制措施的理由、依据以及当事人依法享有的权利、救济途径；

（六）听取当事人的陈述和申辩；

（七）制作现场笔录；

（八）现场笔录由当事人和行政执法人员签名或者盖章，当事人拒绝的，在笔录中予以注明；

（九）当事人不到场的，邀请见证人到场，由见证人和行政执法人员在现场笔录上签名或者盖章；

（十）法律、法规规定的其他程序。

第十九条 情况紧急，需要当场实施行政强制措施的，行政执法人员应当在二十四小时内向行政机关负责人报告，并补办批准手续。行政机关负责人认为不应当采取行政强制措施的，应当立即解除。

第二十条 依照法律规定实施限制公民人身自由的行政强制措施，除应当履行本法第十八条规定的程序外，还应当遵守下列规定：

（一）当场告知或者实施行政强制措施后立即通知当事人家属实施行政强制措施的行政机关、地点和期限；

（二）在紧急情况下当场实施行政强制措施的，在返回行政机关后，立即向行政机关负责人报告并补办批准手续；

（三）法律规定的其他程序。

实施限制人身自由的行政强制措施不得超过法定期限。实施行政强制措施的目的已经达到或者条件已经消失，应当立即解除。

第二十一条 违法行为涉嫌犯罪应当移送司法机关的，行政机关应当将查封、扣押、冻结的财物一并移送，并书面告知当事人。

第二节　查封、扣押

第二十二条 查封、扣押应当由法律、法规规定的行政机关实施，其他任何行政机关或者组织不得实施。

第二十三条 查封、扣押限于涉案的场所、设施或者财物，不得查封、扣押与违法行为无关的场所、设施或者财物；不得查封、扣押公民个人及其所扶养家属的生活必需品。

当事人的场所、设施或者财物已被其他国家机关依法查封的，不得重复查封。

第二十四条 行政机关决定实施查封、扣押的，应当履行本法第十八条规定的程序，制作并当场交付查封、扣押决定书和清单。

查封、扣押决定书应当载明下列事项：

（一）当事人的姓名或者名称、地址；

（二）查封、扣押的理由、依据和期限；

（三）查封、扣押场所、设施或者财物的名称、数量等；

（四）申请行政复议或者提起行政诉讼的途径和期限；

（五）行政机关的名称、印章和日期。

查封、扣押清单一式二份，由当事人和行政机关分别保存。

第二十五条 查封、扣押的期限不得超过三十日；情况复杂的，经行政机关负责人批准，可以延长，但是延长期限不得超过三十日。法律、行政法规另有规定的除外。

延长查封、扣押的决定应当及时书面告知当事人，并说明理由。

对物品需要进行检测、检验、检疫或者技术鉴定的，查封、扣押的期间不包括检测、检验、检疫或者技术鉴定的期间。检测、检验、检疫或者技术鉴定的期间应当明确，并书面告知当事人。检测、检验、检疫或者技术鉴定的费用由行政机关承担。

第二十六条 对查封、扣押的场所、设施或者财物，行政机关应当妥善保管，不得使用或者损毁；造成损失的，应当承担赔偿责任。

对查封的场所、设施或者财物，行政机关可以委托第三人保管，第三人不得损毁或者擅自转移、处置。因第三人的原因造成的损失，行政机关先行赔付后，有权向第三人追偿。

因查封、扣押发生的保管费用由行政机关承担。

第二十七条 行政机关采取查封、扣押措施后，应当及时查清事实，在本法第二十五条规定的期限内作出处理决定。对违法事实清楚，依法应当没收的非法财物予以没收；法律、行政法规规定应当销毁的，依法销毁；应当解除查封、扣押的，作出解除查封、扣押的决定。

第二十八条 有下列情形之一的，行政机关应当及时作出解除查封、扣押决定：

（一）当事人没有违法行为；

（二）查封、扣押的场所、设施或者财物与违法行为无关；

（三）行政机关对违法行为已经作出处理决定，不再需要查封、扣押；

（四）查封、扣押期限已经届满；

（五）其他不再需要采取查封、扣押措施的情形。

解除查封、扣押应当立即退还财物；已将鲜活物品或者其他不易保管的财物拍卖或者变卖的，退还拍卖或者变卖所得款项。变卖价格明显低于市场价格，给当事人造成损失的，应当给予补偿。

第三节　冻结

第二十九条 冻结存款、汇款应当由法律规定的行政机关实施，不得委托给其他行政机关或者组织；其他任何行政机关或者组织不得冻结存款、汇款。

冻结存款、汇款的数额应当与违法行为涉及的金额相当；已被其他国家机关依法冻结的，不得重复冻结。

第三十条 行政机关依照法律规定决定实施冻结存款、汇款的，应当履行本法第十八条第一项、第二项、第三项、第七项规定的程序，并向金融机构交付冻结通知书。

金融机构接到行政机关依法作出的冻结通知书后，应当立即予以冻结，不得拖延，不得在冻结前向当事人泄露信息。

法律规定以外的行政机关或者组织要求冻结当事人存款、汇款的，金融机构应当拒绝。

第三十一条 依照法律规定冻结存款、汇款的，作出决定的行政机关应当在三日内向当事人交付冻结决定书。冻结决定书应当载明下列事项：

（一）当事人的姓名或者名称、地址；

（二）冻结的理由、依据和期限；

（三）冻结的账号和数额；

（四）申请行政复议或者提起行政诉讼的途径和期限；

（五）行政机关的名称、印章和日期。

第三十二条 自冻结存款、汇款之日起三十日内，行政机关应当作出处理决定或者作出解除冻结决定；情况复杂的，经行政机关负责人批准，可以延长，但是延长期限不得超过三十日。法律另有规定的除外。

延长冻结的决定应当及时书面告知当事人，并说明理由。

第三十三条 有下列情形之一的，行政机关应当及时作出解除冻结决定：

（一）当事人没有违法行为；

（二）冻结的存款、汇款与违法行为无关；

（三）行政机关对违法行为已经作出处理决定，不再需要冻结；

（四）冻结期限已经届满；

（五）其他不再需要采取冻结措施的情形。

行政机关作出解除冻结决定的，应当及时通知金融机构和当事人。金融机构接到通知后，应当立即解除冻结。

行政机关逾期未作出处理决定或者解除冻结决定的，金融机构应当自冻结期满之日起解除冻结。

第四章 行政机关强制执行程序

第一节 一般规定

第三十四条 行政机关依法作出行政决定后，当事人在行政机关决定的期限内不履行义务的，具有行政强制执行权的行政机关依照本章规定强制执行。

第三十五条 行政机关作出强制执行决定前，应当事先催告当事人履行义务。催告应当以书面形式作出，并载明下列事项：

（一）履行义务的期限；

（二）履行义务的方式；

（三）涉及金钱给付的，应当有明确的金额和给付方式；

（四）当事人依法享有的陈述权和申辩权。

第三十六条 当事人收到催告书后有权进行陈述和申辩。行政机关应当充分听取当事人的意见，对当事人提出的事实、理由和证据，应当进行记录、复核。当事人提出的事实、理由或者证据成立的，行政机关应当采纳。

第三十七条 经催告，当事人逾期仍不履行行政决定，且无正当理由的，行政机关可以作出强制执行决定。

强制执行决定应当以书面形式作出，并载明下列事项：

（一）当事人的姓名或者名称、地址；

（二）强制执行的理由和依据；

（三）强制执行的方式和时间；

（四）申请行政复议或者提起行政诉讼的途径和期限；

（五）行政机关的名称、印章和日期。

在催告期间，对有证据证明有转移或者隐匿财物迹象的，行政机关可以作出立即强制执行决定。

第三十八条 催告书、行政强制执行决定书应当直接送达当事人。当事人拒绝接收或者无法直接送达当事人的，应当依照《中华人民共和国民事诉讼法》的有关规定送达。

第三十九条 有下列情形之一的，中止执行：

（一）当事人履行行政决定确有困难或者暂无履行能力的；

（二）第三人对执行标的主张权利，确有理由的；

（三）执行可能造成难以弥补的损失，且中止执行不损害公共利益的；

（四）行政机关认为需要中止执行的其他情形。

中止执行的情形消失后，行政机关应当恢复执行。对没有明显社会危害，当事人确无能力履行，中止执行满三年未恢复执行的，行政机关不再执行。

第四十条 有下列情形之一的，终结执行：

（一）公民死亡，无遗产可供执行，又无义务承受人的；

（二）法人或者其他组织终止，无财产可供执行，又无义务承受人的；

（三）执行标的灭失的；

（四）据以执行的行政决定被撤销的；

（五）行政机关认为需要终结执行的其他情形。

第四十一条 在执行中或者执行完毕后，据以执行的行政决定被撤销、变更，或者执行错误的，应当恢复原状或者退还财物；不能恢复原状或者退还财物的，依法给予赔偿。

第四十二条 实施行政强制执行，行政机关可以在不损害公共利益和他人合法权益的情况下，与当事人达成执行协议。执行协议可以约定分阶段履行；当事人采取补救措施的，可以减免加处的罚款或者滞纳金。

执行协议应当履行。当事人不履行执行协议的，行政机关应当恢复强制执行。

第四十三条 行政机关不得在夜间或者法定节假日实施行政强制执行。但是，情况紧急的除外。

行政机关不得对居民生活采取停止供水、供电、供热、供燃气等方式迫使当事人履行相关行政决定。

第四十四条 对违法的建筑物、构筑物、设施等需要强制拆除的，应当由行政机关予以公告，限期当事人自行拆除。当事人在法定期限内不申请行政复议或者提起行政诉讼，又不拆除的，行政机关可以依法强制拆除。

第二节　金钱给付义务的执行

第四十五条 行政机关依法作出金钱给付义务的行政决定，当事人逾期不履行的，行政机关可以依法加处罚款或者滞纳金。加处罚款或者滞纳金的标准应当告知当事人。

加处罚款或者滞纳金的数额不得超出金钱给付义务的数额。

第四十六条 行政机关依照本法第四十五条规定实施加处罚款或者滞纳金超过三十日，经催告当事人仍不履行的，具有行政强制执行权的行政机关可以强制执行。

行政机关实施强制执行前，需要采取查封、扣押、冻结措施的，依照本法第三章规定办理。

没有行政强制执行权的行政机关应当申请人民法院强制执行。但是，当事人在法定期限内不申请行政复议或者提起行政诉讼，经催告仍不履行的，在实施行政管理过程中已经采取查封、扣押措施的行政机关，可以将查封、扣押的财物依法拍卖抵缴罚款。

第四十七条 划拨存款、汇款应当由法律规定的行政机关决定，并书面通知金融机构。金融机构接到行政机关依法作出划拨存款、汇款的决定后，应当立即划拨。

法律规定以外的行政机关或者组织要求划拨当事人存款、汇款的，金融机构应当拒绝。

第四十八条 依法拍卖财物，由行政机关委托拍卖机构依照《中华人民共和国拍卖法》的规定办理。

第四十九条 划拨的存款、汇款以及拍卖和依法处理所得的款项应当上缴国库或者划入财政专户。任何行政机关或者个人不得以任何形式截留、私分或者变相私分。

第三节　代履行

第五十条　行政机关依法作出要求当事人履行排除妨碍、恢复原状等义务的行政决定，当事人逾期不履行，经催告仍不履行，其后果已经或者将危害交通安全、造成环境污染或者破坏自然资源的，行政机关可以代履行，或者委托没有利害关系的第三人代履行。

第五十一条　代履行应当遵守下列规定：

（一）代履行前送达决定书，代履行决定书应当载明当事人的姓名或者名称、地址，代履行的理由和依据、方式和时间、标的、费用预算以及代履行人；

（二）代履行三日前，催告当事人履行，当事人履行的，停止代履行；

（三）代履行时，作出决定的行政机关应当派员到场监督；

（四）代履行完毕，行政机关到场监督的工作人员、代履行人和当事人或者见证人应当在执行文书上签名或者盖章。

代履行的费用按照成本合理确定，由当事人承担。但是，法律另有规定的除外。

代履行不得采用暴力、胁迫以及其他非法方式。

第五十二条　需要立即清除道路、河道、航道或者公共场所的遗洒物、障碍物或者污染物，当事人不能清除的，行政机关可以决定立即实施代履行；当事人不在场的，行政机关应当在事后立即通知当事人，并依法作出处理。

第五章　申请人民法院强制执行

第五十三条　当事人在法定期限内不申请行政复议或者提起行政诉讼，又不履行行政决定的，没有行政强制执行权的行政机关可以自期限届满之日起三个月内，依照本章规定申请人民法院强制执行。

第五十四条　行政机关申请人民法院强制执行前，应当催告当事人履行义务。催告书送达十日后当事人仍未履行义务的，行政机关可以向所在地有管辖权的人民法院申请强制执行；执行对象是不动产的，向不动产所在地有管辖权的人民法院申请强制执行。

第五十五条　行政机关向人民法院申请强制执行，应当提供下列材料：

（一）强制执行申请书；

（二）行政决定书及作出决定的事实、理由和依据；

（三）当事人的意见及行政机关催告情况；

（四）申请强制执行标的情况；

（五）法律、行政法规规定的其他材料。

强制执行申请书应当由行政机关负责人签名，加盖行政机关的印章，并注明日期。

第五十六条　人民法院接到行政机关强制执行的申请，应当在五日内受理。

行政机关对人民法院不予受理的裁定有异议的，可以在十五日内向上一级人民法院申请复议，上一级人民法院应当自收到复议申请之日起十五日内作出是否受理的裁定。

第五十七条　人民法院对行政机关强制执行的申请进行书面审查，对符合本法第五十五条规定，且行政决定具备法定执行效力的，除本法第五十八条规定的情形外，人民法院应当自受理之日起七日内作出执行裁定。

第五十八条　人民法院发现有下列情形之一的，在作出裁定前可以听取被执行人和行政机关的意见：

（一）明显缺乏事实根据的；

（二）明显缺乏法律、法规依据的；

（三）其他明显违法并损害被执行人合法权益的。

人民法院应当自受理之日起三十日内作出是否执行的裁定。裁定不予执行的，应当说明理由，并在五日内将不予执行的裁定送达行政机关。

行政机关对人民法院不予执行的裁定有异议的，可以自收到裁定之日起十五日内向上一级人民法院申请复议，上一级人民法院应当自收到复议申请之日起三十日内作出是否执行的裁定。

第五十九条　因情况紧急，为保障公共安全，行政机关可以申请人民法院立即执行。经人民法院院长批准，人民法院应当自作出执行裁定之日起五日内执行。

第六十条　行政机关申请人民法院强制执行，不缴纳申请费。强制执行的费用由被执行人承担。

人民法院以划拨、拍卖方式强制执行的，可以在划拨、拍卖后将强制执行的费用扣除。

依法拍卖财物，由人民法院委托拍卖机构依照《中华人民共和国拍卖法》的规定办理。

划拨的存款、汇款以及拍卖和依法处理所得的款项应当上缴国库或者划入财政专户，不得以任何形式截留、私分或者变相私分。

第六章　法律责任

第六十一条　行政机关实施行政强制，有下列情形之一的，由上级行政机关或者有关部门责令改正，对直接负责的主管人员和其他直接责任人员依法给予处分：

（一）没有法律、法规依据的；

（二）改变行政强制对象、条件、方式的；

（三）违反法定程序实施行政强制的；

（四）违反本法规定，在夜间或者法定节假日实施行政强制执行的；

（五）对居民生活采取停止供水、供电、供热、供燃气等方式迫使当事人履行相关行政决定的；

（六）有其他违法实施行政强制情形的。

第六十二条 违反本法规定，行政机关有下列情形之一的，由上级行政机关或者有关部门责令改正，对直接负责的主管人员和其他直接责任人员依法给予处分：

（一）扩大查封、扣押、冻结范围的；

（二）使用或者损毁查封、扣押场所、设施或者财物的；

（三）在查封、扣押法定期间不作出处理决定或者未依法及时解除查封、扣押的；

（四）在冻结存款、汇款法定期间不作出处理决定或者未依法及时解除冻结的。

第六十三条 行政机关将查封、扣押的财物或者划拨的存款、汇款以及拍卖和依法处理所得的款项，截留、私分或者变相私分的，由财政部门或者有关部门予以追缴；对直接负责的主管人员和其他直接责任人员依法给予记大过、降级、撤职或者开除的处分。

行政机关工作人员利用职务上的便利，将查封、扣押的场所、设施或者财物据为己有的，由上级行政机关或者有关部门责令改正，依法给予记大过、降级、撤职或者开除的处分。

第六十四条 行政机关及其工作人员利用行政强制权为单位或者个人谋取利益的，由上级行政机关或者有关部门责令改正，对直接负责的主管人员和其他直接责任人员依法给予处分。

第六十五条 违反本法规定，金融机构有下列行为之一的，由金融业监督管理机构责令改正，对直接负责的主管人员和其他直接责任人员依法给予处分：

（一）在冻结前向当事人泄露信息的；

（二）对应当立即冻结、划拨的存款、汇款不冻结或者不划拨，致使存款、汇款转移的；

（三）将不应当冻结、划拨的存款、汇款予以冻结或者划拨的；

（四）未及时解除冻结存款、汇款的。

第六十六条 违反本法规定，金融机构将款项划入国库或者财政专户以外的其他账户的，由金融业监督管理机构责令改正，并处以违法划拨款项二倍的罚款；对直接负责的主管人员和其他直接责任人员依法给予处分。

违反本法规定，行政机关、人民法院指令金融机构将款项划入国库或者财政专户以外的其他账户的，对直接负责的主管人员和其他直接责任人员依法给予处分。

第六十七条 人民法院及其工作人员在强制执行中有违法行为或者扩大强制执行范围的，对直接负责的主管人员和其他直接责任人员依法给予处分。

第六十八条 违反本法规定，给公民、法人或者其他组织造成损失的，依法给予赔偿。

违反本法规定，构成犯罪的，依法追究刑事责任。

第七章　附则

第六十九条 本法中十日以内期限的规定是指工作日，不含法定节假日。

第七十条 法律、行政法规授权的具有管理公共事务职能的组织在法定授权范围内，以自己的名义实施行政强制，适用本法有关行政机关的规定。

第七十一条 本法自2012年1月1日起施行。

中华人民共和国行政处罚法

（1996年3月17日第八届全国人民代表大会第四次会议通过，自1996年10月1日起施行。根据2009年8月27日第十一届全国人民代表大会常务委员会第十次会议《关于修改部分法律的决定》修正）

第一章　总则

第一条　为了规范行政处罚的设定和实施，保障和监督行政机关有效实施行政管理，维护公共利益和社会秩序，保护公民、法人或者其他组织的合法权益，根据宪法，制定本法。

第二条　行政处罚的设定和实施，适用本法。

第三条　公民、法人或者其他组织违反行政管理秩序的行为，应当给予行政处罚的，依照本法由法律、法规或者规章规定，并由行政机关依照本法规定的程序实施。

没有法定依据或者不遵守法定程序的，行政处罚无效。

第四条　行政处罚遵循公正、公开的原则。

设定和实施行政处罚必须以事实为依据，与违法行为的事实、性质、情节以及社会危害程度相当。

对违法行为给予行政处罚的规定必须公布；未经公布的，不得作为行政处罚的依据。

第五条　实施行政处罚，纠正违法行为，应当坚持处罚与教育相结合，教育公民、法人或者其他组织自觉守法。

第六条　公民、法人或者其他组织对行政机关所给予的行政处罚，享有陈述权、申辩权；对行政处罚不服的，有权依法申请行政复议或者提起行政诉讼。

公民、法人或者其他组织因行政机关违法给予行政处罚受到损害的，有权依法提出赔偿要求。

第七条　公民、法人或者其他组织因违法受到行政处罚，其违法行为对他人造成损害的，应当依法承担民事责任。

违法行为构成犯罪的，应当依法追究刑事责任，不得以行政处罚代替刑事处罚。

第二章　行政处罚的种类和设定

第八条　行政处罚的种类：

（一）警告；

（二）罚款；

（三）没收违法所得、没收非法财物；

（四）责令停产停业；

（五）暂扣或者吊销许可证、暂扣或者吊销执照；

（六）行政拘留；

（七）法律、行政法规规定的其他行政处罚。

第九条　法律可以设定各种行政处罚。

限制人身自由的行政处罚，只能由法律设定。

第十条　行政法规可以设定除限制人身自由以外的行政处罚。

法律对违法行为已经作出行政处罚规定，行政法规需要作出具体规定的，必须在法律规定的给予行政处罚的行为、种类和幅度的范围内规定。

第十一条　地方性法规可以设定除限制人身自由、吊销企业营业执照以外的行政处罚。

法律、行政法规对违法行为已经作出行政处罚规定，地方性法规需要作出具体规定的，必须在法律、行政法规规定的给予行政处罚的行为、种类和幅度的范围内规定。

第十二条　国务院部、委员会制定的规章可以在法律、行政法规规定的给予行政处罚的行为、种类和幅度的范围内作出具体规定。

尚未制定法律、行政法规的，前款规定的国务院部、委员会制定的规章对违反行政管理秩序的行为，可以设定警告或者一定数量罚款的行政处罚。罚款的限额由国务院规定。

国务院可以授权具有行政处罚权的直属机构依照本条第一款、第二款的规定，规定行政处罚。

第十三条　省、自治区、直辖市人民政府和省、自治区人民政府所在地的市人民政府以及经国务院批准的较大的市人民政府制定的规章可以在法律、法规规定的给予行政处罚的行为、种类和幅度的范围内作出具体规定。

尚未制定法律、法规的，前款规定的人民政府制定的规章对违反行政管理秩序的行为，可以设定警告或者一定数量罚款的行政处罚。罚款的限额由省、自治区、直辖市人民代表大会常务委员会规定。

第十四条　除本法第九条、第十条、第十一条、第十二条以及第十三条的规定外，其他规范性文件不得设定行政处罚。

第三章　行政处罚的实施机关

第十五条　行政处罚由具有行政处罚权的行政机关在法定职权范围内实施。

第十六条　国务院或者经国务院授权的省、自治区、直辖市人民政府可以决定一个行政机关行使有关行政机关的行政处罚权，但限制人身自由的行政处罚权只能由公安机关行使。

第十七条　法律、法规授权的具有管理公共事务职能的组织可以在法定授权范围内实施行政处罚。

第十八条　行政机关依照法律、法规或者规章的规定，可以在其法定权限内委托符合本法第十九条规定条件的组织实施行政处罚。行政机关不得委托其他组织或者个人实施行政处罚。

委托行政机关对受委托的组织实施行政处罚的行为应当负责监督，并对该行为的后果承担法律责任。

受委托组织在委托范围内，以委托行政机关名义实施行政处罚；不得再委托其他任何组织或者个人实施行政处罚。

第十九条　受委托组织必须符合以下条件：

（一）依法成立的管理公共事务的事业组织；

（二）具有熟悉有关法律、法规、规章和业务的工作人员；

（三）对违法行为需要进行技术检查或者技术鉴定的，应当有条件组织进行相应的技术检查或者技术鉴定。

第四章　行政处罚的管辖和适用

第二十条　行政处罚由违法行为发生地的县级以上地方人民政府具有行政处罚权的行政机关管辖。法律、行政法规另有规定的除外。

第二十一条　对管辖发生争议的，报请共同的上一级行政机关指定管辖。

第二十二条　违法行为构成犯罪的，行政机关必须将案件移送司法机关，依法追究刑事责任。

第二十三条　行政机关实施行政处罚时，应当责令当事人改正或者限期改正违法行为。

第二十四条　对当事人的同一个违法行为，不得给予两次以上罚款的行政处罚。

第二十五条　不满14周岁的人有违法行为的，不予行政处罚，责令监护人加以管教；已满14周岁不满18周岁的人有违法行为的，从轻或者减轻行政处罚。

第二十六条　精神病人在不能辨认或者不能控制自己行为时有违法行为的，不予行政处罚，但应当责令其监护人严加看管和治疗。间歇性精神病人在精神正常时有违法行为的，应当给予行政处罚。

第二十七条　当事人有下列情形之一的，应当依法从轻或者减轻行政处罚：

（一）主动消除或者减轻违法行为危害后果的；

（二）受他人胁迫有违法行为的；

（三）配合行政机关查处违法行为有立功表现的；

（四）其他依法从轻或者减轻行政处罚的。

违法行为轻微并及时纠正，没有造成危害后果的，不予行政处罚。

第二十八条　违法行为构成犯罪，人民法院判处拘役或者有期徒刑时，行政机关已经给予当事人行政拘留的，应当依法折抵相应刑期。

违法行为构成犯罪，人民法院判处罚金时，行政机关已经给予当事人罚款的，应当折抵相应罚金。

第二十九条　违法行为在2年内未被发现的，不再给予行政处罚。法律另有规定的除外。

前款规定的期限，从违法行为发生之日起计算；违法行为有连续或者继续状态的，从行为终了之日起计算。

第五章　行政处罚的决定

第三十条　公民、法人或者其他组织违反行政管理秩序的行为，依法应当给予行政处罚的，行政机关必须查明事实；违法事实不清的，不得给予行政处罚。

第三十一条　行政机关在作出行政处罚决定之前，应当告知当事人作出行政处罚决定的事实、理由及依据，并告知当事人依法享有的权利。

第三十二条　当事人有权进行陈述和申辩。行政机关必须充分听取当事人的意见，对当事人提出的事实、理由和证据，应当进行复核；当事人提出的事实、理由或者证据成立的，行政机关应当采纳。

行政机关不得因当事人申辩而加重处罚。

第一节　简易程序

第三十三条　违法事实确凿并有法定依据，对公民处以50元以下、对法人或者其他组织处以1000元以下罚款或者警告的行政处罚的，可以当场作出行政处罚决定。当事人应当依照本法第四十六条、第四十七条、第四十八条的规定履行行政处罚决定。

第三十四条　执法人员当场作出行政处罚决定的，应当向当事人出示执法身份证件，填写预定格式、编有号码的行政处罚决定书。行政处罚决定书应当当场交付当事人。

前款规定的行政处罚决定书应当载明当事人的违法行为、行政处罚依据、罚款数额、时间、地点以及行政机关名称，并由执法人员签名或者盖章。

执法人员当场作出的行政处罚决定，必须报所属行政机关备案。

第三十五条　当事人对当场作出的行政处罚决定不服的，可以依法申请行政复议或者提起行政诉讼。

第二节　一般程序

第三十六条　除本法第三十三条规定的可以当场作出的行政处罚外，行政机关发现公民、法人或者其他组织有依法应当给予行政处罚的行为的，必须全面、客观、公正地调查，收集有关证据；必要时，依照法律、法规的规定，可以进行检查。

第三十七条　行政机关在调查或者进行检查时，执法人员不得少于两人，并应当向当事人或者有关人员出示证件。当事人或者有关人员应当如实回答询问，并协助调查或者检查，不得阻挠。询问或者检查应当制作笔录。

行政机关在收集证据时，可以采取抽样取证的方法；在证据可能灭失或者以后难以取得的情况下，经行政机关负责人批准，可以先行登记保存，并应当在7日内及时作出处理决定，在此期间，当事人或者有关人员不得销毁或者转移证据。

执法人员与当事人有直接利害关系的，应当回避。

第三十八条　调查终结，行政机关负责人应当对调查结果进行审查，根据不同情况，分别作出如下决定：

（一）确有应受行政处罚的违法行为的，根据情节轻重及具体情况，作出行政处罚决定；

（二）违法行为轻微，依法可以不予行政处罚的，不予行政处罚；

（三）违法事实不能成立的，不得给予行政处罚；

（四）违法行为已构成犯罪的，移送司法机关。

对情节复杂或者重大违法行为给予较重的行政处罚，行政机关的负责人应当集体讨论决定。

第三十九条　行政机关依照本法第三十八条的规定给予行政处罚，应当制作行政处罚决定书。行政处罚决定书应当载明下列事项：

（一）当事人的姓名或者名称、地址；

（二）违反法律、法规或者规章的事实和证据；

（三）行政处罚的种类和依据；

（四）行政处罚的履行方式和期限；

（五）不服行政处罚决定，申请行政复议或者提起行政诉讼的途径和期限；

（六）作出行政处罚决定的行政机关名称和作出决定的日期。

行政处罚决定书必须盖有作出行政处罚决定的行政机关的印章。

第四十条 行政处罚决定书应当在宣告后当场交付当事人；当事人不在场的，行政机关应当在7日内依照民事诉讼法的有关规定，将行政处罚决定书送达当事人。

第四十一条 行政机关及其执法人员在作出行政处罚决定之前，不依照本法第三十一条、第三十二条的规定向当事人告知给予行政处罚的事实、理由和依据，或者拒绝听取当事人的陈述、申辩，行政处罚决定不能成立；当事人放弃陈述或者申辩权利的除外。

第三节 听证程序

第四十二条 行政机关作出责令停产停业、吊销许可证或者执照、较大数额罚款等行政处罚决定之前，应当告知当事人有要求举行听证的权利；当事人要求听证的，行政机关应当组织听证。当事人不承担行政机关组织听证的费用。听证依照以下程序组织：

（一）当事人要求听证的，应当在行政机关告知后3日内提出；

（二）行政机关应当在听证的7日前，通知当事人举行听证的时间、地点；

（三）除涉及国家秘密、商业秘密或者个人隐私外，听证公开举行；

（四）听证由行政机关指定的非本案调查人员主持；当事人认为主持人与本案有直接利害关系的，有权申请回避；

（五）当事人可以亲自参加听证，也可以委托1至2人代理；

（六）举行听证时，调查人员提出当事人违法的事实、证据和行政处罚建议；当事人进行申辩和质证；

（七）听证应当制作笔录；笔录应当交当事人审核无误后签字或者盖章。

当事人对限制人身自由的行政处罚有异议的，依照治安管理处罚法有关规定执行。

第四十三条 听证结束后，行政机关依照本法第三十八条的规定，作出决定。

第六章 行政处罚的执行

第四十四条 行政处罚决定依法作出后，当事人应当在行政处罚决定的期限内，予以履行。

第四十五条 当事人对行政处罚决定不服申请行政复议或者提起行政诉讼的，行政处罚不停止执行，法律另有规定的除外。

第四十六条 作出罚款决定的行政机关应当与收缴罚款的机构分离。

除依照本法第四十七条、第四十八条的规定当场收缴的罚款外，作出行政处罚决定的行政机关及其执法人员不得自行收缴罚款。

当事人应当自收到行政处罚决定书之日起15日内，到指定的银行缴纳罚款。银行应当收受罚款，并将罚款直接上缴国库。

第四十七条 依照本法第三十三条的规定当场作出行政处罚决定，有下列情形之一的，执法人员可以当场收缴罚款：

（一）依法给予20元以下的罚款的；

（二）不当场收缴事后难以执行的。

第四十八条 在边远、水上、交通不便地区，行政机关及其执法人员依照本法第三十三条、第三十八条的规定作出罚款决定后，当事人向指定的银行缴纳罚款确有困难，经当事人提出，行政机关及其执法人员可以当场收缴罚款。

第四十九条 行政机关及其执法人员当场收缴罚款的，必须向当事人出具省、自治区、直辖市财政部门统一制发的罚款收据；不出具财政部门统一制发的罚款收据的，当事人有权拒绝缴纳罚款。

第五十条 执法人员当场收缴的罚款，应当自收缴罚款之日起2日内，交至行政机关；在水上当场收缴的罚款，应当自抵岸之日起2日内交至行政机关；行政机关应当在2日内将罚款缴付指定的银行。

第五十一条 当事人逾期不履行行政处罚决定的，作出行政处罚决定的行政机关可以采取下列措施：

（一）到期不缴纳罚款的，每日按罚款数额的3%加处罚款；

（二）根据法律规定，将查封、扣押的财物拍卖或者将冻结的存款划拨抵缴罚款；

（三）申请人民法院强制执行。

第五十二条 当事人确有经济困难，需要延期或者分期缴纳罚款的，经当事人申请和行政机关批准，可以暂缓或者分期缴纳。

第五十三条 除依法应当予以销毁的物品外，依法没收的非法财物必须按照国家规定公开拍卖或者按照国家有关规定处理。

罚款、没收违法所得或者没收非法财物拍卖的款项，必须全部上缴国库，任何行政机关或者个人不得以任何形式截留、私分或者变相私分；财政部门不得以任何形式向作出行政处罚决定的行政机关返还罚款、没收的违法所得或者返还没收非法财物的拍卖款项。

第五十四条 行政机关应当建立健全对行政处罚的监督制度。县级以上人民政府应当加强对行政处罚的监督检查。

公民、法人或者其他组织对行政机关作出的行政处罚，有权申诉或者检举；行政机关应当认真审查，发现行政处罚有错误的，应当主动改正。

第七章 法律责任

第五十五条 行政机关实施行政处罚，有下列情形之一的，由上级行政机关或者有关部门责令改正，可以对直接负责的主管人员和其他直接责任人员依法给予行政处分：

（一）没有法定的行政处罚依据的；

（二）擅自改变行政处罚种类、幅度的；

（三）违反法定的行政处罚程序的；

（四）违反本法第十八条关于委托处罚的规定的。

第五十六条 行政机关对当事人进行处罚不使用罚款、没收财物单据或者使用非法定部门制发的罚款、没收财物单据的，当事人有权拒绝处罚，并有权予以检举。上级行政机关或者有关部门对使用的非法单据予以收缴销毁，对直接负责的主管人员和其他直接责任人员依法给予行政处分。

第五十七条 行政机关违反本法第四十六条的规定自行收缴罚款的，财政部门违反本法第五十三条的规定向行政机关返还罚款或者拍卖款项的，由上级行政机关或者有关部门责令改正，对直接负责的主管人员和其他直接责任人员依法给予行政处分。

第五十八条 行政机关将罚款、没收的违法所得或者财物截留、私分或者变相私分的，由财政部门或者有关部门予以追缴，对直接负责的主管人员和其他直接责任人员依法给予行政处分；情节严重构成犯罪的，依法追究刑事责任。

执法人员利用职务上的便利，索取或者收受他人财物、收缴罚款据为己有，构成犯罪的，依法追究刑事责任；情节轻微不构成犯罪的，依法给予行政处分。

第五十九条 行政机关使用或者损毁扣押的财物，对当事人造成损失的，应当依法予以赔偿，对直接负责的主管人员和其他直接责任人员依法给予行政处分。

第六十条 行政机关违法实行检查措施或者执行措施，给公民人身或者财产造成损害、给法人或者其他组织造成损失的，应当依法予以赔偿，对直接负责的主管人员和其他直接责任人员依法给予行政处分；情节严重构成犯罪的，依法追究刑事责任。

第六十一条 行政机关为牟取本单位私利，对应当依法移交司法机关追究刑事责任的不移交，以行政处罚代替刑罚，由上级行政机关或者有关部门责令纠正；拒不纠正的，对直接负责的主管人员给予行政处分；徇私舞弊、包庇纵容违法行为的，依照刑法有关规定追究刑事责任。

第六十二条 执法人员玩忽职守，对应当予以制止和处罚的违法行为不予制止、处罚，致使公民、法人或者其他组织的合法权益、公共利益和社会秩序遭受损害的，对直接负责的主管人员和其他直接责任人员依法给予行政处分；情节严重构成犯罪的，依法追究刑事责任。

第八章　附则

第六十三条 本法第四十六条罚款决定与罚款收缴分离的规定，由国务院制定具体实施办法。

第六十四条 本法自1996年10月1日起施行。

本法公布前制定的法规和规章关于行政处罚的规定与本法不符合的，应当自本法公布之日起，依照本法规定予以修订，在1997年12月31日前修订完毕。

附：

刑法有关条文

第一百八十八条 司法工作人员徇私舞弊，对明知是无罪的人而使他受追诉、对明知是有罪的人而故意包庇不使他受追诉，或者故意颠倒黑白做枉法裁判的，处五年以下有期徒刑、拘役或者剥夺政治权利；情节特别严重的，处五年以上有期徒刑。

中华人民共和国行政复议法

（1999年4月29日第九届全国人民代表大会常务委员会第九次会议通过，根据2009年8月27日第十一届全国人民代表大会常务委员会第十次会议《关于修改部分法律的规定》修正）

第一章　总则

第一条　为了防止和纠正违法的或者不当的具体行政行为，保护公民、法人和其他组织的合法权益，保障和监督行政机关依法行使职权，根据宪法，制定本法。

第二条　公民、法人或者其他组织认为具体行政行为侵犯其合法权益，向行政机关提出行政复议申请，行政机关受理行政复议申请、作出行政复议决定，适用本法。

第三条　依照本法履行行政复议职责的行政机关是行政复议机关。行政复议机关负责法制工作的机构具体办理行政复议事项，履行下列职责：

（一）受理行政复议申请；

（二）向有关组织和人员调查取证，查阅文件和资料；

（三）审查申请行政复议的具体行政行为是否合法与适当，拟订行政复议决定；

（四）处理或者转送对本法第七条所列有关规定的审查申请；

（五）对行政机关违反本法规定的行为依照规定的权限和程序提出处理建议；

（六）办理因不服行政复议决定提起行政诉讼的应诉事项；

（七）法律、法规规定的其他职责。

第四条　行政复议机关履行行政复议职责，应当遵循合法、公正、公开、及时、便民的原则，坚持有错必纠，保障法律、法规的正确实施。

第五条　公民、法人或者其他组织对行政复议决定不服的，可以依照行政诉讼法的规定向人民法院提起行政诉讼，但是法律规定行政复议决定为最终裁决的除外。

第二章　行政复议范围

第六条　有下列情形之一的，公民、法人或者其他组织可以依照本法申请行政复议：

（一）对行政机关作出的警告、罚款、没收违法所得、没收非法财物、责令停产停业、暂扣或者吊销许可证、暂扣或者吊销执照、行政拘留等行政处罚决定不服的；

（二）对行政机关作出的限制人身自由或者查封、扣押、冻结财产等行政强制措施决定不服的；

（三）对行政机关作出的有关许可证、执照、资质证、资格证等证书变更、中止、撤销的决定不服的；

（四）对行政机关作出的关于确认土地、矿藏、水流、森林、山岭、草原、荒地、滩涂、海域等自然资源的所有权或者使用权的决定不服的；

（五）认为行政机关侵犯合法的经营自主权的；

（六）认为行政机关变更或者废止农业承包合同，侵犯其合法权益的；

（七）认为行政机关违法集资、征收财物、摊派费用或者违法要求履行其他义务的；

（八）认为符合法定条件，申请行政机关颁发许可证、执照、资质证、资格证等证书，或者申请行政机关审批、登记有关事项，行政机关没有依法办理的；

（九）申请行政机关履行保护人身权利、财产权利、受教育权利的法定职责，行政机关没有依法履行的；

（十）申请行政机关依法发放抚恤金、社会保险金或者最低生活保障费，行政机关没有依法发放的；

（十一）认为行政机关的其他具体行政行为侵犯其合法权益的。

第七条 公民、法人或者其他组织认为行政机关的具体行政行为所依据的下列规定不合法，在对具体行政行为申请行政复议时，可以一并向行政复议机关提出对该规定的审查申请：

（一）国务院部门的规定；

（二）县级以上地方各级人民政府及其工作部门的规定；

（三）乡、镇人民政府的规定。

前款所列规定不含国务院部、委员会规章和地方人民政府规章。规章的审查依照法律、行政法规办理。

第八条 不服行政机关作出的行政处分或者其他人事处理决定的，依照有关法律、行政法规的规定提出申诉。

不服行政机关对民事纠纷作出的调解或者其他处理，依法申请仲裁或者向人民法院提起诉讼。

第三章 行政复议申请

第九条 公民、法人或者其他组织认为具体行政行为侵犯其合法权益的，可以自知道该具体行政行为之日起60日内提出行政复议申请；但是法律规定的申请期限超过60日的除外。

因不可抗力或者其他正当理由耽误法定申请期限的，申请期限自障碍消除之日起继续计算。

第十条 依照本法申请行政复议的公民、法人或者其他组织是申请人。

有权申请行政复议的公民死亡的，其近亲属可以申请行政复议。有权申请行政复议的公民为无民事行为能力人或者限制民事行为能力人的，其法定代理人可以代为申请行政复议。有权申请行政复议的法人或者其他组织终止的，承受其权利的法人或者其他组织可以申请行政复议。

同申请行政复议的具体行政行为有利害关系的其他公民、法人或者其他组织，可以作为第三人参加行政复议。

公民、法人或者其他组织对行政机关的具体行政行为不服申请行政复议的，作出具体行政行为的行政机关是被申请人。

申请人、第三人可以委托代理人代为参加行政复议。

第十一条 申请人申请行政复议，可以书面申请，也可以口头申请；口头申请的，行政复议机关应当当场记录申请人的基本情况、行政复议请求、申请行政复议的主要事实、理由和时间。

第十二条 对县级以上地方各级人民政府工作部门的具体行政行为不服的，由申请人选择，可以向该部门的本级人民政府申请行政复议，也可以向上一级主管部门申请行政复议。

对海关、金融、国税、外汇管理等实行垂直领导的行政机关和国家安全机关的具体行政行为不服的，向上一级主管部门申请行政复议。

第十三条 对地方各级人民政府的具体行政行为不服的，向上一级地方人民政府申请行政复议。

对省、自治区人民政府依法设立的派出机关所属的县级地方人民政府的具体行政行为不服的，向该派出机关申请行政复议。

第十四条 对国务院部门或者省、自治区、直辖市人民政府的具体行政行为不服的，向作出该具体行政行为的国务院部门或者省、自治区、直辖市人民政府申请行政复议。对行政复议决定不服的，可以向人民法院提起行政诉讼；也可以向国务院申请裁决，国务院依照本法的规定作出最终裁决。

第十五条 对本法第十二条、第十三条、第十四条规定以外的其他行政机关、组织的具体行政行为不服的，按照下列规定申请行政复议：

（一）对县级以上地方人民政府依法设立的派出机关的具体行政行为不服的，向设立该派出机关的人民政府申请行政复议；

（二）对政府工作部门依法设立的派出机构依照法律、法规或者规章规定，以自己的名义作出的具体行政行为不服的，向设立该派出机构的部门或者该部门的本级地方人民政府申请行政复议；

（三）对法律、法规授权的组织的具体行政行为不服的，分别向直接管理该组织的地方人民政府、地方人民政府工作部门或者国务院部门申请行政复议；

（四）对两个或者两个以上行政机关以共同的名义作出的具体行政行为不服的，向其共同上一级行政机关申请行政复议；

（五）对被撤销的行政机关在撤销前所作出的具体行政行为不服的，向继续行使其职权的行政机关的上一级行政机关申请行政复议。

有前款所列情形之一的，申请人也可以向具体行政行为发生地的县级地方人民政府提出行政复议申请，由接受申请的县级地方人民政府依照本法第十八条的规定办理。

第十六条　公民、法人或者其他组织申请行政复议，行政复议机关已经依法受理的，或者法律、法规规定应当先向行政复议机关申请行政复议、对行政复议决定不服再向人民法院提起行政诉讼的，在法定行政复议期限内不得向人民法院提起行政诉讼。

公民、法人或者其他组织向人民法院提起行政诉讼，人民法院已经依法受理的，不得申请行政复议。

第四章　行政复议受理

第十七条　行政复议机关收到行政复议申请后，应当在5日内进行审查，对不符合本法规定的行政复议申请，决定不予受理，并书面告知申请人；对符合本法规定，但是不属于本机关受理的行政复议申请，应当告知申请人向有关行政复议机关提出。

除前款规定外，行政复议申请自行政复议机关负责法制工作的机构收到之日起即为受理。

第十八条　依照本法第十五条第二款的规定接受行政复议申请的县级地方人民政府，对依照本法第十五条第一款的规定属于其他行政复议机关受理的行政复议申请，应当自接到该行政复议申请之日起7日内，转送有关行政复议机关，并告知申请人。接受转送的行政复议机关应当依照本法第十七条的规定办理。

第十九条　法律、法规规定应当先向行政复议机关申请行政复议、对行政复议决定不服再向人民法院提起行政诉讼的，行政复议机关决定不予受理或者受理后超过行政复议期限不作答复的，公民、法人或者其他组织可以自收到不予受理决定书之日起或者行政复议期满之日起15日内，依法向人民法院提起行政诉讼。

第二十条 公民、法人或者其他组织依法提出行政复议申请，行政复议机关无正当理由不予受理的，上级行政机关应当责令其受理；必要时，上级行政机关也可以直接受理。

第二十一条 行政复议期间具体行政行为不停止执行；但是，有下列情形之一的，可以停止执行：

（一）被申请人认为需要停止执行的；

（二）行政复议机关认为需要停止执行的；

（三）申请人申请停止执行，行政复议机关认为其要求合理，决定停止执行的；

（四）法律规定停止执行的。

第五章　行政复议决定

第二十二条 行政复议原则上采取书面审查的办法，但是申请人提出要求或者行政复议机关负责法制工作的机构认为有必要时，可以向有关组织和人员调查情况，听取申请人、被申请人和第三人的意见。

第二十三条 行政复议机关负责法制工作的机构应当自行政复议申请受理之日起7日内，将行政复议申请书副本或者行政复议申请笔录复印件发送被申请人。被申请人应当自收到申请书副本或者申请笔录复印件之日起10日内，提出书面答复，并提交当初作出具体行政行为的证据、依据和其他有关材料。

申请人、第三人可以查阅被申请人提出的书面答复、作出具体行政行为的证据、依据和其他有关材料，除涉及国家秘密、商业秘密或者个人隐私外，行政复议机关不得拒绝。

第二十四条 在行政复议过程中，被申请人不得自行向申请人和其他有关组织或者个人收集证据。

第二十五条 行政复议决定作出前，申请人要求撤回行政复议申请的，经说明理由，可以撤回；撤回行政复议申请的，行政复议终止。

第二十六条 申请人在申请行政复议时，一并提出对本法第七条所列有关规定的审查申请的，行政复议机关对该规定有权处理的，应当在30日内依法处理；无权处理的，应当在7日内按照法定程序转送有权处理的行政机关依法处理，有权处理的行政机关应当在60日内依法处理。处理期间，中止对具体行政行为的审查。

第二十七条 行政复议机关在对被申请人作出的具体行政行为进行审查时，认为其依据不合法，本机关有权处理的，应当在30日内依法处理；无权处理的，应当在7日内按照法定程序转送有权处理的国家机关依法处理。处理期间，中止对具体行政行为的审查。

第二十八条 行政复议机关负责法制工作的机构应当对被申请人作出的具体行政行为进行审查，提出意见，经行政复议机关的负责人同意或者集体讨论通过后，按照下列规定作出行政复议决定：

（一）具体行政行为认定事实清楚，证据确凿，适用依据正确，程序合法，内容适当的，决定维持；

（二）被申请人不履行法定职责的，决定其在一定期限内履行；

（三）具体行政行为有下列情形之一的，决定撤销、变更或者确认该具体行政行为违法；决定撤销或者确认该具体行政行为违法的，可以责令被申请人在一定期限内重新作出具体行政行为：

1. 主要事实不清、证据不足的；
2. 适用依据错误的；
3. 违反法定程序的；
4. 超越或者滥用职权的；
5. 具体行政行为明显不当的。

（四）被申请人不按照本法第二十三条的规定提出书面答复、提交当初作出具体行政行为的证据、依据和其他有关材料的，视为该具体行政行为没有证据、依据，决定撤销该具体行政行为。

行政复议机关责令被申请人重新作出具体行政行为的，被申请人不得以同一的事实和理由作出与原具体行政行为相同或者基本相同的具体行政行为。

第二十九条 申请人在申请行政复议时可以一并提出行政赔偿请求，行政复议机关对符合国家赔偿法的有关规定应当给予赔偿的，在决定撤销、变更具体行政行为或者确认具体行政行为违法时，应当同时决定被申请人依法给予赔偿。

申请人在申请行政复议时没有提出行政赔偿请求的，行政复议机关在依法决定撤销或者变更罚款，撤销违法集资、没收财物、征收财物、摊派费用以及对财产的查封、扣押、冻结等具体行政行为时，应当同时责令被申请人返还财产，解除对财产的查封、扣押、冻结措施，或者赔偿相应的价款。

第三十条 公民、法人或者其他组织认为行政机关的具体行政行为侵犯其已经依法取得的土地、矿藏、水流、森林、山岭、草原、荒地、滩涂、海域等自然资源的所有权或者使用权的，应当先申请行政复议；对行政复议决定不服的，可以依法向人民法院提起行政诉讼。

根据国务院或者省、自治区、直辖市人民政府对行政区划的勘定、调整或者征收土地的决定，省、自治区、直辖市人民政府确认土地、矿藏、水流、森林、山岭、草原、荒地、滩涂、海域等自然资源的所有权或者使用权的行政复议决定为最终裁决。

第三十一条 行政复议机关应当自受理申请之日起60日内作出行政复议决定；但

是法律规定的行政复议期限少于60日的除外。情况复杂，不能在规定期限内作出行政复议决定的，经行政复议机关的负责人批准，可以适当延长，并告知申请人和被申请人；但是延长期限最多不超过30日。

行政复议机关作出行政复议决定，应当制作行政复议决定书，并加盖印章。

行政复议决定书一经送达，即发生法律效力。

第三十二条 被申请人应当履行行政复议决定。

被申请人不履行或者无正当理由拖延履行行政复议决定的，行政复议机关或者有关上级行政机关应当责令其限期履行。

第三十三条 申请人逾期不起诉又不履行行政复议决定的，或者不履行最终裁决的行政复议决定的，按照下列规定分别处理：

（一）维持具体行政行为的行政复议决定，由作出具体行政行为的行政机关依法强制执行，或者申请人民法院强制执行；

（二）变更具体行政行为的行政复议决定，由行政复议机关依法强制执行，或者申请人民法院强制执行。

第六章　法律责任

第三十四条 行政复议机关违反本法规定，无正当理由不予受理依法提出的行政复议申请或者不按照规定转送行政复议申请的，或者在法定期限内不作出行政复议决定的，对直接负责的主管人员和其他直接责任人员依法给予警告、记过、记大过的行政处分；经责令受理仍不受理或者不按照规定转送行政复议申请，造成严重后果的，依法给予降级、撤职、开除的行政处分。

第三十五条 行政复议机关工作人员在行政复议活动中，徇私舞弊或者有其他渎职、失职行为的，依法给予警告、记过、记大过的行政处分；情节严重的，依法给予降级、撤职、开除的行政处分；构成犯罪的，依法追究刑事责任。

第三十六条 被申请人违反本法规定，不提出书面答复或者不提交作出具体行政行为的证据、依据和其他有关材料，或者阻挠、变相阻挠公民、法人或者其他组织依法申请行政复议的，对直接负责的主管人员和其他直接责任人员依法给予警告、记过、记大过的行政处分；进行报复陷害的，依法给予降级、撤职、开除的行政处分；构成犯罪的，依法追究刑事责任。

第三十七条 被申请人不履行或者无正当理由拖延履行行政复议决定的，对直接负责的主管人员和其他直接责任人员依法给予警告、记过、记大过的行政处分；经责令履行仍拒不履行的，依法给予降级、撤职、开除的行政处分。

第三十八条 行政复议机关负责法制工作的机构发现有无正当理由不予受理行政

复议申请、不按照规定期限作出行政复议决定、徇私舞弊、对申请人打击报复或者不履行行政复议决定等情形的，应当向有关行政机关提出建议，有关行政机关应当依照本法和有关法律、行政法规的规定作出处理。

第七章　附　则

第三十九条　行政复议机关受理行政复议申请，不得向申请人收取任何费用。行政复议活动所需经费，应当列入本机关的行政经费，由本级财政予以保障。

第四十条　行政复议期间的计算和行政复议文书的送达，依照民事诉讼法关于期间、送达的规定执行。

本法关于行政复议期间有关“5日”、“7日”的规定是指工作日，不含节假日。

第四十一条　外国人、无国籍人、外国组织在中华人民共和国境内申请行政复议，适用本法。

第四十二条　本法施行前公布的法律有关行政复议的规定与本法的规定不一致的，以本法的规定为准。

第四十三条　本法自1999年10月1日起施行。1990年12月24日国务院发布、1994年10月9日国务院修订发布的《行政复议条例》同时废止。

中华人民共和国侵权责任法

（2009年12月26日第十一届全国人民代表大会常务委员会第十二次会议通过，自2010年7月1日起施行）

第一章　一般规定

第一条 为保护民事主体的合法权益，明确侵权责任，预防并制裁侵权行为，促进社会和谐稳定，制定本法。

第二条 侵害民事权益，应当依照本法承担侵权责任。

本法所称民事权益，包括生命权、健康权、姓名权、名誉权、荣誉权、肖像权、隐私权、婚姻自主权、监护权、所有权、用益物权、担保物权、著作权、专利权、商标专用权、发现权、股权、继承权等人身、财产权益。

第三条 被侵权人有权请求侵权人承担侵权责任。

第四条 侵权人因同一行为应当承担行政责任或者刑事责任的，不影响依法承担侵权责任。

因同一行为应当承担侵权责任和行政责任、刑事责任，侵权人的财产不足以支付的，先承担侵权责任。

第五条 其他法律对侵权责任另有特别规定的，依照其规定。

第二章　责任构成和责任方式

第六条 行为人因过错侵害他人民事权益，应当承担侵权责任。

根据法律规定推定行为人有过错，行为人不能证明自己没有过错的，应当承担侵权责任。

第七条 行为人损害他人民事权益，不论行为人有无过错，法律规定应当承担侵权责任的，依照其规定。

第八条 二人以上共同实施侵权行为，造成他人损害的，应当承担连带责任。

第九条 教唆、帮助他人实施侵权行为的，应当与行为人承担连带责任。

教唆、帮助无民事行为能力人、限制民事行为能力人实施侵权行为的，应当承担侵权责任；该无民事行为能力人、限制民事行为能力人的监护人未尽到监护责任的，应当承担相应的责任。

第十条 二人以上实施危及他人人身、财产安全的行为，其中一人或者数人的行为造成他人损害，能够确定具体侵权人的，由侵权人承担责任；不能确定具体侵权人的，行为人承担连带责任。

第十一条 二人以上分别实施侵权行为造成同一损害，每个人的侵权行为都足以造成全部损害的，行为人承担连带责任。

第十二条 二人以上分别实施侵权行为造成同一损害，能够确定责任大小的，各自承担相应的责任；难以确定责任大小的，平均承担赔偿责任。

第十三条 法律规定承担连带责任的，被侵权人有权请求部分或者全部连带责任人承担责任。

第十四条 连带责任人根据各自责任大小确定相应的赔偿数额；难以确定责任大小的，平均承担赔偿责任。

支付超出自己赔偿数额的连带责任人，有权向其他连带责任人追偿。

第十五条 承担侵权责任的方式主要有：

（一）停止侵害；

（二）排除妨碍；

（三）消除危险；

（四）返还财产；

（五）恢复原状；

（六）赔偿损失；

（七）赔礼道歉；

（八）消除影响、恢复名誉。

以上承担侵权责任的方式，可以单独适用，也可以合并适用。

第十六条 侵害他人造成人身损害的，应当赔偿医疗费、护理费、交通费等为治疗和康复支出的合理费用，以及因误工减少的收入。造成残疾的，还应当赔偿残疾生活辅助具费和残疾赔偿金。造成死亡的，还应当赔偿丧葬费和死亡赔偿金。

第十七条 因同一侵权行为造成多人死亡的，可以以相同数额确定死亡赔偿金。

第十八条 被侵权人死亡的，其近亲属有权请求侵权人承担侵权责任。被侵权人为单位，该单位分立、合并的，承继权利的单位有权请求侵权人承担侵权责任。

被侵权人死亡的，支付被侵权人医疗费、丧葬费等合理费用的人有权请求侵权人赔偿费用，但侵权人已支付该费用的除外。

第十九条 侵害他人财产的，财产损失按照损失发生时的市场价格或者其他方式计算。

第二十条 侵害他人人身权益造成财产损失的，按照被侵权人因此受到的损失赔偿；被侵权人的损失难以确定，侵权人因此获得利益的，按照其获得的利益赔偿；侵权人因此获得的利益难以确定，被侵权人和侵权人就赔偿数额协商不一致，向人民法院提起诉讼的，由人民法院根据实际情况确定赔偿数额。

第二十一条 侵权行为危及他人人身、财产安全的，被侵权人可以请求侵权人承担停止侵害、排除妨碍、消除危险等侵权责任。

第二十二条 侵害他人人身权益，造成他人严重精神损害的，被侵权人可以请求精神损害赔偿。

第二十三条 因防止、制止他人民事权益被侵害而使自己受到损害的，由侵权人承担责任。侵权人逃逸或者无力承担责任，被侵权人请求补偿的，受益人应当给予适当补偿。

第二十四条 受害人和行为人对损害的发生都没有过错的，可以根据实际情况，由双方分担损失。

第二十五条 损害发生后，当事人可以协商赔偿费用的支付方式。协商不一致的，赔偿费用应当一次性支付；一次性支付确有困难的，可以分期支付，但应当提供相应的担保。

第三章　不承担责任和减轻责任的情形

第二十六条 被侵权人对损害的发生也有过错的，可以减轻侵权人的责任。

第二十七条 损害是因受害人故意造成的，行为人不承担责任。

第二十八条 损害是因第三人造成的，第三人应当承担侵权责任。

第二十九条 因不可抗力造成他人损害的，不承担责任。法律另有规定的，依照其规定。

第三十条 因正当防卫造成损害的，不承担责任。正当防卫超过必要的限度，造成不应有的损害的，正当防卫人应当承担适当的责任。

第三十一条 因紧急避险造成损害的，由引起险情发生的人承担责任。如果危险是由自然原因引起的，紧急避险人不承担责任或者给予适当补偿。紧急避险采取措施不当或者超过必要的限度，造成不应有的损害的，紧急避险人应当承担适当的责任。

第四章　关于责任主体的特殊规定

第三十二条 无民事行为能力人、限制民事行为能力人造成他人损害的，由监护人承担侵权责任。监护人尽到监护责任的，可以减轻其侵权责任。

有财产的无民事行为能力人、限制民事行为能力人造成他人损害的，从本人财产中支付赔偿费用。不足部分，由监护人赔偿。

第三十三条 完全民事行为能力人对自己的行为暂时没有意识或者失去控制造成他人损害有过错的，应当承担侵权责任；没有过错的，根据行为人的经济状况对受害人适当补偿。

完全民事行为能力人因醉酒、滥用麻醉药品或者精神药品对自己的行为暂时没有意识或者失去控制造成他人损害的，应当承担侵权责任。

第三十四条 用人单位的工作人员因执行工作任务造成他人损害的，由用人单位承担侵权责任。

劳务派遣期间，被派遣的工作人员因执行工作任务造成他人损害的，由接受劳务派遣的用工单位承担侵权责任；劳务派遣单位有过错的，承担相应的补充责任。

第三十五条 个人之间形成劳务关系，提供劳务一方因劳务造成他人损害的，由接受劳务一方承担侵权责任。提供劳务一方因劳务自己受到损害的，根据双方各自的过错承担相应的责任。

第三十六条 网络用户、网络服务提供者利用网络侵害他人民事权益的，应当承担侵权责任。

网络用户利用网络服务实施侵权行为的，被侵权人有权通知网络服务提供者采取删除、屏蔽、断开链接等必要措施。网络服务提供者接到通知后未及时采取必要措施的，对损害的扩大部分与该网络用户承担连带责任。

网络服务提供者知道网络用户利用其网络服务侵害他人民事权益，未采取必要措施的，与该网络用户承担连带责任。

第三十七条 宾馆、商场、银行、车站、娱乐场所等公共场所的管理人或者群众性活动的组织者，未尽到安全保障义务，造成他人损害的，应当承担侵权责任。

因第三人的行为造成他人损害的，由第三人承担侵权责任；管理人或者组织者未尽到安全保障义务的，承担相应的补充责任。

第三十八条 无民事行为能力人在幼儿园、学校或者其他教育机构学习、生活期间受到人身损害的，幼儿园、学校或者其他教育机构应当承担责任，但能够证明尽到教育、管理职责的，不承担责任。

第三十九条 限制民事行为能力人在学校或者其他教育机构学习、生活期间受到人身损害，学校或者其他教育机构未尽到教育、管理职责的，应当承担责任。

第四十条 无民事行为能力人或者限制民事行为能力人在幼儿园、学校或者其他教育机构学习、生活期间，受到幼儿园、学校或者其他教育机构以外的人员人身损害的，由侵权人承担侵权责任；幼儿园、学校或者其他教育机构未尽到管理职责的，承担相应的补充责任。

第五章　产品责任

第四十一条　因产品存在缺陷造成他人损害的，生产者应当承担侵权责任。

第四十二条　因销售者的过错使产品存在缺陷，造成他人损害的，销售者应当承担侵权责任。

销售者不能指明缺陷产品的生产者也不能指明缺陷产品的供货者的，销售者应当承担侵权责任。

第四十三条　因产品存在缺陷造成损害的，被侵权人可以向产品的生产者请求赔偿，也可以向产品的销售者请求赔偿。

产品缺陷由生产者造成的，销售者赔偿后，有权向生产者追偿。

因销售者的过错使产品存在缺陷的，生产者赔偿后，有权向销售者追偿。

第四十四条　因运输者、仓储者等第三人的过错使产品存在缺陷，造成他人损害的，产品的生产者、销售者赔偿后，有权向第三人追偿。

第四十五条　因产品缺陷危及他人人身、财产安全的，被侵权人有权请求生产者、销售者承担排除妨碍、消除危险等侵权责任。

第四十六条　产品投入流通后发现存在缺陷的，生产者、销售者应当及时采取警示、召回等补救措施。未及时采取补救措施或者补救措施不力造成损害的，应当承担侵权责任。

第四十七条　明知产品存在缺陷仍然生产、销售，造成他人死亡或者健康严重损害的，被侵权人有权请求相应的惩罚性赔偿。

第六章　机动车交通事故责任

第四十八条　机动车发生交通事故造成损害的，依照道路交通安全法的有关规定承担赔偿责任。

第四十九条　因租赁、借用等情形机动车所有人与使用人不是同一人时，发生交通事故后属于该机动车一方责任的，由保险公司在机动车强制保险责任限额范围内予以赔偿。不足部分，由机动车使用人承担赔偿责任；机动车所有人对损害的发生有过错的，承担相应的赔偿责任。

第五十条　当事人之间已经以买卖等方式转让并交付机动车但未办理所有权转移登记，发生交通事故后属于该机动车一方责任的，由保险公司在机动车强制保险责任限额范围内予以赔偿。不足部分，由受让人承担赔偿责任。

第五十一条　以买卖等方式转让拼装或者已达到报废标准的机动车，发生交通事故造成损害的，由转让人和受让人承担连带责任。

第五十二条 盗窃、抢劫或者抢夺的机动车发生交通事故造成损害的，由盗窃人、抢劫人或者抢夺人承担赔偿责任。保险公司在机动车强制保险责任限额范围内垫付抢救费用的，有权向交通事故责任人追偿。

第五十三条 机动车驾驶人发生交通事故后逃逸，该机动车参加强制保险的，由保险公司在机动车强制保险责任限额范围内予以赔偿；机动车不明或者该机动车未参加强制保险，需要支付被侵权人人身伤亡的抢救、丧葬等费用的，由道路交通事故社会救助基金垫付。道路交通事故社会救助基金垫付后，其管理机构有权向交通事故责任人追偿。

第七章 医疗损害责任

第五十四条 患者在诊疗活动中受到损害，医疗机构及其医务人员有过错的，由医疗机构承担赔偿责任。

第五十五条 医务人员在诊疗活动中应当向患者说明病情和医疗措施。需要实施手术、特殊检查、特殊治疗的，医务人员应当及时向患者说明医疗风险、替代医疗方案等情况，并取得其书面同意；不宜向患者说明的，应当向患者的近亲属说明，并取得其书面同意。

医务人员未尽到前款义务，造成患者损害的，医疗机构应当承担赔偿责任。

第五十六条 因抢救生命垂危的患者等紧急情况，不能取得患者或者其近亲属意见的，经医疗机构负责人或者授权的负责人批准，可以立即实施相应的医疗措施。

第五十七条 医务人员在诊疗活动中未尽到与当时的医疗水平相应的诊疗义务，造成患者损害的，医疗机构应当承担赔偿责任。

第五十八条 患者有损害，因下列情形之一的，推定医疗机构有过错：

（一）违反法律、行政法规、规章以及其他有关诊疗规范的规定；

（二）隐匿或者拒绝提供与纠纷有关的病历资料；

（三）伪造、篡改或者销毁病历资料。

第五十九条 因药品、消毒药剂、医疗器械的缺陷，或者输入不合格的血液造成患者损害的，患者可以向生产者或者血液提供机构请求赔偿，也可以向医疗机构请求赔偿。患者向医疗机构请求赔偿的，医疗机构赔偿后，有权向负有责任的生产者或者血液提供机构追偿。

第六十条 患者有损害，因下列情形之一的，医疗机构不承担赔偿责任：

（一）患者或者其近亲属不配合医疗机构进行符合诊疗规范的诊疗；

（二）医务人员在抢救生命垂危的患者等紧急情况下已经尽到合理诊疗义务；

（三）限于当时的医疗水平难以诊疗。

前款第一项情形中，医疗机构及其医务人员也有过错的，应当承担相应的赔偿责任。

第六十一条 医疗机构及其医务人员应当按照规定填写并妥善保管住院志、医嘱单、检验报告、手术及麻醉记录、病理资料、护理记录、医疗费用等病历资料。

患者要求查阅、复制前款规定的病历资料的，医疗机构应当提供。

第六十二条 医疗机构及其医务人员应当对患者的隐私保密。泄露患者隐私或者未经患者同意公开其病历资料，造成患者损害的，应当承担侵权责任。

第六十三条 医疗机构及其医务人员不得违反诊疗规范实施不必要的检查。

第六十四条 医疗机构及其医务人员的合法权益受法律保护。干扰医疗秩序，妨害医务人员工作、生活的，应当依法承担法律责任。

第八章　环境污染责任

第六十五条 因污染环境造成损害的，污染者应当承担侵权责任。

第六十六条 因污染环境发生纠纷，污染者应当就法律规定的不承担责任或者减轻责任的情形及其行为与损害之间不存在因果关系承担举证责任。

第六十七条 两个以上污染者污染环境，污染者承担责任的大小，根据污染物的种类、排放量等因素确定。

第六十八条 因第三人的过错污染环境造成损害的，被侵权人可以向污染者请求赔偿，也可以向第三人请求赔偿。污染者赔偿后，有权向第三人追偿。

第九章　高度危险责任

第六十九条 从事高度危险作业造成他人损害的，应当承担侵权责任。

第七十条 民用核设施发生核事故造成他人损害的，民用核设施的经营者应当承担侵权责任，但能够证明损害是因战争等情形或者受害人故意造成的，不承担责任。

第七十一条 民用航空器造成他人损害的，民用航空器的经营者应当承担侵权责任，但能够证明损害是因受害人故意造成的，不承担责任。

第七十二条 占有或者使用易燃、易爆、剧毒、放射性等高度危险物造成他人损害的，占有人或者使用人应当承担侵权责任，但能够证明损害是因受害人故意或者不可抗力造成的，不承担责任。被侵权人对损害的发生有重大过失的，可以减轻占有人或者使用人的责任。

第七十三条 从事高空、高压、地下挖掘活动或者使用高速轨道运输工具造成他人损害的，经营者应当承担侵权责任，但能够证明损害是因受害人故意或者不可抗力造成的，不承担责任。被侵权人对损害的发生有过失的，可以减轻经营者的责任。

第七十四条 遗失、抛弃高度危险物造成他人损害的，由所有人承担侵权责任。所有人将高度危险物交由他人管理的，由管理人承担侵权责任；所有人有过错的，与管理人承担连带责任。

第七十五条 非法占有高度危险物造成他人损害的，由非法占有人承担侵权责任。所有人、管理人不能证明对防止他人非法占有尽到高度注意义务的，与非法占有人承担连带责任。

第七十六条 未经许可进入高度危险活动区域或者高度危险物存放区域受到损害，管理人已经采取安全措施并尽到警示义务的，可以减轻或者不承担责任。

第七十七条 承担高度危险责任，法律规定赔偿限额的，依照其规定。

第十章　饲养动物损害责任

第七十八条 饲养的动物造成他人损害的，动物饲养人或者管理人应当承担侵权责任，但能够证明损害是因被侵权人故意或者重大过失造成的，可以不承担或者减轻责任。

第七十九条 违反管理规定，未对动物采取安全措施造成他人损害的，动物饲养人或者管理人应当承担侵权责任。

第八十条 禁止饲养的烈性犬等危险动物造成他人损害的，动物饲养人或者管理人应当承担侵权责任。

第八十一条 动物园的动物造成他人损害的，动物园应当承担侵权责任，但能够证明尽到管理职责的，不承担责任。

第八十二条 遗弃、逃逸的动物在遗弃、逃逸期间造成他人损害的，由原动物饲养人或者管理人承担侵权责任。

第八十三条 因第三人的过错致使动物造成他人损害的，被侵权人可以向动物饲养人或者管理人请求赔偿，也可以向第三人请求赔偿。动物饲养人或者管理人赔偿后，有权向第三人追偿。

第八十四条 饲养动物应当遵守法律，尊重社会公德，不得妨害他人生活。

第十一章　物件损害责任

第八十五条 建筑物、构筑物或者其他设施及其搁置物、悬挂物发生脱落、坠落造成他人损害，所有人、管理人或者使用人不能证明自己没有过错的，应当承担侵权责任。所有人、管理人或者使用人赔偿后，有其他责任人的，有权向其他责任人追偿。

第八十六条 建筑物、构筑物或者其他设施倒塌造成他人损害的，由建设单位与施工单位承担连带责任。建设单位、施工单位赔偿后，有其他责任人的，有权向其他责任人追偿。

因其他责任人的原因，建筑物、构筑物或者其他设施倒塌造成他人损害的，由其他责任人承担侵权责任。

第八十七条 从建筑物中抛掷物品或者从建筑物上坠落的物品造成他人损害，难以确定具体侵权人的，除能够证明自己不是侵权人的外，由可能加害的建筑物使用人给予补偿。

第八十八条 堆放物倒塌造成他人损害，堆放人不能证明自己没有过错的，应当承担侵权责任。

第八十九条 在公共道路上堆放、倾倒、遗撒妨碍通行的物品造成他人损害的，有关单位或者个人应当承担侵权责任。

第九十条 因林木折断造成他人损害，林木的所有人或者管理人不能证明自己没有过错的，应当承担侵权责任。

第九十一条 在公共场所或者道路上挖坑、修缮安装地下设施等，没有设置明显标志和采取安全措施造成他人损害的，施工人应当承担侵权责任。

窨井等地下设施造成他人损害，管理人不能证明尽到管理职责的，应当承担侵权责任。

第十二章　附则

第九十二条 本法自2010年7月1日起施行。

中华人民共和国行政诉讼法

（1989年4月4第七届全国人民代表大会第二次会议通过，自1990年10月1日起施行）

第一章　总则

第一条　为保证人民法院正确、及时审理行政案件，保护公民、法人和其他组织的合法权益，维护和监督行政机关依法行使行政职权，根据宪法制定本法。

第二条　公民、法人或者其他组织认为行政机关和行政机关工作人员的具体行政行为侵犯其合法权益，有权依照本法向人民法院提起诉讼。

第三条　人民法院依法对行政案件独立行使审判权，不受行政机关、社会团体和个人的干涉。

人民法院设行政审判庭，审理行政案件。

第四条　人民法院审理行政案件，以事实为根据，以法律为准绳。

第五条　人民法院审理行政案件，对具体行政行为是否合法进行审查。

第六条　人民法院审理行政案件，依法实行合议、回避、公开审判和两审终审制度。

第七条　当事人在行政诉讼中的法律地位平等。

第八条　各民族公民都有用本民族语言、文字进行行政诉讼的权利。

在少数民族聚居或者多民族共同居住的地区，人民法院应当用当地民族通用的语言、文字进行审理和发布法律文书。

人民法院应当对不通晓当地民族通用的语言、文字的诉讼参与人提供翻译。

第九条　当事人在行政诉讼中有权进行辩论。

第十条　人民检察院有权对行政诉讼实行法律监督。

第二章　受案范围

第十一条　人民法院受理公民、法人和其他组织对下列具体行政行为不服提起的诉讼：

（一）对拘留、罚款、吊销许可证和执照、责令停产停业、没收财物等行政处罚不服的；

（二）对限制人身自由或者对财产的查封、扣押、冻结等行政强制措施不服的；

（三）认为行政机关侵犯法律规定的经营自主权的；

（四）认为符合法定条件申请行政机关颁发许可证和执照，行政机关拒绝颁发或者不予答复的；

（五）申请行政机关履行保护人身权、财产权的法定职责，行政机关拒绝履行或者不予答复的；

（六）认为行政机关没有依法发给抚恤金的；

（七）认为行政机关违法要求履行义务的；

（八）认为行政机关侵犯其他人身权、财产权的。

除前款规定外，人民法院受理法律、法规规定可以提起诉讼的其他行政案件。

第十二条 人民法院不受理公民、法人或者其他组织对下列事项提起的诉讼：

（一）国防、外交等国家行为；

（二）行政法规、规章或者行政机关制定、发布的具有普遍约束力的决定、命令；

（三）行政机关对行政机关工作人员的奖惩、任免等决定；

（四）法律规定由行政机关最终裁决的具体行政行为。

第三章　管辖

第十三条 基层人民法院管辖第一审行政案件。

第十四条 中级人民法院管辖下列第一审行政案件：

（一）确认发明专利权的案件、海关处理的案件；

（二）对国务院各部门或者省、自治区、直辖市人民政府所作的具体行政行为提起诉讼的案件；

（三）本辖区内重大、复杂的案件。

第十五条 高级人民法院管辖本辖区内重大、复杂的第一审行政案件。

第十六条 最高人民法院管辖全国范围内重大、复杂的第一审行政案件。

第十七条 行政案件由最初作出具体行政行为的行政机关所在地人民法院管辖。经复议的案件，复议机关改变原具体行政行为的，也可以由复议机关所在地人民法院管辖。

第十八条 对限制人身自由的行政强制措施不服提起的诉讼，由被告所在地或者原告所在地人民法院管辖。

第十九条 因不动产提起的行政诉讼，由不动产所在地人民法院管辖。

第二十条 两个以上人民法院都有管辖权的案件，原告可以选择其中一个人民法院提起诉讼。原告向两个以上有管辖权的人民法院提起诉讼的，由最先收到起诉状的人民法院管辖。

第二十一条 人民法院发现受理的案件不属于自己管辖时，应当移送有管辖权的人民法院。受移送的人民法院不得自行移送。

第二十二条 有管辖权的人民法院由于特殊原因不能行使管辖权的，由上级人民法院指定管辖。

人民法院对管辖权发生争议，由争议双方协商解决。协商不成的，报它们的共同上级人民法院指定管辖。

第二十三条 上级人民法院有权审判下级人民法院管辖的第一审行政案件，也可以把自己管辖的第一审行政案件移交下级人民法院审判。

下级人民法院对其管辖的第一审行政案件，认为需要由上级人民法院审判的，可以报请上级人民法院决定。

第四章　诉讼参加人

第二十四条 依照本法提起诉讼的公民、法人或者其他组织是原告。

有权提起诉讼的公民死亡，其近亲属可以提起诉讼。

有权提起诉讼的法人或者其他组织终止，承受其权利的法人或者其他组织可以提起诉讼。

第二十五条 公民、法人或者其他组织直接向人民法院提起诉讼的，作出具体行政行为的行政机关是被告。

经复议的案件，复议机关决定维持原具体行政行为的，作出原具体行政行为的行政机关是被告；复议机关改变原具体行政行为的，复议机关是被告。

两个以上行政机关作出同一具体行政行为的，共同作出具体行政行为的行政机关是共同被告。

由法律、法规授权的组织所作的具体行政行为，该组织是被告。由行政机关委托的组织所作的具体行政行为，委托的行政机关是被告。

行政机关被撤销的，继续行使其职权的行政机关是被告。

第二十六条 当事人一方或双方为2人以上，因同一具体行政行为发生的行政案件，或者因同样的具体行政行为发生的行政案件、人民法院认为可以合并审理的，为共同诉讼。

第二十七条 同提起诉讼的具体行政行为有利害关系的其他公民、法人或者其他组织，可以作为第三人申请参加诉讼，或者由人民法院通知参加诉讼。

第二十八条 没有诉讼行为能力的公民，由其法定代理人代为诉讼。法定代理人互相推诿代理责任的，由人民法院指定其中一人代为诉讼。

第二十九条 当事人、法定代理人，可以委托1至2人代为诉讼。

律师、社会团体、提起诉讼的公民的近亲属或者所在单位推荐的人，以及经人民法院许可的其他公民，可以受委托为诉讼代理人。

第三十条 代理诉讼的律师，可以依照规定查阅本案有关材料，可以向有关组织和公民调查，收集证据。对涉及国家秘密和个人隐私的材料，应当依照法律规定保密。

经人民法院许可，当事人和其他诉讼代理人可以查阅本案庭审材料，但涉及国家秘密和个人隐私的除外。

第五章　证据

第三十一条 证据有以下几种：

（一）书证；

（二）物证；

（三）视听资料；

（四）证人证言；

（五）当事人的陈述；

（六）鉴定结论；

（七）勘验笔录、现场笔录。

以上证据经法庭审查属实，才能作为定案的根据。

第三十二条 被告对作出的具体行政行为负有举证责任，应当提供作出该具体行政行为的证据和所依据的规范性文件。

第三十三条 在诉讼过程中，被告不得自行向原告和证人收集证据。

第三十四条 人民法院有权要求当事人提供或者补充证据。

人民法院有权向有关行政机关以及其他组织、公民调取证据。

第三十五条 在诉讼过程中，人民法院认为对专门性问题需要鉴定的，应当交由法定鉴定部门鉴定；没有法定鉴定部门的，由人民法院指定的鉴定部门鉴定。

第三十六条 在证据可能灭失或者以后难以取得的情况下，诉讼参加人可以向人民法院申请保全证据，人民法院也可以主动采取保全措施。

第六章　起诉和受理

第三十七条　对属于人民法院受案范围的行政案件，公民、法人或者其他组织可以先向上一级行政机关或者法律、法规规定的行政机关申请复议，对复议不服的，再向人民法院提起诉讼；也可以直接向人民法院提起诉讼。

法律、法规规定应当先向行政机关申请复议，对复议不服再向人民法院提起诉讼的，依照法律、法规的规定。

第三十八条　公民、法人或者其他组织向行政机关申请复议的，复议机关应当在收到申请书之日起两个月内作出决定。法律、法规另有规定的除外。

申请人不服复议决定的，可以在收到复议决定书之日起15日内向人民法院提起诉讼。复议机关逾期不作决定的，申请人可以在复议期满之日起15日内向人民法院提起诉讼。法律另有规定的除外。

第三十九条　公民、法人或者其他组织直接向人民法院提起诉讼的，应当在知道作出具体行政行为之日起3个月内提出。法律另有规定的除外。

第四十条　公民、法人或者其他组织因不可抗力或者其他特殊情况耽误法定期限的，在障碍消除后的10日内，可以申请延长期限，由人民法院决定。

第四十一条　提起诉讼应当符合下列条件：

（一）原告是认为具体行政行为侵犯其合法权益的公民、法人或者其他组织；

（二）有明确的被告；

（三）有具体的诉讼请求和事实根据；

（四）属于人民法院受案范围和受诉人民法院管辖。

第四十二条　人民法院接到起诉状，经审查，应当在7日内立案或者作出裁定不予受理。原告对裁定不服的，可以提起上诉。

第七章　审理和判决

第四十三条　人民法院应当在立案之日起5日内，将起诉状副本发送被告。被告应当在收到起诉状副本之日起10日内向人民法院提交作出具体行政行为的有关材料，并提出答辩状。人民法院应当在收到答辩状之日起5日内，将答辩状副本发送原告。

被告不提出答辩状的，不影响人民法院审理。

第四十四条　诉讼期间，不停止具体行政行为的执行。但有下列情形之一的，停止具体行政行为的执行：

（一）被告认为需要停止执行的；

（二）原告申请停止执行，人民法院认为该具体行政行为的执行会造成难以弥补的损失，并且停止执行不损害社会公共利益，裁定停止执行的；

（三）法律、法规规定停止执行的。

第四十五条 人民法院公开审理行政案件，但涉及国家秘密、个人隐私和法律另有规定的除外。

第四十六条 人民法院审理行政案件，由审判员组成合议庭，或者由审判员、陪审员组成合议庭。合议庭的成员，应当是3人以上的单数。

第四十七条 当事人认为审判人员与本案有利害关系或者有其他关系可能影响公正审判，有权申请审判人员回避。

审判人员认为自己与本案有利害关系或者有其他关系，应当申请回避。

前两款规定，适用于书记员、翻译人员、鉴定人、勘验人。

院长担任审判长时的回避，由审判委员会决定；审判人员的回避，由院长决定；其他人员的回避，由审判长决定。当事人对决定不服的，可以申请复议。

第四十八条 经人民法院两次合法传唤，原告无正当理由拒不到庭的，视为申请撤诉；被告无正当理由拒不到庭的，可以缺席判决。

第四十九条 诉讼参与人或者其他人有下列行为之一的，人民法院可以根据情节轻重，予以训诫、责令具结悔过或者处1000元以下的罚款、15日以下的拘留；构成犯罪的，依法追究刑事责任：

（一）有义务协助执行的人，对人民法院的协助执行通知书，无故推拖、拒绝或者妨碍执行的；

（二）伪造、隐藏、毁灭证据的；

（三）指使、贿买、胁迫他人作伪证或者威胁、阻止证人作证的；

（四）隐藏、转移、变卖、毁损已被查封、扣押、冻结的财产的；

（五）以暴力、威胁或者其他方法阻碍人民法院工作人员执行职务或者扰乱人民法院工作秩序的；

（六）对人民法院工作人员、诉讼参与人、协助执行人侮辱、诽谤、诬陷、殴打或者打击报复的。

罚款、拘留须经人民法院院长批准。当事人对决定不服的，可以申请复议。

第五十条 人民法院审理行政案件，不适用调解。

第五十一条 人民法院对行政案件宣告判决或者裁定前，原告申请撤诉的，或者被告改变其所作的具体行政行为，原告同意并申请撤诉的，是否准许，由人民法院裁定。

第五十二条 人民法院审理行政案件，以法律和行政法规、地方性法规为依据。地方性法规适用于本行政区域内发生的行政案件。

人民法院审理民族自治地方的行政案件，并以该民族自治地方的自治条例和单行条例为依据。

第五十三条 人民法院审理行政案件，参照国务院部、委根据法律和国务院的行政法规、决定、命令制定、发布的规章以及省、自治区、直辖市和省、自治区的人民政府所在地的市和经国务院批准的较大的市的人民政府根据法律和国务院的行政法规制定、发布的规章。

人民法院认为地方人民政府制定、发布的规章与国务院部、委制定、发布的规章不一致的，以及国务院部、委制定、发布的规章之间不一致的，由最高人民法院送请国务院作出解释或者裁决。

第五十四条 人民法院经过审理，根据不同情况，分别作出以下判决：

（一）具体行政行为证据确凿，适用法律、法规正确，符合法定程序的，判决维持。

（二）具体行政行为有下列情形之一的，判决撤销或者部分撤销，并可以判决被告重新作出具体行政行为：

1.主要证据不足的；

2.适用法律、法规错误的；

3.违反法定程序的；

4.超越职权的；

5.滥用职权的。

（三）被告不履行或者拖延履行法定职责的，判决其在一定期限内履行。

（四）行政处罚显失公正的，可以判决变更。

第五十五条 人民法院判决被告重新作出具体行政行为的，被告不得以同一的事实和理由作出与原具体行政行为基本相同的具体行政行为。

第五十六条 人民法院在审理行政案件中，认为行政机关的主管人员、直接责任人员违反政纪的，应当将有关材料移送该行政机关或者其上一级行政机关或者监察、人事机关；认为有犯罪行为的，应当将有关材料移送公安、检察机关。

第五十七条 人民法院应当在立案之日起3个月内作出第一审判决。有特殊情况需要延长的，由高级人民法院批准，高级人民法院审理第一审案件需要延长的，由最高人民法院批准。

第五十八条 当事人不服人民法院第一审判决的，有权在判决书送达之日起15日内向上一级人民法院提起上诉。当事人不服人民法院第一审裁定的，有权在裁定书送达之日起10日内向上一级人民法院提起上诉。逾期不提起上诉的，人民法院的第一审判决或者裁定发生法律效力。

第五十九条 人民法院对上诉案件，认为事实清楚的，可以实行书面审理。

第六十条 人民法院审理上诉案件，应当在收到上诉状之日起两个月内作出终审判决。有特殊情况需要延长的，由高级人民法院批准，高级人民法院审理上诉案件需要延长的，由最高人民法院批准。

第六十一条 人民法院审理上诉案件，按照下列情形，分别处理：

（一）原判决认定事实清楚，适用法律、法规正确的，判决驳回上诉，维持原判；

（二）原判决认定事实清楚，但是适用法律、法规错误的，依法改判；

（三）原判决认定事实不清，证据不足，或者由于违反法定程序可能影响案件正确判决的，裁定撤销原判，发回原审人民法院重审，也可以查清事实后改判。当事人对重审案件的判决、裁定，可以上诉。

第六十二条 当事人对已经发生法律效力的判决、裁定，认为确有错误的，可以向原审人民法院或者上一级人民法院提出申诉，但判决、裁定不停止执行。

第六十三条 人民法院院长对本院已经发生法律效力的判决、裁定，发现违反法律、法规规定认为需要再审的，应当提交审判委员会决定是否再审。

上级人民法院对下级人民法院已经发生法律效力的判决、裁定，发现违反法律、法规规定的，有权提审或者指令下级人民法院再审。

第六十四条 人民检察院对人民法院已经发生法律效力的判决、裁定，发现违反法律、法规规定的，有权按照审判监督程序提出抗诉。

第八章　执行

第六十五条 当事人必须履行人民法院发生法律效力的判决、裁定。

公民、法人或者其他组织拒绝履行判决、裁定的，行政机关可以向第一审人民法院申请强制执行，或者依法强制执行。

行政机关拒绝履行判决、裁定的，第一审人民法院可以采取以下措施：

（一）对应当归还的罚款或者应当给付的赔偿金，通知银行从该行政机关的账户内划拨；

（二）在规定期限内不履行的，从期满之日起，对该行政机关按日处50元至100元的罚款；

（三）向该行政机关的上一级行政机关或者监察、人事机关提出司法建议。接受司法建议的机关，根据有关规定进行处理，并将处理情况告知人民法院；

（四）拒不执行判决、裁定，情节严重构成犯罪的，依法追究主管人员和直接责任人员的刑事责任。

第六十六条 公民、法人或者其他组织对具体行政行为在法定期间不提起诉讼又不履行的，行政机关可以申请人民法院强制执行，或者依法强制执行。

第九章　侵权赔偿责任

第六十七条　公民、法人或者其他组织的合法权益受到行政机关或者行政机关工作人员作出的具体行政行为侵犯造成损害的，有权请求赔偿。

公民、法人或者其他组织单独就损害赔偿提出请求，应当先由行政机关解决。对行政机关的处理不服，可以向人民法院提起诉讼。

赔偿诉讼可以适用调解。

第六十八条　行政机关或者行政机关工作人员作出的具体行政行为侵犯公民、法人或者其他组织的合法权益造成损害的，由该行政机关或者该行政机关工作人员所在的行政机关负责赔偿。

行政机关赔偿损失后，应当责令有故意或者重大过失的行政机关工作人员承担部分或者全部赔偿费用。

第六十九条　赔偿费用，从各级财政列支。各级人民政府可以责令有责任的行政机关支付部分或者全部赔偿费用。具体办法由国务院规定。

第十章　涉外行政诉讼

第七十条　外国人、无国籍人、外国组织在中华人民共和国进行行政诉讼，适用本法。法律另有规定的除外。

第七十一条　外国人、无国籍人、外国组织在中华人民共和国进行行政诉讼，同中华人民共和国公民、组织有同等的诉讼权利和义务。

外国法院对中华人民共和国公民、组织的行政诉讼权利加以限制的，人民法院对该国公民、组织的行政诉讼权利，实行对等原则。

第七十二条　中华人民共和国缔结或者参加的国际条约同本法有不同规定的，适用该国际条约的规定。中华人民共和国声明保留的条款除外。

第七十三条　外国人、无国籍人、外国组织在中华人民共和国进行行政诉讼，委托律师代理诉讼的，应当委托中华人民共和国律师机构的律师。

第十一章　附则

第七十四条　人民法院审理行政案件，应当收取诉讼费用。诉讼费用由败诉方承担，双方都有责任的由双方分担。收取诉讼费用的具体办法另行规定。

第七十五条　本法自1990年10月1日起施行。

中华人民共和国民事诉讼法

（1991年4月9日第七届全国人民代表大会第四次会议通过，根据2007年10月28日第十届全国人民代表大会常务委员会第三十次会议《关于修改〈中华人民共和国民事诉讼法〉的决定》修正，自2008年4月1日起施行）

第一编　总则

第一章　任务、适用范围和基本原则

第一条　中华人民共和国民事诉讼法以宪法为根据，结合我国民事审判工作的经验和实际情况制定。

第二条　中华人民共和国民事诉讼法的任务，是保护当事人行使诉讼权利，保证人民法院查明事实，分清是非，正确适用法律，及时审理民事案件，确认民事权利义务关系，制裁民事违法行为，保护当事人的合法权益，教育公民自觉遵守法律，维护社会秩序、经济秩序，保障社会主义建设事业顺利进行。

第三条　人民法院受理公民之间、法人之间、其他组织之间以及他们相互之间因财产关系和人身关系提起的民事诉讼，适用本法的规定。

第四条　凡在中华人民共和国领域内进行民事诉讼，必须遵守本法。

第五条　外国人、无国籍人、外国企业和组织在人民法院起诉、应诉，同中华人民共和国公民、法人和其他组织有同等的诉讼权利义务。

外国法院对中华人民共和国公民、法人和其他组织的民事诉讼权利加以限制的，中华人民共和国人民法院对该国公民、企业和组织的民事诉讼权利，实行对等原则。

第六条　民事案件的审判权由人民法院行使。

人民法院依照法律规定对民事案件独立进行审判，不受行政机关、社会团体和个人的干涉。

第七条　人民法院审理民事案件，必须以事实为根据，以法律为准绳。

第八条　民事诉讼当事人有平等的诉讼权利。人民法院审理民事案件，应当保障和便利当事人行使诉讼权利，对当事人在适用法律上一律平等。

第九条　人民法院审理民事案件，应当根据自愿和合法的原则进行调解；调解不

成的，应当及时判决。

第十条 人民法院审理民事案件，依照法律规定实行合议、回避、公开审判和两审终审制度。

第十一条 各民族公民都有用本民族语言、文字进行民事诉讼的权利。

在少数民族聚居或者多民族共同居住的地区，人民法院应当用当地民族通用的语言、文字进行审理和发布法律文书。

人民法院应当对不通晓当地民族通用的语言、文字的诉讼参与人提供翻译。

第十二条 人民法院审理民事案件时，当事人有权进行辩论。

第十三条 当事人有权在法律规定的范围内处分自己的民事权利和诉讼权利。

第十四条 人民检察院有权对民事审判活动实行法律监督。

第十五条 机关、社会团体、企业事业单位对损害国家、集体或者个人民事权益的行为，可以支持受损害的单位或者个人向人民法院起诉。

第十六条 人民调解委员会是在基层人民政府和基层人民法院指导下，调解民间纠纷的群众性组织。

人民调解委员会依照法律规定，根据自愿原则进行调解。当事人对调解达成的协议应当履行；不愿调解、调解不成或者反悔的，可以向人民法院起诉。

人民调解委员会调解民间纠纷，如有违背法律的，人民法院应当予以纠正。

第十七条 民族自治地方的人民代表大会根据宪法和本法的原则，结合当地民族的具体情况，可以制定变通或者补充的规定。自治区的规定，报全国人民代表大会常务委员会批准。自治州、自治县的规定，报省或者自治区的人民代表大会常务委员会批准，并报全国人民代表大会常务委员会备案。

第二章　管辖

第一节　级别管辖

第十八条 基层人民法院管辖第一审民事案件，但本法另有规定的除外。

第十九条 中级人民法院管辖下列第一审民事案件：

（一）重大涉外案件；

（二）在本辖区有重大影响的案件；

（三）最高人民法院确定由中级人民法院管辖的案件。

第二十条 高级人民法院管辖在本辖区有重大影响的第一审民事案件。

第二十一条 最高人民法院管辖下列第一审民事案件：

（一）在全国有重大影响的案件；

（二）认为应当由本院审理的案件。

第二节　地域管辖

第二十二条　对公民提起的民事诉讼，由被告住所地人民法院管辖；被告住所地与经常居住地不一致的，由经常居住地人民法院管辖。

对法人或者其他组织提起的民事诉讼，由被告住所地人民法院管辖。

同一诉讼的几个被告住所地、经常居住地在两个以上人民法院辖区的，各该人民法院都有管辖权。

第二十三条　下列民事诉讼，由原告住所地人民法院管辖；原告住所地与经常居住地不一致的，由原告经常居住地人民法院管辖：

（一）对不在中华人民共和国领域内居住的人提起的有关身份关系的诉讼；

（二）对下落不明或者宣告失踪的人提起的有关身份关系的诉讼；

（三）对被劳动教养的人提起的诉讼；

（四）对被监禁的人提起的诉讼。

第二十四条　因合同纠纷提起的诉讼，由被告住所地或者合同履行地人民法院管辖。

第二十五条　合同的双方当事人可以在书面合同中协议选择被告住所地、合同履行地、合同签订地、原告住所地、标的物所在地人民法院管辖，但不得违反本法对级别管辖和专属管辖的规定。

第二十六条　因保险合同纠纷提起的诉讼，由被告住所地或者保险标的物所在地人民法院管辖。

第二十七条　因票据纠纷提起的诉讼，由票据支付地或者被告住所地人民法院管辖。

第二十八条　因铁路、公路、水上、航空运输和联合运输合同纠纷提起的诉讼，由运输始发地、目的地或者被告住所地人民法院管辖。

第二十九条　因侵权行为提起的诉讼，由侵权行为地或者被告住所地人民法院管辖。

第三十条　因铁路、公路、水上和航空事故请求损害赔偿提起的诉讼，由事故发生地或者车辆、船舶最先到达地、航空器最先降落地或者被告住所地人民法院管辖。

第三十一条　因船舶碰撞或者其他海事损害事故请求损害赔偿提起的诉讼，由碰撞发生地、碰撞船舶最先到达地、加害船舶被扣留地或者被告住所地人民法院管辖。

第三十二条　因海难救助费用提起的诉讼，由救助地或者被救助船舶最先到达地人民法院管辖。

第三十三条 因共同海损提起的诉讼，由船舶最先到达地、共同海损理算地或者航程终止地的人民法院管辖。

第三十四条 下列案件，由本条规定的人民法院专属管辖：

（一）因不动产纠纷提起的诉讼，由不动产所在地人民法院管辖；

（二）因港口作业中发生纠纷提起的诉讼，由港口所在地人民法院管辖；

（三）因继承遗产纠纷提起的诉讼，由被继承人死亡时住所地或者主要遗产所在地人民法院管辖。

第三十五条 两个以上人民法院都有管辖权的诉讼，原告可以向其中一个人民法院起诉；原告向两个以上有管辖权的人民法院起诉的，由最先立案的人民法院管辖。

第三节 移送管辖和指定管辖

第三十六条 人民法院发现受理的案件不属于本院管辖的，应当移送有管辖权的人民法院，受移送的人民法院应当受理。受移送的人民法院认为受移送的案件依照规定不属于本院管辖的，应当报请上级人民法院指定管辖，不得再自行移送。

第三十七条 有管辖权的人民法院由于特殊原因，不能行使管辖权的，由上级人民法院指定管辖。

人民法院之间因管辖权发生争议，由争议双方协商解决；协商解决不了的，报请它们的共同上级人民法院指定管辖。

第三十八条 人民法院受理案件后，当事人对管辖权有异议的，应当在提交答辩状期间提出。人民法院对当事人提出的异议，应当审查。异议成立的，裁定将案件移送有管辖权的人民法院；异议不成立的，裁定驳回。

第三十九条 上级人民法院有权审理下级人民法院管辖的第一审民事案件，也可以把本院管辖的第一审民事案件交下级人民法院审理。

下级人民法院对它所管辖的第一审民事案件，认为需要由上级人民法院审理的，可以报请上级人民法院审理。

第三章 审判组织

第四十条 人民法院审理第一审民事案件，由审判员、陪审员共同组成合议庭或者由审判员组成合议庭。合议庭的成员人数，必须是单数。

适用简易程序审理的民事案件，由审判员一人独任审理。

陪审员在执行陪审职务时，与审判员有同等的权利义务。

第四十一条 人民法院审理第二审民事案件，由审判员组成合议庭。合议庭的成员人数，必须是单数。

发回重审的案件，原审人民法院应当按照第一审程序另行组成合议庭。

审理再审案件，原来是第一审的，按照第一审程序另行组成合议庭；原来是第二审的或者是上级人民法院提审的，按照第二审程序另行组成合议庭。

第四十二条 合议庭的审判长由院长或者庭长指定审判员一人担任；院长或者庭长参加审判的，由院长或者庭长担任。

第四十三条 合议庭评议案件，实行少数服从多数的原则。评议应当制作笔录，由合议庭成员签名。评议中的不同意见，必须如实记入笔录。

第四十四条 审判人员应当依法秉公办案。

审判人员不得接受当事人及其诉讼代理人请客送礼。

审判人员有贪污受贿，徇私舞弊，枉法裁判行为的，应当追究法律责任；构成犯罪的，依法追究刑事责任。

第四章 回避

第四十五条 审判人员有下列情形之一的，必须回避，当事人有权用口头或者书面方式申请他们回避：

（一）是本案当事人或者当事人、诉讼代理人的近亲属；

（二）与本案有利害关系；

（三）与本案当事人有其他关系，可能影响对案件公正审理的。

前款规定，适用于书记员、翻译人员、鉴定人、勘验人。

第四十六条 当事人提出回避申请，应当说明理由，在案件开始审理时提出；回避事由在案件开始审理后知道的，也可以在法庭辩论终结前提出。

被申请回避的人员在人民法院作出是否回避的决定前，应当暂停参与本案的工作，但案件需要采取紧急措施的除外。

第四十七条 院长担任审判长时的回避，由审判委员会决定；审判人员的回避，由院长决定；其他人员的回避，由审判长决定。

第四十八条 人民法院对当事人提出的回避申请，应当在申请提出的三日内，以口头或者书面形式作出决定。申请人对决定不服的，可以在接到决定时申请复议一次。复议期间，被申请回避的人员，不停止参与本案的工作。人民法院对复议申请，应当在三日内作出复议决定，并通知复议申请人。

第五章　诉讼参加人

第一节　当事人

第四十九条　公民、法人和其他组织可以作为民事诉讼的当事人。

法人由其法定代表人进行诉讼。其他组织由其主要负责人进行诉讼。

第五十条　当事人有权委托代理人，提出回避申请，收集、提供证据，进行辩论，请求调解，提起上诉，申请执行。

当事人可以查阅本案有关材料，并可以复制本案有关材料和法律文书。查阅、复制本案有关材料的范围和办法由最高人民法院规定。

当事人必须依法行使诉讼权利，遵守诉讼秩序，履行发生法律效力的判决书、裁定书和调解书。

第五十一条　双方当事人可以自行和解。

第五十二条　原告可以放弃或者变更诉讼请求。被告可以承认或者反驳诉讼请求，有权提起反诉。

第五十三条　当事人一方或者双方为二人以上，其诉讼标的是共同的，或者诉讼标的是同一种类、人民法院认为可以合并审理并经当事人同意的，为共同诉讼。

共同诉讼的一方当事人对诉讼标的有共同权利义务的，其中一人的诉讼行为经其他共同诉讼人承认，对其他共同诉讼人发生效力；对诉讼标的没有共同权利义务的，其中一人的诉讼行为对其他共同诉讼人不发生效力。

第五十四条　当事人一方人数众多的共同诉讼，可以由当事人推选代表人进行诉讼。代表人的诉讼行为对其所代表的当事人发生效力，但代表人变更、放弃诉讼请求或者承认对方当事人的诉讼请求，进行和解，必须经被代表的当事人同意。

第五十五条　诉讼标的是同一种类、当事人一方人数众多在起诉时人数尚未确定的，人民法院可以发出公告，说明案件情况和诉讼请求，通知权利人在一定期间向人民法院登记。

向人民法院登记的权利人可以推选代表人进行诉讼；推选不出代表人的，人民法院可以与参加登记的权利人商定代表人。

代表人的诉讼行为对其所代表的当事人发生效力，但代表人变更、放弃诉讼请求或者承认对方当事人的诉讼请求，进行和解，必须经被代表的当事人同意。

人民法院作出的判决、裁定，对参加登记的全体权利人发生效力。未参加登记的权利人在诉讼时效期间提起诉讼的，适用该判决、裁定。

第五十六条　对当事人双方的诉讼标的，第三人认为有独立请求权的，有权提起诉讼。

对当事人双方的诉讼标的，第三人虽然没有独立请求权，但案件处理结果同他有法律上的利害关系的，可以申请参加诉讼，或者由人民法院通知他参加诉讼。人民法院判决承担民事责任的第三人，有当事人的诉讼权利义务。

第二节　诉讼代理人

第五十七条　无诉讼行为能力人由他的监护人作为法定代理人代为诉讼。法定代理人之间互相推诿代理责任的，由人民法院指定其中一人代为诉讼。

第五十八条　当事人、法定代理人可以委托一至二人作为诉讼代理人。

律师、当事人的近亲属、有关的社会团体或者所在单位推荐的人、经人民法院许可的其他公民，都可以被委托为诉讼代理人。

第五十九条　委托他人代为诉讼，必须向人民法院提交由委托人签名或者盖章的授权委托书。

授权委托书必须记明委托事项和权限。诉讼代理人代为承认、放弃、变更诉讼请求，进行和解，提起反诉或者上诉，必须有委托人的特别授权。

侨居在国外的中华人民共和国公民从国外寄交或者托交的授权委托书，必须经中华人民共和国驻该国的使领馆证明；没有使领馆的，由与中华人民共和国有外交关系的第三国驻该国的使领馆证明，再转由中华人民共和国驻该第三国使领馆证明，或者由当地的爱国华侨团体证明。

第六十条　诉讼代理人的权限如果变更或者解除，当事人应当书面告知人民法院，并由人民法院通知对方当事人。

第六十一条　代理诉讼的律师和其他诉讼代理人有权调查收集证据，可以查阅本案有关材料。查阅本案有关材料的范围和办法由最高人民法院规定。

第六十二条　离婚案件有诉讼代理人的，本人除不能表达意志的以外，仍应出庭；确因特殊情况无法出庭的，必须向人民法院提交书面意见。

第六章　证据

第六十三条　证据有下列几种：

（一）书证；

（二）物证；

（三）视听资料；

（四）证人证言；

（五）当事人的陈述；

（六）鉴定结论；

（七）勘验笔录。

以上证据必须查证属实，才能作为认定事实的根据。

第六十四条　当事人对自己提出的主张，有责任提供证据。

当事人及其诉讼代理人因客观原因不能自行收集的证据，或者人民法院认为审理案件需要的证据，人民法院应当调查收集。

人民法院应当按照法定程序，全面地、客观地审查核实证据。

第六十五条　人民法院有权向有关单位和个人调查取证，有关单位和个人不得拒绝。

人民法院对有关单位和个人提出的证明文书，应当辨别真伪，审查确定其效力。

第六十六条　证据应当在法庭上出示，并由当事人互相质证。对涉及国家秘密、商业秘密和个人隐私的证据应当保密，需要在法庭出示的，不得在公开开庭时出示。

第六十七条　经过法定程序公证证明的法律行为、法律事实和文书，人民法院应当作为认定事实的根据。但有相反证据足以推翻公证证明的除外。

第六十八条　书证应当提交原件。物证应当提交原物。提交原件或者原物确有困难的，可以提交复制品、照片、副本、节录本。

提交外文书证，必须附有中文译本。

第六十九条　人民法院对视听资料，应当辨别真伪，并结合本案的其他证据，审查确定能否作为认定事实的根据。

第七十条　凡是知道案件情况的单位和个人，都有义务出庭作证。有关单位的负责人应当支持证人作证。证人确有困难不能出庭的，经人民法院许可，可以提交书面证言。

不能正确表达意志的人，不能作证。

第七十一条　人民法院对当事人的陈述，应当结合本案的其他证据，审查确定能否作为认定事实的根据。

当事人拒绝陈述的，不影响人民法院根据证据认定案件事实。

第七十二条　人民法院对专门性问题认为需要鉴定的，应当交由法定鉴定部门鉴定；没有法定鉴定部门的，由人民法院指定的鉴定部门鉴定。

鉴定部门及其指定的鉴定人有权了解进行鉴定所需要的案件材料，必要时可以询问当事人、证人。

鉴定部门和鉴定人应当提出书面鉴定结论，在鉴定书上签名或者盖章。鉴定人鉴定的，应当由鉴定人所在单位加盖印章，证明鉴定人身份。

第七十三条　勘验物证或者现场，勘验人必须出示人民法院的证件，并邀请当地基层组织或者当事人所在单位派人参加。当事人或者当事人的成年家属应当到场，拒不到场的，不影响勘验的进行。

有关单位和个人根据人民法院的通知，有义务保护现场，协助勘验工作。

勘验人应当将勘验情况和结果制作笔录，由勘验人、当事人和被邀参加人签名或者盖章。

第七十四条 在证据可能灭失或者以后难以取得的情况下，诉讼参加人可以向人民法院申请保全证据，人民法院也可以主动采取保全措施。

第七章 期间、送达

第一节 期间

第七十五条 期间包括法定期间和人民法院指定的期间。

期间以时、日、月、年计算。期间开始的时和日，不计算在期间内。

期间届满的最后一日是节假日的，以节假日后的第一日为期间届满的日期。

期间不包括在途时间，诉讼文书在期满前交邮的，不算过期。

第七十六条 当事人因不可抗拒的事由或者其他正当理由耽误期限的，在障碍消除后的十日内，可以申请顺延期限，是否准许，由人民法院决定。

第二节 送达

第七十七条 送达诉讼文书必须有送达回证，由受送达人在送达回证上记明收到日期，签名或者盖章。

受送达人在送达回证上的签收日期为送达日期。

第七十八条 送达诉讼文书，应当直接送交受送达人。受送达人是公民的，本人不在交他的同住成年家属签收；受送达人是法人或者其他组织的，应当由法人的法定代表人、其他组织的主要负责人或者该法人、组织负责收件的人签收；受送达人有诉讼代理人的，可以送交其代理人签收；受送达人已向人民法院指定代收人的，送交代收人签收。

受送达人的同住成年家属，法人或者其他组织的负责收件的人，诉讼代理人或者代收人在送达回证上签收的日期为送达日期。

第七十九条 受送达人或者他的同住成年家属拒绝接收诉讼文书的，送达人应当邀请有关基层组织或者所在单位的代表到场，说明情况，在送达回证上记明拒收事由和日期，由送达人、见证人签名或者盖章，把诉讼文书留在受送达人的住所，即视为送达。

第八十条 直接送达诉讼文书有困难的，可以委托其他人民法院代为送达，或者邮寄送达。邮寄送达的，以回执上注明的收件日期为送达日期。

第八十一条 受送达人是军人的，通过其所在部队团以上单位的政治机关转交。

第八十二条 受送达人是被监禁的，通过其所在监所或者劳动改造单位转交。

受送达人是被劳动教养的，通过其所在劳动教养单位转交。

第八十三条 代为转交的机关、单位收到诉讼文书后，必须立即交受送达人签收，以在送达回证上的签收日期，为送达日期。

第八十四条 受送达人下落不明，或者用本节规定的其他方式无法送达的，公告送达。自发出公告之日起，经过六十日，即视为送达。

公告送达，应当在案卷中记明原因和经过。

第八章 调解

第八十五条 人民法院审理民事案件，根据当事人自愿的原则，在事实清楚的基础上，分清是非，进行调解。

第八十六条 人民法院进行调解，可以由审判员一人主持，也可以由合议庭主持，并尽可能就地进行。

人民法院进行调解，可以用简便方式通知当事人、证人到庭。

第八十七条 人民法院进行调解，可以邀请有关单位和个人协助。被邀请的单位和个人，应当协助人民法院进行调解。

第八十八条 调解达成协议，必须双方自愿，不得强迫。调解协议的内容不得违反法律规定。

第八十九条 调解达成协议，人民法院应当制作调解书。调解书应当写明诉讼请求、案件的事实和调解结果。

调解书由审判人员、书记员署名，加盖人民法院印章，送达双方当事人。

调解书经双方当事人签收后，即具有法律效力。

第九十条 下列案件调解达成协议，人民法院可以不制作调解书：

（一）调解和好的离婚案件；

（二）调解维持收养关系的案件；

（三）能够即时履行的案件；

（四）其他不需要制作调解书的案件。

对不需要制作调解书的协议，应当记入笔录，由双方当事人、审判人员、书记员签名或者盖章后，即具有法律效力。

第九十一条 调解未达成协议或者调解书送达前一方反悔的，人民法院应当及时判决。

第九章　财产保全和先予执行

第九十二条　人民法院对于可能因当事人一方的行为或者其他原因，使判决不能执行或者难以执行的案件，可以根据对方当事人的申请，作出财产保全的裁定；当事人没有提出申请的，人民法院在必要时也可以裁定采取财产保全措施。

人民法院采取财产保全措施，可以责令申请人提供担保；申请人不提供担保的，驳回申请。

人民法院接受申请后，对情况紧急的，必须在四十八小时内作出裁定；裁定采取财产保全措施的，应当立即开始执行。

第九十三条　利害关系人因情况紧急，不立即申请财产保全将会使其合法权益受到难以弥补的损害的，可以在起诉前向人民法院申请采取财产保全措施。申请人应当提供担保，不提供担保的，驳回申请。

人民法院接受申请后，必须在四十八小时内作出裁定；裁定采取财产保全措施的，应当立即开始执行。

申请人在人民法院采取保全措施后十五日内不起诉的，人民法院应当解除财产保全。

第九十四条　财产保全限于请求的范围，或者与本案有关的财物。

财产保全采取查封、扣押、冻结或者法律规定的其他方法。

人民法院冻结财产后，应当立即通知被冻结财产的人。

财产已被查封、冻结的，不得重复查封、冻结。

第九十五条　被申请人提供担保的，人民法院应当解除财产保全。

第九十六条　申请有错误的，申请人应当赔偿被申请人因财产保全所遭受的损失。

第九十七条　人民法院对下列案件，根据当事人的申请，可以裁定先予执行：

（一）追索赡养费、扶养费、抚育费、抚恤金、医疗费用的；

（二）追索劳动报酬的；

（三）因情况紧急需要先予执行的。

第九十八条　人民法院裁定先予执行的，应当符合下列条件：

（一）当事人之间权利义务关系明确，不先予执行将严重影响申请人的生活或者生产经营的；

（二）被申请人有履行能力。

人民法院可以责令申请人提供担保，申请人不提供担保的，驳回申请。申请人败诉的，应当赔偿被申请人因先予执行遭受的财产损失。

第九十九条　当事人对财产保全或者先予执行的裁定不服的，可以申请复议一次。复议期间不停止裁定的执行。

第十章　对妨害民事诉讼的强制措施

第一百条　人民法院对必须到庭的被告，经两次传票传唤，无正当理由拒不到庭的，可以拘传。

第一百零一条　诉讼参与人和其他人应当遵守法庭规则。

人民法院对违反法庭规则的人，可以予以训诫，责令退出法庭或者予以罚款、拘留。

人民法院对哄闹、冲击法庭，侮辱、诽谤、威胁、殴打审判人员，严重扰乱法庭秩序的人，依法追究刑事责任；情节较轻的，予以罚款、拘留。

第一百零二条　诉讼参与人或者其他人有下列行为之一的，人民法院可以根据情节轻重予以罚款、拘留；构成犯罪的，依法追究刑事责任：

（一）伪造、毁灭重要证据，妨碍人民法院审理案件的；

（二）以暴力、威胁、贿买方法阻止证人作证或者指使、贿买、胁迫他人作伪证的；

（三）隐藏、转移、变卖、毁损已被查封、扣押的财产，或者已被清点并责令其保管的财产，转移已被冻结的财产的；

（四）对司法工作人员、诉讼参加人、证人、翻译人员、鉴定人、勘验人、协助执行的人，进行侮辱、诽谤、诬陷、殴打或者打击报复的；

（五）以暴力、威胁或者其他方法阻碍司法工作人员执行职务的；

（六）拒不履行人民法院已经发生法律效力的判决、裁定的。

人民法院对有前款规定的行为之一的单位，可以对其主要负责人或者直接责任人员予以罚款、拘留；构成犯罪的，依法追究刑事责任。

第一百零三条　有义务协助调查、执行的单位有下列行为之一的，人民法院除责令其履行协助义务外，并可以予以罚款：

（一）有关单位拒绝或者妨碍人民法院调查取证的；

（二）银行、信用合作社和其他有储蓄业务的单位接到人民法院协助执行通知书后，拒不协助查询、冻结或者划拨存款的；

（三）有关单位接到人民法院协助执行通知书后，拒不协助扣留被执行人的收入、办理有关财产权证照转移手续、转交有关票证、证照或者其他财产的；

（四）其他拒绝协助执行的。

人民法院对有前款规定的行为之一的单位，可以对其主要负责人或者直接责任人员予以罚款；对仍不履行协助义务的，可以予以拘留；并可以向监察机关或者有关机关提出予以纪律处分的司法建议。

第一百零四条　对个人的罚款金额，为人民币一万元以下。对单位的罚款金额，为人民币一万元以上三十万元以下。

拘留的期限，为十五日以下。

被拘留的人，由人民法院交公安机关看管。在拘留期间，被拘留人承认并改正错误的，人民法院可以决定提前解除拘留。

第一百零五条 拘传、罚款、拘留必须经院长批准。

拘传应当发拘传票。

罚款、拘留应当用决定书。对决定不服的，可以向上一级人民法院申请复议一次。复议期间不停止执行。

第一百零六条 采取对妨害民事诉讼的强制措施必须由人民法院决定。任何单位和个人采取非法拘禁他人或者非法私自扣押他人财产追索债务的，应当依法追究刑事责任，或者予以拘留、罚款。

第十一章　诉讼费用

第一百零七条 当事人进行民事诉讼，应当按照规定交纳案件受理费。财产案件除交纳案件受理费外，并按照规定交纳其他诉讼费用。

当事人交纳诉讼费用确有困难的，可以按照规定向人民法院申请缓交、减交或者免交。

收取诉讼费用的办法另行制定。

第二编　审判程序

第十二章　第一审普通程序

第一节　起诉和受理

第一百零八条 起诉必须符合下列条件：

（一）原告是与本案有直接利害关系的公民、法人和其他组织；

（二）有明确的被告；

（三）有具体的诉讼请求和事实、理由；

（四）属于人民法院受理民事诉讼的范围和受诉人民法院管辖。

第一百零九条 起诉应当向人民法院递交起诉状，并按照被告人数提出副本。

书写起诉状确有困难的，可以口头起诉，由人民法院记入笔录，并告知对方当事人。

第一百一十条 起诉状应当记明下列事项：

（一）当事人的姓名、性别、年龄、民族、职业、工作单位和住所，法人或者其他组织的名称、住所和法定代表人或者主要负责人的姓名、职务；

（二）诉讼请求和所根据的事实与理由；

（三）证据和证据来源，证人姓名和住所。

第一百一十一条 人民法院对符合本法第一百零八条的起诉，必须受理；对下列起诉，分别情形，予以处理：

（一）依照行政诉讼法的规定，属于行政诉讼受案范围的，告知原告提起行政诉讼；

（二）依照法律规定，双方当事人对合同纠纷自愿达成书面仲裁协议向仲裁机构申请仲裁、不得向人民法院起诉的，告知原告向仲裁机构申请仲裁；

（三）依照法律规定，应当由其他机关处理的争议，告知原告向有关机关申请解决；

（四）对不属于本院管辖的案件，告知原告向有管辖权的人民法院起诉；

（五）对判决、裁定已经发生法律效力的案件，当事人又起诉的，告知原告按照申诉处理，但人民法院准许撤诉的裁定除外；

（六）依照法律规定，在一定期限内不得起诉的案件，在不得起诉的期限内起诉的，不予受理；

（七）判决不准离婚和调解和好的离婚案件，判决、调解维持收养关系的案件，没有新情况、新理由，原告在六个月内又起诉的，不予受理。

第一百一十二条 人民法院收到起诉状或者口头起诉，经审查，认为符合起诉条件的，应当在七日内立案，并通知当事人；认为不符合起诉条件的，应当在七日内裁定不予受理；原告对裁定不服的，可以提起上诉。

第二节 审理前的准备

第一百一十三条 人民法院应当在立案之日起五日内将起诉状副本发送被告，被告在收到之日起十五日内提出答辩状。

被告提出答辩状的，人民法院应当在收到之日起五日内将答辩状副本发送原告。被告不提出答辩状的，不影响人民法院审理。

第一百一十四条 人民法院对决定受理的案件，应当在受理案件通知书和应诉通知书中向当事人告知有关的诉讼权利义务，或者口头告知。

第一百一十五条 合议庭组成人员确定后，应当在三日内告知当事人。

第一百一十六条 审判人员必须认真审核诉讼材料，调查收集必要的证据。

第一百一十七条 人民法院派出人员进行调查时，应当向被调查人出示证件。

调查笔录经被调查人校阅后，由被调查人、调查人签名或者盖章。

第一百一十八条 人民法院在必要时可以委托外地人民法院调查。

委托调查，必须提出明确的项目和要求。受委托人民法院可以主动补充调查。

受委托人民法院收到委托书后，应当在三十日内完成调查。因故不能完成的，应当在上述期限内函告委托人民法院。

第一百一十九条 必须共同进行诉讼的当事人没有参加诉讼的，人民法院应当通知其参加诉讼。

第三节 开庭审理

第一百二十条 人民法院审理民事案件，除涉及国家秘密、个人隐私或者法律另有规定的以外，应当公开进行。

离婚案件，涉及商业秘密的案件，当事人申请不公开审理的，可以不公开审理。

第一百二十一条 人民法院审理民事案件，根据需要进行巡回审理，就地办案。

第一百二十二条 人民法院审理民事案件，应当在开庭三日前通知当事人和其他诉讼参与人。公开审理的，应当公告当事人姓名、案由和开庭的时间、地点。

第一百二十三条 开庭审理前，书记员应当查明当事人和其他诉讼参与人是否到庭，宣布法庭纪律。

开庭审理时，由审判长核对当事人，宣布案由，宣布审判人员、书记员名单，告知当事人有关的诉讼权利义务，询问当事人是否提出回避申请。

第一百二十四条 法庭调查按照下列顺序进行：

（一）当事人陈述；

（二）告知证人的权利义务，证人作证，宣读未到庭的证人证言；

（三）出示书证、物证和视听资料；

（四）宣读鉴定结论；

（五）宣读勘验笔录。

第一百二十五条 当事人在法庭上可以提出新的证据。

当事人经法庭许可，可以向证人、鉴定人、勘验人发问。

当事人要求重新进行调查、鉴定或者勘验的，是否准许，由人民法院决定。

第一百二十六条 原告增加诉讼请求，被告提出反诉，第三人提出与本案有关的诉讼请求，可以合并审理。

第一百二十七条 法庭辩论按照下列顺序进行：

（一）原告及其诉讼代理人发言；

（二）被告及其诉讼代理人答辩；

（三）第三人及其诉讼代理人发言或者答辩；

（四）互相辩论。

法庭辩论终结，由审判长按照原告、被告、第三人的先后顺序征询各方最后意见。

第一百二十八条 法庭辩论终结，应当依法作出判决。判决前能够调解的，还可以进行调解，调解不成的，应当及时判决。

第一百二十九条 原告经传票传唤，无正当理由拒不到庭的，或者未经法庭许可中途退庭的，可以按撤诉处理；被告反诉的，可以缺席判决。

第一百三十条 被告经传票传唤，无正当理由拒不到庭的，或者未经法庭许可中途退庭的，可以缺席判决。

第一百三十一条 宣判前，原告申请撤诉的，是否准许，由人民法院裁定。

人民法院裁定不准许撤诉的，原告经传票传唤，无正当理由拒不到庭的，可以缺席判决。

第一百三十二条 有下列情形之一的，可以延期开庭审理：

（一）必须到庭的当事人和其他诉讼参与人有正当理由没有到庭的；

（二）当事人临时提出回避申请的；

（三）需要通知新的证人到庭，调取新的证据，重新鉴定、勘验，或者需要补充调查的；

（四）其他应当延期的情形。

第一百三十三条 书记员应当将法庭审理的全部活动记入笔录，由审判人员和书记员签名。

法庭笔录应当当庭宣读，也可以告知当事人和其他诉讼参与人当庭或者在五日内阅读。当事人和其他诉讼参与人认为对自己的陈述记录有遗漏或者差错的，有权申请补正。如果不予补正，应当将申请记录在案。

法庭笔录由当事人和其他诉讼参与人签名或者盖章。拒绝签名盖章的，记明情况附卷。

第一百三十四条 人民法院对公开审理或者不公开审理的案件，一律公开宣告判决。

当庭宣判的，应当在十日内发送判决书；定期宣判的，宣判后立即发给判决书。

宣告判决时，必须告知当事人上诉权利、上诉期限和上诉的法院。

宣告离婚判决，必须告知当事人在判决发生法律效力前不得另行结婚。

第一百三十五条 人民法院适用普通程序审理的案件，应当在立案之日起六个月内审结。有特殊情况需要延长的，由本院院长批准，可以延长六个月；还需要延长的，报请上级人民法院批准。

第四节　诉讼中止和终结

第一百三十六条　有下列情形之一的，中止诉讼：

（一）一方当事人死亡，需要等待继承人表明是否参加诉讼的；

（二）一方当事人丧失诉讼行为能力，尚未确定法定代理人的；

（三）作为一方当事人的法人或者其他组织终止，尚未确定权利义务承受人的；

（四）一方当事人因不可抗拒的事由，不能参加诉讼的；

（五）本案必须以另一案的审理结果为依据，而另一案尚未审结的；

（六）其他应当中止诉讼的情形。

中止诉讼的原因消除后，恢复诉讼。

第一百三十七条　有下列情形之一的，终结诉讼：

（一）原告死亡，没有继承人，或者继承人放弃诉讼权利的；

（二）被告死亡，没有遗产，也没有应当承担义务的人的；

（三）离婚案件一方当事人死亡的；

（四）追索赡养费、扶养费、抚育费以及解除收养关系案件的一方当事人死亡的。

第五节　判决和裁定

第一百三十八条　判决书应当写明：

（一）案由、诉讼请求、争议的事实和理由；

（二）判决认定的事实、理由和适用的法律依据；

（三）判决结果和诉讼费用的负担；

（四）上诉期间和上诉的法院。

判决书由审判人员、书记员署名，加盖人民法院印章。

第一百三十九条　人民法院审理案件，其中一部分事实已经清楚，可以就该部分先行判决。

第一百四十条　裁定适用于下列范围：

（一）不予受理；

（二）对管辖权有异议的；

（三）驳回起诉；

（四）财产保全和先予执行；

（五）准许或者不准许撤诉；

（六）中止或者终结诉讼；

（七）补正判决书中的笔误；

（八）中止或者终结执行；

（九）不予执行仲裁裁决；

（十）不予执行公证机关赋予强制执行效力的债权文书；

（十一）其他需要裁定解决的事项。

对前款第（一）、（二）、（三）项裁定，可以上诉。

裁定书由审判人员、书记员署名，加盖人民法院印章。口头裁定的，记入笔录。

第一百四十一条 最高人民法院的判决、裁定，以及依法不准上诉或者超过上诉期没有上诉的判决、裁定，是发生法律效力的判决、裁定。

第十三章 简易程序

第一百四十二条 基层人民法院和它派出的法庭审理事实清楚、权利义务关系明确、争议不大的简单的民事案件，适用本章规定。

第一百四十三条 对简单的民事案件，原告可以口头起诉。

当事人双方可以同时到基层人民法院或者它派出的法庭，请求解决纠纷。基层人民法院或者它派出的法庭可以当即审理，也可以另定日期审理。

第一百四十四条 基层人民法院和它派出的法庭审理简单的民事案件，可以用简便方式随时传唤当事人、证人。

第一百四十五条 简单的民事案件由审判员一人独任审理，并不受本法第一百二十二条、第一百二十四条、第一百二十七条规定的限制。

第一百四十六条 人民法院适用简易程序审理案件，应当在立案之日起三个月内审结。

第十四章 第二审程序

第一百四十七条 当事人不服地方人民法院第一审判决的，有权在判决书送达之日起十五日内向上一级人民法院提起上诉。

当事人不服地方人民法院第一审裁定的，有权在裁定书送达之日起十日内向上一级人民法院提起上诉。

第一百四十八条 上诉应当递交上诉状。上诉状的内容，应当包括当事人的姓名，法人的名称及其法定代表人的姓名或者其他组织的名称及其主要负责人的姓名；原审人民法院名称、案件的编号和案由；上诉的请求和理由。

第一百四十九条 上诉状应当通过原审人民法院提出，并按照对方当事人或者代表人的人数提出副本。

当事人直接向第二审人民法院上诉的，第二审人民法院应当在五日内将上诉状移交原审人民法院。

第一百五十条 原审人民法院收到上诉状，应当在五日内将上诉状副本送达对方当事人，对方当事人在收到之日起十五日内提出答辩状。人民法院应当在收到答辩状之日起五日内将副本送达上诉人。对方当事人不提出答辩状的，不影响人民法院审理。

原审人民法院收到上诉状、答辩状，应当在五日内连同全部案卷和证据，报送第二审人民法院。

第一百五十一条 第二审人民法院应当对上诉请求的有关事实和适用法律进行审查。

第一百五十二条 第二审人民法院对上诉案件，应当组成合议庭，开庭审理。经过阅卷和调查，询问当事人，在事实核对清楚后，合议庭认为不需要开庭审理的，也可以径行判决、裁定。

第二审人民法院审理上诉案件，可以在本院进行，也可以到案件发生地或者原审人民法院所在地进行。

第一百五十三条 第二审人民法院对上诉案件，经过审理，按照下列情形，分别处理：

（一）原判决认定事实清楚，适用法律正确的，判决驳回上诉，维持原判决；

（二）原判决适用法律错误的，依法改判；

（三）原判决认定事实错误，或者原判决认定事实不清，证据不足，裁定撤销原判决，发回原审人民法院重审，或者查清事实后改判；

（四）原判决违反法定程序，可能影响案件正确判决的，裁定撤销原判决，发回原审人民法院重审。

当事人对重审案件的判决、裁定，可以上诉。

第一百五十四条 第二审人民法院对不服第一审人民法院裁定的上诉案件的处理，一律使用裁定。

第一百五十五条 第二审人民法院审理上诉案件，可以进行调解。调解达成协议，应当制作调解书，由审判人员、书记员署名，加盖人民法院印章。调解书送达后，原审人民法院的判决即视为撤销。

第一百五十六条 第二审人民法院判决宣告前，上诉人申请撤回上诉的，是否准许，由第二审人民法院裁定。

第一百五十七条 第二审人民法院审理上诉案件，除依照本章规定外，适用第一审普通程序。

第一百五十八条 第二审人民法院的判决、裁定，是终审的判决、裁定。

第一百五十九条 人民法院审理对判决的上诉案件，应当在第二审立案之日起三个月内审结。有特殊情况需要延长的，由本院院长批准。

人民法院审理对裁定的上诉案件，应当在第二审立案之日起三十日内作出终审裁定。

第十五章 特别程序

第一节 一般规定

第一百六十条 人民法院审理选民资格案件、宣告失踪或者宣告死亡案件、认定公民无民事行为能力或者限制民事行为能力案件和认定财产无主案件，适用本章规定。本章没有规定的，适用本法和其他法律的有关规定。

第一百六十一条 依照本章程序审理的案件，实行一审终审。选民资格案件或者重大、疑难的案件，由审判员组成合议庭审理；其他案件由审判员一人独任审理。

第一百六十二条 人民法院在依照本章程序审理案件的过程中，发现本案属于民事权益争议的，应当裁定终结特别程序，并告知利害关系人可以另行起诉。

第一百六十三条 人民法院适用特别程序审理的案件，应当在立案之日起三十日内或者公告期满后三十日内审结。有特殊情况需要延长的，由本院院长批准。但审理选民资格的案件除外。

第二节 选民资格案件

第一百六十四条 公民不服选举委员会对选民资格的申诉所作的处理决定，可以在选举日的五日以前向选区所在地基层人民法院起诉。

第一百六十五条 人民法院受理选民资格案件后，必须在选举日前审结。

审理时，起诉人、选举委员会的代表和有关公民必须参加。

人民法院的判决书，应当在选举日前送达选举委员会和起诉人，并通知有关公民。

第三节　宣告失踪、宣告死亡案件

第一百六十六条　公民下落不明满二年，利害关系人申请宣告其失踪的，向下落不明人住所地基层人民法院提出。

申请书应当写明失踪的事实、时间和请求，并附有公安机关或者其他有关机关关于该公民下落不明的书面证明。

第一百六十七条　公民下落不明满四年，或者因意外事故下落不明满二年，或者因意外事故下落不明，经有关机关证明该公民不可能生存，利害关系人申请宣告其死亡的，向下落不明人住所地基层人民法院提出。

申请书应当写明下落不明的事实、时间和请求，并附有公安机关或者其他有关机关关于该公民下落不明的书面证明。

第一百六十八条　人民法院受理宣告失踪、宣告死亡案件后，应当发出寻找下落不明人的公告。宣告失踪的公告期间为三个月，宣告死亡的公告期间为一年。因意外事故下落不明，经有关机关证明该公民不可能生存的，宣告死亡的公告期间为三个月。

公告期间届满，人民法院应当根据被宣告失踪、宣告死亡的事实是否得到确认，作出宣告失踪、宣告死亡的判决或者驳回申请的判决。

第一百六十九条　被宣告失踪、宣告死亡的公民重新出现，经本人或者利害关系人申请，人民法院应当作出新判决，撤销原判决。

第四节　认定公民无民事行为能力、限制民事行为能力案件

第一百七十条　申请认定公民无民事行为能力或者限制民事行为能力，由其近亲属或者其他利害关系人向该公民住所地基层人民法院提出。

申请书应当写明该公民无民事行为能力或者限制民事行为能力的事实和根据。

第一百七十一条　人民法院受理申请后，必要时应当对被请求认定为无民事行为能力或者限制民事行为能力的公民进行鉴定。申请人已提供鉴定结论的，应当对鉴定结论进行审查。

第一百七十二条　人民法院审理认定公民无民事行为能力或者限制民事行为能力的案件，应当由该公民的近亲属为代理人，但申请人除外。近亲属互相推诿的，由人民法院指定其中一人为代理人。该公民健康情况许可的，还应当询问本人的意见。

人民法院经审理认定申请有事实根据的，判决该公民为无民事行为能力或者限制民事行为能力人；认定申请没有事实根据的，应当判决予以驳回。

第一百七十三条　人民法院根据被认定为无民事行为能力人、限制民事行为能力

人或者他的监护人的申请，证实该公民无民事行为能力或者限制民事行为能力的原因已经消除的，应当作出新判决，撤销原判决。

第五节　认定财产无主案件

第一百七十四条　申请认定财产无主，由公民、法人或者其他组织向财产所在地基层人民法院提出。

申请书应当写明财产的种类、数量以及要求认定财产无主的根据。

第一百七十五条　人民法院受理申请后，经审查核实，应当发出财产认领公告。公告满一年无人认领的，判决认定财产无主，收归国家或者集体所有。

第一百七十六条　判决认定财产无主后，原财产所有人或者继承人出现，在民法通则规定的诉讼时效期间可以对财产提出请求，人民法院审查属实后，应当作出新判决，撤销原判决。

第十六章　审判监督程序

第一百七十七条　各级人民法院院长对本院已经发生法律效力的判决、裁定，发现确有错误，认为需要再审的，应当提交审判委员会讨论决定。

最高人民法院对地方各级人民法院已经发生法律效力的判决、裁定，上级人民法院对下级人民法院已经发生法律效力的判决、裁定，发现确有错误的，有权提审或者指令下级人民法院再审。

第一百七十八条　当事人对已经发生法律效力的判决、裁定，认为有错误的，可以向上一级人民法院申请再审，但不停止判决、裁定的执行。

第一百七十九条　当事人的申请符合下列情形之一的，人民法院应当再审：

（一）有新的证据，足以推翻原判决、裁定的；

（二）原判决、裁定认定的基本事实缺乏证据证明的；

（三）原判决、裁定认定事实的主要证据是伪造的；

（四）原判决、裁定认定事实的主要证据未经质证的；

（五）对审理案件需要的证据，当事人因客观原因不能自行收集，书面申请人民法院调查收集，人民法院未调查收集的；

（六）原判决、裁定适用法律确有错误的；

（七）违反法律规定，管辖错误的；

（八）审判组织的组成不合法或者依法应当回避的审判人员没有回避的；

（九）无诉讼行为能力人未经法定代理人代为诉讼或者应当参加诉讼的当事人，因不能归责于本人或者其诉讼代理人的事由，未参加诉讼的；

（十）违反法律规定，剥夺当事人辩论权利的；

（十一）未经传票传唤，缺席判决的；

（十二）原判决、裁定遗漏或者超出诉讼请求的；

（十三）据以作出原判决、裁定的法律文书被撤销或者变更的。

对违反法定程序可能影响案件正确判决、裁定的情形，或者审判人员在审理该案件时有贪污受贿，徇私舞弊，枉法裁判行为的，人民法院应当再审。

第一百八十条 当事人申请再审的，应当提交再审申请书等材料。人民法院应当自收到再审申请书之日起五日内将再审申请书副本发送对方当事人。对方当事人应当自收到再审申请书副本之日起十五日内提交书面意见；不提交书面意见的，不影响人民法院审查。人民法院可以要求申请人和对方当事人补充有关材料，询问有关事项。

第一百八十一条 人民法院应当自收到再审申请书之日起三个月内审查，符合本法第一百七十九条规定情形之一的，裁定再审；不符合本法第一百七十九条规定的，裁定驳回申请。有特殊情况需要延长的，由本院院长批准。

因当事人申请裁定再审的案件由中级人民法院以上的人民法院审理。最高人民法院、高级人民法院裁定再审的案件，由本院再审或者交其他人民法院再审，也可以交原审人民法院再审。

第一百八十二条 当事人对已经发生法律效力的调解书，提出证据证明调解违反自愿原则或者调解协议的内容违反法律的，可以申请再审。经人民法院审查属实的，应当再审。

第一百八十三条 当事人对已经发生法律效力的解除婚姻关系的判决，不得申请再审。

第一百八十四条 当事人申请再审，应当在判决、裁定发生法律效力后二年内提出；二年后据以作出原判决、裁定的法律文书被撤销或者变更，以及发现审判人员在审理该案件时有贪污受贿，徇私舞弊，枉法裁判行为的，自知道或者应当知道之日起三个月内提出。

第一百八十五条 按照审判监督程序决定再审的案件，裁定中止原判决的执行。裁定由院长署名，加盖人民法院印章。

第一百八十六条 人民法院按照审判监督程序再审的案件，发生法律效力的判决、裁定是由第一审法院作出的，按照第一审程序审理，所作的判决、裁定，当事人可以上诉；发生法律效力的判决、裁定是由第二审法院作出的，按照第二审程序审理，所作的判决、裁定，是发生法律效力的判决、裁定；上级人民法院按照审判监督程序提审的，按照第二审程序审理，所作的判决、裁定是发生法律效力的判决、裁定。

人民法院审理再审案件，应当另行组成合议庭。

第一百八十七条 最高人民检察院对各级人民法院已经发生法律效力的判决、裁定，上级人民检察院对下级人民法院已经发生法律效力的判决、裁定，发现有本法第一百七十九条规定情形之一的，应当提出抗诉。

地方各级人民检察院对同级人民法院已经发生法律效力的判决、裁定，发现有本法第一百七十九条规定情形之一的，应当提请上级人民检察院向同级人民法院提出抗诉。

第一百八十八条 人民检察院提出抗诉的案件，接受抗诉的人民法院应当自收到抗诉书之日起三十日内作出再审的裁定；有本法第一百七十九条第一款第（一）项至第（五）项规定情形之一的，可以交下一级人民法院再审。

第一百八十九条 人民检察院决定对人民法院的判决、裁定提出抗诉的，应当制作抗诉书。

第一百九十条 人民检察院提出抗诉的案件，人民法院再审时，应当通知人民检察院派员出席法庭。

第十七章　督促程序

第一百九十一条 债权人请求债务人给付金钱、有价证券，符合下列条件的，可以向有管辖权的基层人民法院申请支付令：

（一）债权人与债务人没有其他债务纠纷的；

（二）支付令能够送达债务人的。

申请书应当写明请求给付金钱或者有价证券的数量和所根据的事实、证据。

第一百九十二条 债权人提出申请后，人民法院应当在五日内通知债权人是否受理。

第一百九十三条 人民法院受理申请后，经审查债权人提供的事实、证据，对债权债务关系明确、合法的，应当在受理之日起十五日内向债务人发出支付令；申请不成立的，裁定予以驳回。

债务人应当自收到支付令之日起十五日内清偿债务，或者向人民法院提出书面异议。

债务人在前款规定的期间不提出异议又不履行支付令的，债权人可以向人民法院申请执行。

第一百九十四条 人民法院收到债务人提出的书面异议后，应当裁定终结督促程序，支付令自行失效，债权人可以起诉。

第十八章　公示催告程序

第一百九十五条　按照规定可以背书转让的票据持有人，因票据被盗、遗失或者灭失，可以向票据支付地的基层人民法院申请公示催告。依照法律规定可以申请公示催告的其他事项，适用本章规定。

申请人应当向人民法院递交申请书，写明票面金额、发票人、持票人、背书人等票据主要内容和申请的理由、事实。

第一百九十六条　人民法院决定受理申请，应当同时通知支付人停止支付，并在三日内发出公告，催促利害关系人申报权利。公示催告的期间，由人民法院根据情况决定，但不得少于六十日。

第一百九十七条　支付人收到人民法院停止支付的通知，应当停止支付，至公示催告程序终结。

公示催告期间，转让票据权利的行为无效。

第一百九十八条　利害关系人应当在公示催告期间向人民法院申报。

人民法院收到利害关系人的申报后，应当裁定终结公示催告程序，并通知申请人和支付人。

申请人或者申报人可以向人民法院起诉。

第一百九十九条　没有人申报的，人民法院应当根据申请人的申请，作出判决，宣告票据无效。判决应当公告，并通知支付人。自判决公告之日起，申请人有权向支付人请求支付。

第二百条　利害关系人因正当理由不能在判决前向人民法院申报的，自知道或者应当知道判决公告之日起一年内，可以向作出判决的人民法院起诉。

第三编　执行程序

第十九章　一般规定

第二百零一条　发生法律效力的民事判决、裁定，以及刑事判决、裁定中的财产部分，由第一审人民法院或者与第一审人民法院同级的被执行的财产所在地人民法院执行。

法律规定由人民法院执行的其他法律文书，由被执行人住所地或者被执行的财产所在地人民法院执行。

第二百零二条　当事人、利害关系人认为执行行为违反法律规定的，可以向负责执行的人民法院提出书面异议。当事人、利害关系人提出书面异议的，人民法院应当自收到书面异议之日起十五日内审查，理由成立的，裁定撤销或者改正；理由不成立的，裁定驳回。当事人、利害关系人对裁定不服的，可以自裁定送达之日起十日内向上一级人民法院申请复议。

第二百零三条 人民法院自收到申请执行书之日起超过六个月未执行的，申请执行人可以向上一级人民法院申请执行。上一级人民法院经审查，可以责令原人民法院在一定期限内执行，也可以决定由本院执行或者指令其他人民法院执行。

第二百零四条 执行过程中，案外人对执行标的提出书面异议的，人民法院应当自收到书面异议之日起十五日内审查，理由成立的，裁定中止对该标的的执行；理由不成立的，裁定驳回。案外人、当事人对裁定不服，认为原判决、裁定错误的，依照审判监督程序办理；与原判决、裁定无关的，可以自裁定送达之日起十五日内向人民法院提起诉讼。

第二百零五条 执行工作由执行员进行。

采取强制执行措施时，执行员应当出示证件。执行完毕后，应当将执行情况制作笔录，由在场的有关人员签名或者盖章。

人民法院根据需要可以设立执行机构。

第二百零六条 被执行人或者被执行的财产在外地的，可以委托当地人民法院代为执行。受委托人民法院收到委托函件后，必须在十五日内开始执行，不得拒绝。执行完毕后，应当将执行结果及时函复委托人民法院；在三十日内如果还未执行完毕，也应当将执行情况函告委托人民法院。

受委托人民法院自收到委托函件之日起十五日内不执行的，委托人民法院可以请求受委托人民法院的上级人民法院指令受委托人民法院执行。

第二百零七条 在执行中，双方当事人自行和解达成协议的，执行员应当将协议内容记入笔录，由双方当事人签名或者盖章。

一方当事人不履行和解协议的，人民法院可以根据对方当事人的申请，恢复对原生效法律文书的执行。

第二百零八条 在执行中，被执行人向人民法院提供担保，并经申请执行人同意的，人民法院可以决定暂缓执行及暂缓执行的期限。被执行人逾期仍不履行的，人民法院有权执行被执行人的担保财产或者担保人的财产。

第二百零九条 作为被执行人的公民死亡的，以其遗产偿还债务。作为被执行人的法人或者其他组织终止的，由其权利义务承受人履行义务。

第二百一十条 执行完毕后，据以执行的判决、裁定和其他法律文书确有错误，被人民法院撤销的，对已被执行的财产，人民法院应当作出裁定，责令取得财产的人返还；拒不返还的，强制执行。

第二百一十一条 人民法院制作的调解书的执行，适用本编的规定。

第二十章　执行的申请和移送

第二百一十二条　发生法律效力的民事判决、裁定，当事人必须履行。一方拒绝履行的，对方当事人可以向人民法院申请执行，也可以由审判员移送执行员执行。

调解书和其他应当由人民法院执行的法律文书，当事人必须履行。一方拒绝履行的，对方当事人可以向人民法院申请执行。

第二百一十三条　对依法设立的仲裁机构的裁决，一方当事人不履行的，对方当事人可以向有管辖权的人民法院申请执行。受申请的人民法院应当执行。

被申请人提出证据证明仲裁裁决有下列情形之一的，经人民法院组成合议庭审查核实，裁定不予执行：

（一）当事人在合同中没有订有仲裁条款或者事后没有达成书面仲裁协议的；

（二）裁决的事项不属于仲裁协议的范围或者仲裁机构无权仲裁的；

（三）仲裁庭的组成或者仲裁的程序违反法定程序的；

（四）认定事实的主要证据不足的；

（五）适用法律确有错误的；

（六）仲裁员在仲裁该案时有贪污受贿，徇私舞弊，枉法裁决行为的。

人民法院认定执行该裁决违背社会公共利益的，裁定不予执行。

裁定书应当送达双方当事人和仲裁机构。

仲裁裁决被人民法院裁定不予执行的，当事人可以根据双方达成的书面仲裁协议重新申请仲裁，也可以向人民法院起诉。

第二百一十四条　对公证机关依法赋予强制执行效力的债权文书，一方当事人不履行的，对方当事人可以向有管辖权的人民法院申请执行，受申请的人民法院应当执行。

公证债权文书确有错误的，人民法院裁定不予执行，并将裁定书送达双方当事人和公证机关。

第二百一十五条　申请执行的期间为二年。申请执行时效的中止、中断，适用法律有关诉讼时效中止、中断的规定。

前款规定的期间，从法律文书规定履行期间的最后一日起计算；法律文书规定分期履行的，从规定的每次履行期间的最后一日起计算；法律文书未规定履行期间的，从法律文书生效之日起计算。

第二百一十六条　执行员接到申请执行书或者移交执行书，应当向被执行人发出执行通知，责令其在指定的期间履行，逾期不履行的，强制执行。

被执行人不履行法律文书确定的义务，并有可能隐匿、转移财产的，执行员可以立即采取强制执行措施。

第二十一章　执行措施

第二百一十七条　被执行人未按执行通知履行法律文书确定的义务，应当报告当前以及收到执行通知之日前一年的财产情况。被执行人拒绝报告或者虚假报告的，人民法院可以根据情节轻重对被执行人或者其法定代理人、有关单位的主要负责人或者直接责任人员予以罚款、拘留。

第二百一十八条　被执行人未按执行通知履行法律文书确定的义务，人民法院有权向银行、信用合作社和其他有储蓄业务的单位查询被执行人的存款情况，有权冻结、划拨被执行人的存款，但查询、冻结、划拨存款不得超出被执行人应当履行义务的范围。

人民法院决定冻结、划拨存款，应当作出裁定，并发出协助执行通知书，银行、信用合作社和其他有储蓄业务的单位必须办理。

第二百一十九条　被执行人未按执行通知履行法律文书确定的义务，人民法院有权扣留、提取被执行人应当履行义务部分的收入。但应当保留被执行人及其所扶养家属的生活必需费用。

人民法院扣留、提取收入时，应当作出裁定，并发出协助执行通知书，被执行人所在单位、银行、信用合作社和其他有储蓄业务的单位必须办理。

第二百二十条　被执行人未按执行通知履行法律文书确定的义务，人民法院有权查封、扣押、冻结、拍卖、变卖被执行人应当履行义务部分的财产。但应当保留被执行人及其所扶养家属的生活必需品。

采取前款措施，人民法院应当作出裁定。

第二百二十一条　人民法院查封、扣押财产时，被执行人是公民的，应当通知被执行人或者他的成年家属到场；被执行人是法人或者其他组织的，应当通知其法定代表人或者主要负责人到场。拒不到场的，不影响执行。被执行人是公民的，其工作单位或者财产所在地的基层组织应当派人参加。

对被查封、扣押的财产，执行员必须造具清单，由在场人签名或者盖章后，交被执行人一份。被执行人是公民的，也可以交他的成年家属一份。

第二百二十二条　被查封的财产，执行员可以指定被执行人负责保管。因被执行人的过错造成的损失，由被执行人承担。

第二百二十三条　财产被查封、扣押后，执行员应当责令被执行人在指定期间履行法律文书确定的义务。被执行人逾期不履行的，人民法院可以按照规定交有关单位拍卖或者变卖被查封、扣押的财产。国家禁止自由买卖的物品，交有关单位按照国家规定的价格收购。

第二百二十四条　被执行人不履行法律文书确定的义务，并隐匿财产的，人民法院有权发出搜查令，对被执行人及其住所或者财产隐匿地进行搜查。

采取前款措施，由院长签发搜查令。

第二百二十五条 法律文书指定交付的财物或者票证，由执行员传唤双方当事人当面交付，或者由执行员转交，并由被交付人签收。

有关单位持有该项财物或者票证的，应当根据人民法院的协助执行通知书转交，并由被交付人签收。

有关公民持有该项财物或者票证的，人民法院通知其交出。拒不交出的，强制执行。

第二百二十六条 强制迁出房屋或者强制退出土地，由院长签发公告，责令被执行人在指定期间履行。被执行人逾期不履行的，由执行员强制执行。

强制执行时，被执行人是公民的，应当通知被执行人或者他的成年家属到场；被执行人是法人或者其他组织的，应当通知其法定代表人或者主要负责人到场。拒不到场的，不影响执行。被执行人是公民的，其工作单位或者房屋、土地所在地的基层组织应当派人参加。执行员应当将强制执行情况记入笔录，由在场人签名或者盖章。

强制迁出房屋被搬出的财物，由人民法院派人运至指定处所，交给被执行人。被执行人是公民的，也可以交给他的成年家属。因拒绝接收而造成的损失，由被执行人承担。

第二百二十七条 在执行中，需要办理有关财产权证照转移手续的，人民法院可以向有关单位发出协助执行通知书，有关单位必须办理。

第二百二十八条 对判决、裁定和其他法律文书指定的行为，被执行人未按执行通知履行的，人民法院可以强制执行或者委托有关单位或者其他人完成，费用由被执行人承担。

第二百二十九条 被执行人未按判决、裁定和其他法律文书指定的期间履行给付金钱义务的，应当加倍支付迟延履行期间的债务利息。被执行人未按判决、裁定和其他法律文书指定的期间履行其他义务的，应当支付迟延履行金。

第二百三十条 人民法院采取本法第二百一十八条、第二百一十九条、第二百二十条规定的执行措施后，被执行人仍不能偿还债务的，应当继续履行义务。债权人发现被执行人有其他财产的，可以随时请求人民法院执行。

第二百三十一条 被执行人不履行法律文书确定的义务的，人民法院可以对其采取或者通知有关单位协助采取限制出境，在征信系统记录、通过媒体公布不履行义务信息以及法律规定的其他措施。

第二十二章　执行中止和终结

第二百三十二条 有下列情形之一的，人民法院应当裁定中止执行：

（一）申请人表示可以延期执行的；

（二）案外人对执行标的提出确有理由的异议的；

（三）作为一方当事人的公民死亡，需要等待继承人继承权利或者承担义务的；

（四）作为一方当事人的法人或者其他组织终止，尚未确定权利义务承受人的；

（五）人民法院认为应当中止执行的其他情形。

中止的情形消失后，恢复执行。

第二百三十三条 有下列情形之一的，人民法院裁定终结执行：

（一）申请人撤销申请的；

（二）据以执行的法律文书被撤销的；

（三）作为被执行人的公民死亡，无遗产可供执行，又无义务承担人的；

（四）追索赡养费、扶养费、抚育费案件的权利人死亡的；

（五）作为被执行人的公民因生活困难无力偿还借款，无收入来源，又丧失劳动能力的；

（六）人民法院认为应当终结执行的其他情形。

第二百三十四条 中止和终结执行的裁定，送达当事人后立即生效。

第四编　涉外民事诉讼程序的特别规定

第二十三章　一般原则

第二百三十五条 在中华人民共和国领域内进行涉外民事诉讼，适用本编规定。本编没有规定的，适用本法其他有关规定。

第二百三十六条 中华人民共和国缔结或者参加的国际条约同本法有不同规定的，适用该国际条约的规定，但中华人民共和国声明保留的条款除外。

第二百三十七条 对享有外交特权与豁免的外国人、外国组织或者国际组织提起的民事诉讼，应当依照中华人民共和国有关法律和中华人民共和国缔结或者参加的国际条约的规定办理。

第二百三十八条 人民法院审理涉外民事案件，应当使用中华人民共和国通用的语言、文字。当事人要求提供翻译的，可以提供，费用由当事人承担。

第二百三十九条 外国人、无国籍人、外国企业和组织在人民法院起诉、应诉，需要委托律师代理诉讼的，必须委托中华人民共和国的律师。

第二百四十条 在中华人民共和国领域内没有住所的外国人、无国籍人、外国企业和组织委托中华人民共和国律师或者其他人代理诉讼，从中华人民共和国领域外寄交或者托交的授权委托书，应当经所在国公证机关证明，并经中华人民共和国驻该国使领馆认证，或者履行中华人民共和国与该所在国订立的有关条约中规定的证明手续后，才具有效力。

第二十四章　管辖

第二百四十一条　因合同纠纷或者其他财产权益纠纷，对在中华人民共和国领域内没有住所的被告提起的诉讼，如果合同在中华人民共和国领域内签订或者履行，或者诉讼标的物在中华人民共和国领域内，或者被告在中华人民共和国领域内有可供扣押的财产，或者被告在中华人民共和国领域内设有代表机构，可以由合同签订地、合同履行地、诉讼标的物所在地、可供扣押财产所在地、侵权行为地或者代表机构住所地人民法院管辖。

第二百四十二条　涉外合同或者涉外财产权益纠纷的当事人，可以用书面协议选择与争议有实际联系的地点的法院管辖。选择中华人民共和国人民法院管辖的，不得违反本法关于级别管辖和专属管辖的规定。

第二百四十三条　涉外民事诉讼的被告对人民法院管辖不提出异议，并应诉答辩的，视为承认该人民法院为有管辖权的法院。

第二百四十四条　因在中华人民共和国履行中外合资经营企业合同、中外合作经营企业合同、中外合作勘探开发自然资源合同发生纠纷提起的诉讼，由中华人民共和国人民法院管辖。

第二十五章　送达、期间

第二百四十五条　人民法院对在中华人民共和国领域内没有住所的当事人送达诉讼文书，可以采用下列方式：

（一）依照受送达人所在国与中华人民共和国缔结或者共同参加的国际条约中规定的方式送达；

（二）通过外交途径送达；

（三）对具有中华人民共和国国籍的受送达人，可以委托中华人民共和国驻受送达人所在国的使领馆代为送达；

（四）向受送达人委托的有权代其接受送达的诉讼代理人送达；

（五）向受送达人在中华人民共和国领域内设立的代表机构或者有权接受送达的分支机构、业务代办人送达；

（六）受送达人所在国的法律允许邮寄送达的，可以邮寄送达，自邮寄之日起满六个月，送达回证没有退回，但根据各种情况足以认定已经送达的，期间届满之日视为送达；

（七）不能用上述方式送达的，公告送达，自公告之日起满六个月，即视为送达。

第二百四十六条　被告在中华人民共和国领域内没有住所的，人民法院应当将起诉状副本送达被告，并通知被告在收到起诉状副本后三十日内提出答辩状。被告申请延期的，是否准许，由人民法院决定。

第二百四十七条　在中华人民共和国领域内没有住所的当事人，不服第一审人民法院判决、裁定的，有权在判决书、裁定书送达之日起三十日内提起上诉。被上诉人在收到上诉状副本后，应当在三十日内提出答辩状。当事人不能在法定期间提起上诉或者提出答辩状，申请延期的，是否准许，由人民法院决定。

第二百四十八条　人民法院审理涉外民事案件的期间，不受本法第一百三十五条、第一百五十九条规定的限制。

第二十六章　财产保全

第二百四十九条　当事人依照本法第九十二条的规定可以向人民法院申请财产保全。

利害关系人依照本法第九十三条的规定可以在起诉前向人民法院申请财产保全。

第二百五十条　人民法院裁定准许诉前财产保全后，申请人应当在三十日内提起诉讼。逾期不起诉的，人民法院应当解除财产保全。

第二百五十一条　人民法院裁定准许财产保全后，被申请人提供担保的，人民法院应当解除财产保全。

第二百五十二条　申请有错误的，申请人应当赔偿被申请人因财产保全所遭受的损失。

第二百五十三条　人民法院决定保全的财产需要监督的，应当通知有关单位负责监督，费用由被申请人承担。

第二百五十四条　人民法院解除保全的命令由执行员执行。

第二十七章　仲裁

第二百五十五条　涉外经济贸易、运输和海事中发生的纠纷，当事人在合同中订有仲裁条款或者事后达成书面仲裁协议，提交中华人民共和国涉外仲裁机构或者其他仲裁机构仲裁的，当事人不得向人民法院起诉。

当事人在合同中没有订有仲裁条款或者事后没有达成书面仲裁协议的，可以向人民法院起诉。

第二百五十六条 当事人申请采取财产保全的，中华人民共和国的涉外仲裁机构应当将当事人的申请，提交被申请人住所地或者财产所在地的中级人民法院裁定。

第二百五十七条 经中华人民共和国涉外仲裁机构裁决的，当事人不得向人民法院起诉。一方当事人不履行仲裁裁决的，对方当事人可以向被申请人住所地或者财产所在地的中级人民法院申请执行。

第二百五十八条 对中华人民共和国涉外仲裁机构作出的裁决，被申请人提出证据证明仲裁裁决有下列情形之一的，经人民法院组成合议庭审查核实，裁定不予执行：

（一）当事人在合同中没有订有仲裁条款或者事后没有达成书面仲裁协议的；

（二）被申请人没有得到指定仲裁员或者进行仲裁程序的通知，或者由于其他不属于被申请人负责的原因未能陈述意见的；

（三）仲裁庭的组成或者仲裁的程序与仲裁规则不符的；

（四）裁决的事项不属于仲裁协议的范围或者仲裁机构无权仲裁的。

人民法院认定执行该裁决违背社会公共利益的，裁定不予执行。

第二百五十九条 仲裁裁决被人民法院裁定不予执行的，当事人可以根据双方达成的书面仲裁协议重新申请仲裁，也可以向人民法院起诉。

第二十八章　司法协助

第二百六十条 根据中华人民共和国缔结或者参加的国际条约，或者按照互惠原则，人民法院和外国法院可以相互请求，代为送达文书、调查取证以及进行其他诉讼行为。

外国法院请求协助的事项有损于中华人民共和国的主权、安全或者社会公共利益的，人民法院不予执行。

第二百六十一条 请求和提供司法协助，应当依照中华人民共和国缔结或者参加的国际条约所规定的途径进行；没有条约关系的，通过外交途径进行。

外国驻中华人民共和国的使领馆可以向该国公民送达文书和调查取证，但不得违反中华人民共和国的法律，并不得采取强制措施。

除前款规定的情况外，未经中华人民共和国主管机关准许，任何外国机关或者个人不得在中华人民共和国领域内送达文书、调查取证。

第二百六十二条　外国法院请求人民法院提供司法协助的请求书及其所附文件，应当附有中文译本或者国际条约规定的其他文字文本。

人民法院请求外国法院提供司法协助的请求书及其所附文件，应当附有该国文字译本或者国际条约规定的其他文字文本。

第二百六十三条　人民法院提供司法协助，依照中华人民共和国法律规定的程序进行。外国法院请求采用特殊方式的，也可以按照其请求的特殊方式进行，但请求采用的特殊方式不得违反中华人民共和国法律。

第二百六十四条　人民法院作出的发生法律效力的判决、裁定，如果被执行人或者其财产不在中华人民共和国领域内，当事人请求执行的，可以由当事人直接向有管辖权的外国法院申请承认和执行，也可以由人民法院依照中华人民共和国缔结或者参加的国际条约的规定，或者按照互惠原则，请求外国法院承认和执行。

中华人民共和国涉外仲裁机构作出的发生法律效力的仲裁裁决，当事人请求执行的，如果被执行人或者其财产不在中华人民共和国领域内，应当由当事人直接向有管辖权的外国法院申请承认和执行。

第二百六十五条　外国法院作出的发生法律效力的判决、裁定，需要中华人民共和国人民法院承认和执行的，可以由当事人直接向中华人民共和国有管辖权的中级人民法院申请承认和执行，也可以由外国法院依照该国与中华人民共和国缔结或者参加的国际条约的规定，或者按照互惠原则，请求人民法院承认和执行。

第二百六十六条　人民法院对申请或者请求承认和执行的外国法院作出的发生法律效力的判决、裁定，依照中华人民共和国缔结或者参加的国际条约，或者按照互惠原则进行审查后，认为不违反中华人民共和国法律的基本原则或者国家主权、安全、社会公共利益的，裁定承认其效力，需要执行的，发出执行令，依照本法的有关规定执行。违反中华人民共和国法律的基本原则或者国家主权、安全、社会公共利益的，不予承认和执行。

第二百六十七条　国外仲裁机构的裁决，需要中华人民共和国人民法院承认和执行的，应当由当事人直接向被执行人住所地或者其财产所在地的中级人民法院申请，人民法院应当依照中华人民共和国缔结或者参加的国际条约，或者按照互惠原则办理。

第二百六十八条　本法自公布之日起施行，《中华人民共和国民事诉讼法（试行）》同时废止。

中华人民共和国国家赔偿法

（1994年5月12日第八届全国人民代表大会常务委员会第七次会议通过 根据2010年4月29日第十一届全国人民代表大会常务委员会第十四次会议《关于修改〈中华人民共和国国家赔偿法〉的决定》修正）

第一章　总则

第一条 为第一条为保障公民、法人和其他组织享有依法取得国家赔偿的权利，促进国家机关依法行使职权，根据宪法，制定本法。

第二条 国家机关和国家机关工作人员行使职权，有本法规定的侵犯公民、法人和其他组织合法权益的情形，造成损害的，受害人有依照本法取得国家赔偿的权利。

本法规定的赔偿义务机关，应当依照本法及时履行赔偿义务。

第二章　行政赔偿

第一节赔偿范围

第三条 行政机关及其工作人员在行使行政职权时有下列侵犯人身权情形之一的，受害人有取得赔偿的权利：

（一）违法拘留或者违法采取限制公民人身自由的行政强制措施的；

（二）非法拘禁或者以其他方法非法剥夺公民人身自由的；

（三）以殴打、虐待等行为或者唆使、放纵他人以殴打、虐待等行为造成公民身体伤害或者死亡的；

（四）违法使用武器、警械造成公民身体伤害或者死亡的；

（五）造成公民身体伤害或者死亡的其他违法行为。

第四条 行政机关及其工作人员在行使行政职权时有下列侵犯财产权情形之一的，受害人有取得赔偿的权利：

（一）违法实施罚款、吊销许可证和执照、责令停产停业、没收财物等行政处罚的；

（二）违法对财产采取查封、扣押、冻结等行政强制措施的；

（三）违法征收、征用财产的；

（四）造成财产损害的其他违法行为。

第五条 属于下列情形之一的，国家不承担赔偿责任：

（一）行政机关工作人员与行使职权无关的个人行为；

（二）因公民、法人和其他组织自己的行为致使损害发生的；

（三）法律规定的其他情形。

第二节 赔偿请求人和赔偿义务机关

第六条 受害的公民、法人和其他组织有权要求赔偿。

受害的公民死亡，其继承人和其他有扶养关系的亲属有权要求赔偿。

受害的法人或者其他组织终止的，其权利承受人有权要求赔偿。

第七条 行政机关及其工作人员行使行政职权侵犯公民、法人和其他组织的合法权益造成损害的，该行政机关为赔偿义务机关。

两个以上行政机关共同行使行政职权时侵犯公民、法人和其他组织的合法权益造成损害的，共同行使行政职权的行政机关为共同赔偿义务机关。

法律、法规授权的组织在行使授予的行政权力时侵犯公民、法人和其他组织的合法权益造成损害的，被授权的组织为赔偿义务机关。

受行政机关委托的组织或者个人在行使受委托的行政权力时侵犯公民、法人和其他组织的合法权益造成损害的，委托的行政机关为赔偿义务机关。

赔偿义务机关被撤销的，继续行使其职权的行政机关为赔偿义务机关；没有继续行使其职权的行政机关的，撤销该赔偿义务机关的行政机关为赔偿义务机关。

第八条 经复议机关复议的，最初造成侵权行为的行政机关为赔偿义务机关，但复议机关的复议决定加重损害的，复议机关对加重的部分履行赔偿义务。

第三节 赔偿程序

第九条 赔偿义务机关有本法第三条、第四条规定情形之一的，应当给予赔偿。

赔偿请求人要求赔偿，应当先向赔偿义务机关提出，也可以在申请行政复议或者提起行政诉讼时一并提出。

第十条 赔偿请求人可以向共同赔偿义务机关中的任何一个赔偿义务机关要求赔偿，该赔偿义务机关应当先予赔偿。

第十一条 赔偿请求人根据受到的不同损害，可以同时提出数项赔偿要求。

第十二条 要求赔偿应当递交申请书，申请书应当载明下列事项：

（一）受害人的姓名、性别、年龄、工作单位和住所，法人或者其他组织的名称、住所和法定代表人或者主要负责人的姓名、职务；

（二）具体的要求、事实根据和理由；

（三）申请的年、月、日。

赔偿请求人书写申请书确有困难的，可以委托他人代书；也可以口头申请，由赔偿义务机关记入笔录。

赔偿请求人不是受害人本人的，应当说明与受害人的关系，并提供相应证明。

赔偿请求人当面递交申请书的，赔偿义务机关应当当场出具加盖本行政机关专用印章并注明收讫日期的书面凭证。申请材料不齐全的，赔偿义务机关应当当场或者在五日内一次性告知赔偿请求人需要补正的全部内容。

第十三条 赔偿义务机关应当自收到申请之日起两个月内，作出是否赔偿的决定。赔偿义务机关作出赔偿决定，应当充分听取赔偿请求人的意见，并可以与赔偿请求人就赔偿方式、赔偿项目和赔偿数额依照本法第四章的规定进行协商。

赔偿义务机关决定赔偿的，应当制作赔偿决定书，并自作出决定之日起十日内送达赔偿请求人。

赔偿义务机关决定不予赔偿的，应当自作出决定之日起十日内书面通知赔偿请求人，并说明不予赔偿的理由。

第十四条 赔偿义务机关在规定期限内未作出是否赔偿的决定，赔偿请求人可以自期限届满之日起三个月内，向人民法院提起诉讼。

赔偿请求人对赔偿的方式、项目、数额有异议的，或者赔偿义务机关作出不予赔偿决定的，赔偿请求人可以自赔偿义务机关作出赔偿或者不予赔偿决定之日起三个月内，向人民法院提起诉讼。

第十五条 人民法院审理行政赔偿案件，赔偿请求人和赔偿义务机关对自己提出的主张，应当提供证据。

赔偿义务机关采取行政拘留或者限制人身自由的强制措施期间，被限制人身自由的人死亡或者丧失行为能力的，赔偿义务机关的行为与被限制人身自由的人的死亡或者丧失行为能力是否存在因果关系，赔偿义务机关应当提供证据。

第十六条 赔偿义务机关赔偿损失后，应当责令有故意或者重大过失的工作人员或者受委托的组织或者个人承担部分或者全部赔偿费用。

对有故意或者重大过失的责任人员，有关机关应当依法给予处分；构成犯罪的，应当依法追究刑事责任。

第三章　刑事赔偿

第一节　赔偿范围

第十七条　行使侦查、检察、审判职权的机关以及看守所、监狱管理机关及其工作人员在行使职权时有下列侵犯人身权情形之一的，受害人有取得赔偿的权利：

（一）违反刑事诉讼法的规定对公民采取拘留措施的，或者依照刑事诉讼法规定的条件和程序对公民采取拘留措施，但是拘留时间超过刑事诉讼法规定的时限，其后决定撤销案件、不起诉或者判决宣告无罪终止追究刑事责任的；

（二）对公民采取逮捕措施后，决定撤销案件、不起诉或者判决宣告无罪终止追究刑事责任的；

（三）依照审判监督程序再审改判无罪，原判刑罚已经执行的；

（四）刑讯逼供或者以殴打、虐待等行为或者唆使、放纵他人以殴打、虐待等行为造成公民身体伤害或者死亡的；

（五）违法使用武器、警械造成公民身体伤害或者死亡的。

第十八条　行使侦查、检察、审判职权的机关以及看守所、监狱管理机关及其工作人员在行使职权时有下列侵犯财产权情形之一的，受害人有取得赔偿的权利：

（一）违法对财产采取查封、扣押、冻结、追缴等措施的；

（二）依照审判监督程序再审改判无罪，原判罚金、没收财产已经执行的。

第十九条　属于下列情形之一的，国家不承担赔偿责任：

（一）因公民自己故意作虚伪供述，或者伪造其他有罪证据被羁押或者被判处刑罚的；

（二）依照刑法第十七条、第十八条规定不负刑事责任的人被羁押的；

（三）依照刑事诉讼法第十五条、第一百四十二条第二款规定不追究刑事责任的人被羁押的；

（四）行使侦查、检察、审判职权的机关以及看守所、监狱管理机关的工作人员与行使职权无关的个人行为；

（五）因公民自伤、自残等故意行为致使损害发生的；

（六）法律规定的其他情形。

第二节　赔偿请求人和赔偿义务机关

第二十条　赔偿请求人的确定依照本法第六条的规定。

第二十一条　行使侦查、检察、审判职权的机关以及看守所、监狱管理机关及其工作人员在行使职权时侵犯公民、法人和其他组织的合法权益造成损害的，该机关为赔偿义务机关。

对公民采取拘留措施，依照本法的规定应当给予国家赔偿的，作出拘留决定的机关为赔偿义务机关。

对公民采取逮捕措施后决定撤销案件、不起诉或者判决宣告无罪的，作出逮捕决定的机关为赔偿义务机关。

再审改判无罪的，作出原生效判决的人民法院为赔偿义务机关。二审改判无罪，以及二审发回重审后作无罪处理的，作出一审有罪判决的人民法院为赔偿义务机关。

第三节　赔偿程序

第二十二条　赔偿义务机关有本法第十七条、第十八条规定情形之一的，应当给予赔偿。

赔偿请求人要求赔偿，应当先向赔偿义务机关提出。

赔偿请求人提出赔偿请求，适用本法第十一条、第十二条的规定。

第二十三条　赔偿义务机关应当自收到申请之日起两个月内，作出是否赔偿的决定。赔偿义务机关作出赔偿决定，应当充分听取赔偿请求人的意见，并可以与赔偿请求人就赔偿方式、赔偿项目和赔偿数额依照本法第四章的规定进行协商。

赔偿义务机关决定赔偿的，应当制作赔偿决定书，并自作出决定之日起十日内送达赔偿请求人。

赔偿义务机关决定不予赔偿的，应当自作出决定之日起十日内书面通知赔偿请求人，并说明不予赔偿的理由。

第二十四条　赔偿义务机关在规定期限内未作出是否赔偿的决定，赔偿请求人可以自期限届满之日起三十日内向赔偿义务机关的上一级机关申请复议。

赔偿请求人对赔偿的方式、项目、数额有异议的，或者赔偿义务机关作出不予赔偿决定的，赔偿请求人可以自赔偿义务机关作出赔偿或者不予赔偿决定之日起三十日内，向赔偿义务机关的上一级机关申请复议。

赔偿义务机关是人民法院的，赔偿请求人可以依照本条规定向其上一级人民法院赔偿委员会申请作出赔偿决定。

第二十五条　复议机关应当自收到申请之日起两个月内作出决定。

赔偿请求人不服复议决定的，可以在收到复议决定之日起三十日内向复议机关所在地的同级人民法院赔偿委员会申请作出赔偿决定；复议机关逾期不作决定的，赔偿请求人可以自期限届满之日起三十日内向复议机关所在地的同级人民法院赔偿委员会申请作出赔偿决定。

第二十六条 人民法院赔偿委员会处理赔偿请求，赔偿请求人和赔偿义务机关对自己提出的主张，应当提供证据。

被羁押人在羁押期间死亡或者丧失行为能力的，赔偿义务机关的行为与被羁押人的死亡或者丧失行为能力是否存在因果关系，赔偿义务机关应当提供证据。

第二十七条 人民法院赔偿委员会处理赔偿请求，采取书面审查的办法。必要时，可以向有关单位和人员调查情况、收集证据。赔偿请求人与赔偿义务机关对损害事实及因果关系有争议的，赔偿委员会可以听取赔偿请求人和赔偿义务机关的陈述和申辩，并可以进行质证。

第二十八条 人民法院赔偿委员会应当自收到赔偿申请之日起三个月内作出决定；属于疑难、复杂、重大案件的，经本院院长批准，可以延长三个月。

第二十九条 中级以上的人民法院设立赔偿委员会，由人民法院三名以上审判员组成，组成人员的人数应当为单数。

赔偿委员会作赔偿决定，实行少数服从多数的原则。

赔偿委员会作出的赔偿决定，是发生法律效力的决定，必须执行。

第三十条 赔偿请求人或者赔偿义务机关对赔偿委员会作出的决定，认为确有错误的，可以向上一级人民法院赔偿委员会提出申诉。

赔偿委员会作出的赔偿决定生效后，如发现赔偿决定违反本法规定的，经本院院长决定或者上级人民法院指令，赔偿委员会应当在两个月内重新审查并依法作出决定，上一级人民法院赔偿委员会也可以直接审查并作出决定。

最高人民检察院对各级人民法院赔偿委员会作出的决定，上级人民检察院对下级人民法院赔偿委员会作出的决定，发现违反本法规定的，应当向同级人民法院赔偿委员会提出意见，同级人民法院赔偿委员会应当在两个月内重新审查并依法作出决定。

第三十一条 赔偿义务机关赔偿后，应当向有下列情形之一的工作人员追偿部分或者全部赔偿费用：

（一）有本法第十七条第四项、第五项规定情形的；

（二）在处理案件中有贪污受贿，徇私舞弊，枉法裁判行为的。

对有前款规定情形的责任人员，有关机关应当依法给予处分；构成犯罪的，应当依法追究刑事责任。

第四章 赔偿方式和计算标准

第三十二条 国家赔偿以支付赔偿金为主要方式。

能够返还财产或者恢复原状的，予以返还财产或者恢复原状。

第三十三条 侵犯公民人身自由的，每日赔偿金按照国家上年度职工日平均工资计算。

第三十四条 侵犯公民生命健康权的，赔偿金按照下列规定计算：

（一）造成身体伤害的，应当支付医疗费、护理费，以及赔偿因误工减少的收入。减少的收入每日的赔偿金按照国家上年度职工日平均工资计算，最高额为国家上年度职工年平均工资的五倍；

（二）造成部分或者全部丧失劳动能力的，应当支付医疗费、护理费、残疾生活辅助具费、康复费等因残疾而增加的必要支出和继续治疗所必需的费用，以及残疾赔偿金。残疾赔偿金根据丧失劳动能力的程度，按照国家规定的伤残等级确定，最高不超过国家上年度职工年平均工资的二十倍。造成全部丧失劳动能力的，对其扶养的无劳动能力的人，还应当支付生活费；

（三）造成死亡的，应当支付死亡赔偿金、丧葬费，总额为国家上年度职工年平均工资的二十倍。对死者生前扶养的无劳动能力的人，还应当支付生活费。

前款第二项、第三项规定的生活费的发放标准，参照当地最低生活保障标准执行。被扶养的人是未成年人的，生活费给付至十八周岁止；其他无劳动能力的人，生活费给付至死亡时止。

第三十五条 有本法第三条或者第十七条规定情形之一，致人精神损害的，应当在侵权行为影响的范围内，为受害人消除影响，恢复名誉，赔礼道歉；造成严重后果的，应当支付相应的精神损害抚慰金。

第三十六条 侵犯公民、法人和其他组织的财产权造成损害的，按照下列规定处理：

（一）处罚款、罚金、追缴、没收财产或者违法征收、征用财产的，返还财产；

（二）查封、扣押、冻结财产的，解除对财产的查封、扣押、冻结，造成财产损坏或者灭失的，依照本条第三项、第四项的规定赔偿；

（三）应当返还的财产损坏的，能够恢复原状的恢复原状，不能恢复原状的，按照损害程度给付相应的赔偿金；

（四）应当返还的财产灭失的，给付相应的赔偿金；

（五）财产已经拍卖或者变卖的，给付拍卖或者变卖所得的价款；变卖的价款明显低于财产价值的，应当支付相应的赔偿金；

（六）吊销许可证和执照、责令停产停业的，赔偿停产停业期间必要的经常性费用开支；

（七）返还执行的罚款或者罚金、追缴或者没收的金钱，解除冻结的存款或者汇款的，应当支付银行同期存款利息；

（八）对财产权造成其他损害的，按照直接损失给予赔偿。

第三十七条 赔偿费用列入各级财政预算。

赔偿请求人凭生效的判决书、复议决定书、赔偿决定书或者调解书，向赔偿义务机关申请支付赔偿金。

赔偿义务机关应当自收到支付赔偿金申请之日起七日内，依照预算管理权限向有关的财政部门提出支付申请。财政部门应当自收到支付申请之日起十五日内支付赔偿金。

赔偿费用预算与支付管理的具体办法由国务院规定。

第五章　其他规定

第三十八条　人民法院在民事诉讼、行政诉讼过程中，违法采取对妨害诉讼的强制措施、保全措施或者对判决、裁定及其他生效法律文书执行错误，造成损害的，赔偿请求人要求赔偿的程序，适用本法刑事赔偿程序的规定。

第三十九条　赔偿请求人请求国家赔偿的时效为两年，自其知道或者应当知道国家机关及其工作人员行使职权时的行为侵犯其人身权、财产权之日起计算，但被羁押等限制人身自由期间不计算在内。在申请行政复议或者提起行政诉讼时一并提出赔偿请求的，适用行政复议法、行政诉讼法有关时效的规定。

赔偿请求人在赔偿请求时效的最后六个月内，因不可抗力或者其他障碍不能行使请求权的，时效中止。从中止时效的原因消除之日起，赔偿请求时效期间继续计算。

第四十条　外国人、外国企业和组织在中华人民共和国领域内要求中华人民共和国国家赔偿的，适用本法。

外国人、外国企业和组织的所属国对中华人民共和国公民、法人和其他组织要求该国国家赔偿的权利不予保护或者限制的，中华人民共和国与该外国人、外国企业和组织的所属国实行对等原则。

第六章　附则

第四十一条　赔偿请求人要求国家赔偿的，赔偿义务机关、复议机关和人民法院不得向赔偿请求人收取任何费用。

对赔偿请求人取得的赔偿金不予征税。

第四十二条　本法自1995年1月1日起施行。

中华人民共和国国家赔偿法修正案

十一届全国人大常委会第五次会议初次审议了《中华人民共和国国家赔偿法修正案(草案)》。现将《中华人民共和国国家赔偿法修正案(草案)》及草案说明在中国人大网公布，向社会公开征集意见。

四　中共中央、国务院重要文件

中共中央、国务院关于进一步加强和改进大学生思想政治教育的意见

（中发[2004]16号2004年8月26日）

为深入贯彻党的十六大精神，适应新形势、新任务的要求，提高大学生的思想政治素质，促进大学生的全面发展，现就进一步加强和改进大学生思想政治教育提出以下意见。

一、加强和改进大学生思想政治教育是一项重大而紧迫的战略任务

1. 大学生是十分宝贵的人才资源，是民族的希望，是祖国的未来。目前，我国在校大学生包括本科生、专科生和研究生约有2000万。加强和改进大学生思想政治教育，提高他们的思想政治素质，把他们培养成中国特色社会主义事业的建设者和接班人，对于全面实施科教兴国和人才强国战略，确保我国在激烈的国际竞争中始终立于不败之地，确保实现全面建设小康社会、加快推进社会主义现代化的宏伟目标，确保中国特色社会主义事业兴旺发达、后继有人，具有重大而深远的战略意义。

2. 改革开放特别是党的十三届四中全会以来，党中央坚持“两手抓、两手都要硬”的方针，切实加强和改进对大学生思想政治教育工作的领导。各地区各部门和高等学校认真贯彻落实中央要求，加强和改进思想政治教育工作，在培养高素质人才，推动高等教育改革发展，维护学校和社会稳定等方面发挥了重要作用。当代大学生思想政治状况的主流积极、健康、向上。他们热爱党，热爱祖国，热爱社会主义，坚决拥护党的路线方针政策，高度认同邓小平理论和“三个代表”重要思想，充分信赖以胡锦涛同志为总书记的党中央，对坚持走中国特色社会主义道路、实现全面建设小康社会的宏伟目标充满信心。

3. 国际国内形势的深刻变化，使大学生思想政治教育既面临有利条件，也面临严峻挑战。国际敌对势力与我争夺下一代的斗争更加尖锐复杂，大学生面临着大量西方文化思潮和价值观念的冲击，某些腐朽没落的生活方式对大学生的影响不可低估。随着对外开放不断扩大、社会主义市场经济的深入发展，我国社会经济成分、组织形式、就业方式、利益关系和分配方式日益多样化，人们思想活动的独立性、选择性、多变性和差异性日益增强。这有利于大学生树立自强意识、创新意识、成才意识、创

业意识，同时也带来一些不容忽视的负面影响。一些大学生不同程度地存在政治信仰迷茫、理想信念模糊、价值取向扭的、诚信意识淡薄、社会责任感缺乏、艰苦奋斗精神淡化、团结协作观念较差、心理素质欠佳等问题。

4. 面对新形势、新情况，大学生思想政治教育工作还不够适应，存在不少薄弱环节。一些地方、部门和学校的领导对大学生思想政治教育工作重视不够，办法不多。全社会关心支持大学生思想政治教育的合力尚未形成。学校思想政治理论课实效性不强，哲学社会科学一些学科教材建设滞后，思想政治教育与大学生思想实际结合不紧，少数学校没有把大学生的思想政治教育摆在首位、贯穿于教育教学的全过程。学生管理工作与形势发展要求不相适应，思想政治教育工作队伍建设亟待加强，少数教师不能做到教书育人、为人师表。加强和改进大学生思想政治教育是一项极为紧迫的重要任务。

二、加强和改进大学生思想政治教育的指导思想和基本原则

5. 加强和改进大学生思想政治教育的指导思想是：坚持以马克思列宁主义、毛泽东思想、邓小平理论和“三个代表”重要思想为指导，深入贯彻党的十六大精神，全面落实党的教育方针，紧密结合全面建设小康社会的实际，以理想信念教育为核心，以爱国主义教育为重点，以思想道德建设为基础，以大学生全面发展为目标，解放思想、实事求是、与时俱进，坚持以人为本，贴近实际、贴近生活、贴近学生，努力提高思想政治教育的针对性、实效性和吸引力、感染力，培养德智体美全面发展的社会主义合格建设者和可靠接班人。

6. 加强和改进大学生思想政治教育的基本原则是：(1)坚持教书与育人相结合。学校教育要坚持育人为本、德育为先，把人才培养作为根本任务，把思想政治教育摆在首要位置。(2)坚持教育与自我教育相结合。既要充分发挥学校教师、党团组织的教育引导作用，又要充分调动大学生的积极性和主动性，引导他们自我教育、自我管理、自我服务。(3)坚持政治理论教育与社会实践相结合。既重视课堂教育，又注重引导大学生深入社会、了解社会、服务社会。(4)坚持解决思想问趣与解决实际问题相结合。既讲道理又办实事，既以理服人又以情感人，增强思想政治教育的实际效果。(5)坚持教育与管理相结合。把思想政治教育融于学校管理之中，建立长效工作机制，使自律与他律、激励与约束有机地结合起来，有效地引导大学生的思想和行为。(6)坚持继承优良传统与改进创新相结合。在继承党的思想政治工作优良传统的基础上，积极探索新形势下大学生思想政治教育的新途径、新办法，努力体现时代性，把握规律性，富于创造性，增强实效性。

三、加强和改进大学生思想政治教育的主要任务

7. 以理想信念教育为核心，深入进行树立正确的世界观、人生观和价值观教育。要坚持不懈地用马克思列宁主义、毛泽东思想、邓小平理论和“三个代表”重要

思想武装大学生，深入开展党的基本理论、基本路线、基本纲领和基本经验教育，开展中国革命、建设和改革开放的历史教育，开展基本国情和形势政策教育，开展科学发展观教育，使大学生正确认识社会发展规律，认识国家的前途令运，认识自己的社会责任，确立在中国共产党领导下走中国特色社会主义道路、实现中华民族伟大复兴的共同理想和坚定信念。同时，要积极引导大学生不断追求更高的目标，使他们中的先进分子树立共产主义的远大理想，确立马克思主义的坚定信念。

8. 以爱国主义教育为重点，深入进行弘扬和培育民族精神教育。深入开展中华民族优良传统和中国革命传统教育，开展各民族平等团结教育，培养团结统一、爱好和平、勤劳勇敢、自强不息的精神，树立民族自尊心、自信心和自豪感。要把民族精神教育与以改革创新为核心的时代精神教育结合起来，引导大学生在中国特色社会主义事业的伟大实践中，在时代和社会的发展进步中汲取营养，培养爱国情怀、改革精神和创新能力，始终保持艰苦奋斗的作风和昂扬向上的精神状态。

9. 以基本道德规范为基础，深入进行公民道德教育。要认真贯彻《公民道德建设实施纲要》，以为人民服务为核心、以集体主义为原则、以诚实守信为重点，广泛开展社会公德、职业道德和家庭美德教育，引导大学生自觉遵守爱国守法、明礼诚信、团结友善、勤俭自强、敬业奉献的基本道德规范。坚持知行统一，积极开展道德实践活动，把道德实践活动融入大学生学习生活之中。修订完善大学生行为准则，引导大学生从身边的事情做起，从具体的事情做起，着力培养良好的道德品质和文明行为。

10. 以大学生全面发展为目标，深入进行素质教育。加强民主法制教育，增强遵纪守法观念。加强人文素质和科学精神教育，加强集体主义和团结合作精神教育，促进大学生思想道德素质、科学文化素质和健康素质协调发展，引导大学生勤于学习、善于创造、甘于奉献，成为有理想、有道德、有文化、有纪律的社会主义新人。

四、充分发挥课堂教学在大学生思想政治教育中的主导作用

11. 高等学校思想政治理论课是大学生思想政治教育的主渠道。思想政治理论课是大学生的必修课，是帮助大学生树立正确世界观、人生观、价值观的重要途径，体现了社会主义大学的本质要求。要按照充分体现当代马克思主义最新成果的要求，全面加强思想政治理论课的学科建设、课程建设、教材建设和教师队伍建设，进一步推动邓小平理论和“三个代表”重要思想进教材、进课堂、进大学生头脑工作。要联系改革开放和社会主义现代化建设的实际，联系大学生的思想实际，把传授知识与思想教育结合超来，把系统教学与专题教育结合起来，把理论武装与实践育人结合起来，切实改革教学内容，改进教学方法，改善教学手段。要加强对思想政治理论课的宏观指导，采取有力措施，力争在几年内使思想政治理论课教育教学情况有明显改善。

12. 形势政策教育是思想政治教育的重要内容和途径。要建立大学生形势政策报告会制度，定期编写形势政策教育宣讲提纲，建立形势政策教育资源库。国家机关和地方党政负责人要经常为大学生作形势报告。学校要紧密结合国际国内形势变化和学生关注的热点、难点问题，制定形势政策教育教学计划．认真组织实施。

13．高等学校哲学社会科学课程负有思想政治教育的重要职责。哲学社会科学中的绝大部分学科都具有鲜明的意识形态属性，对于帮助大学生坚定正确的政治方向，正确认识和分析复杂的社会现象，提高思想道德修养和精神境界具有十分重要作用。要坚持和巩固马克思主义在意识形态领域的指导地位，在哲学社会科学教学中充分体现马克思主义中国化的最新理论成果，用科学理论武装大学生，用优秀文化培育大学生。要发扬理论联系实际的优良学风，发挥哲学社会科学的优势，紧密围绕大学生普遍关心的、改革开放和现代化建设中的重大问题，做好释疑解惑和教育引导工作。要结合实施马克思主义理论研究和建设工程，精心组织编写全面反映毛泽东思想、邓小平理论和“三个代表”重要思想的哲学、政治经济学、科学社会主义、中共党史以及政治学、社会学、法学、史学、新闻学和文学等哲学社会科学重点学科的教材，努力形成以当代中国马克思主义为指导的吴有中国特色、中国风格、中国气派的哲学社会科学学科体系和教材体系。

14．高等学校各门课程都具有育人功能，所有教师都负有育人职责。广大教师要以高度负责的态度，率先垂范、言传身教，以良好的思想、道德、品质和人格给大学生以潜移默化的影响。要把思想政治教育融入到大学生专业学习的各个环节，渗透到教学、科研和社会服务各个方面。要深入发掘各类课程的思想政治教育资源，在传授专业知识过程中加强思想政治教育，使学生在学习科学文化知识过程中，自觉加强思想道德修养，提高政治觉悟。要坚持学术研究无禁区、课堂讲授有纪律，严格教育教学纪律，切实加强教材管理，在讲台上和教材中不得散布违背宪法和党的路线方针政策的错误观点和言论。

五、努力拓展新形势下大学生思想政治教育的有效途径

15．深入开展社会实践。社会实践是大学生思想政治教育的重要环节，对于促进大学生了解社会、了解国情，增长才干、奉献社会，锻炼毅力、培养品格，增强社会责任感具有不可替代的作用。要建立大学生社会实践保障体系。探索实践育人的长效机制，引导大学生走出校门，到基层去，到工农群众中去。高等学校要把社会实践纳入学校教育教学总体规划和教学大纲，规定学时和学分，提供必要经费。积极探索和建立社会实践与专业学习相结合、与服务社会相结合、与勤工助学相结合、与择业就业相结合、与创新创业相结合的管理体制，增强社会实践活动的效果，培养大学生的劳动观念和职业道德。要认真组织大学生参加军政训练。利用好寒暑假，开展形式多样的社会实践活动。积极组织大学生参加社会调查、生产劳动、志愿服务、公益活动、科技发明和勤工助学等社会实践活动。重视社会实践基地建设，不断丰富社会实践的内容和形式，提高社会实践的质量和效果，使大学生在社会实践活动中受教育、长才干、作贡献，增强社会责任感。

16. 大力建设校园文化。校园文化具有重要的育人功能，要建设体现社会主义特点、时代特征和学校特色的校园文化，形成优良的校风、教风和学风。大力加强大学生文化素质教育，开展丰富多彩、积极向上的学术、科技、体育、艺术和娱乐活动，把德育与智育、体育、美育有机结合起来，寓教育于文化活动之中。要善于结合传统节庆日、重大事件和开学典礼、毕业典礼等，开展特色鲜明、吸引力强的主题教育活动。重视校园人文环境和自然环境建设，完善校园文化活动设施．建设好大学生活动中心。加强校报、校刊、校内广播电视和学校出版社的建设，加强哲学社会科学研讨会、报告会、讲座的管理．绝不给错误观点扣言论提供传播渠道。坚决抵制各种有害文化和腐朽生活方式对大学生的侵蚀和影响。禁止在学校传播宗教。

17. 主动占领网络思想政治教育新阵地。要全面加强校园网的建设，使网络成为弘扬主旋律、开展思想政治教育的重要手段。要利用校园网为大学生学习、生活提供服务，对大学生进行教育和引导，不断拓展大学生思想政治教育的渠道和空间。要建设好融思想性、知识性、趣味性、服务性于一体的主题教育网站或网页，积极开展生动活泼的网络思想政治教育活动，形成网上网下思想政治教育的合力。要密切关注网上动态，了解大学生思想状况，加强同大学生的沟通与交流，及时回答和解决大学生提出的问题。要运用技术、行政和法律手段，加强校园网的管理，严防各种有害信息在网上传播。加强网络思想政治教育队伍建设，形成网络思想政治教育工作体系，牢牢把握网络思想政治教育主动权。

18. 开展深入细致的思想政治工作和心理健康教育。要结合大学生实际，广泛深入开展谈心活动，有针对性地帮助大学生处理好学习成才、择业交友、健康生活等方面的具体问题，提高思想认识和精神境界。要重视心理健康教育，根据大学生的身心发展特点和教育规律，注重培养大学生良好的心理品质和自尊、自爱、自律、自强的优良品格，增强大学生克服困难、经受考验、承受挫折的能力。要制定大学生心理健康教育计划，确定相应的教育内容、教育方法。要建立健全心理健康教育和咨询的专门机构，配备足够数量的专兼职心理健康教育教师，积极开展大学生心理健康教育和心理咨询辅导，引导大学生健康成长。

19. 努力解决大学生的实际问题。思想政治教育既要教育人、引导人，又要关心人、帮助人。高等学校要从严治教，加强管理，改善办学条件，提高教育教学质量，为大学生成长成才创造条件。要加强对经济困难大学生的资助工作，以政府投入为主，多方筹措资金，不断完善资助政策和措施，形成以国家助学贷款为主体，包括助学奖学金、勤工助学基金、特殊困难补助和学费减免在内的助学体系，帮助经济困难大学生完成学业。要帮助大学生树立正确的就业观念，引导毕业生到基层、到西部、到祖国最需要的地方建功立业。要进一步建立健全大学生就业指导机构和就业信息服务系统，提供高效优质的就业创业服务。通过服务育人、管理育人，把党和政府对大学生的关怀落到实处。

六、充分发挥党团组织在大学生思想政治教育中的重要作用

20. 发挥党的政治优势和组织优势，做好大学生思想政治教育工作。高等学校党组织要高度重视学生党员发展工作. 坚持标准，保证质量. 把优秀大学生吸纳到党的队伍中来。对入党积极分子要注重早期培养，加强制度建设，严格发展程序，进行系统的党的知识教育和实践锻炼。对大学生党员要加强党员先进性教育，使他们严格要求自己，提高党性修养，充分发挥在大学生思想政治教育中的骨干带头作用和先锋模范作用。

要坚持把党支部建在班上，努力实现本科学生班级“低年级有党员，高年级有党支部”的目标。创新学生党支部活动方式，丰富活动内容，增强凝聚力和战斗力，使其成为开展思想政治教育的坚强堡垒。高度重视研究生党组织建设，切实加强研究生思想政治教育。

21. 发挥共青团和学生组织作用，推进大学生思想政治教育。共青团是党领导下的先进青年的群众组织，是党的动手和后备军，在大学生思想政治教育中具有重要作用。高等学校团组织要把加强大学生思想政治教育工作摆在突出位置，充分发挥在教育、团结和联系大学生方面的优势，竭诚为大学生的成长成才服务。要全面实施大学生素质拓展计划，组织开展丰富多彩的思想政治教育活动。要加强对优秀团员的培养，认真做好推荐优秀共青团员入党工作。要坚持党建带团建，把加强团的建设作为高等学校党建的重要任务。要切实加强团的组织建设，选拔优秀青年党员教师做团的工作，保证高校共青团组织机构设置与人员配备。要把团干部作为思想政治教育工作队伍的重要组成部分，做好培养、锻炼和输送工作。

高等学校学生会、研究生会是党领导下的大学生群众组织，是加强和改进大学生思想政治教育的重要依靠力量，也是大学生自我教育的组织者。学生会、研究生会要自觉接受党的领导，在共青团指导下，针对大学生特点，开展生动有效的思想政治教育活动，把广大学生紧密团结在党的周围，在大学生思想政治教育中更好的发挥桥梁和纽带作用。

22. 依托班级、社团等组织形式. 开展大学生思想政治教育。班级是大学生的基本组织形式，是大学生自我教育、自我管理、自我服务的主要组织载体。要着力加强班级集体建设，组织开展丰富多彩的主题班会等活动，发挥团结学生、组织学生、教育学生的职能。要加强对大学生社团的领导和管理，帮助大学生社团选聘指导教师，支持和引导大学生社团自主开展活动。要高度重视大学生生活社区、学生公寓、网络虚拟群体等新型大学生组织的思想政治教育工作，选拔大学生骨干参与学生公寓、网络的教育管理，发挥大学生自身的积极性和主动性，增强教育效果。

七、大力加强大学生思想政治教育工作队伍建设

23. 思想政治教育工作队伍是加重和改进大学生思想政治教育的组织保证。大学生思想政治教育工作队伍主体是学校党政干部和共青团干部，思想政治理论课和哲学社会科学课教师，辅导员和班主任。学校党政干部和共青团干部负责学生思想政治教育的组织、协调、实施；思想政治理论和哲学社会科学课教师根据学科和课程的内容、特点，负责对学生进行思想理论教育、思想品德教育和人文素质教育；辅导员、班主任是大学生思想政治教育的骨干力量，辅导员按照党委的部署有针对性地开展思想政治教育活动，班主任负有在思想、学习和生活等方面指导学生的职责。要采取切实措施，培养一批坚持以马克思主义为指导，要论功底扎实，勇于开拓创新，善于联系实际，老中青相结合的哲学社会科学学科带头人和教学骨干队伍，使他们在大学生思想政治教育中发挥更大的作用。所有从事大学生思想政治教育的人员，都要坚持正确的政治方向，加强思想道德修养，增强社会责任感，成为大学生健康成长的指导者和引路人。在事关政治原则、政治立场和政治方向问题上不能与党中央保持一致的，不得从事大学生思想政治教育工作。

广大教职员工都负有对大学生进行思想政治教育的重要责任。要制定完善有关规定和政策，明确职责任务和考核办法，形成教书育人、管理育人、服务育人的良好氛围和工作格局。教师要提高师德和业务水平，爱岗敬业，教书育人，为人师表，以良好的思想政治素质和道德风范影响和教育学生。学校管理工作要体现育人导向，把严格日常管理引导大学生遵纪守法，养成良好行为习惯结合起来。后勤服务人员要努力搞好后勤保障，为大学生办实事、办好事，使大学生在优质服务中受到感染和教育。

24. 完善大学生思想政治教育工作队伍的选拔、培养和管理机制。按照政治强、业务精、纪律严、作风正的要求，坚持专兼结合的原则，研究和制定加强高校思想政治教育工作队伍建设的具体意见，吸引更多的优秀教师从事学生思想政治教育工作。要加强思想政治教育学科建设，培养思想政治教育工作专门人才。实施大学生思想政治教育队伍人才培养工程，建立思想政治教育人才培养基地。选拔推荐一批从事思想政治教育的骨干进一多深造，攻读思想政治教育相关专业的硕士、博士学位，学成后专职从事思想政治教育工作。采取有效措施，组织参加社会实践、挂职锻炼、学习考察等活动，不断提高他们的工作能力和水平。要建立完善大学生思想政治教育专职队伍的激励和保障机制。完善思想政治教育队伍的专业职务系列，从思想政治教育专职队伍的实际出发，解决好他们的教师职务聘任问题，鼓励支持他们安心本职工作，成为思想政治教育方面的专家。建立专项评优奖励制度，定期评比表彰思想政治教育工作先进集体和个人，树立、宣传、推广一批先进典型。

要采取有力措施，着力建设一支高水平的辅导员、班主任队伍。院(系)的每个年级都要按适当比例配备一定数量的专职辅导员，每个班级都要配备一名兼职班主任，鼓励优秀教师兼任班主任工作。辅导员、班主任工作在大学生思想政治教育第一线，任务繁重，责任重大，学校要从政治上、工作上、生活上关心他们，在政策和待遇方面给予适当倾斜。

八、努力营造大学生思想政治教育工作的良好社会环境

25. 全社会都要关心大学生的健康成长，支持大学生思想政治教育工作。宣传、舆论、新闻、文艺、出版等方面要坚持弘扬主旋律，为大学生思想政治教育营造良好的社会舆论氛围，为大学生提供丰富的精神食粮。要坚持团结稳定鼓劲、正面宣传为主，反映高等学校思想政治教育工作的先进典型和优秀大学生的先进事迹。各类网站要牢牢把握正确导向，主动承担社会责任，积极开发教育资源，开展形式多样的网络思想政治教育活动。重点新闻网站要不但改进创新，切实增强吸引力和感染力，在大学生思想政治教育中发挥导向作用。要大力发展文化事业和文化产业，为学生提供更多更好的文化产品和文化服务。文化部门和艺术团体要进一步推进高雅文化进校园活动，丰富校园文化生活，提高学生艺术修养。充分发挥爱国主义教育基地对大学生的教育作用，各类博物馆、纪念馆、展览馆、烈士陵园等爱国主义教育基地，对大学生集体参观一律实行免票。各级政府和企事业单位要鼓励和支持面向大学生的公益性文化活动。坚持不懈地开展“扫黄”“打非”，依法加强对各类网站的管理，净化文化市场和网络环境。

26. 各级党委和政府要为高等学校创造良好的育人环境。要把优化校园周边环境作为推进社会主义精神文明建设的重要任务，结合城市改造和社区建设搞好规划，加强综合治理。要依法加强对学校周边的文化、娱乐、商业经营活动的管理，坚决取缔干扰学校正常教学、生活秩序的经营性娱乐活动场所，严厉打击各种刑事犯罪活动，及时处理侵害学生合法权益、身心健康的事件和影响学校、社会稳定的事端。要为大学主专业实习和社会实践创造条件，提供便利。要把高校毕业生就业作为就业工作的重要组成部分，常抓不懈，完善毕业生就业市场机制，健全毕业生就业服务体系，落实毕业生自主创业、灵活就业的各项扶持政策。要动员社会各方力量，完善资助困难大学生的机制，帮助大学生解决实际团难。党政机关、社会团体、企事业单位以及街道、社区、村镇等要主动配合做好大学生思想政治教育工作。学校要探索建立与大学生家庭联系沟通的机制，相互配合对学生进行思想政治教育。

九、切实加强对大学生思想政治教育工作的领导

27. 各级党委和政府要从战略和全局的高度，充分认识加强和改进大学生思想政治教育的重大意义．把“培养什么人”、“如何培养人”这一重大课题始终摆在重要位置，切实加强领导。要弘扬求真务实精神，及时研究解决涉及大学生健康成长和切身利益的实际问题。制定有关政策和法规，不仅要有利于经济和各项事业的发展，而且要有利于大学生的健康成长。要建立健全党委统一领导、党政群齐抓共管、有关部门各负其责、全社会大力支持的领导机制和工作机制，形成全党全国全社会共同关心支持大学生思想政治教育的强大合力。教育部要对全国高等大学生思想政治教育工作统一规划、组织协调、宏观指导和督促检查。各地负责高校思想政治工作的部门，要切实负起责任。各有关部门要主动配合，共同做好大学生思想政治教育工作。要重视和加强民办高等学校党的建设和大学生的思想政治教育。

28. 高等学校要充分发挥大学生思想政治教育主阵地、主课堂、主渠道作用。要把大学生思想政治教育摆在学校各项工作的首位，贯穿于教育教学的全过程。要建立和完善党委统一领导、党政齐抓共管、专兼职队伍相结合、全校紧密配合、学生自我教育的领导体制和工作机制。高等学校党委要统一领导大学生思想政治教育工作，经常分析大学生思想状况和思想政治教育工作状况，制订思想政治教育的总体规划，对大学生思想政治教育作出全面部署和安排。校长要对大学生德智体美全面发展负责，把思想政治教育与教学、科研、社会服务工作结合起来，同时部署，同时检查，同时评估。学校各部门要明确各自责任，密切协作，切实完成相应任务。学校基层党团组织要认真履行学生思想政治教育的职责，把加强和改进大学生思想政治教育的各项任务真正落到实处。

29. 不断完善大学生思想政治教育的保障机制。要建立健全法律法规相协调、与高等教育全面发展相衔接、与大学生成长成才需要相适应的思想政治教育和管理的制度体系。要加大大学生思想政治教育工作的经费投入，教育行政部门和学校要合理确定思想政治教育工作方面的经费投入科目，列入预算，确保各项工作顺利开展。学校要为开展大学生思想政治教育工作提供必要的场所与设备，不断改善条件，优化手段。要把大学生思想政治教育工作作为对高等学校办学质量和水平评估考核的重要指标，纳入高等学校党的建设和教育教学评估体系。

30. 加强大学生思想政治教育科学研究工作。各级宣传和教育行政部门要组织专家学者积极开展科学研究，为加强和改进大学生思想政治教育提供理论支持和决策依据。各地哲学社会科学规划工作领导部门要把大学生思想政治教育重大问题研究列入规划。各级高等学校思想政治教育研究会等学术研究机构和团体要加强自身建设，发挥在大学生思想政治教育科学研究、决策咨询、工作指导等方面的重要作用。

中共中央、国务院关于进一步加强和改进未成年人思想道德建设的若干意见

（中发[2004]8号2004年2月26日）

为深入贯彻落实党的十六大精神，适应新形势、新任务的要求，全面提高未成年人的思想道德素质，现就进一步加强和改进未成年人思想道德建设，提出如下意见。

一、加强和改进未成年人思想道德建设是一项重大而紧迫的战略任务

（一）未成年人是祖国未来的建设者，是中国特色社会主义事业的接班人。目前，我国18岁以下的未成年人约有3.67亿。他们的思想道德状况如何，直接关系到中华民族的整体素质，关系到国家前途和民族命运。高度重视对下一代的教育培养，努力提高未成年人思想道德素质，是我们党的优良传统，是党和国家事业后继有人的重要保证。十三届四中全会以来，以江泽民同志为核心的第三代中央领导集体，坚持“两手抓、两手都要硬”的战略方针，采取一系列重大举措，在全面推进社会主义精神文明建设中，切实加强未成年人思想道德建设。十六大以来，以胡锦涛同志为总书记的党中央，从全面建设小康社会的战略高度，对新世纪新阶段进一步加强和改进未成年人思想道德建设提出了明确要求，作出了新的重要部署。各地区各部门认真贯彻中央要求，坚持以邓小平理论和“三个代表”重要思想指导未成年人思想道德建设，深入进行爱国主义、集体主义、社会主义和中华民族精神教育，大力加强公民道德教育，切实改进学校德育工作，广泛开展精神文明创建活动和形式多样的社会实践、道德实践活动，积极营造有利于未成年人健康成长的良好舆论氛围和社会环境，广大未成年人的综合素质不断提高。热爱祖国、积极向上、团结友爱、文明礼貌是当代中国未成年人精神世界的主流。

（二）面对国际国内形势的深刻变化，未成年人思想道德建设既面临新的机遇，也面临严峻挑战。我国对外开放的进一步扩大，为广大未成年人了解世界、增长知识、开阔视野提供了更加有利的条件。与此同时，国际敌对势力与我争夺接班人的斗争也日趋尖锐和复杂，他们利用各种途径加紧对我未成年人进行思想文化渗透，某些

腐朽没落的生活方式对未成年人的影响不能低估。我国社会主义市场经济的深入发展，社会经济成分、组织形式、就业方式、利益关系和分配方式的日益多样化，为未成年人的全面发展创造了更加广阔的空间，与社会进步相适应的新思想新观念正在丰富着未成年人的精神世界。与此同时，一些领域道德失范，诚信缺失、假冒伪劣、欺骗欺诈活动有所蔓延；一些地方封建迷信、邪教和黄赌毒等社会丑恶现象沉渣泛起，成为社会公害；一些成年人价值观发生扭曲，拜金主义、享乐主义、极端个人主义滋长，以权谋私等消极腐败现象屡禁不止等等，也给未成年人的成长带来不可忽视的负面影响。互联网等新兴媒体的快速发展，给未成年人学习和娱乐开辟了新的渠道。与此同时，腐朽落后文化和有害信息也通过网络传播，腐蚀未成年人的心灵。在各种消极因素影响下，少数未成年人精神空虚、行为失范，有的甚至走上违法犯罪的歧途。这些新情况新问题的出现，使未成年人思想道德建设面临一系列新课题。

（三）面对新的形势和任务，未成年人思想道德建设工作还存在许多不适应的地方和亟待加强的薄弱环节。一些地方和部门的领导对这项工作认识不足，重视不够，没有真正担负起领导责任；全社会关心和支持未成年人思想道德建设的风气尚未全面形成，还存在种种不利于未成年人健康成长的社会环境和消极因素；学校教育中重智育轻德育、重课堂教学轻社会实践的现象依然存在，推进素质教育的任务艰巨，教师职业道德建设有待进一步加强；随着人员流动性加大，一些家庭放松了对子女的教育，一些家长在教育子女尤其是独生子女的观念和方法上存在误区，给未成年人教育带来新的问题；未成年人思想道德建设在体制机制、思想观念、内容形式、方法手段、队伍建设、经费投入、政策措施等方面还有许多与时代要求不相适应的地方。这些问题应当引起足够重视，并采取有效措施加以解决。

（四）实现中华民族的伟大复兴，需要一代又一代人的不懈努力。从未成年人抓起，培养和造就千千万万具有高尚思想品质和良好道德修养的合格建设者和接班人，既是一项长远的战略任务，又是一项紧迫的现实任务。我们要从确保党的事业后继有人和社会主义事业兴旺发达的战略高度，从全面建设小康社会和实现中华民族伟大复兴的全局高度，从树立和落实科学发展观，坚持以人为本，执政为民的高度，充分认识加强和改进未成年人思想道德建设的重要性和紧迫性，适应新形势新任务的要求，积极应对挑战，加强薄弱环节，在巩固已有成果的基础上，采取扎实措施，努力开创未成年人思想道德建设工作的新局面。

二、加强和改进未成年人思想道德建设的指导思想、基本原则和主要任务

（五）当前和今后一个时期，加强和改进未成年人思想道德建设的指导思想是：坚持以马克思列宁主义、毛泽东思想、邓小平理论和“三个代表”重要思想为指导，深入贯彻十六大精神，全面落实《爱国主义教育实施纲要》、《公民道德建设实施纲要》，紧密结合全面建设小康社会的实际，针对未成年人身心成长的特点，积极探索新世纪新阶段未成年人思想道德建设的规律，坚持以人为本，教育和引导未成年人树立中国特色社会主义的理想信念和正确的世界观、人生观、价值观，养成高尚的思想品质和良好的道德情操，努力培育有理想、有道德、有文化、有纪律的，德、智、体、美全面发展的中国特色社会主义事业建设者和接班人。

（六）加强和改进未成年人思想道德建设要遵循以下原则：（1）坚持与培育“四有”新人的目标相一致、与社会主义市场经济相适应、与社会主义法律规范相协调、与中华民族传统美德相承接的原则。既要体现优良传统，又要反映时代特点，始终保持生机与活力。（2）坚持贴近实际、贴近生活、贴近未成年人的原则。既要遵循思想道德建设的普遍规律，又要适应未成年人身心成长的特点和接受能力，从他们的思想实际和生活实际出发，深入浅出，寓教于乐，循序渐进。多用鲜活通俗的语言，多用生动典型的事例，多用喜闻乐见的形式，多用疏导的方法、参与的方法、讨论的方法，进一步增强工作的针对性和实效性，增强吸引力和感染力。（3）坚持知与行相统一的原则。既要重视课堂教育，更要注重实践教育、体验教育、养成教育，注重自觉实践、自主参与，引导未成年人在学习道德知识的同时，自觉遵循道德规范。（4）坚持教育与管理相结合的原则。不断完善思想道德教育与社会管理、自律与他律相互补充和促进的运行机制，综合运用教育、法律、行政、舆论等手段，更有效地引导未成年人的思想，规范他们的行为。

（七）未成年人思想道德建设的主要任务是：（1）从增强爱国情感做起，弘扬和培育以爱国主义为核心的伟大民族精神。深入进行中华民族优良传统教育和中国革命传统教育、中国历史特别是近现代史教育，引导广大未成年人认识中华民族的历史和传统，了解近代以来中华民族的深重灾难和中国人民进行的英勇斗争，从小树立民族自尊心、自信心和自豪感。（2）从确立远大志向做起，树立和培育正确的理想信念。进行中国革命、建设和改革开放的历史教育与国情教育，引导广大未成年人正确认识社会发展规律，正确认识国家的前途和命运，把个人的成长进步同中国特色社会主义伟大事业、同祖国的繁荣富强紧密联系在一起，为担负起建设祖国、振兴中华的光荣使命做好准备。（3）从规范行为习惯做起，培养良好道德品质和文明行为。大力普及“爱国守法、明礼诚信、团结友善、勤俭自强、敬业奉献”的基本道德规范，积极倡导集体主义精神和社会主义人道主义精神，引导广大未成年人牢固树立心中有祖国、心中有集体、心中有他人的意识，懂得为人做事的基本道理，具备文明生活的基本素养，学会处理人与人、人与社会、人与自然等基本关系。（4）从提高基本素质做起，促进未成年人的全面发展。努力培育未成年人的劳动意识、创造意识、效率意识、环境意识和进取精神、科学精神以及民主法制观念，增强他们的动手能力、自主能力和自我保护能力，引导未成年人保持蓬勃朝气、旺盛活力和昂扬向上的精神状态，激励他们勤奋学习、大胆实践、勇于创造，使他们的思想道德素质、科学文化素质和健康素质得到全面提高。

三、扎实推进中小学思想道德教育

（八）学校是对未成年人进行思想道德教育的主渠道，必须按照党的教育方针，把德育工作摆在素质教育的首要位置，贯穿于教育教学的各个环节。要把弘扬和培育民族精神作为思想道德建设极为重要的任务，纳入中小学教育的全过程。

加快中小学思想品德、思想政治课的改进和建设，充分利用和整合各种德育资源，深入研究中小学生思想品德形成的规律和特点，把爱国主义教育、革命传统教育、中华传统美德教育和民主法制教育有机统一于教材之中，并保证占有适当份量，努力构建适应21世纪发展需要的中小学德育课程体系。积极改进中小学思想品德、思想政治课教学方法和形式，采用未成年人喜闻乐见、生动活泼的方式进行教学，把传授知识同陶冶情操、养成良好的行为习惯结合起来。要积极探索实践教学和学生参加社会实践、社区服务的有效机制，建立科学的学生思想道德行为综合考评制度。要因地制宜，积极开展各种富有趣味性的课外文化体育活动、怡情益智的课外兴趣小组活动和力所能及的公益性劳动，培养劳动观念和创新意识，丰富课外生活。要加强心理健康教育，培养学生良好的心理品质。要把思想品德教育与法制教育紧密结合起来，使二者有机统一，相辅相成。要在中小学生中广泛开展“珍惜生命、远离毒品”教育和崇尚科学文明、反对迷信邪教教育，坚决防止毒品、邪教进校园。要加强工读学校建设，对有不良行为的未成年人进行矫治和帮助。

要采取坚决措施，改革课程设置、教材和教学方法，切实减轻中小学生的课业负担，为加强学生思想道德建设，增强创新精神和实践能力，培育德、智、体、美全面发展的社会主义事业接班人创造良好条件。

（九）要依据不同年龄段学生的特点，抓紧修订和完善中小学生《守则》和日常行为规范。对小学生重点是规范其基本言行，培养良好习惯。对中学生重点是加强爱祖国、爱人民、爱劳动、爱科学、爱社会主义教育，引导他们树立正确的理想信念和世界观、人生观、价值观。制定和推行行为规范，要以促进学生全面发展为出发点和落脚点，反映时代和社会进步的要求，体现对学生的尊重与信任，引导学生自觉遵纪守法。

（十）切实加强教师职业道德建设。学校全体教职员工要树立育人为本的思想，认真贯彻《中华人民共和国教育法》、《中华人民共和国教师法》和《中小学教师职业道德规范》，热爱学生，言传身教，为人师表，教书育人，以高尚的情操引导学生德、智、体、美全面发展。教育行政部门和学校要制定和完善有关规章制度，调动全体教师的工作积极性与责任感，充分发挥广大教师在全面推进素质教育进程中的主力军作用。要完善学校的班主任制度，高度重视班主任工作，选派思想素质好、业务水平高、奉献精神强的优秀教师担任班主任。学校各项管理工作、服务工作也要明确育人职责，做到管理育人、服务育人。

四、充分发挥共青团和少先队在未成年人思想道德建设中的重要作用

（十一）加强中学团组织建设，把中学共青团工作纳入学校素质教育的总体布局，推荐优秀青年教师做团的工作。要办好中学生业余团校，配合学校党组织办好高中生业余党校，在确保质量、坚持标准的前提下，做好在高中生中择优培养发展党员的工作。加强对中学学生会工作的指导，更好地发挥他们的作用。

（十二）把少先队工作纳入教育发展规划，把对少先队工作的指导、检查、考核纳入教育行政部门的督导、评估范畴。各级共青团组织和教育行政部门的有关负责同志要参与同级少先队工作委员会工作。中小学校党组织和行政部门要积极支持少先队开展活动，并选派优秀青年教师担任少先队辅导员，把少先队辅导员培训纳入师资培训体系。要建立和完善校外辅导员制度，选聘热心少先队工作、有责任心、有能力、有经验的人士担任校外志愿辅导员。少先队小干部要实行民主选举，定期轮流任职。共青团组织和教育、民政等部门要密切协作，积极推进社区少工委建设，扩大少先队工作的覆盖面。

五、重视和发展家庭教育

（十三）家庭教育在未成年人思想道德建设中具有特殊重要的作用。要把家庭教育与社会教育、学校教育紧密结合起来。各级妇联组织、教育行政部门和中小学校要切实担负起指导和推进家庭教育的责任。要与社区密切合作，办好家长学校、家庭教育指导中心，并积极运用新闻媒体和互联网，面向社会广泛开展家庭教育宣传，普及家庭教育知识，推广家庭教育的成功经验，帮助和引导家长树立正确的家庭教育观念，掌握科学的家庭教育方法，提高科学教育子女的能力。充分发挥各类家庭教育学术团体的作用，针对家庭教育中存在的突出问题，积极开展科学研究，为指导家庭教育工作提供理论支持和决策依据。

（十四）党政机关、企事业单位和社区、村镇等城乡基层单位，要关心职工、居民的家庭教育问题，教育引导职工、居民重视对子女特别是学龄前儿童的思想启蒙和道德品质培养，支持子女参与道德实践活动。注意加强对成年人的思想道德教育，引导家长以良好的思想道德修养为子女作表率。要把家庭教育的情况作为评选文明职工、文明家庭的重要内容。特别要关心单亲家庭、困难家庭、流动人口家庭的未成年子女教育，为他们提供指导和帮助。

要高度重视流动人口家庭子女的义务教育问题。进城务工就业农民流入地政府要建立和完善保障进城务工就业农民子女接受义务教育的工作制度和机制。流出地政府要积极配合做好各项服务工作。民政部门及其所属的儿童福利机构和流浪儿童救助保护机构，要按照《中华人民共和国未成年人保护法》等有关法律法规的要求，做好孤残儿童合法权益的保护工作和流浪儿童的救助保护工作。

六、广泛深入开展未成年人道德实践活动

（十五）思想道德建设是教育与实践相结合的过程。要按照实践育人的要求，以体验教育为基本途径，区分不同层次未成年人的特点，精心设计和组织开展内容鲜活、形式新颖、吸引力强的道德实践活动。各种道德实践活动都要突出思想内涵，强化道德要求，并与丰富多彩的兴趣活动和文体活动结合起来，注意寓教于乐，满足兴趣爱好，使未成年人在自觉参与中思想感情得到熏陶，精神生活得到充实，道德境界得到升华。

面向中小学生开展的活动，要经教育行政部门或学校党团队组织统一协调和部署，把学生安全和社会效益放在首位。要采取多种手段，支持中西部地区和农村开展未成年人道德实践活动。

（十六）各种法定节日，传统节日，革命领袖、民族英雄、杰出名人等历史人物的诞辰和逝世纪念日，建党纪念日、红军长征、辛亥革命等重大历史事件纪念日，“九一八”、“南京大屠杀”等国耻纪念日，以及未成年人的入学、入队、入团、成人宣誓等有特殊意义的重要日子，都蕴藏着宝贵的思想道德教育资源。要抓住时机，整合资源，集中开展思想道德主题宣传教育活动。要组织丰富多彩的主题班会、队会、团会，举行各种庆祝、纪念活动和必要的仪式，引导未成年人弘扬民族精神，增进爱国情感，提高道德素养。每年的“公民道德宣传日”，在面向社会公众开展道德教育的同时，要注意组织好面向未成年人的宣传教育活动。要丰富未成年人节假日参观、旅游活动的思想道德内涵，精心组织夏令营、冬令营、革命圣地游、红色旅游、绿色旅游以及各种参观、瞻仰和考察等活动，把深刻的教育内容融入到生动有趣的课外活动之中，用祖国大好风光、民族悠久历史、优良革命传统和现代化建设成就教育未成年人。

要运用各种方式向广大未成年人宣传介绍古今中外的杰出人物、道德楷模和先进典型，激励他们崇尚先进、学习先进。通过评选三好学生、优秀团员和少先队员、先进集体等活动，为未成年人树立可亲、可信、可敬、可学的榜样，让他们从榜样的感人事迹和优秀品质中受到鼓舞、汲取力量。

七、加强以爱国主义教育基地为重点的未成年人活动场所建设、使用和管理

（十七）充分发挥爱国主义教育基地对未成年人的教育作用。各类博物馆、纪念馆、展览馆、烈士陵园等爱国主义教育基地，要创造条件对全社会开放，对中小学生集体参观一律实行免票，对学生个人参观可实行半票。要采取聘请专业人才、招募志愿者等方式建立专兼职结合的辅导员队伍，为未成年人开展参观活动服务。

（十八）要加强青少年宫、儿童活动中心等未成年人专门活动场所建设和管理。已有的未成年人专门活动场所，要坚持把社会效益放在首位，坚持面向未成年人、服务未成年人的宗旨，积极开展教育、科技、文化、艺术、体育等未成年人喜闻乐见的活动，把思想道德建设内容融于其中，充分发挥对未成年人的教育引导功能。要深化内部改革，增强自身发展活力，不断提高社会服务水平。同时，各级政府要把未成年人活动场所建设纳入当地国民经济和社会事业发展总体规划。大城市要逐步建立布局合理、规模适当、功能配套的市、区、社区未成年人活动场所。中小城市要因地制宜重点建好市级未成年人活动场所。有条件的城市要辟建少年儿童主题公园。经过 3 至 5 年的努力，要做到每个县都有一所综合性、多功能的未成年人活动场所。各地在城市建设、旧城改造、住宅新区建设中，要配套建设可向未成年人开放的基层活动场所，特别是社区活动场所。有关部门要对已建的未成年人活动场所进行认真清理整顿，名不副实的要限期改正，被挤占、挪用、租借的要限期退还。图书馆、文化馆（站）、体育场（馆）、科技馆、影剧院等场所，也要发挥教育阵地的作用，积极主动地为未成年人开展活动创造条件。

（十九）属于公益性文化事业的未成年人校外活动场所建设和运行所需资金，地方各级人民政府要予以保证，中央可酌情对全国重点爱国主义教育基地以及中西部地区和贫困地区的未成年人活动设施建设，予以一定补助。要在国家彩票公益金中安排一定数额资金，用于未成年人活动场所建设。国家有关部门和地方各级人民政府要制定优惠政策，吸纳社会资金，鼓励、支持社会力量兴办未成年人活动场所。

八、积极营造有利于未成年人思想道德建设的社会氛围

（二十）各类大众传媒都要增强社会责任感，把推动未成年人思想道德教育作为义不容辞的职责，为加强和改进未成年人思想道德建设创造良好舆论氛围。要发挥各自优势，积极制作、刊播有利于未成年人身心健康的公益广告，增加数量，提高质量，扩大影响。各级电台、电视台都要开设和办好少儿专栏或专题节目。中央电视台要进一步办好少儿频道，各地要切实抓好中央电视台少儿频道的落地、覆盖工作。省（区、市）和副省级城市电视台要创造条件逐步开设少儿频道。少儿节目要符合少年儿童的欣赏情趣，适应不同年龄层次少年儿童的欣赏需求，做到知识性、娱乐性、趣味性、教育性相统一。各类报刊要热心关注未成年人思想道德建设，加强宣传报道。面向未成年人的报纸、刊物和其他少儿读物，要把向未成年人提供更好的精神食粮作为自己的神圣职责，努力成为未成年人开阔眼界、提高素质的良师益友和陶冶情操、愉悦身心的精神园地。

加强少年儿童影视片的创作生产，积极扶持国产动画片的创作、拍摄、制作和播出，逐步形成具有民族特色、适合未成年人特点、展示中华民族优良传统的动画片系列。积极探索与社会主义市场经济发展相适应的少年儿童电影发行、放映工作新路子，形成少年儿童电影的发行放映院线。

（二十一）各类互联网站都要充分认识所肩负的社会责任，积极传播先进文化，倡导文明健康的网络风气。重点新闻网站和主要教育网站要发挥主力军作用，开设未成年人思想道德教育的网页、专栏，组织开展各种形式的网上思想道德教育活动。在有条件的校园和社区内，要有组织地建设一批非营业性的互联网上网服务场所，为未成年人提供健康有益的绿色网上空间。信息产业等有关部门要制定相关政策，积极推进这项工作。学校要加强对校园网站的管理，规范上网内容，充分发挥其思想道德教育的功能。要遵循网络特点和网上信息传播规律，充分考虑未成年人的兴趣爱好，加强网上正面宣传，唱响主旋律，打好主动仗，为广大未成年人创造良好的网络文化氛围。

（二十二）要充分考虑未成年人成长进步的需求，精心策划选题，创作、编辑、出版并积极推荐一批知识性、趣味性、科学性强的图书、报刊、音像制品和电子出版物等未成年人读物和视听产品。有关部门要继续做好面向未成年人的优秀影片、歌曲和图书的展演、展播、推介工作，使他们在学习娱乐中受到先进思想文化的熏陶。要积极鼓励、引导、扶持软件开发企业，开发和推广弘扬民族精神、反映时代特点、有益于未成年人健康成长的游戏软件产品。要积极推进全国文化信息资源共享工程建设，让健康的文化信息资源通过网络进入校园、社区、乡村、家庭，丰富广大未成年人的精神文化生活。

（二十三）要积极推动少儿文化艺术繁荣健康发展。加强少儿文艺创作、表演队伍建设，注重培养少儿文艺骨干力量。鼓励作家、艺术家肩负起培养和教育下一代的历史责任，多创作思想内容健康、富有艺术感染力的少儿作品。加大政府对少儿艺术演出的政策扶持力度，增强少儿艺术表演团体发展活力。文化、教育、共青团、妇联、文联、作协等有关职能部门和人民团体要认真履行各自的职责，党委宣传部门要加强指导协调，大力繁荣和发展少儿文化艺术。

九、净化未成年人的成长环境

（二十四）坚持不懈地开展“扫黄”“打非”斗争，加强文化市场监管，坚决查处传播淫秽、色情、凶杀、暴力、封建迷信和伪科学的出版物。严格审查面向未成年人的游戏软件内容，查处含有诱发未成年人违法犯罪行为和恐怖、残忍等有害内容的游戏软件产品。制定相关法规，加强对玩具、饰品制作销售的监管，坚决查处宣扬色情和暴力的玩具、饰品。严格未成年人精神文化产品的进口标准，严把进口关，既要有选择地把世界各国的优秀文化产品介绍进来，又要防止境外有害文化的侵入。

（二十五）加强对互联网上网服务营业场所和电子游戏经营场所的管理。严格执行《互联网上网服务营业场所管理条例》，要按照取缔非法、控制总量、加强监管、完善自律、创新体制的要求，切实加强对网吧的整治和管理。认真落实未成年人不得进入营业性网吧的规定，落实在网吧终端设备上安装封堵色情等不健康内容的过滤软件，有效打击违法行为。推广绿色上网软件，为家长监管未成年人在家庭中的上网行为提供有效技术手段。各有关部门要依法治理利用电子邮件、手机短信等远程通信工具和群发通信传播有害信息、危害未成年人身心健康的违法行为。

加强对营业性歌舞娱乐场所、电子游艺厅、录像厅等社会文化场所的管理。认真落实《互联网上网服务营业场所管理条例》和国务院办公厅转发文化部等部门《关于开展电子游戏经营场所专项治理意见的通知》、《关于开展网吧等互联网上网服务营业场所专项整治意见的通知》规定，进一步优化校园周边环境，中小学校园周边２００米内不得有互联网上网服务营业场所和电子游戏经营场所，不得在可能干扰学校教学秩序的地方设立经营性娱乐场所。

十、切实加强对未成年人思想道德建设工作的领导

（二十六）各级党委和政府要把加强和改进未成年人思想道德建设作为一项事关全局的战略任务，纳入经济社会发展总体规划，列入重要议事日程，切实加强和改善领导。要形成党委统一领导、党政群齐抓共管、文明委组织协调、有关部门各负其责、全社会积极参与的领导体制和工作机制。地方各级党委主要负责同志要负起政治责任，经常分析未成年人思想道德状况，及时了解未成年人思想道德建设工作情况，认真研究解决重大问题。各级政府要把未成年人思想道德建设摆在重要位置，狠抓措施的落实；要给予必要的财力支持，并随着财政收入的增长逐步加大支持力度。

（二十七）中央精神文明建设指导委员会负责指导全国未成年人思想道德建设工作，督促检查各地区各部门贯彻落实中央关于加强和改进未成年人思想道德建设工作部署的情况，组织协调各有关部门和社会各方面共同做好未成年人思想道德建设工作。各地文明委要在同级党委领导下，担负起相应责任。要采取切实措施，充实和加强各级文明委的办事机构，搞好思想建设、组织建设和作风建设，使其更好地履行职能，发挥作用。各级宣传、教育、文化、体育、科技、广播影视、新闻出版、信息产业、民政、公安、海关、财政、税务等部门，共青团和工会、妇联等群团组织，在加强和改进未成年人思想道德建设中担负着重要责任，要结合业务工作，发挥各自优势，明确职责，密切配合，形成合力。要加强对未成年人成长规律的科学研究，为做好未成年人思想道德建设工作提供科学依据。要充分发挥民主党派、工商联和无党派人士在未成年人思想道德建设中的作用。

（二十八）要建立健全学校、家庭、社会相结合的未成年人思想道德教育体系，使学校教育、家庭教育和社会教育相互配合，相互促进。城市社区、农村乡镇和村民委员会，以及其他一切基层组织要切实担负起加强未成年人思想道德建设的社会责任，整合利用各种教育资源和活动场所，开展富有吸引力的思想教育和文体活动，真正把教育引导未成年人的工作落实到基层。要把为未成年人健康成长创造良好社会环境作为创建文明城市、文明社区、文明村镇、文明单位的重要内容。各级党委、政府和社会各界都要认真贯彻《中华人民共和国未成年人保护法》，切实维护未成年人的合法权益。要着力建设好中小学及幼儿园教师队伍，各类文化市场管理队伍，青少年宫、博物馆、爱国主义教育基地等各类文化教育设施辅导员队伍，老干部、老战士、老专家、老教师、老模范等“五老”队伍，形成一支专兼结合、素质较高、人数众多、覆盖面广的未成年人思想道德建设工作队伍。要重视关心下一代工作委员会的工作，支持他们为加强和改进未成年人思想道德建设贡献力量。

加强和改进未成年人思想道德建设，是全党全社会的共同任务。各有关部门和社会各有关方面，都要大力弘扬求真务实精神，大兴求真务实之风，根据各自担负的职责和任务，采取有效措施，狠抓贯彻落实，勇于开拓创新，注重工作实效，切实把加强和改进未成年人思想道德建设的各项工作落到实处。

中共中央、国务院关于加强青少年体育增强青少年体质的意见

（中发[2007]7号2007年5月7日）

增强青少年体质、促进青少年健康成长，是关系国家和民族未来的大事。以迎接2008年北京奥运会为契机，进一步加强青少年体育、增强青少年体质，对于全面落实科学发展观，深入贯彻党的教育方针，大力推进素质教育，培养中国特色社会主义事业的合格建设者和接班人，具有重要意义。为此，提出如下意见。

一、高度重视青少年体育工作

1. 广大青少年身心健康、体魄强健、意志坚强、充满活力，是一个民族旺盛生命力的体现，是社会文明进步的标志，是国家综合实力的重要方面。党中央、国务院历来高度重视青少年的健康成长。改革开放以来，我国青少年体育事业蓬勃发展，学校体育工作取得很大成绩，青少年营养水平和形态发育水平不断提高，极大地提升了全民健康素质。但是，必须清醒地看到，一方面由于片面追求升学率的影响，社会和学校存在重智育、轻体育的倾向，学生课业负担过重，休息和锻炼时间严重不足；另一方面由于体育设施和条件不足，学生体育课和体育活动难以保证。近期体质健康监测表明，青少年耐力、力量、速度等体能指标持续下降，视力不良率居高不下，城市超重和肥胖青少年的比例明显增加，部分农村青少年营养状况亟待改善。这些问题如不切实加以解决，将严重影响青少年的健康成长，乃至影响国家和民族的未来。

2. 青少年时期是身心健康和各项身体素质发展的关键时期。青少年的体质健康水平不仅关系个人健康成长和幸福生活，而且关系整个民族健康素质，关系我国人才培养的质量。体育锻炼和体育运动，是加强爱国主义和集体主义教育、磨炼坚强意志、培养良好品德的重要途径，是促进青少年全面发展的重要方式，对青少年思想品德、智力发育、审美素养的形成都有不可替代的重要作用。各地和各级各类学校必须全面贯彻党的教育方针，高度重视青少年体育工作，使广大青少年在增长知识、培养品德的同时，锻炼和发展身体的各项素质和能力，成长为中国特色社会主义事业的合格建设者和接班人。

3. 当前和今后一个时期，加强青少年体育工作的总体要求是：认真落实健康第

一的指导思想，把增强学生体质作为学校教育的基本目标之一，建立健全学校体育工作机制，充分保证学校体育课和学生体育活动，广泛开展群众性青少年体育活动和竞赛，加强体育卫生设施和师资队伍建设，全面完善学校、社区、家庭相结合的青少年体育网络，培养青少年良好的体育锻炼习惯和健康的生活方式，形成青少年热爱体育、崇尚运动、健康向上的良好风气和全社会珍视健康、重视体育的浓厚氛围。通过5年左右的时间，使我国青少年普遍达到国家体质健康的基本要求，耐力、力量、速度等体能素质明显提高，营养不良、肥胖和近视的发生率明显下降。通过全党全社会的共同努力，坚持不懈地推动青少年体育运动的发展，不断提高青少年乃至全民族的健康素质。

二、认真落实加强青少年体育、增强青少年体质的各项措施

4. 全面实施《国家学生体质健康标准》，把健康素质作为评价学生全面健康发展的重要指标。加快建立符合素质教育要求的考试评价制度，发挥其对增强青少年体质的积极导向作用。全面组织实施初中毕业升学体育考试，并逐步加大体育成绩在学生综合素质评价和中考成绩中的分量；积极推行在高中阶段学校毕业学业考试中增加体育考试的做法。普遍推行《国家学生体质健康标准》测试报告书制度、公告制度和新生入学体质健康测试制度。认真贯彻《学校体育工作条例》，建立和完善学校体育工作规章制度。

5. 广泛开展“全国亿万学生阳光体育运动”。鼓励学生走向操场、走进大自然、走到阳光下，形成青少年体育锻炼的热潮。要根据学生的年龄、性别和体质状况，积极探索适应青少年特点的体育教学与活动形式，指导学生开展有计划、有目的、有规律的体育锻炼，努力改善学生的身体形态和机能，提高运动能力，达到体质健康标准。对达到合格等级的学生颁发“阳光体育证章”，优秀等级的颁发“阳光体育奖章”，增强学生参加体育锻炼的荣誉感和自觉性。

6. 切实减轻学生过重的课业负担。各级各类学校要进一步端正办学思想，加强素质教育，努力促进青少年学生生动活泼、积极主动地发展。中小学要切实纠正片面追求升学率的倾向，减轻学生过重的课业负担。深入推进基础教育课程改革，提高课堂教学的质量和效率，使学生有更多的时间参加体育锻炼。

7. 确保学生每天锻炼一小时。中小学要认真执行国家课程标准，保质保量上好体育课，其中小学1—2年级每周4课时，小学3—6年级和初中每周3课时，高中每周2课时；没有体育课的当天，学校必须在下午课后组织学生进行一小时集体体育锻炼并将其列入教学计划；全面实行大课间体育活动制度，每天上午统一安排25—30分钟的大课间体育活动，认真组织学生做好广播体操、开展集体体育活动；寄宿制学校要坚持每天出早操。高等学校要加强体育课程管理，把课外体育活动纳入学校日常教学计划，使每个学生每周至少参加三次课外体育锻炼。各级教育行政部门要提出每天锻炼一小时的具体要求并抓好落实。因地制宜地组织广大农村学生开展体育锻炼。有针对性地指导和支持残疾青少年的体育锻炼活动。要切实加强体育教师队伍建设，按照开设体育课和开展课外体育活动的需要，配齐配强体育教师。

8. 举办多层次多形式的学生体育运动会，积极开展竞技性和群众性体育活动。各级政府要定期组织综合性或专项性的学生体育运动会。学校每年要召开春、秋季运动会，因地制宜地经常开展以班级为单位的学生体育活动和竞赛，做到人人有体育项目、班班有体育活动、校校有体育特色。进一步办好体育传统项目学校和高等学校高水平运动队，充分发挥其对群众性体育的示范带动作用。完善高等学校和高中阶段学生军训制度，丰富军训内容，开展“少年军校”活动，发挥学生军训在增强体质、磨炼意志等方面的作用。注重发展学生的体育运动兴趣和特长，使每个学生都能掌握两项以上体育运动技能。

9. 帮助青少年掌握科学用眼知识和方法，降低青少年近视率。中小学教师和家长都要关注学生的用眼状况，坚持每天上下午组织学生做眼保健操，及时纠正不正确的阅读、写字姿势，控制近距离用眼时间。学校每学期要对学生视力状况进行两次监测。各级政府要进一步改善农村学校的办学条件，确保照明、课桌椅达到基本标准，改善学生用眼卫生条件。

10. 确保青少年休息睡眠时间，加强对卫生、保健、营养等方面的指导和保障。制定并落实科学规范的学生作息制度，保证小学生每天睡眠10小时，初中学生9小时，高中学生8小时。积极开展疾病预防、科学营养、卫生安全、禁毒控烟等青少年健康教育，并保证必要的健康教育时间。建立和完善学生健康体检制度，使青少年学生每年都能进行一次健康检查。建立和完善青少年营养干预机制，对城乡青少年及其家庭加强营养指导；通过财政资助、勤工俭学、社会捐助等方式提高农村寄宿制学校家庭经济困难学生伙食补贴标准，保证必要的营养需要。建立青少年营养状况监测机制，加强青少年食品卫生专项监督检查。根据新时期青少年青春期特征和成长过程中的心理特点，有针对性地加强心理健康教育，逐步建立健全青少年心理健康教育、指导和服务网络。

11. 加强学校体育设施建设。各级政府要认真落实《公共文化体育设施条例》，统筹协调、因地制宜，加强学校体育设施特别是体育场地建设。城市和社区的建设规划要充分考虑青少年体育锻炼设施的需要，为他们提供基本的设施和条件。公共体育设施建设要与学校体育设施建设统筹考虑、综合利用。把“农民体育健身工程”与农村中小学体育设施建设结合起来，改善农村学校体育条件。公共体育场馆和运动设施应免费或优惠向周边学校和学生开放，学校体育场馆在课余和节假日应向学生开放。

12. 加强体育安全管理，指导青少年科学锻炼。学校要对体育教师进行安全知识和技能培训，对学生加强安全意识教育。加强体育场馆、设施的维护管理，确保安全运行。完善学校体育和青少年校外体育活动的安全管理制度，明确安全责任，完善安全措施。针对青少年的特点，加强对大型体育活动的管理，做好应急预案，防止发生群体性安全事件。所有学校都要建立校园意外伤害事件的应急管理机制。建立和完善青少年意外伤害保险制度，推行由政府购买意外伤害校方责任险的办法，具体实施细则由财政部、保监会、教育部研究制定。要加强体育科学研究，积极开发适应青少年特点的锻炼项目和健身方法，加强社会体育指导员队伍建设，为青少年体育锻炼提供科学指导。

三、加强领导，齐抓共管，形成全社会支持青少年体育工作的合力

13．各级党委和政府要把加强青少年体育工作摆上重要议事日程，纳入经济社会发展规划。加大对体育事业尤其是中小学体育设施的投入，正确评价学校的教育质量，为学校实施素质教育、促进学生全面发展创造良好条件。建立在党委和政府领导下，教育、体育、卫生部门和共青团组织等共同参加的联席会议制度，统筹协调解决青少年体育工作中的重要问题。

14．各级政府和教育部门要加强对学校体育的督导检查。建立对学校体育的专项督导制度，实行督导结果公告制度。健全学生体质健康监测制度，定期监测并公告学生体质健康状况。加大体育工作和学生体质健康状况在教育督导、评估指标体系中的权重，并作为评价地方和学校工作的重要依据。对成绩突出的地方、部门、学校和个人进行表彰奖励。对青少年体质健康水平持续下降的地区和学校，实行合格性评估和评优评先一票否决。

15．制定国家学校体育卫生条件基本标准，加大执法监督力度。通过制定国家学校体育卫生条件基本标准，进一步明确国家对各级各类学校体育场地、器材设施、卫生条件和师资的基本要求。各级政府要认真贯彻执行义务教育法和学校体育卫生工作法律法规，并加强督促检查。对学校体育卫生基本条件不达标的，要限期整改。

16．充分发挥共青团、少先队、妇联组织的优势和特色，开展多种形式的课外体育锻炼活动。青少年活动中心、少年宫、妇女儿童中心和其他校外教育机构要把开展青少年体育活动作为重要职能。积极倡导和鼓励创建青少年体育俱乐部和青少年户外体育活动营地。通过开展丰富多彩的校外体育活动和团、队活动，充实课外生活，努力把更多的青少年吸引到健康向上的体育活动中来。

17．切实加强对学校卫生的监督与指导。学校卫生是国家公共卫生服务体系建设的重点。要把城乡中小学生作为城镇居民基本医疗保险试点和新型农村合作医疗的重点覆盖人群。各级疾病预防控制机构和相关卫生医疗机构要明确专人负责指导和协助学校的卫生工作，按照国家有关规定为行政区域内学校提供预防保健等公共卫生服务，定期对学校的食品卫生、饮用水、传染病防治等开展卫生监督、监测，依法进行免疫预防接种，所需费用纳入公共卫生经费支付范围。中小学要依据《学校卫生工作条例》规定，设立卫生室，配备校医或专（兼）职保健教师，在卫生部门指导下开展学校卫生工作。各级教育行政部门要会同卫生行政部门建立巡查制度，加强行政区域内的学校卫生管理。

18. 加强家庭和社区的青少年体育活动，形成学校、家庭和社区的合力。家庭教育对加强青少年体育、增强青少年体质起关键作用。要在广大家长中倡导健康第一的理念，树立正确的教育观、成才观，注重从小培养青少年良好的体育锻炼习惯、饮食卫生习惯和文明健康的生活方式，鼓励家长和孩子共同参加体育锻炼。学校、社区要和家庭加强沟通与合作，组织开展多种多样的青少年体育活动，促进家庭、社会形成科学正确的教育观念和方式。

19. 进一步完善加强青少年体育的政策保障措施。中央设立专项资金，实施“全国亿万学生阳光体育运动”器材支持项目，帮助义务教育阶段中西部农村学校配备体育活动器材。在农村寄宿制学校建设工程、初中校舍改造工程和卫生新校园建设工程中，切实加大对学校食堂、饮用水设施、厕所、体育场地的改造力度。把义务教育阶段学生健康体检的费用纳入义务教育经费保障机制，其他学生由省级政府制定统一的费用标准和解决办法。学校要切实保证体育卫生工作的正常开展，所需经费从公用经费中提取和安排。

20. 努力营造重视青少年体育的舆论环境。大力宣传和普及科学的教育观、人才观、健康观，加大对群众性学生体育活动的宣传报道，形成鼓励青少年积极参加体育锻炼的社会氛围。要以迎接奥运会、举办奥运会为契机，开展丰富多彩的“迎奥运、讲文明、树新风”活动，使北京奥运会成为广大青少年积极参与、推动全民健身运动迈上新台阶的奥运会，让广大青少年以实际行动与奥运同行，充分展示新时期青少年健康向上的精神风貌。

中共中央、国务院关于印发《国家中长期教育改革和发展规划纲要(2010－2020年)》的通知

(中发[2010]12号2010年7月8日)

现将《国家中长期教育改革和发展规划纲要（2010－2020年）》（以下简称《教育规划纲要》），印发给你们，请结合实际认真贯彻执行。

《教育规划纲要》是21世纪我国第一个中长期教育改革和发展规划，是今后一个时期指导全国教育改革和发展的纲领性文件。教育是民族振兴、社会进步的基石，是提高国民素质、促进人的全面发展的根本途径，寄托着亿万家庭对美好生活的期盼。强国必先强教。中国未来发展、中华民族伟大复兴，关键靠人才，基础在教育。制定并实施《教育规划纲要》，优先发展教育，提高教育现代化水平，对满足人民群众接受良好教育需求，实现全面建设小康社会奋斗目标、建设富强民主文明和谐的社会主义现代化国家具有决定性意义。

各级党委和政府要切实加强对教育工作的领导，把落实教育优先发展、推动教育事业科学发展作为重要职责，加强对《教育规划纲要》实施的组织领导。要组织广大干部群众特别是各级领导干部认真学习《教育规划纲要》，深刻理解《教育规划纲要》提出的新思想新理念，深刻理解“优先发展、育人为本、改革创新、促进公平、提高质量”的工作方针，深刻理解“基本实现教育现代化，基本形成学习型社会，进入人力资源强国行列”的战略目标，深刻理解“坚持以人为本、全面实施素质教育”的战略主题，深刻理解教育改革发展的重点任务和重要举措，进一步增强做好教育工作的紧迫感和自觉性。要开展广泛深入的宣传活动，形成全党全社会重视、关心、支持教育发展的良好氛围。要结合本地区本部门实际，采取有力措施，把《教育规划纲要》提出的各项任务落到实处。

国家中长期教育改革和发展规划纲要(2010－2020年)

序 言

第一部分 总体战略

第一章 指导思想和工作方针

（一）指导思想
（二）工作方针

第二章 战略目标和战略主题

（三）战略目标
（四）战略主题

第二部分 发展任务

第三章 学前教育

（五）基本普及学前教育
（六）明确政府职责
（七）重点发展农村学前教育

第四章 义务教育

（八）巩固提高九年义务教育水平
（九）推进义务教育均衡发展
（十）减轻中小学生课业负担

第五章　高中阶段教育

（十一）加快普及高中阶段教育
（十二）全面提高普通高中学生综合素质
（十三）推动普通高中多样化发展

第六章　职业教育

（十四）大力发展职业教育
（十五）调动行业企业的积极性
（十六）加快发展面向农村的职业教育
（十七）增强职业教育吸引力

第七章　高等教育

（十八）全面提高高等教育质量
（十九）提高人才培养质量
（二十）提升科学研究水平
（二十一）增强社会服务能力
（二十二）优化结构办出特色

第八章　继续教育

（二十三）加快发展继续教育
（二十四）建立健全继续教育体制机制
（二十五）构建灵活开放的终身教育体系

第九章　民族教育

（二十六）重视和支持民族教育事业
（二十七）全面提高少数民族和民族地区教育发展水平

第十章　特殊教育

（二十八）关心和支持特殊教育
（二十九）完善特殊教育体系
（三十）健全特殊教育保障机制

第三部分　体制改革

第十一章　人才培养体制改革

（三十一）更新人才培养观念
（三十二）创新人才培养模式
（三十三）改革教育质量评价和人才评价制度

第十二章　考试招生制度改革

（三十四）推进考试招生制度改革
（三十五）完善中等学校考试招生制度
（三十六）完善高等学校考试招生制度
（三十七）加强信息公开和社会监督

第十三章　建设现代学校制度

（三十八）推进政校分开、管办分离
（三十九）落实和扩大学校办学自主权
（四十）完善中国特色现代大学制度
（四十一）完善中小学学校管理制度

第十四章　办学体制改革

（四十二）深化办学体制改革

（四十三）大力支持民办教育
（四十四）依法管理民办教育

第十五章　管理体制改革

（四十五）健全统筹有力、权责明确的教育管理体制
（四十六）加强省级政府教育统筹
（四十七）转变政府教育管理职能

第十六章　扩大教育开放

（四十八）加强国际交流与合作
（四十九）引进优质教育资源
（五十）提高交流合作水平

第四部分　保障措施

第十七章　加强教师队伍建设

（五十一）建设高素质教师队伍
（五十二）加强师德建设
（五十三）提高教师业务水平
（五十四）提高教师地位待遇
（五十五）健全教师管理制度

第十八章　保障经费投入

（五十六）加大教育投入
（五十七）完善投入机制
（五十八）加强经费管理

第十九章　加快教育信息化进程

（五十九）加快教育信息基础设施建设
（六十）加强优质教育资源开发与应用
（六十一）构建国家教育管理信息系统

第二十章　推进依法治教

（六十二）完善教育法律法规
（六十三）全面推进依法行政
（六十四）大力推进依法治校
（六十五）完善督导制度和监督问责机制

第二十一章　重大项目和改革试点

（六十六）组织实施重大项目
（六十七）组织开展改革试点

第二十二章　加强组织领导

（六十八）加强和改善对教育工作的领导
（六十九）加强和改进教育系统党的建设
（七十）切实维护教育系统和谐稳定

实施

根据党的十七大关于“优先发展教育，建设人力资源强国”的战略部署，为促进教育事业科学发展，全面提高国民素质，加快社会主义现代化进程，制定本《教育规划纲要》。

序　言

百年大计，教育为本。教育是民族振兴、社会进步的基石，是提高国民素质、促进人的全面发展的根本途径，寄托着亿万家庭对美好生活的期盼。强国必先强教。优先发展教育、提高教育现代化水平，对实现全面建设小康社会奋斗目标、建设富强民主文明和谐的社会主义现代化国家具有决定性意义。

党和国家历来高度重视教育。新中国成立以来，在以毛泽东同志、邓小平同志、江泽民同志为核心的党的三代中央领导集体和以胡锦涛同志为总书记的党中央领导下，全党全社会同心同德，艰苦奋斗，开辟了中国特色社会主义教育发展道路，建成了世界最大规模的教育体系，保障了亿万人民群众受教育的权利。教育投入大幅增长，办学条件显著改善，教育改革逐步深化，办学水平不断提高。进入本世纪以来，城乡免费义务教育全面实现，职业教育快速发展，高等教育进入大众化阶段，农村教育得到加强，教育公平迈出重大步伐。教育的发展极大地提高了全民族素质，推进了科技创新、文化繁荣，为经济发展、社会进步和民生改善作出了不可替代的重大贡献。我国实现了从人口大国向人力资源大国的转变。

当今世界正处在大发展大变革大调整时期。世界多极化、经济全球化深入发展，科技进步日新月异，人才竞争日趋激烈。我国正处在改革发展的关键阶段，经济建设、政治建设、文化建设、社会建设以及生态文明建设全面推进，工业化、信息化、城镇化、市场化、国际化深入发展，人口、资源、环境压力日益加大，经济发展方式加快转变，都凸显了提高国民素质、培养创新人才的重要性和紧迫性。中国未来发展、中华民族伟大复兴，关键靠人才，基础在教育。

面对前所未有的机遇和挑战，必须清醒认识到，我国教育还不完全适应国家经济社会发展和人民群众接受良好教育的要求。教育观念相对落后，内容方法比较陈旧，中小学生课业负担过重，素质教育推进困难；学生适应社会和就业创业能力不强，创新型、实用型、复合型人才紧缺；教育体制机制不完善，学校办学活力不足；教育结构和布局不尽合理，城乡、区域教育发展不平衡，贫困地区、民族地区教育发展滞后；教育投入不足，教育优先发展的战略地位尚未得到完全落实。接受良好教育成为人民群众强烈期盼，深化教育改革成为全社会共同心声。

国运兴衰，系于教育；教育振兴，全民有责。在党和国家工作全局中，必须始终坚持把教育摆在优先发展的位置。按照面向现代化、面向世界、面向未来的要求，适应全面建设小康社会、建设创新型国家的需要，坚持育人为本，以改革创新为动力，以促进公平为重点，以提高质量为核心，全面实施素质教育，推动教育事业在新的历史起点上科学发展，加快从教育大国向教育强国、从人力资源大国向人力资源强国迈进，为中华民族伟大复兴和人类文明进步作出更大贡献。

第一部分　总体战略

第一章　指导思想和工作方针

（一）指导思想。高举中国特色社会主义伟大旗帜，以邓小平理论和“三个代表”重要思想为指导，深入贯彻落实科学发展观，实施科教兴国战略和人才强国战略，优先发展教育，完善中国特色社会主义现代教育体系，办好人民满意的教育，建设人力资源强国。

全面贯彻党的教育方针，坚持教育为社会主义现代化建设服务，为人民服务，与生产劳动和社会实践相结合，培养德智体美全面发展的社会主义建设者和接班人。

全面推进教育事业科学发展，立足社会主义初级阶段基本国情，把握教育发展阶段性特征，坚持以人为本，遵循教育规律，面向社会需求，优化结构布局，提高教育现代化水平。

（二）工作方针。优先发展、育人为本、改革创新、促进公平、提高质量。

把教育摆在优先发展的战略地位。教育优先发展是党和国家提出并长期坚持的一项重大方针。各级党委和政府要把优先发展教育作为贯彻落实科学发展观的一项基本要求，切实保证经济社会发展规划优先安排教育发展，财政资金优先保障教育投入，公共资源优先满足教育和人力资源开发需要。充分调动全社会关心支持教育的积极性，共同担负起培育下一代的责任，为青少年健康成长创造良好环境。完善体制和政策，鼓励社会力量兴办教育，不断扩大社会资源对教育的投入。

把育人为本作为教育工作的根本要求。人力资源是我国经济社会发展的第一资源，教育是开发人力资源的主要途径。要以学生为主体，以教师为主导，充分发挥学生的主动性，把促进学生健康成长作为学校一切工作的出发点和落脚点。关心每个学生，促进每个学生主动地、生动活泼地发展，尊重教育规律和学生身心发展规律，为每个学生提供适合的教育。努力培养造就数以亿计的高素质劳动者、数以千万计的专门人才和一大批拔尖创新人才。

把改革创新作为教育发展的强大动力。教育要发展，根本靠改革。要以体制机制改革为重点，鼓励地方和学校大胆探索和试验，加快重要领域和关键环节改革步伐。创新人才培养体制、办学体制、教育管理体制，改革质量评价和考试招生制度，改革教学内容、方法、手段，建设现代学校制度。加快解决经济社会发展对高质量多样化人才需要与教育培养能力不足的矛盾、人民群众期盼良好教育与资源相对短缺的矛盾、增强教育活力与体制机制约束的矛盾，为教育事业持续健康发展提供强大动力。

把促进公平作为国家基本教育政策。教育公平是社会公平的重要基础。教育公平的关键是机会公平，基本要求是保障公民依法享有受教育的权利，重点是促进义务教育均衡发展和扶持困难群体，根本措施是合理配置教育资源，向农村地区、边远贫困地区和民族地区倾斜，加快缩小教育差距。教育公平的主要责任在政府，全社会要共同促进教育公平。

把提高质量作为教育改革发展的核心任务。树立科学的质量观，把促进人的全面发展、适应社会需要作为衡量教育质量的根本标准。树立以提高质量为核心的教育发展观，注重教育内涵发展，鼓励学校办出特色、办出水平，出名师，育英才。建立以提高教育质量为导向的管理制度和工作机制，把教育资源配置和学校工作重点集中到强化教学环节、提高教育质量上来。制定教育质量国家标准，建立健全教育质量保障体系。加强教师队伍建设，提高教师整体素质。

第二章　战略目标和战略主题

（三）战略目标。到2020年，基本实现教育现代化，基本形成学习型社会，进入人力资源强国行列。

实现更高水平的普及教育。基本普及学前教育；巩固提高九年义务教育水平；普及高中阶段教育，毛入学率达到90%；高等教育大众化水平进一步提高，毛入学率达到40%；扫除青壮年文盲。新增劳动力平均受教育年限从12.4年提高到13.5年；主要劳动年龄人口平均受教育年限从9.5年提高到11.2年，其中受过高等教育的比例达到20%，具有高等教育文化程度的人数比2009年翻一番。

形成惠及全民的公平教育。坚持教育的公益性和普惠性，保障公民依法享有接受良好教育的机会。建成覆盖城乡的基本公共教育服务体系，逐步实现基本公共教育服务均等化，缩小区域差距。努力办好每一所学校，教好每一个学生，不让一个学生因家庭经济困难而失学。切实解决进城务工人员子女平等接受义务教育问题。保障残疾人受教育权利。

提供更加丰富的优质教育。教育质量整体提升，教育现代化水平明显提高。优质教育资源总量不断扩大，更好满足人民群众接受高质量教育的需求。学生思想道德素质、科学文化素质和健康素质明显提高。各类人才服务国家、服务人民和参与国际竞争能力显著增强。

构建体系完备的终身教育。学历教育和非学历教育协调发展，职业教育和普通教育相互沟通，职前教育和职后教育有效衔接。继续教育参与率大幅提升，从业人员继续教育年参与率达到50%。现代国民教育体系更加完善，终身教育体系基本形成，促进全体人民学有所教、学有所成、学有所用。

健全充满活力的教育体制。进一步解放思想，更新观念，深化改革，提高教育开放水平，全面形成与社会主义市场经济体制和全面建设小康社会目标相适应的充满活力、富有效率、更加开放、有利于科学发展的教育体制机制，办出具有中国特色、世界水平的现代教育。

（四）战略主题。坚持以人为本、全面实施素质教育是教育改革发展的战略主题，是贯彻党的教育方针的时代要求，其核心是解决好培养什么人、怎样培养人的重大问题，重点是面向全体学生、促进学生全面发展，着力提高学生服务国家服务人民的社会责任感、勇于探索的创新精神和善于解决问题的实践能力。

坚持德育为先。立德树人，把社会主义核心价值体系融入国民教育全过程。加强马克思主义中国化最新成果教育，引导学生形成正确的世界观、人生观、价值观；加强理想信念教育和道德教育，坚定学生对中国共产党领导、社会主义制度的信念和信心；加强以爱国主义为核心的民族精神和以改革创新为核心的时代精神教育；加强社会主义荣辱观教育，培养学生团结互助、诚实守信、遵纪守法、艰苦奋斗的良好品质。加强公民意识教育，树立社会主义民主法治、自由平等、公平正义理念，培养社会主义合格公民。加强中华民族优秀文化传统教育和革命传统教育。把德育渗透于教育教学的各个环节，贯穿于学校教育、家庭教育和社会教育的各个方面。切实加强和改进未成年人思想道德建设和大学生思想政治教育工作。构建大中小学有效衔接的德育体系，创新德育形式，丰富德育内容，不断提高德育工作的吸引力和感染力，增强德育工作的针对性和实效性。加强辅导员、班主任队伍建设。

坚持能力为重。优化知识结构，丰富社会实践，强化能力培养。着力提高学生的学习能力、实践能力、创新能力，教育学生学会知识技能，学会动手动脑，学会生存生活，学会做人做事，促进学生主动适应社会，开创美好未来。

坚持全面发展。全面加强和改进德育、智育、体育、美育。坚持文化知识学习与思想品德修养的统一、理论学习与社会实践的统一、全面发展与个性发展的统一。加强体育，牢固树立健康第一的思想，确保学生体育课程和课余活动时间，提高体育教学质量，加强心理健康教育，促进学生身心健康、体魄强健、意志坚强；加强美育，培养学生良好的审美情趣和人文素养。加强劳动教育，培养学生热爱劳动、热爱劳动人民的情感。重视安全教育、生命教育、国防教育、可持续发展教育。促进德育、智育、体育、美育有机融合，提高学生综合素质，使学生成为德智体美全面发展的社会主义建设者和接班人。

专栏1：教育事业发展主目标

指标	单位	2009年	2015年	2020年
学前教育				
幼儿在园人数	万人	2658	3400	4000
学前一年毛入园率	%	74.0	85.0	95.0
学前两年毛入园率	%	65.0	70.0	80.0
学前三年毛入园率	%	50.9	60.0	70.0
九年义务教育				
在校生	万人	15772	16100	16500
巩固率	%	90.8	93.0	95.0
高中阶段教育*				
在校生	万人	4624	4500	4700
毛入学率	%	79.2	87.0	90.0
职业教育				
中等职业教育在校生	万人	2179	2250	2350
高等职业教育在校生	万人	1280	1390	1480
高等教育**				
在学总规模	万人	2979	3350	3550
在校生	万人	2826	3080	3300
其中：研究生	万人	140	170	200
毛入学率	%	24.2	36.0	40.0
继续教育				
从业人员继续教育	万人次	16600	29000	35000

注：*含中等职业教育学生数；**含高等职业教育学生数。

专栏2：人力资源开发主要目标

指标	单位	2009年	2015年	2020年
具有高等教育文化程度的人数	万人	9830	14500	19500
主要劳动年龄人口平均受教育年限 其中：受过高等教育的比例	年 %	9.5 9.9	10.5 15.0	11.2 20.0
新增劳动力平均受教育年限 其中：受过高中阶段及以上教育的比例	年 %	12.4 67.0	13.3 87.0	13.5 90.0

第二部分　发展任务

第三章　学前教育

（五）基本普及学前教育。学前教育对幼儿身心健康、习惯养成、智力发展具有重要意义。遵循幼儿身心发展规律，坚持科学保教方法，保障幼儿快乐健康成长。积极发展学前教育，到2020年，普及学前一年教育，基本普及学前两年教育，有条件的地区普及学前三年教育。重视0至3岁婴幼儿教育。

（六）明确政府职责。把发展学前教育纳入城镇、社会主义新农村建设规划。建立政府主导、社会参与、公办民办并举的办园体制。大力发展公办幼儿园，积极扶持民办幼儿园。加大政府投入，完善成本合理分担机制，对家庭经济困难幼儿入园给予补助。加强学前教育管理，规范办园行为。制定学前教育办园标准，建立幼儿园准入制度。完善幼儿园收费管理办法。严格执行幼儿教师资格标准，切实加强幼儿教师培养培训，提高幼儿教师队伍整体素质，依法落实幼儿教师地位和待遇。教育行政部门加强对学前教育的宏观指导和管理，相关部门履行各自职责，充分调动各方面力量发展学前教育。

（七）重点发展农村学前教育。努力提高农村学前教育普及程度。着力保证留守儿童入园。采取多种形式扩大农村学前教育资源，改扩建、新建幼儿园，充分利用中小学布局调整富余的校舍和教师举办幼儿园（班）。发挥乡镇中心幼儿园对村幼儿园的示范指导作用。支持贫困地区发展学前教育。

第四章　义务教育

（八）巩固提高九年义务教育水平。义务教育是国家依法统一实施、所有适龄儿童少年必须接受的教育，具有强制性、免费性和普及性，是教育工作的重中之重。注重品行培养，激发学习兴趣，培育健康体魄，养成良好习惯。到2020年，全面提高普及水平，全面提高教育质量，基本实现区域内均衡发展，确保适龄儿童少年接受良好义务教育。

巩固义务教育普及成果。适应城乡发展需要，合理规划学校布局，办好必要的教学点，方便学生就近入学。坚持以输入地政府管理为主、以全日制公办中小学为主，确保进城务工人员随迁子女平等接受义务教育，研究制定进城务工人员随迁子女接受义务教育后在当地参加升学考试的办法。建立健全政府主导、社会参与的农村留守儿童关爱服务体系和动态监测机制。加快农村寄宿制学校建设，优先满足留守儿童住宿需求。采取必要措施，确保适龄儿童少年不因家庭经济困难、就学困难、学习困难等原因而失学，努力消除辍学现象。

提高义务教育质量。建立国家义务教育质量基本标准和监测制度。严格执行义务教育国家课程标准、教师资格标准。深化课程与教学方法改革，推行小班教学。配齐音乐、体育、美术等学科教师，开足开好规定课程。大力推广普通话教学，使用规范汉字。

增强学生体质。科学安排学习、生活、锻炼，保证学生睡眠时间。大力开展“阳光体育”运动，保证学生每天锻炼一小时，不断提高学生体质健康水平。提倡合理膳食，改善学生营养状况，提高贫困地区农村学生营养水平。保护学生视力。

（九）推进义务教育均衡发展。均衡发展是义务教育的战略性任务。建立健全义务教育均衡发展保障机制。推进义务教育学校标准化建设，均衡配置教师、设备、图书、校舍等资源。

切实缩小校际差距，着力解决择校问题。加快薄弱学校改造，着力提高师资水平。实行县（区）域内教师、校长交流制度。实行优质普通高中和优质中等职业学校招生名额合理分配到区域内初中的办法。义务教育阶段不得设置重点学校和重点班。在保障适龄儿童少年就近进入公办学校的前提下，发展民办教育，提供选择机会。

加快缩小城乡差距。建立城乡一体化义务教育发展机制，在财政拨款、学校建设、教师配置等方面向农村倾斜。率先在县（区）域内实现城乡均衡发展，逐步在更大范围内推进。

努力缩小区域差距。加大对革命老区、民族地区、边疆地区、贫困地区义务教育的转移支付力度。鼓励发达地区支援欠发达地区。

（十）减轻中小学生课业负担。过重的课业负担严重损害儿童少年身心健康。减轻学生课业负担是全社会的共同责任，政府、学校、家庭、社会必须共同努力，标本兼治，综合治理。把减负落实到中小学教育全过程，促进学生生动活泼学习、健康快乐成长。率先实现小学生减负。

各级政府要把减负作为教育工作的重要任务，统筹规划，整体推进。调整教材内容，科学设计课程难度。改革考试评价制度和学校考核办法。规范办学行为，建立学生课业负担监测和公告制度。不得以升学率对地区和学校进行排名，不得下达升学指标。规范各种社会补习机构和教辅市场。加强校外活动场所建设和管理，丰富学生课外及校外活动。

学校要把减负落实到教育教学各个环节，给学生留下了解社会、深入思考、动手实践、健身娱乐的时间。提高教师业务素质，改进教学方法，增强课堂教学效果，减少作业量和考试次数。培养学生学习兴趣和爱好。严格执行课程方案，不得增加课时和提高难度。各种等级考试和竞赛成绩不得作为义务教育阶段入学与升学的依据。

充分发挥家庭教育在儿童少年成长过程中的重要作用。家长要树立正确的教育观念，掌握科学的教育方法，尊重子女的健康情趣，培养子女的良好习惯，加强与学校的沟通配合，共同减轻学生课业负担。

第五章　高中阶段教育

（十一）加快普及高中阶段教育。高中阶段教育是学生个性形成、自主发展的关键时期，对提高国民素质和培养创新人才具有特殊意义。注重培养学生自主学习、自强自立和适应社会的能力，克服应试教育倾向。到2020年，普及高中阶段教育，满足初中毕业生接受高中阶段教育需求。

根据经济社会发展需要，合理确定普通高中和中等职业学校招生比例，今后一个时期总体保持普通高中和中等职业学校招生规模大体相当。加大对中西部贫困地区高中阶段教育的扶持力度。

（十二）全面提高普通高中学生综合素质。深入推进课程改革，全面落实课程方案，保证学生全面完成国家规定的文理等各门课程的学习。创造条件开设丰富多彩的选修课，为学生提供更多选择，促进学生全面而有个性的发展。逐步消除大班额现象。积极开展研究性学习、社区服务和社会实践。建立科学的教育质量评价体系，全面实施高中学业水平考试和综合素质评价。建立学生发展指导制度，加强对学生的理想、心理、学业等多方面指导。

（十三）推动普通高中多样化发展。促进办学体制多样化，扩大优质资源。推进培养模式多样化，满足不同潜质学生的发展需要。探索发现和培养创新人才的途径。鼓励普通高中办出特色。鼓励有条件的普通高中根据需要适当增加职业教育的教学内容。探索综合高中发展模式。采取多种方式，为在校生和未升学毕业生提供职业教育。

第六章　职业教育

（十四）大力发展职业教育。发展职业教育是推动经济发展、促进就业、改善民生、解决“三农”问题的重要途径，是缓解劳动力供求结构矛盾的关键环节，必须摆在更加突出的位置。职业教育要面向人人、面向社会，着力培养学生的职业道德、职业技能和就业创业能力。到2020年，形成适应经济发展方式转变和产业结构调整要求、体现终身教育理念、中等和高等职业教育协调发展的现代职业教育体系，满足人民群众接受职业教育的需求，满足经济社会对高素质劳动者和技能型人才的需要。

政府切实履行发展职业教育的职责。把职业教育纳入经济社会发展和产业发展规划，促使职业教育规模、专业设置与经济社会发展需求相适应。统筹中等职业教育与高等职业教育发展。健全多渠道投入机制，加大职业教育投入。

把提高质量作为重点。以服务为宗旨，以就业为导向，推进教育教学改革。实行工学结合、校企合作、顶岗实习的人才培养模式。坚持学校教育与职业培训并举，全日制与非全日制并重。制定职业学校基本办学标准。加强“双师型”教师队伍和实训基地建设，提升职业教育基础能力。建立健全技能型人才到职业学校从教的制度。完善符合职业教育特点的教师资格标准和专业技术职务（职称）评聘办法。建立健全职业教育质量保障体系，吸收企业参加教育质量评估。开展职业技能竞赛。

（十五）调动行业企业的积极性。建立健全政府主导、行业指导、企业参与的办学机制，制定促进校企合作办学法规，推进校企合作制度化。鼓励行业组织、企业举办职业学校，鼓励委托职业学校进行职工培训。制定优惠政策，鼓励企业接收学生实习实训和教师实践，鼓励企业加大对职业教育的投入。

（十六）加快发展面向农村的职业教育。把加强职业教育作为服务社会主义新农村建设的重要内容。加强基础教育、职业教育和成人教育统筹，促进农科教结合。强化省、市（地）级政府发展农村职业教育的责任，扩大农村职业教育培训覆盖面，根据需要办好县级职教中心。强化职业教育资源的统筹协调和综合利用，推进城乡、区域合作，增强服务“三农”能力。加强涉农专业建设，加大培养适应农业和农村发展需要的专业人才力度。支持各级各类学校积极参与培养有文化、懂技术、会经营的新型农民，开展进城务工人员、农村劳动力转移培训。逐步实施农村新成长劳动力免费劳动预备制培训。

（十七）增强职业教育吸引力。完善职业教育支持政策。逐步实行中等职业教育免费制度，完善家庭经济困难学生资助政策。改革招生和教学模式。积极推进学历证书和职业资格证书“双证书”制度，推进职业学校专业课程内容和职业标准相衔接。完善就业准入制度，执行“先培训、后就业”、“先培训、后上岗”的规定。制定退役士兵接受职业教育培训的办法。建立健全职业教育课程衔接体系。鼓励毕业生在职继续学习，完善职业学校毕业生直接升学制度，拓宽毕业生继续学习渠道。提高技能型人才的社会地位和待遇。加大对有突出贡献高技能人才的宣传表彰力度，形成行行出状元的良好社会氛围。

第七章　高等教育

（十八）全面提高高等教育质量。高等教育承担着培养高级专门人才、发展科学技术文化、促进社会主义现代化建设的重大任务。提高质量是高等教育发展的核心任务，是建设高等教育强国的基本要求。到2020年，高等教育结构更加合理，特色更加鲜明，人才培养、科学研究和社会服务整体水平全面提升，建成一批国际知名、有特色、高水平的高等学校，若干所大学达到或接近世界一流大学水平，高等教育国际竞争力显著增强。

（十九）提高人才培养质量。牢固确立人才培养在高校工作中的中心地位，着力培养信念执著、品德优良、知识丰富、本领过硬的高素质专门人才和拔尖创新人才。加大教学投入。把教学作为教师考核的首要内容，把教授为低年级学生授课作为重要制度。加强实验室、校内外实习基地、课程教材等基本建设。深化教学改革。推进和完善学分制，实行弹性学制，促进文理交融。支持学生参与科学研究，强化实践教学环节。加强就业创业教育和就业指导服务。创立高校与科研院所、行业、企业联合培养人才的新机制。全面实施“高等学校本科教学质量与教学改革工程”。严格教学管理。健全教学质量保障体系，改进高校教学评估。充分调动学生学习积极性和主动性，激励学生刻苦学习，增强诚信意识，养成良好学风。

大力推进研究生培养机制改革。建立以科学与工程技术研究为主导的导师责任制和导师项目资助制，推行产学研联合培养研究生的“双导师制”。实施“研究生教育创新计划”。加强管理，不断提高研究生特别是博士生培养质量。

（二十）提升科学研究水平。充分发挥高校在国家创新体系中的重要作用，鼓励高校在知识创新、技术创新、国防科技创新和区域创新中作出贡献。大力开展自然科学、技术科学、哲学社会科学研究。坚持服务国家目标与鼓励自由探索相结合，加强基础研究；以重大现实问题为主攻方向，加强应用研究。促进高校、科研院所、企业科技教育资源共享，推动高校创新组织模式，培育跨学科、跨领域的科研与教学相结合的团队。促进科研与教学互动、与创新人才培养相结合。充分发挥研究生在科学研究中的作用。加强高校重点科研创新基地与科技创新平台建设。完善以创新和质量为导向的科研评价机制。积极参与马克思主义理论研究和建设工程。深入实施“高等学校哲学社会科学繁荣计划”。

（二十一）增强社会服务能力。高校要牢固树立主动为社会服务的意识，全方位开展服务。推进产学研用结合，加快科技成果转化，规范校办产业发展。为社会成员提供继续教育服务。开展科学普及工作，提高公众科学素质和人文素质。积极推进文化传播，弘扬优秀传统文化，发展先进文化。积极参与决策咨询，主动开展前瞻性、对策性研究，充分发挥智囊团、思想库作用。鼓励师生开展志愿服务。

（二十二）优化结构办出特色。适应国家和区域经济社会发展需要，建立动态调整机制，不断优化高等教育结构。优化学科专业、类型、层次结构，促进多学科交叉和融合。重点扩大应用型、复合型、技能型人才培养规模。加快发展专业学位研究生教育。优化区域布局结构。设立支持地方高等教育专项资金，实施中西部高等教育振兴计划。新增招生计划向中西部高等教育资源短缺地区倾斜，扩大东部高校在中西部地区招生规模，加大东部高校对西部高校对口支援力度。鼓励东部地区高等教育率先发展。建立完善军民结合、寓军于民的军队人才培养体系。

促进高校办出特色。建立高校分类体系，实行分类管理。发挥政策指导和资源配置的作用，引导高校合理定位，克服同质化倾向，形成各自的办学理念和风格，在不同层次、不同领域办出特色，争创一流。

加快建设一流大学和一流学科。以重点学科建设为基础，继续实施“985工程”和优势学科创新平台建设，继续实施“211工程”和启动特色重点学科项目。改进管理模式，引入竞争机制，实行绩效评估，进行动态管理。鼓励学校优势学科面向世界，支持参与和设立国际学术合作组织、国际科学计划，支持与境外高水平教育、科研机构建立联合研发基地。加快创建世界一流大学和高水平大学的步伐，培养一批拔尖创新人才，形成一批世界一流学科，产生一批国际领先的原创性成果，为提升我国综合国力贡献力量。

第八章　继续教育

（二十三）加快发展继续教育。继续教育是面向学校教育之后所有社会成员的教育活动，特别是成人教育活动，是终身学习体系的重要组成部分。更新继续教育观念，加大投入力度，以加强人力资源能力建设为核心，大力发展非学历继续教育，稳步发展学历继续教育。重视老年教育。倡导全民阅读。广泛开展城乡社区教育，加快各类学习型组织建设，基本形成全民学习、终身学习的学习型社会。

（二十四）建立健全继续教育体制机制。政府成立跨部门继续教育协调机构，统筹指导继续教育发展。将继续教育纳入区域、行业总体发展规划。行业主管部门或协会负责制定行业继续教育规划和组织实施办法。加快继续教育法制建设。健全继续教育激励机制，推进继续教育与工作考核、岗位聘任（聘用）、职务（职称）评聘、职业注册等人事管理制度的衔接。鼓励个人多种形式接受继续教育，支持用人单位为从业人员接受继续教育提供条件。加强继续教育监管和评估。

（二十五）构建灵活开放的终身教育体系。发展和规范教育培训服务，统筹扩大继续教育资源。鼓励学校、科研院所、企业等相关组织开展继续教育。加强城乡社区教育机构和网络建设，开发社区教育资源。大力发展现代远程教育，建设以卫星、电视和互联网等为载体的远程开放继续教育及公共服务平台，为学习者提供方便、灵活、个性化的学习条件。

搭建终身学习“立交桥”。促进各级各类教育纵向衔接、横向沟通，提供多次选择机会，满足个人多样化的学习和发展需要。健全宽进严出的学习制度，办好开放大学，改革和完善高等教育自学考试制度。建立继续教育学分积累与转换制度，实现不同类型学习成果的互认和衔接。

第九章　民族教育

（二十六）重视和支持民族教育事业。加快民族教育事业发展，对于推动少数民族和民族地区经济社会发展，促进各民族共同团结奋斗、共同繁荣发展，具有重大而深远的意义。要加强对民族教育工作的领导，全面贯彻党的民族政策，切实解决少数民族和民族地区教育事业发展面临的特殊困难和突出问题。

在各级各类学校广泛开展民族团结教育。推动党的民族理论和民族政策、国家法律法规进教材、进课堂、进头脑，引导广大师生牢固树立马克思主义祖国观、民族观、宗教观，不断夯实各民族大团结的基础，增强中华民族自豪感和凝聚力。

（二十七）全面提高少数民族和民族地区教育发展水平。公共教育资源要向民族地区倾斜。中央和地方政府要进一步加大对民族教育支持力度。

促进民族地区各级各类教育协调发展。巩固民族地区义务教育普及成果，确保适龄儿童少年依法接受义务教育，全面提高普及水平，全面提高教育教学质量。支持边境县和民族自治地方贫困县义务教育学校标准化建设，加强民族地区寄宿制学校建设。加快民族地区高中阶段教育发展。支持教育基础薄弱地区改扩建、新建一批高中阶段学校。大力发展民族地区职业教育。加大对民族地区中等职业教育的支持力度。积极发展民族地区高等教育。支持民族院校加强学科和人才队伍建设，提高办学质量和管理水平。进一步办好高校民族预科班。加大对人口较少民族教育事业的扶持力度。

大力推进双语教学。全面开设汉语文课程，全面推广国家通用语言文字。尊重和保障少数民族使用本民族语言文字接受教育的权利。全面加强学前双语教育。国家对双语教学的师资培养培训、教学研究、教材开发和出版给予支持。

加强教育对口支援。认真组织落实内地省市对民族地区教育支援工作。充分利用内地优质教育资源，探索多种形式，吸引更多民族地区少数民族学生到内地接受教育。办好面向民族地区的职业学校。加大对民族地区师资培养培训力度，提高教师的政治素质和业务素质。国家制定优惠政策，鼓励支持高等学校毕业生到民族地区基层任教。支持民族地区发展现代远程教育，扩大优质教育资源覆盖面。

第十章　特殊教育

（二十八）关心和支持特殊教育。特殊教育是促进残疾人全面发展、帮助残疾人更好地融入社会的基本途径。各级政府要加快发展特殊教育，把特殊教育事业纳入当地经济社会发展规划，列入议事日程。全社会要关心支持特殊教育。

提高残疾学生的综合素质。注重潜能开发和缺陷补偿，培养残疾学生积极面对人生、全面融入社会的意识和自尊、自信、自立、自强的精神。加强残疾学生职业技能和就业能力培养。

（二十九）完善特殊教育体系。到2020年，基本实现市（地）和30万人口以上、残疾儿童少年较多的县（市）都有一所特殊教育学校。各级各类学校要积极创造条件接收残疾人入学，不断扩大随班就读和普通学校特教班规模。全面提高残疾儿童少年义务教育普及水平，加快发展残疾人高中阶段教育，大力推进残疾人职业教育，重视发展残疾人高等教育。因地制宜发展残疾儿童学前教育。

（三十）健全特殊教育保障机制。国家制定特殊教育学校基本办学标准，地方政府制定学生人均公用经费标准。加大对特殊教育的投入力度。鼓励和支持接收残疾学生的普通学校为残疾学生创造学习生活条件。加强特殊教育师资队伍建设，采取措施落实特殊教育教师待遇。在优秀教师表彰中提高特殊教育教师比例。加大对家庭经济困难残疾学生的资助力度。逐步实施残疾学生高中阶段免费教育。

第三部分　体制改革

第十一章　人才培养体制改革

（三十一）更新人才培养观念。深化教育体制改革，关键是更新教育观念，核心是改革人才培养体制，目的是提高人才培养水平。树立全面发展观念，努力造就德智体美全面发展的高素质人才。树立人人成才观念，面向全体学生，促进学生成长成才。树立多样化人才观念，尊重个人选择，鼓励个性发展，不拘一格培养人才。树立终身学习观念，为持续发展奠定基础。树立系统培养观念，推进小学、中学、大学有机衔接，教学、科研、实践紧密结合，学校、家庭、社会密切配合，加强学校之间、校企之间、学校与科研机构之间合作以及中外合作等多种联合培养方式，形成体系开放、机制灵活、渠道互通、选择多样的人才培养体制。

（三十二）创新人才培养模式。适应国家和社会发展需要，遵循教育规律和人才成长规律，深化教育教学改革，创新教育教学方法，探索多种培养方式，形成各类人才辈出、拔尖创新人才不断涌现的局面。

注重学思结合。倡导启发式、探究式、讨论式、参与式教学，帮助学生学会学习。激发学生的好奇心，培养学生的兴趣爱好，营造独立思考、自由探索、勇于创新的良好环境。适应经济社会发展和科技进步的要求，推进课程改革，加强教材建设，建立健全教材质量监管制度。深入研究、确定不同教育阶段学生必须掌握的核心内容，形成教学内容更新机制。充分发挥现代信息技术作用，促进优质教学资源共享。

注重知行统一。坚持教育教学与生产劳动、社会实践相结合。开发实践课程和活动课程，增强学生科学实验、生产实习和技能实训的成效。充分利用社会教育资源，开展各种课外及校外活动。加强中小学校外活动场所建设。加强学生社团组织指导，鼓励学生积极参与志愿服务和公益事业。

注重因材施教。关注学生不同特点和个性差异，发展每一个学生的优势潜能。推进分层教学、走班制、学分制、导师制等教学管理制度改革。建立学习困难学生的帮助机制。改进优异学生培养方式，在跳级、转学、转换专业以及选修更高学段课程等方面给予支持和指导。健全公开、平等、竞争、择优的选拔方式，改进中学生升学推荐办法，创新研究生培养方法。探索高中阶段、高等学校拔尖学生培养模式。

（三十三）改革教育质量评价和人才评价制度。改进教育教学评价。根据培养目标和人才理念，建立科学、多样的评价标准。开展由政府、学校、家长及社会各方面参与的教育质量评价活动。做好学生成长记录，完善综合素质评价。探索促进学生发展的多种评价方式，激励学生乐观向上、自主自立、努力成才。

改进人才评价及选用制度，为人才培养创造良好环境。树立科学人才观，建立以岗位职责为基础，以品德、能力和业绩为导向的科学化、社会化人才评价发现机制。强化人才选拔使用中对实践能力的考查，克服社会用人单纯追求学历的倾向。

第十二章　考试招生制度改革

（三十四）推进考试招生制度改革。以考试招生制度改革为突破口，克服一考定终身的弊端，推进素质教育实施和创新人才培养。按照有利于科学选拔人才、促进学生健康发展、维护社会公平的原则，探索招生与考试相对分离的办法，政府宏观管理，专业机构组织实施，学校依法自主招生，学生多次选择，逐步形成分类考试、综合评价、多元录取的考试招生制度。加强考试管理，完善专业考试机构功能，提高服务能力和水平。成立国家教育考试指导委员会，研究制定考试改革方案，指导考试改革试点。

（三十五）完善中等学校考试招生制度。完善初中就近免试入学的具体办法。完善学业水平考试和综合素质评价，为高中阶段学校招生录取提供更加科学的依据。改进高中阶段学校考试招生方式，发挥优质普通高中和优质中等职业学校招生名额合理分配的导向作用。规范优秀特长生录取程序与办法。中等职业学校实行自主招生或注册入学

（三十六）完善高等学校考试招生制度。深化考试内容和形式改革，着重考查综合素质和能力。以高等学校人才选拔要求和国家课程标准为依据，完善国家考试科目试题库，保证国家考试的科学性、导向性和规范性。探索有的科目一年多次考试的办法，探索实行社会化考试。

逐步实施高等学校分类入学考试。普通高等学校本科入学考试由全国统一组织；高等职业教育入学考试由各省、自治区、直辖市组织。成人高等教育招生办法由各省、自治区、直辖市确定。深入推进研究生入学考试制度改革，加强创新能力考查，发挥和规范导师在选拔录取中的作用。

完善高等学校招生名额分配方式和招生录取办法，建立健全有利于促进入学机会公平、有利于优秀人才选拔的多元录取机制。普通高等学校本科招生以统一入学考试为基本方式，结合学业水平考试和综合素质评价，择优录取。对特长显著、符合学校培养要求的，依据面试或者测试结果自主录取；高中阶段全面发展、表现优异的，推荐录取；符合条件、自愿到国家需要的行业、地区就业的，签订协议实行定向录取；对在实践岗位上作出突出贡献或具有特殊才能的人才，建立专门程序，破格录取。

（三十七）加强信息公开和社会监督。完善考试招生信息发布制度，实现信息公开透明，保障考生权益，加强政府和社会监督。公开高等学校招生名额分配原则和办法，公开招生章程和政策、招生程序和结果，公开自主招生办法、程序和结果。加强

考试招生法规建设，规范学校招生录取程序，清理并规范升学加分政策。强化考试安全责任，加强诚信制度建设，坚决防范和严肃查处考试招生舞弊行为。

第十三章　建设现代学校制度

（三十八）推进政校分开、管办分离。适应中国国情和时代要求，建设依法办学、自主管理、民主监督、社会参与的现代学校制度，构建政府、学校、社会之间新型关系。适应国家行政管理体制改革要求，明确政府管理权限和职责，明确各级各类学校办学权利和责任。探索适应不同类型教育和人才成长的学校管理体制与办学模式，避免千校一面。完善学校目标管理和绩效管理机制。健全校务公开制度，接受师生员工和社会的监督。随着国家事业单位分类改革推进，探索建立符合学校特点的管理制度和配套政策，克服行政化倾向，取消实际存在的行政级别和行政化管理模式。

（三十九）落实和扩大学校办学自主权。政府及其部门要树立服务意识，改进管理方式，完善监管机制，减少和规范对学校的行政审批事项，依法保障学校充分行使办学自主权和承担相应责任。高等学校按照国家法律法规和宏观政策，自主开展教学活动、科学研究、技术开发和社会服务，自主设置和调整学科、专业，自主制定学校规划并组织实施，自主设置教学、科研、行政管理机构，自主确定内部收入分配，自主管理和使用人才，自主管理和使用学校财产和经费。扩大普通高中及中等职业学校在办学模式、育人方式、资源配置、人事管理、合作办学、社区服务等方面的自主权。

（四十）完善中国特色现代大学制度。完善治理结构。公办高等学校要坚持和完善党委领导下的校长负责制。健全议事规则与决策程序，依法落实党委、校长职权。完善大学校长选拔任用办法。充分发挥学术委员会在学科建设、学术评价、学术发展中的重要作用。探索教授治学的有效途径，充分发挥教授在教学、学术研究和学校管理中的作用。加强教职工代表大会、学生代表大会建设，发挥群众团体的作用。

加强章程建设。各类高校应依法制定章程，依照章程规定管理学校。尊重学术自由，营造宽松的学术环境。全面实行聘任制度和岗位管理制度。确立科学的考核评价和激励机制。

扩大社会合作。探索建立高等学校理事会或董事会，健全社会支持和监督学校发展的长效机制。探索高等学校与行业、企业密切合作共建的模式，推进高等学校与科研院所、社会团体的资源共享，形成协调合作的有效机制，提高服务经济建设和社会发展的能力。推进高校后勤社会化改革。

推进专业评价。鼓励专门机构和社会中介机构对高等学校学科、专业、课程等水平和质量进行评估。建立科学、规范的评估制度。探索与国际高水平教育评价机构合作，形成中国特色学校评价模式。建立高等学校质量年度报告发布制度。

（四十一）完善中小学学校管理制度。完善普通中小学和中等职业学校校长负责制。完善校长任职条件和任用办法。实行校务会议等管理制度，建立健全教职工代表大会制度，不断完善科学民主决策机制。扩大中等职业学校专业设置自主权。建立中小学家长委员会。引导社区和有关专业人士参与学校管理和监督。发挥企业参与中等职业学校发展的作用。建立中等职业学校与行业、企业合作机制。

第十四章　办学体制改革

（四十二）深化办学体制改革。坚持教育公益性原则，健全政府主导、社会参与、办学主体多元、办学形式多样、充满生机活力的办学体制，形成以政府办学为主体、全社会积极参与、公办教育和民办教育共同发展的格局。调动全社会参与的积极性，进一步激发教育活力，满足人民群众多层次、多样化的教育需求。

深化公办学校办学体制改革，积极鼓励行业、企业等社会力量参与公办学校办学，扶持薄弱学校发展，扩大优质教育资源，增强办学活力，提高办学效益。各地可从实际出发，开展公办学校联合办学、委托管理等试验，探索多种形式，提高办学水平。

改进非义务教育公共服务提供方式，完善优惠政策，鼓励公平竞争，引导社会资金以多种方式进入教育领域。

（四十三）大力支持民办教育。民办教育是教育事业发展的重要增长点和促进教育改革的重要力量。各级政府要把发展民办教育作为重要工作职责，鼓励出资、捐资办学，促进社会力量以独立举办、共同举办等多种形式兴办教育。完善独立学院管理和运行机制。支持民办学校创新体制机制和育人模式，提高质量，办出特色，办好一批高水平民办学校。

依法落实民办学校、学生、教师与公办学校、学生、教师平等的法律地位，保障民办学校办学自主权。清理并纠正对民办学校的各类歧视政策。制定完善促进民办教育发展的优惠政策。对具备学士、硕士和博士学位授予单位条件的民办学校，按规定程序予以审批。建立完善民办学校教师社会保险制度。

健全公共财政对民办教育的扶持政策。政府委托民办学校承担有关教育和培训任务，拨付相应教育经费。县级以上人民政府可以根据本行政区域的具体情况设立专项资金，用于资助民办学校。国家对发展民办教育作出突出贡献的组织、学校和个人给予奖励和表彰。

（四十四）依法管理民办教育。教育行政部门要切实加强民办教育的统筹、规划和管理工作。积极探索营利性和非营利性民办学校分类管理。规范民办学校法人登记。完善民办学校法人治理结构。民办学校依法设立理事会或董事会，保障校长依法行使职权，逐步推进监事制度。积极发挥民办学校党组织的作用。完善民办高等学校督导专员制度。落实民办学校教职工参与民主管理、民主监督的权利。依法明确民办学校变更、退出机制。切实落实民办学校法人财产权。依法建立民办学校财务、会计和资产管理制度。任何组织和个人不得侵占学校资产、抽逃资金或者挪用办学经费。建立民办学校办学风险防范机制和信息公开制度。扩大社会参与民办学校的管理与监督。加强对民办教育的评估。

第十五章　管理体制改革

（四十五）健全统筹有力、权责明确的教育管理体制。以转变政府职能和简政放权为重点，深化教育管理体制改革，提高公共教育服务水平。明确各级政府责任，规范学校办学行为，促进管办评分离，形成政事分开、权责明确、统筹协调、规范有序的教育管理体制。中央政府统一领导和管理国家教育事业，制定发展规划、方针政策和基本标准，优化学科专业、类型、层次结构和区域布局。整体部署教育改革试验，统筹区域协调发展。地方政府负责落实国家方针政策，开展教育改革试验，根据职责分工负责区域内教育改革、发展和稳定。

（四十六）加强省级政府教育统筹。进一步加大省级政府对区域内各级各类教育的统筹。统筹管理义务教育，推进城乡义务教育均衡发展，依法落实发展义务教育的财政责任。促进普通高中和中等职业学校合理分布，加快普及高中阶段教育，重点扶持困难地区高中阶段教育发展。促进省域内职业教育协调发展和资源共享，支持行业、企业发展职业教育。完善以省级政府为主管理高等教育的体制，合理设置和调整高等学校及学科、专业布局，提高管理水平和办学质量。依法审批设立实施专科学历教育的高等学校，审批省级政府管理本科院校学士学位授予单位和已确定为硕士学位授予单位的学位授予点。完善省对省以下财政转移支付体制，加大对经济欠发达地区的支持力度。根据国家标准，结合本地实际，合理确定各级各类学校办学条件、教师编制等实施标准。统筹推进教育综合改革，促进教育区域协作，提高教育服务经济社会发展的水平。支持和督促市（地）、县级政府履行职责，发展管理好当地各类教育。

（四十七）转变政府教育管理职能。各级政府要切实履行统筹规划、政策引导、监督管理和提供公共教育服务的职责，建立健全公共教育服务体系，逐步实现基本公共教育服务均等化，维护教育公平和教育秩序。改变直接管理学校的单一方式，综合应用立法、拨款、规划、信息服务、政策指导和必要的行政措施，减少不必要的行政干预。

提高政府决策的科学性和管理的有效性。规范决策程序，重大教育政策出台前要公开讨论，充分听取群众意见。成立教育咨询委员会，为教育改革和发展提供咨询论证，提高重大教育决策的科学性。建立和完善国家教育基本标准。整合国家教育质量监测评估机构及资源，完善监测评估体系，定期发布监测评估报告。加强教育监督检查，完善教育问责机制。

培育专业教育服务机构。完善教育中介组织的准入、资助、监管和行业自律制度。积极发挥行业协会、专业学会、基金会等各类社会组织在教育公共治理中的作用。

第十六章　扩大教育开放

（四十八）加强国际交流与合作。坚持以开放促改革、促发展。开展多层次、宽领域的教育交流与合作，提高我国教育国际化水平。借鉴国际上先进的教育理念和教育经验，促进我国教育改革发展，提升我国教育的国际地位、影响力和竞争力。适应国家经济社会对外开放的要求，培养大批具有国际视野、通晓国际规则、能够参与国际事务和国际竞争的国际化人才。

（四十九）引进优质教育资源。吸引境外知名学校、教育和科研机构以及企业，合作设立教育教学、实训、研究机构或项目。鼓励各级各类学校开展多种形式的国际交流与合作，办好若干所示范性中外合作学校和一批中外合作办学项目。探索多种方式利用国外优质教育资源。

吸引更多世界一流的专家学者来华从事教学、科研和管理工作，有计划地引进海外高端人才和学术团队。引进境外优秀教材，提高高等学校聘任外籍教师的比例。吸引海外优秀留学人员回国服务。

（五十）提高交流合作水平。扩大政府间学历学位互认。支持中外大学间的教师互派、学生互换、学分互认和学位互授联授。加强与国外高水平大学合作，建立教学科研合作平台，联合推进高水平基础研究和高技术研究。加强中小学、职业学校对外交流与合作。加强国际理解教育，推动跨文化交流，增进学生对不同国家、不同文化的认识和理解。

推动我国高水平教育机构海外办学，加强教育国际交流，广泛开展国际合作和教育服务。支持国际汉语教育。提高孔子学院办学质量和水平。加大教育国际援助力度，为发展中国家培养培训专门人才。拓宽渠道和领域，建立高等学校毕业生海外志愿者服务机制。

创新和完善公派出国留学机制，在全国公开选拔优秀学生进入国外高水平大学和研究机构学习。加强对自费出国留学的政策引导，加大对优秀自费留学生资助和奖励力度。坚持“支持留学、鼓励回国、来去自由”的方针，提高对留学人员的服务和管理水平。

进一步扩大外国留学生规模。增加中国政府奖学金数量，重点资助发展中国家学生，优化来华留学人员结构。实施来华留学预备教育，增加高等学校外语授课的学科专业，不断提高来华留学教育质量。

加强与联合国教科文组织等国际组织的合作，积极参与双边、多边和全球性、区域性教育合作。积极参与和推动国际组织教育政策、规则、标准的研究和制定。搭建高层次国际教育交流合作与政策对话平台，加强教育研究领域和教育创新实践活动的国际交流与合作。

加强内地与港澳台地区的教育交流与合作。扩展交流内容，创新合作模式，促进教育事业共同发展。

第四部分　保障措施

第十七章　加强教师队伍建设

（五十一）建设高素质教师队伍。教育大计，教师为本。有好的教师，才有好的教育。提高教师地位，维护教师权益，改善教师待遇，使教师成为受人尊重的职业。严格教师资质，提升教师素质，努力造就一支师德高尚、业务精湛、结构合理、充满活力的高素质专业化教师队伍。

（五十二）加强师德建设。加强教师职业理想和职业道德教育，增强广大教师教书育人的责任感和使命感。教师要关爱学生，严谨笃学，淡泊名利，自尊自律，以人格魅力和学识魅力教育感染学生，做学生健康成长的指导者和引路人。将师德表现作为教师考核、聘任（聘用）和评价的首要内容。采取综合措施，建立长效机制，形成良好学术道德和学术风气，克服学术浮躁，查处学术不端行为。

（五十三）提高教师业务水平。完善培养培训体系，做好培养培训规划，优化队伍结构，提高教师专业水平和教学能力。通过研修培训、学术交流、项目资助等方式，培养教育教学骨干、“双师型”教师、学术带头人和校长，造就一批教学名师和学科领军人才。

以农村教师为重点，提高中小学教师队伍整体素质。创新农村教师补充机制，完善制度政策，吸引更多优秀人才从教。积极推进师范生免费教育，实施农村义务教育学校教师特设岗位计划，完善代偿机制，鼓励高校毕业生到艰苦边远地区当教师。完善教师培训制度，将教师培训经费列入政府预算，对教师实行每五年一周期的全员培训。加大民族地区双语教师培养培训力度。加强校长培训，重视辅导员和班主任培训。加强教师教育，构建以师范院校为主体、综合大学参与、开放灵活的教师教育体系。深化教师教育改革，创新培养模式，增强实习实践环节，强化师德修养和教学能力训练，提高教师培养质量。

以“双师型”教师为重点，加强职业院校教师队伍建设。加大职业院校教师培养培训力度。依托相关高等学校和大中型企业，共建“双师型”教师培养培训基地。完善教师定期到企业实践制度。完善相关人事制度，聘任（聘用）具有实践经验的专业技术人员和高技能人才担任专兼职教师，提高持有专业技术资格证书和职业资格证书教师比例。

以中青年教师和创新团队为重点，建设高素质的高校教师队伍。大力提高高校教师教学水平、科研创新和社会服务能力。促进跨学科、跨单位合作，形成高水平教学和科研创新团队。创新人事管理和薪酬分配方式，引导教师潜心教学科研，鼓励中青年优秀教师脱颖而出。实施海外高层次人才引进计划、“长江学者奖励计划”和“国家杰出青年科学基金”等人才项目，为高校集聚具有国际影响的学科领军人才。

（五十四）提高教师地位待遇。不断改善教师的工作、学习和生活条件，吸引优秀人才长期从教、终身从教。依法保证教师平均工资水平不低于或者高于国家公务员的平均工资水平，并逐步提高。落实教师绩效工资。对长期在农村基层和艰苦边远地区工作的教师，在工资、职务（职称）等方面实行倾斜政策，完善津贴补贴标准。建设农村艰苦边远地区学校教师周转宿舍。研究制定优惠政策，改善教师工作和生活条件。关心教师身心健康。落实和完善教师医疗养老等社会保障政策。国家对在农村地区长期从教、贡献突出的教师给予奖励。

（五十五）健全教师管理制度。完善并严格实施教师准入制度，严把教师入口关。国家制定教师资格标准，提高教师任职学历标准和品行要求。建立教师资格证书定期登记制度。省级教育行政部门统一组织中小学教师资格考试和资格认定，县级教育行政部门按规定履行中小学教师的招聘录用、职务（职称）评聘、培养培训和考核等管理职能。

逐步实行城乡统一的中小学编制标准，对农村边远地区实行倾斜政策。制定幼儿园教师配备标准。建立统一的中小学教师职务（职称）系列，在中小学设置正高级教师职务（职称）。探索在职业学校设置正高级教师职务（职称）。制定高等学校编制标准。加强学校岗位管理，创新聘用方式，规范用人行为，完善激励机制，激发教师积极性和创造性。建立健全义务教育学校教师和校长流动机制。城镇中小学教师在评聘高级职务（职称）时，原则上要有一年以上在农村学校或薄弱学校任教经历。加强教师管理，完善教师退出机制。制定校长任职资格标准，促进校长专业化，提高校长管理水平。推行校长职级制。

创造有利条件，鼓励教师和校长在实践中大胆探索，创新教育思想、教育模式和教育方法，形成教学特色和办学风格，造就一批教育家，倡导教育家办学。大力表彰和宣传模范教师的先进事迹。国家对作出突出贡献的教师和教育工作者设立荣誉称号。

第十八章　保障经费投入

（五十六）加大教育投入。教育投入是支撑国家长远发展的基础性、战略性投资，是教育事业的物质基础，是公共财政的重要职能。要健全以政府投入为主、多渠道筹集教育经费的体制，大幅度增加教育投入。

各级政府要优化财政支出结构，统筹各项收入，把教育作为财政支出重点领域予以优先保障。严格按照教育法律法规规定，年初预算和预算执行中的超收收入分配都要体现法定增长要求，保证教育财政拨款增长明显高于财政经常性收入增长，并使按在校学生人数平均的教育费用逐步增长，保证教师工资和学生人均公用经费逐步增长。按增值税、营业税、消费税的3%足额征收教育费附加，专项用于教育事业。提高国家财政性教育经费支出占国内生产总值比例，2012年达到4%。

社会投入是教育投入的重要组成部分。充分调动全社会办教育积极性，扩大社会资源进入教育途径，多渠道增加教育投入。完善财政、税收、金融和土地等优惠政策，鼓励和引导社会力量捐资、出资办学。完善非义务教育培养成本分担机制，根据经济发展状况、培养成本和群众承受能力，调整学费标准。完善捐赠教育激励机制，落实个人教育公益性捐赠支出在所得税税前扣除规定。

（五十七）完善投入机制。进一步明确各级政府提供公共教育服务职责，完善各级教育经费投入机制，保障学校办学经费的稳定来源和增长。各地根据国家办学条件基本标准和教育教学基本需要，制定并逐步提高区域内各级学校学生人均经费基本标准和学生人均财政拨款基本标准。

义务教育全面纳入财政保障范围，实行国务院和地方各级人民政府根据职责共同负担，省、自治区、直辖市人民政府负责统筹落实的投入体制。进一步完善中央财政和地方财政分项目、按比例分担的农村义务教育经费保障机制，提高保障水平。尽快化解农村义务教育学校债务。

非义务教育实行以政府投入为主、受教育者合理分担、其他多种渠道筹措经费的投入机制。学前教育建立政府投入、社会举办者投入、家庭合理负担的投入机制。普通高中实行以财政投入为主，其他渠道筹措经费为辅的机制。中等职业教育实行政府、行业、企业及其他社会力量依法筹集经费的机制。高等教育实行以举办者投入为主、受教育者合理分担培养成本、学校设立基金接受社会捐赠等筹措经费的机制。

进一步加大农村、边远贫困地区、民族地区教育投入。中央财政通过加大转移支付，支持农村欠发达地区和民族地区教育事业发展，加强关键领域和薄弱环节，解决突出问题。

健全国家资助政策体系。各地根据学前教育普及程度和发展情况，逐步对农村家庭经济困难和城镇低保家庭子女接受学前教育予以资助。提高农村义务教育家庭经济困难寄宿生生活补助标准，改善中小学生营养状况。建立普通高中家庭经济困难学生国家资助制度。完善普通本科高校、高等职业学校和中等职业学校家庭经济困难学生资助政策体系。完善助学贷款体制机制。推进生源地信用助学贷款。建立健全研究生教育收费制度，完善资助政策，设立研究生国家奖学金。根据经济发展水平和财力状况，建立国家奖助学金标准动态调整机制。

（五十八）加强经费管理。坚持依法理财，严格执行国家财政资金管理法律制度和财经纪律。建立科学化、精细化预算管理机制，科学编制预算，提高预算执行效率。设立高等教育拨款咨询委员会，增强经费分配的科学性。加强学校财务会计制度建设，完善经费使用内部稽核和内部控制制度。完善教育经费监管机构职能，在高等学校试行设立总会计师职务，提升经费使用和资产管理专业化水平。公办高等学校总会计师由政府委派。加强经费使用监督，强化重大项目建设和经费使用全过程审计，确保经费使用规范、安全、有效。建立并不断完善教育经费基础信息库，提升经费管理信息化水平。防范学校财务风险。建立经费使用绩效评价制度，加强重大项目经费使用考评。加强学校国有资产管理，建立健全学校国有资产配置、使用、处置管理制度，防止国有资产流失，提高使用效益。

完善学校收费管理办法，规范学校收费行为和收费资金使用管理。坚持勤俭办学，严禁铺张浪费，建设节约型学校。

第十九章　加快教育信息化进程

（五十九）加快教育信息基础设施建设。信息技术对教育发展具有革命性影响，必须予以高度重视。把教育信息化纳入国家信息化发展整体战略，超前部署教育信息网络。到2020年，基本建成覆盖城乡各级各类学校的教育信息化体系，促进教育内容、教学手段和方法现代化。充分利用优质资源和先进技术，创新运行机制和管理模式，整合现有资源，构建先进、高效、实用的数字化教育基础设施。加快终端设施普及，推进数字化校园建设，实现多种方式接入互联网。重点加强农村学校信息基础建设，缩小城乡数字化差距。加快中国教育和科研计算机网、中国教育卫星宽带传输网升级换代。制定教育信息化基本标准，促进信息系统互联互通。

（六十）加强优质教育资源开发与应用。加强网络教学资源体系建设。引进国际优质数字化教学资源。开发网络学习课程。建立数字图书馆和虚拟实验室。建立开放灵活的教育资源公共服务平台，促进优质教育资源普及共享。创新网络教学模式，开展高质量高水平远程学历教育。继续推进农村中小学远程教育，使农村和边远地区师生能够享受优质教育资源。

强化信息技术应用。提高教师应用信息技术水平，更新教学观念，改进教学方法，提高教学效果。鼓励学生利用信息手段主动学习、自主学习，增强运用信息技术分析解决问题能力。加快全民信息技术普及和应用。

（六十一）构建国家教育管理信息系统。制定学校基础信息管理要求，加快学校管理信息化进程，促进学校管理标准化、规范化。推进政府教育管理信息化，积累基础资料，掌握总体状况，加强动态监测，提高管理效率。整合各级各类教育管理资源，搭建国家教育管理公共服务平台，为宏观决策提供科学依据，为公众提供公共教育信息，不断提高教育管理现代化水平。

第二十章　推进依法治教

（六十二）完善教育法律法规。按照全面实施依法治国基本方略的要求，加快教育法制建设进程，完善中国特色社会主义教育法律法规。根据经济社会发展和教育改革的需要，修订教育法、职业教育法、高等教育法、学位条例、教师法、民办教育促进法，制定有关考试、学校、终身学习、学前教育、家庭教育等法律。加强教育行政法规建设。各地根据当地实际，制定促进本地区教育发展的地方性法规和规章。

（六十三）全面推进依法行政。各级政府要按照建设法治政府的要求，依法履行教育职责。探索教育行政执法体制机制改革，落实教育行政执法责任制，及时查处违反教育法律法规、侵害受教育者权益、扰乱教育秩序等行为，依法维护学校、学生、教师、校长和举办者的权益。完善教育信息公开制度，保障公众对教育的知情权、参与权和监督权。

（六十四）大力推进依法治校。学校要建立完善符合法律规定、体现自身特色的学校章程和制度，依法办学，从严治校，认真履行教育教学和管理职责。尊重教师权利，加强教师管理。保障学生的受教育权，对学生实施的奖励与处分要符合公平、公正原则。健全符合法治原则的教育救济制度。

开展普法教育。促进师生员工提高法律素质和公民意识，自觉知法守法，遵守公共生活秩序，做遵纪守法的楷模。

（六十五）完善督导制度和监督问责机制。制定教育督导条例，进一步健全教育督导制度。探索建立相对独立的教育督导机构，独立行使督导职能。健全国家督学制度，建设专职督导队伍。坚持督政与督学并重、监督与指导并重。加强义务教育督导检查，开展学前教育和高中阶段教育督导检查。强化对政府落实教育法律法规和政策情况的督导检查。建立督导检查结果公告制度和限期整改制度。

严格落实问责制。主动接受和积极配合各级人大及其常委会对教育法律法规执行情况的监督检查以及司法机关的司法监督。建立健全层级监督机制。加强监察、审计等专门监督。强化社会监督。

第二十一章　重大项目和改革试点

（六十六）组织实施重大项目。2010－2012年，围绕教育改革发展战略目标，着眼于促进教育公平，提高教育质量，增强可持续发展能力，以加强关键领域和薄弱环节为重点，完善机制，组织实施一批重大项目。

义务教育学校标准化建设。完善城乡义务教育经费保障机制，科学规划、统筹安排、均衡配置、合理布局。实施中小学校舍安全工程，集中开展危房改造、抗震加固，实现城乡中小学校舍安全达标；改造小学和初中薄弱学校，尽快使义务教育学校师资、教学仪器设备、图书、体育场地基本达标；改扩建劳务输出大省和特殊困难地区农村学校寄宿设施，改善农村学生特别是留守儿童寄宿条件，基本满足需要。

义务教育教师队伍建设。继续实施农村义务教育学校教师特设岗位计划，吸引高校毕业生到农村从教；加强农村中小学薄弱学科教师队伍建设，重点培养和补充一批边远贫困地区和革命老区急需紧缺教师；对义务教育教师进行全员培训，组织校长研修培训；对专科学历以下小学教师进行学历提高教育，使全国小学教师学历逐步达到专科以上水平。

推进农村学前教育。支持办好现有的乡镇和村幼儿园；重点支持中西部贫困地区充分利用中小学富余校舍和社会资源，改扩建或新建乡镇和村幼儿园；对农村幼儿园园长和骨干教师进行培训。

职业教育基础能力建设。支持建设一批职业教育实训基地，提升职业教育实践教学水平；完成一大批“双师型”教师培训，聘任（聘用）一大批有实践经验和技能的专兼职教师；支持一批中等职业教育改革示范校和优质特色校建设，支持高等职业教育示范校建设；支持一批示范性职业教育集团学校建设，促进优质资源开放共享。

提升高等教育质量。实施中西部高等教育振兴计划，加强中西部地方高校优势学科和师资队伍建设；实施东部高校对口支援西部高校计划；支持建设一批高等学校产学研基地；实施基础学科拔尖学生培养试验计划和卓越工程师、医师等人才教育培养计划；继续实施“985工程”和优势学科创新平台建设，继续实施“211工程”和启动特色重点学科项目；继续实施“高等学校本科教学质量与教学改革工程”、“研究生教育创新计划”、“高等学校哲学社会科学繁荣计划”和“高等学校高层次创新人才计划”。

发展民族教育。巩固民族地区普及九年义务教育成果，支持边境县和民族自治地方贫困县实现义务教育学校标准化；重点扶持和培养一批边疆民族地区紧缺教师人才；加强对民族地区中小学和幼儿园双语教师培养培训；加快民族地区高中阶段教育发展，启动内地中职班，支持教育基础薄弱县改扩建、新建一批普通高中和中等职业学校；支持民族院校建设。

发展特殊教育。改扩建和新建一批特殊教育学校，使市（地）和30万人口以上、残疾儿童少年较多的县（市）都有一所特殊教育学校；为现有特殊教育学校添置必要的教学、生活和康复训练设施，改善办学条件；对特殊教育教师进行专业培训，提高教育教学水平。

家庭经济困难学生资助。启动民族地区、贫困地区农村小学生营养改善计划；免除中等职业教育家庭经济困难学生和涉农专业学生学费；把普通高中学生和研究生纳入国家助学体系。

教育信息化建设。提高中小学每百名学生拥有计算机台数，为农村中小学班级配备多媒体远程教学设备；建设有效共享、覆盖各级各类教育的国家数字化教学资源库和公共服务平台；基本建成较完备的国家级和省级教育基础信息库以及教育质量、学生流动、资源配置和毕业生就业状况等监测分析系统。

教育国际交流合作。支持一批示范性中外合作办学机构；支持在高校建设一批国际合作联合实验室、研究中心；引进一大批海外高层次人才；开展大中小学校长和骨干教师海外研修培训；支持扩大公派出国留学规模；实施留学中国计划，扩大来华留学生规模；培养各种外语人才；支持孔子学院建设。

（六十七）组织开展改革试点。成立国家教育体制改革领导小组，研究部署、指导实施教育体制改革工作。根据统筹规划、分步实施、试点先行、动态调整的原则，选择部分地区和学校开展重大改革试点。

推进素质教育改革试点。建立减轻中小学生课业负担的有效机制；加强基础教育课程教材建设；开展高中办学模式多样化试验，开发特色课程；探索弹性学制等培养方式；完善教育质量监测评估体系，定期发布测评结果等。

义务教育均衡发展改革试点。建立城乡一体化义务教育发展机制；实行县（区）域内教师、校长交流制度；实行优质普通高中和优质中等职业学校招生名额合理分配到区域内初中的办法；切实解决区域内义务教育阶段择校问题等。

职业教育办学模式改革试点。以推进政府统筹、校企合作、集团化办学为重点，探索部门、行业、企业参与办学的机制；开展委托培养、定向培养、订单式培养试点；开展工学结合、弹性学制、模块化教学等试点；推进职业教育为“三农”服务、培养新型农民的试点。

终身教育体制机制建设试点。建立区域内普通教育、职业教育、继续教育之间的沟通机制；建立终身学习网络和服务平台；统筹开发社会教育资源，积极发展社区教育；建立学习成果认证体系，建立“学分银行”制度等。

拔尖创新人才培养改革试点。探索贯穿各级各类教育的创新人才培养途径；鼓励高等学校联合培养拔尖创新人才；支持有条件的高中与大学、科研院所合作开展创新人才培养研究和试验，建立创新人才培养基地。

考试招生制度改革试点。完善初中和高中学业水平考试和综合素质评价；探索实行高水平大学联考；探索高等职业学校自主考试或根据学业水平考试成绩注册入学；探索自主录取、推荐录取、定向录取、破格录取的具体方式；探索缩小高等学校入学机会区域差距的举措等。

现代大学制度改革试点。研究制定党委领导下的校长负责制实施意见。制定和完善学校章程，探索学校理事会或董事会、学术委员会发挥积极作用的机制；全面实行聘任制度和岗位管理制度；实行新进人员公开招聘制度；探索协议工资制等灵活多样的分配办法；建立多种形式的专职科研队伍，推进管理人员职员制；完善校务公开制度等。

深化办学体制改革试点。探索公办学校联合办学、中外合作办学、委托管理等改革试验；开展对营利性和非营利性民办学校分类管理试点；建立民办学校财务、会计和资产管理制度；探索独立学院管理和发展的有效方式等。

地方教育投入保障机制改革试点。建立多渠道筹措教育经费长效机制；制定各级学校学生人均经费基本标准和学生人均财政拨款基本标准；探索政府收入统筹用于支持教育的办法；建立教育投入分项分担机制；依法制定鼓励教育投入的优惠政策；对长期在农村基层和艰苦边远地区工作的教师实行工资福利倾斜政策等。

省级政府教育统筹综合改革试点。探索政校分开、管办分离实现形式；合理部署区域内学校、学科、专业设置；制定办学条件、教师编制、招生规模等基本标准；推进县（市）教育综合改革试点；加强教育督导制度建设，探索督导机构独立履行职责的机制；探索省际教育协作改革试点，建立跨地区教育协作机制等。

第二十二章　加强组织领导

（六十八）加强和改善对教育工作的领导。各级党委和政府要以邓小平理论和“三个代表”重要思想为指导，深入贯彻落实科学发展观，把推动教育事业优先发展、科学发展作为重要职责，健全领导体制和决策机制，及时研究解决教育改革发展的重大问题和群众关心的热点问题。要把推进教育事业科学发展作为各级党委和政府政绩考核的重要内容，完善考核机制和问责制度。各级政府要定期向同级人民代表大会或其常务委员会报告教育工作情况。建立各级党政领导班子成员定点联系学校制度。有关部门要切实履行职责，支持教育改革和发展。扩大人民群众对教育事业的知情权、参与度。

加强教育宏观政策和发展战略研究，提高教育决策科学化水平。鼓励和支持教育科研人员坚持理论联系实际，深入探索中国特色社会主义教育规律，研究和回答教育改革发展重大理论和现实问题，促进教育事业科学发展。

（六十九）加强和改进教育系统党的建设。把教育系统党组织建设成为学习型党组织。深入学习马克思列宁主义、毛泽东思想、邓小平理论、“三个代表”重要思想以及科学发展观，坚持用发展着的马克思主义武装党员干部、教育广大师生。深入推动中国特色社会主义理论体系进教材、进课堂、进头脑。深入开展社会主义核心价值体系学习教育。

健全各级各类学校党的组织。把全面贯彻党的教育方针、培养社会主义建设者和接班人贯穿学校党组织活动始终，坚持社会主义办学方向，牢牢把握党对学校意识形态工作的主导权。高等学校党组织要充分发挥在学校改革发展中的领导核心作用，中小学党组织要充分发挥在学校工作中的政治核心作用。加强民办学校党的建设，积极探索党组织发挥作用的途径和方法。

加强学校领导班子和领导干部队伍建设，不断提高思想政治素质和办学治校能力。坚持德才兼备、以德为先用人标准，选拔任用学校领导干部。加大学校领导干部培养培训和交流任职力度。

着力扩大党组织的覆盖面，推进工作创新，增强生机活力。充分发挥学校基层党组织战斗堡垒作用和党员先锋模范作用。加强在优秀青年教师、优秀学生中发展党员工作。重视学校共青团、少先队工作。

加强教育系统党风廉政建设和行风建设。大兴密切联系群众之风、求真务实之风、艰苦奋斗之风、批评和自我批评之风。坚持标本兼治、综合治理、惩防并举、注重预防的方针，完善体现教育系统特点的惩治和预防腐败体系。严格执行党风廉政建设责任制，加大教育、监督、改革、制度创新力度，坚决惩治腐败。坚持从严治教、规范管理，积极推行政务公开、校务公开。坚决纠正损害群众利益的各种不正之风。

（七十）切实维护教育系统和谐稳定。加强和改进学校思想政治工作，加强校园文化建设，深入开展平安校园、文明校园、绿色校园、和谐校园创建活动。重视解决好师生员工的实际困难和问题。完善矛盾纠纷排查化解机制，完善学校突发事件应急管理机制，妥善处置各种事端。加强校园网络管理。建立健全安全保卫制度和工作机制，完善人防、物防和技防措施。加强师生安全教育和学校安全管理，提高预防灾害、应急避险和防范违法犯罪活动的能力。加强校园和周边环境治安综合治理，为师生创造安定有序、和谐融洽、充满活力的工作、学习、生活环境。

实 施

《教育规划纲要》是21世纪我国第一个中长期教育规划纲要，涉及面广、时间跨度大、任务重、要求高，必须周密部署、精心组织、认真实施，确保各项任务落到实处。

明确目标任务，落实责任分工。贯彻实施《教育规划纲要》，是各级党委和政府的重要职责。各地区各部门要在中央统一领导下，按照《教育规划纲要》的部署和要求，对目标任务进行分解，明确责任分工。国务院教育行政部门负责《教育规划纲要》的组织协调与实施，各有关部门积极配合，密切协作，共同抓好贯彻落实。

提出实施方案，制定配套政策。各地要围绕《教育规划纲要》确定的战略目标、主要任务、体制改革、重大措施和项目等，提出本地区实施的具体方案和措施，分阶段、分步骤组织实施。各有关部门要抓紧研究制定切实可行、操作性强的配套政策，尽快出台实施。

鼓励探索创新，加强督促检查。充分尊重人民群众的首创精神，鼓励各地积极探索，勇于创新，创造性地实施《教育规划纲要》。对各地在实施《教育规划纲要》中好的做法和有效经验，要及时总结，积极推广。对《教育规划纲要》实施情况进行监测评估和跟踪检查。

广泛宣传动员，营造良好环境。广泛宣传党的教育方针政策，广泛宣传优先发展教育、建设人力资源强国的重要性和紧迫性，广泛宣传《教育规划纲要》的重大意义和主要内容，动员全党全社会进一步关心支持教育事业的改革和发展，为《教育规划纲要》的实施创造良好社会环境和舆论氛围。

中共中央、国务院转发《中央宣传部、司法部关于在公民中开展法制宣传教育的第六个五年规划（2011－2015年）》的通知

（2011年3月23日）

各省、自治区、直辖市党委和人民政府，中央和国家机关各部委，解放军各总部、各大单位，各人民团体：

《中央宣传部、司法部关于在公民中开展法制宣传教育的第六个五年规划（2011－2015年）》（以下简称“六五”普法规划）已经中央同意，现转发给你们，请结合实际认真贯彻执行。

法制宣传教育是提高全民法律素质，推进依法治国、建设社会主义法治国家的一项重要基础性工作。深入开展法制宣传教育，是贯彻落实党的十七大和十七届三中、四中、五中全会精神的重要任务，是实施“十二五”规划、全面建设小康社会的重要保障。各级党委和政府要把法制宣传教育纳入当地经济社会发展规划，纳入党委和政府目标管理，进一步完善党委领导、人大监督、政府实施的领导体制，确保“六五”普法规划各项目标任务落到实处。各级领导干部要带头学法守法用法，进一步提高依法执政、依法行政、依法决策的意识和能力。广大公务员要切实加强与履行职责相关的专门法律知识学习，不断提高运用法律手段解决问题的能力。要有针对性地开展青少年法制宣传教育，引导青少年增强法治意识，养成遵纪守法的行为习惯。要坚持法制宣传教育与法治实践相结合，深入推进依法治理，全面提高全社会法治化管理水平。要通过深入开展法制宣传教育，传播法律知识，弘扬法治精神，树立社会主义法治理念，培育社会主义法治文化，形成自觉学法守法用法的社会氛围，为推进依法治国进程，为实现经济社会又好又快发展营造良好的法治环境。

中央宣传部　司法部关于在公民中开展法制宣传教育的第六个五年规划（2011-2015年）

在党中央、国务院正确领导下，全国第五个五年法制宣传教育规划已顺利实施完

成，取得了显著成效。全民法制宣传教育深入开展，法律进机关、进乡村、进社区、进学校、进企业、进单位活动蓬勃展开，依法治理和法治创建活动深入推进，宪法和法律得到较为广泛普及，全体公民宪法和法律意识明显增强，全社会法治化管理水平逐步提高，法制宣传教育在落实依法治国基本方略、服务经济社会发展、维护社会和谐稳定方面发挥了重要作用。五年来法制宣传教育取得的成功经验，为第六个五年法制宣传教育工作奠定了良好基础。

党的十七大和十七届五中全会提出了深入开展法制宣传教育的重大任务。中国特色社会主义法律体系的形成，整个社会和广大人民群众法治意识的不断增强，对法制宣传教育提出了新的更高要求。继续开展法制宣传教育，对于进一步增强全社会法治观念、推进依法治国进程，为“十二五”时期经济社会发展提供良好法治环境和有效法治保障，具有十分重要的意义。为做好第六个五年法制宣传教育工作，制定本规划。

一、指导思想、主要目标和工作原则

第六个五年法制宣传教育工作的指导思想是：高举中国特色社会主义伟大旗帜，以邓小平理论和“三个代表”重要思想为指导，深入贯彻落实科学发展观，围绕“十二五”时期经济社会发展的目标任务，按照全面落实依法治国基本方略和建设社会主义政治文明的新要求，坚持法制宣传教育与社会主义核心价值体系教育相结合、与社会主义法治理念教育相结合、与社会主义公民意识教育相结合、与法治实践相结合，深入开展法制宣传教育，深入推进依法治理，大力弘扬社会主义法治精神，努力促进经济平稳较快发展和社会和谐稳定，为夺取全面建设小康社会新胜利营造良好法治环境。

第六个五年法制宣传教育工作的主要目标是：通过深入扎实的法制宣传教育和法治实践，深入宣传宪法，广泛传播法律知识，进一步坚定法治建设的中国特色社会主义方向，提高全民法律意识和法律素质，提高全社会法治化管理水平，促进社会主义法治文化建设，推动形成自觉学法守法用法的社会环境。

第六个五年法制宣传教育工作应遵循以下原则：

——坚持围绕中心，服务大局。按照“十二五”时期经济社会发展的总体要求，深入开展法制宣传教育，服务经济平稳较快发展，服务改革开放，服务保障和改善民生，服务维护社会和谐稳定。

——坚持以人为本，服务群众。着眼于群众的实际法律需求，在法制宣传中服务群众，把法制宣传教育的过程变成做群众工作的过程，实现好、维护好、发展好最广大人民的根本利益。

——坚持分类指导，注重实效。根据不同地区、不同行业和不同对象的特点，确定法制宣传教育的重点内容，采取切实可行的方法，增强工作的针对性和实效性。

——坚持学用结合，普治并举。坚持法制宣传教育与法治实践相结合，突出宣传法治实践的重要作用，不断提高法制宣传教育的实际效果。用法制宣传教育引导法治实践，在法治实践中加强法制宣传教育，深入推进各项事业依法治理。

——坚持与时俱进，改革创新。把握法制宣传教育工作规律，创新工作理念，拓展工作领域，完善工作机制，改进方式方法，体现法制宣传教育的时代性、规律性和创造性。

二、主要任务

（一）突出学习宣传宪法。宪法是国家的根本法，是治国安邦的总章程，具有最高权威和法律效力。突出抓好宪法的学习宣传教育，大力宣传我国的根本制度和根本任务，大力宣传中国共产党的领导地位，大力宣传马克思列宁主义、毛泽东思想、邓小平理论和“三个代表”重要思想的指导地位，大力宣传工人阶级领导的以工农联盟为基础的人民民主专政的国体和人民代表大会制度的政体，大力宣传中国共产党领导的多党合作和政治协商制度、民族区域自治制度以及基层群众自治制度，大力宣传坚持公有制为主体、多种所有制经济共同发展的基本经济制度，大力宣传公民的基本权利和义务以及国家生活的基本原则等内容，使广大人民群众全面深刻理解宪法的基本原则和精神，充分认识社会主义制度的优越性，进一步增强全体公民的宪法意识、公民意识、爱国意识、国家安全统一意识和民主法制意识。在全社会牢固树立党的领导、人民当家作主和依法治国有机统一的观念，树立国家一切权力属于人民的观念，树立权利与义务相统一的观念，形成崇尚宪法、遵守宪法、维护宪法权威的良好氛围，使宪法在全社会得到一体遵行，促进国家各项事业健康发展。

（二）深入学习宣传中国特色社会主义法律体系和国家基本法律。加强中国特色社会主义法律体系的学习宣传，深入学习宣传中国特色社会主义法律体系形成的重要意义、基本经验及其基本构成、基本特征。深入学习宣传宪法相关法、民法商法、行政法、经济法、社会法、刑法、诉讼与非诉讼程序法等方面的法律，在全社会形成学法守法用法的良好法治氛围，充分发挥法律在经济社会发展中的规范、引导、保障作用。

（三）深入开展社会主义法治理念教育。组织广大党员干部特别是县处级以上领导干部认真学习社会主义法治理念，牢固树立并自觉践行依法治国、执法为民、公平正义、服务大局、党的领导理念，切实提高党员干部的政治意识、大局意识和法治意识。加大社会主义法治理念的宣传教育力度，推动社会主义法治理念逐步深入人心。

（四）深入学习宣传促进经济发展的法律法规。学习宣传国家基本经济制度、改革开放、社会主义市场经济、财税、金融、投资等方面的法律法规，促进经济平稳较快发展；学习宣传农村基本经营制度、农村土地管理制度、农业支持保护制度、农村金融制度、城乡经济社会发展一体化制度和农村民主管理制度等方面的法律法规，促进社会主义新农村建设；学习宣传加强资源节约和管理、环境和生态保护、防灾减灾等方面的法律法规，促进资源节约型、环境友好型社会建设；学习宣传推进科技进步、加快教育事业发展、加强自主创新能力建设、实施人才强国战略、保护知识产权等方面的法律法规，促进创新型国家建设；学习宣传区域协调发展和城乡规划建设管理相关法律法规，促进区域和城乡协调发展。

（五）深入学习宣传保障和改善民生的法律法规。重点学习宣传收入分配、社会保障、医疗卫生、社会救助等方面的法律法规，促进保障人民基本生活；学习宣传就业促进、劳动合同、劳动争议处理等方面的法律法规，促进建立和谐劳动关系；学习宣传土地征收征用与补偿、土地承包经营权流转、国有企业改制等方面的法律法规，维护人民群众合法权益；学习宣传安全生产、食品药品安全、抗灾救灾、公共卫生等方面的法律法规，保障群众生命财产安全；学习宣传维护妇女、未成年人、老年人、残疾人权益等方面的法律法规，做好特殊群体的权益保障工作。

（六）深入学习宣传社会管理的法律法规。学习宣传维护国家安全、社会稳定、促进民族团结相关法律法规，维护社会政治大局稳定；学习宣传社会治安综合治理、流动人口服务和管理、突发事件应急管理相关法律法规，促进提高社会管理水平；学习宣传信访、投诉、调解等相关法律法规，依法化解矛盾纠纷；学习宣传新闻出版、广播影视、文化文艺、网络电信管理相关法律法规，促进文化事业和文化产业发展。加强刑事、民事和行政诉讼法律宣传，引导公民依法按程序表达利益诉求。加强公正廉洁执法、公正司法教育，维护社会公平正义。

（七）加强反腐倡廉法制宣传教育。以领导干部和公务员为重点，加强公务员法、行政监察法、审计法和廉政准则等相关法律法规和党纪条规的宣传教育，坚持反腐倡廉法制宣传教育与政治理论教育、理想信念教育、职业道德教育、党的优良传统和作风教育相结合，充分发挥廉政教育基地的作用，不断增强各级领导干部和公务员反腐倡廉意识，提高廉洁自律的自觉性。广泛开展面向社会的反腐倡廉法制宣传教育，促进廉政法制文化建设。坚持廉政法制教育从青少年抓起，引导青少年从小树立正确价值观和高尚道德情操。

（八）积极推进社会主义法治文化建设。通过法制宣传教育，弘扬社会主义法治精神，在全社会形成崇尚法律、遵守法律、维护法律权威的氛围。开展丰富多彩的法治文化活动，使法制宣传教育与群众文化生活相结合，丰富法治文化活动载体和形式。引导法治文化产品创作和推广，增加产品数量，提高产品质量，推出精品、创出品牌，不断满足人民群众对法治文化产品的需求。鼓励各类文化团体参加法治文化建设，探索建设法治文化教育基地，发挥公共文化场所在法治文化建设中的资源优势，组织开展法制文艺演出等群众喜闻乐见的法治文化活动。

（九）继续深化“法律进机关、进乡村、进社区、进学校、进企业、进单位”主题活动。突出服务科学发展主题，立足提高公务员社会主义法治理念，深化“法律进机关”活动，不断增强依法管理和服务社会的能力；立足促进农村经济发展和维护社会稳定，深化“法律进乡村”活动，服务社会主义新农村建设；立足推进社会管理创新，深化“法律进社区”活动，提高社区自治和服务能力；立足培育青少年法律素养和道德情操，深化“法律进学校”活动，促进青少年健康成长；立足建立现代企业制度，深化“法律进企业”活动，提高企业核心竞争力和依法防范风险的能力；立足促进法治化管理，深化“法律进单位”活动，营造良好法治氛围。突出不同行业和对象特点，针对机关、乡村、社区、学校、企业、单位的不同需求，采取有针对性的工作措施，提高法制宣传教育的实效性。加强长效机制建设，落实责任单位，明确工作职责，量化工作指标，确保活动取得实效。

深入开展“12·4”全国法制宣传日活动，集中开展以学习宣传宪法为核心的法制宣传教育。利用法律宣传月、宣传周、宣传日等，开展形式多样的法制宣传教育活动。

（十）深入推进依法治理。扎实开展多层次多领域依法治理工作。推进法治城市、法治县（市、区）创建活动，总结推广经验，建立健全制度，不断提高创建水平。开展依法行政示范单位创建活动，推进部门行业结合自身特点开展依法治理，认真贯彻《全面推进依法行政实施纲要》和《国务院关于加强法治政府建设的意见》，健全行政执法程序，规范行政执法行为，强化行政监督和问责，完善执法责任制、执法公示制和执法过错责任追究制，积极推进法律的有效实施，不断提高政府公信力和执行力。开展基层法治创建活动，推进基层依法治理，促进基层民主法治建设。围绕社会热点难点问题和社会管理薄弱环节，开展法制宣传教育和专项治理活动，提高社会管理法治化水平。

三、对象和要求

法制宣传教育的对象是一切有接受教育能力的公民。重点加强对领导干部、公务员、青少年、企事业经营管理人员和农民的法制宣传教育，把领导干部和青少年作为重中之重。

（一）切实加强领导干部学法守法用法。各级领导干部要把宪法和法律作为学习的重要内容，带头学法守法用法，不断提高依法决策、依法行政的意识和能力。健全并落实党委（党组）中心组集体学法、政府常务会议会前学法、法制讲座、法制培训、法律知识考试考核等制度，推进领导干部学法经常化、制度化。把法制教育纳入领导干部理论学习规划，纳入各级党校、行政学院和公务员培训机构教学课程。加强对领导干部任职前法律知识的考察、学法守法用法情况的督促检查和年度评估考核，把依法决策、依法管理、依法办事等考核结果作为干部综合考核评价的重要内容。

（二）大力推进公务员学法守法用法。加强通用法律知识和与履行职责相关的专门法律知识学习，不断提高公务员运用法律手段解决问题的能力。加大公务员培训力度，定期开展社会主义法治理念教育、专门法律知识轮训和新颁布法律法规专题培训。坚持和完善法律知识考试考核制度，将公务员依法办事情况作为公务员任职、晋升的重要依据。加强行政执法人员法律知识培训，完善和推广持证上岗制度，把有关法律知识作为持证上岗考试的重要内容。

（三）深入开展青少年法制宣传教育。根据青少年的特点和接受能力，结合公民意识教育，有针对性地开展法制宣传教育，引导青少年树立社会主义法治理念和法治意识，养成遵纪守法的行为习惯，培养社会主义合格公民。各级各类学校要根据学生特点进一步明确法制教育的地位和目标，完善法制教育的内容和体系，创新法制教育的方法和途径，发挥课堂教学的主渠道作用，努力实现学校法制教育的系统化科学化。深入推进中小学校法制教育课时、教材、师资、经费“四落实”。整合各种社会法制教育资源，建立多种形式的青少年法制教育基地，重视运用互联网等传播手段丰富青少年法制宣传教育的途径和形式，健全学校、家庭、社会“三位一体”的青少年法制教育格局。加强高等学校普法教育，加大中国特色社会主义法学理论教育力度，积极推进高校法学理论教育教材建设和师资队伍建设，引导高校学生牢固树立社会主义法治理念。结合学校校园及周边环境综合治理和安全防范工作，发挥中小学校兼职法制副校长、法制辅导员作用，加强青少年权益保护、预防和减少青少年违法犯罪等有关法律法规宣传教育，加强对有不良行为青少年、社会闲散青少年等特殊青少年群体的法制宣传教育。

（四）积极开展企事业经营管理人员法制宣传教育。加强社会主义市场经济和与企业经营管理相关的法律法规宣传教育，进一步增强企业经营管理人员诚信守法、依法经营、依法办事的观念。把法制培训纳入国有企业负责人培训内容，把依法决策、依法经营、依法管理情况作为考核企业经营管理人员的重要内容。进一步完善企业法律顾问制度，发挥法律顾问在企业依法经营管理中的作用。加强事业单位和非公有制经济组织、新社会组织管理人员法制宣传教育，提高他们依法管理、依法办事能力。深化企业职工法制宣传教育，引导职工遵纪守法，依法维护合法权益。

（五）扎实开展农民法制宣传教育。宣传与农民生产生活相关的法律法规，引导农民依法参与村民自治和其他社会管理活动，提高他们参与民主选举、民主决策、民主管理、民主监督的能力。加强农村“两委”干部法制培训，提高他们运用法律手段管理基层事务、防范和处理矛盾纠纷的能力。开展农村“法律明白人”教育培训，发挥他们在开展法制宣传、法律咨询和化解矛盾中的作用。加强农民工法制宣传教育，突出遵纪守法、依法表达利益诉求等内容的宣传，在农民工集中居住地、工作场所及主要活动场所开展经常性宣传教育，注重法制宣传教育与法律服务相结合，提高农民工的法治观念。

四、工作步骤和安排

第六个五年法制宣传教育规划从2011年开始实施，到2015年结束。分为以下3个阶段。

宣传发动阶段：2011年上半年。各地区各部门各行业根据本规划，研究制定本地区本部门本行业五年普法规划，做好宣传、发动和组织工作。各省（自治区、直辖市）、中央和国家机关制定的第六个五年法制宣传教育规划，报全国普法办备案。

组织实施阶段：2011年下半年至2015年。各地区各部门各行业依据本规划确定的目标任务和要求，结合实际制定年度计划，认真组织实施，确保本规划得到全面贯彻落实。2013年开展中期检查督导和表彰。

检查验收阶段：2015年下半年。在各级党委和政府统一领导下，各级普法依法治理领导小组办公室负责组织对规划实施情况进行总结验收，对先进集体和先进个人进行表彰。

五、组织领导和保障

（一）切实加强领导。各级党委和政府要高度重视，把法制宣传教育纳入当地经济社会发展规划，纳入党委和政府目标管理。进一步完善党委领导、人大监督、政府实施的领导体制，建立健全各级普法依法治理领导小组，完善领导小组定期召开会议、听取汇报、开展督查等制度。领导小组办公室日常工作由政府司法行政部门承担。各级人大要加强对法制宣传教育工作的监督检查，推进法制宣传教育立法。各级党委宣传部门、政府司法行政部门和领导小组办公室负责组织、协调、指导和检查规划的实施工作。各部门各行业负责本部门本行业法制宣传教育工作，按照谁执法谁普法的原则，积极面向社会开展本部门本行业相关法律法规的宣传教育。各类媒体要积极承担公益性法制宣传教育责任。鼓励引导各类社会组织和公民参与、支持法制宣传教育工作。

（二）健全考核评价体系。建立健全考核评估指标体系，完善考核评估运行机制，对本规划实施情况进行年度考核、阶段性检查和专项督查。建立健全激励机制，及时总结推广典型经验，并按照国家有关规定表彰先进。

（三）落实法制宣传教育经费保障。各级政府要把法制宣传教育经费纳入本级政府财政预算，切实予以保障。各部门各单位要根据实际情况统筹安排相关经费，保证法制宣传教育工作正常开展。

（四）抓好队伍建设。培养专兼职相结合的法制宣传教育队伍，提高专职法制宣传教育工作者的政治业务素质和组织指导能力。加强各级普法讲师团、普法志愿者队伍建设，建立健全定期培训和管理制度，提高工作能力和水平。

（五）推进阵地建设。完善城市、乡村公共活动场所法制宣传教育设施。利用各类教育基地开展法制宣传教育培训和实践活动。引导广播、电视、报刊等各类媒体办好普法节目、专栏和法制频道，结合法治实践，采取以案说法等形式，深入浅出地开展法制宣传教育。探索利用互联网、手机等新兴媒体开展法制宣传教育，办好普法网站，推动政府网及门户网站加大法制宣传力度。组织编写一批高质量的普法书籍和读物。

中国人民解放军和中国人民武装警察部队的第六个五年法制宣传教育工作，参照本规划进行安排部署。

国务院关于建立健全普通本科高校高等职业学校和中等职业学校家庭经济困难学生资助政策体系的意见

（国发[2007]13号2007年5月13日）

各省、自治区、直辖市人民政府，国务院各部委、各直属机构：

为贯彻党的十六大和十六届三中、六中全会精神，切实解决家庭经济困难学生的就学问题，国务院决定，建立健全普通本科高校、高等职业学校和中等职业学校家庭经济困难学生资助政策体系（以下简称家庭经济困难学生资助政策体系）。现提出如下意见：

一、充分认识建立健全家庭经济困难学生资助政策体系的重大意义

党中央、国务院高度重视家庭经济困难学生的就学问题。近年来国家采取一系列措施，对农村义务教育阶段学生全部免除学杂费，并为家庭经济困难学生免费提供教科书、寄宿生补助生活费；对普通高等学校家庭经济困难学生设立国家助学奖学金，实施国家助学贷款政策；对中等职业学校家庭经济困难学生设立国家助学金等，取得了良好成效。

但是，我国家庭经济困难学生资助政策体系还不够完善，尤其是对普通本科高校、高等职业学校和中等职业学校家庭经济困难学生资助面偏窄、资助标准偏低的问题比较突出。建立健全家庭经济困难学生资助政策体系，使家庭经济困难学生能够上得起大学、接受职业教育，是实践“三个代表”重要思想、落实科学发展观、构建社会主义和谐社会的重要举措；是实施科教兴国和人才强国战略，优化教育结构，促进教育公平和社会公正的有效手段；是切实履行公共财政职能，推进基本公共服务均等化的必然要求。这是继全部免除农村义务教育阶段学生学杂费之后，促进教育公平的又一件大事，具有重大意义。

二、建立健全家庭经济困难学生资助政策体系的主要目标与基本原则

（一）建立健全家庭经济困难学生资助政策体系的主要目标是：按照《中共中央关于构建社会主义和谐社会若干重大问题的决定》的有关要求，加大财政投入，落实

各项助学政策，扩大受助学生比例，提高资助水平，从制度上基本解决家庭经济困难学生的就学问题。同时，进一步优化教育结构，维护教育公平，促进教育持续健康发展。

（二）建立健全家庭经济困难学生资助政策体系实行“加大财政投入、经费合理分担、政策导向明确、多元混合资助、各方责任清晰”的基本原则。

1. 加大财政投入。按照建立公共财政体制的要求，大幅度增加财政投入，建立以政府为主导的家庭经济困难学生资助政策体系。

2. 经费合理分担。国家励志奖学金和国家助学金由中央与地方按比例分担。中央对中西部地区给予倾斜。

3. 政策导向明确。在努力使家庭经济困难学生公平享有受教育机会的同时，鼓励学生刻苦学习，接受职业教育，学习国家最需要的专业，到艰苦地区基层单位就业；鼓励学校面向经济欠发达地区扩大招生规模。

4. 多元混合资助。统筹政府、社会等不同资助渠道，对家庭经济困难学生采取奖、贷、助、补、减等多种方式进行资助。

5. 各方责任清晰。中央与地方、各相关部门及学校明确分工、各司其职、落实责任、完善制度，操作办法简便易行，并接受社会各界群众监督，确保各项政策措施顺利实施。

三、建立健全家庭经济困难学生资助政策体系的主要内容

（一）完善国家奖学金制度。中央继续设立国家奖学金，用于奖励普通本科高校和高等职业学校全日制本专科在校生中特别优秀的学生，每年奖励5万名，奖励标准为每生每年8000元，所需资金由中央负担。

中央与地方共同设立国家励志奖学金，用于奖励资助普通本科高校和高等职业学校全日制本专科在校生中品学兼优的家庭经济困难学生，资助面平均约占全国高校在校生的3%，资助标准为每生每年5000元。国家励志奖学金适当向国家最需要的农林水地矿油核等专业的学生倾斜。

中央部门所属高校国家励志奖学金所需资金由中央负担。地方所属高校国家励志奖学金所需资金根据各地财力及生源状况由中央与地方按比例分担。其中，西部地区，不分生源，中央与地方分担比例为8：2；中部地区，生源为西部地区的，中央与地方分担比例为8：2，生源为其他地区的，中央与地方分担比例为6：4；东部地区，生源为西部地区和中部地区的，中央与地方分担比例分别为8：2和6：4，生源为东部地区的，中央与地方分担比例根据财力及生源状况等因素分省确定。人口较少民族家庭经济困难学生资助资金全部由中央负担。鼓励各地加大资助力度，超出中央核定总额部分的国家励志奖学金所需资金由中央给予适当补助。省（区、市）以下分担比例由各地根据中央确定的原则自行确定。

（二）完善国家助学金制度。中央与地方共同设立国家助学金，用于资助普通本科高校、高等职业学校全日制本专科在校生中家庭经济困难学生和中等职业学校所有全日制在校农村学生及城市家庭经济困难学生。

普通本科高校和高等职业学校。国家助学金资助面平均约占全国普通本科高校和高等职业学校在校生总数的20%。财政部、教育部根据生源情况、平均生活费用、院校类别等因素综合确定各省资助面。平均资助标准为每生每年2000元，具体标准由各地根据实际情况在每生每年1000–3000元范围内确定，可以分为2–3档。

中等职业学校。国家助学金资助所有全日制在校农村学生和城市家庭经济困难学生。资助标准为每生每年1500元，国家资助两年，第三年实行学生工学结合、顶岗实习。

国家助学金所需资金由中央与地方按照国家励志奖学金的资金分担办法共同承担。

有条件的地区可以试行运用教育券发放国家助学金的办法。

（三）进一步完善和落实国家助学贷款政策。大力开展生源地信用助学贷款。生源地信用助学贷款是国家助学贷款的重要组成部分，与国家助学贷款享有同等优惠政策。地方政府要高度重视，积极推动和鼓励金融机构开展相关工作。要进一步完善和落实现行国家助学贷款政策，制订与贷款风险和管理成本挂钩的国家助学贷款风险补偿金使用管理办法。相关金融机构要完善内部考核体系，采取更加积极有效措施，调动各级经办机构的积极性，确保应贷尽贷。

对普通本科高校和高等职业学校全日制本专科生，在校期间获得国家助学贷款、毕业后自愿到艰苦地区基层单位从事第一线工作且服务达到一定年限的，国家实行国家助学贷款代偿政策。

（四）从2007年起，对教育部直属师范大学新招收的师范生，实行免费教育。

（五）学校要按照国家有关规定从事业收入中足额提取一定比例的经费，用于学费减免、国家助学贷款风险补偿、勤工助学、校内无息借款、校内奖助学金和特殊困难补助等。

要进一步落实、完善鼓励捐资助学的相关优惠政策措施，充分发挥中国教育发展基金会等非营利组织的作用，积极引导和鼓励地方政府、企业和社会团体等面向各级各类学校设立奖学金、助学金。

普通高中以及普通高等学校全日制研究生的资助政策另行制定。

四、建立健全家庭经济困难学生资助政策体系的工作要求

普通本科高校、高等职业学校和中等职业学校家庭经济困难学生资助政策自2007年秋季开学起在全国实施。各地区、各有关部门和各学校要按照国务院的统一部署，周密安排，精心组织，扎扎实实地把这件惠及广大人民群众的大事抓好。

（一）加强组织领导。财政部、教育部等要密切配合，制订相关管理办法，指导、检查和督促地方开展工作。地方政府要建立相应的工作机制，在整合现有资源的基础上，建立健全学生资助管理机构，制订具体的管理办法，切实抓好落实。教育部门要将学校家庭经济困难学生资助工作情况纳入办学水平评估指标体系。各学校要把资助家庭经济困难学生作为工作重点，实行校长负责制，设立专门的助学管理机构，具体负责此项工作。

（二）确保资金落实。中央财政要足额安排、及时拨付应当负担的资金。省级人民政府要制订行政区域内具体的分担办法，完善省对下转移支付制度，确保行政区域内政府应当负担的资金落实到位。要切实加强助学资金管理，确保及时发放、专款专用。要加强监督检查，对于挤占挪用资金、弄虚作假套取资金等违法违规行为，要追究责任、严肃处理。

（三）规范收费管理。除国家另有规定外，今后五年各级各类学校的学费、住宿费标准不得高于2006年秋季相关标准。进一步严格收费立项、标准审批管理工作，规范学校收费行为，坚决制止乱收费。加大对服务性收费和代收费的监督力度，切实减轻学生及家长负担。绝不允许一边加大助学力度，一边擅自提高收费标准、擅自设立收费项目。要对教育收费实行严格的“收支两条线”管理，规范支出管理。

（四）加大宣传力度。各地区、各有关部门和各学校要通过多种形式开展宣传，使这项惠民政策家喻户晓、深入人心，使广大学生知晓受助的权利。

国务院关于加强市县政府依法行政的决定

（国发[2008]17号2008年5月12日）

各省、自治区、直辖市人民政府，国务院各部委、各直属机构：

党的十七大把依法治国基本方略深入落实，全社会法制观念进一步增强，法治政府建设取得新成效，作为全面建设小康社会新要求的重要内容。为全面落实依法治国基本方略，加快建设法治政府，现就加强市县两级政府依法行政做出如下决定：

一、充分认识加强市县政府依法行政的重要性和紧迫性

（一）加强市县政府依法行政是建设法治政府的重要基础。市县两级政府在我国政权体系中具有十分重要的地位，处在政府工作的第一线，是国家法律法规和政策的重要执行者。实际工作中，直接涉及人民群众具体利益的行政行为大多数由市县政府做出，各种社会矛盾和纠纷大多数发生在基层并需要市县政府处理和化解。市县政府能否切实做到依法行政，很大程度上决定着政府依法行政的整体水平和法治政府建设的整体进程。加强市县政府依法行政，事关巩固党的执政基础、深入贯彻落实科学发展观、构建社会主义和谐社会和加强政府自身建设，必须把加强市县政府依法行政作为一项基础性、全局性工作，摆在更加突出的位置。

（二）提高市县政府依法行政的能力和水平是全面推进依法行政的紧迫任务。我国改革开放和社会主义现代化建设已进入新的历史时期，经济社会快速发展，一些深层次的矛盾和问题逐步显现，人民群众的民主法治意识和政治参与积极性日益提高，维护自身合法权益的要求日益强烈，这些都对政府工作提出了新的更高要求，需要进一步提高依法行政水平。经过坚持不懈的努力，近些年来我国市县政府依法行政已经取得了重大进展，但是与形势发展的要求还有不小差距，一些行政机关及其工作人员依法行政的意识有待增强，依法办事的能力和水平有待提高；一些地方有法不依、执法不严、违法不究的状况亟须改变。依法行政重点在基层，难点在基层。各地区、各部门要切实增强责任感和紧迫感，采取有效措施加快推进市县政府依法行政的进程。

二、大力提高市县行政机关工作人员依法行政的意识和能力

（三）健全领导干部学法制度。市县政府领导干部要带头学法，增强依法行政、依法办事意识，自觉运用法律手段解决各种矛盾和问题。市县政府要建立健全政府常务会议学法制度；建立健全专题法制讲座制度，制订年度法制讲座计划并组织实施；建立健全集中培训制度，做到学法的计划、内容、时间、人员、效果“五落实”。

（四）加强对领导干部任职前的法律知识考查和测试。对拟任市县政府及其部门领导职务的干部，在任职前考察时要考查其是否掌握相关法律知识以及依法行政情况，必要时还要对其进行相关法律知识测试，考查和测试结果应当作为任职的依据。

（五）加大公务员录用考试法律知识测查力度。在公务员考试时，应当增加法律知识在相关考试科目中的比重。对从事行政执法、政府法制等工作的公务员，还要进行专门的法律知识考试。

（六）强化对行政执法人员的培训。市县政府及其部门要定期组织对行政执法人员进行依法行政知识培训，培训情况、学习成绩应当作为考核内容和任职晋升的依据之一。

三、完善市县政府行政决策机制

（七）完善重大行政决策听取意见制度。市县政府及其部门要建立健全公众参与重大行政决策的规则和程序，完善行政决策信息和智力支持系统，增强行政决策透明度和公众参与度。制定与群众切身利益密切相关的公共政策，要向社会公开征求意见。有关突发事件应对的行政决策程序，适用突发事件应对法等有关法律、法规、规章的规定。

（八）推行重大行政决策听证制度。要扩大听证范围，法律、法规、规章规定应当听证以及涉及重大公共利益和群众切身利益的决策事项，都要进行听证。要规范听证程序，科学合理地遴选听证代表，确定、分配听证代表名额要充分考虑听证事项的性质、复杂程度及影响范围。听证代表确定后，应当将名单向社会公布。听证举行10日前，应当告知听证代表拟做出行政决策的内容、理由、依据和背景资料。除涉及国家秘密、商业秘密和个人隐私的外，听证应当公开举行，确保听证参加人对有关事实和法律问题进行平等、充分的质证和辩论。对听证中提出的合理意见和建议要吸收采纳，意见采纳情况及其理由要以书面形式告知听证代表，并以适当形式向社会公布。

（九）建立重大行政决策的合法性审查制度。市县政府及其部门做出重大行政决策前要交由法制机构或者组织有关专家进行合法性审查，未经合法性审查或者经审查不合法的，不得做出决策。

（十）坚持重大行政决策集体决定制度。市县政府及其部门重大行政决策应当在深入调查研究、广泛听取意见和充分论证的基础上，经政府及其部门负责人集体讨论决定，杜绝擅权专断、滥用权力。

（十一）建立重大行政决策实施情况后评价制度。市县政府及其部门做出的重大行政决策实施后，要通过抽样检查、跟踪调查、评估等方式，及时发现并纠正决策存在的问题，减少决策失误造成的损失。

（十二）建立行政决策责任追究制度。要坚决制止和纠正超越法定权限、违反法定程序的决策行为。对应当听证而未听证的、未经合法性审查或者经审查不合法的、未经集体讨论做出决策的，要依照《行政机关公务员处分条例》第十九条第（一）项的规定，对负有领导责任的公务员给予处分。对依法应当做出决策而不做出决策，玩忽职守、贻误工作的行为，要依照《行政机关公务员处分条例》第二十条的规定，对直接责任人员给予处分。

四、建立健全规范性文件监督管理制度

（十三）严格规范性文件制定权限和发布程序。市县政府及其部门制定规范性文件要严格遵守法定权限和程序，符合法律、法规、规章和国家的方针政策，不得违法创设行政许可、行政处罚、行政强制、行政收费等行政权力，不得违法增加公民、法人或者其他组织的义务。制定作为行政管理依据的规范性文件，应当采取多种形式广泛听取意见，并由制定机关负责人集体讨论决定；未经听取意见、合法性审查并经集体讨论决定的，不得发布施行。对涉及公民、法人或者其他组织合法权益的规范性文件，要通过政府公报、政府网站、新闻媒体等向社会公布；未经公布的规范性文件，不得作为行政管理的依据。

（十四）完善规范性文件备案制度。市县政府发布规范性文件后，应当自发布之日起15日内报上一级政府备案；市县政府部门发布规范性文件后，应当自发布之日起15日内报本级政府备案。备案机关对报备的规范性文件要严格审查，发现与法律、法规、规章和国家方针政策相抵触或者超越法定权限、违反制定程序的，要坚决予以纠正，切实维护法制统一和政令畅通。建立受理、处理公民、法人或者其他组织提出的审查规范性文件建议的制度，认真接受群众监督。

（十五）建立规范性文件定期清理制度。市县政府及其部门每隔两年要进行一次规范性文件清理工作，对不符合法律、法规、规章规定，或者相互抵触、依据缺失以及不适应经济社会发展要求的规范性文件，特别是对含有地方保护、行业保护内容的规范性文件，要予以修改或者废止。清理后要向社会公布继续有效、废止和失效的规范性文件目录；未列入继续有效的文件目录的规范性文件，不得作为行政管理的依据。

五、严格行政执法

（十六）改革行政执法体制。要适当下移行政执法重心，减少行政执法层次。对与人民群众日常生活、生产直接相关的行政执法活动，主要由市、县两级行政执法机关实施。继续推进相对集中行政处罚权和综合行政执法试点工作，建立健全行政执法争议协调机制，从源头上解决多头执法、重复执法、执法缺位问题。

（十七）完善行政执法经费保障机制。市县行政执法机关履行法定职责所需经费，要统一纳入财政预算予以保障。要严格执行罚缴分离和收支两条线管理制度。罚没收入必须全额缴入国库，纳入预算管理。对下达或者变相下达罚没指标、违反罚缴分离的规定以及将行政事业性收费、罚没收入与行政执法机关业务经费、工作人员福利待遇挂钩的，要依照《违反行政事业性收费和罚没收入收支两条线管理规定行政处分暂行规定》第八条、第十一条、第十七条的规定，对直接负责的主管人员和其他直接责任人员给予处分。

（十八）规范行政执法行为。市县政府及其部门要严格执行法律、法规、规章，依法行使权力、履行职责。要完善行政执法程序，根据有关法律、法规、规章的规定，对行政执法环节、步骤进行具体规范，切实做到流程清楚、要求具体、期限明确。要抓紧组织行政执法机关对法律、法规、规章规定的有裁量幅度的行政处罚、行政许可条款进行梳理，根据当地经济社会发展实际，对行政裁量权予以细化，能够量化的予以量化，并将细化、量化的行政裁量标准予以公布、执行。要建立监督检查记录制度，完善行政处罚、行政许可、行政强制、行政征收或者征用等行政执法案卷的评查制度。市县政府及其部门每年要组织一次行政执法案卷评查，促进行政执法机关规范执法。

（十九）加强行政执法队伍建设。实行行政执法主体资格合法性审查制度。健全行政执法人员资格制度，对拟上岗行政执法的人员要进行相关法律知识考试，经考试合格的才能授予其行政执法资格、上岗行政执法。进一步整顿行政执法队伍，严格禁止无行政执法资格的人员履行行政执法职责，对被聘用履行行政执法职责的合同工、临时工，要坚决调离行政执法岗位。健全纪律约束机制，加强行政执法人员思想建设、作风建设，确保严格执法、公正执法、文明执法。

（二十）强化行政执法责任追究。全面落实行政执法责任制，健全民主评议制度，加强对市县行政执法机关及其执法人员行使职权和履行法定义务情况的评议考核，加大责任追究力度。对不依法履行职责或者违反法定权限和程序实施行政行为的，依照《行政机关公务员处分条例》第二十条、第二十一条的规定，对直接责任人员给予处分。

六、强化对行政行为的监督

（二十一）充分发挥社会监督的作用。市县政府要在自觉接受人大监督、政协的民主监督和司法机关依法实施的监督的同时，更加注重接受社会舆论和人民群众的监督。要完善群众举报投诉制度，拓宽群众监督渠道，依法保障人民群众对行政行为实施监督的权利。要认真调查、核实人民群众检举、新闻媒体反映的问题，及时依法做出处理；对社会影响较大的问题，要及时将处理结果向社会公布。对打击、报复检举、曝光违法或者不当行政行为的单位和个人的，要依法追究有关人员的责任。

（二十二）加强行政复议和行政应诉工作。市县政府及其部门要认真贯彻执行行政复议法及其实施条例，充分发挥行政复议在行政监督、解决行政争议、化解人民内部矛盾和维护社会稳定方面的重要作用。要畅通行政复议渠道，坚持便民利民原则，依法应当受理的行政复议案件必须受理。要改进行政复议审理方式，综合运用书面审查、实地调查、听证、和解、调解等手段办案。要依法公正做出行政复议决定，对违法或者不当的行政行为，该撤销的坚决予以撤销，该变更的坚决予以变更。要按照行政复议法实施条例的规定，健全市县政府行政复议机构，充实行政复议工作人员，行政复议机构审理行政复议案件，应当由2名以上行政复议人员参加；推行行政复议人员资格管理制度，切实提高行政复议能力。要认真做好行政应诉工作，鼓励、倡导行政机关负责人出庭应诉。行政机关要自觉履行人民法院做出的判决和裁定。

（二十三）积极推进政府信息公开。市县政府及其部门要加强对政府信息公开条例的学习宣传，切实做好政府信息公开工作。要建立健全本机关政府信息公开工作制度，指定机构负责本机关政府信息公开的日常工作，理顺内部工作机制，明确职责权限。要抓紧清理本机关的政府信息，做好政府信息公开指南和公开目录的编制、修订工作。要健全政府信息公开的发布机制，加快政府网站信息的维护和更新，落实政府信息公开载体。要建立健全政府信息公开工作考核、社会评议、年度报告、责任追究等制度，定期对政府信息公开工作进行考核、评议。要严格按照政府信息公开条例规定的内容、程序和方式，及时、准确地向社会公开政府信息，确保公民的知情权、参与权、表达权、监督权。

七、增强社会自治功能

（二十四）建立政府行政管理与基层群众自治有效衔接和良性互动的机制。市县政府及其部门要全面正确实施村民委员会组织法和城市居民委员会组织法，扩大基层群众自治范围，充分保障基层群众自我管理、自我服务、自我教育、自我监督的各项权利。严禁干预基层群众自治组织自治范围内的事情，不得要求群众自治组织承担依法应当由政府及其部门履行的职责。

（二十五）充分发挥社会组织的作用。市县政府及其部门要加强对社会组织的培育、规范和管理，把社会可以自我调节和管理的职能交给社会组织。实施社会管理、提供公共服务，要积极与社会组织进行合作，鼓励、引导社会组织有序参与。

（二十六）营造依法行政的良好社会氛围。市县政府及其部门要深入开展法制宣传教育，弘扬法治精神，促进自觉学法守法用法社会氛围的形成。

八、加强领导，明确责任，扎扎实实地推进市县政府依法行政

（二十七）省级政府要切实担负起加强市县政府依法行政的领导责任。各省（区、市）人民政府要把加强市县政府依法行政作为当前和今后一个时期建设法治政府的重点任务来抓，加强工作指导和督促检查。要大力培育依法行政的先进典型，及时总结、交流和推广经验，充分发挥典型的示范带动作用。要建立依法行政考核制度，根据建设法治政府的目标和要求，把是否依照法定权限和程序行使权力、履行职责作为衡量市县政府及其部门各项工作好坏的重要标准，把是否依法决策、是否依法制定发布规范性文件、是否依法实施行政管理、是否依法受理和办理行政复议案件、是否依法履行行政应诉职责等作为考核内容，科学设定考核指标，一并纳入市县政府及其工作人员的实绩考核指标体系。依法行政考核结果要与奖励惩处、干部任免挂钩。加快实行以行政机关主要负责人为重点的行政问责和绩效管理制度。要合理分清部门之间的职责权限，在此基础上落实工作责任和考核要求。市县政府不履行对依法行政的领导职责，导致本行政区域一年内发生多起严重违法行政案件、造成严重社会影响的，要严肃追究该市县政府主要负责人的责任。

（二十八）市县政府要狠抓落实。市县政府要在党委的领导下对本行政区域内的依法行政负总责，统一领导、协调本行政区域内依法行政工作，建立健全领导、监督和协调机制。要把加强依法行政摆上重要位置，主要负责人要切实担负起依法行政第一责任人的责任，加强领导、狠抓落实，确保把加强依法行政的各项要求落实到政府工作的各个方面、各个环节，认真扎实地加以推进。要严格执行依法行政考核制度。对下级政府和政府部门违法行政、造成严重社会影响的，要严肃追究该政府或者政府部门主要负责人的责任。

（二十九）加强市县政府法制机构和队伍建设。健全市县政府法制机构，使机构设置、人员配备与工作任务相适应。要加大对政府法制干部的培养、教育、使用和交流力度，充分调动政府法制干部的积极性、主动性和创造性。要按照中办、国办有关文件的要求，把政治思想好、业务能力强、有较高法律素质的干部充实到基层行政机关领导岗位。政府法制机构及其工作人员要切实增强做好新形势下政府法制工作的责任感和使命感，不断提高自身的政治素质、业务素质和工作能力，努力当好市县政府及其部门领导在依法行政方面的参谋、助手和顾问，在推进本地区依法行政中充分发挥统筹规划、综合协调、督促指导、政策研究和情况交流等作用。

（三十）完善推进市县政府依法行政报告制度。市县政府每年要向本级人大常委会和上一级政府报告本地区推进依法行政的进展情况、主要成效、突出问题和下一步工作安排。省（区、市）人民政府每年要向国务院报告本地区依法行政的情况。

其他行政机关也要按照本决定的有关要求，加强领导，完善制度，强化责任，保证各项制度严格执行，加快推进本地区、本部门的依法行政进程。

上级政府及其部门要带头依法行政，督促和支持市县政府依法行政，并为市县政府依法行政创造条件、排除障碍、解决困难。

国务院关于加强法治政府建设的意见

（国发[2010]33号2010年10月10日）

各省、自治区、直辖市人民政府，国务院各部委、各直属机构：

2004年3月，国务院发布《全面推进依法行政实施纲要》（以下简称《纲要》），明确提出建设法治政府的奋斗目标。为在新形势下深入贯彻落实依法治国基本方略，全面推进依法行政，进一步加强法治政府建设，现提出以下意见。

一、加强法治政府建设的重要性紧迫性和总体要求

1.加强法治政府建设的重要性紧迫性。贯彻依法治国基本方略，推进依法行政，建设法治政府，是我们党治国理政从理念到方式的革命性变化，具有划时代的重要意义。《纲要》实施6年来，各级人民政府对依法行政工作高度重视，加强领导、狠抓落实，法治政府建设取得了重要进展。当前，我国经济社会发展进入新阶段，国内外环境更为复杂，挑战增多。转变经济发展方式和调整经济结构的任务更加紧迫和艰巨，城乡之间、地区之间发展不平衡，收入分配不公平和差距扩大，社会结构和利益格局深刻调整，部分地区和一些领域社会矛盾有所增加，群体性事件时有发生，一些领域腐败现象仍然易发多发，执法不公、行政不作为乱作为等问题比较突出。解决这些突出问题，要求进一步深化改革，加强制度建设，强化对行政权力运行的监督和制约，推进依法行政，建设法治政府。各级行政机关及其领导干部一定要正确看待我国经济社会环境的新变化，准确把握改革发展稳定的新形势，及时回应人民群众的新期待，切实增强建设法治政府的使命感、紧迫感和责任感。

2.加强法治政府建设的总体要求。当前和今后一个时期，要深入贯彻科学发展观，认真落实依法治国基本方略，进一步加大《纲要》实施力度，以建设法治政府为奋斗目标，以事关依法行政全局的体制机制创新为突破口，以增强领导干部依法行政的意识和能力、提高制度建设质量、规范行政权力运行、保证法律法规严格执行为着力点，全面推进依法行政，不断提高政府公信力和执行力，为保障经济又好又快发展和社会和谐稳定发挥更大的作用。

二、提高行政机关工作人员特别是领导干部依法行政的意识和能力

3.高度重视行政机关工作人员依法行政意识与能力的培养。行政机关工作人员特别是领导干部要带头学法、尊法、守法、用法，牢固树立以依法治国、执法为民、公平正义、服务大局、党的领导为基本内容的社会主义法治理念，自觉养成依法办事的习惯，切实提高运用法治思维和法律手段解决经济社会发展中突出矛盾和问题的能力。要重视提拔使用依法行政意识强，善于用法律手段解决问题、推动发展的优秀干部。

4.推行依法行政情况考察和法律知识测试制度。拟任地方人民政府及其部门领导职务的干部，任职前要考察其掌握相关法律知识和依法行政情况。公务员录用考试要注重对法律知识的测试，对拟从事行政执法、政府法制等工作的人员，还要组织专门的法律知识考试。

5.建立法律知识学习培训长效机制。完善各级行政机关领导干部学法制度。要通过政府常务会议会前学法、法制讲座等形式，组织学习宪法、通用法律知识和与履行职责相关的专门法律知识。县级以上地方各级人民政府每年至少要举办2期领导干部依法行政专题研讨班。各级行政学院和公务员培训机构举办的行政机关公务员培训班，要把依法行政知识纳入教学内容。定期组织行政执法人员参加通用法律知识培训、专门法律知识轮训和新法律法规专题培训，并把培训情况、学习成绩作为考核内容和任职晋升的依据之一。

三、加强和改进制度建设

6.突出政府立法重点。要按照有利于调动人民群众积极性和创造性、激发社会活力和竞争力、解放和发展生产力、维护公平正义、规范权力运行的要求，加强和改进政府立法与制度建设。重点加强有关完善经济体制、改善民生和发展社会事业以及政府自身建设方面的立法。对社会高度关注、实践急需、条件相对成熟的立法项目，要作为重中之重，集中力量攻关，尽早出台。

7.提高制度建设质量。政府立法要符合经济社会发展规律，充分反映人民意愿，着力解决经济社会发展中的普遍性问题和深层次矛盾，切实增强法律制度的科学性和可操作性。严格遵守法定权限和程序，完善公众参与政府立法的制度和机制，保证人民群众的意见得到充分表达、合理诉求和合法利益得到充分体现。除依法需要保密的外，行政法规和规章草案要向社会公开征求意见，并以适当方式反馈意见采纳情况。建立健全专家咨询论证制度，充分发挥专家学者在政府立法中的作用。法律法规规章草案涉及其他部门职责的，要充分听取相关部门的意见；相关部门要认真研究，按要求及时回复意见。加强政府法制机构在政府立法中的主导和协调作用，涉及重大意见分歧、达不成一致意见的，要及时报请本级人民政府决定。坚决克服政府立法过程中的部门利益和地方保护倾向。积极探索开展政府立法成本效益分析、社会风险评估、实施情况后评估工作。加强行政法规、规章解释工作。

8.加强对行政法规、规章和规范性文件的清理。坚持立“新法”与改“旧法”并重。对不符合经济社会发展要求，与上位法相抵触、不一致，或者相互之间不协调的行政法规、规章和规范性文件，要及时修改或者废止。建立规章和规范性文件定期清理制度，对规章一般每隔5年，规范性文件一般每隔2年清理一次，清理结果要向社会公布。

9.健全规范性文件制定程序。地方各级行政机关和国务院各部门要严格依法制定规范性文件。各类规范性文件不得设定行政许可、行政处罚、行政强制等事项，不得违法增加公民、法人和其他组织的义务。制定对公民、法人或者其他组织的权利义务产生直接影响的规范性文件，要公开征求意见，由法制机构进行合法性审查，并经政府常务会议或者部门领导班子会议集体讨论决定；未经公开征求意见、合法性审查、集体讨论的，不得发布施行。县级以上地方人民政府对本级政府及其部门的规范性文件，要逐步实行统一登记、统一编号、统一发布。探索建立规范性文件有效期制度。

10.强化规章和规范性文件备案审查。严格执行法规规章备案条例和有关规范性文件备案的规定，加强备案审查工作，做到有件必备、有错必纠，切实维护法制统一和政令畅通。要重点加强对违法增加公民、法人和其他组织义务或者影响其合法权益，搞地方或行业保护等内容的规章和规范性文件的备案审查工作。建立规范性文件备案登记、公布、情况通报和监督检查制度，加强备案工作信息化建设。对公民、法人和其他组织提出的审查建议，要按照有关规定认真研究办理。对违法的规章和规范性文件，要及时报请有权机关依法予以撤销并向社会公布。备案监督机构要定期向社会公布通过备案审查的规章和规范性文件目录。

四、坚持依法科学民主决策

11.规范行政决策程序。加强行政决策程序建设，健全重大行政决策规则，推进行政决策的科学化、民主化、法治化。要坚持一切从实际出发，系统全面地掌握实际情况，深入分析决策对各方面的影响，认真权衡利弊得失。要把公众参与、专家论证、风险评估、合法性审查和集体讨论决定作为重大决策的必经程序。作出重大决策前，要广泛听取、充分吸收各方面意见，意见采纳情况及其理由要以适当形式反馈或者公布。完善重大决策听证制度，扩大听证范围，规范听证程序，听证参加人要有广泛的代表性，听证意见要作为决策的重要参考。重大决策要经政府常务会议或者部门领导班子会议集体讨论决定。重大决策事项应当在会前交由法制机构进行合法性审查，未经合法性审查或者经审查不合法的，不能提交会议讨论、作出决策。

12.完善行政决策风险评估机制。凡是有关经济社会发展和人民群众切身利益的重大政策、重大项目等决策事项，都要进行合法性、合理性、可行性和可控性评估，重点是进行社会稳定、环境、经济等方面的风险评估。建立完善部门论证、专家咨询、公众参与、专业机构测评相结合的风险评估工作机制，通过舆情跟踪、抽样调查、重点走访、会商分析等方式，对决策可能引发的各种风险进行科学预测、综合研判，确定风险等级并制定相应的化解处置预案。要把风险评估结果作为决策的重要依据，未经风险评估的，一律不得作出决策。

13.加强重大决策跟踪反馈和责任追究。在重大决策执行过程中，决策机关要跟踪决策的实施情况，通过多种途径了解利益相关方和社会公众对决策实施的意见和建议，全面评估决策执行效果，并根据评估结果决定是否对决策予以调整或者停止执行。对违反决策规定、出现重大决策失误、造成重大损失的，要按照谁决策、谁负责的原则严格追究责任。

五、严格规范公正文明执法

14.严格依法履行职责。各级行政机关要自觉在宪法和法律范围内活动，严格依照法定权限和程序行使权力、履行职责。要全面履行政府职能，更加重视社会管理和公共服务，着力保障和改善民生，切实解决就业、教育、医疗、社会保障、保障性住房等方面人民群众最关心的问题。加大行政执法力度，严厉查处危害安全生产、食品药品安全、自然资源和环境保护、社会治安等方面的违法案件，维护公共利益和经济社会秩序。认真执行行政许可法，深化行政审批制度改革，进一步规范和减少行政审批，推进政府职能转变和管理方式创新。着力提高政府公信力，没有法律、法规、规章依据，行政机关不得作出影响公民、法人和其他组织权益或者增加其义务的决定；行政机关参与民事活动，要依法行使权利、履行义务、承担责任。

15.完善行政执法体制和机制。继续推进行政执法体制改革，合理界定执法权限，明确执法责任，推进综合执法，减少执法层级，提高基层执法能力，切实解决多头执法、多层执法和不执法、乱执法问题。改进和创新执法方式，坚持管理与服务并重、处置与疏导结合，实现法律效果与社会效果的统一。加强行政执法信息化建设，推行执法流程网上管理，提高执法效率和规范化水平。县级以上人民政府要建立相关机制，促进行政执法部门信息交流和资源共享。完善执法经费由财政保障的机制，切实解决执法经费与罚没收入挂钩问题。

16.规范行政执法行为。各级行政机关都要强化程序意识，严格按程序执法。加强程序制度建设，细化执法流程，明确执法环节和步骤，保障程序公正。要平等对待行政相对人，同样情形同等处理。行政执法机关处理违法行为的手段和措施要适当适度，尽力避免或者减少对当事人权益的损害。建立行政裁量权基准制度，科学合理细化、量化行政裁量权，完善适用规则，严格规范裁量权行使，避免执法的随意性。健全行政执法调查规则，规范取证活动。坚持文明执法，不得粗暴对待当事人，不得侵害执法对象的人格尊严。加强行政执法队伍建设，严格执法人员持证上岗和资格管理制度，狠抓执法纪律和职业道德教育，全面提高执法人员素质。根据法律法规规章立、改、废情况及时调整、梳理行政执法依据，明确执法职权、机构、岗位、人员和责任，并向社会公布。充分利用信息化手段开展执法案卷评查、质量考核、满意度测评等工作，加强执法评议考核，评议考核结果要作为执法人员奖励惩处、晋职晋级的重要依据。严格落实行政执法责任制。

六、全面推进政务公开

17.加大政府信息公开力度。认真贯彻实施政府信息公开条例，坚持以公开为原则、不公开为例外，凡是不涉及国家秘密、商业秘密和个人隐私的政府信息，都要向社会公开。加大主动公开力度，重点推进财政预算、公共资源配置、重大建设项目批准和实施、社会公益事业建设等领域的政府信息公开。政府全部收支都要纳入预算管理，所有公共支出、基本建设支出、行政经费支出的预算和执行情况，以及政府性基金收支预算和中央国有资本经营预算等情况都要公开透明。政府信息公开要及时、准确、具体。对人民群众申请公开政府信息的，要依法在规定时限内予以答复，并做好相应服务工作。建立健全政府信息公开的监督和保障机制，定期对政府信息公开工作进行评议考核。依法妥善处理好信息公开与保守秘密的关系，对依法应当保密的，要切实做好保密工作。

18.推进办事公开。要把公开透明作为政府工作的基本制度，拓宽办事公开领域。所有面向社会服务的政府部门都要全面推进办事公开制度，依法公开办事依据、条件、要求、过程和结果，充分告知办事项目有关信息。要规范和监督医院、学校、公交、公用等公共企事业单位的办事公开工作，重点公开岗位职责、服务承诺、收费项目、工作规范、办事纪律、监督渠道等内容，为人民群众生产生活提供优质、高效、便利的服务。

19.创新政务公开方式。进一步加强电子政务建设，充分利用现代信息技术，建设好互联网信息服务平台和便民服务网络平台，方便人民群众通过互联网办事。要把政务公开与行政审批制度改革结合起来，推行网上电子审批、“一个窗口对外”和“一站式”服务。规范和发展各级各类行政服务中心，对与企业和人民群众密切相关的行政管理事项，要尽可能纳入行政服务中心办理，改善服务质量，提高服务效率，降低行政成本。

七、强化行政监督和问责

20.自觉接受监督。各级人民政府和政府部门要自觉接受人大及其常委会的监督、政协的民主监督和人民法院依法实施的监督。对事关改革发展稳定大局、人民群众切身利益和社会普遍关心的热点问题，县级以上人民政府要主动向同级人大常委会专题报告。拓宽群众监督渠道，依法保障人民群众监督政府的权利。完善群众举报投诉制度。高度重视舆论监督，支持新闻媒体对违法或者不当的行政行为进行曝光。对群众举报投诉、新闻媒体反映的问题，有关行政机关要认真调查核实，及时依法作出处理，并将处理结果向社会公布。

21.加强政府内部层级监督和专门监督。上级行政机关要切实加强对下级行政机关的监督，及时纠正违法或者不当的行政行为。保障和支持审计、监察等部门依法独立行使监督权。审计部门要着力加强财政专项资金和预算执行审计、重大投资项目审计、金融审计、国有企业领导人员经济责任审计等工作，加强社会保障基金、住房公积金、扶贫救灾资金等公共资金的专项审计。监察部门要全面履行法定职责，积极推进行政问责和政府绩效管理监察，严肃追究违法违纪人员的责任，促进行政机关廉政勤政建设。

22.严格行政问责。严格执行行政监察法、公务员法、行政机关公务员处分条例和关于实行党政领导干部问责的暂行规定，坚持有错必纠、有责必问。对因有令不行、有禁不止、行政不作为、失职渎职、违法行政等行为，导致一个地区、一个部门发生重大责任事故、事件或者严重违法行政案件的，要依法依纪严肃追究有关领导直至行政首长的责任，督促和约束行政机关及其工作人员严格依法行使权力、履行职责。

八、依法化解社会矛盾纠纷

23.健全社会矛盾纠纷调解机制。要把行政调解作为地方各级人民政府和有关部门的重要职责，建立由地方各级人民政府负总责、政府法制机构牵头、各职能部门为主体的行政调解工作体制，充分发挥行政机关在化解行政争议和民事纠纷中的作用。完善行政调解制度，科学界定调解范围，规范调解程序。对资源开发、环境污染、公共安全事故等方面的民事纠纷，以及涉及人数较多、影响较大、可能影响社会稳定的纠纷，要主动进行调解。认真实施人民调解法，积极指导、支持和保障居民委员会、村民委员会等基层组织开展人民调解工作。推动建立行政调解与人民调解、司法调解相衔接的大调解联动机制，实现各类调解主体的有效互动，形成调解工作合力。

24.加强行政复议工作。充分发挥行政复议在解决矛盾纠纷中的作用，努力将行政争议化解在初发阶段和行政程序中。畅通复议申请渠道，简化申请手续，方便当事人提出申请。对依法不属于复议范围的事项，要认真做好解释、告知工作。加强对复议受理活动的监督，坚决纠正无正当理由不受理复议申请的行为。办理复议案件要深入调查，充分听取各方意见，查明事实、分清是非。注重运用调解、和解方式解决纠纷，调解、和解达不成协议的，要及时依法公正作出复议决定，对违法或者不当的行政行为，该撤销的撤销，该变更的变更，该确认违法的确认违法。行政机关要严格履行行政复议决定，对拒不履行或者无正当理由拖延履行复议决定的，要依法严肃追究有关人员的责任。探索开展相对集中行政复议审理工作，进行行政复议委员会试点。健全行政复议机构，确保复议案件依法由2名以上复议人员办理。建立健全适应复议工作特点的激励机制和经费装备保障机制。完善行政复议与信访的衔接机制。

25.做好行政应诉工作。完善行政应诉制度，积极配合人民法院的行政审判活动，支持人民法院依法独立行使审判权。对人民法院受理的行政案件，行政机关要依法积极应诉，按规定向人民法院提交作出具体行政行为的依据、证据和其他相关材料。对重大行政诉讼案件，行政机关负责人要主动出庭应诉。尊重并自觉履行人民法院的生效判决、裁定，认真对待人民法院的司法建议。

九、加强组织领导和督促检查

26.健全推进依法行政的领导体制和机制。地方各级人民政府和政府部门都要建立由主要负责人牵头的依法行政领导协调机制，统一领导本地区、本部门推进依法行政工作。县级以上地方人民政府常务会议每年至少听取2次依法行政工作汇报，及时解决本地区依法行政中存在的突出问题，研究部署全面推进依法行政、加强法治政府建设的具体任务和措施。加强对推进依法行政工作的督促指导、监督检查和舆论宣传，对成绩突出的单位和个人按照国家有关规定给予表彰奖励，对工作不力的予以通报批评。加强依法行政工作考核，科学设定考核指标并纳入地方各级人民政府目标考核、绩效考核评价体系，将考核结果作为对政府领导班子和领导干部综合考核评价的重要内容。

27.强化行政首长作为推进依法行政第一责任人的责任。各级人民政府及其部门要把全面推进依法行政、加强法治政府建设摆在更加突出的位置。行政首长要对本地区、本部门依法行政工作负总责，切实承担起领导责任，将依法行政任务与改革发展稳定任务一起部署、一起落实、一起考核。县级以上地方人民政府每年要向同级党委、人大常委会和上一级人民政府报告推进依法行政情况，政府部门每年要向本级人民政府和上一级人民政府有关部门报告推进依法行政情况。

28.加强法制机构和队伍建设。县级以上各级人民政府及其部门要充分发挥法制机构在推进依法行政、建设法治政府方面的组织协调和督促指导作用。进一步加强法制机构建设，使法制机构的规格、编制与其承担的职责和任务相适应。要加大对法制干部的培养、使用和交流力度，重视提拔政治素质高、法律素养好、工作能力强的法制干部。政府法制机构及其工作人员要努力提高新形势下做好政府法制工作的能力和水平，努力当好政府或者部门领导在依法行政方面的参谋、助手和顾问。

29.营造学法尊法守法的良好社会氛围。各级人民政府及其部门要采取各种有效形式深入开展法治宣传教育，精心组织实施普法活动，特别要加强与人民群众生产生活密切相关的法律法规宣传，大力弘扬社会主义法治精神，切实增强公民依法维护权利、自觉履行义务的意识，努力推进法治社会建设。

各地区、各部门要把贯彻落实本意见与深入贯彻《纲要》和《国务院关于加强市县政府依法行政的决定》（国发〔2008〕17号）紧密结合起来，根据实际情况制定今后一个时期加强法治政府建设的工作规划，明确工作任务、具体措施、完成时限和责任主体，确定年度工作重点，扎扎实实地推进依法行政工作，务求法治政府建设不断取得新成效，实现新突破。

国务院关于当前发展学前教育的若干意见

（国发[2010]41号2010年11月21日）

各省、自治区、直辖市人民政府，国务院各部委、各直属机构：

为贯彻落实党的十七届五中全会、全国教育工作会议精神和《国家中长期教育改革和发展规划纲要（2010—2020年）》，积极发展学前教育，着力解决当前存在的“入园难”问题，满足适龄儿童入园需求，促进学前教育事业科学发展，现提出如下意见。

一、把发展学前教育摆在更加重要的位置。学前教育是终身学习的开端，是国民教育体系的重要组成部分，是重要的社会公益事业。改革开放特别是新世纪以来，我国学前教育取得长足发展，普及程度逐步提高。但总体上看，学前教育仍是各级各类教育中的薄弱环节，主要表现为教育资源短缺、投入不足，师资队伍不健全，体制机制不完善，城乡区域发展不平衡，一些地方“入园难”问题突出。办好学前教育，关系亿万儿童的健康成长，关系千家万户的切身利益，关系国家和民族的未来。

发展学前教育，必须坚持公益性和普惠性，努力构建覆盖城乡、布局合理的学前教育公共服务体系，保障适龄儿童接受基本的、有质量的学前教育；必须坚持政府主导，社会参与，公办民办并举，落实各级政府责任，充分调动各方面积极性；必须坚持改革创新，着力破除制约学前教育科学发展的体制机制障碍；必须坚持因地制宜，从实际出发，为幼儿和家长提供方便就近、灵活多样、多种层次的学前教育服务；必须坚持科学育儿，遵循幼儿身心发展规律，促进幼儿健康快乐成长。

各级政府要充分认识发展学前教育的重要性和紧迫性，将大力发展学前教育作为贯彻落实教育规划纲要的突破口，作为推动教育事业科学发展的重要任务，作为建设社会主义和谐社会的重大民生工程，纳入政府工作重要议事日程，切实抓紧抓好。

二、多种形式扩大学前教育资源。大力发展公办幼儿园，提供“广覆盖、保基本”的学前教育公共服务。加大政府投入，新建、改建、扩建一批安全、适用的幼儿园。不得用政府投入建设超标准、高收费的幼儿园。中小学布局调整后的富余教育资源和其他富余公共资源，优先改建成幼儿园。鼓励优质公办幼儿园举办分园或合作办园。制定优惠政策，支持街道、农村集体举办幼儿园。

鼓励社会力量以多种形式举办幼儿园。通过保证合理用地、减免税费等方式，支持社会力量办园。积极扶持民办幼儿园特别是面向大众、收费较低的普惠性民办幼儿园发展。采取政府购买服务、减免租金、以奖代补、派驻公办教师等方式，引导和支持民办幼儿园提供普惠性服务。民办幼儿园在审批登记、分类定级、评估指导、教师培训、职称评定、资格认定、表彰奖励等方面与公办幼儿园具有同等地位。

城镇小区没有配套幼儿园的，应根据居住区规划和居住人口规模，按照国家有关规定配套建设幼儿园。新建小区配套幼儿园要与小区同步规划、同步建设、同步交付使用。建设用地按国家有关规定予以保障。未按规定安排配套幼儿园建设的小区规划不予审批。城镇小区配套幼儿园作为公共教育资源由当地政府统筹安排，举办公办幼儿园或委托办成普惠性民办幼儿园。城镇幼儿园建设要充分考虑进城务工人员随迁子女接受学前教育的需求。

努力扩大农村学前教育资源。各地要把发展学前教育作为社会主义新农村建设的重要内容，将幼儿园作为新农村公共服务设施统一规划，优先建设，加快发展。各级政府要加大对农村学前教育的投入，从今年开始，国家实施推进农村学前教育项目，重点支持中西部地区；地方各级政府要安排专门资金，重点建设农村幼儿园。乡镇和大村独立建园，小村设分园或联合办园，人口分散地区举办流动幼儿园、季节班等，配备专职巡回指导教师，逐步完善县、乡、村学前教育网络。改善农村幼儿园保教条件，配备基本的保教设施、玩教具、幼儿读物等。创造更多条件，着力保障留守儿童入园。发展农村学前教育要充分考虑农村人口分布和流动趋势，合理布局，有效使用资源。

三、多种途径加强幼儿教师队伍建设。加快建设一支师德高尚、热爱儿童、业务精良、结构合理的幼儿教师队伍。各地根据国家要求，结合本地实际，合理确定生师比，核定公办幼儿园教职工编制，逐步配齐幼儿园教职工。健全幼儿教师资格准入制度，严把入口关。2010年国家颁布幼儿教师专业标准。公开招聘具备条件的毕业生充实幼儿教师队伍。中小学富余教师经培训合格后可转入学前教育。

依法落实幼儿教师地位和待遇。切实维护幼儿教师权益，完善落实幼儿园教职工工资保障办法、专业技术职称（职务）评聘机制和社会保障政策。对长期在农村基层和艰苦边远地区工作的公办幼儿教师，按国家规定实行工资倾斜政策。对优秀幼儿园园长、教师进行表彰。

完善学前教育师资培养培训体系。办好中等幼儿师范学校。办好高等师范院校学前教育专业。建设一批幼儿师范专科学校。加大面向农村的幼儿教师培养力度，扩大免费师范生学前教育专业招生规模。积极探索初中毕业起点五年制学前教育专科学历教师培养模式。重视对幼儿特教师资的培养。建立幼儿园园长和教师培训体系，满足幼儿教师多样化的学习和发展需求。创新培训模式，为有志于从事学前教育的非师范专业毕业生提供培训。三年内对1万名幼儿园园长和骨干教师进行国家级培训。各地五年内对幼儿园园长和教师进行一轮全员专业培训。

四、多种渠道加大学前教育投入。各级政府要将学前教育经费列入财政预算。新增教育经费要向学前教育倾斜。财政性学前教育经费在同级财政性教育经费中要占合理比例，未来三年要有明显提高。各地根据实际研究制定公办幼儿园生均经费标准和生均财政拨款标准。制定优惠政策，鼓励社会力量办园和捐资助园。家庭合理分担学前教育成本。建立学前教育资助制度，资助家庭经济困难儿童、孤儿和残疾儿童接受普惠性学前教育。发展残疾儿童学前康复教育。中央财政设立专项经费，支持中西部农村地区、少数民族地区和边疆地区发展学前教育和学前双语教育。地方政府要加大投入，重点支持边远贫困地区和少数民族地区发展学前教育。规范学前教育经费的使用和管理。

五、加强幼儿园准入管理。完善法律法规，规范学前教育管理。严格执行幼儿园准入制度。各地根据国家基本标准和社会对幼儿保教的不同需求，制定各种类型幼儿园的办园标准，实行分类管理、分类指导。县级教育行政部门负责审批各类幼儿园，建立幼儿园信息管理系统，对幼儿园实行动态监管。完善和落实幼儿园年检制度。未取得办园许可证和未办理登记注册手续，任何单位和个人不得举办幼儿园。对社会各类幼儿培训机构和早期教育指导机构，审批主管部门要加强监督管理。

分类治理、妥善解决无证办园问题。各地要对目前存在的无证办园进行全面排查，加强指导，督促整改。整改期间，要保证幼儿正常接受学前教育。经整改达到相应标准的，颁发办园许可证。整改后仍未达到保障幼儿安全、健康等基本要求的，当地政府要依法予以取缔，妥善分流和安置幼儿。

六、强化幼儿园安全监管。各地要高度重视幼儿园安全保障工作，加强安全设施建设，配备保安人员，健全各项安全管理制度和安全责任制，落实各项措施，严防事故发生。相关部门按职能分工，建立全覆盖的幼儿园安全防护体系，切实加大工作力度，加强监督指导。幼儿园要提高安全防范意识，加强内部安全管理。幼儿园所在街道、社区和村民委员会要共同做好幼儿园安全管理工作。

七、规范幼儿园收费管理。国家有关部门2011年出台幼儿园收费管理办法。省级有关部门根据城乡经济社会发展水平、办园成本和群众承受能力，按照非义务教育阶段家庭合理分担教育成本的原则，制定公办幼儿园收费标准。加强民办幼儿园收费管理，完善备案程序，加强分类指导。幼儿园实行收费公示制度，接受社会监督。加强收费监管，坚决查处乱收费。

八、坚持科学保教，促进幼儿身心健康发展。加强对幼儿园保教工作的指导，2010年国家颁布幼儿学习与发展指南。遵循幼儿身心发展规律，面向全体幼儿，关注个体差异，坚持以游戏为基本活动，保教结合，寓教于乐，促进幼儿健康成长。加强对幼儿园玩教具、幼儿图书的配备与指导，为儿童创设丰富多彩的教育环境，防止和纠正幼儿园教育“小学化”倾向。研究制定幼儿园教师指导用书审定办法。建立幼儿园保教质量评估监管体系。健全学前教育教研指导网络。要把幼儿园教育和家庭教育紧密结合，共同为幼儿的健康成长创造良好环境。

九、完善工作机制，加强组织领导。各级政府要加强对学前教育的统筹协调，健全教育部门主管、有关部门分工负责的工作机制，形成推动学前教育发展的合力。教育部门要完善政策，制定标准，充实管理、教研力量，加强学前教育的监督管理和科学指导。机构编制部门要结合实际合理确定公办幼儿园教职工编制。发展改革部门要把学前教育纳入当地经济社会发展规划，支持幼儿园建设发展。财政部门要加大投入，制定支持学前教育的优惠政策。城乡建设和国土资源部门要落实城镇小区和新农村配套幼儿园的规划、用地。人力资源和社会保障部门要制定幼儿园教职工的人事（劳动）、工资待遇、社会保障和技术职称（职务）评聘政策。价格、财政、教育部门要根据职责分工，加强幼儿园收费管理。综治、公安部门要加强对幼儿园安全保卫工作的监督指导，整治、净化周边环境。卫生部门要监督指导幼儿园卫生保健工作。民政、工商、质检、安全生产监管、食品药品监管等部门要根据职能分工，加强对幼儿园的指导和管理。妇联、残联等单位要积极开展对家庭教育、残疾儿童早期教育的宣传指导。充分发挥城市社区居委会和农村村民自治组织的作用，建立社区和家长参与幼儿园管理和监督的机制。

十、统筹规划，实施学前教育三年行动计划。各省（区、市）政府要深入调查，准确掌握当地学前教育基本状况和存在的突出问题，结合本区域经济社会发展状况和适龄人口分布、变化趋势，科学测算入园需求和供需缺口，确定发展目标，分解年度任务，落实经费，以县为单位编制学前教育三年行动计划，有效缓解“入园难”。2011年3月底前，各省（区、市）行动计划报国家教育体制改革领导小组办公室备案。

地方政府是发展学前教育、解决“入园难”问题的责任主体。各省（区、市）要建立督促检查、考核奖惩和问责机制，确保大力发展学前教育的各项举措落到实处，取得实效。各级教育督导部门要把学前教育作为督导重点，加强对政府责任落实、教师队伍建设、经费投入、安全管理等方面的督导检查，并将结果向社会公示。教育部会同有关部门对各地学前教育三年行动计划进展情况进行专项督查，组织宣传和推广先进经验，对发展学前教育成绩突出的地区予以表彰奖励，营造全社会关心支持学前教育的良好氛围。

国务院关于进一步加大财政教育投入的意见

（国发[2011]22号2011年6月29日）

各省、自治区、直辖市人民政府，国务院各部委、各直属机构：

《国家中长期教育改革和发展规划纲要（2010-2020年）》（以下简称《教育规划纲要》）明确提出，到2012年实现国家财政性教育经费支出占国内生产总值比例达到4%的目标（以下简称4%目标）。为确保按期实现这一目标，促进教育优先发展，现提出如下意见：

一、充分认识加大财政教育投入的重要性和紧迫性

教育投入是支撑国家长远发展的基础性、战略性投资，是发展教育事业的重要物质基础，是公共财政保障的重点。党中央、国务院始终坚持优先发展教育，高度重视增加财政教育投入，先后出台了一系列加大财政教育投入的政策措施。在各地区、各有关部门的共同努力下，我国财政教育投入持续大幅增长。2001—2010年，公共财政教育投入从约2700亿元增加到约14200亿元，年均增长20.2%，高于同期财政收入年均增长幅度；教育支出占财政支出的比重从14.3%提高到15.8%，已成为公共财政的第一大支出。财政教育投入的大幅增加，为教育改革发展提供了有力支持。当前，我国城乡免费义务教育全面实现，职业教育快速发展，高等教育进入大众化阶段，办学条件显著改善，教育公平迈出重大步伐。

新形势下继续增加财政教育投入，实现4%目标，是深入贯彻党的十七大和十七届五中全会精神，推动科学发展、建设人力资源强国的迫切需要；是全面落实《教育规划纲要》，推动教育优先发展的重要保障；是履行公共财政职能，加快财税体制改革，完善基本公共服务体系的一项紧迫任务。地方各级人民政府、各有关部门必须切实贯彻党的教育方针，深入领会加大财政教育投入的重要意义，进一步提高思想认识，增强责任感和紧迫感，采取有力措施，切实保证经济社会发展规划优先安排教育发展，财政资金优先保障教育投入，公共资源优先满足教育和人力资源开发需要。

按期实现4%目标，资金投入量大，任务十分艰巨。各地区、各有关部门要认真贯彻落实国务院关于拓宽财政性教育经费来源渠道的各项政策措施，进一步调整优化财政支出结构，切实提高公共财政支出中教育支出所占比重。中央财政要充分发挥表率作用，进一步加大对地方特别是中西部地区教育事业发展转移支付力度，同时增加本级教育支出。地方各级人民政府要切实按照《教育规划纲要》要求，根据本地区教育事业发展需要，统筹规划，落实责任，大幅度增加教育投入。

二、落实法定增长要求，切实提高财政教育支出占公共财政支出比重

（一）严格落实教育经费法定增长要求。各级人民政府要严格按照《中华人民共和国教育法》等法律法规的规定，在年初安排公共财政支出预算时，积极采取措施，调整支出结构，努力增加教育经费预算，保证财政教育支出增长幅度明显高于财政经常性收入增长幅度。对预算执行中超收部分，也要按照上述原则优先安排教育拨款，确保全年预算执行结果达到法定增长的要求。

（二）提高财政教育支出占公共财政支出的比重。各级人民政府要进一步优化财政支出结构，压缩一般性支出，新增财力要着力向教育倾斜，优先保障教育支出。各地区要切实做到2011年、2012年财政教育支出占公共财政支出的比重都有明显提高。

（三）提高预算内基建投资用于教育的比重。要把支持教育事业发展作为公共投资的重点。在编制基建投资计划、实施基建投资项目时，充分考虑教育的实际需求，确保用于教育的预算内基建投资明显增加，不断健全促进教育事业发展的长效保障机制。

三、拓宽经费来源渠道，多方筹集财政性教育经费

（一）统一内外资企业和个人教育费附加制度。国务院决定，从2010年12月1日起统一内外资企业和个人城市维护建设税和教育费附加制度，教育费附加统一按增值税、消费税、营业税实际缴纳税额的3%征收。

（二）全面开征地方教育附加。各省（区、市）人民政府应根据《中华人民共和国教育法》的相关规定和《财政部关于统一地方教育附加政策有关问题的通知》（财综〔2010〕98号）的要求，全面开征地方教育附加。地方教育附加统一按增值税、消费税、营业税实际缴纳税额的2%征收。

（三）从土地出让收益中按比例计提教育资金。进一步调整土地出让收益的使用方向。从2011年1月1日起，各地区要从当年以招标、拍卖、挂牌或者协议方式出让国家土地使用权取得的土地出让收入中，按照扣除征地和拆迁补偿、土地开发等支出后余额10%的比例，计提教育资金。具体办法由财政部会同有关部门制定。

各地区要加强收入征管，依法足额征收，不得随意减免。落实上述政策增加的收入，要按规定全部用于支持地方教育事业发展，同时，不得因此而减少其他应由公共财政预算安排的教育经费。

四、合理安排使用财政教育经费，切实提高资金使用效益

在加大财政教育投入的同时，各地区、各有关部门要按照《教育规划纲要》的要求，进一步突出重点、优化结构、加强管理，推动教育改革创新，促进教育公平，全面提高教育质量。

（一）合理安排使用财政教育经费。一是积极支持实施重大项目。坚持顶层设计、总体规划、政策先行、机制创新的基本原则，着力解决教育发展关键领域和薄弱环节的问题。国务院有关部门负责组织实施符合《教育规划纲要》总体目标、关系教育改革发展全局的项目，做好统筹规划和宏观指导工作。地方各级人民政府要按照《教育规划纲要》要求，结合本地实际，因地制宜地实施好相关重大项目。二是着力保障和改善民生。教育经费安排要坚持以人为本，重点解决人民群众关切的教育问题，切实减轻人民群众教育负担，使人民群众能够共享加大财政教育投入和教育改革发展的成果，保障公民依法享有受教育的权利。大力支持基本普及学前教育、义务教育均衡发展、加快普及高中阶段教育、加强职业教育能力建设、提升高等教育质量、健全家庭经济困难学生资助政策体系等重点任务。三是优化教育投入结构，合理配置教育资源。要统筹城乡、区域之间教育协调发展，重点向农村地区、边远地区、贫困地区和民族地区倾斜，加快缩小教育差距，促进基本公共服务均等化。要调整优化各教育阶段的经费投入结构，合理安排日常运转经费与专项经费。

（二）全面推进教育经费的科学化精细化管理。一是要坚持依法理财、科学理财。严格执行国家财政管理的法律法规和财经纪律，建立健全教育经费管理的规章制度。二是要强化预算管理。提高预算编制的科学性、准确性，提高预算执行效率，推进预算公开。三是要明确管理责任。地方各级人民政府要按照教育事权划分，督促有关部门采取有效措施，加强经费使用管理。各级教育行政部门和学校在教育经费使用管理中负有主体责任，要采取有效措施，切实提高经费管理水平。四是要加强财务监督和绩效评价。进一步完善财务监督制度，强化重大项目经费的全过程审计，建立健全教育经费绩效评价制度。五是要加强管理基础工作和基层建设。充分发挥基层相关管理部门的职能作用，着力做好教育基础数据的收集、分析和信息化管理工作，完善教育经费支出标准，健全学校财务会计和资产制度，规范学校经济行为，防范学校财务风险。

五、加强组织领导，确保落实到位

（一）加强组织领导。各省（区、市）人民政府负责统筹落实本地区加大财政教育投入的相关工作。要健全工作机制，明确目标任务，做好动员部署，落实各级责任，加强监督检查。国务院各有关部门要按照职责分工，加强协调配合，共同抓好贯彻落实工作。

（二）加大各省（区、市）对下转移支付力度。要按照财力与事权相匹配的要求，进一步完善省以下财政体制，强化省级财政教育支出的统筹责任，防止支出责任过度下移。省级人民政府要根据财力分布状况和支出责任划分，加大对本行政区域内经济欠发达地区的转移支付力度。

（三）加强监测分析。各地区要加强对落实教育投入法定增长、提高财政教育支出比重、拓宽财政性教育经费来源渠道各项政策的监测分析和监督检查，及时发现和解决政策执行中的相关问题。财政部要会同有关部门制定科学合理的分析评价指标，对各省（区、市）财政教育投入状况作出评价分析，适时将分析结果报告国务院，并作为中央财政安排转移支付的重要依据。

国务院关于加强教师队伍建设的意见

（国发[2012]41号　2012年8月20日）

教师是教育事业发展的基础，是提高教育质量、办好人民满意教育的关键。党中央、国务院历来高度重视教师队伍建设。改革开放特别是党的十六大以来，各地区各有关部门采取一系列政策措施，大力推进教师队伍建设，取得显著成绩。同时也要看到，当前我国教师队伍整体素质有待提高，队伍结构不尽合理，教师管理体制机制有待完善，农村教师职业吸引力亟待提升。为深入实施科教兴国战略和人才强国战略，进一步加强教师队伍建设，现提出以下意见：

一、加强教师队伍建设的指导思想、总体目标和重点任务

（一）指导思想。高举中国特色社会主义伟大旗帜，以邓小平理论和“三个代表”重要思想为指导，深入贯彻科学发展观，全面贯彻党的教育方针，认真落实教育规划纲要和人才规划纲要，遵循教育规律和教师成长发展规律，把促进学生健康成长作为教师工作的出发点和落脚点，围绕促进教育公平、提高教育质量的要求，加强教师工作薄弱环节，创新教师管理体制机制，以提高师德素养和业务能力为核心，全面加强教师队伍建设，为教育事业改革发展提供有力支撑。

（二）总体目标。到2020年，形成一支师德高尚、业务精湛、结构合理、充满活力的高素质专业化教师队伍。专任教师数量满足各级各类教育发展需要；教师队伍整体素质大幅提高，普遍具有良好的职业道德素养、先进的教育理念、扎实的专业知识基础和较强的教育教学能力；教师队伍的年龄、学历、职务（职称）、学科结构以及学段、城乡分布结构与教育事业发展相协调；教师地位待遇不断提高，农村教师职业吸引力明显增强；教师管理制度科学规范，形成富有效率、更加开放的教师工作体制机制。

（三）重点任务。幼儿园教师队伍建设要以补足配齐为重点，切实加强幼儿园教师培养培训，严格实施幼儿园教师资格制度，依法落实幼儿园教师地位待遇；中小学教师队伍建设要以农村教师为重点，采取倾斜政策，切实增强农村教师职业吸引力，激励更多优秀人才到农村从教；职业学校教师队伍建设要以“双师型”教师为重点，完善“双师型”教师培养培训体系，健全技能型人才到职业学校从教制度；高等学校教师队伍建设要以中青年教师和创新团队为重点，优化中青年教师成长发展、脱颖而出的制度环境，培育跨学科、跨领域的科研与教学相结合的创新团队；民族地区教师队伍建设要以提高政治素质和业务能力为重点，加强中小学和幼儿园双语教师培养培训，加快培养一批边疆民族地区紧缺教师人才；特殊教育教师队伍建设要以提升专业化水平为重点，提高特殊教育教师培养培训质量，健全特殊教育教师管理制度。

二、加强教师思想政治教育和师德建设

（四）全面提高教师思想政治素质。坚持和完善理论学习制度，创新理论学习的方式和载体，加强中国特色社会主义理论体系教育，不断提高教师的理论修养和思想政治素质。推动教师在社会实践活动中进一步了解国情、社情、民情。开辟思想政治教育新阵地，建立教师思想状况定期调查分析制度，坚持解决思想问题与解决实际困难相结合，增强思想政治工作的针对性和实效性。确保教师坚持正确政治方向，践行社会主义核心价值体系，遵守宪法和有关法律法规，坚持学术研究无禁区、课堂讲授有纪律，帮助和引领学生形成正确的世界观、人生观和价值观。

（五）构建师德建设长效机制。建立健全教育、宣传、考核、监督与奖惩相结合的师德建设工作机制。开展各种形式的师德教育，把教师职业理想、职业道德、学术规范以及心理健康教育融入职前培养、准入、职后培训和管理的全过程。加大优秀师德典型宣传力度，促进形成重德养德的良好风气。研究制定科学合理的师德考评方式，完善师德考评制度，将师德建设作为学校工作考核和办学质量评估的重要指标，把师德表现作为教师资格定期注册、业绩考核、职称评审、岗位聘用、评优奖励的首要内容，对教师实行师德表现一票否决制。完善学生、家长和社会参与的师德监督机制。完善高等学校科研学术规范，健全学术不端行为惩治查处机制。对有严重失德行为、影响恶劣者按有关规定予以严肃处理直至撤销教师资格。

三、大力提高教师专业化水平

（六）完善教师专业发展标准体系。根据各级各类教育的特点，出台幼儿园、小学、中学、职业学校、高等学校、特殊教育学校教师专业标准，作为教师培养、准入、培训、考核等工作的重要依据。制定幼儿园园长、普通中小学校长、中等职业学校校长专业标准和任职资格标准，提高校长（园长）专业化水平。制定师范类专业认证标准，开展专业认证和评估，规范师范类专业办学，建立教师培养质量评估制度。

（七）提高教师培养质量。完善师范生招生制度，科学制定招生计划，确保招生培养与教师岗位需求有效衔接，实行提前批次录取，选拔乐教适教的优秀学生攻读师范类专业。发挥教育部直属师范大学师范生免费教育的示范引领作用，鼓励支持地方结合实际实施师范生免费教育制度。探索建立招收职业学校毕业生和企业技术人员专门培养职业教育师资制度。扩大教育硕士、教育博士招生规模，培养高层次的中小学和职业学校教师。创新教师培养模式，建立高等学校与地方政府、中小学（幼儿园、职业学校）联合培养教师的新机制，发挥好行业企业在培养“双师型”教师中的作用。加强教师养成教育和教育教学能力训练，落实师范生教育实践不少于一学期制度。鼓励综合性大学毕业生从事教师职业。

（八）建立教师学习培训制度。实行五年一周期不少于360学时的教师全员培训制度，推行教师培训学分制度。采取顶岗置换研修、校本研修、远程培训等多种模式，大力开展中小学、幼儿园教师特别是农村教师培训。完善以企业实践为重点的职业学校教师培训制度。推进高等学校中青年教师专业发展，建立高等学校中青年教师国内访学、挂职锻炼、社会实践制度。加大民族地区双语教师和音乐、体育、美术等师资紧缺学科教师培训。加强校长培训，重视辅导员和班主任培训。推动信息技术与教师教育深度融合，建设教师网络研修社区和终身学习支持服务体系，促进教师自主学习，推动教学方式变革。继续实施“幼儿园和中小学教师国家级培训计划”、“职业院校教师素质提高计划”。

（九）完善教师培养培训体系。构建以师范院校为主体、综合大学参与、开放灵活的中小学教师教育体系。依托相关高等学校和大中型企业，共建职业学校“双师型”教师培养培训体系。推动高等学校设立教师发展中心。依托现有资源，加强中小学幼儿园教师、职业学校教师、特殊教育教师、民族地区双语教师培养培训基地建设。推动各地结合实际，规范建设县（区）域教师发展平台。

（十）培养造就高端教育人才。实施中小学名师名校长培养工程。制定普通中小学、中等职业学校校长负责制实施细则，探索校长职级制。改进特级教师评选和管理工作，更好发挥特级教师的示范带动作用。坚持培养与引进兼顾，教学与科研并重，加强高等学校高层次创新型人才队伍建设。实施好“千人计划”、“长江学者奖励计划”和“创新团队发展计划”等人才项目，造就集聚一批具有国际影响的学科领军人才和高水平的教学科研创新团队。落实和扩大学校办学自主权，支持鼓励教师和校长在实践中大胆探索，创新教育思想、教育模式和教育方法，形成教学特色和办学风格，造就一批教育家，倡导教育家办学。

四、建立健全教师管理制度

（十一）加强教师资源配置管理。逐步实行城乡统一的中小学教职工编制标准，对农村边远地区实行倾斜政策。研究制定高等学校教职工编制标准。完善学校编制管理办法，健全编制动态管理机制，严禁挤占、挪用、截留教师编制。国家出台幼儿园教师配备标准，各地结合实际合理核定公办幼儿园教职工编制。建立县（区）域内义务教育学校教师校长轮岗交流机制，促进教师资源合理配置。大力推进城镇教师支持农村教育，鼓励支持退休的特级教师、高级教师到农村学校支教讲学。

（十二）严格教师资格和准入制度。修订《教师资格条例》，提高教师任职学历标准、品行和教育教学能力要求。全面实施教师资格考试和定期注册制度。完善符合职业教育特点的职业学校教师资格标准。健全新进教师公开招聘制度，探索符合不同学段、专业和岗位特点的教师招聘办法。继续实施并逐步完善农村义务教育阶段学校教师特设岗位计划，探索吸引高校毕业生到村小学、教学点任教的新机制。

（十三）加快推进教师职务（职称）制度改革。分类推进教师职务（职称）制度改革，完善符合各类教师职业特点的职务（职称）评价标准。建立统一的中小学教师职务（职称）系列，探索在职业学校设置正高级教师职务（职称）。研究完善符合村小学和教学点实际的职务（职称）评定标准，职务（职称）晋升向村小学和教学点专任教师倾斜。城镇中小学教师在评聘高级职务（职称）时，要有一年以上在农村学校或薄弱学校任教经历。支持符合条件的职业学校和高等学校兼职教师申报相应系列教师专业技术职务。

（十四）全面推行聘用制度和岗位管理制度。根据分类推进事业单位改革的总体部署，按照按需设岗、竞聘上岗、按岗聘用、合同管理的原则，完善以合同管理为基础的用人制度，实现教师职务（职称）评审与岗位聘用的有机结合，完善教师退出机制。鼓励普通高中聘请高等学校、科研院所和社会团体等机构的专业人才担任兼职教师。完善相关人事政策，鼓励职业学校和高等学校聘请企业管理人员、专业技术人员和高技能人才等担任专兼职教师。探索更加有利于促进协同创新、持续创新的高等学校人事管理办法。完善外籍教师管理办法，吸引更多世界一流的专家学者来华从事教学、科研和管理工作，有计划地引进海外高端人才和学术团队。

（十五）健全教师考核评价制度。完善重师德、重能力、重业绩、重贡献的教师考核评价标准，探索实行学校、学生、教师和社会等多方参与的评价办法，引导教师潜心教书育人。严禁简单用升学率和考试成绩评价中小学教师。根据不同类型教师的岗位职责和工作特点，完善高等学校教师分类管理和评价办法；健全大学教授为本科生上课制度，把承担本科教学任务作为教授考核评价的基本内容。加强教师管理，严禁公办、在职中小学教师从事有偿补课，规范高等学校教师兼职兼薪。

五、切实保障教师合法权益和待遇

（十六）完善教师参与治校治学机制。建立健全教职工代表大会制度，保障教职工参与学校决策的合法权利。完善中小学学校管理制度，发挥好党组织的领导核心和政治核心作用，健全校长负责制，实行校务会议等制度，完善教职工参与的科学民主决策机制。完善中国特色现代大学制度，坚持党委领导下的校长负责制，探索教授治学的有效途径，充分发挥教授在教学、学术研究以及学校管理中的作用。完善教师人事争议处理途径，依法维护教师权益。

（十七）强化教师工资保障机制。依法保证教师平均工资水平不低于或者高于国家公务员的平均工资水平，并逐步提高，保障教师工资按时足额发放。健全符合教师职业特点、体现岗位绩效的工资分配激励约束机制。进一步做好义务教育学校教师绩效工资实施工作，按照“管理以县为主、经费省级统筹、中央适当支持”的原则，确保绩效工资所需资金落实到位。对长期在农村基层和艰苦边远地区工作的教师，实行工资倾斜政策。推进非义务教育教师绩效工资实施工作。

（十八）健全教师社会保障制度。按照事业单位改革的总体部署，推进教师养老保障制度改革，按规定为教师缴纳社会保险费及住房公积金。中央在基建投资中安排资金，支持加快建设农村艰苦边远地区学校教师周转宿舍。鼓励地方政府将符合条件的农村教师住房纳入当地住房保障范围统筹予以解决。

（十九）完善教师表彰奖励制度。探索建立国家级教师荣誉制度。继续做好全国模范教师和全国教育系统先进工作者表彰工作，对在农村地区长期从教、贡献突出的教师加大表彰奖励力度。定期开展教学名师奖评选，重点奖励在教学一线作出突出贡献的优秀教师。研究完善国家级教学成果奖。鼓励各地按照国家有关规定开展教师表彰奖励工作。

（二十）保障民办学校教师权益。建立健全民办学校教师管理相关制度，依法保障和落实民办学校教师在培训、职务（职称）评审、教龄和工龄计算、表彰奖励、社会活动等方面与公办学校教师享有同等权利。民办学校应依法聘用教师，明确双方权利义务，及时兑现教师工资待遇，按规定为教师足额缴纳社会保险费和住房公积金。鼓励民办学校为教师建立补充养老保险、医疗保险。

六、确保教师队伍建设政策措施落到实处

（二十一）加强组织领导。各级人民政府要切实加强对教师工作的组织领导，把教师队伍建设列入重要议事日程抓实抓好。完善部门沟通协调机制，形成责权明确、分工协作、齐抓共管的工作格局，及时研究解决教师队伍建设中的突出矛盾和重大问题。教育行政部门要加强对教师队伍建设的统筹管理、规划和指导，制定相关政策和标准。机构编制、发展改革、财政、人力资源社会保障等有关部门要在各自职责范围内，积极推进教师队伍建设有关工作。鼓励和引导社会力量参与支持教师队伍建设。

（二十二）加强经费保障。各级人民政府要加大对教师队伍建设的投入力度，新增财政教育经费要把教师队伍建设作为投入重点之一，切实保障教师培养培训、工资待遇等方面的经费投入。教师培训经费要列入财政预算。幼儿园、中小学和中等职业学校按照年度公用经费预算总额的5%安排教师培训经费；高等学校按照不同层次和规模情况，统筹安排一定的教师培训经费。切实加强经费监管，确保专款专用，提高经费使用效益。

（二十三）加强考核督导。要把教师队伍建设情况作为各地区各有关部门政绩考核、各级各类学校办学水平评估的重要内容，作为评优评先、表彰奖励的重要依据。建立教师工作定期督导检查制度，把教师队伍建设情况作为教育督导的重要内容，并公告督导结果，推动各项政策措施落实到位。

五　国务院发布（批准）的教育行政法规

扫除文盲工作条例

（1988年2月5日国务院发布，根据1993年8月1日国务院关于修改《扫除文盲工作条例》决定修正）

第一条 为了提高中华民施的文化素质，促进社会主义物质文明和精神文明建设，根据《中华人民共和国宪法》的有关规定，制定本条例。

第二条 凡年满十五周岁以上的文盲、半文盲公民，除丧失学习能力的以外，不分性别、民族、种族，均有接受扫除文 盲教育的权利和义务。

对丧失学习能力者的鉴定，由县级人民政府教育行政部门组织进行。

第三条 地方各级人民政府应当加强对扫除文盲工作的领导，制订本地区的规划和措施，组织有关方面分工协作，具体实施，并按规划的要求完成扫除文盲任务。地方各级教育行政部门应当加强对扫除文盲工作的具体管理。

城乡基层单位的扫除文盲工作，在当地人民政府的领导下，由单位行政领导负责。

村民委员会、居民委员会应当积极协助组织扫除文盲工作。

第四条 扫除文盲与普及初等义务教育应当统筹规划，同步实施。已经实现基本普及初等义务教育，尚未完成扫除文盲任务的地方，应在五年以内实现基本扫除文盲的目标。

第五条 扫除文盲教育应当讲求实效，把学习文化同学习科学技术知识结合起来，在农村把学习文化同学习农业科学技术知识结合起来。

扫除文盲教育的形式应当因地制宜，灵活多样。

扫除文盲教育的教材，由省、自治区、直辖市教育行政部门审定。

第六条 扫除文盲教学应当使用全国通用的普通话。在少数民族地区可以使用本民族语言文字教学，也可以使用当地各民族通用的语言文字教学。

第七条 个人脱盲的标准是：农民识一千五百个汉字，企业和事业单位职工、城镇居民识二千个汉字；能够看懂浅显通俗的报刊、文章，能够记简单的账目，能够书写简单的应用文。

用当地民族语言文字扫盲的地方，脱盲标准由省、自治区人民政府根据前款规定制定。

基本扫除文盲单位的标准是：其下属的每个单位1949年10月1日以后出生的年满

十五周岁以上人口中的非文盲的人数，除丧失学习能力的以外，在农村达到95%以上，在城镇达到98%以上；复盲率低于5%。

基本扫除文盲的单位应当普及初等义务教育。

第八条 扫除文盲实行验收制度。扫除文盲的学员由所在乡（镇）人民政府、城市街道办事处或同级企业、事业单位组织考核，对达到脱盲标准的，发给“脱盲证书”。

基本扫除文盲的市、县（区），由省、自治区、直辖市人民政府验收；乡（镇）、城市的街道，由上一级人民政府验收；企业、事业单位，由所在地人民政府验收。对符合标准的，发给“基本扫除文盲单位证书”。

第九条 地方各级人民政府应当制定措施，督促基本扫除文盲的单位制订规划，继续扫除剩余文盲。在农村，应当积极办好乡（镇）、村文化技术学校，采取农科教相结合等多种形式巩固扫盲成果。

第十条 扫除文盲教师由乡（镇）、街道、村和企业、事业单位聘用，并给予相应报酬。

当地普通学校、文化馆（站）等有关方面均应积极承担扫除文盲的教学工作。

鼓励社会上一切有扫除文盲教育能力的人员参与扫除文盲教学活动。

第十一条 地方各级人民政府应当在教育事业编制中，充实县、乡（镇）成人教育专职工作人员，加强对农村扫除文盲工作的管理。

第十二条 扫除文盲教育所需要费采取多渠道办法解决。除下列各项外，由地方各级人民政府给予必要的补助：

（一）由乡（镇）人民政府、街道办事处组织村民委员会或有关单位自筹；

（二）企业、事业单位的扫除文盲经费，在职工教育经费中列支；

（三）农村征收的教育事业费附加，应当安排一部分用于农村扫除文盲教育。

各级教育行政部门在扫除文盲工作中，培训专职工作人员和教师，编写教材和读物，开展教研活动，以及交流经验和奖励先进等所需费用，在教育事业费中列支。

鼓励社会力量和个人自愿资助扫除文盲教育。

第十三条 扫除文盲工作实行行政领导责任制。扫盲任务应当列为县、乡（镇）、城市街道和企业、事业单位行政负责人的职责，作为考核工作成绩的一项重要内容。

对未按规划完成扫除文盲任务的单位，由地方各级人民政府处理。

地方各级人民政府应定期向上一级人民政府报告扫除文盲工作的情况，接受检查、监督。

第十四条 国家教育委员会定期对在扫除文盲工作中做出突出贡献的单位或个人颁发“扫盲奖”。地方各级人民政府也应当对在扫除文盲工作中成绩显著的单位或个人予以表彰、奖励。

对在规定期限内具备学习条件而不参加扫除文盲学习的适龄文盲、半文盲公民，当地人民政府应当进行批准教育，并采取切实有效的措施组织入学，使其达到脱盲标准。

第十五条 省、自治区、直辖市人民政府可以根据本条例，结合本地实际情况，制定实施办法。

第十六条 本条例由国家教育委员会负责解释。

第十七条 本条例自发布之日起施行。

残疾人教育条例

（1994年8月23日发布，自发布之日起施行）

第一章　总则

第一条　为了保障残疾人受教育的权利，发展残疾人教育事业，根据《中华人民共和国残疾人保障法》和国家有关教育的法律，制定本条例。

第二条　实施残疾人教育，应当贯彻国家的教育方针，并根据残疾人的身心特性和需要，全面提高其素质，为残疾人平等地参与社会主义生活创造条件。

第三条　残疾人教育是国家教育事业的组成部分。

发展残疾人教育事业，实行普及与提高相结合、以普及为重点的方针，着重发展义务教育和职业教育，积极开展学前教育，逐步发展高级中等以上教育。

残疾人教育应当根据残疾人的残疾类别和接受能力，采取普通教育方式或者特殊教育方式，充分发挥普通教育机构在实施残疾人教育中的作用。

第四条　各级人民政府应当加强对残疾人教育事业的领导，统筹规划和发展残疾人教育事业，逐步增加残疾人教育经费，改善办学条件。

第五条　国务院教育行政部门主管全国的残疾人教育工作。县级以上地方各级人民政府教育行政部门主管本行政区域内的残疾人教育工作。

县级以上各级人民政府其他有关部门在各自的职责范围内负责有关的残疾人教育工作。

第六条　中国残疾人联合会及其地方组织应当积极促进和开展残疾人教育工作。

第七条　幼儿教育机构、各级各类学校及其他教育机构应当依照国家有关法律、法规的规定，实施残疾人教育。

第八条　残疾人家庭应当帮助残疾人接受教育。

第九条　社会各界应当关心和支持残疾人教育事业。

第二章　学前教育

第十条　残疾幼儿的学前教育，通过下列机构实施：

（一）残疾幼儿教育机构；

（二）普通幼儿教育机构；

（三）残疾儿童福利机构；

（四）残疾儿童康复机构；

（五）普通小学的学前班和残疾儿童、少年特殊教育学校的学前班。

残疾儿童家庭应当对残疾儿童实施学前教育。

第十一条 残疾幼儿的教育应当与保育、康复结合实施。

第十二条 卫生保健机构、残疾幼儿的学前教育机构和家庭，应当注重对残疾幼儿的早期发现、早期康复和早期教育。

卫生保健机构、残疾幼儿的学前教育机构应当就残疾幼儿的早期发现、甲期康复和早期教育提供咨询、指导。

第三章 义务教育

第十三条 地方各级人民政府应当将残疾儿童、少年实行义务教育纳入当地义务教育发展规划并统筹安排实施。

县级以上各级人民政府对实施义务教育的工作进行监督、指导、检查，应当包括对残疾儿童、少年实施义务教育工作的监督、指导、检查。

第十四条 适龄残疾儿童、少年的父母或者其他监护人，应当依法使其子女或者被监护人接受义务教育。

第十五条 残疾儿童、少年接受义务教育的入学年龄和年限，应当与当地儿童、少年接受义务教育的入学年龄和年限相同；必要时，其入学年龄和在校年龄可以适当提高。

第十六条 县级人民政府教育行政部门和卫生行政部门应当组织开展适龄残疾儿童、少年的就学咨询，对其残疾状况进行鉴定，并对其接受教育的形式提出意见。

第十七条 适龄残疾儿童、少年可以根据条件，通过下列形式接受义务教育：

（一）在普通学校随班就读；

（二）在普通学校、儿童福利机构或者其他机构附设的残疾儿童、少年特殊教育班就读；

（三）在残疾儿童、少年特殊教育学校就读。

地方各级人民政府应当逐步创造条件，对因身体条件不能到学校就读的适龄残疾儿童、少年，采取其他适当形式进行义务教育。

第十八条 对经济困难的残疾学生，应当酌情减免杂费和其他费用。

第十九条 残疾儿童、少年特殊教育学校（班）的教育工作，应当坚持思想教育、文化教育、劳动技能教育与身心补偿相结合；并根据学生残疾状况和补偿程度，实施分类教学，有条件的学校，实施个别教学。

第二十条 残疾儿童、少年特殊教育学校（班）的课程计划、教学大纲和教材，应当适合残疾儿童、少年的特点。

残疾儿童、少年特殊教育学校（班）的课程计划和教学大纲由国务院教育行政部门制订；教材由省级以上人民政府教育行政部门审定。

第二十一条 普通学校应当按照国家有关规定招收能适应普通班学习的适龄残疾儿童、少年就读，并根据其学习、康复的特殊需要对其提供帮助。有条件的学校，可以设立专门辅导教室。

县级人民政府教育行政部门应当加强对本行政区域内的残疾儿童、少年随班就读教学工作的指导。

随班就读残疾学生的义务教育，可以适用普通义务教育的课程计划、教学大纲和教材，但是对其学习要求可以有适度弹性。

第二十二条 实施义务教育的残疾儿童、少年特殊教育学校应当根据需要，在适当阶段对残疾学生进行劳动技能教育、职业教育和职业指导。

第四章 职业教育

第二十三条 各级人民政府应当将残疾人职业教育纳入职业教育发展的总体规划，建立残疾人职业教育体系，统筹安排实施。

第二十四条 残疾人职业教育，应当重点发展初等和中等职业教育，适当发展高等职业教育，开展以实用技术为主的中期、短期培训。

第二十五条 残疾人职业教育体系由普通职业教育机构和残疾人职业教育机构组成，以普通职业教育机构为主体。

县级以上地方各级人民政府应当根据需要，合理设置残疾人职业教育机构。

第二十六条 普通职业教育学校必须招收符合国家规定的录取标准的残疾人入学，普通职业培训机构应当积极招收残疾人入学。

第二十七条 残疾人职业教育学校和培训机构，应当根据社会需要和残疾人的身心特性合理设置专业，并根据教学需要和条件，发展校办企业，办好实习基地。

第二十八条 对经济困难的残疾学生，应当酌情减免学费和其他费用。

第五章 普通高级中等以上教育及成人教育

第二十九条 普通高级中等学校、高等院校、成人教育机构必须招收符合国家规定的录取标准的残疾考生入学，不得因其残疾而拒绝招收。

第三十条 设区的市以上地方各级人民政府根据需要，可以举办残疾人高级中等以上特殊教育学校（班），提高残疾人的受教育水平。

第三十一条 县级以上各级人民政府教育行政部门应当会同广播、电视部门，根据实际情况开设或者转播适合残疾人学习的专业、课程。

第三十二条 残疾人所在单位应当对本单位的残疾人开展文化知识教育和技术培训。

第三十三条 扫除文盲教育应当包括对年满15周岁以上的未丧失学习能力的文盲、半文盲残疾人实施的扫盲教育。

第三十四条 国家、社会鼓励和帮助残疾人自学成才。

第六章 教师

第三十五条 各级人民政府应当重视从事残疾人教育的教师培养、培训工作，并采取措施逐步提高他们的地位和待遇，改善他们的工作环境和条件，鼓励教师终身从事残疾人教育事业。

第三十六条 从事残疾人教育的教师，应当热爱残疾人教育事业，具有社会主义的人道主义精神，关心残疾学生，并掌握残疾人教育的专业知识和技能。

第三十七条 国家实行残疾人教育教师资格证书制度，具体办法由国务院教育行政部门会同国务院其他有关行政部门制定。

第三十八条 残疾人特殊教育学校举办单位，应当依据残疾人特殊教育学校教师编制标准，为学校配备承担教学、康复等工作的教师。

残疾人特殊教育学校教师编制标准，由国务院教育行政部门会同国务院其他有关行政部门制定。

第三十九条 国务院教育行政部门和省、自治区、直辖市人民政府应当有计划地举办特殊教育师范院校、专业，或者在普通师范院校附设特殊教育师资班（部），培养残疾人教育教师。

第四十条 县级以上地方各级人民政府教育行政部门应当将残疾人教育师资的培训列入工作计划，并采取设立培训基地等形式，组织在职的残疾人教育教师的进修提高。

第四十一条 普通师范院校应当有计划地设置残疾人特殊教育必修课程或者选修课程，使学生掌握必要的残疾人特殊教育的基本知识和技能，以适应对随班就读的残疾学生的教育需要。

第四十二条 从事残疾人教育的教师、职工根据国家有关规定享受残疾人教育津贴及其他待遇。

第七章 物质条件保障

第四十三条 省、自治区、直辖市人民政府应当根据残疾人教育的特殊情况，依据国务院有关行政主管部门的指导性标准，制定本行政区域内残疾人学校的建设标准、经费开支标准、教学仪器设备配备标准等。

第四十四条 残疾人教育经费由各级人民政府负责筹措，予以保证，并随着教育事业费的增加而逐步增加。

县级以上各级人民政府可以根据需要，设立专项补助款，用于发展残疾人教育。

地方各级人民政府用于义务教育的财政拨款和征收的教育费附加，应当有一定比例用于发展残疾儿童、少年义务教育。

第四十五条 国家鼓励社会力量举办残疾人教育机构或者捐资助学。

第四十六条 县级以上地方各级人民政府对残疾人教育机构的设置，应当统筹规划、合理布局。

残疾人学校的设置，由教育行政部门按照国家有关规定审批。

第四十七条 残疾人教育机构的建设，应当适应残疾学生学习、康复和生活的特点。

普通学校应当根据实际情况，为残疾学生入学后的学习、生活提供便利和条件。

第四十八条 县级以上各级人民政府及其有关部门应当采取优惠政策和措施，支持研究、生产残疾人教育专用仪器设备、教具、学具及其他辅助用品，扶持残疾人教育机构兴办和发展校办企业或者福利企业。

第八章 奖励与处罚

第四十九条 有下列事迹之一的单位和个人，由各级人民政府或者其教育行政部门给予奖励：

（一）在残疾人教育教学、教学研究方面做出突出贡献的；

（二）为残疾人就学提供帮助，表现突出的；

（三）研究、生产残疾人教育专用仪器、设备、教具和学具，在提高残疾人教育质量方面取得显著成绩的；

（四）在残疾人学校建设中取得显著成绩的；

（五）为残疾人教育事业做出其他重大贡献的。

第五十条 有下列行为之一的，由有关部门对直接责任人员给予行政处分：

（一）拒绝招收按照国家有关规定应当招收的残疾人入学的；

（二）侮辱、体罚、殴打残疾学生的；

（三）侵占、克扣、挪用残疾人教育款项的。

有前款所列第（一）项行为的，由教育行政部门责令该学校招收残疾人入学。有前款所列第（二）项行为，违反《中华人民共和国治安管理处罚条例》的，由公安机关给予行政处罚。有前款所列第（二）项、第（三）项行为，构成犯罪的，依法追究刑事责任。

第九章　附则

第五十一条　省、自治区、直辖市人民政府可以依照本条例制定实施办法。

第五十二条　本条例自发布之日起施行。

幼儿园管理条例

（1989年8月20日国务院批准，自1990年2月1日起施行）

第一章　总则

第一条　为了加强幼儿园的管理，促进幼儿教育事业的发展，制定本条例。

第二条　本条例适用于招收三周岁以上学龄前幼儿，对其进行保育和教育的幼儿园。

第三条　幼儿园的保育和教育工作应当促进幼儿在体、智、德、美诸方面和谐发展。

第四条　地方各级人民政府应当根据本地区社会经济发展状况，制订幼儿园的发展规划。

幼儿园的设置应当与当地居民人口相适应。

乡、镇、市辖区和不设区的市的幼儿园的发展规划，应当包括幼儿园设置的布局方案。

第五条　地方各级人民政府可以依据本条例举办幼儿园，并鼓励和支持企业事业单位、社会团体、居民委员会、村民委员会和公民举办幼儿园或捐资助园。

第六条　幼儿园的管理实行地方负责、分级管理和各有关部门分工负责的原则。

国家教育委员会主管全国的幼儿园管理工作；地方各级人民政府的教育行政部门，主管本行政辖区内的幼儿园管理工作。

第二章　举办幼儿园的基本条件和审批程序

第七条　举办幼儿园必须将幼儿园设置在安全区域内。严禁在污染区和危险区内设置幼儿园。

第八条　举办幼儿园必须具有与保育、教育的要求相适应的园舍和设施。

幼儿园的园舍和设施必须符合国家的卫生标准和安全标准。

第九条　举办幼儿园应当具有符合下列条件的保育、幼儿教育、医务和其他工作人员：

（一）幼儿园园长、教师应当具有幼儿师范学校（包括职业学校幼儿教育专业）毕业程度，或者经教育行政部门考核合格。

（二）医师应当具有医学院校毕业程度，医士和护士应当具有中等卫生学校毕业程度，或者取得卫生行政部门的资格认可。

（三）保健员应当具有高中毕业程度，并受过幼儿保健培训。

（四）保育员应当具有初中毕业程度，并受过幼儿保育职业培训。

慢性传染病、精神病患者，不得在幼儿园工作。

第十条　举办幼儿园的单位或者个人必须具有进行保育、教育以及维修或扩建、改建幼儿园的园舍与设施的经费来源。

第十一条　国家实行幼儿园登记注册制度，未经登记注册，任何单位和个人不得举办幼儿园。

第十二条　城市幼儿园的举办、停办、由所在区、不设区的市的人民政府教育行政部门登记注册。

农村幼儿园的举办、停办，由所在乡、镇人民政府登记注册，并报县人民政府教育行政部门备案。

第三章　幼儿园的保育和教育工作

第十三条　幼儿园应当贯彻保育与教育相结合的原则，创设与幼儿的教育和发展相适应的和谐环境，引导幼儿个性的健康发展。

幼儿园应当保障幼儿的身体健康，培养幼儿的良好生活、卫生习惯；促进幼儿的智力发展；培养幼儿热爱祖国的情感以及良好的品德行为。

第十四条　幼儿园的招生、编班应当符合教育行政部门的规定。

第十五条　幼儿园应当使用全国通用的普通话。招收少数民族为主的幼儿园，可以使用本民族通用的语言。

第十六条　幼儿园应当以游戏为基本活动形式。

幼儿园可以根据本园的实际，安排和选择教育内容与方法，但不得进行违背幼儿教育规律，有损于幼儿身心健康的活动。

第十七条　严禁体罚和变相体罚幼儿。

第十八条　幼儿园应当建立卫生保健制度，防止发生食物中毒和传染病的流行。

第十九条　幼儿园应当建立安全防护制度，严禁在幼儿园内设置威胁幼儿安全的危险建筑物和设施，严禁使用有毒、有害物质制作教具、玩具。

第二十条　幼儿园发生食物中毒、传染病流行时，举办幼儿园的单位或者个人应当立即采取紧急救护措施，并及时报告当地教育行政部门或卫生行政部门。

第二十一条 幼儿园的园舍和设施有可能发生危险时，举办幼儿园的单位或个人应当采取措施，排除险情，防止事故发生。

第四章 幼儿园的行政事务

第二十二条 各级教育行政部门应当负责监督、评估和指导幼儿园的保育、教育工作，组织培训幼儿园的师资，审定、考核幼儿园教师的资格，并协助卫生行政部门检查和指导幼儿园的卫生保健工作，会同建设行政部门制定幼儿园园舍、设施的标准。

第二十三条 幼儿园园长负责幼儿园的工作。

幼儿园园长由举办幼儿园的单位或个人聘任，并向幼儿园的登记注册机关备案。

幼儿园的教师、医师、保健员、保育员和其他工作人员，由幼儿园园长聘任，也可由举办幼儿园的单位或个人聘任。

第二十四条 幼儿园可以依据本省、自治区、直辖市人民政府制定的收费标准，向幼儿家长收取保育费、教育费。

幼儿园应当加强财务管理，合理使用各项经费，任何单位和个人不得克扣、挪用幼儿园经费。

第二十五条 任何单位和个人，不得侵占和破坏幼儿园园舍和设施，不得在幼儿园周围设置有危险、有污染或影响幼儿园采光的建筑和设施，不得干扰幼儿园正常的工作秩序。

第五章 奖励与处罚

第二十六条 凡具备下列条件之一的单位或者个人，由教育行政部门和有关部门予以奖励：

（一）改善幼儿园的办园条件成绩显著的；

（二）保育、教育工作成绩显著的；

（三）幼儿园管理工作成绩显著的。

第二十七条 违反本条例，具有下列情形之一的幼儿园，由教育行政部门视情节轻重，给予限期整顿、停止招生、停止办园的行政处罚：

（一）未经登记注册，擅自招收幼儿的；

（二）园舍、设施不符合国家卫生标准、安全标准，妨害幼儿身体健康或者威胁幼儿生命安全的；

（三）教育内容和方法违背幼儿教育规律，损害幼儿身心健康的。

第二十八条 违反本条例，具有下列情形之一的单位或者个人，由教育行政部门对直接责任人员给予警告、罚款的行政处罚，或者由教育行政部门建议有关部门对责任人员给予行政处分：

（一）体罚或变相体罚幼儿的；

（二）使用有毒、有害物质制作教具、玩具的；

（三）克扣、挪用幼儿园经费的；

（四）侵占、破坏幼儿园园舍、设备的；

（五）干扰幼儿园正常工作秩序的；

（六）在幼儿园周围设置有危险、有污染或者影响幼儿园采光的建筑和设施的。

前款所列情形，情节严重，构成犯罪的，由司法机关依法追究刑事责任。

第二十九条 当事人对行政处罚不服的，可以在接到处罚通知之日起十五日内，向作出处罚决定的机关的上一级机关申请复议，对复议决定不服的，可在接到复议决定之日起十五日内，向人民法院提起诉讼。当事人逾期不申请复议或者不向人民法院提起诉讼又不履行处罚决定的，由作出处罚决定的机关申请人民法院强制执行。

第六章　附则

第三十条 省、自治区、直辖市人民政府可根据本条例制定实施办法。

第三十一条 本条例由国家教育委员会解释。

第三十二条 本条例自一九九〇年二月一日起施行。

校车安全管理条例

（2012年3月28日国务院第197次常务会议通过，自2012年4月5日起施行）

第一章 总则

第一条 为了加强校车安全管理，保障乘坐校车学生的人身安全，制定本条例。

第二条 本条例所称校车，是指依照本条例取得使用许可，用于接送接受义务教育的学生上下学的7座以上的载客汽车。

接送小学生的校车应当是按照专用校车国家标准设计和制造的小学生专用校车。

第三条 县级以上地方人民政府应当根据本行政区域的学生数量和分布状况等因素，依法制定、调整学校设置规划，保障学生就近入学或者在寄宿制学校入学，减少学生上下学的交通风险。实施义务教育的学校及其教学点的设置、调整，应当充分听取学生家长等有关方面的意见。

县级以上地方人民政府应当采取措施，发展城市和农村的公共交通，合理规划、设置公共交通线路和站点，为需要乘车上下学的学生提供方便。

对确实难以保障就近入学，并且公共交通不能满足学生上下学需要的农村地区，县级以上地方人民政府应当采取措施，保障接受义务教育的学生获得校车服务。

国家建立多渠道筹措校车经费的机制，并通过财政资助、税收优惠、鼓励社会捐赠等多种方式，按照规定支持使用校车接送学生的服务。支持校车服务所需的财政资金由中央财政和地方财政分担，具体办法由国务院财政部门制定。支持校车服务的税收优惠办法，依照法律、行政法规规定的税收管理权限制定。

第四条 国务院教育、公安、交通运输以及工业和信息化、质量监督检验检疫、安全生产监督管理等部门依照法律、行政法规和国务院的规定，负责校车安全管理的有关工作。国务院教育、公安部门会同国务院有关部门建立校车安全管理工作协调机制，统筹协调校车安全管理工作中的重大事项，共同做好校车安全管理工作。

第五条 县级以上地方人民政府对本行政区域的校车安全管理工作负总责，组织有关部门制定并实施与当地经济发展水平和校车服务需求相适应的校车服务方案，统一领导、组织、协调有关部门履行校车安全管理职责。

县级以上地方人民政府教育、公安、交通运输、安全生产监督管理等有关部门依照本条例以及本级人民政府的规定，履行校车安全管理的相关职责。有关部门应当建立健全校车安全管理信息共享机制。

第六条 国务院标准化主管部门会同国务院工业和信息化、公安、交通运输等部门，按照保障安全、经济适用的要求，制定并及时修订校车安全国家标准。

生产校车的企业应当建立健全产品质量保证体系，保证所生产(包括改装，下同)的校车符合校车安全国家标准；不符合标准的，不得出厂、销售。

第七条 保障学生上下学交通安全是政府、学校、社会和家庭的共同责任。社会各方面应当为校车通行提供便利，协助保障校车通行安全。

第八条 县级和设区的市级人民政府教育、公安、交通运输、安全生产监督管理部门应当设立并公布举报电话、举报网络平台，方便群众举报违反校车安全管理规定的行为。

接到举报的部门应当及时依法处理；对不属于本部门管理职责的举报，应当及时移送有关部门处理。

第二章　学校和校车服务提供者

第九条 学校可以配备校车。依法设立的道路旅客运输经营企业、城市公共交通企业，以及根据县级以上地方人民政府规定设立的校车运营单位，可以提供校车服务。

县级以上地方人民政府根据本地区实际情况，可以制定管理办法，组织依法取得道路旅客运输经营许可的个体经营者提供校车服务。

第十条 配备校车的学校和校车服务提供者应当建立健全校车安全管理制度，配备安全管理人员，加强校车的安全维护，定期对校车驾驶人进行安全教育，组织校车驾驶人学习道路交通安全法律法规以及安全防范、应急处置和应急救援知识，保障学生乘坐校车安全。

第十一条 由校车服务提供者提供校车服务的，学校应当与校车服务提供者签订校车安全管理责任书，明确各自的安全管理责任，落实校车运行安全管理措施。

学校应当将校车安全管理责任书报县级或者设区的市级人民政府教育行政部门备案。

第十二条 学校应当对教师、学生及其监护人进行交通安全教育，向学生讲解校车安全乘坐知识和校车安全事故应急处理技能，并定期组织校车安全事故应急处理演练。

学生的监护人应当履行监护义务，配合学校或者校车服务提供者的校车安全管理工作。学生的监护人应当拒绝使用不符合安全要求的车辆接送学生上下学。

第十三条 县级以上地方人民政府教育行政部门应当指导、监督学校建立健全校车安全管理制度，落实校车安全管理责任，组织学校开展交通安全教育。公安机关交通管理部门应当配合教育行政部门组织学校开展交通安全教育。

第三章　校车使用许可

第十四条 使用校车应当依照本条例的规定取得许可。

取得校车使用许可应当符合下列条件：

(一)车辆符合校车安全国家标准，取得机动车检验合格证明，并已经在公安机关交通管理部门办理注册登记；

(二)有取得校车驾驶资格的驾驶人；

(三)有包括行驶线路、开行时间和停靠站点的合理可行的校车运行方案；

(四)有健全的安全管理制度；

(五)已经投保机动车承运人责任保险。

第十五条 学校或者校车服务提供者申请取得校车使用许可，应当向县级或者设区的市级人民政府教育行政部门提交书面申请和证明其符合本条例第十四条规定条件的材料。教育行政部门应当自收到申请材料之日起3个工作日内，分别送同级公安机关交通管理部门、交通运输部门征求意见，公安机关交通管理部门和交通运输部门应当在3个工作日内回复意见。教育行政部门应当自收到回复意见之日起5个工作日内提出审查意见，报本级人民政府。本级人民政府决定批准的，由公安机关交通管理部门发给校车标牌，并在机动车行驶证上签注校车类型和核载人数；不予批准的，书面说明理由。

第十六条 校车标牌应当载明本车的号牌号码、车辆的所有人、驾驶人、行驶线路、开行时间、停靠站点以及校车标牌发牌单位、有效期等事项。

第十七条 取得校车标牌的车辆应当配备统一的校车标志灯和停车指示标志。

校车未运载学生上道路行驶的，不得使用校车标牌、校车标志灯和停车指示标志。

第十八条 禁止使用未取得校车标牌的车辆提供校车服务。

第十九条 取得校车标牌的车辆达到报废标准或者不再作为校车使用的，学校或者校车服务提供者应当将校车标牌交回公安机关交通管理部门。

第二十条 校车应当每半年进行一次机动车安全技术检验。

第二十一条 校车应当配备逃生锤、干粉灭火器、急救箱等安全设备。安全设备应当放置在便于取用的位置，并确保性能良好、有效适用。

校车应当按照规定配备具有行驶记录功能的卫星定位装置。

第二十二条 配备校车的学校和校车服务提供者应当按照国家规定做好校车的安全维护，建立安全维护档案，保证校车处于良好技术状态。不符合安全技术条件的校车，应当停运维修，消除安全隐患。

校车应当由依法取得相应资质的维修企业维修。承接校车维修业务的企业应当按照规定的维修技术规范维修校车，并按照国务院交通运输主管部门的规定对所维修的校车实行质量保证期制度，在质量保证期内对校车的维修质量负责。

第四章　校车驾驶人

第二十三条　校车驾驶人应当依照本条例的规定取得校车驾驶资格。

取得校车驾驶资格应当符合下列条件：

(一)取得相应准驾车型驾驶证并具有3年以上驾驶经历，年龄在25周岁以上、不超过60周岁；

(二)最近连续3个记分周期内没有被记满分记录；

(三)无致人死亡或者重伤的交通事故责任记录；

(四)无饮酒后驾驶或者醉酒驾驶机动车记录，最近1年内无驾驶客运车辆超员、超速等严重交通违法行为记录；

(五)无犯罪记录；

(六)身心健康，无传染性疾病，无癫痫、精神病等可能危及行车安全的疾病病史，无酗酒、吸毒行为记录。

第二十四条　机动车驾驶人申请取得校车驾驶资格，应当向县级或者设区的市级人民政府公安机关交通管理部门提交书面申请和证明其符合本条例第二十三条规定条件的材料。公安机关交通管理部门应当自收到申请材料之日起5个工作日内审查完毕，对符合条件的，在机动车驾驶证上签注准许驾驶校车；不符合条件的，书面说明理由。

第二十五条　机动车驾驶人未取得校车驾驶资格，不得驾驶校车。禁止聘用未取得校车驾驶资格的机动车驾驶人驾驶校车。

第二十六条　校车驾驶人应当每年接受公安机关交通管理部门的审验。

第二十七条　校车驾驶人应当遵守道路交通安全法律法规，严格按照机动车道路通行规则和驾驶操作规范安全驾驶、文明驾驶。

第五章　校车通行安全

第二十八条　校车行驶线路应当尽量避开急弯、陡坡、临崖、临水的危险路段；确实无法避开的，道路或者交通设施的管理、养护单位应当按照标准对上述危险路段设置安全防护设施、限速标志、警告标牌。

第二十九条 校车经过的道路出现不符合安全通行条件的状况或者存在交通安全隐患的，当地人民政府应当组织有关部门及时改善道路安全通行条件、消除安全隐患。

第三十条 校车运载学生，应当按照国务院公安部门规定的位置放置校车标牌，开启校车标志灯。

校车运载学生，应当按照经审核确定的线路行驶，遇有交通管制、道路施工以及自然灾害、恶劣气象条件或者重大交通事故等影响道路通行情形的除外。

第三十一条 公安机关交通管理部门应当加强对校车行驶线路的道路交通秩序管理。遇交通拥堵的，交通警察应当指挥疏导运载学生的校车优先通行。

校车运载学生，可以在公共交通专用车道以及其他禁止社会车辆通行但允许公共交通车辆通行的路段行驶。

第三十二条 校车上下学生，应当在校车停靠站点停靠；未设校车停靠站点的路段可以在公共交通站台停靠。

道路或者交通设施的管理、养护单位应当按照标准设置校车停靠站点预告标识和校车停靠站点标牌，施划校车停靠站点标线。

第三十三条 校车在道路上停车上下学生，应当靠道路右侧停靠，开启危险报警闪光灯，打开停车指示标志。校车在同方向只有一条机动车道的道路上停靠时，后方车辆应当停车等待，不得超越。校车在同方向有两条以上机动车道的道路上停靠时，校车停靠车道后方和相邻机动车道上的机动车应当停车等待，其他机动车道上的机动车应当减速通过。校车后方停车等待的机动车不得鸣喇叭或者使用灯光催促校车。

第三十四条 校车载人不得超过核定的人数，不得以任何理由超员。

学校和校车服务提供者不得要求校车驾驶人超员、超速驾驶校车。

第三十五条 载有学生的校车在高速公路上行驶的最高时速不得超过80公里，在其他道路上行驶的最高时速不得超过60公里。

道路交通安全法律法规规定或者道路上限速标志、标线标明的最高时速低于前款规定的，从其规定。

载有学生的校车在急弯、陡坡、窄路、窄桥以及冰雪、泥泞的道路上行驶，或者遇有雾、雨、雪、沙尘、冰雹等低能见度气象条件时，最高时速不得超过20公里。

第三十六条 交通警察对违反道路交通安全法律法规的校车，可以在消除违法行为的前提下先予放行，待校车完成接送学生任务后再对校车驾驶人进行处罚。

第三十七条 公安机关交通管理部门应当加强对校车运行情况的监督检查，依法查处校车道路交通安全违法行为，定期将校车驾驶人的道路交通安全违法行为和交通事故信息抄送其所属单位和教育行政部门。

第六章　校车乘车安全

第三十八条　配备校车的学校、校车服务提供者应当指派照管人员随校车全程照管乘车学生。校车服务提供者为学校提供校车服务的，双方可以约定由学校指派随车照管人员。

学校和校车服务提供者应当定期对随车照管人员进行安全教育，组织随车照管人员学习道路交通安全法律法规、应急处置和应急救援知识。

第三十九条　随车照管人员应当履行下列职责：

(一)学生上下车时，在车下引导、指挥，维护上下车秩序；

(二)发现驾驶人无校车驾驶资格，饮酒、醉酒后驾驶，或者身体严重不适以及校车超员等明显妨碍行车安全情形的，制止校车开行；

(三)清点乘车学生人数，帮助、指导学生安全落座、系好安全带，确认车门关闭后示意驾驶人启动校车；

(四)制止学生在校车行驶过程中离开座位等危险行为；

(五)核实学生下车人数，确认乘车学生已经全部离车后本人方可离车。

第四十条　校车的副驾驶座位不得安排学生乘坐。

校车运载学生过程中，禁止除驾驶人、随车照管人员以外的人员乘坐。

第四十一条　校车驾驶人驾驶校车上道路行驶前，应当对校车的制动、转向、外部照明、轮胎、安全门、座椅、安全带等车况是否符合安全技术要求进行检查，不得驾驶存在安全隐患的校车上道路行驶。

校车驾驶人不得在校车载有学生时给车辆加油，不得在校车发动机引擎熄灭前离开驾驶座位。

第四十二条　校车发生交通事故，驾驶人、随车照管人员应当立即报警，设置警示标志。乘车学生继续留在校车内有危险的，随车照管人员应当将学生撤离到安全区域，并及时与学校、校车服务提供者、学生的监护人联系处理后续事宜。

第七章　法律责任

第四十三条　生产、销售不符合校车安全国家标准的校车的，依照道路交通安全、产品质量管理的法律、行政法规的规定处罚。

第四十四条　使用拼装或者达到报废标准的机动车接送学生的，由公安机关交通管理部门收缴并强制报废机动车；对驾驶人处2000元以上5000元以下的罚款，吊销其机动车驾驶证；对车辆所有人处8万元以上10万元以下的罚款，有违法所得的予以没收。

第四十五条　使用未取得校车标牌的车辆提供校车服务，或者使用未取得校车驾驶资格的人员驾驶校车的，由公安机关交通管理部门扣留该机动车，处1万元以上2万元以下的罚款，有违法所得的予以没收。

取得道路运输经营许可的企业或者个体经营者有前款规定的违法行为，除依照前款规定处罚外，情节严重的，由交通运输主管部门吊销其经营许可证件。

伪造、变造或者使用伪造、变造的校车标牌的，由公安机关交通管理部门收缴伪造、变造的校车标牌，扣留该机动车，处2000元以上5000元以下的罚款。

第四十六条 不按照规定为校车配备安全设备，或者不按照规定对校车进行安全维护的，由公安机关交通管理部门责令改正，处1000元以上3000元以下的罚款。

第四十七条 机动车驾驶人未取得校车驾驶资格驾驶校车的，由公安机关交通管理部门处1000元以上3000元以下的罚款，情节严重的，可以并处吊销机动车驾驶证。

第四十八条 校车驾驶人有下列情形之一的，由公安机关交通管理部门责令改正，可以处200元罚款：

(一)驾驶校车运载学生，不按照规定放置校车标牌、开启校车标志灯，或者不按照经审核确定的线路行驶；

(二)校车上下学生，不按照规定在校车停靠站点停靠；

(三)校车未运载学生上道路行驶，使用校车标牌、校车标志灯和停车指示标志；

(四)驾驶校车上道路行驶前，未对校车车况是否符合安全技术要求进行检查，或者驾驶存在安全隐患的校车上道路行驶；

(五)在校车载有学生时给车辆加油，或者在校车发动机引擎熄灭前离开驾驶座位。

校车驾驶人违反道路交通安全法律法规关于道路通行规定的，由公安机关交通管理部门依法从重处罚。

第四十九条 校车驾驶人违反道路交通安全法律法规被依法处罚或者发生道路交通事故，不再符合本条例规定的校车驾驶人条件的，由公安机关交通管理部门取消校车驾驶资格，并在机动车驾驶证上签注。

第五十条 校车载人超过核定人数的，由公安机关交通管理部门扣留车辆至违法状态消除，并依照道路交通安全法律法规的规定从重处罚。

第五十一条 公安机关交通管理部门查处校车道路交通安全违法行为，依法扣留车辆的，应当通知相关学校或者校车服务提供者转运学生，并在违法状态消除后立即发还被扣留车辆。

第五十二条 机动车驾驶人违反本条例规定，不避让校车的，由公安机关交通管理部门处200元罚款。

第五十三条 未依照本条例规定指派照管人员随校车全程照管乘车学生的，由公安机关责令改正，可以处500元罚款。

随车照管人员未履行本条例规定的职责的，由学校或者校车服务提供者责令改正；拒不改正的，给予处分或者予以解聘。

第五十四条 取得校车使用许可的学校、校车服务提供者违反本条例规定，情节严重的，原作出许可决定的地方人民政府可以吊销其校车使用许可，由公安机关交通管理部门收回校车标牌。

第五十五条 学校违反本条例规定的，除依照本条例有关规定予以处罚外，由教育行政部门给予通报批评；导致发生学生伤亡事故的，对政府举办的学校的负有责任的领导人员和直接责任人员依法给予处分；对民办学校由审批机关责令暂停招生，情节严重的，吊销其办学许可证，并由教育行政部门责令负有责任的领导人员和直接责任人员5年内不得从事学校管理事务。

第五十六条 县级以上地方人民政府不依法履行校车安全管理职责，致使本行政区域发生校车安全重大事故的，对负有责任的领导人员和直接责任人员依法给予处分。

第五十七条 教育、公安、交通运输、工业和信息化、质量监督检验检疫、安全生产监督管理等有关部门及其工作人员不依法履行校车安全管理职责的，对负有责任的领导人员和直接责任人员依法给予处分。

第五十八条 违反本条例的规定，构成违反治安管理行为的，由公安机关依法给予治安管理处罚；构成犯罪的，依法追究刑事责任。

第五十九条 发生校车安全事故，造成人身伤亡或者财产损失的，依法承担赔偿责任。

第八章　附则

第六十条 县级以上地方人民政府应当合理规划幼儿园布局，方便幼儿就近入园。

入园幼儿应当由监护人或者其委托的成年人接送。对确因特殊情况不能由监护人或者其委托的成年人接送，需要使用车辆集中接送的，应当使用按照专用校车国家标准设计和制造的幼儿专用校车，遵守本条例校车安全管理的规定。

第六十一条 省、自治区、直辖市人民政府应当结合本地区实际情况，制定本条例的实施办法。

第六十二条 本条例自公布之日起施行。

本条例施行前已经配备校车的学校和校车服务提供者及其聘用的校车驾驶人应当自本条例施行之日起90日内，依照本条例的规定申请取得校车使用许可、校车驾驶资格。

本条例施行后，用于接送小学生、幼儿的专用校车不能满足需求的，在省、自治区、直辖市人民政府规定的过渡期限内可以使用取得校车标牌的其他载客汽车。

教育督导条例

（2012年8月29日国务院第215次常务会议通过，自2012年10月1日起施行）

第一章　总则

第一条　为了保证教育法律、法规、规章和国家教育方针、政策的贯彻执行，实施素质教育，提高教育质量，促进教育公平，推动教育事业科学发展，制定本条例。

第二条　对法律、法规规定范围的各级各类教育实施教育督导，适用本条例。

教育督导包括以下内容：

（一）县级以上人民政府对下级人民政府落实教育法律、法规、规章和国家教育方针、政策的督导；

（二）县级以上地方人民政府对本行政区域内的学校和其他教育机构（以下统称学校）教育教学工作的督导。

第三条　实施教育督导应当坚持以下原则：

（一）以提高教育教学质量为中心；

（二）遵循教育规律；

（三）遵守教育法律、法规、规章和国家教育方针、政策的规定；

（四）对政府履行教育工作相关职责的督导与对学校教育教学工作的督导并重，监督与指导并重；

（五）实事求是、客观公正。

第四条　国务院教育督导机构承担全国的教育督导实施工作，制定教育督导的基本准则，指导地方教育督导工作。

县级以上地方人民政府负责教育督导的机构承担本行政区域的教育督导实施工作。

国务院教育督导机构和县级以上地方人民政府负责教育督导的机构（以下统称教育督导机构）在本级人民政府领导下独立行使督导职能。

第五条　县级以上人民政府应当将教育督导经费列入财政预算。

第二章　督学

第六条　国家实行督学制度。

县级以上人民政府根据教育督导工作需要，为教育督导机构配备专职督学。教育督导机构可以根据教育督导工作需要聘任兼职督学。

兼职督学的任期为3年，可以连续任职，连续任职不得超过3个任期。

第七条　督学应当符合下列条件：

（一）坚持党的基本路线，热爱社会主义教育事业；

（二）熟悉教育法律、法规、规章和国家教育方针、政策，具有相应的专业知识和业务能力；

（三）坚持原则，办事公道，品行端正，廉洁自律；

（四）具有大学本科以上学历，从事教育管理、教学或者教育研究工作10年以上，工作实绩突出；

（五）具有较强的组织协调能力和表达能力；

（六）身体健康，能胜任教育督导工作。

符合前款规定条件的人员经教育督导机构考核合格，可以由县级以上人民政府任命为督学，或者由教育督导机构聘任为督学。

第八条　督学受教育督导机构的指派实施教育督导。

教育督导机构应当加强对督学实施教育督导活动的管理，对其履行督学职责的情况进行考核。

第九条　督学实施教育督导，应当客观公正地反映实际情况，不得隐瞒或者虚构事实。

第十条　实施督导的督学是被督导单位主要负责人的近亲属或者有其他可能影响客观公正实施教育督导情形的，应当回避。

第三章　督导的实施

第十一条　教育督导机构对下列事项实施教育督导：

（一）学校实施素质教育的情况，教育教学水平、教育教学管理等教育教学工作情况；

（二）校长队伍建设情况，教师资格、职务、聘任等管理制度建设和执行情况，招生、学籍等管理情况和教育质量，学校的安全、卫生制度建设和执行情况，校舍的安全情况，教学和生活设施、设备的配备和使用等教育条件的保障情况，教育投入的管理和使用情况；

（三）义务教育普及水平和均衡发展情况，各级各类教育的规划布局、协调发展等情况；

（四）法律、法规、规章和国家教育政策规定的其他事项。

第十二条 教育督导机构实施教育督导，可以行使下列职权：

（一）查阅、复制财务账目和与督导事项有关的其他文件、资料；

（二）要求被督导单位就督导事项有关问题作出说明；

（三）就督导事项有关问题开展调查；

（四）向有关人民政府或者主管部门提出对被督导单位或者其相关负责人给予奖惩的建议。

被督导单位及其工作人员对教育督导机构依法实施的教育督导应当积极配合，不得拒绝和阻挠。

第十三条 县级人民政府负责教育督导的机构应当根据本行政区域内的学校布局设立教育督导责任区，指派督学对责任区内学校的教育教学工作实施经常性督导。

教育督导机构根据教育发展需要或者本级人民政府的要求，可以就本条例第十一条规定的一项或者几项事项对被督导单位实施专项督导，也可以就本条例第十一条规定的所有事项对被督导单位实施综合督导。

第十四条 督学对责任区内学校实施经常性督导每学期不得少于2次。

县级以上人民政府对下一级人民政府应当每5年至少实施一次专项督导或者综合督导；县级人民政府负责教育督导的机构对本行政区域内的学校，应当每3至5年实施一次综合督导。

第十五条 经常性督导结束，督学应当向教育督导机构提交报告；发现违法违规办学行为或者危及师生生命安全的隐患，应当及时督促学校和相关部门处理。

第十六条 教育督导机构实施专项督导或者综合督导，应当事先确定督导事项，成立督导小组。督导小组由3名以上督学组成。

教育督导机构可以根据需要联合有关部门实施专项督导或者综合督导，也可以聘请相关专业人员参加专项督导或者综合督导活动。

第十七条 教育督导机构实施专项督导或者综合督导，应当事先向被督导单位发出书面督导通知。

第十八条 教育督导机构可以要求被督导单位组织自评。被督导单位应当按照要求进行自评，并将自评报告报送教育督导机构。督导小组应当审核被督导单位的自评报告。

督导小组应当对被督导单位进行现场考察。

第十九条 教育督导机构实施专项督导或者综合督导，应当征求公众对被督导单位的意见，并采取召开座谈会或者其他形式专门听取学生及其家长和教师的意见。

第二十条 督导小组应当对被督导单位的自评报告、现场考察情况和公众的意见进行评议，形成初步督导意见。

督导小组应当向被督导单位反馈初步督导意见；被督导单位可以进行申辩。

第二十一条 教育督导机构应当根据督导小组的初步督导意见，综合分析被督导单位的申辩意见，向被督导单位发出督导意见书。

督导意见书应当就督导事项对被督导单位作出客观公正的评价；对存在的问题，应当提出限期整改要求和建议。

第二十二条 被督导单位应当根据督导意见书进行整改，并将整改情况报告教育督导机构。

教育督导机构应当对被督导单位的整改情况进行核查。

第二十三条 专项督导或者综合督导结束，教育督导机构应当向本级人民政府提交督导报告；县级以上地方人民政府负责教育督导的机构还应当将督导报告报上一级人民政府教育督导机构备案。

督导报告应当向社会公布。

第二十四条 县级以上人民政府或者有关主管部门应当将督导报告作为对被督导单位及其主要负责人进行考核、奖惩的重要依据。

第四章 法律责任

第二十五条 被督导单位及其工作人员有下列情形之一的，由教育督导机构通报批评并责令其改正；拒不改正或者情节严重的，对直接负责的主管人员和其他责任人员，由教育督导机构向有关人民政府或者主管部门提出给予处分的建议：

（一）拒绝、阻挠教育督导机构或者督学依法实施教育督导的；

（二）隐瞒实情、弄虚作假，欺骗教育督导机构或者督学的；

（三）未根据督导意见书进行整改并将整改情况报告教育督导机构的；

（四）打击报复督学的；

（五）有其他严重妨碍教育督导机构或者督学依法履行职责情形的。

第二十六条 督学或者教育督导机构工作人员有下列情形之一的，由教育督导机构给予批评教育；情节严重的，依法给予处分，对督学还应当取消任命或者聘任；构成犯罪的，依法追究刑事责任：

（一）玩忽职守，贻误督导工作的；

（二）弄虚作假，徇私舞弊，影响督导结果公正的；

（三）滥用职权，干扰被督导单位正常工作的。

督学违反本条例第十条规定，应当回避而未回避的，由教育督导机构给予批评教育。

督学违反本条例第十五条规定，发现违法违规办学行为或者危及师生生命安全隐患而未及时督促学校和相关部门处理的，由教育督导机构给予批评教育；情节严重的，依法给予处分，取消任命或者聘任；构成犯罪的，依法追究刑事责任。

第五章　附则

第二十七条　本条例自2012年10月1日起施行。

中华人民共和国学位条例暂行实施办法

（1981年5月20日国务院批准实施）

第一条 根据中华人民共和国学位条例，制定本暂行实施办法。

第二条 学位按下列学科的门类授予：哲学、经济学、法学、教育学、文学、历史学、理学、工学、农学、医学。

学士学位

第三条 学士学位由国务院授权的高等学校授予。

高等学校本科学生完成教学计划的各项要求，经审核准予毕业，其课程学习和毕业论文（毕业设计或其他毕业实践环节）的成绩，表明确已较好地掌握本门学科的基础理论、专门知识和基本技能，并且有从事科学研究工作或担负专门技术工作的初步能力的，授予学士学位。

第四条 授予学士学位的高等学校，应当由系逐个审核本科毕业生的成绩和毕业鉴定等材料，对符合本暂行办法第三条及有关规定的，可向学校学位评定委员会提名，列入学士学位获得者的名单。

非授予学士学位的高等学校，对达到学士学术水平的本科毕业生，应当由系向学校提出名单，经学校同意后，由学校就近向本系统、本地区的授予学士学位的高等学校推荐。授予学士学位的高等学校有关的系，对非授予学士学位的高等学校推荐的本科毕业生进行审查考核，认为符合本暂行办法第三条及有关规定的，可向学校学位评定委员会提名，列入学士学位获得者的名单。

第五条 学士学位获得者的名单，经授予学士学位的高等学校学位评定委员会审查通过，由授予学士学位的高等学校授予学士学位。

硕士学位

第六条 硕士学位由国务院授权的高等学校和科学研究机构授予。

申请硕士学位人员应当在学位授予单位规定的期限内，向学位授予单位提交申请书和申请硕士学位的学术论文等材料。学位授予单位应当在申请日期截止后两个月内进行审查，决定是否同意申请，并将结果通知申请人及其所在单位。

非学位授予单位应届毕业的研究生申请时，应当送交本单位关于申请硕士学位的推荐书。

同等学力人员申请时，应当送交两位副教授、教授或相当职称的专家的推荐书。学位授予单位对未具有大学毕业学历的申请人员，可以在接受申请前，采取适当方式，考核其某些大学课程。

申请人员不得同时向两个学位授予单位提出申请。

第七条 硕士学位的考试课程和要求：

1. 马克思主义理论课。要求掌握马克思主义的基本理论。

2. 基础理论课和专业课，一般为三至四门。要求掌握坚实的基础理论和系统的专门知识。

3. 一门外国语。要求比较熟练地阅读本专业的外文资料。

学位授予单位研究生的硕士学位课程考试，可按上述的课程要求，结合培养计划安排进行。

非学位授予单位研究生的硕士学位课程考试，由学位授予单位组织进行。凡经学位授予单位审核，认为其在原单位的课程考试内容和成绩合格的，可以免除部分或全部课程考试。

同等学力人员的硕士学位课程考试，由学位授予单位组织进行。

申请硕士学位人员必须通过规定的课程考试，成绩合格，方可参加论文答辩。规定考试的课程中，如有一门不及格，可在半年内申请补考一次，补考不及格的，不能参加论文答辩。

试行学分制的学位授予单位，应当按上述的课程要求，规定授予硕士学位所应取得的课程学分。申请硕士学位人员必须取得规定的学分后，方可参加论文答辩。

第八条 硕士学位论文对所研究地课题应当有新的见解，表明作者具有从事科学研究工作或独立担负专门技术工作的能力。

学位授予单位应当聘请一至二位与论文有关学科的专家评阅论文。评阅人应当对论文写出详细的学术评语，供论文答辩委员会参考。

硕士学位论文答辩委员会由三至五人组成。成员中一般应当有外单位的专家。论文答辩委员会主席由副教授、教授或相当职称的专家担任。

论文答辩委员会根据答辩的情况，就是否授予硕士学位作出决议。决议采取不记名投票方式，经全体成员三分之二以上同意，方得通过。决议经论文答辩委员会主席签字后，报送学位评定委员会。会议应当有记录。

硕士学位论文答辩不合格的，经论文答辩委员会同意，可在一年内修改论文，重新答辩一次。

第九条 硕士学位论文答辩委员会多数成员如认为申请人的论文已相当于博士学位的学术水平，除作出授予硕士学位的决议外，可向授予博士学位的单位提出建议，由授予博士学位的单位按本暂行办法博士学位部分中有关规定办理。

博士学位

第十条 博士学位由国务院授权的高等学校和科学研究机构授予。

申请博士学位人员应当在学位授予单位规定的期限内，向学位授予单位提交申请书和申请博士学位的学术论文等材料。学位授予单位应当在申请日期截止后两个月内进行审查，决定是否同意申请，并将结果通知申请人及其所在单位。

同等学力人员申请时，应当送交两位教授或相当职称的专家的推荐书。学位授予单位对未获得硕士学位的申请人员，可以在接受申请前，采取适当方式，考核其某些硕士学位的基础理论课和专业课。

申请人员不得同时向两个学位授予单位提出申请。

第十一条 博士学位的考试课程和要求：

1. 马克思主义理论课。要求较好地掌握马克思主义的基本理论。

2. 基础理论课和专业课。要求掌握坚实宽广的基础理论和系统深入的专门知识。考试范围由学位授予单位的学位评定委员会审定。基础理论课和专业课的考试，由学位授予单位学位评定委员会指定三位专家组成的考试委员会主持，考试委员会主席必须由教授、副教授或相当职称的专家担任。

3. 两门外国语。第一外语要求熟练地阅读本专业的外文资料，并具有一定的写作能力，第二外国语要求有阅读本专业外文资料的初步能力。个别学科、专业，经学位授予单位的学位评定委员会审定，可只考第一外国语。

攻读博士学位研究生的课程考试. 可按上述的课程要求，结合培养计划安排进行。

第十二条 申请博士学位人员必须通过博士学位的课程考试，成绩合格，方可参加博士学位论文答辩。

申请博士学位人员在科学或专门技术上有重要著作、发明、发现或发展的，应当向学位授予单位提交有关的出版著作、发明的鉴定或证明书等材料，经两位教授或相当职称的专家推荐，学位授予单位按本暂行办法第十一条审查同意，可以免除部分或全部课程考试。

第十三条 博士学位论文应当表明作者具有独立从事科学研究工作的能力，并在科学或专门技术上做出创造性的成果。博士学位论文或摘要，应当在答辩前三个月印送有关单位，并经同行评议。

学位授予单位应当聘请两位与论文有关学科的专家评阅论文，其中一位应当是外单位的专家。评阅人应当对论文写出详细的学术评语，供论文答辩委员会参考。

第十四条 博士学位论文答辩委员会由五至七人组成。成员的半数以上应当是教授或相当职称的专家。成员中必须包括二至三位外单位的专家。论文答辩委员会主席一般应当由教授或相当职称的专家担任。

论文答辩委员会根据答辩的情况，就是否授予博士学位作出决议。决议采取不记名投票方式，经全体成员三分之二以上同意，方得通过。决议经论文答辩委员会主席签字后，报送学位评定委员会。会议应当有记录。

博士学位的论文答辩一般应当公开举行；已经通过的博士学位论文或摘要应当公开发表（保密专业除外）。

博士学位论文答辩不合格的，经论文答辩委员会同意，可在两年内修改论文，重新答辩一次。

第十五条 博士学位论文答辩委员会认为申请人的论文虽未达到博士学位的学术水平，但已达到硕士学位的学术水平，而且申请人尚未获得过该学科硕士学位的，可作出授予硕士学位的决议，报送学位评定委员会。

名誉博士学位

第十六条 名誉博士学位由国务院授权授予博士学位的单位授予。

第十七条 授予名誉博士学位须经学位授予单位的学位评定委员会讨论通过，由学位授予单位报国务院学位委员会批准后授予。

学位评定委员会

第十八条 学位授予单位的学位评定委员会根据国务院批准的授予学位的权限，分别履行以下职责：

（一）审查通过接受申请硕士学位和博士学位的人员名单；

（二）确定硕士学位的考试科目、门数和博士学位基础理论课和专业课的考试范围；审批主考人和论文答辩委员会成员名单，

（三）通过学士学位获得者的名单；

（四）作出授予硕士学位的决定；

（五）审批申请博士学位人员免除部分或全部课程考试的名单；

（六）作出授予博士学位的决定；

（七）通过授予名誉博士学位的人员名单；

（八）作出撤销违反规定而授予学位的决定；

（九）研究和处理授予学位的争议和其他事项。

第十九条 学位授予单位的学位评定委员会由九至二十五人组成，任期二至三年。成员应当包括学位授予单位主要负责人和教学、研究人员。

授予学士学位的高等学校，参加学位评定委员会的教学人员应当从本校讲师以上教师中遴选。授予学士学位、硕士学位和博士学位的单位，参加学位评定委员会的教学、研究人员主要应当从本单位副教授、教授或相当职称的专家中遴选。授予博士学位的单位，学位评定委员会中至少应当有半数以上的教授或相当职称的专家。

学位评定委员会主席由学位授予单位具有教授、副教授或相当职称的主要负责人（高等学校校长，主管教学、科学研究和研究生工作的副校长，或科学研究机构相当职称的人员）担任。

学位评定委员会可以按学位的学科门类，设置若干分委员会。各由七至十五人组成，任期二至三年。分委员会主席必须由学位评定委员会委员担任。分委员会协助学位评定委员会工作。学位评定委员会成员名单，应当由各学位授予单位报主管部门批准，主管部门转报国务院学位委员会备案。

学位评定委员会可根据需要，配备必要的专职或兼职的工作人员，处理日常工作。

第二十条 学位授予单位每年应当将授予学士学位的人数、授予硕士学位和博士学位的名单及有关材料，分别报主管部门和国务院学位委员会备案。

其他规定

第二十一条 在我国学习的外国留学生申请学士学位，参照本暂行办法第三条及有关规定办理。

在我国学习的外国留学生和从事研究或教学工作的外国学者申请硕士学位或博士学位，参照本暂行办法的有关规定办理。

第二十二条 学士学位的证书格式，由教育部制定。硕士学位和博士学位的证书格式，由国务院学位委员会制定。学位获得者的学位证书，由学位授予单位发给。

第二十三条 已经通过的硕士学位和博士学位的论文，应当交存学位授予单位图书馆一份，已经通过的博士学位论文，还应当交存北京图书馆和有关的专业图书馆各一份。

第二十四条 在职人员申请硕士学位或博士学位，经学位授予单位审核同意参加课程考试和论文答辩后，准备参加考试或答辩，可享有不超过两个月的假期。

第二十五条 学位授予单位可根据本暂行实施办法，制定本单位授予学位的工作细则。

高等教育自学考试暂行条例

（国务院1988年3月3日）

第一章　总 则

第一条　为建立高等教育自学考试制度，完善高等教育体系，根据宪法第十九条“鼓励自学成才”的规定，制定本条例。

第二条　本条例所称高等教育自学考试，是对自学者进行以学历考试为主的高等教育国家考试，是个人自学、社会助学和国家考试相结合的高等教育形式。

高等教育自学考试的任务，是通过国家考试促进广泛的个人自学和社会助学活动，推进在职专业教育和大学后继续教育，造就和选拔德才兼备的专门人才，提高全民族的思想道德、科学文化素质，适应社会主义现代化建设的需要。

第三条　中华人民共和国公民，不受性别、年龄、民族、种族和已受教育程度的限制，均可依照本条例的规定参加高等教育自学考试。

第四条　高等教育自学考试，应以教育为社会主义建设服务为根本方向，讲求社会效益，保证人才质量。根据经济建设和社会发展的需要，人才需求的科学预测和开考条件的实际可能，设置考试专业。

第五条　高等教育自学考试的专科（基础科）、本科等学历层次，与普通高等学校的学历层次水平的要求应相一致。

第二章　考试机构

第六条　全国高等教育自学考试指导委员会（以下简称“全国考委”）在国家教育委员会领导下，负责全国高等教育自学考试工作。

全国考委由国务院教育、计划、财政、劳动人事部门的负责人，军队和有关人民团体的负责人，以及部分高等学校的校（院）长、专家、学者组成。

全国考委的职责是：

（一）根据国家的教育方针和有关政策、法规，制定高等教育自学考试的具体政策和业务规范；

（二）指导和协调各省、自治区、直辖市的高等教育自学考试工作；

（三）制定高等教育自学考试开考专业的规划，审批或委托有关省、自治区、直辖市的高等教育自学考试机构审批开考专业；

（四）制定和审定高等教育自学考试专业考试计划、课程自学考试大纲；

（五）根据本条例，对高等教育自学考试的有效性进行审查；

（六）组织高等教育自学考试的研究工作。

国家教育委员会设立高等教育自学考试工作管理机构，该机构同时作为全国考委的日常办事机构。

第七条 全国考委根据工作需要设立若干专业委员会，负责拟订专业考试计划和课程自学考试大纲，组织编写和推荐适合自学的高等教育教材，对本专业考试工作进行业务指导和质量评估。

第八条 省、自治区、直辖市高等教育自学考试委员会（以下简称“省考委”）在省、自治区、直辖市人民政府领导和全国考委指导下进行工作。省考委的组成，参照全国考委的组成确定。

省考委的职责是：

（一）贯彻执行高等教育自学考试的方针、政策、法规和业务规范；

（二）在全国考委关于开考专业的规划和原则的指导下，结合本地实际拟定开考专业，指定主考学校；

（三）组织本地区开考专业的考试工作；

（四）负责本地区应考者的考籍管理，颁发单科合格证书和毕业证书；

（五）指导本地区的社会助学活动；

（六）根据国家教育委员会的委托，对已经批准建校招生的成人高等学校的教学质量，通过考试的方法进行检查。

省、自治区、直辖市教育行政部门设立高等教育自学考试工作管理机构，该机构同时作为省考委的日常办事机构。

第九条 省、自治区人民政府的派出机关所辖地区（以下简称“地区”）、市、直辖市的市辖区高等教育自学考试工作委员会（以下简称“地市考委”）在地区行署或市（区）人民政府领导和省考委的指导下进行工作。

地市考委的职责是：

（一）负责本地区高等教育自学考试的组织工作；

（二）指导本地区的社会助学活动；

（三）负责组织本地区高等教育自学考试毕业人员的思想品德鉴定工作。

地市考委的日常工作由当地教育行政部门负责。

第十条 主考学校由省考委遴选专业师资力量较强的全日制普通高等学校担任。主考学校在高等教育自学考试工作上接受省考委的领导，参与命题和评卷，负责有关实践性学习环节的考核，在毕业证书上副署，办理省考委交办的其他有关工作。

主考学校应设立高等教育自学考试办事机构，根据任务配备专职工作人员，所需编制列入学校总编制数内，由学校主管部门解决。

第三章　开考专业

第十一条 高等教育自学考试开考新专业，由省考委组织有关部门和专家进行论证，并提出申请，报全国考委审批。

第十二条 可以实行省际协作开考新专业

第十三条 开考新专业必须具备下列条件：

（一）有健全的工作机构、必要的专职人员和经费；

（二）有符合本条例第十条规定的主考学校；

（三）有专业考试计划；

（四）有保证实践性环节考核的必要条件。

第十四条 开考承认学历的新专业，一般应在普通高等学校已有专业目录中选择确定。

第十五条 国务院各部委、各直属机构和军队系统要求开考本系统所需专业的，可以委托省考委组织办理，或由全国考委协调办理。

第十六条 全国考委每年一次集中进行专业审批。省考委应于每年六月底前将申报材料报送全国考委，逾期者延至下一年度重新申报办理。审批结果由全国考委于当年第三季度内下达。凡批准开考的专业均可于次年接受报考，并于首次开考前半年向社会公布开考专业名称和专业考试计划。

第四章　考试办法

第十七条 高等教育自学考试的命题由全国考委统筹安排，分别采取全国统一命题、区域命题、省级命题三种办法。逐步建立题库，实现必要的命题标准化。

试题（包括副题）及参考答案、评分标准启用前属绝密材料。

第十八条 各专业考试计划的安排，专科（基础科）一般为三至四年，本科一般为四至五年。

第十九条 按照专业考试计划的要求，每门课程进行一次性考试。课程考试合格者，发给单科合格证书，并按规定计算学分。不及格者，可参加下一次该门课程的考试。

第二十条 报考人员可在本地区的开考专业范围内，自愿选择考试专业，但根据专业要求对报考对象作职业上必要限制的专业除外。

提倡在职人员按照学用一致的原则选择考试专业。

各级各类全日制学校的在校生不得报考。

第二十一条 报考人员应按本地区的有关规定，到省考委或地市考委指定的单位办理报名手续。

第二十二条 已经取得高等学校研究生、本科生或专科生学历的人员参加高等教育自学考试的，可以按照有关规定免考部分课程。

第二十三条 高等教育自学考试以地区、市、直辖市的市辖区为单位设考场。有条件的，地市考委经省考委批准可在县设考场，由地市委直接领导。

第五章 考籍管理

第二十四条 高等教育自学考试应考者取得一门课程的单科合格证书后，省考委即应为其建立考籍管理档案。

应考者因户口迁移或工作变动需要转地区或转专业参加考试的，按考籍管理办法办理有关手续。

第二十五条 高等教育自学考试应考者符合下列规定，可以取得毕业证书：

（一）考完专业考试计划规定的全部课程，并取得合格成绩；

（二）完成规定的毕业论文（设计）或其他教学实践任务；

（三）思想品德鉴定合格。

获得专科（基础科）或本科毕业证书者，国家承认其学历。

第二十六条 符合相应学位条件的高等教育自学考试本科毕业人员，由有学位授予权的主考学校依照《中华人民共和国学位条例》的规定，授予相应的学位。

第二十七条 高等教育自学考试应考者毕业时间，为每年六月和十二月。

第六章 社会助学

第二十八条 国家鼓励企业、事业单位和其他社会力量，根据高等教育自学考试的专业考试计划和课程自学考试大纲的要求，通过电视、广播、函授、面授等多种形式开展助学活动。

第二十九条 各种形式的社会助学活动，应当接受高等教育自学考试机构的指导和教育行政部门的管理。

第三十条 高等教育自学考试辅导材料的出版、发行，应遵守国家的有关规定。

第七章 毕业人员的使用与待遇

第三十一条 高等教育自学考试专科（基础科）或本科毕业证书获得者，在职人员由所在单位或其上级主管部门本着用其所学、发挥所长的原则，根据工作需要，调整他们的工作；非在职人员（包括农民）由省、自治区、直辖市劳动人事部门根据需要，在编制和增人指标范围内有计划地择优录用或聘用。

第三十二条 高等教育自学考试毕业证书获得者的工资待遇：非在职人员录用后，与普通高等学校同类毕业生相同；在职人员的工资待遇低于普通高等学校同类毕业生的，从获得毕业证书之日起，按普通高等学校同类毕业工资标准执行。

第八章 考试经费

第三十三条 县以上各级所需高等教育自学考试经费，按照现行财政管理体制，在教育事业中列支。地方各级人民政府应妥善安排，予以保证。

第三十四条 各业务部门和军队系统要求开考本部门、本系统所需专业的，须向高等教育自学考试机构提供考试补助费。

第三十五条 高等教育自学考试所收缴的报名费，应用于高等教育自学考试工作，不得挪作他用。

第九章 奖励和处罚

第三十六条 有下列情形之一的个人或单位，可由全国考委或省考委给予奖励：

（一）参加高等教育自学考试成绩特别优异或事迹突出的；

（二）从事高等教育自学考试工作，作出重大贡献的；

（三）从事高等教育自学考试的社会助学工作，取得显著成绩的。

第三十七条 高等教育自学考试应考者在考试中有夹带、传递、抄袭、换卷、代考等舞弊行为以及其他违反考试规则的行为，省考委视情节轻重，分别给予警告、取消考试成绩、停考一至三年的处罚。

第三十八条 高等教育自学考试工作人员和考试组织工作参与人员有下列行为之一的，省考委或其所在单位取消其考试工作人员资格或给予行政处分：

（一）涂改应考者试卷、考试分数及其他考籍档案材料的；

（二）在应考者证明材料中弄虚作假的；

（三）纵容他人实施本条（一）、（二）项舞弊行为的。

第三十九条 有下列破坏高等教育自学考试工作行为之一的个人，由公安机关或司法机关依法追究法律责任：

（一）盗窃或泄露试题及其他有关保密材料的；

（二）扰乱考场秩序不听劝阻的；

（三）利用职权徇私舞弊，情节严重的。

第十章　附则

第四十条 国家教育委员会根据本条例制定实施细则。

省、自治区、直辖市人民政府可以根据本条例和国家教育委员会的实施细则，制定具体实施办法。

第四十一条 本条例由国家教育委员会负责解释。

第四十二条 本条例自发布之日起施行。

1981年1月13日《国务院批转教育部关于高等教育自学考试试行办法的报告》和1983年5月3日《国务院批转教育部等部门关于成立全国高等教育自学考试指导委员会的请求的通知》同时废止。

征收教育费附加的暂行规定

（国务院1986年4月28日，1990年6月7日修订）

第一条 为贯彻落实《中共中央关于教育体制改革的决定》，加快发展地方教育事业，扩大地方教育经费的资金来源，特制定本规定。

第二条 凡缴纳产品税、增值税、营业税的单位和个人，除按照《国务院关于筹措农村学校办学经费的通知》(国发[1984]174号文)的规定，缴纳农村教育事业费附加的单位外，都应当依照本规定缴纳教育费附加。

第三条 教育费附加，以各单位和个人实际缴纳的产品税、增值税、营业税的税额为计征依据，教育费附加率为2%，分别与产品税、增值税、营业税同时缴纳。

除国务院另有规定者外，任何地区、部门不得擅自提高或者降低教育费附加率。

第四条 依照现行有关规定，除铁道系统、中国人民银行总行、各专业银行总行、保险总公司的教育附加随同营业税上缴中央财政外，其余单位和个人的教育费附加，均就地上缴地方财政。

第五条 教育费附加由税务机关负责征收。

教育费附加纳入预算管理，作为教育专项资金，根据“先收后支、列收列支、收支平衡”的原则使用和管理。地方各级人民政府应当依照国家有关规定，使预算内教育事业费逐步增长，不得因教育费附加纳入预算专项资金管理而抵顶教育事业费拨款。

第六条 教育费附加的征收管理，按照产品税、增值税、营业税的有关规定办理。

第七条 企业缴纳的教育费附加，一律在销售收入(或营业收入)中支付。

第八条 地方征收的教育费附加，按专项资金管理，由教育部门统筹安排，提出分配方案，商同级财政部门同意后，用于改善中小学教学设施和办学条件，不得用于职工福利和发放奖金。

铁道系统、中国人民银行总行、各专业银行总行、保险总公司随同营业税上缴的教育费附加，由国家教育委员会按年度提出分配方案，商财政部同意后，用于基础教育的薄弱环节。(1990年6月7日修订)

地方征收的教育费附加，主要留归当地安排使用。省、自治区、直辖市可根据各地征收教育费附加的实际情况，适当提取一部分数额，用于地区之间的调剂、平衡。

第九条 地方各级教育部门每年应定期向当地人民政府、上级主管部门和财政部门，报告教育费附加的收支情况。

第十条 凡办有职工子弟学校的单位，应当先按本规定缴纳教育费附加；教育部门可根据它们办学的情况酌情返还给办学单位，作为对所办学校经费的补贴。办学单位不得借口缴纳教育费附加而撤并学校，或者缩小办学规模。

第十一条 征收教育费附加以后，地方各级教育部门和学校，不准以任何名目向学生家长和单位集资，或者变相集资，不准以任何借口不让学生入学。

对违反前款规定者，其上级教育部门要予以制止，直接责任人员要给予行政处分。单位和个人有权拒缴。

第十二条 本规定由财政部负责解释。各省、自治区、直辖市人民政府可结合当地实际情况制定实施办法。

第十三条 本规定从1986年7月1日起施行。

国务院关于修改《征收教育费附加的暂行规定》的决定

（国务院　2005年8月20日）

国务院决定对《征收教育费附加的暂行规定》作如下修改：

删去第三条第二款。

将第三条修改为：“教育费附加，以各单位和个人实际缴纳的增值税、营业税、消费税的税额为计征依据，教育费附加率为3%，分别与增值税、营业税、消费税同时缴纳。

“除国务院另有规定者外，任何地区、部门不得擅自提高或者降低教育费附加率。”

本决定自2005年10月1日起施行。

普通高等学校设置暂行条例

（国务院　1986年12月15日）

第一章　总则

第一条　为了加强高等教育的宏观管理，保证普通高等学校的教育质量，促进高等教育事业有计划、按比例地协调发展，制定本条例。

第二条　本条例所称的普通高等学校，是指以通过国家规定的专门入学考试的高级中学毕业学生为主要培养对象的全日制大学 、 独立设置的学院和高等专科学校高等职业学校。

普通高等学校的设置，由国家教育委员会审批。

第三条　国家教育委员会应当根据经济建设和社会发展的需要、人才需求的科学预测和办学条件的实际可能，编制全国普通高等教育事业发展规划，调整普通高等教育的结构，妥善地处理发展普通高等教育同发展成人高等教育、中等专业教育和基础教育的关系，合理地确定科类和层次。

第四条　国家教育委员会应当根据学校的人才培养目标、招生及分配面向地区以及现有普通高等学校的分布状况等，统筹规划普通高等学校的布局，并注意在高等教育事业需要加强的省、自治区有计划地设置普通高等学校。

第五条　凡通过现有普通高等学校的扩大招生、增设专业、接受委托培养、联合办学及发展成人高等教育等途径，能够基本满足人才需求的，不另行增设普通高等学校。

第二章　设置标准

第六条　设置普通高等学校，应当配备具有较高政治素质和管理高等教育工作的能力、达到大学本科毕业文化水平的专职校（院）长和副校（院）长。同时，还应当配备专职思想政治工作和系科、专业的负责人。

第七条　设置普通高等学校，须按下列规定配备与学校的专业设置、学生人数相适应的合格教师。

（一）大学及学院在建校招生时，各门公共必修课程和专业基础必修课程，至少应当分别配备具有讲师职务以上的专任教师二人；各门专业必修课程，至少应当分别配备具有讲师职务以上的专任教师一人 。具有副教授职务以上的专任教师人数 ，应当不低于本校（院）专任教师总数的百分之十。

（二）高等专科学校及高等职业学校在建校招生时，各门公共必修课程和专业基础必修课程，至少应当分别配备具有讲师职务以上的专任教师二人；各门主要专业课程至少应当分别配备具有讲师职务以上的专任教师一人，具有副教授职务以上的专任教师人数，应当不低于本校专任教师总数的百分之五。

（三）大学及学院的兼任教师人数，应当不超过本校（院）专任教师人数的四分之一；高等专科学校的兼任教师人数，应当不超过本校专任教师的三分之一；高等职业学校的兼任教师人数，应当不超过本校专任教师的二分之一。

少数地区或特殊科类的普通高等学校建校招生，具有副教授职务以上的专任教师达不到（一）（二）项要求的，需经国家教育委员会批准。

第八条 设置普通高等学校，须有与学校的学科门类和规模相适应的土地和校舍，保证教学 、生活 、体育锻炼及学校长远发展的需要，普通高等学校的占地面积及校舍建筑面积，参照国家规定的一般高等学校校舍规划面积的定额核算。

普通高等学校的校舍可分期建设，但其可供使用的校舍面积，应当保证各年度招生的需要。

第九条 普通高等学校在建校招生时，大学及学院的适用图书，文科、政法、财经院校应当不少于八万册；理、工、农、医院校应当不少于六万册。高等专科学校及高等职业学校的适用图书，文科、政法、财经学校应当不少于五万册；理、工、农、医学校应当不少于四万册。并应当按照专业性质、学生人数分别配置必需的仪器、设备、标本、模型。

理、工、农院校应当有必需的教学实习工厂或农（林）场和固定的生产实习基地；师范院校应当有附属的实验学校或固定的实习学校；医学院校至少应当有一所附属医院和适应需要教学医院。

第十条 设置普通高等学校所需的基本建设投资和教育事业费，须有稳定的来源和切实的保证。

第三章　学校名称

第十一条 设置普通高等学校，应当根据学校的人才培养目标、学科门类、规模、领导体制、所在地等，确定名实相符的学校名称。

第十二条 称为大学的，须符合下列规定：

（一）主要培养本科及本科以上专门人才；

（二）在文科（含文学、历史、哲学、艺术）、政法、财经、教育（含体育）、理科、工科、农林、医药等八个学科门类中，以三个以上不同学科为主要学科；

（三）具有较强的教学、科学研究力量和较高的教学、科学研究水平；

（四）全日制在校学生计划规模在五千人以上。但边远地区或有特殊需要，经国家教育委员会批准，可以不受此限 。

第十三条　称为学院的，须符合下列规定：

（一）主要培养本科及本科以上专门人才；

（二）以本条例第十二条第（二）项所列学科门类中的一个学科为主要学科；

（三）全日制在校学生计划规模在三千人以上，但艺术、体育及其他特殊科类或有特殊需要的学院，经国家教育委员会批准，可以不受此限。

第十四条　称为高等专科学校的，须符合下列规定：

（一）主要培养高等专科层次的专门人才；

（二）以本条例第十二条第（二）项所列学科门类中的一个学科为主要学科；

（三）全日制在校学生计划规模在一千人以上。但边远地区或有特殊需要的学校，经国家教育委员会批准，可以不受此限。

第十五条　称为高等职业学校的，须符合下列规定：

（一）主要培养高等专科层次的专门人才；

（二）以职业技术教育为主；

（三）全日制在校学生计划规模在一千人以上。但边远地区或有特殊需要的学校，经国家教育委员会批准，可以不受此限。

第四章　审批验收

第十六条　国家教育委员会每年第三季度办理设置普通高等学校的审批手续。设置普通高等学校的主管部门，应当在每年第三季度以前提出申请，逾期则延至下一年度审批时间办理。

第十七条　设置普通高等学校的审批程序，一般分为审批筹建和审批正式建校招生两个阶段。完全具备建校招生条件的，也可以直接申请正式建校招生。

第十八条　设置普通高等学校，应当由学校的主管部门邀请教育、计划、人才需求预测、劳动人事、财政、基本建设等有关部门和专家共同进行论证，并提出论证报告。

论证报告应当包括下列内容：

（一）拟建学校的名称、校址、学科门类、专业设置、人才培养目标、规模、领导体制、招生及分配面向地区；

（二）人才需求预测、办学效益、高等教育的布局；

（三）拟建学校的师资来源、经费来源、基建计划。

第十九条 凡经过论证，确需设置普通高等学校的，按学校隶属关系，由省、自治区、直辖市人民政府或国务院有关部门向国家教育委员会提出筹建普通高等学校申请书，并附交论证报告。

国务院有关部门申请筹建普通高等学校，还应当附交学校所在地的省、自治区、直辖市人民政府的意见书。

第二十条 普通高等学校的筹建期限，从批准之日起，应当不少于一年，但最长不得超过五年。

第二十一条 经批准筹建的普通高等学校，凡符合本条例第二章规定的，按学校隶属关系，由省、自治区、直辖市人民政府或国务院有关部门向国家教育委员会提出正式建校招生申请书，并附交筹建情况报告。

第二十二条 国家教育委员会在接到筹建普通高等学校申请书，或正式建校招生申请书后，应当进行审查，并做出是否准予筹建或正式建校招生的决定。

第二十三条 为保证新建普通高等学校的办学质量，由国家教育委员会或它委托的机构，对新建普通高等学校第一届毕业生进行考核验收。

第二十四条 经批准建立的普通高等学校，从批准正式建校招生之日起十年内，应当达到审定的计划规模及正常的教师配备标准和办学条件。国家教育委员会或它委托的机构负责对此进行审核验收。

第五章　检查处理

第二十五条 凡违反本规定有下列情形之一的，由国家教育委员会区别情况，责令其调整、整顿、停止招生或停办；

（一）虚报条件，筹建或建立普通高等学校的；

（二）擅自筹建或建校招生的；

（三）超过筹建期限，未具备招生条件的；

（四）第一届毕业生经考核验收达不到规定要求的；

（五）在规定期限内，达不到审定的计划规模及正常的教师配备标准和办学条件的。

第六章　附则

第二十六条 对本条例施行前设置或变更学校名称的普通高等学校，应当参照本条例，进行整顿。整顿办法，由国家教育委员会另行制定。

第二十七条 本条例由国家教育委员会负责解释。

第二十八条 本条例自发布之日起施行。

学校卫生工作条例

（卫生部/教育部　1990年6月4日）

第一章　总则

第一条　为加强学校卫生工作，提高学生的健康水平，制定本条例。

第二条　学校卫生工作的主要任务是：监测学生健康状况；对学生进行健康教育，培养学生良好的卫生习惯；改善学校卫生环境和教育卫生条件；加强对传染病、学生常见病的预防和治疗。

第三条　本条例所称的学校，是指普通中小学、农业中学、职业中学、中等专业学校、技工学校、普通高等学校。

第四条　教育行政部门负责学校卫生工作的行政管理。卫生行政部门负责对学校卫生工作的监督指导。

第二章　学校卫生工作要求

第五条　学校应当合理安排学生的学习时间。学生每日学习时间（包括自习），小学不超过六小时，中学不超过八小时，大学不超过十小时。

学校或者教师不得以任何理由和方式，增加授课时间和作业量，加重学生学习负担。

第六条　学校教学建筑、环境噪声、室内微小气候、采光、照明等环境质量以及黑板、课桌椅的设置应当符合国家有关标准。

新建、改建、扩建校舍，其选址、设计应当符合国家的卫生标准，并取得当地卫生行政部门的许可。竣工验收应当有当地卫生行政部门参加。

第七条　学校应当按照有关规定为学生设置厕所和洗手设施。寄宿制学校应当为学生提供相应的洗漱、洗澡等卫生设施。

学校应当为学生提供充足的符合卫生标准的饮用水。

第八条　学校应当建立卫生制度，加强对学生个人卫生、环境卫生以及教室、宿舍卫生的管理。

第九条 学校应当认真贯彻执行食品卫生法律、法规，加强饮食卫生管理，办好学生膳食，加强营养指导。

第十条 学校体育场地和器材应当符合卫生和安全要求。运动项目和运动强度应当适合学生的生理承受能力和体质健康状况，防止发生伤害事故。

第十一条 学校应当根据学生的年龄，组织学生参加适当的劳动，并对参加劳动的学生，进行安全教育，提供必要的安全和卫生防护措施。

普通中小学校组织学生参加劳动，不得让学生接触有毒有害物质或者从事不安全工种的作业，不得让学生参加夜班劳动。

普通高等学校、中等专业学校、技工学校、农业中学、职业中学组织学生参加生产劳动，接触有毒有害物质的，按照国家有关规定，提供保健待遇。学校应当定期对他们进行体格检查，加强卫生防护。

第十二条 学校在安排体育课以及劳动等体力活动时，应当注意女学生的生理特点，给予必要的照顾。

第十三条 学校应当把健康教育纳入教学计划。普通中小学必须开设健康教育课，普通高等学校、中等专业学校、技工学校、农业中学、职业中学应当开设健康教育选修课或者讲座。

学校应当开展学生健康咨询活动。

第十四条 学校应当建立学生健康管理制度。根据条件定期对学生进行体格检查，建立学生体质健康卡片，纳入学生档案。

学校对体格检查中发现学生有器质性疾病的，应当配合学生家长做好转诊治疗。

学校对残疾、体弱学生，应当加强医学照顾和心理卫生工作。

第十五条 学校应当配备可以处理一般伤病事故的医疗用品。

第十六条 学校应当积极做好近视眼、弱视、沙眼、龋齿、寄生虫、营养不良、贫血、脊柱弯曲、神经衰弱等学生常见疾病的群体预防和矫治工作。

第十七条 学校应当认真贯彻执行传染病防治法律、法规，做好急、慢性传染病的预防和控制管理工作，同时做好地方病的预防和控制管理工作。

第三章　学校卫生工作管理

第十八条 各级教育行政部门应当把学校卫生工作纳入学校工作计划，作为考评学校工作的一项内容。

第十九条 普通高等学校、中等专业学校、技工学校和规模较大的农业中学、职业中学、普通中小学，可以设立卫生管理机构，管理学校的卫生工作。

第二十条 普通高等学校设校医院或者卫生科。校医院应当设保健科（室），负责师生的卫生保健工作。

城市普通中小学、农村中心小学和普通中学设卫生室，按学生人数六百比一的比例配备专职卫生技术人员。

中等专业学校、技工学校、农业中学、职业中学，可以根据需要，配备专职卫生技术人员。

学生人数不足六百人的学校，可以配备专职或者兼职保健教师，开展学校卫生工作。

第二十一条 经本地区卫生行政部门批准，可以成立区域性的中小学生卫生保健机构。

区域性的中小学生卫生保健机构的主要任务是：

（一）调查研究本地区中小学生体质健康状况；

（二）开展中小学生常见疾病的预防与矫治；

（三）开展中小学卫生技术人员的技术培训和业务指导。

第二十二条 学校卫生技术人员的专业技术职称考核、评定，按照卫生、教育行政部门制定的考核标准和办法，由教育行政部门组织实施。

学校卫生技术人员按照国家有关规定，享受卫生保健津贴。

第二十三条 教育行政部门应当将培养学校卫生技术人员的工作列入招生计划，并通过各种教育形式为学校卫生技术人员和保健教师提供进修机会。

第二十四条 各级教育行政部门和学校应当将学校卫生经费纳入核定的年度教育经费预算。

第二十五条 各级卫生行政部门应当组织医疗单位和专业防治机构对学生进行健康检查、传染病防治和常见病矫治，接受转诊治疗。

第二十六条 各级卫生防疫站，对学校卫生工作承担下列任务：

（一）实施学校卫生监测，掌握本地区学生生长发育和健康状况，掌握学生常见病、传染病、地方病动态；

（二）制订学生常见病、传染病、地方病的防治计划；

（三）对本地区学校卫生工作进行技术指导；

（四）开展学校卫生服务。

第二十七条 供学生使用的文具、娱乐器具、保健用品，必须符合国家有关卫生标准。

第四章 学校卫生工作监督

第二十八条 县以上卫生行政部门对学校卫生工作行使监督职权。其职责是：

（一）对新建、改建、扩建校舍的选址、设计实行卫生监督；

（二）对学校内影响学生健康的学习、生活、劳动、环境、食品等方面的卫生和传染病防治工作实行卫生监督；

（三）对学生使用的文具、娱乐器具、保健用品实行卫生监督。

国务院卫生行政部门可以委托国务院其他有关部门的卫生主管机构，在本系统内对前款所列第（一）、（二）项职责行使学校卫生监督职权。

第二十九条 行使学校卫生监督职权的机构设立学校卫生监督员，由省级以上卫生行政部门聘任并发给学校卫生监督员证书。

学校卫生监督员执行卫生行政部门或者其他有关部门卫生主管机构交付的学校卫生监督任务。

第三十条 学校卫生监督员在执行任务时应出示证件。

学校卫生监督员在进行卫生监督时，有权查阅与卫生监督有关的资料，搜集与卫生监督有关的情况，被监督的单位或者个人应当给予配合。学校卫生监督员对所掌握的资料、情况负有保密责任。

第五章 奖励与处罚

第三十一条 对在学校卫生工作中成绩显著的单位或者个人，各级教育、卫生行政部门和学校应当给予表彰、奖励。

第三十二条 违反本条例第六条第二款规定，未经卫生行政部门许可新建、改建、扩建校舍的，由卫生行政部门对直接责任单位或者个人给予警告、责令停止施工或者限期改建。

第三十三条 违反本条例第六条第一款、第七条和第十条规定的，由卫生行政部门对直接责任单位或者个人给予警告并责令限期改进。情节严重的，可以同时建议教育行政部门给予行政处分。

第三十四条 违反本条例第十一条规定，致使学生健康受到损害的，由卫生行政部门对直接责任单位或者个人给予警告，责令限期改进。

第三十五条 违反本条例第二十七条规定的，由卫生行政部门对直接责任单位或者个人给予警告。情节严重的，可以会同工商行政部门没收其不符合国家有关卫生标准的物品，并处以非法所得两倍以下的罚款。

第三十六条 拒绝或者妨碍学校卫生监督员依照本条例实施卫生监督的，由卫生行政部门对直接责任单位或者个人给予警告。情节严重的，可以建议教育行政部门给予行政处分或者处以二百元以下的罚款。

第三十七条 当事人对没收、罚款的行政处罚不服的，可以在接到处罚决定书之日起十五日内，向作出处罚决定机关的上一级机关申请复议，也可以直接向人民法院起诉。对复议决定不服的，可以在接到复议决定之日起十五日内，向人民法院起诉。对罚款决定不履行又逾期不起诉的，由作出处罚决定的机关申请人民法院强制执行。

第六章　附则

第三十八条　学校卫生监督办法、学校卫生标准由卫生部会同国家教育委员会制定。

第三十九条　贫困县不能全部适用本条例第六条第一款和第七条规定的，可以由所在省、自治区的教育、卫生行政部门制定变通的规定，变通的规定，应当报送国家教育委员会，卫生部备案。

第四十条　本条例由国家教育委员会、卫生部负责解释。

第四十一条　本条例自发布之日起施行。原教育部、卫生部1979年12月6日颁布的《中、小学卫生工作暂行规定（草案）》和1980年8月26日颁布的《高等学校卫生工作暂行规定（草案）》同时废止。

学校体育工作条例

（教育部　1990年3月12日）

第一章　总则

第一条　为保证学校体育工作的正常开展，促进学生身心的健康成长，制定本条例。

第二条　学校体育工作是指普通中小学校、农业中学、职业中学、中等专业学校、普通高等学校的体育课教学、课外体育活动、课余体育训练和体育竞赛。

第三条　学校体育工作的基本任务是：增进学生身心健康、增强学生体质；使学生掌握体育基本知识，培养学生体育运动能力和习惯；提高学生运动技术水平，为国家培养体育后备人才；对学生进行品德教育，增强组织纪律性，培养学生的勇敢、顽强、进取精神。

第四条　学校体育工作应当坚持普及与提高相结合、体育锻炼与安全卫生相结合的原则，积极开展多种形式的强身健体活动，重视继承和发扬民族传统体育，注意吸取国外学校体育的有益经验，积极开展体育科学研究工作。

第五条　学校体育工作应当面向全体学生，积极推行国家体育锻炼标准。

第六条　学校体育工作在教育行政部门领导下，由学校组织实施，并接受体育行政部门的指导。

第二章　体育课教学

第七条　学校应当根据教育行政部门的规定，组织实施体育课教学活动。

普通中小学校、农业中学、职业中学、中等专业学校各年级和普通高等学校的一、二年级必须开设体育课。普通高等学校对三年级以上学生开设体育选修课。

第八条　体育课教学应当遵循学生身心发展的规律，教学内容应当符合教学大纲的要求，符合学生年龄、性别特点和所在地区地理、气候条件。

体育课的教学形式应当灵活多样，不断改进教学方法，改善教学条件，提高教学质量。

第九条 体育课是学生毕业、升学考试科目。学生因病，残免修体育课或者免除体育课考试的，必须持医院证明，经学校体育教研室（组）审核同意，并报学校教务部门备案，记入学生健康档案。

第三章 课外体育活动

第十条 开展课外体育活动应当从实际情况出发，因地制宜，生动活泼。

普通中小学校、农业中学、职业中学每天应当安排课间操，每周安排三次以上课外体育活动，保证学生每天有一小时体育活动的时间（含体育课）。

中等专业学校、普通高等学校除安排有体育课、劳动课的当天外，每天应当组织学生开展各种课外体育活动。

第十一条 学校应当在学生中认真推行《国家体育锻炼标准》的达标活动和等级运动员制度。

学校可根据条件有计划地组织学生远足、野营和举办夏（冬）令营等多种形式的体育活动。

第四章 课余体育训练与竞赛

第十二条 学校应当在体育课教学和课外体育活动的基础上，开展多种形式的课余体育训练，提高学生的运动技术水平。有条件的普通中小学校、农业中学、职业中学、中等专业学校经省级教育行政部门批准，普通高等学校经国家教育委员会批准，可以开展培养优秀体育后备人才的训练。

第十三条 学校对参加课余体育训练的学生，应当安排好文化课学习，加强思想品德教育，并注意改善他们的营养。普通高等学校对运动水平较高、具有培养前途的学生，报国家教育委员会批准，可适当延长学习年限。

第十四条 学校体育竞赛贯彻小型多样、单项分散、基层为主、勤俭节约的原则。学校每学年至少举行一次以田径项目为主的全校性运动会。

普通小学校际体育竞赛在学校所在地的区、县范围内举行，普通中学校际体育竞赛在学校所在地的自治州、市范围内举行。但经省、自治区、直辖市教育行政部门批准，也可以在本省、自治区、直辖市范围内举行。

第十五条 全国中学生运动会每三年举行一次，全国大学生运动会第四年举行一次。特殊情况下，经国家教育委员会批准可提前或者延期举行。

国家教育委员会根据需要，可以安排学生参加国际学生体育竞赛。

第十六条 学校体育竞赛应当执行国家有关的体育竞赛制度的规定，树立良好的赛风。

第五章 体育教师

第十七条 体育教师应当热爱学校体育工作，具有良好的思想品德、文化素养，掌握体育的理论和教学方法。

第十八条 学校应当在各级教育行政部门核定的教师总编制数内，按照教学计划中体育课授课时数所占的比例和开展课余体育活动的需要配备体育教师。除普通小学外，学校应当根据学校女生数量配备一定比例的女体育教师。承担培养优秀体育后备人才训练任务的学校，体育教师的配备应当相应增加。

第十九条 各级教育行政部门和学校应当有计划地安排体育教师进修培训。对体育教师的职务聘任、工资待遇应当与其他任课教师同等对待。按照国家有关规定，有关部门应当妥善解决体育教师的工作服装和粮食定量。

体育教师组织课间操（早操）、课外体育活动和课余训练、体育竞赛应当计算工作量。

学校对妊娠、产后的女体育教师，应当依照《女职工劳动保护规定》给予相应的照顾。

第六章 场地、器材、设备和经费

第二十条 学校的上级主管部门和学校应当按照国家或者地方制定的各类学校体育场地、器材、设备标准，有计划地逐步配齐。学校体育器材应当纳入教学仪器供应计划。新建、改建学校必须按照有关场地、器材的规定进行规划、设计和建设。

在学校比较密集的城镇地区，逐步建立中小学体育活动中心，并纳入城市建设规划。社会的体育场（馆）和体育设施应当安排一定时间免费向学生开放。

第二十一条 学校应当制定体育场地、器材、设备的管理维修制度，并由专人负责管理。

任何单位或者个人不得侵占、破坏学校体育场地或者破坏体育器材、设备。

第二十二条 各级教育行政部门和学校应当根据学校体育工作的实际需要，把学校体育经费纳入核定的年度教育经费预算内，予以妥善安排。

地方各级人民政府在安排年度学校教育经费时，应当安排一定数额的体育经费，以保证学校体育工作的开展。

国家和地方各级体育行政部门在经费上应当尽可能对学校体育工作给予支持。

国家鼓励各种社会力量以及个人自愿捐资支援学校体育工作。

第七章　组织机构和管理

第二十三条　各级教育行政部门应当健全学校体育管理机构，加强对学校体育工作的指导和检查。

学校体育工作应当作为考核学校工作的一项基本内容，普通中小学校的体育工作应当列入督导计划。

第二十四条　学校应当由一位副校（院）长主管体育工作，在制订计划、总结工作、评选先进时，应当把体育列为重要内容。

第二十五条　普通高等学校、中等专业学校和规模较大的普通中学，可以建立相应的体育管理部门，配备专职干部和管理人员。

班主任、辅导员应当把学校体育工作作为一项工作内容，教育和督促学生积极参加体育活动。学校的卫生部门应当与体育管理部门互相配合，搞好体育卫生工作。总务部门应当搞好学校体育工作的后勤保障。

学校应当充分发挥共青团、少先队、学生会以及大、中学生体育协会等组织在学校体育工作中的作用。

第八章　奖励与处罚

第二十六条　对在学校体育工作中成绩显著的单位和个人，各级教育、体育行政部门或者学校应当给予、奖励。

第二十七条　对违反本条例，有下列行为之一的单位或者个人，由当地教育行政部门令其限期改正，并视情节轻重对直接责任人员给予批评教育或者行政处分：

（一）不按规定开设或者随意停止体育课的；

（二）未保证学生每天一小时体育活动时间（含体育课）的；

（三）在体育竞赛中违反纪律、弄虚作假的；

（四）不按国家规定解决体育教师工作服装、粮食定量的。

第二十八条　对违反本条例，侵占、破坏学校体育场地、器材、设备的单位或者个人，由当地人民政府或者教育行政部门令其限期清退和修复场、赔偿或者修复器材、设备。

第九章　附则

第二十九条　高等体育院校和普通高等学校的体育专业的体育工作不适用本条例。

技工学校、工读学校、特殊教育学校、成人学校的学校体育工作参照本条例执行。

第三十条　国家教育委员会、国家体育运动委员会可根据本条例制定实施办法。

第三十一条　本条例自发布之日起施行。原教育部、国家体育运动委员会1979年10月5日发布的《高等学校体育工作暂行规定（试行草案）》和《中、小学体育工作暂行规定（试行草案）》同时废止。

教师资格条例

（国务院　1995年12月12日）

第一章　总则

第一条　为了提高教师素质，加强教师队伍建设，依据《中华人民共和国教师法》（以下简称教师法），制定本条例。

第二条　中国公民在各级各类学校和其他教育机构中专门从事教育教学工作，应当依法取得教师资格。

第三条　国务院教育行政部门主管全国教师资格工作。

第二章　教师资格分类与适用

第四条　教师资格分为：

（一）幼儿园教师资格；

（二）小学教师资格；

（三）初级中学教师和初级职业学校文化课、专业课教师资格（以下统称初级中学教师资格）；

（四）高级中学教师资格；

（五）中等专业学校、技工学校、职业高级中学文化课、专业课教师资格（以下统称中等职业学校教师资格）；

（六）中等专业学校、技工学校、职业高级中学实习指导教师资格（以下统称中等职业学校实习指导教师资格）；

（七）高等学校教师资格。

成人教育的教师资格，按照成人教育的层次，依照上款规定确定类别。

第五条　取得教师资格的公民，可以在本级及其以下等级的各类学校和其他教育机构担任教师；但是，取得中等职业学校实习指导教师资格的公民只能在中等专业学校、技工学校、职业高级中学或者初级职业学校担任实习指导教师。

高级中学教师资格与中等职业学校教师资格相互通用。

第三章　教师资格条件

第六条　教师资格条件依照教师法第十条第二款的规定执行，其中“有教育教学能力”应当包括符合国家规定的从事教育教学工作的身体条件。

第七条　取得教师资格应当具备的相应学历，依照教师法第十一条的规定执行。

取得中等职业学校实习指导教师资格，应当具备国务院教育行政部门规定的学历，并应当具有相当助理工程师以上专业技术职务或者中级以上工人技术等级。

第四章　教师资格考试

第八条　不具备教师法规定的教师资格学历的公民，申请获得教师资格，应当通过国家举办的或者认可的教师资格考试。

第九条　教师资格考试科目、标准和考试大纲由国务院教育行政部门审定。

教师资格考试试卷的编制、考务工作和考试成绩证明的发放，属于幼儿园、小学、初级中学、高级中学、中等职业学校教师资格考试和中等职业学校实习指导教师资格考试的，由县级以上人民政府教育行政部门组织实施；属于高等学校教师资格考试的，由国务院教育行政部门或者省、自治区、直辖市人民政府教育行政部门委托的高等学校组织实施。

第十条　幼儿园、小学、初级中学、高级中学、中等职业学校的教师资格考试和中等职业学校实习指导教师资格考试，每年进行一次。

参加前款所列教师资格考试，考试科目全部及格的，发给教师资格考试合格证明；当年考试不及格的科目，可以在下一年度补考；经补考仍有一门或者一门以上科目不及格的，应当重新参加全部考试科目的考试。

第十一条　高等学校教师资格考试根据需要举行。

申请参加高等学校教师资格考试的，应当学有专长，并有两名相关专业的教授或者副教授推荐。

第五章　教师资格认定

第十二条　具备教师法规定的学历或者经教师资格考试合格的公民，可以依照本条例的规定申请认定其教师资格。

第十三条 幼儿园、小学和初级中学教师资格，由申请人户籍所在地或者申请人任教学校所在地的县级人民政府教育行政部门认定。高级中学教师资格，由申请人户籍所在地或者申请人任教学校所在地的县级人民政府教育行政部门审查后，报上一级教育行政部门认定。中等职业学校教师资格和中等职业学校实习指导教师资格，由申请人户籍所在地或者申请人任教学校所在地的县级人民政府教育行政部门审查后，报上一级教育行政部门认定或者组织有关部门认定。

受国务院教育行政部门或者省、自治区、直辖市人民政府教育行政部门委托的高等学校，负责认定在本校任职的人员和拟聘人员的高等学校教师资格。

在未受国务院教育行政部门或者省、自治区、直辖市人民政府教育行政部门委托的高等学校任职的人员和拟聘人员的高等学校教师资格，按照学校行政隶属关系，由国务院教育行政部门认定或者由学校所在地的省、自治区、直辖市人民政府教育行政部门认定。

第十四条 认定教师资格，应当由本人提出申请。

教育行政部门和受委托的高等学校每年春季、秋季各受理一次教师资格认定申请。具体受理期限由教育行政部门或者受委托的高等学校规定，并以适当形式公布。申请人应当在规定的受理期限内提出申请。

第十五条 申请认定教师资格，应当提交教师资格认定申请表和下列证明或者材料：

（一）身份证明；

（二）学历证书或者教师资格考试合格证明；

（三）教育行政部门或者受委托的高等学校指定的医院出具的体格检查证明；

（四）户籍所在地的街道办事处、乡人民政府或者工作单位、所毕业的学校对其思想品德、有无犯罪记录等方面情况的鉴定及证明材料。

申请人提交的证明或者材料不全的，教育行政部门或者受委托的高等学校应当及时通知申请人于受理期限终止前补齐。

教师资格认定申请表由国务院教育行政部门统一格式。

第十六条 教育行政部门或者受委托的高等学校在接到公民的教师资格认定申请后，应当对申请人的条件进行审查；对符合认定条件的，应当在受理期限终止之日起30日内颁发相应的教师资格证书；对不符合认定条件的，应当在受理期限终止之日起30日内将认定结论通知本人。

非师范院校毕业或者教师资格考试合格的公民申请认定幼儿园、小学或者其他教师资格的，应当进行面试和试讲，考察其教育教学能力；根据实际情况和需要，教育行政部门或者受委托的高等学校可以要求申请人补修教育学、心理学等课程。

教师资格证书在全国范围内适用。教师资格证书由国务院教育行政部门统一印制。

第十七条 已取得教师资格的公民拟取得更高等级学校或者其他教育机构教师资格的，应当通过相应的教师资格考试或者取得教师法规定的相应学历，并依照本章规定，经认定合格后，由教育行政部门或者受委托的高等学校颁发相应的教师资格证书。

第六章 罚则

第十八条 依照教师法第十四条的规定丧失教师资格的，不能重新取得教师资格，其教师资格证书由县级以上人民政府教育行政部门收缴。

第十九条 有下列情形之一的，由县级以上人民政府教育行政部门撤销其教师资格：

（一）弄虚作假、骗取教师资格的；

（二）品行不良、侮辱学生，影响恶劣的。

被撤销教师资格的，自撤销之日起 5 年内不得重新申请认定教师资格，其教师资格证书由县级以上人民政府教育行政部门收缴。

第二十条 参加教师资格考试有作弊行为的，其考试成绩作废，3 年内不得再次参加教师资格考试。

第二十一条 教师资格考试命题人员和其他有关人员违反保密规定，造成试题、参考答案及评分标准泄露的，依法追究法律责任。

第二十二条 在教师资格认定工作中玩忽职守、徇私舞弊，对教师资格认定工作造成损失的，由教育行政部门依法给予行政处分；构成犯罪的，依法追究刑事责任。

第七章 附则

第二十三条 本条例自发布之日起施行。

教学成果奖励条例

（国务院　1994年3月14日）

第一条　为奖励取得教学成果的集体和个人，鼓励教育工作者从事教育教学研究，提高教学水平和教育质量，制定本条例。

第二条　本条例所称教学成果，是指反映教育教学规律，具有独创性、新颖性、实用性，对提高教学水平和教育质量、实现培养目标产生明显效果的教育教学方案。

第三条　各级各类学校、学术团体和其他社会组织、教师及其他个人，均可以依照本条例的规定申请教学成果奖。

第四条　教学成果奖，按其对提高教学水平和教育质量、实现培养目标产生的效果，分为国家级和省（部）级。

第五条　具备下列条件的，可以申请国家级教学成果奖：

（一）国内首创的；

（二）经过2年以上教育教学实践检验的；

（三）在全国产生一定影响的。

第六条　国家级教学成果奖分为特等奖、一等奖、二等奖三个等级，授予相应的证书、奖章和奖金。

第七条　国家级教学成果奖的评审、批准和授予工作，由国家教育委员会负责；其中授予特等奖的，应当报经国务院批准。

第八条　申请国家级教学成果奖，由成果的持有单位或者个人，按照其行政隶属关系，向省、自治区、直辖市人民政府教育行政部门或者国务院有关部门教育管理机构提出申请，由受理申请的教育行政部门或者教育管理机构向国家教育委员会推荐。

国务院有关部门所属单位或者个人也可以向所在地省、自治区、直辖市人民政府教育行政部门提出申请，由受理申请的教育行政部门向国家教育委员会推荐。

第九条　不属于同一省、自治区、直辖市或者国务院部门的两个以上单位或者个人共同完成的教学成果项目申请国家级教学成果奖的，由参加单位或者个人联合向主持单位或者主持人所在地省、自治区、直辖市人民政府教育行政部门或者国务院有关部门教育管理机构提出申请，由受理申请的教育行政部门或者教育管理机构向国家教育委员会推荐。

第十条　国家教育委员会对申请国家级教学成果奖的项目，应当自收到推荐之日起90日内予以公布；任何单位或者个人对该教学成果权属有异议的，可以自公布之日起90日内提出，报国家教育委员会裁定。

第十一条 国家级教学成果奖每4年评审一次。

第十二条 省（部）级教学成果奖的评奖条件、奖励等级、奖金数额、评审组织和办法，由省、自治区、直辖市人民政府、国务院有关部门参照本条例规定。其奖金来源，属于省、自治区、直辖市人民政府批准授予的，从地方预算安排的事业费中支付；属于国务院有关部门批准授予的，从其事业费中支付。

第十三条 教学成果奖的奖金，归项目获奖者所有，任何单位或者个人不得截留。

第十四条 获得教学成果奖，应当记入本人考绩档案，作为评定职称、晋级增薪的一项重要依据。

第十五条 弄虚作假或者剽窃他人教学成果获奖的，由授奖单位予以撤销，收回证书、奖章和奖金，并责成有关单位给予行政处分。

第十六条 本条例自发布之日起施行。

中华人民共和国民办教育促进法实施条例

(2004年2月25日国务院第41次常务会议通过，自2004年4月1日起施行)

第一章　总　则

第一条　根据《中华人民共和国民办教育促进法》（以下简称民办教育促进法），制定本条例。

第二条　国家机构以外的社会组织或者个人可以利用非国家财政性经费举办各级各类民办学校；但是，不得举办实施军事、警察、政治等特殊性质教育的民办学校。

民办教育促进法和本条例所称国家财政性经费，是指财政拨款、依法取得并应当上缴国库或者财政专户的财政性资金。

第三条　对于捐资举办民办学校表现突出或者为发展民办教育事业做出其他突出贡献的社会组织或者个人，县级以上人民政府给予奖励和表彰。

第二章　民办学校的举办者

第四条　国家机构以外的社会组织或者个人可以单独或者联合举办民办学校。联合举办民办学校的，应当签订联合办学协议，明确办学宗旨、培养目标以及各方的出资数额、方式和权利、义务等。

第五条　民办学校的举办者可以用资金、实物、土地使用权、知识产权以及其他财产作为办学出资。

国家的资助、向学生收取的费用和民办学校的借款、接受的捐赠财产，不属于民办学校举办者的出资。

第六条　公办学校参与举办民办学校，不得利用国家财政性经费，不得影响公办学校正常的教育教学活动，并应当经主管的教育行政部门或者劳动和社会保障行政部门按照国家规定的条件批准。公办学校参与举办的民办学校应当具有独立的法人资格，具有与公办学校相分离的校园和基本教育教学设施，实行独立的财务会计制度，独立招生，独立颁发学业证书。

参与举办民办学校的公办学校依法享有举办者权益，依法履行国有资产的管理义务，防止国有资产流失。

实施义务教育的公办学校不得转为民办学校。

第七条 举办者以国有资产参与举办民办学校的，应当根据国家有关国有资产监督管理的规定，聘请具有评估资格的中介机构依法进行评估，根据评估结果合理确定出资额，并报对该国有资产负有监管职责的机构备案。

第八条 民办学校的举办者应当按时、足额履行出资义务。民办学校存续期间，举办者不得抽逃出资，不得挪用办学经费。

民办学校的举办者不得向学生、学生家长筹集资金举办民办学校，不得向社会公开募集资金举办民办学校。

第九条 民办学校的举办者应当依照民办教育促进法和本条例的规定制定学校章程，推选民办学校的首届理事会、董事会或者其他形式决策机构的组成人员。

民办学校的举办者参加学校理事会、董事会或者其他形式决策机构的，应当依据学校章程规定的权限与程序，参与学校的办学和管理活动。

第十条 实施国家认可的教育考试、职业资格考试和技术等级考试等考试的机构，不得举办与其所实施的考试相关的民办学校。

第三章　民办学校的设立

第十一条 设立民办学校的审批权限，依照有关法律、法规的规定执行。

第十二条 民办学校的举办者在获得筹设批准书之日起3年内完成筹设的，可以提出正式设立申请。

第十三条 申请正式设立实施学历教育的民办学校的，审批机关受理申请后，应当组织专家委员会评议，由专家委员会提出咨询意见。

第十四条 民办学校的章程应当规定下列主要事项：

（一）学校的名称、地址；

（二）办学宗旨、规模、层次、形式等；

（三）学校资产的数额、来源、性质等；

（四）理事会、董事会或者其他形式决策机构的产生方法、人员构成、任期、议事规则等；

（五）学校的法定代表人；

（六）出资人是否要求取得合理回报；

（七）学校自行终止的事由；

（八）章程修改程序。

第十五条 民办学校只能使用一个名称。

民办学校的名称应当符合有关法律、行政法规的规定，不得损害社会公共利益。

第十六条 申请正式设立民办学校有下列情形之一的，审批机关不予批准，并书面说明理由：

（一）举办民办学校的社会组织或者个人不符合法律、行政法规规定的条件，或者实施义务教育的公办学校转为民办学校的；

（二）向学生、学生家长筹集资金举办民办学校或者向社会公开募集资金举办民办学校的；

（三）不具备相应的办学条件、未达到相应的设置标准的；

（四）学校章程不符合本条例规定要求，经告知仍不修改的；

（五）学校理事会、董事会或者其他形式决策机构的人员构成不符合法定要求，或者学校校长、教师、财会人员不具备法定资格，经告知仍不改正的。

第十七条 对批准正式设立的民办学校，审批机关应当颁发办学许可证，并将批准正式设立的民办学校及其章程向社会公告。

民办学校的办学许可证由国务院教育行政部门制定式样，由国务院教育行政部门、劳动和社会保障行政部门按照职责分工分别组织印制。

第十八条 民办学校依照有关法律、行政法规的规定申请登记时，应当向登记机关提交下列材料：

（一）登记申请书；

（二）办学许可证；

（三）拟任法定代表人的身份证明；

（四）学校章程。

登记机关应当自收到前款规定的申请材料之日起5个工作日内完成登记程序。

第四章 民办学校的组织与活动

第十九条 民办学校理事会、董事会或者其他形式决策机构的负责人应当品行良好，具有政治权利和完全民事行为能力。

国家机关工作人员不得担任民办学校理事会、董事会或者其他形式决策机构的成员。

第二十条 民办学校的理事会、董事会或者其他形式决策机构，每年至少召开一次会议。经1/3以上组成人员提议，可以召开理事会、董事会或者其他形式决策机构临时会议。

民办学校的理事会、董事会或者其他形式决策机构讨论下列重大事项，应当经2/3以上组成人员同意方可通过：

（一）聘任、解聘校长；

（二）修改学校章程；

（三）制定发展规划；

（四）审核预算、决算；

（五）决定学校的分立、合并、终止；

（六）学校章程规定的其他重大事项。

民办学校修改章程应当报审批机关备案，由审批机关向社会公告。

第二十一条 民办学校校长依法独立行使教育教学和行政管理职权。

民办学校内部组织机构的设置方案由校长提出，报理事会、董事会或者其他形式决策机构批准。

第二十二条 实施高等教育和中等职业技术学历教育的民办学校，可以按照办学宗旨和培养目标，自行设置专业、开设课程，自主选用教材。但是，民办学校应当将其所设置的专业、开设的课程、选用的教材报审批机关备案。

实施高级中等教育、义务教育的民办学校，可以自主开展教育教学活动。但是，该民办学校的教育教学活动应当达到国务院教育行政部门制定的课程标准，其所选用的教材应当依法审定。

实施学前教育的民办学校可以自主开展教育教学活动，但是，该民办学校不得违反有关法律、行政法规的规定。

实施以职业技能为主的职业资格培训、职业技能培训的民办学校，可以按照国家职业标准的要求开展培训活动。

第二十三条 民办学校聘任的教师应当具备《中华人民共和国教师法》和有关行政法规规定的教师资格和任职条件。

民办学校应当有一定数量的专职教师；其中，实施学历教育的民办学校聘任的专职教师数量应当不少于其教师总数的1/3。

第二十四条 民办学校自主聘任教师、职员。民办学校聘任教师、职员，应当签订聘任合同，明确双方的权利、义务等。

民办学校招用其他工作人员应当订立劳动合同。

民办学校聘任外籍人员，按照国家有关规定执行。

第二十五条 民办学校应当建立教师培训制度，为受聘教师接受相应的思想政治培训和业务培训提供条件。

第二十六条 民办学校应当按照招生简章或者招生广告的承诺，开设相应课程，开展教育教学活动，保证教育教学质量。

民办学校应当提供符合标准的校舍和教育教学设施、设备。

第二十七条 民办学校享有与同级同类公办学校同等的招生权，可以自主确定招生的范围、标准和方式；但是，招收接受高等学历教育的学生应当遵守国家有关规定。

县级以上地方人民政府教育行政部门、劳动和社会保障行政部门应当为外地的民办学校在本地招生提供平等待遇，不得实行地区封锁，不得滥收费用。

民办学校招收境外学生，按照国家有关规定执行。

第二十八条 民办学校应当依法建立学籍和教学管理制度，并报审批机关备案。

第二十九条 民办学校及其教师、职员、受教育者申请国家设立的有关科研项目、课题等，享有与公办学校及其教师、职员、受教育者同等的权利。

民办学校的受教育者在升学、就业、社会优待、参加先进评选、医疗保险等方面，享有与同级同类公办学校的受教育者同等的权利。

第三十条 实施高等学历教育的民办学校符合学位授予条件的，依照有关法律、行政法规的规定经审批同意后，可以获得相应的学位授予资格。

第三十一条 教育行政部门、劳动和社会保障行政部门和其他有关部门，组织有关的评奖评优、文艺体育活动和课题、项目招标，应当为民办学校及其教师、职员、受教育者提供同等的机会。

第三十二条 教育行政部门、劳动和社会保障行政部门应当加强对民办学校的日常监督，定期组织和委托社会中介组织评估民办学校办学水平和教育质量，并鼓励和支持民办学校开展教育教学研究工作，促进民办学校提高教育教学质量。

教育行政部门、劳动和社会保障行政部门对民办学校进行监督时，应当将监督的情况和处理结果予以记录，由监督人员签字后归档。公众有权查阅教育行政部门、劳动和社会保障行政部门的监督记录。

第三十三条 民办学校终止的，由审批机关收回办学许可证，通知登记机关，并予以公告。

第五章　民办学校的资产与财务管理

第三十四条 民办学校应当依照《中华人民共和国会计法》和国家统一的会计制度进行会计核算，编制财务会计报告。

第三十五条 民办学校对接受学历教育的受教育者收取费用的项目和标准，应当报价格主管部门批准并公示；对其他受教育者收取费用的项目和标准，应当报价格主管部门备案并公示。具体办法由国务院价格主管部门会同教育行政部门、劳动和社会保障行政部门制定。

第三十六条 民办学校资产中的国有资产的监督、管理，按照国家有关规定执行。

民办学校接受的捐赠财产的使用和管理，依照《中华人民共和国公益事业捐赠法》的有关规定执行。

第三十七条 在每个会计年度结束时，捐资举办的民办学校和出资人不要求取得合理回报的民办学校应当从年度净资产增加额中、出资人要求取得合理回报的民办学校应当从年度净收益中，按不低于年度净资产增加额或者净收益的25%的比例提取发展基金，用于学校的建设、维护和教学设备的添置、更新等。

第六章 扶持与奖励

第三十八条 捐资举办的民办学校和出资人不要求取得合理回报的民办学校，依法享受与公办学校同等的税收及其他优惠政策。

出资人要求取得合理回报的民办学校享受的税收优惠政策，由国务院财政部门、税务主管部门会同国务院有关行政部门制定。

民办学校应当依法办理税务登记，并在终止时依法办理注销税务登记手续。

第三十九条 民办学校可以设立基金接受捐赠财产，并依照有关法律、行政法规的规定接受监督。

民办学校可以依法以捐赠者的姓名、名称命名学校的校舍或者其他教育教学设施、生活设施。捐赠者对民办学校发展做出特殊贡献的，实施高等学历教育的民办学校经国务院教育行政部门按照国家规定的条件批准，其他民办学校经省、自治区、直辖市人民政府教育行政部门或者劳动和社会保障行政部门按照国家规定的条件批准，可以以捐赠者的姓名或者名称作为学校校名。

第四十条 在西部地区、边远贫困地区和少数民族地区举办的民办学校申请贷款用于学校自身发展的，享受国家相关的信贷优惠政策。

第四十一条 县级以上人民政府可以根据本行政区域的具体情况，设立民办教育发展专项资金。民办教育发展专项资金由财政部门负责管理，由教育行政部门或者劳动和社会保障行政部门报同级财政部门批准后使用。

第四十二条 县级人民政府根据本行政区域实施义务教育的需要，可以与民办学校签订协议，委托其承担部分义务教育任务。县级人民政府委托民办学校承担义务教育任务的，应当根据接受义务教育学生的数量和当地实施义务教育的公办学校的生均教育经费标准，拨付相应的教育经费。

受委托的民办学校向协议就读的学生收取的费用，不得高于当地同级同类公办学校的收费标准。

第四十三条 教育行政部门应当会同有关行政部门建立、完善有关制度，保证教师在公办学校和民办学校之间的合理流动。

第四十四条 出资人根据民办学校章程的规定要求取得合理回报的，可以在每个会计年度结束时，从民办学校的办学结余中按一定比例取得回报。

民办教育促进法和本条例所称办学结余，是指民办学校扣除办学成本等形成的年度净收益，扣除社会捐助、国家资助的资产，并依照本条例的规定预留发展基金以及按照国家有关规定提取其他必需的费用后的余额。

第四十五条 民办学校应当根据下列因素确定本校出资人从办学结余中取得回报的比例：

（一）收取费用的项目和标准；

（二）用于教育教学活动和改善办学条件的支出占收取费用的比例；

（三）办学水平和教育质量。

与同级同类其他民办学校相比较，收取费用高、用于教育教学活动和改善办学条件的支出占收取费用的比例低，并且办学水平和教育质量低的民办学校，其出资人从办学结余中取得回报的比例不得高于同级同类其他民办学校。

第四十六条 民办学校应当在确定出资人取得回报比例前，向社会公布与其办学水平和教育质量有关的材料和财务状况。

民办学校的理事会、董事会或者其他形式决策机构应当根据本条例第四十四条、第四十五条的规定作出出资人取得回报比例的决定。民办学校应当自该决定作出之日起15日内，将该决定和向社会公布的与其办学水平和教育质量有关的材料、财务状况报审批机关备案。

第四十七条 民办学校有下列情形之一的，出资人不得取得回报：

（一）发布虚假招生简章或者招生广告，骗取钱财的；

（二）擅自增加收取费用的项目、提高收取费用的标准，情节严重的；

（三）非法颁发或者伪造学历证书、职业资格证书的；

（四）骗取办学许可证或者伪造、变造、买卖、出租、出借办学许可证的；

（五）未依照《中华人民共和国会计法》和国家统一的会计制度进行会计核算、编制财务会计报告，财务、资产管理混乱的；

（六）违反国家税收征管法律、行政法规的规定，受到税务机关处罚的；

（七）校舍或者其他教育教学设施、设备存在重大安全隐患，未及时采取措施，致使发生重大伤亡事故的；

（八）教育教学质量低下，产生恶劣社会影响的。

出资人抽逃资金或者挪用办学经费的，不得取得回报。

第四十八条 除民办教育促进法和本条例规定的扶持与奖励措施外，省、自治区、直辖市人民政府还可以根据实际情况，制定本地区促进民办教育发展的扶持与奖励措施。

第七章 法律责任

第四十九条 有下列情形之一的，由审批机关没收出资人取得的回报，责令停止招生；情节严重的，吊销办学许可证；构成犯罪的，依法追究刑事责任：

（一）民办学校的章程未规定出资人要求取得合理回报，出资人擅自取得回报的；

（二）违反本条例第四十七条规定，不得取得回报而取得回报的；

（三）出资人不从办学结余而从民办学校的其他经费中提取回报的；

（四）不依照本条例的规定计算办学结余或者确定取得回报的比例的；

（五）出资人从办学结余中取得回报的比例过高，产生恶劣社会影响的。

第五十条 民办学校未依照本条例的规定将出资人取得回报比例的决定和向社会公布的与其办学水平和教育质量有关的材料、财务状况报审批机关备案，或者向审批机关备案的材料不真实的，由审批机关责令改正，并予以警告；有违法所得的，没收违法所得；情节严重的，责令停止招生、吊销办学许可证。

第五十一条 民办学校管理混乱严重影响教育教学，有下列情形之一的，依照民办教育促进法第六十二条的规定予以处罚：

（一）理事会、董事会或者其他形式决策机构未依法履行职责的；

（二）教学条件明显不能满足教学要求、教育教学质量低下，未及时采取措施的；

（三）校舍或者其他教育教学设施、设备存在重大安全隐患，未及时采取措施的；

（四）未依照《中华人民共和国会计法》和国家统一的会计制度进行会计核算、编制财务会计报告，财务、资产管理混乱的；

（五）侵犯受教育者的合法权益，产生恶劣社会影响的；

（六）违反国家规定聘任、解聘教师的。

第八章 附则

第五十二条 本条例施行前依法设立的民办学校继续保留，并在本条例施行之日起1年内，由原审批机关换发办学许可证。

第五十三条 本条例规定的扶持与奖励措施适用于中外合作办学机构。

第五十四条 本条例自2004年4月1日起施行。

中华人民共和国中外合作办学条例

(2003年2月19日国务院第68次常务会议通过，自2003年9月1日起施行)

第一章　总则

第一条　为了规范中外合作办学活动，加强教育对外交流与合作，促进教育事业的发展，根据《中华人民共和国教育法》、《中华人民共和国职业教育法》和《中华人民共和国民办教育促进法》，制定本条例。

第二条　外国教育机构同中国教育机构（以下简称中外合作办学者）在中国境内合作举办以中国公民为主要招生对象的教育机构（以下简称中外合作办学机构）的活动，适用本条例。

第三条　中外合作办学属于公益性事业，是中国教育事业的组成部分。

国家对中外合作办学实行扩大开放、规范办学、依法管理、促进发展的方针。

国家鼓励引进外国优质教育资源的中外合作办学。国家鼓励在高等教育、职业教育领域开展中外合作办学，鼓励中国高等教育机构与外国知名的高等教育机构合作办学。

第四条　中外合作办学者、中外合作办学机构的合法权益，受中国法律保护。

中外合作办学机构依法享受国家规定的优惠政策，依法自主开展教育教学活动。

第五条　中外合作办学必须遵守中国法律，贯彻中国的教育方针，符合中国的公共道德，不得损害中国的国家主权、安全和社会公共利益。

中外合作办学应当符合中国教育事业发展的需要，保证教育教学质量，致力于培养中国社会主义建设事业的各类人才。

第六条　中外合作办学者可以合作举办各级各类教育机构。但是，不得举办实施义务教育和实施军事、警察、政治等特殊性质教育的机构。

第七条　外国宗教组织、宗教机构、宗教院校和宗教教职人员不得在中国境内从事合作办学活动。

中外合作办学机构不得进行宗教教育和开展宗教活动。

第八条　国务院教育行政部门负责全国中外合作办学工作的统筹规划、综合协调和宏观管理。国务院教育行政部门、劳动行政部门和其他有关行政部门在国务院规定的职责范围内负责有关的中外合作办学工作。

省、自治区、直辖市人民政府教育行政部门负责本行政区域内中外合作办学工作的统筹规划、综合协调和宏观管理。省、自治区、直辖市人民政府教育行政部门、劳动行政部门和其他有关行政部门在其职责范围内负责本行政区域内有关的中外合作办学工作。

第二章　设立

第九条 申请设立中外合作办学机构的教育机构应当具有法人资格。

第十条 中外合作办学者可以用资金、实物、土地使用权、知识产权以及其他财产作为办学投入。

中外合作办学者的知识产权投入不得超过各自投入的1/3。但是，接受国务院教育行政部门、劳动行政部门或者省、自治区、直辖市人民政府邀请前来中国合作办学的外国教育机构的知识产权投入可以超过其投入的1/3。

第十一条 中外合作办学机构应当具备《中华人民共和国教育法》、《中华人民共和国职业教育法》、《中华人民共和国高等教育法》等法律和有关行政法规规定的基本条件，并具有法人资格。但是，外国教育机构同中国实施学历教育的高等学校设立的实施高等教育的中外合作办学机构，可以不具有法人资格。

设立中外合作办学机构，参照国家举办的同级同类教育机构的设置标准执行。

第十二条 申请设立实施本科以上高等学历教育的中外合作办学机构，由国务院教育行政部门审批；申请设立实施高等专科教育和非学历高等教育的中外合作办学机构，由拟设立机构所在地的省、自治区、直辖市人民政府审批。

申请设立实施中等学历教育和自学考试助学、文化补习、学前教育等的中外合作办学机构，由拟设立机构所在地的省、自治区、直辖市人民政府教育行政部门审批。

申请设立实施职业技能培训的中外合作办学机构，由拟设立机构所在地的省、自治区、直辖市人民政府劳动行政部门审批。

第十三条 设立中外合作办学机构，分为筹备设立和正式设立两个步骤。但是，具备办学条件，达到设置标准的，可以直接申请正式设立。

第十四条 申请筹备设立中外合作办学机构，应当提交下列文件：（一）申办报告，内容应当主要包括：中外合作办学者、拟设立中外合作办学机构的名称、培养目标、办学规模、办学层次、办学形式、办学条件、内部管理体制、经费筹措与管理使用等；（二）合作协议，内容应当包括：合作期限、争议解决办法等；（三）资产来源、资金数额及有效证明文件，并载明产权；（四）属捐赠性质的校产须提交捐赠协议，载明捐赠人的姓名、所捐资产的数额、用途和管理办法及相关有效证明文件；

（五）不低于中外合作办学者资金投入15%的启动资金到位证明。

第十五条 申请筹备设立中外合作办学机构的，审批机关应当自受理申请之日起45个工作日内作出是否批准的决定。批准的，发给筹备设立批准书；不批准的，应当书面说明理由。

第十六条 经批准筹备设立中外合作办学机构的，应当自批准之日起3年内提出正式设立申请；超过3年的，中外合作办学者应当重新申报。

筹备设立期内，不得招生。

第十七条 完成筹备设立申请正式设立的，应当提交下列文件：（一）正式设立申请书；（二）筹备设立批准书；（三）筹备设立情况报告；（四）中外合作办学机构的章程，首届理事会、董事会或者联合管理委员会组成人员名单；（五）中外合作办学机构资产的有效证明文件；（六）校长或者主要行政负责人、教师、财会人员的资格证明文件。

直接申请正式设立中外合作办学机构的，应当提交前款第（一）项、第（四）项、第（五）项、第（六）项和第十四条第（二）项、第（三）项、第（四）项所列文件。

第十八条 申请正式设立实施非学历教育的中外合作办学机构的，审批机关应当自受理申请之日起3个月内作出是否批准的决定；申请正式设立实施学历教育的中外合作办学机构的，审批机关应当自受理申请之日起6个月内作出是否批准的决定。批准的，颁发统一格式、统一编号的中外合作办学许可证；不批准的，应当书面说明理由。

中外合作办学许可证由国务院教育行政部门制定式样，由国务院教育行政部门和劳动行政部门按照职责分工分别组织印制；中外合作办学许可证由国务院教育行政部门统一编号，具体办法由国务院教育行政部门会同劳动行政部门确定。

第十九条 申请正式设立实施学历教育的中外合作办学机构的，审批机关受理申请后，应当组织专家委员会评议，由专家委员会提出咨询意见。

第二十条 中外合作办学机构取得中外合作办学许可证后，应当依照有关的法律、行政法规进行登记，登记机关应当依照有关规定即时予以办理。

第三章　组织与管理

第二十一条 具有法人资格的中外合作办学机构应当设立理事会或者董事会，不具有法人资格的中外合作办学机构应当设立联合管理委员会。理事会、董事会或者联合管理委员会的中方组成人员不得少于1/2。

理事会、董事会或者联合管理委员会由5人以上组成，设理事长、副理事长，董事长、副董事长或者主任、副主任各1人。中外合作办学者一方担任理事长、董事长或者主任的，由另一方担任副理事长、副董事长或者副主任。

具有法人资格的中外合作办学机构的法定代表人，由中外合作办学者协商，在理事长、董事长或者校长中确定。

第二十二条 中外合作办学机构的理事会、董事会或者联合管理委员会由中外合作办学者的代表、校长或者主要行政负责人、教职工代表等组成，其中1/3以上组成人员应当具有5年以上教育、教学经验。中外合作办学机构的理事会、董事会或者联合管理委员会组成人员名单应当报审批机关备案。

第二十三条 中外合作办学机构的理事会、董事会或者联合管理委员会行使下列职权：（一）改选或者补选理事会、董事会或者联合管理委员会组成人员；（二）聘任、解聘校长或者主要行政负责人；（三）修改章程，制定规章制度；（四）制定发展规划，批准年度工作计划；（五）筹集办学经费，审核预算、决算；（六）决定教职工的编制定额和工资标准；（七）决定中外合作办学机构的分立、合并、终止；（八）章程规定的其他职权。

第二十四条 中外合作办学机构的理事会、董事会或者联合管理委员会每年至少召开一次会议。经1/3以上组成人员提议，可以召开理事会、董事会或者联合管理委员会临时会议。

中外合作办学机构的理事会、董事会或者联合管理委员会讨论下列重大事项，应当经2/3以上组成人员同意方可通过：（一）聘任、解聘校长或者主要行政负责人；（二）修改章程；（三）制定发展规划；（四）决定中外合作办学机构的分立、合并、终止；（五）章程规定的其他重大事项。

第二十五条 中外合作办学机构的校长或者主要行政负责人，应当具有中华人民共和国国籍，在中国境内定居，热爱祖国，品行良好，具有教育、教学经验，并具备相应的专业水平。

中外合作办学机构聘任的校长或者主要行政负责人，应当经审批机关核准。

第二十六条 中外合作办学机构的校长或者主要行政负责人行使下列职权：（一）执行理事会、董事会或者联合管理委员会的决定；（二）实施发展规划，拟订年度工作计划、财务预算和规章制度；（三）聘任和解聘工作人员，实施奖惩；（四）组织教育教学、科学研究活动，保证教育教学质量；（五）负责日常管理工作；（六）章程规定的其他职权。

第二十七条 中外合作办学机构依法对教师、学生进行管理。

中外合作办学机构聘任的外籍教师和外籍管理人员，应当具备学士以上学位和相应的职业证书，并具有 2 年以上教育、教学经验。

外方合作办学者应当从本教育机构中选派一定数量的教师到中外合作办学机构任

教。

第二十八条 中外合作办学机构应当依法维护教师、学生的合法权益，保障教职工的工资、福利待遇，并为教职工缴纳社会保险费。

中外合作办学机构的教职工依法建立工会等组织，并通过教职工代表大会等形式，参与中外合作办学机构的民主管理。

第二十九条 中外合作办学机构的外籍人员应当遵守外国人在中国就业的有关规定。

第四章　教育教学

第三十条 中外合作办学机构应当按照中国对同级同类教育机构的要求开设关于宪法、法律、公民道德、国情等内容的课程。

国家鼓励中外合作办学机构引进国内急需、在国际上具有先进性的课程和教材。

中外合作办学机构应当将所开设的课程和引进的教材报审批机关备案。

第三十一条 中外合作办学机构根据需要，可以使用外国语言文字教学，但应当以普通话和规范汉字为基本教学语言文字。

第三十二条 实施高等学历教育的中外合作办学机构招收学生，纳入国家高等学校招生计划。实施其他学历教育的中外合作办学机构招收学生，按照省、自治区、直辖市人民政府教育行政部门的规定执行。中外合作办学机构招收境外学生，按照国家有关规定执行。

第三十三条 中外合作办学机构的招生简章和广告应当报审批机关备案。

中外合作办学机构应当将办学类型和层次、专业设置、课程内容和招生规模等有关情况，定期向社会公布。

第三十四条 中外合作办学机构实施学历教育的，按照国家有关规定颁发学历证书或者其他学业证书；实施非学历教育的，按照国家有关规定颁发培训证书或者结业证书。对于接受职业技能培训的学生，经政府批准的职业技能鉴定机构鉴定合格的，可以按照国家有关规定颁发相应的国家职业资格证书。

中外合作办学机构实施高等学历教育的，可以按照国家有关规定颁发中国相应的学位证书。

中外合作办学机构颁发的外国教育机构的学历、学位证书，应当与该教育机构在其所属国颁发的学历、学位证书相同，并在该国获得承认。

中国对中外合作办学机构颁发的外国教育机构的学历、学位证书的承认，依照中华人民共和国缔结或者加入的国际条约办理，或者按照国家有关规定办理。

第三十五条 国务院教育行政部门或者省、自治区、直辖市人民政府教育行政部门及劳动行政部门等其他有关行政部门应当加强对中外合作办学机构的日常监督，组织或者委托社会中介组织对中外合作办学机构的办学水平和教育质量进行评估，并将评估结果向社会公布。

第五章　资产与财务

第三十六条　中外合作办学机构应当依法建立健全财务、会计制度和资产管理制度，并按照国家有关规定设置会计账簿。

第三十七条　中外合作办学机构存续期间，所有资产由中外合作办学机构依法享有法人财产权，任何组织和个人不得侵占。

第三十八条　中外合作办学机构的收费项目和标准，依照国家有关政府定价的规定确定并公布；未经批准，不得增加项目或者提高标准。中外合作办学机构应当以人民币计收学费和其他费用，不得以外汇计收学费和其他费用。

第三十九条　中外合作办学机构收取的费用应当主要用于教育教学活动和改善办学条件。

第四十条　中外合作办学机构的外汇收支活动以及开设和使用外汇账户，应当遵守国家外汇管理规定。

第四十一条　中外合作办学机构应当在每个会计年度结束时制作财务会计报告，委托社会审计机构依法进行审计，向社会公布审计结果，并报审批机关备案。

第六章　变更与终止

第四十二条　中外合作办学机构的分立、合并，在进行财务清算后，由该机构理事会、董事会或者联合管理委员会报审批机关批准。

申请分立、合并实施非学历教育的中外合作办学机构的，审批机关应当自受理申请之日起3个月内以书面形式答复；申请分立、合并实施学历教育的中外合作办学机构的，审批机关应当自受理申请之日起6个月内以书面形式答复。

第四十三条　中外合作办学机构合作办学者的变更，应当由合作办学者提出，在进行财务清算后，经该机构理事会、董事会或者联合管理委员会同意，报审批机关核准，并办理相应的变更手续。

中外合作办学机构住所、法定代表人、校长或者主要行政负责人的变更，应当经审批机关核准，并办理相应的变更手续。

第四十四条　中外合作办学机构名称、层次、类别的变更，由该机构理事会、董事会或者联合管理委员会报审批机关批准。

申请变更为实施非学历教育的中外合作办学机构的，审批机关应当自受理申请之日起3个月内以书面形式答复；申请变更为实施学历教育的中外合作办学机构的，审批机关应当自受理申请之日起6个月内以书面形式答复。

第四十五条 中外合作办学机构有下列情形之一的，应当终止：（一）根据章程规定要求终止，并经审批机关批准的；（二）被吊销中外合作办学许可证的；（三）因资不抵债无法继续办学，并经审批机关批准的。

中外合作办学机构终止，应当妥善安置在校学生；中外合作办学机构提出终止申请时，应当同时提交妥善安置在校学生的方案。

第四十六条 中外合作办学机构终止时，应当依法进行财务清算。中外合作办学机构自己要求终止的，由中外合作办学机构组织清算；被审批机关依法撤销的，由审批机关组织清算；因资不抵债无法继续办学而被终止的，依法请求人民法院组织清算。

第四十七条 中外合作办学机构清算时，应当按照下列顺序清偿：（一）应当退还学生的学费和其他费用；（二）应当支付给教职工的工资和应当缴纳的社会保险费用；（三）应当偿还的其他债务。

中外合作办学机构清偿上述债务后的剩余财产，依照有关法律、行政法规的规定处理。

第四十八条 中外合作办学机构经批准终止或者被吊销中外合作办学许可证的，应当将中外合作办学许可证和印章交回审批机关，依法办理注销登记。

第七章　法律责任

第四十九条 中外合作办学审批机关及其工作人员，利用职务上的便利收取他人财物或者获取其他利益，滥用职权、玩忽职守，对不符合本条例规定条件者颁发中外合作办学许可证，或者发现违法行为不予以查处，造成严重后果，触犯刑律的，对负有责任的主管人员和其他直接责任人员，依照刑法关于受贿罪、滥用职权罪、玩忽职守罪或者其他罪的规定，依法追究刑事责任；尚不够刑事处罚的，依法给予行政处分。

第五十条 违反本条例的规定，超越职权审批中外合作办学机构的，其批准文件无效，由上级机关责令改正；对负有责任的主管人员和其他直接责任人员，依法给予行政处分；致使公共财产、国家和人民利益遭受重大损失的，依照刑法关于滥用职权罪或者其他罪的规定，依法追究刑事责任。

第五十一条 违反本条例的规定，未经批准擅自设立中外合作办学机构，或者以不正当手段骗取中外合作办学许可证的，由教育行政部门、劳动行政部门按照职责分工予以取缔或者会同公安机关予以取缔，责令退还向学生收取的费用，并处以10万元以下的罚款；触犯刑律的，依照刑法关于诈骗罪或者其他罪的规定，依法追究刑事责任。

第五十二条 违反本条例的规定，在中外合作办学机构筹备设立期间招收学生的，由教育行政部门、劳动行政部门按照职责分工责令停止招生，责令退还向学生收取的费用，并处以10万元以下的罚款；情节严重，拒不停止招生的，由审批机关撤销筹备设立批准书。

第五十三条 中外合作办学者虚假出资或者在中外合作办学机构成立后抽逃出资的，由教育行政部门、劳动行政部门按照职责分工责令限期改正；逾期不改正的，由教育行政部门、劳动行政部门按照职责分工处以虚假出资金额或者抽逃出资金额 2 倍以下的罚款。

第五十四条 伪造、变造和买卖中外合作办学许可证的，依照刑法关于伪造、变造、买卖国家机关证件罪或者其他罪的规定，依法追究刑事责任。

第五十五条 中外合作办学机构未经批准增加收费项目或者提高收费标准的，由教育行政部门、劳动行政部门按照职责分工责令退还多收的费用，并由价格主管部门依照有关法律、行政法规的规定予以处罚。

第五十六条 中外合作办学机构管理混乱、教育教学质量低下，造成恶劣影响的，由教育行政部门、劳动行政部门按照职责分工责令限期整顿并予以公告；情节严重、逾期不整顿或者经整顿仍达不到要求的，由教育行政部门、劳动行政部门按照职责分工责令停止招生、吊销中外合作办学许可证。

第五十七条 违反本条例的规定，发布虚假招生简章，骗取钱财的，由教育行政部门、劳动行政部门按照职责分工，责令限期改正并予以警告；有违法所得的，退还所收费用后没收违法所得，并可处以10万元以下的罚款；情节严重的，责令停止招生、吊销中外合作办学许可证；构成犯罪的，依照刑法关于诈骗罪或者其他罪的规定，依法追究刑事责任。中外合作办学机构发布虚假招生广告的，依照《中华人民共和国广告法》的有关规定追究其法律责任。

第五十八条 中外合作办学机构被处以吊销中外合作办学许可证行政处罚的，其理事长或者董事长、校长或者主要行政负责人自中外合作办学许可证被吊销之日起10年内不得担任任何中外合作办学机构的理事长或者董事长、校长或者主要行政负责人。

违反本条例的规定，触犯刑律被依法追究刑事责任的，自刑罚执行期满之日起10年内不得从事中外合作办学活动。

第八章 附则

第五十九条 香港特别行政区、澳门特别行政区和台湾地区的教育机构与内地教育机构合作办学的，参照本条例的规定执行。

第六十条 在工商行政管理部门登记注册的经营性的中外合作举办的培训机构的管理办法，由国务院另行规定。

第六十一条 外国教育机构同中国教育机构在中国境内合作举办以中国公民为主要招生对象的实施学历教育和自学考试助学、文化补习、学前教育等的合作办学项目的具体审批和管理办法，由国务院教育行政部门制定。

外国教育机构同中国教育机构在中国境内合作举办以中国公民为主要招生对象的实施职业技能培训的合作办学项目的具体审批和管理办法，由国务院劳动行政部门制定。

第六十二条 外国教育机构、其他组织或者个人不得在中国境内单独设立以中国公民为主要招生对象的学校及其他教育机构。

第六十三条 本条例施行前依法设立的中外合作办学机构，应当补办本条例规定的中外合作办学许可证。其中，不完全具备本条例所规定条件的，应当在本条例施行之日起2年内达到本条例规定的条件；逾期未达到本条例规定条件的，由审批机关予以撤销。

第六十四条 本条例自2003年9月1日起施行。

民办非企业单位登记管理暂行条例

（国务院　1998年10月25日）

第一章　总则

第一条　为了规范民办非企业单位的登记管理，保障民办非企业单位的合法权益，促进社会主义物质文明、精神文明建设，制定本条例。

第二条　本条例所称民办非企业单位，是指企业事业单位、社会团体和其他社会力量以及公民个人利用非国有资产举办的，从事非营利性社会服务活动的社会组织。

第三条　成立民办非企业单位，应当经其业务主管单位审查同意，并依照本条例的规定登记。

第四条　民办非企业单位应当遵守宪法、法律、法规和国家政策，不得反对宪法确定的基本原则，不得危害国家的统一、安全和民族的团结，不得损害国家利益、社会公共利益以及其他社会组织和公民的合法权益，不得违背社会道德风尚。

民办非企业单位不得从事营利性经营活动。

第五条　国务院民政部门和县级以上地方各级人民政府民政部门是本级人民政府的民办非企业单位登记管理机关（以下简称登记管理机关）。

国务院有关部门和县级以上地方各级人民政府的有关部门、国务院或者县级以上地方各级人民政府授权的组织，是有关行业、业务范围内民办非企业单位的业务主管单位（以下简称业务主管单位）。

法律、行政法规对民办非企业单位的监督管理另有规定的，依照有关法律、行政法规的规定执行。

第二章　管辖

第六条　登记管理机关负责同级业务主管单位审查同意的民办非企业单位的登记管理。

第七条　登记管理机关、业务主管单位与其管辖的民办非企业单位的住所不在一地的，可以委托民办非企业单位住所地的登记管理机关、业务主管单位负责委托范围内的监督管理工作。

第三章　登记

第八条　申请登记民办非企业单位，应当具备下列条件：

（一）经业务主管单位审查同意；

（二）有规范的名称、必要的组织机构；

（三）有与其业务活动相适应的从业人员；

（四）有与其业务活动相适应的合法财产；

（五）有必要的场所。

民办非企业单位的名称应当符合国务院民政部门的规定，不得冠以“中国”、“全国”、“中华”等字样。

第九条　申请民办非企业单位登记，举办者应当向登记管理机关提交下列文件：

（一）登记申请书；

（二）业务主管单位的批准文件；

（三）场所使用权证明；

（四）验资报告；

（五）拟任负责人的基本情况、身份证明；

（六）章程草案。

第十条　民办非企业单位的章程应当包括下列事项：

（一）名称、住所；

（二）宗旨和业务范围；

（三）组织管理制度；

（四）法定代表人或者负责人的产生、罢免的程序；

（五）资产管理和使用的原则；

（六）章程的修改程序；

（七）终止程序和终止后资产的处理；

（八）需要由章程规定的其他事项。

第十一条　登记管理机关应当自收到成立登记申请的全部有效文件之日起60日内作出准予登记或者不予登记的决定。

有下列情形之一的，登记管理机关不予登记，并向申请人说明理由：

（一）有根据证明申请登记的民办非企业单位的宗旨、业务范围不符合本条例第四条规定的；

（二）在申请成立时弄虚作假的；

（三）在同一行政区域内已有业务范围相同或者相似的民办非企业单位，没有必要成立的；

（四）拟任负责人正在或者曾经受到剥夺政治权利的刑事处罚，或者不具有完全民事行为能力的；

（五）有法律、行政法规禁止的其他情形的。

第十二条 准予登记的民办非企业单位，由登记管理机关登记民办非企业单位的名称、住所、宗旨和业务范围、法定代表人或者负责人、开办资金、业务主管单位，并根据其依法承担民事责任的不同方式，分别发给《民办非企业单位（法人）登记证书》、《民办非企业单位（合伙）登记证书》、《民办非企业单位（个体）登记证书》。

依照法律、其他行政法规规定，经有关主管部门依法审核或者登记，已经取得相应的执业许可证书的民办非企业单位，登记管理机关应当简化登记手续，凭有关主管部门出具的执业许可证明文件，发给相应的民办非企业单位登记证书。

第十三条 民办非企业单位不得设立分支机构。

第十四条 民办非企业单位凭登记证书申请刻制印章，开立银行账户。民办非企业单位应当将印章式样、银行账号报登记管理机关备案。

第十五条 民办非企业单位的登记事项需要变更的，应当自业务主管单位审查同意之日起30日内，向登记管理机关申请变更登记。

民办非企业单位修改章程，应当自业务主管单位审查同意之日起30日内，报登记管理机关核准。

第十六条 民办非企业单位自行解散的，分立、合并的，或者由于其他原因需要注销登记的，应当向登记管理机关办理注销登记。

民办非企业单位在办理注销登记前，应当在业务主管单位和其他有关机关的指导下，成立清算组织，完成清算工作。清算期间，民办非企业单位不得开展清算以外的活动。

第十七条 民办非企业单位法定代表人或者负责人应当自完成清算之日起15日内，向登记管理机关办理注销登记。办理注销登记，须提交注销登记申请书、业务主管单位的审查文件和清算报告。

登记管理机关准予注销登记的，发给注销证明文件，收缴登记证书、印章和财务凭证。

第十八条 民办非企业单位成立、注销以及变更名称、住所、法定代表人或者负责人，由登记管理机关予以公告。

第四章　监督管理

第十九条 登记管理机关履行下列监督管理职责：

（一）负责民办非企业单位的成立、变更、注销登记；

（二）对民办非企业单位实施年度检查；

（三）对民办非企业单位违反本条例的问题进行监督检查，对民办非企业单位违反本条例的行为给予行政处罚。

第二十条　业务主管单位履行下列监督管理职责：

（一）负责民办非企业单位成立、变更、注销登记前的审查；

（二）监督、指导民办非企业单位遵守宪法、法律、法规和国家政策，按照章程开展活动；

（三）负责民办非企业单位年度检查的初审；

（四）协助登记管理机关和其他有关部门查处民办非企业单位的违法行为；

（五）会同有关机关指导民办非企业单位的清算事宜。

业务主管单位履行前款规定的职责，不得向民办非企业单位收取费用。

第二十一条　民办非企业单位的资产来源必须合法，任何单位和个人不得侵占、私分或者挪用民办非企业单位的资产。

民办非企业单位开展章程规定的活动，按照国家有关规定取得的合法收入，必须用于章程规定的业务活动。

民办非企业单位接受捐赠、资助，必须符合章程规定的宗旨和业务范围，必须根据与捐赠人、资助人约定的期限、方式和合法用途使用。民办非企业单位应当向业务主管单位报告接受、使用捐赠、资助的有关情况，并应当将有关情况以适当方式向社会公布。

第二十二条　民办非企业单位必须执行国家规定的财务管理制度，接受财政部门的监督；资产来源属于国家资助或者社会捐赠、资助的，还应当接受审计机关的监督。

民办非企业单位变更法定代表人或者负责人，登记管理机关、业务主管单位应当组织对其进行财务审计。

第二十三条　民办非企业单位应当于每年3月31日前向业务主管单位报送上一年度的工作报告，经业务主管单位初审同意后，于5月31日前报送登记管理机关，接受年度检查。工作报告内容包括：本民办非企业单位遵守法律法规和国家政策的情况、依照本条例履行登记手续的情况、按照章程开展活动的情况、人员和机构变动的情况以及财务管理的情况。

对于依照本条例第十二条第二款的规定发给登记证书的民办非企业单位，登记管理机关对其应当简化年度检查的内容。

第五章　罚则

第二十四条　民办非企业单位在申请登记时弄虚作假，骗取登记的，或者业务主管单位撤销批准的，由登记管理机关予以撤销登记。

第二十五条 民办非企业单位有下列情形之一的，由登记管理机关予以警告，责令改正，可以限期停止活动；情节严重的，予以撤销登记；构成犯罪的，依法追究刑事责任：

（一）涂改、出租、出借民办非企业单位登记证书，或者出租、出借民办非企业单位印章的；

（二）超出其章程规定的宗旨和业务范围进行活动的；

（三）拒不接受或者不按照规定接受监督检查的；

（四）不按照规定办理变更登记的；

（五）设立分支机构的；

（六）从事营利性的经营活动的；

（七）侵占、私分、挪用民办非企业单位的资产或者所接受的捐赠、资助的；

（八）违反国家有关规定收取费用、筹集资金或者接受使用捐赠、资助的。

前款规定的行为有违法经营额或者违法所得的，予以没收，可以并处违法经营额1倍以上3倍以下或者违法所得3倍以上5倍以下的罚款。

第二十六条 民办非企业单位的活动违反其他法律、法规的，由有关国家机关依法处理；有关国家机关认为应当撤销登记的，由登记管理机关撤销登记。

第二十七条 未经登记，擅自以民办非企业单位名义进行活动的，或者被撤销登记的民办非企业单位继续以民办非企业单位名义进行活动的，由登记管理机关予以取缔，没收非法财产；构成犯罪的，依法追究刑事责任；尚不构成犯罪的，依法给予治安管理处罚。

第二十八条 民办非企业单位被限期停止活动的，由登记管理机关封存其登记证书、印章和财务凭证。

民办非企业单位被撤销登记的，由登记管理机关收缴登记证书和印章。

第二十九条 登记管理机关、业务主管单位的工作人员滥用职权、徇私舞弊、玩忽职守构成犯罪的，依法追究刑事责任；尚不构成犯罪的，依法给予行政处分。

第六章　附则

第三十条 民办非企业单位登记证书的式样由国务院民政部门制定。

对民办非企业单位进行年度检查不得收取费用。

第三十一条 本条例施行前已经成立的民办非企业单位，应当自本条例实施之日起 1 年内依照本条例有关规定申请登记。

第三十二条 本条例自发布之日起施行。

禁止使用童工规定

（2002年9月18日国务院第63次常务会议通过，自2002年12月1日起施行）

第一条 为保护未成年人的身心健康，促进义务教育制度的实施，维护未成年人的合法权益，根据宪法和劳动法、未成年人保护法，制定本规定。

第二条 国家机关、社会团体 、企业事业单位、民办非企业单位或者个体工商户（以下统称用人单位）均不得招用不满16周岁的未成年人（招用不满16周岁的未成年人，以下统称使用童工）。

禁止任何单位或者个人为不满16周岁的未成年人介绍就业。

禁止不满16周岁的未成年人开业从事个体经营活动。

第三条 不满16周岁的未成年人的父母或者其他监护人应当保护其身心健康，保障其接受义务教育的权利，不得允许其被用人单位非法招用。

不满16周岁的未成年人的父母或者其他监护人允许其被用人单位非法招用的，所在地的乡（镇）人民政府、城市街道办事处以及村民委员会、居民委员会应当给予批评教育。

第四条 用人单位招用人员时，必须核查被招用人员的身份证；对不满16周岁的未成年人，一律不得录用。用人单位录用人员的录用登记、核查材料应当妥善保管。

第五条 县级以上各级人民政府劳动保障行政部门负责本规定执行情况的监督检查。

县级以上各级人民政府公安、工商行政管理、教育、卫生等行政部门在各自职责范围内对本规定的执行情况进行监督检查，并对劳动保障行政部门的监督检查给予配合。

工会、共青团、妇联等群众组织应当依法维护未成年人的合法权益。

任何单位或者个人发现使用童工的，均有权向县级以上人民政府劳动保障行政部门举报。

第六条 用人单位使用童工的，由劳动保障行政部门按照每使用一名童工每月处5000元罚款的标准给予处罚；在使用有毒物品的作业场所使用童工的，按照《使用有毒物品作业场所劳动保护条例》规定的罚款幅度，或者按照每使用一名童工每月处5000元罚款的标准，从重处罚。劳动保障行政部门并应当责令用人单位限期将童工送回原居住地交其父母或者其他监护人，所需交通和食宿费用全部由用人单位承担。

用人单位经劳动保障行政部门依照前款规定责令限期改正，逾期仍不将童工送交其父母或者其他监护人的，从责令限期改正之日起，由劳动保障行政部门按照每使用一名童工每月处1万元罚款的标准处罚，并由工商行政管理部门吊销其营业执照或者由民政部门撤销民办非企业单位登记；用人单位是国家机关、事业单位的，由有关单位依法对直接负责的主管人员和其他直接责任人员给予降级或者撤职的行政处分或者纪律处分。

第七条　单位或者个人为不满16周岁的未成年人介绍就业的，由劳动保障行政部门按照每介绍一人处5000元罚款的标准给予处罚；职业中介机构为不满16周岁的未成年人介绍就业的，并由劳动保障行政部门吊销其职业介绍许可证。

第八条　用人单位未按照本规定第四条的规定保存录用登记材料，或者伪造录用登记材料的，由劳动保障行政部门处1万元的罚款。

第九条　无营业执照、被依法吊销营业执照的单位以及未依法登记、备案的单位使用童工或者介绍童工就业的，依照本规定第六条、第七条、第八条规定的标准加一倍罚款，该非法单位由有关的行政主管部门予以取缔。

第十条　童工患病或者受伤的，用人单位应当负责送到医疗机构治疗，并负担治疗期间的全部医疗和生活费用。

童工伤残或者死亡的，用人单位由工商行政管理部门吊销营业执照或者由民政部门撤销民办非企业单位登记；用人单位是国家机关、事业单位的，由有关单位依法对直接负责的主管人员和其他直接责任人员给予降级或者撤职的行政处分或者纪律处分；用人单位还应当一次性地对伤残的童工、死亡童工的直系亲属给予赔偿，赔偿金额按照国家工伤保险的有关规定计算。

第十一条　拐骗童工，强迫童工劳动，使用童工从事高空、井下、放射性、高毒、易燃易爆以及国家规定的第四级体力劳动强度的劳动，使用不满14周岁的童工，或者造成童工死亡或者严重伤残的，依照刑法关于拐卖儿童罪、强迫劳动罪或者其他罪的规定，依法追究刑事责任。

第十二条　国家行政机关工作人员有下列行为之一的，依法给予记大过或者降级的行政处分；情节严重的，依法给予撤职或者开除的行政处分；构成犯罪的，依照刑法关于滥用职权罪、玩忽职守罪或者其他罪的规定，依法追究刑事责任：

（一）劳动保障等有关部门工作人员在禁止使用童工的监督检查工作中发现使用童工的情况，不予制止、纠正、查处的；

（二）公安机关的人民警察违反规定发放身份证或者在身份证上登录虚假出生年月的；

（三）工商行政管理部门工作人员发现申请人是不满16周岁的未成年人，仍然为其从事个体经营发放营业执照的。

第十三条 文艺、体育单位经未成年人的父母或者其他监护人同意，可以招用不满16周岁的专业文艺工作者、运动员。用人单位应当保障被招用的不满16周岁的未成年人的身心健康，保障其接受义务教育的权利。文艺、体育单位招用不满16周岁的专业文艺工作者、运动员的办法，由国务院劳动保障行政部门会同国务院文化、体育行政部门制定。

学校、其他教育机构以及职业培训机构按照国家有关规定组织不满16周岁的未成年人进行不影响其人身安全和身心健康的教育实践劳动、职业技能培训劳动，不属于使用童工。

第十四条 本规定自2002年12月1日起施行。1991年4月15日国务院发布的《禁止使用童工规定》同时废止。

六　国务院发布（批准）的法规性文化

国务院办公厅关于加强民办高校规范管理引导民办高等教育健康发展的通知

（国办发[2006]101号2006年12月21日）

各省、自治区、直辖市人民政府，国务院各部委、各直属机构：

为进一步贯彻落实《中华人民共和国民办教育促进法》及其实施条例，加强民办高校规范管理，引导民办高等教育健康发展，维护社会和谐与稳定，针对当前我国民办高校的实际情况，经国务院同意，现就有关事项通知如下：

一、充分认识加强民办高校规范管理的重要性和紧迫性

近年来，我国民办高校发展迅速并取得很大成绩，成为高等教育事业的重要组成部分。这对于满足人民群众接受高等教育的多样化需求，为国家培养各类适用人才，以及深化高等教育办学体制改革，具有重要的积极作用。同时，必须清醒看到，一些民办高校在招生、管理、教学等方面存在不少混乱现象和严重问题。近一段时间来，有些地方的民办高校相继发生因学籍、学历、收费等问题而导致的学生群体性事件，经过地方党委、政府和高校的努力，这些事件已经平息，正常的教学秩序已经恢复。这些事件的发生，既是民办高校发展进程中出现的问题，也是民办高校深层次矛盾长期积累的结果，集中反映了一些民办高校办学指导思想不端正，内部管理体制不健全，法人财产权不落实，办学行为不规范，也反映了一些地方政府对民办高校疏于管理、监管不到位。这些问题如不引起高度重视并及时解决，势必影响民办高等教育的健康发展和社会稳定。各级政府要按照党的十六届六中全会关于引导民办教育健康发展的要求，全面落实《中华人民共和国民办教育促进法》及其实施条例，把规范管理民办高校、促进其健康发展，作为当前的一项重要工作抓紧抓好。

二、依法规范民办高校办学行为和内部管理

当前和今后一个时期，加强民办高校规范管理的重点是：

民办高校要贯彻国家的教育方针，坚持社会主义办学方向和教育公益性原则。严格按照国家规定标准充实和完善办学条件。健全教学管理机构，改进教学方式方法，不断提高教育教学质量。加强教师队伍建设，保障教师的工资、福利待遇，按国家有关规定为教师办理社会保险和补充保险，为教师全身心投入教育教学活动创造良好的条件。

民办高校要按照国家有关规定开展招生工作，招生简章和广告必须经审批机关备案后方可发布，发布的招生简章和广告必须与备案内容相一致。学校法人要对学校招生简章和广告的真实性负责。

民办高校要建立健全党团组织。充实包括辅导员、班主任在内的党务干部队伍和思想政治工作队伍，加强对学生的服务、管理和思想政治教育，依法维护学生合法权益，建立健全维护学校安全稳定的工作体系。

民办高校要依法健全内部管理体制。学校理事会（董事会）为学校决策机构，依法行使决策权；校长依法行使教育教学和行政管理权。理事长、理事（董事长、董事）名单必须报审批机关备案；校长必须具备国家规定的任职条件，并报审批机关核准。

依法建立政府对民办高校的督导制度，省级政府教育主管部门向民办高校委派督导专员。督导专员依法监督、引导学校的办学方向和办学质量，向政府主管部门提出工作建议，同时承担有关党政部门规定的其他职责。

民办高校要落实法人财产权，出资人按时、足额履行出资义务，投入学校的资产要经注册会计师验资并过户到学校名下，任何组织和个人不得截留、挪用或侵占。民办高校应当依法设置会计机构和会计人员，会计人员必须取得会计业务资格证书。建立健全内部控制制度，严格执行国家统一的会计制度。严格执行价格部门批准的收费标准和收、退费办法。收取的各项费用应按规定予以公示。

三、依法落实民办高校有关扶持政策

要依法落实民办高校的税收优惠政策。出资人不要求取得合理回报的民办高校，依法享受与公办高校同等的税收优惠政策。出资人要求取得合理回报的民办高校，享受的税务优惠政策由财政、税务部门会同有关部门尽快制定。财政部门要依据《中华人民共和国民办教育促进法》及其实施条例规定的原则与程序，制定民办高校合理回报的标准和办法。

各地政府人事部门所属人才交流服务机构负责管理民办高校教师的人事档案。民办高校教师职称评定纳入省级高校教师职称评定工作范围，参照同级同类公办高校教师评聘办法和有关政策规定执行。

民办高校学生在升学、就业、档案管理、评奖评优等方面，与同级同类公办高校学生享受同等的权利。

县级以上各级人民政府可设立专项资金，对为民办高等教育事业作出突出贡献的集体和个人，按照有关规定给予表彰与奖励。

四、切实加强对民办高校规范管理工作的领导

各省、自治区、直辖市人民政府要切实加强民办高校的规范管理工作，把民办高校发展的重点转移到稳定规模、规范管理、提高质量的轨道上来。要建立促进民办高校健康发展的工作协调机制，明确有关部门对民办高校的监督和管理职责，定期研究、协调解决工作中的重要问题。积极构建政府依法管理、民办高校依法办学、行业自律和社会监督相结合的民办高校管理工作格局。

教育部门要配备专职人员做好民办教育管理工作。要实行民办高校年度检查制度，定期发布民办高校的办学信息。加强对招生工作的指导和督查，抓紧完善学生的学籍和学历证书电子注册制度。

财政部门要会同教育、审计等有关部门加强对民办高校财务状况的监管。有关部门对不按照国家规定收费、退费的民办高校，进行查处并追究有关责任人的责任。

工商部门要对发布违法招生广告的广告主、广告经营者、广告发布者依法查处，教育部门要对违反国家规定发布未经备案的招生简章的民办高校进行查处。有关部门对民办高校违法违规办学、欺诈招生、管理混乱、损害学生利益并造成严重后果的，应依法追究有关责任人的责任；对情节特别严重的，责令停止招生、吊销办学许可证；对构成犯罪的，依法追究刑事责任。

公安部门要会同教育、民政等有关部门依法查处非法办学机构和非法中介，对涉嫌犯罪的，依法追究刑事责任。各有关部门要履行在学校及周边治安综合治理工作中的职责任务，持续开展民办高校及周边环境整治工作。

民办高等教育行业组织要加强自身建设，充分发挥在民办高等教育发展中提供服务、反映诉求、规范行为的作用。

新闻单位要坚持正确导向，遵守新闻宣传纪律，大力宣传党和国家关于促进、引导和规范民办高等教育健康发展的方针政策，积极宣传有关部门和各地加强民办高校规范管理的措施办法，宣传民办高等教育为我国经济社会发展作出的积极贡献，营造有利于民办高校健康发展的舆论环境。各类媒体不得刊发未经教育部门备案的民办高校招生简章和广告。

各省、自治区、直辖市人民政府要落实领导责任制，抓好本通知精神的贯彻落实。要迅速组织有关部门负责人和民办高校法人、管理者等认真学习本通知精神，统一思想认识，明确目标任务，落实各项工作。近期要对本地区所有民办高校中存在的不稳定因素和工作薄弱环节进行一次彻底的排查，及时排除不稳定因素。对问题比较突出、管理薄弱的学校，要派出精干力量到校具体指导，并督促排查和整改工作。要制定和完善相关应急预案，健全应急处置联动机制，对可能发生的问题做到早发现、早处置，切实把矛盾和问题化解在萌芽状态，确保高校和社会的稳定。

请各省、自治区、直辖市人民政府于2007年2月10日前将有关工作落实的情况报国务院办公厅。

本通知所称民办高校是指实施本、专科学历教育的民办高等学校。独立学院及其他民办高等教育机构参照本通知规定执行。

国务院办公厅关于国务院授权省、自治区、直辖市人民政府审批设立高等职业学校有关问题的通知

（国办发[2000]3号2000年1月14日）

各省、自治区、直辖市人民政府，国务院各部委、各直属机构：

根据《中共中央、国务院关于深化教育改革全面推进素质教育的决定》精神，为进一步深化教育管理体制改革，促进各类高等教育更快发展，发挥地方办学的积极性，促使高等教育更好地为地方经济建设和社会发展服务，经国务院同意，现将国务院授权省、自治区、直辖市人民政府审批设立高等职业学校有关问题通知如下：

一、国务院授权省、自治区、直辖市人民政府审批设立的高等职业学校，是指在本地区范围内实施职业技术教育的专科层次的高等学校。包括：独立设置的高等职业学校，省属本科高等学校以二级学院形式举办的高等职业学校，社会力量举办的高等职业学校。

二、省、自治区、直辖市人民政府自行审批设立高等职业学校，须履行必要的申请报批程序。具体程序是：各省、自治区、直辖市人民政府按本《通知》第三条的要求，提出自行审批设立高等职业学校的申请，国务院委托教育部审核批复。

三、省、自治区、直辖市人民政府要对本地区各级各类教育的发展作出全面规划、统筹安排。要立足于本地区经济建设和社会发展的需要及办学条件，坚持既积极又审慎的方针，在国家宏观政策指导下，制定本地区高等职业技术教育的发展和布局规划。要切实落实经费筹措、师资队伍建设、改善办学条件等措施。

省、自治区、直辖市人民政府审批设立高等职业学校，要首先着眼于对本地区现有教育资源的充分利用、合理调配和优化，坚持走多样化办学的路子。在今后的一个时期内，重点是通过对现有专科层次普通高等学校的调整改制，通过对现有成人高等学校资源的合并、调整和充实，通过鼓励支持有条件的省属本科高等学校举办二级学院等方式，努力发展高等职业学校；同时，大力支持社会力量举办高等职业学校；如

确有需要，可以少数符合条件的中等专业学校为基础，组建高等职业学校。

四、高等职业学校要办出特色和效益。高等职业学校的主要任务，是面向地方和社区经济建设和社会发展，适应就业市场的实际需要，培养生产、服务、管理第一线岗位需要的应用型、技能型专门人才。高等职业学校既从事学历教育，也开展岗位培训和社区服务。高等职业学校在招生、收费、管理等方面，要深化改革，积极探索实行新的机制。

五、对高等职业学校要严格审批、严格管理和监督。省、自治区、直辖市人民政府要成立高等职业学校设置评议机构，聘请有关专家担任成员，对拟设置的高等职业学校进行考察和评议，评议合格后方可批准设置。省、自治区、直辖市人民政府对高等职业学校要加强督导和评估，连续几年达不到规定标准和要求的，应区别不同情况，予以撤销或停办。

教育部要对省、自治区、直辖市人民政府审批设立高等职业学校的状况进行督查，对办学条件和教育质量定期进行评估。对于不符合国家有关规定设立的和教育质量不合格的高等职业学校，教育部应及时向省、自治区、直辖市人民政府通报情况、交换意见，并要求限期进行整改或纠正。在限期内不能纠正或整改的，教育部可以根据情况作出限制招生、停止招生直至撤销学校的处理；对于违反国家政策、法规和有关规定设立高等职业学校问题严重的地方，由教育部向国务院提出建议收回审批设立高等职业学校的授权。

六、要规范高等职业学校的名称。省、自治区、直辖市人民政府批准设立的高等职业学校，名称一般为“××职业技术学院”或“××职业学院”。在“职业技术学院”、“职业学院”前，可根据学校所在地区或行业、门类的特点冠以某些适当的限定词，但一律不得冠以“中华”、“中国”、“国际”、“国家”等字样，也不得使用学校所在省、自治区、直辖市以外的地域名称，并注意避免同外地区的高等职业学校重名。一般也不以个人姓名命名。超越上述范围命名的学校名称，须报教育部批准。

七、师范、医药类高等职业学校以及由国务院有关部门和单位举办的高等职业学校，其设立和调整仍由教育部负责。

八、教育部根据国务院发布的《普通高等学校设置暂行条例》等有关法规，结合发展高等职业技术教育的实际需要，制定并发布《高等职业学校设置标准》。

九、省、自治区、直辖市人民政府审批设立的高等职业学校，须报教育部备案。

国务院办公厅关于规范农村义务教育学校布局调整的意见

（国办发［2012］48号　　2012年9月6日）

各省、自治区、直辖市人民政府，国务院各部委、各直属机构：

随着我国进城务工人员随迁子女逐年增加、农村人口出生率持续降低，农村学龄人口不断下降，各地对农村义务教育学校进行了布局调整和撤并，改善了办学条件，优化了教师队伍配置，提高了办学效益和办学质量。但同时，农村义务教育学校大幅减少，导致部分学生上学路途变远、交通安全隐患增加，学生家庭经济负担加重，并带来农村寄宿制学校不足、一些城镇学校班额过大等问题。有的地方在学校撤并过程中，规划方案不完善，操作程序不规范，保障措施不到位，影响了农村教育的健康发展。为进一步规范农村义务教育学校布局调整，努力办好人民满意的教育，经国务院同意，现提出如下意见。

一、农村义务教育学校布局的总体要求

保障适龄儿童少年就近入学是义务教育法的规定，是政府的法定责任，是基本公共服务的重要内容。农村义务教育学校布局，要适应城镇化深入发展和社会主义新农村建设的新形势，统筹考虑城乡人口流动、学龄人口变化，以及当地农村地理环境及交通状况、教育条件保障能力、学生家庭经济负担等因素，充分考虑学生的年龄特点和成长规律，处理好提高教育质量和方便学生就近上学的关系，努力满足农村适龄儿童少年就近接受良好义务教育需求。

二、科学制定农村义务教育学校布局规划

县级人民政府要制定农村义务教育学校布局专项规划，合理确定县域内教学点、村小学、中心小学、初中学校布局，以及寄宿制学校和非寄宿制学校的比例，保障学校布局与村镇建设和学龄人口居住分布相适应，明确学校布局调整的保障措施。专项规划经上一级人民政府审核后报省级人民政府批准，并由省级人民政府汇总后报国家教育体制改革领导小组备案。

农村义务教育学校布局要保障学生就近上学的需要。农村小学1至3年级学生原则上不寄宿，就近走读上学；小学高年级学生以走读为主，确有需要的可以寄宿；初中学生根据实际可以走读或寄宿。原则上每个乡镇都应设置初中，人口相对集中的村寨要设置村小学或教学点，人口稀少、地处偏远、交通不便的地方应保留或设置教学点。各地要根据不同年龄段学生的体力特征、道路条件、自然环境等因素，合理确定学校服务半径，尽量缩短学生上下学路途时间。

三、严格规范学校撤并程序和行为

规范农村义务教育学校撤并程序。确因生源减少需要撤并学校的，县级人民政府必须严格履行撤并方案的制定、论证、公示、报批等程序。要统筹考虑学生上下学交通安全、寄宿生学习生活设施等条件保障，并通过举行听证会等多种有效途径，广泛听取学生家长、学校师生、村民自治组织和乡镇人民政府的意见，保障群众充分参与并监督决策过程。学校撤并应先建后撤，保证平稳过渡。撤并方案要逐级上报省级人民政府审批。在完成农村义务教育学校布局专项规划备案之前，暂停农村义务教育学校撤并。要依法规范撤并后原有校园校舍再利用工作，优先保障当地教育事业需要。

坚决制止盲目撤并农村义务教育学校。多数学生家长反对或听证会多数代表反对，学校撤并后学生上学交通安全得不到保障，并入学校住宿和就餐条件不能满足需要，以及撤并后将造成学校超大规模或“大班额”问题突出的，均不得强行撤并现有学校或教学点。已经撤并的学校或教学点，确有必要的由当地人民政府进行规划、按程序予以恢复。

四、办好村小学和教学点

对保留和恢复的村小学和教学点，要采取多种措施改善办学条件，着力提高教学质量。提高村小学和教学点的生均公用经费标准，对学生规模不足100人的村小学和教学点按100人核定公用经费，保证其正常运转。研究完善符合村小学和教学点实际的职称评定标准，职称晋升和绩效工资分配向村小学和教学点专任教师倾斜，鼓励各地采取在绩效工资中设立岗位津贴等有效政策措施支持优秀教师到村小学和教学点工作。加快推进农村教育信息化建设，为村小学和教学点配置数字化优质课程教学资源。中心学校要发挥管理和指导作用，统筹安排课程，组织巡回教学，开展连片教研，推动教学资源共享，提高村小学和教学点教学质量。

五、解决学校撤并带来的突出问题

加强农村寄宿制学校建设和管理。学校撤并后学生需要寄宿的地方，要按照国家或省级标准加强农村寄宿制学校建设，为寄宿制学校配备教室、学生宿舍、食堂、饮用水设备、厕所、澡堂等设施和聘用必要的管理、服务、保安人员，寒冷地区要配备安全的取暖设施。有条件的地方应为学校配备心理健康教师。要科学管理学生作息时间，培养学生良好生活习惯，开展符合学生身心特点、有益于健康成长的校园活动，加强寄宿制学校安全管理和教育。

各地人民政府要认真落实《校车安全管理条例》，切实保障学生上下学交通安全。要通过增设农村客运班线及站点、增加班车班次、缩短发车间隔、设置学生专车等方式，满足学生的乘车需求。公共交通不能满足学生上学需要的，要组织提供校车服务。严厉查处接送学生车辆超速、超员和疲劳驾驶等违法行为，坚决制止采用低速货车、三轮汽车、拖拉机以及拼装车、报废车等车辆接送学生。

高度重视并逐步解决学校撤并带来的“大班额”问题。各地要通过新建、扩建、改建学校和合理分流学生等措施，使学校班额符合国家标准。班额超标学校不得再接收其他学校并入的学生。对教育资源较好学校的“大班额”问题，要通过实施学区管理、建立学校联盟、探索集团化办学等措施，扩大优质教育资源覆盖面，合理分流学生。

六、开展农村义务教育学校布局调整专项督查

省级人民政府教育督导机构要对农村义务教育学校布局是否制订专项规划、调整是否合理、保障措施是否到位、工作程序是否完善、村小学和教学点建设是否合格等进行专项督查，督查结果要向社会公布。对存在问题较多、社会反映强烈的地方，要责成其限期整改。对因学校撤并不当引起严重不良后果的，要依照法律和有关规定追究责任。县级人民政府要认真开展农村义务教育学校布局调整工作检查，及时发现并解决好存在的问题。教育部要会同有关部门加强对各地规范农村义务教育学校布局调整工作的督促指导。

国务院批转国家教育委员会《关于出国留学人员工作的若干暂行规定》的通知

（国发[1986]107号1986年12月13日）

国务院同意国家教育委员会《关于出国留学人员工作的若干暂行规定》，现转发给你们，请按此执行。

关于出国留学人员工作的若干暂行规定

前言

根据《中共中央、国务院关于改进和加强出国留学人员工作若干问题的通知》，国家教育委员会就出国留学工作的指导原则、组织管理，以及公派出国留学人员的选派，从事国外“博士后”研究或实习，公派出国留学人员回国休假及其配偶出国探亲和自费出国留学等，暂行规定如下：

一、出国留学工作的指导原则

（一）我国公民通过各种渠道和方式，到世界各国和地区的高等学校和研究机构等留学，是我国对外开放政策的组成部分，是吸收国外先进的科学技术、适用的经济行政管理经验及其他有益的文化，加强我国高级专门人才培养的重要途径，有益于发展我国人民同各国人民的友谊和交流。为此，根据我国社会主义物质文明和精神文明建设的需要，有计划地发展各种形式的出国留学，必须长期坚持。

（二）出国留学工作应从我国社会主义现代化建设的实际出发，密切结合国内生产建设、科学研究和人才培养的需要，以解决科研、生产中的重要问题和增强我国培养高级人才能力。

（三）出国留学工作应坚持博采各国之长的原则。留学的学科应兼顾基础学科和应用学科，当前以应用学科为重点，并注意发展我国职业技术教育的需要。

（四）出国留学工作的方针是：按需派遣，保证质量，学用一致，加强对出国留学人员的管理和教育，努力创造条件使留学人员回国能学以致用，在社会主义现代化建设中发挥积极作用。

（五）出国留人员在留学期间必须遵守我国的有关法律、法规和规定，遵守留学所在国的有关法律，尊重当地人民的风俗习惯和宗教信仰。

二、出国留学工作的组织管理

（一）国家教育委员会在国务院领导下，按照国家派遣留学人员的方针、政策，归口管理全国出国留学人员工作，包括出国留学人员的计划、选派、国外管理和回国后的分配工作。非教育系统的出国留学人员的派出计划和回国后的工作分配，按照统一的方针、政策，由国家科学技术委员会会同国家经济委员会负责。

（二）根据简政放权的原则，国家公派出国留学人员的名额，除国家统一掌握的部分外，实行分配到用人单位的办法，并经过试点，逐步实行出国留学人员的经费包干使用的办法，由派出单位掌握。

（三）出国留学人员的派出单位应指定或委托专门的机构或人员与留学人员保持联系，指导他们在国外的学习，积极配合和协助驻外使、领馆做好出国留学人员的管理工作。

（四）做好出国留学人员工作是驻外使、领馆的一项重要任务。国家教育委员会派出的驻外使、领馆教育处（组）或使、领馆指定的负责出国留学人员工作的干部，在使、领馆领导下，负责出国留学人员在国外期间的具体管理工作。

（五）驻外使、领馆教育处（组）或负责出国留学人员工作的干部以及国内派出部门和单位应关心和帮助出国留学人员解决遇到的困难和问题，帮助他们及时了解国家的发展和需要，热情地为他们服务。驻外使、领馆应在出国留学人员中开展爱国主义教育、集体主义教育、社会主义思想道德的教育，帮助他们增强艰苦创业、振兴中华的信念。

（六）出国留学人员在国外学习期间成立的“学生会”，“联谊会”等社团是留学人员进行自我教育、自我管理、自我服务的群众组织。

（七）国内留学人员管理部门、派出部门和单位，应及时做好出国留学人员回国后的工作安排，充分发挥他们的作用。

三、公派出国留学人员的选派

（一）公派出国留学人员是指根据国家建设需要，得到国家以及有关部门、地方、单位全部或部分资助，通过各种渠道和方式，有计划派出的留学人员。

按国家统一计划，面向全国招生，统一选拔、派出，执行统一经费开支规定的出国留学人员，为国家公派出国留学人员（简称“国家公派”）；按部门、地方、单位计划，面向本地区、本单位招生、选拔、派出，执行部门、地方、单位经费开支规定的出国留学人员（包括个人经本单位同意和支持，通过取得各种奖学金、贷学金、资助等并纳入派出计划的留学人员），为部门、地方、单位的公派出国留学人员（简称“单位公派”）。

（二）公派出国留学人员分为大学生、研究生、进修人员和访问学者。

（三）出国攻读大学本科、专科和研究生的留学人员在国外的学习年限一般按对方国家的学制，由派出单位确定。出国进修人员和访问学者在国外的期限，根据进修和研究课题的实际需要，一般为3个月至1年，特殊情况可为1年半，均由派出单位按派遣计划确定。

（四）派出单位要帮助和指导公派出国留学人员选好在国外学习、进修、实习或从事研究的单位。这些单位应具有较高水平或专业方面特长。

（五）公派出国留学人员的条件

1. 政治条件

热爱祖国，热爱社会主义，思想品德优良，在实际工作和学习中表现突出，积极为社会主义现代化建设服务。

2. 业务条件

出国大学生应是高中毕业、成绩优秀的人员。出国研究生应是具有大学毕业及以上水平的成绩优秀的人员，并应根据不同学科的特点，规定出国前参加实际工作的年限。出国进修人员和访问学者应是教学、科研、生产的业务骨干，具有大学毕业及以上水平，并在高等学校、科研单位及工矿企业等部门中从事专业工作5年以上（特殊优秀者或因工作需要者可适当缩短），或获得硕士学位后，从事本专业工作2年以上，或从事职业技术教育专业工作2年以上的人员。出国进修人员和访问学者的年龄，应根据出国留学的不同种类确定，一般不得超过50岁。副教授、副研究员以上的短期（3至6个月）出国访问学者，年龄可适当放宽。

3. 外语条件

各类出国留学人员都应掌握相应国家的语言文字，能够比较熟练地运用外文阅读专业书刊，有一定的听、说、写能力，经过短期培训即能用外语进行有关学科的学术交流。出国大学生和研究生的外语能力必须达到能听课的水平，

4. 身体条件

各类公派出国留学人员的健康状况，必须符合出国留学的规定标准，经过省、市一级医院检查并得到健康合格证明书（证书有效期为1年）。

（六）公派出国留学人员的选拔

1. 国家公派出国的各类留学人员名额、种类、国别比例、学科比例的确定，选拔工作的组织，由国家教委组织安排。部门、地方、单位公派出国留学人员的名额、种类、国别比例、学科比例的确定和选拔工作，由选派的部门、地方、单位根据国家

教育委员会总的指导原则和各单位和实际需要安排，并按隶属关系，经主管部门报国家教育教员会备案。

2. 公派出国进修人员和访问学者的选拔，实行单位推荐，学术组织、技术部门评议（考核），人事部门审核，领导批准的办法。

3. 公派出国大学生、研究生的选拔办法，实行考试与德、智、体全面考核相结合的办法。

（七）签订“出国留学协议书”

1. 公派出国留学人员办理出国手续前，要与选派单位签订“出国留学协议书”。协议书由选派单位和公派出国留学人员双方签字，并经公证机关公证后生效。

2. “出国留学协议书”的内容，包括国家和单位对公派出国留学人员规定的留学目标、内容、期限、回国服务的要求、向留学人员提供经费的规定，以及派出单位和出国留学人员双方的其它权利、义务和责任等。

（八）公派出国留学人员出国前的准备和集中学习

公派出国留学人员出国前，各派出单位要采取各种有效形式组织短期集中学习，帮助出国留学人员做好思想准备。集中学习的主要内容包括：有关对外工作的方针政策、出国留学人员的规章制度、外事纪律，介绍有关国家的情况及其它有关注意事项等。

（九）公派出国留学人员的工资、工龄和有关经费的管理办法

1. 出国进修人员和访问学者，在批准出国留学的期限内，国内工资由原单位照发，国内计算工龄。公派出国攻读博士学位的研究生获得博士学位后，在批准的攻读博士学位期限内，国内计算工龄。公派出国攻读学位的在职人员，在学习期限内的国内工资待遇按国内对同类人员的有关规定办理。

2. 国家公派出国留学人员的出国置装费、出国旅费、在国外学习期间的学习和生活费、研究生和大学生中途回国休假的往返国际旅费等，按国家的统一规定办理。

3. 单位公派出国留学人员的出国置装费、出国旅费、在国外学习期间的学习和生活费、研究生和大学生中途回国休假的往返旅费等，按派出部门、地方、单位参照国家统一规定结合选派单位具体情况制定的有关规定办理。

（十）公派留学人员应按照计划努力学习，按期回国服务。留学期间或留学期满后，一般不得改变留学身份。需要延期者，应提前提出申请，报原派出单位审批。凡是由原单位发放工资的，其在批准的国外延长学习期间的国内工资照发。未经批准逾期不归的，1年内停薪留职，1年后是否保留公职，视不同情况由派出单位决定。

（十一）国家教育委员会负责管理国家公派出国留学的经费，并对部门、地方、单位公派出国留学的经费开支规定和管理工作进行指导。国家公派出国留学人员国外经费的具体管理，由驻外使、领馆教育处（组）专人负责或由使、领馆财务部门代管。

四、从事国外的“博士后”研究或实习

（一）申请从事国外的“博士后”研究或实习的，其研究或实习工作应有益于我国科学技术的发展。

（二）从事国外的“博士后”研究分如下两种情况：一种是已获得博士学位的国内在职人员，申请去国外从事“博士后”研究；另一种是出国研究生在国外获得博士学位后，申请直接在国外从事“博士后”研究。

在国外实习是指我在国外研究生，获得硕士或博士学位后，不改变留学身份进入公司、企业进行短期实习。

（三）国内在职人员申请去国外从事“博士后”研究或实习的审批办法

1. 由申请人向所在单位提出申请报告，说明拟从事“博士后”研究或实习的理由、内容和期限。

2. 所在单位组织专家、教授对所提“博士后”的研究方向或实习的业务范围进行评议并签署意见，由该单位领导批准后，按隶属关系报部委或省、自治区、直辖市主管部门办理出国审批手续。

3. 去国外从事“博士后”研究或实习所需经费，一般由派出单位解决。

4. 获准者，其在国外从事“博士后”研究或实习期间，国内工资照发。

（四）出国研究生历外获得博士学位后，申请直接在国外从事“博士后”研究或实习的审批办法

1. 由申请者提前向其国内派出单位和我驻外使、领馆提出申请报告，说明拟从事“博士后”研究或实习的理由、内容和期限。

2. 国内派出单位收到申请后，须在3个月以内组织有关专家、教授评议并签署意见，由单位领导审批后，通过有关驻外使、领馆通知申请者。3个月后得不到派出单位答复的，即由我驻外使、领馆审定。

3. 申请者联系妥在国外从事“博士后”研究或实习的单位，并收到聘书后，本人应将从事“博士后”研究方向或实习业务范围、单位和期限等报告国内派出单位和驻外使、领馆。其研究课题或实习的业务范围与原申请批复不符的，应重新报请审批。

4. 在国外从事“博士后”研究或实习所需一切费用，包括做“博士后”研究或实习结束后的回国旅费，均由本人自理。

（五）研究生在国外获得博士学位后，要求转到第三国从事“博士后”研究或实习，一般应先回国工作一段时间后，再提出申请。因特殊需要由国外直接转第三国的，应提前半年提出申请，按隶属关系报部委或省、自治区、直辖市主管部门批准。

（六）从事国外的“博士后”研究或实习的期限一般为1年至1年半。

五、公派出国留学人员回国休假及其配偶出国探亲

（一）公派出国留学人员回国休假及其配偶出国探亲的办法要有利于出国留学人

员了解国家建设的发展和需要，要合理照顾出国留学人员的学习和生活，又要考虑国内有关单位的工作秩序。

（二）对公派出国大学生、出国攻读博士学位的研究生，在国外留学规定期限在3年以上的，满2年（其间出国攻读博士学位的研究生须获得攻读博士学位资格）后，享受公费回国休假一次。

（三）公费回国休假由本人按规定向我驻外使、领馆申请，并按规定的路线回国。

（四）公派大学生、研究生自费回国休假、探亲，以不影响学习为前提，由驻外使、领馆审批。

（五）公派大学生、研究生、在国外享受国家或单位公费留学期间，公费或自费回国休假、探亲、国外费用停发，国内生活费，凭我驻外使、领馆证明，由派出单位按国家统一规定办理。

（六）公派大学生、研究生回国休假的时间根据所在国学校假期长短确定。

（七）公派出国研究生在国外时间较长，其在国内的配偶申请自费出国探亲，按照《中华人民共和国公民出境入境管理法》的规定办理。公派出国研究生的配偶如系在职职工，应按规定向所在单位申请探亲假。经单位批准后，出国探亲假一般为3个月，最多不得超过6个月。前3个月国内工资照发，从第4个月起，停薪留职，从第7个月起，是否保留公职，视情况由其所在单位决定。

研究生配偶在探亲期间，联系到国外奖学金、资助金，申请留学的，在探亲假期内报经国内工作单位批准，可以按规定办理有关手续转为公派或自费留学。

（八）对于公派出国研究生的配偶，如系国内高等学校应届毕业班的学生和在学研究生，为了不影响完成学业和研究计划，一般不批准请假出国探亲。

（九）公派出国进修人员、访问学者在国外时间较短，按规定不享受回国休假的待遇。他们在国内的配偶，属在职职工的，一般也不给予出国探亲的假期。

六、自费出国留学

（一）自费出国留学，是为国家建设培养人才的一条渠道，应予支持。对自费出国留学人员，要象对待公派出国留学人员那样，在政治上一视同仁，给以关心和爱护，鼓励他们早日学成回国，为祖国的社会主义现代化建设事业服务。

（二）自费出国留学人员是指我国公民提供可靠证明，由其定居外国及香港、澳门、台湾地区亲友资助，或使用本人、亲友在国内的外汇资金，到国外高等学校、科研机构学习或进修。

（三）非在职人员，在高等院校学习的非应届毕业班的学生和归国华侨及其眷属，国外华侨，香港、澳门、台湾同胞和外籍华人在内地的眷属，符合第二条规定并取得国外入学许可证件和经济担保证书的，均可申请自费出国留学。

（四）为了保证国内高等学校、科研机构等单位的工作秩序，在职职工要求离职自费出国留学，应事先经所在单位批准。

高等学校应届毕业班的学生，已经列入国家分配计划，应服从分配，为国家服务。

国内在学研究生，在学习期间应按学籍规定努力完成学习和研究计划，一般不得中断学习自费出国留学。

（五）专业技术骨干人员，包括助理研究员、讲师、工程师、主治医师及以上的人员，毕业研究生以及优秀文艺骨干、优秀运动员、机关工作业务骨干和具有特殊技艺的人才等，申请自费出国留学，应尽量纳入公派范围，他们在国外留学期间的管理和国内待遇按公派出国留学办法办理。

（六）高等学校在校学生获准自费出国留学的，可保留学籍1年。在职人员获准自费出国留学的，从出境的下一个月起停发工资，保留公职1年。

（七）在职人员自费出国留学回国工作后，出国前工龄可以保留，并与回国后的工作时间合并计算工龄。获得博士学位回国参加工作的，其在国外攻读博士学位的年限，国内计算工龄，工龄计算办法与公派留学人员相同。

（八）自费出国留学人员出国前，所在单位和部委、省、自治区、直辖市的教育主管部门应向他们介绍有关出国留学的规定以及国内外有关情况，对他们出国留学的安排给予指导。

（九）自费留学人员出国后应向我驻外使、领馆报到、联系。驻外使、领馆和国内有关部门也应主动与自费留学人员保持联系。保护他们的合法权益，鼓励他们努力学习，关心他们在国外的生活和学习。

（十）对学成回国工作的自费出国留学人员，凡获得学士以上学位者，其回国国际旅费，由国家或用人单位提供，其国内安家费由用人单位按不同情况给予补助。

（十一）自费留学的毕业研究生，大学本科、专科毕业生，要求国家分配工作的，可于毕业前半年与我驻外使、领馆联系，办理有关登记手续，由国家教育委员会负责安排并分配工作；或在回国后向国家教育委员会登记，按同类公派留学人员分配办法及工资待遇的规定办理。

凡过去发布的有关出国留学工作的规定与本规定相抵触的，以本规定为准。本规定自公布之日起施行。

国务院办公厅转发中央编办、教育部、财政部关于制定中小学教职工编制标准意见的通知

（国办发[2001]74号2001年10月11日）

各省、自治区、直辖市人民政府，国务院各部委、各直属机构：

中央编办、教育部、财政部《关于制定中小学教职工编制标准的意见》已经国务院同意，现转发给你们，请认真贯彻执行。

关于制定中小学教职工编制标准的意见

根据《国务院关于基础教育改革与发展的决定》(国发[2001]21号，以下简称国发[2001]21号文件)的精神，为加强中小学编制管理和教职工队伍建设，提高教育教学质量和办学效益，现就制定中小学教职工编制标准等有关问题提出如下意见：

一、核定中小学教职工编制的原则

中小学教职工编制是我国事业编制的重要组成部分。制定科学的中小学教职工编制标准和实施办法，合理核定中小学教职工编制，直接关系到我国基础教育的健康发展。做好这项工作，应遵循以下原则：(1)保证基础教育发展的基本需要；(2)与经济发展水平和财政承受能力相适应；(3)力求精简和高效；(4)因地制宜，区别对待。

二、中小学教职工编制标准

中小学教职工包括教师、职员、教学辅助人员和工勤人员。教师是指学校中直接从事教育、教学工作的专业人员，职员是指从事学校管理工作的人员，教学辅助人员是指学校中主要从事教学实验、图书、电化教育以及卫生保健等教学辅助工作的人员，工勤人员是指学校后勤服务人员。

中小学教职工编制根据高中、初中、小学等不同教育层次和城市、县镇、农村等不同地域，按照学生数的一定比例核定(见附表)。

中小学校的管理工作尽可能由教师兼职，后勤服务工作应逐步实行社会化。确实需要配备职员、教学辅助人员和工勤人员的，其占教职工的比例，高中一般不超过16%、初中一般不超过15%、小学一般不超过9%。完全中学教职工编制分别按高中、初中编制标准核定。九年制学校分别按初中、小学编制标准核定。农村教学点的编制计算在乡镇中心小学内。特殊教育学校、职业中学、小学附设幼儿班和工读学校教职工编制标准可参照中小学教职工编制标准，由各地根据实际情况具体确定。成人初、中等学校的编制由各地根据实际情况具体确定。

由于我国地区差异较大，各地经济发展水平不平衡，各省、自治区、直辖市在制定中小学教职工编制标准的实施办法时，可根据本地生源状况、经济和财政状况、交通状况、人口密度等，对附表中提出的标准进行上下调节。

各地在具体核定中小学教职工编制时，具有下列情况的，按照从严从紧的原则适当增加编制：内地民族班中小学，城镇普通中学举办民族班的学校和开设双语教学课程的班级，寄宿制中小学，乡镇中心小学，安排教师脱产进修，现代化教学设备达到一定规模的学校，承担示范和实验任务的学校，山区、湖区、海岛、牧区和教学点较多的地区。承担学生勤工俭学和实习任务的校办工厂(农场)按照企业管理，特殊情况的可核定少量后勤服务事业编制。

三、工作要求

根据《中共中央办公厅、国务院办公厅关于印发<中央机构编制委员会关于事业单位机构改革若干问题的意见>的通知》(中办发[1996]17号)和国发[2001]21号文件的规定，中央编办会同教育部、财政部统一制定全国中小学教职工编制标准。省级机构编制部门会同同级教育、财政部门按照此标准，结合当地实际情况制定具体实施办法，报当地党委和政府批准。市(地)级人民政府要加强统筹规划，搞好组织协调。县级教育行政部门根据教育事业发展规划，提出本地区中小学人员编制方案；机构编制部门按照附表中提出的编制标准和本省(自治区、直辖市)的实施办法，会同财政部门核定本地区中小学人员编制，报省级人民政府核准；教育部门在核定的编制总额内，按照班额、生源等情况具体分配各校人员编制，并报同级机构编制部门备案。各级财政部门依据编制主管部门核定的人员编制，核拨中小学人员经费。中小学机构编制实行集中统一管理，其他部门和社会组织不得进行任何形式的干预，下发文件和部署工作不得有涉及学校机构和人员编制方面的内容。

中小学在核定的人员编制范围内，按照职位分类、专兼结合、一人多岗的原则，合理配备教职工，严格按照教师资格确定专任教师。要清理各种形式占用的中小学人员编制，今后任何部门和单位一律不得以任何理由占用或变相占用中小学人员编制。省、市(地)、县应在核编过程中做好中小学教职工的总量控制和结构调整工作，引导教职工从城镇学校和超编学校向农村学校和缺编学校合理流动。要根据条件逐步进行中小学布局结构调整，精简压缩教师队伍，辞退代课教师和不合格教师，压缩非教学人员，清退临时工勤人员。

要稳妥地做好中小学人员分流工作，中小学教职工分流可参照机关工作人员的分流政策执行。

综合运用行政手段和经济手段，加强中小学人员编制管理，形成学校自律机制。各级机构编制主管部门和教育、财政部门要加强中小学编制工作的监督、检查。对违反编制管理规定的单位，应当责令其纠正，并视情节轻重对有关责任者给予处分。

附表：中小学教职工编制标准

学校类别		教职工与学生比
高中	城市	1：12.5
	县镇	1：13
	农村	1：13.5
初中	城市	1：13.5
	县镇	1：16
	农村	1：18
小学	城市	1：19
	县镇	1：21
	农村	1：23

注：1. “城市”指省辖市以上大中城市市区；

2. “县镇”指县(市)政府所在地城区。

国务院办公厅转发中国人民银行等部门关于国家助学贷款管理规定（试行）的通知

（中国人民银行、教育部、财政部1999年5月13日）

各省、自治区、直辖市人民政府，国务院各部委、各直属机构：

中国人民银行、教育部、财政部《关于国家助学贷款的管理规定（试行）》已经国务院同意，现转发给你们，请遵照执行。

为使国家对经济困难的学生助学贷款工作顺利进行，先在北京、上海、天津、重庆、武汉、沈阳、西安、南京等市进行试点，待条件成熟后再逐步推行。有关地方人民政府和国务院有关部门，要注意了解试点情况，总结经验，适时完善管理规定。

关于国家助学贷款管理规定（试行）

为促进教育事业的发展，依据《中华人民共和国中国人民银行法》、《中华人民共和国商业银行法》、《中华人民共和国教育法》等法律的有关规定，现就实行国家助学贷款有关事项作如下规定：

（一）国家助学贷款适用于中华人民共和国（不含香港特别行政区、澳门和台湾地区）高等学校（以下简称：学校）中经济确实困难的全日制本、专科学生。

（二）国家助学贷款是以帮助学校中经济确实困难的学生支付在校期间的学费和日常生活费为目的，运用金融手段支持教育，资助经济困难学生完成学业的重要形式。

（三）中国工商银行为中国人民银行批准的国家助学贷款经办银行。国家助学贷款的具体管理办法由中国工商银行制定，报中国人民银行批准后执行。

一、管理体制

（四）为保证国家助学贷款制度的顺利实行，由教育部、财政部、中国人民银行和中国工商银行组成全国助学贷款部际协调小组（以下简称：部际协调组）。教育部设立全国学生贷款管理中心，作为部际协调组的日常办事机构。各省、自治区、直辖市设立相应的协调组织和管理中心。

（五）部际协调组主要负责协调教育、财政、银行等部门及学校之间的关系，制定国家助学贷款政策，确定中央部委所属学校年度国家助学贷款指导性计划。其中：教育部主要负责根据国家教育发展状况，会同有关部门研究如何利用助学贷款的有关政策；财政部主要负责筹措、拨付中央部委所属学校国家助学贷款的贴息经费（含特困生贷款的还本资金），监督贴息经费使用情况；中国人民银行主要负责根据国家有关政策，确定国家助学贷款经办银行，审批有关办法，监督贷款执行情况；经办银行负责贷款的审批、发放与回收。

（六）全国学生贷款管理中心负责根据部际协调组确定的年度国家助学贷款指导性计划，接收、审核中央部委所属学校提交的贷款申请报告，核准各学校贷款申请额度，并抄送经办银行总行；统一管理财政部拨付的中央部委所属学校国家助学贷款贴息经费，接受国内外教育捐款，扩大贴息资金来源，并将贴息经费专户存入经办银行；根据经办银行发放的国家助学贷款和特困生贷款数量，按季向经办银行划转贴息经费；与经办银行总行签定国家助学贷款管理协议；向经办银行提供有关信息材料；协助经办银行监督、管理国家助学贷款的发放、使用，协助经办银行按期回收和催收国家助学贷款；指导各地区学生贷款管理中心工作；办理部际协调组交办的其他事宜。

（七）各省、自治区、直辖市国家助学贷款协调组织，根据部际协调组确定的有关政策，领导本行政区域国家助学贷款工作；负责协调本行政区域教育、财政、银行等部门及学校之间的关系；提出本行政区域所属学校的国家助学贷款年度指导性计划。

（八）各省、自治区、直辖市学生贷款管理中心为本行政区域内国家助学贷款协调组织的日常办事机构，根据本行政区域协调组织确定的年度国家助学贷款指导性计划，接收、审核所属学校提交的贷款申请报告，核准各学校贷款申请额度，并抄送同级经办银行；统一管理地方财政拨付的贷款贴息经费及特困生贷款偿还所需经费，贴息经费专户存入经办银行；根据经办银行发放的国家助学贷款和特困生贷款数量，按季向经办银行划转贴息经费；与当地有关经办银行签定国家助学贷款管理协议；向经办银行提供有关信息材料；协助经办银行监督、管理贷款的发放、使用和回收，并负责协助经办银行催收贷款；办理同级协调组织交办的其他有关事宜。

（九）各学校要指定专门机构统一管理本校国家助学贷款工作，负责对申请贷款的学生进行资格初审；按期向学生贷款管理中心报送全校年度贷款申请报告；根据学生贷款管理中心核准的贷款申请额度，将经初审的学生贷款申请报送经办银行；与经办银行签定国家助学贷款管理协议；协助经办银行组织贷款的发放和回收，并负责协助经办银行催收贷款；及时统计并向上级学生贷款管理中心和有关经办银行提供学生的变动（包括学生就业、升学、转校、退学等）情况和国家助学贷款的实际发放情况；办理学生贷款管理中心交办的其他事宜。

（十）国家助学贷款经办银行接受中国人民银行的监督，负责按照国家信贷政策，制定国家助学贷款的具体管理办法；审核各学校报送的学生个人贷款申请报告等相关材料，按贷款条件审查决定是否发放贷款；具体负责贷款的发放和回收；有权根据贷款的回收情况、学生贷款管理中心和学校在催收贷款方面的配合情况，决定是否发放新的国家助学贷款。

二、贷款的申请和发放

（十一）经办银行发放的国家助学贷款属于商业性贷款，纳入正常的贷款管理。

（十二）国家助学贷款实行学生每年申请、经办银行每年审批的管理方式。

（十三）经办银行负责确定国家助学贷款的具体发放金额，其中：用于学费的金额最高不超过借款学生所在学校的学费收取标准；用于生活费的金额最高不超过学校所在地区的基本生活费标准。

（十四）学生申请国家助学贷款必须具有经办银行认可的担保，担保人应当与经办银行订立担保合同。

（十五）确实无法提供担保、家庭经济特别困难的学生，可以申请特困生贷款。特困生贷款由学校提出建议，报上级学生贷款管理中心审批后，由经办银行按有关规定办理贷款手续。

（十六）经办银行核批国家助学贷款，并将已批准发放贷款的学生名单及其所批准的贷款金额反馈相应的学生贷款管理中心和学校，学校上报上级学生贷款管理中心备案，并配合经办银行加强贷款管理。

三、贷款期限、利率和贴息

（十七）国家助学贷款的经办银行根据学生申请，具体确定每笔贷款的期限。

（十八）国家助学贷款利率按中国人民银行公布的法定贷款利率和国家有关利率政策执行。

（十九）为体现国家对经济困难学生的优惠政策，减轻学生的还贷负担，财政部门对接受国家助学贷款的学生给予利息补贴。学生所借贷款利息的50%由财政贴息，其余50%由学生个人负担。财政部门每年按期、按规定向学生贷款管理中心拨付贷款贴息经费。

（二十）国家鼓励社会各界以各种形式为经济困难学生提供助学贷款担保和贴息。

四、贷款回收

（二十一）学生所借贷款本息必须在毕业后四年内还清。为保证国家助学贷款的回收，学生毕业前必须与经办银行重新确认或变更借款合同，并办理相应的担保手续。此项手续办妥后，学校方可办理学生的毕业手续。

（二十二）在借款期间，学生出国（境）留学或定居者，必须在出国（境）前一次还清贷款本息，有关部门方可给予办理出国手续；凡需转学的学生，必须在其所在学校和经办银行与待转入学校和相应经办银行办理该学生贷款的债务划转后，或者在该学生还清所借贷款本息后，所在学校方可办理其转学手续；退学、开除和死亡的学生，其所在学校必须协助有关经办银行清收该学生贷款本息，然后方可办理相应手续。

（二十三）特困生贷款到期无法收回部分，由提出建议的学校和学生贷款管理中心共同负责偿还（其中：学校偿还60%，学生贷款管理中心偿还40%）。学校所需的偿还贷款资金在学校的学费收入中列支；学生贷款管理中心所需的偿还贷款资金，在财政部门批准后的贴息经费中专项列支，专款专用。

（二十四）借款学生不能按期偿还贷款本息的，按中国人民银行有关规定计收罚息。

（二十五）对未还清国家助学贷款的毕业生，其接收单位或者工作单位负有协助经办银行按期催收贷款的义务，并在其工作变动时，提前告知经办银行；经办银行有权向其现工作单位和原工作单位追索所欠贷款。

中共中央办公厅、国务院办公厅印发《关于进一步加强和改进未成年人校外活动场所建设和管理工作的意见》的通知

（中办发[2006]4号2006年1月21日）

各省、自治区、直辖市党委和人民政府，中央和国家机关各部委，军委总政治部，各人民团体：

《关于进一步加强和改进未成年人校外活动场所建设和管理工作的意见》已经中央领导同志同意，现印发给你们，请结合实际认真贯彻执行。

关于进一步加强和改进未成年人校外活动场所建设和管理工作的意见

为深入贯彻落实《中共中央、国务院关于进一步加强和改进未成年人思想道德建设的若干意见》（中发［2004］8号），充分发挥青少年宫、少年宫、青少年学生活动中心、儿童活动中心、科技馆等公益性未成年人校外活动场所的重要作用，现就进一步加强和改进未成年人校外活动场所建设和管理工作，提出如下意见。

一、加强和改进未成年人校外活动场所建设和管理工作的重要性和总的要求

1. 公益性未成年人校外活动场所是与学校教育相互联系、相互补充、促进青少年全面发展的实践课堂，是服务、凝聚、教育广大未成年人的活动平台，是加强思想道德建设、推进素质教育、建设社会主义精神文明的重要阵地，在教育引导未成年人树立理想信念、锤炼道德品质、养成行为习惯、提高科学素质、发展兴趣爱好、增强创新精神和实践能力等方面具有重要作用。

2. 新中国成立以来特别是改革开放以来，党和国家高度重视未成年人校外活动

场所建设和管理工作。各地区各有关部门采取积极措施，加强建设，规范管理，突出服务，扎实工作，初步形成了覆盖全国大中城市及部分县区的校外活动场所网络。各类未成年人校外活动场所积极拓展教育内容，创新活动载体，改进服务方式，广泛开展思想道德建设、科学技术普及、文艺体育培训、劳动技能锻炼等教育实践活动，有力地促进了未成年人德智体美全面发展。

3. 随着我国经济社会的不断发展和广大未成年人精神文化需求的日益增长，未成年人校外活动场所建设和管理工作还存在一些不适应的地方。主要是：活动场所总量不足，分布不均，发展不平衡；一些活动场所侧重于经营性创收，偏重于培养特专长学生，未能充分体现公益性原则和面向广大未成年人的服务宗旨；校外活动与学校教育衔接不紧密；管理体制不顺，投入保障机制不健全，内部运行缺乏活力，发展后劲不足，等等。这些问题制约了未成年人校外活动场所功能的发挥，影响了校外教育事业的健康发展，迫切需要采取有效措施加以解决。

4. 适应新形势新任务的要求，切实加强和改进未成年人校外活动场所建设和管理工作，是关系到造福亿万青少年、教育培养下一代的重要任务。我们要从落实科学发展观、构建社会主义和谐社会，确保广大未成年人健康成长、全面发展，确保党和国家事业后继有人、兴旺发达的高度，充分认识这项工作的重要性，认真总结经验教训，调整发展思路，在巩固已有成果的基础上，采取切实措施，加强薄弱环节，解决存在问题，努力开创未成年人校外活动场所建设和管理工作的新局面。

5. 进一步加强和改进未成年人校外活动场所建设和管理工作总的要求是：必须坚持以邓小平理论和“三个代表”重要思想为指导，按照全面落实科学发展观、构建社会主义和谐社会的要求，深入贯彻《爱国主义教育实施纲要》、《公民道德建设实施纲要》和《中共中央、国务院关于进一步加强和改进未成年人思想道德建设的若干意见》，以贴近和服务广大未成年人为宗旨，以加强思想道德教育为核心，以培养创新精神和实践能力为重点，明确定位、完善功能，统筹规划、加快建设，理顺体制、整合资源，健全机制、改善服务，逐步形成布局合理、功能完备、充满活力、可持续发展的校外活动场所网络，使广大未成年人在丰富多彩的校外活动中增长知识，开阔眼界，陶冶情操，提高能力，愉悦身心，健康成长。

二、始终坚持未成年人校外活动场所的公益性质

6. 由各级政府投资建设的专门为未成年人提供公共服务的青少年宫、少年宫、青少年学生活动中心、儿童活动中心、科技馆等场所，是公益性事业单位。要始终坚持把社会效益放在首位，切实把公益性原则落到实处。

7. 未成年人校外活动场所要坚持面向广大未成年人，使他们充分享有校外活动场所提供的公共服务。要坚持以普及性活动为主，力求丰富多彩、生动活泼，把思想道德教育融入其中，满足未成年人多种多样的兴趣爱好。要坚持常年开放，节假日的开放时间要适当延长，增强接待能力，提高场所利用率，为未成年人更好地参加校外活动创造条件。

8. 未成年人校外活动场所不得开展以赢利为目的的经营性创收。对集体组织的普及性教育实践活动和文体活动要实行免费。对确需集中食宿和使用消耗品的集体活动，以及特专长培训项目，只能收取成本费用，对特困家庭的未成年人要全部免费。公益性未成年人校外活动场所的收费项目必须经当地财政和物价部门核准。

9. 制定《未成年人校外活动场所公益性评估标准》，从服务对象、活动内容、时间安排、服务质量、经费使用等方面设置相应指标，定期进行考核、评估，并将考评结果作为财政支持的依据。对违背公益性原则的要限期整改，逾期不改的不再享受公益性事业单位的相关优惠政策。

三、充分发挥不同类型未成年人校外活动场所的教育服务功能

10. 各类青少年宫、少年宫、青少年学生活动中心、儿童活动中心、科技馆等未成年人校外活动场所，要根据自身类型和规模，结合未成年人的身心特点、接受能力和实际需要，明确功能定位，发挥各自优势，实现资源共享，满足未成年人多样化的校外活动需求。

11. 大中城市的中心青少年宫、少年宫、儿童活动中心等，要充分发挥示范带动、人才培养、服务指导的功能。要利用基础设施好、师资力量强的优势，在项目设计、活动组织、运行模式等方面进行积极探索，为基层校外活动场所提供示范；要在积极开展普及性教育实践活动的基础上，发现和培养优秀人才；要在加强自身发展的同时，发挥好领头作用，为基层校外活动场所提供业务指导和咨询服务。

12. 城区和县（市）的青少年宫、少年宫、儿童活动中心等，要充分发挥普及推广、兴趣培养、体验实践的功能。要针对未成年人的身心特点，精心设计和广泛开展经常性、大众化、参与面广、实践性强的校外活动；要结合学校的课程设置，组织开展生动活泼、怡情益智的文体、科技等兴趣小组和社团活动，使广大未成年人在形式多样的校外活动中，培养兴趣爱好，发挥发展特长，得到锻炼和提高。

13. 社区和农村的校外活动场所要充分发挥贴近基层、就近就便的优势，与所在地学校密切配合，利用节假日和课余时间，组织开展小型多样的主题教育、文体娱乐和公益服务等活动，组织开展家长和学生共同参与的亲子活动。要把社区和农村的未成年人校外活动与“四进社区”、“三下乡”、志愿服务等活动结合起来，整合利用各种教育资源，充实活动内容，丰富校外生活。

14. 青少年学生活动中心等校外活动场所要充分发挥体验性、实践性、参与性强的优势，组织学生集中开展生产劳动、军事训练、素质拓展等活动，让学生在亲身体验和直接参与中，树立劳动观念，提高动手能力，增强团队精神，磨练意志品质。

15. 各类科技馆要积极拓展为未成年人服务的功能。要切实改进展览方式，充实适合未成年人的展出内容，增强展馆的吸引力。要利用展馆资源，开展面向未成年人的科普活动，引导青少年走近科学、热爱科学。要走出馆门、走进学校、深入社区和农村，利用科普大篷车、科普小分队等各种形式，传播科技知识，支持和指导学校和基层的科普活动。

四、积极促进校外活动与学校教育的有效衔接

16．积极探索建立健全校外活动与学校教育有效衔接的工作机制。各级教育行政部门要会同共青团、妇联、科协等校外活动场所的主管部门，对校外教育资源进行调查摸底，根据不同场所的功能和特点，结合学校的课程设置，统筹安排校外活动。要把校外活动列入学校教育教学计划，逐步做到学生平均每周有半天时间参加校外活动，实现校外活动的经常化和制度化。要把学校组织学生参加校外活动以及学生参加校外活动的情况，作为对学校和学生进行综合评价的重要内容。

17．中小学校要根据教育行政部门的统筹安排，结合推进新一轮课程改革，把校外实践活动排入课程表，切实保证活动时间，并做好具体组织工作。要增加德育、科学、文史、艺术、体育等方面课程的实践环节，充分利用校外活动场所开展现场教学。

18．各类校外活动场所要加强与教育行政部门和学校的联系，积极主动地为学生参加校外活动提供周到优质的服务。要根据学校校外活动的需要，及时调整活动内容，精心设计开发与学校教育教学有机结合的活动项目，积极探索参与式、体验式、互动式的活动方式，创新活动载体，并配备相应的辅导讲解人员，使校外活动与学校教育相互补充、相互促进。

19．各地区各部门要高度重视中小学生参加校外活动的安全问题，明确责任，落实措施。学校要开展必要的自护自救教育，增强中小学生的安全防范意识和能力。校外活动场所要切实保证活动场地、设施、器材的安全性，配备安全保护人员，设置必要的安全警示标志，防止意外事故发生。要建立完善中小学生校外活动人身安全保险制度和相关配套制度。有条件的地方政府可为学生参加校外活动和各种社会实践活动购买保险，鼓励中小学参加学校责任保险，提倡学生自愿参加意外伤害保险。

五、切实加强未成年人校外活动场所的规划和建设

20．各级政府要把未成年人校外活动场所建设纳入当地国民经济和社会发展总体规划。大中城市要逐步建立布局合理、规模适当、经济实用、功能配套的未成年人校外活动场所，“十一五”期间要实现每个城区、县（市）都有一所综合性、多功能的未成年人校外活动场所。各地要认真贯彻落实建设部、民政部《关于进一步做好社区未成年人活动场所建设和管理工作的意见》，在城市的旧区改建或新区开发建设中，配套建设未成年人校外活动场所。人口规模在30000–50000人以上的居住区要建设文化活动中心，人口规模在7000–15000人的居住小区要建设文化活动站，重点镇和县城关镇要设置文化活动站或青少年之家。社区文化活动中心（站）中都要开辟专门供未成年人活动的场地。

21. 加大农村未成年人校外活动场所的规划和建设力度。要按照建设社会主义新农村和加快发展农村文化教育事业的要求，加强农村未成年人校外活动场所建设。各地可因地制宜，依托基础设施较好的乡镇中心学校或其他社会资源，配备必要的设施设备，建立乡村少年儿童活动场所，为农村未成年人就近就便参加校外活动提供条件。农村现有的宣传文化中心（站）、科技活动站等要开辟未成年人活动场地。要研究制定农村未成年人校外活动场所的制度规范，在设施配置、管理模式、活动方式等方面作出明确规定。

22. 进一步拓宽渠道，鼓励支持社会力量兴办公益性未成年人校外活动场所；鼓励社会各界通过捐赠、资助等方式，支持未成年人校外活动场所建设，开展公益性活动。

六、认真落实未成年人校外活动场所财政保障和税收优惠政策

23. 公益性未成年人校外活动场所建设和改造资金以各级政府投入为主。国家对中西部地区和贫困地区的未成年人校外活动场所建设和改造予以支持和补助。在总结评估“十五”期间“青少年学生校外活动场所建设和维护专项彩票公益金”执行情况的基础上，研究“十一五”期间未成年人校外活动场所建设的投入方式和力度。

24. 各级政府要把未成年人校外活动场所运转、维护和开展公益性活动的经费纳入同级财政预算，切实予以保障。中央财政通过逐步加大转移支付力度，对中西部地区和贫困地区未成年人校外活动场所的运转和维护予以支持。各级政府要加强对未成年人校外活动场所使用经费的监督管理，提高资金使用效益。

25. 实行支持公益性未成年人校外活动场所发展的税收优惠政策。符合现行营业税政策规定的公益性未成年人校外活动场所的门票收入免征营业税，用于事业发展；公益性未成年人校外活动场所中符合现行政策规定的自用房产、土地免征房产税、城镇土地使用税；社会力量通过非营利性的社会团体和国家机关对公益性未成年人校外活动场所（包括新建）的捐赠，在缴纳企业所得税和个人所得税前，准予全额扣除。

七、努力建设高素质的未成年人校外活动场所工作队伍

26. 充实优化未成年人校外活动场所工作队伍。各级政府要加强未成年人校外活动场所工作队伍建设，建立科学合理的队伍结构。按照《中华人民共和国教师法》、《中小学教师职务试行条例》等有关规定，制定未成年人校外活动场所教师专业技术职务评聘办法。精心选拔热爱校外教育事业、思想素质好、懂业务、会管理的优秀人才充实到领导岗位，提高未成年人校外活动场所管理水平。

27. 加强校外教育人才培养工作。高等师范院校和教育学院可根据自身条件，开设校外教育课程。在硕士、博士学位的相关专业和学科中，可设置校外教育研究方向。要把未成年人校外活动场所教师的继续教育纳入教师岗位培训计划，不断提高他们的综合素质。

28. 调动整合社会力量，参与校外活动场所工作。高度重视少先队组织在少年儿童校外教育中的作用，支持少先队利用校外场所开展丰富多彩的实践教育活动，提高少年儿童综合素质。充分发挥青少年宫协会、教育学会、家庭教育学会、青少年科技辅导员协会等社团组织的作用，吸引各方面人才，为未成年人校外活动贡献力量。鼓励支持志愿者、离退休老同志，以及文艺、体育、科技工作者，为未成年人校外活动提供义务服务。组织高等院校、社科研究机构的有关专家，开展校外教育理论研究，为未成年人校外活动场所工作提供理论支持。

八、进一步完善未成年人校外活动场所的管理体制和工作机制

29. 各级党委和政府要切实加强对未成年人校外活动场所建设和管理工作的领导，把这项工作摆上议事日程，及时掌握工作情况，研究解决重要问题。各级精神文明建设委员会要把这项工作纳入未成年人思想道德建设的总体布局，予以高度重视，加强督促指导。各地区各有关部门要定期对未成年人校外活动场所的建设、管理和使用情况进行检查，被挤占、挪用、租借的未成年人校外活动场所要限期退还，服务对象和活动内容名不副实的未成年人校外活动场所要限期改正。对不适宜未成年人参与的活动项目和服务内容要坚决予以清除。

30. 切实发挥“全国青少年校外教育工作联席会议”的统筹协调职能。联席会议要建立规范化、制度化的议事制度，定期召开会议，制定发展规划，研究相关政策，协调重大问题，组织开展经常性的活动，做好培训和表彰奖励工作。联席会议办公室设在教育部，教育部、团中央、全国妇联等有关成员单位派人参加，具体负责联席会议日常事务和有关工作的落实。

31. 理顺未成年人校外活动场所的管理体制。教育行政部门和共青团、妇联、科协等组织所属现有的未成年人校外活动场所原隶属关系不变。今后，由专项彩票公益金资助建设的公益性未成年人校外活动场所，原则上由各级教育行政部门管理，并注重发挥共青团、妇联等群众团体的积极作用。各有关部门要加强联系，积极配合，共同做好校外教育工作。

32. 完善未成年人校外活动场所的管理制度。未成年人校外活动场所主管部门要按照职能分工，根据不同类型校外活动场所的实际，制定行业管理标准，建立考核评价体系，规范对未成年人校外活动场所的管理。各类未成年人校外活动场所要进一步深化内部改革，完善规章制度，增强自身发展活力，改进管理工作，提高服务水平。

七　党的有关重要文件

中国共产党普通高等学校基层组织工作条例

（中共中央1996年3月18日印发，2010年8月13日修订）

第一章　总则

第一条　为加强和改进党对普通高等学校(以下简称高等学校)的领导，加强和改进高等学校党的建设，办好中国特色社会主义大学，为高等教育事业的科学发展提供思想保证、政治保证和组织保证，根据《中国共产党章程》和有关法律法规，结合高等学校实际情况，制定本条例。

第二条　高等学校的党组织必须高举中国特色社会主义伟大旗帜，以马克思列宁主义、毛泽东思想、邓小平理论和“三个代表”重要思想为指导，深入贯彻落实科学发展观，全面贯彻执行党的基本路线和教育方针，坚持教育必须为社会主义现代化建设服务，为人民服务，必须与生产劳动和社会实践相结合，培养德智体美全面发展的中国特色社会主义事业合格建设者和可靠接班人。

第三条　高等学校实行党委领导下的校长负责制。高等学校党的委员会统一领导学校工作，支持校长按照《中华人民共和国高等教育法》的规定积极主动、独立负责地开展工作，保证教学、科研、行政管理等各项任务的完成。

高等学校党的委员会实行民主集中制，健全集体领导和个人分工负责相结合的制度。凡属重大问题都要按照集体领导、民主集中、个别酝酿、会议决定的原则，由党的委员会集体讨论，作出决定；委员会成员要根据集体的决定和分工，切实履行自己的职责。

第二章　党组织的设置

第四条　高等学校党的委员会由党员大会或党员代表大会选举产生，每届任期5年。党的委员会对党员大会或党员代表大会负责并报告工作。

党员代表大会代表实行任期制。

第五条 规模较大、党员人数较多的高等学校，根据工作需要，经上级党组织批准，党的委员会可设立常务委员会。常务委员会由党的委员会全体会议选举产生，对党的委员会负责并定期报告工作。

设立常务委员会的党的委员会每学期至少召开1次委员会全体会议，如遇重大问题可以随时召开。

第六条 党的委员会根据工作需要，本着精干高效和有利于加强党的建设的原则，设立办公室、组织部、宣传部、统战部和学生工作部门等工作机构，配备必要的工作人员，包括配备一定数量的组织员。

第七条 高等学校院（系）级单位根据工作需要和党员人数，经学校党的委员会批准，设立党的委员会，或总支部委员会，或直属支部委员会。党员100人以上的，设立党的委员会。党员100人以下、50人以上的，设立党的总支部委员会。党员不足50人的，经学校党的委员会批准，也可以设立党的总支部委员会。党的委员会由党员大会或党员代表大会选举产生，每届任期3年或4年；党的总支部委员会、直属支部委员会由党员大会选举产生。党的委员会、总支部委员会和直属支部委员会应当配备必要的专职党务工作人员。

第八条 党员7人以上的党支部设立支部委员会，支部委员会由党员大会选举产生；党员不足7人的党支部，不设支部委员会，由党员大会选举支部书记1人，必要时增选副书记1人。党的支部委员会和不设支部委员会的支部书记、副书记每届任期2年或3年。

第九条 高等学校院（系）以下单位设立党支部，要与教学、科研、管理、服务等机构相对应。教师党支部一般按院（系）内设的教学、科研机构设置；学生党支部可以按年级或院（系）设置，学生中正式党员达到3人以上的班级应当及时成立学生党支部；机关、后勤等部门的党支部一般按部门设置。正式党员不足3人的，可与业务相近的部门或单位联合成立党支部。

要将高等学校教职工离退休党员编入党的组织，开展党的活动。

第三章　主要职责

第十条 高等学校党的委员会按照党委领导下的校长负责制，发挥领导核心作用。其主要职责是：

（一）宣传和执行党的路线方针政策，宣传和执行党中央、上级组织和本级组织的决议，坚持社会主义办学方向，依法治校，依靠全校师生员工推进学校科学发展，培养德智体美全面发展的中国特色社会主义事业合格建设者和可靠接班人。

（二）审议确定学校基本管理制度，讨论决定学校改革发展稳定以及教学、科研、行政管理中的重大事项。

（三）讨论决定学校内部组织机构的设置及其负责人的人选，按照干部管理权限，负责干部的选拔、教育、培养、考核和监督。加强领导班子建设、干部队伍建设和人才队伍建设。

（四）按照党要管党、从严治党的方针，加强学校党组织的思想建设、组织建设、作风建设、制度建设和反腐倡廉建设。落实党建工作责任制。发挥学校基层党组织的战斗堡垒作用和党员的先锋模范作用。

（五）按照建设学习型党组织的要求，组织党员认真学习马克思列宁主义、毛泽东思想、邓小平理论、“三个代表”重要思想以及科学发展观，坚持用中国特色社会主义理论体系武装头脑，坚定走中国特色社会主义道路的信念。组织党员学习党的路线方针政策和决议，学习党的基本知识，学习科学、文化、法律和业务知识。

（六）领导学校的思想政治工作和德育工作，促进和谐校园建设。

（七）领导学校的工会、共青团、学生会等群众组织和教职工代表大会。

（八）做好统一战线工作。对学校内民主党派的基层组织实行政治领导，支持他们依照各自的章程开展活动。支持无党派人士等统一战线成员参加统一战线相关活动，发挥积极作用。

第十一条 高等学校院（系）级单位党组织的主要职责是：

（一）宣传、执行党的路线方针政策及学校各项决定，并为其贯彻落实发挥保证监督作用。

（二）通过党政联席会议，讨论和决定本单位重要事项。支持本单位行政领导班子和负责人在其职责范围内独立负责地开展工作。

（三）加强党组织的思想建设、组织建设、作风建设、制度建设和反腐倡廉建设。具体指导党支部开展工作。

（四）领导本单位的思想政治工作。

（五）做好本单位党员干部的教育和管理工作。

（六）领导本单位工会、共青团、学生会等群众组织和教职工代表大会。

第十二条 教职工党的支部委员会要支持本单位行政负责人的工作，经常与行政负责人沟通情况，对单位的工作提出意见和建议。教职工党的支部委员会负责人参与讨论决定本单位的重要事项。教职工党的支部委员会的主要职责是：

（一）宣传、执行党的路线方针政策和上级党组织的决议，团结师生员工，发挥党员先锋模范作用保证教学、科研等各项任务的完成。

（二）加强对党员的教育、管理、监督和服务，定期召开组织生活会，开展批评和自我批评；向党员布置做群众工作和其他工作，并检查执行情况。

（三）培养教育入党积极分子，做好发展党员工作。

（四）经常听取党员和群众的意见和建议，了解、分析并反映师生员工的思想状况，维护党员和群众的正当权利和利益，有针对性地做好思想政治工作。

第十三条 大学生党的支部委员会要成为引领大学生刻苦学习、团结进步、健康成长的班级核心。其主要职责是：

（一）宣传、执行党的路线方针政策和上级党组织的决议，推动学生班级进步。

（二）加强对学生党员的教育、管理、监督和服务，定期召开组织生活会，开展批评和自我批评。发挥学生党员的先锋模范作用，影响、带动广大学生明确学习目的，完成学习任务。

（三）组织学生党员参与班（年）级事务管理，努力维护学校的稳定。支持、指导和帮助团支部、班委会及学生社团根据学生特点开展工作，促进学生全面发展。

（四）培养教育学生中的入党积极分子，按照标准和程序发展学生党员，不断扩大学生党员队伍。

（五）积极了解学生的思想状况，经常听取他们的意见和建议，并向有关部门反映。根据青年学生的特点，有针对性地做好思想政治教育工作。

第四章　党的纪律检查工作

第十四条 高等学校设立党的基层纪律检查委员会(以下简称党的纪律检查委员会)。党的纪律检查委员会由党员大会或党员代表大会选举产生。

第十五条 高等学校党的纪律检查委员会设立专门工作机构，配备必要的工作人员。

第十六条 高等学校党的纪律检查委员会在同级党的委员会和上级纪律检查委员会领导下进行工作。其主要职责是：

（一）维护党的章程和其他党内法规，对党员进行遵纪守法教育，作出关于维护党纪的决定。

（二）检查党组织和党员贯彻执行党的路线方针政策和决议的情况，对党员领导干部行使权力进行监督。

（三）协助党的委员会加强党风建设和组织协调反腐败工作，推进廉洁教育和廉政文化建设。

（四）检查、处理党的组织和党员违反党的章程和其他党内法规的案件，按照有关规定决定或取消对这些案件中的党员的处分。

（五）受理党员的控告和申诉，保障党的章程规定的党员权利不受侵犯。

高等学校党的纪律检查委员会要把处理特别重要或复杂的案件中的问题和处理的结果，向同级党的委员会和上级纪律检查委员会报告。

第五章　党员的教育、管理和发展

第十七条　高等学校党组织应当构建多层次、多渠道的党员经常性学习教育体系。对党员进行马克思列宁主义、毛泽东思想教育特别是中国特色社会主义理论体系的教育，党的基本路线、基本纲领和党的基本知识教育，并教育党员努力掌握科学文化知识和专业技能，不断提高政治和业务素质。

第十八条　健全党内生活制度，严格党的组织生活，开展批评和自我批评，建立党员党性定期分析制度，做好民主评议党员工作。深入开展创先争优活动，总结经验，表彰先进。妥善处置不合格党员，严格执行党的纪律。

加强流动党员管理和服务，及时将流动到本校的党员编入党的基层组织，积极配合做好流动到校外党员的教育管理工作。

第十九条　关心党员学习、工作和生活，建立健全党内激励、关怀、帮扶机制，拓宽党员服务群众渠道，建立党员联系和服务群众工作体系。

第二十条　尊重党员主体地位，保障党员民主权利，推进党务公开，营造党内民主讨论环境，积极推进党内民主建设。学校党组织讨论决定重要事项前，应当充分听取党员的意见，党内重要情况要及时向党员通报。

第二十一条　按照坚持标准、保证质量、改善结构、慎重发展的方针和有关规定，加强对入党积极分子的教育、培养和考察，加强在优秀青年教师、优秀学生中发展党员工作。

第二十二条　高等学校党的委员会应当建立党校。党校的主要任务是培训党员、干部和入党积极分子。

第六章　干部和人才工作

第二十三条　高等学校党的委员会要坚持党管干部的原则，对学校党政干部实行统一管理。坚持民主、公开、竞争、择优，按照干部队伍革命化、年轻化、知识化、专业化的方针，坚持德才兼备、以德为先的用人标准，坚持注重实绩、群众公认的原则选拔任用干部，提高选人用人公信度。

学校中层行政干部的任免，由党委组织部门负责考察，听取学校行政领导的意见后，经校党委(常委)集体讨论决定，按规定程序办理。设立常务委员会的学校，可以实行常务委员会票决制。

第二十四条 高等学校院（系）级单位党组织同本单位行政领导一起，做好本单位干部的教育、培训、选拔、考核和监督工作，以及学生政治辅导员、班主任的配备、管理工作。

对院（系）级单位行政领导班子的配备和领导干部的选拔，本单位党组织可以向学校党的委员会提出建议，并协助校党委组织部门进行考察。

第二十五条 高等学校党的委员会协助上级干部主管部门做好校级后备干部工作。建立健全后备干部选拔、培养制度。重视女干部、少数民族干部和党外干部的培养选拔。

第二十六条 高等学校党的委员会要坚持党管人才的原则，贯彻人才强国战略，通过制定政策，健全激励机制，大力营造激发创造力的工作环境，形成人才辈出、人尽其才的良好局面。

加强教育引导，不断提高各类人才的思想政治素质和业务素质。

第七章　思想政治工作

第二十七条 高等学校党的委员会统一领导学校思想政治工作。同时，要发挥行政系统和工会、共青团、学生会等群众组织以及广大教职工的作用，共同做好思想政治工作，牢牢把握党对学校意识形态工作的主导权。

第二十八条 高等学校党组织要对师生员工进行马克思列宁主义、毛泽东思想教育特别是中国特色社会主义理论体系的教育，党的基本路线教育，爱国主义、集体主义和社会主义思想教育，中国近现代史、中共党史和国情教育，社会主义民主和法制教育，形势政策教育、中华民族优秀文化传统教育和民族团结教育。认真做好中国特色社会主义理论体系进教材、进课堂、进头脑工作。加强和改进思想政治教育工作，把社会主义核心价值体系教育融入大学生思想政治教育工作和师德师风建设的全过程，帮助广大师生员工树立正确的世界观、人生观和价值观，坚定走中国特色社会主义道路的信念。

第二十九条 高等学校要坚持育人为本、德育为先，把立德树人作为根本任务，充分发挥课堂教学的主渠道作用，努力拓展新形势下大学生思想政治教育的有效途径，形成全员育人、全过程育人、全方位育人的良好氛围和工作机制。

第三十条 思想政治工作要理论联系实际，紧紧围绕学校的改革发展稳定，密切结合教学、科研、管理、服务等各项工作，定期分析师生员工的思想动态，坚持解决思想问题与解决实际问题相结合，注重人文关怀和心理疏导，分别不同层次，采取多种方式，增强思想政治工作的针对性、时效性。

第三十一条 高等学校应当将党务工作和思想政治工作以及辅导员队伍建设纳入学校人才队伍建设总体规划，建立一支以专职人员为骨干、专兼职干部相结合的党务工作和思想政治工作队伍。专职党务工作人员和思想政治工作人员的配备一般占全校师生员工总数的1%左右；规模较小的学校，可视情况适当增加比例。完善政策措施和激励机制，切实关心、爱护党务工作者和思想政治工作者，为他们成长成才创造条件。

完善保障机制，为学校党的建设和思想政治工作提供经费和物质支持。

第八章 党组织对群众组织的领导

第三十二条 高等学校党的委员会要研究工会、共青团、学生会、学生社团等群众组织工作中的重大问题，支持他们依照国家法律和各自的章程独立自主地开展工作。

第三十三条 高等学校党的委员会领导教职工代表大会，支持教职工代表大会正确行使职权，在参与学校的民主管理和民主监督、维护教职工的合法权益等方面发挥积极作用。

第九章 附则

第三十四条 本条例适用于国家举办的普通高等学校。省、自治区、直辖市党委可以根据本条例精神，结合实际情况制定实施办法。军队系统院校党组织的工作，由中国人民解放军总政治部参照本条例作出规定。

第三十五条 本条例由中共中央组织部负责解释。

第三十六条 本条例自发布之日起施行。此前有关高等学校基层党组织的规定，凡与本条例不一致的，按本条例执行。

中共中央组织部、中共教育部党组关于加强民办高校党的建设工作的若干意见

（教党[2006]31号2006年12月21日）

为加强党对民办高校的领导，促进民办高校健康发展，维护民办高校的和谐稳定，根据《中国共产党章程》和有关规定，现就加强民办高校党建工作提出以下意见。

一、充分认识加强民办高校党建工作的重要性和紧迫性

(一)《中华人民共和国民办教育促进法》实施以来，民办高校快速发展，取得了很大成绩，成为社会主义高等教育事业的重要组成部分。加强民办高校党建工作，对于全面贯彻党的教育方针、坚持社会主义办学方向、促进民办高校健康发展，对于加强和改进大学生思想政治教育、不断提高人才培养质量、为全面建设小康社会提供强有力的人才和人力资源保证，对于巩固党的阶级基础、扩大党的群众基础、加强党的执政能力建设和先进性建设，具有重要而深远的意义。

(二)近年来，各地各部门和民办高校按照中央有关要求，切实加强民办高校党建工作，民办高校党的组织体系逐步健全，党组织的创造力、凝聚力、战斗力不断增强。在新的历史条件下，民办高校党建工作还存在一些亟待解决的问题。有些地方对民办高校党建工作重视不够；有些民办高校忽视党的建设和思想政治工作，党组织的工作机制不够顺畅，党务干部队伍比较薄弱；有些民办高校党组织和党员不能充分发挥作用。这些问题严重影响了民办高校的改革发展稳定，必须引起高度重视，下大力气解决。

(三)加强民办高校党建工作，要以邓小平理论和“三个代表”重要思想为指导，全面贯彻落实科学发展观，坚持育人为本、德育为先，结合民办高校的办学特点和工作实际，采取有效措施，加强民办高校党的思想、组织、作风和制度建设，充分发挥民办高校党组织凝聚人心、推动发展、促进和谐的作用，为促进民办高校的健康发展提供坚强有力的政治保证。

二、健全组织，理顺关系，明确民办高校党组织的作用和职责

(四)建立健全民办高校党组织。具备建立党组织条件的，必须及时建立党组织。暂时不具备建立党组织条件的，要积极创造条件建立党组织。根据党员人数和工作需要，民办高校一般设立党的基层委员会。党组织应本着精干、高效和有利于加强党的建设的原则，设立办公室、组织部、宣传部和纪律检查等工作部门，配备必要的工作人员。院系及以下单位党组织的设置形式，按照有关规定确定。党组织负责人应按照有关规定选举产生，并报上级党组织批准。党组织负责人工作变动时，必须征求上级党组织的意见。

(五)明确和理顺民办高校党组织的隶属关系。民办高校党组织原则上实行属地管理，党组织关系一般隶属于省(自治区、直辖市)、市(地、州、盟)党委教育工作部门党组织。有特殊情况的，党组织的隶属关系由党委教育工作部门商同级党委组织部门确定。

(六)民办高校党组织发挥政治核心作用，主要职责是：

1. 宣传和执行党的路线方针政策，执行上级党组织的决议，坚持社会主义办学方向和教育公益性原则，致力于培养社会主义建设事业的各类人才。

2. 引导和监督学校遵守法律法规，参与学校重大问题的决策，支持学校决策机构和校长依法行使职权，督促其依法治教、规范管理。

3. 支持学校改革发展，及时向上级党组织和政府职能部门反映学校的合理要求，帮助解决影响学校改革发展稳定的突出问题。

4. 全面加强学校党的思想、组织、作风和制度建设，做好党员教育管理工作。

5. 领导学校思想政治工作和德育工作。

6. 领导学校工会、共青团、学生会等群众组织和教职工代表大会。

7. 做好统一战线工作，支持学校内民主党派的基层组织按照各自的章程开展活动。

三、全面加强民办高校党组织自身建设

(七)加强民办高校党组织领导班子建设。坚持用马克思主义中国化的最新成果武装头脑、指导实践、推动工作，不断提高党组织领导班子成员的思想政治素质和工作能力。贯彻民主集中制原则，积极推进双向进入、交叉任职，党组织领导班子成员可通过法定程序进入学校决策机构和行政管理机构，符合条件的学校决策机构和行政管理机构中的党员可按照党的有关规定进入党组织领导班子。建立党组织与学校决策机构的协商沟通机制，与学校行政管理机构的联席会议制度。党组织对学校的发展规划、人事安排、财务预算、基本建设、招生收费等重大事项，提出意见建议，参与研究讨论。

(八)选好配强民办高校党组织负责人。民办高校必须有一名以上的专职党组织负责人。根据工作需要，党委教育工作部门可选派德才兼备、熟悉教育工作的党员，到民办高校担任党组织负责人，也可选派退休干部中的党员到民办高校党组织任职。加强教育培训，不断提高党组织负责人的素质。加强考核监督，确保党组织负责人努力工作，廉洁自律。党组织负责人兼任政府派驻学校的督导专员。

(九)加强民办高校党务干部队伍建设。从民办高校的实际出发，逐步建立一支素质优良、精干高效、专兼职结合的党务干部队伍。院系及以下党组织负责人应由政治素质好、群众威信高、工作能力强、热心党务工作的党员担任。院系党组织应至少配备1名专职组织员。对兼职从事党建工作的人员，应计算工作量。

(十)加强民办高校党员教育管理。抓好学习培训，通过培训班、党课、报告会和研讨会等形式，有计划地组织好党员的学习教育。加强实践锻炼，深入开展“创先争优”活动和主题实践活动，组织党员立足本职岗位发挥先锋模范作用。严格组织生活，认真执行“三会一课”制度，定期开展民主评议党员、党员党性分析评议。加强流动党员管理，在民办高校从事专职工作半年以上的党员，应转入组织关系。设立党校，充分发挥党校在党员教育中的重要作用。按照有关规定，妥善处置不合格党员。

(十一)积极而慎重地做好民办高校的发展党员工作。坚持和完善发展党员工作的标准和程序，成熟一个、发展一个，实行发展党员公示制和发展党员票决制，确保民办高校新党员的质量。坚持把培养教育贯穿于发展党员工作的全过程，切实加强入党前、入党时、入党后教育，实现党员组织入党和思想入党的统一。

四、加强和改进民办高校大学生思想政治教育

(十二)把社会主义核心价值体系融入民办高校大学生思想政治教育的全过程。用马克思主义中国化的最新成果教育广大学生，使马克思主义成为广大学生的精神支柱和强大思想武器。深入开展理想信念教育，引导广大学生牢固树立中国特色社会主义共同理想。大力弘扬以爱国主义为核心的民族精神和以改革创新为核心的时代精神，引导广大学生始终保持昂扬向上、奋发有为的精神状态。广泛进行社会主义荣辱观教育，推动形成知荣辱、讲正气、促和谐的良好风尚。

(十三)努力拓展民办高校大学生思想政治教育的有效途径。深入开展社会实践，大力建设校园文化，主动占领网络思想政治教育阵地，切实加强心理健康教育，认真做好毕业生的就业指导和服务工作，充分发挥党团组织、学生组织和班级、社团等组织的作用，不断增强思想政治教育的针对性、实效性和吸引力、感染力。

(十四)加强辅导员班主任队伍建设。辅导员总体上按师生比不低于1：200的比例配备，每个班级都配备1名班主任。规模较小的学校，可适当增加比例。

五、维护民办高校安全稳定，努力建设和谐校园

(十五)建立健全维护民办高校安全稳定的工作机制。民办高校法定代表人是学校安全稳定工作的第一责任人。民办高校党组织要加强对安全稳定工作的督促检查，积极协调决策机构、行政管理机构，研究部署学校的安全稳定工作。推动建立科学有效的利益协调机制、诉求表达机制、矛盾调处机制、权益保障机制和舆情分析研判机制。拓宽师生意愿表达渠道，推行学校党政负责人接待师生、联系师生制度。综合运用法律、政策、行政等手段和教育、协商、疏导等办法，统筹化解矛盾纠纷。

(十六)加强民办高校安全稳定的基层基础工作。加强以院系党组织和学生党支部为核心的基层组织建设，推动完善维护安全稳定的基层组织网络。开展平安、健康、文明、和谐校园创建活动。强化学校内部管理，加强应急管理工作，推进学校安全保卫工作队伍建设。加强师生安全教育和法制教育，提高师生守法自律意识，有效预防违法违纪行为。配合有关部门持续开展学校及周边治安综合治理，维护学校正常的教学、工作和生活秩序。

(十七)严格落实维护民办高校安全稳定责任追究制。推动建立学校安全稳定工作责任制和工作制度，逐级签订责任书，建立安全稳定工作责任体系。党委教育工作部门要加强对民办高校安全稳定工作的督导检查，对抓安全稳定工作成绩突出的要予以表彰；对思想不重视、工作不得力的要提出批评，限期整改；对不认真履行职责，没有及时解决责任范围内的安全稳定问题，造成不良影响和严重后果的，要追究相关责任人的责任。

六、切实加强对民办高校党建工作的领导

(十八)地方党委要把民办高校党建工作摆上重要议事日程，纳入党建工作责任制，切实加强领导，建立党员领导干部联系民办高校制度。党委组织部门要加强工作规划、政策指导，帮助解决民办高校党建工作中的实际问题。党委教育工作部门要加强组织协调、督促检查，负责指导本地民办高校党建工作。

(十九)不断完善加强民办高校党建工作的体制机制。民办高校党组织负责人是抓党建工作的第一责任人，要协调决策机构、行政管理机构成员，根据分工抓好职责范围内的党建工作，形成党组织统一领导，有关职能部门各司其职、密切配合的工作格局。健全民办高校党建工作保障体系，为党组织开展活动提供必要条件。党组织的活动经费必须列入学校年度经费预算，党组织活动的时间和场所要有保证。上级党组织在党费使用上，要对民办高校给予支持。

(二十)大力推进民办高校党建工作创新。鼓励和支持民办高校党组织根据学校特点和工作实际，探索充分发挥党组织和党员作用的有效方法，创造性地开展工作。鼓励和支持公办高校对口支持民办高校，将党建工作的好经验、好做法推广运用到民办高校。各地可根据实际，建立一批民办高校党建工作示范点，加大支持和指导力度，发挥示范点的辐射带动作用。树立正确舆论导向，大力宣传好的做法和经验，表彰先进典型。加强调查研究，组织理论工作者和实际工作者开展科学研究，为加强民办高校党建工作提供理论支持和决策依据。

(二十一)加强对民办高校党建工作的评估检查。党委教育工作部门要积极探索建立民办高校党建工作评估指标体系，定期开展民办高校党建工作督查检查，发现问题，及时解决。要会同有关部门，认真开展民办高校年度检查，把党的建设和思想政治工作情况作为年度检查的重要内容，促进民办高校提高党建工作水平。

本意见所指的民办高校是实施本、专科学历教育的民办高校。

独立学院党建工作参照本意见执行。

各地党委组织部门、党委教育工作部门和民办高校要结合本地本校实际，提出贯彻落实本意见的具体实施办法。

八　辽宁省地方性教育法规

辽宁省实施《中华人民共和国教师法》若干规定

(1996年7月28日辽宁省第八届人民代表大会常务委员会第二十二次会议通过，自1996年7月28日起施行)

第一条 为了贯彻《中华人民共和国教师法》，保障教师的合法权益，加强教师队伍建设，促进教育事业的发展，结合我省实际，制定本规定。

第二条 各级人民政府应制定教师队伍建设规划，加强尊师重教的宣传工作，为教师办实事，在全社会形成尊师重教的风尚；并在每年的教师节期间组织开展庆祝活动，表彰先进，调动教师的积极性。

第三条 省、市、县（含县级市、区，下同）教育行政部门主管本行政区域内的教师工作。具体职责是：

（一）制定教师管理工作方案；

（二）认定教师资格；

（三）制定教师培养、培训规划并组织实施；

（四）指导和监督教师的考核工作；

（五）管理教师奖惩、工资福利、职务评聘、录用调配等工作。

省、市、县有关部门在各自职权范围内做好有关的教师工作。

第四条 国家机关、企业事业单位和其他社会组织举办的学校和教育机构的教师，由其主管部门依法履行管理职责。

第五条 高等学校、中等职业学校以及成建制的成人学校按照有关法规的规定，自主进行教师管理；中小学校经县以上教育行政部门批准，可对教师的聘任、考核、奖惩、培训等进行自主管理。

第六条 省教育行政部门负责制定教师资格制度实施办法，报省人民政府批准后实施。

第七条 在学期间免交学费、享受专业奖学金的师范院校和非师范院校中师范专业的毕业生以及由国家补助集体支付工资的教师转为国家支付工资的教师，应在教育教学单位至少服务5年。

由国家补助、集体支付工资的教师转为国家支付工资的教师在教育教学单位的服务期自转正之日起算。

第八条 学校及其他教育机构，应根据上级有关部门确定的教师编制、教师职务结构比例，依照国家和省制定的教师职务条件及有关规定聘任教师。减少非教学人员，采用合理分流的办法安排富余教师和职工。

第九条 高等学校及中等职业学校由校长按有关规定在上级有关部门核定的编制、职务限额、结构比例、职务工资总额内，自主聘用符合任职条件的人员担任相应的教师职务。中小学教师由学校或县以上教育行政部门聘任。

第十条 省、市教育行政部门应根据本级人民政府行政区域内教师需求总量和地区分布情况，制定或者修订师资培养的规划和年度计划，逐步实现行政区域间和学科间师资的供需平衡。

第十一条 省、市人民政府就根据教育事业发展需要和国家标准建设师范院校。

第十二条 实行定向招生、定向分配制度，为农村培养师资力量。

教育行政部门应采取择优保送办法，鼓励中学优秀毕业生进入师范院校学习。

第十三条 师范院校和非师范院校中师范专业的学生享受专业奖学金。具体标准由省教育行政部门会同财政部门制定。

第十四条 省、市、县人民政府应增加对教师进修院校和培训基地的投入，并设立专项经费，保证培训需要。

第十五条 各级各类学校和其他教育机构的教师，每 5 年内应参加一次脱岗培训。培训的具体要求由省教育行政部门确定。

中小学教师应完成教育行政部门规定的继续教育学分。

第十六条 各级教育行政部门、学校主管部门、教师进修院校应为教师进修培训创造必要的条件，学校和其他教育机构应制定教师培训规划和计划，采取措施保证教师参加进修培训。

第十七条 省、市、县教育行政部门应按照管理权限分别制定高等学校、中等职业学校、中小学及幼儿园教师考核的原则、内容、标准、程序和方法，并对考核工作进行指导、监督。

学校和其他教育机构应建立健全教师考核制度，考核结果记入教师业务档案。

第十八条 教师考核结果分为优秀、称职、不称职三个等次，作为受聘任教、晋升工资、实施奖惩的依据。对考核优秀的，可按有关规定优先晋升工资、晋升教师职务；对考核职称的，可定期晋升工资、续聘教师职务；对考核不称职的，视情况暂缓晋升工资、低聘或解聘教师职务。

第十九条 各级人民政府及其有关部门对有突出贡献的优秀教师应给予表彰和奖励，可授予相应的荣誉称号。

社会组织和公民个人对教师进行奖励时，应按照教师管理权限，征求县以上教育行政部门的意见。

第二十条 省、市和有条件的县人民政府应按国家有关规定建立教育或教师奖励基金组织，募集奖励基金，用于对教师的奖励、培训等活动。

第二十一条 各级人民政府的教育经费支出，应在财政预算中单独列项。各级人民政府教育财政拨款的增长应当高于财政经常性收入的增长，并保证教师工资逐步增长，按月足额发放。拖欠教师工资的地区，应实行县统筹的办法。

第二十二条 中小学教师和中等职业学校教师享受教龄津贴、班主任津贴、特殊教育津贴、特级教师津贴以及国家和省确定设立的其他津贴。

第二十三条 凡在偏远农村工作的教师，应当享受补贴。补贴的具体办法和标准，由市、县人民政府根据当地情况作出具体规定。

第二十四条 各级人民政府及有关部门应将教师住房建设纳入城市住宅建设规划，并在城市统建住宅中，向教师提供一定比例的住房；应制定切实可行的计划和措施，尽快使城市教师住房人均居住面积达到或超过当地人均居住面积。

乡（镇）人民政府应为农村教师建房划拨宅基地并给予适当补助。

第二十五条 国家机关、企业事业单位和其他社会组织向职工租赁或出售住房时，职工配偶是教师的，在同等条件下应优先予以照顾。

各市、县建设的安居工程，对住房困难的教师应优先给予解决。

第二十六条 各级人民政府应逐步建立教师医疗保险制度。

学校和其他教育机构应组织45周岁以上或教龄20年以上的教师至少每3年进行一次身体健康检查。

第二十七条 教龄满30年的男性中小学教师和教龄满25年的女性中小学教师，享受提高退休金比例的待遇。具体实施办法由市、县人民政府制定。

第二十八条 有条件的乡（镇），应建立国家补助、集体支付工资的教师福利基金。

第二十九条 本规定自公布之日起施行。

辽宁省义务教育条例

(2008年11月28日辽宁省第十一届人民代表大会常务委员会第五次会议通过，自2009年2月1日起施行)

第一条 为了保障适龄儿童、少年享有平等接受义务教育的权利，保证义务教育的实施，根据《中华人民共和国义务教育法》等有关法律、法规，结合本省实际，制定本条例。

第二条 本省义务教育阶段的基本学制为小学、初中九年制或者九年一贯制。蒙古族、朝鲜族小学可以实行七年制，蒙古族、朝鲜族初中实行三年制。

第三条 义务教育实行省人民政府统筹规划实施、县（含县级市、区，下同）人民政府为主管理的体制。设区的市（以下简称市）人民政府负责本行政区域内义务教育的实施管理工作。

教育行政部门负责本行政区域内义务教育的具体实施工作。

财政、人事、发展改革、建设、公安、文化、卫生、体育、司法行政等有关行政部门在各自职责范围内做好义务教育的相关实施工作。

乡（镇）人民政府、街道办事处和村民委员会、居民委员会以及社会团体，应当协助教育行政部门开展适龄儿童、少年入学、防止辍学、家庭教育和学校周边环境治理等工作，支持义务教育的实施。适龄儿童、少年的父母或者其他法定监护人应当依法保证适龄儿童、少年接受义务教育。

第四条 义务教育不收学费、杂费。义务教育所需要的经费、师资、校舍和设施等由政府提供保障。

第五条 县以上人民政府教育督导机构应当依法对推行素质教育和均衡发展等义务教育工作情况进行督导，上一级人民政府应当将督导结果作为评价下一级人民政府义务教育实施工作的重要依据。

第六条 适龄儿童、少年免试就近入学。城市学校应当按照划定的学区招生，并将招生结果向社会公布。不得采取或者变相采取笔试、面试等测试形式选拔学生入学，不得将各种竞赛、社会各类考试成绩和证书或者捐助作为入学的条件，不得擅自跨学区招生。

第七条 市、县教育行政部门应当按照公平、公开和有利于就近入学的原则，合理拟定学区划分方案，报本级人民政府批准实施，并向社会公布，接受社会监督。

第八条 适龄儿童、少年的父母或者其他法定监护人持身份证、户口簿和市、县教育行政部门规定的其他证明材料到学区对应学校办理入学手续。

进城务工人员的适龄子女，可以在居住地接受义务教育。由父母或者其他法定监护人持本人身份证、居住证明、就业证明，向居住地的县教育行政部门提出申请，由其按照就近入学的原则指定学校接收。接收学校不得以额外招生为由收取接收费用。

前款所称就业证明，是指工作单位出具的劳动关系或者人事关系证明材料，或者个体工商户营业执照、街道办事处出具的自谋职业证明材料。

第九条 学校应当按照国家有关规定投保学生意外伤害校方责任保险，所需经费由学校公用经费支出。

第十条 学校必须按国家规定的标准每年组织学生进行一次身体健康检查，所需经费由学校公用经费支出。

第十一条 省人民政府应当按照国家规定的办学标准制定学校建设的具体标准并组织实施。市、县人民政府不得降低标准。

学校建设应当符合国家规定的选址要求和建设标准，确保学生和教职工的安全。

第十二条 市、县教育、建设、国土资源、发展改革等有关部门，应当根据学校设置规划，合理确定学校布局，依法保障义务教育需要的建设用地。有关行政监管部门必须严格监督学校建设的工程设计和施工质量，确保符合抗震设防和消防安全等方面的标准和要求。

根据学校设置规划，新建居民区需要建设学校的，应当与居民区同步设计、同步建设、同步投入使用。

第十三条 市、县人民政府应当统筹学校布局的调整和危房改造工作，结合本地区实际需要，加强标准化九年一贯制（寄宿制）学校建设。建设标准化九年一贯制（寄宿制）学校应当符合省级标准。

第十四条 审批学校周边建设项目，应当符合城乡规划、环境保护和学校安全的要求。

不得擅自拆迁和占用学校校舍、场地。确需拆迁或者占用的，应当经教育行政主管部门同意，依法办理相关审批手续，按照先建设后拆迁的原则，在保持校园完整性的前提下，就近补偿建设或者重新建设。补偿建设或者重新建设的用地面积不得少于原用地面积，学校的存量资产不得减少。

第十五条 省教育行政部门应当统筹规划特殊教育学校的布局和发展。

市、县人民政府应当按照国家和省的规定，根据需要设置接收适龄残疾儿童、少年的特殊教育学校，并达到省规定的标准。

第十六条 市人民政府可以根据需要设置专门学校，接收有法律规定的严重不良行为的适龄少年，完成义务教育。

专门学校的名称纳入普通学校序列。

第十七条 对未完成义务教育的未成年犯和被采取强制性教育措施的未成年人进行义务教育，由执行机关负责实施；所需经费按照执行机关隶属关系，由其本级人民政府予以保障；所在地的市教育行政部门负责业务监督、指导。

对未完成义务教育的服刑期满和解除强制性教育措施的未成年人，可以在居住地学校或者专门学校继续完成义务教育。

第十八条 对违反学校管理制度的学生，学校应当给予批评教育；情节严重的，可以给予纪律处分，但不得责令转学（不含转入专门学校）、退学或者开除学生。对有法律规定的严重不良行为的适龄少年，其父母或者其他法定监护人以及学校可以按照有关法律规定将其转送专门学校接受义务教育。

学校将学生转送专门学校的，应当向教育行政部门出具该学生严重不良行为的证明材料和品行评价报告，经校长签署意见，并附公安派出所、居民（村民）委员会的意见，报县教育行政部门审查同意。

第十九条 学校不得擅自向学生收费。由学校实施的服务性收费、代收费项目和标准，必须经省财政、物价、教育行政部门审查，报省人民政府审定并公布后，方可实施。

学生家长因学生管理教育事宜有权与学校、教师交涉，但不得干扰学校正常的教学秩序，不得以任何借口和形式伤害教师。

第二十条 学校应当按照国家有关规定，结合师生比例，均衡编班和配备教师，并向学生家长公布。学校逐步实行小班化教学。

第二十一条 省教育行政部门应当会同有关部门加强中小学师资培养，采取措施吸引优良生源接受师范教育，从事义务教育工作。

教育行政部门等有关部门应当执行国家统一的义务教育教师职务制度。对在教育教学上有突出成绩的教师，优先评聘高一级职务。

第二十二条 省教育行政部门应当加强统筹协调，拓宽教师交流渠道，优化教师资源配置，重点做好农村、贫困地区、少数民族地区和薄弱学校的教师资源配备，加大对口支援力度，鼓励并组织城市中小学教师到农村任教。

高等学校毕业生取得教师资格后到农村学校从事义务教育工作的，享受优惠待遇。具体优惠办法由省教育行政部门会同有关部门制定。

第二十三条 县以上人民政府应当按照国家有关规定，保障教师享受工资福利和社会保险待遇，改善教师工作和生活条件；完善农村教师工资经费保障机制。确保教师的平均工资水平不低于当地公务员的平均工资水平。

省人民政府应当逐步提高中小学班主任津贴标准。

学校应当组织教师至少每两年进行一次身体健康检查，所需经费按照隶属关系由县级以上同级财政承担。

第二十四条 市、县教育行政部门必须结合本地区教育资源状况，制定义务教育均衡发展规划，报本级人民政府批准后组织实施。规划应当包括有利于保障农村地区、贫困地区、少数民族地区实施义务教育，有利于改善薄弱学校办学条件的内容。

县以上人民政府必须采取资金扶持、教师交流、学区联合、统筹管理、资源共享等措施，对设施条件、师资力量、管理水平和社会评价相对较差的薄弱学校进行改造，并接受教育督导机构对改造进程和效果的监督，使辖区内义务教育阶段学校达到省制定的办学标准。

教育行政部门应当鼓励并组织城镇学校采取师资交流、代培教师、设备、图书捐赠等方式，开展对口支援工作，帮助农村学校改善办学条件，提高教学质量。

第二十五条 教育行政部门应当建立与素质教育相适应的义务教育教学质量监测评价体系，深化考试评价制度改革。实行省示范性普通高中和重点高中招生指标分配到校制度，并逐年提高比例。

第二十六条 学校应当执行国家规定的课程计划和课程标准，开全科目，开足课时。

学校、教师不得有下列行为：

（一）设置重点班、快慢（好差）班、实验班、特长班、补习班等；

（二）招收择校生，设置校中校；

（三）组织学生参加社会举办的文化课补习班，或者对学生实行有偿补课；

（四）挤占音乐、体育、美术、团队活动课和社会实践的课时，随意增减课程门类、难度和课时；

（五）歧视学生的行为和语言；

（六）其他不利于素质教育、教育公平和损害学生身心健康的行为。

第二十七条 教育行政部门和学校应当以学生日常行为养成教育为基础，改善德育工作方式和评价方法，逐步形成不同教育阶段相衔接、教育内容分层次递进、学校教育和家庭教育及社会教育相互贯通的德育工作体系，培养学生自觉接受和遵守社会公共道德规范。提倡学校组织学生参加有益身心健康的社会实践活动。

学校在教育教学工作中应当重视学生心理健康，开展心理健康教育，培养学生形成健康的人格心理。

第二十八条 学校应当加强体育工作，保证学生每天在校期间至少锻炼一小时，保证体育课的教学效果，开展丰富的课外体育健身运动，使学生达到国家学生体质健康标准。

学校应当加强美育工作，开展富有特色的校园文化艺术活动。

第二十九条 任何组织和个人不得违反国家教育行政部门规定的审批程序，擅自要求学校开设地方课程和专题教育课，不得组织学生购买未列入地方课程和专题教育课的有关书籍和资料。

第三十条 学校应当进行人身安全、自救和公共卫生等教育，根据学生成长的不同阶段开展多种专题教育，使学生具备交通、治安、火灾、地震、食物中毒等方面的安全防范意识和自我保护常识，并组织进行逃生自救、互救和紧急疏散避险等应急演练。

第三十一条 任何组织和个人不得有下列行为：

（一）侵占、挪用或者违法扣减义务教育经费；

（二）向学校、教师和学生非法收取、摊派费用，要求或者变相强制学校、学生订购教学辅导材料、参考书、进修资料、报刊杂志和食品等；

（三）低于国家规定的建设标准建设学校，出租、转让或者侵占学校的国有资产，或者改变学校的国有资产性质；

（四）向教育行政部门、学校或者教师下达升学指标或者规定考试成绩提高幅度，将学生升学情况和考试成绩作为评价教育行政部门、学校、教师工作或者学生的唯一标准；

（五）宣传、报道学校初中学生升学率、升学考试平均成绩和高分数学生等情况；

（六）组织或者要求学校组织学生参加与教育教学活动无关的各种庆典、集会、商业演出等活动；

（七）公布学生不良行为及其隐私。

第三十二条 县以上人民政府应当将义务教育经费全面纳入财政保障范围，确保用于国家实施义务教育财政拨款的增长比例高于财政经常性收入的增长比例，保证按照在校生人数平均的义务教育费用逐步增长，保证义务教育阶段教职工工资和学生人均公用经费逐步增长。对校舍安全、安全设备、应急演练、校车补助和学校公共卫生等必要的安全支出提供保障。

县以上人民政府应当在财政预算中将义务教育经费单列，确保义务教育经费专款专用，及时足额拨付。不得将上级补助资金、转移支付资金及教育费附加和地方教育费等资金挪用、扣减，或者以其抵顶正常的年度义务教育经费预算。

第三十三条 省人民政府按照确定的学生人均公用经费标准，统筹落实全省中小学公用经费，并逐步加大义务教育专项转移支付规模。义务教育免除的费用、补助所需资金和学生人均公用经费，由省、市、县人民政府按比例分担；学校教师工资经费由县以上同级财政承担，并保证依照国家规定标准按时足额发放。

少数民族学校、特殊教育学校和有残疾学生班的普通学校的学生人均公用经费标准，应当高于其他普通学校。

第三十四条 对农村义务教育阶段学生和城市义务教育阶段困难家庭学生免费提供教科书，逐步实现对城市义务教育阶段学生全部免费提供教科书，所需经费除中央财政转移支付外，由省人民政府和计划单列市人民政府承担。

对寄宿生免收寄宿费，具体办法由省人民政府制定。

对农村贫困家庭寄宿生生活费和家庭困难且路途较远的走读生交通费予以补助，对孤儿免收一切费用，并补助寄宿生生活费，所需经费由市、县人民政府共同承担。

第三十五条 农村义务教育阶段校舍建设、维修、改造所需资金，由市、县人民政府共同承担，省人民政府根据预算资金安排和各地区财力状况等情况，给予奖励性补助。

第三十六条 省、市、县人民政府设立义务教育均衡发展专项资金，主要用于支持农村学校改善办学条件和城市薄弱学校改造。

依法征收的城市教育费附加和地方教育费，应当主要用于改善义务教育阶段办学条件。

第三十七条 省设立义务教育阶段农村教师培训专项资金，用于省级骨干教师等人员培训，对贫困县和自治县的教师培训给予适当补助。

市、县设立义务教育阶段教师培训专项资金，用于义务教育师资培训。

学校按年度公用经费预算总额的一定比例安排教师培训费，用于教师按计划参加培训所支付的资料费和住宿、交通、伙食补助。

第三十八条 教师进修院校的办学经费应当纳入同级财政的保障范围。

第三十九条 市、县人民政府或者其相关行政部门违反本条例规定，未履行义务教育经费保障职责的，由上级人民政府责令改正，给予通报批评；情节严重的，对直接负责的主管人员和其他直接责任人员依法给予行政处分。

第四十条 市、县人民政府或者其教育行政部门违反本条例其他规定的，由本级或者上级人民政府、上级教育行政部门责令改正，给予通报批评；情节严重的，对直接负责的主管人员和其他直接责任人员依法给予行政处分。

第四十一条 学校、教师违反本条例规定的，由教育行政部门或者学校责令改正，给予通报批评；情节严重的，对直接负责的主管人员和其他直接责任人员依法给予行政处分；其中，违反本条例第六条、第二十六条、第三十一条规定的，视情节对校长或者教师给予行政处分或者予以解聘。其他组织和个人违反本条例第三十一条规定的，视情节由其上级机关对责任人给予行政处分。

第四十二条 本条例自2009年2月1日起施行。1986年5月17日辽宁省第六届人民代表大会常务委员会第二十次会议审议通过、1990年11月23日辽宁省第七届人民代表大会常务委员会第十九次会议修订的《辽宁省九年制义务教育条例》同时废止。

辽宁省实施《中华人民共和国职业教育法》办法

（1997年1月23日辽宁省第八届人民代表大会常务委员会第二十五次会议通过，根据2004年6月30日辽宁省第十届人民代表大会常务委员会第十二次会议关于修改《辽宁省实施<中华人民共和国职业教育法>办法》的决定修正）

第一章　总则

第一条　为实施科教兴省战略。发展职业教育，提高劳动者素质，促进社会主义现代化建设，根据《中华人民共和国职业教育法》，结合我省实际，制定本办法。

第二条　本办法适用于本省行政区域内的各级各类职业学校教育和各种形式的职业培训。国家机关实施的对国家机关工作人员的专门培训除外。

第三条　各级人民政府应当将发展职业教育纳入本地区国民经济和社会发展总体规则，调整结构和布局，优化资源配置，提高职业教育质量和办学效益。

第四条　国家机关、企业事业组织、社会团体、其他社会组织及公民个人依法举办的职业学校和职业培训机构受法律保护。提倡在法律和法规允许的范围内与国外及香港、澳门、台湾地区合作办学。

第五条　实施职业教育必须贯彻国家教育方针，对受教育者进行政治思想教育和职业道德教育，强化职业技能培养，加强职业指导，全面提高受教育者素质。

第六条　劳动者应在就业前或者上岗前接受必要的职业教育。用人单位应优先录用经过职业教育的学生就业，对未经培训已经就业的职工要进行岗前培训。

第七条　各级人民政府对本行政区域内的职业教育工作实行统一领导。教育行政部门负责对本地区所属的职业教育进行宏观管理和业务指导；对贯彻执行教育方针、政策和有关法律、法规情况进行监督检查；对学校教育工作进行评估。

劳动行政部门负责对技工学校和社会失业人员、企业富余人员职业技能培训机构的管理；指导企业职工和学徒培训工作；执行国家教育方针，监督检查有关法律、法规和政策执行情况；对其管理的技工学校和职业培训机构的教育工作进行评估。

计划、劳动、人事、财政行政部门应按照职责分工，做好人才需要预测、经费来源、毕业生就业录用和有关职业教育管理等方面的工作。

第二章 职业教育体系

第八条 职业学校教育是可以向受教育者颁发学历证书的职业教育，分为初等、中等、高等职业学校教育。

第九条 初等职业学校教育是指初中阶段的职业教育，培养具有一定专业基础知识和实际操作技能人员。初等职业学校教育主要实行初中阶段分流，或招收初中毕业生进行一年的职业教育。

第十条 中等职业学校教育是指高中阶段的职业教育，培训中等专业技术人员、管理人员和职业知识、技能要求较高的操作人员及中级技术工人等。中等职业学校包括普通中等专业学校、职业高级中学（含中等技术专业学校）和技工学校。

第十一条 高等职业学校教育是在高中阶段文化和职业技术基础上，实施的高等教育阶段的职业教育。主要培养应用型的中等以上专业技术人员、管理人员、操作人员。

第十二条 职业培训是指不向受教育者颁发学历证书、可以颁发结业证书的职业教育，分为初级、中级、高级职业培训。职业培训包括从业前培训、转业培训、学徒培训、在岗培训、转岗培训和其他职业性培训。

第三章 职业教育的实施

第十三条 省、市、县（含县级市、区，下同）人民政府应当举办发挥骨干和示范作用的职业学校、职业培训机构；推动农村职业教育事业的发展，大力扶持边远贫困地区的职业教育；采取措施帮助妇女接受职业教育，组织失业人员接受各种形式的职业教育，扶持残疾人职业教育的发展。

第十四条 各级人民政府主管部门、行业组织应当举办或联合举办职业学校、职业培训机构，组织、协调、指导本行业的企业、事业组织举办职业学校、职业培训机构。鼓励国家机关、事业组织、社会团体、其他社会组织及公民个人按照国家有关规定举办职业学校、职业培训机构。

第十五条 企业应当根据本单位的实际、单独或者联合举办职业学校、职业培训机构，也可以委托学校、职业培训机构对本单位职工和准备录用人员实施职业教育。

第十六条 企业、事业单位应当接纳职业学校和职业培训机构的学生和教师实习。对上岗实习的，应当给予适当的劳动报酬。

第十七条 举办职业学校和职业培训机构，必须具备国家规定的办学条件。职业学校的设立、变更和终止，应当按下列规定履行申报审批手续：

初等职业学校，由学校主管部门或办学单位申报，经所在地县教育行政部门审核，报同级人民政府审批。

职业高级中学，由学校主管部门申报，经市教育行政部门审核，报同级人民政府审批。中等职业技术专业学校，由学校主管部门申报，经市教育行政部门会同计划行政部门审核，报省教育行政部门、计划行政部门审批。

普通中等专业学校，由市人民政府或省行政主管部门申报，经省教育行政部门会同计划行政部门等有关部门审核，报省人民政府审批。技工学校由所在地市人民政府或省行政主管部门申报，经省劳动行政部门审核，报省人民政府审批。

高等职业学校按国家有关规定报批。

第十八条 职业培训机构按管理分工分别由教育、劳动等部门审批。国家机关、事业单位举办的，需经同级编制行政部门审定后报批。

第十九条 职业学校和职业培训机构发布招生广告（含招生简章），必须按有关规定履行审批手续。

政府有关部门的工作人员审查办学资格，办理刊播广告证明等必须坚持原则，严格依法办事。

第二十条 职业学校、职业培训机构必须按国家规定开设专业；按教学计划和教学大纲要求完成教学任务和组织实习教学。在实习中不得安排未成年学生从事过重、有毒、有害的劳动或者危险作业。

第二十一条 职业学校学生学业期满，按照教学大纲的要求进行考核，合格者发给由教育行政部门或劳动行政部门核准的学历证书；技术性专业（工种）的学生，经劳动行政部门批准的职业技术鉴定机构考核鉴定，合格的发给劳动行政部门核准的职业资格证书。

接受职业培训的学员，经职业学校或者培训机构考核合格，发给劳动或教育及行业主管部门核准的培训证书。

第二十二条 按国家特殊需要招收和培养的毕业生，必须按照国家计划就业；委托和定向培养的毕业生，按合同规定就业；其他职业学校毕业生，由用人单位择优录（聘）用。

职业学校毕业生就业后的待遇按国家有关规定及劳动合同执行。

第二十三条 鼓励和支持职业学校毕业生组织起来就业或自谋职业。对自谋职业和回乡参加农业生产的职业学校毕（结）业生，当地人民政府应当根据国家有关规定给予扶持。

第四章　职业教育的保障条件

第二十四条　职业教育所需经费，按职业学校和职业培训机构的性质，分别采取各级财政拨款、办学主管部门（单位）自筹、按规定收取学费、学校创收、社会捐助等多种途径解决。

第二十五条　省财政部门在编制教育经费预算时，会同有关部门制定职业学校生均经费标准。职业学校举办者应当按照生均经费标准足额拨付职业教育经费。

第二十六条　企业用于本单位职工和准备录用人员职业教育的费用，按省政府确定的标准执行。

第二十七条　各级地方人民政府对依法征收的教育费附加，应当安排一定比例用于发展职业教育，并逐年增加。

第二十八条　职业学校、职业培训机构对非义务教育阶段的学生可以适当收取学费，对经济困难的学生和残疾学生酌情减免。收费标准由省教育、劳动行政部门提出，经省财政、物价行政部门审核，省政府审批。

职业学校、职业培训机构收取的学费和举办企业、从事社会服务等收入主要用于自身发展，任何组织和个人不得挪用与克扣。

第二十九条　职业学校的基本建设项目，纳入地方政府基本建设计划，免征征地费、动迁费以外的一切费用。

第三十条　职业学校、职业培训机构教师实行教师职务制度，聘任后享受相应的待遇。职业学校专业技能教师可同时实行专业技术职称制度。

第三十一条　有条件的高等院校、教育学院有责任培养和培训职业教育师资。鼓励大专院校毕业生到职业学校任教。学校主管部门应当选派具备条件的专业技术人员担任职业学校的专职或兼职教师。

职业学校可以选拔优秀毕业生到高等院校相应专业学习，毕业后回校担任专业课教师或实习指导教师。

第三十二条　教育行政部门及有关部门应当组织职业教育科学研究和教学研究，建立健全职业教育研究机构，推广职业教育研究和试验成果；加强职业教育教材编辑、出版和发行工作。

第五章　法律责任

第三十三条　滥发职业学校学历证书、职业资格证书和培训证书的，分别由教育、劳动行政部门宣布证书无效，责令收回，对直接负责的主管人员和其他直接负责人员给予行政处分。有违法所得的，没收违法所得；情节严重的，取消其颁发证书的资格。

第三十四条 未经批准开办职业学校、职业培训机构的，由教育或劳动行政部门予以取缔，有违法所得的，没收违法所得；对直接负责的主管人员和其他直接责任人员予以行政处分。构成犯罪的，依法追究刑事责任。

第三十五条 职业学校、职业培训机构超出规定标准收取学费的，按有关规定处罚。

第三十六条 非法占用或破坏职业学校、职业培训机构的场地、校舍、设备或扰乱教学秩序的，由有关部门依照《中华人民共和国教育法》第七十二条的规定处理。

第三十七条 不认真审查办学资格，在办理刊播广告证明中违反国家有关规定造成严重后果的，由所在单位或上级行政主管部门予以行政处分。

第三十八条 职业学校及职业培训机构擅自发布招生广告（含招生简章）或广告经营单位违反有关规定承办招生广告的，由工商行政管理部门依法处罚。

第六章　附则

第三十九条 本办法自公布之日起施行。1987年7月25日辽宁省人民代表大会常务委员会公布施行的《辽宁省职业技术教育条例》同时废止。

辽宁省民办教育促进条例

（2006年12月1日辽宁省第十届人民代表大会常务委员会第二十八次会议通过，自2007年2月1日起施行）

第一条 为促进和引导我省民办教育事业的健康发展，维护民办学校及其教职工和受教育者的合法权益，根据《中华人民共和国民办教育促进法》和有关法律、法规的规定，结合本省实际，制定本条例。

第二条 本条例适用于本省行政区域内国家机构以外的社会组织或者个人，利用非国家财政性经费，面向社会举办学校及其他教育机构的活动。

第三条 各级人民政府应当将民办教育事业纳入国民经济和社会发展规划，实行积极鼓励、大力支持、正确引导、依法管理的方针，及时研究解决民办教育发展中的重大问题。

第四条 省、市、县（含县级市、区，下同）教育行政部门主管本行政区域内的民办教育工作。

劳动和社会保障行政部门及其他有关部门在各自的职责范围内，分别负责有关的民办教育工作。

第五条 民办学校应当遵守法律、法规和规章，贯彻国家的教育方针，保证教育教学质量，致力于培养社会主义建设各类人才。

第六条 民办学校的举办者可以用资金、实物、土地使用权、知识产权以及其他财产作为办学出资。对民办学校的举办者以实物、土地使用权、知识产权以及其他财产出资的，应当依法进行评估。

民办学校举办者应当及时、足额履行出资义务，办学出资必须办理验资、过户手续。

民办学校举办者投入学校的资产应当与举办者的其他资产相分离，民办学校存续期间，举办者不得抽逃、占有、使用、处置或者以其他方式挪用其投入学校的资产。

第七条 实施学历教育和学前教育民办学校的设置标准，参照同级同类公办学校的设置标准执行。

非学历高等教育民办学校的设置标准由省教育行政部门制定。

各类民办文化教育培训学校的设置标准由市教育行政部门制定。

以职业技能为主的职业资格培训、职业技能培训民办学校的设置标准由省劳动和社会保障行政部门制定。

第八条 设立民办学校应当按照法定条件报有关行政机关审批：

（一）普通高等本、专科学校的设立，按照国家规定的权限审批；高等职业学校的设立，报省人民政府审批，并报国务院教育行政部门备案；师范、医药类高等职业学校的设立和调整按照国家规定报国务院教育行政部门审批；

（二）设立非学历高等教育学校报省教育行政部门审批；

（三）实施中等及其以下学历教育学校和学前教育学校的设立，按照同级同类公办学校的审批规定执行，中等学历教育学校报省教育行政部门备案；

（四）设立各类文化教育培训学校，根据层次和规模报市、县教育行政部门审批；

（五）设立以职业技能为主的职业资格培训、职业技能培训的民办学校，报县以上劳动和社会保障行政部门审批，劳动和社会保障行政部门应当在批准后30日内将批准文件抄送同级教育行政部门备案。

对涉及多个办学层次的设立申请，由高层级的审批机关统一受理。

第九条 民办学校的名称应当符合有关法律、行政法规的规定，不得损害社会公共利益。未经省教育行政部门或劳动和社会保障行政部门批准，民办学校在名称中不得冠以“辽宁省”“辽宁”字样。

第十条 对批准正式设立的民办学校，学校审批机关应当颁发办学许可证，并在20日内将批准正式设立的民办学校及其章程向社会公告。

第十一条 民办学校应当在取得办学许可证后30日内到民政部门办理法人登记。民政部门应当简化登记手续，对提供符合《中华人民共和国民办教育促进法实施条例》规定材料的民办学校，应当自收到申请材料之日起5个工作日内完成登记程序。

第十二条 民办学校应当严格遵守国家以及省有关法律、法规，提供符合标准的校舍和教育教学设施、设备，提供安全的教育教学环境，切实保障受教育者的人身安全和财产安全。

第十三条 民办学校应当与聘任的教师、职员签订聘任合同，明确双方的具体权利和义务。发生争议的，按照国家和省人事争议的有关规定处理。

民办学校应当与招用的其他工作人员依法签订劳动合同。发生争议的，按照国家和省劳动争议的有关规定处理。

第十四条 省、市、县人民政府及其有关部门应当采取措施保障民办学校及其受教育者、教职工的下列权利：

（一）民办学校的受教育者在升学、就业、参加先进评选、申请科研项目、医疗保险以及助学贷款、乘车等方面，享有与同级同类公办学校的受教育者同等待遇；

（二）民办学校的教职工在业务培训、教师资格认定、职称评定、岗位聘用、教龄和工龄计算、表彰奖励、社会活动以及申请科研项目等方面，享有与同级同类公办学校的教职工同等权利；

（三）民办学校在水、电、煤气、采暖、排污等公用事业性收费方面，享有与同级同类公办学校同等待遇。

第十五条 民办学校应当依法保障教职工的工资、福利待遇，并为教职工缴纳社会保险费。

鼓励民办学校为教职工办理补充养老保险。

第十六条 民办学校可以根据办学宗旨、培养目标自主确定招生的范围、标准和方式。国家对高等学历教育招生另有规定的，从其规定。

民办高等学校、普通高中、中等职业学校的学历教育招生应当纳入省、市招生计划，享受与同级同类公办学校同等权利。

具有本省户籍的民办学校初中毕业生、高中毕业生和中等职业学校毕业生，可以在其学校所在地参加高中阶段入学考试和高等学校入学考试。

第十七条 民办学校应当依法建立财务、会计制度和资产管理制度，聘任具有从业资格的专职财务人员，对举办者投入的办学资产、国有资产、受赠的财产、收取的费用以及办学积累等应分别登记建账。

民办学校资产的使用和财务管理接受审批机关和其他有关部门的监督。

第十八条 民办学校应当严格执行国家、省有关收费、退费方面的规定。对接受学历教育的受教育者收取费用的项目和标准，应当报价格主管部门批准并公示，对其他受教育者收取费用的项目和标准，应当报价格主管部门备案并公示。禁止以任何名义跨学年、跨学期收取费用，以及收取或者变相向学生及家长收取储备金、赞助金、抵押金等。

民办学校收费应当依法使用规定的票据，具体办法由省财政、税务部门制定。

第十九条 任何组织和个人向民办学校收取费用必须具有法律、法规依据，并严格依照法定程序进行。对于违反法律、法规规定收取费用的行为，民办学校有权拒绝。

第二十条 教育行政部门、劳动和社会保障行政部门以及其他有关部门应当建立健全监督管理制度，加强民办学校资产、财务管理，保证教育教学活动的正常开展，并与有关部门密切配合，查处各种违法办学行为，维护民办学校及其教职工和受教育者的合法权益。

第二十一条 民办学校必须按照《中华人民共和国广告法》等相关法律、法规的规定，发布广告和招生简章。民办学校应当在发布广告和招生简章15日前，将拟发布广告和招生简章的内容、发布形式及其相关证明材料送学校审批机关备案。民办学校正式发布广告和招生简章的内容必须与报送学校审批机关备案的材料相一致。

第二十二条 民办学校侵犯受教育者的合法权益，受教育者及其亲属有权向教育行政部门和其他有关部门申诉，有关部门应当在接到申诉后30日内予以处理。不属于本机关管理权限的，应当及时告知受教育者向有关部门提出申诉。

第二十三条 鼓励社会中介组织和行业自律组织为民办学校提供服务，促进民办学校依法自主办学。

社会中介组织可以接受民办学校或者教育行政部门、劳动和社会保障行政部门委托，开展行业人力资源预测，进行办学水平和教育质量的评估，为民办学校的教学改革、专业建设、课程与教材建设和教师培养、毕业生就业等提供专项服务。

民办学校行业自律组织应当依照其章程，开展民办学校之间的交流与合作，加强民办学校行业自律制度建设，促进民办学校依法规范办学。

第二十四条 建立和健全民办学校的风险防范机制，具体办法由省人民政府制定。

第二十五条 鼓励和扶持实施适应振兴老工业基地需要的职业教育的民办学校、在贫困地区设立职业教育的民办学校。

第二十六条 省、市、县人民政府可以根据具体情况设立民办教育发展专项资金，用于资助民办学校的发展，奖励和表彰有突出贡献的集体和个人。

第二十七条 鼓励社会基金组织为民办学校提供贷款担保，鼓励信托机构利用信托手段筹集资金支持民办学校的发展。

第二十八条 新建、扩建民办学校，其建设用地应当纳入当地城乡建设规划，对于捐资举办的民办学校和出资人不要求取得合理回报的民办学校，经有批准权的人民政府批准，可以划拨方式提供国有土地使用权。

第二十九条 民办学校教师和公办学校教师流动时，其工龄和教龄均应连续计算，有关部门或者组织应当予以保障和提供服务。

第三十条 民办学校变更名称、层次、类别、地址，由学校理事会、董事会或者其他形式的决策机构报学校审批机关批准，并应当自学校审批机关批准之日起30日内，向民政部门申请变更登记。

民办学校调整举办者之间的出资比例，必须经学校理事会、董事会或者其他形式的决策机构同意，学校审批机关核准。

教育行政部门审批的民办学校增加职业资格、职业技能培训项目，应当经同级劳动和社会保障行政部门审批；劳动和社会保障行政部门审批的民办学校增加非学历文化教育培训项目，应当经同级教育行政部门审批。

第三十一条 民办学校、学校审批机关和其他有关部门违反法律、法规及本条例规定的，依照《中华人民共和国民办教育促进法》等有关法律、法规的规定处理。

第三十二条 民办学校违反有关规定，利用广告作虚假宣传的，由工商行政管理部门、教育行政部门、劳动和社会保障行政部门依据各自职责，予以处理。

第三十三条 依法在工商行政管理部门登记的经营性民办培训机构的管理，按照国家有关规定执行。

第三十四条 本条例自2007年2月1日起施行。

辽宁省学校安全条例

（2006年5月26日辽宁省第十届人民代表大会常务委员会第二十五次会议通过，自2006年8月1日起施行）

第一章　总则

第一条　为了加强学校安全管理，预防和处理学校安全事故，保护学生的安全，根据有关法律、法规，结合本省实际，制定本条例。

第二条　本条例所称学校安全是指学校校园和学校周边环境安全以及学校组织的校外活动安全。

第三条　本省行政区域内的普通中小学校、中等职业学校、特殊教育学校（以下统称学校）的安全管理，适用本条例。

第四条　省、市、县（含县级市、区，下同）人民政府应当履行对辖区内学校安全工作的领导、协调、监督、检查的职责，保障学校安全。

乡镇人民政府依其职责，做好辖区内学校安全工作。

第五条　省、市、县人民政府教育行政部门负责本行政区域内的学校安全工作。

劳动和社会保障行政部门及其他有关部门按照职责负责有关的学校安全工作。

第六条　省、市、县人民政府和民办学校的举办者应当对学校安全经费予以保障。

第七条　国家机关、企事业单位、社会团体和其他组织和个人，均有维护学校安全的义务，应当支持和帮助学校安全的建设和治理。

第八条　学校对学生负有安全教育、管理和保护的责任。学校应当根据不同受教育阶段、不同年龄学生的生理、心理特点和教育规律，建立健全安全管理制度。

第九条　学生父母或者其他监护人应当依法履行监护义务，加强对学生的安全教育，配合学校做好学生的安全教育、管理和保护工作。

第十条　学生应当遵守学校规章制度，自觉接受学校的安全教育和管理，不得从事危及自身、他人和学校安全的活动。

第二章　安全教育和管理

第十一条　省、市、县人民政府应当按照国家规定确保学校选址安全。

省、市、县人民政府应当定期对学校的校舍和其他基础教育教学设施和生活设施的安全情况进行检查，对存在的不安全因素要及时排除，对确认为危房或存在其他重大安全隐患的，责成相关责任部门或民办学校举办者限期解决。

第十二条 学校主管部门应当指导和督促学校落实安全责任制，将学校安全工作列入学校目标管理的内容，定期进行考核。

第十三条 学校应当建立健全安全管理工作责任制，校长是学校安全的第一责任人。学校配备必要的专职或者兼职人员，负责做好安全管理的具体工作。

第十四条 学校应当对学生及教职工开展安全教育，培养学生及教职工的安全意识，针对可能出现的人为伤害和自然灾害开展安全知识和安全技能培训，提高学生及教职工的自救、自护和互救能力。

第十五条 学校和学生父母或者其他监护人应当密切配合，加强对学生进行心理健康教育，帮助学生克服心理压力和障碍，防止和减少学生自伤、自残、他伤事故的发生。

学生患有精神疾病或者其他可能对学校安全造成重要影响的疾病，学校和学生父母或者其他监护人应当及时采取措施，防止学校安全事故的发生。

第十六条 学校应当按照消防法律、法规的规定履行消防安全职责，实行防火责任制，配备消防设施和器材，定期组织检验、维修，确保消防设施和器材完好、有效。公安消防部门应定期进行检查，并指导学校开展消防安全教育和应急演练。

教学用房、学生宿舍、食堂、图书馆、体育馆等学生聚集的场所应当按照消防规定配备应急照明装置，设置安全出口标志，并保证疏散通道、安全出口畅通。

第十七条 学校应当建立外来人员进出学校的登记制度。未经允许，外来人员和车辆不得进入学校。经允许进入学校的车辆，应当按照规定的线路和限定的速度行驶，并在指定地点停放。

第十八条 学校应加强饮食卫生管理，设立的食堂和从事食堂工作的人员，应当符合卫生行政部门的有关要求。

学校提供给学生的食品、饮用品和药品等，应当符合国家卫生标准和其他有关标准。

第十九条 学校用于接送学生的自有车辆，应当经有关部门安全技术检测合格，并聘用驾驶技术良好和道德品质优良的驾驶员。学校租用经营性车辆的，应当选择合法的车辆运输经营者，其车辆和从业人员应当符合行业有关规定，并与租用单位签订安全责任书。

第二十条 学校组织学生参加教学实验、军事训练、公益劳动或者社会实践等教育教学活动和集会、文化体育等活动，应当事先告知学生在活动中需要注意的安全事项，并采取必要的防护措施。

第二十一条 学校不得以任何形式和名义组织学生从事接触易燃、易爆、有毒、有害等危险品的劳动以及超越其行为能力或者自我保护能力的各类危险性活动。学校不得在危及学生人身安全的场地开展活动。

第二十二条 学校应当建立学生健康档案。按照国家规定，配备可以处理一般伤病的医疗用品和专（兼）职卫生技术人员。

学校应当协助卫生行政部门和疾病预防控制机构在学校采取疾病预防控制措施，发现传染病病人或者疑似传染病病人时，应当立即向所在地的疾病预防控制机构报告。

学校应当对患有精神疾病、传染性疾病或者有可能影响学校安全的其他情形的教职工，及时作出相应的处理。

第二十三条 提供学生住宿的学校应当配备专职教职工负责管理学生宿舍的安全，建立健全宿舍管理制度，落实夜间值班、巡查责任，并加强对宿舍用电和防火防盗设施的安全检查。学校不得租用普通民用住宅作为学生宿舍。

第二十四条 学校教职工负有维护学校安全的义务。发现有危及学生人身和财物安全的行为或者有其他安全隐患的，应当及时制止和报告。发现学生打架斗殴、寻衅滋事，应当及时制止。发现学生携带的易燃易爆物品、有毒物品、管制刀具和其他危险物品，应当予以没收，并上缴公安机关。

教职工不得体罚、侮辱学生，防止对学生造成身心伤害。

第二十五条 公安机关应当与学校建立治安管理联系制度。在校园周边治安复杂地区设立治安岗亭，加强对学校及其周边的巡逻。及时制止、处理侵害学生和教职工人身财物安全的违法行为。

第二十六条 公安、交通管理部门应当在学校周边道路设置完善的警示、限速、慢行、让行等交通标志及交通安全设施，在学校门前的道路上施划人行横道线，有条件的设置人行横道信号灯。对接送学生的车辆加强管理，定期检查。

在地处交通复杂路段的小学，上学和放学时段以及学校组织大型外出活动时，应当有民警或协管员维持学校门口道路的交通秩序。

第二十七条 工商、城市管理行政执法等行政部门应当按照各自职责，对在学校周边摆摊设点、堆放杂物，依傍学校围墙搭建建筑物、构筑物等及时进行清理。

第二十八条 文化行政部门应当对学校周边200米范围内的互联网上网服务营业场所予以取缔，对违法接纳未成年人进入的互联网上网服务营业场所和娱乐场所依法进行处理。

第二十九条 学校主管部门应当会同公安、交通、文化、卫生、工商、城市管理行政执法等部门，定期对下列学校安全事项进行检查：

（一）安全管理工作责任制的落实情况；

（二）安全教育的开展情况；

（三）学校教学和生活设施、设备的安全情况；

（四）学生食品卫生状况；

（五）消防安全情况；

（六）车辆安全使用情况；

（七）学校周边环境的安全状况；

（八）娱乐场所和互联网上网服务营业场所违法容留未成年人情况；

（九）法律、法规规定需要检查的其他事项。

第三十条 学校每学期应当进行不少于两次的内部安全检查。对检查中发现的安全问题或者隐患，应当及时采取措施解决；学校不能解决的，应当及时报告学校主管部门和举办者，由学校主管部门或者举办者予以解决。

第三十一条 鼓励学校参加学校责任保险，所需经费纳入年度经费预算，由政府或民办学校举办者予以保障，并以学校为单位支付。

提倡学生父母或者其他监护人自愿为学生办理意外伤害保险。学校可以为办理保险提供方便条件，但不得从中收取任何费用。

第三章　安全事故报告和处理

第三十二条 学校主管部门应当制定学校安全应急预案。学校应当结合学校安全管理的实际，针对可能发生的重大安全事故，制定专项应急预案，定期组织应急演练。

第三十三条 学校发生安全事故，应当根据发生事故的性质，立即向事故主管部门报告，并根据现有条件和能力，及时采取措施救助受伤害学生，通知受伤害学生的父母或者其他监护人。

事故主管部门接到报告后，应当立即赶赴事故现场，组织救助，进行现场处置。学校应当予以配合，尽快恢复正常的教学秩序。

第三十四条 学校发生安全事故，应当及时向学校主管部门报告；属于重大安全事故的，学校主管部门应当按照有关规定及时向本级政府和上一级主管部门报告。

学校发生安全事故不得隐瞒不报、谎报或拖延报告。

第三十五条 学校安全事故发生后，学校主管部门应当及时组织进行行政责任调查和处理；属于重大安全事故的，由有关行政部门依法进行调查和处理。

学校应当配合有关行政部门开展安全事故调查和处理工作，学校主要负责人不得在事故处理期间擅离职守。

第三十六条 对学生人身损害赔偿的处理，当事人可以协商解决。双方自愿，可以书面请求学校主管部门进行调解。也可以依法向人民法院提起诉讼。学校主管部门主持调解的，应当在收到书面调解申请书之日起30日内完成。

第三十七条 在学校安全事故中受伤害的学生的父母或者其他监护人以及其他当事人，不得辱骂、殴打教职工，不得干扰学校正常的教学秩序。

第四章　法律责任

第三十八条　政府及相关行政部门违反法律、法规规定，未履行学校安全教育管理和保护职责的，由上级政府或部门责令改正；情节严重的，对直接负责的主管人员和其他直接责任人员依法给予行政处分。

第三十九条　学校未履行本条例规定的安全教育、管理和保护职责的，由学校主管部门或者有关部门给予警告，责令限期改正；造成重大、特别重大人身伤亡事故的，对政府举办的学校的校长及直接责任人员给予撤职或者开除公职的处分，民办学校的校长及直接责任人员五年内不得从事学校管理和教学工作；构成犯罪的，依法追究刑事责任。

第四十条　学校及其教职工违反本条例规定，有下列情形之一的，由学校主管部门责令改正；造成后果的，对学校校长及直接责任人员，由有关部门和学校给予相应的行政处分：

（一）使用未经安全技术检验合格的车辆或者聘用不合格驾驶人员的；

（二）租用普通民用住宅作为学生宿舍的；

（三）瞒报、谎报或拖延报告学生安全事故的；

（四）妨碍学生安全事故调查或提供虚假情况的；

（五）体罚、侮辱学生的。

第四十一条　对违反本条例的行为，国家有关法律、法规明确规定了法律责任的，遵照法律、法规的规定执行。

第四十二条　学校未尽职责而发生的人身伤害事故，应当按照国家有关规定，承担相应的赔偿责任。

第四十三条　学校主管部门和其他有关行政部门的工作人员在学校安全管理工作中，徇私舞弊、滥用职权、玩忽职守的，由其所在单位或者上级主管部门依法给予行政处分；情节严重，构成犯罪的，依法追究刑事责任。

第五章　附则

第四十四条　高等院校、幼儿园和面向未成年人举办的培训机构的安全管理工作，参照本条例有关规定执行。

第四十五条　本条例自2006年8月1日起施行。

辽宁省实施《中华人民共和国未成年人保护法》办法

(1995年1月20日辽宁省第八届人民代表大会常务委员会第十二次会议通过)

第一章　总则

第一条　为了维护未成年人的合法权益，保护未成年人健康成长，根据《中华人民共和国宪法》和《中华人民共和国未成年人保护法》以及有关法律、法规，结合本省实际，制定本办法。

第二条　本办法所称未成年人是指居住、进入本省的未满18周岁的公民。

第三条　国家机关、武装力量、政党、社会团体、企业事业单位、城乡基层群众性自治组织和未成年人的监护人及其他成年公民，都有保护和教育未成年人的责任。

第四条　未成年人有依法自我保护的权利。应自学、自理、自护、自强、自律，抵制不良影响，维护自己的合法权益。

第五条　未成年人的人身、财产和其他合法权益不受侵犯。对侵犯未成年人合法权益的行为，任何组织和个人都有权予以劝阻、制止或者向有关部门提出检举、控告。

第六条　各级人民政府负责组织《中华人民共和国未成年人保护法》和本办法的实施。

省、市、县（市、区）、乡镇、街道办事处设立未成年人保护委员会，指导、协调有关部门做好未成年人的保护工作。

未成年人保护委员会的办事机构设在同级共表团委员会或者其他部门。

第二章　家庭保护

第七条　父母或者其他监护人对未成年人应当依法履行监护职责和法律规定的义务。家庭其他成年人有协助未成年人的父母或者其他监护人教育、保护未成年人的责任。

第八条 父母或者其他监护人应当尊重未成年人接受教育的权利，必须保障适龄未成年人依法接受义务教育。

适龄未成年人因疾病或者其他特殊原因，需要免予入学、延缓入学的，须经县级教育行政部门或乡镇人民政府批准。

第九条 父母或者其他监护人应当以健康的思想、良好的行为和科学的方法教育、影响和管束未成年人，预防和制止未成年人的下列行为：

（一）吸烟、酗酒、早恋；

（二）离家出走、流浪；

（三）旷课、逃学、弃学；

（四）赌博、吸毒、卖淫、嫖娼、盗窃；

（五）组织、参与封建迷信活动或非法组织；

（六）打架斗殴、携带凶器；

（七）毁损文物古迹、公共设施和其他公、私财物；

（八）阅读、收听、观看有害身心健康的视听读物及进入未成年人不宜的活动场所；

（九）其他违背社会公德或违纪、违法行为。

第十条 禁止父母或者其他监护人对未成年人施行下列行为：

（一）歧视、虐待、伤害、遗弃；

（二）溺婴、弃婴；

（三）允许或者迫使订立婚约、换亲、结婚以及与他人同居；

（四）迫使辍学务工、务农、经商或者外出乞讨；

（五）强迫参加封建迷信活动；

（六）强迫信仰宗教；

（七）教唆、纵容违法犯罪；

（八）侵占未成年人的财产；

（九）体罚、变相体罚或侮辱人格；

（十）其他损害未成年人合法权益和身心健康的行为。

第十一条 对未成年的继子女、养子女、非婚生子女、父母离异的子女，父母都必须依法履行抚养、教育、监护的义务，不得歧视、虐待或者遗弃。

父母离异的，不与未成年子女共同生活的一方，必须按照判决或者协议按时给付抚养费。与子女共同生活的一主不履行监护职责和抚养义务的，应当依法承担责任，经教育不改的，人民法院可依法撤销其监护人的资格，另行确定监护人；与子女共同生活的一方适宜履行监护职责和抚养义务的，人民法院可依法变更其监护人和抚养人。

第三章　学校保护

第十二条　学校应当全面贯彻国家的教育方针，严格执行国家教育行政部门规定的教育计划，不得额外增加学生的课业负担，保证学生必要的休息和文娱、体育活动的时间。

第十三条　学校和教师应当尊重未成年学生的受教育权，对品行有缺点、学习有困难的学生，应当耐心教育、帮助，不得歧视。不得责令未成年学生停止上课。

学校不得随意勒令未成年学生退学、休学或者开除接受义务教育的学生。

第十四条　学校和教师应当对学生进行社会生活指导，培养学生的自理、自立能力，组织学生参加社会实践；引导学生观看、收听、阅读有益的音像制品和读物；对进入青春期的学生应当适时进行青春期教育。

第十五条　学校、幼儿园（所）和教育行政部门应当对教职员工加强教育，禁止体罚、变相体罚以及其他侵害未成年人人身权利的行为，对不适宜做未成年人教育工作的教职员工，应及时予以调整。

第十六条　学校、幼儿园（所）应当对未成年学生和儿童进行安全常识教育。保障未成年人在校在园期间的安全，不得使未成年人在危及人身安全的校舍和其他教育教学设施中活动。

学校、幼儿园（所）和教师应当采取有效措施，防止未成年学生和学生和儿童进入火灾、水灾、震灾等灾害现场，避免发生人身伤亡事故。

第十七条　学校、幼儿园（所）应当按照人民政府规定的项目和标准收取费用，禁止滥收费用和实物、摊销辅助性图书或其他商品，不得以罚款手段惩处违反校规、园规的未成年学生和儿童。

第十八条　学校、幼儿园（所）和教师对孤儿、离婚家庭子女、残疾学生和儿童应当采取保护性措施，帮助他们克服学习、生活和文体活动中的困难。

第十九条　对按照国家有关规定送工读学校接受义务教育的未成年人，学校及教职员工应当关心、爱护、尊重学生；对其进行思想教育、文化教育、法制教育、劳动技能教育和职业技术教育。

第四章　社会保护

第二十条　各级人民政府应当把建立和完善未成年人活动场所及设施，纳入本地区经济建设和社会发展规划。

严禁任何组织和个人挪用、挤占、毁坏未成年人活动场所及设施。

第二十一条　新闻、出版、广播、影视、文艺等单位和作家、艺术家，应为未成年人提供有益于身心健康的作品，丰富未成年人的文化生活。

公安、工商、文化、新闻、出版等部门应严格影视作品和各种出版物的审查制度，加强对报刊亭、售书和租书摊点以及电影院、录像厅、电子游戏厅的管理，严禁任何组织和个人向未成年人提供渲染色情、淫秽、暴力、恐怖、封建迷信的图书、报刊和音像制品。

第二十二条 营业性歌舞厅、夜总会、咖啡厅、酒吧、电子游戏厅等不适宜对未成年人开放的场所，必须设置明显的禁入标志，不得允许未成年人进入。

第二十三条 纪念馆、博物馆、图书馆、科技馆、文化馆、体育馆、公园、影剧院等公共场所，应对中小学生实行专场优惠开放、半价收费或者免费。

第二十四条 在中小学校和幼儿园内及周围，各级人民政府及其有关部门应制止下列行为：

（一）建造产生污染、噪声的设施，排放有毒、有害的废水、废气、废渣；

（二）摆摊设点，开办集贸市场；

（三）携带非教学需要的易燃、易爆、腐蚀性的危险品进入校园；

（四）在教室、寝室、活动室以及其他未成年人集中活动的场所吸烟。

第二十五条 禁止侵害未成年人合法权益和身心健康的下列行为：

（一）侵害未成年人的发明权、专利权、著作权及其他智力成果；

（二）非法剥夺未成年人的荣誉称号；

（三）未经未成年人本人或监护人许可，以营利为目的使用未成年人肖像；

（四）披露未成年人隐私；

（五）隐匿、毁弃、违法开拆未成年人信件；

（六）生产、经营、销售危害未成年人健康和安全的食品、玩具、用具和游乐设施；

（七）引诱、强迫或唆使未成年人盗窃、卖淫、嫖娼、赌博，进行残忍、恐怖表演；

（八）非法限制、剥夺未成年人的人身自由，搜查未成年人的身体，殴打辱骂或恐吓未成年人；

（九）拐骗、贩卖、绑架未成年人；

（十）非法雇用未满１６周岁的未成年人从事生产、经营或服务；安排已满16岁未满18岁的未成年人从事过重、有毒，有害的劳动或者危险作业。

第二十六条 对已完成规定年限的义务教育不再升学的未成年人，各级人民政府有关部门和社会团体、企业事业单位应当组织他们接受职业技术教育和培训，为他们创造劳动就业条件。

第五章　特殊保护

第二十七条 各级人民政府应当改善贫困、边远地区和少数民族地区的办学条件，保障适龄儿童、少年接受义务教育。

鼓励社会团体、企业事业单位和其他组织及个人救助失学儿童和少年。

第二十八条 各级人民政府和有关部门应当重视盲、聋哑、弱智的未成年人的特殊保护。举办特殊教育学校（班）；建立康复治疗机构，提供康复医疗服务；为年满１６周岁的残疾未成年人，提供就业机会。

第二十九条 任何组织和个人不得歧视、侮辱、虐待、遗弃、迫害有生理缺陷、有心理、精神障碍、弱智的未成年人。

第三十条 民政部门及其他有关部门应当做好孤儿、流浪乞讨和无生活依靠的未成年人的收容、遣送、安置、收养和教育工作。

第三十一条 任何单位和个人对女性未成年人的入学和年满１６周岁女性未成年人的就业不得歧视。

要保护有罪错或受过侵害的女性未成年人的人格、名誉，严禁披露其罪错或受侵害的情况。

第六章　司法保护

第三十二条 公安、司法机关，学校、家庭和有关社会组织，应教育、帮助和支持未成年人动用法律手段，维护自身的合法权益。

未成年人对侵犯自身合法权益的行为，有依法检举、控告和提起诉讼的权利。

第三十三条 未成年人违法犯罪，不予追究刑事责任的，责令其家长或监护人严加管教。必要时，由公安派出所、村（居）民委员会、学校及监护人联合组成帮教小组，负责帮教。符合收容教养条件的，可由政府收容教养。

第三十四条 公安、检察机关，应设立专门机构或确定专人办理未成年人案件；人民法院应组成少年法庭审理未成年人犯罪案件；并从当地聘请熟悉少年特点，热心于教育、挽救失足未成年人的人员，担任特邀陪审员；律师事务所应当指定有经验的律师为未成年的被告人做辩护人。

第三十五条 人民法院、人民检察院、公安机关以及少年犯管教所、劳动教养院，对违法犯罪的未成年人应当保护其合法权益，尊重其人格，严禁侮辱、打骂、体罚和滥用戒具。

被行政拘留、刑事拘留、劳动教养、判处刑罚的未成年人，应当与羁押、服刑的成年人分押分管分教。

第三十六条 对免予起诉、免予刑事处罚、缓刑以及刑满释放和解除劳动教养的未成年人不得歧视，有关部门和单位应当帮助其就学、就业。

第三十七条 人民法院审理离婚案件及其他案件，婚姻登记机关办理离婚手续，公证机关办理公证手续，都必须依法保障当事人未成年子女受抚养、受教育的权利和其他合法权益。

第七章　奖励与处罚

第三十八条　有下列情形之一的组织和个人，由各级人民政府、未成年人保护委员会给予表彰、奖励或者授予荣誉称号：

（一）从事未成年人保护工作成绩显著的；

（二）创作出有利于未成年人健康成长优秀作品的；

（三）教育、挽救违法犯罪未成年人事迹突出的；

（四）与侵犯未成年人合法权益行为作斗争表现突出的；

（五）援救处于危险境地的未成年人表现突出的；

（六）捐赠、赞助未成年人保护事业贡献较大的；

（七）培训和安置盲、聋哑、弱智和其他残疾未成年人就学、就业成绩显著的；

（八）培训和安置刑满释放、解除劳动教养的未成年人就学、就业成绩显著的。

第三十九条　公安、司法机关及其他有关部门，接到未成年人合法权益受侵害的举报、投诉，应及时受理，不得推诿。

各级未成年人保护委员会，有权要求有关部门认真查处未成年人合法权益受侵害的案件。

第四十条　有下列行为之一的，由人民政府或者有关部门给予批评教育，责令改正；情节较重或拒不改正的，给予行政处分；造成损失的，责令赔偿：

（一）放任未成年人离家出走，流浪乞讨脱离监护的；

（二）随意勒令未成年学生退学、停学或者开除接受义务教育学生的；

（三）对未成年人进行体罚、变相体罚或侮辱人格的；

（四）毁坏、挤占未成年人的活动场所、设施或者挪作他用的；

（五）学校、幼儿园（所）滥收费用和实物，或者以罚款手段惩处违反校规、园规未成年学生和儿童的。

第四十一条　有下列行为之一，经教育、警告不改的，由公安部门、文化部门和工商行政管理部门、劳动部门按照有关规定处以罚款；情节严重的令其停业整顿，直至吊销其经营许可证或营业执照：

（一）营业性舞厅、夜总会、咖啡厅、酒吧、电子游戏厅未设置明显的禁入标志，允许未成年人进入的；

（二）向未成年人出售、出租淫秽书刊、音像制品等出版物的；

（三）在中小学校、幼儿园门口摆摊设点，从事影响正常教学秩序和未成年人身心健康营业性活动的；

（四）非法雇用未满１６周岁未成年人的；

（五）安排已满１６周岁未满１８周岁的未成年人从事过重、有毒、有害的劳动或者危险作业的；

（六）向未成年人提供有害其身体健康和危害其安全的食品、用品、玩具和游乐设施的。

第四十二条 有下列行为之一尚不够刑事处罚的，由有关部门，责令改正；情节较重的给予行政处分、行政处罚：

（一）未经批准不送适龄儿童、少年入学或使其中途辍学的；

（二）虐待、遗弃、侮辱未成年人的；

（三）引诱、强迫未成年人进行封建迷信活动的；

（四）诱骗或者胁迫未成年人表演恐怖、残忍节目的；

（五）隐匿、毁弃或者私自开拆未成年人的信件，披露未成年人隐私的；

（六）学校、幼儿园（所）和教师未采取有效措施，致使未成年人进入灾害现场，造成人身伤亡的；

（七）其他侵犯未成年人合法权益的行为。

第四十三条 有下列行为之一，构成犯罪的，依法追究刑事责任：

（一）虐待未成年的家庭成员，情节恶劣的；

（二）对未成年人负有抚养义务而拒绝抚养，情节恶劣的；

（三）司法工作人员违反监管法规，对被监管的未成年人实行体罚虐待的；

（四）溺杀婴儿的；

（五）拐骗、贩卖、绑架未成年人的；

（六）引诱、教唆或者强迫未成年人吸食、注射毒品或者卖淫、嫖娼的；

（七）明知校舍有倒塌的危险而不采取措施，致使校舍倒塌，造成人身伤亡的；

（八）其他侵犯未成年人的人身权利或者其他合法权利，构成犯罪的行为。

第四十四条 侵犯未成年人合法权益，违反其他法律、法规的，依照该法律、法规的规定由有关部门处罚。对未成年人的财产和人身造成损失、损害的，应当依法赔偿或者承担其他民事责任。

第四十五条 当事人对依照《中华人民共和国未成年人保护法》和本办法作出的行政处罚决定不服的，可依法申请复议或提起诉讼。

第八章　附则

第四十六条 本办法由辽宁省人民代表大会常务委员会负责解释。

第四十七条 本办法自公布之日起施行。1988年11月19日省七届人大常委会第六次会议审议通过的《辽宁省未成年人保护条例》同时废止。

辽宁省实施《中华人民共和国国家通用语言文字法》规定

（2005年5月28日辽宁省第十届人民代表大会常务委员会第十九次会议通过，自2005年8月1日起施行）

第一条 为贯彻实施《中华人民共和国国家通用语言文字法》，结合本省实际，制定本规定。

第二条 县级以上人民政府教育行政部门主管国家通用语言文字工作，其职责是：

（一）贯彻执行国家通用语言文字的法律、法规、规章；

（二）制定国家通用语言文字推广、使用工作的规划；

（三）管理、监督国家通用语言文字的社会应用；

（四）协调各部门、各行业的语言文字规范化工作；

（五）开展语言文字规范化的宣传教育；

（六）指导普通话和规范汉字的培训、测试；

（七）开展推行国家通用语言文字的调查研究；

（八）法律、法规规定的其他职责。

第三条 工商、民政、人事、建设、交通、信息、文化、卫生、广播电视、新闻出版、旅游等有关部门，根据各自职责，管理和监督国家通用语言文字的使用，并应当明确负责此项工作的人员。

第四条 县级以上人民政府应当为开展国家通用语言文字工作提供必要的条件。

第五条 县级以上人民政府应当按照国家有关语言文字工作评估标准和评估办法，组织语言文字工作主管部门、其他有关部门和专家，对本行政区域内国家通用语言文字的使用情况实施评估。

第六条 企业的名称、牌匾、广告及其在境内销售的产品包装、说明，应当以国家通用语言文字为基本的用语用字，不得单独使用外国文字。

第七条 汉语拼音在公共场所和公共设施以及企业的名称、牌匾及其产品包装、说明和广告中使用时，可以与汉字并用，不得仅用汉语拼音。

第八条 牌匾、广告牌以及标语牌的文字缺损时，应当及时修复或者拆除。

第九条 在广告中不得利用同音字、谐音字篡改成语的原义。

第十条 自然地理实体名称，行政区划名称，居民地名称，各专业部门使用的只有地名意义的台、站、港、场等地名标志，应当使用规范汉字，并可以标注汉语拼音，不得使用外国文字。

公共场所和公共设施名称标志，应当使用规范汉字，不得单独使用外国文字。

第十一条 普通话水平测试由本行政区域内符合国家规定的测试机构负责。

以普通话作为工作语言的下列人员应当接受普通话水平测试，并达到国家规定的等级标准：

（一）教师和申请教师资格的人员；

（二）广播电台、电视台的播音员、节目主持人；

（三）影视话剧演员；

（四）公务员及其他执行公务的人员；

（五）师范类专业、播音与主持艺术专业、影视话剧表演专业以及其他与口语表达密切相关专业的学生；

（六）行业主管部门规定的，以口语表达为职业、直接面向社会公众服务的广播员、话务员、解说员、导游员等应该接受测试的人员。

普通话水平测试等级证书由省人民政府语言文字工作主管部门颁发。

第十二条 机关、社会团体、学校、新闻媒体和公共服务行业应当组织相关人员进行规范汉字的培训，并按照国家有关规定组织测试。

第十三条 违反本规定的，由县级以上人民政府语言文字工作主管部门或者其他有关部门对直接责任人员进行批评教育，责令改正；拒不改正的，予以警告，并督促其限期改正；或者依据有关法律、法规进行处理。

第十四条 语言文字工作主管部门和其他有关部门及其工作人员应当依法履行职责；滥用职权或者不履行法定职责的，由所在单位或者上级主管部门依法给予行政处分。

第十五条 本规定自2005年8月1日起施行。

九　辽宁省委、省政府重要文件

中共辽宁省委、辽宁省人民政府关于加快教育改革和发展的若干意见

（辽委发[2010]18号2010年12月16日）

为贯彻落实《国家中长期教育改革和发展规划纲要(2010—2020年)》，加快我省教育改革和发展，提出如下意见。

一、指导思想

高举中国特色社会主义伟大旗帜，以邓小平理论和“三个代表”重要思想为指导，深入贯彻落实科学发展观，全面贯彻党的教育方针，以办好人民满意的教育为宗旨，坚持改革开放，紧密结合辽宁老工业基地全面振兴、提前实现全面建设小康社会奋斗目标的需求，加快教育改革和发展，培养德智体美全面发展的社会主义建设者和接班人，为辽宁经济社会协调持续发展提供人力资源和智力支持。

二、工作方针

把教育摆在优先发展的战略地位，切实保证经济社会发展规划优先安排教育发展，财政资金优先保障教育投入，公共资源优先满足教育和人力资源开发需要。把育人为本作为教育工作的根本要求，把促进公平作为教育基本政策，把改革创新作为教育发展的强大动力，把提高质量作为教育发展的核心任务，用好国际国内两种资源，加快重要领域和关键环节改革步伐，解决好影响教育发展的关键问题，全面提高各级各类教育水平，推动辽宁教育事业走在全国前列。

三、总体目标

到2015年，学前教育实现普及和规范发展，义务教育率先基本实现区域内均衡发展，高中教育实现优质特色发展，基础教育强县(市、区)建设取得重大进展；职业教育总体水平显著提升；高等教育综合实力和社会贡献率稳步提升；继续教育制度初步形成；教育改革与开放取得新突破，为实现建设教育强省及教育现代化的宏伟目标奠定坚实基础。

四、工作任务

(一)普及学前教育

发展学前教育，要坚持公益性和普惠性，坚持政府主导，社会参与，公办民办并

举。要统筹规划幼儿园布局，建立幼儿园分类办园标准和准入制度，构建覆盖城乡、布局合理的学前教育公共服务体系。到2015年，全省学前三年毛入园率达到90%。

鼓励优质公办幼儿园举办分园，兼并弱园或合作办园。严格执行国家关于城镇居民小区配套幼儿园规划、建设与使用政策。大力发展农村学前教育，充分合理利用农村学校布局调整后的闲置资源，每年新建和改扩建200所乡村幼儿园，做到乡镇有公办中心幼儿园，大村独立建园，小村设分园或联合办园。

通过保证合理用地、减免税费等方式，积极吸引国内外资金和优质教育资源举办幼儿园。支持企业开发幼儿园地产并进行连锁办园，创建一批面向大众、收费较低、标准统一、管理一体化、资源共享的连锁幼儿园。

(二)推进义务教育均衡发展

修订并实施义务教育学校办学标准，由县(市、区)教育行政部门统一掌握、统一调配区域内教育资源，实现区域内学校校舍、设备、校长和教师配置均等化。有条件的市，由市级教育行政部门统筹城区内教育资源，实现城区内资源配置均等化。到2015年，率先基本实现区域内义务教育均衡发展。

分区规划，分步实施，因地制宜推进农村初中学校进县城办学。推进农村义务教育学校布局调整。完善进县城就读的农村困难家庭初中学生生活费和交通费补助政策。提高特殊教育学校和少数民族学校公用经费标准。制定特殊教育学校编制标准，进一步加强少数民族学校双语教师配备。

省级教育行政部门统一组织中小学教师资格考试和资格认定，县级教育行政部门按规定履行中小学教师招聘录用、职称(职务)评聘、培养培训和考核等管理职能。实施我省“农村义务教育阶段学校教师特设岗位计划”。

(三)推进普通高中优质特色发展

实行普通高中市域内跨县(市、区)统一招生。鼓励优质普通高中通过联合、合并等方式实现规模化、集团化发展，扩大优质高中覆盖面。

积极发展科技、艺术、体育、外语等特色高中。鼓励普通高中发展特色学科。支持高中与高校开展多种形式合作办学，培养特色创新人才。

(四)增强职业教育发展活力

完善职业教育管理体制和运行机制，统筹中等职业教育与高等职业教育发展。到2015年，中等职业学校调整到260所左右，校均规模2000人左右，民办中等职业学校校均规模1500人左右(纯艺术、体育类学校除外)。新建中等职业学校的规模须达到2000人以上。剥离或取消本科高校附设的高等职业学校。独立设置的高等职业学校校均规模须达到5000人。

支持校企双方通过资源共享、企业参股入股等多种形式开展合作，支持大型企业独立举办职业学校。到2015年，建设10个以示范性高等职业学校牵头的职业教育集团，建设8个中等职业教育集团。支持学校和企业采取股份制等多种形式合作建设实训基地，政府设立专项资金支持实训基地建设。

大力提倡和支持外资及民营资本进入职业教育。到2015年，外资和民营资本办学比例达到30%。

进入城市中等职业学校就读的农村户籍学生可直接获得所就读城市的城镇户口。省、市相关部门负责安排残疾学生接受中、高等职业教育与职业技能培训。

制定中、高等职业学校编制标准。对职业学校实行按编制足额拨付经费。建立职业学校专业教师准入制度。

(五)提升高等教育竞争力

加快提升高等教育发展水平和质量。到2015年，高等教育在校生总规模达到128万人，主要劳动年龄人口受过高等教育的比例达到21%左右。打造1至2所具有国际影响、国内一流的大学。打造一批具有行业影响力或专业领域特点、在国内同类院校中领先的本科高校。

加强学科建设。到2015年，省属本科高校办好50个左右的国内一流学科，再建设20个左右的国家重点学科，支持全省高校建设200个左右优势特色学科。

加强高端人才队伍建设。到2015年，高校新增院士5人左右，新增长江学者特聘教授lO人左右，新增杰出青年基金获得者20人左右。对海内外高端拔尖人才的引进不受学校编制限制，确定行政职务不受职数限制，直聘为二级教授不占学校岗位职数，在住房、子女入学、配偶安置、担任领导职务、承担重大科研项目、参加院士评选和政府奖励等方面给予特殊政策。高校可采取考核的方式公开招聘具有博士学位或本学科最高学位的新教师，即时办理聘用。

加强重点实验室等学科平台建设。到2015年，由省部企共建15个左右具有国际一流水平的大型重点实验室和工程研究中心，实现承接重大基础研究、应用研究及创新科技项目的新突破，引领产业发展与升级。

促进高等教育投入多元化。加大财政经费投入，到2012年，省属高校学生人均财政拨款达到国家基本标准。推动高校通过社会化运作、土地资源盘活开发等方式筹措教育经费。省属高校在同一城市应集中在一个校区办学，由省政府统筹高校土地资源开发与学校建设，所得收益全部用于高等教育发展。

深化高校办学体制改革，鼓励高校与企业合作办学。扶持高等教育资源稀缺的城市举办本科高等教育。推动独立学院尽快达到普通本科学校设置标准。加快推进省内高校与世界高水平院校开展合作办学和学术交流。

五、保障措施

(一)加强领导。各级党委和政府要把推动教育事业优先发展、科学发展作为重要职责，及时研究解决教育改革发展的重大问题和群众关心的热点问题。要把推进教育事业科学发展作为各级党委和政府政绩考核的重要内容，完善考核机制和问责制度。进一步强化教育督导与教育评估工作，科学指导各级各类学校健康发展。加强教育决策咨询机构和队伍建设，完善教育决策支撑体系，提高教育决策科学化、民主化水平。

(二)依法治教。完善地方教育立法，形成依法治教、依法治校的工作格局。加强执法检查，落实教育行政执法责任制，完善教育行政执法监督机制。大力推进依法治校，切实维护学校、教师、学生的合法权益。

(三)加强教师和校长队伍建设。加强师德建设，增强广大教师教书育人的责任感和使命感。完善并严格实施教师准入制度，严把教师入口关。加强学校岗位管理，创新聘用方式，规范用人行为，完善激励机制，激发教师积极性和创造性。加强教师管理，完善教师退出机制。制定并实施中小学校长任职资格标准，推行校长职级制，促进校长专业化建设。完善大学校长公开选拔、竞争上岗制度，担任大学校长必须有高校工作经历和较高学术造诣。创新大学校长管理机制，实行大学校长任期制，建立大学校长目标责任制和实绩评价考核制度。

(四)组织实施重大工程。围绕教育改革发展战略目标，以加强关键领域和薄弱环节为重点，组织实施一系列重大工程。

(五)提高投入水平。到2012年，全省地方教育支出占地方一般预算支出的比例达到国家核定比例。建立财政性教育投入与财政收入同步增长的机制。外商投资企业、外国企业与内资企业统一适用按照增值税、消费税、营业税的3%和1%征收教育费附加和地方教育费。加大专项投入，确保《辽宁省中长期教育改革和发展规划纲要(2010—2020年)》所列各项重大工程的实施。建立和完善从学前教育到高等教育，覆盖公办、民办学校的扶困助学体系。设立研究生奖学金。建立普通高校政府奖助学金标准动态调整机制。经国家批准，适时调整普通高中和高等学校学费标准。

(六)加强统筹协调。省政府成立教育体制改革领导小组，其成员单位为省委组织部、省委宣传部、省编委办、省发展改革委、省经济和信息化委、省教育厅、省科技厅、省民委、省公安厅、省财政厅、省人力资源社会保障厅、省国土资源厅、省农委、省国资委、省地税局、省工商局、省政府法制办、省政府研究室、省政府金融办、省物价局、团省委、省妇联、省科协、省社科联、省残联、省政府发展研究中心、省社科院、省国税局。省教育体制改革领导小组统筹协调全省教育改革和发展；各有关部门分工负责，各司其职，为我省教育改革和发展目标的实现提供保障。

中共辽宁省委、辽宁省人民政府关于印发《辽宁省中长期教育改革和发展规划纲要（2010—2020年）》的通知

（辽委发[2010]19号2010年12月16日）

各市委、市人民政府，省委各部委，省直各单位：

《辽宁省中长期教育改革和发展规划纲要（2010—2020年）》已经省委、省政府同意，现印发给你们，请结合实际认真贯彻执行。

辽宁省中长期教育改革和发展规划纲要（2010—2020年）

序言

第一部分 总体战略

第一章 指导思想与工作方针

（一）指导思想

（二）工作方针

第二章 战略目标与战略主题

（三）战略目标

（四）战略主题

第二部分 发展任务

第三章 学前教育

（五）全面普及学前教育

（六）明确各级政府职责

（七）扩大学前教育资源

（八）加强学前教育管理

第四章 义务教育

（九）推进义务教育均衡发展
（十）切实减轻学生过重的课业负担
（十一）重视进城务工人员子女教育

第五章 高中阶段教育

（十二）推进高中阶段教育协调发展
（十三）全面提高普通高中学生综合素质
（十四）创新普通高中发展模式

第六章 职业教育

（十五）大力发展职业教育
（十六）政府切实履行发展职业教育的职责
（十七）调动行业企业办学积极性
（十八）加快发展面向农村的职业教育
（十九）优化职业教育布局结构
（二十）增强职业教育吸引力

第七章 高等教育

（二十一）加强高水平大学和重点学科建设
（二十二）提高人才培养质量
（二十三）提升科学研究水平
（二十四）增强社会服务能力
（二十五）优化高等教育结构布局

第八章 继续教育

（二十六）构建灵活开放的终身教育体系

（二十七）建立健全继续教育体制机制
（二十八）加强继续教育基础能力建设
（二十九）创新企业教育

第九章 民族教育

（三十）重视和支持民族教育事业
（三十一）全面提高少数民族和民族地区教育发展水平
（三十二）全面提高少数民族双语教学质量

第十章 特殊教育

（三十三）重视特殊教育工作
（三十四）完善特殊教育体系

第三部分 体制改革

第十一章 人才培养体制改革

（三十五）更新人才培养观念
（三十六）创新人才培养模式
（三十七）改革教育质量评价和人才评价制度

第十二章 考试招生制度改革

（三十八）完善中小学考试招生制度
（三十九）完善高校考试招生制度
（四十）加强考试招生信息公开和社会监督

第十三章 现代学校制度建设

（四十一）扩大学校办学自主权
（四十二）完善中国特色现代大学制度
（四十三）完善中小学学校管理制度

第十四章 办学体制改革

（四十四）深化办学体制改革
（四十五）大力支持民办教育发展
（四十六）依法规范民办教育

第十五章 管理体制改革

（四十七）健全教育管理体制
（四十八）转变政府教育管理职能

第十六章 扩大教育开放

（四十九）加强教育国际交流与合作
（五十）引进优质教育资源
（五十一）发展来华（辽宁）留学生教育
（五十二）推进“走出去”战略

第四部分 保障措施

第十七章 加强教师队伍建设

（五十三）加强师德建设
（五十四）提高教师地位待遇

（五十五）加强基础教育教师队伍建设
（五十六）加强职业学校教师队伍建设
（五十七）加强高校教师队伍建设
（五十八）加强校长队伍建设

第十八章 保障经费投入

（五十九）增加财政性教育投入
（六十）完善投入机制
（六十一）多渠道增加教育投入
（六十二）完善扶困助学政策体系
（六十三）加强教育经费管理

第十九章 加快教育信息化进程

（六十四）大力加强基础教育信息化建设
（六十五）积极推进职业教育信息化建设
（六十六）继续加强高等教育信息化建设

第二十章 推进依法治教

（六十七）加强教育法制建设
（六十八）加大教育执法和执法监督力度
（六十九）完善教育督导和监督问责制度

第二十一章 重大工程与改革试点

（七十）组织实施重大工程
（七十一）组织开展改革试点

第二十二章 加强组织领导

（七十二）加强和改善对教育工作的领导

（七十三）加强和改进教育系统党的建设

（七十四）加强教育宏观政策和发展战略研究

（七十五）切实维护教育系统安全、和谐、稳定

实施

为贯彻落实《国家中长期教育改革和发展规划纲要（2010—2020年）》，促进辽宁教育事业科学发展，建设教育强省，实现辽宁经济社会协调持续发展，现制定《辽宁省中长期教育改革和发展规划纲要（2010—2020年）》（以下简称《教育规划纲要》）。

序言

教育是民族振兴、社会进步的基石。强省必先强教。优先发展教育，提高教育现代化水平，建设教育强省，是全面振兴辽宁老工业基地的重要保障，也是教育发展的必然要求。

改革开放以来，全省教育事业取得了巨大成就。义务教育实现较高水平的普及，普通高中与中等职业教育实现协调发展，高等教育实现跨越式发展，教育体制改革不断深化，对外开放取得突破性进展，与辽宁经济社会发展相适应的结构合理、科类齐全的现代国民教育体系基本形成；教育公平迈出了重大步伐；部分重要指标已经居于全国前列，具备了实现高水平发展的基础和能力。

今后一个时期，教育的基本矛盾是现代化建设和人民群众对教育日益增长的需求与优质教育资源不足的矛盾。突出表现在：教育服务经济社会发展的能力还需进一步增强，深入推进素质教育还面临许多问题，城乡义务教育均衡发展的任务仍比较艰巨，创新型和技能型人才培养能力有待加强，学前教育和继续教育相对薄弱，教育投入与教育发展需求的差距较大。深化教育改革，办好人民满意的教育，已经成为全社会的共同期盼。

当前，辽宁的经济社会发展正面临新的形势。一是面对经济全球化和信息化的挑战，转变发展方式，实现老工业基地全面振兴，越来越依靠人才和科技的支撑。二是以人才强省、教育强省战略为支撑的综合省力竞争已全面展开，教育已经成为决定区域经济发展活力和发展水平的重要因素。三是随着经济社会的快速发展、人民生活水

平的提高，教育公平已经成为实现基本公共服务均等化的重点，成为和谐辽宁建设与城乡协调发展的关键。

从现在到2020年，是辽宁经济社会发展和教育发展的重要战略机遇期。教育优先发展的理念日益深入人心，为教育改革发展创造了良好的舆论和制度环境；辽宁沿海经济带开发开放、沈阳经济区新型工业化综合配套改革试验区建设和突破辽西北三大战略的实施，将极大地促进区域之间和城乡之间的协调发展，为缩小地区之间、城乡之间的教育差距创造更加有利的条件。面对新的机遇与挑战，从新的历史起点出发，举全省之力，推动教育又好又快发展，实现从教育大省向教育强省的根本性转变，是辽宁的历史性选择，是时代赋予的新的重大使命。

第一部分　总体战略

第一章　指导思想与工作方针

（一）指导思想。高举中国特色社会主义伟大旗帜，以邓小平理论和“三个代表”重要思想为指导，深入贯彻落实科学发展观，全面贯彻党的教育方针，以办好人民满意的教育为宗旨，以改革创新为动力，全面推进教育事业科学发展，全面实现建设教育强省的目标，为辽宁老工业基地全面振兴和提前实现全面建设小康社会目标提供人力资源和智力支持。

（二）工作方针。优先发展、育人为本、改革创新、促进公平、提高质量。

把教育摆在优先发展的战略地位。各级党委和政府要把优先发展教育作为贯彻落实科学发展观的一项基本要求，更加自觉、更加坚定地把发展教育作为辽宁老工业基地全面振兴的基础和和谐辽宁建设的基石，切实保证经济社会发展规划优先安排教育发展，财政资金优先保障教育投入，公共资源优先满足教育和人力资源开发需要。

把育人为本作为教育工作的根本要求。要以学生为主体，以教师为主导，充分发挥学生的主动性，把促进学生健康成长作为学校一切工作的出发点和落脚点。关心每个学生，尊重教育规律和学生身心发展规律，为每个学生提供适合的教育。

把改革创新作为教育发展的强大动力。以体制机制改革为重点，鼓励地方和学校大胆探索和试验，加快重要领域和关键环节改革步伐。创新人才培养体制、办学体制、教育管理体制，改革质量评价和考试招生制度，改革教学内容、方法、手段，建设现代学校制度。加快解决辽宁老工业基地全面振兴对高质量多样化人才需要与教育培养能力不足的矛盾、人民群众期盼良好教育与优质教育资源相对短缺的矛盾、增强教育活力与体制机制约束的矛盾，为教育事业持续健康发展提供强大动力。

把促进教育公平作为基本教育政策。以保障机会公平和促进义务教育均衡发展为重点，使广大人民群众都能学有所教，人人享有良好的教育。坚持教育公益性，强化政府促进教育公平的责任。坚持深化改革，建立和完善保障教育公平的制度。坚持用发展的办法促进教育公平，又好又快地增加教育资源总量特别是优质教育供给。

把提高质量作为教育改革发展的核心任务。各级各类教育都要把工作重点放在提高质量上，树立以提高质量为核心的教育发展观，注重内涵发展，在实现规模数量发展的同时，更加注重质量提升。鼓励学校办出特色、办出水平，出名师，育英才。加强教师队伍建设，提高教师整体素质。全面实施素质教育，注重人才培养特色，促进人的全面发展与个性发展的统一。

第二章　战略目标与战略主题

（三）战略目标。到2020年，我省教育改革发展的总体战略目标是：构建规模适当、结构合理、质量优良、效益显著、人民满意的现代教育体系，把辽宁建设成为教育强省，全面实现教育现代化，基本建成学习型社会。

到2012年，学前三年毛入园率达到85%；义务教育巩固率达到95%；高中阶段教育毛入学率达到99%；高等教育毛入学率达到50%；主要劳动年龄人口中受过高等教育的比例达到17%左右。

到2015年，学前三年毛入园率达到90%；义务教育巩固率达到97%；高中阶段教育毛入学率达到99%以上；高等教育毛入学率达到60%；主要劳动年龄人口中受过高等教育的比例达到21%左右。教育强省建设取得重大进展。学前教育实现普及和规范发展，义务教育率先基本实现县域内均衡发展，高中教育实现优质特色发展，基础教育强县（市、区）建设取得重大进展；职业教育总体水平显著提升；高等教育综合实力和社会贡献率稳步提高；继续教育制度初步形成；教育改革与开放取得新突破。

到2020年，学前三年毛入园率达到95%以上，义务教育巩固率达到99%以上，高中阶段教育毛入学率达到100%；高等教育毛入学率达到65%以上；主要劳动年龄人口中受过高等教育的比例达到29%左右。高水平高质量普及学前三年到高中阶段的15年教育，实现人人享受良好教育；各级各类教育水平稳居全国前列；形成充满活力、富有效率、更加开放的教育体制和机制；形成比较完善的终身教育体系。全面实现建设教育强省目标，全面实现教育现代化。基本建成学习型社会。

专栏1：辽宁省教育事业发展主要目标

指　　标	单位	2009年	2012年	2015年	2020年
学前教育					
幼儿在园人数	万人	77.9	95.9	121.6	111.2
学前一年毛入园率	%	95.1	97.0	99.0	100.0
学前二年毛入园率	%	89.2	92.0	95.0	98.0
学前三年毛入园率	%	81.2	85.0	90.0	95.0
九年义务教育					
在校生	万人	361.5	335.4	345.2	407.4
巩固率	%	92.6	95.0	97.0	99.0
高中阶段教育 *					
在校生	万人	127.5	127.9	112.6	103.6
毛入学率	%	92.5	99.0	>99.0	100.0
职业教育					
中等职业教育在校生	万人	55.7	57.6	50.7	46.6
高等职业教育在校生	万人	40.0	43.4	42.6	43.6
职业教育 * *					
在学总规模	万人	123.0	129.2	128.8	133.9
在校生	万人	114.7	123.2	123.7	130.0
其中：研究生	万人	7.6	9.2	10.7	13.6
毛入学率	%	38.7	50.0	60.0	65.0
继续教育					
从业人员继续教育	万人	350	500	650	800

注：*含中等职业教育学生数；**含高等职业教育学生数。

专栏2：辽宁省人力资源开发主要目标

指　　标	单位	2009年	2012年	2015年	2020年
具有高等教育文化程序的人数	万人	464.0	566.3	700.6	884.4
主要劳动年龄人口平均受教育年限 其中：受过高等教育的比例	年 %	10.6 13.6	11.2 16.9	11.8 20.8	12.6 28.8
新增劳动力平均受教育年限 其中：受过高中阶段及以上教育的比例	年 %	13.0 83.2	14.1 95.5	14.5 96.8	15.0 97.5

（四）战略主题。坚持以人为本、全面实施素质教育是教育改革发展的战略主题，是贯彻党的教育方针的时代要求，其核心是解决好培养什么人、怎样培养人的重大问题，重点是面向全体学生、促进学生全面发展，着力提高学生服务国家服务人民的社会责任感、勇于探索的创新精神和善于解决问题的实践能力。

坚持德育为先。立德树人，把社会主义核心价值体系融入国民教育全过程。加强马克思主义中国化最新成果教育，引导学生形成正确的世界观、人生观、价值观；加强理想信念教育和道德教育，坚定学生对中国共产党领导、社会主义制度的信念和信心；加强以爱国主义为核心的民族精神和以改革创新为核心的时代精神教育；加强社会主义荣辱观教育，培养学生团结互助、诚实守信、遵纪守法、艰苦奋斗的良好品质。加强公民意识教育，树立社会主义民主法治、自由平等、公平正义理念，培养社会主义合格公民。加强中华民族优秀文化传统教育和革命传统教育。把德育渗透于教育教学的各个环节，贯穿于学校教育、家庭教育和社会教育的各个方面。切实加强和改进未成年人思想道德建设和大学生思想政治教育工作。构建大中小学有效衔接的德育体系，创新德育形式，丰富德育内容，不断提高德育工作的吸引力和感染力，增强德育工作的针对性和实效性。加强辅导员、班主任队伍建设。

坚持能力为重。优化知识结构，丰富社会实践，强化能力培养。着力提高学生的学习能力、实践能力、创新能力，教育学生学会知识技能，学会动手动脑，学会生存生活，学会做人做事，促进学生主动适应社会，开创美好未来。

坚持全面发展。全面加强和改进德育、智育、体育、美育。坚持文化知识学习与思想品德修养的统一、理论学习与社会实践的统一、全面发展与个性发展的统一。加强体育，牢固树立健康第一的思想，大力开展“阳光体育”运动，保证学生每天锻炼一小时，确保学生体育课程和课余活动时间，提高体育教学质量；提倡合理膳食，改善学生营养状况；保护学生视力。加强心理健康教育，促进学生身心健康、体魄强健、意志坚强；加强美育，培养学生良好的审美情趣和人文素养。加强劳动教育，培养学生热爱劳动、热爱劳动人民的情感。重视安全教育、生命教育、国防教育、可持续发展教育，促进德育、智育、体育、美育有机融合，提高学生综合素质，使学生成为德智体美全面发展的社会主义建设者和接班人。

第二部分　发展任务

第三章　学前教育

（五）全面普及学前教育。坚持学前教育的公益性和普惠性，构建覆盖城乡、布局合理的学前教育公共服务体系，保障适龄儿童接受基本的、有质量的学前教育。坚持因地制宜，从实际出发，为幼儿和家长提供方便就近、灵活多样、多种层次的学前教育服务。全面普及学前三年教育，重视发展0～3岁婴幼儿教育，逐步推进0～6岁学前教育一体化进程。

（六）明确各级政府职责。坚持政府主导，社会参与，公办民办并举，落实各级政府责任，充分调动各方面积极性。将学前教育经费列入财政预算，财政性学前教育经费在同级财政性教育经费中要占合理比例。

（七）扩大学前教育资源。坚持改革创新，着力破除制约学前教育科学发展的体制机制障碍。大力发展公办幼儿园。中小学布局调整后的富余教育资源优先改建幼儿园。鼓励优质公办幼儿园举办分园，兼并弱园或合作办园。城镇小区应按照国家有关规定配套建设幼儿园，并作为公共教育资源由当地政府统筹安排，举办公办幼儿园或委托办成普惠性民办幼儿园。城镇幼儿园建设要充分考虑进城务人员随迁子女接受学前教育的需求。鼓励依托幼儿园建立0～3岁早期教育机构。

加快发展农村学前教育。探索建立以县（市）为主，县（市）、乡（镇）共管的农村学前教育管理体制，逐步完善县、乡、村三级学前教育网络。地方各级政府要安排专门资金，重点建设农村幼儿园。乡镇有公办中心幼儿园，大村独立建园，小村设分园或联合办园。

积极扶持民办幼儿园特别是面向大众、收费较低的普惠性民办幼儿园发展。通过保证合理用地、减免税费等方式，积极吸引国内外资金和优质教育资源举办民办幼儿园，探索幼儿园连锁、集团化发展模式。采取政府购买服务、减免租金、以奖代补、派驻公办教师等方式，引导和支持民办幼儿园提供普惠性服务。到2020年，标准化幼儿园达到80％。

（八）加强学前教育管理。严格执行幼儿园准入制度和年检制度。制定各种类型幼儿园办园标准，实行分类管理和指导。妥善解决无证办园问题。建立健全安全管理和安全责任制度。合理制定并严格执行公办幼儿园收费标准，加强民办幼儿园收费管理，坚决查处乱收费。建立幼儿园保教质量评估监管体系，坚持科学育儿，遵循幼儿身心发展规律，防止和纠正幼儿园教育“小学化”倾向，以游戏为基本活动，保教结合，寓教于乐，保障幼儿健康快乐成长。

第四章　义务教育

（九）推进义务教育均衡发展。建立健全义务教育均衡发展保障机制。加快推进义务教育学校标准化建设。实行校长和教师资源在区域内统一调配和交流制度。因地制宜地推进农村义务教育学校布局调整工作。统一城乡义务教育学校配置标准和经费标准，实现区域内学校校舍、设备、校长和教师配置均等化。加强城市薄弱学校改造工作，逐步缩小学校之间教育差距。

（十）切实减轻学生过重的课业负担。构建政府、学校、社会和家庭齐抓共管的工作格局。政府不得以升学率对地区和学校进行排名，不得下达升学指标。学校要把减负落实到教育教学各个环节，严禁以各种考试成绩为教师、学生排名次，严禁在国家规定的节假日上学补课，严格控制学生在校时间。加强家长与学校的沟通配合，共同减轻学生课业负担。加强校外活动场所建设和管理，丰富学生课外及校外活动。

（十一）重视进城务工人员子女教育。加强进城务工人员随迁子女和农村留守儿童教育工作。切实保障进城务工人员随迁子女与城市学生平等接受义务教育的权利。建立健全政府主导、社会参与的农村留守儿童关爱服务体系和动态监测机制。加强留守儿童心理健康教育。

第五章　高中阶段教育

（十二）推进高中阶段教育协调发展。根据经济社会发展需要，合理确定普通高中和中等职业学校招生比例，今后一个时期总体保持普通高中和中等职业学校招生规模大体相当。

（十三）全面提高普通高中学生综合素质。深入推进课程改革，全面落实课程方案，开设丰富多彩的选修课，加强研究性学习、社区服务和社会实践。建立科学的教育评价体系，全面实施高中学业水平考试和综合素质评价，促进学生全面而有个性地发展。

（十四）创新普通高中发展模式。吸引国内外资源参与举办普通高中。推进普通高中标准化建设。积极发展科技、艺术、体育、外语等特色高中。鼓励普通高中发展特色学科。支持高中与高校开展多种形式合作办学，培养特色创新人才。鼓励有条件的普通高中根据需要适当增加职业教育的教学内容。探索综合高中发展模式。

第六章　职业教育

（十五）大力发展职业教育。坚持学校教育与职业培训并举，全日制与非全日制并重，大力发展中等职业教育，积极发展高等职业教育，广泛开展职业培训，形成适应经济发展方式转变和产业结构调整要求、体现终身教育理念、中等和高等职业教育协调发展的现代职业教育体系。

（十六）政府切实履行发展职业教育的职责。把职业教育纳入经济社会发展和产业发展规划，促使职业教育规模、专业设置与经济社会发展需求相适应。完善职业教育管理体制和运行机制，统筹管理中等职业教育与高等职业教育。健全多渠道投入机制，加大职业教育投入。

（十七）调动行业企业办学积极性。推进职业教育办学多元化，加快社会化进程。制定促进校企合作的地方性法规，推进校企合作制度化。鼓励行业、企业举办职业学校，给予优惠政策扶持。依托行业、企业或职业学校建设跨企业培训中心。鼓励企业加大对职业教育的投入。支持职业学校和企业采取股份制等多种形式合作建设生产性实训基地。创新实训基地建设模式与运行机制，实现政府、企业、学校共建、共管和共用。到2015年，建设10个以示范性高等职业学校牵头的职业教育集团，建设8个中等职业教育集团。

（十八）加快发展面向农村的职业教育。加强基础教育、职业教育和成人教育统筹。强化市级政府发展农村职业教育的责任，提高县级职教中心服务能力和水平。健全农村职业教育培训网络。强化各类职业教育资源的统筹协调和综合利用，推进城乡、区域合作，增强服务“三农”能力。加强涉农专业建设，培养适应农业和农村发展需要的专业人才。支持职业学校积极参与培养有文化、懂技术、会经营的新型农民，开展进城务工人员、农村劳动力转移培训。对农村未升学的初高中毕业生实施免费劳动预备制培训。

（十九）优化职业教育布局结构。制定职业学校设置标准。加大资源整合力度，做大做强职业学校。省、市政府负责中等职业教育资源整合工作。到2015年，中等职业学校调整到260所左右，校均规模2000人左右，民办中等职业学校校均规模1500人左右（纯艺术、体育类学校除外）。新建中等职业学校的规模须达到2000人以上。到2020年，中等职业学校调整到160所左右，校均规模3000人左右。选择60所中等职业学校进行重点建设，到2012年，争取35所进入国家改革示范校建设行列。重点建设独立设置的高等职业学校。打造一批特色鲜明、国内一流的高等职业强校。对接产业集群建设，调整专业设置和专业结构。

（二十）增强职业教育吸引力。完善职业教育支持政策。逐步实行中等职业教育免费制度，完善家庭经济困难学生资助政策。积极推进学历证书和职业资格证书“双证书”制度，推进职业学校专业课程内容和职业标准相衔接。完善就业准入制度，执行“先培训、后就业”、“先培训、后上岗”的规定。鼓励毕业生在职继续学习，拓宽毕业生继续学习渠道。制定退役士兵接受职业教育培训的办法。提高技能型人才的社会地位和待遇。加大对有突出贡献高技能人才的宣传表彰力度，形成行行出状元的良好社会氛围。

第七章　高等教育

（二十一）加强高水平大学和重点学科建设。实施大学特色化发展战略，推进强校建设。打造1至2所具有国际影响、国内一流的大学；打造一批具有行业影响力或具有专业领域特点、在国内同类院校领先的本科高校。加强学科建设，强化省属高校办学优势，建好一批现有国家级重点学科及国内一流重点学科，力争新增一批国家级重点学科，建成一批体现各校优势特色的重点学科。

（二十二）提高人才培养质量。牢固确立人才培养在高校工作中的中心地位，德育为先，立德树人，着力培养信念执著、品德优良、知识丰富、本领过硬的高素质专门人才和拔尖创新人才。加大教学投入。把教学作为教师考核的首要内容，健全教授为低年级学生授课制度。深化教学改革。强化实践教学环节，加强实验教学示范中心和校内外实习基地建设，建立大学生创业实践基地、成果孵化基地。加强高校毕业生就业创业教育和就业指导服务。全面实施“高等学校本科教学质量与教学改革工程”，严格教学管理，健全教学质量保障与促进机制。

实施“研究生教育创新计划”。加强研究生培养基地建设。推进东北地区研究生教育创新平台建设，促进优质资源共享。加强管理，不断提高研究生特别是博士生培养质量。

（二十三）提升科学研究水平。加强科技平台建设，推动高校融入国家及区域创新体系，在知识创新、技术创新和国防科技创新中作出突出贡献。以实现辽宁老工业基地全面振兴的重大理论和实际问题为主攻方向和研究领域，在基础研究、应用研究和培育具有自主知识产权的重大创新成果方面取得重大突破。促进高校、科研院所、企业科技教育资源共享，推动高校创新科研组织模式。促进科研与教学互动、科研与人才培养紧密结合。完善以创新和质量为导向的科研评价机制。积极参与马克思主义理论研究和建设工程。贯彻实施“高等学校哲学社会科学繁荣计划”，建设具有辽宁特色的高校哲学社会科学体系。

（二十四）增强社会服务能力。推进产学研用结合，加快科研成果转化。引导高校创新要素为提升企业核心竞争力服务，在信息技术、新材料、先进制造、生物技术等重点领域形成技术上的重大突破，推动高新技术产业实现跨越式发展。积极参与决策咨询，主动开展前瞻性、对策性研究。为社会成员提供继续教育服务。开展科学普及工作，积极推进先进文化传播。

（二十五）优化高等教育结构布局。制定高等教育结构布局调整规划。合理控制院校数量和发展规模。扶持高等教育资源稀缺的城市举办本科高等教育。积极推进高校与地方产业集群对接，建设一批特色学科（专业）群。加大学科专业结构调整力度，引导高校根据市场需求建立学科专业动态调整机制。重点扩大应用型、复合型、技能型人才培养规模。加快发展专业学位研究生教育。

第八章　继续教育

（二十六）构建灵活开放的终身教育体系。以国民教育体系为依托，整合各类教育资源，构建新型继续教育体系。积极支持各级各类学校面向社会开放学习资源，搭建终身学习的平台，满足人民群众日益增长的多样化学习需求。建立继续教育学分积累与转换制度，实现不同类型学习成果的互认和衔接。改革与完善高等教育自学考试制度。

（二十七）建立健全继续教育体制机制。政府成立跨部门的继续教育协调机构，统筹指导继续教育发展。将继续教育纳入区域、行业总体发展规划。行业主管部门或协会负责制定行业继续教育规划和组织实施办法。加快继续教育法制建设。健全继续教育激励机制，建立和完善劳动者和各类专门人才继续教育制度。鼓励个人以多种形式接受继续教育，支持用人单位为从业人员接受继续教育提供条件。

（二十八）加强继续教育基础能力建设。以社区、企业、家庭、机关等为载体，加快各类学习型组织建设。重点建设一批社区学院、老年大学和示范性家长学校。开发针对不同人群的各类实用型课程。建设和完善城乡社区教育网络。

（二十九）创新企业教育。以学习型企业建设为载体，建立满足职工职业生涯发展和企业生产经营所需要的教育培训机制。建设一批示范性企业培训中心。依托高校开展企业高级管理人员和高级研发人才培训。依托行业组织和职业学校开展企业员工培训。

第九章　民族教育

（三十）重视和支持民族教育事业。加强对民族教育工作的领导，全面贯彻党的民族政策，切实解决少数民族和民族地区教育事业发展面临的特殊困难和突出问题。在各级各类学校广泛开展民族团结教育。

（三十一）全面提高少数民族和民族地区教育发展水平。进一步加大对民族教育支持力度，公共教育资源向少数民族学校、民族自治县和边境县倾斜。加快少数民族学校标准化建设。支持少数民族学校发展现代远程教育，扩大优质教育资源覆盖面。支持发展民族高等教育。加强教育对口支援工作，办好内地民族班和面向民族地区的职业教育。

（三十二）全面提高少数民族双语教学质量。加快发展少数民族幼儿园和少数民族学校的双语教育。提高少数民族双语学校公用经费标准。进一步加强少数民族学校双语教师配备。鼓励支持高等院校少数民族毕业生到双语学校任教。加大对少数民族双语师资的培养培训力度。

第十章　特殊教育

（三十三）重视特殊教育工作。加大对特殊教育学校经费的投入力度，提高学生人均公用经费标准，推进特殊教育学校标准化建设。合理确定特殊教育学校教职工编制。在优秀教师表彰中提高特殊教育教师比例。因地制宜发展残疾儿童学前教育，提高普及残疾儿童九年义务教育的水平，逐步实施残疾学生高中阶段免费教育。到2020年，全省三类残疾儿童入学率、巩固率达到95%以上。

（三十四）完善特殊教育体系。进一步完善以随班就读为主体、以特殊教育学校为骨干、以送教服务为补充的特殊教育体系。到2015年，基本实现30万人口以上、残疾儿童少年较多的县（市）都有一所特殊教育学校。大力推进残疾人职业教育，逐步建立教育、培训、实习、就业“一条龙”服务的办学模式。创造条件扩大残疾人接受高等教育的机会。

第三部分　体制改革

第十一章　人才培养体制改革

（三十五）更新人才培养观念。深化教育体制改革，关键是更新教育观念，核心是改革人才培养体制，目的是提高人才培养水平。树立全面发展观念，努力造就德智体美全面发展的高素质人才。树立人人成才观念，面向全体学生，促进学生成长成才。树立多样化人才观念，尊重个人选择，鼓励个性发展，不拘一格培养人才。树立终身学习观念，为持续发展奠定基础。树立系统培养观念，推进小学、中学、大学有机衔接，教学、科研、实践紧密结合，学校、家庭、社会密切配合，加强学校之间、校企之间、学校与科研机构之间合作以及中外合作等多种联合培养方式，形成体系开放、机制灵活、渠道互通、选择多样的人才培养体制。

（三十六）创新人才培养模式。适应经济社会发展需要，遵循教育规律和人才成长规律，深化教育教学改革，创新教育教学方法，探索多种培养方式，形成各类人才辈出、拔尖创新人才不断涌现的局面。

注重学思结合。倡导启发式、探究式、讨论式、参与式教学，帮助学生学会学习。激发学生的好奇心，培养学生的兴趣爱好，营造独立思考、自由探索、勇于创新的良好环境。适应经济社会发展和科技进步的要求，推进课程改革，加强教材建设，建立健全教材质量监管制度。深入研究、确定不同教育阶段学生必须掌握的核心内容，形成教学内容更新机制。充分发挥现代信息技术作用，促进优质教学资源共享。

注重知行统一。坚持教育教学与生产劳动、社会实践相结合。开发实践课程和活动课程，增强学生科学实验、生产实习和技能实训的成效。充分利用社会教育资源，开展各种课外及校外活动。加强中小学校外活动场所建设。加强学生社团组织指导，鼓励学生积极参与志愿服务和公益事业。

注重因材施教。关注学生不同特点和个性差异，发展每一个学生的优势潜能。推进分层教学、走班制、学分制、导师制等教学管理制度改革。建立学习困难学生的帮助机制。改进优异学生培养方式，在跳级、转学、转换专业以及选修更高学段课程等方面给予支持和指导。健全公开、平等、竞争、择优的选拔方式，改进中学生升学推荐办法，创新研究生培养方法。探索高中阶段、高校拔尖学生培养模式。

分类推进人才培养模式改革。遵循儿童身心发展规律，科学开发儿童早期潜能。深化基础教育课程改革，推行小班化教学。以服务为宗旨，以就业为导向，实行工学结合、校企合作、顶岗实习的职业教育人才培养模式，加强校企合作课程建设，强化生产性实训和顶岗实习。探索实施按大类招生、模块化培养、自主选择的高等教育人才培养模式，建立高校与科研院所、行业、企业联合培养人才的新机制，推行主辅修制、双专业制、多项技能等级证书制和跨专业本硕连读等制度，实施“卓越工程师教育培养工程”。建立以科学与工程技术研究为主导的导师责任制和导师项目资助制，严格导师遴选标准与遴选程序，推行产学研联合培养研究生的“双导师制”。

（三十七）改革教育质量评价和人才评价制度。改进教育教学评价。根据培养目标和人才理念，建立科学、多样的评价标准。开展由政府、学校、家长及社会各方面参与的教育质量评价活动。做好学生成长记录，完善综合素质评价。探索促进学生发展的多种评价方式，激励学生乐观向上、自主自立、努力成才。

改进人才评价及选用制度，为人才培养创造良好环境。树立科学人才观，建立以岗位职责为基础，以品德、能力和业绩为导向的科学化、社会化人才评价发现机制。强化人才选拔使用中对实践能力的考查，克服社会用人单纯追求学历的倾向。

第十二章　考试招生制度改革

（三十八）完善中小学考试招生制度。坚持和实行义务教育阶段公办学校“划片招生、就近免试入学”制度。完善学业水平考试和综合素质评价，为高中阶段学校招生录取提供更加科学的依据。完善优质普通高中招生名额合理分配到区域内初中的办法。实行普通高中市域内跨县（市、区）统一招生。支持民办高中、中外合作办学高中和特色高中跨区域招生。规范优秀特长生录取程序与办法。中等职业学校实行自主招生或注册入学。研究制定进城务工人员随迁子女接受义务教育后在当地参加升学考试的办法。

（三十九）完善高校考试招生制度。稳步推进高等职业教育自主招生改革试点工作。完善职业学校毕业生直接升学制度。确立和完善成人高等教育招生办法。推进研究生入学考试制度改革，加强创新能力考查，发挥和规范导师在选拔录取中的作用。建立健全促进入学机会公平、有利于优秀人才选拔的高校多元录取机制。

（四十）加强考试招生信息公开和社会监督。完善考试招生信息发布制度，加强政府和社会监督。公开高校招生名额分配原则和办法，公开招生章程和政策、招生程序和结果，公开自主招生办法、程序和结果。规范学校招生录取程序。清理并规范升学加分政策。

第十三章　现代学校制度建设

（四十一）扩大学校办学自主权。高校按照国家法律法规和宏观政策，自主开展教学活动、科学研究、技术开发和社会服务，自主设置和调整学科、专业，自主制定学校规划并组织实施，自主设置教学、科研、行政管理机构，自主确定内部收入分配，自主管理和使用人才，自主管理和使用学校财产和经费。扩大普通高中及中等职业学校在办学模式、育人方式、资源配置、人事管理、合作办学、社区服务等方面的自主权。

（四十二）完善中国特色现代大学制度。完善治理结构。公办高校要坚持和完善党委领导下的校长负责制。健全议事规则与决策程序，依法落实党委、校长职权。充分发挥学术委员会在学科建设、学术评价、学术发展中的重要作用。探索教授治学的有效途径，充分发挥教授在教学、学术研究和学校管理中的作用。加强教职工代表大会、学生代表大会建设，发挥群众团体的作用。加强大学章程建设。扩大大学与社会的合作。克服大学行政化倾向。推进教育评价专业化。

（四十三）完善中小学学校管理制度。完善普通中小学和中等职业学校校长负责制。完善校长任职条件和任用办法。建立健全教职工代表大会制度，不断完善科学民主决策机制。扩大中等职业学校专业设置自主权。建立中小学家长委员会。引导社区和有关专业人士参与学校管理和监督。

第十四章　办学体制改革

（四十四）深化办学体制改革。鼓励高校与企业合作办学。推动独立学院尽快达到普通本科院校设置标准。逐步取消或剥离本科院校附设的高等职业学校。有计划地办好一批示范性职业学校，扶持一批民办职业学校，选择一批职业学校进行联合办学、委托管理等改革试点。积极推进职业教育集团化办学。

（四十五）大力支持民办教育发展。鼓励和引导社会力量以独立举办、共同举办等多种形式兴办教育。积极发展标准化、多样化的民办学前教育机构，稳步发展有特色、高质量的民办中小学，支持发展实用性强、特色鲜明的职业学校，鼓励发展多层次、有特色的民办高校，引导发展各类紧缺性、实用型非学历民办教育机构。通过政府购买服务等方式，鼓励发展民办学前教育、职业教育和继续教育。

优化民办教育发展环境。清理并纠正对民办学校的各类歧视政策。依法落实民办学校、学生、教师与公办学校、学生、教师平等的法律地位，保障民办学校办学自主权。建立完善民办学校教师社会保险制度与人事管理制度。在税收、用地、公共事业收费等方面保障非营利性民办学校享有与同类公办学校同等的优惠政策。完善基础教育阶段民办学校自主招生机制。

健全公共财政对民办教育的扶持政策。政府委托民办学校承担有关教育和培训任务，拨付相应教育经费。县级以上人民政府可以根据本行政区域的具体情况设立专项资金，用于资助民办学校。对发展民办教育作出突出贡献的组织、学校和个人给予奖励和表彰。

（四十六）依法规范民办教育。建立和完善依法治教、依法办学的民办教育管理体系。探索建立营利性和非营利性民办学校分类管理制度。规范民办学校办学章程，完善民办学校法人治理结构，明确民办学校产权归属，落实民办学校法人财产权。建立符合民办教育特点的财务管理办法和会计核算方法。加强财务监管和审计，健全督导检查制度。探索建立民办学校办学风险保证金制度和学费监管制度，逐步形成民办学校危机预警与干预机制。依法明确民办学校变更与退出机制。落实民办学校教职工参与民主管理、民主监督的权利。扩大利用社会力量参与民办学校的管理与监督。推动民办学校行业自律。完善民办高校督导专员制度。

第十五章　管理体制改革

（四十七）健全教育管理体制。明确各级政府责任，形成责权明确、统筹协调、规范有序的教育管理体制。省政府统筹规划全省各级各类教育的发展，制定各级各类教育的办学标准、人员编制标准和学生人均经费标准；推进城乡义务教育均衡发展，依法落实发展义务教育的财政责任；统筹中等职业教育和高等职业教育；统筹管理省域内的高等教育事业；统筹推进教育综合改革。市级政府统筹规划市域内义务教育均衡发展；加快普及学前教育；促进普通高中和中等职业学校协调发展；促进市域内职业教育资源共享；支持办好市属高校。县（市、区）政府负责制定幼儿园发展规划，加强幼儿园建设与管理；调整农村中小学布局；确保按时足额统一发放教职工工资；管理中小学校长和教师；办好县级职教中心。

（四十八）转变政府教育管理职能。各级政府要切实履行统筹规划、政策引导、监督管理和提供公共教育服务的职责，建立健全教育公共服务体系，逐步实现基本公共教育服务均等化，维护教育公平和教育秩序。提高政府决策的科学性和管理的有效性。形成科学民主的决策机制、公开透明的信息发布机制、社会参与的评价监测机制、明确有力的问责机制。成立辽宁省教育决策咨询委员会，推动教育决策科学化、民主化、公开化进程。扩大社会力量参与教育管理的程度。培育和发展专业教育服务机构。积极发挥行业协会、专业学会、基金会等各类社会组织的作用，鼓励和支持中介机构和社会组织承担质量评估、考试认证、教育咨询、培训交流等业务。

第十六章　扩大教育开放

（四十九）加强教育国际交流与合作。加强与国外高水平大学合作，加强中小学、职业学校对外交流与合作。积极推进多层次多形式的教师互派、学生互换、学分互认和学位互授联授。利用我省地缘优势，加强与周边国家的教育交流与合作。

（五十）引进优质教育资源。吸引境外知名学校、教育和科研机构以及企业，合作设立教育教学、实训、研究机构或项目。推进高校课程国际化。实施“国外名师聘请和海外高端人才引进计划”，吸引更多世界一流专家学者来辽宁从事教育教学工作。

（五十一）发展来华（辽宁）留学生教育。按照扩大规模、优化结构、提高质量的原则，实施“留学辽宁计划”。加大省政府奖学金支持力度，建立多层次、多渠道的外国留学生奖学金激励机制，打造来华留学特色品牌课程，扩大来辽宁留学生规模，提高学历留学生的比例。

（五十二）推进“走出去”战略。加强汉语国际推广工作，推进孔子学院和孔子课堂建设。继续做好国家公派出国留学和地方合作项目，扩大选派规模，提高选派质量。推动高校开展境外办学，扩大辽宁高等教育的国际影响。

第四部分　保障措施

第十七章　加强教师队伍建设

（五十三）加强师德建设。加强教师职业理想和职业道德教育，增强广大教师教书育人的责任感和使命感。将师德表现作为教师考核、聘任和评价的首要内容。加强学风、教风建设，严格执行学术道德规范，查处学术不端行为。

（五十四）提高教师地位待遇。不断改善教师的工作、学习和生活条件，吸引优秀人才长期从教、终身从教。依法保证教师平均工资水平不低于或者高于国家公务员的平均工资水平，并逐步提高。落实教师绩效工资。对长期在农村基层和艰苦边远地区工作的教师，在工资、职务（职称）等方面实行倾斜政策，完善津贴补贴标准。建设农村艰苦边远地区学校教师周转宿舍。研究制定优惠政策，改善教师工作和生活条件。关心教师身心健康。落实和完善教师医疗养老等社会保障政策。对在农村地区长期从教、贡献突出的教师给予奖励。

（五十五）加强基础教育教师队伍建设。全面推行人员岗位分类管理。严格实施教师准入制度，优化教师补充机制。建立教师资格证书定期登记制度。省级教育行政部门统一组织中小学教师资格考试和资格认定，县级教育行政部门按照规定履行中小学教师的招聘录用、职务（职称）评聘、培养培训和考核等管理职能。动态管理中小学教职工人员编制。探索规模较小学校教职工编制核定的新办法。建立统一的中小学教师职务序列，在普通中小学设置正高级职务。制定幼儿园教师配备标准，严格执行幼儿教师资格标准。健全幼儿教师资格准入制度，逐步配齐幼儿园教职工。依法落实幼儿教师地位和待遇。完善学前教育师资培养培训体系。实施“农村义务教育阶段学校教师特设岗位计划”。建立健全义务教育学校教师和校长流动机制。完善城镇教师支援农村教育的工作制度。城镇中小学教师在评聘高级职务（职称）时，原则上要有一年以上在农村学校或薄弱学校任教经历。加强教师管理，完善教师退出机制。完善教师教育体系，提高教师培养培训质量。实施基础教育“首席教师”遴选计划和中小学、幼儿园骨干教师海外研修计划。完成农村中小学教师新一轮市级以上培训工作。

（五十六）加强职业学校教师队伍建设。制定中等职业学校教师任职资格标准，实施准入制度。制定中、高等职业学校人员编制标准及管理办法。完善相关人事制度，聘任（聘用）具有实践经验的专业技术人员和高技能人才担任专兼职教师。继续执行在中等职业学校设立教授级高级讲师职称（职务）制度。对职业学校实行按编制足额拨付经费。加强职业学校教师培养培训工作。依托大中型企业和高校建设“双师型”教师培养培训基地。建立并完善职业学校教师到企业实践制度，专业教师每两年必须有两个月到企业或生产服务一线实践。培养并遴选职业学校“教学名师”。

（五十七）加强高校教师队伍建设。实施“高等学校高端人才队伍建设工程”，构建定位明确、层次清晰、衔接紧密、有利于优秀人才脱颖而出的培养和支持体系。创新高校人事管理和薪酬分配方式。引进海内外高端拔尖人才不受学校编制限制，确定行政职务不受职数限制，直聘为二级教授不占学校岗位职数，在住房、子女入学、配偶安置、担任领导职务、承担重大科研项目、参加院士评选和政府奖励等方面给予特殊政策。高校可采取考核的方式公开招聘具有博士学位或本学科最高学位的新教师，即时办理聘用。每年有计划地选派一批高端人才作为“高级研究学者”或“访问学者”，赴国外高水平大学和科研机构进行合作研究。

（五十八）加强校长队伍建设。制定并实施校长任职资格标准，推行校长职级制，促进校长专业化建设，提高校长管理水平。加强校长培训基地建设，提高校长培训质量。完善大学校长公开选拔、竞争上岗制度，担任大学校长必须有高校工作经历和较高学术造诣。创新大学校长管理机制，实行大学校长任期制，建立大学校长目标责任制和实绩评价考核制度。

第十八章　保障经费投入

（五十九）增加财政性教育投入。各级政府要优化财政支出结构，统筹各项收入，把教育作为财政支出重点领域予以优先保障。严格按照教育法律法规规定，年初预算和预算执行中的超收收入分配都要体现法定增长要求，保证教育财政拨款增长明显高于财政经常性收入增长，并使按照在校学生人数平均的教育费用逐步增长，保证教师工资和学生人均公用经费逐步增长。按照增值税、营业税、消费税的3%和1%足额征收教育费附加和地方教育费，专项用于教育事业。到2012年，全省地方教育支出占地方一般预算支出的比例达到国家核定比例。加大专项投入，保证各项重点工程的实施。

（六十）完善投入机制。进一步明确各级政府提供公共教育服务职责，完善各级教育经费投入机制，保障学校办学经费的稳定来源和增长。根据国家办学条件基本标准和教育教学基本需要，制定并逐步提高区域内各级学校学生人均经费基本标准和学生人均财政拨款基本标准。实行根据不同类型学校、不同专业办学成本按在校生人数拨款机制。统一城乡义务教育学校学生人均公用经费标准。到2012年，省属高校学生人均财政拨款达到国家基本标准。高等职业学校学生人均经费逐步达到本科院校水平。

义务教育全面纳入财政保障范围，实行各级人民政府根据职责共同负担、省人民政府负责统筹落实的投入体制。进一步完善各级财政分项目、按比例分担的农村义务教育经费保障机制，提高保障水平。尽快化解农村义务教育学校债务。对受政府委托承担义务教育任务的民办学校由公共财政按照同类公办学校学生人均公用经费标准拨付教育经费。

非义务教育实行以政府投入为主、受教育者合理分担、其他多种渠道筹措经费的投入机制。学前教育建立政府投入、社会举办者投入、家庭合理负担的投入机制。研究制定公办幼儿园幼儿人均经费标准和幼儿人均财政拨款标准。普通高中实行以财政投入为主、其他渠道筹措经费为辅的机制。中等职业教育实行政府、行业、企业及其他社会力量依法筹集经费的机制。高等教育实行以举办者投入为主、受教育者合理分担培养成本、学校设立基金接受社会捐赠等筹措经费的机制。

（六十一）多渠道增加教育投入。充分调动全社会办教育的积极性，扩大社会资源进入教育途径。完善财政、税收、金融和土地等优惠政策，吸引民间资金投入办学。完善非义务教育培养成本分担机制，根据经济发展状况、培养成本和群众承受能力，经国家批准，适时调整普通高中和高校学费标准。完善捐赠教育激励机制，落实个人教育公益性捐赠支出在所得税税前扣除规定。推动高校通过社会化运作、土地资源盘活开发等方式筹措教育经费。尽快化解高校债务。

（六十二）完善扶困助学政策体系。建立和完善从学前教育到高等教育，覆盖公办、民办学校的扶困助学体系。推进生源地信用助学贷款。提高农村义务教育家庭经济困难寄宿生生活补助标准。完善普通高中政府助学金制度。建立健全研究生收费制度，完善资助政策，设立研究生奖学金。建立普通高校政府奖助学金标准动态调整机制。

（六十三）加强教育经费管理。设立高等教育拨款咨询委员会，增强经费分配的科学性。健全学校财务监督机制，完善经费使用内部稽核和内部控制制度。加强监察和审计。在高校试行设立总会计师职务，公办高校总会计师由政府委派。建立经费使用绩效评价制度，加强重大项目经费使用考评。加强学校国有资产管理。规范学校收费行为和收费资金使用管理。建设节约型学校。

第十九章　加快教育信息化进程

（六十四）大力加强基础教育信息化建设。完善教育信息化基础设施，形成覆盖全省的基础教育网络平台和信息共享平台。建设省级基础教育资源库。加强教师教育技术能力建设。加强数字化校园建设，为农村中小学班级配备多媒体远程教学设备。开展中小学信息技术教育实验区和现代教育技术实验校建设。

（六十五）积极推进职业教育信息化建设。建设覆盖全省各级各类职业学校的职业教育信息网络，建设省级信息化教学资源平台。开发职业教育教学与培训的多媒体课程软件。进一步推进仿真实训软件的开发应用。实施“数字化实训基地”建设工程和信息化教学资源精品项目建设工程。

（六十六）继续加强高等教育信息化建设。建立全省开放性共享平台，实现优质教学资源网上共享。加强数字化图书馆和数字化图书情报资源建设。建立网络教学平台，开展网络化数字多媒体交互式教学。建立高等教育发展与教学质量监控网络化平台。开发数字化实验与虚拟实验系统，创建网上共享实验环境。

第二十章　推进依法治教

（六十七）加强教育法制建设。完善地方教育立法，形成依法治教、依法治校的工作格局。制定教育投入保障、学前教育、终身教育、民族教育、教育督导、促进校企合作、家庭教育等地方法规。根据国家立法进程和教育事业发展需要，及时修订相关的地方教育法规、规章。依法规范语言文字，大力推广普通话。

（六十八）加大教育执法和执法监督力度。加强专项执法检查，促进政府依法行政。学校要建立完善符合法律规定、体现自身特色的学校章程和制度，依法办学，从严治校。加强教育法制机构和队伍建设。落实教育行政执法责任制，完善教育行政执法监督机制。依法保护学校、学生、教师、校长和举办者的合法权益。健全符合法治原则的教育救济制度。加强对学校的法制教育和宣传工作。

（六十九）完善教育督导和监督问责制度。探索建立相对独立的教育督导机构，独立行使督导职能。试行督学人员垂直管理，建立督学委派制度，加强督导机构与专业化队伍建设。坚持督政与督教、督学并重，坚持监督与服务、指导并重。对各级政府落实教育法律法规政策、履行教育职责、推进教育科学发展等情况，特别是履行教育领导、管理、投入等职责进行监督评估。建立基础教育强县（市、区）、义务教育均衡发展督导评估制度。加强对中等及中等以下各级各类教育机构督导检查。完善督导监测与评价体系，建立教育发展水平、教育质量监测与评价机制。完善督导整改制度、结果公告制度。

严格落实问责制。主动接受和积极配合各级人大及其常委会对教育法律法规执行情况的监督检查以及司法机关的司法监督。建立健全层级监督机制。加强监察、审计等专门监督。强化社会监督。

第二十一章　重大工程与改革试点

（七十）组织实施重大工程。围绕教育改革发展战略目标，以加强关键领域和薄弱环节为重点，组织实施十五项重大工程。

基础教育强县（市、区）建设工程。加强基础教育学校标准化建设。按照辽宁省基础教育各级各类学校办学标准，扎实推进县域内义务教育学校、普通高中、幼儿园、民族学校、特殊教育学校、教师进修院校等的达标工作。到2015年，所有义务教育学校完成标准化建设任务，民族学校、特殊教育学校率先达标。加强普通高中创新拔尖入才的培养工作，全省创建50所科技、外语、体育、艺术等特色高中。加强农村乡镇中心幼儿园及村幼儿园建设，做到每个乡镇都有一所标准化中心幼儿园。

义务教育均衡发展推进工程。分区规划，分步实施，因地制宜推进农村义务教育布局调整。按照《辽宁省义务教育均衡发展示范县（市、区）建设标准》，开展义务教育均衡发展示范县（市、区）建设工作。

中小学校长和名教师培训工程。实施“农村义务教育阶段学校教师特设岗位计划”。进一步加强城市教师对农村教育的支援工作。不断加强中小学教师培训工作，完成全省农村中小学教师新一轮培训以及民族地区双语教师的全员培训。在全省建设30个中小学校长、教师实训基地，组织开展针对民族地区、辽西北贫困地区农村中小学校长和教师的培训工作。实施中小学“首席教师”遴选培养培训计划和中小学、幼儿园骨干教师海外研修计划，进一步提高全省中小学、幼儿园教师的教育教学水平。

基础教育信息化建设工程。改善农村中小学互通互联环境和计算机等设备配备薄弱状况，完善农村中小学现代远程教育体系，缩小城乡数字化差距。加强基础教育信息化设施配备，提高中小学每百名学生拥有计算机台数，为农村中小学班级配备多媒体远程教学设备。为乡镇中心校以上学校配备计算机学习室和教师备课室。推进数字化校园建设，建设省级信息化公共服务平台、基础教育资源平台和资源库，实现优质教育资源共享。加强中小学教师教育技术能力建设，提高教师应用信息技术水平。

职业教育专业群建设工程。调整专业结构布局，对应辽宁产业布局规划，建设一批省域统筹的职业教育专业群；培育和建设一批品牌专业，以品牌专业带动学校特色化建设，全面提升中等职业学校整体服务功能和竞争力；建设一批对接区域产业集群的职业教育公共实训基地，打造集人才培养、培训、技术推广、产业示范功能于一体的基础平台；完成一批省、市级专业群人才培养方案的制定；支持建设一批职业教育集团，深化校企全面合作。

高等职业教育特色发展与建设工程。实施省级示范性高等职业学校建设计划，打造一批位居全国同类院校前列的高等职业学校；实施专业改革与建设计划，建设符合产业集群发展的特色专业（群）；实施课程建设与改革计划，加强精品课程建设和优质教材建设；实施实习、实训基地建设计划，支持建设职业教育实训基地和校企合作共建基地（建在企业）；实施专业教学团队建设计划，建设“双师结构”教师队伍；实施教育教学改革与研究计划，提高高等职业教育教学质量。

提升高校核心竞争力特色学科建设工程。实施一流学科计划，依托省属高校办学特色和优势，建设一批一流重点学科；实施学科提升计划，从省属高校特色学科建设工程项目博士点学科中遴选建设一批国家重点学科；实施特色突出计划，建设一批体现各校优势特色的重点学科；实施攀登学者计划，在“学科提升计划”立项学科中设立攀登学者岗位，打造一批优秀创新团队；实施大平台建设计划，依托特色学科建设工程立项学科，建设国家重点实验室、国家工程中心、社科研究基地，构筑一批高水平科研平台；结合教育部研究生教育创新计划，建设东北地区研究生教育创新平台，提高研究生教育质量。

高校本科教学改革与质量提高工程。加强专业建设，建立专业设置预测机制和指导机制，选拔培养专业带头人，建设紧缺人才培养基地；深化人才培养模式改革，优先支持对教学质量具有重大影响的教改立项，建设精品课及重点课程群，建设实验教学中心和人才培养模式创新实验区，建设高水平的教学团队和教师队伍；完善省级高等教育教学质量保障体系，实现对高等教育教学质量的有效监控。

卓越工程师教育培养工程。促进工程教育改革和创新，全面提高工程教育人才培养质量。创立高校与行业企业联合培养人才的新机制，建立“校企联办二级学院”；设立“工程实践教育中心”和“校企合作工程技术研发中心”；创新工程教育的人才培养模式；建设高水平工程教育师资队伍；扩大工程教育的对外开放；制定“卓越工程师培养计划”人才培养标准。

高校重大学科平台建设工程。围绕我省高校重点学科布局和老工业基地全面振兴的重大战略需求，省部企共建15个左右具有国际一流水平的重大学科平台，包括以提升原始创新能力为主要任务的重点实验室，以提升行业关键和共性技术能力为主要任务的工程研究中心。成为产学研用相结合的开放式科技创新基地。通过平台建设，汇集学术大师、创新团队和拔尖人才，引领和支撑若干学科跻身世界先进行列，承担国家重大战略科技任务，培养高水平创新人才，引领我省产业发展与升级。

高校科技成果转化推进工程。建立政府、高校两级科研投入体系，加强高校学科平台建设，提升高校承担重大科研任务、培育重大科技成果的能力；在科技管理全过程贯穿知识产权战略，支持科技成果以知识产权许可的方式转让；规范校办企业发展，鼓励高校以科技成果出资入股与企业共建股份制公司并上市融资；鼓励产学研合作承担政府和企业重大关键共性技术和重大科技项目的研发工作，鼓励校企共建研究院、工程中心和企业研发中心等科技平台；支持高校通过产学研合作帮助企业壮大研发队伍、建立和完善研发机制；实行把服务、贡献与科技专项经费安排、评优评奖等挂钩的制度，推动高校主动服务地方经济建设。

高端人才队伍建设工程。实施“辽宁省杰出青年学者成长计划”，每年在普通高校遴选或吸引200名杰出青年学者予以资助。实施“高校优秀科技人才支持计划”，每年重点支持50名优秀科技人才。实施“辽宁省特聘教授支持计划”，每年在省内普通高校二级教授中遴选或从海内外引进高端人才中确定50名辽宁省特聘教授进行重点资助。实施“辽宁省高等学校攀登学者支持计划”，每年在普通高校遴选或吸引20名攀登学者予以重点资助。实施“高校创新团队支持计划”。

教育国际化推进工程。建设中外合作办学项目和机构100个（所）左右；支持30个重点或特色学科专业点开设国际化课程，推进课程体系国际化；实施“国外名师聘请计划”和“海外高端人才引进计划”，聘请500名国际知名专家和学者来我省高校任教或讲学；加强高校国际合作平台建设，资助500项国际合作项目，转化重大科技成果，资助举办大型国际学术会议。

教育决策支持体系建设工程。建设教育决策支撑数据库平台；建设省级教育科研骨干培训基地；建设一批覆盖教育重大领域的决策咨询研究基地；建设高水平决策咨询研究团队；破解一批重大关键性问题；构建分工有序、布局合理的教育决策支撑体系。

高校党建与大学生思想政治教育创新工程。实施“高校专职党务工作者培训计划”，建立5至6个培训基地，对省属高校党总支以上专职党务工作者和组织员进行全面培训；推进省属高校副校级以上领导干部队伍培训工作，采取国内外培训相结合的方式，提高高校领导干部办学治校水平；实施“大学生思想政治教育工作队伍培养计划”，以高校辅导员和思想政治理论课教师队伍建设为重点，培养一批思想政治教育骨干人才；实施“大学生网络思想政治教育计划”，以辽宁大学生在线联盟网站为龙头，重点建设一批高校主题教育网站，开展网络主题教育活动。

（七十一）组织开展改革试点。成立辽宁省教育体制改革领导小组，研究部署、指导实施教育体制改革工作。根据统筹规划、分步实施、试点先行、动态调整的原则，选择部分地区和学校开展重大改革试点。

第二十二章　加强组织领导

（七十二）加强和改善对教育工作的领导。各级党委和政府要以邓小平理论和“三个代表”重要思想为指导，深入贯彻落实科学发展观，把推动教育事业优先发展、科学发展作为重要职责，健全领导体制和决策机制，及时研究解决教育改革发展的重大问题和群众关心的热点问题。要把推进教育事业科学发展作为各级党委和政府政绩考核的重要内容，完善考核机制和问责制度。各级政府要定期向同级人民代表大会或其常务委员会报告教育工作情况。建立各级党政领导班子成员定点联系学校制度。有关部门要切实履行职责，支持教育改革和发展。扩大人民群众对教育事业的知情权、参与度。

（七十三）加强和改进教育系统党的建设。健全各级各类学校党的组织，牢牢把握党对学校意识形态工作的主导权。高校党组织要充分发挥在学校改革发展中的领导核心作用，健全党委统一领导、党政群齐抓共管、有关部门各负其责、全社会大力支持的大学生思想政治教育领导体制和工作机制。中小学党组织要充分发挥在学校工作中的政治核心作用。全面加强民办学校党的建设，完善民办高校党组织负责人的选派与管理制度。

加强学校领导班子和领导干部队伍建设，不断提高思想政治素质和办学治校能力。坚持德才兼备、以德为先的用人标准，选拔任用学校领导干部。加大学校领导干部培养培训和交流任职力度。

着力扩大党组织的覆盖面，推进工作创新，增强生机活力。充分发挥学校基层党组织战斗堡垒作用和党员先锋模范作用。加强在优秀青年教师、优秀学生中发展党员工作。重视学校共青团、少先队工作。

加强教育系统党风廉政建设和行风建设。大兴密切联系群众之风、求真务实之风、艰苦奋斗之风、批评和自我批评之风。坚持标本兼治、综合治理、惩防并举、注重预防的方针，完善体现教育系统特点的惩治和预防腐败体系。严格执行党风廉政建设责任制，加大教育、监督、改革、制度创新力度，坚决惩治腐败。坚持从严治教、规范管理，积极推行政务公开、校务公开。坚决纠正损害群众利益的各种不正之风。

（七十四）加强教育宏观政策和发展战略研究。加强教育决策咨询机构和队伍建设，建立完善的教育决策支持体系。加强省级教育科学规划工作，完善教育科研成果奖励制度，繁荣教育科学研究。

（七十五）切实维护教育系统安全、和谐、稳定。加强校园文化建设，深入开展平安校园、文明校园、绿色校园、和谐校园创建活动。切实解决好师生员工的实际困难和问题。完善矛盾纠纷排查化解机制，完善学校突发事件应急管理机制，妥善处置各种事端。建立健全学校安全保卫制度和工作机制，完善人防、物防和技防措施。加强师生安全教育和学校安全管理，提高预防灾害、应急避险和防范违法犯罪活动的能力。加强学校安全基础设施建设，加强校园周边治安综合治理。加强校园文化建设。为师生创造安定有序、和谐融洽、充满活力的工作、学习和生活环境。

实 施

《教育规划纲要》是指导我省未来10年教育改革和发展的纲领性文件，必须建立健全实施机制，明确各级党委、政府和有关部门的任务，落实分工责任，完善监督考核，切实有效地推进《教育规划纲要》的宣传贯彻和组织实施。

责任分工。认真贯彻实施《教育规划纲要》，是各级党委和政府的重要职责。各地区、各有关部门要在省委、省政府统一领导下，按照《教育规划纲要》的部署和要求，对目标任务进行分解，明确责任分工。省教育行政部门负责《教育规划纲要》的组织协调与实施，各有关部门积极配合，密切协作，确保各项任务落到实处。

强化执行。各级党委和政府以及教育行政部门、各级各类学校要从实际出发，制定实施《教育规划纲要》的具体方案和措施，分阶段、分步骤组织实施，全面推进全省教育事业的改革和发展。要努力形成全社会共同关心支持教育事业发展的良好局面。

完善考核。要建立完善的监督考核机制，对《教育规划纲要》实施情况进行监测评估和跟踪督促检查，确保《教育规划纲要》的贯彻实施。各级党委和政府要依据《教育规划纲要》，建立分阶段、分区域的目标考核体系，作为考核各级党政领导班子和领导干部政绩的重要内容。

监督检查。各级政府及有关部门要自觉接受同级人大、政协以及社会各界的监督检查，定期听取人大、政协关于《教育规划纲要》实施的意见和建议。探索创新。充分尊重人民群众的首创精神，鼓励各地区积极探索，勇于创新，创造性地实施《教育规划纲要》，对其中好的做法和有效经验，要及时总结，积极推广。

营造环境。广泛宣传党的教育方针政策，广泛宣传优先发展教育、建设教育强省的重要性和紧迫性，广泛宣传《教育规划纲要》的重要意义和主要内容，动员全省上下进一步关心支持教育事业的改革和发展，为《教育规划纲要》的实施创造良好社会环境和舆论氛围。

中共辽宁省委、辽宁省人民政府关于加强行政权力运行制度建设的意见

(辽委发[2010]5号2010年4月17日)

为深入贯彻党的十七届四中全会、十七届中央纪委五次全会精神，落实中共中央《建立健全惩治和预防腐败体系2008—2012年工作规划》(中发[2008]9号)和《辽宁省贯彻落实〈建立健全惩治和预防腐败体系2008—2012年工作规划〉实施办法及责任分工》(辽委发[2008]10号)，进一步增强行政权力运行制度的科学性和实效性，推进惩治和预防腐败体系建设，提高行政效能，促进我省经济社会又好又快发展，现就加强行政权力运行制度建设提出如下意见。

一、指导思想、主要原则和目标要求

(一)指导思想

加强行政权力运行制度建设，要以邓小平理论和“三个代表”重要思想为指导，深入贯彻落实科学发展观，坚持反腐倡廉战略方针，按照十七届中央纪委五次全会关于加强反腐倡廉制度建设的要求，以促进行政权力规范运行和正确行使为目标，以监督和制约行政权力为核心，以电子政务为主要载体，以电子监察为重要监控手段，逐步形成内容科学、程序严密、配套完备、有效管用的行政权力运行制度体系，为实现辽宁老工业基地全面振兴新跨越提供有力保障。

(二)主要原则

优化服务原则，制度设计重在为公共服务对象提供优质、方便、快捷的服务；突出重点原则，重点加强腐败现象易发多发的重点领域、重点环节和重点岗位权力运行制度建设；公开透明原则，实行内容公开、程序公开、结果公开，让权力在阳光下运行；创新载体原则，把电子政务、电子监察等科技手段融入制度设计和运行之中；有效管用原则，提高制度的执行力，确保制定的各项制度行得通、管得住、用得好；分步实施原则，在部分行政权力集中的部门先行试点、逐步推进。

(三)目标要求

2010年在省、市、县级政府选择一批行政权力较为集中的部门进行试点，2011年总结经验，全面推开，2012年进一步巩固提高制度建设成果，经过3年的努力，基本形成具有辽宁特色有效管用的行政权力运行制度体系。

二、主要内容

(一)清权确权。按照“谁行使、谁清理”的原则，自下而上进行排查，清理行政权力事项，摸清权力底数，按照有关规定对权力进行清理和确认，编制行政职权目录，绘制权力运行流程图和岗位说明书。

(二)查找廉政风险点。针对行使的每一项行政权力查找出业务流程、制度机制和外部环境等方面存在或可能存在腐败行为易发多发的风险部位，确定廉政风险点。

(三)制定和完善风险防范措施。围绕决策、执行、监督、考核等关键环节和重点岗位，对每一项行政权力的运行流程进行重新审定和调整，不断优化和完善。针对排查确定的各类风险点，明确预防风险任务要求和工作标准，制定有针对性的防范和内部监督管理措施，形成不同权力之间、权力运行不同环节之间的有效制衡和相互协调机制。

(四)公开权力运行情况。按照《辽宁省政府信息公开规定》的要求，采取多种形式公开行政职权目录、行政权力运行流程图和岗位责任说明书，明确公开的时限、形式和途径。探索利用科技手段监控权力运行的有效措施和方法，推行重要行政权力运行记录制度，全面推进电子监察，实行网上公开、网上审批、网上监督。

(五)加强对权力运行的监督。坚持政府部门的内部监督与外部监督相结合，专门机关监督与社会监督相结合，整合监督资源，对行政权力运行实施有效的监督管理。建立和完善权力运行绩效考核制度，将权力运行情况的评议考核有机融入党风廉政建设责任制和惩防体系建设考核、领导班子的年度考核、绩效考核、机关目标责任制考核、行政执法责任制考核等工作之中，分级组织，同步实施。建立对制度执行情况定期监督检查和责任追究制度，对违反制度的行为进行责任追究，提高制度的执行力。

三、工作要求

(一)切实加强领导。省委、省政府成立省加强行政权力运行制度建设工作领导小组，省纪委、省委组织部、省编委办、省直机关工委、省监察厅、省人力资源社会保障厅、省政府法制办等部门为成员单位，领导小组办公室设在省纪委、省监察厅，承担日常工作。各地区、各部门也要成立相应的领导机构，政府各部门领导机构的负责人应由主要领导担任。

(二)明确相关责任。各级党委、政府要按照党风廉政建设责任制的要求，切实担负起领导责任，主要领导要带头履行第一责任人的职责。各级加强行政权力运行制度建设工作领导小组要切实做好本地区、本部门行政权力运行制度建设的指导、推动和督促检查工作。政府相关部门是行政权力运行制度建设的主体，要制定具体实施方案，明确制度建设的规划、目标、完成时限、具体要求以及工作计划，把加强行政权力运行制度建设与其他业务工作有机结合，一起部署，一起检查，一起落实。纪检监察机关要充分发挥组织协调和监督检查作用。政府法制办、编委办要认真做好清权确权、编制行政职权目录、制作行政权力运行流程图等环节的工作指导和审核确认工作。组织、机关工委、人力资源社会保障、政府法制等部门要将各地区、各部门推进行政权力运行制度建设工作情况分别纳入到班子建设、绩效、目标责任制、行政执法责任制等考核中来。

(三)推动工作落实。各级加强行政权力运行制度建设工作领导小组及其办公室要组织力量深入开展调查研究，掌握行政权力运行制度建设工作的特点和规律，在政策、法律和工作三个层面及时研究解决存在的问题。要加强对本地区、本部门行政权力运行制度建设工作的组织协调和督促检查，定期报告工作进展情况，强化工作指导，搞好专题培训，总结典型经验，推动工作落实。

附件：1.辽宁省加强行政权力运行制度建设工作领导小组成员及主要职责（略）

2.辽宁省关于加强行政权力运行制度建设试点工作实施方案（略）

中共辽宁省委、辽宁省人民政府关于印发《辽宁省法治政府建设指标体系》的通知

（辽委发[2011]17号2011年8月29日）

各市委、市人民政府，省委各部委，省（中）直各单位，各人民团体：

《辽宁省法治政府建设指标体系》（以下简称《指标体系》）已经省委、省政府同意，现印发给你们，请结合实际认真贯彻执行。

依法行政是现代政治文明的重要标志。贯彻依法治国基本方略，推进依法行政，建设法治政府，是党治国理政从理念到方式的革命性变化，是坚持立党为公、执政为民，推动科学发展、促进社会和谐的必然要求，是我国政治体制改革迈出的重要一步，具有划时代的重要意义。《指标体系》根据胡锦涛总书记在中共中央政治局第27次集体学习时的重要讲话精神和党中央、国务院关于全面推进依法行政、建设法治政府的要求，对法治政府建设的指导思想、总体要求和具体目标作出明确规定，是当前和今后一个时期我省法治政府建设的指导性文件。《指标体系》的发布实施，有利于提高全省各级行政机关及其工作人员特别是领导干部依法行政的意识和能力，有利于创新行政管理方式、提高行政效能，必将对促进辽宁经济社会科学发展，实现老工业基地全面振兴起到重要的推动作用。

各地区、各部门要把全面推进依法行政、加快法治政府建设摆在更加突出的位置，切实抓好《指标体系》的学习宣传和贯彻落实，紧密结合实际制定具体考核指标和办法，作为评估、考核本地区、本部门依法行政状况和水平的重要标准。突出强化《指标体系》的引导、评价和预测功能，充分发挥全省依法行政示范单位的典型示范作用，推动《指标体系》的全面贯彻施行。各级党委、政府要切实加强对法治政府建设的组织领导，把推进依法行政、法治政府建设情况纳入工作目标考核体系，将考核结果作为对领导班子和领导干部综合考核评价的重要内容。加强对贯彻执行《指标体系》的监督检查，对贯彻执行不力的，严格追究领导责任。各地区、各部门在法治政府建设中的重大事项要向同级党委和人大常委会请示或者汇报，市、县级人民政府要将贯彻执行《指标体系》情况向上一级人民政府报告。

辽宁省法治政府建设指标体系

为深入贯彻落实依法治国基本方略，全面推进依法行政，取得法治政府建设新成效，根据国务印发的《全面推进依法行政实施纲要》（国发[2004]10号）、《国务院关于加强市县政府依法行政的决定》（国发[2008]17号）和《国务关于加强法治政府建设的意见》（国发[2010]33号）精神，制定本指标。

法治政府建设的指导思想和总体要求是：以邓小平理论和“三个代表”重要思想为指导，深入贯彻落实科学发展观，坚持党的领导，坚持执政为民，坚持依法行政，创新工作体制机制，增强各级领导干部的法律意识和依法行政能力，规范行政权力运行，保证法律法规严格执行，不断提高政府公信力和执行力。经过坚持不懈的努力，基本实现建设法治政府的目标，有力推动辽宁经济社会科学发展、创新发展、和谐发展。

法治政府建设的基本原则是：必须坚持党的领导、人民当家作主和依法治国的有机统一；必须把维护最广大人民的根本利益作为政府工作的出发点和落脚点；必须维护宪法的权威，确保法制统一和政令畅通；必须把推进依法行政与深化行政管理体制改革，提高行政效率统一起来，既要严格依法办事，又要积极履行职责。

一、政府职能界定和机构职责配置

目标：实现政企分开、政事分开、政资分开、政府与中介组织分开，政府与市场、政府与社会的关系基本理顺，政府的经济调节、市场监管、社会管理和公共服务职能基本到位，政府及其部门的职能、权限和责任明确。权责一致、分工合理、决策科学、执行顺畅、监督有力的行政管理体制基本形成。

（一）政府职能依法界定

1.政府职能转变与经济社会发展基本相适应，市场在资源配置中的基础性作用充分发挥。政府职能得到全面正确履行，经济调节和市场监管职能继续加强，社会管理和公共服务职能更加完善，突出保障和改善民生，就业、教育、医疗、社会保障、保障性住房等人民群众最关心的问题得到有效回应和解决。

2.政府部门职能配置合理，职责分工明确。机构设置规范，职能有机统一的大部门体制基本建立。决策权、执行权、监督权相互协调又相互制约的权力结构和运行机制基本形成。省直接管理县（市）体制改革稳步推进。事业单位分类改革基本完成。

3.社会组织得到有效培育、规范和管理，在社会公共事务中的管理作用充分发挥。

（二）机构依法设置

1.政府部门、事业单位及其内设机构设立、撤销或者调整的原则、权限、程序等有完善的制度规定。

2.政府部门、事业单位及其内设机构的设立、撤销或者调整须经必要性和可行性论证，提出的方案符合规定的要求。

（三）机构职责依法确定

1.政府部门职责依法确定。政府部门职责的确定、调整和清理的原则、权限、程序等有明确的规定。

2.政府部门之间的职责划分科学合理，争议协调机制健全并得到有效运行。

（四）人员编制依法核定

1.政府部门、事业单位人员编制核定和调整的原则、方法、程序等有完善的规定。

2.人员编制根据政府部门、事业单位实际履行职责情况，定期进行合理调整。

3.工作人员的录用、辞退等依照法定权限和程序进行。

二、行政管理和服务方式转变

目标：行政管理理念和服务方式切实转变，行政管理效能明显提高，行政服务意识显著增强，规范有序、公开透明、诚实守信、便民高效的政府管理和服务方式基本形成。

（五）行政审批依法实施

1.行政审批制度建立健全并有效运行。

2.按法定要求编制行政审批项目目录，并向社会公布。

3.取消、调整、下放行政审批项目依程序进行，行政审批机关在法定权限内实施审批。

4.行政审批申请方式多样，审批程序规范，审批决定符合法律、法规规定。

5.行政审批电子监察等监督系统有效运行，对行政审批过程实施全面监督。

6.行政许可法深入实施，行政许可项目、权限、程序等严格依法界定，政府公信力有效提升。

（六）投资体制改革全面深化

1.政府投资管理体制基本完善，投资管理职责分工明确。

2.推行政府投资项目储备制度、重大决策前专家评议和论证制度、项目审批前公示制度、公益性政府投资项目代建制度和重大项目后评价制度。

3.促进民间投资发展的机制建立健全，加强社会投资监管体系建设，鼓励和引导民间投资。

（七）应急管理工作全面加强

1.应急管理体制机制健全，应急管理机构职责明确，指挥关系顺畅，各项制度得到全面贯彻执行。

2.突发事件应急预案体系健全，预案编制、管理科学实用，定期进行预案演练。

3.突发事件监测、预警机制和应急联动机制完善，信，息报告及时准确。

4.危机管理科学，突发事件应对处置依法及时高效，应急管理综合能力显著提升。

（八）政府诚信建设全面深入

1.政府信用公众评价制度初步建立，信息、信用报告制度在招标投标、政府采购、资质认定、年检年审、产权交易、政府投资项目审批、公务员招录等工作中广泛应用。

2.信用信息的征集、披露、使用和信用服务行业的管理等制度建立健全。

3.公共信息征集机构和公共信用信息平台基本建立，实现省、市、县三级信息平台信息交换和共享。

（九）政府信息全面公开

1.政府信息发布协调、保密审查、工作考核、社会评议、投诉举报等工作制度健全。

2.按法定要求编制、发布政府信息公开指南和政府信息公开目录并及时更新。

3.通过便于公众知晓的载体、方式公开政府信息，按规定设置政府信息查阅场所，为公众提供便利服务。

4.加强主动公开，细化公开内容，切实做好；财政预算决算、公共资源配置、重大建设项目、社会公益事业等重点领域、重点环节政府信息的发布工作。

5.在规定时限内依法答复要求公开政府信息的申请，依申请提供政府信息不得违规收费，不得通过其他组织、个人以有偿方式提供政府信息。

6.落实政府信息公开年度报告制度，按规定公布政府信息公开年度报告。

（十）办事公开全面深入

1.办事公开制度完善，所有面向社会服务的政府部门全面实行办事公开。

2.推动公共企事业单位的办事公开工作，重点规范和监督医院、学校、公交、公用等公共企事业单位的办事公开。

3.按规定向社会公开岗位职责、服务承诺、收费项目、工作规范、办事纪律和监督渠道等事项。

（十一）电子政务建设全面推进

1.全省统一的电子政务网络体系基本建立，省、市、县三级电子政务网络实现互通互联，全方位覆盖。

2.通用平台系统建设积极推进，基本实现信息资源共享和政府管理的信息化。

3.政府网站和网站群建设全面加强，成为发布政府信息、提供电子审批、网上办事、在线便民服务、与公众互动交流的重要平台和窗口，利用信息技术履行职责的能力切实提高。

4.电子政务网络、政府网站安全保障体系建设不断加强，探索建立统一运行维护管理模式，建设和运行成本科学合理。

（十二）公共服务体制机制全面建立

1.公共服务基本制度建立健全，服务项目明确，服务质量改善，服务效率提高，行政成本降低。

2.各类行政服务中心建设规范，与企业和人民群众密切相关的行政管理和服务事项都纳入行政服务中心集中办理，社区基本公共服务实现全覆盖。

3.推行“全程办事代理制”、“首席代理制”和“一个窗口对外”、“一条龙服务”等便民措施，采取上门、就近、错时等服务方式，方便人民群众办事。

4.推行现场服务与网络服务相结合的服务模式，实现行政相对人网上咨询、网上申请，政府及其部门网上办理、网上反馈。

5.公共服务纳入工作目标考核和政风、行风评议范围，行政服务监督管理和责任追究的措施有效实施。

（十三）新型行政管理方式全面应用

1.积极探索公开、协商、民主、科学的管理机制。

2.推行行政规划、行政奖励等柔性管理方式。

3.采取政府购买、服务外包、政府补贴等方式向社

会提供公共服务。

三、行政决策

目标：行政决策机制完善、程序健全，人民群众参与行政决策的渠道畅通。实行科学决策、民主决策和依法决策，全面规范行政权力运行。

（十四）行政决策权限明确

1.各级政府之间、政府部门之间的行政决策权限划分科学合理。

2.行政决策规则完善，行政决策方式、流程规定明确。

3.行政决策在规定的权限内进行。

（十五）行政决策机制完善

1.建立和实施重大行政决策听证论证制度、专家咨询制度和风险评估制度，完善人民群众参与行政决策的规则和程序。

2.建立和实施行政决策公开制度，除依法应当保密的以外，决策事项、依据和结果公开，公众有权查阅。

3.建立和实施重大行政决策合法性审查、集体决定制度。

4.建立和完善行政决策信息收集和智力支持系统，加强政府决策咨询机构、法律顾问机构以及专业咨询机构建设，引导、扶持各类社会机构为行政决策服务。

（十六）行政决策程序健全

1. 制定与群众切身利益密切相关的公共政策和涉及经济社会发展全局的重大决策事项，向社会公开征求意见，充分讨论、协商。

2.专业性强、技术性强的重大决策事项，实行专家论证、技术咨询和决策评估。

3.法律、法规和规章规定应当听证及涉及重大公共利益和群众切身利益的决策事项，应依法举行听证。

4.涉及经济社会发展全局和与群众利益密切相关的重大决策事项，按规定进行风险评估，确定风险等级，制定化解处置预案。

5.作出重大行政决策前由政府法制机构进行合法性审查，未经合法性审查或者审查不合格的，不得作出决策。

6.重大行政决策经政府或者部门负责人集体讨论决定。

（十七）决策跟踪反馈和责任追究制度完善

1.建立重大行政决策实施情况后评价制度，定期对决策的执行情况进行跟踪与反馈。

2.通过多种途径了解利益相关方和社会公众对决策实施的意见和建议，全面评估决策执行效果，对不当的决策予以调整或者停止执行。

3.对违反决策规定，决策严重失误、造成重大损失或者恶劣影响的，按照谁决策、谁负责的原则严格追究责任。

四、制度建设

目标：提出法规草案，制定规章、规范性文件等制度建设符合宪法和法律规定的权限，充分反映客观规律和最广大人民的根本利益，真正对全省经济社会发展起到促进和保障作用。实现政府立法民主化、科学化、规范化，立法质量明显提高。

（十八）政府立法工作制度健全

1.起草法规、制定规章和规范性文件严格遵守宪法、立法法及上位法的规定，制发程序严格规范。

2.立法项目公开征集、公众动议制度健全完善，公众参与水平和质量显著提高。

3.立法公开征求意见、专家咨询论证、立法听证和对采纳情况说明制度健全。

4.建立立法成本效益分析、社会风险评估、实施后情况评估等制度。

5.完善区域立法协作机制，提高立法效率和质量，降低立法成本。

（十九）政府立法计划科学

1.制度建设体现规律要求，符合人民意愿，及时通过地方立法把推动地区经济发展、改善民生和发展社会事业以及加强政府自身建设等方针政策转化为法规规章，实现立法决策与改革决策相统一，立法进程与改革进程相适应。

2.将保证法律的有效实施、法律法规的配套制度建设以及法规规章的修改作为政府立法的重点。

3.坚持从实际出发，体现地方特色，增强立法项目的针对性、实用性和可操作性。

（二十）政府立法程序完善

1.按法定要求制定发布政府立法工作计划。

2.法规草案、规章草案在提请政府审议前在政府网站或相关媒体上向社会各界公布并征求意见，征求意见时间原则上不少于30天。

3.法规草案、规章草案征求意见、咨询论证和公开听证，严格按法定程序进行。

4.制定规范性文件必须经公开征求意见、合法性审查和集体讨论决定，逐步实行规范性文件统一登记、统一编号、统一发布。

（二十一）评估、清理、有效期制度建立健全

1.规章实施3年后，按要求组织评估，重要规章应在实施1年后组织评估并公布评估结果。

2. 规章实施后每隔5年清理一次，规范性文件每隔2年清理一次，清理结果向社会公布；对需要修改或者宣布失效、废止的，及时予以修改或者宣布失效、废止。

3.规范性文件在一定时期内适用的，应当规定有效期。未规定有效期的，有效期最长为5年。有效期满的，规范性文件自动失效。

五、行政执法

目标：法律、法规、规章得到全面、正确实施，公民、法人和其他组织合法权利和权益得到切实保护，政府公信力显著提高，违法行为得到及时纠正、制裁，经济社会秩序得到有效维护，做到严格、规范、公正、文明执法。

（二十二）严格依法展行职责

1.政府及其部门自觉在宪法和法律范围内活动，严格依照法定权限和程序行使权力、履行职责。

2.严格履行法律规定的行政许可、行政审批、行政检查、行政处罚、行政强制、行政征收等行政执法职能。

3.加大行政执法力度，严厉查处危害安全生产、食品药品安全、自然资源和环境保护、社会治安一等方面的违法案件，维护公共利益和经济社会秩序。

4.作出影响公民、法人和其他组织权益或者增加其义务的行政决定，要有明确的法律、法规、规章依据。因公共利益或者其他法定事由需要撤回或者变更行政决定，依照法定权限和程序进行，并对行政相对人受到的损失依法予以补偿。

5.规范政府及其部门签订合同工作，合同文本最后确定前应由政府法制机构或者法律专家进行合法性审查、论证。

（二十三）行政执法能力显著提高

1.行政执法主体资格合法性审查制度完善，依法确认行政执法主体。

2.行政执法人员资格及证件管理制度健全，行政执法人员必须持证上岗，杜绝无行政执法资格人员执法，实现行政执法人员数据化管理。

3.加强行政执法队伍建设，健全纪律约束机制，狠抓执法纪律和职业道德教育，执法人员素质全面提高。

4.执法依据、执法权限、适用规则、执法程序和执法结果向社会公开，接受社会监督。

5.完善行政执法投诉举报制度，及时受理投诉举报案件。

6.严格落实行政执法责任制和评议考核制，评议考核结果作为行政执法机构、人员奖惩的重要依据。完善县、乡行政执法责任制体系，加大评议考核与责任追究力度。

（二十四）行政执法体制和机制完善

1.权责明确、行为规范、监督有效、保障有力的行政执法体制基本建立。

2.相对集中行政处罚权制度全面建立，相对集中行政许可权制度初步建立，综合行政执法有序推进。

3.行政执法级别管辖制度基本建立，执法层次减少，执法重心下移，执法效率提高。

4.行政执法争议协调机制建立健全并有效运行。

5.行政执法区域协作机制大力推进，重点行政执法领域取得实效。

（二十五）行政执法程序规范

1.执法程序制度建立健全，执法流程细化，执法步骤明确，执法文书统一。

2.行政执法告知、说明理由、听证、集体决定等制度有效实施。

3.严格执行行政裁量权指导标准，先例制度、说明制度得到有效实施，避免执法随意性。

4.行政执法调查规则健全，取证行为规范。

5.行政执法信息化建设全面加强，实现执法流程网上管理，行政执法部门之间实现资源共享。

6.行政许可、行政处罚、行政强制、行政征收等行政执法案卷的评查制度完善，执法案卷评查、质量考核、满意度测评基本实现信息化管理。

（二十六）行政执法方式文明公正

1.行政执法人员举止文明、用语规范，严禁粗暴对待行政相对人，不得侵害行政相对人的人格尊严。

2.加强说服教育，坚持管理与服务并重、处理与疏导结合，实现法律效果与社会效果的统一。

3.推行行政指导等柔性执法方式，推广以人为本的人性化执法理念。

4.公正、平等对待行政相对人，对同等违法情形的处理基本一致。

5.处理违法行为的手段和措施适当，避免和减少对行政相对人权益的不必要损害。

（二十七）行政执法经费保障

1.行政执法经费保障机制完善，行政执法经费与罚没收入挂钩问题切实、完全解决。

2.行政执法收支两条线和罚缴分离制度严格执行。

3.行政事业性收费、罚没收入纳入预算管理。不得将收费、罚没收入与执法人员收入挂钩。

六、社会矛盾纠纷的防范和化解

目标：完善行政调解制度，规范调解程序，推动建立大调解联动机制。高效、便捷、成本低廉的防范、化解社会矛盾的机制基本形成，社会矛盾得到有效防范和化解。

（二十八）预防和化解社会矛质纠纷的机制健全

1.加强和完善党委和政府主导的维护群众权益机制，形成科学有效的利益协调机制、诉求表达机制、矛盾调处机制和权益保障机制。

2.人民调解、司法调解、行政调解和仲裁调解相衔接的大调解联动机制有效运行。

3.重大群体性、突发性社会事件的预警监测机制建立并得到全面落实。

（二十九）行政复议主渠道作用充分发挥

1.依法受理行政复议申请，改进案件审理方式，及时公正作出行政复议决定，加强对行政复议决定履行情况的督察。法定受理率、结案率和行政复议决定履行率达到100%。

2.开展相对集中行政复议案件审理工作，加强行政复议委员会建设。

3.健全行政复议机构，依法配备2名以上专职办案人员。完善行政复议经费装备保障机制，推行行政复议人员资格管理制度。

（三十）信访渠道顺畅

1.信访绿色通道、属地化管理、领导干部接待和包案等制度完善。

2.信访稳定风险评估、信息反馈与政策联动机制建立健全。

3.信访渠道畅通，信访程序规范，及时办理信访事项，切实保护人民群众的信访权利。

（三十一）人民调解有效

1.认真实施人民调解法，巩固、健全和发展人民调解组织，实现全覆盖。

2.完善人民调解工作制度，规范人民调解程序。

3.指导、支持和保障村（居）民委员会和城镇社区等基层组织开展人民调解工作。

（三十二）行政调解有力

1.政府负总责、政府法制机构牵头、各职能部门为主体的行政调解体制基本建立。

2.行政调解制度建立健全，科学界定调解范围，规范调解程序。

3.行政调解积极主动，行政机关在化解行政争议和民事纠纷中充分发挥作用。

七、行政监督和问责

目标：行政监督制度和机制墓本完善，接受外部监督积极主动，层级监督和专门监督明显加强，行政监督效能显著提高，行政问责严肃有力。

（三十三）人大依法实施法律监督

1.各级人大及其常务委员会依法对本级人民政府的工作进行监督，保证法律法规的正确实施。

2.各级人民政府自觉接受同级人大及其常委会的法律监督和工作监督，执行人大及其常委会作出的决议、决定；依法向同级人大及其常委会报告工作、接受质询，主动就社会热点问题作专题报告，定期提交依法行政工作报告，按规定报备规章、规范性文件；认真办理人大议案和代表建议，办复率、代表满意率达到100%。

（三十四）政协积极开展民主监督

1.各级政协对本级人民政府及其工作人员的依法行政工作进行民主监督。

2.县级以上人民政府要虚心听取政协对政府工作的意见、建议和批评，认真办理政协委员关于政府工作的提案和建议，办复率、委员满意率达到100%。

（三十五）司法机关依法进行司法监督

1.法院、检察院依法独立行使审判权和检察权，对行政机关实行司法监督，推动各级行政机关依法行政。

2.县级以上人民政府积极支持法院依法独立行使审判权，配合检察院办理案件并接受监督；建立行政机关负责人出庭应诉制度，对法院受理的行政案件积极出庭应诉和答辩，尊重并自觉履行法院依法作出的生效判决和裁定，办复率达到100%；认真落实法院的司法建议和检察院的检察建议，及时反馈落实情况。

（三十六）加强社会监

1.拓宽群众监督渠道，完善社会监督机制，依法保障人民群众监督政府的权利。

2.完善群众举报投诉制度，建立投诉举报平台。

3.重视新闻舆论监督，支持新闻媒体对违法或者不当的行政行为曝光，加强与互联网等新型传媒的互动。

4.对群众举报、新闻媒体反映的问题，认真调查核实，依法及时作出处理，处理结果应当反馈或者公布。

（三十七）全面加强层级监督

1.强化上一级人民政府对下一级人民政府、政府对其所属部门的监督，整合监督资源，加大监督力度，层级监督的制度、机制基本健全。

2.规章和规范性文件严格依法报送备案，接受审查。报备率、报备及时率和报备规范率实现100%。

3.健全规章规范性文件备案登记、公布、情况通报和监督检查制度，定期向社会公布通过审查的规章规范性文件目录，基本完成备案工作信息化建设。

4.依法办理公民、法人和其他组织提出的规章规范性文件审查建议。

5.建立健全行政执法监督检查、重大行政处罚决定备案、违法行政行为督查等监督制度。

（三十八）依法实施专门监督

1.监察、审计等专门监督工作机制健全并有效实施。

2.监察、审计部门切实履行职责，依法独立开展专门监督。

3.支持和配合监察、审计部门的工作，自觉接受监察、审计部门作出的监督规定。

4.完善监察、审计部门与检察机关的协调配合机制。

（三十九）完善行政赔偿和补偿制度

1.建立行政赔偿和补偿案件统一受理机制，在行政赔偿和补偿中引入听证、调解及和解制度。

2.规范赔偿和补偿费用的核拨程序，建立赔偿或者补偿义务机关先行支付制度。

3.落实行政侵权的赔偿和土地征收、房屋搬迁、撤销或变更行政行为的补偿制度。

（四十）推行政府绩效管理和行政问责制度

1.政府绩效评估指标体系和评估机制健全，实现内部考核与公众评议、专家评价相结合，发挥绩效评估对推动科学发展的导向和激励作用。

2.行政问责制全面推行，问责范围明确，问责程序规范。

3.责任追究制度和纠错改正机制建立完善，责任追究力度不断加强。

八、依法行政能力建设

目标：行政机关工作人员特别是领导干部依法行政的意识和能力显著增强，以依法治国、执法为民、公平正义、服务大局、党的领导为基本内容的社会主义法治理念牢固树立，依法行政的推进机制全面建立。重视提拔使用依法行政意识强，善于用法律手段解决问题、推动发展的干部，实现依法行政任务与改革发展稳定任务一起部署、一起落实、一起考核。

（四十一）学习培训长效机制建立健全

1.加强行政机关工作人员依法行政意识与能力的培养，提高领导干部运用法治思维和法律手段解决经济社会发展中突出矛盾和问题的能力。

2.领导干部学法制度全面建立。坚持政府常务会议前学法制度，每年至少举办2次法制讲座，组织学习宪法、通用法律知识和与履行职责相关的专门法律知识。

3.行政机关工作人员学法制度健全，开展依法行政集中培训，年度集中培训时间不少于2周。学法计划、内容、时间、人员、效果“五落实”。

4.县级以上人民政府每年举办2期领导干部依法行政专题，研讨班。各级党校、行政学院和公务员培训机构要把依法行政知识纳入教学内容，依法行政知识比例不低于30%。

5.法制宣传教育深入开展，社会主义法治精神全面弘扬，学法尊法守法用法的良好社会氛围基本形成。

（四十二）依法行政考察和测试制度全面推行

1.建立对领导干部任职前的法律知识考查和测试制度，对拟任政府及其部门领导职务的干部，在任职前要考察其掌握相关法律知识和依法行政情况，必要时对其进行相关法律知识测试，考察和测试结果作为任职的依据之一。

2.加大公务员录用中法律知识测查力度，在公务员录用考试中，法律知识试题分值不少于试题总分的20%。

3.对从事行政执法工作的人员，组织参加专门的法律知识考试，成绩达到良好以上的，方可从事行政执法工作。

4.政府及其部门将工作人员参加依法行政培训情况及学习成绩作为考核内容和任职晋升的依据之一。

（四十三）依法行政考核制度有效实施

1.上一级人民政府对下一级人民政府、政府对其所属部门的依法行政工作情况进行年度考核，年度考核与日常检查、考核相结合，考核结果作为对政府及其所属部门领导班子和领导干部考评的重要内容。

2.完善依法行政考核制度，科学设定考核指标，规范考核程序。

3.依法行政考核情况纳入政府工作绩效考核、目标考核范围。

4.逐步提高依法行政考核在对下一级人民政府、政府部门绩效考核、目标考核中的权重分值。

（四十四）依法行政报告制度不断完善

1.县级以上人民政府定期向同级党委、人大常委会和上一级人民政府报告推进依法行政情况。

2.政府部门定期向本级人民政府和上一级人民政府有关部门报告依法行政情况。

3.政府常务会议每半年至少听取1次依法行政工作汇报，政府部门办公会议每季度听取1次依法行政工作汇报。

（四十五）组织领导体制机制建立健全

1.各级党委和政府要把依法行政作为保证地方经济社会发展各项目标任务顺利实现的重大举措，建立由主要负责人牵头的依法行政领导协调机制，落实行政首长作为推进依法行政第一责任人的责任。

2.及时制定推进依法行政规划和年度计划，各项工作机制健全。

3.加强对推进依法行政工作的督促指导、监督检查、表彰奖励和舆论宣传。

（四十六）政府法制机构和队伍建设适应工作需要

1.加强政府法制机构建设，使法制部门的机构规格、人员编制、干部配备、经费保障等与其承担的职责和任务相适应。

2.加大对政府法制干部的培养、使用和交流力度，注重提拔政治素质高、法律素养好、工作能力强的法制干部。

3.各级政府法制机构及其工作人员要不断提高新形势下做好政府法制工作的能力和水平，切实履行好统筹规划、协调监督、督促指导、监督检查和考评等职责。

十　教育部部门规章

实施教育行政许可若干规定

（教育部令第22号2005年4月21日发布）

第一条 为实施《中华人民共和国行政许可法》（以下简称行政许可法），规范教育行政部门行政许可行为，推进依法行政，制定本规定。

第二条 教育行政部门实施行政许可，应当遵守行政许可法及有关法律、法规和本规定。

第三条 国务院教育行政部门制定的规章和规范性文件、地方各级教育行政部门制定的规范性文件不得设定教育行政许可。

国务院教育行政部门制定的规章可以对法律、行政法规和国务院决定设定的教育行政许可规定具体实施的程序、条件等。

第四条 地方各级教育行政部门认为需要增设新的教育行政许可或者认为教育行政许可的设定、规定不合理、需要修改或者废止的，可以向国务院教育行政部门提出建议，由国务院教育行政部门向国务院提出立法建议；也可向省、自治区、直辖市人民政府提出立法建议。

第五条 教育行政部门依据法律、法规和规章委托其他行政机关实施行政许可的，应当签署实施行政许可委托书。

委托书应当载明委托机关和受委托机关的名称、地址、联系方式，委托的具体事项、委托期限及法律责任等。

第六条 教育行政部门应当在办公场所公示以下内容：

（一）行政许可的事项、依据、条件、数量、程序、期限；

（二）申请行政许可需要提交的全部资料目录；

（三）申请书示范文本；

（四）收取费用的法定项目和标准；

（五）法律、法规、规章规定需要公示的其他内容。

除涉及国家秘密、商业秘密和个人隐私以外，教育行政部门应当通过政府网站或者其他适当方式将前款内容向社会公开，便于申请人查询和办理。

申请人要求对公示内容予以说明、解释的，教育行政部门应当说明、解释，提供准确、可靠的信息。

第七条 申请教育行政许可应当以书面形式提出。申请书需要采用格式文本的，教育行政部门应当免费提供。

第八条 教育行政许可申请一般由申请人到教育行政部门办公场所提出，也可以通过信函、电报、电传、传真和电子邮件等方式提出。行政许可申请以电报、电传、传真和电子邮件等方式提出的，申请人应当提供能够证明其申请文件效力的材料。

教育行政部门应当公开行政许可的承办机构、联系电话、传真、电子邮箱等，为申请人通过信函、电报、电传和电子邮件等方式提出行政许可申请提供便利。

第九条 实施行政许可需要由教育行政部门多个内设机构办理的，教育行政部门应当明确一个机构为主承办，并转告其他机构分别提出意见后统一办理。

第十条 教育行政部门接到行政许可申请后，应当按照以下规定进行是否受理的审查：

（一）申请事项是否依法需要取得行政许可；

（二）申请事项是否属于本机关职权范围；

（三）申请人是否具有不得提出行政许可申请的情形；

（四）申请人是否提交了法律、法规、规章规定的申请材料；

（五）申请人提供的申请材料是否齐全和符合法定形式。

第十一条 教育行政部门受理或者不予受理行政许可申请，应当自收到符合法定形式的全部行政许可申请材料后5日内，出具加盖本行政机关专用印章和注明日期的书面凭证。

申请材料不齐全或者不符合法定形式的，自收到全部补正申请材料之日起计算；行政机关未告知申请人需要补正的，自收到申请材料之日起计算。

第十二条 教育行政部门受理行政许可申请后，应当对申请人提交的申请材料进行审查。

申请人对其申请材料实质内容的真实性负责。根据法律、法规、规章的规定需要对申请材料的实质内容进行核实的，教育行政部门应当指派两名以上工作人员共同进行。核查人员核查时应当出示证件，根据核查的情况制作核查记录，并由核查人员与被核查方共同签字确认。被核查方拒绝签字的，核查人员应予注明。

第十三条 依法应当先经下一级教育行政部门初审的行政许可，除法律、法规另有规定的外，下一级教育行政部门应当自受理申请之日起20日内审查完毕，并在审查完毕后7日内将初审意见和全部申请材料直接报送上一级教育行政部门。

上级教育行政部门不得要求申请人重复提供申请材料。

第十四条 审查教育行政许可申请，对依法需要专家评审、考试、听证的，应当制作《教育行政许可特别程序通知书》，告知申请人所需时间，所需时间不计算在许可期限内。

第十五条 对依法需要进行专家评审的，教育行政部门应当按照国家有关规定组织承担评审职责的机构和人员，明确评审的依据、标准、规程、期限和要求。

评审工作完成后，承担评审任务的机构或者人员应当出具书面评审报告，送交组织评审的教育行政部门。

第十六条 对依法需要举行国家考试取得资格的行政许可的，教育行政部门应当依据行政许可法的规定，事先公布资格考试的报名条件、报考办法、考试科目以及考试大纲。不得组织强制性的资格考试的考前培训，不得指定教材或者其他助考材料。

通过考试，符合条件的，教育行政部门应当授予相应的资格或者颁发证书。

第十七条 对于属于听证范围的行政许可事项，经告知后申请人或利害关系人提出听证申请的，教育行政部门应当指派审查该行政许可申请的工作人员以外的人员担任听证主持人组织听证。

听证应当制作笔录。听证笔录包括以下主要内容：听证事项；听证举行的时间、地点；听证主持人、记录人；听证参加人；行政许可申请内容；承办业务机构的审查意见及相关证据、理由；申请人、利害关系人发表的意见，提出的证据、理由；审查人与申请人、利害关系人辩论、质证的情况和听证申请人最后陈述的意见等。

听证笔录由听证主持人和记录人签名，并经听证参加人确认无误后当场签名或者盖章。听证参加人对笔录内容有异议的，听证主持人应当告知其他参加人，各方认为异议成立的，应当予以补充或者更正；对异议有不同意见或者听证参加人拒绝签名、盖章的，听证主持人应当在听证笔录中予以载明。

教育行政部门应当根据听证笔录，作出准予行政许可或者不予行政许可的决定。

对听证笔录中没有认证、记载的事实、证据，教育行政部门不予采信。

第十八条 除法律、法规授权组织外，实施行政许可，应当以教育行政部门名义作出。

有关行政许可的文书、证件，应当以实施行政许可的教育行政部门名义签发并对外发布。

第十九条 教育行政部门作出准予行政许可的决定，应当制作格式化的准予行政许可决定书，并予以公开，公众有权查阅。需要颁发行政许可证件的，应当向申请人颁发加盖本行政机关印章的许可证、资格证、批准文件或者法律、法规规定的其他行政许可证件。

教育行政部门依法作出不予行政许可的书面决定的，应当向申请人书面说明理由，并告知申请人依法申请行政复议或者提起行政诉讼的途径和期限。

第二十条 教育行政部门送达行政许可决定以及其他行政许可文书，一般应当由受送达人直接领取。受送达人直接领取行政许可决定以及其他行政许可文书时，应当在送达回证上注明收到日期，并签名或者盖章。

受送达人不直接领取行政许可决定以及其他行政许可文书的，教育行政部门可以采取邮寄送达、委托送达等方式。无法采取上述方式送达，或者同一送达事项的受送达人众多的，可以在公告栏、受送达人住所地张贴公告，也可以在报刊上刊登公告。

第二十一条 申请人认为教育行政部门不依法实施行政许可的，可以依法向上级行政机关或者监察机关举报或者投诉，也可以依法申请行政复议或者提起行政诉讼。

第二十二条 上级教育行政部门发现下级教育行政部门有违反行政许可法规定设定或者实施行政许可的，应当责令其限期改正。

下级教育行政部门擅自改变上级教育行政部门作出的行政许可决定的，上级教育行政部门应当令其限期改正或者直接予以纠正；情节严重的，对直接负责的主管人员和其他直接责任人员依法给予行政处分。

第二十三条 教育行政部门应当按照行政许可法的规定，建立检查、备案、档案管理等制度。对被许可人从事行政许可事项的活动进行监督检查时，应当制作笔录，笔录归档后，公众有权查阅。

第二十四条 教育行政部门违法实施行政许可，给当事人的合法权益造成损害的，依照国家赔偿法的规定处理。

第二十五条 本规定自2005年6月1日起施行。

学校教职工代表大会规定

（教育部令第32号，2011年11月9日第34次部长办公会议审议通过，并经商中华全国总工会同意，2011年12月8日发布，自2012年1月1日起施行）

第一章　总则

第一条　为依法保障教职工参与学校民主管理和监督，完善现代学校制度，促进学校依法治校，依据教育法、教师法、工会法等法律，制定本规定。

第二条　本规定适用于中国境内公办的幼儿园和各级各类学校（以下统称学校）。

民办学校、中外合作办学机构参照本规定执行。

第三条　学校教职工代表大会（以下简称教职工代表大会）是教职工依法参与学校民主管理和监督的基本形式。

学校应当建立和完善教职工代表大会制度。

第四条　教职工代表大会应当高举中国特色社会主义伟大旗帜，以马克思列宁主义、毛泽东思想、邓小平理论和“三个代表”重要思想为指导，深入贯彻落实科学发展观，全面贯彻执行党的基本路线和教育方针，认真参与学校民主管理和监督。

第五条　教职工代表大会和教职工代表大会代表应当遵守国家法律法规，遵守学校规章制度，正确处理国家、学校、集体和教职工的利益关系。

第六条　教职工代表大会在中国共产党学校基层组织的领导下开展工作。教职工代表大会的组织原则是民主集中制。

第二章　职权

第七条　教职工代表大会的职权是：

（一）听取学校章程草案的制定和修订情况报告，提出修改意见和建议；

（二）听取学校发展规划、教职工队伍建设、教育教学改革、校园建设以及其他重大改革和重大问题解决方案的报告，提出意见和建议；

（三）听取学校年度工作、财务工作、工会工作报告以及其他专项工作报告，提出意见和建议；

（四）讨论通过学校提出的与教职工利益直接相关的福利、校内分配实施方案以及相应的教职工聘任、考核、奖惩办法；

（五）审议学校上一届（次）教职工代表大会提案的办理情况报告；

（六）按照有关工作规定和安排评议学校领导干部；

（七）通过多种方式对学校工作提出意见和建议，监督学校章程、规章制度和决策的落实，提出整改意见和建议；

（八）讨论法律法规规章规定的以及学校与学校工会商定的其他事项。

教职工代表大会的意见和建议，以会议决议的方式做出。

第八条 学校应当建立健全沟通机制，全面听取教职工代表大会提出的意见和建议，并合理吸收采纳；不能吸收采纳的，应当做出说明。

第三章 教职工代表大会代表

第九条 凡与学校签订聘任聘用合同、具有聘任聘用关系的教职工，均可当选为教职工代表大会代表。

教职工代表大会代表占全体教职工的比例，由地方省级教育等部门确定；地方省级教育等部门没有确定的，由学校自主确定。

第十条 教职工代表大会代表以学院、系（所、年级）、室（组）等为单位，由教职工直接选举产生。

教职工代表大会代表可以按照选举单位组成代表团（组），并推选出团（组）长。

第十一条 教职工代表大会代表以教师为主体，教师代表不得低于代表总数的60%，并应当根据学校实际，保证一定比例的青年教师和女教师代表。民族地区的学校和民族学校，少数民族代表应当占有一定比例。

教职工代表大会代表接受选举单位教职工的监督。

第十二条 教职工代表大会代表实行任期制，任期3年或5年，可以连选连任。

选举、更换和撤换教职工代表大会代表的程序，由学校根据相关规定，并结合本校实际予以明确规定。

第十三条 教职工代表大会代表享有以下权利：

（一）在教职工代表大会上享有选举权、被选举权和表决权；

（二）在教职工代表大会上充分发表意见和建议；

（三）提出提案并对提案办理情况进行询问和监督；

（四）就学校工作向学校领导和学校有关机构反映教职工的意见和要求；

（五）因履行职责受到压制、阻挠或者打击报复时，向有关部门提出申诉和控告。

第十四条 教职工代表大会代表应当履行以下义务：

（一）努力学习并认真执行党的路线方针政策、国家的法律法规、党和国家关于教育改革发展的方针政策，不断提高思想政治素质和参与民主管理的能力；

（二）积极参加教职工代表大会的活动，认真宣传、贯彻教职工代表大会决议，完成教职工代表大会交给的任务；

（三）办事公正，为人正派，密切联系教职工群众，如实反映群众的意见和要求；

（四）及时向本部门教职工通报参加教职工代表大会活动和履行职责的情况，接受评议监督；

（五）自觉遵守学校的规章制度和职业道德，提高业务水平，做好本职工作。

第四章　组织规则

第十五条 有教职工80人以上的学校，应当建立教职工代表大会制度；不足80人的学校，建立由全体教职工直接参加的教职工大会制度。

学校根据实际情况，可在其内部单位建立教职工代表大会制度或者教职工大会制度，在该范围内行使相应的职权。

教职工大会制度的性质、领导关系、组织制度、运行规则等，与教职工代表大会制度相同。

第十六条 学校应当遵守教职工代表大会的组织规则，定期召开教职工代表大会，支持教职工代表大会的活动。

第十七条 教职工代表大会每学年至少召开一次。

遇有重大事项，经学校、学校工会或1/3以上教职工代表大会代表提议，可以临时召开教职工代表大会。

第十八条 教职工代表大会每3年或5年为一届。期满应当进行换届选举。

第十九条 教职工代表大会须有2/3以上教职工代表大会代表出席。

教职工代表大会根据需要可以邀请离退休教职工等非教职工代表大会代表，作为特邀或列席代表参加会议。特邀或列席代表在教职工代表大会上不具有选举权、被选举权和表决权。

第二十条 教职工代表大会的议题，应当根据学校的中心工作、教职工的普遍要求，由学校工会提交学校研究确定，并提请教职工代表大会表决通过。

第二十一条 教职工代表大会的选举和表决，须经教职工代表大会代表总数半数以上通过方为有效。

第二十二条 教职工代表大会在教职工代表大会代表中推选人员，组成主席团主持会议。

主席团应当由学校各方面人员组成，其中包括学校、学校工会主要领导，教师代表应占多数。

第二十三条 教职工代表大会可根据实际情况和需要设立若干专门委员会（工作小组），完成教职工代表大会交办的有关任务。专门委员会（工作小组）对教职工代表大会负责。

第二十四条 教职工代表大会根据实际情况和需要，可以在教职工代表大会代表中选举产生执行委员会。执行委员会中，教师代表应占多数。

教职工代表大会闭会期间，遇有急需解决的重要问题，可由执行委员会联系有关专门委员会（工作小组）与学校有关机构协商处理。其结果向下一次教职工代表大会报告。

第五章　工作机构

第二十五条 学校工会为教职工代表大会的工作机构。

第二十六条 学校工会承担以下与教职工代表大会相关的工作职责：

（一）做好教职工代表大会的筹备工作和会务工作，组织选举教职工代表大会代表，征集和整理提案，提出会议议题、方案和主席团建议人选；

（二）教职工代表大会闭会期间，组织传达贯彻教职工代表大会精神，督促检查教职工代表大会决议的落实，组织各代表团（组）及专门委员会（工作小组）的活动，主持召开教职工代表团（组）长、专门委员会（工作小组）负责人联席会议；

（三）组织教职工代表大会代表的培训，接受和处理教职工代表大会代表的建议和申诉；

（四）就学校民主管理工作向学校党组织汇报，与学校沟通；

（五）完成教职工代表大会委托的其他任务。

选举产生执行委员会的学校，其执行委员会根据教职工代表大会的授权，可承担前款有关职责。

第二十七条 学校应当为学校工会承担教职工代表大会工作机构的职责提供必要的工作条件和经费保障。

第六章　附则

第二十八条　学校可以在其下属单位建立教职工代表大会制度，在该单位范围内实行民主管理和监督。

第二十九条　省、自治区、直辖市人民政府教育行政部门，可以与本地区有关组织联合制定本行政区域内学校教职工代表大会的相关规定。

有关学校根据本规定和所在地区的相关规定，可以制定相应的教职工代表大会或者教职工大会的实施办法。

第三十条　本规定自2012年1月1日起施行。1985年1月28日教育部、原中国教育工会印发的《高等学校教职工代表大会暂行条例》同时废止。

教育统计工作暂行规定

（[86]教计字034号1986年3月1日发布）

第一章　总则

第一条　为了有效地、科学地组织教育统计工作，保障各项统计资料的准确性和及时性，发挥统计工作在教育管理和多层次决策中的重要作用，促进教育事业的顺利发展，根据《中华人民共和国统计法》和国务院《关于加强统计工作的决定》，特制定本规定。

第二条　教育统计是认识教育现象及其发展规律的重要手段，是制定教育政策、编制教育发展规划的重要依据，是实行教育科学管理的一项基础工作。教育统计工作的基本任务是对教育发展情况进行统计调查，统计分析，提供统计资料，实行统计监督。

第三条　各级教育部门和学校，包括中央和地方政府各部门所属的学校，企事业单位、集体经济组织和其他社会力量举办的各类学校，必须依照《统计法》和本规定，填报教育统计调查表，提供教育统计调查所需要的统计资料。

第四条　各级教育部门和学校根据统计任务的需要，设置统计机构或配备统计干部。各级教育部门在开展统计工作中，应与同级人民政府统计机构加强协作，并在统计业务上接受指导。

第五条　各级教育部门和学校要重视和加强教育统计现代化建设，积极创造条件，加快推广运用现代计算技术和传输技术，提高教育统计工作水平和效率。

第六条　各级教育部门和学校的统计机构和统计干部实行工作责任制，准确、及时完成统计工作任务。按照《统计法》行使教育统计调查、统计报告、统计监督的职权，不受侵犯。

第七条　各级教育部门和学校负责人对统计工作要经常督促检查，培训考核统计干部，表扬先进。对违反《统计法》的有关领导或统计干部，要给予批评教育；情节较重的，要给予行政处分；构成犯罪的，由司法机关依法追究刑事责任。

第二章　教育统计调查

第八条　按照《统计法》有关开展部门统计调查的规定，全国教育统计调查项目及其调查方案，由国家教育委员会拟定颁发，报国家统计局备案；调查对象超出教育系统的，报国家统计局审批后颁发。地方教育统计调查项目及其调查方案，由地方教育部门拟定颁发，报地方同级人民政府统计机构备案；调查对象超出教育系统的，须报同级人民政府统计机构审批。

第九条　按《统计法》和本规定批准颁发的教育统计调查方案必须在调查表的右上角标明表号、制表机关名称、批准或者备案机关名称及批准文号，被调查的单位、人员必须准确、及时、无偿地填报。

第十条　全国统一的教育统计标准，包括统计分类目录、指标涵义、计算方法、统计编码等，由国家教育委员会制定，地方各级教育部门可以制定补充性的统计标准。

教育统计标准未经制定机关同意，任何单位和个人不得修改。

第十一条　各级教育部门和学校有权拒绝填报违反《统计法》和本规定制发的统计报表。

第十二条　为了保证教育统计调查各项数字准确可靠，必须加强统计基础工作。各级教育部门和学校要建立和健全统计资料档案制度，逐步使统计基础工作规范化。

第十三条　教育统计调查应采取多种调查方式和调查方法进行。除统计报表全面调查外，要积极采用典型调查、重点调查、抽样调查等方法，全面、深入地了解和反映教育发展的情况和问题。

第三章　教育统计分析

第十四条　各级教育部门和学校要在掌握基本统计资料基础上，对本地区、本部门和单位执行政策、发展计划以及各项教育管理工作等方面情况进行统计分析，实行统计监督。同时，要积极开展统计预测工作。

第十五条　各级教育部门和学校要重视研究经济建设和教育发展的关系，加强教育的经济效益统计和综合分析，积极开展教育效果的评估工作。

第十六条　各级教育部门和学校的统计干部要经常深入实际调查研究，要学会运用多种统计分析方法，要积极采用现代化统计手段，努力提高统计分析水平。

第四章　教育统计资料管理

第十七条　全国教育统计调查和地方教育统计调查范围内的统计资料，分别由国家教育委员会、地方各级教育部门的统计机构统一管理。

第十八条　各级教育部门和学校要建立统计资料审核、查询、订正制度，以确保统计数字准确无误。上报的统计资料，要由本单位负责人和统计干部审核、签名或盖章，单位负责人和统计干部要对统计数字准确性负责。

第十九条　提供和公布教育统计资料，必须按照第十七条规定的统计资料统一管理的范围，经本单位的统计机构或统计负责人核定，并依照国家规定的程序报请审批。

第二十条　凡属于国家保密的教育统计资料，各级教育部门和学校必须按照国家保密规定，切实作好保密工作。

第五章　教育统计组织

第二十一条　国家教育委员会负责统一组织和管理全国教育统计工作。国家教育委员会在计划财务司设统计处，各业务司、局根据统计任务的需要配备统计干部。

国家教育委员会计划财务司统计工作的主要职责是：

一、制定全国教育统计调查项目及调查方案、教育统计标准，收集、整理、提供全国教育基本统计资料。

二、对教育事业发展计划的执行情况和教育管理工作进行统计分析，实行统计监督。

三、制定全国教育统计工作制度，贯彻实施国家各项统计法规。

四、组织、协调本委各业务司、局的统计工作，包括事业统计、劳动人事统计、财务统计、基建统计、生产供应统计、固定资产统计、电化教育统计、科技统计、留学生统计等；统一管理各司、局制发的统计调查方案及其统计调查表。

五、组织、指导本部门统计干部的专业学习和培训考核，配合有关部门按照国家有关规定进行统计干部技术职称评定、晋升和教育统计科学研究工作。

第二十二条　各省、自治区、直辖市教育委员会、高教局、教育厅（局）根据统计任务的需要，设置统计机构或配备若干名专职统计干部。

省、自治区、直辖市教育委员会、高教局、教育厅（局）的统计机构或统计负责人，执行本单位综合统计的职能，主要职责是：

一、按照国家教育委员会颁发的教育统计调查方案及调查表，制定本地区统计调查实施方案，做好本地区各级教育部门和学校（包括中央和地方政府各部门所属的学校）报表的布置、统计资料审核汇总和按时报送工作。

二、对本地区各级教育部门和学校发展计划的执行情况和教育管理工作进行统计分析，实行统计监督。

三、贯彻国家教育委员会制定的教育统计工作制度，检查并督促本地区各级教育部门和学校认真执行国家各项统计法规。

四、组织、协调本厅（局）业务处（室）的统计工作，统一管理本厅（局）制发的统计调查方案及其统计调查表。

五、组织、指导本地区教育统计干部学习和培训考核，配合有关部门按照国家有关规定进行统计干部技术职称评定、晋升和教育统计科学研究工作。

地（市）、县教育部门是教育统计工作的基层综合单位，可根据统计任务配备专职统计干部或固定专人做统计工作，地（市）县教育部门的统计职责由各省、自治区、直辖市教育委员会、教育厅（局）根据本规定制定。

第二十三条　高等学校和中等专业学校在校（院）长办公室配备一名综合统计干部，在室主任领导下负责全校（院）综合统计工作。主要职责是：

一、组织、协调本校（院）的统计工作，及时准确地填报国家颁发的统计调查表，收集、整理、提供统计资料。

二、对本校（院）发展计划执行情况和教育管理工作情况进行统计分析，实行统计监督。

三、管理本校的统计调查表和各项基本统计资料。

四、会同有关单位建立与贯彻本校（院）统计工作制度，包括统计资料档案制度，实现统计基础工作规范化。

中小学及其他各类学校（包括成人教育学校）可根据统计任务固定专人兼做统计工作，统计工作职责由各省、自治区、直辖市教育委员会、高教局、教育厅（局）制定。

第二十四条　教育统计干部必须具备完成统计任务所需要的专业知识和业务能力。各级教育部门和学校要重视统计干部的培训提高工作。

高等学校和中等专业学校，县以上各级教育部门，应当依照国家规定，评定统计干部技术职称，逐步实行统计专业技术职务聘任制度。

各级教育部门和学校的统计干部要力求稳定，不要轻易调换。

第二十五条　要加强对教育统计工作的领导，各级教育部门和学校要有一位负责人分管统计工作，把统计工作列入议事日程，经常督促检查、具体指导。要教育与支持统计干部坚持实事求是，如实反映情况，要为统计工作提供必要的工作条件，帮助解决工作中的实际问题，以保证教育统计工作顺利进行。

教育行政处罚暂行实施办法

（国家教育委员会令第27号1998年3月6日发布）

第一章　总则

第一条　为了规范教育行政处罚行为，保障和监督教育行政部门有效实施教育行政管理，保护公民、法人和其他组织的合法权益，根据有关法律、行政法规制定本办法。

第二条　对违反教育行政管理秩序，按照《中华人民共和国教育法》和其他教育法律、法规、规章的规定，应当给予行政处罚的违法行为，依据《中华人民共和国行政处罚法》和本办法的规定实施处罚。

第三条　实施教育行政处罚必须以事实为依据，以法律为准绳，遵循公正、公开、及时的原则。

实施教育行政处罚，应当坚持教育与处罚相结合，纠正违法行为，教育公民、法人和其他组织自觉守法。

第二章　实施机关与管辖

第四条　实施教育行政处罚的机关，除法律、法规另有规定的外，必须是县级以上人民政府的教育行政部门。

教育行政部门可以委托符合《中华人民共和国行政处罚法》第十九条规定的组织实施处罚。

受委托组织应以委托教育行政部门的名义作出处罚决定；委托教育行政部门应对受委托组织实施处罚的行为进行监督，并对其处罚行为的后果承担法律责任。

教育行政部门委托实施处罚，应当与受委托组织签订《教育行政处罚委托书》，在《教育行政处罚委托书》中依法规定双方实施处罚的权利与义务。

第五条　教育行政处罚由违法行为发生地的教育行政部门管辖。

对给予撤销学校或者其他教育机构处罚的案件，由批准该学校或者其他教育机构设立的教育行政部门管辖。

国务院教育行政部门管辖以下处罚案件：应当由其撤销高等学校或者其他教育机构的案件；应当由其撤销教师资格的案件；全国重大、复杂的案件以及教育法律、法规规定由其管辖的处罚案件。

除国务院教育行政部门管辖的处罚案件外，对其他各级各类学校或者其他教育机构及其内部人员处罚案件的管辖为：

（一）对高等学校或者其他高等教育机构及其内部人员的处罚，为省级人民政府教育行政部门；

（二）对中等学校或者其他中等教育及其机构内部人员的处罚，为省级或地、设区的市级人民政府教育行政部门；

（三）对实施初级中等以下义务教育的学校或者其他教育机构、幼儿园及其内部人员的处罚，为县、区级人民政府教育行政部门。

第六条 上一级教育行政部门认为必要时，可以将下一级教育行政部门管辖的处罚案件提到本部门处理；下一级教育行政部门认为所管辖的处罚案件重大、复杂或超出本部门职权范围的，应当报请上一级教育行政部门处理。

第七条 两个以上教育行政部门对同一个违法行为都具有管辖权的，由最先立案的教育行政部门管辖；主要违法行为发生地的教育行政部门处理更为合适的，可以移送主要违法行为发生地的教育行政部门处理。

第八条 教育行政部门发现正在处理的行政处罚案件，还应由其他行政主管机关处罚的，应向有关行政机关通报情况、移送材料并协商意见；对构成犯罪的，应先移送司法机关依法追究刑事责任。

第三章　处罚种类与主要违法情形

第九条 教育行政处罚的种类包括：

（一）警告；

（二）罚款；

（三）没收违法所得，没收违法颁发、印制的学历证书、学位证书及其他学业证书；

（四）撤销违法举办的学校和其他教育机构；

（五）取消颁发学历、学位和其他学业证书的资格；

（六）撤销教师资格；

（七）停考，停止申请认定资格；

（八）责令停止招生；

（九）吊销办学许可证；

（十）法律、法规规定的其他教育行政处罚。

教育行政部门实施上述处罚时，应当责令当事人改正、限期改正违法行为。

第十条 幼儿园在实施保育教学活动中具有下列情形之一的，由教育行政部门责令限期整顿，并视情节轻重给予停止招生、停止办园的处罚：

（一）未经注册登记，擅自招收幼儿的；

（二）园舍、设施不符合国家卫生标准、安全标准，妨害幼儿身体健康或威胁幼儿生命安全的；

（三）教育内容和方法违背幼儿教育规律，损害幼儿身心健康的。

具有下列情形之一的单位或个人，由教育行政部门对直接责任人员给予警告、一千元以下的罚款，或者由教育行政部门建议有关部门对责任人员给予行政处分：

（一）体罚或变相体罚幼儿的；

（二）使用有毒、有害物质制作教具、玩具的；

（三）克扣、挪用幼儿园经费的；

（四）侵占、破坏幼儿园园舍、设备的；

（五）干扰幼儿园正常工作秩序的；

（六）在幼儿园周围设置有危险、有污染或者影响幼儿园采光的建筑和设施的。

前款所列情形，情节严重，构成犯罪的，由司法机关依法追究刑事责任。

第十一条 适龄儿童、少年的父母或监护人，未按法律规定送子女或被监护人就学接受义务教育的，城市由市、市辖区人民政府或其指定机构，农村由乡级人民政府，对经教育仍拒绝送子女或被监护人就学的，根据情节轻重，给予罚款的处罚。

第十二条 违反法律、法规和国家有关规定举办学校或其他教育机构的，由教育行政部门予以撤销；有违法所得的，没收违法所得。

社会力量举办的教育机构，举办者虚假出资或者在教育机构成立后抽逃出资的，由审批的教育行政部门责令改正；拒不改正的，处以应出资金额或者抽逃资金额两倍以下、最高不超过十万元的罚款；情节严重的，由审批的教育行政部门给予责令停止招生、吊销办学许可证的处罚。

第十三条 非法举办国家教育考试的，由主管教育行政部门宣布考试无效；有违法所得的，没收违法所得。

第十四条 参加国家教育考试的考生，有下列情形之一的，由主管教育行政部门宣布考试无效；已经被录取或取得学籍的，由教育行政部门责令学校退回招收的学员；参加高等教育自学考试的应试者，有下列情形之一，情节严重的，由各省、自治区、直辖市高等教育自学考试委员会同时给予警告或停考一至三年的处罚：

（一）以虚报或伪造、涂改有关材料及其他欺诈手段取得考试资格的；

（二）在考试中有夹带、传递、抄袭、换卷、代考等考场舞弊行为的；

（三）破坏报名点、考场、评卷地点秩序，使考试工作不能正常进行或以其他方法影响、妨碍考试工作人员使其不能正常履行责任以及其他严重违反考场规则的行为。

第十五条 社会力量举办的学校或者其他教育机构不确定各类人员的工资福利开支占经常办学费用的比例或者不按照确定的比例执行的，或者将积累用于分配或者校外投资的，由审批的教育行政部门责令改正，并可给予警告；情节严重或者拒不改正的，由审批的教育行政部门给予责令停止招生、吊销办学许可证的处罚。

第十六条 社会力量举办的学校或者其他教育机构管理混乱，教学质量低下，造成恶劣影响的，由审批的教育行政部门限期整顿，并可给予警告；情节严重或经整顿后仍达不到要求的，由审批的教育行政部门给予责令停止招生、吊销办学许可证的处罚。

第十七条 学校或其他教育机构违反法律、行政法规的规定，颁发学位、学历或者其他学业证书的，由教育行政部门宣布该证书无效，责令收回或者予以没收；有违法所得的，没收违法所得；情节严重的，取消其颁发证书的资格。

第十八条 教师有下列情形之一的，由教育行政部门给予撤销教师资格、自撤销之日起五年内不得重新申请认定教师资格的处罚：

（一）弄虚作假或以其他欺骗手段获得教师资格的；

（二）品行不良、侮辱学生，影响恶劣的。

受到剥夺政治权利或因故意犯罪受到有期徒刑以上刑事处罚的教师，永久丧失教师资格。

上述被剥夺教师资格教师的教师资格证书应由教育行政部门收缴。

第十九条 参加教师资格考试的人员有作弊行为的，其考试成绩作废，并由教育行政部门给予三年内不得参加教师资格考试的处罚。

第四章 处罚程序与执行

第二十条 实施教育行政处罚，应当根据法定的条件和案件的具体情况分别适用《中华人民共和国行政处罚法》和本办法规定的简易程序、一般程序和听证程序。

第二十一条 教育行政处罚执法人员持有能够证明违法事实的确凿证据和法定的依据，对公民处以五十元以下、对法人或者其他组织处以一千元以下罚款或给予警告处罚的，可以适用简易程序，当场作出处罚决定，但应报所属教育行政部门备案。

第二十二条 执法人员当场作出教育行政处罚决定的，应当向当事人出示执法身份证件，制作《教育行政处罚当场处罚笔录》，填写《教育行政处罚当场处罚决定书》，按规定格式载明当事人的违法行为、处罚依据、给予的处罚、时间、地点以及教育行政部门的名称，由教育行政执法人员签名或者盖章后，当场交付当事人。

第二十三条 除依法适用简易程序和听证程序以外，对其他教育违法行为的处罚应当适用一般程序。

教育行政部门发现公民、法人或者其他组织有应当给予教育行政处罚的违法行为的，应当作出立案决定，进行调查。教育行政部门在调查时，执法人员不得少于两人。

执法人员与当事人有直接利害关系的，应当主动回避，当事人有权以口头或者书面方式申请他们回避。执法人员的回避，由其所在教育行政部门的负责人决定。

第二十四条 教育行政部门必须按照法定程序和方法，全面、客观、公正地调查、收集有关证据；必要时，依照法律、行政法规的规定，可以进行检查。教育行政部门在进行检查时，执法人员不得少于两人。

教育行政部门在收集证据时，对可能灭失或者以后难以取得的证据，经教育行政部门负责人批准，可以将证据先行登记，就地封存。

第二十五条 在作出处罚决定前，教育行政部门应当发出《教育行政处罚告知书》，告知当事人作出处罚决定的事实、理由和依据，并告知当事人依法享有的陈述权、申辩权和其他权利。

当事人在收到《教育行政处罚告知书》后七日内，有权向教育行政部门以书面方式提出陈述、申辩意见以及相应的事实、理由和证据。教育行政部门必须充分听取当事人的意见，对当事人提出的事实、理由和证据应进行复核，当事人提出的事实、理由或者证据成立的，教育行政部门应当采纳。教育行政部门不得因当事人的申辩而加重处罚。

第二十六条 调查终结，案件承办人员应当向所在教育行政部门负责人提交《教育行政处罚调查处理意见书》，详细陈述所查明的事实、应当作出的处理意见及其理由和依据并应附上全部证据材料。教育行政部门负责人应当认真审查调查结果，按照《中华人民共和国行政处罚法》第三十八条的规定，根据不同情况作出决定。

教育行政部门决定给予行政处罚的，应当按照《中华人民共和国行政处罚法》第三十九条的规定，制作《教育行政处罚决定书》。

《教育行政处罚决定书》的送达，应当按照《中华人民共和国行政处罚法》第四十条和《中华人民共和国民事诉讼法》第七章第二节的规定执行。

第二十七条 教育行政部门在作出本办法第九条第（三）、（四）、（五）、（六）、（七）、（八）、（九）项之一以及较大数额罚款的处罚决定前，除应当告知作出处罚决定的事实、理由和依据外，还应当书面告知当事人有要求举行听证的权利。

前款所指的较大数额的罚款，标准为：由国务院教育行政部门作出罚款决定的，为五千元以上；由地方人民政府教育行政部门作出罚款决定的，具体标准由省一级人民政府决定。

当事人在教育行政部门告知后三日内提出举行听证要求的，教育行政部门应当按照《中华人民共和国行政处罚法》第四十二条的规定，组织听证。

第二十八条　听证结束后，听证主持人应当提出《教育行政处罚听证报告》，连同听证笔录和有关证据呈报教育行政部门负责人。教育行政部门负责人应当对《教育行政处罚听证报告》进行认真审查，并按照《中华人民共和国行政处罚法》第三十八条的规定作出处罚决定。

第二十九条　除依照《中华人民共和国行政处罚法》的规定可以当场收缴罚款外，作出罚款决定的教育行政部门应当与收缴罚款的机构分离，有关罚款的收取、缴纳及相关活动，适用国务院《罚款决定与罚款收缴分离实施办法》的规定。

第三十条　教育行政处罚决定作出后，当事人应当在行政处罚决定的期限内，予以履行。当事人逾期不履行的，教育行政部门可以申请人民法院强制执行。

第三十一条　当事人对行政处罚决定不服的，有权依据法律、法规的规定，申请行政复议或者提起行政诉讼。

行政复议、行政诉讼期间，行政处罚不停止执行。

第三十二条　教育行政部门的职能机构查处教育行政违法案件需要给予处罚的，应当以其所属的教育行政部门的名义作出处罚决定。

教育行政部门的法制工作机构，依法对教育行政执法工作进行监督检查，对教育行政部门的其他职能机构作出的行政处罚调查处理意见进行复核，并在其职责范围内具体负责组织听证及其他行政处罚工作。

第三十三条　教育行政部门及其工作人员在实施教育行政处罚中，有违反《中华人民共和国行政处罚法》和本办法行为的，应当按照《中华人民共和国行政处罚法》第七章的规定追究法律责任。

教育行政部门应当加强对行政处罚的监督检查，认真审查处理有关申诉和检举；发现教育行政处罚有错误的，应当主动改正；对当事人造成损害的，应当依法赔偿。

第三十四条　教育行政部门应当建立行政处罚统计制度，每年向上一级教育行政部门和本级人民政府提交一次行政处罚统计报告。

第五章　附则

第三十五条　本办法规定使用的各类教育行政处罚文本的格式，由国务院教育行政部门和各省、自治区、直辖市人民政府教育行政部门统一制定。

第三十六条　本办法自发布之日起施行。

教育部关于修改《国家教育考试违规处理办法》的决定

（教育部令第33号　2012年1月5日发布）

为进一步保障考试安全，维护考试秩序，规范对国家教育考试中违规行为的处理，保障参加国家教育考试人员的合法权益，教育部决定对《国家教育考试违规处理办法》做如下修改：

一、将第二条修改为“本办法所称国家教育考试是指普通和成人高等学校招生考试、全国硕士研究生招生考试、高等教育自学考试等，由国务院教育行政部门确定实施，由经批准的实施教育考试的机构承办，面向社会公开、统一举行，其结果作为招收学历教育学生或者取得国家承认学历、学位证书依据的测试活动。”

二、将第六条第一段修改为：“考生违背考试公平、公正原则，在考试过程中有下列行为之一的，应当认定为考试作弊：”

将第（一）项修改为：“携带与考试内容相关的材料或者存储有与考试内容相关资料的电子设备参加考试的；”

将第（三）项“强迫他人为自己抄袭提供方便的”，修改为“胁迫他人为自己抄袭提供方便的；”

将第（四）项修改为：“携带具有发送或者接收信息功能的设备的；”

将第（九）项修改为：“其他以不正当手段获得或者试图获得试题答案、考试成绩的行为。”

三、将第七条第（一）项中的“考试资格和考试成绩的”修改为：“考试资格、加分资格和考试成绩的”；

第（二）项修改为：“评卷过程中被认定为答案雷同的；”

四、将第八条第一段修改为：“考生及其他人员应当自觉维护考试秩序，服从考试工作人员的管理，不得有下列扰乱考试秩序的行为：”

第（三）项修改为：“威胁、侮辱、诽谤、诬陷或者以其他方式侵害考试工作人员、其他考生合法权益的行为；”

增加一项作为第（四）项：“故意损坏考场设施设备；”

原第（四）项修改为第（五）项。

五、将第九条第二款修改为："考生有第六条、第七条所列考试作弊行为之一的，其所报名参加考试的各阶段、各科成绩无效；参加高等教育自学考试的，当次考试各科成绩无效。

有下列情形之一的，可以视情节轻重，同时给予暂停参加该项考试1至3年的处理；情节特别严重的，可以同时给予暂停参加各种国家教育考试1至3年的处理：

（一）组织团伙作弊的；

（二）向考场外发送、传递试题信息的；

（三）使用相关设备接收信息实施作弊的；

（四）伪造、变造身份证、准考证及其他证明材料，由他人代替或者代替考生参加考试的。"

增加一款作为第四款："参加高等教育自学考试的考生有前款严重作弊行为的，也可以给予延迟毕业时间1至3年的处理，延迟期间考试成绩无效。"

六、将第十条中的"《治安管理处罚条例》"，修改为"《中华人民共和国治安管理处罚法》"。

七、将第十二条修改为："在校学生、在职教师有下列情形之一的，教育考试机构应当通报其所在学校，由学校根据有关规定严肃处理，直至开除学籍或者予以解聘：

（一）代替考生或者由他人代替参加考试的；

（二）组织团伙作弊的；

（三）为作弊组织者提供试题信息、答案及相应设备等参与团伙作弊行为的。"

八、第十三条第（四）项后增加一项作为第（五）项："未认真履行职责，造成所负责考场出现秩序混乱、作弊严重或者视频录像资料损毁、视频系统不能正常工作的；"

将第（五）项改为第（六）项，其中的"积分误差"修改为"积分差错"。

其后各项序号依次顺延。

九、在第十六条"造成国家教育考试的试题、答案及评分参考丢失、"后增加"损毁、"。

十、将第十七条第一段修改为："有下列行为之一的，由教育考试机构建议行为人所在单位给予行政处分；违反《中华人民共和国治安管理处罚法》的，由公安机关依法处理；构成犯罪的，由司法机关依法追究刑事责任："

第一款第（二）项修改为："代替考生或者由他人代替参加国家教育考试的；"

第（三）项修改为："组织或者参与团伙作弊的；"

增加一款作为第二款："国家工作人员有前款行为的，教育考试机构应当建议有关纪检、监察部门，根据有关规定从重处理。"

十一、在第十九条增加一款，作为第二款："考试工作人员通过视频发现考生有违纪、作弊行为的，应当立即通知在现场的考试工作人员，并应当将视频录像作为证据保存。教育考试机构可以通过视频录像回放，对所涉及考生违规行为进行认定。"

十二、在第二十一条第一款后增加两款，分别作为第二款："考生在参加全国硕士研究生招生考试中的违规行为，由组织考试的机构认定，由相关省级教育考试机构或者受其委托的组织考试的机构做出处理决定。"

第三款："在国家教育考试考场视频录像回放审查中认定的违规行为，由省级教育考试机构认定并做出处理决定。"

原第二款修改为第四款。

十三、将第二十五条第二款修改为："给予考生停考处理的，经考生申请，省级教育考试机构应当举行听证，对作弊的事实、情节等进行审查、核实。"

十四、将第二十九条修改为："申请人对复核决定或者处理决定不服的，可以依法申请行政复议或者提起行政诉讼。"

十五、将第三十条修改为："教育考试机构应当建立国家教育考试考生诚信档案，记录、保留在国家教育考试中作弊人员的相关信息。国家教育考试考生诚信档案中记录的信息未经法定程序，任何组织、个人不得删除、变更。

国家教育考试考生诚信档案可以依申请接受社会有关方面的查询，并应当及时向招生学校或者单位提供相关信息，作为招生参考条件。"

国家教育考试违规处理办法

（2004年5月19日中华人民共和国教育部令第18号发布，根据2012年1月5日《教育部关于修改<国家教育考试违规处理办法>的决定》修正）

第一章　总则

第一条　为规范对国家教育考试违规行为的认定与处理，维护国家教育考试的公平、公正，保障参加国家教育考试的人员（以下简称考生）、从事和参与国家教育考试工作的人员（以下简称考试工作人员）的合法权益，根据《中华人民共和国教育法》及相关法律、行政法规，制定本办法。

第二条　本办法所称国家教育考试是指普通和成人高等学校招生考试、全国硕士研究生招生考试、高等教育自学考试等，由国务院教育行政部门确定实施，由经批准的实施教育考试的机构承办，面向社会公开、统一举行，其结果作为招收学历教育学生或者取得国家承认学历、学位证书依据的测试活动。

第三条　对参加国家教育考试的考生以及考试工作人员、其他相关人员，违反考试管理规定和考场纪律，影响考试公平、公正行为的认定与处理，适用本办法。

对国家教育考试违规行为的认定与处理应当公开公平、合法适当。

第四条　国务院教育行政部门及地方各级人民政府教育行政部门负责全国或者本地区国家教育考试组织工作的管理与监督。

承办国家教育考试的各级教育考试机构负责有关考试的具体实施，依据本办法，负责对考试违规行为的认定与处理。

第二章　违规行为的认定与处理

第五条　考生不遵守考场纪律，不服从考试工作人员的安排与要求，有下列行为之一的，应当认定为考试违纪：

（一）携带规定以外的物品进入考场或者未放在指定位置的；

（二）未在规定的座位参加考试的；

（三）考试开始信号发出前答题或者考试结束信号发出后继续答题的；

（四）在考试过程中旁窥、交头接耳、互打暗号或者手势的；

（五）在考场或者教育考试机构禁止的范围内，喧哗、吸烟或者实施其他影响考场秩序的行为的；

（六）未经考试工作人员同意在考试过程中擅自离开考场的；

（七）将试卷、答卷（含答题卡、答题纸等，下同）、草稿纸等考试用纸带出考场的；

（八）用规定以外的笔或者纸答题或者在试卷规定以外的地方书写姓名、考号或者以其他方式在答卷上标记信息的；

（九）其他违反考场规则但尚未构成作弊的行为。

第六条 考生违背考试公平、公正原则，在考试过程中有下列行为之一的，应当认定为考试作弊：

（一）携带与考试内容相关的材料或者存储有与考试内容相关资料的电子设备参加考试的；

（二）抄袭或者协助他人抄袭试题答案或者与考试内容相关的资料的；

（三）抢夺、窃取他人试卷、答卷或者胁迫他人为自己抄袭提供方便的；

（四）携带具有发送或者接收信息功能的设备的；

（五）由他人冒名代替参加考试的；

（六）故意销毁试卷、答卷或者考试材料的；

（七）在答卷上填写与本人身份不符的姓名、考号等信息的；

（八）传、接物品或者交换试卷、答卷、草稿纸的；

（九）其他以不正当手段获得或者试图获得试题答案、考试成绩的行为。

第七条 教育考试机构、考试工作人员在考试过程中或者在考试结束后发现下列行为之一的，应当认定相关的考生实施了考试作弊行为：

（一）通过伪造证件、证明、档案及其他材料获得考试资格、加分资格和考试成绩的；

（二）评卷过程中被认定为答案雷同的；

（三）考场纪律混乱、考试秩序失控，出现大面积考试作弊现象的；

（四）考试工作人员协助实施作弊行为，事后查实的；

（五）其他应认定为作弊的行为。

第八条 考生及其他人员应当自觉维护考试工作场所的秩序，服从考试工作人员的管理，不得有下列扰乱考试秩序的行为：

（一）故意扰乱考点、考场、评卷场所等考试工作场所秩序；

（二）拒绝、妨碍考试工作人员履行管理职责；

（三）威胁、侮辱、诽谤、诬陷或者以其他方式侵害考试工作人员、其他考生合法权益的行为；

（四）故意损坏考场设施设备；

（五）其他扰乱考试管理秩序的行为。

第九条 考生有第五条所列考试违纪行为之一的，取消该科目的考试成绩。

考生有第六条、第七条所列考试作弊行为之一的，其所报名参加考试的各阶段、各科成绩无效；参加高等教育自学考试的，当次考试成绩各科成绩无效。

有下列情形之一的，可以视情节轻重，同时给予暂停参加该项考试1至3年的处理；情节特别严重的，可以同时给予暂停参加各种国家教育考试1至3年的处理：

（一）组织团伙作弊的；

（二）向考场外发送、传递试题信息的；

（三）使用相关设备接收信息实施作弊的；

（四）伪造、变造身份证、准考证及其他证明材料，由他人代替或者代替考生参加考试的。

参加高等教育自学考试的考生有前款严重作弊行为的，也可以给予延迟毕业时间1至3年的处理，延迟期间考试成绩无效。

第十条 考生有第八条所列行为之一的，应当终止其继续参加本科目考试，其当次报名参加考试的各科成绩无效；考生及其他人员的行为违反《中华人民共和国治安管理处罚法》的，由公安机关进行处理；构成犯罪的，由司法机关依法追究刑事责任。

第十一条 考生以作弊行为获得的考试成绩并由此取得相应的学位证书、学历证书及其他学业证书、资格资质证书或者入学资格的，由证书颁发机关宣布证书无效，责令收回证书或者予以没收；已经被录取或者入学的，由录取学校取消录取资格或者其学籍。

第十二条 在校学生、在职教师有下列情形之一的，教育考试机构应当通报其所在学校，由学校根据有关规定严肃处理，直至开除学籍或者予以解聘：

（一）代替考生或者由他人代替参加考试的；

（二）组织团伙作弊的；

（三）为作弊组织者提供试题信息、答案及相应设备等参与团伙作弊行为的。

第十三条 考试工作人员应当认真履行工作职责，在考试管理、组织及评卷等工作过程中，有下列行为之一的，应当停止其参加当年及下一年度的国家教育考试工作，并由教育考试机构或者建议其所在单位视情节轻重分别给予相应的行政处分：

（一）应回避考试工作却隐瞒不报的；

（二）擅自变更考试时间、地点或者考试安排的；

（三）提示或暗示考生答题的；

（四）擅自将试题、答卷或者有关内容带出考场或者传递给他人的；

（五）未认真履行职责，造成所负责考场出现秩序混乱、作弊严重或者视频录像资料损毁、视频系统不能正常工作的；

（六）在评卷、统分中严重失职，造成明显的错评、漏评或者积分差错的；

（七）在评卷中擅自更改评分细则或者不按评分细则进行评卷的；

（八）因未认真履行职责，造成所负责考场出现雷同卷的；

（九）擅自泄露评卷、统分等应予保密的情况的；

（十）其他违反监考、评卷等管理规定的行为。

第十四条 考试工作人员有下列作弊行为之一的，应当停止其参加国家教育考试工作，由教育考试机构或者其所在单位视情节轻重分别给予相应的行政处分，并调离考试工作岗位；情节严重，构成犯罪的，由司法机关依法追究刑事责任：

（一）为不具备参加国家教育考试条件的人员提供假证明、证件、档案，使其取得考试资格或者考试工作人员资格的；

（二）因玩忽职守，致使考生未能如期参加考试的或者使考试工作遭受重大损失的；

（三）利用监考或者从事考试工作之便，为考生作弊提供条件的；

（四）伪造、变造考生档案（含电子档案）的；

（五）在场外组织答卷、为考生提供答案的；

（六）指使、纵容或者伙同他人作弊的；

（七）偷换、涂改考生答卷、考试成绩或者考场原始记录材料的；

（八）擅自更改或者编造、虚报考试数据、信息的；

（九）利用考试工作便利，索贿、受贿、以权徇私的；

（十）诬陷、打击报复考生的。

第十五条 因教育考试机构管理混乱、考试工作人员玩忽职守，造成考点或者考场纪律混乱，作弊现象严重；或者同一考点同一时间的考试有1/5以上考场存在雷同卷的，由教育行政部门取消该考点当年及下一年度承办国家教育考试的资格；高等教育自学考试考区内一个或者一个以上专业考试纪律混乱，作弊现象严重，由高等教育自学考试管理机构给予该考区警告或者停考该考区相应专业1至3年的处理。

对出现大规模作弊情况的考场、考点的相关责任人、负责人及所属考区的负责人，有关部门应当分别给予相应的行政处分；情节严重，构成犯罪的，由司法机关依法追究刑事责任。

第十六条 违反保密规定，造成国家教育考试的试题、答案及评分参考（包括副题及其答案及评分参考，下同）丢失、损毁、泄密，或者使考生答卷在保密期限内发生重大事故的，由有关部门视情节轻重，分别给予责任人和有关负责人行政处分；构成犯罪的，由司法机关依法追究刑事责任。

盗窃、损毁、传播在保密期限内的国家教育考试试题、答案及评分参考、考生答卷、考试成绩的，由有关部门依法追究有关人员的责任；构成犯罪的，由司法机关依法追究刑事责任。

第十七条 有下列行为之一的，由教育考试机构建议行为人所在单位给予行政处分；违反《中华人民共和国治安管理处罚法》的，由公安机关依法处理；构成犯罪的，由司法机关依法追究刑事责任：

（一）指使、纵容、授意考试工作人员放松考试纪律，致使考场秩序混乱、作弊严重的；

（二）代替考生或者由他人代替参加国家教育考试的；

（三）组织或者参与团伙作弊的；

（四）利用职权，包庇、掩盖作弊行为或者胁迫他人作弊的；

（五）以打击、报复、诬陷、威胁等手段侵犯考试工作人员、考生人身权利的；

（六）向考试工作人员行贿的；

（七）故意损坏考试设施的；

（八）扰乱、妨害考场、评卷点及有关考试工作场所秩序后果严重的。

国家工作人员有前款行为的，教育考试机构应当建议有关纪检、监察部门，根据有关规定从重处理。

第三章　违规行为认定与处理程序

第十八条 考试工作人员在考试过程中发现考生实施本办法第五条、第六条所列考试违纪、作弊行为的，应当及时予以纠正并如实记录；对考生用于作弊的材料、工具等，应予暂扣。

考生违规记录作为认定考生违规事实的依据，应当由2名以上监考员或者考场巡视员、督考员签字确认。

考试工作人员应当向违纪考生告知违规记录的内容，对暂扣的考生物品应填写收据。

第十九条 教育考试机构发现本办法第七条、第八条所列行为的，应当由2名以上工作人员进行事实调查，收集、保存相应的证据材料，并在调查事实和证据的基础上，对所涉及考生的违规行为进行认定。

考试工作人员通过视频发现考生有违纪、作弊行为的，应当立即通知在现场的考试工作人员，并应当将视频录像作为证据保存。教育考试机构可以通过视频录像回放，对所涉及考生违规行为进行认定。

第二十条 考点汇总考生违规记录，汇总情况经考点主考签字认定后，报送上级教育考试机构依据本办法的规定进行处理。

第二十一条 考生在普通和成人高等学校招生考试、高等教育自学考试中，出现第五条所列考试违纪行为的，由省级教育考试机构或者市级教育考试机构做出处理决定，由市级教育考试机构做出的处理决定应报省级教育考试机构备案；出现第六条、第七条所列考试作弊行为的，由市级教育考试机构签署意见，报省级教育考试机构处理，省级教育考试机构也可以要求市级教育考试机构报送材料及证据，直接进行处理；出现本办法第八条所列扰乱考试秩序行为的，由市级教育考试机构签署意见，报省级教育考试机构按照前款规定处理，对考生及其他人员违反治安管理法律法规的行为，由当地公安部门处理；评卷过程中发现考生有本办法第七条所列考试作弊行为的，由省级教育考试机构做出处理决定，并通知市级教育考试机构。

考生在参加全国硕士研究生招生考试中的违规行为，由组织考试的机构认定，由相关省级教育考试机构或者受其委托的组织考试的机构做出处理决定。

在国家教育考试考场视频录像回放审查中认定的违规行为，由省级教育考试机构认定并做出处理决定。

参加其他国家教育考试考生违规行为的处理由承办有关国家教育考试的考试机构参照前款规定具体确定。

第二十二条 教育行政部门和其他有关部门在考点、考场出现大面积作弊情况或者需要对教育考试机构实施监督的情况下，应当直接介入调查和处理。

发生第十四、十五、十六条所列案件，情节严重的，由省级教育行政部门会同有关部门共同处理，并及时报告国务院教育行政部门；必要时，国务院教育行政部门参与或者直接进行处理。

第二十三条 考试工作人员在考场、考点及评卷过程中有违反本办法的行为的，考点主考、评卷点负责人应当暂停其工作，并报相应的教育考试机构处理。

第二十四条 在其他与考试相关的场所违反有关规定的考生，由市级教育考试机构或者省级教育考试机构做出处理决定；市级教育考试机构做出的处理决定应报省级教育考试机构备案。

在其他与考试相关的场所违反有关规定的考试工作人员，由所在单位根据市级教育考试机构或者省级教育考试机构提出的处理意见，进行处理，处理结果应当向提出处理的教育考试机构通报。

第二十五条 教育考试机构在对考试违规的个人或者单位做出处理决定前，应当复核违规事实和相关证据，告知被处理人或者单位做出处理决定的理由和依据；被处理人或者单位对所认定的违规事实认定存在异议的，应当给予其陈述和申辩的机会。

给予考生停考处理的，经考生申请，省级教育考试机构应当举行听证，对作弊的事实、情节等进行审查、核实。

第二十六条 教育考试机构做出处理决定应当制作考试违规处理决定书，载明被处理人的姓名或者单位名称、处理事实根据和法律依据、处理决定的内容、救济途径以及做出处理决定的机构名称和做出处理决定的时间。

考试违规处理决定书应当及时送达被处理人。

第二十七条 考生或者考试工作人员对教育考试机构做出的违规处理决定不服的，可以在收到处理决定之日起15日内，向其上一级教育考试机构提出复核申请；对省级教育考试机构或者承办国家教育考试的机构做出的处理决定不服的，也可以向省级教育行政部门或者授权承担国家教育考试的主管部门提出复核申请。

第二十八条 受理复核申请的教育考试机构、教育行政部门应对处理决定所认定的违规事实和适用的依据等进行审查，并在受理后30日内，按照下列规定作出复核决定：

（一）处理决定认定事实清楚、证据确凿，适用依据正确，程序合法，内容适当的，决定维持；

（二）处理决定有下列情况之一的，决定撤销或者变更：

1. 违规事实认定不清、证据不足的；

2. 适用依据错误的；

3. 违反本办法规定的处理程序的。

做出决定的教育考试机构对因错误的处理决定给考生造成的损失，应当予以补救。

第二十九条 申请人对复核决定或者处理决定不服的，可以依法申请行政复议或者提起行政诉讼。

第三十条 教育考试机构应当建立国家教育考试考生诚信档案，记录、保留在国家教育考试中作弊人员的相关信息。国家教育考试考生诚信档案中记录的信息未经法定程序，任何组织、个人不得删除、变更。

国家教育考试考生诚信档案可以依申请接受社会有关方面的查询，并应当及时向招生学校或者单位提供相关信息，作为招生参考条件。

第三十一条 省级教育考试机构应当及时汇总本地区违反规定的考生及考试工作人员的处理情况，并向国家教育考试机构报告。

第四章　附则

第三十二条 本办法所称考场是指实施考试的封闭空间；所称考点是指设置若干考场独立进行考务活动的特定场所；所称考区是指由省级教育考试机构设置，由若干考点组成，进行国家教育考试实施工作的特定地区。

第三十三条 非全日制攻读硕士学位全国考试、中国人民解放军高等教育自学考试及其他各级各类教育考试的违规处理可以参照本办法执行。

第三十四条 本办法自发布之日起施行。此前教育部颁布的各有关国家教育考试的违规处理规定同时废止。

少年儿童校外教育机构工作规程

（教基[1995]14号1995年6月21日发布）

第一章　总则

第一条　为了加强对少年儿童校外教育机构的管理，促进少年儿童校外教育事业健康发展，制定本规程。

第二条　本规程所称少年儿童校外教育机构（以下简称“校外教育机构”）是指少年宫、少年之家（站）、儿童少年活动中心、农村儿童文化园、儿童乐园、少年儿童图书馆（室）、少年科技馆、少年儿童艺术馆、少年儿童业余艺校、少年儿童野外营地、少年儿童劳动基地、和以少年儿童为主要服务对象的青少年宫、青少年活动中心、青少年科技中心（馆、站）、妇女儿童活动中心中少年儿童活动部分等。

第三条　校外教育机构基本任务是通过多种形式向少年儿童进行以爱祖国、爱人民、爱劳动、爱科学、爱社会主义为基本内容的思想品德教育；普及科学技术、文化艺术、体育卫生、劳动技术等方面知识；培养他们多方面的兴趣、爱好和特长；培养他们独立思考、动手动脑、勇于实践和创新的精神，促进少年儿童全面发展，健康成长。

第四条　校外教育机构工作应当遵循以下原则：

（一）面向全体少年儿童，面向学校，面向少先队，实行学校、家庭、社会相结合；

（二）德、智、体诸方面的教育应相互渗透，有机结合；

（三）遵循少年儿童身心发展规律，符合少年儿童的特点，寓教育性、知识性、科学性、趣味性于活动之中；

（四）普及与提高相结合。在重视和提高普及性教育活动的同时，对有特长的少年儿童加强培训和训练，使其健康发展。

第五条　地方各级政府要对校外教育机构的工作进行宏观协调和指导。各级各类校外教育机构的业务工作，应接受当地各主管部门的指导。

第六条　国家鼓励企业、事业组织、社会团体及其他社会组织和公民个人，依法举办各种形式、内容和层次的校外教育机构或捐助校外教育事业。

第二章　机构

第七条　设立校外教育机构应具备以下基本条件；

（一）具有符合少年儿童活动需要的活动场地和设施。

（二）具有合格的专职管理人员和专（兼）职辅导教师队伍。

（三）具有卫生、美观的活动环境、活动室采光条件；场馆内有防火、防毒、防盗、安全用电等防护措施。

第八条　设立少年儿童校外教育机构，应报当地主管行政部门批准。当地主管行政部门应报上一级主管行政部门备案。

独立设置的校外教育机构符合法人条件的，自批准之日起取得法人资格。

第九条　校外教育机构一般应由行政领导、后勤供应、群众文化、教育活动、专业培训及少先队工作指导（限少年宫）等部门组成，以满足少年儿童校外教育工作的需要。

第十条　校外教育机构实行主任（馆、校、园长）负责制。主任（馆、校、园长）在主管部门领导下，依据本规程负责领导本单位的全面工作。

机构内部可设立管理委员会，管委会由辅导员、教练员、管理、后勤等人员代表组成，主任（馆长、校长）任管理委员会主任。

管理委员会负责制定工作计划、人员奖惩、重要财务开支，规章制度建立以及其他重要问题。

不设管理委员会的单位，上述事项由全体教职工会议议定。

第十一条　校外教育机构应加强内部的科学管理和民主管理。按机构规模及工作性质建立岗位责任制以及财务管理、考勤考绩检查评估、总结评比、表彰奖励等规章制度。

第三章　活动

第十二条　校外教育机构开展各项活动不得以营利为目的，不得以少年儿童表演为手段，进行经营性展览、演出等活动。

第十三条　校外教育机构的活动应当包括以下基本内容：

（一）思想品德教育，应结合国内外大事、重大纪念日、民族传统节日、古今中外名人故事、新时期各行各业英雄模范先进人物的事迹对少年儿童进行爱国主义、集体主义和社会主义思想教育，近代史、现代史教育和国情教育，良好意志品格、遵纪守法和文明、有礼貌的行为习惯教育。

（二）科学技术知识普及教育，应通过组织开展科普知识传授、发明创造、科技制作、科学实验等活动，向少年儿童传递科学技术的新信息。引导他们从小爱科学、学科学、用科学。培养创新、献身、求实、协作的科学精神和严谨的科学态度。增强他们的科技意识和培养良好的科学素质。

（三）体育运动，应通过田径、球类、游泳、体操、武术、模型、无线电、棋艺和多种多样的军事体育运动的知识和技能技巧，培养他们勇敢、坚强、活泼的性格和健康的体魄。

（四）文化艺术教育，应通过课外读物、影视音乐、舞蹈、戏剧、绘画、书法、工艺制作以及集邮、摄影等活动培养少年儿童具有正确的审美观念和审美能力，陶冶情操，提高文化艺术素养。

（五）游戏娱乐，应因地制宜地开展少年儿童喜闻乐见的、多种多样的活动，并要努力创造条件，建立多种游艺设施，让少年儿童愉快地玩乐。

（六）劳动与社会实践活动，凡有劳动实践基地的少年儿童校外教育机构，应按国家教委颁发的劳动教育纲要提出的各项要求，组织开展各种劳动实践活动。向学生进行热爱劳动、热爱劳动人民、热爱劳动成果和不怕苦、不怕脏、不怕累的教育，培养自立、自强品格，促进少年儿童全面发展。

第十四条 校外教育机构的活动可采取以下形式：

（一）开展群众性教育活动是面向广大少年儿童开展教育的一种重要形式。应根据少年儿童的特点，选择鲜明的主题，采取生动活泼的形式，如：举办展览、讲座、组织联欢、演出、开展各项比赛、夏（冬）令营以及各种社会实践活动，对学生进行有效的教育。

（二）开放适合少年儿童的各种活动场所。通过参加活动，开发智力，培养少年儿童的各种兴趣，使他们身心健康成长。

（三）组织专业兴趣小组。通过对少年儿童进行专业知识的传授和技能技巧的培训，使他们初步掌握一门科技、文艺、体育、社会服务等技能。

第十五条 社会公共文化体育设施应向少年儿童开放，安排内容丰富、健康向上的活动项目，并按有关规定对少年儿童实行减、免收费及其他优惠。

第十六条 博物馆、展览馆、图书馆、工人文化宫、艺术馆、文化馆（站）、体育场（馆）、科技馆、影剧院、园林、遗址、烈士陵园以及社会单位办的宫、馆、家、站等，可参照本规程规定的有关内容组织少年儿童活动。

第四章　人员

第十七条 校外教育机构工作人员应当拥护和坚持党的基本路线，热爱校外教育事业，热爱少年儿童，遵守教师职业道德规范，努力钻研专业知识，不断提高专业文化水平，身体健康。

第十八条 校外教育机构按照编制标准设主任（馆、校、园长）、副主任（副馆、校、园长）、辅导员（教师、教练员）和其他工作人员。

第十九条 校外教育机构主任（馆、校、园长）除应符合本规程第十七条的要求外，还应具有一定组织管理能力和实际工作经验，其学历要求可按当地具体聘任文件执行。

校外教育机构主任（馆、校、园长）由主管部门任命或聘任。

第二十条 校外教育机构主任（馆、校、园长）负责本单位的全面工作。其主要职责是：

（一）贯彻执行国家的有关法律、法规、方针、政策和上级主管部门的规定。

（二）负责本机构的行政管理工作。

（三）负责组织制定并执行本单位各种规章制度。

（四）负责聘任、调配工作人员，指导教师、教练员、辅导员和其他工作人员的工作。

（五）加强全员的思想政治工作，组织政治、业务学习，并为他们的政治、文化、业务进修创造条件。

（六）管理和规划机构内各项设施、经费的合理利用。

第二十一条 少年儿童校外教育机构教师应依照《教师法》的规定取得教师资格。校外教育机构教师实行聘任制或任命制。

第二十二条 少年儿童校外教育机构教师应履行《教师法》规定的义务，做到：

（一）关心、爱护少年儿童，尊重他们的人格，促进他们在品德、智力、体质等方面全面发展。

（二）制止有害于少年儿童的行为或者其他侵犯少年儿童合法权益的行为，批评和抵制有害于少年儿童健康成长的现象。

（三）对本单位工作提出建议。

第二十三条 校外教育机构其他工作人员的资格和职责，参照国家的有关规定执行。

第二十四条 校外教育机构应重视工作人员的职前培训并为在职培训创造条件。

第二十五条 校外教育机构要主动争取各级各类关心下一代工作委员会（协会）中的老干部、老专家、老文艺工作者、老科技工作者、老教师、老工人、老党员、老模范等老同志的支持，定期和不定期的聘请他们做少年儿童校外教育专、兼职辅导员。

第五章　条件保障

第二十六条 校外教育机构建设应纳入城乡建设发展规划，分步实施，逐步形成地、市、区（县）到街道（乡、镇）的校外教育网络。

第二十七条 校外教育机构的经费应列入各主管部门财政专项开支，随着当地经济建设和校外教育事业的发展，不断增加。

第二十八条 校外教育机构的工作人员的工资待遇、职称评定等，要按《教师法》及国家有关规定执行。属于教育事业编制、成建制的校外教育机构中的教师依照《教师法》规定执行。

第二十九条 校外教育机构在不影响正常教育活动下，不削弱骨干力量、不占用主要活动场地，并经当地主管部门批准，可适当开展社会服务，其收入应全部用于补充活动经费。

第六章 奖励与处罚

第三十条 对滋扰校外教育机构工作秩序，破坏校外教育活动设施的，有关部门应予制止，并依照《治安管理处罚法》的规定追究当事人法律责任。

第三十一条 校外教育机构有下列情形之一的，由当地主管行政部门给予警告，限期改正、整顿，以至停办等处罚：

（一）未经批准，擅自设立校外教育机构的；

（二）校外教育机构开展的活动内容不健康，损害儿童身心健康的；

（三）校外教育机构开展活动以营利为目的的。

对主要责任人员，由所在单位或上级主管行政部门给予相应的行政处分；情节严重，构成犯罪的依法追究刑事责任。

第三十二条 各级人民政府及其有关主管部门，对开展少年儿童校外教育活动成绩突出的校外教育机构和个人给予表彰和奖励。

对关心、支持少年儿童校外教育工作，贡献较大的企业事业单位，社会团体及个人，由各级人民政府及其有关部门给予表彰和奖励。

第七章 附则

第三十三条 各省、自治区、直辖市有关部门，可根据当地的具体情况，制定实施办法。

第三十四条 本规程自公布之日起施行。

幼儿园工作规程

（国家教育委员会令第25号1996年3月9日发布）

第一章　总则

第一条　为了加强幼儿园的科学管理，提高保育和教育质量，依据《中华人民共和国教育法》制定本规程。

第二条　幼儿园是对三周岁以上学龄前幼儿实施保育和教育的机构，是基础教育的有机组成部分，是学校教育制度的基础阶段。

第三条　幼儿园的任务是：实行保育与教育相结合的原则，对幼儿实施体、智、德、美诸方面全面发展的教育，促进其身心和谐发展。

幼儿园同时为家长参加工作、学习提供便利条件。

第四条　幼儿园适龄幼儿为三周岁至六周岁（或七周岁）。

幼儿园一般为三年制，亦可设一年制或两年制的幼儿园。

第五条　幼儿园保育和教育的主要目标是：

促进幼儿身体正常发育和机能的协调发展，增强体质，培养良好的生活习惯、卫生习惯和参加体育活动的兴趣。

发展幼儿智力，培养正确运用感官和运用语言交往的基本能力，增进对环境的认识，培养有益的兴趣和求知欲望，培养初步的动手能力。

萌发幼儿爱家乡、爱祖国、爱集体、爱劳动、爱科学的情感，培养诚实、自信、好问、友爱、勇敢、爱护公物、克服困难、讲礼貌、守纪律等良好的品德行为和习惯，以及活泼、开朗的性格。

培养幼儿初步的感受美和表现美的情趣和能力。

第六条　尊重、爱护幼儿，严禁虐待、歧视、体罚和变相体罚、侮辱幼儿人格等损害幼儿身心健康的行为。

第七条　幼儿园可分为全日制、半日制、定时制、季节制和寄宿制等。上述形式可分别设置，也可混合设置。

第二章　幼儿入园和编班

第八条　幼儿园每年秋季招生。平时如有缺额，可随时补招。

幼儿园对烈士子女，家中无人照顾的残疾人子女和单亲子女等入园，应予照顾。

第九条　企业、事业单位和机关、团体、部队设置的幼儿园，除招收本单位工作人员的子女外，有条件的应向社会开放，招收附近居民子女入园。

第十条　幼儿入园前，须按照卫生部门制定的卫生保健制度进行体格检查，合格者方可入园。

幼儿入园除进行体格检查外，严禁任何形式的考试或测查。

第十一条　幼儿园规模以有利于幼儿身心健康，便于管理为原则，不宜过大。

幼儿园每班幼儿人数一般为：小班（三至四周岁）二十五人，中班（四至五周岁）三十人，大班（五周岁至六或七周岁）三十五人，混合班三十人，学前幼儿班不超过四十人。

寄宿制幼儿园每班幼儿人数酌减。

幼儿园可按年龄分别编班，也可混合编班。

第三章　幼儿园的卫生保健

第十二条　幼儿园必须切实做好幼儿生理和心理卫生保健工作。

幼儿园应严格执行卫生部颁发的《托儿所、幼儿园卫生保健制度》以及其他有关卫生保健的法规、规章和制度。

第十三条　幼儿园应制订合理的幼儿一日生活作息制度。两餐间隔时间不得少于三小时半。幼儿户外活动时间在正常情况下，每天不得少于二小时，寄宿制幼儿园不得少于三小时，高寒、高温地区可酌情增减。

第十四条　幼儿园应建立幼儿健康检查制度和幼儿健康卡或档案。每年体检一次，每半年测身高、视力一次，每季度量体重一次，并对幼儿身体健康发展状况定期进行分析、评价。

应注意幼儿口腔卫生，保护视力。

第十五条　幼儿园应建立卫生消毒、病儿隔离制度，认真做好计划免疫和疾病防治工作。

幼儿园内严禁吸烟。

第十六条　幼儿园应建立房屋、设备、消防、交通等安全防护和检查制度；建立食品、药物等管理制度和幼儿接送制度，防止发生各种意外事故。

应加强对幼儿的安全教育。

第十七条　供给膳食的幼儿园应为幼儿提供合理膳食，编制营养平衡的幼儿食谱，定期计算和分析幼儿的进食量和营养素摄取量。

第十八条　幼儿园应保证供给幼儿饮水，为幼儿饮水提供便利条件。

要培养幼儿良好的大、小便习惯，不得限制幼儿便溺的次数、时间等。

第十九条　积极开展适合幼儿的体育活动，每日户外体育活动不得少于一小时。加强冬季锻炼。

要充分利用日光、空气、水等自然因素，以及本地自然环境，有计划地锻炼幼儿肌体，增强身体的适应和抵抗能力。

对体弱或有残疾的幼儿予以特殊照顾。

第二十条　幼儿园夏季要做好防暑降温工作，冬季要做好防寒保暖工作，防止中暑和冻伤。

第四章　幼儿园的教育

第二十一条　幼儿园教育工作的原则是：

体、智、德、美诸方面的教育应互相渗透，有机结合。

遵循幼儿身心发展的规律，符合幼儿的年龄特点，注重个体差异，因人施教，引导幼儿个体健康发展。

面向全体幼儿，热爱幼儿，坚持积极鼓励、启发诱导的正面教育。

合理地综合组织各方面的教育内容，并渗透于幼儿一日生活的各项活动中，充分发挥各种教育手段的交互作用。

创设与教育相适应的良好环境，为幼儿提供活动和表现能力的机会与条件。

以游戏为基本活动，寓教育于各项活动之中。

第二十二条　幼儿一日活动的组织应动静交替，注重幼儿的实践活动，保证幼儿愉快的、有益的自由活动。

第二十三条　幼儿园日常生活组织，要从实际出发，建立必要的合理的常规，坚持一贯性、一致性和灵活性的原则，培养幼儿的良好习惯和初步的生活自理能力。

第二十四条　幼儿园的教育活动应是有目的、有计划引导幼儿运动、活泼、主动活动的，多种形式的教育过程。

教育活动的内容应根据教育目的，幼儿的实际水平和兴趣，以循序渐进为原则，有计划地选择和组织。

组织活动应根据不同的教育内容，充分利用周围环境的有利条件，积极发挥幼儿感官作用，灵活地运用集体或个别活动的形式，为幼儿提供充分活动的机会，注重活动的过程，促进每个幼儿在不同水平上得到发展。

第二十五条 游戏是对幼儿进行全面发展教育的重要形式。

应根据幼儿的年龄特点选择和指导游戏。

应因地制宜地为幼儿创设游戏条件（时间、空间、材料）。游戏材料应强调多功能和可变性。

应充分尊重幼儿选择游戏的意愿，鼓励幼儿制作玩具，根据幼儿的实际经验和兴趣，在游戏过程中给予适当指导，保持愉快的情绪，促进幼儿能力和个体的全面发展。

第二十六条 幼儿园的品德教育应以情感教育和培养良好行为习惯为主，注重潜移默化的影响，并贯穿于幼儿生活以及各项活动之中。

第二十七条 幼儿园应在各项活动的过程中，根据幼儿不同的心理发展水平，注重培养幼儿良好的个性心理品质，尤应注意根据幼儿个体差异，研究有效的活动形式和方法，不要强求一律。

第二十八条 幼儿园应当使用全国通用的普通话。招收少数民族幼儿为主的幼儿园，可使用当地少数民族通用的语言。

第二十九条 幼儿园和小学应密切联系，互相配合，注意两个阶段教育的相互衔接。

第五章 幼儿园的园舍、设备

第三十条 幼儿园应设活动室、儿童厕所、盥洗室、保健室、办公用房和厨房。有条件的幼儿园可单独设音乐室、游戏室、体育活动室和家长接待室等。

寄宿制幼儿园应设寝室、隔离室、浴室、洗衣间和教职工值班室等。

第三十一条 幼儿园应有与其规模相适应的户外活动场地，配备必要的游戏和体育活动设施，并创造条件开辟沙地、动物饲养角和植园地。

应根据幼儿园特点，绿化、美化园地。

第三十二条 幼儿园应配备适合幼儿特点的桌椅、玩具架、盥洗卫生用具，以及必要的教具、玩具、图书和乐器等。

寄宿制幼儿园应配备儿童单人床。

幼儿园的教具、玩具应有教育意义并符合安全、卫生的要求。

幼儿园应因地制宜，就地取材，自制教具、玩具。

第三十三条 幼儿园建筑规划面积定额、建筑设计要求和教具玩具的配备，参照国家有关部门的规定执行。

第六章　幼儿园的工作人员

第三十四条　幼儿园按照编制标准设园长、副园长、教师、保育员、医务人员、事务人员、炊事员和其他工作人员。

各省、自治区、直辖市教育行政部门可会同有关部门参照国家教育委员会和原劳动人事部制订的《全日制、寄宿制幼儿园编制标准》，制定具体规定。

第三十五条　幼儿园工作人员应拥护党的基本路线，热爱幼儿教育事业，爱护幼儿，努力学习专业知识和技能，提高文化和专业水平，品德良好、为人师表，忠于职责，身体健康。

第三十六条　幼儿园园长除符合本规程第三十五条要求外，应具备幼儿师范学校（包括职业学校幼儿教育专业）毕业及其以上学历。

幼儿园园长还应有一定的教育工作经验和组织管理能力，并获得幼儿园园长岗位培训合格证书。

幼儿园园长由举办者任命或聘任。非地方人民政府设置的幼儿园园长应报当地教育行政部门备案。

幼儿园园长负责幼儿园的全面工作，其主要职责如下：

（一）贯彻执行国家的有关法律、法规、方针、政策和上级主管部门的规定；

（二）领导教育、卫生保健、安全保卫工作；

（三）负责建立并组织执行各种规章制度；

（四）负责聘任、调配工作人员。指导、检查和评估教师以及其他工作人员的工作，并给予奖惩；

（五）负责工作人员的思想工作，组织文化、业务学习，并为他们的政治和文化、业务进修创造必要的条件；

关心和逐步改善工作人员的生活、工作条件，维护他们的合法权益；

（六）组织管理园舍、设备和经费；

（七）组织和指导家长工作；

（八）负责与社区的联系和合作。

第三十七条　幼儿园教师必须具有《教师资格条例》规定的幼儿园教师资格，并符合本规程第三十五条规定。

幼儿园教师实行聘任制。

幼儿园教师对本班工作全面负责，其主要职责如下：

（一）观察了解幼儿，依据国家规定的幼儿园课程标准，结合本班幼儿的具体情况，制订和执行教育工作计划，完成教育任务；

（二）严格执行幼儿园安全、卫生保健制度，指导并配合保育员管理本班幼儿生活和做好卫生保健工作；

（三）与家长保持经常联系，了解幼儿家庭的教育环境，商讨符合幼儿特点的教育措施，共同配合完成教育任务；

（四）参加业务学习和幼儿教育研究活动；

（五）定期向园长汇报，接受其检查和指导。

第三十八条 幼儿园保育员除符合本规程第三十五条规定外，还应具备初中毕业以上学历，并受过幼儿保育职业培训。

幼儿园保育员的主要职责如下：

（一）负责本班房舍、设备、环境的清洁卫生工作；

（二）在教师指导下，管理幼儿生活，并配合本班教师组织教育活动；

（三）在医务人员和本班教师指导下，严格执行幼儿园安全、卫生保健制度；

（四）妥善保管幼儿衣物和本班的设备、用具。

第三十九条 幼儿园医务人员除符合本规定第三十五条规定外，医师应按国家有关规定和程序取得医师资格；医士和护士应当具备中等卫生学校毕业学历，或取得卫生行政部门的资格认可；保健员应当具备高中毕业学历，并受过幼儿保健职业培训。

幼儿园医务人员对全国幼儿身体健康负责，其主要职责如下：

（一）协助园长组织实施有关卫生保健方面的法规、规章和制度，并监督执行；

（二）负责指导调配幼儿膳食，检查食品、饮水和环境卫生；

（三）密切与当地卫生保健机构的联系，及时做好计划免疫和疾病防治等工作；

（四）向全国工作人员和家长宣传幼儿卫生保健等常识；

（五）妥善管理医疗器械、消毒用具和药品。

第四十条 幼儿园其他工作人员的资格和职责，参照政府的有关规定执行。

第四十一条 对认真履行职责，成绩优良者，应按有关规定给予奖励。

对不履行职责者，应给予批评教育；情节严重的，应给予行政处分；构成犯罪的，由司法机关依法追究刑事责任。

第七章　幼儿园的经费

第四十二条 幼儿园的经费由举办者依法筹措，保障有必备的办园资金和稳定的经费来源。

第四十三条 幼儿园收费按省、自治区、直辖市或地（市）级教育行政部门会同有关部门制定的收费项目、标准和办法执行。

幼儿园不得以培养幼儿某种专项技能为由，另外收取费用；亦不得以幼儿表演为手段，进行以营利为目的的活动。

第四十四条 省、自治区、直辖市或地（市）级教育行政部门应会同有关部门制定各类幼儿园经费管理办法。

幼儿园的经费应按规定的使用范围合理开支，坚持专款专用，不得挪作他用。

第四十五条 任何组织和个人举办幼儿园不得以营利为目的。举办者筹措的经费，应保证保育和教育的需要，有一定比例用于改善办园条件，并可提留一定比例的幼儿园基金。

第四十六条 幼儿膳食费应实行民主管理制度，保证全部用于幼儿膳食，每月向家长公布帐目。

第四十七条 幼儿园应建立经费预算和决算审核制度，严格执行有关财务制度，经费预算和决算，应提交园务委员会或教职工大会审议，并接受财务和审计部门的监督检查。

第八章　幼儿园、家庭和社区

第四十八条 幼儿园应主动与幼儿家庭配合，帮助家长创设良好的家庭教育环境，向家长宣传科学保育、教育幼儿的知识，共同担负教育幼儿的任务。

第四十九条 应建立幼儿园与家长联系的制度。

幼儿园可采取多种形式，指导家长正确了解幼儿园保育和教育的内容、方法，定期召开家长会议，并接待家长的来访和咨询。

幼儿园应认真分析、吸收家长对幼儿园教育与管理工作的意见与建议。

幼儿园可实行对家长开放日的制度。

第五十条 幼儿园应成立有长委员会。

家长委员会的主要任务是：帮助家长了解幼儿园工作计划和要求，协助幼儿园工作；反映家长对幼儿园工作的意见和建议；协助幼儿园组织交流家庭教育的经验。

家长委员会在幼儿园园长指导下工作。

第五十一条 幼儿园应密切同社区的联系与合作。宣传幼儿教育的知识，支持社区开展有益的文化教育活动，争取社区支持和参与幼儿园建设。

第九章　幼儿园的管理

第五十二条 幼儿园实行园长负责制，园长在举办者和教育行政部门领导下，依据本规程负责领导全园工作。

幼儿园可建立园务委员会。园务委员会由保教、医务、财会等人员的代表以及家长的代表组成。园长任园务委员会主任。

园长定期召开园务会议（遇重大问题可临时召集）对全园工作计划，工作总结，人员奖惩，财务预算和决算方案，规章制度的建立、修改、废除，以及其他涉及全园工作的重要问题进行审议。

不设园务委员会的幼儿园，上述重大事项由园长召集全体教职工会议商议。

第五十三条 幼儿园应建立教职工大会制度，或以教师为主体的教职工代表会议制度，加强民主管理和监督。

第五十四条 党在幼儿园的基层组织要发挥政治核心作用。园长要充分发挥共青团、工会等其它组织在幼儿园工作中的作用。

第五十五条 幼儿园应制定年度工作计划，定期部署、总结和报告工作。每学年末应向行政主管部门和教育行政部门报告工作，必要时随时报告。

第五十六条 幼儿园应接受上级教育督导人员的检查、监督和指导。要根据督导的内容和要求，切实报告工作，反映情况。

第五十七条 幼儿园应建立教育研究、业务档案、财务管理、园务会议、人员奖惩、安全管理以及与家庭、小学联系等制度。

幼儿园应建立工作人员名册、幼儿名册和其他统计表册，每年向教育行政部门报送统计表。

第五十八条 幼儿园在当地小学寒、署假期间，以不影响家长工作为原则，工作人员可轮流休假，具体办法由举办者自定。

第十章　附则

第五十九条 本规程适用于城乡各类幼儿园。

第六十条 各省、自治区、直辖市教育行政部门可根据本规程，制订具体实施办法。

各省、自治区、直辖市教育行政部门，可根据规程对不同地区、不同类别的幼儿园分别提出不同要求，分期分批地有步骤地组织实施。亦可制订本地区不同类型幼儿园的工作规程。

第六十一条 本规程由国家教育委员会负责解释。

第六十二条 本规程自一九九六年六月一日施行。一九八九年六月五日国家教育委员会第二号令发布的《幼儿园工作规程（试行）》同时废止。

小学管理规程

（国家教育委员会令第26号1996年3月9日发布）

第一章　总则

第一条　为加强小学内部的规范化管理，全面贯彻教育方针，全面提高教育质量，依据《中华人民共和国教育法》和其他有关教育法律、法规制定本规程。

第二条　本规程所指小学是由政府、企业事业组织、社会团体、其他社会组织及公民个人依法举办的对儿童实施普通初等教育的机构。

第三条　小学实施初等义务教育。

小学的修业年限为6年或5年。省、自治区、直辖市可根据实际情况确定本行政区域内的小学修业年限。

第四条　小学要贯彻教育必须为社会主义现代化建设服务，必须与生产劳动相结合，培养德、智、体等方面全面发展的社会主义建设者和接班人的方针。

第五条　小学教育要同学前教育和初中阶段教育相互衔接，应在学前教育的基础上，通过实施教育教学活动，使受教育者生动活泼、主动地发展，为初中阶段教育奠定基础。

第六条　小学的培养目标是：

初步具有爱祖国、爱人民、爱劳动、爱科学、爱社会主义的思想感情；遵守社会公德的意识、集体意识和文明行为习惯；良好的意志、品格和活泼开朗的性格；自我管理、分辨是非的能力。

具有阅读、书写、表达、计算的基本知识和基本技能，了解一些生活、自然和社会常识，具有初步的观察、思维、动手操作和学习的能力，养成良好的学习习惯。学习合理锻炼、养护身体的方法，养成讲究卫生的习惯，具有健康的身体和初步的环境适应能力。具有较广泛的兴趣和健康的爱美情趣。

第七条　小学的基本教学语言文字为汉语言文学。学校应推广使用普通话和规范字。

招收少数民族学生为主的学校，可使用本民族或当地民族通用的语言文字进行教学，并应根据实际情况，在适当年级开设汉语文课程。

第八条　小学实行校长负责制，校长全面负责学校行政工作。

农村地区可视情况实行中心小学校长负责制。

第九条 小学按照“分级管理，分工负责”的原则，在当地人民政府领导下实施教育工作。

第二章 入学及学籍管理

第十条 小学招收年满6周岁的儿童入学，条件不具备的地区，可以推迟到7周岁。小学实行秋季始业。

小学应按照《义务教育法》的规定，在当地政府领导下，组织服务区内的适龄儿童按时就近免试入学。小学的服务区由主管教育行政部门确定。

第十一条 小学采用班级授课制，班级的组织形式应为单式，不具备条件的也可以采用复式。教学班级学额以不超过45人为宜。

学校规模应有利于教育教学，有利于学生身心健康，便于管理，提高办学效益。

第十二条 小学对因病无法继续学习的学生（须具备指定医疗单位的证明）在报经有关部门批准后，可准其休学。学生休学时间超过三个月，复学时学校可据其实际学力程度并征求其本人及父母或其他监护人意见后编入相应年级。

小学对因户籍变更申请转学，并经有关教育行政部门核准符合条件者，应予及时妥善安置，不得无故拒收。

小学对因故在非户籍所在地申请就学的学生，经有关部门审核符合条件的，可准其借读。

第十三条 小学应从德、智、体等方面全面评价学生。要做好学习困难学生的辅导工作，积极创造条件逐步取消留级制度。现阶段仍实行留级制度的地方，要创造条件，逐步降低学生留级比例和减少留级次数。

小学对修完规定课程且成绩合格者，发毕业证书；不合格者发给结业证书，毕业年级不再留级。对虽未修完小学课程，但修业年限已满当地政府规定的义务教育年限者，发给肄业证书。

第十四条 小学对学业成绩优异，提前达到更高年级学力程度的学生，可准其提前升入相应年级学习，同时报教育主管部门备案。

第十五条 小学对品学兼优的学生应予表彰，对犯有错误的学生应予批评教育，对极少数错误较严重的学生可分别给予警告、严重警告和记过处分。

小学不得开除学生。

第十六条 小学应防止未受完规定年限义务教育的学生辍学，发现学生辍学，应立即向主管部门报告，配合有关部门，依法使其复学并做好有关工作。

第十七条 小学学籍管理的具体办法由省级教育行政部门制定。

第三章　教育教学工作

第十八条　小学的主要任务是教育教学工作。其他各项工作均应以有利于教育教学工作的开展为原则。

第十九条　小学应按照国家或省级教育行政部门发布的课程计划、教学大纲进行教育教学工作。

小学在教育教学工作中，要充分发挥学科课和活动课的整体功能，对学生进行德育、智育、体育、美育和劳动教育，为学生全面发展奠定基础。

第二十条　小学要积极开展教育教学研究，运用教育理论指导教育教学活动，积极推广科研成果及成功经验。

第二十一条　小学要将德育工作摆在重要位置，校长负责，教职工参与，教书育人、管理育人、服务育人。

学校教育要同家庭教育、社会教育相结合。

第二十二条　小学应在每个教学班设置班主任教师，负责管理、指导班级工作。班主任教师要同各科任课教师、学生家长密切联系，了解掌握学生思想、品德、行为、学业等方面的情况，协调配合对学生实施教育。

班主任教师每学期要根据学生的操行表现写出评语。

第二十三条　小学对学生应以正面教育为主，肯定成绩和进步，指出缺点和不足，不得讽刺挖苦、粗暴压服，严禁体罚和变相体罚。

第二十四条　小学教学要面向全体学生，坚持因材施教的原则，充分发挥学生的主体作用；要重视基础知识教学和基本技能训练，激发学习兴趣，培养正确的学习方法、学习习惯。

第二十五条　小学应当按照教育行政部门颁布的校历安排学校工作。小学不得随意停课，若遇特殊情况必须停课的，一天以内的由校长决定，并报县教育行政部门备案；一天以上三天以内的，应经县级人民政府批准。

小学不得组织学生参加商业性的庆典、演出等活动，参加其他社会活动亦不应影响教学秩序和学校正常工作。

第二十六条　小学要合理安排作息时间。学生每日在校用于教育教学活动的时间五、六年级至多不超过6小时，其他年级还应适当减少。课余、晚上和节假日不得安排学生集体补课或上新课。

课后作业内容要精选，难易要适度，数量要适当，要严格执行有关规定，保证学生学业负担适量。

第二十七条　小学使用的教材，须经国家或国家授权的省级教材审定部门审定。实验教材、乡土教材须经有关的教育行政部门批准后方可使用。

小学不得要求或统一组织学生购买各类学习辅导资料。对学生使用学具等要加强引导。

第二十八条 小学应按照课程计划和教学大纲的要求通过多种形式，评测教学质量。学期末的考试科目为语文和数学，其他学科通过平时考查评定成绩。

小学毕业考试由学校命题（农村地区在县级教育行政部门指导下由乡中心小学命题），考试科目为语文和数学。

学校要建立德、智、体全面评估教育质量的科学标准，不得以考试成绩排列班级、学生的名次，和作为衡量教学质量、评定教师教学工作的唯一标准。

第二十九条 小学应重视体育和美育工作。

学校应严格执行国家颁布的有关学校体育工作的法规，通过体育课及其他形式的体育活动增强学生体质。学校应保证学生每天有一小时的体育活动时间。

小学应上好音乐、美术课，其他学科也要从本学科特点出发，发挥美育功能。美育要结合学生日常生活，提出服饰、仪表、语言、行为等审美要求，培养健康的审美情趣。

第三十条 小学应加强对学生的劳动教育，培养学生爱劳动、爱劳动人民、珍惜劳动成果的思想，培养从事自我服务、家务劳动、公益劳动和简单生产劳动的能力，养成劳动习惯。

第三十一条 小学应加强学生课外、校外活动指导，注意与学生家庭、少年宫（家、站）和青少年科技馆（站）等校外活动机构联系，开展有益的活动，安排好学生的课余生活。

学校组织学生参加竞赛、评奖活动，要遵照教育行政部门的有关规定执行。

第四章 人事工作

第三十二条 小学可按编制设置校长、副校长、主任、教师和其他人员。

第三十三条 小学校长是学校行政负责人。校长应具备国家规定的任职资格，由学校设置者或设置者的上级主管部门任命或聘任；副校长及教导（总务）主任等人员由校长提名，按有关规定权限和程序任命或聘任。非政府设置的小学校长，应报主管教育行政部门备案。

校长要加强教育政策法规、教育理论的学习，加强自身修养，提高管理水平，依法对学校实施管理。其主要职责是：

（一）贯彻执行国家的教育方针，执行教育法令法规和教育行政部门的指示、规定，遵循教育规律，提高教育质量；

（二）制定学校的发展规划和学年学期工作计划，并认真组织实施；

（三）遵循国家有关法律和政策，注重教职工队伍建设。依靠教职工办好学校，并维护其合法权益；

（四）发挥学校教育的主导作用，努力促进学校教育、家庭教育、社会教育的协调一致，互相配合，形成良好的育人环境。

第三十四条 小学校长应充分尊重教职工的民主权利，听取他们对于学校工作的意见、建议、教职工应服从校长的领导，认真完成本职工作。

教职工对学校工作的意见、建议，必要时可直接向主管部门反映，任何组织和个人不得阻挠。

第三十五条 小学教师应具备国家规定的任职资格，享受和履行法律规定的权利和义务，遵守职业道德，完成教育教学工作。

第三十六条 小学要加强教师队伍管理，按国家有关规定实行教师资格、职务、聘任制度，建立、健全业务考核档案。要加强教师思想政治教育、职业道德教育，树立敬业精神。对认真履行职责的优秀教师应予奖励。

第三十七条 小学应重视教师的继续教育，制订教师进修计划，积极为教师进修创造条件。教师进修应根据学校工作的需要，以在职为主，自学为主，所教学科为主。

第三十八条 小学其他人员应具备相应的政治、业务素质，其具体任职资格及职责由教育行政部门或学校按照国家有关规定制定。

第五章　行政工作

第三十九条 小学可依规模内设分管教务、总务等工作的机构或人员，协助校长做好有关工作（规模较大的学校还可设年级组），其具体职责由学校制定。

第四十条 小学若规模较大，可成立由校长召集，各部门负责人参加的校务委员会，研究决定学校重大事项。

第四十一条 小学应建立教职工（代表）大会制度，加强民主管理和民主监督。大会可定期召开，不设常设机构。

第四十二条 中国共产党在小学的组织发挥政治核心作用。校长要依靠党的学校（地方）基层组织，充分发挥工会、共青团、少先队及其他组织在学校工作中的作用。

第四十三条 小学应建立、健康教育研究、业务档案、财务管理、安全工作、学习、会议等制度。

学校应建立工作人员名册、学生名册和其他统计表册，定期向主管教育行政部门上报。

第四十四条 小学应接受教育行政部门或上级主管部门的检查、监督和指导，要如实报告工作，反映情况。

学年末，学校应向教育行政部门或上级主管部门报告工作，重大问题应随时报告。

第六章　校舍、设备及经费

第四十五条　小学的办学条件及经费由学校举办者负责提供。其标准由省级人民政府制定。

小学应具备符合规定标准的校舍、场地、设施、教学仪器、图书资料。

第四十六条　小学应遵照有关规定管理使用校舍、场地等，未经主管部门批准，不得改变其用途。

要定期对校舍进行维修和维护，发现危房立即停止使用，并报上级主管部门。对侵占校舍、场地的行为，学校可依法向侵权行为者的上级主管部门反映，直至向人民法院提起诉讼。

小学要搞好校园建设规划，净化、绿化、美化校园、搞好校园文化建设，形成良好的育人环境。

第四十七条　小学应加强对教学仪器、设备、图书资料、文娱体育器材和卫生设施的管理，建立、健全制度，提高使用效率。

第四十八条　公办小学免收学费，可适当收取杂费。小学收费应严格按照省级人民政府制定的收费项目和县级以上人民政府制定的标准和办法执行。

第四十九条　小学可按有关规定举办校办产业，从学校实际出发组织师生勤工俭学。严禁采取向学生摊派钱、物的做法代替勤工俭学。

小学可按国家有关规定接受社会捐助。

第五十条　小学应科学管理、合理使用学校经费，提高使用效益。要建立健全经费管理制度，经费预算和决算应提交校务委员会或教职工代表大会审议，并接受上级财务和审计部门的监督。

第七章　卫生保健及安全

第五十一条　小学应认真执行国家有关学校卫生工作的法规、政策，建立、健全学校卫生工作制度。应有专人负责此项工作（有条件的学校应设校医室），要建立学生健康卡片，根据条件定期或不定期体检。

第五十二条　小学的环境、校舍、设施、图书、设备等应有利于学生身心健康，教育、教学活动安排要符合学生的生理、心理特点。

要不断改善学校环境卫生和教学卫生条件。开展健康教育，培养学生良好的卫生习惯，预防传染病、常见病及食物中毒。

第五十三条 小学应加强学校安全工作，因地制宜地开展安全教育，培养师生自救自护能力。凡组织学生参加的文体活动、社会实践、郊游、劳动等均应采取妥善预防措施，保障师生安全。

第八章 学校、家庭与社会

第五十四条 小学应同街道、村民委员会及附近的机关、团体、部队、企业事业单位建立社区教育组织，动员社会各界支持学校工作，优化育人环境。小学亦应发挥自身优势，为社区的精神文明建设服务。

第五十五条 小学应主动与学生家庭建立联系，运用家长学校等形式指导、帮助学生家长创设良好的家庭教育环境。

小学可成立家长委员会，使其了解学校工作，帮助学校解决办学中遇到的困难，集中反映学生家长的意见、建议。

家长委员会在校长指导下工作。

第九章 其它

第五十六条 农村乡中心小学应在县教育部门指导下，起到办学示范、教研中心、进修基地的作用，带动当地小学教育质量的整体提高。

第五十七条 承担教育教学改革任务的小学，可在报经有关部门批准后，根据实际需要，调整本规程中的某些要求。

第十章 附则

第五十八条 小学应根据《中华人民共和国教育法》和本规程的规定，结合本校实际情况制定本校章程。

第五十九条 本规程主要适用于城市小学、农村完全小学以上小学，其他各类小学及实施初等教育的机构可参照执行。

各省、自治区、直辖市教育行政部门可根据本规程制定实施办法。

第六十条 本规程自颁布之日起施行。

中小学校电化教育规程

（教电[1997]3号1997年7月14日）

第一章　总则

第一条　为促进中小学电化教育工作并加强管理，根据《中华人民共和国教育法》及有关规定，制定本规程。

第二条　中小学校电化教育是在教育教学过程中，运用投影、幻灯、录音、录像、广播、电影、电视、计算机等现代教育技术，传递教育信息，并对这一过程进行设计、研究和管理的一种教育形式。是促进学校教育教学改革、提高教育教学质量的有效途径和方法。是实现教育现代化的重要内容。

第三条　中小学校开展电化教育应从实际出发，坚持因地制宜、讲求实效、逐步提高的原则。要充分发挥各种电教媒体在教育教学中的作用，注重教学应用与研究。

第四条　各级政府和教育行政部门应积极创造条件，扶持中小学校开展电化教育，将中小学电化教育工作列入当地教育事业的发展规划。

第二章　机构与职能

第五条　中小学校应建立专门机构或指定有关部门负责电化教育。其名称可根据学校的规模称为电化教育室（中心）或电化教育组，规模较小的中小学校也可在教学管理部门设专人或兼职人员负责此项工作。

第六条　中小学校电化教育机构要在学校的统一管理下，与校内各相关部门相互配合，完成电化教育工作，其主要职责：拟定学校电化教育工作计划，协调学校各部门开展电化教育工作，并承担其中一部分教学任务。收集、购置、编制、管理电化教育教材和资料。维护、管理电化教育器材、设备、设施。组织教师参加电化教育的基本知识和技能培训。组织并参与电化教育的实验研究。

第七条　中小学从事电化教育的人员编制，由学校主管部门根据实际情况，在学校教职工总编制内确定，按学校规模和电化教育开展的实际配备专职或兼职电教人员

第八条 中小学校电化教育机构的负责人应有较高的政治素质，熟悉电教业务，有较强的教学和管理能力，一般应具有中级以上专业技术职务。电化教育机构的负责人应保持相对稳定。

第三章 电教专职人员与学科教师

第九条 中小学校电化教育机构的专职人员是教学人员，必须具备教师资格，熟悉教学业务，掌握电化教育的知识、技能和技巧。中小学校电教专职人员应通过教育行政部门组织的业务培训与考核，不断提高电化教育水平。

第十条 中小学校电化教育专职人员的专业技术职务按国家规定评聘。在评审与聘任时，要充分考虑电化教育工作的性质与特点。

第十一条 电化教育专职人员要组织、指导学科教师开展电化教学。

中小学校应聘请优秀教师作为电化教育机构的兼职人员开展工作。教师担任电教机构的工作或编制教材、资料应计算教学工作量。优秀的电教教材、电教研究成果，应与相应的科研、教学研究成果同等对待。教师开展电化教学的实绩，应作为考核教师的内容。

第十二条 学科教师要增强现代教育意识，学习并掌握电化教育的基本知识和技能；积极采用现代教学手段，开展电化教学；研究电教教材教法；总结电化教学经验，提高教学质量和效率。

第四章 经费与设备

第十三条 中小学校开展电化教育要有必要的经费保证，各级政府和教育行政部门要逐年增加对中小学电化教育经费的投入。学校应确定一定的经费比例开展电化教育。

第十四条 电化教育的设备是开展电化教育的基础。学校要按照地方教育行政部门制定的有关中小学校电化教育教学仪器设备配备目录，根据教学的实际需要，统筹配备电化教育设备。要加强电化教育设备、设施的维护和管理，提高利用率。

第十五条 学校电化教育设备、设施是为教育教学服务的，不得挪作它用。

第五章 电教教材与资料

第十六条 开展电化教育的中小学校要加强电教教材（音像、多媒体）、资料建设，保证有足够的经费用于配备电教教材、资料，做到与电教设备、设施建设同步发展。

第十七条 中上学校应根据教学的需要，合理选择和配备由中央和省级教育行政部门印发的中小学教学用书目录所列入的全国或地方通用的电教教材，有条件的学校可根据实际需要自行编制补充性电教教材供学校教学使用，要做好学校电教教材的管理和应用工作。

第十八条 中小学校电教教材、资料的编辑、出版不得违反《著作权法》；中小学校不得使用有害青少年身心健康的、非法的音像制品。

第六章 管理与领导

第十九条 地方各级教育行政部门主管本地区的中小学校电化教育工作，制定本地区电化教育发展规划及工作计划，并检查、评估和督导中小学校电化教育工作，协调电教、教研、装备、师训部门保障学校电化教育工作的健康发展。

第二十条 地方各级电化教育馆（中心）是当地中小学电化教育的教材（资料）中心、研究中心、人员培训和技术服务中心，教育行政部门应加强对中小学校电化教育工作的管理与指导。

第二十一条 中小学校要贯彻上级关于电化教育的各项方针、政策，加强对电化教育工作的领导，将其纳入学校整体工作之中，并要有一名校级领导主管电化教育工作。

第二十二条 中小学校要重视对学科教师开展电化教育的基本知识和技能的培训，有计划地组织不同层次、不同形式、不同内容的教师培训活动，推动学校电化教育工作广泛深入的开展。

第七章 附则

第二十三条 本规程适用于普通中小学校。中等专业学校、中等技术学校、技工学校、职业中学、特殊教育学校、幼儿园，可参照执行。

第二十四条 各省、自治区、直辖市教育行政部门可根据本规程，结合本地区实际，制订实施细则。

第二十五条 本规程自公布之日起施行。以前有关规定凡与本规程有不符的，以本规程为准。

中小学德育工作规程

（教基[1998]4号1998年3月16日）

第一章　总则

第一条　为加强中小学德育工作，依据《中华人民共和国教育法》及有关规定制定本规程。

第二条　德育即对学生进行政治、思想、道德和心理品质教育，是中小学素质教育的重要组成部分，对青少年学生健康成长和学校工作起着导向、动力、保证作用。

第三条　中小学德育工作必须坚持以马列主义、毛泽东思想和邓小平理论为指导，把坚定正确的政治方向放在第一位。

第四条　中小学德育工作要坚持从本地区实际和青少年儿童的实际出发，遵循中小学生思想品德形成的规律和社会发展的要求，整体规划中小学德育体系。

第五条　中小学德育工作的基本任务是，培养学生成为热爱社会主义祖国、具有社会公德、文明行为习惯、遵纪守法的公民。在这个基础上，引导他们逐步树立正确的世界观、人生观、价值观，不断提高社会主义思想觉悟，并为使他们中的优秀分子将来能够成为坚定的共产主义者奠定基础。

第六条　小学、初中、高中阶段具体的德育目标、德育内容、德育实施途径等均遵照国家教育委员会颁布的《小学德育纲要》、《中学德育大纲》施行。

第七条　中小学德育工作要注意同智育、体育、美育、劳动教育等紧密结合，要注意同家庭教育、社会教育紧密结合，积极争取有关部门的支持，促进形成良好的社区育人环境。

第八条　中小学德育的基本内容和基本要求应当在保证相对稳定的基础上，根据形势的发展不断充实和完善。

第九条　德育科研是中小学德育工作的重要组成部分，应当在马列主义、毛泽东思想和邓小平理论指导下，为教育行政部门的决策服务。

第二章　管理职责

第十条　国务院教育行政部门负责制定全国中小学德育工作的方针政策和基本规章，宏观指导全国的中小学德育工作、校外教育工作、工读教育工作。

第十一条　国务院教育行政部门和省级人民政府教育行政部门应设立或确定主管中小学德育工作的职能机构，地市级和县级人民政府教育行政部门根据本地区的实际，设立或确定主管中小学德育工作的职能机构，也可由专职人员管理。

第十二条　各级教育行政部门要充分发挥德育科学研究部门和学术团体的作用，鼓励德育科研人员与教育行政管理人员和中小学教师密切合作开展课题的研究，还要为德育科研人员参加国内外学术交流活动创造条件。

第十三条　各级教育督导部门要定期开展中小学德育专项督导检查，建立切实可行的德育督导评估制度。

第十四条　中小学校的德育工作应实行校长负责的领导管理体制。中小学校长要全面贯彻教育方针，主持制定切实可行的德育工作计划，组织全体教师、职工，通过课内外、校内外各种教育途径，实施《小学德育纲要》、《中学德育大纲》。

第十五条　普通中学要明确专门机构主管德育工作。城市小学、农村乡镇中心小学应有一名教导主任分管德育工作。

第十六条　少先队和共青团工作是中小学德育工作的重要组成部分。中小学校要充分发挥少先队和共青团组织协助学校开展思想政治教育工作的作用。

第十七条　中小学校应通过书面征询、重点调查、访谈等多种方式了解社会各界对学校德育工作的评价以及学生毕业后的品德表现，不断改进德育工作。

第三章　思想品德课和思想政治课

第十八条　思想品德课、思想政治课是小学生和中学生的必修课程。思想品德和思想政治课的教材包括：课本、教学参考书、教学挂图和图册、音像教材、教学软件等。

第十九条　国务院教育行政部门指导思想品德课、思想政治课课程建设；组织审定（查）思想品德课、思想政治课教材。

第二十条　地方各级人民政府教育行政部门，具体指导思想品德课和思想政治课的教学工作，贯彻落实国务院教育行政部门颁布的课程教学计划、《课程标准》。各级教学研究机构中的思想品德课和思想政治课教研员具体组织教师的培训工作、开展教学研究和教学评估，帮助教师不断提高教学质量，有计划地培养骨干教师和学科带头人。

第二十一条 中小学校必须按照课程计划开设思想品德课和思想政治课，不得减少课时或挪作它用。中小学校要通过思想品德课和思想政治课考核，了解学生对所学基本知识和基本理论常识的理解程度及其运用的基本能力。

第四章 常规教育

第二十二条 中小学校必须遵照《中华人民共和国国旗法》及国家教育委员会《关于施行〈中华人民共和国国旗法〉严格中小学升降旗制度的通知》要求，建立升降国旗制度。

第二十三条 中小学校每年应当结合国家的重要节日、纪念日及各民族传统节日，引导学生开展丰富多彩的教育活动，并逐步形成制度。

第二十四条 各级教育行政部门和中小学校应切实保证校会、班会、团（队）会、社会实践的时间。小学、初中、高中每学年应分别用1～3天、5天、7天的时间有计划地组织学生到德育基地、少年军校或其他适宜的场所进行参观、训练等社会实践活动。

第二十五条 各级教育行政部门和中小学校要认真贯彻落实《中小学生守则》、《小学生日常行为规范（修订）》、《中学生日常行为规范（修订）》，形成良好的校风。

第二十六条 中小学应实行定期评定学生品德行为和定期评选"三好"学生、优秀学生干部（中学）、优秀班集体的制度。评定的标准、方法、程序，依据《中学德育大纲》和《小学德育纲要》施行。学生的品德行为评定结果应当通知本人及其家长，记入学生手册，并作为学生升学、就业、参军的品德考查依据之一。

第二十七条 中小学校应当严肃校纪。对严重违反学校纪律，屡教不改的学生应当根据其所犯错误的程度给予批评教育或者纪律处分，并将处分情况通知学生家长。受处分学生已改正错误的，要及时撤销其处分。

第五章 队伍建设与管理

第二十八条 中小学教师是学校德育工作的基本力量。学校党组织的负责人、主管德育工作的行政人员、思想品德课和思想政治课的教师、班主任、共青团团委书记和少先队大队辅导员是中小学校德育工作的骨干力量。中小学德育工作者要注重德育的科学研究，各级教育行政部门要努力培养造就中小学德育专家、德育特级教师和高级教师，要创造条件不断提高思想品德课和思想政治课教师的教学水平。

第二十九条 中小学教师要认真遵守《中小学教师职业道德规范》，爱岗敬业，依法执教，热爱学生，尊重家长，严谨治学，团结协作，廉洁从教，为人师表。

第三十条 中小学校思想品德课和思想政治课教师除应具备国家法定的教师资格外，还应具备一定的马克思主义理论修养，较丰富的社会科学知识和从事德育工作的能力。

第三十一条 各级教师进修学校和中小学教师培训机构要承担培养、培训思想品德课和思想政治课教师的任务。

第三十二条 中小学校要建立、健全中小学班主任的聘任、培训、考核、评优制度。各级教育行政部门对长期从事班主任工作的教师应当给予奖励。

第三十三条 思想品德课和思想政治课教师及其它专职从事德育工作的教师应当按教师系列评聘教师职务。中小学教师职务评聘工作的政策要有利于加强学校的德育工作，要有利于鼓励教师教书育人。在评定职称、职级时，教师担任班主任工作的实绩应做为重要条件予以考虑。各级教育行政部门对做出突出成绩的思想品德课和思想政治课教师应当给予表彰。

第三十四条 中小学校全体教师、职工都有培养学生良好品德的责任。学校要明确规定教师、职工通过教学、管理、服务工作对学生进行品德教育的职责和要求，并认真核查落实。

第六章　物质保证

第三十五条 各级教育行政部门和中小学校要为开展德育工作提供经费保证。

第三十六条 各级教育行政部门和学校要不断完善、优化教育手段，提供德育工作所必须的场所、设施，建立德育资料库。中小学校要为思想品德课和思想政治课教师订阅必备的参考书、报刊杂志，努力配齐教学仪器设备。

第三十七条 中小学校应在校园内适当位置设立旗台、旗杆，张贴中小学生守则和中小学生日常行为规范。教室内要挂国旗。校园环境建设要有利于陶冶学生的情操，培养良好的文明行为。

第三十八条 各级教育行政部门应当会同有关部门，结合当地的实际情况和特点，建立中小学生德育基地，为学生社会实践活动提供场所。

第七章　学校、家庭与社会

第三十九条 中小学校要通过建立家长委员会、开办家长学校、家长接待日、家长会、家庭访问等方式帮助家长树立正确的教育思想，改进教育方法，提高家庭教育水平。

各级教育行政部门要利用报刊、广播电台、电视台等大众传媒大力普及家庭教育的科学常识；要与工会、妇联组织密切合作，落实《家长教育行为规范》。

第四十条 各级教育行政部门和学校要积极争取、鼓励社会各界和各方面人士以各种方式对中小学德育工作提供支持，充分利用社会上的各种适宜教育的场所，开展有益于学生的身心健康的活动；引导大众传媒为中小学生提供有益的精神文明作品；积极参与建立社区教育委员会的工作，优化社区育人环境。

第八章 附则

第四十一条 本规程自1998年4月1日起实行。

特殊教育学校暂行规程

（教育部第1号1998年12月2日发布）

第一章　总则

第一条　为加强特殊教育学校内部的规范化管理，全面贯彻教育方针，全面提高教育质量，依据国家有关教育法律、法规制定本规程。

第二条　本规程所指的特殊教育学校是指由政府、企业事业组织、社会团体、其他社会组织及公民个人依法举办的专门对残疾儿童、少年实施义务教育的机构。

第三条　特殊教育学校的学制一般为九年一贯制。

第四条　特殊教育学校要贯彻国家教育方针，根据学生身心特点和需要实施教育，为其平等参与社会生活，继续接受教育，成为社会主义事业的建设者和接班人奠定基础。

第五条　特殊教育学校的培训目标是：

培养学生初步具有爱祖国、爱人民、爱劳动、爱科学、爱社会主义的情感，具有良好的品德，养成文明、礼貌、遵纪守法的行为习惯；掌握基础的文化科学知识和基本技能，初步具有运用所学知识分析问题、解决问题的能力；掌握锻炼身体的基本方法，具有较好的个人卫生习惯，身体素质和健康水平得到提高；具有健康的审美情趣；掌握一定的日常生活、劳动、生产的知识和技能；初步掌握补偿自身缺陷的基本方法，身心缺陷得到一定程度的康复；初步树立自尊、自信、自强、自立的精神和维护自身合法权益的意识，形成适应社会的基本能力。

第六条　特殊教育学校的基本教学语言文字为汉语言文字。学校应当推广使用全国通用的普通话和规范字以及国家推行的盲文、手语。

招收少数民族学生为主的学校，可使用本民族或当地民族通用语言文字和盲文、手语进行教学，并应根据实际情况在适当年级开设汉语文课程，开设汉语文课程应当使用普通话和规范汉字。

第七条　特殊教育学校实行校长负责制，校长全面负责学校的教学和其它行政工作。

第八条　按照“分级管理、分工负责”的原则，特殊教育学校在当地人民政府领导下实施教育工作。特殊教育学校应接受教育行政部门或上级主管部门的检查、监督和指导，要如实报告工作，反映情况。学年末，学校要向主管教育行政部门报告工作，重大问题应随时报告。

第二章　入学及学籍管理

第九条　特殊教育学校招收适合在校学习的义务教育阶段学龄残疾儿童、少年入学。招生范围由主管教育行政部门确定。学校实行秋季始业。

学校应对入学残疾儿童、少年的残疾类别、原因、程度和身心发展状况等进行必要的了解和测评。

第十条　特殊教育学校应根据有利于教育教学和学生身心健康的原则确定教学班学额。

第十一条　特殊教育学校对因病无法继续学习的学生（须具备县级以上医疗单位的证明）在报经主管教育行政部门批准后，准其休学。休学时间超过三个月，复学时学校可根据其实际情况并征求本人及其父母或其他监护人的意见后编入相应年级。

第十二条　特殊教育学校应接纳其主管教育行政部门批准、不适合继续在普通学校就读申请转学的残疾儿童、少年，并根据其实际情况，编入相应年级。

学校对因户籍变更申请转入，并经主管教育行政部门审核符合条件的残疾儿童、少年，应及时予以妥善安置，不得拒收。

学校对招生范围以外的申请就学的残疾儿童、少年，经主管教育行政部门批准后，可准其借读，并可按有关规定收取借读费。

第十三条　特殊教育学校对修完规定课程且成绩合格者，发给毕业证书，对不合格者发给结业证书；对已修满义务教育年限但未修完规定课程者，发给肄业证书；对未修满义务教育年限者，可视情况出具学业证明。

学校一般不实行留级制度。

第十四条　特殊教育学校对学业能力提前达到更高年级程度的学生，可准其提前升入相应年级学习或者提前学习相应年级的有关课程。经考查能够在普通学校随班就读的学生，在经得本人、其父母或其他监护人的同意后，应向主管教育行政部门申请转学。

第十五条　特殊教育学校对品学兼优的学生应予表彰，对犯有错误的学生应给予帮助或批评教育，对极少数错误严重的学生，可分别给予警告、严重警告和记过处分。学校一般不得开除义务教育阶段学龄学生。

第十六条　特殊教育学校应防止未修满义务教育年限的学龄学生辍学，发现学生辍学，应立即向主管部门报告，配合有关部门依法使其复学。

第十七条 特殊教育学校的学籍管理办法由省级教育行政部门制定。

第三章 教育教学工作

第十八条 特殊教育学校的主要任务是教育教学工作，其他各项工作应有利于教育教学工作的开展。

学校的教育教学工作要面向全体学生，坚持因材施教，改进教育教学方法，充分发挥各类课程的整体功能，促进学生全面发展。

第十九条 特殊教育学校应按照国家制定的特殊教育学校课程计划、教学大纲进行教育教学工作。

学校使用的教材，须经省级以上教育行政部门审查通过；实验教材、乡土教材须经主管教育行政部门批准后方可使用。

学校应根据学生的实际情况和特殊需要，采用不同的授课制和多种教学组织形式。

第二十条 特殊教学校应当依照教育行政部门颁布的校历安排教育教学工作。特殊教育学校不得随意停课，若遇特殊情况必须停课的，一天以内的由校长决定，并报县级教育行政部门备案；一天以上的，应经县级人民政府批准。

第二十一条 特殊教育学校不得组织学生参加商业性的庆典、演出等活动，参加其他社会活动不应影响教育教学秩序和学校正常工作。

第二十二条 特殊教育学校要把德育工作放在重要位置，要结合学校和学生的实际实施德育工作，注重实效。

学校的德育工作由校长负责，教职工参与，做到组织落实、制度落实、内容落实、基地落实、时间落实；要与家庭教育、社会教育密切结合。

第二十三条 特殊教育学校对学生应坚持正面教育，注意保护学生的自信心、自尊心，不得讽刺挖苦、粗暴压服，严禁体罚和变相体罚。

第二十四条 特殊教育学校要在每个教学班设置班主任教师，负责管理、指导班级全面工作。班主任教师要履行国家规定的班主任职责，加强同各科任课教师、学校其他人员和学生家长的联系，了解学生思想、品德、学业、身心康复等方面的情况，协调教育和康复工作。

班主行教师每学期要根据学生的表现写出评语。

第二十五条 特殊教育学校要根据学生的实际情况有针对性地给学生布置巩固知识、发展技能和康复训练等方面的作业。

第二十六条 特殊教育学校应重视体育和美育工作。

学校要结合学生实际，积极开展多种形式的体育活动，增强学生的体质。学校应

保证学生每天不少于一小时的体育活动时间

学校要上好艺术类课程，注意培养学生的兴趣、爱好和特长，其他学科也要从本学科特点发出，发挥美育功能。美育要结合学生日常生活，提出服饰、仪表、语言、行为等方面审美要求。

第二十七条 特殊教育学校要特别重视劳动教育、劳动技术教育和职业教育。学校要对低、中年级学生实施劳动教育，培养学生爱劳动、爱劳动人民、珍惜劳动成果的思想，培养从事自我服务、家务劳动和简单生产劳动的能力，养成良好的劳动习惯；要根据实际情况对高年级学生实施劳动技术教育和职业教育，提高学生的劳动、就业能力。

学校劳动教育、劳动技术教育和职业教育，应做到内容落实、师资落实、场地落实。

学校要积极开展勤工俭学活动，办好校办产业；勤工俭学和校办产业的生产、服务活动要努力与劳动教育、劳动技术教育和职业教育相结合。学生参加勤工俭学活动，应以有利于学生的身心健康和发展为原则。

第二十八条 特殊教育学校要把学生的身心康复作为教育教学的重要内容，根据学生的残疾类别和程度，有针对性地进行康复训练，提高训练质量。要指导学生正确运用康复设备和器具。

第二十九条 特殊教育学校我要重视学生的身心健康教育，培养学生良好的心理素质和卫生习惯，提高学生保护和合理使用自身残存功能的能力；适时、适度地进行青春期教育。

第三十条 特殊教育学校应加强活动课程和课外活动的指导，做到内容落实、指导教师落实、活动场地落实；要与普通学校、青少年校外教育机构和学生家庭联系，组织开展有益活动，安排好学生的课余生活。学校组织学生参加竞赛、评奖活动，要执行教育行政部门的有关规定。

第三十一条 特殊教育学校要在课程计划和教学大纲的指导下，通过多种形式评价教育教学质量，尤其要重视教学过程的评价。学校不得仅以学生的学业考试成绩评价教育教学质量和教师工作。

学校每学年树学生德、智、体和身心缺陷康复等方面进行 1 ~ 2 次评价，毕业时要进行终结性评价，评价报告要收入学生档案。

视力和听力言语残疾学生，1 ~ 6 年级学期末考试科目为语文、数学两科，其它学科通过考查确定成绩；7 ~ 9 年级学生期末考试科目为语文、数学、劳动技术或职业技能三科，其它学科通过考查评定成绩。学期末考试由学校命题，考试方法要多样，试题的难易程度和数量要适度。

视力和听力言语残疾学生的毕业考试科目、考试办法及命题权限由省级教育行政部门确定。

智力残疾学生主要通过平时考查确定成绩，考查科目、办法由学校确定。

第三十二条 特殊教育学校要积极开展教育教学研究，运用科学的教育理论指导教育教学工作，积极推广科研成果及成功的教育教学经验。

第三十三条 特殊教育学校应合理安排休息时间，学生每日在校用于教学活动时间，不得超过课程计划规定的课时。接受劳动技术教育和职业教育的学生，用于劳动实习的时间，每天不超过 3 小时；毕业年级集中生产实习每天不超过 6 小时，并要严格控制劳动强度。

第四章　校长、教师和其他人员

第三十四条 特殊教育学校可按编制设校长、副校长、主任、教师和其他人员。

第三十五条 特殊教育学校校长是学校的行政负责人。校长应具备、符合国家规定的任职和岗位要求，履行国家规定的职责。校长由学校举办者或举办者的上级主管部门任命或聘任；副校长及教导（总务）主任等人员由校长提名，按有关规定权限和程序任命或聘任。社会力量举办的特殊教育学校校长应报教育行政部门核准后，由校董会或学校举办者聘任。校长要加强教育及其有关法律法规、教育理论的学习，要熟悉特殊教育业务，不断加强自身修养，提高管理水平，依法对学校实施管理。

第三十六条 特殊教育学校教师应具备国家规定的相应教师资格和任职条件，具有社会主义的人道主义精神，关心残疾学生，掌握特殊教育的专业知识和技能，遵守职业道德，完成教育教学工作，享受和履行法律规定的权利和义务。

第三十七条 特殊教育学校其他人员应具备相应的思想政治、业务素质，其具体任职条件、职责由教育行政部门或学校按照国家的有关规定制定。

第三十八条 特殊教育学校要根据国家有关规定实行教师聘任、职务制度，对教师和其他人员实行科学管理。

第三十九条 特殊教育学校要加强教师的思想政治、职业道德教育，重视教师和其他人员的业务培训和继续教育，制定进修计划，积极为教师和其他人员进修创造条件。教师和其他人员进修应根据学校工作需要，以在职、自学、所教学科和所从事工作为主。

第四十条 特殊教育学校应建立健全考核奖惩制度和业务考核档案，从德、能、勤、绩等方面全面、科学考核教师和其他人员工作，注重工作表现和实绩，并根据考核结果奖优罚劣。

第五章　机构与日常管理

第四十一条　特殊教育学校可根据规模，内设分管教务、总务等工作的机构（或岗位）和人员，协助校长做好有关工作。招收两类以上残疾学生的特殊教育学校，可设置相应的管理岗位，其具体职责由学校确定。

第四十二条　特殊教育学校应按国家有关规定建立教职工代表会议制度，加强对学校民主管理和民主监督。

第四十三条　校长要依靠党的学校（地方）基层组织，并充分发挥工会、共青团、少先队及其他组织在学校工作中的作用。

第四十四条　特殊教育学校应根据国家有关法律法规和政策建立健全各项规章制度，建立完整的学生、教育教学和其它档案。

第四十五条　特殊教育学校应建立健全学生日常管理制度，并保证落实。学生日常管理工作应与社区家庭密切配合。

第四十六条　特殊教育学校应按有利于管理，有利于教育教学，有利于安全的原则设置教学区和生活区。

第四十七条　寄宿制特殊教育学校实行２４小时监护制度。要设专职或兼职人员，负责学生的生活指导和管理工作，并经常与班主任教师保持联系。

第六章　卫生保健及安全工作

第四十八条　特殊教育学校应认真执行国家有关学校卫生工作的法规、政策，建立健全学校卫生工作制度。

第四十九条　特殊教育学校的校园、校舍、设备、教具、学具和图书资料等应有利于学生身心健康。学校要做好预防传染病、常见病的工作。

第五十条　特殊教育学校要特别重视学生的安全防护工作，建立健全安全工作制度。学校校舍、设施、设备、教具、学具等都应符合安全要求。学校组织的各项校内、外活动，应采取安全防护措施，确保师生的安全。

学校要根据学生特点，开展安全教育和训练，培养学生的安全意识和危险情况下自护自救能力。

第五十一条　特殊教育学校应配备专职或兼职校医，在校长的领导下，负责学校卫生保健工作和教学、生活卫生监督工作。

学校应建立学生健康档案，每年至少对学生进行一次身体检查；注重保护学生的残存功能。

第五十二条　特殊教育学校要加强饮食管理。食堂的场地、设备、用具、膳食要符合国家规定的卫生标准，要注意学生饮食的营养合理搭配。要制定预防肠道传染病和食物中毒的措施，建立食堂工作人员定期体检制度。

第七章　校园、校舍、设备及经费

第五十三条　特殊教育学校的办学条件及经费由学校举办者负责提供，校园、校舍建设应执行国家颁布的《特殊教育学校建设标准》。

学校应具备符合规定标准的教学仪器设备、专用检测设备、康复设备、文体器材、图书资料等；要创造条件配置现代化教育教学和康复设备。

第五十四条　特殊教育学校要特别重视校园环境建设，搞好校园的绿化和美化，搞好校园文化建设，形成良好的育人环境。

第五十五条　特殊教育学校应遵照有关规定管理和使用校舍、场地等，未经主管部门批准，不得改变其用途；要及时对校舍设施进行维修和维护，保持坚固、实用、清洁、美观，发现危房立即停止使用，并报主管部门。

第五十六条　特殊教育学校应加强对仪器、设备、器材和图书资料等的管理，分别按有关规定建立健全管理制度，保持完好率，提高使用率。

第五十七条　各级政府应设立助学金，用于帮助经济困难学生就学。

第五十八条　特殊教育学校的校办产业和勤工俭学收入上缴学校部分应用于改善办学条件，提高教职工福利待遇，改善学生学习和生活条件。学校可按有关规定接受社会捐助。

第五十九条　特殊教育学校应科学管理、合理使用学校经费，提高使用效益。要建立健全经费管理制度，并接受上级财务和审计部门的监督。

第八章　学校、社会与家庭

第六十条　特殊教育学校应同街道（社区）、村民委员会及附近的普通学校、机关、团体、部队、企事业单位建立联系，争取社会各界支持学校工作，优化育人环境。

第六十一条　特殊教育学校要在当地教育行政部门领导下，指导普通学校特殊教育班和残疾儿童、少年随班就读工作，培训普通学校特殊教育师资，组织教育教学研究活动，提出本地特殊教育改革与发展的建议。

第六十二条　特殊教育学校应通过多种形式与学生家长建立联系制度，使家长了解学校工作，征求家长对学校工作的意见、帮助家长创设良好的家庭育人环境。

第六十三条 特殊教育学校应特别加强与当地残疾人组织和企事业单位的联系，了解社会对残疾人就业的需求，征求毕业生接收单位对学校教育工作的意见、建议，促进学校教育教学工作的改革。

第六十四条 特殊教育学校应为当地校外残疾人工作者、残疾儿童、少年及家长等提供教育、康复方面的咨询和服务。

第九章 附则

第六十五条 特殊教育学校应当根据《中华人民共和国教育法》、《中华人民共和国义务教育法》、《残疾人教育条例》和本规程的规定，结合实际情况制定学校章程。承担教育改革试点任务的特殊教育学校，在报经省级主管教育行政部门批准后，可调整本规程中的某些要求。

第六十六条 本规程适用于特殊教育学校。普通学校附设的特殊教育班、特殊教育学校的非义务教育机构和实施职业教育的特殊教育学校可参照执行有关内容。

第六十七条 各省、自治区、直辖市教育行政部门可根据本规程制定实施办法。

第六十八条 本规程自发布之日起施行。

中小学教材编写审定管理暂行办法

（教育部令第11号2001年6月7日发布）

第一章　总则

第一条　为进一步加强中小学教材建设，完善中小学教材编写审定的管理，提高教材编审质量，根据《国务院办公厅转发体改办等部门关于降低中小学教材价格深化教材管理体制改革意见的通知》（国办发〔2001〕34号）精神，特制定本办法。

第二条　本办法所称中小学教材（以下简称教材）是指中小学用于课堂教学的教科书（含电子音像教材、图册），及必要的教学辅助资料。

第三条　国家鼓励和支持有条件的单位、团体和个人编写符合中小学教学改革需要的高质量、有特色的教材，特别是适合农村地区和少数民族地区使用的教材。

第四条　编写教材事先须经有关教材管理部门核准；完成编写的教材须经教材审定机构审定后才能在中小学使用。

第五条　教材的编写、审定，实行国务院教育行政部门和省级教育行政部门两级管理。国务院教育行政部门负责国家课程教材的编写和审定管理；省级教育行政部门负责地方课程教材的编写和审定管理。

第二章　教材编写的资格和条件

第六条　编写教材应具备下列条件：

（一）有符合本办法规定条件的编写人员；

（二）有相应的编写经费，能保证正常的编写工作；

（三）有其他必要的编写条件。

第七条　教材编写人员必须具备下列条件：

（一）坚持党的基本路线，有正确的政治观点，热爱教育事业，具有良好的职业道德和责任心，能团结协作。

（二）能正确理解党的教育方针，了解中小学教育的现状和教育改革发展的趋势，有较好的教育理论基础，熟悉现代教育理论、课程计划和学科课程标准。

（三）主要编写人员具有相应学科的高级专业技术职务，有较深的学科造诣和丰富的教学实践经验，有改革创新精神；对本学科的现状及改革发展趋势有深入的分析和研究。

（四）了解中小学学生身心发展的特点，熟悉教材编写的一般规律和编写业务，文字表达能力强。

（五）有足够的时间和精力完成教材的编写和试验工作。

第八条 教育行政部门和国家公务员不得以任何形式参与教材的编写工作。

全国和省级教材审定机构审定委员和审查委员，被聘期间不得担任教材编写人员。

第三章 教材编写的立项和核准

第九条 教材编写实行项目管理。编写教材须事先依本办法规定向相应的教育行政部门申请立项，经核准后方可进行。

第十条 国务院教育行政部门负责受理核准国家课程教材编写的立项申请，必要时也可授权或委托省级教育行政部门负责核准本地区编写国家课程所规定的有关学科教材的立项申请。

第十一条 省级教育行政部门负责受理核准本地区编写地方课程教材的立项申请；根据国务院教育行政部门的授权或委托，负责受理核准本地区编写国家课程所规定的有关学科教材的立项申请，并报国务院教育行政部门备案。

第十二条 申请立项编写的教材应为国家课程或地方课程方案所规定的科目。申请立项时需提交以下材料：

（一）申请编写教材的单位、团体、个人的基本情况。

（二）申请编写的教材名称、适用范围，编写目的和指导思想。国内外本学科教材的比较，对国内现行同类教材的分析，拟编教材的主要特点。

（三）教材主要编写人员的基本情况：

1. 个人学习、工作简历（附学历证书、专业技术资格证书的复印件），任职情况；

2. 教材编写方面的相关经历及相关研究成果；

3. 两名资深专家的推荐意见；

4. 所在单位或所在地区教育行政部门的意见。

（四）申请编写的教材体系结构、篇幅、体例、样章及说明。

第十三条 教材编写立项申请的受理时间为每年 3 月和 9 月。受理申请后，教育行政部门应组织有关专家，对申请者的资质、教材编写的指导思想、体系结构及教材的适用范围等进行审核，审核结果应分别在每年6月底和12月底前通知申请人。

第四章　教材的初审与试验

第十四条　教材在规定时间完成编写后，送相应教材审定机构初审。教材的送审本一般应是全套教材，特殊情况也可以是一学年以上的教材和全套教材的体系框架及说明。送审者在申请初审时应填写教材初审申请表，交付教材书稿，以及教材试验方案和试验学校情况。

第十五条　教材初审通过后，可在400个班或2万名学生的范围内进行试验；因特殊情况需扩大试验范围的，应经国务院教育行政部门批准。

第十六条　教材试验应征得省级教育行政部门和试验所在地区教育行政部门的同意，并报国务院教育行政部门备案。

第十七条　国务院教育行政部门负责对教材试验进行跟踪评价。

第五章　教材的审定

第十八条　国务院教育行政部门成立全国中小学教材审定委员会，负责国家课程教材的初审、审定，及跨省（自治区、直辖市）使用的地方课程教材的审定。

第十九条　各省、自治区、直辖市教育行政部门成立省级中小学教材审定委员会，负责地方课程教材的初审和审定；经国务院教育行政部门授权或委托，承担有关国家课程教材的初审工作。

第二十条　全国中小学教材审定委员会和省级中小学教材审定委员会下设各学科教材审查委员会（或学科审查组），由该学科专家、中小学教学研究人员及中小学教师组成，负责本学科教材的审查，向审定委员会提出审定报告。

第二十一条　全国中小学教材审定及审查委员会委员由国务院教育行政部门聘任，任期4年。省级中小学教材审定及审查委员会委员由省级教育行政部门聘任。

第二十二条　全国和省级中小学教材审定委员会应建立委员信息库，负责审定教材的委员应按随机抽取的原则，从信息库中选定。委员在教材审定过程中按照（全国中小学教材审定委员会工作章程）关于教材审定的程序、方式、标准的规定，公正客观地进行审查，并遵守有关的工作纪律。

第二十三条　国务院教育行政部门的基础教育教材管理部门负责组织全国教材的审定工作和联系协调各学科教材审查委员会的工作，处理教材审查、审定中的日常事务。

第二十四条 教材审定原则是：

（一）符合国家的有关法律、法规和政策，贯彻党的教育方针，体现教育要面向现代化、面向世界、面向未来的要求。

（二）体现基础教育的性质、任务和培养目标，符合国家颁布的中小学课程方案和学科课程标准的各项要求。

（三）符合学生身心发展的规律，联系学生的生活经验，反映社会、科技发展的趋势，具有自己的风格和特色。

（四）符合国家有关部门颁发的技术质量标准。

第二十五条 送交审定的教材要具备以下条件：

（一）通过教育行政部门核准立项；

（二）初审通过后在试验范围内取得良好效果；

（三）送审教材为定型成品；

（四）有送审报告和试验报告。

送审报告应包括：教材编写指导思想、原则，教材体系结构，教材特色和适用范围；教材试验报告包括：教材试验情况、效果和试验学校对教材的评价。

第二十六条 中小学教材审定后，审定委员会按如下规定做出结论：

（一）通过。教材基本达到审定标准，按审查意见修改并经批准后，可供学校选用。

（二）重新送审。教材尚未达到审定标准，但具备修改的基础和条件，按审查意见修改后，于第二年重新送审。

（三）不予通过。教材问题严重，不具备修改基础和条件，不得再送审。

第二十七条 经全国中小学教材审定委员会审定通过的教材，经国务院教育行政部门批准后，列入全国中小学教学用书目录，供学校选用。

经省级中小学教材审定委员会审定通过的教材，经省级教育行政部门批准后，列入本省（自治区、直辖市）中小学教学用书目录，供学校选用。

第二十八条 国家和省级教育行政部门定期对通过审定的教材进行评价，促进教材及时反映经济、社会、科技的新发展，形成教材更新的机制。

第六章　表彰与惩处

第二十九条 国家和各省、自治区、直辖市对优秀教材编写者给予表彰奖励。

第三十条 违反本办法，擅自进行教材试验，或未经审定通过，擅自扩大教材试验范围者，视情节轻重和所造成的影响，由同级教育行政部门给予通报批评、责令停止试验或禁止使用等处罚，并对直接责任人给予相应的行政处分。

第三十一条 对违反本办法第八条第一款的，由上级或同级教育行政部门给予通报批评并责令其退出。

对违反本办法第八条第二款的，由同级教育行政部门取消其审定委员或审查委员资格。

第三十二条 教材编写者认为教材管理部门、教材审定机构在教材立项核准、初审及审定过程中，有违反本办法的行为，侵犯其合法权益的，可以向同级教育行政部门申诉或依法提起行政复议。

第七章 附则

第三十三条 国务院教育行政部门组织的课程教材改革试验范围另行规定。

第三十四条 本办法由国务院教育行政部门负责解释。

第三十五条 本办法自颁布之日起施行。与本办法抵触的有关规定同时废止。已开始实施且难以立刻终止的，应在本办法颁布之日起6个月内纠正。

中等专业教育自学考试暂行规定

（国家教育委员会令第16号1991年6月12日发布）

第一章　总则

第一条　为建立和健全中等专业教育自学考试制度，根据国务院发布的《高等教育自学考试暂行条例》的原则，制定本规定。

第二条　中等专业教育自学考试（以下简称“中专自学考试”），是对自学者进行以学历考试为主的中等专业教育国家考试，是个人自学、社会助学和国家考试相结合的中等专业教育形式。它是自学考试制度的一个重要层次，同时也是我国中等专业教育的组成部分。

第三条　中专自学考试的任务是：通过国家考试促进个人自学和社会助学活动，推进在职专业教育和从业人员就业前的专业培训，造就和选拔德才兼备的中级专门人才，以适应社会主义现代化建设的需要。

第二章　考试机构

第四条　全国高等教育自学考试指导委员会（以下简称“全国考委”）在国家教育委员会的领导下，同时管理全国中专自学考试工作。

全国考委管理中专自学考试的职责是：

（1）根据国家的教育方针和有关政策、法规，制定中专自学考试的具体政策和业务规范；

（2）指导和协调各省、自治区、直辖市的中专自学考试工作；

（3）对中专自学考试工作进行检查、监督和评估。

第五条　中专自学考试主要是地方性事业。省、自治区、直辖市高等教育自学考试委员会（以下简称“省考委”）同时管理本地区中专自学考试工作。省考委的组成，应有尽有一定比例的中专学校领导和教师参加。

省考委管理中专自学考试的职责是：

（1）贯彻执行中专自学考试的方针、政策、法规和业务规范；

（2）制定本地区的专业开考规划，审定开考专业、指定专业指导学校或组建专业指导小组；

（3）制定和审定开考专业的专业考试计划、课程自学考试大纲，组织编写有关自学用书和自学参考资料；

（4）领导和组织考试工作，颁发专业合格证书和毕业证书；

（5）指导社会助学活动；

（6）组织开展中专自学考试的研究工作。

省考委的日常办事机构可同时负责中专自学考试工作。

第六条 省、自治区人民政府所辖市、地区、直辖市的市辖区高等教育自学考试工作委员会（以下简称“地市考委”）同时管理本地区中专自学考试工作。

地市考管理中专自学考试的职责是：

（1）负责报名、考场安排等考试的组织工作；

（2）配合有关部门组织开展社会助学活动，做好课程自学考试大纲和自学用书的供应工作；

（3）会同有关部门组织安排实践性环节的考核；

（4）管理应考者的考籍档案，颁发单科合格证书；

（5）负责组织对毕业人员的成绩复审和思想品德鉴定工作；

（6）在省考委关于开考专业的规划和原则指导下，根据本地区的需要和可能，提出开考专业申请。

地市考委有关中专自学考试的日常工作，由当地教育行政部门负责。

第七条 专业指导学校由省考委遴选专业师资力量较强的全日制中专学校担任。专业指导学校在中专自学考试工作上接受省考委的领导。其职责是：

（1）受省考委委托，拟定专业考试计划、课程自学考试大纲；

（2）参与命题、评卷，负责实践性环节的考核；

（3）对考试质量进行研究分析；

（4）办理省考委交办的其他有关工作。

专业指导学校应设立中专自学考试办事机构。参照国家教委、劳动人事部（85）教职字008号文件精神，根据任务配备必要的专职或兼职工作人员，所需编制列入学校总编制内，不另行增加。

省考委根据需要建立的专业指导小组，行使专业指导学校的职责。其组成由省考委自行确定。

第三章　开考专业

第八条　中专自学考试应根据经济建设和社会发展的需要，人才需求的科学预测和开考条件的实际可能，设计考试专业。要防止单纯为了满足个人学历的要求，盲目设置考试专业。

第九条　开考专业应有保证专业开考的专业师资力量，相应的工作机构，必要的专职人员、经费和保证实践性环节考核的必要条件。

第十条　开考专业的考试质量标准，应在总体上保证与招收初中毕业生的全日制中专学校的同类专业相一致。

第十一条　开考新专业，应经过有关部门和专家论证。专业考试计划须经省考委批准并报全国考委备案，在开考半年前向社会公布。

第十二条　用人部门要求开考本系统所需专业的，可委托省考委组织办理。任何单位和部门不能自行组织中专自学考试。

第十三条　跨省开考专业，须经有关省考委审核同意。有些特殊专业，可实行省际协作和委托开考。

第十四条　停考专业须经省考委批准并报全国考委备案。

第四章　考试办法

第十五条　凡中华人民共和国具有初中毕业文化程度或经过严格考核确认具有同等学力的公民，不受性别、年龄、民族、种族的限制，均可参加中专自学考试。

第十六条　报考人员可自愿选择考试专业，但根据专业要求对报考对象作职业上必要限制的专业除外。

提倡在职人员按照学用一致，理论和实践结合的原则选择考试专业。

各级各类全日制学校在校生不得报考。

第十七条　报考人员应按本地区的有关规定，到省考委或地市考委指定的单位办理报名手续。

第十八条　中专自学考试的命题由省考委统一组织。试题（包括副题）及参考答案、评分标准启用前属绝密材料。

第十九条　中专自学考试以地区、市、直辖市的市辖区为单位设考场。有条件的，经省考批准可在县设考场，由县教育行政部门负责。

第二十条　中专自学考试实行单科累计制度。课程考试合格者，发给单科合格证书。不及格者，可参加下一次该门课程的考试。

第二十一条　中专自学考试同时实行中专专业证书、单科合格证书制度。中专专业证书的标准，应在本岗位专业知识上达到全日制中专同类专业相应的水平，符合本职工作对干部专业知识方面的要求。取得专业证书者继续参加本专业学历考试，可以免考专业考试计划中已及格的相同课程。

第五章　考籍管理

第二十二条　中专自学考试的应考者，取得一科合格证书后，应建立相应的考籍档案，其考试成绩长期有效，各省、自治区、直辖市之间相互承认。

第二十三条　在籍应考者因户口迁移、工作变动或其他原因需要转考或转专业者，可按有关规定办理转专业手续。

转考或转专业后，原专业考试合格并与新专业相同或相近课程，要求相同或高于新专业课程的，不再重复考试；原合格课程比新专业课程要求低的，应重新考试。

第二十四条　经批准停考的专业，在籍应考者可转入相近专业继续考试。无相近专业，应考者可重新选择其他专业参加考试。免考课程，按转专业的有关规定办理。

第二十五条　中专自学考试应考者符合下列规定，可以取得毕业证书：

（1）考完专业考试计划规定的全部课程，并取得合格成绩；

（2）完成规定的实践性环节考核任务；

（3）思想品德鉴定合格。

获得中专自学考试毕业证书者，国家承认其学历。

第二十六条　中专自学考试应考者的毕业时间，一般为每年的6月和12月。

第六章　专业人员的使用与待遇

第二十七条　中专自学考试毕业证书获得者，在职人员可以当干部（技术人员），也可以当工人。可由所在单位或其上级主管部门，根据工作需要，本着学用一致的原则，适当安排。非在职人员（包括农民），可在用人部门需要并有增人指标的情况下，通过考试考核择优录用和聘用。

第二十八条　中专自学考试毕业证书获得者的工资待遇：获得中专自学考试毕业证书后，新招收录用为国家机关、事业单位的人员，当干部的，要有一年的见习期，见习期间的工资待遇及见习期间如何确定职务工资问题，按国发[1989]82号文件关于中专毕业的有关规定执行；新招收录用为工人的，按国家对工人的有关规定执行。原为国家正式职工，获得毕业证书后仍在机关事业单位工作，原工资低于上述新招收录用人员工资标准的，可按新招收录用人员的工资标准执行，原工资高于新招收录用人员工资标准的，仍拿原工资。

第七章　考试经费

第二十九条　县以上各级所需中专自学考试经费，按照现行财政管理体制，在当地财政部门核定的教育事业费中列支。

第三十条　各业务部门要求开考本部门、本系统所需专业的，须向当地自学考试机构提供考试补助费。所需费用，从按规定提取的职工教育经费中开支，不足部分在自有资金或预算外资金中解决。

第三十一条　中专自学考试所收缴的报名费，应用于自学考试工作，不得挪作他用。

第八章　社会助学

第三十二条　国家鼓励企业、事业单位和其他社会力量，根据中专自学考试的专业考试计划和课程自学考试大纲的要求，通过电视、广播、函授等多种形式开展助学活动。

第三十三条　各种形式的社会助学活动，应接受当地自学考试机构的指导和教育行政部门的管理。为保证命题与辅导分开的原则，主考单位和命题人员不得举办或参与助学的教学活动。

第三十四条　中专自学考试辅导材料的出版、发行，应遵守国家的有关规定。

第九章　奖励和处罚

第三十五条　有下列情形之一的个人或单位，可由全国考委或省考委给予奖励：

（1）参加中专自学考试成绩特别优异或事迹突出的；

（2）从事中专自学考试工作，做出重大贡献的；

（3）从事中专自学考试的社会助学工作，取得显著成绩的。

第三十六条　中专自学考试工作人员和考试组织工作参与人员有下列行为之一的，省考委或其所在单位取消其考试工作人员资格或给予行政处分：

（1）涂改应考者试卷、考试分数及其他考籍档案材料的；

（2）在应考者证明材料中弄虚作假的；

（3）纵容他人实施上述舞弊行为的。

第三十七条 中专自学考试应考者在考试中有夹带、传递、抄袭、换卷、代考等舞弊行为以及其他违反考试规则的行为，省考委视情节轻重，分别给予警告、取消考试成绩、停考1年至3年的处罚。

第三十八条 有下列破坏中专自学考试工作行为之一的个人，提请公安机关或司法机关依法追究法律责任：

（1）盗窃或泄露试题及其它有关保密材料的；

（2）扰乱考场秩序不听劝阻的；

（3）利用职权徇私舞弊，情节严重的。

第十章 附则

第三十九条 本规定由国家教育委员会负责解释。

第四十条 省、自治区、直辖市教育行政部门可以根据本规定制定具体实施办法。

第四十一条 本规定自发布之日起施行。

高等学校本科专业设置规定

（教高[1999]7号1999年9月14日发布）

第一章 总则

第一条 为了促进高等教育规模、结构、质量、效益的协调发展，加强和改善对高等学校本科专业（以下简称“专业”）的宏观管理，推进高等学校依法自主办学进程，根据《中华 人民共和国高等教育法》，制定本规定。

第二条 高等学校的专业设置和调整，应适应国家经济建设、科技进步和社会发展的需要，遵循教育规律，正确处理需要与可能，数量与质量，近期与长远，局部与整体，特殊与一般的关系。

第三条 高等学校的专业设置和调整，应有利于提高教育质量和办学效益，形成合理的专业结构和布局，避免不必要的重复设置。

通过现有专业扩大招生、拓宽专业服务方向或共建、合作办学等途径，能基本满足人才需求的不应再新设置专业。

第四条 高等学校的专业设置和调整，应符合教育部颁布的高等学校本科专业目录及有关要求，按规定程序办理。

第二章 设置条件

第五条 高等学校设置和调整专业必须具备下列基本要求：

（一）符合经学校主管部门（指省、自治区、直辖市教育行政部门、国务院有关部门，下同）批准的学校发展规划，有人才需求论证报告，年招生规模一般不少于60人（特殊专业如艺术类专业执行具体规定）；

（二）有专业建设规划、符合专业培养目标的教学计划和其他必需的教学文件；

（三）能配备完成该专业教学计划所必需的教师队伍及教学辅助人员，一般应有已设相关专业为依托；

（四）具备该专业必需的开办经费和教室、实验室及仪器设备、图书资料、实习场所等办学基本条件。

第六条 高等学校的专业设置实行总量控制，在学校主管部门核定的专业数内，学校年度增设专业数一般不超过 3 个。

第七条 高等学校原则上按其分类属性设置专业，以形成优势和特色，根据需要与可能也可适量设置学校分类属性以外的专业。

第八条 高等师范院校增设非师范专业（系指不以中等及中等以下学校教师为培养目标的专业），应依据所在地区现设专业及人才供求状况统筹考虑。

第九条 基本办学条件未达国家规定标准或本科教学工作合格评估未通过的高等学校，不得增设新专业。

第三章 设置权限

第十条 省、自治区、直辖市教育行政部门统筹协调本行政区域内高等学校的专业设置、调整工作。

国务院有关部门审核或审批所属学校专业，应征求学校所在省、自治区、直辖市教育行政部门的意见。

第十一条 高等学校依据高等学校本科专业目录，在核定的专业设置数和学科门类内自主设置、调整专业。

设置、调整核定的学科门类范围外的专业，由学校主管部门审批，报教育部备案。

第十二条 高等学校设置、调整专业目录外的专业，由学校主管部门按规定程序组织专家论证并审核，报教育部批准。

第十三条 高等学校设置、调整国家控制布点的专业，由学校主管部门审核，报教育部批准。

国家控制布点的专业由教育部确定并公布。

第十四条 高等学校专业设置数和自主审定专业的学科门类，由学校主管部门按有关规定核定，报教育部备案。

第十五条 国务院有关部门所属高等学校设置、调整专业，须考虑所在地区人才需求和现有专业设置情况，学校在向主管部门备案或申报专业时，须将备案或申报材料同时抄报学校所在省、自治区、直辖市教育行政部门。

第十六条 专科层次的高等学校不得设置本科专业。

第四章　设置程序

第十七条　专业审核每年集中进行一次。由高等学校自主审定的专业，各校应于每年9月30日前将审定结果连同专业核定数执行情况表报学校主管部门；由学校主管部门按照统一表格于10月31日前核报教育部备案。

第十八条　学校申请设置、调整由学校主管部门审批的专业，应向学校主管部门提交以下书面材料：

（一）学校发展规划；

（二）申请报告（简要说明设置或调整专业的主要理由和其它情况）；

（三）申请表（按照教育部统一制定的格式据实详细填写）；

（四）拟设专业的教学计划；

（五）其他补充说明材料。

第十九条　由学校主管部门审批的专业，学校申报时间及审批时间由学校主管部门自行确定，但学校主管部门应于每年10月31日前将审核结果按照统一表格报教育部备案。

第二十条　由教育部审批的专业，学校主管部门应于10月31日前向教育部申报，提交专门报告并附第十七条、第十八条规定的书面材料。

申报目录外专业，还须附专业论证报告、参加论证的专家名单、专业介绍、省（自治区、直辖市）或国务院有关部门专业设置评议委员会评议情况及其他说明材料。

教育部于当年12月31日前完成审批工作。

第五章　目录外专业的论证

第二十一条　目录外专业的论证由学校主管部门邀请教育、科技、人事部门及有关单位（不含申请设置该专业的学校）专家、学者组成论证小组进行。论证小组一般不少于7人。论证小组人员名单须在论证前报教育部核准。

第二十二条　对目录外专业的论证应着重论证设置该专业的必要性和可行性，主要包括：

（一）对拟设专业人才需求的分析；

（二）拟设专业与国内外相关或相近专业的比较分析；

（三）拟设专业的培养目标、业务范围（主要指知识、能力、素质结构）、主干学科（或主要学科基础）、基本课程、授予学位；

（四）拟设专业的教学计划；

（五）拟设专业的办学条件分析；

（六）其它需要说明的问题和情况。

论证后，由论证小组向学校主管部门提交论证报告和专业介绍。

第六章　设置评议机构

第二十三条　学校及其主管部门应设立相应的专业设置评议机构对拟设置或调整的专业进行评议。评议结果原则上应作为设置和调整专业的依据。

第二十四条　学校的专业设置评议机构为校学术委员会。校学术委员会根据社会人才需求、学校发展规划和专业建设等情况，对本校的专业设置和调整方案进行评议。

第二十五条　学校主管部门的专业设置评议机构为省（自治区、直辖市）或国务院有关部门专业设置评议委员会，接受学校主管部门委托，根据国家、部门和地方的人才需求、现有专业布点情况、申报专业的设置条件，对本地区（部门）所属高等学校申报设置的专业进行评议，为学校主管部门决策提供咨询意见。

第二十六条　省（自治区、直辖市）或国务院有关部门专业设置评议委员会由本地区（部门）高等学校、教育行政部门、计划部门、人事部门及其他有关单位的专家、学者组成。委员由学校主管部门聘任。

第二十七条　专业设置评议委员会对申请设置、调整的专业进行评议，可采取会议评议或通讯评议方式。

第二十八条　省（自治区、直辖市）或国务院有关部门专业设置评议委员会应根据本规定制定工作细则，其工作细则、组成人员名单及变动情况报教育部备案。

第七章　监督检查

第二十九条　教育部对学校主管部门及其所属高等学校的专业设置实行指导、检查、监督。学校主管部门指导所属高等学校专业建设，对新增设专业进行检查、评估。

第三十条　对违反本规定擅自设置和调整专业的，或办学条件达不到专业设置标准、教学质量差、毕业生长期供过于求的，教育部或学校主管部门应责令其限期整顿、调整，情节严重的，可撤销该专业。

第三十一条　对专业设置管理混乱、教学质量低下、造成不良影响的学校或学校主管部门，教育部视具体情况予以通报批评，或同时中止其审定、审批专业的权限。

第八章 附则

第三十二条 独立设置的成人高等学校设置、调整本科专业由学校主管部门审核，报教育部批准。

第三十三条 高等学校设置、调整专科专业由学校自主确定。学校主管部门可依据本规定的精神，制定相应的专科专业管理办法。

第三十四条 自学考试的本、专科专业的设置及调整，参照本规定执行。

第三十五条 学校主管部门可根据实际情况制定实施办法。

第三十六条 本规定自发布之日起施行，教育部1998年颁布的《普通高等学校本科专业设置规定》同时废止。

高等学校培养第二学士学位生的试行办法

（[87]教计字105号1987年6月6日）

为了尽快地培养一批国家急需的知识面宽、跨学科的高层次专门人才，以适应四化建设的要求，自1984年以来，经原教育部和国家教委批准，少数高等学校试办了第二学士学位班。从初步实践和社会反映来看，采取第二学士学位的方式，有计划地培养某些应用学科的高层次专门人才，与培养研究生方式相辅相成，更能适合四化建设的实际需要。为了顺利地开展这项工作，现就高等学校培养第二学士学位生的有关问题，暂作如下规定：

一、培养第二学士学位生，在层次上属于大学本科后教育，与培养研究生一样，同是培养高层次专门人才的一种途径。

二、根据《中华人民共和国学位条例暂行实施办法》中所规定的十个学科门类（即：哲学、经济学、法学、教育学、文学、历史学、理学、工学、农学、医学），一般地凡是已修完一个学科门类中的某个本科专业课程，已准予毕业并获得学士学位，再攻读另一个学科门类中的某个本科专业，完成教学计划规定的各项要求，成绩合格，准予毕业的，可授予第二学士学位。

如果国家有特殊需要，经国家教委批准，在同一学科门类中，修完一个本科专业获得学士学位后，再攻读第二个本科专业，完成教学计划规定的各项要求，成绩合格，准予毕业的，也可以授予第二学士学位。

但是，目前有些高等学校在教学改革中，为了调动学生学习积极性，拓宽知识面，允许跨专业选修课程的学生，不能按攻读第二学士学位对待，不得授予第二学士学位。

三、鉴于高等学校的容量有限，而培养本专科学生的任务又很重，第二学士学位生只能根据国家的特殊需要有计划地按需培养，不大面积铺开，招生规模要从严控制，原则上限在部分办学历史较久，师资力量较强，教学科研水平较高的本科院校中试行。凡招收第二学士学位生，均须由学校根据国家需要和用人单位的要求，提出包括必要性和可行性论证内容的申请报告，经主管部门审核同意后，报国家教委审核批准。校舍紧张的重点高等学校，可以削减一些研究生招生名额，来安排招收第二学士学位生。年度招生计划由国家统一下达，并严格按计划招生。任何高等学校均不得不经批准擅自招生和授予学位。

四、第二学士学位生所攻读的专业，原则上应是学校现设的、具有学士学位授予资格的本科专业。如设置新的专业，应按规定先履行专业审批手续。

五、第二学士学位专业的招生对象，主要是大学毕业并获得学士学位的在职人员（含实行学位制度以前的大学本科毕业生。以下简称在职人员）。也可以根据国家的特殊需要，招收少量大学本科毕业并获得学士学位的应届毕业生（含按学分制提前完成学业并获得学士学位的学生。以下简称在校生）；攻读第二学士学位，均须本人自愿（在职人员报考，要经过本单位的批准），并经过必要的资格审查与入学考试、考核，择优录取。考试、考核的内容，应是第二学士学位专业的主要基础课程。招生考试及录取工作，目前可根据各专业的办学规模，采取不同的方式进行。有的专业可以实行全国统一考试、录取，有的也可以由省、市教育部门或招生学校自行组织。

为缓解高等学校校舍的紧张，在本市有住房的学生，应当尽可能实行走读。

六、第二学士学位的修业年限，一般为二年。具体修业时间和教学计划，由承担培养任务的学校提出意见，报主管部门核定。修业年限确定后，未经主管部门同意，学校不得更改。

七、培养第二学士学位生，必须保证教育质量。对攻读第二学士学位的学生，不论是在校生，还是在职人员，在教学上都要严格要求，必须依照教学要求，学完规定课程，不得迁就和随意降低标准。

攻读第二学士学位的学生，凡在规定修业年限内，修完规定课程，经考试合格，取得毕业和授予学士学位资格者，即可授予第二学士学位。凡达不到要求的，不再延长学习时间，亦不实行留级制度，可发肄业、结业证明。

对于攻读第二学士学位的学生，如发现有学习困难，无能力完成学业或表现不好的，学校可以取消其攻读第二学士学位的资格。同时也允许学习有困难的学生申请中途终止第二学士学位专业的学习。被取消资格的及中途终止学习的学生，属在校生的，按第一学士学位专业毕业分配，属在职人员的，仍回原单位工作。

八、在校生攻读第二学士学位，修业期满，获得第二学士学位者，原则上应根据国家需要，按第二学士学位专业分配工作。在职人员攻读第二学士学位，修业期满，不论是否获得第二学士学位者，均回原单位安排工作。

凡学习期满，获得第二学士学位者，毕业工作后起点工资与研究生班毕业生工资待遇相同；未获得第二学士学位者，仍按本科毕业生对待。

九、经国家教委批准，列入国家统一招生计划内的攻读第二学士学位学生，其所需经费按学校隶属关系和财政管理体制，按照研究生班的经费标准及其他待遇，分别在中央和地方的教育事业费中开支。

在校期间的生活补助费标准及其他待遇，按照硕士研究生待遇的有关规定执行，在规定学习期限内的书籍补助费，每生每年为30元。

十、第二学士学位的毕业证书和学位证书，仍按现行规定的统一格式，由学校制定颁发。但须在证书中注明第二学士学位的学科门类和专业名称。

普通高等学校教育评估暂行规定

（国家教育委员会令第14号1990年10月31日发布）

第一章　总则

第一条　为了建设有中国特色的社会主义高等学校，加强国家对普通高等教育的宏观管理，指导普通高等学校的教育评估工作，特制定本规定。

第二条　普通高等学校教育评估的主要目的，是增强高等学校主动适应社会需要的能力，发挥社会对学校教育的监督作用，自觉坚持高等教育的社会主义方向，不断提高办学水平和教育质量，更好地为社会主义建设服务。

第三条　普通高等学校教育评估的基本任务，是根据一定的教育目标和标准，通过系统地搜集学校教育的主要信息，准确地了解实际情况，进行科学分析，对学校办学水平和教育质量作出评价，为学校改进工作、开展教育改革和教育管理部门改善宏观管理提供依据。

第四条　普通高等学校教育评估应坚持社会主义办学方向，认真贯彻教育为社会主义建设服务、与生产劳动相结合、德智体全面发展的方针，始终把坚定正确的政治方向放在首位，以能否培养适应社会主义建设实际需要的社会主义建设实际需要的社会主义建设者和接班人作为评价学校办学水平和教育质量的基本标准。

第五条　普通高等学校教育评估主要有合格评估（鉴定）、办学水平评估和选优评估三种基本形式。各种评估形式应制定相应的评估方案（含评估标准、评估指标体系和评估方法），评估方案要力求科学、简易、可行、注重实效，有利于调动各类学校的积极性，在保证基本教育质量的基础上办出各自的特色。

第六条　普通高等学校教育评估是国家对高等学校实行监督的重要形式，由各级人民政府及其教育行政部门组织实施。

在学校自我评估的基础上，以组织党政有关部门和教育界、知识界以及用人部门进行的社会评估为重点，在政策上体现区别对待、奖优罚劣的原则，鼓励学术机构、社会团体参加教育评估。

第二章　合格评估（鉴定）

第七条　合格评估（鉴定）是国家对新建普通高等学校的基本办学条件和基本教育质量的一种认可制度，由国家教育委员会组织实施，在新建普通高等学校被批准建立之后有第一届毕业生时进行。

第八条　办学条件鉴定的合格标准以《普通高等学校设置暂行条例》为依据，教育质量鉴定的合格标准以《中华人民共和国学位条例》中关于学位授予标准的规定和国家制订的有关不同层次教育的培养目标和专业（学科）的基本培养规格为依据。

第九条　鉴定结论分合格、暂缓通过和不合格三种。鉴定合格的学校，由国家教育委员会公布名单并发给鉴定合格证书。鉴定暂缓通过的学校需在规定期限内采取措施，改善办学条件，提高教育质量，并需重新接受鉴定。经鉴定不合格的学校，由国家教育委员会区别情况，责令其限期整顿、停止招生或停办。

第三章　办学水平评估

第十条　办学水平评估，是对已经坚定合格的学校进行的经常性评估，它分为整个学校办学的综合评估和学校中思想政治教育、专业（学科）、课程及其他教育工作的单项评估。

第十一条　办学水平的综合评估，根据国家对不同类别学校所规定的任务与目标，由上级政府和有关学校主管部门组织实施，目的是全面考察学校的办学指导思想，贯彻执行党和国家的路线、方针、政策的情况，学校建设状况以及思想政治工作、人才培养、科学研究、为社会服务等方面的水平和质量。其中重点是学校领导班子等的组织建设、马列主义教育、学生思想政治教育的状况。这是各级人民政府和学校主管部门对学校实行监督和考核的重要形式。

办学水平的综合评估一般每 4 至 5 年进行一次（和学校领导班子任期相一致），综合评估结束后应作出结论，肯定成绩，指出不足，提出改进意见，必要时由上级人民政府或学校主管部门责令其限期整顿。学校应在综合评估结束后的 3 个月内向上级人民政府和学校主管部门写出改进报告，上级人民政府和学校主管部门应组织复查。

第十二条　思想政治教育、专业（学科）、课程或其他教育工作的单项评估，主要由国务院有关部门和省（自治区、直辖市）教育行政部门组织实施。目的是通过校际间思想政治教育、专业（学科）课程或其他单项教育工作的比较评估，诊断教育工作状况，交流教育工作经验，促进相互学习，共同提高。评估结束后应对每个被评单位分别提出评估报告并作出评估结论，结论分为优秀、良好、合格、不合格四种，不排名次。对结论定为不合格的由组织实施教育评估的国务院有关部门或省（自治区、直辖市）教育行政部门责令其限期整顿，并再次进行评估。

第四章　选优评估

第十三条　选优评估是在普通高等学校进行的评比选拔活动，其目的是在办学水平评估的基础上，遴选优秀，择优支持，促进竞争，提高水平。

第十四条　选优评估分省（部门）、国家两级。根据选优评估结果排出名次或确定优选对象名单，予以公布，对成绩卓著的给予表彰、奖励。

第五章　学校内部评估

第十五条　学校内部评估，即学校内部自行组织实施的自我评估，是加强学校管理的重要手段，也是各级人民政府及其教育行政部门组织的普通高等学校教育评估工作的基础，其目的是通过自我评估，不断提高办学水平和教育质量，主动适应社会主义建设需要。学校主管部门应给予鼓励、支持和指导。

第十六条　学校内部评估的重点是思想政治教育、专业（学科）、课程或其他教育工作的单项评估，基础是经常性的教学评估活动。评估工作计划、评估对象、评估方案、评估结论表达方式以及有关政策措施，由学校根据实际情况和本规定的要求自行确定。

第十七条　学校应建立毕业生跟踪调查和与社会用人部门经常联系的制度，了解社会需要，收集社会反馈信息，作为开展学校内部评估的重要依据。

第六章　评估机构

第十八条　在国务院和省（自治区、直辖市）人民政府领导下，国家教育委员会、国务院有关部门教育行政部门和省（自治区、直辖市）高校工委、教育行政部门建立普通高等学校教育评估领导小组，并确定有关具体机构负责教育评估的日常工作。

第十九条　国家普通高等学校教育评估领导小组，在国家教育委员会的领导下，根据需要组织各种评估工作。其具体职责是：

（一）制订普通高等学校教育评估的基本准则和实施细则；

（二）指导、协调、检查各部门、各地区的普通高等学校教育评估工作，根据需要组织各种评估工作或试点；

（三）审核、提出鉴定合格学校名单报国家教育委员会批准公布，接受并处理学校对教育评估工作及评估结论的申诉；

（四）收集、整理和分析全国教育评估信息，负责向教育管理决策部门提供；

（五）推动全国教育评估理论和方法的研究，促进教育评估学术交流，组织教育评估骨干培训。

第二十条 省（自治区、直辖市）普通高等学校教育评估领导小组在省（自治区、直辖市）的高校工委、教育行政部门和普通高等学校教育评估领导小组领导下，负责全省（自治区、直辖市）普通高等学校教育评估工作。其具体职责是：

（一）依据本规定和国家教育委员会有关文件，制订本地区的评估方案和实施细则；

（二）指导、组织本地区所有普通高等学校的教育评估工作，接受国家教育委员会委托进行教育评估试点；

（三）审核、批准本地区有关高等学校思想政治教育、专业（学科）、课程及其他单项教育工作评估的结论；

（四）收集、整理和分析本地区教育评估信息，负责向有关教育管理决策部门提供；

（五）推动本地区教育评估理论和方法的研究，促进教育评估学术交流，组织教育评估骨干培训。

第二十一条 国务院有关部门普通高等学校教育评估领导小组，在国务院有关部门教育行政部门和国家普通高等学校教育评估领导小组领导下，负责直属普通高等学校和国家教育委员会委托的对口专业（学科）的教育评估工作。其具体职责是：

（一）依据本规定和国家教育委员会有关文件，制订本部门所属普通高等学校和国家教育委员会委托的对口专业（学科）的教育评估方案和实施细则；

（二）领导和组织本部门直属普通高等学校的教育评估工作，审核、批准本部门直属普通高等学校教育评估的结论；

（三）领导和组织国家教育委员会委托的对口专业（学科）教育评估，审核、提出对口专业（学科）教育评估结论，报国务院有关部门教育行政部门批准公布；

（四）收集、整理、分析本部门和对口专业（学科）教育评估信息，负责向有关教育管理决策部门提供；

（五）推动本部门和对口专业（学科）教育评估理论、方法的研究，促进教育评估学术交流，组织教育评估骨干培训。

第二十二条 根据需要，在各级普通高等学校教育评估领导小组领导下，可设立新建普通高等学校鉴定委员会、普通高等学校专业（学科）教育评估委员会、普通高等学校课程教育评估委员会等专家组织，指导、组织新建普通高等学校的合格评估（鉴定）和专业（学科）、课程的办学水平评估工作。

第七章　评估程序

第二十三条　学校教育评估的一般程序是：学校提出申请；评估（鉴定）委员会审核申请；学校自评，写出自评报告；评估（鉴定）委员会派出视察小组到现场视察，写出视察报告，提出评估结论建议；评估（鉴定）委员会复核视察报告，提出正式评估结论；教育评估领导小组审核评估结论，必要时报请有关教育行政部门和各级政府批准、公布评估结论。

第二十四条　申请学校如对评估结论有不同意见，可在1个月内向上一级普通高等学校教育评估领导小组提出申诉，上一级教育评估领导小组应认真对待，进行仲裁，妥善处理。

第八章　附则

第二十五条　学校教育评估经费列入有关教育行政部门的年度预算，并鼓励社会资助；申请教育评估的学校也要承担一定的费用。

第二十六条　本规定适用于普通高等学校。其他高等学校教育评估可参照实施。

第二十七条　本规定由国家教育委员会负责解释。

第二十八条　本规定自发布之日起施行。原发布的有关文件即行废止。

高等学校实验室工作规程

（国家教育委员会令第20号1992年6月27日发布）

第一章　总则

第一条　为了加强高等学校实验室的建设和管理，保障学校的教育质量和科学研究水平，提高办学效益，特制定本规程。

第二条　高等学校实验室（包括各种操作、训练室），是隶属学校或依托学校管理，从事实验教学或科学研究、生产试验、技术开发的教学或科研实体。

第三条　高等学校的实验室，必须努力贯彻国家的教育方针，保证完成实验教学任务，不断提高实验教学水平；根据需要与可能，积极开展科学研究、生产试验和技术开发工作，为经济建设与社会发展服务。

第四条　实验室的建设，要从实际出发，统筹规划，合理设置。要做到建筑设施、仪器设备、技术队伍与科学管理协调发展，提高投资效益。

第二章　任务

第五条　根据学校教学计划承担实验教学任务。实验室要完善实验指导书、实验教材等教学资料，安排实验指导人员，保证完成实验教学任务。

第六条　努力提高实验教学质量。实验室应当吸收科学和教学的新成果，更新实验内容，改革教学方法，通过实验培养学生理论联系实际的学风，严谨的科学态度和分析问题、解决问题的能力。

第七条　根据承担的科研任务，积极开展科学实验工作。努力提高实验技术，完善技术条件和工作环境，以保障高效率、高水平地完成科学实验任务。

第八条　实验室在保证完成教学或科研任务的前提下，积极开展社会服务的技术开发，开展学术、技术交流活动。

第九条　完成仪器设备的管理、维修、计量及标定工作，使仪器设备经常处于完好状态。开展实验装置的研究和自制工作。

第十条 严格执行实验室工作的各项规范，加强对工作人员的培训和管理。

第三章 建设

第十一条 高等学校实验室的设置，应当具备以下基本条件：

（一）有稳定的学科发展方向和饱满的实验教学或科研、技术开发等项任务；

（二）有符合实验技术工作要求的房舍、设施及环境；

（三）有足够数量、配套的仪器设备；

（四）有合格的实验室主任和一定数量的专职工作人员；

（五）有科学的工作规范和完善的管理制度。

第十二条 实验室建设、调整与撤销，必须经学校正式批准。依托在高等学校中的部门开放实验室、国家重点实验室的建设、调整与撤销，要经过学校的上级主管部门批准。

第十三条 实验室的建设与发展规划，要纳入学校及事业总体发展规划，要考虑环境、设施、仪器设备、人员结构、经费投入等综合配套因素，按照立项、论证、实施、监督、竣工、验收、效益考核等“项目管理”办法的程序，由学校或上级主管部门统一归口，全面规划。

第十四条 实验室的建设要按计划进行。其中，房舍、设施及大型设备要依据规划的方案纳入学校基本建设计划；一般仪器设备和运行、维修费要纳入学校财务计划；工作人员的配备与结构调整要纳入学校人事计划。

第十五条 实验室建设经费，要采取多渠道集资的方法。要从教育事业费、基建费、科研费、计划外收入、各种基金中划出一定比例用于实验室建设。凡利用实验室进行有偿服务的，都要将收入的一部分用于实验室建设。

第十六条 有条件的高等学校要积极申请筹建开放型的国家重点实验室、重点学科实验室或工程研究中心等实验室，以适应高科技发展和高层次人才培养的需要。

第十七条 高等学校应通过校际间联合，共同筹建专业实验室或中心实验室。也可以同厂矿企业、科研单位联合，或引进外资，利用国外先进技术设备，建立对外开放的实验室。

第十八条 凡具备法人条件的高等学校实验室，经有关部门的批准，可取得法人资格。

第四章　体制

第十九条　高等学校实验室工作，由国家教育委员会归口管理。省、自治区、直辖市、国务院有关部委的教育主管部门负责本地区或本系统高等学校实验室工作。

第二十条　高等学校应有一名校（院）长主管全校实验室工作，并建立或确定主管实验室工作的行政机构（处、科）。该机构的主要职责是：

（一）贯彻执行国家有关的方针、政策和法令，结合实验室工作的实际，拟定本规程的实施办法；

（二）检查督促各实验室完成各项工作任务；

（三）组织制定和实施实验室建设规划和年度计划，归口拟定并审查仪器设备配备方案，负责分配实验室建设和仪器设备运行经费，并进行投资效益评估；

（四）完善实验室管理制度。包括：实验教学、科研、社会服务情况的审核评估制度；实验室工作人员的任用、管理制度；实验室在用物资的管理制度；经费使用制度等；

（五）主管实验室仪器设备、材料等物资，提高其使用效益；

（六）主管实验室队伍建设。与人事部门一起做好实验室人员定编、岗位培训、考核、奖惩、晋级及职务评聘工作。

规模较大的高校，系一级也可设立相应的实验室管理岗位或机构。

第二十一条　高等学校实验室逐步实行以校、系管理为主的二级管理体制。规模较大、师资与技术力量较强的高校，也可实行校、系、教研室三级管理。

第二十二条　实验室实行主任负责制。高等学校实验室主任负责实验室的全面工作。

第二十三条　高等学校可根据需要设立实验室工作委员会，由主管校长，有关部门行政负责人和学术、技术、管理等方面的专家组成。对实验室建设、高档仪器设备布局及科学管理、人员培训等重大问题进行研究、咨询，提出建议。

第五章　管理

第二十四条　实验室要做好工作环境管理和劳动保护工作。要针对高温、低温、辐射、病菌、噪声、毒性、激光、粉尘、超净等对人体有害的环境、切实加强实验室环境的监督和劳动保护工作。凡经技术安全和环境保护部门检查认定不合格的实验室，要停止使用，限期进行技术改造，落实管理工作。待重新通过检查合格后，才能投入使用。

第二十五条　实验室要严格遵守国务院颁发的《化学危险品安全管理条例》及

《中华人民共和国保守国家秘密法》等有关安全保密的法规和制度，定期检查防火、防爆、防盗、防事故等方面安全措施的落实情况。要经常对师生开展安全保密教育，切实保障人身和财产安全。

第二十六条 实验室要严格遵守国家环境保护工作的有关规定，不随意排放废气、废水、废物，不得污染环境。

第二十七条 实验室仪器设备的材料、低值易耗品等物资的管理，按照《高等学校仪器设备管理办法》、《高等学校材料、低值易耗品管理办法》、《高等学校物资工作的若干规定》等有关法规、规章执行。

第二十八条 实验室所需要的实验动物，要按照国家科委发布的《实验动物管理条例》，以及各地实验动物管理委员会的具体规定，进行饲育、管理、检疫和使用。

第二十九条 重点高等学校综合性开放的分析测试中心等检测实验室，凡对外出具公证数据的，都要按照国家教委及国家技术监督局的规定，进行计量认证。计量认证工作先按高校隶属关系由上级主管部门组织对实验室验收合格后，部委所属院校的实验室，由国家教委与国家技术监督局组织进行计量认证；地方院校的实验室，由各地省级政府高校主管部门与计量行政部门负责计量认证。

第三十条 实验室要建立和健全岗位责任制。要定期对实验室工作人员的工作量和水平进行考核。

第三十一条 实验室要实行科学管理，完善各项管理规章制度。要采用计算机等现代化手段，对实验室的工作、人员、物资、经费、环境状态等信息进行记录、统计和分析，及时为学校或上级主管部门提供实验室情况的准确数据。

第三十二条 要逐步建立高等学校实验室的评估制度。高等学校的各主管部门，可以按照实验室基本条件、实验室管理水平、实验室效益、实验室特色等方面的要求制定评估指标体系细则，对高等学校的实验室开展评估工作。评估结果作为确定各高等学校办学条件和水平的重要因素。

第六章　人员

第三十三条 实验室主任要由具有较高的思想政治觉悟，有一定的专业理论修养，有实验教学或科研工作经验，组织管理能力较强的相应专业的讲师（或工程师）以上人员担任。学校、系一级以及基础课的实验室，要由相应专业的副教授（或高级工程师）以上的人员担任。

第三十四条 高等学校的实验室主任、副主任均由学校聘任或任命；国家、部门或地区的实验室、实验中心的主任、副主任，由上级主管部门聘任或任命。

第三十五条 实验室主任的主要职责是：

（一）负责编制实验室建设规划和计划，并组织实施和检查执行情况；

（二）领导并组织完成本规程第二章规定的实验室工作任务；

（三）搞好实验室的科学管理，贯彻、实施有关规章制度；

（四）领导本室各类人员的工作，制定岗位责任制，负责对本室专职实验室工作人员的培训及考核工作；

（五）负责本室精神文明建设，抓好工作人员和学生思想政治教育；

（六）定期检查、总结实验室工作，开展评比活动等。

第三十六条 高等学校实验室工作人员包括：从事实验室工作的教师、研究人员、工程技术人员、实验技术人员、管理人员和工人。各类人员要有明确的职责分工。要各司其职，同时要做到团结协作，积极完成各项任务。

第三十七条 实验室工程技术人员与实验技术人员的编制，要参照在校学生数，不同类型学校实验教学、科研工作量及实验仪器设备状况，合理折算后确定。有条件的学校可以试行流动编制。

第三十八条 对于在实验室中从事有害健康工种的工作人员，可参照国家教委（88）教备局字008号文件《高等学校从事有害健康工种人员营养保健等级和标准的暂行规定》，在严格考勤记录制度的基础上享受保健待遇。

第三十九条 实验室工作人员的岗位职责，由实验室主任根据学校的工作目标，按照国家对不同专业技术干部和工人职责的有关条例规定及实施细则具体确定。

第四十条 实验室各类人员的职务聘任、级别晋升工作，根据实验室的工作特点和本人的工作实绩，按照国家和学校的有关规定执行。

第四十一条 高等学校要定期开展实验室工作的检查、评比活动。对成绩显著的集体和个人要进行表彰和鼓励，对违章失职或因工作不负责任造成损失者，进行批评教育或行政处分，直至追究法律责任。

第七章 附则

第四十二条 各高等学校要根据本规程，结合本校实际情况，制定各项具体实施办法。

第四十三条 本规程自发布之日起执行。教育部一九八三年十二月十五日印发的《高等学校实验室工作暂行条例》即行失效。

普通高等医学教育临床教学基地管理暂行规定

（教高[1992]8号1992年11月15日）

第一章 总 则

第一条 为建设并管理好各种临床教学基地，特制订本暂行规定。

第二条 临床教学基地分附属医院、教学医院和实习医院三种类型。

第三条 承担一定教学任务是各级各类医疗单位的职责和应尽的义务。

第二章 附属医院

第四条 高等医学院校的附属医院（以下简称“附属医院”）是学校的组成部分。承担临床教学是附属医院的基本任务之一。附属医院的设置、规模、结构及其工作水平，是对高等医学院校进行条件评估的重要依据之一。

第五条 附属医院的主要教学任务是临床理论教学、临床见习、临床实习、毕业实习。

第六条 附属医院应具备的基本条件是：

1. 综合性附属医院应有500张以上病床（中医院应有300张以上病床），科室设置应该齐全，其中内、外（中医含骨伤科）、妇、儿病床要占病床总数的70%以上。口腔专科医院应有80张以上病床和100台以上牙科治疗椅。

2. 具有本、专科毕业学历的医师占医师总数的95%以上，其中具有正、副高级职称的人员占25%以上。

3. 应具有必要的临床教学环境和教学建筑面积，包括教学诊室、教室、示教室、学生值班室、学生宿舍和食堂等。

按全国医院分级标准，本科院校的附属医院应达到三级甲等水平，专科学校的附属医院应达到二级甲等以上水平。

第七条 附属医院病床总数应不低于在校学生人数与病床数1：0.5的比例。

附属医院的医疗卫生编制按病床数与职工1：1.7的比例配给。学校按教职工与学生1：6～7的比例配置附属医院教学编制。

第八条 附属医院应保证对教学病种的需要，内、外、妇、儿各病房（区）应设2～4张教学病床，专门收治教学需要病种病人；在不影响危重病人住院治疗的前提下，尽可能调整病房中的病种，多收容一些适合教学的患者住院治疗。

第三章 教学医院

第九条 高等医学院校的教学医院（以下简称“教学医院”）是指经卫生部、国家中医药管理局和国家教育委员会备案的，与高等医学院校建立稳定教学协作关系的地方、部门、工矿、部队所属的综合医院或专科医院，承担高等医学院校的部分临床理论教学、临床见习、临床实习和毕业实习任务。

第十条 教学医院应具备的基本条件是：

1．综合性教学医院应有500张以上病床（中医院应有300张以上病床），内、外、妇、儿各科室设置齐全，并有能适应教学需要的医技科室。专科性教学医院应具备适应教学需要的床位、设备和相应的医技科室。

2．有一支较强的兼职教师队伍，具有本、专科毕业学历的医师占医师总数的70%以上。有适应教学需要的、医德医风良好、学术水平较高的学科带头人和一定数量的技术骨干，包括承担临床课理论教学任务的具有相当于讲师以上水平的人员，直接指导临床见习的总住院医师或主治医师以上人员，直接指导毕业实习的住院医师以上人员。

3．应具有必要的教室、阅览室、图书资料、食宿等教学和生活条件。

按照全国医院分级标准，教学医院应达到三级医院水平。

第十一条 教学医院的教师应能胜任临床课讲授、指导实习、进行教学查房、修改学生书写的病历、组织病案讨论、考核等工作，并结合临床教学开展教学方法和医学教育研究。

第四章 实习医院

第十二条 高等医学院校的实习医院（以下简称“实习医院”）是学生临床见习、临床实习、毕业实习和接受医药卫生国情教育的重要基地。

实习医院是经学校与医院商定，与高等医学院校建立稳定教学协作关系的地方、部门、工矿、部队所属的医院，承担高等医学院校的部分学生临床见习、临床实习和毕业实习任务。

实习医院由学校分别向学校主管部门和医院主管部门备案。

第十三条 实习医院应具备的基本条件是：

1. 综合性实习医院一般应内、外、妇、儿各科设置齐全，并有能适应各种实习需要的医技科室。专科性实习医院要具备适应学生实习所必需的床位、设备和相应的医技科室。

2. 有一支较强的卫生技术队伍，有一定数量的适应教学需要的技术骨干，能保证直接指导毕业实习的是住院医师以上人员。进修医生不宜承担临床带教任务。

3. 具备必要的图书资料、食宿等教学和学生生活条件。

第十四条 实习医院的教师应能胜任指导毕业实习、进行教学查房、修改学生书写的病历、组织病案讨论等工作。

第五章 管 理

第十五条 附属医院、教学医院和实习医院（以下简称“三类医院”）必须坚持教书育人，培养学生具有良好的医德医风；坚持理论联系实际，重视医疗卫生的预防观念和群体观念教育，确保教学质量。

三类医院均必须执行国家有关部门颁发的《全国医院工作条例》，加强领导，不断提高医疗、护理水平。

三类医院中承担教学的医务人员应在品德修养、医德医风、钻研业务、尊重同道、团结协作诸方面做学生的表率。

第十六条 附属医院直属于高等医学院校领导与管理，完成教学任务；同时，接受卫生行政部门的医疗卫生方面的业务指导。

第十七条 附属医院数量不足的高等医学院校，各有关部、委、省、自治区、直辖市应根据具体情况，新建、划拨改建、或在不改变原有领导体制及经费渠道的情况下，选择一部分条件及水平较好的教学医院划为附属医院。

对目前尚未达到标准条件的附属医院，学校主管部门应与当地卫生行政部门及有关部门共同协商，予以充实完善，限期改进，或进行调整。

第十八条 附属医院的卫生事业经费（包括经常费、基建费、设备费、维修费等）由学校的主管部、委或学校所属的省、自治区、直辖市的卫生主管部门下拨，并由卫生主管部门负责解决附属医院建设和发展所需的投资。

附属医院的一般教学仪器设备和按接纳每名学生8～10平方米核算的教学用建筑面积，由学校主管部门解决。

第十九条 附属医院一般应实行系、院合一的管理体制。临床医学系（院）的主任（院长）、副主任（副院长）应兼任附属医院的院长、副院长，并由学校任命。附属医院应设有专门的教学管理处、室，并配备足够数量的专职教学管理干部；医学院校的临床各科及医技各科教研室应设置在附属医院内，各教研室主任兼任临床科室或医技科室主任。

第二十条 附属医院可根据教学情况，为具有各级医疗卫生职称的人员评定或报请相应的教学职称。

第二十一条 非高等医学院校直接领导的附属医院，教学机构的设置、教学管理、职称评定等，参照附属医院领导与管理的有关规定执行。

第二十二条 被批准为教学医院和实习医院的各医院，原隶属关系不变，医疗卫生、科研任务不变。

各省、自治区、直辖市教育、卫生行政部门要扶持教学医院和实习医院的建设，并监督和检查教学医院和实习医院的教学质量和教学管理工作。

第二十三条 教学医院和实习医院应有一名院领导负责教学工作，并设立教学管理机构，配备专职及兼职教学管理、学生思想政治教育和生活管理的人员。

第二十四条 被批准的教学医院和实习医院，张挂教学医院或实习医院院牌，并可在国内外的交流中使用此称号。

教学医院和实习医院可根据国家有关文件规定，与学校主管部门协商，优先选留优秀毕业生。

教学医院享有国家政策给予的在人员编制、经费补贴、师资培养和经学校办理教学设备免税进口等方面的优惠待遇。

第二十五条 教学医院和实习医院应把教学工作列入医院人员考核的重要内容；医院的收入，应有一定比例用于教学及教学管理人员的教学补贴。

教学医院和实习医院的教学人员，享有在高等医学院校借阅图书资料、进行科研协作和参加各种学术活动的权利；可参与高等医学院校有关科室组织的教材与实习指导的编写工作，享有评定优秀教师、获得有关教材和教学资料的权利；教学医院的教师可享有教学休假。

第二十六条 高等医学院校的上级主管部门，应定期拨给学校专项实习经费，以教学补贴费的形式统筹拨发教学医院，用以购置一般常用教学仪器、设备。学校按标准向教学医院、实习医院支付学生实习经费。

高等医学院校对教学医院和实习医院的教学工作应加强管理、指导、监督和检查。

高等医学院校有责任通过多种形式对教学医院和实习医院进行人员培训、教学和医疗指导，安排专题讲座、示范性教学查房和教学交流活动，帮助教学医院和实习医院切实提高教学和医疗水平。

第二十七条 教学医院和实习医院在基本建设中，应修建必要的教学专门用房（教学医院按每生4平方米、实习医院按每生2.5平方米核算），所需经费主要由高等医学院校的上级主管部门拨款解决，同时教学医院或实习医院的上级主管部门应给予适当的投入。教学医院和实习医院的教学、学生生活用房只能为教学专用。

现有教学用建筑面积不足者，应设法予以补足。

第六章　三类医院的审定认可

第二十八条 国家教育委员会、卫生部、国家中医药管理局联合公布《全国高等医学院校附属医院名册》、《全国高等医学院校教学医院名册》。

第二十九条 各省、自治区、直辖市教委、高教局、教育厅（局）、卫生厅（局）、中医药管理局联合组成本省、自治区、直辖市高等医学院校附属医院和教学医院审定工作组。有关部委参加其所辖高等学校所在地的工作组。工作组的职责是：

1. 负责所辖高等医学院校附属医院和教学医院管理的协调工作，指导附属医院、教学医院和实习医院的发展建设；

2. 审定位于本省、自治区、直辖市内高等医学院校附属医院并报国家教育委员会备案，同时按医院类别抄报卫生部或国家中医药管理局。

3. 负责位于本省、自治区、直辖市内高等医学院校教学医院的审定工作，将审定意见及有关资料按医院类别报卫生部、国家中医药管理局备案，同时抄报国家教育委员会。

第三十条 申报教学医院应与协作的高等医学院校先签署正式协议，待履行审定、备案手续后执行。解除协议亦要履行同样手续。

第七章　附　则

第三十一条 本规定主要适用于临床医学类、口腔医学类、中医学类各专业，原则适用于医科类其它专业的临床实习基地的管理工作。

高等医学院校与基层医疗卫生机构协作建立的预防医学实习和社会实践基地的建设和管理，可参照本规定有关精神，由高等医学院校与当地卫生行政部门协商解决。

预防医学类、法医学类、药学类等专业实习基地的建设和管理亦可参照本规定的原则执行。

第三十二条 本规定所列临床见习，指临床课程讲授过程中，以达到理论与实践相结合为主要目的的临床观察与初步操作实践，包括现有的课间见习及集中见习等教学形式；毕业实习指以培养临床医师为目的的各专业，在毕业前集中进行的具有岗前培训性质的专业实习；临床实习指专业实习以外的与专业培养目标密切相关的、集中的临床实践教学，适用于基础医学类、预防医学类、法医学类专业及医学影像学、医学检验、医学营养学、麻醉学、护理学、妇幼卫生等专业。

第三十三条 本规定由国家教育委员会负责解释。

普通高等教育学历证书管理暂行规定

（教学[1993]12号1993年12月29日）

第一条 为加强普通高等教育学历证书管理，维护国家学历教育制度和学历证书的严肃性，保证高等教育的质量和规格，特制定本规定。

第二条 普通高等教育学历证书系普通高等学校以及承担研究生教育的其他机构（以下统称高等学校或学校）发给学生受教育程度的凭证。

第三条 国家承认普通高等教育学历证书所证明的学历，持证人享受国家规定的有关待遇。

第四条 按国家规定招收，入学后取得学籍的学生，完成某一阶段的学业后，根据考试（考查）的结果，取得相应的学历证书。

第五条 普通高等教育学历证书分为毕业证书、结业证书、肄业证书三种。

第六条 毕业证书应具备以下内容：

（一）毕业生姓名、性别、年龄、学习起止年月（提前修完者应予注明）；

（二）学制、专业、层次（研究生、本科或专科），毕业；

（三）贴有本人免冠照片并加盖学校骑缝钢印；

（四）学校名称及印章，校（院）长签名；

（五）发证日期及证书编号。

第七条 结业证书应具备以下内容：

（一）结业生姓名、性别、年龄、学习起止年月；

（二）学制、专业、层次（研究生、本科或专科），结业；

（三）贴有本人免冠照片并加盖学校骑缝钢印；

（四）学校名称及印章，校（院）长签名；

（五）发证日期及证书编号。

第八条 肄业证书应具备以下内容：

（一）肄业生姓名、性别、年龄、学习起止年月；

（二）学制、专业、层次（研究生、本科或专科），肄业；

（三）贴有本人免冠照片并加盖学校骑缝钢印；

（四）学校名称及印章，校（院）长签名；

（五）发证日期及证书编号。

第九条 具有学籍的学生学完教学计划规定的全部课程，考试成绩及格（或修满学分），德育体育合格，准予毕业者，可取得毕业证书。

第十条 具有学籍的学生，学完教学计划规定的全部课程，其中有一门以上课程补考后仍不及格但不属于留级范围或未修满规定的学分，德育体育合格，准予结业者，可取得结业证书。

第十一条 具有学籍的学生学满一学年以上而未学完教学计划规定的课程中途退学者（被开除学籍者除外），可取得肄业证书。

第十二条 学历证书遗失后，可由本人向原发证机构申请。原发证机构审查后依据其毕业（结业、肄业）的情况出具相应的学历证明。

第十三条 普通高等学校接收的进修生，进修结束后可取得进修证明书。

第十四条 普通高等学校未按国家招生规定而自行招收的学生以及举办的各种培训班的学生，学习结束后学校只能发给学习证明书，不得颁发毕业（结业、肄业）证书。

第十五条 普通高等学校毕业和结业证书由国家教育委员会统一制作，学校填写后颁发，普通高等学校肄业证书由学校自行印制并颁发。

第十六条 统一制作的学历证书内芯印有“普通高等学校毕业（结业）证书”、“中华人民共和国国家教育委员会印制”及防伪标记。

第十七条 普通高等教育学历证书实行国家、省（自治区、直辖市）或国务院有关部门、学校三级管理。国家教育委员会对地区、部门按招生计划及实际毕业（结业）人数进行总量控制，统一印制普通高等学校毕业和结业证书或证书的内芯；制定有关学历证书的管理规定和实施办法；对学生的毕业（结业）资格审查和证书的颁发工作进行检查、监督。

省（自治区、直辖市）教育行政部门或国务院有关部门对所属高等学校录取新生和学籍管理工作进行监督和检查。省（自治区、直辖市）教育行政部门对所在地区范围内的普通高等学校的每届毕业和结业生进行毕（结）业资格审查，将学历证书按相应年份经国家审定的各省（自治区、直辖市）、国务院有关部委所属普通高等学校招生计划数发给学校。

学校每学年将毕业和结业生人数报所在省（自治区、直辖市）教育行政部门审查后，领取该年度所需的证书，填写并颁发给学生。

第十八条 从一九九四年起，凡未使用“国家教育委员会印制”的毕业或结业证书内芯而自行印发的毕业或结业证书，国家一律不予承认。在本《规定》下发前，普通高等学校按照国家教育委员会有关规定向具有学籍的学生颁发的学历证书，国家仍予承认，毋须换发。

第十九条 有特殊情况须颁发、换发毕业证书的，须报国家教育委员会批准。

第二十条 各地、有关部门、各学校必须加强对学历证书的管理。对失职、弄虚作假、徇私舞弊的责任者和单位，除责令其收回学历证书外，并追究有关人员和单位的责任，视情节轻重给予严肃处理；对仿制、伪造普通高等学校学历证书者要追究法律责任。

第二十一条 本规定由国家教育委员会负责解释。

第二十二条 本规定自发布之日起施行。

高等学校知识产权保护管理规定

（教育部令第3号，1998年12月1日教育部部长办公会议讨论通过，1999年4月8日发布）

第一章　总则

第一条　为有效保护高等学校知识产权，鼓励广大教职员工和学生发明创造和智力创作的积极性，发挥高等学校的智力优势，促进科技成果产业化，依据国家知识产权法律、法规，制定本规定。

第二条　本规定适用于国家举办的高等学校、高等学校所属教学科研机构和企业事业单位（以下简称“所属单位”）。社会力量举办的高等学校及其他教育机构参照适用本规定。

第三条　本规定所称的知识产权包括：

（一）专利权、商标权；

（二）技术秘密和商业秘密；

（三）著作权及其邻接权；

（四）高等学校的校标和各种服务标记；

（五）依照国家法律、法规规定或者依法由合同约定由高等学校享有或持有的其它知识产权。

第二章　任务和职责

第四条　高等学校知识产权保护工作的任务是：

（一）贯彻执行国家知识产权法律、法规，制定高等学校知识产权保护工作的方针、政策和规划；

（二）宣传、普及知识产权法律知识，增强高等学校知识产权保护意识和能力。

（三）进一步完善高等学校知识产权管理制度，切实加强高等学校知识产权保护工作；

（四）积极促进和规范管理高等学校科学技术成果及其他智力成果的开发、使用、转让和科技产业的发展。

第五条 国务院教育行政部门和各省、自治区、直辖市人民政府教育行政部门，在其职责范围内，负责对全国或本行政区域的高等学校知识产权工作进行领导和宏观管理，全面规划、推动、指导和监督高等学校知识产权保护工作的开展。

第六条 各高等学校在知识产权保护工作中应当履行的职责是：

（一）结合本校的实际情况，制定知识产权工作的具体规划和保护规定；

（二）加强对知识产权保护工作的组织和领导，完善本校知识产权保护制度，加强本校知识产权工作机构和队伍建设；

（三）组织知识产权法律、法规的教育和培训，开展知识产权课程教学和研究工作；

（四）组织开展本校知识产权的鉴定、申请、登记、注册、评估和管理工作；

（五）组织签订、审核本校知识产权的开发、使用和转让合同；

（六）协调解决本校内部有关知识产权的争议和纠纷；

（七）对在科技开发、技术转移以及知识产权保护工作中有突出贡献人员予以奖励；

（八）组织开展本校有关知识产权保护工作的国际交流与合作；

（九）其他在知识产权保护工作中应当履行的职责。

第三章　知识产权归属

第七条 高等学校对以下标识依法享有专用权：

（一）以高等学校名义申请注册的商标；

（二）校标；

（三）高等学校的其他服务性标记。

第八条 执行本校及其所属单位任务，或主要利用本校及其所属单位的物质技术条件所完成的发明创造或者其他技术成果，是高等学校职务发明创造或职务技术成果。

职务发明创造申请专利的权利属于高等学校。专利权被依法授予后由高等学校持有。职务技术成果的使用权、转让权由高等学校享有。

第九条 由高等学校主持、代表高等学校意志创作、并由高等学校承担责任的作品为高等学校法人作品，其著作权由高等学校享有。

为完成高等学校的工作任务所创作的作品是职务作品，除第十条规定情况外，著作权由完成者享有。高等学校在其业务范围内对职务作品享有优先使用权。作品完成二年内，未经高等学校同意，作者不得许可第三人以与高等学校相同的方式使用该作品。

第十条 主要利用高等学校的物质技术条件创作，并由高等学校承担责任的工程设计、产品设计图纸、计算机软件、地图等职务作品以及法律、行政法规规定的或者合同约定著作权由高等学校享有的职务作品，作者享有署名权，著作权的其他权利由高等学校享有。

第十一条 在执行高等学校科研等工作任务过程中所形成的信息、资料、程序等技术秘密属于高等学校所有。

第十二条 高等学校派遣出国访问、进修、留学及开展合作项目研究的人员，对其在校已进行的研究，而在国外可能完成的发明创造、获得的知识产权，应当与派遣的高等学校签订协议，确定其发明创造及其他知识产权的归属。

第十三条 在高等学校学习、进修或者开展合作项目研究的学生、研究人员，在校期间参与导师承担的本校研究课题或者承担学校安排的任务所完成的发明创造及其他技术成果，除另有协议外，应当归高等学校享有或持有。进入博士后流动站的人员，在进站前应就知识产权问题与流动站签定专门协议。

第十四条 高等学校的离休、退休、停薪留职、调离以及被辞退的人员，在离开高等学校一年内完成的与其原承担的本职工作或任务有关的发明创造或技术成果，由高等学校享有或持有。

第十五条 职务发明创造或职务技术成果，以及职务作品的完成人依法享有在有关技术文件和作品上署名及获得奖励和报酬的权利。

第四章　知识产权管理机构

第十六条 高等学校应建立知识产权办公会议制度，逐步建立健全知识产权工作机构。有条件的高等学校，可实行知识产权登记管理制度；设立知识产权保护与管理工作机构，归口管理本单位知识产权保护工作。暂未设立知识产权保护与管理机构的高等学校，应指定科研管理机构或其他机构担负相关职责。

第十七条 高等学校科研管理机构负责本校科研项目的立项、成果和档案管理。

应用技术项目的课题组或课题研究人员，在申请立项之前应当进行专利文献及其相关文献的检索。

课题组或课题研究人员在科研工作过程中，应当做好技术资料的记录和保管工作。科研项目完成后，课题负责人应当将全部实验报告、实验记录、图纸、声像、手稿等原始技术资料收集整理后交本校科研管理机构归档。

第十八条 在科研活动中作出的职务发明创造或者形成的职务技术成果，课题负责人应当及时向本校科研管理机构（知识产权管理机构）提出申请专利的建议，并提交相关资料。

高等学校的科研管理机构应当对课题负责人的建议和相关资料进行审查，对需要申请专利的应当及时办理专利申请，对不宜申请专利的技术秘密要采取措施予以保护。

第十九条　高等学校应当规范和加强有关知识产权合同的签订、审核和管理工作。

高等学校及其所属单位与国内外单位或者个人合作进行科学研究和技术开发，对外进行知识产权转让或者许可使用，应当依法签订书面合同，明确知识产权的归属以及相应的权利、义务等内容。

高等学校的知识产权管理机构负责对高等学校及其所属单位签订的知识产权合同进行审核和管理。

第二十条　高等学校所属单位对外进行知识产权转让或者许可使用前，应当经学校知识产权管理机构审查，并报学校批准。

第二十一条　高等学校的教职员工和学生凡申请非职务专利，登记非职务计算机软件的，以及进行非职务专利、非职务技术成果以及非职务作品转让和许可的，应当向本校知识产权管理机构申报，接受审核。对于符合非职务条件的，学校应出具相应证明。

第二十二条　高等学校要加强科技保密管理。高等学校的教职员工和学生，在开展国内外学术交流与合作过程中，对属于本校保密的信息和技术，要按照国家和本校的有关规定严格保密。

高等学校对在国内外科技展览会参展的项目应当加强审核和管理、做好科技保密管理工作。

第二十三条　高等学校应当重视开展知识产权的资产评估工作，加强对知识产权资产评估的组织和管理。

高等学校对外进行知识产权转让、许可使用、作价投资入股或者作为对校办科技产业的投入，应当对知识产权进行资产评估。

第二十四条　高等学校可根据情况逐步实行知识产权保证书制度。与有关教职员工和学生签订保护本校知识产权的保证书，明确保护本校知识产权的义务。

第五章　奖酬与扶持

第二十五条　高等学校应当依法保护职务发明创造、职务技术成果、高等学校法人作品及职务作品的研究、创作人员的合法权益，对在知识产权的产生、发展，科技成果产业化方面作出突出贡献的人员，按照国家的有关规定给予奖励。

第二十六条　高等学校将其知识产权或职务发明创造、职务技术成果转让给他人或许可他人使用的，应当从转让或许可使用所取得的净收入中，提取不低于20%的比例，对完成该项职务发明创造、职务技术成果及其转化作出重要贡献的人员给予奖励。为促进科技成果产业化，对经学校许可，由职务发明创造、职务技术成果完成人进行产业化的，可以从转化收入中提取不低于30%的比例给予奖酬。

第二十七条 高等学校及其所属单位独立研究开发或者与其他单位合作研究开发的科技成果实施转化成功投产后，高等学校应当连续三至五年从实施该项科技成果所取得的收入中提取不低于5％的比例，对完成该项科技成果及其产业化作出重要贡献的人员给予奖酬。

采取股份制形式的高等学校科技企业，或者主要以技术向其他股份制企业投资入股的高等学校，可以将在科技成果的研究开发、产业化中做出重要贡献的有关人员的报酬或者奖励，按照国家有关规定折算为相应的股份份额或者出资比例。该持股人依据其所持股份份额或出资比例分享收益。

第二十八条 高等学校应当根据实际情况，采取有效措施，对知识产权的保护、管理工作提供必要的条件保障。高等学校应拨出专款或从技术实施收益中提取一定比例，设立知识产权专项基金，用于支持补贴专利申请，维持和知识产权保护方面的有关费用。对知识产权保护与管理做出突出贡献的单位和个人，高等学校应给予奖励，并作为工作业绩和职称评聘的重要参考。

第六章　法律责任

第二十九条 剽窃、窃取、篡改、非法占有、假冒或者以其他方式侵害由高等学校及其教职员工和学生依法享有或持有的知识产权的，高等学校有处理权的，应责令其改正，并对直接责任人给予相应的处分；对无处理权的，应提请并协助有关行政部门依法作出处理。构成犯罪的，应当依法追究刑事责任。

第三十条 在高等学校教学、科研、创作以及成果的申报、评审、鉴定、产业化活动中，采取欺骗手段，获得优惠待遇或者奖励的，高等学校应当责令改正，退还非法所得，取消其获得的优惠待遇和奖励。

第三十一条 违反本规定，泄漏本校的技术秘密，或者擅自转让、变相转让以及许可使用高等学校的职务发明创造、职务技术成果、高等学校法人作品或者职务作品的，或造成高等学校资产流失和损失的，由高等学校或其主管教育行政部门对直接责任人员给予行政处分。

第三十二条 侵犯高等学校及其教职员工和学生依法享有或持有的知识产权，造成损失、损害的，应当依法承担民事责任。

第七章　附则

第三十三条 本规定自发布之日起施行。

高等教育自学考试命题工作规定

（国家教育委员会令第22号1992年10月26日发布）

第一章 总则

第一条 为组织和管理高等教育自学考试命题工作，确保考试质量，根据国务院发布的《高等教育自学考试暂行条例》，制定本规定。

第二条 高等教育自学考试的命题与普通高等学校相应学历层次水平和质量要求相一致。

第三条 高等教育自学考试命题应体现专业和课程的特点，考核应考者系统掌握课程基础知识、基本理论、基本技能和分析问题、解决问题的能力，正确引导个人自学和社会助学，树立良好学风。

第四条 命题必须以国家教育委员会批准颁发试行的或省、自治区、直辖市高等教育自学考试委员会（以下简称“省考委”）颁布的课程自学考试大纲（以下简称“考试大纲”）为依据。

第五条 加强命题工作的总体规划，统一领导，严密组织，严格管理，逐步实现命题工作的科学化、标准化和管理手段的现代化。

第六条 命题应按照标准化、科学化的要求进行，内容稳定、考试次数多、规模大的课程以建立题库为主的方式组织实施。

第七条 命题与辅导相分离。建立健全命题工作保密制度。

第八条 命题经费列入有关教育行政事业部门的年度预算；业务部门委托考试的专业和课程，命题经费由业务部门承担。

第二章 命题组织与管理

第九条 高等教育自学考试命题工作由全国高等教育自学考试指导委员会（以下简称“全国考委”）统筹安排，分级管理，实行全国统一命题、省际协作命题、省级命题三级命题体制。

凡全国统一命题的课程，省考委不得另行安排和自行命题考试。

使用全国统一命题和省际协作命题试卷，省考委不得进行改动。

第十条 命题工作应在全国考委或省考委领导下，由考委及其办公室负责人、课程主命题教师组成课程命题领导小组负责实施。

第十一条 省考委办公室（以下简称“省考办”）应设立命题管理工作的专门机构。开考专业十个以下（含十个）的，专职命题工作管理人员应不少于五名，每增设五个专业增加一至二名专职管理人员。

第十二条 全国统一命题的课程命题教师，由全国考委办公室（以下简称“全国考办”）或委托省考办商其所在学校，经资格审查合格后，由全国考委聘任。省际协作命题、省级命题的课程，命题教师由省考办商其所在学校，经资格审查合格后，由省考委聘任。

第十三条 全国统一命题每门课程的命题教师一般不少于十人；省际协作命题每门课程的命题教师一般应不少于七人；省级命题每门课程的命题教师一般应不少于五人。

每门课程组配试卷或入闱命题的教师应为二至三人。

命题教师选聘应有地区和高等学校的代表性。被聘教师所在学校应对聘任工作予以协助。

第十四条 编制试题、审题、组配试卷、题库建设等必须符合有关的技术要求。

第十五条 全国统一命题题库的使用由全国考委决定；协作命题题库的使用由协作省考委协商确定；省级命题题库的使用由省考委决定。

题库的贮存、保管、使用等应符合《中华人民共和国保守国家秘密法》的规定。

题库在使用过程中，应不断修改、补充和完善。省考办应具备贮存题库的设施和用房，建立题库的技术档案，配备专人负责，并积极创造条件利用计算机等现代化手段进行题库管理。

第十六条 命题经费的开支标准应按国家有关规定执行。

第三章　命题人员及职责

第十七条 课程主命题教师是课程命题的业务负责人。课程主命题教师应是在本学科领城内业务水平较高、教学经验丰富、治学严谨、作风正派、善于合作、身体健康并热心自学考试工作的普通高等学校的教授或副教授。

课程主命题教师的职责是：

（一）负责提名和推荐本课程命题教师人选；

（二）起草课程命题实施意见，设计课程试卷蓝图；

（三）协助全国考办或省考办组织全体命题教师学习、讨论有关命题文件，实施命题；

（四）协助全国考办或省考办组织审题教师对所命试题进行审定；

（五）协助全国考办或省考办组织试卷组配工作，并对题库和考试试卷质量负责；

（六）参与课程试卷的质量分析。

第十八条　命题教师应是在本学科领域内业务水平较高、教学经验丰富、治学严谨、作风正派、善于合作并热心自学考试工作的普通高等学校的教授或副教授，也可以有少量在教学第一线的讲师。

命题教师必须服从安排，保质保量按时完成命题任务。

第十九条　命题工作管理人员应是坚持原则、遵守纪律、作风严谨、有独立工作能力、熟悉命题工作和教育测量学等有关知识、具有大学本科以上学历的全国考办或省考办正式干部。

命题工作管理人员的职责是：

（一）制定高等教育自学考试的命题规划和工作安排；

（二）组织课程主命题教师制定课程命题文件，设计试卷蓝图；

（三）组织实施命题，指导和参与命题、审题、组卷工作，协调和处理命题中的有关问题；

（四）组织实施试题的质量分析；

（五）负责题库的管理和使用。

第四章　命题程序

第二十条　课程命题领导小组在命题前应对命题教师进行教育测量学理论、自学考试的性质与特点等有关知识的培训，并组织试命题。

第二十一条　命题组应在熟悉考试大纲的基础上制定下列文件：

（一）命题实施意见

（二）试卷蓝图

（三）命题教师任务分工表

（四）样题

第二十二条　按照考试大纲和教育测量学的要求编制试师。编制的试题应做到科学、合理、不超纲；题意明确、文字通顺、表述准确严密；标点符号无误，图表绘制规范；不出现政治性、科学性错误；避免学术上有争议的问题。

试师的答案应准确、全面、简洁、规范，主观性试师应规定评分要点和评分标准。制定评分标准，需包括对应考者的逻辑思维、综合应用和语言表述能力的要求。

第二十三条 按考试大纲、命题实施意见和试卷蓝图的要求审定试师。审定合格的试题应按科学的分类方法贮入题库。

第二十四条 按照试卷蓝图的规定组配试卷。

每份试卷要突出课程的重点内容，覆盖考试大纲的各章。

组配的试卷须使不同能力层次试题的分数和不同难易程度试题分数比例适当。

每次考试必须组配若干套平行试卷，由全国考委或省考委随机确定考试试卷。

第二十五条 考试结束后，全国考办及省考办应组织力量对试卷进行评估和分析，并将结果贮入题库。

第五章 保密纪律

第二十六条 试题、试卷、答案及评分标准在使用前均属绝密材料，任何人不得以任何方式泄露。

第二十七条 凡本人或有直系亲属参加本课程自学考试的人员不得参加该课程的命题工作。

第二十八条 所有参加命题工作的人员不得公开其命题人员身份，不得以任何形式泄露有关命题工作的文件或情况。

第二十九条 课程主命题教师、组配试卷教师、命题教师在聘期内不得参与任何形式的与该课程自学考试有关的辅导活动（包括担任助学单位的职务或名誉职务）。

第三十条 所有命题教师不得以任何形式向其所在单位汇报命题工作情况。

第三十一条 所有参加命题工作的人员必须遵守命题工作纪律。凡违反者，取消其命题人员资格，视情节轻重给予行政处分，触犯法律的依法追究其法律责任。

第六章 附则

第三十二条 全国考委、各省考委可根据本规定结合工作实际，制定具体实施办法。

第三十三条 本规定由国家教育委员会负责解释。

第三十四条 本规定自公布之日起执行。

原公布的有关命题规定凡与本规定相抵触的，以本规定为准。

高等教育自学考试实践性环节考核管理试行办法

（教考试[1996]3号1996年3月27日）

第一章　总则

第一条　为适应高等教育自学考试发展的需要，加强对高等教育自学考试实践性环节考核的组织与管理，确保考核质量，根据国务院发布的《高等教育自学考试暂行条例》，特制定本办法。

第二条　高等教育自学考试实践性环节考核（以下简称“实践性环节考核”），是为了实现高等教育自学考试（以下简称“自学考试”）专业规格要求和课程考试目标，对应考者进行基本技能及运用所学知识分析和解决实际问题能力的考核。实践性环节考核一般有：实验、实习、课程设计、毕业论文（设计）和其它专门技能等。

第三条　实践性环节考核的水平和质量与普通高等学校相应层次实践性环节考核相一致，并体现自学考试的特点。

第四条　实践性环节考核必须坚持标准，加强领导，严密组织，严格管理，逐步实现考核工作的科学化、标准化、规范化和考核手段的现代化。

第二章　组织领导

第五条　实践性环节考核在全国高等教育自学考试指导委员会（以下简称“全国考委”）领导下，实行分级管理。

全国考委的职责是：

1. 制定实践性环节考核的有关政策、标准和业务规范。

2. 制定全国协调开考专业的实践性环节考核要求和考核大纲。

3. 审批和审查各省、自治区、直辖市、解放军高等教育自学考试委员会（以下简称“省考委”）制定的实践性环节考核要求和考核大纲。

4. 监督、检查、评估各地实践性环节考核工作。

5. 组织实践性环节考核的研究工作。

第六条 省考委负责管理本省实践性环节考核工作，组织主考学校和其它高等院校及有关单位具体实施。

省考委的职责是：

1. 贯彻执行实践性环节考核的方针、政策和业务规范。

2. 制定本省开考专业的实践性环节考核要求、考核大纲和考核实施细则。

3. 组织报名工作，安排考核时间，确定考核地点（场所）。

4. 组织命题和成绩评定工作；组织考核管理人员及考核教师的培训工作；对考核的组织和实施进行管理、监督、检查和验收。

5. 处理违纪人员及有关责任者。

6. 公布考核成绩，建立考籍档案，颁发考核合格证书。

第七条 省考委办公室（以下简称“省考办”）为实践性环节考核的日常管理机构。省考办应设立或明确相应机构并配备人员负责实践性环节考核工作。

第八条 主考学校在省考委的领导下，负责实践性环节考核的实施工作。

主考学校的职责是：

1. 根据专业考试计划和有关规定，拟定实践性环节考核大纲和考核实施细则。

2. 参与实践性环节考核的命题工作。

3. 选聘并培训考核教师。

4. 具体实施考核工作，评定成绩。

5. 协助省考委选择确定实践性环节考核的地点（场所）。

6. 完成省考委交办的与实践性环节考核有关的其它工作。

第九条 主考学校成立实践性环节考核领导小组，领导小组由分管自学考试工作的校（院）长及负责自学考试工作的部门和其它有关部门的负责人组成。各专业（课程）成立考核小组，考核小组由本专业（课程）的业务负责人和专业骨干教师组成。

考核教师由专业（课程）考核小组组长提名，经考核领导小组审核，报省考委备案。

考核教师的条件是：从事本专业或课程的教学或科研工作，具有中、高级职称，业务水平较高，工作责任心强，有一定实践经验。

应建立稳定的有丰富教学和实践经验的考核教师队伍。

第十条 委托考试部门的职责：

1. 办理委托开考专业实践性环节考核的集体报名手续。

2. 按照省考委的要求，提供实验、实习地点（场所），协助组织应考者进行实验、实习等工作。

第三章　报名及考核地点（场所）

第十一条　应考者一般在该课程所涉及的理论考试合格后，方可报名参加该课程的实践性环节考核。应考者在所学专业全部课程考试合格后方可报名参加毕业论文（设计）或毕业综合考核。

第十二条　报名工作的具体实施由省考委确定。

第十三条　实践性环节考核地点（场所）和所需各种仪器、设备、材料等必须符合考核大纲等有关规定的要求。

第十四条　实践性环节考核地点（场所），一般应设在主考学校，也可设在其它高等院校、科研及大型企事业单位等。

逐步建立实践性环节的学习和考核基地。

第四章　考核要求

第十五条　在确定开考专业时，必须充分论证有关实践性环节学习与考核的可行性及条件。

实践性环节考核要求是自学考试专业考试计划的组成部分，在制定专业考试计划时，必须制定相应的实践性环节考核要求，其内容一般包括：实践能力的培养目标，实践性环节考核的设置、学分及要求，考核方式以及其它必要的说明。

第十六条　实践性环节考核必须编制考核大纲及考核实施细则，并提前半年公布。考核一般应集中时间进行。

第十七条　实验的考核

实验是帮助应考者印证、理解和巩固基础理论，培养实验技能、独立工作能力和科学研究方法的重要环节。实验的考核，一般是指对课程实验项目及实验操作水平的考核。

1. 实验考核大纲的内容一般包括：（1）实验目的；（2）常用实验仪器设备；（3）实验项目；（4）实验的基本要求；（5）实验报告；（6）必读和参考书目；（7）考核目标、内容、方法。

2. 应考者必须按要求独立完成实验项目和实验报告。

3. 考核教师要严格按照实验考核大纲的要求对应考者的实验作出成绩评定。

第十八条　实习的考核

实习是应考者全面获得专业技术和管理知识，巩固所学理论，培养独立分析和解决实际问题能力的重要环节。实习的考核，一般是指对实习内容、理论联系实际能力和专业素质的考核。

1. 实习考核大纲的内容一般包括：（1）实习目的；（2）实习内容；（3）实习方法；（4）实习场所；（5）实习时间；（6）实习报告；（7）考核目标、内容、方法。

2. 应考者按照实习考核大纲进行实习，记录实习内容和心得体会，实习结束时写出实习报告。

3. 接受实习的单位要根据实习人数，按一定比例选定若干教师或专业技术人员担任指导实习和考核的任务。对应考者在实习期间的表现、所从事的工作和业务能力写出评语。主考学校根据实习记录、实习报告和实习单位评语，组织答辩，并评定成绩。

第十九条 课程设计的考核

课程设计是从属于某一门课程的设计，主要考核应考者综合运用已学过的理论和技能去分析和解决实际问题的能力。

1. 课程设计考核大纲的内容一般包括：（1）课程设计的目的和要求；（2）设计题目或设计任务；（3）设计内容；（4）必要的数据和条件；（5）计算要求；（6）具体实施意见；（7）完成的时间；（8）参考资料；（9）考核目标、内容、方法。

2. 课程设计的实施步骤：（1）根据课程设计考核大纲的要求做好准备工作，拟出具体的设计方案，进行课程设计；（2）编制课程设计说明书。课程设计说明书是课程设计工作的整理和总结，主要包括设计思想和设计两大部分，一般为：目录（标题及页次），设计任务书，设计内容，存在问题及改进意见，参考资料编目等。

3. 成绩评定。课程设计完成后由指导教师写出评语，主考学校组织有关考核教师进行答辩并评定成绩。

第二十条 毕业论文（设计）的考核

毕业论文（设计）是考核应考者科研能力和综合运用所学理论知识和专业技能，独立分析和解决实际问题的能力。

1. 毕业论文（设计）考核大纲的内容一般包括：（1）毕业论文（设计）的目的；（2）选题依据和范围；（3）完成的时间；（4）参考资料；（5）考核目标、内容、方法。

2. 应考者根据考核大纲的要求，提出选题申请，经主考院校审核通过后，方可正式列题，并由主考学校推荐或指定指导教师。

3. 选题申请批准后，应考者根据选定课题内容与实际条件，在指导教师的指导下，进行毕业论文（设计）工作，撰写毕业论文（设计）。

4. 应考者在规定时间内完成毕业论文（设计）后，先经指导教师评阅，提出意见，报送主考学校；主考学校组织有关考核教师进行审阅，对确实完成课题任务并达到毕业论文（设计）要求者，进行毕业论文（设计）答辩。

5. 由主考学校组织考核教师组成答辩工作小组。

6. 答辩和评分应按照统一的要求和标准进行，一般程序为：

（1）应考者先向答辩小组简要报告毕业论文（设计）选题的价值，主要观点形成过程，论据和论证方法、特点及主要内容。

（2）答辩小组成员向应考者质询。

（3）答辩结束后，由答辩小组对应考者的论文（设计）写出评语，并评定成绩。

第二十一条 专门技能的考核是指对外语、艺术、体育等特殊专业的基本技能的考核。

专门技能的考核按各专业课程考核大纲、考核实施细则的要求进行。

第二十二条 考核成绩评定办法

凡是达到考核大纲要求，经成绩评定及格及以上者即为合格。考核成绩评定一般分解成若干项目先按百分制评分，再折算成五个等级为最后成绩。90至100分为优秀，80至89分为良好，70至79分为中等，60至69分为及格，59分及以下为不及格。

对一些特殊课程的考核可采用百分制计分或只采用及格（合格）和不及格（不合格）两个等级进行评定。

第二十三条 考核成绩不合格者，不予补考，但可以参加下次的考核。

第五章 考籍管理

第二十四条 凡符合免考条件者按有关规定办理免考手续。

第二十五条 应考者的成绩档案由省考办统一管理。考核结束后，主考学校或有关单位将考核资料、考核成绩册等上交省考办。

第二十六条 每次考试结束后，向应考者公布考核成绩。考核成绩合格者，由省考委颁发考核合格证。

第六章 考核费用

第二十七条 实践性环节考核费用包括报名费、考核费等。

第二十八条 根据国家物价、财政等部门的文件规定，参照当地普通高等学校有关实践性环节考核费用标准，结合自学考试的实际情况，由省考委及有关部门制定收费标准。

费用收取标准在相对稳定的情况下，随着国家物价指数的变动情况及实际开支情况，经有关部门批准，可作相应的调整。

第二十九条 委托开考专业，由委托考试部门向省考委交纳实践性环节考核补助费。

第三十条 实践性环节考核费用由省考委统一管理，专款专用，不得挪作他用。

第七章 考核纪律

第三十一条 有直系亲属参加考核的教师及工作人员不得参与该专业（课程）的考核工作。

第三十二条 严肃考核纪律，对违纪人员及责任者按有关规定处理。

应考者在考核中有抄袭、代考等舞弊行为以及其他违反考核规则的行为，由省考委宣布考核无效或取消考核成绩等。

考核教师及考核工作人员在考核中有不坚持考核标准、徇私舞弊行为及其他违反考核规则的行为，省考委视情节轻重，分别给予取消考核工作资格及会同有关部门给予行政处分；构成犯罪的，依法追究刑事责任。

第八章 附则

第三十三条 全国考委、各省考委可根据本办法结合工作实际，制定具体实施细则。

第三十四条 本办法自公布之日起执行。

高等教育自学考试开考专业管理办法

（教考试[1996]9号1996年5月10日）

第一章　总则

第一条　为了完善高等教育自学考试制度，加强对开考专业的宏观管理，促进高等教育自觉考试事业健康发展，根据《高等教育自学考试暂行条例》，制定本办法。

第二条　高等教育自学考试必须主动适应社会主义经济建设和社会发展的需要，根据办考条件的实际可能开考专业，注重开考社会急需的专业。正确处理好需要与可能、数量与质量、社会效益与经济效益的关系。

第三条　全国高等教育自学考试指导委员会（以下简称“全国考委”）负责制定全国开考专业的规划和专业考试标准及其有关规定，负责各地开考专业的审批与备案工作。

高等教育自觉考试工作，实行归口管理。凡颁发高等教育学历证书的自学考试专业的开考，必须在全国考委指导下组织实施。

第四条　各省、自治区、直辖市高等教育自学考试委员会（以下简称“省级考委”）根据全国考委开考专业的规划，结合当地实际确定开考专业和拟定专业考试计划。

第五条　省级考委开考专业可直接面向社会，也可接受行业或企事业单位业务主管部门的委托。提倡和鼓励省际协作或区域协作开考。

未经有关省级考委准许，不得跨省、自治区、直辖市开考。

第二章　开考专业

第六条　高等教育自学考试开考专业，应以专科为主，适当发展本科。根据专业特点和实际需要，可拓宽专业服务范围，增设选考课或设置专业方向，以增强适应性。

开考本科专业，应以独立设置的本科段（即以专科毕业为起点）为主。

第七条　高等教育自学考试的开考专业，一般应在普通高等学校的专业目录中选择确定。如需开考专业目录中未有的专业，必须在严格论证的基础上，科学确定专业名称，规范专业知识结构。

第八条 全国考委各专业委员会负责全国有关专业的设置和专业考试标准的拟定，对各地开考本专业的考试工作进行业务指导和质量评估。

全国考委各专业委员会未分管的专业，全国考委可视情况组成临时专业设置评议小组进行论证、审查或评估工作。

第九条 为主动适应经济建设和社会发展需要，全国教委要定期审查、调整改造已有的专业，制定并公布各地普遍适用的专业考试计划。

第十条 全国考委审批的开考专业，是指全国未颁布或批转的、各省级考委准备开考的专业。审批开考专业，一般应在两个月内批复。暂不批准开考的，应及时说明原因。

省级考委按照全国颁布或批转各地的专业考试计划开考专业的，应在开考条件和课程是否有所调整等方面作出必要的说明，并在开考前七个月报全国考委备案。

第十一条 省级考委拟开考专业，必须按规定程序至少在开考前十个月向全国考委申报，经批准后方可开考。未经批准，一律不得自行开考。

第十二条 省级考委申报开考专业，必须具备下列条件：

（一）有健全的工作机构，与工作任务相适应的专职人员以及必要的经费保证；

（二）有专业师资力量较强的普通高等学校担任主考学校，主考学校应有自学考试的办事机构并配备专职人员；

（三）有较科学、规范、完整的专业考试计划；

（四）有保证实践性环节考核的必要条件和措施。

第十三条 省级教委申报开考专业，应报送以下材料：

（一）开考专业的申请报告；

（二）开考专业的论证材料；

（三）专业考试计划以及其它必要的说明。

第十四条 省级考委根据当地开考专业和社会需求的实际情况，可决定停考专业。对决定停考的专业，须报全国考委备案，并认真做好停考的善后工作。

部门委托全国考委协调开考专业的停考，双方应共同协商，做好停考的善后工作，并提前一年通知各地。个别地区要求提前停考的，须经全国考委同意。

第三章 专业考试计划

第十五条 专业考试计划从总体上确定专业考试标准，是开考专业和实施考试的依据，体现造就和选拔专业人才的规格与要求。

第十六条 制定专业考试计划，必须全面贯彻国家教育方针，正确处理好政治与业务、理论与实践、当前与长远三方面的关系。

第十七条 专业考试计划由全国考委或省级考委按照有关规定组织制定或拟定。各省级考委拟定的专业考试计划应报全国考委审批后，方可公布实施。

第十八条 高等教育自学考试现有专科、本科两个学历层次，专业考试计划分为专科、本科（含本科分段）、独立本科段三种类型。

第十九条 专业考试计划的内容应包括：指导思想、培养目标与基本要求、学历层次与规格、考试课程与学分、实践性环节学习考核要求、主要课程说明、指定或推荐教材及参考书、其它必要的说明等。

第二十条 专业考试计划实行课程学分制。学分表明课程内容的份量及其在专业考试计划中的地位。

学分数以普通高等学校教学计划相应课程授课总时数计算，一般为18学时计1学分；实验、实习、课程设计、毕业论文（设计）、其它专门技能等实践性环节的学分数根据具体情况确定。

第二十一条 专业的课程设置分为：公共基础课、专业基础课、专业课和实践性环节四类。公共基础课、专业基础课、专业课三类课程的学分比例大致为3：4：3或2：5：3。

第二十二条 专科专业在总体上与普通高等专科学校同类专业的水平相一致。各专业总学分数不得低于70学分；考试课程不得少于15门，其中理论考试课程门数一般不得少于14门。

根据业务部门、行业或企事业单位的实际需要，可以制定专业证书的考试标准，确定考试课程。其总学分数不低于40学分，理论考试课程门数不得少于8门。

第二十三条 本科专业在总体上与普通高等学校本科同类专业的水平相一致。本科可分为两段，即基础科段和本科段。基础科段可直接与本科段相衔接。本科累计总学分数（不包括毕业论文、毕业设计的学分数）不得低于125学分，理论考试课程门数不得少于20门；其中基础科段的学分数不得低于70学分，理论考试课程一般不得少于12门。

第二十四条 独立本科段是为各类高等教育形式专科毕业生继续学习而设置的，在总体上应与普通高等学校同类专业本科的水平相一致。各专业的总学分数（不包括毕业论文、毕业设计的学分数）不得低于70学分，理论考试课程门数不得少于10门。

第二十五条 实验、实习、课程设计、毕业论文（设计）、专门技能等实践性环节是专业考试计划的组成部分，其设置和考核方式应根据有关规定以及专业和自学考试的特点，具体确定。

第二十六条 全国颁布或批转的专业考试计划，各地可根据当地实际需要，调整或增加专业方向、增设选考课程。调整的课程门数专科专业最多不得超过4门，本科专业不得超过6门，学分数不得超过总学分的30%，并在向社会公布前报全国考委备案。

第四章　课程自学考试大纲与教材

第二十七条　课程自学考试大纲是在专业考试计划的基础上，按照自学考试的特点，明确课程内容和规定考试标准的文件；是具体指导个人自学、社会助学、课程命题、编写教材和自学指导书的依据。

第二十八条　各门考试课程必须编制课程自学考试大纲。全国考委制定、国家教委颁布的课程自学考试大纲，各地必须贯彻执行。全国考委未制定、国家教委未颁布的课程自学考试大纲，省级考委应按有关规定组织编写，并报送全国考委备案。

省级考委编制的课程自学考试大纲，全国考委可组织专家进行评估，以利于统一课程考试标准、确保考试质量。

第二十九条　课程自学考试大纲所规定的课程内容、考核目标应与普通高等学校同类专业专科或本科相应课程的基本要求相一致。

第三十条　课程自学考试大纲内容包括：课程性质与学习目的、课程内容与考核目标、有关说明和实施要求，指定或推荐教材及参考书等。并根据课程的特点，列出题型示例。

第三十一条　课程自学考试大纲的编写应按照专业考试计划和课程的基本要求，规定课程的基本内容和考核目标；着重说明课程的重点、难点，以及要求自学应考者必须掌握的深度和熟练程度。要强调知识转化为能力的学习与考核要求。

第三十二条　课程自学考试大纲的编写，应体现科学性、系统性，理论联系实际，正确引导个人自学和社会助学，以培养应考者的自学能力，树立良好的学风。

第三十三条　编写课程自学考试大纲，应按照专业考试计划规定的学分及其课程特点确定篇幅。做到注意基础，精选内容；观点明确，层次清楚；语言精练，文字易懂。

实践性强的课程，应另行编写实践环节考试大纲或社会调查提纲。

第三十四条　课程自学考试大纲至少应在课程考试前半年向社会公布。课程自学考试大纲一经公布，应保持相对稳定；无特殊情况，不得变动。

第三十五条　高等教育自学考试使用的教材是课程考试标准和内容的具体体现，一般应从全国考委和省级考委组织编写的教材中选用，也可选择一些正式出版且质量较好、符合课程自学考试大纲要求并适合自学的普通高等学校教材。

第三十六条　编写高等教育自学考试的教材，应按照课程自学考试大纲的要求和有关文件规定进行。教材应具有科学性、系统性、适用性，体现自学的特点。

全国考委或省级考委负责组织编写或审查选用教材工作。

第五章 监督与检查

第三十七条 全国考委对各省级考委开考的专业实行指导、监督检查和质量评估。

第三十八条 对不具备开考条件、考试管理混乱且领导不力的省级考试机构，全国考委将视具体情况，予以通报批评或取消部分专业颁发毕业证书的权限。在整顿调整前不得开考新的专业。

第三十九条 对违反本办法擅自开考专业、跨省开考专业、调整课程设置的，以及考试质量得不到保证、在社会上造成不良影响的，全国考委和有关教育行政部门可视具体情况，令其限期整顿、改正或停考有关专业，并追究有关领导和责任者的责任。

第六章 附则

第四十条 本办法自公布之日起施行。

普通高等学校辅导员队伍建设规定

（教育部令第24号，2006年5月20日经部长办公会议讨论通过，2006年7月23日发布，自2006年9月1日起施行）

第一章 总则

第一条 为深入贯彻落实《中共中央国务院关于进一步加强和改进大学生思想政治教育的意见》精神，切实加强高等学校辅导员队伍建设，特制定本规定。

第二条 高等学校应当把辅导员队伍建设作为教师队伍和管理队伍建设的重要内容。加强辅导员队伍建设，应当坚持育人为本、德育为先，促进高等学校改革、发展和稳定，促进培养造就有理想、有道德、有文化、有纪律的社会主义建设者和接班人。

第三条 辅导员是高等学校教师队伍和管理队伍的重要组成部分，具有教师和干部的双重身份。辅导员是开展大学生思想政治教育的骨干力量，是高校学生日常思想政治教育和管理工作的组织者、实施者和指导者。辅导员应当努力成为学生的人生导师和健康成长的知心朋友。

第二章 要求与职责

第四条 辅导员工作的要求是：

（一）认真做好学生日常思想政治教育及服务育人工作，加强学生班级建设和管理；

（二）遵循大学生思想政治教育规律，坚持继承与创新相结合，创造性地开展工作，促进学生健康成长与成才；

（三）主动学习和掌握大学生思想政治教育方面的理论与方法，不断提高工作技能和水平；

（四）定期开展相关工作调查和研究，分析工作对象和工作条件的变化，及时调整工作思路和方法；

（五）注重运用各种新的工作载体，特别是网络等现代科学技术和手段，努力拓展工作途径，贴近实际、贴近生活、贴近学生，提高工作的针对性和实效性，增强工作的吸引力和感染力。

第五条 辅导员的主要工作职责是：

（一）帮助高校学生树立正确的世界观、人生观、价值观，确立在中国共产党领导下走中国特色社会主义道路、实现中华民族伟大复兴的共同理想和坚定信念。积极引导学生不断追求更高的目标，使他们中的先进分子树立共产主义的远大理想，确立马克思主义的坚定信念；

（二）帮助高校学生养成良好的道德品质，经常性地开展谈心活动，引导学生养成良好的心理品质和自尊、自爱、自律、自强的优良品格，增强学生克服困难、经受考验、承受挫折的能力，有针对性地帮助学生处理好学习成才、择业交友、健康生活等方面的具体问题，提高思想认识和精神境界；

（三）了解和掌握高校学生思想政治状况，针对学生关心的热点、焦点问题，及时进行教育和引导，化解矛盾冲突，参与处理有关突发事件，维护好校园安全和稳定；

（四）落实好对经济困难学生资助的有关工作，组织好高校学生勤工助学，积极帮助经济困难学生完成学业；

（五）积极开展就业指导和服务工作，为学生提供高效优质的就业指导和信息服务，帮助学生树立正确的就业观念；

（六）以班级为基础，以学生为主体，发挥学生班集体在大学生思想政治教育中的组织力量；

（七）组织、协调班主任、思想政治理论课教师和组织员等工作骨干共同做好经常性的思想政治工作，在学生中间开展形式多样的教育活动；

（八）指导学生党支部和班委会建设，做好学生骨干培养工作，激发学生的积极性、主动性。

第三章　配备与选聘

第六条 高等学校总体上要按师生比不低于1：200的比例设置本、专科生一线专职辅导员岗位。辅导员的配备应专职为主、专兼结合，每个院（系）的每个年级应当设专职辅导员。每个班级都要配备一名兼职班主任。

第七条 高等学校可以根据实际情况按一定比例配备研究生辅导员，从事研究生思想政治教育工作。研究生专业导师在研究生思想政治教育工作方面要担负相应职责。

第八条 辅导员选聘应当坚持如下标准：

（一）政治强、业务精、纪律严、作风正；

（二）具备本科以上学历，德才兼备，乐于奉献，潜心教书育人，热爱大学生思想政治教育事业；

（三）具有相关的学科专业背景，具备较强的组织管理能力和语言、文字表达能力，接受过系统的上岗培训并取得合格证书。

第九条 辅导员选聘工作要在高等学校党委统一领导下，采取组织推荐和公开招聘相结合的方式进行。高等学校组织、人事、学生工作部门和院（系）等相关单位按辅导员任职条件及笔试、面试考核等相关程序具体负责选聘工作。

第十条 新聘任的青年专业教师，原则上要从事一定时间的辅导员、班主任工作。

专职辅导员可兼任学生党支部书记、院（系）团委（团总支）书记等相关职务，并可承担思想道德修养与法律基础、形势政策教育、心理健康教育、就业指导等相关课程的教学工作。

第四章 培养与发展

第十一条 高等学校应结合实际，按各校统一的教师职务岗位结构比例合理设置专职辅导员的相应教师职务岗位。专职辅导员可按助教、讲师、副教授、教授要求评聘思想政治教育学科或其他相关学科的专业技术职务。

第十二条 高等学校应根据辅导员岗位基本职责、任职条件等要求，结合各校实际，制定辅导员评聘教师职务的具体条件，突出其从事学生工作的特点。辅导员评聘教师职务应坚持工作实绩、科学研究能力和研究成果相结合的原则，对于中级以下职务应侧重考察工作实绩。

第十三条 高等学校应成立专职辅导员专业技术职务聘任委员会，具体负责本校专职辅导员专业技术职务聘任工作。

高等学校专职辅导员专业技术职务聘任委员会一般应由有关校领导，学生工作、组织人事、教学科研部门负责人等相关人员组成。

第十四条 高等学校可根据辅导员的任职年限及实际工作表现，确定相应级别的行政待遇，给予相应的倾斜政策。

第十五条 辅导员的培养应纳入高等学校师资培训规划和人才培养计划，享受专任教师培养同等待遇。

第十六条 高等学校应当鼓励、支持辅导员结合大学生思想政治教育的工作实践和思想政治教育学科的发展开展研究。

第十七条 省、自治区、直辖市教育行政部门应当建立辅导员培训和研修基地，承担所在区域内高等学校辅导员的岗前培训、日常培训和骨干培训，对辅导员进行思想政治教育、时事政策、管理学、教育学、社会学和心理学以及就业指导、学生事务管理等方面的专业化辅导与培训，开展与辅导员工作相关的科学研究。

各高校负责对本校辅导员的系统培训。

第十八条 高等学校要积极选拔优秀辅导员参加国内国际交流、考察和进修深造。支持辅导员在做好大学生思想政治教育工作的基础上攻读相关专业学位，鼓励和支持专职辅导员成为思想政治教育工作方面的专门人才。

第十九条 高等学校要积极为辅导员的工作和生活创造便利条件，应根据辅导员的工作特点，在岗位津贴、办公条件、通讯经费等方面制定相关政策，为辅导员的工作和生活提供必要保障。

第二十条 高等学校应把辅导员队伍作为后备干部培养和选拔的重要来源，根据工作需要，向校内管理工作岗位选派或向地方组织部门推荐。

第五章　管理与考核

第二十一条 高等学校辅导员实行学校和院（系）双重领导。高等学校要把辅导员队伍建设放在与学校教学、科研队伍建设同等重要位置，统筹规划，统一领导。

学生工作部门是学校管理辅导员队伍的职能部门，要与院（系）共同做好辅导员管理工作。院（系）要对辅导员进行直接领导和管理。

第二十二条 各高等学校要制定辅导员工作考核的具体办法，健全辅导员队伍的考核体系。对辅导员的考核应由组织人事部门、学生工作部门、院（系）和学生共同参与。考核结果要与辅导员的职务聘任、奖惩、晋级等挂钩。

第二十三条 教育部设立“全国高校优秀辅导员”称号，定期评选表彰优秀辅导员。各地教育部门和高等学校要将优秀辅导员表彰奖励纳入各级教师、教育工作者表彰奖励体系中，按一定比例评选，统一表彰。

第六章　附则

第二十四条 本规定适用于普通高等学校辅导员队伍建设。其他类型高校的辅导员队伍建设或大学生思想政治教育其他工作队伍建设可参照本规定执行。

第二十五条 各高等学校应根据本规定，结合实际制定相关实施细则，并报相应教育行政部门备案。

第二十六条 本规定自2006年9月1日起施行。其他有关文件规定与本规定不一致的，以本规定为准。

普通高等学校学生管理规定

（教育部令第21号，2005年2月4日经部长办公会议讨论通过，2005年3月25日发布，自2005年9月1日起施行）

第一章　总则

第一条　为维护普通高等学校正常的教育教学秩序和生活秩序，保障学生身心健康，促进学生德、智、体、美全面发展，依据教育法、高等教育法以及其他有关法律、法规，制定本规定。

第二条　本规定适用于普通高等学校、承担研究生教育任务的科学研究机构（以下称高等学校或学校）对接受普通高等学历教育的研究生和本科、专科（高职）学生的管理。

第三条　高等学校要以培养人才为中心，按照国家教育方针，遵循教育规律，不断提高教育质量；要依法治校，从严管理，健全和完善管理制度，规范管理行为；要将管理与加强教育相结合，不断提高管理水平，努力培养社会主义合格建设者和可靠接班人。

第四条　高等学校学生应当努力学习马克思列宁主义、毛泽东思想、邓小平理论和“三个代表”重要思想，确立在中国共产党领导下走中国特色社会主义道路、实现中华民族伟大复兴的共同理想和坚定信念；应当树立爱国主义思想，具有团结统一、爱好和平、勤劳勇敢、自强不息的精神；应当遵守宪法、法律、法规，遵守公民道德规范，遵守《高等学校学生行为准则》，遵守学校管理制度，具有良好的道德品质和行为习惯；应当刻苦学习，勇于探索，积极实践，努力掌握现代科学文化知识和专业技能；应当积极锻炼身体，具有健康体魄。

第二章　学生的权利与义务

第五条　学生在校期间依法享有下列权利：

（一）参加学校教育教学计划安排的各项活动，使用学校提供的教育教学资源；

（二）参加社会服务、勤工助学，在校内组织、参加学生团体及文娱体育等活动；

（三）申请奖学金、助学金及助学贷款；

（四）在思想品德、学业成绩等方面获得公正评价，完成学校规定学业后获得相应的学历证书、学位证书；

（五）对学校给予的处分或者处理有异议，向学校或者教育行政部门提出申诉；对学校、教职员工侵犯其人身权、财产权等合法权益，提出申诉或者依法提起诉讼；

（六）法律、法规规定的其他权利。

第六条 学生在校期间依法履行下列义务：

（一）遵守宪法、法律、法规；

（二）遵守学校管理制度；

（三）努力学习，完成规定学业；

（四）按规定缴纳学费及有关费用，履行获得贷学金及助学金的相应义务；

（五）遵守学生行为规范，尊敬师长，养成良好的思想品德和行为习惯；

（六）法律、法规规定的其他义务。

第三章　学籍管理

第一节　入学与注册

第七条 按国家招生规定录取的新生，持录取通知书，按学校有关要求和规定的期限到校办理入学手续。因故不能按期入学者，应当向学校请假。未请假或者请假逾期者，除因不可抗力等正当事由以外，视为放弃入学资格。

第八条 新生入学后，学校在三个月内按照国家招生规定对其进行复查。复查合格者予以注册，取得学籍。复查不合格者，由学校区别情况，予以处理，直至取消入学资格。

凡属弄虚作假、徇私舞弊取得学籍者，一经查实，学校应当取消其学籍。情节恶劣的，应当请有关部门查究。

第九条 对患有疾病的新生，经学校指定的二级甲等以上医院（下同）诊断不宜在校学习的，可以保留入学资格一年。保留入学资格者不具有学籍。在保留入学资格期内经治疗康复，可以向学校申请入学，由学校指定医院诊断，符合体检要求，经学校复查合格后，重新办理入学手续。复查不合格或者逾期不办理入学手续者，取消入学资格。

第十条 每学期开学时，学生应当按学校规定办理注册手续。不能如期注册者，应当履行暂缓注册手续。未按学校规定缴纳学费或者其他不符合注册条件的不予注册。

家庭经济困难的学生可以申请贷款或者其他形式资助，办理有关手续后注册。

第二节　考核与成绩记载

第十一条　学生应当参加学校教育教学计划规定的课程和各种教育教学环节（以下统称课程）的考核，考核成绩记入成绩册，并归入本人档案。

第十二条　考核分为考试和考查两种。考核和成绩评定方式，以及考核不合格的课程是否重修或者补考，由学校规定。

第十三条　学生思想品德的考核、鉴定，要以《高等学校学生行为准则》为主要依据，采取个人小结，师生民主评议等形式进行。

学生体育课的成绩应当根据考勤、课内教学和课外锻炼活动的情况综合评定。

第十四条　学生学期或者学年所修课程或者应修学分数以及升级、跳级、留级、降级、重修等要求，由学校规定。

第十五条　学生可以根据学校有关规定，申请辅修其他专业或者选修其他专业课程。

学生可以根据校际间协议跨校修读课程。在他校修读的课程成绩（学分）由本校审核后予以承认。

第十六条　学生严重违反考核纪律或者作弊的，该课程考核成绩记为无效，并由学校视其违纪或者作弊情节，给予批评教育和相应的纪律处分。给予留校察看及以下处分的，经教育表现较好，在毕业前对该课程可以给予补考或者重修机会。

第十七条　学生不能按时参加教育教学计划规定的活动，应当事先请假并获得批准。未经批准而缺席者，根据学校有关规定给予批评教育，情节严重的给予纪律处分。

第三节　转专业与转学

第十八条　学生可以按学校的规定申请转专业。学生转专业由所在学校批准。

学校根据社会对人才需求情况的发展变化，经学生同意，必要时可以适当调整学生所学专业。

第十九条　学生一般应当在被录取学校完成学业。如患病或者确有特殊困难，无法继续在本校学习的，可以申请转学。

第二十条　学生有下列情形之一，不得转学：

（一）入学未满一学期的；

（二）由招生时所在地的下一批次录取学校转入上一批次学校、由低学历层次转为高学历层次的；

（三）招生时确定为定向、委托培养的；

（四）应予退学的；

（五）其他无正当理由的。

第二十一条 学生转学，经两校同意，由转出学校报所在地省级教育行政部门确认转学理由正当，可以办理转学手续；跨省转学者由转出地省级教育行政部门商转入地省级教育行政部门，按转学条件确认后办理转学手续。须转户口的由转入地省级教育行政部门将有关文件抄送转入校所在地公安部门。

第四节　休学与复学

第二十二条 学生可以分阶段完成学业。学生在校最长年限（含休学）由学校规定。

第二十三条 学生申请休学或者学校认为应当休学者，由学校批准，可以休学。休学次数和期限由学校规定。

第二十四条 学生应征参加中国人民解放军（含中国人民武装警察部队），学校应当保留其学籍至退役后一年。

第二十五条 休学学生应当办理休学手续离校，学校保留其学籍。学生休学期间，不享受在校学习学生待遇。休学学生患病，其医疗费按学校规定处理。

第二十六条 学生休学期满，应当于学期开学前向学校提出复学申请，经学校复查合格，方可复学。

第五节　退学

第二十七条 学生有下列情形之一，应予退学：

（一）学业成绩未达到学校要求或者在学校规定年限内（含休学）未完成学业的；

（二）休学期满，在学校规定期限内未提出复学申请或者申请复学经复查不合格的；

（三）经学校指定医院诊断，患有疾病或者意外伤残无法继续在校学习的；

（四）未请假离校连续两周未参加学校规定的教学活动的；

（五）超过学校规定期限未注册而又无正当事由的；

（六）本人申请退学的。

第二十八条 对学生的退学处理，由校长会议研究决定。

对退学的学生，由学校出具退学决定书并送交本人，同时报学校所在地省级教育行政部门备案。

第二十九条 退学的本专科学生，按学校规定期限办理退学手续离校，档案、户口退回其家庭户籍所在地。

退学的研究生，按已有毕业学历和就业政策可以就业的，由学校报所在地省级毕业生就业部门办理相关手续；在学校规定期限内没有聘用单位的，档案、户口退回其家庭户籍所在地。

第三十条 学生对退学处理有异议的，参照本规定第六十一条、第六十二条、第六十三条、第六十四条办理。

第六节 毕业、结业与肄业

第三十一条 学生在学校规定年限内，修完教育教学计划规定内容，德、智、体达到毕业要求，准予毕业，由学校发给毕业证书。

第三十二条 学生在学校规定年限内，修完教育教学计划规定内容，未达到毕业要求，准予结业，由学校发给结业证书。结业后是否可以补考、重修或者补作毕业设计、论文、答辩，以及是否颁发毕业证书，由学校规定。对合格后颁发的毕业证书，毕业时间按发证日期填写。

第三十三条 符合学位授予条件者，学位授予单位应当颁发学位证书。

第三十四条 学满一学年以上退学的学生，学校应当颁发肄业证书。

第三十五条 学校应当严格按照招生时确定的办学类型和学习形式，填写、颁发学历证书、学位证书。

第三十六条 学校应当执行高等教育学历证书电子注册管理制度，每年将颁发的毕（结）业证书信息报所在地省级教育行政部门注册，并由省级教育行政部门报国务院教育行政部门备案。

第三十七条 对完成本专业学业同时辅修其他专业并达到该专业辅修要求者，由学校发给辅修专业证书。

第三十八条 对违反国家招生规定入学者，学校不得发给学历证书、学位证书；已发的学历证书、学位证书，学校应当予以追回并通知教育行政部门宣布证书无效。

第三十九条 毕业、结业、肄业证书和学位证书遗失或者损坏，经本人申请，学校核实后应当出具相应的证明书。证明书与原证书具有同等效力。

第四章 校园秩序与课外活动

第四十条 学校应当维护校园正常秩序，保障学生的正常学习和生活。

第四十一条 学校应当建立和完善学生参与民主管理的组织形式，支持和保障学生依法参与学校民主管理。

第四十二条 学生应当自觉遵守公民道德规范，自觉遵守学校管理制度，创造文明、整洁、优美、安全的学习和生活环境。

学生不得有酗酒、打架斗殴、赌博、吸毒，传播、复制、贩卖非法书刊和音像制品等违反治安管理规定的行为；不得参与非法传销和进行邪教、封建迷信活动；不得从事或者参与有损大学生形象、有损社会公德的活动。

第四十三条 任何组织和个人不得在学校进行宗教活动；

第四十四条 学生可以在校内组织、参加学生团体。学生成立团体，应当按学校有关规定提出书面申请，报学校批准。

学生团体应当在宪法、法律、法规和学校管理制度范围内活动，接受学校的领导和管理。

第四十五条 学校提倡并支持学生及学生团体开展有益于身心健康的学术、科技、艺术、文娱、体育等活动。

学生进行课外活动不得影响学校正常的教育教学秩序和生活秩序。

第四十六条 学校应当鼓励、支持和指导学生参加社会实践、社会服务和开展勤工助学活动，并根据实际情况给予必要帮助。

学生参加勤工助学活动应当遵守法律、法规以及学校、用工单位的管理制度，履行勤工助学活动的有关协议。

第四十七条 学生举行大型集会、游行、示威等活动，应当按法律程序和有关规定获得批准。对未获批准的，学校应当依法劝阻或者制止。

第四十八条 学生使用计算机网络，应当遵循国家和学校关于网络使用的有关规定，不得登录非法网站、传播有害信息。

第四十九条 学校应当建立健全学生住宿管理制度。学生应当遵守学校关于学生住宿管理的规定。

第五章　奖励与处分

第五十条 学校、省（自治区、直辖市）和国家有关部门应当对在德、智、体、美等方面全面发展或者在思想品德、学业成绩、科技创造、锻炼身体及社会服务等方面表现突出的学生，给予表彰和奖励。

第五十一条 对学生的表彰和奖励可以采取授予“三好学生”称号或者其他荣誉称号、颁发奖学金等多种形式，给予相应的精神鼓励或者物质奖励。

第五十二条 对有违法、违规、违纪行为的学生，学校应当给予批评教育或者纪律处分。

学校给予学生的纪律处分，应当与学生违法、违规、违纪行为的性质和过错的严重程度相适应。

第五十三条 纪律处分的种类分为：

（一）警告；

（二）严重警告；

（三）记过；

（四）留校察看；

（五）开除学籍。

第五十四条 学生有下列情形之一，学校可以给予开除学籍处分：

（一）违反宪法，反对四项基本原则、破坏安定团结、扰乱社会秩序的；

（二）触犯国家法律，构成刑事犯罪的；

（三）违反治安管理规定受到处罚，性质恶劣的；

（四）由他人代替考试、替他人参加考试、组织作弊、使用通讯设备作弊及其他作弊行为严重的；

（五）剽窃、抄袭他人研究成果，情节严重的；

（六）违反学校规定，严重影响学校教育教学秩序、生活秩序以及公共场所管理秩序，侵害其他个人、组织合法权益，造成严重后果的；

（七）屡次违反学校规定受到纪律处分，经教育不改的。

第五十五条 学校对学生的处分，应当做到程序正当、证据充足、依据明确、定性准确、处分恰当。

第五十六条 学校在对学生作出处分决定之前，应当听取学生或者其代理人的陈述和申辩。

第五十七条 学校对学生作出开除学籍处分决定，应当由校长会议研究决定。

第五十八条 学校对学生作出处分，应当出具处分决定书，送交本人。对学生开除学籍的处分决定书报学校所在地省级教育行政部门备案。

第五十九条 学校对学生作出的处分决定书应当包括处分和处分事实、理由及依据，并告知学生可以提出申诉及申诉的期限。

第六十条 学校应当成立学生申诉处理委员会，受理学生对取消入学资格、退学处理或者违规、违纪处分的申诉。

学生申诉处理委员会应当由学校负责人、职能部门负责人、教师代表、学生代表组成。

第六十一条 学生对处分决定有异议的，在接到学校处分决定书之日起5个工作日内，可以向学校学生申诉处理委员会提出书面申诉。

第六十二条 学生申诉处理委员会对学生提出的申诉进行复查，并在接到书面申诉之日起15个工作日内，作出复查结论并告知申诉人。需要改变原处分决定的，由学生申诉处理委员会提交学校重新研究决定。

第六十三条 学生对复查决定有异议的，在接到学校复查决定书之日起15个工作日内，可以向学校所在地省级教育行政部门提出书面申诉。

省级教育行政部门在接到学生书面申诉之日起30个工作日内，对申诉人的问题给予处理并答复。

第六十四条 从处分决定或者复查决定送交之日起，学生在申诉期内未提出申诉的，学校或者省级教育行政部门不再受理其提出的申诉。

第六十五条 被开除学籍的学生，由学校发给学习证明。学生按学校规定期限离校，档案、户口退回其家庭户籍所在地。

第六十六条 对学生的奖励、处分材料，学校应当真实完整地归入学校文书档案和本人档案。

第六章　附则

第六十七条 对接受成人高等学历教育的学生、港澳台侨学生、留学生的管理参照本规定实施。

第六十八条 高等学校应当根据本规定制定或修改学校的学生管理规定，报主管教育行政部门备案（中央部委属校同时抄报所在地省级教育行政部门），并及时向学生公布。

省级教育行政部门根据本规定，指导、检查和督促本地区高等学校实施学生管理。

第六十九条 本规定自2005年9月1日起施行。原国家教育委员会发布的《普通高等学校学生管理规定》（国家教育委员会令第7号）、《研究生学籍管理规定》（教学C1995]4号）同时废止。其他有关文件规定与本规定不一致的，以本规定为准。

现行教育
法律法规规章汇编

（下）

◎辽宁省教育厅　编

吉林人民出版社

广播电视大学暂行规定

（[88]教计字063号1988年5月16日）

第一章　总则

第一条　广播电视大学是我国高等教育事业的组成部分。为了加强宏观管理，保证教育质量，促进广播电视大学的发展，制定本规定。

第二条　本规定所称广播电视大学是指中央广播电视大学、地方广播电视大学及其分校、教学管理工作站（以下简称“工作站”）。

第三条　广播电视大学应以“教育必须为社会主义建设服务，社会主义建设必须依靠教育”为办学的指导思想，贯彻国家的教育方针和政策，培养社会主义建设所需要的合格人才，提高劳动者的科学文化水平。

第四条　广播电视大学应加强同普通高等学校、成人高等学校和高等教育自学考试工作机构之间的联系和协作。

第二章　性质与任务

第五条　广播电视大学是采用广播、电视、印刷和视听教材等媒体进行远距离教学的开放性高等学校，是在教学上实行统筹规划、分级办学、分级管理的远距离教育系统。

第六条　广播电视大学的主要任务是：举办以高等专科为主的学历教育，同时，为高等教育自学考试及社会各界的职业技术教育、岗位培训、专业培训、继续教育提供教学服务。

第三章　设置原则

第七条　设置广播电视大学及其分校、工作站，应根据社会主义建设的需要和办学条件的可能，统筹规划，合理布局，处理好发展广播电视教育同发展其他各类高等教育和职业技术教育的关系，讲求办学质量和办学效益。

中央广播电视大学由国家教育委员会设置。

省、自治区、直辖市（计划单列市）广播电视大学由省、自治区、直辖市（计划单列市）设置。

省、自治区所属地区（含地级市，下同）可根据在籍学生人数设置广播电视大学分校。直辖市（计划单列市）所属市区，可根据办学任务及在籍学生人数设置广播电视大学分校或工作站。

县（含县级市，下同）和各级机关、团体、企业、事业单位可根据在籍学生人数及其他类成人教育的需要，统筹设立相应的工作站。

广播电视大学分校及工作站，根据教学管理的需要组建教学班。

省、自治区、直辖市（计划单列市）广播电视大学可举办实验性直属教学班。

第八条 广播电视大学设置专业和课程，应根据社会主义建设的需要，符合通用性强，适应面广、学员视听率高的原则。

广播电视大学高等专科专业，可分别由中央、省、自治区、直辖市（计划单列市）广播电视大学及省、自治区所属地区分校设置。

广播电视大学可按以上原则接受国务院有关部门的委托设置专业和课程。

第九条 广播电视大学可根据人才需求附设中专部。

中专部的专业或课程，可分别由中央、省、自治区、直辖市（计划单列市）广播电视大学及省、自治区所属地区分校设置。

第四章 设置标准

第十条 设置广播电视大学及其分校，应当配备具有较高政治素质和管理能力，达到大学本科毕业文化水平，熟悉远距离教育规律的专职校长和副校长。

省、自治区、直辖市（计划单列市）广播电视大学及其分校应配备一定数量的教学管理人员和专职或兼职从事思想政治工作的人员。

设置工作站，应当配备具有较高的政治素质和管理能力，达到大学专科毕业以上文化水平的专职负责人。

第十一条 设置广播电视大学，须配备与教学任务相适应的合格教师。

广播电视大学的教师须具有与所担任教学工作相适应的学术水平，懂得远距离教育的教学法，并具有编写辅导教材和进行面授辅导的能力。

第十二条 广播电视大学的专任或兼任教师，均须通过任课资格审查，方可担任课程教学，其资格审查和聘任办法，按国家有关规定执行。

广播电视大学每个专业至少应当分别配备具有副教授或相当于副教授以上职务的专任或兼任教师两名，每门课程至少应当分别配备具有讲师或相当于讲师以上职务的专任或兼任主讲教师一名。辅导教师的配备标准按国家有关规定执行。

广播电视大学全国统一开设课程的主讲教师和教材主编应从全国范围内择优聘任。

第十三条　广播电视大学所需的基本建设投资和办学经费，须有稳定的来源和切实的保证。学员人均经常费开支标准和解决办法，应区别不同的办学层次，学科类别及学习年限，按国家或地方人民政府的规定执行。

第十四条　设置广播电视大学，须具有与学校任务和规模相适应的固定校舍、图书资料、仪器设备，有相对稳定（含租用）的教学实习、实验基地。

第五章　审批程序

第十五条　省、自治区、直辖市（计划单列市）广播电视大学的设置和变更，由省、自治区、直辖市（计划单列市）人民政府审核，报国家教育委员会批准；

省、自治区所属地区广播电视大学分校、直辖市（计划单列市）的市区分校或工作站的设置和变更，由所在地教育行政部门报上一级教育行政部门审核，省、自治区、直辖市（计划单列市）人民政府批准，报国家教育委员会备案；

县和各级机关、团体、企业事业单位的广播电视大学工作站的设置和变更，由所在地教育行政部门审核，所在地人民政府批准，报上一级教育行政部门备案。

第十六条　中央广播电视大学设置专业的科类计划和岗位培训、专业培训、继续教育的课程及附设中专部，由国家教育委员会审核批准。

省、自治区、直辖市（计划单列市）广播电视大学及省、自治区所属地区分校设置专科专业和岗位培训、专业培训、继续教育的课程及附设中专部，由省、自治区、直辖市（计划单列市）教育行政部门审核批准，报国家教育委员会备案。

第十七条　国家教育委员会和各级人民政府及有关教育行政部门应在规定职权内，依据本规定第三章和第四章的规定，分别对广播电视大学申请设置或变更学校、专业及课程进行全面审查，并作出是否批准的决定。

第六章　职责

第十八条　中央广播电视大学的职责：

1. 举办全国统一开设的专业科类，制订相应的教学计划和统一开设课程的教学大纲；

2. 负责编审统一开设课程的印刷教材，制作视听教材，并出版发行；

3. 负责统一开设课程的考试和命题工作；

4. 加强师资、技术人员、管理干部培训工作；

5. 开发远距离高等教育、教学工作的研究；

6. 指导省、自治区、直辖市广播电视大学的教学业务工作。

第十九条 省、自治区、直辖市（计划单列市）广播电视大学的职责：

1. 举办面向本省、自治区、直辖市（计划单列市）统一开设的专业，制订相应的教学计划，并组织实施；

2. 拟订自行开设课程的教学大纲，编写自行开设课程的印刷教材及教学辅导资料，制作自行开设课程的视听教材；

3. 组织中央广播电视大学统一开设课程的考试及评卷，负责自开课程的考试和命题等工作；

4. 根据教育行政部门的有关规定，制订教学、教务、考务、学籍等管理细则，并组织实施。负责录取新生，颁发毕业证书、单科证书、结业证书；

5. 培训师资，开展教学研究，总结交流办学、教学经验；

6. 指导广播电视大学分校和工作站的教学业务工作；

7. 指导学生思想政治工作；

第二十条 广播电视大学分校和直辖市（计划单列市）的市区广播电视大学分校或工作站的职责：

1. 按照中央、省、自治区、直辖市（计划单列市）广播电视大学的教学计划，组织听课、辅导、答疑、批改作业、考试、考核、实验、实习、毕业作业（论文）等教学活动；

2. 贯彻执行上级教育行政部门颁发的关于教学、教务、考务、学籍管理等规章制度和省、自治区、直辖市（计划单列市）广播电视大学制定的相应的管理细则；

3. 负责所属工作站、教学班的组建和教学管理；

4. 对学生进行思想政治教育；

5. 颁发结业证书；

6. 省、自治区所属地区分校须负责面向本地区自办的专科专业及其他层次教育的教学和管理工作。

第二十一条 广播电视大学工作站的职责：

1. 聘请辅导教师和非学历教育自开课程的任课教师；

2. 负责各教学环节的组织工作和教学班的各项管理工作；

3. 做好学生的思想政治工作。

第七章　教学

第二十二条　广播大学面同全社会实施开放教学。采取视听、自学、函授、面授辅导相结合的教学形式。以视听和自学为主。

第二十三条　广播电视大学的教学过程采用全国统一开设课程和地方自行开设课程相结合，以全国统一开设课程为主的方式。

第二十四条　广播电视大学举办的学历教育，学员须通过国家规定的入学考试，方能取得学籍。学籍管理办法由国家教育委员会另行制定。

第二十五条　广播电视大学举办的学历教育实行学分制和学年制，并逐步向完全的学分制过渡。

实行学年制，应根据全日学习或业余学习和学科类别的需要确定学制。

实行学分制，应根据学科类别的需要，确定各门课程的学分。适当缩短或延长学员的学习年限。

第二十六条　广播电视大学应按照国家有关规定，参加与各类高等教育和中等职业技术教育联合办学。在相同层次、专业范围内逐步实行广播电视大学和其他类成人教育相互承认学分成绩。

第八章　管理体制

第二十七条　中央广播电视大学为国家教育委员会直属高等学校，接受国家教育委员会的领导和管理。

第二十八条　省、自治区、直辖市（计划单列市）广播电视大学为省、自治区、直辖市（计划单列市）人民政府所属高等学校，接受同级人民政府的领导和教育行政部门的管理。教学业务接受中央广播电视大学的指导。

第二十九条　省、自治区所属地区广播电视大学分校、直辖市（计划单列市）的市区广播电视大学分校或工作站，行政上接受同级人民政府的领导和教育行政部门的管理，教学业务接受省、自治区、直辖市（计划单列市）广播电视大学的指导和管理。

第三十条　县或各级机关、团体、企业事业单位的广播电视大学工作站及其教学班，接受县人民政府或本单位领导，接受所在地教育行政部门的管理。教学业务接受隶属的广播电视大学及其分校的指导和管理。

第九章　附则

第三十一条　国家教育委员会和地方各级教育行政部门依照本规定，分别负责对广播电视大学进行检查、考核，凡不符合本规定的，须予以整顿。整顿办法由国家教育委员会另行制定。

第三十二条　本规定施行前的有关规定，凡与本规定相抵触的，以本规定为准。

第三十三条　本规定由国家教育委员会负责解释。

第三十四条　本规定自发布之日起施行。

成人高等学校设置的暂行规定

（[88]教计字040号1988年4月9日）

第一章　总则

第一条　为加强成人高等教育的宏观管理，保证成人高等学校的质量，促进成人高等教育协调发展，制定本规定。

第二条　本规定所称的成人高等学校，是指以在职在业者为主要培养对象的教育学院（含成人教育学院）、管理干部学院、职工高等学校、农民高等学校及独立设置的业余大学、函授学院。

中央和地方广播电视大学以及高等教育自学考试机构的设置和管理，另按国家其他有关规定执行。

第三条　成人高等学校的设置，由国家教育委员会或它委托的机构审批。

第四条　成人高等学校的主要任务是：结合经济建设和社会发展的需要，对在职、在业而又达不到岗位要求的高等文化程度和专业水平的人员，进行相应的文化和专业教育；对中等以上层次的从业人员，进行相应的岗位培训；对具有大学专科以上学历或中级以上技术职务的在职专业技术人员、管理人员，进行继续教育。

第五条　设置成人高等学校，应当根据经济建设和社会发展的需要及办学条件的可能，统筹规划，合理布局，处理好发展成人高等教育同发展普通高等教育、职业技术教育的关系，处理好各类成人高等教育之间的关系，讲求办学质量和办学效益。

第六条　凡通过现有成人高等学校的扩大招生、增设专业、联合办学、发展普通高等学校函授或夜大学教育及发展广播电视教育等途径，能够基本满足人才需求的，不另行增设成人高等学校。

第七条　正式建立的成人高等学校可根据实际需要和师资、设备等条件，在其服务地区或行业所辖县或县级以上机关和企事业单位，设立校外直属教学机构（以下简称“校外教学班”）。

校外教学班的主要任务是开展岗位培训。

第八条　设置成人高等学校，按照隶属关系，由省、自治区、直辖市、计划单列市人民政府或国务院有关部门领导。其中设在地、市一级的教育学院，由省、自治区、直辖市人民政府和学校所在地人民政府双重领导。

国务院有关部门设置成人高等学校，在学校布局、专业设置、招生、办学形式、教学、制订长远规划和年度专科或本科招生计划等方面，应当接受学校所在地的省、自治区、直辖市、计划单列市教育行政部门的指导。

第九条 设置成人高等学校，应根据成人工作、学习的需要和办学条件的可能，确定办学形式。

成人高等学校各类培训的办学形式为业余、半脱产、脱产三种。

提倡成人高等学校之间 、 成人高等学校与普通高等学校之间以多种形式开展联合办学。

第二章 设置标准

第十条 设置成人高等学校，应当配备具有较高政治素质和管理成人高等教育工作的能力，达到大学本科文化水平的专职校（院）长和副校（院）长。同时，还应当配备专职的思想政治工作和科（室）、专业的负责人。

第十一条 成人高等学校在正式建校招生时，须按下列规定配备与学校的任务相适应的合格教师。

（一）成人高等学校的兼任教师人数，应当不超过本校专任教师的三分之二。其中专科或本科专业的兼任教师人数，应当不超过本专业专任教师的三分之一。

（二）本科专业必修的各门基础课和专业基础课，至少应分别配备具有讲师或相当于讲师以上专业技术职务的专任教师二人；各门必修专业课至少应分别配备具有讲师或相当于讲师以上专业技术职务的专任或兼任教师一人。

（三）专科专业必修的各门基础课和专业基础课，至少应分别配备具有讲师或相当于讲师以上专业技术职务的专任教师二人，各门主要专业课程，至少应分别配备具有讲师或相当于讲师以上专业技术职务的专任或兼任教师一人。

（四）岗位培训或者继续教育，各门课程的教师来源应有切实的保证。除由专任教师任课外，应聘请具有丰富实践经验和技术专长的专家担任兼职教师。

（五）具有副教授或相当于副教授任职资格以上的专任教师人数，应当不低于本校专任及兼任教师总数的5%。

成人高等学校的级别和教职工的编制标准，根据学校不同类别，按其它有关规定执行。

第十二条 成人高等学校应当根据其服务地区和行业对人才的需要，合理设置专业和课程；学校建成时，专业数应当在三个以上。

第十三条 设置成人高等学校的计划规模，包括专科或本科、岗位培训及继续教育等各类在校学生数，总计应达到八百人以上。

第十四条 成人高等学校在正式建校招生时，须具有与学校规模和任务相适应的专用校舍、图书资料、仪器设备及教学实习基地，保证教学、生活及学校长远发展的需要。所需校舍的占地面积和教学、生活用房设施的定额标准，根据成人教育的特点，参照国家关于新建普通高等学校校舍建筑面积、用地面积的定额办理。

成人高等学校的校舍可分期建设，但其可供使用的校舍面积，应当保证各年度招生的需要。

第十五条 设置成人高等学校所需的基本建设投资和教育事业费须有稳定的来源，学生人均经常费开支标准及使用办法，应区别不同培训目标的规格、要求和办学形式，按国家有关规定执行。

第三章 学校名称

第十六条 设置成人高等学校 ， 应根据其办学任务、领导体制、行业类别和所在地方等，确定名实相符的、规范的学校名称。

第四章 审批验收

第十七条 国家教育委员会每年第三季度办理设置成人高等学校的审批手续。设置成人高等学校的主管部门，应在每年第三季度以前提出申请，逾期则延至下一年度审批时间办理。

第十八条 设置成人高等学校的审批程序，一般分为审批筹建和审批正式建校招生两个阶段。具备建校招生条件的，也可直接申请正式建校招生，举办专科或本科学历教育。

第十九条 设置成人高等学校，实行必要性和可行性的论证制度及论证责任制。

设置成人高等学校，应当由学校的主管部门邀请教育、计划、人才预测、劳动人事、财政、基本建设等有关部门和专家共同进行论证，并提出论证报告。

论证报告应包括下列内容：

（一）拟建学校的名称、校址、学科类别、专业设置、规模、领导体制、以及专科或本科、岗位培训、继续教育招生的地区、行业；

（二）人才需求预测、办学效益、成人高等教育与普通高等教育以及职业技术教育的布局；

（三）拟建学校的师资、经费、基本建设投资的来源；

（四）参加论证的单位名称、法定代表人的姓名和职务，论证参加人的姓名、专业技术职务。参加论证的单位和个人均应在论证报告上盖章或签字。

第二十条 凡经过论证，确需设置成人高等学校的，按学校隶属关系，由省、自治区、直辖市及计划单列市人民政府或国务院有关部门向国家教育委员会提出筹建成人高等学校的申请书，并附交论证报告、本规定所附的《筹建成人高等学校申请表》及其他有关保证性文件。

国务院有关部门申请筹建成人高等学校，还应附交学校所在地的省、自治区、直辖市及计划单列市人民政府的意见书。

第二十一条 成人高等学校的筹建期限，从批准筹建之日起，应当不少于一年，最长不得超过三年。

成人高等学校在筹建期间，经学校的主管部门同意，可开展适量的岗位培训。

第二十二条 经批准筹建的成人高等学校，凡具备本规定第二章设置标准规定的，按学校隶属关系，由省、自治区、直辖市及计划单列市人民政府或国务院有关部门向国家教育委员会提出正式建校招生的申请书，并附交筹建情况报告、本规定所附的《正式建立成人高等学校申请表》及其他有关保证性文件。

第二十三条 国家教育委员会在接到筹建成人高等学校申请书，或正式建校招生申请书后，应组织论证审查，并做出是否准予筹建或正式建校招生的决定。

第二十四条 经批准正式建立的成人高等学校，专科专业的设置，须按隶属关系，由学校报省、自治区、直辖市及计划单列市或国务院有关部门的教育行政部门审批，并报国家教育委员会备案；本科专业的设置，由学校报请省、自治区、直辖市及计划单列市或国务院有关部门的教育行政部门审查，报国家教育委员会批准。

正式建立的成人高等学校年度专科或本科招生计划，须纳入国家本年度招生计划；岗位培训和继续教育招生的审批，按国家有关规定执行。

第二十五条 按第七条规定，校外教学班的设置，须按所属学校的录属关系，经省、自治区、直辖市及计划单列市或国务院有关部门的教育行政部门批准，并报国家教育委员会备案。

成人高等学校设立校外教学班，须符合下列三项条件：

（一）服务地区或行业的在职、在业人员岗位培训需求量大，学校本部校舍容纳困难，确有必要设立校外教学班的；

（二）已培训有一届以上专科（本科）合格毕业生；

（三）具有必要的师资、教学设备及管理人员，能够承担校外培训任务。

第二十六条 为保证新建成人高等学校的办学质量，实行考核验收制度。由国家教育委员会或它委托的机构，对新建成人高等学校的第一届专科（本科）毕业生进行考核验收。

新建成人高等学校开展岗位培训和继续教育的质量考核，按国家有关规定执行。

第五章　检查处理

第二十七条　凡违反本规定有下列情形之一的，由国家教育委员会区别情况，责令其整顿、停止招生或停办：

（一）不按本规定擅自筹建或建立成人高等学校的；

（二）在筹建期间擅自招收专科（本科）学生的；

（三）超过本规定第二十一条的筹建期限，仍未具备正式建校招生条件的；

（四）从批准正式建校招生之日起五年内，生源缺乏或达不到正常的教师配备标准和办学条件的；

（五）第一届专科（本科）毕业生经考核达不到国家规定要求的；

（六）校外教学班不符合本规定第二十五条规定，办学质量低劣的。

第六章　附则

第二十八条　本规定施行前的有关规定，凡与本规定相抵触的，以本规定为准。

第二十九条　对本规定施行前设置的成人高等学校，应当参照本规定的要求进行整顿。整顿办法，由国家教育委员会另行制定。

第三十条　中国人民解放军编制序列的干部学校，中国共产党的各级党校，其设置办法，按国家其它有关规定执行。

第三十一条　本规定由国家教育委员会负责解释。

第三十二条　本规定自发布之日起施行。

托儿所幼儿园卫生保健管理办法

（卫生部 教育部令第76号，2010年3月1日经卫生部部务会议审议通过，并经教育部同意，自2010年11月1日起施行）

第一条 为提高托儿所、幼儿园卫生保健工作水平，预防和减少疾病发生，保障儿童身心健康，制定本办法。

第二条 本办法适用于招收0～6岁儿童的各级各类托儿所、幼儿园（以下简称托幼机构）。

第三条 托幼机构应当贯彻保教结合、预防为主的方针，认真做好卫生保健工作。

第四条 县级以上各级人民政府卫生行政部门应当将托幼机构的卫生保健工作作为公共卫生服务的重要内容，加强监督和指导。

县级以上各级人民政府教育行政部门协助卫生行政部门检查指导托幼机构的卫生保健工作。

第五条 县级以上妇幼保健机构负责对辖区内托幼机构卫生保健工作进行业务指导。业务指导的内容包括：膳食营养、体格锻炼、健康检查、卫生消毒、疾病预防等。

疾病预防控制机构应当定期为托幼机构提供疾病预防控制咨询服务和指导。

卫生监督执法机构应当依法对托幼机构的饮用水卫生、传染病预防和控制等工作进行监督检查。

第六条 托幼机构设有食堂提供餐饮服务的，应当按照《食品安全法》、《食品安全法实施条例》以及有关规章的要求，认真落实各项食品安全要求。

食品药品监督管理部门等负责餐饮服务监督管理的部门应当依法加强对托幼机构食品安全的指导与监督检查。

第七条 托幼机构的建筑、设施、设备、环境及提供的食品、饮用水等应当符合国家有关卫生标准、规范的要求。

第八条 新设立的托幼机构，招生前应当取得县级以上地方人民政府卫生行政部门指定的医疗卫生机构出具的符合《托儿所幼儿园卫生保健工作规范》的卫生评价报告。

各级教育行政部门应当将卫生保健工作质量纳入托幼机构的分级定类管理。

第九条 托幼机构的法定代表人或者负责人是本机构卫生保健工作的第一责任人。

第十条 托幼机构应当根据规模、接收儿童数量等设立相应的卫生室或者保健室，具体负责卫生保健工作。

卫生室应当符合医疗机构基本标准，取得卫生行政部门颁发的《医疗机构执业许可证》。

保健室不得开展诊疗活动，其配置应当符合保健室设置基本要求。

第十一条 托幼机构应当聘用符合国家规定的卫生保健人员。卫生保健人员包括医师、护士和保健员。

在卫生室工作的医师应当取得卫生行政部门颁发的《医师执业证书》，护士应当取得《护士执业证书》。

在保健室工作的保健员应当具有高中以上学历，经过卫生保健专业知识培训，具有托幼机构卫生保健基础知识，掌握卫生消毒、传染病管理和营养膳食管理等技能。

第十二条 托幼机构聘用卫生保健人员应当按照收托150名儿童至少设1名专职卫生保健人员的比例配备卫生保健人员。收托150名以下儿童的，应当配备专职或者兼职卫生保健人员。

第十三条 托幼机构卫生保健人员应当定期接受当地妇幼保健机构组织的卫生保健专业知识培训。

托幼机构卫生保健人员应当对机构内的工作人员进行卫生知识宣传教育、疾病预防、卫生消毒、膳食营养、食品卫生、饮用水卫生等方面的具体指导。

第十四条 托幼机构工作人员上岗前必须经县级以上人民政府卫生行政部门指定的医疗卫生机构进行健康检查，取得《托幼机构工作人员健康合格证》后方可上岗。

托幼机构应当组织在岗工作人员每年进行1次健康检查；在岗人员患有传染性疾病的，应当立即离岗治疗，治愈后方可上岗工作。

精神病患者、有精神病史者不得在托幼机构工作。

第十五条 托幼机构应当严格按照《托儿所幼儿园卫生保健工作规范》开展卫生保健工作。

托幼机构卫生保健工作包括以下内容：

（一）根据儿童不同年龄特点，建立科学、合理的一日生活制度，培养儿童良好的卫生习惯；

（二）为儿童提供合理的营养膳食，科学制订食谱，保证膳食平衡；

（三）制订与儿童生理特点相适应的体格锻炼计划，根据儿童年龄特点开展游戏及体育活动，并保证儿童户外活动时间，增进儿童身心健康；

（四）建立健康检查制度，开展儿童定期健康检查工作，建立健康档案。坚持晨检及全日健康观察，做好常见病的预防，发现问题及时处理；

（五）严格执行卫生消毒制度，做好室内外环境及个人卫生。加强饮食卫生管理，保证食品安全；

（六）协助落实国家免疫规划，在儿童入托时应当查验其预防接种证，未按规定接种的儿童要告知其监护人，督促监护人带儿童到当地规定的接种单位补种；

（七）加强日常保育护理工作，对体弱儿进行专案管理。配合妇幼保健机构定期开展儿童眼、耳、口腔保健，开展儿童心理卫生保健；

（八）建立卫生安全管理制度，落实各项卫生安全防护工作，预防伤害事故的发生；

（九）制订健康教育计划，对儿童及其家长开展多种形式的健康教育活动；

（十）做好各项卫生保健工作信息的收集、汇总和报告工作。

第十六条 托幼机构应当在疾病预防控制机构指导下，做好传染病预防和控制管理工作。

托幼机构发现传染病患儿应当及时按照法律、法规和卫生部的规定进行报告，在疾病预防控制机构的指导下，对环境进行严格消毒处理。

在传染病流行期间，托幼机构应当加强预防控制措施。

第十七条 疾病预防控制机构应当收集、分析、调查、核实托幼机构的传染病疫情，发现问题及时通报托幼机构，并向卫生行政部门和教育行政部门报告。

第十八条 儿童入托幼机构前应当经医疗卫生机构进行健康检查，合格后方可进入托幼机构。

托幼机构发现在园（所）的儿童患疑似传染病时应当及时通知其监护人离园（所）诊治。患传染病的患儿治愈后，凭医疗卫生机构出具的健康证明方可入园（所）。

儿童离开托幼机构3个月以上应当进行健康检查后方可再次入托幼机构。

医疗卫生机构应当按照规定的体检项目开展健康检查，不得违反规定擅自改变。

第十九条 托幼机构有下列情形之一的，由卫生行政部门责令限期改正，通报批评；逾期不改的，给予警告；情节严重的，由教育行政部门依法给予行政处罚：

（一）未按要求设立保健室、卫生室或者配备卫生保健人员的；

（二）聘用未进行健康检查或者健康检查不合格的工作人员的；

（三）未定期组织工作人员健康检查的；

（四）招收未经健康检查或健康检查不合格的儿童入托幼机构的；

（五）未严格按照《托儿所幼儿园卫生保健工作规范》开展卫生保健工作的。

卫生行政部门应当及时将处理结果通报教育行政部门，教育行政部门将其作为托幼机构分级定类管理和质量评估的依据。

第二十条 托幼机构未取得《医疗机构执业许可证》擅自设立卫生室，进行诊疗活动的，按照《医疗机构管理条例》的有关规定进行处罚。

第二十一条 托幼机构未按照规定履行卫生保健工作职责，造成传染病流行、食物中毒等突发公共卫生事件的，卫生行政部门、教育行政部门依据相关法律法规给予处罚。

县级以上医疗卫生机构未按照本办法规定履行职责，导致托幼机构发生突发公共卫生事件的，卫生行政部门依据相关法律法规给予处罚。

第二十二条 小学附设学前班、单独设立的学前班参照本办法执行。

第二十三条 各省、自治区、直辖市可以结合当地实际，根据本办法制定实施细则。

第二十四条 对认真执行本办法，在托幼机构卫生保健工作中做出显著成绩的单位和个人，由各级人民政府卫生行政部门和教育行政部门给予表彰和奖励。

第二十五条 《托儿所幼儿园卫生保健工作规范》由卫生部负责制定。

第二十六条 本办法自2010年11月1日起施行。1994年12月1日由卫生部、原国家教委联合发布的《托儿所、幼儿园卫生保健管理办法》同时废止。

中小学卫生保健机构工作规程

（教体[1995]13号1995年9月7日）

第一章 总则

第一条 根据《学校卫生工作条例》第二十一条规定，特制定本规程。

第二条 地区性中小学卫生保健机构，是所在地区教育行政部门领导下的面向中小学校、直接为中小学生服务的事业单位，也是研究青少年体质健康、对学生实施健康教育和常见疾病、多发病防治的业务指导部门和社会性服务组织。

第三条 中小学卫生保健机构服务对象主要是所在地区内的中小学生。

第二章 任务

第四条 协助教育行政部门规划、部署学校卫生工作。协助学校全面贯彻教育方针，实施学校卫生工作。

第五条 调查研究本地区中小学生体质健康状况。

1. 负责学生的健康体检，做好本地区学生的体质健康监测工作。

2. 建立健全学生健康档案，做好资料统计分析和积累工作，为教育行政部门制定有关政策提供科学依据。

3. 根据学生健康状况和发育水平，提出干预措施，指导学校卫生保健工作。

第六条 开展和指导中小学生常见疾病及其它疾病的防治工作。

1. 开展对近视眼、龋齿、沙眼等学校常见疾病的群体预防和矫治工作。

2. 按照国家有关规定认真做好传染病、地方病的防治工作。

3. 对在体检中发现有器质性疾病的学生要及时做好转诊工作；对因病不能坚持正常学习的学生要及时向学校提出处理意见。

第七条 帮助学校开展健康教育和咨询，普通卫生保健知识，提高学生的卫生素养和自我保健能力。

第八条 协助所在地区教育行政部门制定本辖区中小学卫生技术人员的培训计

划，负责对本辖区内的中小学卫生技术人员和健康教育课教师进行培训和业务指导。

第九条 指导学校开展各项卫生工作，协助卫生行政部门对学校教学卫生、体育卫生、环境卫生、劳动卫生、饮食卫生等实施卫生监督。

第十条 开展辖区内学生卫生保健服务。

第三章 管理

第十一条 中小学卫生保健机构接受所在地区教育行政部门领导和同级卫生行政部门的业务指导，依照有关法律、法规，开展学校卫生保健工作。

第十二条 中小学卫生保健机构实行行政首长负责制。

第十三条 中小学卫生保健机构人员编制由主管教育行政部门根据其任务和实际服务范围配编，中小学卫生保健机构总编制应不低于学生总人数的万分之三，其中专业卫生技术人员不得少于总编制的80%，中级职称以上的专业卫生技术人员不得少于总编制的40%。

第十四条 主管教育行政部门应把中小学卫生保健机构的基本建设纳入教育基本建设总体规划，保证中小学卫生保健机构开展工作必备的办公条件。办公用房面积应以服务对象、工作范围、开展群体防治工作的实际需要而定，一般应不少于每专业人员15平方米。卫生保健器材与设备配置应以普通、实用、配套、高效为主，以保证工作的正常开展，有条件的地区可配备一些先进和设备。

第十五条 中小学卫生保健机构在编人员的工资、办公费由主管教育行政部门从教育事业费中拨给。中小学卫生保健机构设备仪器的购置与维修费及房舍维修由主管教育行政部门和中小学卫生保健机构从教育事业费及中小学卫生保健机构预算外收入中支出。

中小学卫生保健机构按照国家有关规定开展卫生保健有偿服务的收入，应主要用于改善办所条件、科研、培训和表彰奖励学校。

第十六条 中小学卫生保健机构应建立卫生技术人员业务培训和进修制度，加强保健机构人员的经常性业务学习和科研实践，不断提高保健机构人员的思想及业务素质。

第十七条 中小学卫生保健机构卫生技术人员的专业技术考核、职称评定按照《学校卫生工作条例》第二十二条规定和（86）教体字018号文件精神执行，由教育行政部门组织实施。

第十八条 根据《学校卫生工作条例》第二十二条规定和（86）教体字018号文件规定，中小学卫生保健机构卫生技术人员和行政管理人员，享有本地区卫生部门规定的卫生津贴，同时主管教育行政部门应根据教育部门的实际情况合理解决中小学卫生保健的有关待遇。

第十九条 对在学校卫生工作中贡献突出者与长期从事卫生保健工作成绩显著者，应给予表扬、奖励。

第二十条 在学校卫生工作中玩忽职守，造成医疗事故或不良后果者，应按照有关规定给予处理。

第四章 附则

第二十一条 中小学卫生保健机构是指中小学卫生保健所、学校体育保健中心、学生保健站等直接为中小学生服务的卫生保健机构。

高等学校医疗保健机构工作规程

（教体[1998]4号1998年4月22日）

第一章　总则

第一条　为贯彻《学校卫生工作条例》，加强对高等学校医疗保健机构的管理，提高医疗保健工作质量，提高师生员工健康水平，特制定本规程。

第二条　高等学校医疗保健机构指设在高等学校内、主要为师生员工提供医疗保健服务的机构，按学校规模大小及服务对象多少分别设置校医院或卫生科。

第三条　高等学校医疗保健机构应坚持面向全体师生员工、贯彻预防为主的工作方针，树立为教学服务、为提高师生健康水平服务的工作宗旨。

第四条　高等学校医疗保健机构的主要任务是：监测学校人群的健康状况；开展学校健康教育；负责学校常见病和传染病的防治；对影响学校人群健康的有害因素实施医务监督。

第二章　基本职责

第五条　负责新生入学健康检查，定期对学校各类人员进行健康检查；对各类健康检查资料进行统计分析，并根据存在问题及时采取有效防治措施。

第六条　对患病体弱学生实施医疗照顾；对因病不能坚持学习者，根据学籍管理规定，提出休、退学处理意见。

第七条　对学校社区内危重病例实施抢救。校内医疗保健机构不能处理的危重及疑难病例，应当及时转上级医疗机构诊治。

第八条　协助教务部门开设大学生健康教育课程（选修课或必修课）或定期举办健康教育讲座，增强学生自我保健能力，促进学生建立健康的生活方式和良好的卫生习惯。

第九条　开展学校社区内医疗服务，做好各种常见病和多发病的诊治、控制工作。

第十条　贯彻执行传染病防治法规，做好学校社区内传染病预防和管理工作。

第十一条　对学校教学卫生、体育卫生、劳动卫生、环境卫生、饮食与营养卫生等实施医务监督，并提供咨询和技术指导。

第十二条　根据国家有关规定，结合学校实际情况，积极协助学校有关部门对公费医疗进行改革和管理。

第三章　管理

第十三条　高等学校医疗保健机构的设置，由各高等学校按《医疗机构管理条例》规定，报所在地卫生行政部门审批。

第十四条　高等学校医疗保健机构受主管校长直接领导，或由主管校长委托总务部门领导，业务上接受当地卫生行政部门的监督和指导。

第十五条　高等学校医疗保健机构人员编制，应根据服务对象的总人数及任务，结合学校的实际情况，参照国家有关规定具体核定。卫生技术人员应占其总编制的80％以上。其中，中、高级技术职务人员应达到卫生技术人员总数的60％左右。

第十六条　高等学校医疗保健机构的科室设置，除执行《医疗机构基本标准（试行）》中相应等级医院及综合门诊部的有关规定外，根据学校卫生工作的特点，应设立健康教育及心理咨询科室（组），或设专人负责该项工作。有条件的校医院可设置适当数量高知病房。

第十七条　校医院（卫生科）的管理，实行院（科）长负责制，院（科）长由所在学校任命。

第十八条　校医院（卫生科）应按照《医疗机构管理条例》的规定，建立以岗位责任制为中心的规章制度。应明确各科室人员职责权限，执行各项保健医疗护理常规和技术操作规程。

第十九条　高等学校卫生技术人员的专业技术职务聘任按国家有关规定执行，卫生技术人员的业务进修纳入学校工作计划。

第二十条　高等学校卫生技术人员的卫生保健津贴，按照国家有关规定执行。

第二十一条　高等学校医疗保健机构的基本建设应纳入学校基建总体规划。其建筑面积按《医疗机构基本标准（试行）》或《普通高校建筑面积标准》的有关规定执行。

第二十二条　高等学校医疗保健机构的基建与设备费、经常性经费、预防经费、健康教育经费，应纳入学校年度预算。

第二十三条　高等学校医疗保健机构要加强自身建设和管理，提高医疗技术水平和服务质量，减少转诊，降低公费医疗支出。

第四章　奖励与处罚

第二十四条　在高等学校医疗保健工作中有突出贡献或长期从事高等学校医疗保健工作成绩显著者，学校及教育行政部门应当给予表彰和奖励。

第二十五条　医风恶劣、工作不负责任而导致医疗事故者，应根据国务院发布的《医疗事故处理条例》予以处理。

第五章　附则

第二十六条　本规程自颁布之日起实施。

高等学校档案管理办法

(教育部第27号令，2008年8月20日发布，自2008年9月1日起施行)

第一章　总则

第一条　为规范高等学校档案工作，提高档案管理水平，有效保护和利用档案，根据《中华人民共和国档案法》及其实施办法，制定本办法。

第二条　本办法所称的高等学校档案(以下简称高校档案)，是指高等学校从事招生、教学、科研、管理等活动直接形成的对学生、学校和社会有保存价值的各种文字、图表、声像等不同形式、载体的历史记录。

第三条　高校档案工作是高等学校重要的基础性工作，学校应当加强管理，将之纳入学校整体发展规划。

第四条　国务院教育行政部门主管全国高校档案工作。省、自治区、直辖市人民政府教育行政部门主管本行政区域内高校档案工作。

国家档案行政部门和省、自治区、直辖市人民政府档案行政部门在职责范围内负责对高校档案工作的业务指导、监督和检查。

第五条　高校档案工作由高等学校校长领导，其主要职责是：

(一)贯彻执行国家关于档案管理的法律法规和方针政策，批准学校档案工作规章制度；

(二)将档案工作纳入学校整体发展规划，促进档案信息化建设与学校其他工作同步发展；

(三)建立健全与办学规模相适应的高校档案机构，落实人员编制、档案库房、发展档案事业所需设备以及经费；

(四)研究决定高校档案工作中的重要奖惩和其他重大问题。

分管档案工作的校领导协助校长负责档案工作。

第二章　机构设置与人员配备

第六条　高校档案机构包括档案馆和综合档案室。

具备下列条件之一的高等学校应当设立档案馆：

(一)建校历史在50年以上；

(二)全日制在校生规模在1万人以上；

(三)已集中保管的档案、资料在3万卷(长度300延长米)以上。

未设立档案馆的高等学校应当设立综合档案室。

第七条 高校档案机构是保存和提供利用学校档案的专门机构，应当具备符合要求的档案库房和管理设施。

需要特殊条件保管或者利用频繁且具有一定独立性的档案，可以根据实际需要设立分室单独保管。分室是高校档案机构的分支机构。

第八条 高校档案机构的管理职责是：

(一)贯彻执行国家有关档案工作的法律法规和方针政策，综合规划学校档案工作；

(二)拟订学校档案工作规章制度，并负责贯彻落实；

(三)负责接收(征集)、整理、鉴定、统计、保管学校的各类档案及有关资料；

(四)编制检索工具，编研、出版档案史料，开发档案信息资源；

(五)组织实施档案信息化建设和电子文件归档工作；

(六)开展档案的开放和利用工作；

(七)开展学校档案工作人员的业务培训；

(八)利用档案开展多种形式的宣传教育活动，充分发挥档案的文化教育功能；

(九)开展国内外档案学术研究和交流活动。

有条件的高校档案机构，可以申请创设爱国主义教育基地。

第九条 高校档案馆设馆长一名，根据需要可以设副馆长一至二名。综合档案室设主任一名，根据需要可以设副主任一至二名。

馆长、副馆长和综合档案室主任(馆长和综合档案室主任，以下简称为高校档案机构负责人)，应当具备以下条件：

(一)热心档案事业，具有高级以上专业技术职务任职经历；

(二)有组织管理能力，具有开拓创新意识和精神；

(三)年富力强，身体健康。

第十条 高等学校应当为高校档案机构配备专职档案工作人员。

高校专职档案工作人员列入学校事业编制。其编制人数由学校根据本校档案机构的档案数量和工作任务确定。

第十一条 高校档案工作人员应当遵纪守法，爱岗敬业，忠于职守，具备档案业务知识和相应的科学文化知识以及现代化管理技能。

第十二条 高校档案机构中的专职档案工作人员，实行专业技术职务聘任制或者职员职级制，享受学校教学、科研和管理人员同等待遇。

第十三条 高等学校对长期接触有毒有害物质的档案工作人员，应当按照法律法规的有关规定采取有效的防护措施防止职业中毒事故的发生，保障其依法享有工伤社会保险待遇以及其他有关待遇，并可以按照有关规定予以补助。

第三章 档案管理

第十四条 高等学校应当建立、健全档案工作的检查、考核与评估制度，定期布置、检查、总结、验收档案工作，明确岗位职责，强化责任意识，提高学校档案管理水平。

第十五条 高等学校应当对纸质档案材料和电子档案材料同步归档。文件材料的归档范围是：

(一)党群类：主要包括高等学校党委、工会、团委、民主党派等组织的各种会议文件、会议记录及纪要；各党群部门的工作计划、总结；上级机关与学校关于党群管理的文件材料。

(二)行政类：主要包括高等学校行政工作的各种会议文件、会议纪录及纪要；上级机关与学校关于人事管理、行政管理的材料。

(三)学生类：主要包括高等学校培养的学历教育学生的高中档案、入学登记表、体检表、学籍档案、奖惩记录、党团组织档案、毕业生登记表等。

(四)教学类：主要包括反映教学管理、教学实践和教学研究等活动的文件材料。按原国家教委、国家档案局发布的《高等学校教学文件材料归档范围》((87)教办字016号)的相关规定执行。

(五)科研类：按原国家科委、国家档案局发布的《科学技术研究档案管理暂行规定》(国档发[1987]6号)执行。

(六)基本建设类：按国家档案局、原国家计委发布的《基本建设项目档案资料管理暂行规定》(国档发[1988]4号)执行。

(七)仪器设备类：主要包括各种国产和国外引进的精密、贵重、稀缺仪器设备(价值在10万元以上)的全套随机技术文件以及在接收、使用、维修和改进工作中产生的文件材料。

(八)产品生产类：主要包括高等学校在产学研过程中形成的文件材料、样品或者样品照片、录像等。

(九)出版物类：主要包括高等学校自行编辑出版的学报、其他学术刊物及本校出版社出版物的审稿单、原稿、样书及出版发行记录等。

(十)外事类：主要包括学校派遣有关人员出席国际会议、出国考察、讲学、合作研究、学习进修的材料；学校聘请的境外专家、教师在教学、科研等活动中形成的材料；学校开展校际交流、中外合作办学、境外办学及管理外国或者港澳台地区专家、教师、国际学生、港澳台学生等的材料；学校授予境外人士名誉职务、学位、称号等的材料。

(十一)财会类：按财政部、国家档案局发布的《会计档案管理办法》(财会字[1998]32号)执行。

高等学校可以根据学校实际情况确定归档范围。归档的档案材料包括纸质、电子、照(胶)片、录像(录音)带等各种载体形式。

第十六条 高等学校实行档案材料形成单位、课题组立卷的归档制度。

学校各部门负责档案工作的人员应当按照归档要求，组织本部门的教学、科研和管理等人员及时整理档案和立卷。立卷人应当按照纸质文件材料和电子文件材料的自然形成规律，对文件材料系统整理组卷，编制页号或者件号，制作卷内目录，交本部门负责档案工作的人员检查合格后向高校档案机构移交。

第十七条 归档的档案材料应当质地优良，书绘工整，声像清晰，符合有关规范和标准的要求。电子文件的归档要求按照国家档案局发布的《电子公文归档管理暂行办法》以及《电子文件归档与管理规范》(GB／T 18894-2002)执行。

第十八条 高校档案材料归档时间为：

(一)学校各部门应当在次学年6月底前归档；

(二)各院系等应当在次学年寒假前归档；

(三)科研类档案应当在项目完成后两个月内归档，基建类档案应当在项目完成后三个月内归档。

第十九条 高校档案机构应当对档案进行整理、分类、鉴定和编号。

第二十条 高校档案机构应当按照国家档案局《机关文件材料归档范围和文书档案保管期限规定》，确定档案材料的保管期限。对保管期限已满、已失去保存价值的档案，经有关部门鉴定并登记造册报校长批准后，予以销毁。未经鉴定和批准，不得销毁任何档案。

第二十一条 高校档案机构应当采用先进的档案保护技术，防止档案的破损、褪色、霉变和散失。对已经破损或者字迹褪色的档案，应当及时修复或者复制。对重要档案和破损、褪色修复的档案应当及时数字化，加工成电子档案保管。

第二十二条 高校档案由高校档案机构保管。在国家需要时，高等学校应当提供所需的档案原件或者复制件。

第二十三条 高等学校与其他单位分工协作完成的项目，高校档案机构应当至少保存一整套档案。协作单位除保存与自己承担任务有关的档案正本以外，应当将复制件送交高校档案机构保存。

第二十四条 高等学校中的个人对其从事教学、科研、管理等职务活动所形成的各种载体形式的档案材料，应当按照规定及时归档，任何个人不得据为己有。

对于个人在其非职务活动中形成的重要档案材料，高校档案机构可以通过征集、代管等形式进行管理。

高校档案机构对于与学校有关的各种档案史料的征集，应当制定专门的制度和办法。

第二十五条 高校档案机构应当对所存档案和资料的保管情况定期检查，消除安全隐患，遇有特殊情况，应当立即向校长报告，及时处理。

档案库房的技术管理工作，应当建立、健全有关规章制度，由专人负责。

第二十六条 高校档案机构应当认真执行档案统计年报制度，并按照国家有关规定报送档案工作基本情况统计报表。

第四章　档案的利用与公布

第二十七条 高校档案机构应当按照国家有关规定公布档案。未经高等学校授权，其他任何组织或者个人无权公布学校档案。

属下列情况之一者，不对外公布：

(一)涉及国家秘密的；

(二)涉及专利或者技术秘密的；

(三)涉及个人隐私的；

(四)档案形成单位规定限制利用的。

第二十八条 凡持有合法证明的单位或者持有合法身份证明的个人，在表明利用档案的目的和范围并履行相关登记手续后，均可以利用已公布的档案。

境外组织或者个人利用档案的，按照国家有关规定办理。

第二十九条 查阅、摘录、复制未开放的档案，应当经档案机构负责人批准。涉及未公开的技术问题，应当经档案形成单位或者本人同意，必要时报请校长审查批准。需要利用的档案涉及重大问题或者国家秘密，应当经学校保密工作部门批准。

第三十条 高校档案机构提供利用的重要、珍贵档案，一般不提供原件。如有特殊需要，应当经档案机构负责人批准。

加盖高校档案机构公章的档案复制件，与原件具有同等效力。

第三十一条 高校档案开放应当设立专门的阅览室，并编制必要的检索工具(著录标准按《档案著录规则》(DA／T18-1999)执行)，提供开放档案目录、全宗指南、档案馆指南、计算机查询系统等，为社会利用档案创造便利条件。

第三十二条 高校档案机构是学校出具档案证明的唯一机构。

高校档案机构应当为社会利用档案创造便利条件，用于公益目的的，不得收取费用；用于个人或者商业目的的，可以按照有关规定合理收取费用。

社会组织和个人利用其所移交、捐赠的档案，高校档案机构应当无偿和优先提供。

第三十三条 寄存在高校档案机构的档案，归寄存者所有。高校档案机构如果需要向社会提供利用，应当征得寄存者同意。

第三十四条 高校档案机构应当积极开展档案的编研工作。出版档案史料和公布档案，应当经档案形成单位同意，并报请校长批准。

第三十五条 高校档案机构应当采取多种形式(如举办档案展览、陈列、建设档案网站等)，积极开展档案宣传工作。有条件的高校，应当在相关专业的高年级开设有关档案管理的选修课。

第五章　条件保障

第三十六条 高等学校应当将高校档案工作所需经费列入学校预算，保证档案工作的需求。

第三十七条 高等学校应当为档案机构提供专用的、符合档案管理要求的档案库房，对不适应档案事业发展需要或者不符合档案保管要求的馆库，按照《档案馆建设标准》(建标103-2008)的要求及时进行改扩建或者新建。

存放涉密档案应当设有专门库房。

存放声像、电子等特殊载体档案，应当配置恒温、恒湿、防火、防渍、防有害生物等必要设施。

第三十八条 高等学校应当设立专项经费，为档案机构配置档案管理现代化、档案信息化所需的设备设施，加快数字档案馆(室)建设，保障档案信息化建设与学校数字化校园建设同步进行。

第六章　奖励与处罚

第三十九条 高等学校对在档案工作中做出下列贡献的单位或者个人，给予表彰与奖励：

(一)在档案的收集、整理、提供利用工作中做出显著成绩的；

(二)在档案的保护和现代化管理工作中做出显著成绩的；

(三)在档案学研究及档案史料研究工作中做出重要贡献的；

(四)将重要的或者珍贵的档案捐赠给高校档案机构的；

(五)同违反档案法律法规的行为作斗争，表现突出的。

第四十条 有下列行为之一的，高等学校应当对直接负责的主管人员和其他直接责任人员依法给予处分；构成犯罪的，由司法机关依法追究刑事责任。

(一)玩忽职守，造成档案损坏、丢失或者擅自销毁档案的；

(二)违反保密规定，擅自提供、抄录、公布档案的；

(三)涂改、伪造档案的；

(四)擅自出卖、赠送、交换档案的；

(五)不按规定归档，拒绝归档或者将档案据为己有的；

(六)其他违反档案法律法规的行为。

第七章 附则

第四十一条 本办法适用于各类普通高等学校、成人高等学校。

第四十二条 高等学校可以根据本办法制订实施细则。

高等学校附属单位(包括附属医院、校办企业等)的档案管理，由学校根据实际情况自主确定。

第四十三条 本办法自2008年9月1日起施行。国家教育委员会1989年10月10日发布的《普通高等学校档案管理办法》(国家教育委员会令第6号)同时废止。

高等学校消防安全管理规定

（教育部 公安部第28号令，2009年7月3日教育部第20次部长办公会议审议通过，并经公安部同意，2009年10月19日发布，自2010年1月1日起施行）

第一章　总则

第一条　为了加强和规范高等学校的消防安全管理，预防和减少火灾危害，保障师生员工生命财产和学校财产安全，根据消防法、高等教育法等法律、法规，制定本规定。

第二条　普通高等学校和成人高等学校（以下简称学校）的消防安全管理，适用本规定。

驻校内其他单位的消防安全管理，按照本规定的有关规定执行。

第三条　学校在消防安全工作中，应当遵守消防法律、法规和规章，贯彻预防为主、防消结合的方针，履行消防安全职责，保障消防安全。

第四条　学校应当落实逐级消防安全责任制和岗位消防安全责任制，明确逐级和岗位消防安全职责，确定各级、各岗位消防安全责任人。

第五条　学校应当开展消防安全教育和培训，加强消防演练，提高师生员工的消防安全意识和自救逃生技能。

第六条　学校各单位和师生员工应当依法履行保护消防设施、预防火灾、报告火警和扑救初起火灾等维护消防安全的义务。

第七条　教育行政部门依法履行对高等学校消防安全工作的管理职责，检查、指导和监督高等学校开展消防安全工作，督促高等学校建立健全并落实消防安全责任制和消防安全管理制度。

公安机关依法履行对高等学校消防安全工作的监督管理职责，加强消防监督检查，指导和监督高等学校做好消防安全工作。

第二章　消防安全责任

第八条　学校法定代表人是学校消防安全责任人，全面负责学校消防安全工作，履行下列消防安全职责：

（一）贯彻落实消防法律、法规和规章，批准实施学校消防安全责任制、学校消防安全管理制度；

（二）批准消防安全年度工作计划、年度经费预算，定期召开学校消防安全工作会议；

（三）提供消防安全经费保障和组织保障；

（四）督促开展消防安全检查和重大火灾隐患整改，及时处理涉及消防安全的重大问题；

（五）依法建立志愿消防队等多种形式的消防组织，开展群众性自防自救工作；

（六）与学校二级单位负责人签订消防安全责任书；

（七）组织制定灭火和应急疏散预案；

（八）促进消防科学研究和技术创新；

（九）法律、法规规定的其他消防安全职责。

第九条 分管学校消防安全的校领导是学校消防安全管理人，协助学校法定代表人负责消防安全工作，履行下列消防安全职责：

（一）组织制定学校消防安全管理制度，组织、实施和协调校内各单位的消防安全工作；

（二）组织制定消防安全年度工作计划；

（三）审核消防安全工作年度经费预算；

（四）组织实施消防安全检查和火灾隐患整改；

（五）督促落实消防设施、器材的维护、维修及检测，确保其完好有效，确保疏散通道、安全出口、消防车通道畅通；

（六）组织管理志愿消防队等消防组织；

（七）组织开展师生员工消防知识、技能的宣传教育和培训，组织灭火和应急疏散预案的实施和演练；

（八）协助学校消防安全责任人做好其他消防安全工作。

其他校领导在分管工作范围内对消防工作负有领导、监督、检查、教育和管理职责。

第十条 学校必须设立或者明确负责日常消防安全工作的机构（以下简称学校消防机构），配备专职消防管理人员，履行下列消防安全职责：

（一）拟订学校消防安全年度工作计划、年度经费预算，拟订学校消防安全责任制、灭火和应急疏散预案等消防安全管理制度，并报学校消防安全责任人批准后实施；

（二）监督检查校内各单位消防安全责任制的落实情况；

（三）监督检查消防设施、设备、器材的使用与管理以及消防基础设施的运转，定期组织检验、检测和维修；

（四）确定学校消防安全重点单位（部位）并监督指导其做好消防安全工作；

（五）监督检查有关单位做好易燃易爆等危险品的储存、使用和管理工作，审批校内各单位动用明火作业；

（六）开展消防安全教育培训，组织消防演练，普及消防知识，提高师生员工的消防安全意识、扑救初起火灾和自救逃生技能；

（七）定期对志愿消防队等消防组织进行消防知识和灭火技能培训；

（八）推进消防安全技术防范工作，做好技术防范人员上岗培训工作；

（九）受理驻校内其他单位在校内和学校、校内各单位新建、扩建、改建及装饰装修工程和公众聚集场所投入使用、营业前消防行政许可或者备案手续的校内备案审查工作，督促其向公安机关消防机构进行申报，协助公安机关消防机构进行建设工程消防设计审核、消防验收或者备案以及公众聚集场所投入使用、营业前消防安全检查工作；

（十）建立健全学校消防工作档案及消防安全隐患台账；

（十一）按照工作要求上报有关信息数据；

（十二）协助公安机关消防机构调查处理火灾事故，协助有关部门做好火灾事故处理及善后工作。

第十一条　学校二级单位和其他驻校单位应当履行下列消防安全职责：

（一）落实学校的消防安全管理规定，结合本单位实际制定并落实本单位的消防安全制度和消防安全操作规程；

（二）建立本单位的消防安全责任考核、奖惩制度；

（三）开展经常性的消防安全教育、培训及演练；

（四）定期进行防火检查，做好检查记录，及时消除火灾隐患；

（五）按规定配置消防设施、器材并确保其完好有效；

（六）按规定设置安全疏散指示标志和应急照明设施，并保证疏散通道、安全出口畅通；

（七）消防控制室配备消防值班人员，制定值班岗位职责，做好监督检查工作；

（八）新建、扩建、改建及装饰装修工程报学校消防机构备案；

（九）按照规定的程序与措施处置火灾事故；

（十）学校规定的其他消防安全职责。

第十二条　校内各单位主要负责人是本单位消防安全责任人，驻校内其他单位主要负责人是该单位消防安全责任人，负责本单位的消防安全工作。

第十三条　除本规定第十一条外，学生宿舍管理部门还应当履行下列安全管理职责：

（一）建立由学生参加的志愿消防组织，定期进行消防演练；

（二）加强学生宿舍用火、用电安全教育与检查；

（三）加强夜间防火巡查，发现火灾立即组织扑救和疏散学生。

第三章　消防安全管理

第十四条　学校应当将下列单位（部位）列为学校消防安全重点单位（部位）：

（一）学生宿舍、食堂（餐厅）、教学楼、校医院、体育场（馆）、会堂（会议中心）、超市（市场）、宾馆（招待所）、托儿所、幼儿园以及其他文体活动、公共娱乐等人员密集场所；

（二）学校网络、广播电台、电视台等传媒部门和驻校内邮政、通信、金融等单位；

（三）车库、油库、加油站等部位；

（四）图书馆、展览馆、档案馆、博物馆、文物古建筑；

（五）供水、供电、供气、供热等系统；

（六）易燃易爆等危险化学物品的生产、充装、储存、供应、使用部门；

（七）实验室、计算机房、电化教学中心和承担国家重点科研项目或配备有先进精密仪器设备的部位，监控中心、消防控制中心；

（八）学校保密要害部门及部位；

（九）高层建筑及地下室、半地下室；

（十）建设工程的施工现场以及有人员居住的临时性建筑；

（十一）其他发生火灾可能性较大以及一旦发生火灾可能造成重大人身伤亡或者财产损失的单位（部位）。

重点单位和重点部位的主管部门，应当按照有关法律法规和本规定履行消防安全管理职责，设置防火标志，实行严格消防安全管理。

第十五条　在学校内举办文艺、体育、集会、招生和就业咨询等大型活动和展览，主办单位应当确定专人负责消防安全工作，明确并落实消防安全职责和措施，保证消防设施和消防器材配置齐全、完好有效，保证疏散通道、安全出口、疏散指示标志、应急照明和消防车通道符合消防技术标准和管理规定，制定灭火和应急疏散预案并组织演练，并经学校消防机构对活动现场检查合格后方可举办。

依法应当报请当地人民政府有关部门审批的，经有关部门审核同意后方可举办。

第十六条　学校应当按照国家有关规定，配置消防设施和器材，设置消防安全疏散指示标志和应急照明设施，每年组织检测维修，确保消防设施和器材完好有效。

学校应当保障疏散通道、安全出口、消防车通道畅通。

第十七条 学校进行新建、改建、扩建、装修、装饰等活动，必须严格执行消防法规和国家工程建设消防技术标准，并依法办理建设工程消防设计审核、消防验收或者备案手续。学校各项工程及驻校内各单位在校内的各项工程消防设施的招标和验收，应当有学校消防机构参加。

施工单位负责施工现场的消防安全，并接受学校消防机构的监督、检查。竣工后，建筑工程的有关图纸、资料、文件等应当报学校档案机构和消防机构备案。

第十八条 地下室、半地下室和用于生产、经营、储存易燃易爆、有毒有害等危险物品场所的建筑不得用作学生宿舍。

生产、经营、储存其他物品的场所与学生宿舍等居住场所设置在同一建筑物内的，应当符合国家工程建设消防技术标准。

学生宿舍、教室和礼堂等人员密集场所，禁止违规使用大功率电器，在门窗、阳台等部位不得设置影响逃生和灭火救援的障碍物。

第十九条 利用地下空间开设公共活动场所，应当符合国家有关规定，并报学校消防机构备案。

第二十条 学校消防控制室应当配备专职值班人员，持证上岗。

消防控制室不得挪作他用。

第二十一条 学校购买、储存、使用和销毁易燃易爆等危险品，应当按照国家有关规定严格管理、规范操作，并制定应急处置预案和防范措施。

学校对管理和操作易燃易爆等危险品的人员，上岗前必须进行培训，持证上岗。

第二十二条 学校应当对动用明火实行严格的消防安全管理。禁止在具有火灾、爆炸危险的场所吸烟、使用明火；因特殊原因确需进行电、气焊等明火作业的，动火单位和人员应当向学校消防机构申办审批手续，落实现场监管人，采取相应的消防安全措施。作业人员应当遵守消防安全规定。

第二十三条 学校内出租房屋的，当事人应当签订房屋租赁合同，明确消防安全责任。出租方负责对出租房屋的消防安全管理。学校授权的管理单位应当加强监督检查。

外来务工人员的消防安全管理由校内用人单位负责。

第二十四条 发生火灾时，学校应当及时报警并立即启动应急预案，迅速扑救初起火灾，及时疏散人员。

学校应当在火灾事故发生后两个小时内向所在地教育行政主管部门报告。较大以上火灾同时报教育部。

火灾扑灭后，事故单位应当保护现场并接受事故调查，协助公安机关消防机构调查火灾原因、统计火灾损失。未经公安机关消防机构同意，任何人不得擅自清理火灾现场。

第二十五条 学校及其重点单位应当建立健全消防档案。

消防档案应当全面反映消防安全和消防安全管理情况，并根据情况变化及时更新。

第四章 消防安全检查和整改

第二十六条 学校每季度至少进行一次消防安全检查。检查的主要内容包括：

（一）消防安全宣传教育及培训情况；

（二）消防安全制度及责任制落实情况；

（三）消防安全工作档案建立健全情况；

（四）单位防火检查及每日防火巡查落实及记录情况；

（五）火灾隐患和隐患整改及防范措施落实情况；

（六）消防设施、器材配置及完好有效情况；

（七）灭火和应急疏散预案的制定和组织消防演练情况；

（八）其他需要检查的内容。

第二十七条 学校消防安全检查应当填写检查记录，检查人员、被检查单位负责人或者相关人员应当在检查记录上签名，发现火灾隐患应当及时填发《火灾隐患整改通知书》。

第二十八条 校内各单位每月至少进行一次防火检查。检查的主要内容包括：

（一）火灾隐患和隐患整改情况以及防范措施的落实情况；

（二）疏散通道、疏散指示标志、应急照明和安全出口情况；

（三）消防车通道、消防水源情况；

（四）消防设施、器材配置及有效情况；

（五）消防安全标志设置及其完好、有效情况；

（六）用火、用电有无违章情况；

（七）重点工种人员以及其他员工消防知识掌握情况；

（八）消防安全重点单位（部位）管理情况；

（九）易燃易爆危险物品和场所防火防爆措施落实情况以及其他重要物资防火安全情况；

（十）消防（控制室）值班情况和设施、设备运行、记录情况；

（十一）防火巡查落实及记录情况；

（十二）其他需要检查的内容。

防火检查应当填写检查记录。检查人员和被检查部门负责人应当在检查记录上签名。

第二十九条 校内消防安全重点单位（部位）应当进行每日防火巡查，并确定巡查的人员、内容、部位和频次。其他单位可以根据需要组织防火巡查。巡查的内容主要包括：

（一）用火、用电有无违章情况；

（二）安全出口、疏散通道是否畅通，安全疏散指示标志、应急照明是否完好；

（三）消防设施、器材和消防安全标志是否在位、完整；

（四）常闭式防火门是否处于关闭状态，防火卷帘下是否堆放物品影响使用；

（五）消防安全重点部位的人员在岗情况；

（六）其他消防安全情况。

校医院、学生宿舍、公共教室、实验室、文物古建筑等应当加强夜间防火巡查。

防火巡查人员应当及时纠正消防违章行为，妥善处置火灾隐患，无法当场处置的，应当立即报告。发现初起火灾应当立即报警、通知人员疏散、及时扑救。

防火巡查应当填写巡查记录，巡查人员及其主管人员应当在巡查记录上签名。

第三十条 对下列违反消防安全规定的行为，检查、巡查人员应当责成有关人员改正并督促落实：

（一）消防设施、器材或者消防安全标志的配置、设置不符合国家标准、行业标准，或者未保持完好有效的；

（二）损坏、挪用或者擅自拆除、停用消防设施、器材的；

（三）占用、堵塞、封闭消防通道、安全出口的；

（四）埋压、圈占、遮挡消火栓或者占用防火间距的；

（五）占用、堵塞、封闭消防车通道，妨碍消防车通行的；

（六）人员密集场所在门窗上设置影响逃生和灭火救援的障碍物的；

（七）常闭式防火门处于开启状态，防火卷帘下堆放物品影响使用的；

（八）违章进入易燃易爆危险物品生产、储存等场所的；

（九）违章使用明火作业或者在具有火灾、爆炸危险的场所吸烟、使用明火等违反禁令的；

（十）消防设施管理、值班人员和防火巡查人员脱岗的；

（十一）对火灾隐患经公安机关消防机构通知后不及时采取措施消除的；

（十二）其他违反消防安全管理规定的行为。

第三十一条 学校对教育行政主管部门和公安机关消防机构、公安派出所指出的各类火灾隐患，应当及时予以核查、消除。

对公安机关消防机构、公安派出所责令限期改正的火灾隐患，学校应当在规定的期限内整改。

第三十二条 对不能及时消除的火灾隐患，隐患单位应当及时向学校及相关单位的消防安全责任人或者消防安全工作主管领导报告，提出整改方案，确定整改措施、期限以及负责整改的部门、人员，并落实整改资金。

火灾隐患尚未消除的，隐患单位应当落实防范措施，保障消防安全。对于随时可能引发火灾或者一旦发生火灾将严重危及人身安全的，应当将危险部位停止使用或停业整改。

第三十三条 对于涉及城市规划布局等学校无力解决的重大火灾隐患，学校应当及时向其上级主管部门或者当地人民政府报告。

第三十四条 火灾隐患整改完毕，整改单位应当将整改情况记录报送相应的消防安全工作责任人或者消防安全工作主管领导签字确认后存档备查。

第五章 消防安全教育和培训

第三十五条 学校应当将师生员工的消防安全教育和培训纳入学校消防安全年度工作计划。

消防安全教育和培训的主要内容包括：

（一）国家消防工作方针、政策，消防法律、法规；

（二）本单位、本岗位的火灾危险性，火灾预防知识和措施；

（三）有关消防设施的性能、灭火器材的使用方法；

（四）报火警、扑救初起火灾和自救互救技能；

（五）组织、引导在场人员疏散的方法。

第三十六条 学校应当采取下列措施对学生进行消防安全教育，使其了解防火、灭火知识，掌握报警、扑救初起火灾和自救、逃生方法。

（一）开展学生自救、逃生等防火安全常识的模拟演练，每学年至少组织一次学生消防演练；

（二）根据消防安全教育的需要，将消防安全知识纳入教学和培训内容；

（三）对每届新生进行不低于4学时的消防安全教育和培训；

（四）对进入实验室的学生进行必要的安全技能和操作规程培训；

（五）每学年至少举办一次消防安全专题讲座，并在校园网络、广播、校内报刊开设消防安全教育栏目。

第三十七条 学校二级单位应当组织新上岗和进入新岗位的员工进行上岗前的消防安全培训。

消防安全重点单位（部位）对员工每年至少进行一次消防安全培训。

第三十八条 下列人员应当依法接受消防安全培训：

（一）学校及各二级单位的消防安全责任人、消防安全管理人；

（二）专职消防管理人员、学生宿舍管理人员；

（三）消防控制室的值班、操作人员；

（四）其他依照规定应当接受消防安全培训的人员。

前款规定中的第（三）项人员必须持证上岗。

第六章　灭火、应急疏散预案和演练

第三十九条　学校、二级单位、消防安全重点单位（部位）应当制定相应的灭火和应急疏散预案，建立应急反应和处置机制，为火灾扑救和应急救援工作提供人员、装备等保障。

灭火和应急疏散预案应当包括以下内容：

（一）组织机构：指挥协调组、灭火行动组、通讯联络组、疏散引导组、安全防护救护组；

（二）报警和接警处置程序；

（三）应急疏散的组织程序和措施；

（四）扑救初起火灾的程序和措施；

（五）通讯联络、安全防护救护的程序和措施。

（六）其他需要明确的内容。

第四十条　学校实验室应当有针对性地制定突发事件应急处置预案，并将应急处置预案涉及到的生物、化学及易燃易爆物品的种类、性质、数量、危险性和应对措施及处置药品的名称、产地和储备等内容报学校消防机构备案。

第四十一条　校内消防安全重点单位应当按照灭火和应急疏散预案每半年至少组织一次消防演练，并结合实际，不断完善预案。

消防演练应当设置明显标识并事先告知演练范围内的人员，避免意外事故发生。

第七章　消防经费

第四十二条　学校应当将消防经费纳入学校年度经费预算，保证消防经费投入，保障消防工作的需要。

第四十三条　学校日常消防经费用于校内灭火器材的配置、维修、更新，灭火和应急疏散预案的备用设施、材料，以及消防宣传教育、培训等，保证学校消防工作正常开展。

第四十四条　学校安排专项经费，用于解决火灾隐患，维修、检测、改造消防专用给水管网、消防专用供水系统、灭火系统、自动报警系统、防排烟系统、消防通讯系统、消防监控系统等消防设施。

第四十五条 消防经费使用坚持专款专用、统筹兼顾、保证重点、勤俭节约的原则。

任何单位和个人不得挤占、挪用消防经费。

第八章 奖惩

第四十六条 学校应当将消防安全工作纳入校内评估考核内容，对在消防安全工作中成绩突出的单位和个人给予表彰奖励。

第四十七条 对未依法履行消防安全职责、违反消防安全管理制度、或者擅自挪用、损坏、破坏消防器材、设施等违反消防安全管理规定的，学校应当责令其限期整改，给予通报批评；对直接负责的主管人员和其他直接责任人员根据情节轻重给予警告等相应的处分。

前款涉及民事损失、损害的，有关责任单位和责任人应当依法承担民事责任。

第四十八条 学校违反消防安全管理规定或者发生重特大火灾的，除依据消防法的规定进行处罚外，教育行政部门应当取消其当年评优资格，并按照国家有关规定对有关主管人员和责任人员依法予以处分。

第九章 附则

第四十九条 学校应当依据本规定，结合本校实际，制定本校消防安全管理办法。

高等学校以外的其他高等教育机构的消防安全管理，参照本规定执行。

第五十条 本规定所称学校二级单位，包括学院、系、处、所、中心等。

第五十一条 本规定自2010年1月1日起施行。

普通高等学校毕业生就业工作暂行规定

（教学[1997]6号1997年3月24日）

第一章 总则

第一条 为做好普通高等学校（含研究生培养单位）毕业生（含毕业研究生）就业工作，更好地为经济建设和社会发展服务，维护毕业生和用人单位的合法权益，根据国家的有关法律和政策，制定本规定。

第二条 普通高等学校毕业生凡取得毕业资格的，在国家就业方针、政策指导下，按有关规定就业。

第三条 毕业生是国家按计划培养的专门人才，各级主管毕业生就业部门、高等学校和用人单位应共同做好毕业生就业工作。

毕业生有执行国家就业方针、政策和根据需要为国家服务的义务。

必要时，国家采取行政手段，安置毕业生就业。

第四条 毕业生就业工作要贯彻统筹安排、合理使用、加强重点、兼顾一般和面向基层，充实生产、科研、教学第一线的方针，在保证国家需要的前提下，贯彻学以致用、人尽其才的原则。

国家采取措施，鼓励和引导毕业生到边远地区、艰苦行业和其他国家急需人才的地方去工作。

第五条 国家教委归口管理全国毕业生就业工作，国务院其他部委（以下简称部委）和各省、自治区、直辖市（以下简称地方）负责本部门、本地方的毕业生就业工作。

第二章 职责分工

第六条 国家教委的主要职责：

1. 制定全国毕业生就业工作的法规和政策，部署全国毕业生就业工作；

2．组织研究并指导实施全国毕业生就业制度改革；

3．收集和发布全国毕业生供需信息，组织指导和管理毕业生就业供需见面、双向选择动；

4．编制全国普通高等学校毕业生就业计划，制订国家教委直属高校毕业生就业计划和部委、地方所属高校抽调计划；

5．负责全国毕业生就业计划协调工作，管理全国毕业生调配工作；

6．指导、检查毕业生就业工作，授权各省、自治区、直辖市调配部门派遣本地区高校毕业生；

7．组织开展毕业教育、就业指导和人员培训工作；

8．开展毕业生就业工作的科学研究和宣传工作；

9．检查毕业生的使用情况。

第七条　国务院有关部委主管部门的主要职责：

1．根据国家的有关方针、政策和国家教委的统一部署，提出本部门毕业生就业的具体工作意见；

2．及时向国家教委报送所属院校毕业生就业计划和本部委需求信息；

3．组织协调所属院校的毕业生供需信息交流活动；

4．制订并组织实施所属院校的毕业生就业计划；

5．组织开展所属院校毕业教育、就业指导工作；

6．负责本部门毕业生的接收工作，了解和掌握毕业生的使用情况；

7．开展有关毕业生就业工作改革的研究和宣传工作。

第八条　省、自治区、直辖市主管部门的主要职责：

1．根据国家的有关方针、政策和国家教委的统一部署，提出本省、自治区、直辖市毕业生就业的具体工作意见；

2．负责本地区毕业生的资源统计工作，并按时报送国家教委；

3．收集本地区毕业生的需求信息并及时报送国家教委；

4．制订本地区所属院校毕业生的就业计划并及时报送国家教委；

5．组织管理本地区毕业生就业供需见面和双向选择活动；

6．受国家教委委托组织实施本地区高校毕业生的资格审查，并负责毕业生的调配派遣和接收工作；

7．组织开展毕业教育、就业指导工作；

8．检查、监督本地区用人单位和高等学校的毕业生就业工作；

9．开展毕业生就业制度改革的研究和宣传工作；

10．完成国家教委交办的其他工作。

第九条　高等学校的主要职责：

1. 根据国家的就业方针、政策和规定以及学校主管部门的工作意见，制定本学校的工作细则；

2. 负责本校毕业生的资格审查工作，及时向主管部门和地方调配部门报送毕业生资源情况；

3. 收集需求信息，开展毕业生就业供需见面和双向选择活动，负责毕业生的推荐工作；

4. 按照主管部门的要求提出毕业生就业建议计划；

5. 开展毕业教育和就业指导工作；

6. 负责办理毕业生的离校手续；

7. 开展与毕业生就业有关的调查研究工作；

8. 完成主管部门交办的其他工作。

第十条 用人单位的主要职责：

1. 及时向主管部门报送毕业生需求计划，向有关高等学校提供需求信息；

2. 参加供需见面和双向选择活动，如实介绍本单位情况，积极招聘毕业生；

3. 按照国家下达的就业计划接收、安排毕业生；

4. 负责毕业生见习期间的管理工作；

5. 向有关部门和学校反馈毕业生的使用情况。

第三章 毕业生就业工作程序

第十一条 全国高等学校毕业生就业工作程序和时间安排由国家教委统一部署，各部委和地方应按照统一部署具体指导所属院校毕业生的就业工作。

第十二条 毕业生就业工作程序分为就业指导、收集发布信息、供需见面及双向选择、制订就业计划、计划毕业生资格审查、派遣、调整、接收等阶段。

第十三条 毕业生就业工作一般从毕业生在校的最后一学年开始。

第十四条 用人单位一般应在每年11月～12月向主管部门及有关高校提出下一年度毕业生需求计划，11月～5月与毕业生签订录用协议。

第十五条 毕业生的就业活动不得影响学校正常的教学秩序和学生的学习。毕业生联系工作时间应安排在1月～5月，春季毕业研究生可适当提前。

第四章 毕业生就业指导与毕业生鉴定

第十六条 毕业生就业指导是高校教学工作的一个重要组成部分，是帮助毕业生了解国家的就业方针政策，树立正确择业观念，保障毕业生顺利就业的有效手段。

第十七条 毕业生就业指导重点进行人生观、价值观、择业观和职业道德教育，突出毕业生就业政策的宣传。

第十八条 毕业生就业指导要理论联系实际，注重实效，可采用授课、报告、讲座、咨询等多种形式。

第十九条 毕业生就业指导要与毕业教育相结合，教育毕业生以国家利益为重，正确处理国家利益与个人发展的关系，自觉服从国家需要，到基层去，到艰苦的地方去，走与实践相结合的成才之路

第二十条 高等学校要按照国家教委《普通高等学校学生管理规定》、《高等学校学生行为准则（试行）》和《研究生学籍管理制度》的要求，实事求是地对毕业生作出组织鉴定。

第二十一条 毕业鉴定主要包括毕业生在校时间德、智、体等各方面的基本情况，这些基本情况要按照档案管理的有关规定，认真核对无误后归档。档案材料应在毕业生派遣两周内寄送毕业生报到单位。

第五章　供需见面和双向选择活动

第二十二条 供需见面和双向选择活动是落实毕业生就业计划的重要方式。各部委、各地方主管毕业生就业工作部门负责管理和举办本部门、本地区的毕业生就业供需见面和双向选择活动，其它部门不得举办以毕业生就业为主的洽谈会或招聘会。举办省级上述活动要报国家教委备案，跨省区、跨部门的有关活动须报国家教委审批。

第二十三条 有条件的高等学校要举办或校际联办毕业生供需见面和双向选择活动。高等学校在毕业生供需见面和双向选择活动中起主导作用。

第二十四条 经供需见面和双向选择后，毕业生、用人单位和高等学校应当签订毕业生就业协议书，作为制定就业计划和派遣的依据。未经学校同意，毕业生擅自签定的协议无效。

第二十五条 供需见面和双向选择活动要在国家就业方针、政策指导下，有组织、有计划、有步骤地进行，时间应安排在节假日。

第二十六条 供需见面和双向选择活动，不得以赢利为目的向学生收费，不得影响学校正常的教学秩序和学生的学习。

第六章　就业计划的制订

第二十七条 国家教委直属学校毕业生面向全国就业，其他部委所属学校毕业

生主要面向本系统、本行业就业，地方所属学校主要面向本地区就业。根据招生“并轨”改革的进程，有关部委和各省、自治区、直辖市可根据本部门、本地区的实际情况确定所属高校毕业生的就业范围。

第二十八条 制订就业计划的原则：

1. 遵循国家有关毕业生就业的方针、政策和规定；

2. 依据国民经济和社会发展的需要；

3. 优先保证国防、军工、国有大中型企业、重点科研和教学单位的需要；

4. 来源于边远省区的本、专科毕业生，只要是边远省区急需的，原则上回来源省区就业；

5. 师范类毕业生原则上在教育系统内就业；

6. 定向生、委培生按合同就业；

7. 实行招生“并轨”改革学校的毕业生在国家就业政策指导下，在一定范围内自主择业；

8. 毕业研究生在国家规定的服务范围内就业；

9. 其他类型毕业生按国家有关规定就业。

第二十九条 本、专科毕业生就业计划每年编制一次，毕业研究生就业计划分为春季和署期两次编制。就业计划按部委、地方和高校各自的职责分工经上下结合，充分协商形成；有关部委和地方负责审核、汇总所属学校毕业生就业建议计划，并按时报送国家教委；国家教委审核、编制全国普通高等学校毕业生就业计划。

第三十条 毕业生就业计划经国家教委审核下达后，各部委、地方、高等学校和用人单位必须严格执行。

第七章 调配、派遣工作

第三十一条 地方主管毕业生调配部门和高等学校按照国家下达的就业计划派遣毕业生。派遣毕业生统一使用《全国普通高等学校毕业生就业派遣报到证》和《全国毕业研究生就业派遣报到证（以下简称《报到证》）》，《报到证》由国家教委授权地方主管毕业生就业调配部门审核签发，特殊情况可由国家教委直接签发。

第三十二条 国家招生计划内招收的自费生（含电大、函授等普通专科班）毕业后自主择业，在规定时间内找到单位的由地方主管调配部门开具《报到证》。

第三十三条 对于华侨和来自港澳台地区的毕业生愿意留大陆工作的，学校可根据国家有关规定提供必要的帮助。

第三十四条 免试推荐和考取硕士、博士研究生的毕业生，在学校就业计划上报后提出不再攻读的，应回家庭所在地就业。

第三十五条 符合国家规定申请自费留学的毕业生，要学校规定的期限内提出申请并按规定偿还教育培养费，经批准后，学校不再负责其就业。派遣时未获准出境的，学校可将其档案、户粮关系转至家庭所在地自谋职业。

第三十六条 对残疾毕业生学校应帮助其就业，确有困难的，按有关规定由生源所在地民政部门安置。

第三十七条 学校应在派遣前认真负责地对毕业生进行健康检查，不能坚持正常工作的，让其回家休养。一年内治愈的（须经学校指定县级以上医院证明能坚持正常工作的）可以随下一届毕业生就业；一年后仍未治愈或无用人单位接收的，户粮关系和档案材料转至家庭所在地，按社会待业人员办理。

第三十八条 结业生由学校向用人单位推荐或自荐，找到工作单位的，可以派遣，但必须在《报到证》上注明“结业生”字样；在规定时间内无接收单位的，由学校将其档案、户粮关系转至家庭所在地（家居农村的保留非农业户口），自谋职业。

第三十九条 全国普通高等学校要在七月一日后派遣毕业生（春季毕业研究生例外）。

第四十条 在派遣过程中出现特殊情况需要调整改派的，按下列原则办理：

1. 在本省、自治区、直辖市辖区内用人单位之间调整的，由地方主管部门毕业生调配部门审批并办理改派手续；

2. 跨部委、跨省（自治区、直辖市）调整的，由学校主管部门审核同意后，统一报国家教委审批并下达调整计划，学校所在地方主管毕业生调配部门按照调整计划办理改派手续。

3. 毕业生调整改派须在一年内办理，逾期不再办理有关调整改派手续。毕业生就业后的调整按在职人员有关规定办理。

第八章　接收工作及毕业生待遇

第四十一条 毕业生持《报到证》到工作单位报到，用人单位凭《报到证》予以办理接收手续和户粮关系。凡纳入国家就业计划的毕业生，地方政府不得征收其城市增容费。

第四十二条 毕业生报到后，用人单位应根据工作需要和毕业生所学专业及时安排工作岗位。

第四十三条 按国家计划派遣的毕业生，用人单位不得拒绝接收或退回学校。

第四十四条 毕业生报到后，发生疾病不能坚持正常工作的，按在职人员有关规定处理，不得把上岗后发生疾病的毕业生退回学校。

第四十五条 毕业生就业后，其工资标准和福利待遇按国家有关规定执行，工龄从报到之日计算。

第四十六条 到非公有制单位就业的毕业生，其档案按国家有关规定进行管理，工资待遇由毕业生与用人单位协商确定，但工资标准原则上应不低于国家规定。

第九章　违反规定的处理

第四十七条　有以下情形之一的部委、地方和学校就业部门，要通报批评，情节严重的，建议主管部门对有关责任人员给予行政处分：

1. 不按要求和时间报送生源、需求计划的；
2. 不按国家的有关规定派遣毕业生的；
3. 其他违反毕业生就业工作规定的。

第四十八条　对违反就业协议或不履行定向、委托培养合同的用人单位、毕业生、高等学校按协议书或合同书的有关条款办理，并依法承担赔偿责任。

第四十九条　对擅自拒收、截留按国家计划派遣毕业生的用人单位，由其主管部门责令改正，并对有关负责人员给予行政处分。

第五十条　有下列情形之一的毕业生，由学校报地方主管毕业生调配部门批准，不再负责其就业。在其向学校缴纳全部培养费和奖（助）学金后，由学校将其户粮关系和档案转至家庭所在地，按社会待业人员处理：

1. 不顾国家需要，坚持个人无理要求，经多方教育仍拒不改正的；
2. 自派遣之日起，无正当理由超过三个月不去就业单位报到的；
3. 报到后，拒不服从安排或无理要求用人单位退回的；
4. 其他违反毕业生就业规定的。

第五十一条　对利用职权干涉毕业生就业工作或在毕业生就业工作中徇私舞弊的工作人员，由主管部门或同级纪检、监察部门依法处理；情节严重、构成犯罪的，依法追究其刑事责任。

第十章　附则

第五十二条　本规定中普通高等学校毕业生系指按照国家普通高等学校招生计划和研究生招生计划招收的具有学籍、取得毕业资格的本、专科生（含招生并轨招收的学生和招生并轨前招收的国家任务生、定向生、委培生、自费生及电大、函授普通专科班学生）和硕士、博士研究生（含统分生、定向生、委培生、自筹经费生）。

第五十三条　各有关部委和地方可根据本规定制定实施细则并报国家教委备案。

第五十四条　本规定由国家教育委员会负责解释。

第五十五条　本规定自发布之日起执行。

学校艺术教育工作规程

（教育部令第13号2002年7月25日发布）

第一章　总则

第一条　为全面贯彻国家的教育方针，加强学校艺术教育工作，促进学生全面发展，根据《中华人民共和国教育法》，制定本规程。

第二条　本规程适用于小学、初级中学、普通高级中学、中等和高等职业学校、普通高等学校。

第三条　艺术教育是学校实施美育的重要途径和内容，是素质教育的有机组成部分。学校艺术教育工作包括：艺术类课程教学，课外、校外艺术教育活动，校园文化艺术环境建设。

第四条　学校艺术教育工作应以马克思列宁主义、毛泽东思想、邓小平理论为指导，坚持面向现代化、面向世界、面向未来，贯彻面向全体学生、分类指导、因地制宜、讲求实效的方针，遵循普及与提高相结合、课内与课外相结合、学习与实践相结合的原则。通过艺术教育，使学生了解我国优秀的民族艺术文化传统和外国的优秀艺术成果，提高文化艺术素养，增强爱国主义精神；培养感受美、表现美、鉴赏美、创造美的能力，树立正确的审美观念，抵制不良文化的影响；陶冶情操，发展个性，启迪智慧，激发创新意识和创造能力，促进学生全面发展。

第五条　国务院教育行政部门主管和指导全国的学校艺术教育工作。

地方各级人民政府教育行政部门主管和协调本行政区域内的学校艺术教育工作。

各级教育部门应当建立对学校艺术教育工作进行督导、评估的制度。

第二章　学校艺术课程

第六条　各级各类学校应当加强艺术类课程教学，按照国家的规定和要求开齐开足艺术课程。职业学校应当开设满足不同学生需要的艺术课程。普通高等学校应当开设艺术类必修课或者选修课。

第七条 小学、初级中学、普通高级中学开设的艺术课程，应当按照国家或者授权的省级教育行政部门颁布的艺术课程标准进行教学。教学中使用经国家或者授权的省级教育行政部门审定通过的教材。职业学校、普通高等学校应当结合实际情况制定艺术类必修课或选修课的教学计划（课程方案）进行教学。

第八条 小学、初级中学、普通高级中学的艺术课程列入期末考查和毕业考核科目。

职业学校和普通高等学校的艺术课程应当进行考试或者考查，考试或者考查方式由学校自行决定。实行学分制的学校应将成绩计入学分。

第三章　课外、校外艺术教育活动

第九条 课外、校外艺术教育活动是学校艺术教育的重要组成部分。学校应当面向全体学生组织艺术社团或者艺术活动小组，每个学生至少要参加一项艺术活动。

第十条 学校每年应当根据自身条件，举办经常性、综合性、多样性的艺术活动，与艺术课程教学相结合，扩展和丰富学校艺术教育的内容和形式。

省、地、县各级教育行政部门应当定期举办学生艺术展演活动。各级各类学校在艺术教育中应当结合重大节日庆典活动对学生进行爱国主义和集体主义教育。

全国每三年举办一次中学生（包括中等职业学校的学生）艺术展演活动，每三年举办一次全国大学生（包括高等职业学校的学生）艺术展演活动。

国务院教育行政部门根据需要组织学生参加国际学生艺术活动。

第十一条 学校应当充分利用社会艺术教育资源，补充和完善艺术教育活动内容，促进艺术教育活动质量和水平的提高，推动校园文化艺术环境建设。

任何部门和学校不得组织学生参与各种商业性艺术活动或者商业性的庆典活动。

学校组织学生参加社会团体、社会文化部门和其它社会组织举办的艺术比赛或活动，应向上级主管部门报告或者备案。

第十二条 学校应当为学生创造良好的校园文化艺术环境。校园的广播、演出、展览、展示以及校园的整体设计应当有利于营造健康、高雅的学校文化艺术氛围，有利于对学生进行审美教育。

校园内不得进行文化艺术产品的推销活动。

第四章　学校艺术教育的保障

第十三条 各级教育行政部门应当明确学校艺术教育管理机构，配备艺术教育管理人员和教研人员，规划、管理、指导学校艺术教育工作。

学校应当有一位校级领导主管学校艺术教育工作，并明确校内艺术教育管理部门。

学校应当注意发挥共青团、少先队、学生会在艺术教育活动中的作用。

第十四条 各级教育部门和学校应当根据国家有关规定配备专职或者兼职艺术教师，做好艺术教师的培训、管理工作，为艺术教师提供必要的工作条件。

学校的艺术教师必须具备教师资格，兼职教师应当相对稳定，非艺术类专业毕业的兼职教师要接受艺术专业的培训。

艺术教师组织、指导学校课外艺术活动，应当计入教师工作量。

第十五条 学校应当设置艺术教室和艺术活动室，并按照国务院教育行政部门制定的器材配备目录配备艺术课程教学和艺术活动器材。

第十六条 各级教育行政部门和学校应当在年度工作经费预算内保证艺术教育经费。鼓励社会各界及个人捐资支持学校艺术教育事业。

第五章　奖励与处罚

第十七条 教育行政部门和学校对于在学校艺术教育工作中取得突出成绩的单位和个人，应当给予表彰和奖励。

第十八条 对违反本规程，拒不履行艺术教育责任的，按照隶属关系，分别由上级教育行政部门或者所属教育行政部门、学校给予批评教育并责令限期改正；经教育不改的，视情节轻重，对直接负责人给予行政处分。

第十九条 对侵占、破坏艺术教育场所、设施和其他财产的，依法追究法律责任。

第六章　附则

第二十条 工读学校、特殊教育学校、成人学校的艺术教育工作参照本规程执行；中等、高等专业艺术学校（学院）的艺术教育工作另行规定。

第二十一条 省级教育行政部门可根据本规程制定实施细则。

第二十二条 本规程自公布之日起30日后施行。

学校食堂与学生集体用餐卫生管理规定

（教育部 卫生部令第14号2002年9月20日发布）

第一章 总则

第一条 为防止学校食物中毒或者其他食源性疾患事故的发生，保障师生员工身体健康，根据《食品安全法》和《学校卫生工作条例》，制定本规定。

第二条 本规定适用于各级各类全日制学校以及幼儿园。

第三条 学校食堂与学生集体用餐的卫生管理必须坚持预防为主的工作方针，实行卫生行政部门监督指导、教育行政部门管理督查、学校具体实施的工作原则。

第二章 食堂建筑、设备与环境卫生要求

第四条 食堂应当保持内外环境整洁，采取有效措施，消除老鼠、蟑螂、苍蝇和其他有害昆虫及其孳生条件。

第五条 食堂的设施设备布局应当合理，应有相对独立的食品原料存放间、仪器加工操作间、食品出售场所及用餐场所。

第六条 食堂加工操作间应当符合下列要求：

（一）最小使用面积不得小于8平方米；

（二）墙壁应有1.5米以上的瓷砖或其他防水、防潮、可清洗的材料制成的墙裙；

（三）地面应由防水、防滑、无毒、易清洗的材料建造，具有一定坡度，易于清洗与排水；

（四）配备有足够的照明、通风、排烟装置和有效的防蝇、防尘、防鼠，污水排放和符合卫生要求的存放废弃物的设施和设备；

（五）制售冷荤凉莱的普通高等学校食堂必须有凉菜间，并配有专用冷藏、洗涤消毒的设施投备。

第七条 食堂应当有用耐磨损、易清洗的无毒材料制造或建成的餐饮具专用洗刷、消毒池等清洗设施设备。采用化学消毒的，必须具备2个以上的水池，并不得与清洗蔬菜、肉类等的设施设备混用。

第八条 餐饮具使用前必须洗净、消毒，符合国家有关卫生标准。未经消毒的餐饮具不得使用。禁止重复使用一次性使用的餐饮具。

消毒后的餐饮具必须贮存在餐饮具专用保洁柜内备用。已消毒和未消毒的餐饮具应分开存放，并在餐饮具贮存柜上有明显标记。餐饮具保洁柜应当定期清洗、保持洁净。

第九条 餐饮具所使用的洗涤、消毒剂必须符合卫生标准或要求。

洗涤、消毒剂必须有固定的存放场所(橱柜)，并有明显的标记。

第十条 食堂用餐场所应设置供用餐者洗手、洗餐具的自来水装置。

第三章　食品采购、贮存及加工的卫生要求

第十一条 严格把好食品的采购关。食堂采购员必须到持有卫生许可证的经营单位采购食品，并按照国家有关规定进行索证；应相对固定食品采购的场所，以保证其质量。

禁止采购以下食品：

(一)腐败变质、油脂酸败、霉变、生虫、污秽不洁、混有异物或者其他感官性状异常，含有毒有害物质或者被有毒、有害物质污染，可能对人体健康有害的食品；

(二)未经兽医卫生检验或者检验不合格的肉类及其制品；

(三)超过保质期限或不符合食品标签规定的定型包装食品；

(四)其他不符合食品卫生标准和要求的食品。

第十二条 学校分管学生集体用餐的订购人员在订餐时，应确认生产经营者的卫生许可证上注有“送餐”或“学生营养餐”的许可项目，不得向未经许可的生产经营者订餐。

学生集体用餐必须当餐加工，不得订购隔餐的剩余食品，不得订购冷荤凉菜食品。

严把供餐卫生质量关，要按照订餐要求对供餐单位提供的食品进行验收。

第十三条 食品贮存应当分类、分架、隔墙、离地存放，定期检查、及时处理变质或超过保质期限的食品。

食品贮存场所禁止存放有毒、有害物品及个人生活物品。

用于保存食品的冷藏设备，必须贴有标志，生食品、半成品和熟食品应分柜存放。

第十四条 用于原料、半成品、成品的刀、墩、板、桶、盆、筐、抹布以及其他工具、容器必须标志明显，做到分开使用，定位存放，用后洗净，保持清洁。

第十五条 食堂炊事员必须采用新鲜洁净的原料制作食品，不得加工或使用腐败

变质和感官性状异常的食品及其原料。

第十六条 加工食品必须做到熟透，需要熟制加工的大块食品，其中心温度不低于70℃。

加工后的熟制品应当与食品原料或半成品分开存放，半成品应当与食品原料分开存放，防止交叉污染。食品不得接触有毒物、不洁物。

不得向学生出售腐败变质或者感官性状异常，可能影响学生健康的食物。

第十七条 职业学校、普通中等学校、小学、特殊教育学校、幼儿园的食堂不得制售冷荤凉菜。

普通高等学校食堂的凉菜间必须定时进行空气消毒；应有专人加工操作，非凉菜间工作人员不得擅自进入凉菜间；加工凉菜的工用具、容器必须专用，用前必须消毒，用后必须洗净并保持清洁。

每餐的各种凉菜应各取不少于250克的样品留置于冷藏设备中保存24小时以上，以备查验。

第十八条 食品在烹饪后至出售前，一般不超过2个小时，若超过2个小时存放的，应当在高于60℃或低于10℃的条件下存放。

第十九条 食堂剩余食品必须冷藏，冷藏时间不得超过24小时，在确认没有变质的情况下，必须经高温彻底加热后，方可继续出售。

第四章 食堂从业人员卫生要求

第二十条 食堂从业人员、管理人员必须掌握有关食品卫生的基本要求。

第二十一条 食堂从业人员每年必须进行健康检查，新参加工作和临时参加工作的食品生产经营人员都必须进行健康检查，取得健康证明后方可参加工作。

凡患有痢疾、伤寒、病毒性肝炎等消化道疾病(包括病原携带者)，活动性肺结核，化脓性或者渗出性皮肤病以及其他有碍食品卫生的疾病的，不得从事接触直接入口食品的工作。

食堂从业人员及集体餐分餐人员在出现咳嗽、腹泻、发热、呕吐等有碍于食品卫生的病症时，应立即脱离工作岗位，待查明病因、排除有碍食品卫生的病症或治愈后，方可重新上岗。

第二十二条 食堂从业人员应有良好的个人卫生习惯。必须做到：

(一)工作前、处理食品原料后、便后用肥皂及流动清水洗手；接触直接入口食品之前应洗手消毒；

(二)穿戴清洁的工作衣、帽，并把头发置于帽内；

(三)不得留长指甲、涂指甲油、戴戒指加工食品；

(四)不得在食品加工和销售场所内吸烟。

第五章　管理与监督

第二十三条　学校应建立主管校长负责制，并配备专职或者兼职的食品卫生管理人员。

第二十四条　学校应建立健全食品卫生安全管理制度。

食堂实行承包经营时，学校必须把食品卫生安全作为承包合同的重要指标。

第二十五条　学校食堂必须取得卫生行政部门发放的卫生许可证，未取得卫生许可证的学校食堂不得开办；要积极配合、主动接受当地卫生行政部门的卫生监督。

第二十六条　学校食堂应当建立卫生管理规章制度及岗位责任制度，相关的卫生管理条款应在用餐场所公示，接受用餐者的监督。

食堂应建立严格的安全保卫措施，严禁非食堂工作人员随意进入学校食堂的食品加工操作间及食品原料存放间，防止投毒事件的发生，确保学生用餐的卫生与安全。

第二十七条　学校应当对学生加强饮食卫生教育，进行科学引导，劝阻学生不买街头无照(证)商贩出售的盒饭及食品，不食用来历不明的可疑食物。

第二十八条　各级教育行政部门应根据《食品安全法》和本规定的要求，加强所辖学校的食品卫生工作的行政管理，并将食品卫生安全管理工作作为对学校督导评估的重要内容，在考核学校工作时，应将食品卫生安全工作作为重要的考核指标。

第二十九条　各级教育行政部门应制定食堂管理人员和从业人员的培训计划，并在卫生行政部门的指导下定期组织对所属学校食堂的管理人员和从业人员进行食品卫生知识、职业道德和法制教育的培训。

第三十条　各级教育行政部门及学校所属的卫生保健机构具有对学校食堂及学生集体用餐的业务指导和检查督促的职责，应定期深入学校食堂进行业务指导和检查督促。

第三十一条　各级卫生行政部门应当根据《食品安全法》的有关规定，加强对学校食堂与学生集体用餐的卫生监督，对食堂采购、贮存、加工、销售中容易造成食物中毒或其他食源性疾患的重要环节应重点进行监督指导。

加大卫生许可工作的管理和督查力度，严格执行卫生许可证的发放标准，对卫生质量不稳定和不具备卫生条件的学校食堂一律不予发证。对获得卫生许可证的学校食堂要加大监督的力度与频度。

第三十二条　学校应当建立食物中毒或者其他食源性疾患等突发事件的应急处理机制。发生食物中毒或疑似食物中毒事故后，应采取下列措施：

(一)立即停止生产经营活动，并向所在地人民政府、教育行政部门和卫生行政部门报告；

(二)协助卫生机构救治病人；

(三)保留造成食物中毒或者可能导致食物中毒的食品及其原料、工具、设备和现场；

(四)配合卫生行政部门进行调查，按卫、生行政部门的要求如实提供有关材料和样品；

(五)落实卫生行政部门要求采取的其他措施，把事态控制在最小范围。

第三十三条 学校必须建立健全食物中毒或者其他食源性疾患的报告制度，发生食物中毒或疑似食物中毒事故应及时报告当地教育行政部门和卫生行政部门。

当地教育行政部门应逐级报告上级教育行政部门。

当地卫生行政部门应当于6小时内上报卫生部，并同时报告同级人民政府和上级卫生行政部门。

第三十四条 要建立学校食品卫生责任追究制度。对违反本规定，玩忽职守、疏于管理，造成学生食物中毒或者其他食源性疾患的学校和责任人，以及造成食物中毒或其他食源性疾患后，隐瞒实情不上报的学校和责任人，由教育行政部门按照有关规定给予通报批评或行政处分。

对不符合卫生许可证发放条件而发放卫生许可证造成食物中毒或其他食源性疾患的责任人，由卫生行政部门按照有关规定给予通报批评或行政处分。

对违反本规定，造成重大食物中毒事件，情节特别严重的，要依法追究相应责任人的法律责任。

第六章　附则

第三十五条 本规定下列用语含义是：

学生集体用餐：以供学生用餐为目的而配置的膳食和食品，包括学生普通餐、学生营养餐、学生课间餐(牛奶、豆奶、饮料、面点等)、学校举办各类活动时为学生提供的集体饮食等。

食堂：学校自办食堂、承包食堂和高校后勤社会化后专门为学生提供就餐服务的实体。

食堂从业人员：食堂采购员、食堂炊事员、食堂分餐员、仓库保管员等。

第三十六条 以简单加工学生自带粮食、蔬菜或以为学生热饭为主的规模小的农村学校，其食堂建筑、设备等暂不作为实行本规定的单位对待。但是，其他方面应当符合本规定要求。

第三十七条 学生集体用餐生产经营者的监督管理，按《学生集体用餐卫生监督办法》执行。

第三十八条 本规定自2002年11月1日起实施。

高等学校校园秩序管理若干规定

（国家教育委员会令第13号1990年9月18日发布）

第一条 为了优化育人环境，加强高等学校校园管理，维护教学、科研、生活秩序和安定团结的局面，建立有利于培养社会主义现代化建设专门人才的校园秩序，制定本规定。

第二条 本规定所称的高等学校（以下简称“学校”）是指全日制普通高等学校和成人高等学校。

本规定所称的师生员工是指学校的教师（包括外籍教师）、学生（包括外国在华留学生）、教育教学辅助人员、管理人员和工勤人员。

第三条 学校的师生员工以及其他到学校活动的人员都应当遵守本规定，维护宪法确立的根本制度和国家利益，维护学校的教学、科研秩序和生活秩序。

学校应当加强校园管理，采取措施，及时有效地预防和制止校园内的违反法律、法规、校规的活动。

第四条 学校应当尊重和维护师生员工的人身权利、政治权利、教育和受教育的权利以及法律规定的其他权利，不依照法律，不得限制、剥夺师生员工的权利。

第五条 进入学校的人员，必须持有本校的学生证、工作证、听课证或者学校颁发的其他进入学校的证章、证件。

未持有前款规定的证章、证件的国内人员进入学校，应当向门卫登记后进入学校。

第六条 国内新闻记者进入学校采访，必须持有记者证和采访介绍信，在通知学校有关机构后，方可进入学校采访。

外国新闻记者和港澳台新闻记者进入学校采访，必须持有学校所在省、自治区、直辖市人民政府外事机关或港澳台办的介绍信和记者证，并在进校采访前与学校外事机构联系，经许可后方可进入学校采访。

第七条 外国人、港澳台人员进入学校进行公务、业务活动，应当经过省、自治区、直辖市或者国务院有关部门同意并告知学校后，或按学术交流计划经学校主管领导研究同意后，方可进入学校。

自行要求进入学校的外国人、港澳台人员，应当在学校外事机构或港澳台办批准后，方可进入学校。

接受师生员工个人邀请进入学校探亲访友的外国人、港澳台人员，应当履行门卫登记手续后进入学校。

第八条 依照本规定第五条、第六条、第七条的规定进入学校的人员，应当遵守法律、法规、规章和学校的制度，不得从事与其身份不符的活动，不得危害校园治安。

对违反本规定第五条、第六条、第七条和本条前款规定的人员，师生员工有权向学校保卫机构报告，学校保卫机构可以要求其说明情况或者责令其离开学校。

第九条 学生一般不得在学生宿舍留宿校外人员，遇有特殊情况留宿校外人员，应当报请学校有关机构许可，并且进行留宿登记，留宿人离校应注销登记。不得在学生宿舍内留宿异性。

违反前款规定的，学校保卫机构可以责令留宿人离开学生宿舍。

第十条 告示、通知、启事、广告等，应当张贴在学校指定或者许可的地点。散发宣传品、印刷品应当经过学校有关机构同意。

对于张贴、散发反对我国宪法确立的根本制度、损害国家利益或者侮辱诽谤他人的公开张贴物、宣传品和印刷品的当事者，由司法机关依法追究其法律责任。

第十一条 在校园设置临时或者永久建筑物以及安装音响、广播、电视设施，设置者、安装者应当报请学校有关机构审批，未经批准不得擅自设置、安装。

师生员工或者有关团体、组织使用学校的广播、电视设施，必须报请学校有关机构批准，禁止任何组织或者个人擅自使用学校广播、电视设施。

在校内举行文化娱乐活动，不得干扰学校的教学、科研和生活秩序。

违反第一款、第二款、第三款规定的，学校有关机构可以劝其停止设置、安装或者停止活动，已经设置、安装的，学校有关机构可以拆除，或者责令设置者、安装者拆除。

第十二条 在校内举行集会、讲演等公共活动，组织者必须在72小时前向学校有关机构提出申请，申请中应当说明活动的目的、人数、时间、地点和负责人的姓名。学校有关机构应当至迟在举行时间的4小时前将许可或者不许可的决定通知组织者。逾期未通知的，视为许可。

集会、讲演等应符合我国的教育方针和相应的法规、规章，不得反对我国宪法确立的根本制度，不得干扰学校的教学、科研和生活秩序，不得损害国家财产和其他公民的权利。

第十三条 在校内组织讲座、报告等室内活动，组织者应当在72小时前向学校有关机构提出申请，申请中应当说明活动的内容、报告人和负责人的姓名。学校有关机构应当至迟在举行时间的 4 小时前将许可或者不许可的决定通知组织者。逾期未通知的，视为许可。

讲座、报告等不得反对我国宪法确立的根本制度，不得违反我国的教育方针，不得宣传封建迷信，不得进行宗教活动，不得干扰学校的教学、科研和生活秩序。

第十四条 师生员工应当严格按照学校的安排进行教学、科研、生活和其他活动，任何人都不得破坏学校的教学、科研和生活秩序，不得阻止他人根据学校的安排进行教学、科研、生活和其他活动。

禁止师生员工赌博、酗酒、打架斗殴以及其他干扰学校的教学、科研和生活秩序的行为。

第十五条 师生员工组织社会团体，应当按照《社会团体登记管理条例》的规定办理。成立校内非社会团体的组织，应当在成立前由其组织者报请学校有关机构批准，未经批准不得成立和开展活动。

校内非社会团体的组织和校内报刊必须遵守法律、法规、规章，贯彻我国的教育方针和遵守学校的制度，接受学校的管理，不得进行超出其宗旨的活动。

第十六条 违反本规定第十二条、第十三条、第十四条和第十五条的规定的，学校有关机构可以责令其组织者以及其他当事人立即停止活动。

违反本规定第十二条第二款的规定，损害国家财产的，学校有关机构可以责令其赔偿损失。

第十七条 禁止无照人员在校园内经商。设在校园内的商业网点必须在指定地点经营。

违反前款规定的，学校有关机构可以责令其停止经商活动或者离开校园。

第十八条 对违反本规定，经过劝告、制止仍不改正的师生员工，学校可视情节给予行政处分或者纪律处分；属于违反治安管理行为的，由公安机关依法处理；情节严重构成犯罪的，由司法机关处理。

师生员工对学校的处分不服的，可以向有关教育行政部门提出申诉，教育行政部门应当在接到申诉的30日内作出处理决定。

对违反本规定，经劝告、制止仍不改正的校外人员，由公安、司法机关根据情节依法处理。

第十九条 各高等学校可以根据本规定制定具体管理制度。

第二十条 本规定自发布之日起施行。

中小学幼儿园安全管理办法

（教育部、公安部、司法部、建设部、交通部、文化部、卫生部、国家工商总局、国家质检总局、新闻出版总署）

（教育部令第23号　2006年6月30日发布）

第一章　总则

第一条　为加强中小学、幼儿园安全管理，保障学校及其学生和教职工的人身、财产安全，维护中小学、幼儿园正常的教育教学秩序，根据《中华人民共和国教育法》等法律法规，制定本办法。

第二条　普通中小学、中等职业学校、幼儿园（班）、特殊教育学校、工读学校（以下统称学校）的安全管理适用本办法。

第三条　学校安全管理遵循积极预防、依法管理、社会参与、各负其责的方针。

第四条　学校安全管理工作主要包括：

（一）构建学校安全工作保障体系，全面落实安全工作责任制和事故责任追究制，保障学校安全工作规范、有序进行；

（二）健全学校安全预警机制，制定突发事件应急预案，完善事故预防措施，及时排除安全隐患，不断提高学校安全工作管理水平；

（三）建立校园周边整治协调工作机制，维护校园及周边环境安全；

（四）加强安全宣传教育培训，提高师生安全意识和防护能力；

（五）事故发生后启动应急预案、对伤亡人员实施救治和责任追究等。

第五条　各级教育、公安、司法行政、建设、交通、文化、卫生、工商、质检、新闻出版等部门在本级人民政府的领导下，依法履行学校周边治理和学校安全的监督与管理职责。

学校应当按照本办法履行安全管理和安全教育职责。

社会团体、企业事业单位、其他社会组织和个人应当积极参与和支持学校安全工作，依法维护学校安全。

第二章　安全管理职责

第六条　地方各级人民政府及其教育、公安、司法行政、建设、交通、文化、卫生、工商、质检、新闻出版等部门应当按照职责分工，依法负责学校安全工作，履行学校安全管理职责。

第七条　教育行政部门对学校安全工作履行下列职责：

（一）全面掌握学校安全工作状况，制定学校安全工作考核目标，加强对学校安全工作的检查指导，督促学校建立健全并落实安全管理制度；

（二）建立安全工作责任制和事故责任追究制，及时消除安全隐患，指导学校妥善处理学生伤害事故；

（三）及时了解学校安全教育情况，组织学校有针对性地开展学生安全教育，不断提高教育实效；

（四）制定校园安全的应急预案，指导、监督下级教育行政部门和学校开展安全工作；

（五）协调政府其他相关职能部门共同做好学校安全管理工作，协助当地人民政府组织对学校安全事故的救援和调查处理。

教育督导机构应当组织学校安全工作的专项督导。

第八条　公安机关对学校安全工作履行下列职责：

（一）了解掌握学校及周边治安状况，指导学校做好校园保卫工作，及时依法查处扰乱校园秩序、侵害师生人身、财产安全的案件；

（二）指导和监督学校做好消防安全工作；

（三）协助学校处理校园突发事件。

第九条　卫生部门对学校安全工作履行下列职责：

（一）检查、指导学校卫生防疫和卫生保健工作，落实疾病预防控制措施；

（二）监督、检查学校食堂、学校饮用水和游泳池的卫生状况。

第十条　建设部门对学校安全工作履行下列职责：

（一）加强对学校建筑、燃气设施设备安全状况的监管，发现安全事故隐患的，应当依法责令立即排除；

（二）指导校舍安全检查鉴定工作；

（三）加强对学校工程建设各环节的监督管理，发现校舍、楼梯护栏及其他教学、生活设施违反工程建设强制性标准的，应责令纠正；

（四）依法督促学校定期检验、维修和更新学校相关设施设备。

第十一条　质量技术监督部门应当定期检查学校特种设备及相关设施的安全状况。

第十二条 公安、卫生、交通、建设等部门应当定期向教育行政部门和学校通报与学校安全管理相关的社会治安、疾病防治、交通等情况，提出具体预防要求。

第十三条 文化、新闻出版、工商等部门应当对校园周边的有关经营服务场所加强管理和监督，依法查处违法经营者，维护有利于青少年成长的良好环境。

司法行政、公安等部门应当按照有关规定履行学校安全教育职责。

第十四条 举办学校的地方人民政府、企业事业组织、社会团体和公民个人，应当对学校安全工作履行下列职责：

（一）保证学校符合基本办学标准，保证学校围墙、校舍、场地、教学设施、教学用具、生活设施和饮用水源等办学条件符合国家安全质量标准；

（二）配置紧急照明装置和消防设施与器材，保证学校教学楼、图书馆、实验室、师生宿舍等场所的照明、消防条件符合国家安全规定；

（三）定期对校舍安全进行检查，对需要维修的，及时予以维修；对确认的危房，及时予以改造。

举办学校的地方人民政府应当依法维护学校周边秩序，保障师生和学校的合法权益，为学校提供安全保障。

有条件的，学校举办者应当为学校购买责任保险。

第三章　校内安全管理制度

第十五条 学校应当遵守有关安全工作的法律、法规和规章，建立健全校内各项安全管理制度和安全应急机制，及时消除隐患，预防发生事故。

第十六条 学校应当建立校内安全工作领导机构，实行校长负责制；应当设立保卫机构，配备专职或者兼职安全保卫人员，明确其安全保卫职责。

第十七条 学校应当健全门卫制度，建立校外人员入校的登记或者验证制度，禁止无关人员和校外机动车入内，禁止将非教学用易燃易爆物品、有毒物品、动物和管制器具等危险物品带入校园。

学校门卫应当由专职保安或者其他能够切实履行职责的人员担任。

第十八条 学校应当建立校内安全定期检查制度和危房报告制度，按照国家有关规定安排对学校建筑物、构筑物、设备、设施进行安全检查、检验；发现存在安全隐患的，应当停止使用，及时维修或者更换；维修、更换前应当采取必要的防护措施或者设置警示标志。学校无力解决或者无法排除的重大安全隐患，应当及时书面报告主管部门和其他相关部门。

学校应当在校内高地、水池、楼梯等易发生危险的地方设置警示标志或者采取防护设施。

第十九条 学校应当落实消防安全制度和消防工作责任制，对于政府保障配备的消防设施和器材加强日常维护，保证其能够有效使用，并设置消防安全标志，保证疏散通道、安全出口和消防车通道畅通。

第二十条 学校应当建立用水、用电、用气等相关设施设备的安全管理制度，定期进行检查或者按照规定接受有关主管部门的定期检查，发现老化或者损毁的，及时进行维修或者更换。

第二十一条 学校应当严格执行《学校食堂与学生集体用餐卫生管理规定》、《餐饮业和学生集体用餐配送单位卫生规范》，严格遵守卫生操作规范。建立食堂物资定点采购和索证、登记制度与饭菜留验和记录制度，检查饮用水的卫生安全状况，保障师生饮食卫生安全

第二十二条 学校应当建立实验室安全管理制度，并将安全管理制度和操作规程置于实验室显著位置。

学校应当严格建立危险化学品、放射物质的购买、保管、使用、登记、注销等制度，保证将危险化学品、放射物质存放在安全地点。

第二十三条 学校应当按照国家有关规定配备具有从业资格的专职医务（保健）人员或者兼职卫生保健教师，购置必需的急救器材和药品，保障对学生常见病的治疗，并负责学校传染病疫情及其他突发公共卫生事件的报告。有条件的学校，应当设立卫生（保健）室。

新生入学应当提交体检证明。托幼机构与小学在入托、入学时应当查验预防接种证。学校应当建立学生健康档案，组织学生定期体检。

第二十四条 学校应当建立学生安全信息通报制度，将学校规定的学生到校和放学时间、学生非正常缺席或者擅自离校情况、以及学生身体和心理的异常状况等关系学生安全的信息，及时告知其监护人。

对有特异体质、特定疾病或者其他生理、心理状况异常以及有吸毒行为的学生，学校应当做好安全信息记录，妥善保管学生的健康与安全信息资料，依法保护学生的个人隐私。

第二十五条 有寄宿生的学校应当建立住宿学生安全管理制度，配备专人负责住宿学生的生活管理和安全保卫工作。

学校应当对学生宿舍实行夜间巡查、值班制度，并针对女生宿舍安全工作的特点，加强对女生宿舍的安全管理。

学校应当采取有效措施，保证学生宿舍的消防安全。

第二十六条 学校购买或者租用机动车专门用于接送学生的，应当建立车辆管理制度，并及时到公安机关交通管理部门备案。接送学生的车辆必须检验合格，并定期维护和检测。

接送学生专用校车应当粘贴统一标识。标识样式由省级公安机关交通管理部门和教育行政部门制定。

学校不得租用拼装车、报废车和个人机动车接送学生。

接送学生的机动车驾驶员应当身体健康，具备相应准驾车型3年以上安全驾驶经历，最近3年内任一记分周期没有记满12分记录，无致人伤亡的交通责任事故。

第二十七条 学校应当建立安全工作档案，记录日常安全工作、安全责任落实、安全检查、安全隐患消除等情况。

安全档案作为实施安全工作目标考核、责任追究和事故处理的重要依据。

第四章 日常安全管理

第二十八条 学校在日常的教育教学活动中应当遵循教学规范，落实安全管理要求，合理预见、积极防范可能发生的风险。

学校组织学生参加的集体劳动、教学实习或者社会实践活动，应当符合学生的心理、生理特点和身体健康状况。

学校以及接受学生参加教育教学活动的单位必须采取有效措施，为学生活动提供安全保障。

第二十九条 学校组织学生参加大型集体活动，应当采取下列安全措施：

（一）成立临时的安全管理组织机构；

（二）有针对性地对学生进行安全教育；

（三）安排必要的管理人员，明确所负担的安全职责；

（四）制定安全应急预案，配备相应设施。

第三十条 学校应当按照《学校体育工作条例》和教学计划组织体育教学和体育活动，并根据教学要求采取必要的保护和帮助措施。

学校组织学生开展体育活动，应当避开主要街道和交通要道；开展大型体育活动以及其他大型学生活动，必须经过主要街道和交通要道的，应当事先与公安机关交通管理部门共同研究并落实安全措施。

第三十一条 小学、幼儿园应当建立低年级学生、幼儿上下学时接送的交接制度，不得将晚离学校的低年级学生、幼儿交与无关人员。

第三十二条 学生在教学楼进行教学活动和晚自习时，学校应当合理安排学生疏散时间和楼道上下顺序，同时安排人员巡查，防止发生拥挤踩踏伤害事故。

晚自习学生没有离校之前，学校应当有负责人和教师值班、巡查。

第三十三条 学校不得组织学生参加抢险等应当由专业人员或者成人从事的活动，不得组织学生参与制作烟花爆竹、有毒化学品等具有危险性的活动，不得组织学生参加商业性活动。

第三十四条 学校不得将场地出租给他人从事易燃、易爆、有毒、有害等危险品的生产、经营活动。

学校不得出租校园内场地停放校外机动车辆；不得利用学校用地建设对社会开放的停车场。

第三十五条 学校教职工应当符合相应任职资格和条件要求。学校不得聘用因故意犯罪而受到刑事处罚的人，或者有精神病史的人担任教职工。

学校教师应当遵守职业道德规范和工作纪律，不得侮辱、殴打、体罚或者变相体罚学生；发现学生行为具有危险性的，应当及时告诫、制止，并与学生监护人沟通。

第三十六条 学生在校学习和生活期间，应当遵守学校纪律和规章制度，服从学校的安全教育和管理，不得从事危及自身或者他人安全的活动。

第三十七条 监护人发现被监护人有特异体质、特定疾病或者异常心理状况的，应当及时告知学校。

学校对已知的有特异体质、特定疾病或者异常心理状况的学生，应当给予适当关注和照顾。生理、心理状况异常不宜在校学习的学生，应当休学，由监护人安排治疗、休养。

第五章 安全教育

第三十八条 学校应当按照国家课程标准和地方课程设置要求，将安全教育纳入教学内容，对学生开展安全教育，培养学生的安全意识，提高学生的自我防护能力。

第三十九条 学校应当在开学初、放假前，有针对性地对学生集中开展安全教育。新生入校后，学校应当帮助学生及时了解相关的学校安全制度和安全规定。

第四十条 学校应当针对不同课程实验课的特点与要求，对学生进行实验用品的防毒、防爆、防辐射、防污染等的安全防护教育。

学校应当对学生进行用水、用电的安全教育，对寄宿学生进行防火、防盗和人身防护等方面的安全教育。

第四十一条 学校应当对学生开展安全防范教育，使学生掌握基本的自我保护技能，应对不法侵害。

学校应当对学生开展交通安全教育，使学生掌握基本的交通规则和行为规范。

学校应当对学生开展消防安全教育，有条件的可以组织学生到当地消防站参观和体验，使学生掌握基本的消防安全知识，提高防火意识和逃生自救的能力。

学校应当根据当地实际情况，有针对性地对学生开展到江河湖海、水库等地方戏水、游泳的安全卫生教育。

第四十二条 学校可根据当地实际情况，组织师生开展多种形式的事故预防演练。

学校应当每学期至少开展一次针对洪水、地震、火灾等灾害事故的紧急疏散演练，使师生掌握避险、逃生、自救的方法。

第四十三条 教育行政部门按照有关规定，与人民法院、人民检察院和公安、司法行政等部门以及高等学校协商，选聘优秀的法律工作者担任学校的兼职法制副校长或者法制辅导员。

兼职法制副校长或者法制辅导员应当协助学校检查落实安全制度和安全事故处理、定期对师生进行法制教育等，其工作成果纳入派出单位的工作考核内容。

第四十四条 教育行政部门应当组织负责安全管理的主管人员、学校校长、幼儿园园长和学校负责安全保卫工作的人员，定期接受有关安全管理培训。

第四十五条 学校应当制定教职工安全教育培训计划，通过多种途径和方法，使教职工熟悉安全规章制度、掌握安全救护常识，学会指导学生预防事故、自救、逃生、紧急避险的方法和手段。

第四十六条 学生监护人应当与学校互相配合，在日常生活中加强对被监护人的各项安全教育。

学校鼓励和提倡监护人自愿为学生购买意外伤害保险。

第六章　校园周边安全管理

第四十七条 教育、公安、司法行政、建设、交通、文化、卫生、工商、质检、新闻出版等部门应当建立联席会议制度，定期研究部署学校安全管理工作，依法维护学校周边秩序；通过多种途径和方式，听取学校和社会各界关于学校安全管理工作的意见和建议。

第四十八条 建设、公安等部门应当加强对学校周边建设工程的执法检查，禁止任何单位或者个人违反有关法律、法规、规章、标准，在学校围墙或者建筑物边建设工程，在校园周边设立易燃易爆、剧毒、放射性、腐蚀性等危险物品的生产、经营、储存、使用场所或者设施以及其他可能影响学校安全的场所或者设施。

第四十九条 公安机关应当把学校周边地区作为重点治安巡逻区域，在治安情况复杂的学校周边地区增设治安岗亭和报警点，及时发现和消除各类安全隐患，处置扰乱学校秩序和侵害学生人身、财产安全的违法犯罪行为。

第五十条 公安、建设和交通部门应当依法在学校门前道路设置规范的交通警示标志，施划人行横线，根据需要设置交通信号灯、减速带、过街天桥等设施。

在地处交通复杂路段的学校上下学时间，公安机关应当根据需要部署警力或者交通协管人员维护道路交通秩序。

第五十一条 公安机关和交通部门应当依法加强对农村地区交通工具的监督管理，禁止没有资质的车船搭载学生。

第五十二条 文化部门依法禁止在中学、小学校园周围200米范围内设立互联网上网服务营业场所，并依法查处接纳未成年人进入的互联网上网服务营业场所。工商行政管理部门依法查处取缔擅自设立的互联网上网服务营业场所。

第五十三条 新闻出版、公安、工商行政管理等部门应当依法取缔学校周边兜售非法出版物的游商和无证照摊点，查处学校周边制售含有淫秽色情、凶杀暴力等内容的出版物的单位和个人。

第五十四条 卫生、工商行政管理部门应当对校园周边饮食单位的卫生状况进行监督，取缔非法经营的小卖部、饮食摊点。

第七章 安全事故处理

第五十五条 在发生地震、洪水、泥石流、台风等自然灾害和重大治安、公共卫生突发事件时，教育等部门应当立即启动应急预案，及时转移、疏散学生，或者采取其他必要防护措施，保障学校安全和师生人身财产安全。

第五十六条 校园内发生火灾、食物中毒、重大治安等突发安全事故以及自然灾害时，学校应当启动应急预案，及时组织教职工参与抢险、救助和防护，保障学生身体健康和人身、财产安全。

第五十七条 发生学生伤亡事故时，学校应当按照《学生伤害事故处理办法》规定的原则和程序等，及时实施救助，并进行妥善处理。

第五十八条 发生教职工和学生伤亡等安全事故的，学校应当及时报告主管教育行政部门和政府有关部门；属于重大事故的，教育行政部门应当按照有关规定及时逐级上报。

第五十九条 省级教育行政部门应当在每年1月31日前向国务院教育行政部门书面报告上一年度学校安全工作和学生伤亡事故情况。

第八章 奖励与责任

第六十条 教育、公安、司法行政、建设、交通、文化、卫生、工商、质检、新闻出版等部门，对在学校安全工作中成绩显著或者做出突出贡献的单位和个人，应当视情况联合或者分别给予表彰、奖励。

第六十一条 教育、公安、司法行政、建设、交通、文化、卫生、工商、质检、新闻出版等部门，不依法履行学校安全监督与管理职责的，由上级部门给予批评；对直接责任人员由上级部门和所在单位视情节轻重，给予批评教育或者行政处分；构成犯罪的，依法追究刑事责任。

第六十二条 学校不履行安全管理和安全教育职责，对重大安全隐患未及时采取措施的，有关主管部门应当责令其限期改正；拒不改正或者有下列情形之一的，教育行政部门应当对学校负责人和其他直接责任人员给予行政处分；构成犯罪的，依法追究刑事责任：

（一）发生重大安全事故、造成学生和教职工伤亡的；

（二）发生事故后未及时采取适当措施、造成严重后果的；

（三）瞒报、谎报或者缓报重大事故的；

（四）妨碍事故调查或者提供虚假情况的；

（五）拒绝或者不配合有关部门依法实施安全监督管理职责的。

《中华人民共和国民办教育促进法》及其实施条例另有规定的，依其规定执行。

第六十三条 校外单位或者人员违反治安管理规定、引发学校安全事故的，或者在学校安全事故处理过程中，扰乱学校正常教育教学秩序、违反治安管理规定的，由公安机关依法处理；构成犯罪的，依法追究其刑事责任；造成学校财产损失的，依法承担赔偿责任。

第六十四条 学生人身伤害事故的赔偿，依据有关法律法规、国家有关规定以及《学生伤害事故处理办法》处理。

第九章　附则

第六十五条 中等职业学校学生实习劳动的安全管理办法另行制定。

第六十六条 本办法自2006年9月1日起施行。

学生伤害事故处理办法

（教育部令第12号2002年6月25日发布）

第一章　总则

第一条　为积极预防、妥善处理在校学生伤害事故，保护学生、学校的合法权益，根据《中华人民共和国教育法》、《中华人民共和国未成年人保护法》和其他相关法律、行政法规及有关规定，制定本办法。

第二条　在学校实施的教育教学活动或者学校组织的校外活动中，以及在学校负有管理责任的校舍、场地、其他教育教学设施、生活设施内发生的，造成在校学生人身损害后果的事故的处理，适用本办法。

第三条　学生伤害事故应当遵循依法、客观公正、合理适当的原则，及时、妥善地处理。

第四条　学校的举办者应当提供符合安全标准的校舍、场地、其他教育教学设施和生活设施。

教育行政部门应当加强学校安全工作，指导学校落实预防学生伤害事故的措施，指导、协助学校妥善处理学生伤害事故，维护学校正常的教育教学秩序。

第五条　学校应当对在校学生进行必要的安全教育和自护自救教育；应当按照规定，建立健全安全制度，采取相应的管理措施，预防和消除教育教学环境中存在的安全隐患；当发生伤害事故时，应当及时采取措施救助受伤害学生。

学校对学生进行安全教育、管理和保护，应当针对学生年龄、认知能力和法律行为能力的不同，采用相应的内容和预防措施。

第六条　学生应当遵守学校的规章制度和纪律；在不同的受教育阶段，应当根据自身的年龄、认知能力和法律行为能力，避免和消除相应的危险。

第七条　未成年学生的父母或者其他监护人(以下称为监护人)应当依法履行监护职责，配合学校对学生进行安全教育、管理和保护工作。

学校对未成年学生不承担监护职责，但法律有规定的或者学校依法接受委托承担相应监护职责的情形除外。

第二章　事故与责任

第八条　学生伤害事故的责任，应当根据相关当事人的行为与损害后果之间的因果关系依法确定。

因学校、学生或者其他相关当事人的过错造成的学生伤害事故，相关当事人应当根据其行为过错程度的比例及其与损害后果之间的因果关系承担相应的责任。当事人的行为是损害后果发生的主要原因，应当承担主要责任。当事人的行为是损害后果发生的非主要因原，承当相应的责任。

第九条　因下列情形之一造成的学生伤害事故，学校应当依法承担相应的责任：

(一)学校的校舍、场地、其他公共设施，以及学校提供给学生使用的学具、教育教学和生活设施、设备不符合国家规定的标准，或者有明显不安全因素的；

(二)学校的安全保卫、消防、设施设备管理等安全管理制度有明显疏漏，或者管理混乱，存在重大安全隐患，而未及时采取措施的；

(三)学校向学生提供的药品、食品、饮用水等不符合国家或者行业的有关标准、要求的；

(四)学校组织学生参加教育教学活动或者校外活动，未对学生进行相应的安全教育，并未在可预见的范围内采取必要的安全措施的；

(五)学校知道教师或者其他工作人员患有不适宜担任教育教学工作的疾病，但未采取必要措施的；

(六)学校违反有关规定，组织或者安排未成年学生从事不宜未成年人参加的劳动、体育运动或者其他活动的；

(七)学生有特异体质或者特定疾病，不宜参加某种教育教学活动，学校知道或者应当知道，但未予以必要的注意的；

(八)学生在校期间突发疾病或者受到伤害，学校发现，但未根据实际情况及时采取相应措施，导致不良后果加重的；

(九)学校教师或者其他工作人员体罚或者变相体罚学生，或者在履行职责过程中违反工作要求、操作规程、职业道德或者其他有关规定的；

(十)学校教师或者其他工作人员在负有组织、管理未成年学生的职责期间，发现学生行为具有危险性，但未进行必要的管理、告诫或者制止的；

(十一)对未成年学生擅自离校等与学生人身安全直接相关的信息，学校发现或者知道，但未及时告知未成年学生的监护人，导致未成年学生因脱离监护人的保护而发生伤害的；

(十二)学校有未依法履行职责的其他情形的。

第十条　学生或者未成年学生监护人由于过错，有下列情形之一，造成学生伤害事故，应当依法承担相应的责任：

(一)学生违反法律法规的规定，违反社会公共行为准则、学校的规章制度或者纪律，实施按其年龄和认知能力应当知道具有危险或者可能危及他人的行为的；

(二)学生行为具有危险性，学校、教师已经告诫、纠正，但学生不听劝阻、拒不改正的；

(三)学生或者其监护人知道学生有特异体质，或者患有特定疾病，但未告知学校的；

(四)未成年学生的身体状况、行为、情绪等有异常情况，监护人知道或者已被学校告知，但未履行相应监护职责的；

(五)学生或者未成年学生监护人有其他过错的。

第十一条 学校安排学生参加活动，因提供场地、设备、交通工具、食品及其他消费与服务的经营者，或者学校以外的活动组织者的过错造成的学生伤害事故，有过错的当事人应当依法承担相应的责任。

第十二条 因下列情形之一造成的学生伤害事故，学校已履行了相应职责，行为并无不当的，无法律责任：

(一)地震、雷击、台风、洪水等不可抗的自然因素造成的；

(二)来自学校外部的突发性、偶发性侵害造成的；

(三)学生有特异体质、特定疾病或者异常心理状态，学校不知道或者难于知道的；

(四)学生自杀、自伤的；

(五)在对抗性或者具有风险性的体育竞赛活动中发生意外伤害的；

(六)其他意外因素造成的。

第十三条 下列情形下发生的造成学生人身损害后果的事故，学校行为并无不当的，不承担事故责任；事故责任应当按有关法律法规或者其他有关规定认定：

(一)在学生自行上学、放学、返校、离校途中发生的；

(二)在学生自行外出或者擅自离校期间发生的；

(三)在放学后、节假日或者假期等学校工作时间以外，学生自行滞留学校或者自行到校发生的；

(四)其他在学校管理职责范围外发生的。

第十四条 因学校教师或者其他工作人员与其职务无关的个人行为，或者因学生、教师及其他个人故意实施的违法犯罪行为，造成学生人身损害的，由致害人依法承担相应的责任。

第三章 事故处理程序

第十五条 发生学生伤害事故，学校应当及时救助受伤害学生，并应当及时告知未成年学生的监护人；有条件的，应当采取紧急救援等方式救助。

第十六条 发生学生伤害事故，情形严重的，学校应当及时向主管教育行政部门及有关部门报告；属于重大伤亡事故的，教育行政部门应当按照有关规定及时向同级人民政府和上一级教育行政部门报告。

第十七条 学校的主管教育行政部门应学校要求或者认为必要，可以指导、协助学校进行事故的处理工作，尽快恢复学校正常的教育教学秩序。

第十八条 发生学生伤害事故，学校与受伤害学生或者学生家长可以通过协商方式解决；双方自愿，可以书面请求主管教育行政部门进行调解。成年学生或者未成年学生的监护人也可以依法直接提起诉讼。

第十九条 教育行政部门收到调解申请，认为必要的，可以指定专门人员进行调解，并应当在受理申请之日起60日内完成调解。

第二十条 经教育行政部门调解，双方就事故处理达成一致意见的，应当在调解人员的见证下签订调解协议，结束调解；在调解期限内，双方不能达成一致意见，或者调解过程中一方提起诉讼，人民法院已经受理的，应当终止调解。调解结束或者终止，教育行政部门应当书面通知当事人。

第二十一条 对经调解达成的协议，一方当事人不履行或者反悔的，双方可以依法提起诉讼。

第二十二条 事故处理结束，学校应当将事故处理结果书面报告主管的教育行政部门；重大伤亡事故的处理结果，学校主管的教育行政部门应当向同级人民政府和上一级教育行政部门报告。

第四章　事故损害的赔偿

第二十三条 对发生学生伤害事故负有责任的组织或者个人，应当按照法律法规的有关规定，承担相应的损害赔偿责任。

第二十四条 学生伤害事故赔偿的范围与标准，按照有关行政法规、地方性法规或者最高人民法院司法解释中的有关规定确定。

教育行政部门进行调解时，认为学校有责任的，可以依照有关法律法规及国家有关规定，提出相应的调解方案。

第二十五条 对受伤害学生的伤残程度存在争议的，可以委托当地具有相应鉴定资格的医院或者有关机构，依据国家规定的人体伤残标准进行鉴定。

第二十六条 学校对学生伤害事故负有责任的，根据责任大小，适当予以经济赔偿，但不承担解决户口、住房、就业等与救助受伤害学生、赔偿相应经济损失无直接关系的其他事项。

学校无责任的，如果有条件，可以根据实际情况，本着自愿和可能的原则，对受伤害学生给予适当的帮助。

第二十七条 因学校教师或者其他工作人员在履行职务中的故意或者重大过失造成的学生伤害事故，学校予以赔偿后，可以向有关责任人员追偿。

第二十八条 未成年学生对学生伤害事故负有责任的，由其监护人依法承担相应的赔偿责任。

学生的行为侵害学校教师及其他工作人员以及其他组织、个人的合法权益，造成损失的，成年学生或者未成年学生的监护人应当依法予以赔偿。

第二十九条 根据双方达成的协议、经调解形成的协议或者人民法院的生效判决，应当由学校负担的赔偿金，学校应当负责筹措；学校无力完全筹措的，由学校的主管部门或者举办者协助筹措。

第三十条 县级以上人民政府教育行政部门或者学校举办者有条件的，可以通过设立学生伤害赔偿准备金等多种形式，依法筹措伤害赔偿金。

第三十一条 学校有条件的，应当依据保险法的有关规定，参加学校责任保险。

教育行政部门可以根据实际情况，鼓励中小学参加学校责任保险。

提倡学生自愿参加意外伤害保险。在尊重学生意愿的前提下，学校可以为学生参加意外伤害保险创造便利条件，但不得从中收取任何费用。

第五章 事故责任者的处理

第三十二条 发生学生伤害事故，学校负有责任且情节严重的，教育行政部门应当根据有关规定，对学校的直接负责的主管人员和其他直接责任人员，分别给予相应的行政处分；有关责任人的行为触犯刑律的，应当移送司法机关依法追究刑事责任。

第三十三条 学校管理混乱，存在重大安全隐患的，主管的教育行政部门或者其他有关部门应当责令其限期整顿；对情节严重或者拒不改正的，应当依据法律法规的有关规定，给予相应的行政处罚。

第三十四条 教育行政部门未履行相应职责，对学生伤害事故的发生负有责任的，由有关部门对直接负责的主管人员和其他直接责任人员分别给予相应的行政处分；有关责任人的行为触犯刑律的，应当移送司法机关依法追究刑事责任。

第三十五条 违反学校纪律，对造成学生伤害事故负有责任的学生，学校可以给予相应的处分；触犯刑律的，由司法机关依法追究刑事责任。

第三十六条 受伤害学生的监护人、亲属或者其他有关人员，在事故处理过程中无理取闹，扰乱学校正常教育教学秩序，或者侵犯学校、学校教师或者其他工作人员的合法权益的，学校应当报告公安机关依法处理；造成损失的，可以依法要求赔偿。

第六章　附则

第三十七条　本办法所称学校，是指国家或者社会力量举办的全日制的中小学(含特殊教育学校)、各类中等职业学校、高等学校。

本办法所称学生是指在上述学校中全日制就读的受教育者。

第三十八条　幼儿园发生的幼儿伤害事故，应当根据幼儿为完全无行为能力人的特点，参照本办法处理。

第三十九条　其他教育机构发生的学生伤害事故，参照本办法处理。

在学校注册的其他受教育者在学校管理范围内发生的伤害事故，参照本办法处理。

第四十条　本办法自2002年9月1日起实施，原国家教委、教育部颁布的与学生人身安全事故处理有关的规定，与本办法不符的，以本办法为准。

在本办法实施之前已处理完毕的学生伤害事故不再重新处理。

教师和教育工作者奖励规定

（教人[1998]1号1998年1月8日发布）

第一条 为了鼓励我国广大教师和教育工作者长期从事教育事业，奖励在教育事业中作出突出贡献的教师和教育工作者，依据《中华人民共和国教师法》，制定本规定。

第二条 国务院教育行政部门对长期从事教育教学、科学研究和管理、服务工作并取得显著成绩的教师和教育工作者，分别授予“全国优秀教师”和“全国优秀教育工作者”荣誉称号，颁发相应的奖章和证书；对其中作出贡献者，由国务院教育行政部门会同国务院人事部门授予“全国模范教师”和“全国教育系统先进工作者”荣誉称号，颁发相应的奖章和证书。

第三条 “全国优秀教师”、“全国优秀教育工作者”的基本条件是：热爱社会主义祖国，坚持党的基本路线，忠诚人民的教育事业，模范履行职责，具有良好的职业道德，并具备下列条件之一：

（一）全面贯彻教育方针，坚持素质教育思想，热爱学生，关心学生的全面成长，教书育人，为人师表，在培养人才方面成绩显著；

（二）认真完成教育教学工作任务，在教学改革、教材建设、实验室建设、提高教育教学质量方面成绩突出；

（三）在教育教学研究、科学研究、技术推广等方面有创造性的成果，具有较大的科学价值或者显著的经济效益、社会效益；

（四）在学校管理、服务和学校建设方面有突出成绩。

第四条 奖励“全国模范教师”、“全国教育系统先进工作者”和“全国优秀教师”、“全国优秀教育工作者”，每三年进行一次，并于当年教师节期间进行表彰。

第五条 各省、自治区、直辖市教育行政部门向国务院教育行政部门推荐“全国模范教师”、“全国教育系统先进工作者”和“全国优秀教师”、“全国优秀教育工作者”的比例控制在本地区教职工总数的万分之二以内，其中“全国模范教师”、“全国教育系统先进工作者”的比例不超过本地区教职工总数的十万分之六。解放军、武装警察部队奖励人选的推荐比例另行确定。

第六条 奖励“全国优秀教师”、“全国优秀教育工作者”的工作由国务院教育行政部门会同全国教育工会、中国中小学幼儿教师奖励基金会统一组织领导；奖励

“全国模范教师”、“全国教育系统先进工作者”的工作由国务院教育行政部门会同国务院人事部门统一组织领导，负责组织评审和批准各省、自治区、直辖市和解放军、武装警察部队推荐的相应奖励人选。

各省、自治区、直辖市教育行政部门分别会同当地教育工会、教师奖励组织和政府人事部门负责组织本地区的“全国优秀教师”、“全国优秀教育工作者”和“全国模范教师”、“全国教育系统先进工作者”人选的评审和推荐工作。

解放军总政治部负责解放军和武装警察部队奖励人选的评审和推荐工作。

第七条 “全国模范教师”、“全国教育系统先进工作者”的奖章和证书，由国务院教育行政部门会同国务院人事部门颁发；“全国优秀教师”、“全国优秀教育工作者”的奖章和证书由国务院教育行政部门颁发，或者由其委托省、自治区、直辖市人民政府、解放军总政治部颁发，并在评选当年的教师节举行颁奖仪式。“全国模范教师”、“全国教育系统先进工作者”的奖章和证书由国务院教育行政部门会同国务院人事部门统一制作。“全国优秀教师”、“全国优秀教育工作者”的奖章和证书由国务院教育行政部门统一制作。

第八条 教师奖励工作应坚持精神奖励与物质奖励相结合的原则。“全国模范教师”、“全国教育系统先进工作者”和“全国优秀教师”、“全国优秀教育工作者”享受由国务院教育行政部门会同中国中小学幼儿教师奖励基金会颁发的一次性奖金。其中，“全国模范教师”、“全国教育系统先进工作者”按照人事部人核培发〔1994〕4号文件规定，享受省（部）级劳动模范和先进工作者待遇。尚未实行职务工资制度的民办教师，获得“全国模范教师”、“全国教育系统先进工作者”荣誉称号时，奖励晋升工资的具体办法由各省、自治区、直辖市制定。

第九条 “全国模范教师”、“全国教育系统先进工作者”和“全国优秀教师”、“全国优秀教育工作者”称号获得者的事迹和获奖情况，应记入本人档案，并作为考核、聘任、职务和工资晋升的重要依据。

第十条 “全国模范教师”、“全国教育系统先进工作者”或者“全国优秀教师”、“全国优秀教育工作者”荣誉称号获得者有下列情形之一的，由所在省、自治区、直辖市教育行政部门，解放军总政治部报请相应的授予机关批准，撤销其称号，并取消相应待遇：

（一）在表彰奖励活动中弄虚作假、骗取荣誉称号的；

（二）已丧失“全国模范教师”、“全国教育系统先进工作者”或者“全国优秀教师”、“全国优秀教育工作者”荣誉称号条件的。

第十一条 本规定适用于《教师法》适用范围的各级各类学校及其他教育机构中的教师和教育工作者。

第十二条 各省、自治区、直辖市和国务院有关部门、解放军总政治部可参照本规定，结合实际情况，奖励所属学校和其他教育机构的优秀教师和教育工作者。其具体办法由各省、自治区、直辖市和国务院有关部门、解放军总政治部自行制定。

第十三条 本规定由国务院教育行政部门负责解释。

第十四条 本规定自发布之日起施行。《教师和教育工作者暂行规定》同时废止。

《教师资格条例》实施办法

（教育部令第10号2000年9月23日发布）

第一章　总则

第一条　为实施教师资格制度，依据《中华人民共和国教师法》（以下简称《教师法》）和《教师资格条例》，制定本办法。

第二条　符合《教师法》规定学历的中国公民申请认定教师资格，适用本办法。

第三条　中国公民在各级各类学校和其他教育机构中专门从事教育教学工作，应当具备教师资格。

第四条　国务院教育行政部门负责全国教师资格制度的组织实施和协调监督工作；县级以上（包括县级，下同）地方人民政府教育行政部门根据《教师资格条例》规定权限负责本地教师资格认定和管理的组织、指导、监督和实施工作。

第五条　依法受理教师资格认定申请的县级以上地方人民政府教育行政部门，为教师资格认定机构。

第二章　资格认定条件

第六条　申请认定教师资格者应当遵守宪法和法律，热爱教育事业，履行《教师法》规定的义务，遵守教师职业道德。

第七条　中国公民依照本办法申请认定教师资格应当具备《教师法》规定的相应学历。

申请认定中等职业学校实习指导教师资格者应当具备中等职业学校毕业及其以上学历，对于确有特殊技艺者，经省级以上人民政府教育行政部门批准，其学历要求可适当放宽。

第八条　申请认定教师资格者的教育教学能力应当符合下列要求：

（一）具备承担教育教学工作所必须的基本素质和能力。具体测试办法和标准由省级教育行政部门制定。

（二）普通话水平应当达到国家语言文字工作委员会颁布的《普通话水平测试等级标准》二级乙等以上标准。

少数方言复杂地区的普通话水平应当达到三级甲等以上标准；使用汉语和当地民族语言教学的少数民族自治地区的普通话水平，由省级人民政府教育行政部门规定标准。

（三）具有良好的身体素质和心理素质，无传染性疾病，无精神病史，适应教育教学工作的需要，在教师资格认定机构指定的县级以上医院体检合格。

第九条 高等学校拟聘任副教授以上教师职务或具有博士学位者申请认定高等学校教师资格，只需具备本办法第六条、第七条、第八条（三）项规定的条件。

第三章 资格认定申请

第十条 教师资格认定机构和依法接受委托的高等学校每年春季、秋季各受理一次教师资格认定申请。具体受理时间由省级人民政府教育行政部门统一规定，并通过新闻媒体等形式予以公布。

第十一条 申请认定教师资格者，应当在受理申请期限内向相应的教师资格认定机构或者依法接受委托的高等学校提出申请，领取有关资料和表格。

第十二条 申请认定教师资格者应当在规定时间向教师资格认定机构或者依法接受委托的高等学校提交下列基本材料：

（一）由本人填写的《教师资格认定申请表》一式两份；

（二）身份证原件和复印件；

（三）学历证书原件和复印件；

（四）由教师资格认定机构指定的县级以上医院出具的体格检查合格证明；

（五）普通话水平测试等级证书原件和复印件；

（六）思想品德情况的鉴定或者证明材料。

第十三条 体检项目由省级人民政府教育行政部门规定，其中必须包含“传染病”、“精神病史”项目。

申请认定幼儿园和小学教师资格的，参照《中等师范学校招生体检标准》的有关规定执行；申请认定初级中学及其以上教师资格的，参照《高等师范学校招生体检标准》的有关规定执行。

第十四条 普通话水平测试由教育行政部门和语言文字工作机构共同组织实施，对合格者颁发由国务院教育行政部门统一印制的《普通话水平测试等级证书》。

第十五条 申请人思想品德情况的鉴定或者证明材料按照《申请人思想品德鉴定表》要求填写。在职申请人，该表由其工作单位填写；非在职申请人，该表由其户籍所在地街道办事处或者乡级人民政府填写。应届毕业生由毕业学校负责提供鉴定。必要时，有关单位可应教师资格认定机构要求提供更为详细的证明材料。

第十六条 各级各类学校师范教育类专业毕业生可以持毕业证书，向任教学校所在地或户籍所在地教师资格认定机构申请直接认定相应的教师资格。

第十七条 申请认定教师资格者应当按照国家规定缴纳费用。但各级各类学校师范教育类专业毕业生不缴纳认定费用。

第四章 资格认定

第十八条 教师资格认定机构或者依法接受委托的高等学校应当及时根据申请人提供的材料进行初步审查。

第十九条 教师资格认定机构或者依法接受委托的高等学校应当组织成立教师资格专家审查委员会。教师资格专家审查委员会根据需要成立若干小组，按照省级教育行政部门制定的测试办法和标准组织面试、试讲，对申请人的教育教学能力进行考查，提出审查意见，报教师资格认定机构或者依法接受委托的高等学校。

第二十条 教师资格认定机构根据教师资格专家审查委员会的审查意见，在受理申请期限终止之日起３０个法定工作日内作出是否认定教师资格的结论，并将认定结果通知申请人。符合法定的认定条件者，颁发相应的《教师资格证书》。

第二十一条 县级以上地方人民政府教育行政部门按照《教师资格条例》第十三条规定的权限，认定相应的教师资格。

高等学校教师资格，由申请人户籍所在地或者申请人拟受聘高等学校所在地的省级人民政府教育行政部门认定；省级人民政府教育行政部门可以委托本行政区域内经过国家批准实施本科学历教育的普通高等学校认定本校拟聘人员的高等学校教师资格。

第五章 资格证书管理

第二十二条 各级人民政府教育行政部门应当加强对教师资格证书的管理。教师资格证书作为持证人具备国家认定的教师资格的法定凭证，由国务院教育行政部门统一印制。《教师资格认定申请表》由国务院教育行政部门统一格式。

《教师资格证书》和《教师资格认定申请表》由教师资格认定机构按国家规定统一编号，加盖相应的政府教育行政部门公章、钢印后生效。

第二十三条 取得教师资格的人员，其《教师资格认定申请表》一份存入本人的人事档案，其余材料由教师资格认定机构归档保存。教师资格认定机构建立教师资格管理数据库。

第二十四条 教师资格证书遗失或者损毁影响使用的，由本人向原发证机关报告，申请补发。原发证机关应当在补发的同时收回损毁的教师资格证书。

第二十五条 丧失教师资格者，由其工作单位或者户籍所在地相应的县级以上人民政府教育行政部门按教师资格认定权限会同原发证机关办理注销手续，收缴证书，归档备案。丧失教师资格者不得重新申请认定教师资格。

第二十六条 按照《教师资格条例》应当被撤销教师资格者，由县级以上人民政府教育行政部门按教师资格认定权限会同原发证机关撤销资格，收缴证书，归档备案。被撤销教师资格者自撤销之日起 5 年内不得重新取得教师资格。

第二十七条 对使用假资格证书的，一经查实，按弄虚作假、骗取教师资格处理，5 年内不得申请认定教师资格，由教育行政部门没收假证书。对变造、买卖教师资格证书的，依法追究法律责任。

第六章 附则

第二十八条 省级人民政府教育行政部门依据本办法制定实施细则，并报国务院教育行政部门备案。

第二十九条 本办法自颁发之日起施行。

高等学校教师培训工作规程

（教人[1996]29号1996年4月8日发布）

第一章　总则

第一条　为了建设具有良好思想品德和业务素质的教师队伍，使高等学校教师培训工作进一步规范化、制度化，根据《中华人民共和国教师法》（以下简称《教师法》），制定本规程。

第二条　高等学校教师培训，是为教师更好地履行岗位职责而进行的继续教育。

第三条　高等学校及其主管部门应采取切实可行的措施，按照《教师法》的规定，保障教师培训的权利。

高等学校教师培训工作要贯彻思想政治素质和业务水平并重，理论与实践统一，按需培训、学用一致、注重实效的方针。坚持立足国内、在职为主、加强实践、多种形式并举的培训原则。

第四条　高等学校教师思想政治素质的培训要坚持党的基本路线、教育方针和教师职业道德教育。使教师自觉履行《教师法》规定的义务，做到敬业奉公，教书育人，为人师表。

高等学校教师业务素质的培训要以提高教师的基础知识和专业知识为主，全面提高教师的教育教学水平和科学研究能力，提高应用计算机、外语和现代化教育技术等技能的能力。

第五条　培训对象要以青年教师为主，使大部分青年教师更好地履行现岗位职务职责，并创造条件，及时选拔、重点培养在实际教学、科研中涌现出来的优秀青年教师，使之成为学术骨干和新的学术带头人。

第二章　培训的组织与职责

第六条　国务院教育行政部门负责全国高等学校教师培训工作的宏观管理和政策指导，统筹安排重点高校接受培训教师工作。

第七条　各省、自治区、直辖市教育行政部门和国务院有关部委教育主管部门负责本地区、本部门高等学校教师培训的规划、管理和经费投入等工作。

省级教育行政部门要统筹协调所在地区国务院有关部委所属院校的教师培训工作。

第八条　教育行政部门和教育主管部门在高等学校教师培训工作中的职责是：

（一）根据不同层次、不同类型学校教师队伍的实际情况，制定教师培训规划，保障经费投入；

（二）加强各部门的协调、配合，理顺关系；

（三）定期检查、督促教师培训规划和学年度计划的落实；

（四）不断完善各种培训途径和形式，总结推广经验；

（五）加强师资培训机构建设，完善师资培训机构的管理体制；

（六）定期对教师培训工作作出成绩的单位及个人进行表彰奖励。

第九条　高等学校直接负责本校教师培训规划的制定，并有相应的机构或人员负责具体组织管理工作。其职责是：

（一）根据教师的不同情况以及教师队伍建设的需要，切实做好教师培训规划，保证培训经费的落实；

（二）运用正确的政策导向，合理引入竞争机制，调动和提高教师培训的积极性；

（三）关心外出培训教师的思想、学习和生活，积极配合接受单位做好工作；

（四）明确校、系、教研室的责任，并纳入对其工作实绩的考核。

第十条　受主管部门委托接受培训教师的重点高校，应为其他院校培训教师，对少数民族地区和边远地区高等学校教师的培训要给予优先和优惠。其职责是：

（一）制定和完善有关培训教师的管理办法，严格管理，保证培训质量；

（二）关心培训教师在培训期间的思想、学习和生活，配合原学校做好工作；

（三）加强学校各部门，尤其是教学和后勤等部门的协调配合，为参加培训教师的学习提供必要的条件。

第十一条　各级教育行政部门所属的高校师资培训机构，主要开展有关的师资培训、研究咨询、信息服务以及上级主管部门委托的其他任务。

第三章　培训的主要形式

第十二条　高等学校教师培训应根据教师职务的不同，确定培训形式和规范要求。

第十三条　助教培训以进行教学科研基本知识、基本技能的教育和实践为主，主要有以下形式：

（一）岗前培训。主要包括教育法律法规和政策、有关教育学、心理学的基本理论、教师职业要求等内容；

（二）教学实践。在导师指导下，按照助教岗位职责要求，认真加强教学实践环节的培养提高，熟悉教学过程及其各个教学环节；

（三）助教进修班。本科毕业的青年教师，必须通过助教进修班，学习本专业硕士研究生主要课程；

（四）凡新补充的具有学士学位的青年教师，符合条件者可按在职人员以毕业研究生同等学力申请硕士学位或以在职攻读研究生等形式取得硕士学位；

（五）社会实践。未经过社会实际工作锻炼，年龄在35岁以下的青年教师必须参加为期半年以上的社会实践；

（六）根据不同学校的类型和特点，对教师计算机、外语等基本技能的培训，由主管部门或学校提出要求并做出安排。

第十四条 讲师培训以增加、扩充专业基础理论知识为主，注重提高教学水平和科研能力。主要有以下形式：

（一）根据需要和计划安排，参加以提高教学水平为内容的骨干教师进修班、短期研讨班和单科培训，或选派出国培训；

（二）任讲师三年以上，根据需要，可安排参加以科研课题为内容的国内访问学者培训；

（三）在职攻读硕士、博士学位或按在职人员以毕业研究生同等学力申请硕士、博士学位。

第十五条 对连续担任讲师工作五年以上，且能履行岗位职责的教师，必须安排至少三个月的脱产培训。

第十六条 副教授培训主要是通过教学科研工作实践及学术交流，熟悉和掌握本学科发展前沿信息，进一步提高学术水平。主要有以下形式：

（一）根据需要，可参加以课程和教学改革、教材建设为内容的短期研讨班、讲习班；

（二）根据需要结合所承担的科研任务，可作为国内访问学者参加培训，或参加以学科前沿领域为内容的高级研讨班；

（三）根据需要参加国内外有关学术会议、校际间学术交流，或选派出国培训。

第十七条 对连续担任副教授工作五年，且能履行岗位职责的教师，根据不同情况，必须安排至少半年的脱产培训或学术假。

第十八条 教授主要通过高水平的科研和教学工作来提高学术水平。其培训形式是以参加国内外学术会议、交流讲学、著书立说等活动为主的学术假。

第十九条 连续担任教授工作五年，且能履行岗位职责的教师，必须给予至少半年的学术休假时间，并提供必要的保证条件。

第二十条 各高等学校要结合导师制等培养方式，充分发挥老教师对青年教师的指导和示范作用。

第四章 培训的考核与管理

第二十一条 教师培训超过三个月以上，应按有关规定及培训层次、形式的要求进行考核及鉴定，并记入业务档案，作为职务任职资格、奖惩等方面的依据。外出培训教师的考核主要由接受学校负责。

举办助教进修班必须由主管部门根据有关规定批准。参加助教进修班，学完硕士学位主要课程内容并考试合格，颁发相应的结业证书。未完成此项培训的教师，不得申请讲师职务任职资格。

社会实践主要结合专业进行，面向社会、基层和生产第一线，一般应集中安排，特殊情况者可分阶段累积完成。本科毕业的青年教师，必须在晋升讲师职务之前完成；研究生毕业的教师，应在晋升副教授之前完成。

第二十二条 为保证培训计划的落实，保障教师参加培训的权利，对按计划已安排培训任务的教师，教研室、系和学校一般不得取消。教师应当服从教研室、系和学校安排的培训计划及培训形式，无正当理由和特殊情况，不得变更。

教师在培训期间，一般不得调整或增加培训内容、时间及形式。确有需要的，须经所在学校系以上领导批准。接受培训教师的学校根据参加培训教师提出的申请和可能的条件，在教师原学校批准的前提下，予以安排和调整。

第二十三条 教师参加半年以上培训后，未完成学校规定的教育教学任务或未履行完学校合同即调离、辞聘或辞职的，学校可根据不同情况收回培训费。出国留学人员按国家有关规定执行。

第二十四条 参加培训的教师获得优异成绩、取得重要成果、发明或对接受培训教师学校的教学科研工作作出积极贡献的，所在学校或接受培训学校要予以表彰奖励。

第二十五条 有下列情况之一的，由教师所在学校和接受培训教师院校分别不同情况，给予必要的处理：

（一）无正当理由，未认真履行职责或尚未完成培训任务的，应中止培训、不发给结业证书，情节严重的可以解聘；

（二）无正当理由拒绝接受培训的，应当解聘；

（三）培训成绩不合格的，不发给结业证书，并按照第二十一条的规定予以处理；

（四）培训期间违反学校纪律和有关规定，影响恶劣的，应当给予必要的处分或予以解聘。

第五章　培训的保障与有关待遇

第二十六条　接受培训教师应纳入接受学校的培养规模，按接受培训半年以上教师的不同职务进行折算，初、中、高级职务分别按1.5、2.5、3折合本科生，计入学校招生规模，作为计算人员编制、核定教学工作量和办学评估的依据。

第二十七条　高等学校及其主管部门在制定学校编制方案时，要考虑到教师培训提高的需要。根据不同学校的情况，应留出一定比例的“轮空”编制数，以保证教师培训工作的正常进行。

第二十八条　教育行政部门和主管部门，要设立教师培训专项经费。各高等学校的教育事业费中，按不同层次和规模学校的情况，要有一定比例用于教师培训。根据需要和计划安排教师培训的费用必须予以保证。

第二十九条　根据需要或计划安排参加培训的教师，学习及差旅费用应由学校支付。

第三十条　根据需要或计划安排的教师在本校或外出参加培训期间，要根据不同情况，对其教学工作量的要求实行减免，并纳入考核指标体系。

指导教师培训的导师，其工作应折算计入教学工作量并纳入考核指标体系。

第三十一条　根据需要或计划安排参加培训的教师，在培训期间已符合条件的，其职务任职资格评审不应受到影响。

第三十二条　根据需要或计划安排，在校内或校外培训的教师，其工资、津贴、福利、住房分配等待遇，各高等学校应有明确规定，原则上应不受到影响。

第三十三条　外出参加培训的教师，要根据各地不同物价水平和教师的实际困难，由学校给予一定生活补贴。接受培训教师院校对培训期间参加导师科研课题研究等实际工作的教师，要根据实际情况，给予一定补贴。

第三十四条　外出参加培训半年以上的教师，接受学校按计划同意录取的，必须为住宿、图收借阅、资料查询、文献检索提供保证，并在计算机及有关仪器设备使用等方面提供便利条件，一般不低于研究生的待遇。

第三十五条　接受培训教师费用收取办法及标准，按现行财务收费规定办理。所需费用应一次性收齐，不得中途追加或变相收费。

第三十六条　符合第二十九至三十四条规定，而未予以落实的，教师本人可向学校或上级主管部门申诉。学校和主管部门应当作出答复，情况属实的，必须予以解决。

不能履行前四章涉及的有关义务和违反前四章有关规定的，不应享受上述相应待遇。

出国培训的待遇按有关规定执行。

第六章　附则

第三十七条　本规程适用于国家举办的全日制普通高等学校。成人高等学校可参照本规程执行。

第三十八条　各省、自治区、直辖市教育行政部门和国务院有关部委教育主管部门以及高等学校，可根据本规程制定实施办法。

第三十九条　本规程解释权属国家教育委员会。

第四十条　本规程自发布之日起执行。

中小学教师继续教育规定

（教育部令第7号1999年9月13日发布）

第一章　总则

第一条　为了提高中小学教师队伍整体素质，适应基础教育改革发展和全面推进素质教育的需要，根据《中华人民共和国教育法》和《中华人民共和国教师法》，制定本规定。

第二条　本规定适用于国家和社会力量举办的中小学在职教师的继续教育工作。

第三条　中小学教师继续教育，是指对取得教师资格的中小学在职教师为提高思想政治和业务素质进行的培训。

第四条　参加继续教育是中小学教师的权利和义务。

第五条　各级人民政府教育行政部门管理中小学教师继续教育工作，应当采取措施，依法保障中小学教师继续教育工作的实施。

第六条　中小学教师继续教育应坚持因地制宜、分类指导、按需施教、学用结合的原则，采取多种形式，注重质量和实效。

第七条　中小学教师继续教育原则上每五年为一个培训周期。

第二章　内容与类别

第八条　中小学教师继续教育要以提高教师实施素质教育的能力和水平为重点。中小学教师继续教育的内容主要包括：思想政治教育和师德修养；专业知识及更新与扩展；现代教育理论与实践；教育科学研究；教育教学技能训练和现代教育技术；现代科技与人文社会科学知识等。

第九条　中小学教师继续教育分为非学历教育和学历教育。

（一）非学历教育包括：新任教师培训：为新任教师在试用期内适应教育教学工作需要而设置的培训。培训时间应不少于120学时。教师岗位培训：为教师适应岗位要求而设置的培训。培训时间每五年累计不少于240学时。骨干教师培训：对有培养前途的中青年教师按教育教学骨干的要求和对现有骨干教师按更高标准进行的培训。

（二）学历教育：对具备合格学历的教师进行的提高学历层次的培训。

第三章　组织管理

第十条　国务院教育行政部门宏观管理全国中小学教师继续教育工作；制定有关方针、政策；制定中小学教师继续教育教学基本文件，组织审定统编教材；建立中小学教师继续教育评估体系；指导各省、自治区、直辖市中小学教师继续教育工作。

第十一条　省、自治区、直辖市人民政府教育行政部门主管本地区中小学教师继续教育工作；制定本地区中小学教师继续教育配套政策和规划；全面负责本地区中小学教师继续教育的实施、检查和评估工作。市（地、州、盟）、县（区、市、旗）人民政府教育行政部门在省级人民政府教育行政部门指导下，负责管理本地区中小学教师继续教育工作。

第十二条　各级教师进修院校和普通师范院校在主管教育行政部门领导下，具体实施中小学教师继续教育的教育教学工作。中小学校应有计划地安排教师参加继续教育，并组织开展校内多种形式的培训。综合性高等学校、非师范类高等学校和其他教育机构，经教育行政部门批准，可参与中小学教师继续教育工作。经主管教育行政部门批准，社会力量可以举办中小学教师继续教育机构，但要符合国家规定的办学标准，保证中小学教师继续教育质量。

第四章　条件保障

第十三条　中小学教师继续教育经费以政府财政拨款为主，多渠道筹措，在地方教育事业费中专项列支。地方教育费附加应有一定比例用于义务教育阶段的教师培训。省、自治区、直辖市人民政府教育行政部门要制定中小学教师继续教育人均基本费用标准。中小学教师继续教育经费由县级及以上教育行政部门统一管理，不得截留或挪用。社会力量举办的中小学和其他教育机构教师的继续教育经费，由举办者自筹。

第十四条　地方各级人民政府教育行政部门要按照国家规定的办学标准，保证对中小学教师培训机构的投入。

第十五条　地方各级人民政府教育行政部门要加强中小学教师培训机构的教师队伍建设。

第十六条 经教育行政部门和学校批准参加继续教育的中小学教师，学习期间享受国家规定的工资福利待遇。学费、差旅费按各地有关规定支付。

第十七条 各级人民政府教育行政部门应当采取措施，大力扶持少数民族地区和边远贫困地区的中小学教师继续教育工作。

第五章　考核与奖惩

第十八条 地方各级人民政府教育行政部门要建立中小学教师继续教育考核和成绩登记制度。考核成绩作为教师职务聘任、晋级的依据之一。

第十九条 各级人民政府教育行政部门要对中小学教师继续教育工作成绩优异的单位和个人，予以表彰和奖励。

第二十条 违反本规定，无正当理由拒不参加继续教育的中小学教师，所在学校应督促其改正，并视情节给予批评教育。

第二十一条 对中小学教师继续教育质量达不到规定要求的，教育行政主管部门应责令其限期改正。对未按规定办理审批手续而举办中小学教师继续教育活动的，教育行政主管部门应责令其补办手续或停止其举办中小学教师继续教育活动。

第六章　附则

第二十二条 本规定所称中小学教师，是指幼儿园，特殊教育机构，普通中小学，成人初等、中等教育机构，职业中学以及其他教育机构的教师。

第二十三条 各省、自治区、直辖市可根据本地区的实际情况，制定具体实施办法。

第二十四条 本规定自发布之日起施行。

中小学校长培训规定

（教育部令第8号1999年12月30日发布）

第一章　总则

第一条　为了提高中小学校长队伍的整体素质，全面推进素质教育，促进基础教育的改革和发展，根据《中华人民共和国教育法》和国家有关规定，制定本规定。

第二条　本规定适用于国家和社会力量举办的全日制普通中小学校长培训工作。

第三条　各级人民政府教育行政部门根据教育事业发展的需要，按照校长任职要求，有计划地对校长进行培训。

第四条　中小学校长培训要坚持为全面实施素质教育服务的宗旨，坚持因地制宜，分类指导和理论联系实际，学用一致，按需施教，讲求实效的原则。

第五条　参加培训是中小学校长的权利和义务。新任校长必须取得“任职资格培训合格证书”，持证上岗。在职校长每五年必须接受国家规定时数的提高培训，并取得“提高培训合格证书”，作为继续任职的必备条件。

第二章　内容与形式

第六条　中小学校长培训要以提高校长组织实施素质教育的能力和水平为重点。其内容主要包括政治理论、思想品德修养、教育政策法规、现代教育理论和实践、学校管理理论和实践、现代教育技术、现代科技和人文社会科学知识等方面。培训具体内容要视不同对象的实际需求有所侧重。

第七条　中小学校长培训以在职或短期离岗的非学历培训为主，主要包括：

任职资格培训：按照中小学校长岗位规范要求，对新任校长或拟任校长进行以掌握履行岗位职责必备的知识和技能为主要内容的培训。培训时间累计不少于300学时。

在职校长提高培训：面向在职校长进行的以学习新知识、掌握新技能、提高管理能力、研究和交流办学经验为主要内容的培训。培训时间每五年累计不少于240学时。

骨干校长高级研修：对富有办学经验并具有一定理论修养和研究能力的校长进行的旨在培养学校教育教学和管理专家的培训。

第八条 中小学校长培训实施学时制，也可采用集中专题、分段教学、累计学分的办法。

第九条 各级人民政府教育行政部门和有关培训机构，要充分利用国家提供的现代远程教育资源，并积极创造条件，运用现代教育技术手段开展中小学校长培训工作。

第三章 组织和管理

第十条 国务院教育行政部门宏观管理全国中小学校长培训工作。主要职责是：制定保障、规范中小学校长培训工作的有关规章、政策；制定并组织实施培训工作总体规划；制定培训教学基本文件，组织推荐、审定培训教材；建立培训质量评估体系；指导各省、自治区、直辖市中小学校长培训工作。

第十一条 省、自治区、直辖市政府教育行政部门主管本地区中小学校长培训工作；制定本地区中小学校长培训规划和配套政策；全面负责本地区中小学校长培训的实施、检查和评估工作。

第十二条 省、自治区、直辖市人民政府教育行政部门对承担中小学校长培训任务的机构的资质条件予以规范，加强对中小学校长培训机构的监督检查和质量评估。鼓励有条件的综合大学、普通师范院校、教育学院、教师进修学校等机构发挥各自优势，以不同形式承担中小学校长培训任务。

第十三条 中小学校长培训施教机构的教师实行专兼结合。培训机构应当配备素质较高、适应培训工作需要的专职教师队伍，并聘请一定数量的校外专家学者、教育行政部门领导和优秀中小学校长作为兼职教师。

第十四条 对参加培训并经考核合格的中小学校长，发给相应的培训证书。省、自治区、直辖市人民政府教育行政部门要加强对证书的管理。

第十五条 经教育行政部门批准参加培训的中小学校长，培训期间享受国家规定的工资福利待遇，培训费、差旅费按财务制度规定执行。

第十六条 中小学校长培训经费以政府财政拨款为主，多渠道筹措，地方教育费附加应有一定比例用于培训中小学校长工作。省、自治区、直辖市人民政府教育行政部门要制定中小学校长培训人均基本费用标准。

第十七条 各级人民政府教育行政部门应当把中小学校长参加培训的情况纳入教育督导的重要内容。对培训工作成绩突出的单位和个人，予以表彰和奖励。

第四章　培训责任

第十八条　各级人民政府教育行政部门和学校要保障中小学校长接受培训的权利。中小学校长对有关组织或者个人侵犯其接受培训权利的，有权按有关程序向主管教育行政机关提出申诉。

第十九条　违反本规定，无正当理由拒不按计划参加培训的中小学校长，学校主管行政机关应督促其改正，并视情节给予批评教育、行政处分、直至撤销其职务。

第二十条　担任中小学校长者，应取得《任职资格培训合格证书》，或应在任职之日起六个月内，由校长任免机关（或聘任机构）安排，接受任职资格培训，并取得《任职资格培训合格证书》。在职中小学校长没有按计划接受或者没有达到国家规定时数的提高培训，或者考核不合格者，中小学校长任免机关（或聘任机构）应令其在一年内补正。期满仍未能取得《提高培训合格证书》者，不能继续担任校长职务。

第二十一条　经评估达不到培训要求的培训机构，主管教育行政机关要令其限期改正，逾期不改者，应责令其停止中小学校长培训工作。

第二十二条　对未经批准自行设立、举办中小学校长培训机构或中小学校长培训班的，主管教育行政机关应根据有关法律法规的规定，给予相应的行政处罚。

第五章　附则

第二十三条　幼儿园园长、特殊教育学校校长培训参照本规定执行。中等职业学校及其他各类成人初、中等教育学校校长培训另行安排。

第二十四条　各省、自治区、直辖市教育行政部门可以依据本规定制定实施办法。

第二十五条　本规定自发布之日起施行。

民办高等学校办学管理若干规定

（教育部令第25号，2007年1月16日经部长办公会议讨论通过，2007年2月3日发布，自2007年2月10日起施行）

第一条 为规范实施专科以上高等学历教育的民办学校（以下简称民办高校）的办学行为，维护民办高校举办者和学校、教师、学生的合法权益，引导民办高校健康发展，根据民办教育促进法及其实施条例和国家有关规定，制定本规定。

第二条 民办高校及其举办者应当遵守法律、法规、规章和国家有关规定，贯彻国家的教育方针，坚持社会主义办学方向和教育公益性原则，保证教育质量。

第三条 教育行政部门应当将民办高等教育纳入教育事业发展规划。按照积极鼓励、大力支持、正确引导、依法管理的方针，引导民办高等教育健康发展。

教育行政部门对民办高等教育事业做出突出贡献的集体和个人予以表彰奖励。

第四条 国务院教育行政部门负责全国民办教育统筹规划、综合协调和宏观管理工作。

省、自治区、直辖市人民政府教育行政部门（以下简称省级教育行政部门）主管本行政区域内的民办教育工作。对民办高校依法履行下列职责：

（一）办学许可证管理；

（二）民办高校招生简章和广告备案的审查；

（三）民办高校相关信息的发布；

（四）民办高校的年度检查；

（五）民办高校的表彰奖励；

（六）民办高校违法违规行为的查处；

（七）法律法规规定的其他职责。

第五条 民办高校的办学条件必须符合国家规定的设置标准和普通高等学校基本办学条件指标的要求。

民办高校设置本、专科专业，按照国家有关规定执行。

第六条 民办高校的举办者应当按照民办教育促进法及其实施条例的规定，按时、足额履行出资义务。

民办高校的借款、向学生收取的学费、接受的捐赠财产和国家的资助，不属于举办者的出资。

民办高校对举办者投入学校的资产、国有资产、受赠的财产、办学积累依法享有法人财产权，并分别登记建账。任何组织和个人不得截留、挪用或侵占民办高校的资产。

第七条 民办高校的资产必须于批准设立之日起1年内过户到学校名下。

本规定下发前资产未过户到学校名下的，自本规定下发之日起1年内完成过户工作。

资产未过户到学校名下前，举办者对学校债务承担连带责任。

第八条 民办高校符合举办者、学校名称、办学地址和办学层次变更条件的，按照民办教育促进法规定的程序，报审批机关批准。

民办高校应当按照办学许可证核定的学校名称、办学地点、办学类型、办学层次组织招生工作，开展教育教学活动。

民办高校不得在办学许可证核定的办学地点之外办学。不得设立分支机构。不得出租、出借办学许可证。

第九条 民办高校必须根据有关规定，建立健全党团组织。民办高校党组织应当发挥政治核心作用，民办高校团组织应当发挥团结教育学生的重要作用。

第十条 民办高校校长应当具备国家规定的任职条件，具有10年以上从事高等教育管理经历，年龄不超过70岁。校长报审批机关核准后，方可行使民办教育促进法及其实施条例规定的职权。

校长任期原则上为4年。报经审批机关同意后可以连任。

第十一条 未列入国务院教育行政部门当年公布的具有学历教育招生资格学校名单的民办高校，不得招收学历教育学生。

第十二条 民办高校招生简章和广告必须载明学校名称、办学地点、办学性质、招生类型、学历层次、学习年限、收费项目和标准、退费办法、招生人数、证书类别和颁发办法等。

民办高校应当依法将招生简章和广告报审批机关或其委托的机关备案。发布的招生简章和广告必须与备案的内容相一致。未经备案的招生简章和广告不得发布。

第十三条 民办高校招收学历教育学生的，必须严格执行国家下达的招生计划，按照国家招生规定和程序招收学生。对纳入国家计划、经省级招生部门统一录取的学生发放录取通知书。

第十四条 民办高校应当按照普通高等学校学生管理规定的要求完善学籍管理制度。纳入国家计划、经省级招生部门统一录取的学生入学后，学校招生部门按照国家规定对其进行复查，复查合格后予以电子注册并取得相应的学籍。

第十五条 民办高校自行招收的学生为非学历教育学生，学校对其发放学习通知书。学习通知书必须明确学习形式、学习年限、取得学习证书办法等。

民办高校对学习时间1年以上的非学历教育学生实行登记制度。已登记的学生名单及有关情况，必须于登记后7日内报省级教育行政部门备案。备案后的学生名单在校内予以公布。

第十六条 民办高校应当按照民办教育促进法及其实施条例的要求，配备教师，不断提高专职教师数量和比例。

民办高校应当依法聘任具有国家规定任教资格的教师，与教师签订聘任合同，明确双方的责任、权利、义务。保障教师的工资、福利待遇，按国家有关规定为教师办理社会保险和补充保险。

第十七条 民办高校应当加强教师的培养和培训，提高教师队伍整体素质。

第十八条 民办高校应当按照国家有关规定建立学生管理队伍。按不低于1：200的师生比配备辅导员，每个班级配备1名班主任。

第十九条 民办高校应当建立健全教学管理机构，加强教学管理队伍建设。改进教学方式方法，不断提高教育质量。

不得以任何形式将承担的教育教学任务转交其他组织和个人。

第二十条 民办高校应当建立教师、学生校内申诉渠道，依法妥善处理教师、学生提出的申诉。

第二十一条 民办高校依法设置会计机构，配备会计人员。会计人员必须取得会计业务资格证书。建立健全内部控制制度，严格执行国家统一的会计制度。

第二十二条 民办高校必须严格执行政府有关部门批准的收费项目和标准。收取的费用主要用于教育教学活动和改善办学条件。

第二十三条 民办高校应当在每学年结束时制作财务会计报告，委托会计师事务所进行审计。必要时，省级教育行政部门可会同有关部门对民办高校进行财务审计。

第二十四条 民办高校的法定代表人为学校安全和稳定工作第一责任人。民办高校应当加强应急管理，建立健全安全稳定工作机制。推进学校安全保卫工作队伍建设，加强对学校教学、生活、活动设施的安全检查，落实各项安全防范措施，维护校园安全和教学秩序。

第二十五条 建立对民办高校的督导制度。

省级教育部门按照国家有关规定向民办高校委派的督导专员应当拥护宪法确定的基本原则，具有从事高等教育管理工作经历，熟悉高等学校情况，具有较强的贯彻国家法律、法规和政策的能力，年龄不超过70岁。督导专员的级别、工资、日常工作经费等由委派机构商有关部门确定。

督导专员任期原则上为4年。因工作需要的，委派机构可根据具体情况适当延长其任期。

第二十六条 督导专员行使下列职权：

（一）监督学校贯彻执行有关法律、法规、政策的情况；

（二）监督、引导学校的办学方向、办学行为和办学质量；

（三）参加学校发展规划、人事安排、财产财务管理、基本建设、招生、收退费等重大事项的研究讨论；

（四）向委派机构报告学校办学情况，提出意见建议；

（五）有关党政部门规定的其他职责。

第二十七条 省级教育行政部门应当建立健全民办高校办学过程监控机制，及时向社会发布民办高校的有关信息。

第二十八条 省级教育行政部门按照国家规定对民办高校实行年度检查制度。年度检查工作于每年12月31日前完成。省级教育行政部门根据年度检查情况和国务院教育行政部门基本办学条件核查的结果，在办学许可证副本上加盖年度检查结论戳记。

年度检查时，民办高校应当向省级教育行政部门提交年度学校自查报告、财务审计报告和要求提供的其他材料。

第二十九条 省级教育行政部门对民办高校年度检查的主要内容：

（一）遵守法律、法规和政策的情况；

（二）党团组织建设、和谐校园建设、安全稳定工作的情况；

（三）按照章程开展活动的情况；

（四）内部管理机构设置及人员配备情况；

（五）办学许可证核定项目的变动情况；

（六）财务状况，收入支出情况或现金流动情况；

（七）法人财产权的落实情况；

（八）其他需要检查的情况。

第三十条 民办高校出现以下行为的，由省级教育行政部门责令改正；并可给予1至3万元的罚款、减少招生计划或者暂停招生的处罚：

（一）学校资产不按期过户的；

（二）办学条件不达标的；

（三）发布未经备案的招生简章和广告的；

（四）年度检查不合格的。

第三十一条 民办高校违反民办教育促进法及其实施条例以及其他法律法规规定的，由省级教育行政部门或者会同相关部门依法予以处罚。

第三十二条 省级教育行政部门应当配合相关主管部门对发布违法招生广告的广告主、广告经营者、广告发布者和非法办学机构、非法中介进行查处。

第三十三条 教育行政部门会同民政部门加强对民办高等教育领域行业协会的业务指导和监督管理。充分发挥行业协会在民办高等教育健康发展中提供服务、反映诉求、行业自律的作用。

第三十四条 教育行政部门配合新闻单位做好引导民办高等教育健康发展的舆论宣传工作，营造有利于民办高校健康发展的舆论环境。

第三十五条 教育行政部门及其工作人员滥用职权、玩忽职守，违反民办教育促进法及其实施条例规定的，依法予以处理。

第三十六条 本规定自2007年2月10日起施行。

独立学院设置与管理办法

（教育部令第26号，2008年2月4日经教育部部务会议审议通过，2008年2月22日发布，自2008年4月1日起施行）

第一章　总则

第一条　为了规范普通高等学校与社会组织或者个人合作举办独立学院活动，维护受教育者和独立学院的合法权益，促进高等教育事业健康发展，根据高等教育法、民办教育促进法、民办教育促进法实施条例，制定本办法。

第二条　本办法所称独立学院，是指实施本科以上学历教育的普通高等学校与国家机构以外的社会组织或者个人合作，利用非国家财政性经费举办的实施本科学历教育的高等学校。

第三条　独立学院是民办高等教育的重要组成部分，属于公益性事业。

设立独立学院，应当符合国家和地方高等教育发展规划。

第四条　独立学院及其举办者应当遵守法律、法规、规章和国家有关规定，贯彻国家的教育方针，坚持社会主义办学方向和教育公益性原则。

第五条　国家保障独立学院及其举办者的合法权益。

独立学院依法享有民办教育促进法、民办教育促进法实施条例规定的各项奖励与扶持政策。

第六条　国务院教育行政部门负责全国独立学院的统筹规划、综合协调和宏观管理。

省、自治区、直辖市人民政府教育行政部门（以下简称省级教育行政部门）主管本行政区域内的独立学院工作，依法履行下列职责：

（一）独立学院办学许可证的管理；

（二）独立学院招生简章和广告备案的审查；

（三）独立学院相关信息的发布；

（四）独立学院的年度检查；

（五）独立学院的表彰奖励；

（六）独立学院违法违规行为的查处；

（七）法律法规规定的其他职责。

第二章　设立

第七条　参与举办独立学院的普通高等学校须具有较高的教学水平和管理水平，较好的办学条件，一般应具有博士学位授予权。

第八条　参与举办独立学院的社会组织，应当具有法人资格。注册资金不低于5000万元，总资产不少于3亿元，净资产不少于1.2亿元，资产负债率低于60%。

参与举办独立学院的个人，应当具有政治权利和完全民事行为能力。个人总资产不低于3亿元，其中货币资金不少于1.2亿元。

第九条　独立学院的设置标准参照普通本科高等学校的设置标准执行。

独立学院应当具备法人条件。

第十条　参与举办独立学院的普通高等学校与社会组织或者个人，应当签订合作办学协议。

合作办学协议应当包括办学宗旨、培养目标、出资数额和方式、各方权利义务、合作期限、争议解决办法等内容。

第十一条　普通高等学校主要利用学校名称、知识产权、管理资源、教育教学资源等参与办学。社会组织或者个人主要利用资金、实物、土地使用权等参与办学。

国家的资助、向学生收取的学费和独立学院的借款、接受的捐赠财产，不属于独立学院举办者的出资。

第十二条　独立学院举办者的出资须经依法验资，于筹设期内过户到独立学院名下。

本办法施行前资产未过户到独立学院名下的，自本办法施行之日起1年内完成过户工作。

第十三条　普通高等学校投入办学的无形资产，应当依法作价。无形资产的作价，应当委托具有资产评估资质的评估机构进行评估；无形资产占办学总投入的比例，由合作办学双方按照国家法律、行政法规的有关规定予以约定，并依法办理有关手续。

第十四条　独立学院举办者应当依法按时、足额履行出资义务。独立学院存续期间，举办者不得抽逃办学资金，不得挪用办学经费。

第十五条　符合条件的普通高等学校一般只可以参与举办1所独立学院。

第十六条　设立独立学院，分筹设和正式设立两个阶段。筹设期1至3年，筹设期内不得招生。筹设期满未申请正式设立的，自然终止筹设。

第十七条　设立独立学院由参与举办独立学院的普通高等学校向拟设立的独立学院所在地的省级教育行政部门提出申请，按照普通本科高等学校设置程序，报国务院教育行政部门审批。

第十八条 申请筹设独立学院，须提交下列材料：

（一）筹设申请书。内容包括：举办者、拟设立独立学院的名称、培养目标、办学规模、办学条件、内部管理体制、经费筹措与管理使用等。

（二）合作办学协议。

（三）普通高等学校的基本办学条件，专业设置、学科建设情况，在校学生、专任教师及管理人员状况，本科教学水平评估情况，博士点设置情况。

（四）社会组织或者个人的法人登记证书或者个人身份证明材料。

（五）资产来源、资金数额及有效证明文件，并载明产权。其中包括不少于500亩的国有土地使用证或国有土地建设用地规划许可证。

（六）普通高等学校主管部门审核同意的意见。

第十九条 申请筹设独立学院的，审批机关应当按照民办教育促进法规定的期限，作出是否批准的决定。批准的，发给筹设批准书；不批准的，应当说明理由。

第二十条 完成筹设申请正式设立的，应当提交下列材料：

（一）正式设立申请书；

（二）筹设批准书；

（三）筹设情况报告；

（四）独立学院章程，理事会或董事会组成人员名单；

（五）独立学院资产的有效证明文件；

（六）独立学院院长、教师、财会人员的资格证明文件；

（七）省级教育行政部门组织的专家评审意见。

第二十一条 独立学院的章程应当规定下列主要事项：

（一）独立学院的名称、地址；

（二）办学宗旨、规模等；

（三）独立学院资产的数额、来源、性质以及财务制度；

（四）出资人是否要求取得合理回报；

（五）理事会或者董事会的产生方法、人员构成、权限、任期、议事规则等；

（六）法定代表人的产生和罢免程序；

（七）独立学院自行终止的事由；

（八）章程修改程序。

第二十二条 独立学院的名称前冠以参与举办的普通高等学校的名称，不得使用普通高等学校内设院系和学科的名称。

第二十三条 申请正式设立独立学院，审批机关应当按照民办教育促进法规定的期限，作出是否批准的决定。批准的，发给办学许可证；不批准的，应当说明理由。

依法设立的独立学院，应当按照国家有关规定办理法人登记。

第二十四条 国务院教育行政部门受理申请筹设和正式设立独立学院的时间为每年第三季度。省级教育行政部门应当在每年9月30日前完成审核工作并提出申请。

审批机关审批独立学院，应当组织专家评议。专家评议的时间，不计算在审批期限内。

第三章 组织与活动

第二十五条 独立学院设立理事会或者董事会，作为独立学院的决策机构。理事会或者董事会由参与举办独立学院的普通高等学校代表、社会组织或者个人代表、独立学院院长、教职工代表等人员组成。理事会或者董事会中，普通高等学校的代表不得少于五分之二。

理事会或者董事会由5人以上组成，设理事长或者董事长1人。理事长、理事或者董事长、董事名单报审批机关备案。

第二十六条 独立学院的理事会或者董事会每年至少召开2次会议。经三分之一以上组成人员提议，可以召开理事会或者董事会临时会议。

理事会或者董事会会议应由二分之一以上的理事或者董事出席方可举行。

第二十七条 独立学院理事会或者董事会应当对所议事项形成记录，出席会议的理事或者董事和记录员应当在记录上签名。

第二十八条 独立学院理事会或者董事会会议作出决议，须经全体理事或者董事的过半数通过。但是讨论下列重大事项，须经理事会或者董事会三分之二以上组成人员同意方可通过：

（一）聘任、解聘独立学院院长；

（二）修改独立学院章程；

（三）制定发展规划；

（四）审核预算、决算；

（五）决定独立学院的合并、终止；

（六）独立学院章程规定的其他重大事项。

第二十九条 独立学院院长应当具备国家规定的任职条件，年龄不超过70岁，由参与举办独立学院的普通高等学校优先推荐，理事会或者董事会聘任，并报审批机关核准。

独立学院院长负责独立学院的教育教学和行政管理工作。

第三十条 独立学院应当按照办学许可证核定的名称、办学地址和办学范围组织开展教育教学活动。不得设立分支机构。不得出租、出借办学许可证。

第三十一条 独立学院必须根据有关规定，建立健全中国共产党和中国共产主义青年团的基层组织。独立学院党组织应当发挥政治核心作用，独立学院团组织应当发挥团结教育学生的重要作用。

独立学院应当建立教职工代表大会制度，保障教职工参与民主管理和监督。

第三十二条 独立学院的法定代表人为学校安全稳定工作第一责任人。独立学院应当建立健全安全稳定工作机制，建立学校安全保卫工作队伍。落实各项维护安全稳定措施，开展校园及周边治安综合治理，维护校园安全和教学秩序。

参与举办独立学院的普通高等学校应当根据独立学院的实际情况，积极采取措施，做好安全稳定工作。

第三十三条 独立学院应当按照国家核定的招生规模和国家有关规定招收学生，完善学籍管理制度，做好家庭经济困难学生的资助工作。

第三十四条 独立学院应当按照国家有关规定建立学生管理队伍。按不低于1∶200的师生比配备辅导员，每个班级配备1名班主任。

第三十五条 独立学院应当建立健全教学管理机构，加强教学管理队伍建设。改进教学方式方法，不断提高教育质量。

第三十六条 独立学院应当按照国家有关规定完善教师聘用和管理制度，依法落实和保障教师的相关待遇。

第三十七条 独立学院应当根据核定的办学规模充实办学条件，并符合普通本科高等学校基本办学条件指标的各项要求。

第三十八条 独立学院对学习期满且成绩合格的学生，颁发毕业证书，并以独立学院名称具印。

独立学院按照国家有关规定申请取得学士学位授予资格，对符合条件的学生颁发独立学院的学士学位证书。

第三十九条 独立学院应当按照国家有关规定建立财务、会计制度和资产管理制度。

独立学院资产中的国有资产的监督、管理，按照国家有关规定执行。独立学院接受的捐赠财产的使用和管理，按照公益事业捐赠法的有关规定执行。

第四十条 独立学院使用普通高等学校的管理资源和师资、课程等教育教学资源，其相关费用应当按照双方约定或者国家有关规定，列入独立学院的办学成本。

第四十一条 独立学院收费项目和标准的确定，按照国家有关规定执行，并在招生简章和广告中载明。

第四十二条 独立学院存续期间，所有资产由独立学院依法管理和使用，任何组织和个人不得侵占。

第四十三条 独立学院在扣除办学成本、预留发展基金以及按照国家有关规定提取其他必需的费用后，出资人可以从办学结余中取得合理回报。

出资人取得合理回报的标准和程序，按照民办教育促进法实施条例和国家有关规定执行。

第四章　管理与监督

第四十四条　教育行政部门应当加强对独立学院教育教学工作、教师培训工作的指导。

参与举办独立学院的普通高等学校，应当按照合作办学协议和国家有关规定，对独立学院的教学和管理工作予以指导，完善独立学院教学水平的监测和评估体系。

第四十五条　独立学院的招生简章和广告的样本，应当及时报省级教育行政部门备案。

未经备案的招生简章和广告，不得发布。

第四十六条　省级教育行政部门应当按照国家有关规定，加强对独立学院的督导和年检工作，对独立学院的办学质量进行监控。

第四十七条　独立学院资产的使用和财务管理受审批机关和其他有关部门的监督。

独立学院应当在每个会计年度结束时制作财务会计报告，委托会计师事务所依法进行审计，并公布审计结果。

第五章　变更与终止

第四十八条　独立学院变更举办者，须由举办者提出，在进行财务清算后，经独立学院理事会或者董事会同意，报审批机关核准。

独立学院变更地址，应当报审批机关核准。

第四十九条　独立学院变更名称，应当报审批机关批准。

第五十条　独立学院有下述情形之一的，应当终止：

（一）根据独立学院章程规定要求终止，并经审批机关批准的；

（二）资不抵债无法继续办学的；

（三）被吊销办学许可证的。

第五十一条　独立学院终止时，在妥善安置在校学生后，按照民办教育促进法的有关规定进行财务清算和财产清偿。

独立学院举办者未履行出资义务或者抽逃、挪用办学资金造成独立学院资不抵债无法继续办学的，除依法承担相应的法律责任外，须提供在校学生的后续教育经费。

第五十二条 独立学院终止时仍未毕业的在校学生由参与举办的普通高等学校托管。对学习期满且成绩合格的学生，发给独立学院的毕业证书；符合学位授予条件的，授予独立学院的学士学位证书。

第五十三条 终止的独立学院，除被依法吊销办学许可证的外，按照国家有关规定收回其办学许可证、印章，注销登记。

第六章　法律责任

第五十四条 审批机关及其工作人员，利用职务上的便利收取他人财物或者获取其他利益，滥用职权、玩忽职守，对不符合本办法规定条件者颁发办学许可证，或者发现违法行为不予以查处，情节严重的，对直接负责的主管人员和其他直接人员，依法给予行政处分；构成犯罪的，依法追究刑事责任。

第五十五条 独立学院举办者虚假出资或者在独立学院设立后抽逃资金、挪用办学经费的，由省级教育行政部门会同有关部门责令限期改正，并按照民办教育促进法的有关规定给予处罚。

第五十六条 独立学院有下列情形之一的，由省级教育行政部门责令限期改正，并视情节轻重，给予警告、1至3万元的罚款、减少招生计划或者暂停招生的处罚：

（一）独立学院资产不按期过户的；

（二）发布未经备案的招生简章或广告的；

（三）年检不合格的；

（四）违反国家招生计划擅自招收学生的。

第五十七条 独立学院违反民办教育促进法以及其他法律法规规定的，由省级教育行政部门或者会同有关部门给予处罚。

第七章　附则

第五十八条 本办法施行前设立的独立学院，按照本办法的规定进行调整，充实办学条件，完成有关工作。本办法施行之日起5年内，基本符合本办法要求的，由独立学院提出考察验收申请，经省级教育行政部门审核后报国务院教育行政部门组织考察验收，考察验收合格的，核发办学许可证。

第五十九条 本办法自2008年4月1日起施行。此前国务院教育行政部门发布的有关独立学院设置与管理的文件与本办法不一致的，以本办法为准。

普通高级中学收费管理暂行办法

（国家教育委员会 国家计划委员会财政部 教财[1996]101号1996年12月16日）

第一条 为了加强普通高级中学收费管理工作，理顺管理体制，规范学校收费行为，保障学校和受教育者的合法权益，根据《中华人民共和国教育法》第二十九条的规定和国家有关行政事业性收费管理的规定，制定本暂行办法。

第二条 本暂行办法适用于中华人民共和国境内由国家和企事业单位举办的全日制普通高中学校、完全中学的高中部、初中学校附设的高中班。

第三条 高中教育属于非义务教育阶段，学校依据国家有关规定，向学生收取学费。

第四条 学费标准根据年生均教育培养成本的一定比例确定。不同地区学校的学费收费标准可以有所区别。

教育培养成本包括以下项目：公务费、业务费、设备购置费、修缮费、教职工人员经费等正常办学费用支出。不包括灾害损失、事故、校办产业支出等非正常办学费用支出。

第五条 学费占年生均教育培养成本的比例和标准的审批权限在省级人民政府。由省级教育部门提出意见，物价部门会同财政部门根据当地经济发展水平、办学条件和居民经济承受能力进行审核，三部门共同报省级人民政府批准后，由教育部门执行。

第六条 学费标准的调整，由省级教育、物价、财政部门按照第五条规定的程序，根据本行政区域内的物价上涨水平和居民收入平均增长水平，提出方案，报省级人民政府批准后执行。

第七条 对家庭经济困难的学生应酌情减免收取学费，具体减免办法，由各省、自治区、直辖市人民政府制定。

第八条 学费收费按学期进行，不得跨学期预收。

第九条 学费由学校财务部门统一收取，到指定的物价部门申领收费许可证，并使用省级财政部门统一印制的行政事业性收费专用票据。

第十条 学费是学校经费的必要来源之一，纳入单位财务统一核算，统筹用于办学支出。任何部门、单位和个人不得截留、挤占和挪用。学费的收支情况应按级次向教育主管部门和财政、物价部门报告，并接受社会和群众监督。

第十一条 学校为学生提供的住宿收费，应严格加以控制，住宿费收费标准必须严格按照实际成本确定，不得以营利为目的。具体收费标准，由学校主管部门提出意见，报当地物价部门会同财政部门审批。

第十二条 普通高中除收取学费和住宿费以外，未经财政部、国家计委、国家教委联合批准或省级人民政府批准，不得再向学生收取任何费用。

第十三条 各省、自治区、直辖市人民政府必须高度重视并加强对学校收费工作的统一领导和集中管理，根据国家有关规定研究制定必要的收费管理办法，规范审批程序，制定学生年生均教育培养成本等确定学费标准的依据文件，定期向社会公布，接受群众监督。

第十四条 教育收费管理由各级教育、物价、财政部门共同负责。各级教育、物价、财政部门要加强对学校收费的管理和监督，督促学校严格执行国家有关教育收费管理的政策和规定，建立健全收费管理的规章和制度，对巧立名目擅自增设收费项目，扩大收费范围和提高收费标准的，对挤占挪用学费收入的，要按国家有关规定予以严肃查处；对乱收费屡禁不止、屡查屡犯，情节严重的，要按国家有关规定对学校负责人给予行政处分。

第十五条 各省、自治区、直辖市教育、物价、财政部门，应根据本办法，制定具体实施办法，并报国家教委、国家计委、财政部备案。

第十六条 本办法由国家教委、国家计委、财政部负责解释。

第十七条 本办法自颁布之日起执行。

中等职业学校收费管理暂行办法

（国家教育委员会 国家计划委员会 财政部 教财[1996]101号1996年12月16日）

第一条 为了加强中等职业学校收费管理工作，理顺管理体制，规范中等职业学校收费行为，保障学校和受教育者的合法权益，根据《中华人民共和国教育法》第二十九条的规定和国家有关行政事业性收费管理的规定，制定本暂行办法。

第二条 本暂行办法适用于中华人民共和国境内的所有职业高中学校、普通中等专业学校（含中等师范学校）、技工学校、普通中学附设的各种职业高中班。

第三条 中等职业教育属于非义务教育阶段，学校依据国家有关规定，向学生收取学费。

第四条 学费标准根据年生均教育培养成本的一定比例确定。不同地区、不同专业的学校应有所区别。

教育培养成本包括以下项目：公务费、业务费、设备购置费、修缮费、教职工人员经费等正常办学费用支出。不包括灾害损失、事故、校办产业支出等非正常办学费用支出。

第五条 学费占年生均教育培养成本的比例和标准的审批权限在省级人民政府。由省级教育部门提出意见，物价部门会同财政部门根据当地经济发展水平、办学条件和居民经济承受能力进行审核，三部门共同报省级人民政府批准后，由教育部门执行。

第六条 学费标准的调整，由省级教育、物价、财政部门按照第五条规定的程序，根据本行政区域内的物价上涨水平和居民收入平均增长水平提出方案，报省级人民政府批准后执行。

第七条 对少数特殊专业，对家庭经济困难的学生，应酌情减免学费，具体减免办法，由各省、自治区、直辖市人民政府制定。

第八条 学费收费按学期进行，不得跨学期预收。

第九条 学费由学校财务部门统一收取，到指定的物价部门申领收费许可证，并使用省级财政部门统一印制的行政事业性收费专用票据。

第十条 学费是学校经费的必要来源之一，纳入单位财务统一核算，统筹用于办学支出。任何部门、单位和个人不得截留、挤占和挪用。学费的收费情况应按级次向教育主管部门和财政、物价部门报告，并接受社会和群众监督。

第十一条 学校为学生提供的住宿收费，应严格加以控制，住宿费收费标准必须严格按照实际成本确定，不得以营利为目的。具体收费标准，由学校主管部门提出意见，报当地物价部门会同财政部门审批。

第十二条 中等职业学校除收取学费和住宿费以外，未经财政部、国家计委、国家教委联合批准或省级人民政府批准，不得再向学生收取任何费用。

第十三条 各省、自治区、直辖市人民政府必须高度重视并加强对学校收费工作的统一领导和集中管理，根据国家有关规定研究制定必要的收费管理办法，规范审批程序，制定学生年生均教育培养成本等确定学费标准的依据文件，定期向社会公布，接受群众监督。

第十四条 教育收费管理由各级教育、物价、财政部门共同负责。各级教育、物价、财政部门要加强对学校收费的管理和监督，督促学校严格执行国家有关教育收费管理的政策和规定，建立健全收费管理的规章和制度，对巧立名目擅自增设收费项目、扩大收费范围和提高收费标准的，对挤占挪用学费收入的，要按国家有关规定予以严肃查处；对乱收费屡禁不止、屡查屡犯，情节严重的，要按国家有关规定对学校负责人给予行政处分。

第十五条 各省、自治区、直辖市教育、物价、财政部门，应根据本办法，制定具体实施办法，并报国家教委、国家计委、财政部备案。

第十六条 本办法由国家教委、国家计委、财政部负责解释。

第十七条 本办法自颁布之日起执行。

高等学校收费管理暂行办法

（国家教育委员会 国家计划委员会 财政部 教财[1996]101号1996年12月16日）

第一条 为了加强高等学校收费管理，保障学校和受教育者的合法权益，根据《中华人民共和国教育法》第二十九条的规定和国家有关行政事业性收费管理的规定，制定本暂行办法。

第二条 本暂行办法适用于中华人民共和国境内由国家及企业、事业组织举办的全日制普通高等学校。

第三条 高等教育属于非义务教育阶段，学校依据国家有关规定，向学生收取学费。

第四条 学费标准根据年生均教育培养成本的一定比例确定。不同地区、不同专业、不同层次学校的学费收费标准可以有所区别。

教育培养成本包括以下项目：公务费、业务费、设备购置费、修缮费、教职工人员经费等正常办学费用支出。不包括灾害损失、事故、校办产业支出等非正常办学费用支出。

第五条 学费占年生均教育培养成本的比例和标准由国家教委、国家计委、财政部共同作出原则规定。在现阶段，高等学校学费占年生均教育培养成本的比例最高不得超过25%。具体比例必须根据经济发展状况和群众承受能力分步调整到位。

国家规定范围之内的学费标准审批权限在省级人民政府。由省级教育部门提出意见，物价部门会同财政部门根据当地经济发展水平、办学条件和居民经济承受能力进行审核，三部门共同报省级人民政府批准后，由教育部门执行。

第六条 学费标准的调整，由省级教育、物价、财政部门按照第五条规定的程序，根据本行政区域内的物价上涨水平和居民收入平均增长水平提出方案，报省级人民政府批准后执行。

第七条 农林、师范、体育、航海、民族专业等享受国家专业奖学金的高校学生免缴学费。

第八条 中央部委直属高等学校和地方业务部门直属高等学校学费标准，由高等学校根据年生均教育培养成本的一定比例提出，经学校主管部门同意后，报学校所在省、自治区、直辖市教育部门，按第五条规定的程序，由学校所在地的省级人民政府批准后执行。

各高等学校申报学费标准时，应对下列问题进行说明：（1）培养成本项目及标准；（2）本学年确定收费标准的原则和调整收费标准的说明；（3）其他需说明的问题。

第九条 对家庭经济困难的学生应酌情减免收取学费，具体减免办法，由省级人民政府根据国家有关规定制定。同时，各高等学校及其主管部门要采取包括奖学金、贷学金、勤工助学、困难补助等多种方式，切实帮助家庭经济困难学生解决学习和生活上的困难，保证他们不因经济原因而中断学业。

第十条 学费按学年或学期收取，不得跨学年预收。学费收取实行“老生老办法，新生新办法”。

第十一条 学费由学校财务部门统一收取，到指定的物价部门申领收费许可证，并使用省级财政部门统一印制的行政事业性收费专用票据。

第十二条 学费是学校经费的必要来源之一，纳入单位财务统一核算，统筹用于办学支出。任何部门、单位和个人不得截留、挤占和挪用。学费的收支情况应按级次向教育主管部门和财政、物价部门报告，并接受社会和群众监督。

第十三条 学校为学生提供的住宿收费，应严格加以控制。住宿费收费标准必须严格按照实际成本确定，不得以营利为目的。具体收费标准，由学校主管部门提出意见，报当地物价部门会同财政部门审批。

第十四条 高等学校除收取学费和住宿费以外，未经财政部、国家计委、国家教委联合批准或省级人民政府批准，不得再向学生收取任何费用。

第十五条 各省、自治区、直辖市人民政府必须高度重视并加强对学校收费工作的统一领导和集中管理，根据国家有关规定研究制定必要的收费管理办法，规范审批程序，制定学生年生均教育培养成本等确定学费标准的依据文件，定期向社会公布，接受群众监督。

第十六条 教育收费管理由各级教育、物价、财政部门共同负责。各级教育、物价、财政部门要加强对高等学校收费的管理和监督，督促学校严格执行国家有关教育收费管理的政策和规定，建立健全收费管理的规章和制度，对巧立名目擅自增设收费项目、扩大收费范围和提高收费标准的，对挤占挪用学费收入的，要按国家有关规定严肃查处；对乱收费屡禁不止、屡查屡犯，情节严重的，要按国家有关规定对学校负责人给予行政处分。

第十七条 成人高等学校、高等函授教育等非全日制普通高等教育学费收费项目及标准，参照本办法执行。

第十八条 各省、自治区、直辖市教育、物价、财政部门，应根据本办法，制定具体实施办法，并报国家教委、国家计委、财政部备案。

第十九条 本办法由国家教委、国家计委、财政部负责解释。

第二十条 本办法自颁布之日起执行。

高等学校信息公开办法

（教育部令第29号，2010年3月30日第5次部长办公会议审议通过，2010年4月6日发布，自2010年9月1日起施行）

第一章　总则

第一条　为了保障公民、法人和其他组织依法获取高等学校信息，促进高等学校依法治校，根据高等教育法和政府信息公开条例的有关规定，制定本办法。

第二条　高等学校在开展办学活动和提供社会公共服务过程中产生、制作、获取的以一定形式记录、保存的信息，应当按照有关法律法规和本办法的规定公开。

第三条　国务院教育行政部门负责指导、监督全国高等学校信息公开工作。

省级教育行政部门负责统筹推进、协调、监督本行政区域内高等学校信息公开工作。

第四条　高等学校应当遵循公正、公平、便民的原则，建立信息公开工作机制和各项工作制度。

高等学校公开信息，不得危及国家安全、公共安全、经济安全、社会稳定和学校安全稳定。

第五条　高等学校应当建立健全信息发布保密审查机制，明确审查的程序和责任。高等学校公开信息前，应当依照法律法规和国家其他有关规定对拟公开的信息进行保密审查。

有关信息依照国家有关规定或者根据实际情况需要审批的，高等学校应当按照规定程序履行审批手续，未经批准不得公开。

第六条　高等学校发现不利于校园和社会稳定的虚假信息或者不完整信息的，应当在其职责范围内及时发布准确信息予以澄清。

第二章　公开的内容

第七条　高等学校应当主动公开以下信息：

（一）学校名称、办学地点、办学性质、办学宗旨、办学层次、办学规模，内部管理体制、机构设置、学校领导等基本情况；

（二）学校章程以及学校制定的各项规章制度；

（三）学校发展规划和年度工作计划；

（四）各层次、类型学历教育招生、考试与录取规定，学籍管理、学位评定办法，学生申诉途径与处理程序；毕业生就业指导与服务情况等；

（五）学科与专业设置，重点学科建设情况，课程与教学计划，实验室、仪器设备配置与图书藏量，教学与科研成果评选，国家组织的教学评估结果等；

（六）学生奖学金、助学金、学费减免、助学贷款与勤工俭学的申请与管理规定等；

（七）教师和其他专业技术人员数量、专业技术职务等级，岗位设置管理与聘用办法，教师争议解决办法等；

（八）收费的项目、依据、标准与投诉方式；

（九）财务、资产与财务管理制度，学校经费来源、年度经费预算决算方案，财政性资金、受捐赠财产的使用与管理情况，仪器设备、图书、药品等物资设备采购和重大基建工程的招投标；

（十）自然灾害等突发事件的应急处理预案、处置情况，涉及学校的重大事件的调查和处理情况；

（十一）对外交流与中外合作办学情况，外籍教师与留学生的管理制度；

（十二）法律、法规和规章规定需要公开的其他事项。

第八条 除第七条规定需要公开的信息外，高等学校应当明确其他需要主动公开的信息内容与公开范围。

第九条 除高等学校已公开的信息外，公民、法人和其他组织还可以根据自身学习、科研、工作等特殊需要，以书面形式（包括数据电文形式）向学校申请获取相关信息。

第十条 高等学校对下列信息不予公开：

（一）涉及国家秘密的；

（二）涉及商业秘密的；

（三）涉及个人隐私的；

（四）法律、法规和规章以及学校规定的不予公开的其他信息。

其中第（二）项、第（三）项所列的信息，经权利人同意公开或者高校认为不公开可能对公共利益造成重大影响的，可以予以公开。

第三章　公开的途径和要求

第十一条　高等学校校长领导学校的信息公开工作。校长（学校）办公室为信息公开工作机构，负责学校信息公开的日常工作，具体职责是：

（一）具体承办本校信息公开事宜；

（二）管理、协调、维护和更新本校公开的信息；

（三）统一受理、协调处理、统一答复向本校提出的信息公开申请；

（四）组织编制本校的信息公开指南、信息公开目录和信息公开工作年度报告；

（五）协调对拟公开的学校信息进行保密审查；

（六）组织学校信息公开工作的内部评议；

（七）推进、监督学校内设组织机构的信息公开；

（八）承担与本校信息公开有关的其他职责。

高等学校应当向社会公开信息公开工作机构的名称、负责人、办公地址、办公时间、联系电话、传真号码、电子邮箱等。

第十二条　对依照本办法规定需要公开的信息，高等学校应当根据实际情况，通过学校网站、校报校刊、校内广播等校内媒体和报刊、杂志、广播、电视等校外媒体以及新闻发布会、年鉴、会议纪要或者简报等方式予以公开；并根据需要设置公共查阅室、资料索取点、信息公告栏或者电子屏幕等场所、设施。

第十三条　高等学校应当在学校网站开设信息公开意见箱，设置信息公开专栏、建立有效链接，及时更新信息，并通过信息公开意见箱听取对学校信息公开工作的意见和建议。

第十四条　高等学校应当编制信息公开指南和目录，并及时公布和更新。信息公开指南应当明确信息公开工作机构，信息的分类、编排体系和获取方式，依申请公开的处理和答复流程等。信息公开目录应当包括信息的索引、名称、生成日期、责任部门等内容。

第十五条　高等学校应当将学校基本的规章制度汇编成册，置于学校有关内部组织机构的办公地点、档案馆、图书馆等场所，提供免费查阅。

高等学校应当将学生管理制度、教师管理制度分别汇编成册，在新生和新聘教师报到时发放。

第十六条　高等学校完成信息制作或者获取信息后，应当及时明确该信息是否公开。确定公开的，应当明确公开的受众；确定不予公开的，应当说明理由；难以确定是否公开的，应当及时报请高等学校所在地省级教育行政部门或者上级主管部门审定。

第十七条　属于主动公开的信息，高等学校应当自该信息制作完成或者获取之日起20个工作日内予以公开。公开的信息内容发生变更的，应当在变更后20个工作日内予以更新。

学校决策事项需要征求教师、学生和学校其他工作人员意见的，公开征求意见的期限不得少于10个工作日。

法律法规对信息内容公开的期限另有规定的，从其规定。

第十八条　对申请人的信息公开申请，高等学校根据下列情况在15个工作日内分别作出答复：

（一）属于公开范围的，应当告知申请人获取该信息的方式和途径；

（二）属于不予公开范围的，应当告知申请人并说明理由；

（三）不属于本校职责范围的或者该信息不存在的，应当告知申请人，对能够确定该信息的职责单位的，应当告知申请人该单位的名称、联系方式；

（四）申请公开的信息含有不应当公开的内容但能够区分处理的，应当告知申请人并提供可以公开的信息内容，对不予公开的部分，应当说明理由；

（五）申请内容不明确的，应当告知申请人作出更改、补充；申请人逾期未补正的，视为放弃本次申请；

（六）同一申请人无正当理由重复向同一高等学校申请公开同一信息，高等学校已经作出答复且该信息未发生变化的，应当告知申请人，不再重复处理；

（七）高等学校根据实际情况作出的其他答复。

第十九条　申请人向高等学校申请公开信息的，应当出示有效身份证件或者证明文件。

申请人有证据证明高等学校提供的与自身相关的信息记录不准确的，有权要求该高等学校予以更正；该高等学校无权更正的，应当转送有权更正的单位处理，并告知申请人。

第二十条　高等学校向申请人提供信息，可以按照学校所在地省级价格部门和财政部门规定的收费标准收取检索、复制、邮寄等费用。收取的费用应当纳入学校财务管理。

高等学校不得通过其他组织、个人以有偿方式提供信息。

第二十一条　高等学校应当健全内部组织机构的信息公开制度，明确其信息公开的具体内容。

第四章　监督和保障

第二十二条　国务院教育行政部门开展对全国高等学校推进信息公开工作的监督检查。

省级教育行政部门应当加强对本行政区域内高等学校信息公开工作的日常监督检查。

高等学校主管部门应当将信息公开工作开展情况纳入高等学校领导干部考核内容。

第二十三条 省级教育行政部门和高等学校应当将信息公开工作纳入干部岗位责任考核内容。考核工作可与年终考核结合进行。

高等学校内设监察部门负责组织对本校信息公开工作的监督检查，监督检查应当有教师、学生和学校其他工作人员代表参加。

第二十四条 高等学校应当编制学校上一学年信息公开工作年度报告，并于每年10月底前报送所在地省级教育行政部门。中央部门所属高校，还应当报送其上级主管部门。

第二十五条 省级教育行政部门应当建立健全高等学校信息公开评议制度，聘请人大代表、政协委员、家长、教师、学生等有关人员成立信息公开评议委员会或者以其他形式，定期对本行政区域内高等学校信息公开工作进行评议，并向社会公布评议结果。

第二十六条 公民、法人和其他组织认为高等学校未按照本办法规定履行信息公开义务的，可以向学校内设监察部门、省级教育行政部门举报；对于中央部委所属高等学校，还可向其上级主管部门举报。收到举报的部门应当及时处理，并以适当方式向举报人告知处理结果。

第二十七条 高等学校违反有关法律法规或者本办法规定，有下列情形之一的，由省级教育行政部门责令改正；情节严重的，由省级教育行政部门或者国务院教育行政部门予以通报批评；对高等学校直接负责的主管领导和其他直接责任人员，由高等学校主管部门依据有关规定给予处分：

（一）不依法履行信息公开义务的；

（二）不及时更新公开的信息内容、信息公开指南和目录的；

（三）公开不应当公开的信息的；

（四）在信息公开工作中隐瞒或者捏造事实的；

（五）违反规定收取费用的；

（六）通过其他组织、个人以有偿服务方式提供信息的；

（七）违反有关法律法规和本办法规定的其他行为的。

高等学校上述行为侵害当事人合法权益，造成损失的，应当依法承担民事责任。

第二十八条 高等学校应当将开展信息公开工作所需经费纳入年度预算，为学校信息公开工作提供经费保障。

第五章　附则

第二十九条　本办法所称的高等学校，是指大学、独立设置的学院和高等专科学校，其中包括高等职业学校和成人高等学校。

高等学校以外其他高等教育机构的信息公开，参照本办法执行。

第三十条　已经移交档案工作机构的高等学校信息的公开，依照有关档案管理的法律、法规和规章执行。

第三十一条　省级教育行政部门可以根据需要制订实施办法。高等学校应当依据本办法制订实施细则。

第三十二条　本办法自2010年9月1日起施行。

高等学校章程制定暂行办法

（教育部令第31号，2011年7月12日教育部第21次部长办公会议审议通过，2011年11月28日发布，自2012年1月1日起施行）

第一章　总则

第一条　为完善中国特色现代大学制度，指导和规范高等学校章程建设，促进高等学校依法治校、科学发展，依据教育法、高等教育法及其他有关规定，制定本办法。

第二条　国家举办的高等学校章程的起草、审议、修订以及核准、备案等，适用本办法。

第三条　章程是高等学校依法自主办学、实施管理和履行公共职能的基本准则。高等学校应当以章程为依据，制定内部管理制度及规范性文件、实施办学和管理活动、开展社会合作。

高等学校应当公开章程，接受举办者、教育主管部门、其他有关机关以及教师、学生、社会公众依据章程实施的监督、评估。

第四条　高等学校制定章程应当以中国特色社会主义理论体系为指导，以宪法、法律法规为依据，坚持社会主义办学方向，遵循高等教育规律，推进高等学校科学发展；应当促进改革创新，围绕人才培养、科学研究、服务社会、推进文化传承创新的任务，依法完善内部法人治理结构，体现和保护学校改革创新的成功经验与制度成果；应当着重完善学校自主管理、自我约束的体制、机制，反映学校的办学特色。

第五条　高等学校的举办者、主管教育行政部门应当按照政校分开、管办分离的原则，以章程明确界定与学校的关系，明确学校的办学方向与发展原则，落实举办者权利义务，保障学校的办学自主权。

第六条　章程用语应当准确、简洁、规范，条文内容应当明确、具体，具有可操作性。

章程根据内容需要，可以分编、章、节、条、款、项、目。

第二章　章程内容

第七条　章程应当按照高等教育法的规定，载明以下内容：

（一）学校的登记名称、简称、英文译名等，学校办学地点、住所地；

（二）学校的机构性质、发展定位，培养目标、办学方向；

（三）经审批机关核定的办学层次、规模；

（四）学校的主要学科门类，以及设置和调整的原则、程序；

（五）学校实施的全日制与非全日制、学历教育与非学历教育、远程教育、中外合作办学等不同教育形式的性质、目的、要求；

（六）学校的领导体制、法定代表人，组织结构、决策机制、民主管理和监督机制，内设机构的组成、职责、管理体制；

（七）学校经费的来源渠道、财产属性、使用原则和管理制度，接受捐赠的规则与办法；

（八）学校的举办者，举办者对学校进行管理或考核的方式、标准等，学校负责人的产生与任命机制，举办者的投入与保障义务；

（九）章程修改的启动、审议程序，以及章程解释权的归属；

（十）学校的分立、合并及终止事由，校徽、校歌等学校标志物、学校与相关社会组织关系等学校认为必要的事项，以及本办法规定的需要在章程中规定的重大事项。

第八条　章程应当按照高等教育法的规定，健全学校办学自主权的行使与监督机制，明确以下事项的基本规则、决策程序与监督机制：

（一）开展教学活动、科学研究、技术开发和社会服务；

（二）设置和调整学科、专业；

（三）制订招生方案，调节系科招生比例，确定选拔学生的条件、标准、办法和程序；

（四）制订学校规划并组织实施；

（五）设置教学、科研及行政职能部门；

（六）确定内部收入分配原则；

（七）招聘、管理和使用人才；

（八）学校财产和经费的使用与管理；

（九）其他学校可以自主决定的重大事项。

第九条　章程应当依照法律及其他有关规定，健全中国共产党高等学校基层委员会领导下的校长负责制的具体实施规则、实施意见，规范学校党委集体领导的议事规则、决策程序，明确支持校长独立负责地行使职权的制度规范。

章程应当明确校长作为学校法定代表人和主要行政负责人，全面负责教学、科学研究和其他管理工作的职权范围；规范校长办公会议或者校务会议的组成、职责、议事规则等内容。

第十条 章程应当根据学校实际与发展需要，科学设计学校的内部治理结构和组织框架，明确学校与内设机构，以及各管理层级、系统之间的职责权限，管理的程序与规则。

章程根据学校实际，可以按照有利于推进教授治学、民主管理，有利于调动基层组织积极性的原则，设置并规范学院（学部、系）、其他内设机构以及教学、科研基层组织的领导体制、管理制度。

第十一条 章程应当明确规定学校学术委员会、学位评定委员会以及其他学术组织的组成原则、负责人产生机制、运行规则与监督机制，保障学术组织在学校的学科建设、专业设置、学术评价、学术发展、教学科研计划方案制定、教师队伍建设等方面充分发挥咨询、审议、决策作用，维护学术活动的独立性。

章程应当明确学校学术评价和学位授予的基本规则和办法；明确尊重和保障教师、学生在教学、研究和学习方面依法享有的学术自由、探索自由，营造宽松的学术环境。

第十二条 章程应当明确规定教职工代表大会、学生代表大会的地位作用、职责权限、组成与负责人产生规则，以及议事程序等，维护师生员工通过教职工代表大会、学生代表大会参与学校相关事项的民主决策、实施监督的权利。

对学校根据发展需要自主设置的各类组织机构，如校务委员会、教授委员会、校友会等，章程中应明确其地位、宗旨以及基本的组织与议事规则。

第十三条 章程应当明确学校开展社会服务、获得社会支持、接受社会监督的原则与办法，健全社会支持和监督学校发展的长效机制。

学校根据发展需要和办学特色，自主设置有政府、行业、企事业单位以及其他社会组织代表参加的学校理事会或者董事会的，应当在章程中明确理事会或者董事会的地位作用、组成和议事规则。

第十四条 章程应当围绕提高质量的核心任务，明确学校保障和提高教育教学质量的原则与制度，规定学校对学科、专业、课程以及教学、科研的水平与质量进行评价、考核的基本规则，建立科学、规范的质量保障体系和评价机制。

第十五条 章程应当体现以人为本的办学理念，健全教师、学生权益的救济机制，突出对教师、学生权益、地位的确认与保护，明确其权利义务；明确学校受理教师、学生申诉的机构与程序。

第三章　章程制定程序

第十六条　高等学校应当按照民主、公开的原则，成立专门起草组织开展章程起草工作。

章程起草组织应当由学校党政领导、学术组织负责人、教师代表、学生代表、相关专家，以及学校举办者或者主管部门的代表组成，可以邀请社会相关方面的代表、社会知名人士、退休教职工代表、校友代表等参加。

第十七条　高等学校起草章程，应当深入研究、分析学校的特色与需求，总结实践经验，广泛听取政府有关部门、学校内部组织、师生员工的意见，充分反映学校举办者、管理者、办学者，以及教职员工、学生的要求与意愿，使章程起草成为学校凝聚共识、促进管理、增进和谐的过程。

第十八条　章程起草过程中，应当在校内公开听取意见；涉及到关系学校发展定位、办学方向、培养目标、管理体制，以及与教职工、学生切身利益相关的重大问题，应当采取多种方式，征求意见、充分论证。

第十九条　起草章程，涉及到与举办者权利关系的内容，高等学校应当与举办者、主管教育行政部门及其他相关部门充分沟通、协商。

第二十条　章程草案应提交教职工代表大会讨论。学校章程起草组织负责人，应当就章程起草情况与主要问题，向教职工代表大会做出说明。

第二十一条　章程草案征求意见结束后，起草组织应当将章程草案及其起草说明，以及征求意见的情况、主要问题的不同意见等，提交校长办公会议审议。

第二十二条　章程草案经校长办公会议讨论通过后，由学校党委会讨论审定。

章程草案经讨论审定后，应当形成章程核准稿和说明，由学校法定代表人签发，报核准机关。

第四章　章程核准与监督

第二十三条　地方政府举办的高等学校的章程由省级教育行政部门核准，其中本科以上高等学校的幸程核准后，应当报教育部备案；教育部直属高等学校的章程由教育部核准；其他中央部门所属高校的章程，经主管部门同意，报教育部核准。

第二十四条　章程报送核准应当提交以下材料：

（一）核准申请书；

（二）章程核准稿；

（三）对章程制定程序和主要内容的说明。

第二十五条　核准机关应当指定专门机构依照本办法的要求，对章程核准稿的合法性、适当性、规范性以及制定程序，进行初步审查。审查通过的，提交核准机关组织的章程核准委员会评议。

章程核准委员会由核准机关、有关主管部门推荐代表，高校、社会代表以及相关领域的专家组成。

第二十六条 核准机关应当自收到核准申请2个月内完成初步审查。涉及对核准稿条款、文字进行修改的，核准机关应当及时与学校进行沟通，提出修改意见。

有下列情形之一的，核准机关可以提出时限，要求学校修改后，重新申请核准：

（一）违反法律、法规的；

（二）超越高等学校职权的；

（三）章程核准委员会未予通过或者提出重大修改意见的；

（四）违反本办法相关规定的；

（五）核准期间发现学校内部存在重大分歧的；

（六）有其他不宜核准情形的。

第二十七条 经核准机关核准的章程文本为正式文本。高等学校应当以学校名义发布幸程的正式文本，并向本校和社会公开。

第二十八条 高等学校应当保持章程的稳定。

高等学校发生分立、合并、终止，或者名称、类别层次、办学宗旨、发展目标、举办与管理体制变化等重大事项的，可以依据章程规定的程序，对章程进行修订。

第二十九条 高等学校章程的修订案，应当依法报原核准机关核准。

章程修订案经核准后，高等学校应当重新发布章程。

第三十条 高等学校应当指定专门机构监督章程的执行情况，依据章程审查学校内部规章制度、规范性文件，受理对违反章程的管理行为、办学活动的举报和投诉。

第三十一条 高等学校的主管教育行政部门对章程中自主确定的不违反法律和国家政策强制性规定的办学形式、管理办法等，应当予以认可；对高等学校展行章程情况应当进行指导、监督；对高等学校不执行章程的情况或者违反章程规定自行实施的管理行为，应当责令限期改正。

第五章　附则

第三十二条 新设立的高等学校，由学校举办者或者其委托的筹设机构，依法制定章程，并报审批机关批准；其中新设立的国家举办的高等学校，其章程应当具备本办法规定的内容；民办高等学校和中外合作举办的高等学校，依据相关法律法规制定章程，章程内容可参照本办法的规定。

第三十三条 本办法自2012年1月1日起施行。

教育系统内部审计工作规定

（教育部令第17号2004年4月13日发布）

第一章　总则

第一条　为了建立健全教育系统内部审计制度，规范教育系统内部审计工作，根据《中华人民共和国教育法》、《中华人民共和国审计法》和《审计署关于内部审计工作的规定》等法律、法规，制定本规定。

第二条　教育系统按照依法治教、从严管理的原则，应建立内部审计制度，促进教育行政部门和单位遵守国家财经法规，规范内部管理，加强廉政建设，维护自身合法权益，防范风险，提高教育资金使用效益。

第三条　教育系统内部审计是教育系统内部审计机构、审计人员对财务收支、经济活动的真实、合法和效益进行独立监督、评价的行为。

第四条　教育行政部门和单位应当依照国家法律、法规和本规定，实行内部审计制度，设置独立的内部审计机构，配备审计人员，开展内部审计工作。

第五条　本规定所称教育行政部门，是指县级及县级以上的各级教育行政部门；单位，是指高等学校及其他教育事业、企业单位。

第二章　组织和领导

第六条　教育部内部审计机构负责指导和检查全国教育系统内部审计工作，并对所属单位实施内部审计。

地方各级教育行政部门内部审计机构负责指导和检查本地区教育系统内部审计工作，并对本部门所属单位实施内部审计。

单位内部审计机构对本单位及所属单位(含占控股地位或者主导地位的单位)实施内部审计。

第七条　内部审计机构在本部门、本单位主要负责人的领导下，依据国家法律、法规和政策，以及上级部门和本部门、本单位的规章制度，独立开展内部审计工作，对本部门、本单位主要负责人负责并报告工作，同时接受国家审计机关和上级主管部门内部审计机构的业务指导和检查。

第八条 教育行政部门和单位主要负责人领导本部门、本单位内部审计工作的主要职责：

(一)建立健全内部审计机构，完善内部审计规章制度；

(二)定期研究、部署和检查审计工作，听取内部审计机构的工作汇报，及时审批年度审计工作计划、审计报告，督促审计意见和审计决定的执行；

(三)支持内部审计机构和审计人员依法履行职责，并提供经费保证和工作条件；

(四)对成绩显著的内部审计机构和审计人员进行表彰和奖励；

(五)加强审计队伍建设，切实解决审计人员在培训、专业职务评聘和待遇等方面存在的实际困难和问题。

第九条 教育行政部门内部审计机构指导内部审计工作的主要职责：

(一)依据国家法律、法规和上级主管部门及本部门的有关规定，制定内部审计规章制度；

(二)督促本部门所属单位和下级教育行政部门建立健全内部审计机构，配备审计人员；

(三)及时做出工作部署，指导和督促本地区教育系统内部审计机构和审计人员依法开展工作；

(四)组织审计人员参加岗位资格培训和后续教育，开展内部审计理论研讨；

(五)总结、推广先进经验，提出表彰先进集体和先进个人的建议；

(六)维护内部审计机构和审计人员的合法权益。

第三章 内部审计机构和审计人员

第十条 教育系统内部审计机构应按照职责分明、科学管理和审计独立性的原则设置；暂时不具备设置条件的，应当配备专门人员负责内部审计工作。

第十一条 教育行政部门和单位，应当保证审计工作所必需的专职人员编制，配备具有内部审计岗位资格的审计人员。

教育行政部门和单位，可以根据工作需要，聘请特约审计人员和兼职审计人员。

第十二条 内部审计机构的变动和审计机构负责人的任免或调动，应事先征求上一级主管部门内审机构的意见。

第十三条 内部审计机构在审计过程中应当严格执行内部审计制度，保证审计业务质量，提高工作效率。

第十四条 审计人员办理审计事项，应当严格遵守内部审计准则和内部审计人员职业道德规范。

审计人员办理审计事项，与被审计单位或审计事项有直接利害关系的，应当回避。

第十五条 审计人员依法履行职责，受法律保护，任何单位和个人不得设置障碍和打击报复。

第十六条 审计人员应当按照国家的有关规定，参加岗位资格培训和后续教育。

第四章 内部审计机构职责和权限

第十七条 内部审计机构和审计人员主要对下列事项进行审计：

(一)财务收支及有关经济活动；

(二)预算执行和决算；

(三)预算内、预算外资金的管理和使用；

(四)专项教育资金的筹措、拨付、管理和使用；

(五)固定资产的管理和使用；

(六)建设、修缮工程项目；

(七)对外投资项目；

(八)内部控制制度的健全、有效及风险管理；

(九)经济管理和效益情况；

(十)有关领导人员的任期经济责任；

(十一)本部门、本单位主要负责人和上级主管部门交办的其他事项。

第十八条 教育系统内部审计机构对本部门、本单位和所属单位财务收支及有关经济活动中的重大事项组织或进行专项审计调查，并向本部门、本单位领导或上级主管部门报告审计调查结果。各单位内部审计机构配合财务部门加强财务管理，对本单位资金收支的真实性、完整性、合法性，以及账务处理的正确性进行严格监督，定期进行审计调查。

第十九条 内部审计机构根据工作需要，经所在部门、单位负责人批准，可委托社会中介机构对有关事项进行审计。

第二十条 内部审计机构在履行审计职责时，具有下列主要权限：

(一)要求有关单位按时报送财务收支计划、预算执行情况、决算、会计报表和其他有关文件、资料等；

(二)对审计涉及的有关事项，向有关单位和个人进行调查并取得有关文件、资料和证明材料；

(三)审查会计凭证、账簿等，检查资金和财产，检查有关电子数据和资料，勘察现场实物；

(四)参与制定有关的规章制度，起草内部审计规章制度；

(五)参加本部门、本单位的有关会议，召开与审计事项有关的会议；

(六)对正在进行的严重违法违纪、严重损失浪费的行为，做出临时的制止决定；

(七)对可能转移、隐匿、篡改、毁弃的会计凭证、会计账簿、会计报表以及与经济活动有关的资料，经本部门、本单位主要负责人批准，有权采取暂时封存的措施；

(八)提出改进管理、提高经济效益的建议；对模范遵守和维护财经法纪成绩显著的单位和人员提出给予表彰的建议；对违法违规和造成损失浪费的行为提出纠正、处理的意见；对严重违法违规和造成严重损失浪费的有关单位和人员提出移交纪检、监察或司法部门处理的建议。

第二十一条 教育系统内部审计可以利用国家审计机关、上级内部审计机构和社会中介机构的审计结果；内部审计的审计结果经本部门、本单位主要负责人批准同意后，可提供给有关部门。

第五章 内部审计工作程序

第二十二条 内部审计机构应当根据本部门、本单位的中心任务和上级内部审计机构的部署，制定年度审计工作计划，报经本部门、本单位主要负责人批准后组织实施。

第二十三条 内部审计机构实施审计，应组成审计组，编制审计方案，并在实施审计前向被审计单位送达审计通知书。

第二十四条 审计人员对审计事项实施审计，取得有关证明材料，编制审计工作底稿。

第二十五条 审计组对审计事项实施审计后，编制审计报告，并征求被审计单位意见。被审计单位应当自接到审计报告之日起十个工作日内，将书面意见送交审计组，逾期即视为无异议。

第二十六条 内部审计机构负责人对审计报告进行审核后，报本部门、本单位主要负责人审批。

第二十七条 内部审计机构应对重要审计事项进行后续审计，检查被审计单位对审计发现的问题所取的纠正措施及其效果。

第二十八条 内部审计机构在审计事项结束后，应当按照有关规定建立和管理审计档案。

第六章　法律责任

第二十九条　违反本规定，有下列行为之一的单位和个人，内部审计机构根据情节轻重，可以提出警告、通报批评、经济处理或移送纪检监察机关处理等建议，报本部门、本单位主要负责人，本部门、本单位主要负责人应及时予以处理：

(一)拒绝或拖延提供与审计事项有关的文件、会计资料和证明材料的；

(二)转移、隐匿、篡改、毁弃有关文件和会计资料的；

(三)转移、隐匿违法所得财产的；

(四)弄虚作假，隐瞒事实真相的；

(五)阻挠审计人员行使职权，抗拒、破坏监督检查的；

(六)拒不执行审计决定的；

(七)报复陷害审计人员或检举人员的。

以上行为构成犯罪的，应当移交司法机关处理。

第三十条　违反本规定，有下列行为之一的内部审计机构和审计人员，由其所在部门、单位根据有关规定给予批评教育或行政处分：

(一)利用职权，谋取私利的；

(二)弄虚作假，徇私舞弊的；

(三)玩忽职守，给国家和单位造成重大损失的；

(四)泄露国家秘密和被审计单位秘密的。

以上行为构成犯罪的，应当移交司法机关处理。

第七章　附则

第三十一条　各级教育行政部门和单位可以根据本规定，结合实际情况，制定具体实施办法，并报上级主管部门备案。民办高等学校可以根据实际情况参照本规定执行。

第三十二条　本规定自二〇〇四年六月一日起施行，一九九六年四月五日国家教育委员会发布的第二十四号令《教育系统内部审计工作规定》同时废止。

中国汉语水平考试(HSK)办法

（国家教育委员会令第21号1992年9月2日发布）

第一条 为了实施中华人民共和国汉语水平考试（han yu shui ping kao shi，缩写为HSK），特制定本办法。

第二条 汉语水平考试（HSK）是测试母语非汉语者的汉语水平而设立的标准考试。

第三条 汉语水平考试（HSK）是统一的标准化考试，实行统一命题、考试、阅卷、评分，并统一颁发证书。

第四条 汉语水平考试（HSK）分为初等、中等汉语水平考试[简称HSK（初、中等）]和高等汉语水平考试[简称HSK（高等）]。

凡考试成绩达到规定标准者，可获得相应等级的《汉语水平证书》。

第五条 《汉语水平证书》分为：初等水平证书（A、B、C三级，A级最高——下同），中等水平证书（A、B、C三级），高等水平证书（A、B、C三级）。

第六条 《汉语水平证书》的效力是：

（1）作为到中国高等院校入系学习专业或报考研究生所要求的实际汉语水平的证明。

（2）作为汉语水平达到某种等级或免修相应级别汉语课程的证明。

（3）作为聘用机构录用人员汉语水平的依据。

第七条 汉语水平考试（HSK）每年定期分别在国内和海外举行。

国内考试在指定高等院校设立考试点，每年六月和十月举行一次；国外考试委托当地高等学校或学术团体承办，每年六月或十月举行一次。

第八条 具有一定汉语基础，母语非汉语者均可向主考单位报名参加汉语水平考试。

申请考试者需向主考单位缴纳考试费。

考生持主考单位核发的“准考证”进入考场参加考试。

考生应遵守考试规则，违反者将由主考单位给以直至取消考试资格的惩处。

第九条 国家教育委员会设立汉语水平考试委员会，称国家汉语水平考试委员会，国家汉语水平考试委员会全权领导汉语水平考试，并颁发《汉语水平证书》。由国家对外汉语教学领导小组办公室和北京语言学院负责实施汉语水平考试（HSK）的考务工作。

第十条 国家汉语水平考试委员会聘请若干专家、教授组成汉语水平考试顾问委员会，负责汉语水平考试（HSK）的咨询工作。

第十一条 本办法自发布之日起施行。

关于开办外籍人员子女学校的暂行管理办法

（教外综[1995]130号1995年4月5日）

第一条 为给外籍人员子女在中国境内接受教育提供方便，完善对外籍人员子女学校的管理，促进我国的对外开放，制定本办法。

第二条 在中国境内合法设立的外国机构、外资企业、国际组织的驻华机构和合法居留的外国人，可以依照本办法申请开办外籍人员子女学校（以下简称“学校”）。

第三条 学校以实施中等（含普通中学）及其以下学校教育为限。

第四条 申请开办学校，需具备以下基本条件：

（一）有相应规模的生源和办学需求；

（二）有适应教育教学需要的师资；

（三）有必要的场地、设施及其他办学条件；

（四）有必备的办学资金和稳定的经费来源。

第五条 申请开办学校，需提交下列材料：

（一）开办学校的申请书（包括办学宗旨、招生规划、招生区域、办学规模等）；

（二）学校章程；

（三）申请人证明文件；

（四）学校校长、董事会成员名单及其资格证明文件；

（五）拟建学校的设施、资金、校舍、场地、经费来源及有关证明文件；

（六）师资来源。

第六条 开办学校，由申请人向拟办学校所在地的省、自治区、直辖市教育行政部门提出申请，经审核同意后，报国务院教育行政部门审批。

第七条 经批准设立的学校，从批准之日起，具有法人资格，独立承担民事责任。

学校不得设立分校。

第八条 学校招生对象为在中国境内持有居留证件的外籍人员子女。学校不得招收境内中国公民的子女入学。

第九条 学校的课程设置、教材和教学计划，由学校自行确定。

第十条 办学经费由申请人自筹解决。

学校不得在中国境内从事工商业活动及其他营利活动。

第十一条 中华人民共和国政府鼓励并支持学校开设汉语和中国文化课程，以增进和加深学生对中国文化的了解。

第十二条 学校聘用外籍人员，依照《中华人民共和国外国人入境出境管理法》及外国人在华工作有关规定办理。

学校聘用驻华领馆人员及其配偶，需经外交部批准。

第十三条 学校进口教学设备和办公用品，按国家有关规定办理。

第十四条 学校及其工作人员和学生应遵守中国的法律和法规，尊重中国人民的风俗习惯，不得从事危害中华人民共和国国家安全和社会公共利益的活动。

第十五条 学校建设用地依照国家土地管理法规办理。学校校舍、场地不得用于进行与其职能不相符合的活动。

第十六条 学校每年应将教职员及学生名册、教材等送当地教育行政部门备案，并接受当地教育行政部门依法进行的监督和检查。

学校校长、董事会成员如有变更，应向省级教育行政部门备案。

第十七条 违反本办法，有下列情形之一的，由省级教育行政部门视情节轻重，可责令学校和开办人限期整顿或者停办：

（一）未经批准，擅自设立学校的；

（二）招收境内中国公民子女的；

（三）办学资源（包括资金、生源和师资）严重不足，无法正常运行的；

（四）从事工商业活动及其他营利性活动的；

（五）从事违反中国法律、法规活动的。

第十八条 驻中国外交机构开办的外交人员子女学校的管理，不适用本办法。

第十九条 省、自治区、直辖市人民政府可根据本办法，结合本地区实际制定具体规定。

第二十条 本办法自发布之日起施行。在此以前已经设立的学校，按本办法规定，补办有关手续。

关于外国留学生凭《汉语水平证书》注册入学的规定

（教外来[1995]68号1995年12月26日）

第一条 根据《中国汉语水平考试（HSK）办法》和中国普通高等学校接受外国留学生的有关文件精神，制定本规定。

第二条 凡申请注册入中国普通高等学校接受本科学历教育的外国人（以下简称申请人），均须参加汉语水平考试（HSK），并获得相应的最低合格等级的《汉语水平证书》（以下简称证书），方可申请正式注册学习专业。

第三条 申请人注册入本科专业所须达到的最低合格等级证书分别如下：

（一）学习中国文学、中国历史、中国哲学、中医和中药类专业的须达到中等C级；

（二）学习其他类专业（含汉语本科专业）的须达到初等C级。

第四条 申请人的《汉语水平证书》，自发证之日起两年内有效。

第五条 申请人获得上述第三条规定的最低合格等级证书，并符合其他入学条件，可直接向中国普通高等学校提出注册本科专业的申请。

第六条 申请人未参加汉语水平考试（HSK），或未获得上述第三条所规定的最低合格等级证书，可向有关高等学校申请参加汉语补习。申请人经过汉语补习获得相应的最低合格等级证书后，即可申请正式注册本科专业。

第七条 没有汉语基础的申请人参加汉语补习的时间一般为：

（一）申请学习中国文学、中国历史、中国哲学、中医和中药类本科专业的为两年；

（二）申请学习其他类本科专业（含汉语本科专业）的为一年。

已有汉语基础的申请人参加汉语补习的时间可适当缩短。

第八条 申请人经过规定时间的汉语补习后，仍未能获得最低合格等级证书，应继续补习汉语直至获得最低合格等级证书为止。因特殊情况未能获得最低合格等级证书，中国政府奖学金生由国家教委外事司批准，其他留学生由学校所在省、自治区、直辖市教育主管部门批准，可作为试读生转入专业学习。此类留学生须自入专业学习之日起，于一年内获得最低合格等级证书，并在专业学习成绩合格的条件下，方可自第二年起正式注册学习本科专业，其已学专业成绩计入学分，否则，将作退学处理。

第九条 有关普通高等学校如认为已获得最低合格等级证书的申请人，在学习专业时仍不能满足本校专业学习对汉语的要求，应在注册后，有针对性地安排汉语补习课程，以提高学生的汉语水平。

第十条 对于申请入中国普通高等学校专科专业学习的外国人的汉语水平要求，参照对本科专业的要求执行。

第十一条 对于申请入普通高等学校攻读硕士和博士学位的外国人的汉语水平要求分别为：

（一）教学语言为汉语的，可参照本办法执行；

（二）教学语言为外语的，不作统一规定，但学位论文一般使用汉语，其中论文摘要必须使用汉语。

第十二条 本规定自1996/1997学年度起执行。

中外合作举办教育考试暂行管理办法

（教考试[1996]4号1996年5月10日）

第一条 为规范和加强中外合作举办教育考试的管理，根据《中华人民共和国教育法》第二十条的规定，制定本办法。

第二条 本办法所称“中外合作举办教育考试”是指境外机构与中国的教育考试机构在中国境内合作举办面向社会的非学历的教育考试。

第三条 境外机构不得单独在中国境内举办教育考试。

第四条 合作举办的教育考试项目必须符合中国的需要，考试内容与活动必须遵守中国的法律、法规，不得以营利为目的。

第五条 国家教育委员会主管中外合作举办教育考试工作，并授权国家教委考试中心负责日常工作。

第六条 合作举办教育考试，应当具备以下条件：

（一）合作举办考试的中方单位必须是省级教育考试机构；

（二）合作举办考试的外方单位必须是具有从事教育考试职能并具有法人资格的机构；

（三）有明确的考试项目和考试章程；

（四）合作双方具备自己的场所、名称和组织机构；

（五）具备承办考试的必要条件。

第七条 经批准举办中外合作教育考试的机构，独立承担民事责任。

第八条 中方省级教育考试机构一般只限在本省、自治区、直辖市范围内举办中外合作教育考试。省级教育考试机构须经本省、自治区、直辖市教育行政部门审核同意后，报国家教委审批。

第九条 合作举办教育考试，由举办考试的中方合作单位办理申报手续。申报时须提交以下文件：

（一）举办考试的申请书和章程；

（二）境外机构合法证明材料；

（三）考试的可行性论证报告；

（四）考试效力的认可证明；

（五）考务人员和考试设施的情况说明；

（六）考试经费来源和双方承担的责任和义务；

（七）合作举办考试协议书及审批机关要求报送的其他有关文件。

第十条 合作考试机构可根据考试的实际需要，决定在举办考试的地区开设考点，并报本省、自治区、直辖市教育行政部门批准，报国家教委备案。

第十一条 合作举办教育考试的机构可向考试合格的考生发放非学历的教育考试合格证书。该证书的境外效力，根据有关国际公约及政府间协议执行，或由外方合作者提供相应的法律文件予以确认。

未经国务院教育行政部门批准，不得发放境外机构的证书。

第十二条 合作举办教育考试的中方机构可聘任考点主任、主考和主持日常考务工作的若干人员，并根据每次考试的考场设置和考生人数，另聘请其他副主考和监考人员。

考试工作人员的资格条件和职责，参照国内同类考试工作人员的有关规定执行。

第十三条 经批准合作举办的考试项目，必须制订实施考试的考务程序，按规定的程序实施考试。

第十四条 合作举办考试的试卷、答卷属秘密材料，有关资料的发送、接收、保密、销毁等严格依照国家有关规定进行。

第十五条 各考点要确保考试的公平竞争，防止违反考试纪律和舞弊事件的发生。考点工作人员要认真负责、严守纪律、保守秘密；若发生试题泄密事件要立即采取有效措施，严防扩散，并按管理权限及时报告省、自治区、直辖市教育行政部门或国家教委。

第十六条 各考点不得举办与考试有关的培训班。

第十七条 各考点可按规定收取考试费（不含有资助、免费提供考试的项目），不得以任何名义增收其他费用。

第十八条 合作考试机构对其考点负有指导、监督和管理的责任，涉及考务监督与管理的具体事项，须参照国内同类考试的考务管理规则的有关条款办理。对考点有下列情况之一的，应酌情给予通报批评、警告、限期整顿、暂停考试或取消考点的处理：

（一）泄露试题或试题泄密后任其扩散；

（二）严重违反考务程序；

（三）纵容、包庇考生舞弊；

（四）以考试为名非法收费；

（五）其他违纪行为。

取消考点须报省、自治区、直辖市教育行政部门批准，报国家教委备案。考点非法所得按国家有关规定处理。

第十九条 合作考试机构必须向国家教委和省、自治区、直辖市教育行政部门提交年度工作报告，接受国家教委和省、自治区、直辖市教育行政部门的指导和监督。

第二十条 如遇下列情况之一者，合作考试机构可经本省、自治区、直辖市教育行政部门审核同意后报国家教委申请停办考试：

（一）不能实现预期的目标；

（二）考生人数不足，经费难以维持正常运作；

（三）一方无法承担承诺的责任和义务。

第二十一条 国家教委和省、自治区、直辖市教育行政部门，对合作考试机构有下列情况之一者，可酌情给予通报批评、警告、限期整顿、暂停考试或撤销合作举办教育考试资格的处罚：

（一）未经批准，擅自在华合作举办教育考试或设立考点，未履行备案手续的；

（二）申请举办考试时弄虚作假的；

（三）以合作举办教育考试为名非法营利的；

（四）在考试过程中严重违反考务程序的；

（五）其他违反中国法律、法规规定的情形。

第二十二条 对本办法中的有关行政处罚，当事人不服的，可依法提起行政复议或行政诉讼。

第二十三条 本办法自发布之日起施行。

中华人民共和国教育部“中国语言文化友谊奖”设置规定

（教育部令第2号1999年3月15日发布）

第一条　为了推动世界汉语教学的发展和中国语言文化的传播，增进中国人民和世界各国人民的相互了解和友谊，中华人民共和国教育部设立“中国语言文化友谊奖”。

第二条　“中国语言文化友谊奖”授予在汉语教学、汉学研究及中国语言文化传播方面做出突出贡献的外国友人。

第三条　“中国语言文化友谊奖”每三年评选颁发一次，由教育部颁发或委托中国驻外外交机构等颁发。

第四条　获奖者应符合下列条件之一：

（一）在汉语教学方面有突出成绩；

（二）在汉语和汉学研究方面有突出成就；

（三）在传播中国语言文化方面有突出贡献；

（四）在推广汉语和传播中国语言文化的组织、管理工作方面有突出作用。

第五条　国内省部级教育行政部门、从事对外汉语教学的大专院校和著名专家、从事中国语言文化研究的单位和著名专家、从事对外教育和文化交流的机构、中国驻外外交机构均可以推荐候选人。

第六条　本奖设评审委员会，负责评审并提出入选者名单，报教育部审定。

第七条　对获奖者予以以下奖励：

（一）授予中华人民共和国教育部颁发的荣誉证书和奖章；

（二）邀请获奖者来华出席颁奖仪式和进行短期学术访问，或进行为期三个月的学术研究，费用由教育部专项基金提供。

第八条　评奖和颁奖工作的具体事务由国家对外汉语教学领导小组办公室负责。

第九条　本规定自发布之日起生效。

自费出国留学中介服务管理规定

（1999年8月24日教育部、公安部、国家工商行政管理局令第5号发布）

第一条 根为保护自费出国留学当事人的合法权益，加强对自费出国留学中介服务的管理，制定本规定。

第二条 自费出国留学中介服务（以下简称中介服务）系指经批准的教育服务性机构通过与国外高等院校、教育部门或者其他教育机构合作，开展的与我国公民自费出国留学有关的中介活动。

第三条 申办中介服务业务的机构应当具备以下条件：

(一)有法人资格的教育机构或教育服务性机构；

(二)有熟悉我国和相关国家自费留学政策并从事过教育服务性业务的工作人员；

(三)与国外教育机构已建立稳定的合作与交流关系；

(四)有必备的资金，能在学生经济利益受损时保障其合法权益，按协议予以赔偿。

第四条 自费出国留学中介服务属于特许服务行业。申办中介服务业务的机构应当向其所在地的省、自治区、直辖市教育主管部门提出申请，经审核同意 后报教育部商公安部进行资格认定。通过资格认定的机构应当到当地工商行政管理部门办理企业登记注册手续。同时到机构所在地公安机关出入境管理部门备案。

第五条 申办中介服务业务的机构在提出申请时应当报送以下材料：

(一)申请书；

(二)法人资格证明；

(三)办公条件、办公地点、业务人员情况；

(四)与国外机构交流与合作情况；

(五)资金和固定资产有效证明；

(六)拟开展中介服务的业务范围和计划等。

第六条 中介服务的业务范围包括：相关的信息和法律咨询、代办入学申请、提供签证服务、进行出国前的培训等。

第七条 中介服务的主要对象为已完成高级中等教育或高等教育后申请自费出国留学的中国公民。在校大专以上学生自费出国留学需符合《关于自费出国留学有关问题的通知》（教留〔1993〕81号）的规定。

中介服务机构的业务活动应当在本地区进行，开展跨省、自治区、直辖市的业务活动需经教育部商公安部批准。

第八条 中介服务机构应当直接与国外高等院校和教育机构签订有关合作协议并报送所在地省级教育行政部门备案。

第九条 中介服务机构应当与自费出国留学人员签订出国留学中介服务协议书，明确双方的权利、义务和责任。

第十条 中介服务机构开展中介服务应当以培养人才为宗旨，遵守国家有关法律、法规，贯彻执行自费出国留学政策，收费合理。

第十一条 自费出国留学人员可持中介服务机构出具的有关证明和国外邀请函，依法向户口所在地公安机关出入境管理部门申办护照。其中具有大专以上学历人员，在申办护照时应当同时出具当地教育主管部门的有关证明材料。

第十二条 发布有关自费出国留学中介服务广告，必须经省、自治区、直辖市以上工商行政管理机关批准。对不具备上述批准文件或与批准文件不符的广告，不得设计、制作、代理和发布。对违反上述规定的，由工商行政管理部门对有关责任者依照《中华人民共和国广告法》予以处罚。

第十三条 各省、自治区、直辖市教育主管部门会同公安、工商行政管理部门对本地区的中介服务机构实施管理和监督。对从事非法经营的中介服务机 构，应当责令其限期整改；对造成严重后果的，依法追究法律责任，同时报教育部商公安部批准后取消其自费出国留学中介服务资格。限期向工商行政管理部门申请 办理注销登记下不办理的，依法吊销营业执照。

第十四条 本规定发布前已经有关部门批准（包括已在工商行政管理部门注册）可开展自费出国留学中介服务的机构应当停止相应业务，并按本规定重新 办理审批手续。未经资格认定和企业注册的机构均不得以任何方式从事自费出国留学中介服务活动。对擅自开展此类业务的机构，由各地教育主管部门会同当地公 安、工商行政管理部门依法查处。

第十五条 本规定由教育部、公安部和国家工商行政管理局负责解释。

第十六条 本规定自发布之日起施行。

自费出国留学中介服务管理规定实施细则(试行)

（教育部 公安部 国家工商行政管理总局令第6号1999年8月24日发布）

第一章 总则

第一条 根据《自费出国留学中介服务管理规定》（以下简称《管理规定》）制定本实施细则（以下简称《实施细则》）。

第二条 《管理规定》第三条中的“教育服务性机构”，是指为中国公民接受教育提供相关服务的机构。

第三条 《管理规定》第三条中的“有熟悉我国和相关国家自费出国留学政策并从事过教育服务性业务的工作人员”，是指开展自费出国留学服务的机构（以下简称“中介服务机构”）的主要工作人员应当具有大学专科以上学历、我国和相关国家的教育情况和自费出国留学政策或者曾经从事过教育、法律工作；工作人员的构成中应当具有具备外语、法律、财会和文秘专业资格的人员；中介服务机构的工作人员不得少于5名；法定代表人应当是具有境内常住户口的中国公民。

第四条 《管理规定》第三条中的“与国外教育机构已建立稳定的合作与交流关系”，是指与国外高等院校或其他教育机构直接签署有效的合作意向书或合作协议。

第五条 《管理规定》第三条中的“有必备的资金”，是指中个服务机构应当具有一定数量的备用金，以在其服务对象合法权益受到损害时能够赔偿，其数额不低于５０万元人民币。

第二章 中介服务机构的申办程序和资格认定

第六条 申办中介服务业务的机构，应向当地省、自治区、直辖市教育行政部门提出申请，填写《自费出国留学中介服务机构资格申请表》，并提交下列材料和证明：

1. 申请书；

2. 法人资格证明；

3. 法定代表人、主要工作人员的简历和有关证明；

4. 与国外高等院校或其他教育机构直接签署的有法律效力的自费留学合作意向书或协议（中、外文本）以及经我驻外使、领馆认证的国外签约方的法人资格证明；

5. 资产证明或会计师事务所出具的验资报告；

6. 机构章程；

7. 拟开展中介服务业务的工作计划、行政区域及可行性报告；

8. 办公场所及办公设施证明。

第七条 受理申请的部门在15个工作日内完成对申请材料的审核工作，在征得同级公安机关同意后，将《自费出国留学中介服务机构资格申请表》及其所附材料和证明分别报送教育部和公安部。

第八条 教育部商公安部在30个工作日内完成资格认定工作，通过省、自治区、直辖市教育行政管理部门向获得资格认定的中介服务机构核发有效期为5年的《自费出国留学中介服务机构资格认定书》，并通知省级公安机关和工商行政管理部门。

第九条 中介服务机构在接到省、自治区、直辖市教育行政管理部门关于资格认定的通知后，应当到省、自治区、直辖市教育行政管理部门和公安机关办理备用金的交存手续。

第十条 中介服务机构持《自费出国留学中个服务机构认定书》和其他有关文件及证件依法向工商行政管理部门申请登记注册，领取营业执照，并向当地省、自治区、直辖市教育行政部门和公安机关出入境管理部门备案。

第三章 中介服务机构的运营

第十一条 获得资格认定并已领取营业执照的中介服务机构应当在所在省、自治区、直辖市行政区域内开展中介服务业务；跨地区开展中介服务业务的，应当报经教育部和公安部另行审批，并凭《自费出国留学中介服务机构资格认定书》和有关的批准文件，向相关的省、自治区、直辖市教育行政部门和公安机关出入境管理部门备案。

第十二条 中介服务机构不得在所在省、自治区、直辖市行政区域外设立分支机构，不得以承包或者转包等形式委托其他机构或个人开展中介服务业务。

第十三条 中介服务机构不得到学校开展自费出国留学咨询、讲座、座谈会、介绍会等任何形式的自费出国留学招生活动。

第十四条 中介服务机构应根据《中华人民共和国合同法》与其服务对象签署具

有法律效力的《自费出国留学中介服务协议书》，明确双方的权利与义务。《自费出国留学中介服务协议书》的样本应当报当地省、自治区、直辖市教育行政部门备案。

第十五条 获得《自费出国留学中介服务机构资格认定书》的中介服务机构名称、法定代表人等事项发生变化，应按照本《实施细则》第二章的有关规定，重新办理资格认定手续；中介服务机构住所、主要工作人员发生变化，应当报当地省、自治区、直辖市教育行政部门和公安机关出入境管理部门备案。同时依法向工商行政管理部门申请变更登记或备案。

第十六条 获得《自费出国留学中介服务机构资格认定书》的中介服务机构与国外高等院校或其他教育机构签署的合作意向书或协议，应当报请当地省、自治区、直辖市教育行政部门确认；该"确认"为中介服务机构申请发布自费出国留学中介服务广告的必要证明。

第十七条 中介服务机构应当在《自费出国留学中介服务机构资格认定书》有效期截止前3个月内，向当地的省、自治区、直辖市教育行政部门申请重新认定中介服务机构资格。申报、审核要求和程序按照本《实施细则》第二章的有关规定办理。

第十八条 中介服务机构应当在破产、解散、停业60日前，以书面形式向当地省、自治区、直辖市教育行政部门提出终止中介服务申请（应包括处理善后事宜的措施、期限和留守人员名单），并缴还《自费出国留学中介服务机构资格认定书》；经教育部商公安部核准后，向原办理企业登记注册的工商行政管理部门申请注销；并向当地的省、自治区、直辖市公安机关出入境管理部门备案。

第四章 备用金的管理与使用

第十九条 中介服务机构应当与当地省、自治区、直辖市教育行政部门和公安机关签订《委托监管备用金协议》，并按照协议规定将备用金存入指定国有银行中该中介服务机构的委托帐户，凭存款证明领取《自费出国留学中介服务机构资格认定书》。

第二十条 备用金及其利息由当地省、自治区、直辖市教育行政部门和公安机关按照《委托监管备用金协议》实行监管。未经监管部门的共同许可，任何机构和个人不得擅自动用。

第二十一条 备用金及其利息归中介服务机构所有，不得用于本《实施细则》第五条以外的用途。若中介服务机构解散、破产或者合并，其备用金及其利息作为中介服务机构资产的一部分，按照有关的法律处置。

第二十二条 中介服务机构无力按照仲裁机构的裁决和人民法院的判决进行赔偿，或者无力支付行政罚款、罚金时，可以书面形式向当地省、自治区、直辖市教育行政部门和公安机关提出动用备用金及其利息的申请（并附仲裁机构、行政管理机关、人民法院的裁决书、处罚通知书、判决书复印件），并应当在2个月内补足备用金。

中介服务机构拒不支付罚款、罚金，拒不执行仲裁机构或者人民法院的裁决或者判决的，由执行机关依法采取强制执行措施。

第二十三条　中介服务机构被取消中介服务机构资格或者主动终止中介服务业务后，如90日内未发生针对该机构的投诉或诉讼，可凭当地省、自治区、直辖市教育行政部门和公安机关开具的证明，到开户银行领取其备用金及其利息。

第五章　对中介服务机构的监督、检查和处罚

第二十四条　教育、公安和工商行政管理部门依法对本地的中介服务机构进行监督管理。中介服务机构应当按照年审要求，于每年初向所在地的省、自治区、直辖市教育行政部门和公安机关提交上一年度经营情况报告、下一年度工作计划以及上述部门要求提交的其他有关材料。

第二十五条　对在经营中有违法行为或者未依照本《实施细则》第二十二条的要求补足备用金以及已不符合资格认定要求的中介服务机构，由当地省、自治区、直辖市教育行政部门会同公安机关和工商行政管理部门依法责令其限期整改；对拒不按期整改或者有上述情形造成严重后果的，由当地省、自治区、直辖市教育行政部门征得同级公安机关同意后，提出取消其中介服务机构资格的建议，并报教育部和公安部审批。

教育部商公安部同意后，作出取消中介服务机构资格的通知，并告知当地省、自治区、直辖市教育行政部门、公安机关和原办理企业登记注册的工商行政管理部门。

第二十六条　被取消中介服务机构资格的中介服务机构，应当向当地省、自治区、直辖市教育行政部门缴还《自费出国留学中介服务机构资格认定书》，向原办理企业登记注册的工商行政管理部门申请注销或者变更登记。

第二十七条　对违法经营的中介服务机构，以及未经资格认定、擅自开展中介服务业务的机构，由当地省、自治区、直辖市教育行政部门会同公安机关和工商行政管理部门依法查处。

第六章　附则

第二十八条　暂不受理境外机构、外国在华机构以及中外合资机构和中外合作办

学机构的中介服务机构资格认定的申请。

第二十九条 教育部和公安部适时公布获得或者被取消中介服务机构资格的中介服务机构名单。

第三十条 各省、自治区、直辖市教育、公安、工商行政管理部门可依据《管理规定》和本《实施细则》制定具体实施办法。

第三十一条 本《实施细则》由教育部、公安部和国家工商行政管理局负责解释。

第三十二条 本《实施细则》自发布之日起施行。

高等学校聘请外国文教专家和外籍教师的规定

（教外办[1991]462号1991年8月10日）

第一章　总则

第一条　高等学校聘请专家、外教是我国对外开放政策的组成部分，是学习外国先进科学技术和进步文化的重要途径。这是一项长期的工作，必须切实做好。

第二条　聘请专家、外教的工作，应为加强师资队伍和学科建设服务，有利于提高学校的科研水平，培养为社会主义现代化建设服务的人才。

第三条　聘请专家、外教要贯彻以我为主，按需聘请，择优选聘，保证质量，用其所长，讲求实效的原则。在工作中要加强计划性，防止盲目聘用，凡可由我国内教师承担的教学和科研任务，一般不聘请专家、外教担任。

第四条　高等学校应根据专家、外教的业务专长并考虑到他们的政治背景和态度大多与我不同的情况，正确发挥他们的作用。还应主动多做工作，帮助他们正确认识中国，增进了解和友谊。

第二章　各专业专家、外教的聘用

第五条　对不同专业专家、外教的聘用，应根据需要，掌握不同原则。

第六条　理、工、农、医专业类的专家、外教以来华短期讲学、合作科研为主。应逐步扩大此类专家的聘用比例。

第七条　语言专业类（含外语短训班）的专家、外教，除语言实践课（包括听说读写等）可以面对学生授课外，应主要用于培养师资和编写教材。除国家设立的出国人员培训部外，原则上不聘请专家、外教承担我有关人员以出国为目的的语言培训任务。

第八条　外国文学、国际新闻、国际文化、国际贸易、国际法、国际政治经济和国际关系等学科的专家、外教，应主要为我中、青年和研究生讲授课程的部分内容或举行讲座和研讨。院校应安排教师就专家外教讲授内容在马克思主义指导下，作出科学的分析，加强对听课人员的引导。此类专业专家一般不面对本科生授课。

第九条 哲学、社会学、法学、政治学、新闻学、史学、教育学等学科的专家，应安排我方教师，在马克思主义指导下，与其就有关学术问题进行共同研讨，一般不对研究生和本科生系统讲学。

第十条 各部门、各单位与外国政府、有关组织、民间团体、院校签订的协议，其教学任务，均按上述原则执行。

第三章　来华专家、外教的条件

第十一条 聘请对象应对华友好，愿与我合作，业务水平较高并符合我需要，身体健康。

第十二条 聘请对象为专家者，应具有三至五年以上的教学和科研经历；其中长期文教专家应具有硕士以上学位或讲师以上职称以及相当的资历，短期邀请专家应具有博士学位或副教授以上职称并在该学术领域有一定造诣。

第十三条 聘请对象为一般语言外籍教师者，应有本科以上学历，受过语言教学的专门训练并具有一定的语言教学经验。

第四章　聘请专家、外教院校的条件

第十四条 院校领导中有专人分管专家、外教工作。

第十五条 设有负责专家、外教工作的职能机构并配有经过政治和外事业务培训的专职工作人员。

第十六条 制定了较完整的专家、外教管理制度和办法。

第十七条 具有专家、外教必要的生活和工作设施（包括居住地食宿、卫生、工作、安全等条件）。院校所在地应是对外国人开放地区，非开放地区须报有关部门批准后方可聘请。

第五章　聘请专家、外教的审批原则

第十八条 聘请专家、外教，按院校隶属关系，由国务院有关部（委），或省、自治区、直辖市教育行政部门审批。

第十九条 对首次拟聘请专家、外教的学校，应按院校隶属关系，由院校向上级主管部门提出申请。部（委）属院校，由部（委）会同省、自治区、直辖市教育行政部门、外办按第四章规定进行实地考核；地方属院校，由省、自治区、直辖市教育行政部门会同省、自治区、直辖市外办按第四章规定进行实地考核，经考核确认其聘请资格，并由院校上级主管部门报国家外国专家局批准后，院校方可编报聘请专家计划和办理聘请手续。

第二十条 聘请专家、外教的院校，应于每年九月初向上级主管部门申报下一学年的聘请专家、外教计划，并说明各专业聘请专家、外教的目的、来华工作性质、来华人数、在华工作期限等。主管部门对院校的学年聘请计划应认真审核，提出审核意见并报国家外国专家局。

第二十一条 院校应对拟聘专家、外教的条件进行认真审核，对拟聘的专家、外教，按院校隶属关系，将聘请报告及有关材料报上级主管部门审批。

第六章 专家、外教的管理工作

第二十二条 国务院有关部（委）和省、自治区、直辖市教育行政部门应加强对其所属院校的外籍教师工作的领导，认真研究专家、外教工作的特点，加强计划性，进行业务指导和效益评估。

在京高等院校专家、外教日常管理工作，按隶属关系，由国务院部委和北京市高教局分别负责。在其他地区的高等院校专家、外教日常管理工作，由院校所在的省、自治区、直辖市教育行政部门负责，并与当地外办密切配合；重大问题应及时报上级主管部门处理，同时抄报国家教委和国家外国专家局。

第二十三条 教育行政部门和院校在专家、外教的管理工作中，应加强与地方外办、公安等有关部门的密切配合。

第二十四条 院校专家、外教的管理，实行分管校（院）长领导下的学校外事部门归口管理制度。

第二十五条 来我院校任教一学期以上（含一学期）的专家、外教，必须与院校签订合同，合同的基本内容应包括：受聘方被聘任的起止日期，每周授课时数，应享受的各种待遇；在合同中要明确规定专家、外教应遵守我国法律、法规、校纪、校规，并不得干预我国内部事务和进行传教，对受聘方在华期间的要求及受聘方违反合同规定应负的责任等。学校应严格按合同管理。

第二十六条 院校负责专家、外教工作的领导和职能部门，应向专家、外教介绍我国情况和我国的教育方针、政策、法律、法令及有关规定，帮助其了解中国并要求其遵守我国的法律、法规和校纪校规，尊重中国人民的风俗习惯。

对专家、外教的宣传工作，目的在于加强相互了解和友好，工作方法上要灵活。

第二十七条 如发生专家、外教在政治上对我有意进行攻击或提出挑衅性的政治问题时，应正面阐述我观点，予以批驳，并及时报告上级主管部门，根据情况作出处理。

第二十八条 院校教务部门归口负责专家、外教的教学业务工作。

第二十九条 专家、外教所在的系、部、所，负责专家、外教教学业务的日常管理：

（1）配备一位政治、业务较强的中方教师作为专家、外教的合作教师，协助专家、外教开展教学，并协助学校做好专家、外教的工作；

（2）审定专家、外教讲学计划和教学使用的教材（包括参考、影视及其他资料）；使用原文教材，思想政治内容上应严格审定，要避免先用美化资本主义制度，宣扬民主社会主义以及丑化社会主义的教材；

（3）建立对专家、外教的听课制度，对其教学态度和效果，要定期检查，并按国家外国专家局的有关规定进行教学评估，提高聘用效益。

第三十条 院校各级领导要主动做好专家、外教工作，鼓励有关师生与他们多接触，交朋友，主动关心和解决专家、外教在教学与生活中遇到的问题，要求中国师生与专家、外教友好相处，互相尊重，取长补短，加强合作，共同搞好教学和研究工作。对专家、外教教学中的意见，应由系、教研室或合作教师商讨解决。

第三十一条 专家、外教可以在指定范围利用我院校图书馆，查阅图书资料。院校可以接受专家、外教不附加条件的赠书，对有攻击我国政府或恶意诬蔑我国社会主义制度等内容的图书，应拒绝接受，并及时报告上级主管部门。院校应认真加强对专家、外教赠书的管理。

第三十二条 专家、外教与我进行合作科研，应以我重点科研项目为主。在合作科研中，应加强保密工作，加强对有关科研资料及计算机的使用管理，严防泄密。

第三十三条 对在华工作成绩显著的专家、外教应给予奖励；对不履行合同，教学效果差，态度恶劣的外籍教师，学校应及时提出批评、教育；对坚持不改者，可根据合同规定予以解聘。解聘专家、外教，由学校报请上级主管部门批准，同时抄报国家外国专家局，由国家外国专家局定期通报各有关单位，不得再录用。

第三十四条 院校应尊重专家、外教的风俗习惯和宗教信仰。专家、外教不得在任何场所，以任何方式，散布攻击我国政府和政策法令的言论，干涉我国内政；不得以任何形式进行传教活动或宗教宣传，不得以教学名义在我学生中散发宗教书籍或材料；对违犯上述规定者，应根据合同和我国有关法律规定处理。

第三十五条 专家、外教不得从事与教学无关的社会工作。如采访，经商，咨询服务等，以及与其身份不符的其他活动。

第三十六条 专家、外教在应聘期间，不得以任何形式向社会和学生作涉及我政治思想、社会状况、经济或科技秘密、特殊的生物资源，以及违反规定的调查。特殊需要者，经批准后方可进行。在省、自治区、直辖市范围内，报请所在省、自治区、直辖市教育行政部门，会同省、自治区、直辖市外办及有关部门审批，超出所在省、自治区、直辖市的，报国家教委、国家外国专家局审批，同时抄报有关部门。

第三十七条 除高等学校外，其他各级各类学校，一般不聘请外籍教师来校任教，特殊需要的，亦按上述规定办理。

中小学接受外国学生暂行管理办法

（教育部令第4号1999年7月21日发布）

第一条 为适应我国改革开放事业发展的需要，方便外国学生来我国中小学就读，促进我国中小学的国际交流，特制定本办法。

第二条 中小学获得接受外国学生的资格后可接受适龄外国学生入校学习。

第三条 中小学接受外国学生的资格由省、自治区、直辖市教育行政部门会同同级外事、公安部门审批，并报教育部备案。

第四条 申请接受外国学生资格的中小学应具有较好的教学条件及较高的教学水平和管理水平。

第五条 具有接受外国学生资格的中小学一般应接受随父母在华常住的外国学生；如接受父母不在华常住的外国学生，须由外国学生的父母正式委托在华常住的外国人或中国人作为外国学生的监护人。如在中国境外办理委托手续，该委托书一般应经外国学生国籍国公证和认证，并经中国驻该国使、领馆认证；如在中国境内办理委托手续，该委托书可经中国有关公证处公证，也可经外国学生国籍国驻华使、领馆公证。

第六条 具有接受外国学生资格的中小学可以接受以团组形式短期（六个月以内）来华学习的外国学生，但须预先与外方派遣单位签订协议，并要求外方派遣单位按该国法律规定预先办理有关组织未成年人出入境所需的法律手续。

这类外国学生应有组织地集体来华、离华，外方派遣单位应派代表随学生来华并担任其在华期间的监护人。

第七条 来华在中小学学习六个月以上的外国学生应凭“外国留学人员来华签证申请表”（JW202表）和学校录取通知书，向我驻外使、领馆申请“X”字签证，并自入境之日起三十天内向当地公安出入境管理部门申请外国人居留证。

入学前已持短期签证入境或已在华并持有居留证件的外国学生，应凭“外国留学人员来华签证申请表”（JW202表）和学校录取通知书，到当地公安出入境管理部门办理签证和居留证项目的变更手续。

以团组形式短期（六个月以下）来华学习的外国学生，凭被授权单位的邀请函电向我驻外使、领馆申请“F”字团体签证。

第八条 外国学生一般应与其父母或监护人一起居住；有条件的学生经批准后可向外国学生提供校内宿舍。

第九条 中小学对外国学生的有关收费项目和标准，由省、自治区、直辖市教育行政部门会同物价管理部门制定。

第十条 中小学应按学籍管理规定管理外国学生，教育他们遵守中国的法律和学校的校规、校纪。除安排必要的汉语补习外，一般不为外国学生单独编班。学校可按课程方案的要求组织其参加公益劳动等社会实践活动。外国学生免修思想品德课和思想政治课。

外国学生完成各科学业，考试合格，由接受学校发给毕业证书；未按计划完成全部学业者，学校可发给写实性学习证明。

第十一条 省、自治区、直辖市教育行政部门归口负责本地区中小学接受外国学生的工作，并对学校接受外国学生的资格逐年进行审核；对违反规定招生或管理工作中存在严重问题的学校，应视情况中止或取消其接受外国学生的资格，并将处理结果及时报教育部。

第十二条 省、自治区、直辖市教育行政部门可根据本办法制定本地区中小学招收外国学生资格的审批办法，并报教育部备案。

高等学校接受外国留学生管理规定

（教育部 外交部 公安部令第9号2000年1月31日发布）

第一章　总则

第一条　为增进我国与世界各国人民之间的了解和友谊，促进高等学校的国际交流与合作，加强对接受和培养外国留学生工作的规范管理，根据《中华人民共和国教育法》、《中华人民共和国高等教育法》和《中华人民共和国外国人入境出境管理法》，制定本规定。

第二条　本规定所称高等学校，系指经教育部批准的实施全日制高等学历教育的普通高等学校；本规定所称外国留学生是指持外国护照在我国高等学校注册接受学历教育或非学历教育的外国公民。

第三条　高等学校接受和培养外国留学生的工作，应当遵循“深化改革，加强管理，保证质量，积极稳妥发展”的方针。

第四条　接受外国留学生的高等学校，应当具有必备的教学和生活条件，以及相应的教学科研水平和管理水平。

第五条　高等学校接受和培养外国留学生，应当遵循国家外交方针，维护国家主权、安全和社会公共利益。

第二章　管理体制

第六条　教育部统筹管理全国来华留学工作，负责制定接受外国留学生的方针、政策，归口管理“中国政府奖学金”，协调、指导各地区和学校接受外国留学生工作，并对各地区和学校的外国留学生管理工作和教育质量进行评估。

教育部委托国家留学基金管理委员会负责国家计划内外国留学生的招生及具体管理工作。

第七条　高等学校接受外国留学生，由省、自治区、直辖市教育行政部门会同同级外事和公安部门审批，并报教育部备案。高等学校接受享受中国政府奖学金的外国留学生，由教育部审批。

第八条 省、自治区、直辖市教育行政部门负责本地区高等学校接受外国留学生工作的协调管理。外事、公安等有关部门协助教育行政部门和高等学校做好外国留学生的管理工作。

第九条 高等学校具体负责外国留学生的招生、教育教学及日常管理工作。学校应当有校级领导分管本校的外国留学生工作；学校应当根据有关规定建立外国留学生管理制度，并设有外国留学生事务的归口管理机构或管理人员。

第三章 外国留学生的类别、招生和录取

第十条 高等学校可以为外国留学生提供学历教育和非学历教育。接受学历教育的类别为：专科生、本科生、硕士研究生和博士研究生；接受非学历教育的类别为：进修生和研究学者。

第十一条 高等学校应当制定外国留学生招生办法，公布招生章程，按规定招收外国留学生。

第十二条 高等学校招收外国留学生名额不受国家招生计划指标限制。

第十三条 高等学校应当按照国家有关规定确定并公布对外国留学生的收费项目及收费标准，并以人民币计价收费。

第十四条 高等学校接受外国留学生的专业应当是对外开放专业。为外国留学生单独设立新的学历教育专业，必须报教育部审批。

第十五条 申请到我国高等学校学习、进修的外国公民，应当具备相应的资格并符合入学条件，有可靠的经济保证和在华事务担保人。

第十六条 高等学校应当对申请来华学习者进行入学资格审查、考试或考核。录取标准由学校自行确定。可使用汉语接受学历教育者，应当进行汉语水平考试。

第十七条 外国留学生的录取由高等学校决定。高等学校应当优先录用国家计划内招收的外国留学生；高等学校可以自行招收校际交流外国留学生和自费外国留学生。

第十八条 高等学校可以接受由其他学校录取或转学的外国留学生，但应当事先征得原接受学校同意。

第四章 奖学金制度

第十九条 中国政府为外国留学生来华学习设立“中国政府奖学金”。

“中国政府奖学金”类别有：本科生奖学金、研究生奖学金和进修生奖学金等。

教育部根据需要，设立其他专项研究或培训等奖学金。

第二十条 教育部根据我国政府与外国政府签订的协议以及我国与外国交流的需要，制定享受中国政府奖学金外国留学生的招生计划。

第二十一条 享受中国政府奖学金来华学习的外国留学生应当接受享受奖学金资格的年度评审。评审工作由高等学校按照有关规定进行。对未通过评审的外国留学生，将根据规定中止或取消其享受中国政府奖学金的资格。

第二十二条 地方人民政府和高等学校可以根据需要单独或联合为外国留学生设立奖学金。中国和外国企业、事业组织、社会团体及其他社会组织和个人，经征得高等学校和省级教育主管部门同意，也可以为外国留学生设立奖学金，但不得附加不合理条件。

第五章 教学管理

第二十三条 高等学校应当根据学校统一的教学计划安排外国留学生的学习，并结合外国留学生的心理和文化特点开展教育教学活动。在确保教学质量的前提下，可以适当调整外国留学生的必修和选修课程。

第二十四条 汉语和中国概况应当作为接受学历教育的外国留学生的必修课；政治理论应当作为学习哲学、政治和经济学类专业的外国留学生的必修课，其他专业的外国留学生可以申请免修。

第二十五条 汉语为高等学校培养外国留学生的基本教学语言。对汉语水平达不到专业学习要求的外国留学生，学校应当提供必要的汉语补习条件。

高等学校可以根据条件为外国留学生开设使用英语等其他外国语言进行教学的专业课程。使用外语接受学历教育的外国留学生，毕业论文摘要应当用汉语撰写。

第二十六条 高等学校组织外国留学生进行教学实习和社会实践，应当按教学计划与在校的中国学生一起进行；但在选择实习或实践地点时，应当遵守有关涉外规定。

第二十七条 高等学校应当根据教学需要，为外国留学生提供必要的学习条件。外国留学生在教学计划以外使用其他设备和获取其他资料，应当提出申请，由学校按照有关规定和程序审批。

第二十八条 高等学校根据国家有关规定对外国留学生进行学籍管理。高等学校对外国留学生作勒令退学和开除学籍处分时，应当报省级教育行政部门备案；如受到上述处分者为国家计划内招收的外国留学生，学校还应当书面通知国家留学基金管理委员会。

第二十九条 学校根据有关规定为外国留学生颁发毕业证书（结业证书、肄业证书）或写实性学业证明，为获得学位的外国留学生颁发学位证书。学校可以根据需要提供上述证书的外文翻译文本。

第六章 校内管理

第三十条 高等学校依照国家有关法律、法规和学校的规章制度对外国留学生进行教育和管理。学校应当教育外国留学生遵守我国的法律、法规及学校的规章制度和纪律，尊重我国的社会公德和风俗习惯。

第三十一条 高等学校一般不组织外国留学生参加政治性活动，但可以组织外国留学生自愿参加公益劳动等活动。

第三十二条 高等学校应当允许、鼓励外国留学生参加学校学生会组织举办的文体活动；外国留学生也可以自愿参加我国在重大节日举行的庆祝活动；在外国留学生比较集中的城市或地区，有关部门和学校应当为外国留学生举办有益于身心健康的文体活动。

经学校批准，外国留学生可以在校内成立联谊团体，并在我国法律、法规规定的范围内活动，服从学校的领导和管理。外国留学生成立跨校、跨地区的组织，应当向中国政府主管部门申请。

第三十三条 高等学校应当尊重外国留学生的民族习俗和宗教信仰，但不提供举行宗教仪式的场所。校内严禁进行传教及宗教聚会等活动。

第三十四条 外国留学生经高等学校批准，可以在校内指定的地点和范围，举行庆祝本国重要传统节日的活动，但不得有反对、攻击其他国家的内容或违反公共道德的言行。

第三十五条 高等学校应当为外国留学生提供食宿等必要的生活服务设施，并根据有关规定建立和公布服务设施的使用管理制度。

第三十六条 外国留学生在校学习期间不得就业、经商，或从事其他经营性活动，但可以按学校规定参加勤工助学活动。

第七章 社会管理

第三十七条 外国留学生的社会管理，由有关行政部门负责。高等学校应当配合有关行政部门，做好外国留学生的社会管理工作。

第三十八条 外国留学生可以在校外住宿，但应当按规定到居住地公安机关办理登记手续。

第三十九条 有关部门应当为外国留学生正常的学习和社会实践活动提供方便，收费标准应当与中国学生相同。

第四十条 外国留学生在我国境内进行出版、结社、集会、游行、示威等活动，应当遵守我国有关法律、法规的规定。外国留学生在我国境内进行宗教活动必须遵守《中华人民共和国境内外国人宗教活动的管理规定》。

第四十一条 外国留学生携带、邮寄物品入出境，应当符合我国有关管理规定。

第八章 入出境和居留手续

第四十二条 外国留学生一般应当普通护照和“X”或“F”字签证办理学习注册手续。来华学习六个月以上者，凭《外国留学人员来华签证申请表》（JW201表或JW202表）和学校的《录取通知书》和《外国人体格检查记录》，向中国驻外签证机关申请“X”字签证；来华学习期限不满六个月者，凭《外国留学人员来华签证申请表》（JW201表或JW202表）和学校的《录取通知书》，向中国驻外签证机关申请“F”字签证；以团组形式来华的短期留学人员，也可以凭被授权单位的邀请函电，申请“F”字团体签证。

第四十三条 持外国外交、公务、官员或特别护照和中国外交、公务或礼遇签证来华者，如需到高等学校学习或进修，应当持本国外交机构出具的、声明在华学习期间放弃特权与豁免的照会，向中国省部级外事部门提出申请，经批准后凭外事部门的同意函到公安机关出入境管理部门改办“X”或“F”字签证；持外国外交、公务、官员或特别护照根据双边协议免签证来华者，如需到高等学校学习或进修，应当换持普通护照，到公安机关出入境管理部门办理“X”或“F”字签证；持普通护照但非“X”或“F”字签证来华者，如需到高等学校学习或进修，应当到公安机关出入境管理部门受理上述人员的申请时，应当查验申请人的《外国留学人员来华签证申请表》（JW201表或JW202表）、学校的《录取通知书》和《外国人体格检查记录》。

第四十四条 外国留学生家属可以凭接受学校的邀请函，向我驻外使（领）馆申请“L”字签证来华陪读。公安机关出入境管理部门凭接受学校的公函，为外国留学生陪读家属办理签证延期，陪读家属在华停留期限不得超过外国留学生居留证的有效期限。

第四十五条 学习时间在6个月以上的外国留学生来华后，必须在规定期限内到卫生检疫部门办理《外国人体格检查记录》确认手续。无法提供《外国人体格检查记录》者，必须在当地卫生检疫部门进行体检。经检查确认患有我国法律规定不准入境疾病者，应当立即离境回国。

第四十六条 持“X”签证入境的外国留学生必须在自入境之日起30日内，向当地公安机关出入境管理部门申请办理《外国人居留证》。在学期间，如居留证上填写的项目有变更，必须在10日内到当地公安机关出入境管理部门办理变更手续。

第四十七条 外国留学生转学至另一城市时，应当先在原居留地公安机关出入境管理部门办理迁出手续。到达迁入地后，必须于10日内到迁入地公安机关出入境管理部门办理迁入手续。

第四十八条 外国留学生在学期间临时出境，必须在出境前办理再入境手续。签证或居留证有效期满后仍需在华学习或停留的，必须在签证或居留证有效期满之前办理延期手续。

第四十九条 外国留学生毕业、结业、肄业、退学后，必须在规定的时间内出境。对受到勒令退学或开除学籍处分的外国留学生，学校应当及时通知公安机关出入境管理部门。公安机关出入境管理部门依法收缴其所持外国人居留证或缩短其在华停留期。

第九章　附则

第五十条 实施全日制高等学历教育的普通高等学校以外的教育机构接受外国留学生，由教育部负责审批，有关管理办法另行制定。

高等学校境外办学暂行管理办法

（教育部令第15号2002年12月31日发布）

第一条 为促进中国教育对外交流与合作，规范高等学校境外办学活动，制定本办法。

第二条 本办法所称高等学校境外办学，是指高等学校独立或者与境外具有法人资格并且为所在国家(地区)政府认可的教育机构及其他社会组织合作，在境外举办以境外公民为主要招生对象的教育机构或者采用其他形式开展教育教学活动，实施高等学历教育、学位教育或者非学历高等教育。

第三条 高等学校境外办学应当坚持积极探索，稳步发展，量力而行，保证质量，规范管理，依法办学的方针。

第四条 高等学校境外办学应当符合中国的相关规定，遵守所在国家(地区)的法律、法规，并取得相应的合法资格，独立承担相应的法律责任。

第五条 高等学校境外办学应当优先举办具有中国高等教育比较优势或者特色的学科，并充分考虑所在国家(地区)的需求及发展特点。国家鼓励高等学校在更为广泛的学科领域开展境外办学活动。

高等学校境外办学授予中国学历、学位的，其专业设置、学制应当符合中国有关规定，切实维护中国高等教育的质量标准和信誉。

第六条 高等学校境外办学实施本科或者本科以上学历教育的，按隶属关系由省、自治区、直辖市人民政府或者学校主管部门审核后，报教育部审批。教育部应当在接到申请之日起30日内作出批准或者不批准的决定。

第七条 高等学校境外办学实施专科教育或者非学历高等教育的，按隶属关系由省、自治区、直辖市人民政府或者学校主管部门审批，并在接到申请之日起30日内作出批准或者不批准的决定。审批机关应当自批准之日起15日内，将批准文件报送教育部备案。

第八条 高等学校申请境外办学，需要报送以下材料：

(一)申请书。申请书应当包括以下内容：

境外办学的目的、办学条件、合作方式、修业年限及学位授予办法、师资和生源预测、财务运营状况预测等，并说明外方合作者的基本情况以及是否符合所在国家

(地区)的相关法律规定。

(二)教学计划、人才培养目标及模式、课程设置等有关教学的基本文件。

(三)外方合作者有效的办学资格和资信证明。

(四)中外方合作者签署的合作协议。合作协议应当包括以下内容:

机构名称及性质、课程设置、入学标准、师资与教材、合作期限、各方的权利和义务、学位授予、管理方式、财务安排、争端解决办法、清算办法等。

合作协议在境外办学申请获得批准后方可执行。

(五)申请举办独立设置的教育机构的，应当报送机构章程。机构章程应当规定以下事项:

机构名称和地址、办学宗旨、办学规模、生源预测、学科门类的设置、教育形式、内部管理体制、经费来源、财务运营状况预测、财产和财务制度、举办者与教育机构之间的权利和义务、章程修改程序及其他必须由章程规定的事项。

第九条 高等学校境外办学可以由中外办学机构依照有关规定联合或者分别颁发相应的学业证书。

经批准实施高等学历教育或者学位教育的，可以依照有关规定颁发中国相应的学历文凭。对由中外双方联合授予学位或者由中方单独授予学位的，应当符合中国学位的有关规定。

实施非学历高等教育的，可以根据实际情况颁发写实性证书。

第十条 教育部和省、自治区、直辖市人民政府以及学校主管部门应当根据各自的审批权限，负责对高等学校境外办学活动的指导、监督和管理工作。

第十一条 高等学校赴香港、澳门特别行政区办学，适用本办法。

高等学校赴台湾地区办学的有关事宜，另行规定。

高等学校通过校际交流或者其他途径派遣教师赴境外教育机构的讲学活动，不适用本办法。

第十二条 本办法自2003年2月1日起施行。

汉语作为外语教学能力认定办法

（教育部令第19号2004年8月23日发布）

第一条 为了提高汉语作为外语教学的水平，做好汉语作为外语教学能力认定工作，加强汉语作为外语教学师资队伍的建设，促进对外汉语教学事业的发展，依据《教育法》和《教师法》制定本办法。

第二条 本办法适用于对从事汉语作为外语教学工作的中国公民和外国公民所具备的相应专业知识水平和技能的认定。对经认定达到相应标准的，颁发《汉语作为外语教学能力证书》（以下简称《能力证书》）。

第三条 汉语作为外语教学能力认定工作由汉语作为外语教学能力认定工作委员会（以下简称“认定委员会”）根据本办法进行组织。认定委员会成员由教育部任命。认定委员会的职责是制订能力认定的考试标准，规范能力证书课程，组织考试和认定工作，颁发《能力证书》。

第四条 《能力证书》申请者应热爱汉语教学工作、热心介绍中国文化、遵守法律法规、具有良好的职业素养，须具有大专（含）以上学历和必要的普通话水平。其中的中国公民应具有相当于大学英语四级以上或全国外语水平考试（WSK）合格水平。

第五条 《能力证书》分为初级、中级、高级三类。

取得初级证书者应当具备汉语作为外语教学的基本知识，能够对母语为非汉语学习者进行基础性的汉语教学工作。

取得中级证书者应当具备汉语作为外语教学的较完备的知识，能够对母语为非汉语学习者进行较为系统的汉语教学工作。

取得高级证书者应当具备汉语作为外语教学的完备的知识，能够对母语为非汉语学习者进行系统性、专业性的汉语教学和相关的科学研究。

第六条 申请《能力证书》须通过下列考试：

初级证书的考试科目为：现代汉语基本知识、中国文化基础常识、普通话水平

中级证书的考试科目为：现代汉语、汉语作为外语教学理论、中国文化基本知识

高级证书的考试科目为：现代汉语及古代汉语、语言学及汉语作为外语教学理论、中国文化。

第七条 申请中级、高级证书者普通话水平需达到中国国家语言文字工作委员会规定的二级甲等以上。

第八条 对外汉语专业毕业的本科生可免试申请《能力证书（中级）》；

对外汉语专业方向毕业的研究生可免试申请《能力证书（高级）》。

中国语言文学专业毕业的本科生和研究生，可免试汉语类科目。

第九条 汉语作为外语教学能力认定工作每年定期进行。申请证书者须先通过能力考试，凭考试合格成绩申请证书。申报考试和申请证书的具体时间及承办机构由认定委员会决定。

第十条 《能力证书》申请者须向申请受理机构提交以下材料：

（一）《汉语作为外语教学能力证书申请表》（一式两份）；

（二）身份证明原件及复印件；

（三）学历证书原件及复印件；

（四）考试成绩证明原件及复印件（符合免考试科目者须提交所要求的证书原件及复印件）；

（五）普通话水平测试等级证书原件及复印件；

（六）外语水平证明原件及复印件。

第十一条 《能力证书》由认定委员会监制。

第十二条 申请证书过程中弄虚作假的，经认定委员会核实，不予认定；已经获得《汉语作为外语教学能力证书》者，由认定委员会予以注销。

第十三条 为了提高汉语作为外语教师的专业能力，认定委员会规定《能力证书》的标准化课程和大纲。

第十四条 本办法自2004年10月1日起施行，1990年6月23日发布的《对外汉语教师资格审定办法》（中华人民共和国国家教育委员会令第12号）同时废止，《对外汉语教师资格证书》同时失效，须更换《能力证书（高级）》。

中华人民共和国中外合作办学条例实施办法

（教育部令第20号2004年6月2日发布）

第一章　总则

第一条　为实施《中华人民共和国中外合作办学条例》（以下简称《中外合作办学条例》），制定本办法。

第二条　中外合作办学机构设立、活动及管理中的具体规范，以及依据《中外合作办学条例》举办实施学历教育和自学考试助学、文化补习、学前教育等的中外合作办学项目的审批与管理，适用本办法。

本办法所称中外合作办学项目是指中国教育机构与外国教育机构以不设立教育机构的方式，在学科、专业、课程等方面，合作开展的以中国公民为主要招生对象的教育教学活动。

根据《中外合作办学条例》的规定，举办实施职业技能培训的中外合作办学项目的具体审批和管理办法，由国务院劳动行政部门另行制定。

第三条　国家鼓励中国教育机构与学术水平和教育教学质量得到普遍认可的外国教育机构合作办学；鼓励在国内新兴和急需的学科专业领域开展合作办学。

国家鼓励在中国西部地区、边远贫困地区开展中外合作办学。

第四条　中外合作办学机构根据《中华人民共和国民办教育促进法实施条例》的规定，享受国家给予民办学校的扶持与奖励措施。

教育行政部门对发展中外合作办学做出突出贡献的社会组织或者个人给予奖励和表彰。

第二章　中外合作办学机构的设立

第五条　中外合作办学者应当在平等协商的基础上签订合作协议。

合作协议应当包括拟设立的中外合作办学机构的名称、住所，中外合作办学者的名称、住所、法定代表人，办学宗旨和培养目标，合作内容和期限，各方投入数额、方式及资金缴纳期限，权利、义务，争议解决办法等内容。

合作协议应当有中文文本；有外文文本的，应当与中文文本的内容一致。

第六条 申请设立中外合作办学机构的中外合作办学者应当具有相应的办学资格和较高的办学质量。

已举办中外合作办学机构的中外合作办学者申请设立新的中外合作办学机构的，其已设立的中外合作办学机构应当通过原审批机关组织或者其委托的社会中介组织进行的评估。

第七条 中外合作办学机构不得设立分支机构，不得举办其他中外合作办学机构。

第八条 经评估，确系引进外国优质教育资源的，中外合作办学者一方可以与其他社会组织或者个人签订协议，引入办学资金。该社会组织或者个人可以作为与其签订协议的中外合作办学者一方的代表，参加拟设立的中外合作办学机构的理事会、董事会或者联合管理委员会，但不得担任理事长、董事长或者主任，不得参与中外合作办学机构的教育教学活动。

第九条 中外合作办学者投入的办学资金，应当与拟设立的中外合作办学机构的层次和规模相适应，并经依法验资。

中外合作办学者应当按照合作协议如期、足额投入办学资金。中外合作办学机构存续期间，中外合作办学者不得抽逃办学资金，不得挪用办学经费。

第十条 中外合作办学者作为办学投入的知识产权，其作价由中外合作办学者双方按照公平合理的原则协商确定或者聘请双方同意的社会中介组织依法进行评估，并依法办理有关手续。

中国教育机构以国有资产作为办学投入举办中外合作办学机构的，应当根据国家有关规定，聘请具有评估资格的社会中介组织依法进行评估，根据评估结果合理确定国有资产的数额，并依法履行国有资产的管理义务。

第十一条 中外合作办学者以知识产权作为办学投入的，应当提交该知识产权的有关资料，包括知识产权证书复印件、有效状况、实用价值、作价的计算根据、双方签订的作价协议等有关文件。

第十二条 根据与外国政府部门签订的协议或者应中国教育机构的请求，国务院教育行政部门和省、自治区、直辖市人民政府可以邀请外国教育机构与中国教育机构合作办学。

被邀请的外国教育机构应当是国际上或者所在国著名的高等教育机构或者职业教育机构。

第十三条 申请设立实施本科以上高等学历教育的中外合作办学机构，由拟设立机构所在地的省、自治区、直辖市人民政府提出意见后，报国务院教育行政部门审批。

申请举办颁发外国教育机构的学历、学位证书的中外合作办学机构的审批权限，参照《中外合作办学条例》第十二条和前款的规定执行。

第十四条 申请筹备设立或者直接申请正式设立中外合作办学机构，应当由中国教育机构提交《中外合作办学条例》规定的文件。其中，申办报告或者正式设立申请书应当按照国务院教育行政部门根据《中外合作办学条例》第十四条第（一）项和第十七条第（一）项，制定的《中外合作办学机构申请表》所规定的内容和格式填写。

第十五条 有下列情形之一的，审批机关不予批准筹备设立中外合作办学机构，并应当书面说明理由：

（一）违背社会公共利益、历史文化传统和教育的公益性质，不符合国家或者地方教育事业发展需要的；

（二）中外合作办学者有一方不符合条件的；

（三）合作协议不符合法定要求，经指出仍不改正的；

（四）申请文件有虚假内容的；

（五）法律、行政法规规定的其他不予批准情形的。

第十六条 中外合作办学机构的章程应当规定以下事项：

（一）中外合作办学机构的名称、住所；

（二）办学宗旨、规模、层次、类别等；

（三）资产数额、来源、性质以及财务制度；

（四）中外合作办学者是否要求取得合理回报；

（五）理事会、董事会或者联合管理委员会的产生方法、人员构成、权限、任期、议事规则等；

（六）法定代表人的产生和罢免程序；

（七）民主管理和监督的形式；

（八）机构终止事由、程序和清算办法；

（九）章程修改程序；

（十）其他需要由章程规定的事项。

第十七条 中外合作办学机构只能使用一个名称，其外文译名应当与中文名称相符。

中外合作办学机构的名称应当反映中外合作办学机构的性质、层次和类型，不得冠以“中国”、“中华”、“全国”等字样，不得违反中国法律、行政法规，不得损害社会公共利益。

不具有法人资格的中外合作办学机构的名称前应当冠以中国高等学校的名称。

第十八条 完成筹备，申请正式设立或者直接申请正式设立中外合作办学机构，除提交《中外合作办学条例》第十七条规定的相关材料外，还应当依据《中外合作办学条例》有关条款的规定，提交以下材料：

（一）首届理事会、董事会或者联合管理委员会组成人员名单及相关证明文件；

（二）聘任的外籍教师和外籍管理人员的相关资格证明文件。

第十九条 申请设立实施学历教育的中外合作办学机构，应当于每年3月或者9月提出申请，审批机关应当组织专家评议。

专家评议的时间不计算在审批期限内，但审批机关应当将专家评议所需时间书面告知申请人。

第二十条 完成筹备，申请正式设立中外合作办学机构，有下列情形之一的，审批机关应当不予批准，并书面说明理由：

（一）不具备相应办学条件、未达到相应设置标准的；

（二）理事会、董事会或者联合管理委员会的人员及其构成不符合法定要求，校长或者主要行政负责人、教师、财会人员不具备法定资格，经告知仍不改正的；

（三）章程不符合《中外合作办学条例》和本办法规定要求，经告知仍不修改的；

（四）在筹备设立期内有违反法律、法规行为的。

申请直接设立中外合作办学机构的，除前款规定的第（一）、（二）、（三）项外，有本办法第十五条规定情形之一的，审批机关不予批准。

第三章 中外合作办学机构的组织与活动

第二十一条 中外合作办学机构的理事会、董事会或者联合管理委员会的成员应当遵守中国法律、法规，热爱教育事业，品行良好，具有完全民事行为能力。

国家机关工作人员不得担任中外合作办学机构的理事会、董事会或者联合管理委员会的成员。

第二十二条 中外合作办学机构应当聘任专职的校长或者主要行政负责人。

中外合作办学机构的校长或者主要行政负责人依法独立行使教育教学和行政管理职权。

第二十三条 中外合作办学机构内部的组织机构设置方案由校长或者主要行政负责人提出，报理事会、董事会或者联合管理委员会批准。

第二十四条 中外合作办学机构应当建立教师培训制度，为受聘教师接受相应的业务培训提供条件。

第二十五条 中外合作办学机构应当按照招生简章或者招生广告的承诺，开设相应课程，开展教育教学活动，保证教育教学质量。

中外合作办学机构应当提供符合标准的校舍和教育教学设施、设备。

第二十六条 中外合作办学机构可以依法自主确定招生范围、标准和方式；但实施中国学历教育的，应当遵守国家有关规定。

第二十七条 实施高等学历教育的中外合作办学机构符合中国学位授予条件的，可以依照国家有关规定申请相应的学位授予资格。

第二十八条 中外合作办学机构依法自主管理和使用中外合作办学机构的资产，但不得改变按照公益事业获得的土地及校舍的用途。

中外合作办学机构不得从事营利性经营活动。

第二十九条 在每个会计年度结束时，中外合作办学者不要求取得合理回报的中外合作办学机构应当从年度净资产增加额中，中外合作办学者要求取得合理回报的中外合作办学机构应当从年度净收益中，按不低于年度净资产增加额或者净收益的25%的比例提取发展基金，用于中外合作办学机构的建设、维护和教学设备的添置、更新等。

第三十条 中外合作办学机构资产中的国有资产的监督、管理，按照国家有关规定执行。

中外合作办学机构接受的捐赠财产的使用和管理，依照《中华人民共和国公益事业捐赠法》的有关规定执行。

第三十一条 中外合作办学者要求取得合理回报的，应当按照《中华人民共和国民办教育促进法实施条例》的规定执行。

第三十二条 中外合作办学机构有下列情形之一的，中外合作办学者不得取得回报：

（一）发布虚假招生简章或者招生广告，骗取钱财的；

（二）擅自增加收费项目或者提高收费标准，情节严重的；

（三）非法颁发或者伪造学历、学位证书及其他学业证书的；

（四）骗取办学许可证或者伪造、变造、买卖、出租、出借办学许可证的；

（五）未依照《中华人民共和国会计法》和国家统一的会计制度进行会计核算、编制财务会计报告，财务、资产管理混乱的；

（六）违反国家税收征管法律、行政法规的规定，受到税务机关处罚的；

（七）校舍或者其他教育教学设施、设备存在重大安全隐患，未及时采取措施，致使发生重大伤亡事故的；

（八）教育教学质量低下，产生恶劣社会影响的。

中外合作办学者抽逃办学资金或者挪用办学经费的，不得取得回报。

第四章 中外合作办学项目的审批与活动

第三十三条 中外合作办学项目的办学层次和类别，应当与中国教育机构和外国教育机构的办学层次和类别相符合，并一般应当在中国教育机构中已有或者相近专业、课程举办。合作举办新的专业或者课程的，中国教育机构应当基本具备举办该专业或者课程的师资、设备、设施等条件。

第三十四条 中国教育机构可以采取与相应层次和类别的外国教育机构共同制定教育教学计划，颁发中国学历、学位证书或者外国学历、学位证书，在中国境外实施部分教育教学活动的方式，举办中外合作办学项目。

第三十五条 举办中外合作办学项目，中国教育机构和外国教育机构应当参照本办法第五条的规定签订合作协议。

第三十六条 申请举办实施本科以上高等学历教育的中外合作办学项目，由拟举办项目所在地的省、自治区、直辖市人民政府教育行政部门提出意见后，报国务院教育行政部门批准；申请举办实施高等专科教育、非学历高等教育和高级中等教育、自学考试助学、文化补习、学前教育的中外合作办学项目，报拟举办项目所在地的省、自治区、直辖市人民政府教育行政部门批准，并报国务院教育行政部门备案。

申请举办颁发外国教育机构的学历、学位证书以及引进外国教育机构的名称、标志或者教育服务商标的中外合作办学项目的审批，参照前款的规定执行。

第三十七条 申请举办中外合作办学项目，应当由中国教育机构提交下列文件：

（一）《中外合作办学项目申请表》；

（二）合作协议；

（三）中外合作办学者法人资格证明；

（四）验资证明（有资产、资金投入的）；

（五）捐赠资产协议及相关证明（有捐赠的）；

外国教育机构已在中国境内合作举办中外合作办学机构或者中外合作办学项目的，还应当提交原审批机关或者其委托的社会中介组织的评估报告。

第三十八条 申请设立实施学历教育的中外合作办学项目，应当于每年3月或者9月提出申请，审批机关应当组织专家评议。

专家评议的时间不计算在审批期限内，但审批机关应当将专家评议所需时间书面告知申请人。

第三十九条 申请设立中外合作办学项目的，审批机关应当按照《中华人民共和国行政许可法》规定的时限作出是否批准的决定。批准的，颁发统一格式、统一编号的中外合作办学项目批准书；不批准的，应当书面说明理由。

中外合作办学项目批准书由国务院教育行政部门制定式样并统一编号；编号办法

由国务院教育行政部门参照中外合作办学许可证的编号办法确定。

第四十条 中外合作办学项目是中国教育机构教育教学活动的组成部分，应当接受中国教育机构的管理。实施中国学历教育的中外合作办学项目，中国教育机构应当对外国教育机构提供的课程和教育质量进行评估。

第四十一条 中外合作办学项目可以依法自主确定招生范围、标准和方式；但实施中国学历教育的，应当遵守国家有关规定。

第四十二条 举办中外合作办学项目的中国教育机构应当依法对中外合作办学项目的财务进行管理，并在学校财务账户内设立中外合作办学项目专项，统一办理收支业务。

第四十三条 中外合作办学项目收费项目和标准的确定，按照国家有关规定执行，并在招生简章或者招生广告中载明。

中外合作办学项目的办学结余，应当继续用于项目的教育教学活动和改善办学条件。

第五章　管理与监督

第四十四条 中外合作办学机构和举办中外合作办学项目的中国教育机构应当根据国家有关规定，通过合法渠道引进教材。引进的教材应当具有先进性，内容不得与中国宪法和有关法律、法规相抵触。

中外合作办学机构和举办中外合作办学项目的中国教育机构应当对开设课程和引进教材的内容进行审核，并将课程和教材清单及说明及时报审批机关备案。

第四十五条 中外合作办学机构和举办中外合作办学项目的中国教育机构应当依法建立学籍管理制度，并报审批机关备案。

第四十六条 中外合作办学机构和项目教师和管理人员的聘任，应当遵循双方地位平等的原则，由中外合作办学机构和举办中外合作办学项目的中国教育机构与教师和管理人员签订聘任合同，明确规定双方的权利、义务和责任。

第四十七条 中外合作办学机构和项目的招生简章和招生广告的样本应当及时报审批机关备案。

第四十八条 举办颁发外国教育机构的学历、学位证书的中外合作办学机构和项目，中方合作办学者应当是实施相应层次和类别学历教育的中国教育机构。

中外合作办学机构和项目颁发外国教育机构的学历、学位证书的，其课程设置、教学内容应当不低于该外国教育机构在其所属国的标准和要求。

第四十九条 中外合作办学项目颁发的外国教育机构的学历、学位证书，应当与该外国教育机构在其所属国颁发的学历、学位证书相同，并在该国获得承认。

第五十条 实施学历教育的中外合作办学机构和项目应当通过网络、报刊等渠道，将该机构或者项目的办学层次和类别、专业设置、课程内容、招生规模、收费项目和标准等情况，每年向社会公布。

中外合作办学机构应当于每年4月1日前公布经社会审计机构对其年度财务会计报告的审计结果。

第五十一条 实施学历教育的中外合作办学机构和项目，应当按学年或者学期收费，不得跨学年或者学期预收。

第五十二条 中外合作办学机构和举办中外合作办学项目的中国教育机构应当于每年3月底前向审批机关提交办学报告，内容应当包括中外合作办学机构和项目的招收学生、课程设置、师资配备、教学质量、财务状况等基本情况。

第五十三条 审批机关应当组织或者委托社会中介组织本着公开、公正、公平的原则，对实施学历教育的中外合作办学项目进行办学质量评估，并将评估结果向社会公布。

第五十四条 中外合作办学项目审批机关及其工作人员，利用职务上的便利收取他人财物或者获取其他利益，滥用职权、玩忽职守，对不符合本办法规定条件者颁发中外合作办学项目批准书，或者发现违法行为不予以查处，造成严重后果，构成犯罪的，依法追究刑事责任；尚不构成犯罪的，依法给予行政处分。

第五十五条 违反本办法的规定，超越职权审批中外合作办学项目的，其批准文件无效，由上级机关责令改正；对负有责任的主管人员和其他直接责任人员，依法给予行政处分。

第五十六条 违反本办法的规定，未经批准擅自举办中外合作办学项目的，由教育行政部门责令限期改正，并责令退还向学生收取的费用；对负有责任的主管人员和其他直接责任人员，依法给予行政处分。

第五十七条 中外合作办学项目有下列情形之一的，由审批机关责令限期改正，并视情节轻重，处以警告或者3万元以下的罚款；对负有责任的主管人员和其他直接责任人员，依法给予行政处分。

（一）发布虚假招生简章或者招生广告，骗取钱财的；

（二）擅自增加收费项目或者提高收费标准的；

（三）管理混乱，教育教学质量低下的；

（四）未按照国家有关规定进行财务管理的；

（五）对办学结余进行分配的。

第五十八条 中外合作办学机构和项目违反《中华人民共和国教育法》的规定，颁发学历、学位证书或者其他学业证书的，依照《中华人民共和国教育法》的有关规定进行处罚。

第六章　附则

第五十九条　在工商行政管理部门登记注册的经营性的中国培训机构与外国经营性的教育培训公司合作举办教育培训的活动，不适用本办法。

第六十条　中国教育机构没有实质性引进外国教育资源，仅以互认学分的方式与外国教育机构开展学生交流的活动，不适用本办法。

第六十一条　香港特别行政区、澳门特别行政区和台湾地区的教育机构与内地教育机构举办合作办学项目的，参照本办法的规定执行，国家另有规定的除外。

第六十二条　《中外合作办学条例》实施前已经批准的中外合作办学项目，应当参照《中外合作办学条例》第六十三条规定的时限和程序，补办中外合作办学项目批准书。逾期未达到《中外合作办学条例》和本办法规定条件的，审批机关不予换发项目批准书。

第六十三条　本办法自2004年7月1日起施行。原中华人民共和国国家教育委员会1995年1月26日发布的《中外合作办学暂行规定》同时废止。

普通话水平测试管理规定

（教育部令第16号2003年5月21日发布）

第一条 为加强普通话水平测试管理，促其规范、健康发展，根据《中华人民共和国国家通用语言文字法》，制定本规定。

第二条 普通话水平测试(以下简称测试)是对应试人运用普通话的规范程度的口语考试。开展测试是促进普通话普及和应用水平提高的基本措施之一。

第三条 国家语言文字工作部门颁布测试等级标准、测试大纲、测试规程和测试工作评估办法。

第四条 国家语言文字工作部门对测试工作进行宏观管理，制定测试的政策、规划，对测试工作进行组织协调、指导监督和检查评估。

第五条 国家测试机构在国家语言文字工作部门的领导下组织实施测试，对测试业务工作进行指导，对测试质量进行监督和检查，开展测试科学研究和业务培训。

第六条 省、自治区、直辖市语言文字工作部门(以下简称省级语言文字工作部门)对本辖区测试工作进行宏观管理，制定测试工作规划、计划，对测试工作进行组织协调、指导监督和检查评估。

第七条 省级语言文字工作部门可根据需要设立地方测试机构。省、自治区、直辖市测试机构(以下简称省级测试机构)接受省级语言文字工作部门及其办事机构的行政管理和国家测试机构的业务指导，对本地区测试业务工作进行指导，组织实施测试，对测试质量进行监督和检查，开展测试科学研究和业务培训。

省级以下测试机构的职责由省级语言文字工作部门确定。

各级测试机构的设立须经同级编制部门批准。

第八条 测试工作原则上实行属地管理。国家部委直属单位的测试工作，原则上由所在地区省级语言文字工作部门组织实施。

第九条 在测试机构的组织下，测试由测试员依照测试规程执行。测试员应遵守测试工作各项规定和纪律，保证测试质量，并接受国家和省级测试机构的业务培训。

第十条 测试员分省级测试员和国家级测试员。测试员须取得相应的测试员证书。

申请省级测试员证书者，应具有大专以上学历，熟悉推广普通话工作方针政策和普通语言学理论，熟悉方言与普通话的一般对应规律，熟练掌握《汉语拼音方案》和常用国际音标，有较强的听辨音能力，普通话水平达到一级。

申请国家级测试员证书者，一般应具有中级以上专业技术职务和两年以上省级测试员资历，具有一定的测试科研能力和较强的普通话教学能力。

第十一条 申请省级测试员证书者，通过省级测试机构的培训考核后，由省级语言文字工作部门颁发省级测试员证书；经省级语言文字工作部门推荐的申请国家级测试员证书者，通过国家测试机构的培训考核后，由国家语言文字工作部门颁发国家级测试员证书。

第十二条 测试机构根据工作需要聘任测试员并颁发有一定期限的聘书。

第十三条 在同级语言文字工作办事机构指导下，各级测试机构定期考查测试员的业务能力和工作表现，并给予奖惩。

第十四条 省级语言文字工作部门根据工作需要聘任测试视导员并颁发有一定期限的聘书。

测试视导员一般应具有语言学或相关专业的高级专业技术职务，熟悉普通语言学理论，有相关的学术研究成果，有较丰富的普通话教学经验和测试经验。

测试视导员在省级语言文字工作部门领导下，检查、监督测试质量，参与和指导测试管理和测试业务工作。

第十五条 应接受测试的人员为：1.教师和申请教师资格的人员；2.广播电台、电视台的播音员、节目主持人；3.影视话剧演员；4.国家机关工作人员；5.师范类专业、播音与主持艺术专业、影视话剧表演专业以及其他与口语表达密切相关专业的学生；6.行业主管部门规定的其他应该接受测试的人员。

第十六条 应接受测试的人员的普通话达标等级，由国家行业主管部门规定。

第十七条 社会其他人员可自愿申请接受测试。

第十八条 在高等学校注册的港澳台学生和外国留学生可随所在校学生接受测试。

测试机构对其他港澳台人士和外籍人士开展测试工作，须经国家语言文字工作部门授权。

第十九条 测试成绩由执行测试的测试机构认定。

第二十条 测试等级证书由国家语言文字工作部门统一印制，由省级语言文字工作办事机构编号并加盖印章后颁发。

第二十一条 普通话水平测试等级证书全国通用。等级证书遗失，可向原发证单位申请补发。伪造或变造的普通话水平测试等级证书无效。

第二十二条 应试人再次申请接受测试同前次接受测试的间隔应不少于3个月。

第二十三条 应试人对测试程序和测试结果有异议，可向执行测试的测试机构或上级测试机构提出申诉。

第二十四条 测试工作人员违反测试规定的，视情节予以批评教育、暂停测试工作、解除聘任或宣布测试员证书作废等处理，情节严重的提请其所在单位给予行政处分。

第二十五条 应试人违反测试规定的，取消其测试成绩，情节严重的提请其所在单位给予行政处分。

第二十六条 测试收费标准须经当地价格部门核准。

第二十七条 各级测试机构须严格执行收费标准，遵守国家财务制度，并接受当地有关部门的监督和审计。

第二十八条 本《规定》自2003年6月15日起施行。

十一　辽宁省地方性教育规章

辽宁省幼儿园管理实施办法

（1991年12月31日辽宁省人民政府办公厅辽政办发[1991]97号文件发布，1997年12月26日辽宁省人民政府令第87号修订，2004年6月24日辽宁省人民政府令第171号再次修订，2004年7月1日施行）

第一条 根据国务院批准的《幼儿园管理条例》（以下简称《条例》），结合我省实际情况，制定本办法。

第二条 凡在我省境内举办幼儿园的单位和个人，均应遵守《条例》和本办法。

第三条 省、市、县（含县级市、区，下同）教育行政部门是本行政区域内幼儿园管理工作的主管部门，负责《条例》及本办法的实施和幼儿园管理工作的评估、监督和检查。

卫生、建设等行政部门应按各自职责权限，协助教育行政部门做好幼儿园管理工作。

第四条 各级教育行政部门应将幼教科研、教研列入职责范围，加强幼教科研、教研工作。

鼓励幼教科研、教研专家和幼儿园教师进行幼教科研和幼教改革实验。

第五条 幼儿园必须具备下列基本条件：

（一）有符合《条例》及本办法规定条件的工作人员；

（二）有必要的办园经费；

（三）有符合国家卫生、安全标准的园舍和设施。

第六条 凡举办幼儿园的单位和个人，应向登记注册机关提交书面申请及办园方案（含师资、经费、园舍、设施等基本情况）。城市幼儿园须经县以上教育行政部门实地考核合格后发给登记注册证书；农村幼儿园须经乡（镇）人民政府实地考核合格，发给登记注册证书，并报县教育行政部门备案。

第七条 各级卫生行政部门负责幼儿园卫生保健工作的监督、检查，其所属的妇幼保健机构负责幼儿园卫生保健工作的业务指导和监测。

第八条 幼儿园的基本建设投资应按幼儿园隶属关系列入主管部门基本建设投资计划。

新建和改造居民区配套建园所需投资由收缴配套建园费、办园单位自筹和向入托幼儿家长单位收取建园费解决。

农村建园所需投资由乡、村自筹解决。各级人民政府应对贫困地区幼儿园建设予以补贴。

人民教育基金应提取一定比例的资金用于发展本地区的幼儿教育事业。

第九条 鼓励各单位举办的幼儿园向社会开放。吸收非本单位子女入园，可收取一定的建园费和办园补贴费。具体标准和办法由省教育行政部门会同有关部门另行制定。

第十条 幼儿园实行按质定级，按级收费。幼儿园定级收费标准和办法由省教育行政部门会同有关部门另行制定。

第十一条 教育部门、国营企业事业单位举办的幼儿园园长应具有幼儿师范学校毕业文化程度；集体、个人举办的幼儿园园长应具有幼儿师范学校毕业文化程度或取得幼儿园教师专业合格证书。幼儿园园长任职期间应接受县以上教育行政部门组织的岗位培训。

第十二条 幼儿园工作人员实行聘任制。幼儿园应根据幼儿教师的政治、业务素质，按照《辽宁省幼儿园各级教师职务的职责和任职条件》的有关规定，聘任其相应的职务。

第十三条 幼儿园保育员按照技术工人等级定级。学徒期间至少应经过三个月的专业培训。

第十四条 幼儿园炊事人员应受过短期专业培训，掌握营养配餐的基础知识和操作技术。

第十五条 各级人民政府应采取措施，提高幼儿园园长、教师和医务人员的待遇。

教育部门举办的幼儿园园长按同等类型小学校长管理。国营企业事业单位举办的幼儿园园长参照同等类型小学校长管理。幼儿园医务人员按当地卫生保健人员管理。城镇幼儿园教师的工资标准执行小学公办教师的工资标准。农村幼儿园教师经县教育行政部门注册，其工资标准执行当地小学民办教师的工资标准。

在教师、卫生保健人员评优晋级、民办教师转正时，幼儿园教师、医务人员应占一定比例。其工资津贴、住房、医疗、退休等福利待遇应与小学教师、同级卫生保健人员相同。

第十六条 省、市教育行政部门应制订幼儿园师资培训规划。省幼教培训中心及市、县教师进修学校在同级教育行政部门指导下，负责幼教干部、幼儿园园长和幼儿园教师的培训工作。

第十七条 各类幼师专业毕业生应从事幼教工作。未经县以上教育行政部门批准，不得抽调幼儿园教师改任其他工作。

第十八条 因失职造成幼儿烫伤、摔伤等事故或体罚、变相体罚幼儿的，由其主管部门给予行政处分。

第十九条 对危险园舍、设施不采取有效措施的，县以上教育行政部门应责令限期采取有效措施，逾期不采取有效措施的，责令停止。

第二十条 对侵占、破坏幼儿园园舍、设施的，县以上教育行政部门除责令其赔偿损失外，可处以100元以上1000元以下的罚款。

第二十一条 擅自在幼儿园周围设置影响幼儿园采光的建筑和设施或污染其环境的，由县以上建设行政部门责令其停止建设、限期改造或拆除。

第二十二条 当事人对行政处罚不服的，可依法申请行政复议或向人民法院起诉。

对逾期不申请复议，不起诉又不履行处罚决定的，做出处罚决定的机关可依法向人民法院申请强制执行。

第二十三条 本办法由省教育行政部门负责解释。

第二十四条 本办法自批准之日起施行。

辽宁省教育督导规定

（1999年12月3日辽宁省第九届人民政府第42次常务会议通过，自2000年1月1日起施行）

第一条 为了加强教育督导工作，保障教育目标的实现，根据国家法律、法规，结合我省实际，制定本规定。

第二条 本规定所称教育督导，是指县级以上人民政府对本行政区域内中等及中等以下各级各类教育工作进行监督、检查、评估和指导的基本制度。

第三条 对中等及中等以下各级各类教育机构、下级人民政府及其有关职能部门、本级人民政府有关职能部门履行教育职责的情况进行教育督导适用本规定。

第四条 教育督导必须以有关教育法律、法规、规章和方针、政策为依据，坚持实事求是和客观、公正原则。

第五条 省、市、县（含县级市、区，下同）人民政府教育督导机构（以下简称教育督导机构）负责本行政区域内的教育督导工作，并接受上级教育督导机构的指导。

第六条 教育督导机构承担下列职责：

（一）统筹规划、组织实施教育督导工作，制定地方教育督导工作制度，指导下级教育督导机构的工作；

（二）对贯彻执行教育法律、法规、规章和政策情况进行监督检查；

（三）对义务教育、扫盲教育的实施和巩固提高工作以及实施素质教育工作进行监督检查和评估验收；

（四）对教育工作中的重大问题进行调查研究，向本级人民政府报告情况，向教育行政部门提出建议；

（五）开展教育督导科学研究，培训教育督导人员，组织信息交流，总结推广先进经验；

（六）按规定参与相关的先进评选和表彰活动；

（七）履行本级人民政府及其教育行政部门授权的其他职责。

第七条 各级人民政府在教育督导机构内设立专职督学（含主任督学、副主任督学、督学、助理督学，下同），具体执行教育督导公务，履行教育督导工作职责。

各级人民政府可以根据工作需要，聘任一定数量的兼职督学和特约督学。兼职督学、特约督学与专职督学享有同等职权。

专职督学按人事管理权限和程序任免。专职督学、兼职督学、特约督学由本级人民政府颁发督学证书。

第八条 专职督学应当具备下列条件：

（一）拥护党的路线、方针和政策，热爱教育事业；

（二）熟悉教育法律、法规、规章，有较高的政策水平；

（三）具有大学本科（县可为大专）以上学历或同等学力，有10年以上教育工作经历，有一定教育管理经验；

（四）遵纪守法，作风正派，办事公道，勤政廉洁；

（五）身体健康。

第九条 兼职督学和特约督学除应具备第八条所列条件外，必须具备下列条件：

（一）担任或者曾经担任科级以上领导职务或者具有高级专业技术职务；

（二）男性不超过65周岁，女性不超过60周岁。

担任特约督学的，还应当是民主党派或者无党派人士。

第十条 教育督导工作通过下列方式进行：

（一）听取情况汇报；

（二）查阅有关文件、档案等资料；

（三）参加有关会议和教育、教学活动；

（四）召开座谈会或者进行个别访问、问卷调查、测试；

（五）现场调查。

第十一条 教育督导机构和督学（含专职督学、兼职督学、特约督学，下同）可以对被督导单位及其主要领导干部的工作提出奖惩建议；有权对被督导单位发生的违反教育方针、政策及教育法律、法规、规章的行为提出处理建议；发现侵犯教育机构合法权益，扰乱正常教学秩序等紧急情况，有权要求主管单位予以制止，并提出处理建议。

第十二条 督学应当接受政治理论、教育法律和法规以及教育管理、教育督导、教育评估等方面的培训。

第十三条 各级人民政府及其教育行政部门应当为教育督导机构提供必要的工作条件和经费保障。

第十四条 教育督导的基本形式为综合督导、专项督导和随机督导。

综合督导和专项督导按照下列程序进行：

（一）确定教育督导内容，制定教育督导方案，提前通知被督导单位；

（二）指导被督导单位自查、自评、自纠；

（三）对被督导单位进行检查或者评估；

（四）向被督导单位通报督导结果，提出督导建议；

（五）向本级人民政府报告督导结果。

经本级人民政府同意，督导报告可以向社会公布。

第十五条 教育督导机构进行检查、评估时，被督导单位以及与督导有关的单位应当予以配合，提供与督导事项有关的真实情况和资料。

第十六条 被督导单位对教育督导机构提出的意见和建议应当采取相应的改进措施，并按照教育督导机构的要求予以反馈。

第十七条 被督导单位对督导结论有异议的，可以在收到督导结论之日起15日内向做出督导结论的教育督导机构申请复查；对复查结论仍有异议的，可以在收到复查结论之日起15日内向本级人民政府或者上一级教育督导机构提出申诉。

第十八条 督导结果可以作为评价被督导单位教育工作的依据。

第十九条 督学与被督导单位有利害关系或者其他关系，可能影响教育督导工作正常进行的，应当回避。

第二十条 被督导单位及其有关人员有下列情形之一的，由其主管部门给予通报批评；情节严重的，对直接负责的主管人员和其他直接责任人员给予行政处分；违反其他法律、法规的，按照有关规定处理：

（一）弄虚作假，欺骗督导机构和督学的；

（二）拒绝提供有关情况和资料的；

（三）阻挠有关人员向教育督导机构和督学反映情况的；

（四）阻碍督学履行职责，或者打击报复督学的；

（五）其他影响督导工作正常进行的。

第二十一条 督学有下列情形之一的，由其所在单位给予批评教育或者行政处分；情节严重的，由主管部门撤销督学职务；违反其他法律、法规的，按照有关规定处理：

（一）玩忽职守、贻误工作的；

（二）假公济私或者以权谋私的；

（三）包庇或者打击报复他人的；

（四）干扰被督导单位正常工作和教学秩序的；

（五）其他滥用职权的行为。

第二十二条 经本级人民政府授权对其他教育工作的督导，参照本规定执行。

第二十三条 本规定自2000年1月1日起施行。

辽宁省促进普通高等学校毕业生就业规定

（2009年3月2日辽宁省第十一届人民政府第18常务会议审议通过，自2009年7月1日起施行）

第一条 为促进普通高等学校毕业生就业，促进经济发展与扩大就业相协调，促进社会和谐稳定，根据《中华人民共和国就业促进法》等有关法律、法规，结合我省实际，制定本规定。

第二条 本规定所称普通高等学校毕业生（以下简称高校毕业生），是指毕业两年内在本省行政区域内谋职的普通高等学校毕业的全日制研究生、本科生、高职专科生。

第三条 本规定适用于本省行政区域内高校毕业生的就业促进及其相关活动。

第四条 高校毕业生就业实行自主择业、市场调节就业、政府促进就业的方针。

倡导高校毕业生树立正确的择业观和科学的创业观，提高就业能力和创业能力；鼓励高校毕业生面向基层就业、自主创业，以创业带动就业。

第五条 省人民政府有关部门和市、县（含县级市、区，下同）人民政府应当将高校毕业生就业工作纳入国民经济和社会发展规划及就业再就业工作体系，通过发展经济和调整产业结构、增加高校毕业生就业岗位、规范高校毕业生就业市场、完善就业服务、加强就业指导和培训、提供就业援助等措施，创造就业条件，促进高校毕业生就业。

第六条 省人民政府有关部门和市、县人民政府应当建立促进高校毕业生就业协调机制，协调解决高校毕业生就业工作中的重大问题，统一指导高校毕业生就业工作。

教育、人力资源社会保障部门按照法定职责做好高校毕业生就业促进工作。发展改革、财政、公安、工商、税务等有关部门根据各自职责做好高校毕业生就业促进相关工作。

工会、共青团、妇联、科协、残联及其他社会组织，可协助人民政府及有关部门开展高校毕业生就业促进工作，依法维护高校毕业生的合法权益。

第七条 高校毕业生享有平等就业的权利，不因民族、种族、性别、宗教信仰、工作经历、婚姻状况、户籍、毕业学校等不同而受歧视。

第八条 用人单位招用高校毕业生、职业中介机构从事职业中介活动，应当向高校毕业生提供平等的就业机会和公平的就业条件。

用人单位招用高校毕业生，除国家规定的不适合女性的工种或岗位外，不得以性别为由拒绝录用女性高校毕业生或提高录用标准，不得歧视残疾高校毕业生。

第九条 新闻媒体应当宣传促进高校毕业生就业的方针、政策，宣传促进就业和吸纳人才的成功经验，宣传毕业生基层就业、自主创业的先进典型，引导全社会关心、理解和支持高校毕业生就业工作。

第十条 省人民政府有关部门和市、县人民政府应当通过积极发展经济和各项社会事业增加就业岗位，积极开发和创造适合高校毕业生就业的公益性岗位，鼓励各行各业吸纳高校毕业生就业。

省公务员主管部门应当按照公开、平等、择优的原则，有计划地从高校毕业生中招录公务员。公安、司法、工商、税务、质检等执法部门新增人员，应当重点从高校毕业生中考试录用。事业单位补充新增专业技术人员和管理人员，应当优先面向高校毕业生。政府组织的各类重点建设工程和项目，所需人员应当优先从高校毕业生中录用。

第十一条 鼓励承担国家和地方重大科研项目的单位聘用优秀高校毕业生参与项目研究，其劳务性费用和有关社会保险费补助按规定从项目经费中列支，具体办法按国家有关规定执行。

高校毕业生参与项目研究期间，其户口、档案可存放在项目单位所在地或入学前家庭所在地人才交流中心。聘用期满，根据工作需要可以续聘或到其他岗位就业，就业后工龄与参与项目研究期间的工作时间合并计算，社会保险缴费年限连续计算。

第十二条 鼓励企业吸纳高校毕业生就业。省、市、县人民政府设立的中小企业发展资金，应当向聘用高校毕业生达到一定数额的中小企业倾斜。

企业应承担起社会责任，通过吸纳高校毕业生就业、提供大学生就业实习见习岗位、与高校合作开展定单式技能培训，提升大学生的就业能力，为企业发展提供智力支持和人才储备；支持高校人才培养适应产业结构调整、转型、升级和企业人力资源需求的变化。

第十三条 省人民政府有关部门和市、县人民政府应当根据高校毕业生就业形势和就业工作要求，从就业专项资金中安排一部分用于做好高校毕业生就业工作。具体使用管理办法由省财政部门会同省高校毕业生就业服务指导部门根据国家有关规定，结合本省实际制定。

第十四条 市、县人民政府在制定本行政区域经济社会发展规划或实施重大建设项目和重点工程时，应当同时制定高校毕业生需求规划，吸纳高校毕业生就业。

高校毕业生从事志愿服务、到扶贫开发重点县就业、到社区就业或创办公益性服务实体、到经济欠发达地区创业的，享受国家和本省的有关优惠待遇。

第十五条 省、市、县人民政府有关部门和高校应当动员高校毕业生参加国家和本省组织的专项就业项目，通过项目引导，鼓励高校毕业生到基层就业。

有关部门应当做好代偿助学贷款、生活补贴、户口档案迁转等方面的后续服务工作。

第十六条 省、市、县人民政府有关部门应当做好师范类高校毕业生就业工作，中小学校编制出现空缺时，应当优先安排师范类本科生计划的待编教师。

第十七条 高校毕业生到非公有制单位就业的，在专业技术职称评定方面，应当与国有企业员工享受同等待遇；对从事科技工作的，在按规定程序申请省、市、县级科研项目和经费、申报有关科研成果或荣誉称号时，应当根据情况给予支持。

在非公有制单位（含自由职业）就业并参加基本养老保险的高校毕业生，考录或招聘到国家机关、事业单位工作，其缴费年限可以合并计算为工龄。

第十八条 省、市人民政府设立的大学生创业资金和小额贷款担保基金，按规定为高校毕业生自主创业提供资金扶持。

有关部门应当建立大学生创业资金的规范管理和运作机制，通过网络和媒体及时向社会公布资金申请程序、要求和管理办法。

第十九条 省、市人民政府有关部门应当建立大学生创业孵化体系，为创业大学生的孵化企业提供创业培训、开业指导、项目推介、经营咨询等服务，所需资金从就业工作专项资金中列支。

第二十条 对自主创业的高校毕业生，由市教育、人力资源社会保障部门颁发《自主创业证》，作为高校毕业生享受政府优惠政策的有效凭证。

省、市高校毕业生就业服务指导部门应当建立高校毕业生自主创业管理制度，逐步实现全省高校毕业生自主创业信息和项目资源共享。

第二十一条 对从事个体经营的高校毕业生，除国家限制的行业外，自工商行政管理部门登记注册之日起3年内免交登记类、管理类和证照类的各项行政事业性收费。国家另有规定除外。

第二十二条 市、县人民政府应当建立困难家庭高校毕业生就业援助制度。教育、人力资源社会保障、财政和民政等部门，采取费用减免、贷款贴息、社会保险补贴、岗位补贴等办法，通过公益性岗位安置等途径实行就业援助。

省、市人民政府设立的困难家庭高校毕业生就业援助资金，专项用于为就业援助对象提供求职补贴、就业见习补贴等。

第二十三条 省、市、县人民政府有关部门应当完善落实高校毕业生的社会保障政策，落实失业登记、临时救助和就业后社会保险参保等政策。

对登记失业的高校毕业生，人力资源社会保障部门应当建立专门登记制度，免费提供政策咨询、职业指导和职业介绍服务，组织参加职业资格培训、职业技能鉴定或就业见习、创业培训，并按规定给予职业培训补贴。

第二十四条 高校毕业生毕业时未落实就业单位，本人要求将人事档案和户口保留在学校的，学校应当为其免费保管，保管时间最长为两年。

对以从事自由职业、短期职业、个体经营等方式就业的高校毕业生，有关部门应当提供必要的人事和劳动保障代理服务，为社会保险费缴纳和保险关系接续提供保障。

高校毕业生到非公有制经济组织就业或者以非全日制形式就业的，可以在其就业所在地落户。

第二十五条 省高校毕业生就业服务指导部门应当会同有关部门定期发布人才需求和高校毕业生就业状况信息，建立高校毕业生就业状况预警机制。有关部门应当依法定权限，根据就业状况调控高等学校学科、专业设置，将就业状况作为制定招生计划和专业设置的重要依据，对就业率较低的专业，应当减少其招生计划。

第二十六条 省、市、县人民政府有关部门应当建立高校毕业生就业市场，通过组织专场招聘会、信息发布、网上求职等多种形式，为高校毕业生免费提供就业指导、职业介绍、创业培训等就业服务。

高校毕业生就业市场提供就业服务时，应当遵守国家的法律、法规及有关政策，坚持诚实信用和公开、公平、公正的原则。有关部门应当加强高校毕业生就业市场管理，严格规范招聘收费行为，禁止举办以赢利为目的的高校毕业生招聘活动，严厉打击虚假招聘行为。

省、市、县人民政府有关部门设立的就业服务机构应当为高校毕业生提供免费职业介绍服务，免收招聘会门票。

第二十七条 市、县人民政府和高校应当逐步加大对高校毕业生就业信息化建设的经费投入，实施大学生就业信息工程，逐步实现远程网上面试、网上职业规划测评和就业状况动态监测。

第二十八条 高校应当根据当地经济社会发展和产业结构调整的实际需要，结合本校实际，树立以就业和社会需求为导向，科学规划人才培养方向，提高高校毕业生的就业能力。

高职院校应当完善校企合作和定单式培养模式，加强高等职业教育公共实训基地和紧缺高技能人才培养基地建设。

第二十九条 高校应当建立健全毕业生就业服务机构，保障工作经费。

高校应当制定就业工作总体规划，建立健全毕业生就业推荐制度，定期召开就业工作协调会议，了解和解决毕业生在就业中遇到的困难。

第三十条 高校应当根据专业特点和实践教学需求及学生规模等因素，结合企业人才需求情况，制定教学实习基地的总体规划。具备专业条件的高校通过与企业、行业部门合作，建立稳定的、能满足专业培训要求的实习实训基地，确保学生专业实习和毕业实习的时间和质量，建立并完善高校毕业生实习实训期间意外伤害保险制度。

第三十一条 高校应当将就业创业指导作为教育管理的重要组成部分，将就业指导课程建设纳入日常教学工作。各年级应当开设就业指导公共必修课，并设置相应的学分。

第三十二条 高校毕业生在毕业前与用人单位就应聘录用事宜达成一致的，应当签订《全国普通高等学校毕业生就业协议书》（以下简称《就业协议》）。《就业协议》应当具有以下内容：

（一）高校毕业生的基本情况；

（二）用人单位的基本情况；

（三）拟安排的工作岗位、工作时间、工作地点、劳动报酬、社会保险、合同期限；

（四）协议解除条件；

（五）违约责任。

高校毕业生到用人单位报到后，双方应当及时签订劳动合同或聘用合同。

第三十三条 《就业协议》对用人单位和高校毕业生都具有约束力，任何一方不得擅自变更或者解除。

因履行《就业协议》发生纠纷的，可以通过协商、调解或者诉讼等方式解决。

第三十四条 审计机关、财政部门应当依法对高校毕业生就业专项资金的使用和管理情况进行监督检查。

第三十五条 有关部门工作人员违反本规定，有下列情形之一的，由其所在单位或者上级主管机关依法给予行政处分；构成犯罪的，移交司法机关依法追究刑事责任：

（一）不履行促进高校毕业生就业工作职责的；

（二）拒不实施政府有关促进高校毕业生就业扶持政策和措施的；

（三）虚报促进高校毕业生就业考核指标的；

（四）重大决策失误导致较多高校毕业生失业的；

（五）其他玩忽职守、滥用职权、徇私舞弊行为的。

第三十六条 高校有下列情形之一的，除依法承担民事责任外，有关部门应当对直接责任人和主管领导给予行政处分：

（一）高校在推荐高校毕业生时出具不真实材料，给用人单位造成损失的；

（二）高校隐瞒高校毕业生身体健康状况进行派遣，给用人单位造成损失的；

（三）因高校审查不严格，造成不符合资质规定的用人单位进入高校毕业生就业市场，给高校毕业生造成损失的。

第三十七条 假冒政府有关部门或者高校毕业生市场名义举办的高校毕业生招聘会，有关部门应当依法处理；构成犯罪的，移交司法机关依法追究刑事责任。

第三十八条 本规定自2009年7月1日起施行。

十二　教育部等部委、辽宁省政府、省教育厅规范性文件

（一）综合、教师、体卫艺、经费财务、对外交流等

教育网站和网校暂行管理办法

（教技[2000]5号2000年6月29日）

第一条 为了促进互联网上教育信息服务和现代远程教育健康、有序的发展，规范从事现代远程教育和通过互联网进行教育信息服务的行为，根据国家有关法律法规，制定本暂行管理办法。

第二条 现代远程教育和教育信息服务是我国社会主义教育事业的重要组成部分，开展现代远程教育和教育信息服务必须遵循国家的教育方针。

第三条 教育网站是指通过收集、加工、存储教育信息等方式建立信息库或者同时建立网上教育用平台与信息获取及搜索等工具，通过互联网服务提供单位（ISP）接入互联网或者教育电视台，向上网用户提供教学和其他有关教育公共信息服务的机构。

第四条 教育网校是指进行各级各类学历学位教育或者通过培训颁发各种证书的教育网站。

第五条 教育网站和网校凡利用卫星网络进行教育教学活动的，必须经由中国教育电视台上星。

第六条 教育网站和网校可涉及高等教育、基础教育、幼儿教育、师范教育、职业教育、成人教育、继续教育及其他种类教育和教育公共信息服务。

第七条 主管的教育行政部门按与面授教育管理对口的原则负责对教育网站和网校进行审批和管理，并报教育部信息化工作领导小组备案。

第八条 凡在中华人民共和国境内申报开办教育网站和网校，必须向主管教育行政部门申请，经审查批准后方可开办。已开办的教育网站和网校，如未经主管教育行

政部门批准的，应及时补办申请、批准手续。未经主管教育行政部门批准，不得擅自开办教育网站和网校。

第九条 开办各类教育网站，必须具备下列基本条件：（一）具有必要的资金及资金来源的有效证明。（二）符合国家法律、法规及国家主管教育行政部门规定的其他条件。

第十条 开办教育网校，除符合本办法第九条规定的条件外，还必须是主管教育行政部门认可的、具有在中华人民共和国境内从事与所办网校相同类型教育活动资格的事业法人，或者是与该机构合作并由其提供质量保证的事业法人或者企业法人组织。

第十一条 申请开办教育网站和网校的机构（以下简称申办机构）应向主管教育行政部门提供下列材料：（一）开办（或确认）教育网站和网校的书面申请。包括：教育网站和网校的类别、网站和网校设置地点、辅导站设置地点（如果设置）、预定开始提供服务日期和申办机构性质、通信地址、邮政编码、负责人及其身份证号码、联系人、联系电话等。（二）本办法第十条所述基本条件证明。（三）申办机构概况。（四）由学校与企业合资开办教育网站和网校的，应该提供会计师事务所或者审计师事务所出具的资信证明或者验资报告。（五）由学校与企业合资开办教育网站和网校的，应提供申办机构的公司章程、股东协议书等文件。（六）信息安全保障措施。

第十二条 申请开办教育网校，还应提供开办教育网校的办学条件，包括教学大纲、教学管理手段、师资力量、招生对象和资信担保证明等资料。

第十三条 主管教育行政部门每年两次受理申办机构的申请材料。如发现申请材料不符合要求，应在10个工作日内文字通知申办机构限期补齐，逾期不补齐或者所补材料仍不符合要求者，视为放弃申请。主管教育行政部门经初步审查合格后正式受理申请，在正式受理之日起20个工作日内，做出是否批准的决定，并书面通知申办机构。

第十四条 已获准开办的教育网站和网校，如果开办者主体或者名称、地点等需要变更的，应在变更前20个工作日内向负责批准的原主管教育行政部门提出申请，由主管教育行政部门对新的承办主体进行资格审查，审查合格后方可办理变更报批手续。

第十五条 已获准开办的教育网站和网校应在其网络主页上标明已获主管教育行政部门批准的信息，包括批准的日期、文号等。

第十六条 凡获得批准开办的教育网站以企业形式申请境内外上市的，应事先征得教育部同意。

第十七条 已获准开办的教育网站和网校，由教育部信息化工作领导小组负责定期向社会公布。

第十八条 教育网站和网校应遵循国家有关法律、法规，不得在网络上制作、发布、传播下列信息内容：（一）泄露国家秘密危害国家安全的；（二）违反国家民族、宗教与教育政策的；（三）煽动暴力，宣扬封建迷信、邪教、黄色淫秽制品、违反社会公德、以及赌博和教唆犯罪等；（四）煽动暴力;（五）散布谣言、扰乱社会秩序、鼓动聚众滋事；（六）暴露个人隐私和攻击他人与损害他人合法权益；（七）损害社会公共利益；（八）计算机病毒；（九）法律和法规禁止的其他有害信息。如发现上述有害信息内容，应及时向有关主管部门报告，并采取有效措施制止其扩散。

第十九条 凡国家法律、法规规定面向社会公开的公益信息，任何教育网站和网校不得进行有偿服务。

第二十条 未经教育部批准，教育网站和网校不得冠以"中国"字样。凡冠以政府职能部门名称的教育网站，均不得从事经营活动。

第二十一条 违反本办法第八条、第十八条、第十九条、第二十条，主管教育行政部门应根据有关行政法规的规定，视情节轻重予以警告、通报批评、取消教育网站和网校开办资格等处罚，情节严重的，依法追究法律责任。

第二十二条 境外机构在中华人民共和国境内参与教育网校建设的，根据中外合作办学的有关规定并参照本办法执行。

第二十三条 有关教育网站和网校收费标准与办法，由开办机构提出申请，所在地的教育行政部门商物价管理部门确定；对跨省区办学单位的收费，由开办机构商所服务区域的物价主管部门确定。

第二十四条 凡现有规定与本办法不符的，以本办法为准。

第二十五条 本办法由教育部负责解释。

第二十六条 本办法自发布之日起执行。

教育工作中国家秘密及其密级具体范围的规定

（教密[2001]2号2001年7月9日）

第一条 为保守国家秘密，维护国家的安全和利益，保障教育改革与发展，根据《中华人民共和国保守国家秘密法》和《中华人民共和国保守国家秘密法实施办法》，制定本规定。

第二条 教育工作中的国家秘密是指关系国家的安全和利益，依照法定程序确定，在一定时间内只限一定范围的人员知悉的事项。

第三条 教育工作中国家秘密及其密级的具体范围：

（一）绝密级事项

国家教育全国统一考试在启动之前的试题（包括副题）、参考答案和评分标准。

（二）机密级事项

1. 全国性学潮的防范预案、处理措施及综合情况；

2. 教育系统秘密结社情况及处理措施；

3. 影响社会和高校稳定的重大敏感问题的动态和反映；

4. 全国教职工罢教、游行等突发事件的防范预案、处理措施及综合情况；

5. 国家教育省级统一考试在启用之前的试题（包括副题）、参考答案和评分标准；

6. 全国教育中、长期发展规划中尚未公布的重大调整方案；

7. 高等学校特殊专业教育的统计资料；

8. 国外留学人员和来华留学人员中特殊事件、特殊人员及其处理意见；

9. 参加国际组织和对外交往活动中，为维护国家主权和声誉的斗争策略；

10. 驻外教育机构从特殊渠道获取的驻在国针对我国派遣留学生、研修生、访问学者等有关教育、科研方面政策调整的分析、建议及国内的批复和采取的对策；

11. 对台教育交流的内部政策及管理规定。

（三）秘密级事项

1. 国家教育全国、省级和地区（市）级统一考试命题工作及参与人员的有关情况；

2. 国家教育地区（市）级统一考试在启用之前的试题（包括副题）、参考答案和评分标准；

3. 国家教育全国、省级、地区（市）级统一考试在启用之后的评分标准；

4. 各省市自治区、直辖市教职工罢教、游行等突发事件的综合情况；

5. 不宜公开的出国留学人员选派计划和国外留学人员的党务工作情况；

6. 不宜公开的双边、多边教育交流项目（含备忘录）；

7. 国家安全部门录用高校毕业生的综合情况；

第四条 高等学校承担国家涉密工程科研项目和课题，以及经省部级以上批准立项的涉密科研项目和课题，其密级按主管部门确定的秘密或国家科技保密规定执行；

教育工作中涉及其他部门或行业的国家秘密事项，其秘密按有关部门的保密范围确定；对是否属于国家秘密和何种密级的不明确事项，由教育部确定。

第五条 教育工作中下列事项不属于国家秘密，但只限一定范围的人员掌握，不得擅自扩散和公开：

1. 未公布的全国教育统计资料、年度计划和发展规划;

2. 未公布的教育经费预决算及教育经费使用情况；

3. 拟议中的机构、人员调整意见、方案及干部考核、晋升、聘任、奖励、处分等事项的内部讨论情况及有关材料；

4. 各级教育行政部门掌握的教育社情动态情况；

5. 考试后不应公开的试题和考生答卷以及考生的档案材料；

6. 国家教育全国、省级和地区（市）级统一考试试卷的印刷、存放、保管、运送等事项；

7. 教育工作中不宜公开的内部文件和资料；

8. 教育工作中不宜公开的其他重大事项。

第六条 本规定由教育部负责解释。

第七条 本规定自印发之日起实施，1989年12月18日国家教委、国家保密局印发的《教育工作中国家秘密及其密级具体范围的规定》（[89]教密字001号）同时废止。

教育信访工作规定

（教办[2007]6号2007年6月7日）

第一章　总则

第一条　为了妥善处理人民群众来信来访，保障师生员工和广大人民群众合法权益，规范信访行为，维护信访秩序，根据《中共中央 国务院关于进一步加强新时期信访工作的意见》和国务院新修订的《信访条例》精神，结合教育系统工作实际，制定本规定。

第二条　本规定所称教育信访事项，是指教职员工、学生、家长或其他组织和个人采用书信、电子邮件、传真、电话、走访等形式，向各级教育部门（包括各级教育行政部门和各级各类学校，下同）反映情况，提出建议、意见或投诉请求，按规定和职权范围需要由教育部门处理的事项。

第三条　教育信访工作应坚持“属地管理、分级负责，谁主管、谁负责，依法、及时、就地解决问题与疏导教育相结合”的原则，努力将信访问题解决在基层，把矛盾化解在萌芽状态。

第四条　各级教育部门应建立健全信访工作责任制，主要领导是本单位信访工作的第一责任人，对信访工作负总责，对重要信访事项要亲自推动解决。领导班子成员要认真坚持亲自批阅群众来信、定期接待群众来访、带案下访和包案处理信访问题等制度，定期听取信访工作汇报，研究解决信访工作中存在的问题，检查指导信访工作。

第二章　信访人

第五条　信访人，是指采用书信、电子邮件、传真、电话、走访等形式，向各级教育部门反映情况，提出意见、建议或投诉请求的教职员工、学生、家长或其他组织和个人。

第六条　信访人在进行信访活动时，应遵守国家法律法规和《信访条例》，自觉维护社会公共秩序和信访秩序。应依法、如实反映问题，不得损害国家和集体利益以及其他公民的合法权益，不得捏造、歪曲事实，不得诬告、陷害他人。

第七条 信访人采用走访形式向教育部门提出意见、建议或投诉请求时，应到教育部门设立或指定的接待场所提出，并按照分级受理的原则逐级进行。反映问题完毕后，应按要求尽快离开接待场所。

多人采用走访形式提出共同信访事项的，应推选代表，代表人数不得超过5人。走访人员的食宿、往返路费等费用自理。

第三章 信访工作机构

第八条 各级教育信访部门和信访干部代表本级教育部门和领导受理信访事项。

第九条 教育信访工作应在教育部党组的领导下开展。教育部由一名部领导分管信访工作，教育部办公厅主管信访工作，并设立教育部信访办公室，具体负责信访工作。

第十条 教育部机关各司局和直属各事业单位，应明确一名领导分管信访工作，并配备专兼职信访工作人员，负责受理信访事项。

第十一条 各省级教育行政部门、部直属各高校，应明确一名领导分管信访工作，设置信访工作机构，配备专兼职信访工作人员，负责信访工作。

第十二条 县、市级教育行政部门，应明确承担信访工作任务的机构或部门，并配备专兼职信访工作人员，负责处理信访事项。

第十三条 各级教育部门要加大对信访工作的投入，建设好信访接待场所，逐步改善信访部门的办公条件，要把信访工作各项办公经费列入财政预算，切实予以保证。

信访接待场所应具备卫生、办公和接待条件，要有安全保护设施。

第四章 信访工作职责

第十四条 教育部信访工作职责：

（一）贯彻执行党中央、国务院信访工作方针政策和决策部署，协助教育部领导指导、检查、督促省级教育行政部门、部直属高校和直属事业单位的信访工作；

（二）承办上级机关和领导交办的信访事项，协调处理部门之间涉及教育工作的信访问题以及应由教育部直接受理的信访事项；

（三）负责向下级教育部门交办、转办信访事项，并检查、协调、督促信访事项的落实情况；

（四）受理到教育部机关的信访事项；

（五）对部直属高校和直属事业单位处理的信访事项，信访人不服，提出复查（复核）的，进行复查（复核）；

（六）综合分析带有倾向性、苗头性和政策性的信访问题，对重大信访事项进行调查研究，并履行提出改进工作、完善政策、给予处分建议的职责；

（七）定期汇总并通报教育系统信访工作情况，及时向领导反映重要信访信息；

（八）组织开展信访工作业务培训和经验交流，总结和推广教育系统信访先进经验和先进事迹。

第十五条 省级教育行政部门信访工作职责：

（一）贯彻执行党中央、国务院、教育部党组和省级党委政府信访工作方针政策和决策部署；

（二）负责协调、指导、检查、督促本地区本系统信访工作，帮助所属单位和部门加强信访工作，组织开展信访工作业务培训和经验交流；

（三）受理上级机关、领导交办的信访事项，受理到本部门的信访事项；

（四）对所属单位处理的信访事项，信访人不服，提出复查（复核）的，进行复查（复核）；

（五）及时处理突发事件和群体性上访事件，协助配合上级机关处理好赴省进京上访问题；

（六）定期分析研究本地区教育热点难点问题，及时上报重要信访信息。

第十六条 部直属高校和直属事业单位信访工作职责，参照省级教育行政部门信访工作职责执行。

第五章　信访干部

第十七条 各级教育部门要高度重视信访干部队伍建设，要选派政治坚定、纪律严明、办事公道、作风优良、熟悉政策法规、具备丰富群众工作经验和较强社会管理能力的干部从事信访工作。

第十八条 各级教育部门要加大信访干部的培养、教育、使用和交流力度，对政治素质好、业务能力强、工作业绩突出的，要予以重用；对长期从事信访工作、作出突出贡献的，要给予表彰和奖励。要积极为信访干部提供各种学习和培训的机会，要在政治上、工作上和生活上关心信访干部，切实解决信访干部的实际困难和问题。

信访干部应享受岗位健康津贴，津贴标准按当地政府规定执行。

第十九条 信访干部要认真学习邓小平理论和“三个代表”重要思想，学习党的路线、方针、政策和国家的法律、法规，刻苦钻研业务，不断提高思想理论水平和业务素质。要切实增强政治意识、大局意识、责任意识和为民服务的宗旨意识，发扬务实作风，扎实做好新时期信访工作，切实维护群众的合法权益。

第二十条 信访干部职责：

（一）正确贯彻执行党的路线、方针、政策和国家的法律、法规；

（二）实事求是，坚持原则，廉洁奉公，尽职尽责；

（三）对群众满怀感情，热情接待，文明礼貌，周到服务；

（四）耐心倾听意见，答复问题明确，处理问题及时到位。

第二十一条 对信访干部不履行职责，不负责任，玩忽职守给工作造成损失的；丢失、隐匿或者擅自销毁信访人材料的；泄露国家机密和工作机密，将控告、检举材料转给或者透露给被控告人、被举报人的；徇私舞弊、索贿受贿以及有其他违法乱纪行为的，视情节轻重，由其主管机关给予批评教育或者行政处分；构成犯罪的，依法追究刑事责任。

第六章 信访问题的受理

第二十二条 各级教育信访部门应按照“属地管理、分级负责，谁主管、谁负责”的原则受理信访问题，属本部门职责范围的，直接受理；非本部门职责范围的，应及时向有关部门转办或交办。

第二十三条 对群众反映的信访问题，要做到“件件有着落、事事有回音”。政策法规有明确规定的，要依法按政策抓紧解决；对群众要求合理，但政策法规没有明确规定或规定不够完善的，要抓紧研究制定和完善政策法规；对群众提出的不合理要求，要进行说服教育、积极引导。要坚持依法按政策办事，不能突破政策法规规定。

第二十四条 对上级机关交办的或直接受理的信访事项，各级教育部门应当自收到、受理之日起60日内办结（上级交办的要报送结果）。情况复杂的，经本部门负责人批准，可以适当延长办理期限，但延长期限不得超过30日，并告知上级机关和信访人延期理由。

第二十五条 信访人对处理意见不服的，可以自收到书面答复之日起30日内，向原承办单位的上一级行政机关提出复查请求，上一级行政机关应当自收到复查请求之日起30日内提出复查意见，并书面答复信访人。

信访人对复查意见不服的，可以自收到书面答复之日起30日内，向复查单位的上一级行政机关提出复核请求，上一级行政机关应当自收到复核请求之日起30日内提出复核意见，并书面答复信访人。

信访人对复核意见不服，仍以同一事实和理由提出投诉请求的，不再受理。

第七章 附 则

第二十六条 各级教育部门可根据本规定，制订工作细则。

本规定自下发之日起实行。原以教办[2004]15号文件印发的《教育信访工作规定》同时废止。本规定由教育部办公厅负责解释。

教育部关于推进中小学信息公开工作的意见

（教办[2010]15号2010年12月25日）

各省、自治区、直辖市教育厅（教委），新疆生产建设兵团教育局：

为推动各地普通中小学、中等职业学校和特殊教育学校等教育机构（以下简称中小学）的信息公开工作，保障公民、法人和其他组织依法获取学校信息，加强和改进学校管理，促进依法治校，根据《教育法》、《义务教育法》、《职业教育法》和《政府信息公开条例》（以下简称《条例》）等法律法规和国家有关规定，结合中小学实际，特提出以下意见：

一、充分认识推进中小学信息公开工作的重要意义

全面推进中小学信息公开，是贯彻落实《条例》、全面推进教育系统公共企事业单位信息公开的必然要求，是深化校务公开、促进依法治校、提高管理水平的重要举措，是接受群众监督、提高教育工作透明度的迫切需要，也是保障师生员工和社会公众的知情权、参与权、表达权和监督权，努力构建和谐校园，办好人民满意教育的重要内容。我国中小学数量众多，地域区域特征明显，其教育教学等工作与人民群众切身利益息息相关。做好中小学的信息公开工作，关系到中小学的教育教学质量和管理水平，关系到人民群众对教育工作的满意度，关系到教育系统信息公开工作的整体成效。各地中小学要切实提高对信息公开重要意义的认识，牢固树立依法公开的观念，不断增强做好信息公开工作的责任感和紧迫感。地方各级教育行政部门要积极开展宣传和培训活动，加强对中小学信息公开工作的组织领导和监督检查，把信息公开作为一项长期工作抓出成效。

二、准确把握中小学信息公开工作的基本要求

（一）认真贯彻信息公开的基本原则。中小学在办学或提供社会公共服务过程中制作或获取的以一定形式记录、保存的信息，要按照法律法规和有关规定，结合本意见的要求，在相应的范围内公开。

中小学公开信息要坚持公平、公正、便民的原则，体现及时、准确、规范的要求，努力将信息公开与日常教育教学有机结合起来，进一步规范学校管理，提高办事效率，提供优质服务。

（二）建立健全信息公开的制度机制。中小学要建立健全信息公开的制度规范，确保信息公开各项工作有章可循。

——要建立中小学信息公开工作责任制。中小学校长作为信息公开工作第一责任人，要加强对本校信息公开工作的领导。要落实专人或机构承担信息公开的各项具体工作，结合学校实际，采取多种有效措施，努力提高信息公开的制度化、规范化水平。

——要建立信息公开保密审查机制。凡涉及国家秘密、个人隐私或公开可能危及校园安全稳定的信息，中小学不得公开。但是经个人同意公开或学校认为不公开可能会对公共利益造成影响的个人隐私等信息，可以予以公开。中小学在信息公开工作中发现不利于校园安全稳定的虚假或者不完整信息，要在职责范围内及时发布准确的信息或报请上级主管部门予以澄清。

——要建立信息主动公开工作机制。制作信息时或者获取信息后，要及时明确该信息是否应公开。确定公开的，要明确信息的名称、生成日期、公开受众等；确定不予公开的，要说明理由；难以确定是否公开的，要及时报请上级主管部门审定。

——要建立信息依申请公开工作机制。本校教职工因自身教学、科研、生活等特殊需要，本校学生家长因行使子女监护权的有关需要，向中小学申请获取相关信息时，中小学要及时予以答复。不能按要求提供信息的，要为他们了解相关情况提供便利。对于社会公众向学校提出的建议、咨询等，中小学要认真予以回复。

（三）认真做好重要信息的主动公开工作。按照法律法规和国家有关规定，中小学要重点主动公开下列信息：

1.学校基本情况，包括历史沿革、办学性质、办学地点、办学规模、办学基本条件、机构职能、联系方式等；

2.学校现行规章制度以及办事流程；

3.学校发展规划、年度工作计划及其执行情况；

4.学校招生的计划、范围、对象，学生学籍管理规定和评优奖励办法，非义务教育阶段学校的报考条件、录取办法，奖学金、助学贷款、助学金、勤工俭学和学费减免的申请条件、审批程序和结果；

5.学校收费的类别、项目、标准、依据、范围、计费单位和批准机关以及监督电话；

6.学校教学科研工作的有关规定，教学与科研成果评选，课程设置方案与教学计划及执行情况；

7.学校教职工招聘、职称评聘、职务晋升、评优的条件、程序、结果及争议解决办法，绩效考核及绩效工资分配办法，教师培训等师资建设情况；

8.学校数量较多的物资采购、基本建设与维修、房产承包与租赁等的招投标结果及实际执行情况；

9.学校经费收支情况，学校资产和受赠物的管理使用情况；

10.学生住宿、用餐、组织活动等服务事项及安全管理情况，自然灾害、传染病等涉及师生安全的突发公共事件应急预案及处置情况；

11.其他应当主动公开的情况。

（四）积极探索信息公开的有效形式。中小学公开信息要优先利用学校网站。尚不具备单独设立学校网站条件的，要通过上级主管部门的网站公开信息。要综合利用校长信箱、公告栏、电子显示屏、校内广播电视等载体，增强公开实效。

中小学要将与学生有关的基本制度规定进行汇总，在新生入学报到时发放，或通过召开家长会、发送书面通知、信函等方式将重要信息告知学生家长。

对涉及师生员工切身利益的重大事项，要通过校务委员会、教职工代表大会、全体教职工大会、学生家长会等形式听取意见。

三、切实加强中小学信息公开工作的组织领导

（五）建立健全信息公开的管理体制。国务院教育行政部门负责指导、监督全国中小学信息公开工作。地方各级教育行政部门负责统筹推进、协调、监督本行政区域内中小学的信息公开工作。

（六）不断完善信息公开的保障措施。地方各级教育行政部门要根据《条例》和本意见制定中小学信息公开工作的实施细则或办法，科学界定教育行政部门和中小学在实施信息公开工作过程中各自应负的职责。要加强组织领导，开展分类指导，做好推进义务教育均衡发展、加强义务教育教师队伍建设、减轻中小学生课业负担、遏制中小学择校和乱收费、提高普通高中学生综合素质、强化职业教育基础能力建设等社会普遍关注的信息的公开，逐步规范中小学信息公开的范围、内容和程序。

要在部门网站上开设“中小学信息公开专栏”，指导所辖中小学及时公开信息，积极为中小学开展信息公开工作创造条件。要将信息公开工作所需经费纳入年度预算，保障有关工作正常进行。要将中小学开展信息公开工作情况纳入本部门信息公开工作年度报告中，及时向社会公布。

（七）认真履行信息公开的监管职责。地方各级教育行政部门要协调相关机构在各自职责范围内对中小学信息公开工作进行监督检查和考核。有条件的地方可以聘请人大代表、政协委员、学生家长、教师等人员对本地中小学信息公开工作进行评议，以适当形式公布评议结果，并以此完善制度、改进工作。地方各级教育督导机构要将中小学开展信息公开工作的情况作为教育督导的重要内容。

地方各级教育行政部门要及时处理公民、法人或其他组织对中小学信息公开工作的举报，并告知举报人处理结果。要及时纠正中小学不履行信息公开义务、公开不应当公开的信息等错误情形，必要时对直接负责的主管人员和其他直接责任人员给予处分。

地方各级教育行政部门和中小学要及时总结信息公开工作的好经验、好做法。对信息公开工作中反映的问题及建议，要及时报告。

学校（机构）代码管理办法

（教发[2011]6号2011年7月12日）

第一章　总则

第一条　为及时反映学校（机构）代码的增减变动情况，规范学校（机构）代码的赋予、更新与维护、使用与管理，明确职责与分工，保证学校（机构）代码信息安全，特制定本办法。

第二条　本办法所称学校（机构）是指经县级以上人民政府及其教育行政部门按照国家规定批准设立，以及县级以上人民政府其他有关行政部门审批设立并报教育行政部门备案的各级各类学校及其他教育机构。

第三条　学校（机构）代码由“学校（机构）标识码”和“学校（机构）属性码”两部分组成。

“学校（机构）标识码”是指由教育部按照国家标准及编码规则编制，赋予每一个学校（机构）在全国范围内唯一的、始终不变的识别标识码。

“学校（机构）属性码”是对学校（机构）所在地域、城乡划分、办学类型、举办者等信息的分类编码，并可根据经济社会发展和教育管理需要进行拓展和调整。

第四条　学校（机构）代码管理遵循“统筹规划、统一管理、分工协作、分级负责、动态更新、信息共享”的原则，由教育部按照《国民经济行业分类与代码》、《中华人民共和国行政区划代码》、《统计用区划代码》和《统计用城乡划分代码》等国家标准，统一制定学校（机构）代码编制规则和学校（机构）代码管理信息系统（以下简称代码管理信息系统），统一组织地方教育行政部门做好学校（机构）代码的编码、更新、应用等工作。

第五条　学校（机构）代码随相关国家标准的重新修订而更新。

第二章　新设置学校（机构）代码赋予

第六条　新设置的高等学校（机构），由教育部统一赋予学校（机构）标识码。

新设置的高等学校（机构）由所在地省级教育行政部门负责在代码管理信息系统中录入相关信息，填写纸质《新设置学校（机构）代码申请表》（可在代码管理信息系统下载打印，下同），加盖省级教育行政部门公章，上报教育部核准，由代码管理信息系统生成学校（机构）代码。

第七条 新设置的幼儿园、普通小学、普通初中、职业初中、普通高中、中等职业学校（机构）、特殊教育学校、工读学校，由所在地的县级教育行政部门负责在代码管理信息系统中录入相关信息，填写纸质《新设置学校（机构）代码申请表》，加盖所在地的县级教育行政部门公章，逐级上报。省级教育行政部门审核汇总后，加盖省级教育行政部门公章，上报教育部核准，由代码管理信息系统生成学校（机构）代码。

第三章 更新与维护

第八条 学校（机构）有撤销、合并、升格等变动情况时，须对其学校（机构）代码及时进行更新和维护。

学校（机构）被撤销的，其代码停止使用，但在代码管理信息系统中保留。停止使用的代码不得再赋予其他的学校（机构）使用，以确保代码的唯一性。

有其他学校（机构）并入，学校办学层次、类别均未发生变化的，其学校（机构）标识码不变，学校（机构）属性码按实际情况变更。

因学校（机构）合并、升格等原因，使得学校办学层次、类别发生变化的，停止使用其原代码，按新设置学校（机构）代码赋予办法处理。

学校（机构）被合并的，其代码按被撤销学校（机构）的代码处理办法处理。

恢复办学的，重新启用原学校（机构）标识码，学校（机构）属性码按实际情况变更。

学校（机构）仅改变名称的，沿用原代码，但需在代码管理信息系统中填报学校（机构）名称变动信息。

第九条 省级教育行政部门负责所在地高等学校（机构）代码的更新和维护，负责在代码管理信息系统中录入高等学校（机构）的相关变动信息，填写纸质《学校（机构）代码变动申请表》，加盖省级教育行政部门公章，上报教育部核准后生效。

第十条 幼儿园、普通小学、普通初中、职业初中、普通高中、中等职业学校（机构）、特殊教育学校、工读学校代码的更新和维护工作，由所在地的县级教育行政部门负责在代码管理信息系统中录入相关信息，填写纸质《学校（机构）代码变动申请表》，加盖所在地的县级教育行政部门公章，逐级上报。省级教育行政部门审核汇总后，加盖省级教育行政部门公章，上报教育部核准后生效。

第四章　使用与管理

第十一条　各项教育统计调查必须使用学校（机构）代码库作为调查对象样本库，尚未赋代码的学校（机构）不得列入统计的调查范围。

第十二条　各地应在每年8月15日前，确定纳入当年统计范围的学校（机构）代码库，未及时更新代码的，其更新信息不纳入本年度统计内容。

第十三条　教育行政部门负责学校（机构）代码信息管理工作的机构，应当建立健全代码信息库管理制度，本部门内其他机构提出使用代码信息库资料的，需报本机构负责人同意，并经登记后提供。

其他部门提出使用学校（机构）代码信息库资料的，应当经同级教育行政部门同意。

第十四条　学校（机构）代码信息库中的非涉密资料，按照国家有关规定可以对外提供；涉及国家秘密的资料，按国家保密制度的有关规定办理。

第十五条　学校（机构）代码不得作为学校（机构）排名的依据。

第五章　职责与分工

第十六条　教育部统筹规划、组织协调学校（机构）代码管理工作。其主要职责是：

负责制定并实施学校（机构）代码信息建设总体规划；

负责制定学校（机构）代码信息建设的统一分类标准；

负责代码管理信息系统的设计、开发、日常维护及用户授权管理；

负责为代码管理信息系统安全运行提供软硬件技术支持；

负责省级教育行政部门上报的学校（机构）代码信息审核；

负责对代码管理信息系统及数据进行常规备份和存储；

负责学校（机构）代码工作的全过程质量监控，定期对省、地、县级教育行政部门学校（机构）代码信息登记、维护与使用管理工作进行监督检查；

负责定期发布全国学校（机构）代码信息。

第十七条　省级教育行政部门学校（机构）代码管理的主要职责是：

负责管理、组织、培训行政区域内学校（机构）代码信息维护的具体工作人员；

负责行政区域内代码管理信息系统用户授权管理；

负责审核下级上报的学校（机构）代码信息；

负责具体执行高等学校（机构）代码的登记、更新维护工作；

对行政区域内学校（机构）代码建设、维护与使用管理工作进行监督检查。

第十八条 地（市）级教育行政部门学校（机构）代码管理的主要职责是：

负责管理、组织、培训行政区域内学校（机构）代码信息维护的具体工作人员；

负责行政区域内代码管理信息系统用户授权管理；

负责审核下级上报的学校（机构）代码信息；

对行政区域内学校（机构）代码建设、维护与使用管理工作进行监督检查。

第十九条 县级教育行政部门学校（机构）代码管理的主要职责是：

负责与学校（机构）审批、备案部门建立沟通机制；

及时掌握行政区域内学校（机构）的新建、撤销、合并、恢复、升格等变更的信息，并在代码管理信息系统中进行登记。

第六章 安全保障

第二十条 各级教育行政部门必须严格遵守《中华人民共和国统计法》和国家有关安全保密方面的规定，保证学校（机构）代码信息在存储、传输、审核、汇总和使用等各环节的安全。

第二十一条 各级教育行政部门要建立代码管理信息系统运行及用户使用日志报告，依据用户授权目录对网上各类用户的行为进行监测，阻止非法用户进行数据存取，保障代码管理信息系统运行安全。

第七章 附则

第二十二条 本办法自发布之日起施行。

教育部关于废止和宣布失效一批规范性文件的通知

（教政法[2011]4号2011年2月24日）

各省、自治区、直辖市教育厅（教委），各计划单列市教育局，新疆生产建设兵团教育局，部属各高等学校：

根据《国务院办公厅关于做好规章清理工作有关问题的通知》（国办发〔2010〕28号）要求，我部对相关规范性文件进行了清理，决定废止和宣布失效一批规范性文件。现将废止和宣布失效的规范性文件目录予以公布（详见附件1 、附件2），已废止和失效的规范性文件一律不再作为行政管理的依据。

特此通知。

附件：1.教育部废止的文件目录

2.教育部宣布失效的文件目录

教育部关于印发《全国教育系统开展法制宣传教育的第六个五年规划（2011–2015年）》的通知

（教政法[2011]13号2011年10月21日）

各省、自治区、直辖市教育厅（教委），各计划单列市教育局，新疆生产建设兵团教育局，部署各高等学校：

为贯彻落实中共中央、国务院转发的《中央宣传部、司法部关于在公民中开展法制宣传教育的第六个五年规划（2011–2015年）》、全国人大常委会通过的《关于进一步加强法制宣传教育的决议》，以及《国家中长期教育改革和发展规划纲要（2010–2020年）》的精神与要求，适应教育事业改革与发展新形势的需要，进一步做好教育系统的法制宣传教育工作，全面推进依法治教、依法治校，我部研究制定了《全国教育系统开展法制宣传教育的第六个五年规划（2011–2015年）》，现印发给你们。请结合实际，认真贯彻落实。

附件：全国教育系统开展法制宣传教育的第六个五年规划（2011–2015年）

全国教育系统开展法制宣传教育的第六个五年规划（2011–2015年）

为贯彻落实中共中央、国务院转发的《中央宣传部、司法部关于在公民中开展法制宣传教育的第六个五年规划（2011–2015年）》、全国人大常委会通过的《关于进一步加强法制宣传教育的决议》，按照《国家中长期教育改革和发展规划纲要（2010–2020年）》（以下简称教育规划纲要）提出的开展普法教育，促进师生员工提高法律素质和公民意识的要求，切实做好教育系统第六个五年法制宣传教育工作，特制定本规划。

一、指导思想、主要目标和工作原则

教育系统第六个五年法制宣传教育工作的指导思想是：高举中国特色社会主义伟大旗帜，以邓小平理论和“三个代表”重要思想为指导，深入贯彻落实科学发展观，落实教育规划纲要的要求，坚持法制宣传教育与社会主义核心价值体系教育相结合，与公民意识教育相结合，与教育法治实践相结合，深入开展法制宣传教育，深入推进依法治教、依法治校，大力弘扬社会主义法治精神，保障教育事业改革与发展的顺利进行，为构建社会主义和谐社会和全面建设小康社会营造良好的法治环境。

教育系统第六个五年法制宣传教育工作的主要目标是：充分发挥教育系统的人才优势和学校教育的主渠道作用，通过内容系统深入、形式生动多样、效果扎实显著的法制教育、宣传活动和法治实践，切实提高教育系统领导干部、公务员、校长、教师、青少年学生的公民意识和法律素质，形成与培养社会主义合格公民要求相适应的教育体系与氛围，进一步提高教育行政部门依法治教、学校依法治校的水平与能力，促进社会主义法治文化建设。

教育系统第六个五年法制宣传教育工作要遵循以下原则：

——坚持围绕中心，服务大局。紧紧围绕教育规划纲要的贯彻实施，服务教育事业的改革与发展，服务维护社会和谐稳定。

——坚持分类指导，突出重点。针对青少年学生、校长、教师以及教育行政机关工作人员各自的群体特点，确定法制宣传教育的目标、内容、方式和途径。全面落实培养社会主义合格公民的目标和任务，将青少年学生的法制教育作为重中之重。

——坚持普治并举，促进改革。法制宣传教育要与依法治教、依法治校的实践相结合，切实推动学校管理、教育管理观念与方式的转变，促进人才培养体制和教育管理体制的改革。

——坚持以人为本，注重实效。要着眼于法制教育对象的实际法律需求，科学设计、合理安排法制教育的内容与形式，增强法制教育的针对性和实效性。

——坚持与时俱进，开拓创新。把握教育领域普法工作的特点与规律，创新工作理念、完善工作机制、改进工作方法、丰富教育形式，开拓教育普法工作的新局面。

二、主要任务与要求

（一）深化“法律进课堂”活动，切实落实青少年是法制宣传教育重中之重的要求，提高各级各类学校法制教育的水平与效果。各级教育行政部门和各级各类学校要按照国家普法规划和教育规划纲要的要求，从贯彻党和国家教育方针、维护国家长治久安的战略高度，进一步统一思想，提高对青少年法制宣传教育工作地位与作用的认识，将法制教育作为开展公民意识教育，树立社会主义民主法治、自由平等、公平正义理念，培养社会主义合格公民的重要载体，作为素质教育的重要组成部分，切实抓紧、抓好。要加大工作力度、创新工作方式、明确工作目标，着力解决法制教育在课时安排、师资配备与培训、教材建设、经费保障、教学评价等方面存在的突出问题，切实落实国家普法规划关于中小学校法制教育课时、教材、师资、经费“四落实”的要求，真正把法制教育纳入学校教育体系，进入课堂主渠道，使社会主义法治理念、公民意识和法律知识成为学生知识结构和综合素质的重要组成部分。

要根据学生的特点与接受能力，提高法制教育的针对性和实效性。要科学规划、系统安排各教育阶段法制教育的内容与体系，按照法治理念、法律常识、一般性法律知识和专门性法律知识的梯度，循序渐进安排相应教育内容，着重引导青少年学生树立社会主义法治理念和法治意识，突出公民意识的教育与养成。要创新法制教育的方法与途径，在发挥课堂教学主渠道作用的同时，整合和利用各种法制教育资源，利用现代媒体和信息技术，采用理论与实践相结合的方式，把法律知识学习与法治实践相结合，与解决实际的法律问题相结合，大力提倡和推广探究式、实践式、参与式的教育教学方法。

学校法制教育的各个阶段都要突出《宪法》教育，要使学生逐步理解和掌握《宪法》的基本原则与精神，了解《宪法》规定的公民基本权利和义务，以及国家基本制度，充分认识社会主义制度的优越性，增强《宪法》意识、公民意识、爱国意识、国家安全统一意识和民主法制意识，形成党的领导、人民当家作主和依法治国有机统一的观念，树立国家一切权力属于人民、国家尊重和保障人权的观念，树立权利与义务相统一的观念。义务教育阶段应当重点开展法治理念、法律原则和法律常识教育，培养学生形成公民意识，初步形成对民主法治、自由平等、公平正义理念的认识，提高分辨是非的能力，掌握社会生活必要的法律常识，建立守法观念。高级中等学校要进一步深化法治理念、法律原则教育，使学生树立成为社会主义合格公民应具备的公民意识和社会主义法治理念；要比较系统地开展法制常识和一般性法律知识教育，使学生具备依法参与社会生活、判别是非、维护自身合法权利的知识与能力；中等职业学校还要有针对性地加强劳动合同、劳动争议处理、劳动保护以及特定职业岗位要求等方面法律法规的教育。高等学校要进一步加大中国特色社会主义法学理论教育力度，积极推进高校法学理论教育教材建设和师资队伍建设，引导高校学生牢固树立社会主义法治理念。要有针对性地加强对有不良行为青少年等特殊青少年群体的法制教育，预防和减少青少年学生违法犯罪行为的发生。

（二）深化“法律进学校”活动，大力提高各级各类学校校长、教师依法治校的意识与能力，营造有利于青少年学生健康成长的校园法治环境。各级教育行政部门、各级各类学校要围绕教育规划纲要提出的建设现代学校制度、推进依法治校的要求，针对学校工作的特点与校长、教师工作的需要，深入开展法制宣传教育工作，大力提高校长、教师的法治观念和法律素质，提高依法管理学校、实施教育教学和管理活动的意识与能力，提高依法保护自身合法权益、维护学生合法权利的意识与能力。

要突出学习宣传宪法，使广大教职员工全面深刻地理解宪法的基本原则、制度和精神，进一步增强宪法意识、公民意识、爱国意识、国家安全统一意识和民主法制意识，牢固树立党的领导、人民当家作主和依法治国有机统一的观念，树立国家一切权力属于人民的观念，树立权利与义务相统一的观念；深入学习宣传民商法、行政法、社会法、刑法、诉讼与非诉讼程序法等方面的法律原则与一般规则；学习宣传加强资源节约和管理、环境和生态保护、推进科技进步、加强自主创新能力建设、实施人才强国战略、保护知识产权、食品药品安全、公共卫生等方面的法律法规，使教职员工自觉知法守法，成为遵纪守法的楷模。

要紧紧围绕建设现代学校制度、全面推进依法治校的要求，学习宣传有关保障和落实国家教育方针、规范学校办学行为等内容的法律知识。要系统、深入地学习宣传教育法、义务教育法、高等教育法、教师法等教育法律、法规，使广大校长、教师完整、准确地理解和掌握教育法律、法规确立的法律原则、基本制度及重要规定、行为规则。要进一步加强对教育规划纲要的学习，使广大教育工作者深入理解教育改革与发展的重大方针政策，增强建设现代学校制度的主动性与自觉性。要深入学习宣传维护学校、教师合法权益，保障学校自主权、教职工民主管理权的法律规定；学习宣传维护未成年人、残疾人合法权益和预防未成年人犯罪的法律法规；学习宣传维护校园安全、保障学生人身和财产安全方面的法律知识，切实提高广大教职员工依法实施教育教学活动、参与学校管理的能力。

（三）深化“法律进机关”活动，全面提高教育行政部门领导干部、公务员依法行政、依法治教的能力和水平。各级教育行政部门要紧紧围绕贯彻落实教育规划纲要的要求，进一步健全和加强法制宣传教育工作，完善并落实公务员学法用法的制度与要求，切实提高教育行政部门公务员特别是领导干部对法治原则、宪法、主要法律制度和行政、教育法律规范的理解与运用水平，进一步增强公务员的社会主义法治理念，提高依法行政、依法治教的能力和自觉性。

教育行政部门的法制宣传教育，要突出重点，提高系统性、针对性和实效性。要突出抓好宪法的学习宣传，使公务员深入领会宪法的基本原则和精神，掌握宪法关于国家基本政治制度、基本经济制度和国家生活的基本原则等内容，牢固树立忠于宪法、遵守宪法和维护宪法的自觉意识；要深入开展社会主义法治理念教育，使各级领导干部和公务员牢固树立并自觉践行依法治国、执法为民、公平正义、服务大局、党的领导理念，切实提高政治意识、大局意识和法治意识；要深入学习宣传中国特色社会主义法律体系形成的重要意义、基本经验及其基本构成、基本特征；学习宣传维护国家安全、社会稳定、促进民族团结相关法律法规，维护社会政治大局稳定；学习宣传社会治安综合治理、突发事件应急管理、信访、投诉、调解等相关法律法规，提高依法预防和化解矛盾纠纷的能力；要深入开展反腐倡廉法治宣传教育，加强刑法、公务员法、行政监察法、审计法和廉政准则等相关法律法规和党纪条规的学习宣传，不断提高各级领导干部和公务员廉洁自律的自觉性。

要有针对性地加强对行政法律和教育法律、法规、规章，以及教育规划纲要的学习宣传。要深入学习《行政诉讼法》、《行政处罚法》、《行政许可法》、《行政复议法》、《行政强制法》等行政法律以及《全面推进依法行政实施纲要》，牢固树立依法行政的意识，掌握依法行政的基本要求和行为规则，切实提高依法行政的能力与水平；深入学习教育法、义务教育法、职业教育法、高等教育法、教师法、民办教育促进法及其实施条例、中外合作办学条例等教育法律、法规以及教育规划纲要等有关教育的重大方针政策，切实提高对教育规划纲要的理解与执行能力，提高依法落实教育优先发展战略地位的能力，提高依法实施教育管理、运用法律手段解决问题、调解纠纷、推进改革的能力。

三、工作举措与实施保障

（一）健全完善学校法制教育的目标、体系与实施机制。

——健全中小学通过课堂主渠道开展法制教育的目标与要求。将青少年学生法制教育与公民意识教育相结合，在中小学课程中有针对性地增加法制教育内容。各级教育部门和中小学校要按照国家课程方案和课程标准，认真落实法制教育的内容与要求，不断丰富教育形式，分层次、分阶段地对学生进行法制教育；积极探索在学科教学中，结合教学内容，潜移默化地对学生进行法制教育的形式与途径；要针对学生的思想实际、认知能力和社会发展，结合综合实践活动以及道德教育、安全教育、环境保护、道路交通安全、消防、禁毒、国防、知识产权等专题教育，开展生动活泼、形式多样的社会主义法治理念和法制知识教育。鼓励有条件的地方、学校，在地方或者校本课程中增加法制教育或者公民意识教育的内容，探索以法制教育统筹、整合各种专题教育的形式与途径。

——建立高等学校法制教育的目标与要求。进一步明确对高等学校非法学专业学生法学理论、法律知识的教学要求；鼓励高等学校重视法律基础课的教学工作，开展以提高法律素质、培养社会主义法治理念为主的课堂教学改革，提高课堂教学效果，促进精品课程的涌现。鼓励高等学校发挥法学专业教育的资源优势，为中小学法制教育和社会普法工作，提供智力和资源支持。

——逐步将社会主义法治理念、法律知识纳入对学生知识和综合素质考察的范畴。在高等学校、中等学校入学考试中适当增加反映社会主义法治理念和宪法知识、基本法律原则及常识的内容，引导学校重视开展法制教育，引导学生树立法治理念、关注社会法治实践。

——建立中小学（含中等职业学校，下同）法制课骨干教师、专任教师培训制度。各级教育行政部门要制定专门计划，对中小学负责开展法制教育的专职或者兼职教师，进行系统的法制教育能力培训，切实提高对社会主义法治理念的认识、完善法律知识结构，提高开展法制教育的教学能力。本规划实施期间，要采取国家和地方分级培训的方式，保证每所中小学校至少一名教师接受法制教育能力培训。继续推动和规范法制副校长、法制辅导员制度的建设，加强对法制副校长、法制辅导员的培训。

——健全青少年法制教育网络，建立青少年法制教育资源中心和校外实践基地。各地要建立和完善学校、社会、家庭三位一体的青少年法制教育网络，进一步加强与综治办、司法行政、公安、法院、检察院、共青团、关工委以及律师协会等部门、组织的协作，主动利用和整合各种社会法制教育资源，积极开辟第二课堂，以多种形式，建立青少年法制教育资源中心和校外实践基地，为学生通过实践了解法律知识、树立法治理念提供条件和机会。要通过举办法律知识竞赛、模拟法庭、法制夏令营、编制和发放法制宣传杂志等实践性、趣味性强的活动，丰富青少年法制教育的形式。要积极探索利用学校法制教育的资源和优势，为社会整体法制宣传教育提供支持的途径和方式。

——加强对青少年学生法制教育特点与规律的研究，建立形成高水平的研究团队和研究基地、培训基地。要系统研究在中小学各阶段开展法制教育的目标与要求、内容与形式，研究制定中小学学生法制教育的目标与体系。哲学和社会科学研究、全国教育科学研究等课题研究规划中要适当增加相关的研究选题，动员和组织法学以及相关学科的高校教师、研究人员关注和开展青少年法制教育特点与规律的研究。鼓励和支持有条件的高等学校或者研究机构，设立青少年法制教育研究机构，开展青少年法制教育的理论与实践、法治理念水平的测评与分析等研究。结合现有的培训机制，在国家和省级分别建立若干校长依法治校能力培训和法制课骨干教师、专任教师培训基地。

——健全学校法制教育的支持体系，建立优质法制教育教学资源共享平台。重视利用互联网等传播手段，丰富青少年法制教育的途径和形式。教育部将发起设立公益性的全国教育普法网站，利用网络手段，汇集、编辑各种法制教育资源，形成法制教育优质教学资源的共享平台，为各地开展远程学习与培训提供支持。鼓励各种社会组织、研究机构和公民个人，充分利用多媒体技术、网络信息技术，开发、制作形式多样、青少年喜闻乐见的法制教育读物、教学资源和文化产品。举办各层次的中小学法制教育教学比赛、课件评选、知识竞赛等，有组织、有计划地开展法制宣传教育读书活动，调动师生开展中小学法制教育和教学研究的积极性和主动性。

（二）完善学校法制宣传教育机制，实施学校依法治校能力建设工程，进一步开展“依法治校示范校”创建活动，大力推进依法治校和现代学校制度建设。

——研究制定针对学校校长、教师的法制宣传教育大纲，组织编写依法治校基本纲要，明确对各级各类学校校长及其他主要领导、广大教师开展法制教育的内容与要求。

——实施依法治校能力建设工程。建立国家、省和地市的层级培训体制，保证本规划期间，每一所学校有校长或者至少1名主要负责人，接受教育法制、学校依法治理方面的系统培训，使之具备依法实施管理，依法处理和化解学校内部纠纷、问题的能力。重点提高高等学校依法治校的水平，对高等学校负责现代大学制度建设、章程制定、处理学生和教师申诉、处理法律事务的领导和工作人员，组织专项培训。

——加强校园法治文化建设。各级各类学校要根据实际，通过建立法制宣传教育橱窗、在校园网、校园广播中开设法制教育专栏等多种形式，结合在学生身边发生的法律事件、法律故事，宣讲法治理念、法律常识，形成学法、守法、用法的校园文化氛围。

——完善教师法制宣传教育机制。各地要结合教师教学需求，制定教师法制教育培训规划。在教师的任职培训、岗位培训、继续教育中，要明确法制教育的内容与学时，建立健全考核制度，重要的和新出台的教育法律、法规要实现全员培训。

——进一步完善依法治校的内涵要求和评价指标体系，继续开展“依法治校示范校”创建活动，形成一批符合教育规划纲要要求、体现现代学校制度内涵、对其他学校开展依法治校实践具有示范意义的学校；培养一批有依法治校先进理念和丰富实践经验的学校管理者。完善学校评价机制，将依法治校情况作为评价学校教育教学和管理水平的重要指标，作为对校长实施绩效评估、年度考核和任用考察的重要内容。

——组建依法治教、依法治校专家宣讲团，遴选有专长、理论或者实践经验丰富的专家、实际工作者，组成宣讲团，为各地开展校长、教师的法制培训提供师资和智力支持。

（三）推进教育行政部门法制宣传教育的规范化、制度化，开展依法治教示范机关创建活动。

——研究制定教育行政部门领导干部、公务员法制教育大纲，明确教育行政部门领导干部、执法人员、一般公务员学法的具体要求。

——建立年度法制教育学习计划和新颁布教育法律法规培训制度。各级教育行政部门要根据法制建设和教育改革与发展实践的需要，每年明确年度法制教育重点和学习规划，并通过党委（党组）中心组集体学法、法制讲座、法制培训以及纳入各级党校、行政学院和公务员培训机构教学课程等方式，予以落实。新颁布的教育法律法规要作为年度法制教育的重点内容。

——建立领导干部任职前法律知识的考察、学法守法用法情况的督促检查和年度评价考核制度，把依法决策、依法管理和依法办事等考核结果作为干部综合评价的重要内容。

——建立教育行政执法人员、法律专业人员专门法律知识培训制度，县级以上教育行政部门至少有2名公务员接受过系统的行政执法和教育法律的专门教育或培训，具备开展行政执法、运用法律处理教育纠纷、解决问题的资格和能力。

——探索开展依法治教示范单位创建活动。根据《全面推进依法行政实施纲要》和《国务院关于加强法治政府建设的意见》的要求，结合贯彻落实教育规划纲要，研究制定符合教育行政管理体制改革趋势和教育行政管理特点的依法行政评估指标和工作要求，推动地方教育行政部门按照政校分开、管办分离的原则，遵循依法行政的要求与规范，进一步提高依法治教的能力与水平，在县或地市级教育行政部门形成一批具有示范作用的依法治教示范单位。

（四）加强领导，健全法制宣传教育的工作体制与保障机制。

——各级教育行政部门要成立由主要领导任组长，有关部门负责同志参加的法制宣传教育领导小组。继续设立教育部全国教育普法领导小组，负责统筹协调、领导、指导部机关及全国教育系统的普法工作，领导小组办公室设在法制办公室。各级教育行政部门应指定法制工作机构或其他相关机构，作为本部门法制宣传教育的工作机构。各级各类学校要根据实际需要成立依法治校及法制宣传教育领导小组，指定专门机构或者专人负责法制教育工作。

——各级教育行政部门法制宣传教育工作机构负责本部门、本地方教育系统普法规划和年度计划的制定与执行；要组织、协调本部门的相关职能机构，做好机关普法、青少年学生法制教育的组织实施、校长教师的法制教育培训等工作；指导、监督本地方各级各类学校的法制宣传教育和法制教育课程建设；建立健全与司法、公安等相关部门或机构的沟通、协作机制。

——建立和完善法制宣传教育工作的监督评价机制。各地要根据本规划的要求，建立并完善对学校法制教育、教育行政部门和学校法制宣传教育的评价标准，健全评价机制，促进法制宣传教育的标准化、规范化；建立法制宣传教育激励机制，及时总结、推广成熟、有效的工作经验和成果；探索建立中小学、职业学校法制教育的专项督导制度，将学校法制教育的水平与成效纳入对学校办学水平、教育质量的整体督导评估之中。

——设立法制宣传教育专项经费。根据国家“六五”普法规划的要求，各级教育行政部门、各级各类学校要根据实际情况统筹安排相关经费，保障本规划确定的工作举措得到落实。教育部设立全国教育系统普法专项经费，主要用于推动教育行政部门和校长、教师的法制教育工作；支持设立教育法制研究中心、青少年法制教育研究基地，推动教育法制研究以及青少年法制教育理论与实践研究；组织研究、编写法制教育纲要和具有示范性、权威性的法制教育读本、教学资料；支持全国教育普法网站的建设，以及用于依法治教、依法治校示范单位的表彰等工作。各省教育行政部门、高等学校和有条件的地方教育部门要根据国家和本规划的要求，安排法制宣传教育专项经费，专款专用，确保落实，保障法制宣传教育工作正常开展。

四、工作步骤与安排

教育系统“六五”法制宣传教育规划从2011年开始实施，到2015年结束。共分三个阶段：

宣传发动阶段：2011年下半年。各地教育行政部门、直属高等学校要根据本规划制定本部门、本学校的五年规划，做好宣传、发动工作。各省级教育行政部门、直属高校制定的“六五”普法规划，报教育部全国教育普法领导小组办公室备案。

组织实施阶段：2011年下半年至2015年。根据本规划的目标、任务和要求，结合本地方实际，每年制定工作计划，逐一落实本规划的工作举措，要突出年度工作重点，做到部署及时、措施有效、指导得力、督促到位，确保本规划得到全面贯彻落实。2013年开展中期检查督导和表彰，遴选在依法治教、依法治校方面取得突出成绩的示范单位、学校。

检查验收阶段：2015年下半年。按照全国普法办公室的有关要求，组织对本规划实施情况的总结评估、检查验收，对先进集体和先进个人进行表彰。

辽宁省人民政府关于印发全面推进依法行政规划（2010–2014年）的通知

（辽政发〔2010〕10号2010年3月21日）

各市人民政府，省政府各厅委、各直属机构：

现将《辽宁省全面推进依法行政规划（2010–2014年）》印发给你们，请认真贯彻执行。

辽宁省全面推进依法行政规划（2010—2014年）

为深入贯彻《国务院关于印发全面推进依法行政实施纲要的通知》（国发〔2004〕10号，以下简称《纲要》）和《国务院关于加强市县政府依法行政的决定》（国发〔2008〕17号，以下简称《决定》），加快推进依法行政，全面实现建设法治政府的目标，结合辽宁实际，制定本规划。

一、指导思想和工作目标

1.全面推进依法行政的指导思想。以邓小平理论和“三个代表”重要思想为指导，深入贯彻落实科学发展观，坚持党的领导，坚持以人为本、执政为民，紧紧围绕省委、省政府中心工作，加快推进依法行政，全面建设法治政府，推动辽宁科学发展、创新发展、和谐发展，为辽宁实现新跨越和全面振兴提供法治保障。

2.全面推进依法行政的目标。

——《纲要》确立的合法行政、合理行政、程序正当、高效便民、诚实守信、权责统一的基本要求有效落实；提出的全面推进依法行政、基本建成法治政府的目标有效实现；服务政府、责任政府、诚信政府、廉洁政府等政府自身建设在法治轨道上实现有机统一。

——科学合理的法治政府考核体系基本建立，依法行政各项工作得到及时、动态、量化的评价。

——社会主义法治理念教育深入开展，与科学发展观相适应的法治观念普遍树立，行政机关工作人员，特别是各级领导干部的依法行政能力明显增强，宪法至上、尊重法律、崇尚法治的氛围在行政机关内基本形成。

二、主要任务

（一）深化行政管理体制改革。

3.加快转变政府职能。加快推进政企分开、政资分开、政事分开、政府与市场中介组织分开,实现政府职能向创造良好发展环境、提供优质公共服务、维护社会公平正义的转变。全面正确履行政府职能，改善经济调节，严格市场监管，加强社会管理，更加注重公共服务。制定辽宁省社会组织促进和管理条例，更好地发挥社会组织在社会公共事务管理中的作用。

4.深入推进政府机构改革。按照精简统一效能原则和决策权、执行权、监督权既相互制约又相互协调的要求，进一步优化政府组织结构，规范机构设置，实行职责有机统一的大部门体制。精简和规范各类议事协调机构及其办事机构，提高行政效能。积极推进事业单位分类改革。探索省直接管理县（市）的体制，进一步扩大县级政府经济管理和社会管理权限。建立健全机构编制管理与财政预算、组织人事管理的配合制约机制。

5.创新行政管理方式。增强公共服务意识，优化公共服务程序，完善公共服务保障体系。推进政府管理的信息化，加快电子政务体系建设。进一步加强政府网站建设，不断拓展政府网站功能，扩大网上办事的范围，逐步实现政府部门之间的信息互通和资源共享。

6.积极推进政府信息公开。落实《政府信息公开条例》，完善政府信息公开规则，加大便民服务力度，切实加强对相对人知情权的保护。强化重点领域、重点环节的政府信息公开，并以此为突破口推进政务公开、行政公开。

7.深化行政审批制度改革。继续清理行政审批事项，建立行政审批项目设立与清理的良性衔接机制。积极稳妥地下放行政审批权限，规范审批项目设置和实施程序，加强对行政审批的监督管理。继续推行“一个窗口对外”、“一条龙服务”等便民措施，探索相对集中行政许可权，进一步提高行政审批效能。加快行政审批电子监察系统建设，2010年实现对网上行政审批项目的实时监控和预警纠错。

（二）推进社会信用体系建设。

8.推进诚信政府建设。加强政府自身建设，恪守信赖保护原则，不断提升政府公信力。在行政审批、行政合同、政府采购等社会管理和公共服务的重点环节，推广使用信用产品和服务。建立健全政府信用社会评价机制，鼓励社会公众参与政府信用评价工作。

9.完善企业和个人信用征信体系。制定辽宁省个人信用信息管理办法，加快信用信息征集整合步伐，建立企业和个人诚信档案，2012年基本实现全省信用信息资源的完全共享。继续做好国家信用体系建设标准化试点工作，加快建立统一的征信技术标准体系及信用评价指标体系。

10.加快信用保障体系建设。大力培育和扶持信用中介机构，发展信用服务市场，引导和鼓励企事业单位在商品采购、产品销售、项目承包、对外投资合作等商业活动及人才招聘中，积极使用信用产品和服务。开展信用管理职业教育，选择重点高等院校开设信用专业，大力培养高层次信用专业人才。着力推进信用文化建设，深入开展诚信创建活动，健全守信收益和失信惩戒机制。

（三）提高行政管理水平和效能。

11.全面提升行政管理水平。科学制定经济社会发展规划及计划，建立动态调整机制，完善宏观调控机制。完善应急管理体制机制及各级各类应急预案，重点落实基层政府在应急管理中的责任，全面提升应急管理水平。落实《辽宁省人民政府办公厅转发省政府法制办关于进一步规范行政机关签订合同工作意见的通知》（辽政办发〔2010〕3号），将行政机关签订普通民事合同、国有资产转让、政府采购、招商引资等行为纳入规范化管理轨道。

12.进一步完善社会保障体系。完善养老、医疗、失业、工伤、生育等各类保险制度，加快扩大社会保障覆盖范围，尽快实现各项社会保险省级全面统筹。大力发展社会福利事业和慈善事业。积极推进医药卫生体制改革，2011年，建立基本医疗卫生制度体系。实施更加积极的就业政策，完善城乡劳动者平等就业服务制度。

13.强化政府公共服务职能。推进能源资源节约和生态环境保护工作，大力发展循环经济、低碳经济和绿色经济，增强可持续发展能力。深化户籍制度改革，完善“一元制”户籍管理体制。进一步加强科教文体、商业流通以及社会治安、安全生产等领域的制度建设，保障各项事业有序发展。

14.推进公共财政体制改革。继续深化部门预算、国库集中支付和政府采购等制度改革，完善政府非税收入管理，积极推行财政支出绩效评价制度，健全财权与事权相匹配的体制，加快形成统一规范透明的财政运行机制，重点增强基层政府提供公共服务能力。

15.推进投资体制改革。建立健全相关配套制度，完善重大项目事先向人大报告和政协通报制度。鼓励和引导社会投资，放宽社会资本投资领域。进一步完善社会投资监管体系，制定辽宁省企业投资项目核准管理办法和政府投资项目监督规定。

16.理顺乡镇（街道）与村（居）委员会的关系，保障基层群众自治组织依法行使自治权利，建立基层群众自治组织与政府相互衔接和良性互动机制。推动基础设施建设和公共服务向农村倾斜，强化乡镇政府、街道办事处的社会管理和公共服务职能。

（四）健全科学民主决策机制。

17. 明确行政决策权限。科学界定和划分各级政府之间、政府部门之间、政府和部门内部的决策权限，优化决策资源配置，强化决策主体责任，实现事权、决策权与决策责任的统一。

18.完善行政决策规则和程序。以规范重大决策为重点，完善决策规则，健全决策程序，提高公众参与度，加快实现决策的规范化、制度化。加强决策的公开听取意见、专家咨询论证、听证、合法性审查、实施情况跟踪反馈等制度建设。

19.完善行政决策信息和智力支持系统。健全行政决策调研制度，提高决策信息的收集、整理水平。建立健全决策信息依据公开及信息运用情况说明等制度。加强各级政府决策咨询机构建设，完善政府法律顾问工作机制，制定辽宁省人民政府法律顾问工作规则。积极引导、扶持各类社会机构为行政决策服务。

20. 完善行政决策责任追究制度。完善行政决策责任追究的程序和机制，明确责任追究的主体、范围等，对于违法或不当的行政决策行为，严格依照《行政机关公务员处分条例》、《关于实行党政领导干部问责的暂行规定》及有关规定追究责任。

（五）进一步提高制度建设质量。

21. 科学合理制定立法规划和计划，提高政府立法的科学性。更加注重改善和保障民生、节约能源资源、保护生态环境及加强政府自身建设的立法，加强促进沿海经济带、中部城市群以及产业聚集区、主体功能区等新型经济体发展方面的立法。

22. 创新立法工作方式，增强政府立法的民主性。建立健全立法项目公开征集、公众动议等制度，完善立法公开征求意见、专家论证、立法听证机制，全面实施对采纳意见情况的说明、成本效益分析、立法后评估等制度。深入开展政府立法工作区域协作。

23. 及时做好法规、规章和规范性文件的清理、修订工作。落实《辽宁省规章规范性文件定期清理规定》（省政府令第237号），完善立法有效期制度和公众提请审查制度，定期开展法规、规章和规范性文件清理、修订，并做好相关文件的汇编工作。

24. 严格规范性文件制发程序。积极推进制定规范性文件听取意见、听证、专家论证、合法性审查、集体讨论及实施后评估等制度建设。健全规范性文件由法制工作机构统一审核和提请审议制度；完善规范性文件发布程序，未经公布的，一律不得作为行政管理的依据。

（六）全面规范行政执法行为。

25. 深化行政执法体制改革。理顺各类园区、开发区管委会的行政执法体制，明确其执法主体资格、职责。制定辽宁省相对集中行政处罚权规定，加快推进相对集中行政处罚权向县级层面和文化、林业、交通等领域延伸。适当下移行政执法重心，减少行政执法层次。积极推动区域行政执法工作合作，完善行政执法争议协调机制，研究建立行政执法级别管辖制度。

26. 规范行政执法程序，健全行政执法文书。建立执法依据和执法职权动态梳理、公布机制，大力推进执法公开。健全和完善行政执法告知、调查取证、听证、回避、说明理由、集体讨论、投诉、回访等制度，统一相关执法文书，制定辽宁省行政执法程序规定。

27. 规范行政执法自由裁量权。深入推进规范行政处罚自由裁量权工作，建立行政处罚自由裁量权实施标准的动态完善机制和有效应用机制。积极开展规范行政审批（许可）自由裁量权工作，2012年，规范行政审批（许可）自由裁量权的制度体系基本建立。积极探索规范行政强制、行政征收、行政收费等领域的自由裁量权。

28. 健全行政执法案卷评查制度。严格执行辽宁省行政执法案卷立卷标准和行政执法文书档案管理规定，实行行政执法案卷评查制度，定期开展案卷评查，实现行政执法案卷管理的规范化。

29. 创新行政执法方式。大力推广以人为本的“人性化”执法方式，实现法律效果和社会效果的有机统一。加强对执法行为的日常监管，避免“突击式”、“运动式”执法。探索建立行政执法分类动态管理模式，对不同执法对象分别采取不同的监管方式，切实提高监管效能。

30. 加强行政执法队伍管理。严格执行行政执法主体资格和行政执法人员执法资格制度，探索建立行政执法人员定期培训和考核机制，提高行政执法人员的能力和水平。继续整顿行政执法队伍，坚决杜绝不符合条件的人员上岗执法。2012年，建立全省统一的行政执法主体及行政执法人员数据库。

31. 深化行政执法责任制。继续完善省、市、县行政执法责任制体系，大力推进乡镇行政执法责任制工作。继续完善行政执法评议考核制和行政执法过错责任追究制，把对行政执法的评议考核落实到执法单位、执法岗位和执法人员。

（七）完善防范和化解社会矛盾的机制。

32. 充分发挥行政复议的重要法定渠道作用。畅通行政复议渠道，依法公正及时受理和审理复议案件。完善和创新案件审理机制，改进案件审理方式，逐步建立行政复议委员会，探索相对集中行政复议审理权。实行行政复议人员资格制度，加快行政复议队伍职业化、专业化建设，提高行政复议的能力和水平。完善行政复议工作制度，制定辽宁省行政复议和解调解办法。落实辽宁省行政复议决定履行督察规定，确保行政复议决定得到及时有效的履行。

33. 建立社会矛盾纠纷排查、调处机制。建立和完善矛盾纠纷分类管理和动态应对机制，增强社会自治功能，完善人民调解制度，充分发挥基层群众自治组织及协会、商会等社会组织作用，把矛盾纠纷解决在基层，化解在初发阶段。加强仲裁制度建设，充分发挥仲裁制度在化解矛盾纠纷中的积极作用。健全和完善行政裁决等其他化解矛盾纠纷的机制。

34. 依法做好信访工作。规范信访程序，维护信访秩序，切实保障人民群众的信访权利。强化“谁主管、谁负责”及“属地管理”的信访工作责任制，继续深入开展领导干部包案、接访及信访案件专项督查等活动。建立信访风险评估、信息反馈与政策联动机制，针对信访工作中发现的带有普遍性的问题，及时完善和调整相关政策。

（八）完善行政监督制度和机制建设。

35. 自觉接受人大法律监督、工作监督和政协民主监督。建立健全重大决策事项事先向人大报告制度和征求政协意见制度。积极配合人大、政协的视察、检查活动，认真接受人大代表的询问、质询，依法办理人大代表建议和政协提案。

36. 自觉接受司法监督。制定辽宁省行政应诉程序规则，积极推动行政机关主要负责人出庭应诉。自觉履行人民法院的生效判决和裁定。健全和完善行政机关与人民法院的联系沟通机制。全省行政诉讼案件的平均败诉率维持在12%以下。

37. 完善政府层级监督机制。落实《辽宁省行政执法监督规定》（省政府令第241号），强化上级行政机关对下级行政机关的监督。健全和完善规章规范性文件备案审查制度，做到有件必备、有备必审、有错必纠。各级政府要整合监督资源，加大监督力度，围绕社会热点、难点问题及重要法律法规的实施情况，进行专项监督检查。

38. 完善行政赔偿和补偿制度。规范赔偿和补偿费用的核拨程序，建立健全赔偿或补偿义务机关先行支付制度，重点落实好行政侵权的赔偿和土地征收、房屋搬迁、撤销或变更行政许可的补偿制度。积极在行政赔偿和补偿中引入听证、调解及和解制度，探索建立行政赔偿和补偿案件统一受理机制。适时提请省人大制定辽宁省行政补偿条例。

39. 充分发挥社会监督作用。进一步健全投诉举报制度，积极探索电子监督的途径和方式，逐步推行社会评议、民意调查等制度和机制。充分发挥新闻媒体、社会舆论的监督作用，认真调查核实群众投诉举报及新闻媒体反映的问题。对社会影响较大的问题，应将处理结果及时向社会公布。

40. 完善行政考核和问责体系。制定辽宁省政府绩效考核办法，规范政府绩效考核的主体、内容、程序、方式。大力推动行政监察、行政复议、审计等监督方式的衔接，建立科学的行政问责机制。

（九）进一步提高行政机关工作人员依法行政的观念和能力。

41. 完善领导班子学法制度。县级以上政府要建立健全政府常务会议学法制度、专题法制讲座制度，制订年度法制讲座计划并组织实施，做到学法的计划、内容、时间、人员、效果“五落实”。

42. 落实依法行政集中培训制度。各级政府应有计划地对本级政府部门及下级政府工作人员进行依法行政知识培训，重点加强对政府法制工作人员及行政执法人员的培训。各级政府部门应组织行政执法人员参加专业法律知识培训，年度集中培训时间不少于1周。

43. 建立对领导干部任职前的法律知识考查和测试制度。对拟任县级以上政府及其部门领导职务的干部，在任职前考查时要考查其是否掌握相关法律知识以及依法行政情况，必要时还要对其进行相关法律知识测试，考查和测试结果应当作为任职的依据。

44. 加大公务员录用及管理中法律知识测查力度。在公务员考试中，增加法律知识在相关考试科目中的比重，对从事行政执法、政府法制等工作的公务员，应组织专门的法律知识考试。县级以上政府及其部门定期组织对行政执法人员的依法行政知识培训，培训情况、学习成绩应当作为考核内容和任职晋升的依据。

三、保障措施

45. 加强组织领导，建立推进依法行政工作的长效机制。各级政府及部门成立的由主要领导任组长的依法行政领导小组，要切实担负起推进依法行政的组织领导职责，制定依法行政长期规划和年度工作计划。继续完善依法行政报告制度，坚持向本级人大常委会和上级政府书面报告，并向本级政协通报依法行政工作情况。各级政府及部门的主要领导，应切实履行好推进依法行政第一责任人的职责，带头研究制定和遵守执行依法行政的各项制度，推动建立政府领导负责、部门分工落实、社会充分参与的推进依法行政工作长效机制。

46. 突出工作重点，统筹推进依法行政工作。运用法律手段深化改革开放，推动科学发展，促进社会和谐。继续深入抓好依法行政示范点建设，扎实推进基层政府依法行政工作。要结合本地区、本部门实际，科学确定不同时期的工作重点，有计划、有步骤地推进依法行政工作。

47. 加大检查考核力度，建立科学的考核评价机制。落实《辽宁省依法行政考核办法》（省政府令第239号），不断完善依法行政考核机制，并将依法行政考核评价结果纳入各级政府、政府部门及其工作人员绩效考核指标体系，并与组织人事部门的干部考核挂钩，作为干部奖惩任免的重要依据。要定期组织对《纲要》和《决定》实施情况的监督检查。

48. 加大宣传力度，营造依法行政的良好氛围。进一步做好《纲要》、《决定》的宣传，使各级行政机关工作人员，特别是领导干部全面了解掌握依法行政的工作目标和任务。大力培育依法行政工作先进典型，及时总结交流和推广先进经验，对工作成绩突出的单位和个人予以表彰奖励。积极开展政府法制理论研究和社会主义法治理念教育，全面推进“五五”普法，在全省营造出全面推进依法行政，加快建设法治政府的浓厚氛围。

49. 加强政府法制机构建设，充分发挥其在推进依法行政工作中的重要作用。重点抓好县级以上政府法制机构建设，按照《辽宁省人民政府关于加强县乡政府法制建设推进基层依法行政工作的通知》（辽政发〔2007〕17号）精神，采取适当措施保证政府法制机构的设置和人员配备与所承担的任务相适应。要加大对政府法制干部的培养、教育、使用和交流力度。各级政府法制机构要切实履行好在推进依法行政工作中所承担的统筹规划、综合协调、督促指导、监督检查和考评等职责，充分发挥好参谋、助手和法律顾问的作用。

50. 完善依法行政经费保障机制。行政执法机关履行法定职责所需经费应纳入本级财政预算统一保障，不得以任何形式将行政执法经费与罚没收入、行政收费等事项挂钩。有条件的县级以上政府应当设立依法行政专项经费，保证推进依法行政工作的经费支出，并支持和奖励依法行政成绩突出的部门。各级行政执法机关的经费在充分保障行政执法的基础上，应重点保障执法人员培训、执法装备等提高依法行政能力的支出。

辽宁省人民政府关于加强法治政府建设的实施意见

（辽政发[2011]7号2011年2月25日）

各市人民政府，省政府各厅委、各直属机构：

为加快实现《国务院全面推进依法行政实施纲要》（以下简称《纲要》）提出的建设法治政府的奋斗目标，根据《国务院关于加强法治政府建设的意见》（国发[2010]33号，以下简称《意见》），结合辽宁实际，制定本实施意见。

一、提高公务员特别是领导干部依法行政的能力

1．切实增强公务员特别是领导干部依法行政的意识，形成尊重法律、崇尚法律、遵守法律的良好氛围。公务员特别是领导干部要自觉养成依法办事的习惯，切实提高运用法治思维和法律手段解决经济社会发展中各种矛盾和问题的能力。要重视提拔使用依法行政意识强、善于用法律手段解决问题、推动发展的优秀干部。

2．建立依法行政情况考察和法律知识测试制度。拟任县级以上政府及其部门领导职务的干部，应对其是否掌握相关法律知识以及依法行政情况进行考察或测试，考察测试结果作为任职的重要依据。

3．加大对公务员录用及管理中法律知识测查力度。在公务员录用考试中，法律知识试题分值不少于试题总分比重的20%。对从事行政执法、政府法制等工作的公务员，应当组织专门的法律知识考试，考试成绩达到良好以上的，方可从事行政执法、政府法制等方面的工作。

4．完善领导干部学法制度。各级政府及政府部门要制订年度法制讲座计划和学法计划，做到学法的计划、内容、时间、人员、效果“五落实”。市、县（市、区）政府每年至少举办两期领导干部依法行政专题研讨班，安排1次政府常务会议前学法活动。

5．建立法律知识学习培训长效机制。重点加强对行政执法人员通用法律知识培训、专业法律知识轮训和新法律法规专题培训。行政执法人员经过政府法制机构培训考试合格，取得行政执法证件后，才可从事行政执法工作。各级政府部门应当定期组织行政执法人员参加专业法律知识培训，年度集中培训时间不少于一周。要把培训情况、考试成绩作为考核内容和任职晋升的依据。

二、加强和改进制度建设

6. 科学确定立法计划。建立和完善向社会公开征集立法项目的体制和机制，鼓励单位和个人向政府提出立法意向。重点加强有关完善经济体制、改善民生和发展社会事业以及政府自身建设方面的立法。对社会高度关注、实践急需、条件相对成熟的立法项目，要作为重点，集中力量，尽早出台。

7. 制度建设应当符合法定权限和程序，严格遵守宪法和上位法的规定，维护法制统一。必须从实际出发，遵循并反映经济和社会发展规律及制度建设本身的规律，切实增加制度的科学性和可操作性。不得违法设定行政许可、行政处罚、行政收费、行政强制等事项，不得违法增加公民、法人和其他组织的义务。

8. 扩大立法的公众参与度，建立健全民主公开的制度建设机制。通过召开听证会、论证会、座谈会等形式征求社会各界关于制度建设的意见和建议。除依法需要保密的，地方性法规、规章和规范性文件草案都要向社会公开征求意见，统一反馈意见采纳情况。

9. 建立健全法规、规章和规范性文件起草前的成本效益分析制度、社会风险评估制度。成本效益分析报告和社会风险评估报告应当作为审议草案的重要依据。

10. 进一步完善政府立法的协调机制。加强政府法制机构在制度建设中的主导和协调作用，市、县（市、区）政府制发规范性文件，应当由政府法制机构进行审核，政府部门制定规范性文件应经部门的法制机构审核。要进一步强化立法协调的权威性，坚决克服制度建设过程中的部门利益和地方保护倾向。

11. 做好规章实施后的评估工作，完善规范性文件有效期制度。制定机关要在规章施行后3年内组织评估，对重要规章应当在实施一年后组织评估并公布评估结果。规范性文件应当注明有效期，有效期最长不得超过5年。标注“暂行”、“试行”的，有效期不得超过2年。有效期满需要继续实施的，要在有效期届满前6个月组织评估，并重新公布。

12. 及时开展规章和规范性文件清理工作。规章实施后每5年清理一次，规范性文件实施后每2年清理一次，但新的法律、法规施行，上级行政机关提出应当对规章、规范性文件进行清理，或者规章、规范性文件存在重大问题，或者不适应经济社会发展新形势要求的，应当及时进行清理。

13. 加大规章和规范性文件备案审查工作力度。制定机关要自规章规范性文件发布之日起30日内报送备案，报备率要达到100%。备案审查机关要严格审查报送备案的文件，定期通报各单位报送备案情况，及时依法处理公民、法人或者其他组织提出的审查建议，对违法或者不当的规章和规范性文件，要责令制定机关限期纠正并重新报送备案；拒不纠正的，依法予以撤销并向社会公布。

三、健全行政决策机制

14. 规范行政决策程序，健全行政决策规则。要把公众参与、专家论证、风险评估、合法性审查和集体讨论决定作为重大决策的必经程序。对政府重大投资项目、重大公共设施建设、公用事业价格调整、企业改制、土地征用、房屋搬迁、环境保护、教育医疗、社会保障制度改革等事项，在决策前应当充分吸收各方面意见，意见采纳情况及其理由要以适当形式反馈或者公布。对涉及面广、与人民群众利益密切相关的行政决策事项，应当向社会公开征求意见。

15. 作出重大决策前，决策草案应由政府法制机构进行合法性审查，未经合法性审查或者经审查不合法的，不得提交讨论。作出重大决策必须经政府常务会议或者部门领导班子会议集体讨论决定，法制机构主要负责人应当列席会议。

16. 建立行政决策风险评估机制，做到“综合评估、风险可控”。各级政府及其部门要制订重大决策社会稳定风险评估机制的实施意见。

17. 建立行政决策跟踪反馈制度。重大行政决策实施满一年后，实施部门应当通过抽样检查、跟踪调查、效益指标考核等方式，提出对决策执行情况跟踪反馈报告。决策机关要根据收集到的意见和建议适时对决策进行评估，必要时组织专家或者委托专业机构进行评估，并适时调整和完善有关决策。

18. 健全行政决策责任追究制度。明确监督主体、监督内容、监督对象、监督程序和方式，实现决策权和决策责任的统一。对违反决策规定、出现重大决策失误、造成重大损失的，要按照“谁决策、谁负责”的原则严格追究责任。

四、全面保证严格、规范、公正、文明执法

19. 各级政府应当严格依法履行职责，要更加重视社会管理和公共服务，着力保障和改善民生，切实解决就业、教育、医疗、社会保障、保障性住房等人民群众最关心的问题。加大行政执法力度，严厉查处危害安全生产、食品药品安全、自然资源和环境保护、社会治安等方面的违法案件，维护公共利益和经济社会秩序。研究建立行政执法级别管辖制度，深入推进相对集中行政处罚权制度，扩大实施领域，明确实施范围。一个部门内部有多支行政执法队伍的，要整合为一支执法队伍理。理顺各类园区、开发区管委会的行政执法体制，明确其执法主体资格、职责。

20. 建立行政执法争议协调裁决制度。行政执法部门之间发生行政执法争议的，由双方协商解决。协商不能达成一致的，提请共同的上一级政府法制机构协调解决，协调无法达成一致的，由政府法制机构报请本级政府裁决。争议未经协调或者裁决之前，除关系公共安全或者公民人身安全的，行政执法部门不得单方作出行政处理决定。政府法制机构对裁决执行情况进行监督。

21. 完善行政执法经费保障机制，实行罚缴分离、收支两条线的财政预算管理制度。行政执法部门不得规定行政处罚指标，实施罚款、没收违法所得、没收非法财物时，应当向当事人出具省财政部门统一制发的专用票据。行政执法部门不得损毁和使用、截留、坐支、私分罚没财物。行政执法工作所需经费纳入本级政府财政预算予以保障。不得以任何形式将罚没收入、行政事业性收费与行政执法部门的经费挂钩。

22. 规范行政执法自由裁量权。各级政府所属行政执法部门应当全部制定行政处罚自由裁量权实施标准。在建立行政处罚的基准制度、先例制度和说明制度的基础上，研究建立行政处罚自由裁量权实施标准的动态完善机制和有效应用机制，切实减少行政执法的随意性。开展规范行政审批（许可）自由裁量权工作，逐步建立规范行政审批（许可）自由裁量权制度。积极探索规范行政强制、行政征收、行政收费等领域的自由裁量权。

23. 健全行政执法案卷评查制度。严格执行《辽宁省行政执法案卷立卷标准（试行）》和《辽宁省行政执法文书档案管理办法》。行政执法部门应当建立行政许可、行政处罚、行政强制等行政执法的案卷。行政许可、行政处罚、行政强制等行政执法形成的监督检查记录、证据材料、执法文书等应当按照规定的标准进行收集、整理、立卷、归档，并实行集中统一管理。定期开展案卷评查，实现行政执法案卷的规范化管理。

24. 加强对行政执法队伍的管理。政府法制机构要对本级政府所属行政执法部门的行政执法主体资格进行审核确认，审核确认结果在本行政区域内新闻媒体上公告。依法委托其他行政机关或者组织行使行政执法职责的，由委托部门公告。垂直管理的行政执法部门的行政执法主体资格，由其所在地同级政府法制机构审核确认。行政执法人员必须经过统一考试，并取得政府法制机构核发的行政执法证件。禁止临时工、合同工及其他不具备执法资格的人员执法。

25. 进一步健全行政执法责任制。行政执法部门要定期对本部门行政执法人员的执法情况进行评议考核，考核结果作为对行政执法人员奖励惩处和晋职晋级的重要依据。行政执法中存在严重问题的，不能评优和晋级，并依法追究责任。

五、全面推进政务公开

26. 积极推进政府信息公开。完善政府信息公开规则，建立政府信息服务系统，加大便民服务力度。明确信息公开的范围、方式、时限、内容，除依法应当保密的以外，凡涉及公众关注的重大政策信息，都应当依法、准确、及时公布。在政府公众信息网上公开的政府信息应能够免费查阅、下载。推进财政预算、公共资源配置、重大建设项目批准和实施、社会公益事业建设等领域的政府信息公开。

27. 完善政府与公众的互动平台。各级政府和政府部门应当加强与公众的信息沟通、交流，对于群众的呼声要及时回应，公众意愿要得到及时反映，充分保障公民的知情权. 参与权、表达权和监督权。应当通过便于公众知晓的载体、方式公开政府信息，为公众查阅政府信息提供场所和其他便利条件。依申请提供政府信息，除依法可以收取的费用外，不得收取其他任何费用。

28. 推进办事公开。要把公开透明作为政府工作的基本制度，拓宽办事公开领域。所有面向社会服务的政府部门都要全面推进办事公开制度，依法公开办事依据、条件、要求、过程和结果，充分告知办事项目有关信息。要规范和监督医院、学校、公交、公用等公共企事业单位的办事公开工作，重点公开岗位职责、服务承诺、收费项目、工作规范、办事纪律、监督渠道等内容。

六、强化行政监督和问责

29. 各级政府应当自觉接受人大的法律监督、政协的民主监督、司法机关实施的监督和人民群众及社会舆论的监督。要向同级人大常委会专项报告依法行政情况，认真办理人大议案和代表建议。主动听取政协的意见，认真办理政协委员关于政府工作的提案。自觉接受司法监督，行政诉讼出庭应诉率要达到100%，判决裁定依法履行率要达到100%。通过设置举报箱、意见箱、电子信箱、开通热线电话等形式，畅通社会监督渠道。

30. 强化政府内部层级监督和专门监督。落实《辽宁省行政执法监督规定》，强化上级政府对下级政府，政府对其所属部门的监督管理。整合监督资源，加大监督力度，形成监督合力，围绕社会热点和民生等问题开展专项监督检查。不断规范政府派出机构的执法行为，规范乡镇政府委托村民自治组织实施行政管理的行为。保障和支持审计、监察等部门依法独立行使监督权。

31. 健全行政责任追究和违法造成损失的追究赔偿制度。对行政不作为、失职渎职、滥用职权、以权谋私的行为，超越法定权限、违反法定程序做出决策和制定发布规范性文件的行为，违法实施行政许可、行政处罚、行政收费、行政强制的行为，以及因推进依法行政不力，导致发生严重违法行政案件、造成重大社会影响的，要依法依纪严格追究责任人直至行政首长的责任。

七、依法及时化解社会矛盾纠纷

32. 各级政府应当建立健全有效的反映社会诉求、协调解决社会矛盾的机制，建立科学完善的社会预警和应急反应机制。大力开展矛盾纠纷排查调处工作，对应当由行政机关调处的民事纠纷，行政机关应当依照法定权限和程序，遵循公开、公平、公正的原则及时处理。积极建立行政调解制度，科学界定行政调解范围，规范行政调解行为，发挥居民委员会、村民委员会等基层组织的调解作用。对资源开发、环境污染、公共安全事故等方面的民事纠纷，以及涉及人数较多、影响较大、可能影响社会稳定的纠纷，行政机关要主动进行调解。

33. 充分发挥行政复议在解决矛盾纠纷中的主渠道作用。探索开展相对集中行政复议审理工作，积极试行由县级以上政府行政复议机构统一受理政府部门的行政复议案件。将调解工作列入行政复议案件审理重要程序，注重运用调解方式解决纠纷，提高案件调解结案率。调解达不成协议的，要及时依法公正作出复议决定。

34. 健全行政复议机构，充实行政复议人员，确保每件行政复议案件均有2名以上行政复议人员办理。实行行政复议人员资格制度，加快行政复议队伍职业化、专业化建设，开展行政复议后备人才培养工作。建立健全适应行政复议工作特点的激励机制和经费装备保障机制。

35. 畅通行政复议渠道，提高行政复议效率。符合法定条件的行政复议申请按时受理率达到100%，按时办结率达到100%。对行政复议案件审理中发现的共性违法行政问题，行政复议机构要及时制发建议书，要求有关机关予以纠正，并向上级机关报告相关情况。

36. 认真做好行政应诉工作。各级政府及政府部门要建立完善的行政应诉制度，积极配合人民法院的行政审判活动，支持人民法院依法独立行使审判权。建立行政首长出庭应诉制度，重大行政案件要由行政机关负责人出庭应诉。

八、建立法治政府建设的保障机制

37. 各级政府及政府部门成立的由主要领导任组长的推进依法行政领导小组，应当担负起本地区、本部门推进依法行政组织领导责任，进一步加大贯彻实施《纲要》的力度，保证各项任务落到实处。要根据工作需要及主要领导的变化情况及时调整领导机构成员。加强对依法行政工作的总结，树立先进典型，定期进行表彰奖励。

38. 各级政府及政府部门的主要领导是法治政府建设的第一责任人。政府常务会议至少每半年听取一次依法行政工作汇报，政府部门办公会议每季度听取一次依法行政工作汇报，及时解决本地区、本部门在推进依法行政工作中存在的突出问题。县级以上政府每年要书面向本级党委、人大常委会和上一级政府报告推进依法行政情况，政府部门每年要书面向本级政府和上一级政府有关部门报告推进依法行政情况。

39. 加强对法治政府建设的规划和部署。市、县（市、区）政府要根据本地区经济社会发展状况，制订依法行政规划和年度工作计划，明确目标任务、具体措施、完成时限和责任单位。各市政府要在2011年上半年制定本地区法治政府建设标准，对法治政府建设的各项指标进行分解、细化和考核。

40. 加强对依法行政的考核力度。落实《辽宁省依法行政考核办法》，完善依法行政考核机制，将依法行政考核评价结果纳入各级政府、政府部门及其工作人员绩效考核指标体系，并与组织人事部门的干部考核挂钩，作为干部奖惩任免的重要依据。提高依法行政考核在对下级政府、政府部门绩效考核中的权重分值。

41. 要按照《意见》和《辽宁省全面推进依法行政规划（2010—2014年）》要求，加强政府法制机构特别是市、县（市、区）政府法制机构的建设，加大政府法制干部的培养、教育、使用和交流力度。各级政府法制机构要切实履行好在推进依法行政、建设法治政府中所承担的统筹规划、综合协调、督促指导、监督检查和考评等职责，充分发挥好参谋、助手和法律顾问的作用。

42. 深入开展法治宣传教育，积极开展政府法制理论研究和社会主义法治理念教育，充分利用“六五”普法活动，营造全面推进依法行政，加快建设法治政府的良好环境。

辽宁省政府信息公开保密审查办法

辽政办发〔2010〕67号2010年12月31日

第一章　总则

第一条　为规范政府信息公开保密审查工作，根据《中华人民共和国保守国家秘密法》、《中华人民共和国政府信息公开条例》、《国务院办公厅关于进一步做好政府信息公开保密审查工作的通知》（国办发[2010]57号）、《辽宁省政府信息公开规定》等有关规定，制定本办法。

第二条　本办法所称保密审查，是指对政府信息是否公开做出结论或提出处理意见的行为。

第三条　本省区域内各级行政机关以任何形式主动公开、依申请公开政府信息，适用本办法。

第四条　行政机关应当加强对政府信息公开保密审查工作的组织领导，建立健全保密审查工作机制。

第五条　坚持“先审查、后公开，谁公开、谁负责”和“一事一审”的原则，未经审查和批准，不得公开政府信息。

第二章　保密审查程序

第六条　保密审查履行初审、复审和批准的程序。

第七条　初审，重点审查政府信息是否涉及不应公开的内容，提出处理建议并说明理由。

（一）涉及国家秘密的，提出不予公开的建议；主要内容需要公众广泛知晓或参与，但其中部分内容涉及国家秘密的，提出经法定程序解密并删除涉密内容后予以公开的建议。

（二）涉及商业秘密、个人隐私的，公开后可能损害第三方合法权益的，提出书面征求第三方意见的建议；不公开可能对公共利益造成重大影响的，提出予以公开并将内容和理由书面通知第三方的建议。

（三）公开后可能危及国家安全、公共安全、经济安全和社会稳定的，提出不予公开的建议。

（四）依照规定须经有关主管部门批准公开的，提出报请主管部门批准的建议，未获批准的，提出暂时不予公开的建议。

（五）属于公开范围的，提出主动公开或依申请公开，及公开载体的建议。

第八条 复审，重点对初审的程序和建议是否符合相关规定进行审核，协调相关部门和保密行政管理部门对不确定事宜进行认定。

（一）初审的依据是否真实、有效、准确、全面。

（二）初审的程序和建议是否合规。

（三）对是否属于国家秘密不明确的，提出申请保密行政管理部门确定的建议；涉及业务工作的，提出申请业务主管部门审查的建议。

（四）遇有可能涉及国家安全、公共安全、经济安全和社会稳定的重大拟公开事项，提出与有关部门协商的建议。

第九条 批准，由机关负责人或被授权人，对初审、复审的程序和建议是否符合相关规定进行审查，做出是否公开、以何种方式公开的最终决定。批准人对保密审查的最终结果负领导责任。

第十条 保密审查采取书面方式并予以保存。主要记载：被审查信息的标题或内容摘要、类别、载体的形式、生成日期；审查依据；审查结论或处理意见；初审人、复审人、批准人的签名、日期；其他应当记载的内容。

第十一条 行政机关在向相关职能部门、保密行政管理部门提出审查申请时出具公文，说明不能确定是否公开的原因，并提供记载审查信息的载体和受理部门需要的其他材料。

受理部门收到保密审查申请后，在7个工作日内作出书面答复；如需延期应提前告知，延期不得超过7个工作日。

第十二条 经保密审查，属于主动公开的政府信息，及时交由政府网站、政府公报、新闻发布机构以及通过报刊、广播、电视等方式予以公开。

政府网站是政府信息公开的主要渠道之一。各机关、单位网站管理部门要建立政府信息发布登记制度。在政府网站上发布政府信息，承办单位应向网站管理部门提 供同意公开的审批意见，网站内容保障责任单位报送的政府信息纸质文本，要有单位公章或负责人签字；通过报送系统报送的电子文本，也必须履行保密审查程序， 一经报出即视为报送单位审查同意公开。网站管理部门做好相应记录备查。

第三章　公文保密审查

第十三条　公文是行政机关在公文管理过程中形成的具有法定效力和规范体式的文书，主要包括命令（令）、决定、公告、通告、通知、通报、议案、报告、请示、批复、意见、函、会议纪要等。

第十四条　在公文产生过程中，草拟部门应提出是否公开的意见，记录在发文机关提供的办理单上，拟公开的应注明公开方式；不予公开的应说明理由。

公文审核部门认为草拟部门是否公开的意见不符合相关规定的，应商草拟部门或保密行政管理部门重新确定，需要删减涉密内容后公开的，审核部门应提出具体删减意见，由起草部门删减；协商不一致的，由审核部门提出意见，报审批机关负责人确定。

第十五条　联合发文，由各联合发文机关协商确定是否公开。公文签发后，主办机关应将其是否公开的最终决定反馈给其他联合发文机关。

第十六条　密码电报、标有密级的文件等属于国家秘密、且尚未解密的政府信息，一律不得公开。密码电报确需公开的，经发电单位审查批准后只公开电报内容，不得公开报头等电报格式。

第四章　监督和保障

第十七条　行政机关要明确保密审查机构，落实审查责任，加强对本机关、本系统尤其是基层单位政府信息公开工作人员的保密教育培训。

第十八条　行政机关每年对本机关涉密政府信息进行复核，符合解密条件的依法解密，符合公开要求的予以公开。有关复核情况报同级保密行政管理部门备案。

第十九条　政府信息公开主管部门和保密行政管理部门要加强对政府信息公开保密审查工作的监督、检查和指导，并组织专项检查。

第二十条　各级行政机关进行政府信息公开保密审查时，有下列情形之一的，由政府信息公开主管部门或保密行政管理部门责令改正，情节严重的，对有关责任人员依法给予处分：

（一）未建立政府信息公开保密审查制度的；

（二）未经保密审查程序而公开政府信息的；

（三）未履行保密审查责任或保密审查程序不规范的；

（四）违反本办法规定的其他行为。

第五章　附则

第二十一条　本省法律、法规授权的具有管理公共事务职能的组织的政府信息公开保密审查，适用本办法。

本省教育、医疗卫生、计划生育、供水、供电、供气、环保、公共交通等与人民群众利益密切相关的公共企事业单位在公开信息时，参照本办法进行保密审查。

第二十二条　本办法由省政府办公厅会同省保密局负责解释。

第二十三条　本办法自发布之日起施行。2009年9月14日印发的《辽宁省政府信息公开保密审查办法（试行）》同时废止。

。

辽宁省教育厅关于印发《关于加强青少年学生法制教育的工作意见》的通知

（辽教发[2011]99号2011年8月17日）

各市教育局，部属、省属高等学校：

为贯彻落实《国家中长期教育改革和发展规划纲要（2010—2020年）》、《辽宁省中长期教育改革和发展规划纲要（2010—2020年）》，根据中央宣传部、司法部《关于在公民中开展法制宣传教育的第六个五年规划》和省委王珉书记关于“从教育入手加强未成年人的法制意识教育，促进未成年人健康成长”的批示精神，特制定了《关于加强青少年学生法制教育的工作意见》，现印发给你们，请认真贯彻执行。

关于加强青少年学生法制教育的工作意见

为贯彻落实《国家中长期教育改革和发展规划纲要（2010—2020年）》、《辽宁省中长期教育改革和发展规划纲要（2010—2020年）》，落实中央宣传部、司法部《关于在公民中开展法制宣传教育的第六个五年规划》，现就加强我省青少年学生法制教育工作，提出以下意见：

一、提高加强青少年学生法制教育工作的认识

国家教育规划纲要在教育改革和发展的战略主题中提出：“加强公民意识教育，树立社会主义民主法治、自由平等、公平、正义理念，培养社会主义合格公民。”加强青少年学生法制教育，提高青少年学生法制观念、法律素质和公民意识，是各级各类学校特别是中小学教育教学的一项重要任务。当前社会上出现了未成年人违法犯罪年龄年轻化、女性比例上升、失辍学现象严重的新情况，为保护未成年人的身心健康，保障未成年人的合法权益，培养未成年人良好品行，有效地预防未成年人犯罪，把他们培养成德智体美全面发展的社会主义建设者和接班人，迫切要求开展有针对性的学校法制教育，确保各级教育行政部门和学校履行对青少年法制教育的法定责任，确保完成依法治国基本方略、建设社会主义法治国家这一基础性教育工作。

二、青少年学生法制教育的总体要求、基本原则和主要任务

1. 总体要求：根据青少年的特点和接受能力，结合公民意识教育，有针对性地开展法制宣传教育，引导青少年树立社会主义法治理念和法治意识，养成遵纪守法的行为习惯，培养社会主义合格公民。

2. 基本原则：一是贴近实际、贴近生活、贴近学生原则，既要遵循思想道德建设的普遍规律，又要体现法制教育的特点，积极倡导深入浅出、循循善诱的方式，采用通俗鲜活的语言、生动的典型事例，体现教学的互动性和趣味性，增加吸引力和感染力，提高法制教育的针对性和实效性。二是法律知识教育与法治实践教育相结合原则，采取多种方式为学生提供了解和参与法治实践的机会，教育和引导学生在实践当中掌握法律知识，领会法治理念，提高法律素质。 三是整合性原则，将法制教育与学校学科教学相结合，渗透到相关学科教学中；与各种教育活动相结合，融入到教育活动中；与必要的专项教育相结合，形成多角度、宽领域、复合式的法制教育格局。

3. 主要任务：培养青少年的爱国意识、公民意识、守法意识、权利义务意识、自我保护意识，养成尊重宪法、维护法律的习惯，帮助他们树立正确的人生观、价值观和荣辱观，树立依法治国和公平正义的理念，提高分辨是非和守法用法的能力，引导他们做知法守法的合格公民。

三、青少年学生法制教育的内容

1. 小学生法制教育。要进行初步的法律意识、权利意识和自我保护意识的启蒙教育，使学生具备初步的法律观念和权利观念。一是使学生们了解社会生活中有规则，法律是社会生活中人人都要遵守的具有强制性的规则，法律规定人们在日常生活和各种特定条件下能够做什么、必须做什么或禁止做什么。二是初步了解法律的作用，体会法律代表公平正义，维护秩序，保障自由，保护人身、财产等权力不受侵犯。三是了解自己依法享有的权利，任何人的权利不可随意剥夺和侵犯，法律面前人人平等。四是了解《宪法》是国家的根本大法，是制定其他法律的依据，具有最高的法律效力，初步建立《宪法》意识。五是初步了解未成年人权利的基本内容，了解《宪法》规定的公民基本权利的内容，知道生命健康权、人身自由权、姓名权、受监护权、休息权、隐私权、财产权、继承权、受教育权等基本权利应当受到保护，增强权利意识。六是掌握初步的自我保护方法，知道权利受到侵犯时如何寻求法律保护，了解寻求法律保护的渠道。

2. 初中学生法制教育。一是进一步学习《宪法》的基本知识，增强《宪法》意识。二是使学生们知道法治精神体现了社会公平、正义的要求，反映了人与人之间的平等关系。三是理解我国公民权利的广泛性、现实性、平等性，懂得公民在享有权利的同时必须履行相应的法定义务，懂得不承担法定义务或触犯法律要承担法律责任。四是懂得法律维护社会秩序，能够协调人与自然、人与社会的协调发展，着重了解与学生生活密切相关的刑事、民事、行政管理等方面的法律知识。五是了解预防未成年人犯罪法的有关内容，知道违法和犯罪的含义，认识违法犯罪的危害，知道不良行为容易导致违法犯罪，违法犯罪会受到法律的惩罚。抵制不良诱惑，养成遵纪守法的习惯。懂得未成年人要在保证自身安全的条件下见义勇为，知道揭发检举、及时报警、正当防卫等是同犯罪作斗争的有效手段。六是懂得未成年人权益应当受到国家保护，知道未成年人保护法关于家庭保护、学校保护、社会保护、司法保护的主要内容，掌握自我保护和维权的方法，学会采用诉讼或者非诉讼方式维护合法权益。

3．普通高中学生法制教育。一是了解法律反映了个人自由与社会秩序之间的关系，理解法律规范存在的价值，形成理性的法律意识和法治观念，懂得依法治国是我国社会主义建设的重要方略。二是使学生们知道法律是国家意志的体现，了解法律具有维护社会秩序、实现社会公正、规范法律主体行为、调整利益关系的功能，促进个人、社会、环境的协调发展。三是了解规范我国政治、经济和文化生活方面的主要法律，理解宪法关于我国国体、政体、国家机构的设置和职权的相关规定，了解与公民参与政治生活相关的法律，理解宪法关于我国基本经济制度和基本分配制度的规定，了解发展社会主义市场经济的相关法律法规，了解我国加强教育、科学、文化等社会主义精神文明建设的相关法律。四是了解国际法的基本原则和我国批准的重要国际公约，特别是国际人权公约、世界贸易组织公约、保护人类环境的国际公约等有关知识，树立全球意识。五是理解公民权利和义务的关系，了解公民权利的主要内容，懂得公民在享有权利的同时必须履行相应的法定义务，树立正确的权利观和义务观。

4．中等职业学校学生法制教育。在参照同年龄段中学生法制教育学习内容外，还要突出学习与所学专业知识相关及劳动保护等方面的法律知识。

5．大学生法制教育。要注重中国特色社会主义法学理论学习，按照中宣部和教育部关于“思政课”的课程设置，突出法律基础理论和依法治国理论与实践的学习，突出民事法律、市场经济法律与WTO规则基本知识的学习，突出树立崇尚法律、遵守法律的意识，增强社会主义法制观念。

四、青少年学生法制教育的实施途径

1．学科教学。将法制知识融合到中小学相关主干课程，丰富法制教育的内容和范围，增加法制教育机会。小学的品德与生活、品德与社会等学科，初中的思想品德、历史与社会、地理等学科，高中的思想政治、历史等学科是法制教育的骨干学科，要在这些学科教学中挖掘法制教育内容，分层次、分阶段，适时、适量、适度地对学生进行生动活泼的法制教育。语文、生物、体育等学科蕴含着丰富的与法制教育相联系的内容，教师要在学科教学中结合教学内容，挖掘法制教育因素，对学生进行法治文明、公平正义、恪守规则等方面的教育。要充分运用与学生密切相关的事例，学科史上有趣材料作为教学资源，利用多种手段和方法开展法制教育活动。同时做好学生学习成效的监测评估，及时修正完善有关学科法律知识点的选择和渗透。为保证法制教育的法制统一性和规范性，省教育厅将组织编写或推荐《学科教学中的法制教育要点》，分别提供小学、初中、高中阶段教师教学使用；利用《辽宁教育工作》、辽宁教育信息网开设教育普法专栏。

大学生法制教育要使用好中宣部、教育部组织编写的马克思主义理论研究和建设工程重点教材。

2．专题教育。要从学生的认知水平、学习兴趣、思想认识、行为表现和社会实际出发，开展灵活多样、富有成效的专题教育活动，倡导自主探究、合作交流、实践体验的学习方式。法制专题教育要与道德教育、心理教育、青春期教育、生命教育紧密结合，与安全、禁毒、预防艾滋病、环境、国防、交通安全、知识产权等专项教育有机整合，使之融为一体。按照中央组织部、中央宣传部、中央政法委、教育部、司法部、中国法学会的《2011年“百名法学家百场报告会”法治宣讲活动实施方案》，结合辽宁实际情况，组织安排全省的法治宣讲活动。

3．课外活动。要充分利用班团队活动、学生社团活动、节日纪念日活动、仪式教育、社会实践活动等多种载体，注重发挥学生社团的作用，组织开展法律知识竞赛、有奖征文、学生模拟法庭、等生动活泼的系列法制教育主题活动，增强学生学习法律知识的兴趣，增强学生依法律己、依法办事的自觉性。

4．个别辅导。学校教师特别是班主任老师要针对个别学生中出现的违法违纪行为，进行积极的教育和管理；要关注学生思想、情绪、行为等方面的变化，及时进行法律、道德、心理等多方面的辅导，帮助他们克服缺点、改正错误、健康成长。

五、青少年学生法制教育的措施

1．组织措施。各级教育行政部门要从实际出发，制订法制教育的实施计划，整合当地德育、教研、科研等部门的力量，进行法制教育的研究和实践。各级各类学校要明确法制教育的地位和目标，完善法制教育的内容和体系，创新法制教育的方法和途径，发挥课堂教学的主渠道作用，特别是深入推进中小学法制教育课时、教材、师资、经费“四落实”，努力实现学校法制教育的系统化科学化，将法制教育与依法治校有机结合起来，全面提升学校治理水平。

2．资源利用。各地教育行政部门和学校要多方开发和利用校内外丰富的法制教育资源，积极开发图文资料、教学课件、音像制品等教学资源，充分利用网络、影视、图书馆、爱国主义教育基地等社会资源。要特别重视互联网等传播手段以丰富青少年法制宣传教育的途径和形式，健全学校、家庭、社会“三位一体”的青少年法制教育格局。联合司法、公安部门选择适合青少年参观的相关普法教育机构和设施，开辟多种形式的青少年法制教育基地，向未成年人开放，为青少年法制教育服务。结合学校校园及周边环境综合治理和安全防范工作，发挥中小学兼职法制副校长、法制辅导员作用，加强青少年权益保护、预防和减少青少年违法犯罪等有关法律法规宣传教育。

3. 队伍培训。各级教育行政部门和学校要采取集中培训、网上自学、教师交流等多种形式，做好教师的法律知识培训工作，对学科教师、法制教育辅导员要加强专业技能的培训，培养、壮大和提高法制教育的师资队伍。结合教育系统“六五”普法规划的实施，深入贯彻教育部的学校校长、教师法制教育大纲，省教育厅组织编写《教师法制教育读本》，对全体教师进行有关法制教育基本知识和必备能力的培训，提高学校依法治校水平。

辽宁省民办学校变更与终止办法（试行）

（辽教发[2011]101号2011年8月18日）

第一章　总则

第一条 为了规范民办学校的变更与终止行为，维护民办学校、举办者、教师、受教育者及其他利害相关人的合法权益，根据《中华人民共和国民办教育促进法》、《中华人民共和国民办教育促进法实施条例》、《辽宁省民办教育促进条例》制定本办法。

第二条 本省范围内，经省、市、县（区）人民政府教育行政部门依法批准设立的民办学校的变更与终止，适用本办法。

第三条 民办学校的变更是指依法改变被许可事项的行为。

民办学校的变更事项包括：民办学校的分立、合并；学校名称、地址、层次、类别变更；民办学校举办者、校长变更。

民办学校的终止是指依法停止办学活动的行为。

第四条 民办学校的变更与终止应当遵循国家有关法律法规。民办学校的变更应当符合区域教育发展需要，有利于民办学校持续健康发展。

第五条 省、市、县（区）人民政府教育行政部门在其职责范围内负责有关的民办学校的变更与终止事项。

实施高等学历教育的民办学校的变更与终止，按照审批权限，报省人民政府、国务院教育行政部门审批或备案。

第二章　分立、合并

第六条 民办学校的分立是指一个民办学校分立为两个或两个以上的民办学校。分立后各民办学校应当符合相应办学层次、类别的设置标准。

分立后各民办学校按协议承继原学校的财产、债权和债务，并承担连带责任。

第七条 民办学校申请分立,应当向审批机关提 交下列文件：

（一）《行政许可申请书》；

（二）决策机构决议；

（三）财务清算报告；

（四）办学评估报告；

（五）分立后各学校章程；

（六）分立后各学校资产来源、资产数额及其有效证明文件，并载明产权；

（七）分立后各民办学校决策机构组成人员名单；

（八）分立后各民办学校校长、教师、财会人员的资格证明文件；

（九）审批机关认为需要提交的其他文件。

第八条 民办学校的合并是指两个或两个以上民办学校合并组成一个民办学校。

民办学校合并可以采取吸收合并或新设合并。

一个民办学校吸收其他民办学校为吸收合并，被吸收的民办学校终止。两个或两个以上民办学校合并设立一个新的民办学校为新设合并，合并各方终止。

民办学校合并后，合并各方的债权、债务应当由合并后的民办学校承继。

第九条 民办学校申请合并，应当向审批机关提交以下文件：

（一）《行政许可申请书》；

（二）拟合并各方决策机构决议；

（三）拟合并各方财务清算报告；

（四）拟合并各方签订的协议；

（五）合并后学校的资产来源、资产数额及其有效证明文件，并载明产权；

（六）合并后学校章程；

（七）合并后民办学校决策机构组成人员名单；

（八）合并后民办学校的校长、教师、财会人员的资格证明文件；

（九）审批机关认为需要提交的其他文件。

第十条 民办学校申请分立或合并，审批机关应当自受理之日起三个月内做出是否批准的决定；其中，申请分立或合并民办高等学校的，审批机关可以自受理之日起六个月内做出是否批准的决定。批准的，换发民办学校办学许可证；不批准的，应当书面说明理由。

实施学历教育的民办学校申请分立、合并，审批机关应当组织专家进行评议，专家评议时间不计算在审批时限内。

第三章　名称、地址、层次、类别变更

第十一条 民办学校变更名称是指变更经审批机关批准的学校名称。

第十二条 民办学校申请变更名称，应当向审批机关提交下列文件：

（一）《行政许可申请书》；

（二）决策机构决议；

（三）审批机关认为需要提交的其他文件。

第十三条 民办学校地址变更是指变更实施教育教学活动的法定场所。

变更地址后学校的办学条件应当符合相应层次学校设置标准。

第十四条 民办学校申请变更地址，应当向审批机关提交下列

文件：

（一）《行政许可申请书》；

（二）决策机构决议；

（三）变更后学校资产权属及合法使用的有效证明文件；

（四）变更后学校教育教学设施等条件证明文件；

（五）有关部门出具的安全审验文件；

（六）审批机关认为需要提交的其他文件。

第十五条 民办学校申请变更名称或地址，审批机关应当自受理之日起二十日内做出是否批准的决定。批准的，换发办学许可证；不批准的，应当书面说明理由。

民办学校申请变更地址，审批机关应当进行现场核查；

第十六条 民办学校变更办学层次是指改变其实施的高等教育、高级中等教育、初等教育、学前教育的结构层级。

民办学校变更办学类别是指改变其实施的学历教育、非学历教育、普通教育、职业教育的结构种类。

民办学校变更层次或类别，应当符合相应的设置标准。

第十七条 民办学校申请变更办学层次或者类别，应当向审批机关提交下列文件：

（一）《行政许可申请书》；

（二）决策机构决议；

（三）变更后民办学校章程；

（五）变更后民办学校的教育教学设施条件证明文件；

（六）变更后学校的培养方案、课程设置、教学计划、师资配备；

（七）审批机关认为需要提交的其他文件。

第十八条 民办学校申请变更层次或类别，审批机关应当自受理之日起三个月内

做出是否批准的决定；其中申请变更为民办高等学校的，审批机关可以自受理之日起六个月内做出是否批准的决定。批准的，换发民办学校办学许可证；不批准的，应当书面说明理由。

申请变更实施学历教育层次或类别的，审批机关应当组织进行专家评议，专家评议时间不计算在审批时限内。

第四章　举办者变更或内部出资比例调整、校长变更

第十九条 民办学校举办者变更是指以出资或者筹资形式创办民办学校的社会组织或者个人发生改变。

民办学校举办者内部出资比例调整是指出资人不发生改变的情况下，变更各出资人出资的份额。

民办学校变更举办者后，其办学条件应当达到规定层次、类别学校的设置标准。

第二十条 民办学校申请变更举办者，应当向审批机关提交下列文件：

（一）《行政许可申请书》；

（二）决策机构决议；

（三）变更协议；

（四）财务清算报告；

（五）变更后学校资产来源、数额的有效证明文件；

（六）变更后学校章程；

（七）变更后学校决策机构组成人员名单；

（八）审批机关认为需要提交的其他文件。

民办学校举办者内部出资比例调整，应当向审批机关提交本办法第十七条第（一）、（二）、（三）、（六）项规定的材料。

第二十一条 民办学校校长变更是指改变经核准的校长人选。

民办学校变更的校长，应当符合国家规定的任职条件。

第二十二条 民办学校申请变更校长，应当向审批机关提交下列文件：

（一）《行政许可申请书》；

（二）决策机构决议；

（三）拟变更校长的身份和资格证明；

（四）审批机关认为需要提交的其他文件。

第二十三条 民办学校申请变更举办者或校长，审批机关应自受理之日起二十日内做出是否核准的决定。核准的，换发民办学校办学许可证或在办学许可证副本标注；不核准的，应当书面说明理由。

民办学校申请调整举办者内部出资比例，审批机关应当在受理之日起二十日内做出是否核准的书面决定。核准的，颁发行政许可决定书，不核准的，应当书面说明理由。

第五章　终止

第二十四条 本办法所称民办学校终止是指民办学校根据学校章程规定或因其他原因自行要求终止的行为。

第二十五条 民办学校申请终止办学，应当向审批机关提交下列文件：

（一）《行政许可申请书》；

（二）决策机构决议；

（三）财务清算及清偿报告；

（四）在校学生安置方案；

（五）审批机关认为需要提交的其他文件。

第二十六条 民办学校提出终止办学申请的，审批机关应当自受理之日起二十日内作出书面决定，批准的，颁发终止决定书，并向社会公告。不批准的，应当书面说明理由。

民办学校办学终止申请获得批准后，由审批机关收回办学许可证和印章。

第二十七条 民办学校办学资格终止后，依法办理法人注销登记。

第六章　附责

第二十八条　本办法所称民办学校包括依法举办的其他民办教育机构，民办学校校长包括其他民办教育机构的主要行政负责人。

第二十九条　民办学校申请分立、合并，名称、地址、层次、类别、举办者变更，应当自审批机关批准之日起30日内向民政部门申请法人变更登记。

第三十条　民办学校章程、决策机构组成人员变更的，应当依法到审批机关进行变更备案。

第三十一条 本办法解释权归辽宁省教育厅。

第三十二条 本办法自2011年8月20日起施行。

国家教育委员会关于《中华人民共和国教师法》若干问题的实施意见

（教人[1995]81号1995年10月6日）

《中华人民共和国教师法》（以下简称《教师法》）是一部新形势下加强教师队伍建设的重要法律。它对于依法治教，维护教师的合法权益，加强教师队伍的规范化管理，都具有十分重要的意义。现就实施《教师法》的若干问题，提出如下意见：

一、关于《教师法》的适用范围

《教师法》第二条所称“教师”是指：各级人民政府举办的幼儿园，普通小学，特殊教育学校，工读学校，技工学校，普通中学，职业中学，中等专业学校，全日制普通高等学校，高等职业学校，成建制初、中、高等成人学校的教师。

少（青）年宫、少年之家、少年科技站、电化教育机构中的教师，省、市（地）、县级的中小学教研室的教育教学研究人员，学校中具备教师资格、具有教师职务、担负教育教学工作的管理人员或者其他专业技术人员，属于《教师法》的适用范围。

除以上二款规定以外的其他教育机构的教师、学校和其他教育机构中的教育教学辅助人员，地方人民政府可根据实际情况，参照《教师法》的有关规定执行。

二、关于教师的管理

（一）高等学校、中等专业学校、技工学校及依法设立的民办学校，按照《教师法》及有关法规的规定，对本校的教师工作进行自主管理。有条件的公办中小学经县级以上人民政府教育行政部门批准，按照《教师法》及其有关法规的规定，对教师的聘任、考核、奖惩、培训等进行自主管理；不具备条件的中小学，教师的管理工作由县级人民政府教育行政部门负责。

（二）各级人民政府每年以尊师重教为中心，积极组织开展庆祝教师节的活动，讲求实效。

国家鼓励社会组织和个人采取多种形式，开展尊师重教活动。

三、关于教师的任用

（一）教师资格制度、教师职务制度、教师聘任制度另行规定。各地要按照国家的统一规定，结合各地的实际情况任用教师。

（二）国家对在学期间免收学费、享受专业奖学金的师范毕业生，实行任教服务期制度，服务期为5年。

各级师范学校中的定向生、委培生按合同约定执行。

四、关于教师的培养与培训

（一）地方人民政府及其有关部门，应当制定和实施教师的培养规划，保证本地区教师队伍有可靠的补充来源。

国家对少数民族地区或者边远贫困地区教师的培养实行定向招生分配制度。

（二）各级师范学校应当根据国家下达的招生计划，保证完成教师培养任务。

国家对师范生免收学费，并实行专业奖学金制度。

（三）各地应当设立教师培训的专项经费，各级人民政府的教育行政部门、学校主管部门、各级各类学校及其他教育机构，应当制定教师培训规划和计划，保障教师进修培训的权利。

教师的进修培训应当根据学校的安排，因地制宜，学用结合，以自学为主，不脱产为主。

五、关于教师的考核

（一）中小学教师考核的办法，由省级教育行政部门根据国家有关规定制订；中等专业学校、技工学校教师考核办法，由省级教育行政部门会同有关主管部门根据国家有关规定制订。学校应根据省级教育行政部门的规定，制定本校的教师考核办法。

高等学校的教师考核办法，由高等学校根据国家有关规定自行规定。

（二）教师的考核应当坚持全面考核、以工作成绩为主，做到客观、公正、准确。

（三）考核结果分为优秀、称职、不称职等若干等级，作为受聘任教、工资确定、实施奖惩的重要依据。教师考核结果要记入业务档案。考核优秀者，可优先晋升工资、晋升教师职务；考核称职者，可定期晋升工资、续聘、晋升教师职务；考核不称职的可根据情况不晋升工资或者低聘、解聘教师职务。

六、关于教师的奖励

国务院教育行政部门、有关部门和地方各级人民政府及其有关部门组织实施的教师奖励，依照《优秀教师和优秀教育工作者奖励暂行规定》、《教学成果奖励条例》及有关法律、法规执行。

社会组织和公民个人对教师进行奖励的，应当征求县级以上教育行政部门的意见。

七、关于教师的待遇

（一）《教师法》第二十五条所称“平均工资水平”是指：按国家统计局规定的

工资总额构成的口径统计的平均工资额。

各地应当按照国家规定，结合本地区的实际情况，确定当地教师平均工资水平高于当地国家公务员平均工资水平的幅度及保障措施，并予以落实。

（二）《教师法》第二十六条中所指的中小学教师和职业学校教师享受的津贴，包括教龄津贴、班主任津贴、特殊教育津贴、特级教师津贴以及根据需要设立的其他津贴。

作出突出贡献的教师，依照国家规定，享受政府特殊津贴。

（三）农村公办教师的工资和民办教师工资的国家补助部分，由县级财政负责支付，县级财政确有困难的，由上级地方人民政府采取措施予以解决；但经济发达的地区经省级人民政府批准可由乡级财政负责支付。

民办教师工资中集体统筹部分，由农村教育费附加予以保证。除经济发达的农村地区外，农村教育费附加首先保证民办教师集体统筹部分工资的发放，不得用以充抵民办教师工资中应由财政支付的部分。

（四）各地应当认真落实《国务院办公厅转发国家教委等部门关于加快解决教职工住房问题意见的通知》（国办发〔1995〕18号），尽快使城市教职工家庭人均住房面积达到或者超过当地居民平均住房水平。

各地应当集中一定财力，为城市教师建设住房，并在城市统建住房中，向教师提供一定比例的住房。向教师出售、租赁住房，应当规定优惠办法。

（五）公办教师的医疗，依照《教师法》第二十九条第一款的规定，同当地国家公务员享受同等待遇。

地方各级人民政府应当建立教师定期身体检查制度。

（六）《教师法》第三十一条所称国家补助、集体支付工资的中小学教师是指现阶段农村中小学中经政府认定的民办教师。

同条所称“同工同酬”是指：民办教师和公办教师在同等条件下，履行相同的教师职责，在工资收入上享受同等待遇。地方各级人民政府应当积极鼓励建立民办教师福利基金。

国务院和地方人民政府每年划拨指标后，应从民办教师中选招公办教师；扩大师范学校招收民办教师入学的比例；对经培训仍不能胜任教育教学工作的民办教师，由县级教育行政部门批准辞退；对老年、病残民办教师离岗后的生活予以妥善安置。

八、关于教师申诉

（一）教师对学校或者其他教育机构提出的申诉，由其所在区域的主管教育行政部门受理。省、市、县教育行政部门或者主管部门应当确定相应的职能机构或者专门人员，依法办理教师申诉案件。

行政机关对不属于其管辖范围的申诉案件，应当移送有管辖权的行政机关办理，同时告知申诉人。因申诉管辖发生争议的，由涉及管辖的行政机关协商确定，也可由它们所属的同一级人民政府或者共同的上一级主管机关指定。

（二）行政机关对属于其管辖的教师申诉案件，应当及时进行审查，对符合申诉条件的，应予受理；对不符合申诉条件的，应以书面形式决定不予受理，并通知申诉人。

行政机关对受理的申诉案件，应当进行全面调查核实，根据不同情况，依法作出维持或者变更原处理决定、撤销原处理决定或者责令被申诉人重新做出处理决定。

（三）对学校或者其他教育机构提出的申诉，主管教育行政部门应当在收到申诉书的次日起30天内进行处理。

对当地人民政府有关行政部门提出的申诉，受理申诉的行政机关也应当及时作出处理，不得拖延推诿。

逾期未作处理的，或者久拖不决，其申诉内容涉及人身权、财产权以及其他属于行政复议、行政诉讼受案范围的，申诉人可以依法提起行政复议或者行政诉讼。

（四）行政机关作出申诉处理决定后，应当将申诉处理决定书发送给申诉当事人。申诉处理决定书自送达之日起发生效力。

申诉当事人对申诉处理决定不服的，可向原处理机关隶属的人民政府申请复核。其申诉内容直接涉及其人身权、财产权及其他属于行政复议、行政诉讼受案范围事项的，可以依法提起行政复议或者行政诉讼。

九、关于《教师法》实施的监督

（一）县级以上人民政府及教育行政部门应当定期对下级行政机关和学校等教育机构实施《教师法》及有关法规、规章的情况进行监督检查，并向同级人民代表大会及其常委会报告《教师法》的实施情况。

（二）各级教育督导机构要把检查《教师法》的实施作为经常性的任务。基础教育督导和高等教育评估工作应把实施《教师法》各项规定作为教育督导和评估的重要内容。

（三）教育行政部门和学校应积极配合司法机关依法查处侵犯教师合法权益的案件，打击侵犯教师合法权益的违法犯罪行为。

各级监察部门应当在各自职责范围内认真受理和查处侵犯教师权益的案件。

（四）在实施教师资格制度后，学校或者其他教育机构违反《教师法》，聘任不具备教师资格者担任教师工作的，由学校主管部门或者教育行政部门责令其改正，情节严重的，应由上级主管部门或者教育行政部门对学校负责人给予行政处分。

十、各地可从本地区的实际情况出发，制定《教师法》的实施办法。

高等学校、义务教育学校、中等职业学校等教育事业单位岗位设置管理的三个指导意见

（国人部发[2007]59号2007年5月7日）

关于高等学校岗位设置管理的指导意见

根据《事业单位岗位设置管理试行办法》(国人部发[2006]70号，以下简称《试行办法》)、《〈事业单位岗位设置管理试行办法〉实施意见》(国人部发[2006]87号，以下简称《实施意见》)，为做好高等学校岗位设置管理组织实施工作，结合我国高等教育的特点，提出以下指导意见。

一、适用范围

1. 教育部及国务院有关部门所属高等学校、各省（自治区、直辖市）及地方所属高等学校适用本指导意见。

2. 高等学校管理人员(职员)、专业技术人员和工勤技能人员，分别纳入相应岗位设置管理。

岗位设置管理中涉及高等学校领导人员的，按照干部人事管理权限的有关规定执行。

二、岗位类别设置

3. 高等学校岗位分为管理岗位、专业技术岗位、工勤技能岗位三种类别。

4. 管理岗位指担负领导职责或管理任务的工作岗位。管理岗位的设置要适应增强高等学校运转效能、提高工作效率、提升管理水平的需要。高等学校管理岗位包括校、院(系)以及其他内设机构的管理岗位。

5. 专业技术岗位指从事专业技术工作，具有相应专业技术水平和能力要求的工作岗位。专业技术岗位的设置要符合高等教育工作和人才成长的规律和特点，适应发展高等教育事业与提高专业水平的需要。根据高等教育的特点，高等学校的专业技术岗位分为教师岗位和其他专业技术岗位，其中教师岗位是专业技术主体岗位。

教师岗位包括具有教育教学、科学研究工作职责和相应能力水平要求的专业技术岗位。学校可根据教师在教学、科研等方面所侧重承担的主要职责，积极探索对教师岗位实行分类管理，在教师岗位中设置教学为主型岗位、教学科研型岗位和科研为主型岗位。

6. 其他专业技术岗位主要包括工程实验、图书资料、编辑出版、会计统计、医疗卫生等专业技术岗位。

7. 工勤技能岗位指承担技能操作和维护、后勤保障、服务等职责的工作岗位。工勤技能岗位的设置要适应提高操作维护技能，提升服务水平的要求，满足高等学校教学科研和日常运行等需要。

鼓励高等学校后勤服务社会化，已经实现社会化服务的一般性劳务工作，不再设置相应的工勤技能岗位。

8. 根据高等学校的社会功能、职责任务、工作性质和人员结构特点等因素，综合确定高等学校管理岗位、专业技术岗位、工勤技能岗位(以下简称三类岗位) 总量的结构比例。

在确定岗位总量时，应根据核定的教职工编制总量和学校实际工作需要综合确定。高等学校专业技术岗位一般不低于岗位总量的70%，其中，教师岗位一般不低于岗位总量的55%，高水平大学为教学科研服务的辅助性专业技术岗位占岗位总量的比例可适当提高。管理岗位一般不超过岗位总量的20%。按照后勤社会化的改革方向，要逐步减少工勤技能岗位的比例。

三、岗位等级设置

9. 高等学校岗位设置实行岗位总量、结构比例和最高等级控制。

(一)管理岗位等级设置

10. 高等学校管理岗位分为9个等级。管理岗位的最高等级、结构比例和各等级管理岗位的职员数量，根据高等学校的规格、规模、隶属关系，按照干部人事管理有关规定和权限确定。

11. 高等学校现行的部级副职、厅级正职、厅级副职、处级正职、处级副职、科级正职、科级副职、科员、办事员依次分别对应管理岗位二至十级职员。

(二)专业技术岗位等级设置

12. 专业技术岗位分为13个等级。专业技术高级岗位分7个等级，即一至七级。高级专业技术职务正高级的岗位包括一至四级，副高级的岗位包括五至七级；中级岗位分3个等级，即八至十级；初级岗位分为3个等级，即十一至十三级，其中十三级是员级岗位。

13. 专业技术高级、中级、初级岗位之间，以及高级、中级、初级岗位内部不同等级岗位之间的结构比例，根据地区经济、高等教育事业发展水平，以及高等学校的功能、规格、隶属关系和专业技术水平，实行不同的结构比例控制。

根据全国事业单位专业技术人员高级、中级、初级岗位之间的结构比例实行总体目标控制的要求，按照高等学校专业技术人员高级、中级、初级结构比例现状，结合高等教育事业发展需要和"十一五"人才发展规划纲要，合理确定高等学校专业技术人员高级、中级、初级岗位之间的结构比例。国家重点建设的高等学校专业技术高级岗位结构比例适当高于普通本科高校，普通本科高校专业技术高级岗位结构比例适当高于高等职业技术学院和高等专科学校。

高等学校高级、中级、初级岗位内部不同等级之间的结构比例全国总体控制目标：二级、三级、四级岗位之间的比例为1:3:6；五级、六级、七级岗位之间的比例为2:4:4，八级、九级、十级岗位之间的比例为3:4:3，十一级、十二级岗位之间的比例为5:5。

14. 各省(自治区、直辖市)人事行政部门和教育行政部门、高等学校主管部门，在总结高等学校专业技术职务结构比例管理经验的基础上，按照优化结构、合理配置的要求，制定高等学校专业技术高级、中级、初级岗位结构比例控制的标准和办法。

15. 各级人事行政部门和高等学校主管部门要严格控制专业技术岗位结构比例，严格控制高级专业技术岗位的总量，高等学校要严格执行核准的专业技术岗位结构比例。

(三)工勤技能岗位等级设置

16. 工勤技能岗位包括技术工岗位和普通工岗位，其中技术工岗位分为5个等级，普通工岗位不分等级。高等学校工勤技能岗位的最高等级和结构比例按照岗位等级规范、技能水平和工作需要确定。

17. 高等学校中的高级技师、技师、高级工、中级工、初级工，依次分别对应一至五级工勤技能岗位。

18. 高等学校工勤技能岗位结构比例全国总体控制目标：一级、二级、三级岗位的总量占工勤技能岗位总量的比例为25%左右，一级、二级岗位的总量占工勤技能岗位总量的比例为5%左右。高水平大学可在此基础上适当提高。

19. 高等学校工勤技能一级、二级岗位应主要在专业技术辅助岗位承担技能操作和维护职责等对技能水平要求较高的领域设置。要严格控制工勤技能一级、二级岗位的总量。

(四)特设岗位设置

20. 高等学校中的特设岗位是根据高等学校特点和高等教育发展规律，为适应聘用急需的高层次人才等特殊需要，经批准设置的工作岗位，是高等学校中的非常设岗位。特设岗位的等级根据规定的程序确定。

特设岗位不受高等学校岗位总量、最高等级和结构比例限制，在完成工作任务后，按照管理权限予以核销。

21. 高等学校特设岗位的设置须经主管部门审核后，按程序报设区的市级以上政府人事行政部门核准。具体管理办法由各地区、各部门根据实际情况制定。

四、专业技术岗位名称及岗位等级

22. 高等学校正高级教师岗位名称为教授一级岗位、教授二级岗位、教授三级岗位、教授四级岗位，分别对应一至四级专业技术岗位；副高级教师岗位名称为副教授一级岗位、副教授二级岗位、副教授三级岗位，分别对应五至七级专业技术岗位；中级教师岗位名称为讲师一级岗位、讲师二级岗位、讲师三级岗位，分别对应八至十级专业技术岗位；初级教师岗位名称为助教一级岗位、助教二级岗位，分别对应十一级、十二级专业技术岗位。

23. 高等学校其他专业技术岗位名称和岗位等级设置参照相关行业指导意见和标准执行。

24. 高等学校专业技术一级岗位属国家专设的特级岗位，其人员的确定按国家有关规定执行。

25. 高等学校其他系列专业技术岗位的最高等级，原则上应低于教师岗位。

五、岗位基本条件

(一)各类岗位的基本条件

26. 高等学校三类岗位的基本条件，主要根据岗位的职责任务和任职条件确定。高等学校三类岗位的基本任职条件：

(1)遵守宪法和法律；

(2)具有良好的品行；

(3)岗位所需的专业、能力或技能条件；

(4)适应岗位要求的身体条件。

(二)管理岗位基本条件

27. 职员岗位一般应具有大学专科以上文化程度，其中六级以上职员岗位，一般应具有大学本科以上文化程度。

28. 各等级职员岗位的基本任职条件：

(1)三级、五级职员岗位，须分别在四级、六级职员岗位上工作两年以上；

(2)四级、六级职员岗位，须分别在五级、七级职员岗位上工作三年以上；

(3)七级、八级职员岗位，须分别在八级、九级职员岗位上工作三年以上。

确因工作需要，由专业技术岗位交流到管理岗位的人员，可根据干部人事管理权限和本人条件，直接聘任到相应的管理岗位。

29. 各省(自治区、直辖市)、国务院有关部门以及高等学校在上述基本任职条件的基础上，根据本指导意见，结合不同类型、不同层次职员岗位的实际情况，制定本地区、本部门以及本校职员的具体条件。要积极探索符合高等学校特点的高校职员制度。

30. 二级职员岗位按照国家有关规定执行。

(三)专业技术岗位基本条件

31. 高等学校专业技术岗位的基本任职条件按照现行专业技术职务评聘的有关规定执行。

32. 受聘教师岗位的人员应具有良好的学风、学术道德和合作精神，符合国家关于相应教师职务的基本任职条件，具备与履行岗位职责相适应的学术水平和创新能力。

33. 高等学校实行职业资格准入控制的专业技术岗位的基本条件，应包括国家规定的相关职业资格准入的条件。

34. 各省(自治区、直辖市)、国务院有关部门以及高等学校在国家规定的专业技术高级、中级、初级岗位基本条件基础上，根据本指导意见，结合不同类型、不同层次专业技术岗位的实际情况，制定本地区、本部门以及本单位的具体条件。

35. 高等学校专业技术高级、中级、初级岗位内部不同等级岗位的条件，由主管部门和高等学校按照《试行办法》、《实施意见》和本指导意见，根据岗位的职责任务、专业技术水平要求等因素综合确定。

(四)工勤技能岗位基本条件

36. 工勤技能岗位基本任职条件：

(1)一级、二级工勤技能岗位，须在本工种下一级岗位工作满5年，并分别通过高级技师、技师技术等级考评；

(2)三级、四级工勤技能岗位，须在本工种下一级岗位工作满5年，并分别通过高级工、中级工技术等级考核；

(3)学徒(培训生)学习期满和工人见习、试用期满，通过初级工技术等级考核后，可确定为五级工勤技能岗位。

六、岗位设置的审核

37. 高等学校岗位设置实行核准制度，严格按照规定的程序和管理权限进行审核。

38. 高等学校的岗位设置方案包括岗位总量、结构比例以及最高等级限额等事项。

39. 高等学校岗位设置工作一般按以下程序进行：

(1)制定岗位设置方案，填写岗位设置审核表；

(2)按程序报主管部门审核、政府人事行政部门核准；

(3)在核准的岗位总量、结构比例和最高等级限额内，制定岗位设置实施方案；

(4)广泛听取教职工对岗位设置实施方案的意见；

(5)岗位设置实施方案由学校负责人员集体讨论通过；

(6)组织实施。

40. 国务院各部门所属高等学校的岗位设置方案经主管部门审核汇总后，报人事部备案。

41. 省(自治区、直辖市)政府所属高等学校的岗位设置方案经省级教育主管部门或上级主管部门审核后，报本地区人事厅(局)核准。

42. 地(市)以下政府所属高等学校的岗位设置方案经地(市)级教育主管部门审核后，报地(市)政府人事行政部门核准。

43. 高等学校设置特设岗位，按照岗位设置方案的核准程序进行。

44. 有下列情形之一的，岗位设置方案可按照第40条、第41条和第42条的权限申请变更：

(1)高等学校出现分立、合并，须对本单位的岗位进行重新设置的；

(2)根据上级或同级机构编制部门的正式文件，增减机构编制的；

(3)按照业务发展和实际情况，为完成工作任务确需变更岗位设置的。

45. 经核准的岗位设置方案作为聘用人员、确定岗位等级、调整岗位以及核定工资的依据。

七、岗位聘用

46. 高等学校在核定的岗位总量和结构比例内，按照《试行办法》、《实施意见》和本指导意见以及核准的岗位设置方案，根据按需设岗、竞聘上岗、按岗聘用的原则，自主进行岗位聘用工作。专业技术岗位人员聘用工作，按照现行专业技术职务评聘的有关政策规定执行，逐步建立和完善专业技术职务评聘与岗位聘用相结合的用人制度。

47. 高等学校聘用人员，应在岗位有空缺的条件下，按照公开招聘、竞聘上岗的有关规定择优聘用。

高等学校应分别按照管理岗位、专业技术岗位、工勤技能岗位的职责任务和任职条件，在核定的结构比例内聘用人员，聘用条件不得低于国家规定的基本条件。

48. 高等学校要完善聘用办法，规范聘用程序，健全聘用组织及监督机制，确保岗位聘用工作公开、公平、公正。学校要成立聘用委员会，院(系)成立相关聘用组织，分别负责岗位聘用的有关工作。在聘用工作中，学校应充分发挥院(系)聘用组织和专家教授的重要作用，积极建立校内外同行专家学术评价制度。根据本校和所在地区的实际情况，学校在新聘用教职工时，应积极实行人事代理制度。

49. 高等学校应区别不同类型、不同层次的受聘人员，积极探索短期、中期、长期合同相结合的聘用合同管理办法。高等学校与受聘人员应当在平等自愿、协商一致的基础上签订聘用合同，明确受聘岗位职责要求、工作条件、工资福利待遇、岗位纪律、聘用合同变更、解除和终止的条件以及聘用合同期限等方面的内容。高等学校和聘用人员签订聘用合同，可以按规定约定试用期。聘用合同期限内调整岗位的，应当对聘用合同的相关内容作出相应变更。聘用合同期满前，高等学校应按国家有关规定和受聘人员的履职情况认真考核，及时作出续聘、岗位调整或解聘的决定。

50. 高等学校新参加工作人员见习、试用期满后，管理人员按照《实施意见》规定确定相应的岗位等级；专业技术人员按照岗位条件要求确定岗位等级；工勤技能人员通过初级工技术等级考核后，可确定为工勤技能技术工五级岗位。

51. 根据高等学校的特点，对确有真才实学、成绩显著、贡献突出，岗位急需且符合破格条件的专业技术人员，按照干部人事管理权限，可以根据有关规定破格聘用。

52. 高等学校聘用人员原则上不得同时在两类岗位上任职。根据高等学校管理的工作特点，确需兼任的，须按人事管理权限审批，并严格控制。

53. 尚未实行聘用制度的高等学校，应按照《国务院办公厅转发人事部关于在事业单位试行人员聘用制度意见的通知》、《中组部、人事部、教育部关于深化高等学校人事制度改革的实施意见》、《试行办法》、《实施意见》和本指导意见的精神，抓紧进行岗位设置，实行聘用制度，组织岗位聘用。

已经实行聘用制度，签订聘用合同的高等学校，可以根据《试行办法》、《实施意见》及本指导意见的要求，按照核准的岗位设置方案，对本单位现有人员确定不同等级的岗位，并变更合同相应的内容。

54. 各级政府人事行政部门、高等学校主管部门和高等学校要根据国家有关规定，使现有在册的正式工作人员，按照现聘职务或岗位进入相应等级的岗位。

各地区、各部门和高等学校必须严格把握政策，不得违反规定突破现有的职务数额，不得突击聘用人员，不得突击聘用职务。要采取措施严格限制专业技术高级、中级、初级岗位中的高等级岗位的设置。

55. 高等学校首次进行岗位设置和岗位聘用，岗位结构比例不得突破现有人员的结构比例。现有人员的结构比例已经超过核准的结构比例的，应通过自然减员、调出、低聘或解聘的办法，逐步达到规定的结构比例。尚未达到核准的结构比例的，要严格控制岗位聘用数量，根据高等教育事业发展要求和人员队伍状况等情况逐年逐步到位。

八、组织实施

56. 地方人事行政部门、教育行政部门和高等学校主管部门要高度重视，加强领导，认真组织好高等学校岗位设置工作。要按照积极稳妥的原则，结合本地实际，研究制定本指导意见的实施意见，对各类岗位的任职条件、工作标准、职责任务等作出具体规定。要统筹规划，分类指导，周密部署，及时研究解决改革中出现的新情况、新问题，确保高等学校的稳定和发展。

57. 岗位设置工作是高等学校实施人才强校战略的重要组成部分，涉及广大教职工的切身利益，高等学校党政领导班子要切实提高思想认识，把这项改革作为学校改革发展中的一件大事，精心组织，稳慎实施。要深入调研，认真分析学科发展和人才队伍状况，研究制定切实可行的具体实施方案。要正确处理改革、发展和稳定的关系，做好教职工的思想政治工作，积极稳妥地推进岗位设置工作的顺利进行。

58. 各地在高等学校岗位设置和岗位聘用工作中，要严格执行有关政策规定，坚持原则，坚持走群众路线。对违反规定滥用职权、打击报复、以权谋私的，要追究相应责任。对不按《试行办法》、《实施意见》和本指导意见进行岗位设置和岗位聘用的高等学校，政府人事行政部门、教育行政部门及有关部门不予确认岗位等级、不予兑现工资、不予核拨经费。情节严重的，对相关领导和责任人予以通报批评，按照人事管理权限给予相应的纪律处分。

59. 本指导意见由人事部、教育部负责解释。

关于义务教育学校岗位设置管理的指导意见

根据《事业单位岗位设置管理试行办法》(国人部发[2006]70号，以下简称《试行办法》)、《〈事业单位岗位设置管理试行办法〉实施意见》(国人部发[2006]87号，以下简称《实施意见》)的要求，为做好义务教育学校岗位设置管理组织实施工作，结合我国义务教育实际情况和义务教育事业发展需要，提出以下指导意见。

一、适用范围

1. 承担义务教育的小学、中学适用本指导意见。

2. 义务教育学校的管理人员(职员)、专业技术人员和工勤技能人员，分别纳入相应岗位设置管理。

二、岗位类别设置

3. 义务教育学校岗位分为管理岗位、专业技术岗位和工勤技能岗位三种类别。

4. 管理岗位指担负领导职责或管理任务的工作岗位。管理岗位的设置要适应增强学校运转效能、提高工作效率、提升管理水平的需要。义务教育学校管理岗位包括具有行政、党群等管理工作职责的岗位。

5. 专业技术岗位指从事专业技术工作，具有相应专业技术水平和能力要求的工作岗位。专业技术岗位的设置要符合义务教育工作和人才成长的规律和特点，适应发展义务教育事业与提高专业水平的需要。根据义务教育的特点，义务教育学校的专业技术岗位分为教师岗位和其他专业技术岗位，其中教师岗位是专业技术主体岗位。

教师岗位指具有教育教学工作职责和相应教师资格与教育教学能力水平要求的专业技术岗位；其他专业技术岗位主要包括学科实验、图书资料、财务会计、电化教育、卫生保健等具有教学辅助工作职责的专业技术岗位。

6．工勤技能岗位指承担技能操作和维护、后勤保障、服务等职责的工作岗位。工勤技能岗位的设置要适应提高操作维护技能、提升服务水平的要求，满足义务教育学校业务工作的实际需要。义务教育学校工勤技能岗位根据义务教育学校教学科研和日常运行等需要设置。

义务教育学校可实现社会服务的一般性劳务工作，不再设置相应的工勤技能岗位。

7．根据义务教育学校的社会功能、职责任务、工作性质和人员结构特点等因素，综合确定义务教育学校管理岗位、专业技术岗位、工勤技能岗位(以下简称三类岗位)总量的结构比例。

义务教育学校岗位总量应按照中小学编制标准，原则上以核定的教职工编制总量确定。岗位设置要优先满足教育教学工作的实际需要，严格控制非教学岗位。对寄宿制学校可适当增加管理岗位和工勤技能岗位。普通初中教师岗位占岗位总量的比例一般不低于85%，管理岗位、其他专业技术岗位和工勤技能岗位一般不超过15%。普通小学教师岗位占岗位总量的比例一般不低于90%，管理岗位、其他专业技术岗位和工勤技能岗位一般不超过10%。

三、岗位等级设置

8．义务教育学校岗位设置实行岗位总量、结构比例和最高等级控制。

(一)管理岗位等级设置

9．义务教育学校管理岗位一般设6个职员等级。管理岗位的最高等级、结构比例和各等级管理岗位的职员数量，根据义务教育学校的规格、规模和隶属关系，按照干部人事管理有关规定和权限确定。

10．义务教育学校现行的处级正职、处级副职、科级正职、科级副职、科员、办事员依次分别对应管理岗位五至十级职员。

(二)专业技术岗位等级设置

11．全国专业技术岗位分为13个等级。专业技术高级岗位分7个等级，即一至七级。高级专业技术职务正高级岗位包括一至四级，副高级岗位包括五至七级；中级岗位分3个等级，即八至十级；初级岗位分为3个等级，即十一至十三级，其中十三级是员级岗位。

12．根据《义务教育法》的规定，国家建立统一的义务教育教师职务制度。国务院人事行政部门会同教育行政部门制定中小学实行统一的义务教育教师职务制度的实施办法之前，暂按现行的教师职务制度实施岗位设置和聘任工作。

按照现行专业技术职务管理制度，义务教育学校中学教师岗位共划分为9个等级。其中高级岗位分3个等级，分别对应事业单位专业技术岗位等级的五级、六级、七级；中级岗位分3个等级，分别对应事业单位专业技术岗位等级的八级、九级、十级；初级岗位分3个等级，分别对应事业单位专业技术岗位等级的十一级、十二级、十三级。其他专业技术职务系列按国家有关规定执行。

义务教育学校小学教师岗位暂按6个等级划分。现行小学高级教师职务对应事业单位专业技术岗位等级的八级、九级、十级；小学一级教师职务对应专业技术岗位等级的十一级、十二级；小学二级、三级教师职务对应专业技术岗位等级的十三级。小学中评聘了中学高级教师职务的，按现行规定对应专业技术岗位等级的五级、六级、七级。

13. 根据全国事业单位专业技术人员高级、中级、初级岗位之间的结构比例总体控制目标的要求，按照义务教育学校教师专业技术职务高级、中级、初级结构比例现状，结合义务教育事业发展需要和"十一五"人才发展规划纲要，合理确定义务教育学校教师高级、中级、初级岗位之间的结构比例。农村地区学校教师高级、中级岗位结构比例，应与本地城镇同类学校大体平衡。

教师高级岗位五至七级之间的结构比例为2:4:4，中级岗位八到十级之间的结构比例为3:4:3，初级岗位十一级、十二级之间的比例为5:5。

对于乡镇以下规模小、人员少的义务教育学校(或教学点)，专业技术岗位设置的结构比例可以学区为基础实行集中调控、集中管理。具体办法由省级政府人事行政部门和教育行政部门研究制定。

高级、中级教师岗位的设置要兼顾不同学科教育教学工作的需要，有利于促进全面推进素质教育和新课程改革的实施。

14. 各省(自治区、直辖市)人事行政部门和教育行政部门，在总结义务教育学校专业技术职务结构比例管理经验的基础上，按照优化结构、合理配置的要求，制定本地区义务教育学校专业技术高级、中级、初级岗位结构比例控制的标准和办法。

15. 各级政府人事行政部门和义务教育学校主管部门要严格控制专业技术岗位结构比例，严格控制高级专业技术岗位的总量，义务教育学校要严格执行核准的专业技术岗位结构比例。

(三)工勤技能岗位等级设置

16. 义务教育学校工勤技能岗位的最高等级和结构比例按照岗位等级规范、技能水平和工作需要确定。

17. 义务教育学校中的高级技师、技师、高级工、中级工、初级工，依次分别对应一至五级工勤技能岗位。普通工岗位不分等级。

18. 义务教育学校工勤技能岗位结构比例，一级、二级、三级岗位的总量占工勤技能岗位总量的比例全国总体控制目标为25%左右，一级、二级岗位的总量占工勤技能岗位总量的比例全国总体控制目标为5%左右。

义务教育学校工勤技能一级、二级岗位主要应在专业技术辅助岗位承担技能操作和维护职责等对技能水平要求较高的领域设置。

(四)特设岗位设置

19. 义务教育学校中的特设岗位是根据义务教育学校特点和义务教育发展规律，为适应聘用急需的高层次人才等特殊需要，经批准设置的工作岗位，是义务教育学校中的非常设岗位。特设岗位的等级根据规定的程序确定。

20. 特设岗位不受义务教育学校岗位总量、最高等级和结构比例限制，在完成工作任务后，按照管理权限予以核销。

义务教育学校特设岗位的设置须经主管部门审核后，按程序报设区的市级以上政府人事行政部门核准。具体管理办法由各省(自治区、直辖市)根据实际情况制定。

21. 教育部、财政部、人事部、中央编办组织实施的"农村义务教育阶段学校教师特设岗位计划"，按有关文件规定执行。

四、专业技术岗位名称及岗位等级

22. 义务教育学校中学教师岗位名称：中学高级教师岗位名称为中学高级教师一级岗位、中学高级教师二级岗位、中学高级教师三级岗位，分别对应五至七级专业技术岗位；中学中级教师岗位名称为中学一级教师一级岗位、中学一级教师二级岗位、中学一级教师三级岗位，分别对应八至十级专业技术岗位；中学初级教师岗位名称为中学二级教师一级岗位、中学二级教师二级岗位，分别对应十一级、十二级专业技术岗位；中学员级教师岗位名称为中学三级教师岗位，对应十三级专业技术岗位。

义务教育学校小学教师岗位名称：小学高级教师一级岗位、小学高级教师二级岗位、小学高级教师三级岗位，分别对应八至十级专业技术岗位；小学一级教师一级岗位、小学一级教师二级岗位分别对应十一级、十二级专业技术岗位；小学二级教师、小学三级教师岗位对应十三级专业技术岗位。

23. 义务教育学校其他专业技术岗位名称和岗位等级设置参照相关行业办法和标准执行。

24. 义务教育学校其他系列专业技术岗位的最高等级，原则上应低于教师岗位。

五、岗位基本条件

(一)各类岗位的基本条件

25. 义务教育学校三类岗位的基本条件，主要根据岗位的职责任务和任职条件确定。义务教育学校三类岗位的基本任职条件：

(1)遵守《宪法》和法律；

(2)具有良好的品行；

(3)岗位所需的专业、能力或技能条件；

(4)适应岗位要求的身体条件。

(二)管理岗位基本条件

26. 职员岗位一般应具有中专以上文化程度，其中六级以上职员岗位，一般应具有大学专科以上文化程度。

27. 各等级职员岗位的基本任职条件：

(1)五级职员岗位，须在六级职员岗位上工作两年以上；

(2)六级职员岗位，须在七级职员岗位上工作三年以上；

(3)七级、八级职员岗位，须分别在八级、九级职员岗位上工作三年以上。

28. 各省(自治区、直辖市)以及义务教育学校在上述基本任职条件的基础上，根据本指导意见，结合实际情况，制定本地区以及本单位职员的具体条件。

(三)专业技术岗位基本条件

29. 专业技术岗位的基本任职条件按照现行专业技术职务评聘的有关规定执行。

30. 受聘教师岗位的人员应具有相应的教师资格，符合国家关于相应教师职务的基本任职条件。同时，应具备良好的师德修养，教育思想端正，关心爱护学生，善于学习，敬业爱岗，团结协作，严于律己。

31. 义务教育学校实行职业资格准入控制的专业技术岗位的基本条件，应包括国家规定的相关职业资格准入的条件。

32. 各省(自治区、直辖市)以及义务教育学校在国家规定的专业技术高级、中级、初级岗位基本条件基础上，根据本指导意见，结合实际情况，制定本地区以及本单位的具体条件。

33. 义务教育学校专业技术高级、中级、初级岗位内部不同等级岗位的条件，由主管部门和义务教育学校按照《试行办法》、《实施意见》和本指导意见，根据岗位的职责任务、专业技术水平要求等因素综合确定。

(四)工勤技能岗位基本条件

34. 工勤技能岗位基本任职条件：

(1)一级、二级工勤技能岗位，须在本工种下一级岗位工作满5年，并分别通过高级技师、技师技术等级考评；

(2)三级、四级工勤技能岗位，须在本工种下一级岗位工作满5年，并分别通过高级工、中级工技术等级考核；

(3)学徒(培训生)学习期满和工人见习、试用期满，通过初级工技术等级考核后，可确定为工勤技能技术工五级岗位。

(五)义务教育学校校长

35. 按照国家有关规定，义务教育学校校长由县级人民政府教育行政部门依法聘任。受聘校长岗位的人员应符合国家规定的管理岗位基本条件，应具有良好的思想政治素质和品德修养；热爱教育事业，具有改革创新精神；具有履行职责所需要的专业知识和较强的组织管理能力；遵纪守法，廉洁自律；团结同志，作风民主；具有中级(含)以上教师职务任职经历；一般应从事教育教学工作5年以上；身心健康。

六、岗位设置的审核

36. 义务教育学校岗位设置实行核准制度，严格按照规定的程序和管理权限进行审核。

37. 义务教育学校的岗位设置方案包括岗位总量、结构比例以及最高等级限额等事项。

38. 义务教育学校岗位设置工作按以下程序进行：

(1)制定岗位设置方案，填写岗位设置审核表；

(2)按程序报县级教育行政部门审核，政府人事行政部门核准；

(3)在核准的岗位总量、结构比例和最高等级限额内，制定岗位设置实施方案；

(4)广泛听取教职工对岗位设置实施方案的意见；

(5)岗位设置实施方案由学校负责人员集体讨论通过；

(6)组织实施。

39. 县(县级市、区)所属各学校岗位设置方案经县(县级市、区)级教育行政部门审核汇总，并报县(县级市、区)级人事行政部门审核后，报地区或设区的市政府人事行政部门核准。

高等学校附属普通初中、小学的岗位设置的程序，按照行政隶属关系和人事管理权限，参照上述办法执行。

40. 有下列情形之一的，岗位设置方案可按照第39条的权限申请变更：

(1)义务教育学校出现分立、合并，须对本单位的岗位进行重新设置的；

(2)根据上级或同级机构编制部门的正式文件，增减机构编制的；

(3)按照业务发展和实际情况，为完成工作任务确需变更岗位设置的。

41. 经核准的岗位设置方案作为聘用人员、确定岗位等级、调整岗位以及核定工资的依据。

七、岗位聘用

42. 义务教育学校在核定的岗位总量和结构比例内，按照学校的岗位设置实施方案，根据按需设岗、竞聘上岗、按岗聘用的原则，自主进行岗位聘用工作。专业技术岗位人员聘用工作，按照现行专业技术职务评聘的有关政策规定执行，逐步建立和完善专业技术职务评聘与岗位聘用相结合的用人制度。教师高级岗位聘用，应向优秀班主任和其他优秀教师倾斜。

43. 义务教育学校聘用人员，应在岗位有空缺的条件下，按照公开招聘、竞聘上岗的有关规定择优聘用。

44. 义务教育学校应分别按照管理岗位、专业技术岗位、工勤技能岗位的职责任务和任职条件，在核定的结构比例内聘用人员，聘用条件不得低于国家规定的基本条件。

45. 义务教育学校要完善聘用办法、规范聘用程序、健全聘用组织及监督机制，确保岗位聘用工作公开、公平、公正进行。学校要成立聘用组织，负责岗位聘用的有关工作。

46. 义务教育学校与受聘人员应当在平等自愿、协商一致的基础上签订聘用合同，明确受聘岗位职责要求、工作条件、工资福利待遇、岗位纪律、聘用合同变更、解除和终止的条件以及聘用合同期限等方面的内容。聘用合同期限内调整岗位的，应当对聘用合同的相关内容作出相应变更。聘用合同期满前，义务教育学校应按国家有关规定和受聘人员的履职情况认真考核，及时作出续聘、岗位调整等决定。

47. 根据义务教育学校工作的特点，在教育教学管理岗位上的人员，原则上应直接从事部分教学工作，其他管理岗位人员及工勤人员应积极实行一岗多责，提高用人效益。

48. 对于乡镇以下规模小、人员少，对岗位结构比例实行集中调控、集中管理的义务教育学校(或教学点)，可根据实际情况实行人员集中聘用。

49. 根据义务教育学校的特点，对义务教育学校确有真才实学、成绩显著、贡献突出，岗位急需且符合破格条件的教师，经上一级主管部门批准，可以根据有关规定破格聘用。

50. 义务教育学校新参加工作人员见习、试用期满后，管理人员按照《实施意见》规定确定相应的岗位等级；专业技术人员按照岗位条件要求确定岗位等级；工勤技能人员通过初级工技术等级考核后，可确定为工勤技能技术工五级岗位。

51. 尚未实行聘用制度的义务教育学校，应按照《国务院办公厅转发人事部关于在事业单位试行人员聘用制度意见的通知》、《人事部、教育部关于深化中小学人事制度改革的实施意见》和《试行办法》、《实施意见》以及本指导意见的精神，抓紧进行岗位设置，实行聘用制度，组织岗位聘用。

已经实行聘用制度，签订聘用合同的义务教育学校，可以根据《试行办法》、《实施意见》及本指导意见的要求，按照核准的岗位设置方案，对本单位现有人员确定不同等级的岗位，并变更聘用合同相应的内容。

52. 义务教育学校首次进行岗位设置和岗位聘用，岗位结构比例不得突破现有人员的结构比例。现有人员的结构比例已经超过核准的结构比例的，应通过自然减员、调出、低聘或解聘的办法，逐步达到规定的结构比例。尚未达到核准的结构比例的，要严格控制岗位聘用数量，根据义务教育事业发展要求和人员队伍状况等情况逐年逐步到位。

53. 各地应按照义务教育学校所核定的岗位总量、结构比例、最高等级聘用教师，满足教育教学和课程设置对各级各类岗位教师的基本需求。要坚决制止在有合格条件人选的情况下出现"有岗不聘"的现象。对学校按规定要求聘用的人员，经教育主管部门和人事行政部门审核后，应及时办理相应人事关系，兑现工资待遇，严禁产生新的代课人员。

54. 地(市)以上教育督导机构要按照国家和当地义务教育学校岗位设置的指导标准，以及核定的岗位设置方案，依法加强对义务教育学校人员聘用及配置状况的督导检查。按照促进义务教育均衡发展的要求，城镇学校之间、城镇学校与农村地区同类学校之间的教师高级、中级岗位结构比例，应保持相对均衡，保证农村地区学校不低于城镇同类学校标准。

55. 义务教育学校要根据国家有关规定，使现有在册的正式工作人员，按照现聘职务或岗位进入相应等级的岗位。

各地必须严格把握政策，不得违反规定突破现有的职务数额，不得突击聘用人员，不得突击聘用职务。要采取措施严格限制高等级岗位的设置。

八、组织实施

56. 义务教育学校岗位设置工作事关义务教育人力资源合理配置。县级以上教育行政部门和人事行政部门要高度重视，分工协作，加强领导。要结合本地实际情况，研究制定义务教育学校岗位设置管理的实施意见，对各类岗位的任职条件、工作标准、职责任务等作出具体规定。要统筹规划，分类指导，精心组织，周密部署，及时研究解决改革中出现的新情况、新问题，科学核定各义务教育学校的岗位设置方案，确保义务教育学校持续健康和均衡发展。

57. 岗位设置工作是义务教育学校人事制度改革的重要组成部分，关系学校广大教职工的切身利益。学校党政领导班子要坚持以人为本，开展深入细致的思想政治工作。要加大宣传力度，切实提高教职工的思想认识。要按照积极、稳妥的方针，统筹协调各方面的利益关系，正确处理遇到的矛盾和问题，确保改革平稳有序进行，维护学校教育教学工作的正常开展。

58. 各地在义务教育学校岗位设置和岗位聘用工作中，要严格执行有关政策规定，坚持原则，坚持走群众路线。对违反规定滥用职权、打击报复、以权谋私的，要追究相应责任。对不按《试行办法》、《实施意见》和本指导意见进行岗位设置和岗位聘用的义务教育学校，政府人事行政部门、教育行政部门及有关部门不予确认岗位等级、不予兑现工资、不予核拨经费。情节严重的，对相关领导和责任人予以通报批评，按照人事管理权限给予相应的纪律处分。

59. 本指导意见由人事部、教育部负责解释。

关于中等职业学校、普通高中、幼儿园岗位设置管理的指导意见

根据《事业单位岗位设置管理试行办法》(国人部发[2006]70号，以下简称《试行办法》)、《〈事业单位岗位设置管理试行办法〉实施意见》(国人部发[2006]87号，以下简称《实施意见》)的要求，为做好中等职业学校、普通高中、幼儿园岗位设置管理组织实施工作，结合我国中等职业学校、普通高中、幼儿园实际情况和事业发展需要，提出以下指导意见。

一、适用范围

1. 中等职业学校、普通高中、幼儿园适用本指导意见。

2. 中等职业学校、普通高中、幼儿园管理人员(职员)、专业技术人员和工勤技能人员，分别纳入相应岗位设置管理。

岗位设置管理中涉及中等职业学校、普通高中、幼儿园领导人员的，按照干部人事管理权限的有关规定执行。

二、岗位类别设置

3. 中等职业学校、普通高中、幼儿园岗位分为管理岗位、专业技术岗位和工勤技能岗位三种类别。

4. 管理岗位指担负领导职责或管理任务的工作岗位。管理岗位的设置要适应增强学校运转效能、提高工作效率、提升管理水平的需要。

5. 专业技术岗位指从事专业技术工作，具有相应专业技术水平和能力要求的工作岗位。专业技术岗位的设置要符合中等职业学校、普通高中、幼儿园工作和人才成长的规律和特点，适应发展中等职业学校、普通高中、幼儿园事业与提高专业水平的需要。根据中等职业学校、普通高中、幼儿园的特点，其专业技术岗位分为教师岗位和其他专业技术岗位，其中教师岗位是专业技术主体岗位。

教师岗位指具有教育教学、实习实训等工作职责和相应教师资格与相应能力水平要求的专业技术岗位；其他专业技术岗位主要包括学科实验、图书资料、财务会计、电化教育、卫生保健等具有教学辅助工作职责的专业技术岗位。

6. 工勤技能岗位指承担技能操作和维护、后勤保障、服务等职责的工作岗位。工勤技能岗位的设置要适应提高操作维护技能、提升服务水平的要求，满足中等职业学校、普通高中、幼儿园业务工作的实际需要。

中等职业学校、普通高中、幼儿园可实现社会服务的一般性劳务工作，不再设置相应的工勤技能岗位。

7. 根据中等职业学校、普通高中、幼儿园的社会功能、职责任务、工作性质和

人员结构特点等因素，综合确定中等职业学校、普通高中、幼儿园管理岗位、专业技术岗位、工勤技能岗位(以下简称三类岗位)总量的结构比例。

在确定岗位总量时，应根据核定的教职工编制总量、正式工作人员数量等因素综合确定，并根据学校事业发展，实行动态管理。岗位设置要优先满足教育教学、实习实训等工作的实际需要，严格控制非教学人员岗位。中等职业学校、普通高中教师岗位占学校岗位总量的比例一般不低于85%，其他岗位原则上不超过15%。幼儿园教师岗位占幼儿园岗位总量的比例一般不低于88%，其他岗位原则上不超过12%。

三、岗位等级设置

8. 中等职业学校、普通高中、幼儿园岗位设置实行岗位总量、结构比例和最高等级控制。学校各类岗位及结构比例的确定，要充分体现学校的性质和特色，特别是适应中等职业学校重点专业、紧缺专业建设和普通高中实施新课程改革的需要。

(一)管理岗位等级设置

9. 中等职业学校、普通高中、幼儿园管理岗位一般设6个职员等级。管理岗位的最高等级、结构比例和各等级管理岗位的职员数量，根据中等职业学校、普通高中、幼儿园的规格、规模和隶属关系，按照干部人事管理有关规定和权限确定。

10. 中等职业学校、普通高中、幼儿园现行的处级正职、处级副职、科级正职、科级副职、科员、办事员依次分别对应管理岗位五至十级职员。

(二)专业技术岗位等级设置

11. 全国专业技术岗位分为13个等级。专业技术高级岗位分7个等级，即一至七级。高级专业技术职务正高级的岗位包括一至四级，副高级的岗位包括五至七级；中级岗位分3个等级，即八至十级；初级岗位分为3个等级，即十一至十三级，其中十三级是员级岗位。

12. 中等职业学校、普通高中专业技术岗位与相应教师职务序列相对应，设高级岗位、中级岗位和初级岗位，共划分9个等级。其中高级岗位设3个等级，分别对应事业单位专业技术岗位等级的五级、六级、七级；中级岗位设3个等级，分别对应事业单位专业技术岗位等级的八级、九级、十级；初级岗位设3个等级，分别对应事业单位专业技术岗位等级的十一级、十二级、十三级。

幼儿园教师岗位等级划分，参照普通小学岗位等级设置的规定执行。

13. 根据全国事业单位专业技术人员高级、中级、初级岗位之间的结构比例总体控制目标的要求，按照中等职业学校、普通高中、幼儿园专业技术人员高级、中级、初级职务结构比例现状，结合事业发展需要和“十一五”人才发展规划纲要，合理确定高级、中级、初级岗位之间的结构比例。

中等职业学校教师高级、中级岗位结构比例应与本地普通高中相协调。

教师高级岗位五至七级之间的结构比例为2:4:4，中级岗位八至十级之间的结构比例为3:4:3，初级岗位十一级、十二级之间的比例为5:5。

14. 各省(自治区、直辖市)人事行政部门和教育行政部门、学校主管部门，在总结中等职业学校、普通高中、幼儿园专业技术职务结构比例管理经验的基础上，按照优化结构、合理配置的要求，制定学校专业技术高级、中级、初级岗位结构比例控制的标准和办法。

15. 各级人事行政部门和中等职业学校、普通高中、幼儿园主管部门要严格控制专业技术岗位结构比例，严格控制高级专业技术岗位的总量。中等职业学校、普通高中、幼儿园要严格执行核准的专业技术岗位结构比例。

(三)工勤技能岗位等级设置

16. 中等职业学校、普通高中、幼儿园工勤技能岗位的最高等级和结构比例按照岗位等级规范、技能水平和工作需要确定。

17. 中等职业学校、普通高中、幼儿园中的高级技师、技师、高级工、中级工、初级工，依次分别对应一至五级工勤技能岗位。普通工岗位不分等级。

18. 中等职业学校、普通高中、幼儿园工勤技能岗位结构比例，一级、二级、三级岗位的总量占工勤技能岗位总量的比例全国总体控制目标为25%左右，一级、二级岗位的总量占工勤技能岗位总量的比例全国总体控制目标为5%左右。技能操作任务较重的中等职业学校工勤技能岗位一级、二级的比例可适当提高。

中等职业学校、普通高中、幼儿园工勤技能一级、二级岗位主要应在专业技术辅助岗位承担技能操作和维护职责等对技能水平要求较高的领域设置。

(四)特设岗位设置

19. 中等职业学校、普通高中、幼儿园中的特设岗位是根据中等职业学校、普通高中、幼儿园特点和发展规律，为适应聘用急需的高层次人才等特殊需要，经批准设置的工作岗位，是中等职业学校、普通高中、幼儿园中的非常设岗位。特设岗位的等级根据规定的程序确定。

中等职业学校可设置一定比例的特设岗位，面向社会公开招聘办学急需的专业技术人员和高技能人才担任专业课和实习指导教师。

20. 特设岗位不受中等职业学校、普通高中、幼儿园岗位总量、最高等级和结构比例限制，在完成工作任务后，按照管理权限予以核销。

四、专业技术岗位名称及岗位等级

21. 中等职业学校高级教师岗位名称为高级讲师(或相当专业技术职务，下同)一级岗位、高级讲师二级岗位、高级讲师三级岗位，分别对应五至七级专业技术岗位；中级教师岗位名称为讲师(或相当专业技术职务，下同)一级岗位、讲师二级岗位、讲师三级岗位，分别对应八至十级专业技术岗位；初级教师岗位名称为助理讲师(或相当专业技术职务，下同)一级岗位、助理讲师二级岗位，分别对应十一级、十二级专业技术岗位；员级教师岗位名称为教员(或相当专业技术职务)岗位，对应十三级专业技术岗位。

普通高中高级教师岗位名称为中学高级教师一级岗位、中学高级教师二级岗位、中学高级教师三级岗位，分别对应五至七级专业技术岗位；中级教师岗位名称为中学一级教师一级岗位、中学一级教师二级岗位、中学一级教师三级岗位，分别对应八至十级专业技术岗位；初级教师岗位名称为中学二级教师一级岗位、中学二级教师二级岗位，分别对应十一级、十二级专业技术岗位；员级教师岗位名称为中学三级教师岗位，对应十三级专业技术岗位。

幼儿园使用小学教师岗位名称。小学高级教师一级岗位、小学高级教师二级岗位、小学高级教师三级岗位，分别对应八至十级专业技术岗位；小学一级教师一级岗位、小学一级教师二级岗位，分别对应十一级、十二级专业技术岗位；小学二级教师、小学三级教师岗位，对应十三级专业技术岗位。

22. 中等职业学校、普通高中、幼儿园其他专业技术岗位名称和岗位等级设置参照相关行业办法和标准执行。

23. 中等职业学校、普通高中、幼儿园其他系列专业技术岗位的最高等级，原则上应低于教师岗位。

五、岗位基本条件

(一)各类岗位的基本条件

24. 中等职业学校、普通高中、幼儿园三类岗位的基本条件，主要根据岗位的职责任务和任职条件确定。中等职业学校、普通高中、幼儿园三类岗位的基本任职条件：

(1)遵守《宪法》和法律；

(2)具有良好的品行；

(3)岗位所需的专业、能力或技能条件；

(4)适应岗位要求的身体条件。

(二)管理岗位基本条件

25. 职员岗位一般应具有中专以上文化程度，其中六级以上职员岗位，一般应具有大学专科以上文化程度。

26. 各等级职员岗位的基本任职条件：

(1)五级职员岗位，须在六级职员岗位上工作两年以上；

(2)六级职员岗位，须在七级职员岗位上工作三年以上；

(3)七级、八级职员岗位，须分别在八级、九级职员岗位上工作三年以上。

27. 各省(自治区、直辖市)、学校主管部门以及中等职业学校、普通高中、幼儿园在上述基本任职条件的基础上，根据本指导意见，结合实际情况，制定本地区、本部门以及本单位职员的具体条件。

(三)专业技术岗位基本条件

28. 专业技术岗位的基本任职条件按照现行专业技术职务评聘的有关规定执行。

29. 受聘教师岗位的人员，应具有相应的教师资格，符合国家关于相应教师职务的基本任职条件。同时，应具备良好的师德修养，教育思想端正，关心爱护学生，善于学习，敬业爱岗，团结协作，严于律己。其中，受聘至中等职业学校专业课教师岗位的人员，应具备相关实践操作技能和实践教学能力。

30. 中等职业学校、普通高中、幼儿园实行职业资格准入控制的专业技术岗位的基本条件，应包括国家规定的相关职业资格准入的条件。

31. 各省(自治区、直辖市)、学校主管部门以及中等职业学校、普通高中、幼儿园在国家规定的专业技术高级、中级、初级岗位基本条件基础上，根据本指导意见，结合实际情况，制定本地区、本部门以及本单位的具体条件。

32. 中等职业学校、普通高中、幼儿园专业技术高级、中级、初级岗位内部不同等级岗位的条件，由主管部门和中等职业学校、普通高中、幼儿园按照《试行办法》、《实施意见》和本指导意见，根据岗位的职责任务、专业技术水平要求等因素综合确定。

(四)工勤技能岗位基本条件

33. 工勤技能岗位基本任职条件：

(1)一级、二级工勤技能岗位，须在本工种下一级岗位工作满5年，并分别通过高级技师、技师技术等级考评；

(2)三级、四级工勤技能岗位，须在本工种下一级岗位工作满5年，并分别通过高级工、中级工技术等级考核；

(3)学徒(培训生)学习期满和工人见习、试用期满，通过初级工技术等级考核后，可确定为工勤技能技术工五级岗位。

(五)中等职业学校、普通高中、幼儿园校(园)长

34. 校(园)长按照干部人事管理权限聘任。受聘校(园)长岗位的人员，应具有良好的思想政治素质和品德修养；热爱教育事业，具有改革创新精神；根据中等职业学校、普通高中校长和幼儿园园长岗位的不同特点和要求，应具有履行职责所需要的专业知识、较强的组织管理和协调能力；遵纪守法，廉洁自律；具有团结协作精神，作风民主；具有中级(含)以上教师职务任职经历；一般应从事教育教学工作5年以上；身心健康。

六、岗位设置的审核

35. 中等职业学校、普通高中、幼儿园岗位设置实行核准制度，严格按照规定的程序和管理权限进行审核。

36. 中等职业学校、普通高中、幼儿园岗位设置方案包括岗位总量、结构比例以及最高等级限额等事项。

37. 中等职业学校、普通高中、幼儿园岗位设置工作按以下程序进行:

(1)制定岗位设置方案，填写岗位设置审核表;

(2)按程序报主管部门审核、政府人事行政部门核准;

(3)在核准的岗位总量、结构比例和最高等级限额内，制定岗位设置实施方案;

(4)广泛听取教职工对岗位设置实施方案的意见;

(5)岗位设置实施方案由学校负责人员集体讨论通过;

(6)组织实施。

38. 省(自治区、直辖市)、地(市)政府所属学校的岗位设置方案经学校主管部门审核后，报省(自治区、直辖市)、地(市)政府人事行政部门核准。

39. 县(县级市、区)所属学校岗位设置方案经县(县级市、区)教育行政部门或学校上级主管部门审核汇总，并报县(县级市、区)级人事行政部门审核后，报地区或设区的市政府人事行政部门核准。

40. 中等职业学校、普通高中、幼儿园特设岗位的设置须经主管部门审核后，按程序报设区的市级以上政府人事行政部门核准。具体管理办法由各省(自治区、直辖市)根据实际情况制定。

41. 有下列情形之一的，岗位设置方案可按照第38条、第39条的权限申请变更:

(1)中等职业学校、普通高中、幼儿园出现分立、合并，须对本单位的岗位进行重新设置的;

(2)根据上级或同级机构编制部门的正式文件，增减机构编制的;

(3)按照业务发展和实际情况，为完成工作任务确需变更岗位设置的。

42. 经核准的岗位设置方案作为聘用人员、确定岗位等级、调整岗位以及核定工资的依据。

七、岗位聘用

43. 中等职业学校、普通高中、幼儿园聘用人员，应在核定的岗位总量和岗位结构比例内，根据按需设岗、竞聘上岗、按岗聘用的原则，在严格掌握聘用条件，完善考核评价办法的基础上，依照有关规定程序，由学校自主聘任到相应岗位。专业技术岗位人员聘用工作按照现行专业技术职务评聘的有关政策规定执行，逐步建立和完善专业技术职务评聘与岗位聘用相结合的用人制度。在教师高级岗位聘任中，应向优秀班主任和其他优秀教师倾斜。

44. 中等职业学校、普通高中、幼儿园聘用人员，应在岗位有空缺的条件下，按照公开招聘、竞聘上岗的有关规定择优聘用。

45. 中等职业学校、普通高中、幼儿园应分别按照管理岗位、专业技术岗位、工勤技能岗位的职责任务和任职条件，在核定的结构比例内聘用人员，聘用条件不得低于国家规定的基本条件。

46. 中等职业学校、普通高中、幼儿园要完善聘用办法、规范聘用程序、健全聘用组织及监督机制，确保岗位聘用工作公开、公平、公正进行。学校要成立聘用组织，负责岗位聘用的有关工作。要采取措施严格限制专业技术高级、中级、初级岗位中的高等级岗位的设置。

47. 中等职业学校、普通高中、幼儿园与受聘人员应当在平等自愿、协商一致的基础上签订聘用合同，明确受聘岗位职责要求、工作条件、工资福利待遇、岗位纪律、聘用合同变更、解除和终止的条件以及聘用合同期限等方面的内容。聘用合同期限内调整岗位的，应当对聘用合同的相关内容作出相应变更。

48. 根据中等职业学校、普通高中、幼儿园工作的特点，教育教学管理岗位上的人员原则上应直接从事部分教学工作，其他管理人员及工勤人员应积极实行一岗多责，提高用人效益。

49. 中等职业学校、普通高中、幼儿园新参加工作人员见习、试用期满后，管理人员按照《实施意见》相关规定确定相应的岗位等级；专业技术人员按照岗位条件要求确定岗位等级；工勤技能人员通过初级工技术等级考核后，可确定为工勤技能技术工五级岗位。

50. 根据中等职业学校、普通高中、幼儿园工作的特点，对确有真才实学、成绩显著、贡献突出，岗位急需且符合破格条件的专业技术人员，经上一级主管部门批准，可以根据有关规定破格聘用。

51. 尚未实行聘用制度和岗位管理制度的中等职业学校、普通高中、幼儿园，应按照《国务院办公厅转发人事部关于在事业单位试行人员聘用制度意见的通知》、《人事部、教育部关于深化中小学人事制度改革的实施意见》和《试行办法》、《实施意见》以及本指导意见的精神，抓紧进行岗位设置，实行聘用制度，组织岗位聘用。

已经实行聘用制度，签订聘用合同的中等职业学校、普通高中、幼儿园，可以根据《试行办法》、《实施意见》及本指导意见的要求，按照核准的岗位设置方案，对本单位现有人员确定不同等级的岗位，并变更聘用合同相应的内容。聘用合同期满前，中等职业学校、普通高中、幼儿园应按国家有关规定和受聘人员的履职情况认真考核，及时作出续聘、岗位调整或解聘的决定。

52. 中等职业学校、普通高中、幼儿园首次进行岗位设置和岗位聘用，岗位结构比例不得突破现有人员的结构比例，不得突击聘用人员，不得突击聘用职务。要根据国家有关规定，使现有在册的正式工作人员，按照现聘职务或岗位进入相应等级的岗位。现有人员的结构比例已经超过核准的结构比例的，应通过自然减员、调出、低聘或解聘的办法，逐步达到规定的结构比例。尚未达到核准的结构比例的，要严格控制岗位聘用数量，根据中等职业学校、普通高中、幼儿园教育事业发展要求和人员队伍状况等情况逐年逐步到位。

53. 各地应按照中等职业学校、普通高中以及幼儿园所核定的岗位总量、结构比例、最高等级聘任教师，满足教育教学和课程设置对各级岗位教师的基本需求。要坚决制止在有合格条件人选的情况下出现"有岗不聘"的现象。对学校按规定要求聘用的人员，经教育主管部门或上级主管部门和人事行政部门审核后，应及时办理人事关系，兑现工资待遇。

54. 地(市)以上教育督导机构要按照国家和当地中等职业学校、普通高中、幼儿园岗位设置的指导标准，以及核定的岗位设置方案，依法加强对上述学校人员聘用及配置状况的督导检查。

各地在实施统一的义务教育教师职务制度后，幼儿园教师参照小学教师职务管理办法执行。

八、组织实施

55. 地方人事行政部门、教育行政部门和学校主管部门要高度重视，分工协作，加强领导，认真组织好中等职业学校、普通高中、幼儿园的岗位设置工作。要结合实际情况，研究制定学校岗位设置管理的实施意见，对各类岗位的任职条件、工作标准、职责任务等作出具体规定。要统筹规划，分类指导，周密部署，及时研究解决改革中出现的新情况、新问题，科学核定各学校的岗位设置方案，确保学校的人力资源供给和持续健康发展。

56. 岗位设置工作是中等职业学校、普通高中、幼儿园人事制度改革的重要组成部分，关系学校广大教职工的切身利益。学校党政领导班子要坚持以人为本，开展深入细致的思想政治工作。要加大宣传力度，切实提高教职工的思想认识。要按照积极、稳妥的方针，统筹协调各方面的利益关系，正确处理遇到的矛盾和问题，确保改革平稳有序进行，维护学校教育教学工作的正常开展。

57. 中等职业学校、普通高中、幼儿园在岗位设置和岗位聘用工作中，要严格执行有关政策规定，坚持原则，坚持走群众路线。对违反规定滥用职权、打击报复、以权谋私的，要追究相应责任。对不按《试行办法》、《实施意见》和本指导意见进行岗位设置和岗位聘用的单位，政府人事行政部门、教育行政部门及有关部门不予确认岗位等级、不予兑现工资、不予核拨经费。情节严重的，对相关领导和责任人予以通报批评，按照人事管理权限给予相应的纪律处分。

58. 本指导意见由人事部、教育部负责解释。

辽宁省认定教师资格试行办法

(辽教发[2003]89号)

为贯彻《教师资格条例》，实施教师资格制度，依法管理教师队伍，加强教师队伍建设，根据教育部《〈教师资格条例〉实施办法》，制定本办法。

一、实施教师资格制度工作的指导思想和依据

教师资格制度是国家实行的一种法定的职业许可制度。教师资格是国家对专门从事教育教学工作人员的基本要求。只有依法取得教师资格者，方能被教育行政部门依法批准举办的各级各类学校和其他教育机构聘任为教师。具有教师资格的人员依照法定的聘任程序被学校或其他教育机构正式聘任后方为教师，享有教师的义务和权利。

教师资格制度的法律法规、政策依据是《中华人民共和国教师法》、《教师资格条例》、《〈教师资格条例〉实施办法》。

全面实施教师资格制度，要坚持依法治教、依法管理，促进教师管理走上法制化轨道；严格把住教师队伍入口关，从源头上保证教师队伍的质量；拓宽教师来源渠道，鼓励和吸引优秀。

人才从事教育教学工作；优化教师队伍结构，促进教师队伍整体素质的提高。

二、教师资格认定范围

凡具备《教师法》规定的合格学历，热爱教育事业，有志于从事教师职业，未达到国家法定退休年龄的中国公民，都可以申请认定教师资格。

为保证教师资格认定工作的有序进行，在认定教师资格工作中，原则上申请人在一年内只能申请教师资格分类中一种教师资格，除高等学校拟聘任教师职务的人员外，暂不受理社会上其他人员认定高等学校教师资格的申请。

三、教师资格认定组织机构

1. 省教育厅负责全省教师资格认定的组织、指导、监督，并负责高校教师资格的认定和资格证书管理。责成辽宁省教师培训交流中心负责教师资格证书办理、教师资格认定信息录入接受高校教师资格认定申请等具体事务性工作。

2. 受省教育厅委托本行政区内实施本科学历教育的普通高等学校负责本校拟聘人员的教师资格认定，报省教育厅核准、验印。

3. 省辖市教育行政部门以申请人户籍、任教学校为依据，负责中等职业学校教师（含实习指导教师）资格、高级中学教师资格的认定和资格证书管理。

4. 县（市、区）教育行政部门以申请人户籍、任教学校为依据，负责初级中学、小学、幼儿园教师资格认定和资格证书管理。

5. 各教师资格认定机构组建相应的教师资格专家审查委员会，组织办法见辽教发〔2003〕95号文，负责教育教学基本素质和能力的考查。教师资格认定机构根据教师资格专家审查委员会审查意见做出是否认定的结论。

四、教师资格认定条件

1. 政治思想条件：申请认定教师资格人员应当遵守宪法和法律，热爱教育事业，履行《教师法》规定的义务，遵守社会公德和教师职业道德。

2. 学历条件：申请认定教师资格应具备《教师法》规定的相应学历。申请中等职业学校实习指导教师资格，应具有中等职业学校毕业及其以上学历，并应当具有相当于助理工程师以上专业技术职务或者中级以上工人技术等级。对于有特殊技艺者，经省教育行政部门批准，其学历可适当放宽。

3. 教育教学能力条件：在教学过程中应与学生积极互动、共同发展，处理好传授知识与培养能力的关系，指导学生主动、富有个性的学习，增强学生的创新精神和实践能力；尊重学生的人格，关注个体差异，创设能引导学生主动参与的教育环境，激发学生学习的积极性，培养学生积极主动的学习态度和掌握运用知识的能力，使每个学生都得到充分的发展。教育教学能力测试办法及标准见辽教发〔2003〕96号文。

4. 普通话水平：应达到国家语言文字工作委员会颁布的《普通话水平测试等级标准》二级乙等以上标准。

5. 教育学、心理学和教育政策法规知识要求：学习掌握并能在教育教学实践工作中运用教育学、心理学知识和原理，了解国家和省有关教育政策法规，是教师职业的基本要求。非师范教育类毕业生申请认定教师资格应补学教育学、心理学和教育政策法规知识并考试合格。

6. 教育实践条件：非师范教育类毕业人员申请认定中小学教师资格应有20周以上的中小学教育教学实践。认定中小学教师资格教育教学实践考核办法见辽教发〔2003〕98号文。

7. 身体条件：申请认定教师资格应当具有良好的身体素质和心理素质，无传染性疾病，无精神病史，有完全的法律行为能力等。申请认定教师资格人员体检标准参照《普通高等学校招生体检标准》及对师范院校考生身体方面的特殊要求。

五、教师资格认定程序

1. 教师资格认定每年进行一次。

2. 符合认定条件的人员（高等学校应届毕业生以学校为单位）向相应的教师资格认定机构领取有关资料。

3. 申请人员在受理期间内向相应的教师资格认定机构提出申请，并提交以下材料，教师资格认定机构对申报材料进行审核。

（1）《教师资格认定申请表》一式两份；

（2）身份证原件和复印件；

（3）学历证书原件和复印件；

（4）《辽宁省教师资格申请人员体检表》；

（5）普通话水平测试等级证书原件和复印件；

（6）《申请人思想品德鉴定表》；

（7）完成教育学、教育心理学、教育政策法规课程学习证明材料；

（8）完成教育教学实践证明材料；

（9）高校教师与学校签订《聘任合同书》原件及复印件；

（10）近期小2寸正面免冠照片一张。

4. 教师资格专家审查委员会对申请人进行教育教学能力测试。

5. 教师资格认定机构在审查上述材料的基础上，并根据专家审查委员会的审查意见，做出是否认定的结论，在申请受理期限终止之日30个法定工作日内以书面方式通知申请人，办理有关手续。

6. 取得教师资格的人员，其《教师资格认定申请表》一份存入其本人人事档案，其余材料由教师资格认定机构归档保存。

六、教师资格的申请

1. 申请认定教师资格者，在规定的受理期限内向相应的教师资格认定机构提出申请。

2. 高等学校应届毕业生按毕业生申请认定教师资格的种类，分别由学校向其学校所在地的省、市、县（区）教师资格认定机构申请认定相应种类的教师资格。

3. 申请人思想品德评价意见，在职人员由其所在单位填写，非在职人员由其所在地街道办事处或乡（镇）人民政府填写，应届毕业生由毕业学校负责填写。

4. 申请认定中小学教师资格教育教学实践评价意见由所实习的学校填写。

5. 请人身体检查由各教师资格认定机构指定的县级以上医院负责，填写《辽宁省教师资格申请人员体检表》。

七、教师资格认定的考试、考查

1. 非师范教育类毕业生申请认定教师资格补学教育学、教育心理学、教育政策法规知识。学习内容为教育部人事司和教育部考试中心制定的教育学和教育心理学考试大纲，近年来国家和省制定的有关教育、教师工作的政策法规。全省统一考试，省教师培训交流中心负责考务工作。教育学、教育心理学和教育政策法规三门课程单独考试，每科成绩的有效期为三年。

2. 普通话水平测试由教育行政部门和语言文字工作机构组织实施，测试合格后由省语言文字工作机构统一验印颁发国务院教育行政部门统一印制的《普通话水平测试等级证书》。

3. 教育教学能力的考查由教师资格专家审查委员会负责。教育教学基本素质和能力主要通过面试和试讲的方式进行测试，考查结果作为是否认定的依据。凡经教师资格专家审查委员会审查认为不合格者，教师资格认定机构不得认定其教师资格。

教师资格认定工作涉及面广、影响重大。各级教育行政部门要充分认识实施教师资格制度的重大意义，切实加强组织领导。各教师资格认定机构要严格按照法定条件和程序认定教师资格。严禁在教师资格认定工作中放宽条件，借机乱收费。对违反规定、造成严重后果的，将按有关法律、法规追究单位领导和有关人员的责任。

学校食物中毒事故行政责任追究暂行规定

（卫监督发[2005]431号2005年11月2日）

第一条 为加强学校食品卫生管理，预防学校食物中毒事故发生，落实管理责任，保护学校师生身体健康和生命安全，依据《中华人民共和国食品卫生法》、《突发公共卫生事件应急条例》、《国务院关于特大安全事故行政责任追究的规定》、《国务院关于进一步加强食品安全工作的决定》、《学校食堂与学生集体用餐卫生管理规定》、《食物中毒事故处理办法》等规定，制定本办法。

第二条 对学校食品卫生负有监管责任的地方卫生行政部门、教育行政部门以及学校的主要负责人和直接管理责任人不履行或不正确履行食品卫生职责等失职行为，造成学校发生食物中毒事故的，应当追究行政责任。本规定适用于各级各类全日制学校以及幼儿园。

第三条 学校的主要负责人是学校食品卫生管理的第一责任人。

第四条 本规定中的学校食物中毒事故，是指由学校主办或管理的校内供餐单位以及学校负责组织提供的集体用餐导致的学校师生食物中毒事故。

第五条 本规定中的食物中毒事故按照严重程度划分为：

（一）重大学校食物中毒事故，是指一次中毒100人以上并出现死亡病例，或出现10例及以上死亡病例的食物中毒事故。

（二）较大学校食物中毒事故，是指一次中毒100人及以上，或出现死亡病例的食物中毒事故。

（三）一般学校食物中毒事故，是指一次中毒99人及以下，未出现死亡病例的食物中毒事故。

第六条 行政责任追究按照现行干部、职工管理权限，分别由当地政府、教育行政部门、卫生行政部门以及学校实施。应当追究刑事责任的，依照相关法律法规的规定执行。

第七条 行政责任追究应当坚持公开、公正原则，做到有错必纠、处罚适当、教育与惩戒相结合。

第八条 学校发生食物中毒事故，有下列情形之一的，应当追究学校有关责任人的行政责任：

（一）未建立学校食品卫生校长负责制的，或未设立专职或兼职食品卫生管理人员的；

（二）实行食堂承包（托管）经营的学校未建立准入制度或准入制度未落实的。

（三）未建立学校食品卫生安全管理制度或管理制度不落实的；

（四）学校食堂未取得卫生许可证的；

（五）学校食堂从业人员未取得健康证明或存在影响食品卫生病症未调离食品工作岗位的，以及未按规定安排从业人员进行食品卫生知识培训的；

（六）违反《学校食堂与学生集体用餐卫生管理规定》第十二条规定采购学生集体用餐的；

（七）对卫生行政部门或教育行政部门提出的整改意见，未按要求的时限进行整改的；

（八）瞒报、迟报食物中毒事故，或没有采取有效控制措施、组织抢救工作致使食物中毒事态扩大的；

（九）未配合卫生行政部门进行食物中毒调查或未保留现场的。

第九条 学校发生食物中毒事故需要追究学校行政责任的，应当按以下原则，分别追究学校主要领导、主管领导和直接管理责任人的行政责任。发生一般学校食物中毒事故，中毒人数少于29人的，追究直接管理责任人的责任。发生一般学校食物中毒事故，中毒人数在30人及以上的，追究直接管理责任人的责任，但直接管理责任人在事故发生前已将学校未履行食品卫生职责情况书面报告学校主管领导，而学校主管领导未采取措施的，由学校主管领导承担责任。发生较大学校食物中毒事故，追究直接管理责任人和学校主管领导的责任。发生重大学校食物中毒事故，追究直接管理责任人、学校主管领导和学校主要领导的责任。

第十条 学校发生食物中毒事故，有下列情形之一的，应当追究当地卫生行政部门有关责任人的行政责任。

（一）对不符合学校食堂或学校集体用餐单位卫生许可证发放条件的单位，发放卫生许可证的；

（二）检查发现学校食堂未达到卫生许可证发放条件要求，而未向所在地教育行政部门通报的；

（三）未按规定对学校食堂或学生集体用餐供餐单位进行监督检查或检查次数未达到要求的；

（四）未按教育行政部门或学校的请求，协助教育行政主管部门或学校对主管领导、卫生管理人员和从业人员进行食品卫生相关知识培训的；

（五）监督检查过程中，对发现的不符合卫生要求的行为未提出整改意见的；或者提出整改意见后未在要求时限内再次检查进行督促落实的；

（六）接到学校食物中毒报告后，未及时赶往现场调查处理，或者未及时采取有效控制措施导致食物中毒事故事态扩大的；

（七）未按《突发公共卫生事件应急条例》和《食物中毒事故处理办法》的规定时间进行食物中毒报告的。

第十一条 学校发生食物中毒事故，有下列情形之一的，应当追究当地教育行政部门有关人员的行政责任：

（一）未将学校食品卫生安全管理作为对学校督导评估的重要内容和重要考核指标或未按规定进行督导、检查的；

（二）督导检查过程中，对发现的问题未提出改进意见的，或对改进意见未督促落实的；

（三）未督促学校制订学校食堂管理人员和从业人员培训计划或未定期组织培训的；

（四）接到卫生行政部门的相关通报，未督促学校落实卫生行政部门提出的卫生监督意见的；

（五）接到学校食物中毒报告后，未及时赶往现场协助卫生行政部门和其他相关部门调查处理，或者未督促学校采取有效措施控制食物中毒事故事态扩大的；

（六）未按规定向上级教育行政部门报告的，或存在瞒报、迟报行为的。

第十二条 学校发生食物中毒事故需要追究当地教育行政部门、卫生行政部门有关责任人行政责任的，应当按下列原则，分别追究教育行政部门、卫生行政部门有关责任人的行政责任。发生一般学校食物中毒，追究行政部门直接管理责任人的责任。发生较大学校食物中毒事故，追究部门管理责任人的责任。发生重大学校食物中毒事故，追究部门主管领导的责任。

第十三条 学校食物中毒事故行政责任追究情况应向上级卫生行政部门和教育行政部门报告。

第十四条 承包经营单位和集体用餐配送单位不履行或不正确履行食品卫生职责，造成学校发生食物中毒事故的，依法追究法律责任。

第十五条 本规定自二〇〇六年一月一日起施行。

国家学生体质健康标准

（教体艺[2007]8号2007年4月4日）

一、说明

（一）为贯彻落实健康第一的指导思想，切实加强学校体育工作，促进学生积极参加体育锻炼，养成良好的锻炼习惯，提高体质健康水平，特制定本标准。

（二）本标准是《国家体育锻炼标准》的有机组成部分，是《国家体育锻炼标准》在学校的具体实施，是国家对学生体质健康方面的基本要求,适用于全日制小学、初中、普通高中、中等职业学校和普通高等学校的在校学生。

（三）本标准从身体形态、身体机能、身体素质和运动能力等方面综合评定学生的体质健康水平，是促进学生体质健康发展、激励学生积极进行身体锻炼的教育手段，是学生体质健康的个体评价标准。

（四）本标准将测试对象划分为以下组别：小学一、二年级为一组，三、四年级为一组，五、六年级为一组，初、高中每年级各为一组，大学为一组。

小学一、二年级组和三、四年级组测试项目分为三类，身高、体重为必测项目，其他二类测试项目各选测一项。小学五、六年级组，初、高中各组，大学组测试项目均为五类，身高、体重、肺活量为必测项目，其他三类测试项目各选测一项。

选测项目每年由地（市）级教育行政部门、高等学校在测试前两个月确定并公布。选测项目原则上每年不得重复。

（五）学校每学年对学生进行一次本标准的测试，本标准的测试方法按《国家学生体质健康标准解读》（人民教育出版社出版）中的有关要求进行。

（六）本标准各评价指标的得分之和为本标准的最后得分，满分为100分。根据最后得分评定等级：90分及以上为优秀，75分—89分为良好， 60分—74分为及格，59分及以下为不及格。学生体质健康标准成绩每学年评定一次，按评定等级记入《国家学生体质健康标准登记卡》（见附表1-5）。学生毕业时体质健康标准的成绩和等级，按毕业当年得分和其他学年平均得分各占50%之和进行评定。因病或残疾免予执行本标准的学生,填写《免予执行<国家学生体质健康标准>申请表》（见附表6）。

（七）本标准由教育部负责解释。

二、《国家学生体质健康标准》评价指标与分值

组别	评价指标（测试项目）	分值	备注
小学一、二年级	身高标准体重	20	必测
	坐位体前屈、投沙包	40	选测一项
	50米跑（25米×2往返跑）、立定跳远、跳绳、踢毽子	40	选测一项
小学三、四年级	身高标准体重	20	必测
	坐位体前屈、掷实心球、仰卧起坐	40	选测一项
	50米跑（25米×2往返跑）、立定跳远、跳绳	40	选测一项
小学五、六年级	身高标准体重	10	必测
	肺活量体重指数	20	必测
	400米跑（50米×8往返跑）、台阶试验	30	选测一项
	坐位体前屈、掷实心球、仰卧起坐、握力体重指数	20	选测一项
	50米跑（25米×2往返跑）、立定跳远、跳绳、篮球运球、足球颠球、排球垫球	20	选测一项
初中、高中、大学各年级	身高标准体重	10	必测
	肺活量体重指数	20	必测
	1000米跑（男）、800米跑（女）、台阶试验	30	选测一项
	坐位体前屈、掷实心球、仰卧起坐（女）、引体向上（男）、握力体重指数	20	选测一项
	50米跑、立定跳远、跳绳、篮球运球、足球运球、排球垫球	20	选测一项

注：身高标准体重测试项目为身高、体重，肺活量体重指数测试项目为肺活量，握力体重指数测试项目为握力。

三、《国家学生体质健康标准》评分表（略）

学生军事训练工作规定

（教体艺[2007]7号2007年3月22日）

第一章　总则

第一条　为加强学生军事训练工作，保障军事技能训练和军事理论课教学任务的完成，依据《中华人民共和国兵役法》、《中华人民共和国国防教育法》制定本规定。

第二条　本规定适用于各级教育行政部门、各级军事机关和普通高等学校、高中阶段学校（含普通高中、中等专业学校、技工学校、职业高中，下同）。

第三条　学生军事训练是指普通高等学校、高中阶段学校组织的学生军事技能训练和军事理论课教学，以及与学生军事训练有关的其他活动。

第四条　学生军事训练工作，必须围绕服务国家人才培养、服务国防后备力量建设开展，坚持着眼时代特征、遵循教育规律、注重实际效果、实施分类指导的方针。通过军事训练，使学生掌握基本军事技能和军事理论，增强国防观念、国家安全意识，加强组织性、纪律性，弘扬爱国主义、集体主义和革命英雄主义精神，磨练意志品质，激发战胜困难的信心和勇气，培养艰苦奋斗、吃苦耐劳的作风，树立正确的世界观、人生观和价值观，提高综合素质。

第五条　开展学生军事训练工作，是国家人才培养和国防后备力量建设的重要措施，是学校教育和教学的一项重要内容。

第六条　普通高等学校、高中阶段学校具有中国大陆户籍的学生应当依法接受学校统一安排的军事训练；具有香港、澳门、台湾户籍的学生，本人自愿参加军事训练的，经学校批准后可以参加。

有严重生理缺陷、残疾或者疾病的学生，经本人申请和学校批准，可以减免不适宜参加的军事技能训练科目。

第二章　组织领导与实施

第七条　学生军事训练工作在国务院、中央军委领导下，由教育部、总参谋部、总政治部共同负责。

军区负责本区域的学生军事训练工作。省（自治区、直辖市，下同）、市（地区，下同）、县（市、区，下同）教育行政部门、军事机关，负责本区域的学生军事训练工作。

学生军事训练工作实行属地化管理。

第八条 各级教育行政部门和军事机关要加强对学生军事训练工作的组织领导，明确分工，各负其责，密切协作，加强指导和监督。

第九条 教育行政部门负责组织普通高等学校和高中阶段学校具体实施学生军事训练。军事机关负责向普通高等学校派出派遣军官，安排承训部队和帮训官兵，提供学生军事训练所需武器弹药的保障。

第十条 教育行政部门和军事机关应当建立联席会议制度或联合办公制度，定期分析情况，研究问题，提出做好学生军事训练工作的指导性意见。

第十一条 普通高等学校、高中阶段学校应当把学生军事训练工作纳入学校教育、教学计划，统筹安排。

第十二条 普通高等学校军事教学机构与人民武装部共同负责军事技能训练、军事理论课教学的计划安排和具体组织实施。

第十三条 高中阶段学校应当明确一名学校领导分管学生军事训练工作，指定具体部门和人员负责学生军事训练的计划安排和组织实施。

第十四条 根据国防和军队建设的需要，对适合担任预备役军官职务的普通高等学校学生，经军事训练考核和政治审查合格的，按照有关规定，办理预备役军官登记，服军官预备役。

第三章　军事技能训练和军事理论教学

第十五条 教育部、总参谋部、总政治部共同负责制定普通高等学校、高中阶段学校的学生军事训练大纲。

学生军事训练大纲是学校组织实施军事技能训练和军事理论课教学、进行教学质量评估和督导的依据。

第十六条 普通高等学校军事技能训练和军事理论课教学是在校学生的必修课程，学校应当统一规划、实施和管理。

高中阶段学校的学生军事训练纳入社会实践活动中组织实施。

第十七条 普通高等学校、高中阶段学校学生军事技能训练主要在学生军事训练基地或者在学校内组织实施，也可到军队院校和民兵、预备役部队军事训练基地驻训。

第十八条 普通高等学校组织实施学生军事技能训练所需的帮训官兵，由省教育行政部门提出计划，由省军区协调驻军部队、军队院校和武警部队、院校派出，或者报军区统一安排。高中阶段学校组织实施学生军事技能训练所需的帮训人员，由军分区或者县人民武装部协调驻军部队、武警部队和预备役部队帮助解决。

第十九条 普通高等学校应当加强军事理论课程建设，提高军事理论课教师的教学水平和科研能力，实施规范化课程管理。

第二十条 教育行政部门应当将普通高等学校军事技能训练和军事理论课教学作为学校办学水平评估的重要内容。

第二十一条 普通高等学校学生军事技能训练和军事理论课考试成绩、高中阶段学校学生军事技能训练和军事知识讲座考核成绩载入本人学籍档案。

第四章 军事教师和派遣军官

第二十二条 普通高等学校军事理论课教学由学校配备的专职军事教师、聘任的兼职军事教师和军队派遣军官共同承担。

第二十三条 普通高等学校应当根据军事理论课教学任务的需要，配备和聘任相应数量的专职军事教师。

普通高等学校专职军事教师的专业技术职务评聘纳入学校教师正常的管理渠道。

第二十四条 普通高等学校专职军事教师配发基层人民武装干部工作证和制式服装，佩戴基层人民武装干部领章、帽徽和肩章。普通高等学校专职军事教师在组织实施军事理论课教学时应当着制式服装。

第二十五条 普通高等学校专职军事教师和军队派遣军官应当具备普通高等学校教师的基本条件，具有良好的军事素质，掌握军事教育理论，熟悉军事理论课教学方法。

第二十六条 军队派遣军官，按照有关规定由派出单位进行管理，享受在职军官的同等待遇。军队派遣军官在普通高等学校任教期间，其课时补助费参照学校相同专业技术职务教师的补助标准执行，由所在学校发给。所在普通高等学校应当为军队派遣军官提供必要的工作、生活和交通保障。

第二十七条 高中阶段学校军事教师可采取兼职与聘任办法配备，选择热爱学生军事训练工作和具备良好军政素质的人员担任。

第二十八条 具备条件的普通高等学校、军队院校，应当承担普通高等学校、高中阶段学校军事教师的继续教育和培训任务。

第二十九条 各级教育行政部门和军事机关应当有计划地对高中阶段学校的兼职军事教师进行培训，培训时间每三年不得少于一个月。

第五章 学生军事训练保障

第三十条 普通高等学校和高中阶段学校组织实施学生军事训练所需的经费，按照现行财政管理体制，纳入学校主管部门预算管理，合理确定人均经费标准，实行综合定额拨款。

第三十一条 各级教育行政部门和军事机关开展学生军事训练工作所需的业务经费，商请本级财政列入经费预算，予以保障。

承担普通高等学校军事理论课教学任务的军队院校，所需的教学和工作经费，由省军区协调省财政解决。

第三十二条 全国每五年举办一次学生军事训练大型活动，所需的经费由教育部、总参谋部、总政治部向中央财政申请专项经费予以保障。

各省每三至五年举办一次学生军事训练大型活动，所需的经费由省级教育行政部门和军事机关向省财政申请专项经费予以保障。

第三十三条 各省可根据学生军事训练任务，在普通高等学校集中的大、中城市建立学生军事训练基地，为学校实施规范化的军事技能训练提供条件。

民兵、预备役部队军事训练基地应当为普通高等学校、高中阶段学校实施军事技能训练提供保障。

第三十四条 教育行政部门和军事机关应当会同物价、卫生等部门对学生军事训练基地的基础设施、保障条件、日常管理等进行定期监督、检查，加强管理。严禁不具备条件的学生军事训练基地承担学生军事训练任务。

第三十五条 学生军事训练基地和民兵、预备役部队军事训练基地承担学生军事训练任务，不得以赢利为目的。向普通高等学校、高中阶段学校收取经费的项目、标准应由省教育行政部门会同省物价部门制定；收取的经费主要用于学生军事训练及基地的维护和管理。

第三十六条 学生军事训练枪支属民兵武器装备，由军分区或者县人民武装部根据总参谋部的统一规划，予以保障。训练枪支在配发普通高等学校前，必须经过技术处理，使其不能用于实弹射击。

第三十七条 经军事机关批准，学生军事训练枪支可由普通高等学校负责保管。暂不具备保管条件的学校，训练枪支由军分区或者县人民武装部代管。

第三十八条 保管学生军事训练枪支的普通高等学校，应当建设合格的训练枪支存放库室，配备专门的看管人员，实行昼夜值班制度。普通高等学校应当按照国家和军队的有关规定对训练枪支看管人员进行政审。

第三十九条 军分区或者县人民武装部应当按照民兵武器装备管理的有关规定，对普通高等学校学生军事训练枪支存放库室的建设质量、安全管理、看管人员编配和设施配备情况进行验收和定期检查。

第四十条 普通高等学校学生军事训练所需的实弹射击枪支、弹药，由军分区或者县人民武装部负责保障和管理。

第四十一条 普通高等学校、高中阶段学校在学生军事训练期间必须进行安全教育，完善各项安全制度，制定安全计划和突发事件应急处置预案，严防在军事技能训练、实弹射击、交通运输、饮食卫生等方面发生事故。

各级教育行政部门和军事机关应当高度重视学生军事训练期间的各类事故预防工作，定期分析安全形势，适时进行督促检查，及时发现和处理不安全隐患。

第四十二条 普通高等学校、高中阶段学校应当建立健全学生军事训练意外事故报告制度。学校和承训部队在军训中发生各类安全事故后，应当及时向所在地教育行政部门、军事机关及相关部门报告，并按照《学生伤害事故处理办法》及有关法律法规的规定妥善处理。事故处理完毕，要将处理结果及改进措施报告上级教育行政部门、军事机关。

第六章　奖励和惩处

第四十三条 对在学生军事训练中成绩显著的单位和个人，各级教育行政部门、军事机关和普通高等学校、高中阶段学校应当给予表彰、奖励。

第四十四条 对违反本规定，有下列行为之一的单位或者个人，由教育行政部门和军事机关责令其限期改正，并视情节轻重对直接责任人员给以批评教育或者行政处分：

（一）随意取消和压缩学生军事训练时间的；

（二）未按《普通高等学校军事课教学大纲》和《高中阶段学校学生军事训练教学大纲》规定完成军事技能训练科目和军事理论课教学内容的；

（三）在军事技能训练和军事理论课考试中违反纪律、弄虚作假的；

（四）挤占、挪用和不按财务规定使用学生军事训练经费的；

（五）违反规定向学校收取承训费或者向学生收取军事训练费用的；

（六）发生枪支丢失、人身伤害或者其他重大安全责任事故的；

（七）打骂或者体罚学生的。

有第（六）、（七）项行为，情节严重、构成犯罪的，应当移送司法机关依法追究刑事责任。

第四十五条 对没有正当理由拒不接受军事训练的学生，按国家发布的学籍管理办法和学校有关规定处理。

第四十六条 对违反本规定，侵占、破坏学校军事训练场所、设施的单位或者个人，由教育行政部门、军事机关责令其限期改正、依法赔偿损失。

第七章　附则

第四十七条 各省级教育行政部门和军事机关可根据本规定制定实施细则。

第四十八条 本规定自发布之日起施行。

国家学校体育卫生条件试行基本标准

（教体艺[2008]5号2008年6月5日）

根据《中共中央 国务院关于加强青少年体育增强青少年体质的意见》（中发[2007]7号）要求，为保障中小学校体育、卫生工作的正常开展，保证广大中小学生健康成长，依据《学校体育工作条例》、《学校卫生工作条例》以及现有涉及中小学建筑、教学卫生、生活卫生等方面的相关标准和政策规定，制定本《国家学校体育卫生条件试行基本标准》（以下简称《标准》）。

本《标准》适用于全日制小学、初级中学、高级中学（含中等职业学校、民办中小学校）。本《标准》从体育教师、体育场地器材、教学卫生、生活设施、卫生保健室配备以及学生健康体检等方面明确了开展学校体育卫生工作所必不可少的条件，是国家对开展学校体育卫生工作的最基本要求，是中小学校办学应达到的最基本标准，是教育检查、督导和评估的重要内容。各地应当按照本《标准》对中小学校进行核查，尚未达到本《标准》的，应积极创造条件，使其尽快达到标准要求。各地在新建和改扩建中小学校时，应当按照本《标准》进行建设和配备。少数因特殊地理环境和特殊困难达不到本《标准》规定的部分要求的地区，应制定与之相应的办法，确保学校体育场地的需要。

各地应当在本级人民政府领导下，积极创造条件，增加投入，不断改善学校办学条件。鼓励有条件的地区根据本地实际情况，制定高于本《标准》的学校体育卫生条件标准。

一、中小学校体育教师配备基本标准

（一）任职资格

中小学体育教师必须经过体育专业学习或培训，获得教师资格证书，并且每学年接受继续教育应不少于48个学时。

（二）配备比例

学校应当在核定的教职工总编制数内，根据体育课教育教学工作的特点，按照教学计划中体育课授课时数和开展课外体育活动的需要，配备体育教师。小学1~2年级每5~6个班配备1名体育教师，3~6年级每6~7个班配备1名体育教师；初中每6~7个班配备1名体育教师；高中（含中等职业学校）每8~9个班配备1名体育教师。

农村200名学生以上的中小学校至少配备1名专职体育教师。

二、中小学校体育场地、器材配备基本标准

（一）体育场地

1．小学

运动场地类别	小学		
	≤18班	24班	30班以上
田径场（块）	200米（环形）1块	300米（环形）1块	300米～400米（环形）1块
篮球场（块）	2	2	3
排球场（块）	1	2	2
器械体操+游戏区	200平方米	300平方米	300平方米

2．九年制学校

运动场地类别	九年制学校		
	≤18班	27班	36班以上
田径场（块）	200米（环形）1块	300米（环形）1块	300米～400米（环形）1块
篮球场（块）	2	3	3
排球场（块）	1	2	3
器械体操+游戏区	200平方米	300平方米	350平方米

3．初级中学

运动场地类别	初级中学		
	≤18班	24班	30班以上
田径场（块）	300米（环形）1块	300米（环形）1块	300米～400米（环形）1块
篮球场（块）	2	2	3
排球场（块）	1	2	2
器械体操区	100平方米	150平方米	200平方米

4．完全中学

运动场地类别	完全中学			
	≤18班	24班	30班	36班以上
田径场（块）	300米（环形）1块	300米（环形）1块	300米（环形）1块	400米（环形）1块
篮球场（块）	2	2	3	3
排球场（块）	1	2	2	3
器械体操区	100平方米	150平方米	200平方米	200平方米

5．高级中学（含中等职业学校）

运动场地类别	高级中学（含中等职业学校）			
	≤18班	24班	30班	36班以上
田径场（块）	300米（环形）1块	300米（环形）1块	300米（环形）1块	400米（环形）1块
篮球场（块）	2	2	3	3
排球场（块）	1	2	2	3
器械体操区	100平方米	150平方米	200平方米	200平方米

注：1. 300米以上的环形田径场应包括100米的直跑道，200米的环形田径场应至少包括60米直跑道。

2. 田径场内应设置1～2个沙坑（长5～6米、宽2.75～4米，助跑道长25～45米）。

3. 器械体操区学校可根据实际条件进行集中或分散配备。

4. 因受地理环境限制达不到标准的山区学校，可因地制宜建设相应的体育活动场地。

（二）体育器材

1．小学体育器材

（1）12个班（含12个班）以下

序号	器材名称	单位	配备数量	备注
1	接力棒	支	6-8	
2	小栏架或钻圈架	付	8-10	

3	发令枪	支	1	
4	标志杆（筒）	根	4	
5	秒 表	块	2	
6	跳高架	付	1	
7	跳高横竿	根	2	★
8	山羊或跳箱	台	1	
9	助跳板	块	1	
10	小沙包	只	20	★
11	垒 球	只	20	★
12	实心球	只	20	★
13	投掷靶	只	1	
14	皮 尺	卷	1	
15	小体操垫	块	20	★
16	低单杠	付	1	
17	爬竿或爬绳	付	1	
18	毽子	只	40	★
19	短跳绳	根	40	★
20	长跳绳	根	8	★
21	小篮球	只	20	★
22	小篮球架	付	1	
23	小足球或软式排球	只	20	★
24	小足球门或排球架	付	1	
25	乒乓球台	张	1	
26	乒乓球拍或板羽球或羽毛球拍	付	20	★
27	乒乓球或羽毛球网架	付	2	
28	乒乓球或板羽球或羽毛球	只	20	★
29	录音机	台	1	
30	肺活量测试仪	台	1	

（2）13个班（含13个班）以上

序号	器材名称	单位	配备数量	备　　注
1	接力棒	支	8	
2	小栏架（或钻圈架）	付	10	
3	发令枪	支	1	
4	标志杆（筒）	根	8	
5	秒　表	块	3	
6	跳高架	付	1	
7	跳高横竿	根	2	★
8	山　　羊	台	1	
9	跳　箱	付	1	
10	助跳板	块	2	
11	小沙包	只	20	★
12	垒　　球	只	20	★
13	实心球	只	20	★
14	投掷靶	只	2	
15	皮　　尺	卷	1	
16	大体操垫	块	6	
17	小体操垫	块	20	★
18	低单杠	付	2	
19	高单杠	付	1	
20	肋　　木	间	1	
21	平　梯	架	1	
22	爬竿或爬绳	付	1	
23	毽子	只	40	★
24	短跳绳	根	40	★
25	长跳绳	根	8	★
26	小篮球	只	20	★

27	小篮球架	付	2	
28	小足球	只	20	★
29	小足球门	付	1	
30	软式排球	只	20	★
31	排球架	付	2	
32	乒乓球台	张	2	
33	乒乓球拍或板羽球或羽毛球拍	付	20	★
34	乒乓球或羽毛球网架	付	2	
35	乒乓球或板羽球或羽毛球	只	20	★
36	录音机	台	1	
37	肺活量测试仪	台	2	

注：标注“★”的器材为低值易耗器材设备，应及时补充。

2．中学体育器材（含九年制学校、初级中学、完全中学、中等职业学校、高级中学）

（1）12个班（含12个班）以下

序号	器材名称	单位	配备数量	备　注
1	接力棒	支	8	
2	跨栏架	付	10	
3	发令枪	支	1	
4	标志杆（筒）	根	8	
5	秒　表	块	2	
6	跳高架	付	1	
7	跳高横竿	根	2	★
8	山羊或跳箱	台	1	
9	助跳板	块	1	
10	垒　球	个	24	★
11	实心球	个	24	★
12	铅　球	个	8	

13	皮　尺	卷	1	
14	小体操垫	块	24	★
15	低单杠	付	1	
16	高单杠	付	2	
17	高双杠	付	1	
18	剑（刀）	柄	24	★
20	棍	根	24	★
21	短跳绳	根	48	★
22	长跳绳	根	12	★
23	拔河绳	根	1	
24	篮球	只	24	★
25	篮球架	付	2	
26	足球或软式排球	只	24	★
27	足球门或排球架	付	1	
28	排球架	付	2	
29	乒乓球台	张	1	
30	乒乓球拍或羽毛球拍	付	24	★
31	乒乓球或羽毛球	只	24	★
32	乒乓球或羽毛球网架	付	1	
33	录音机	台	1	
34	肺活量测试仪	台	2	

（2）13个班（含13个班）以上

序号	器材名称	单位	配备数量	备　注
1	接力棒	支	12	
2	跨栏架	付	10	
3	发令枪	支	1	
4	标志杆（筒）	根	8	

5	秒 表	块	3	
6	跳高架	付	1	
7	跳高横竿	根	2	★
8	山 羊	台	1	
9	跳 箱	付	1	
10	助跳板	块	2	
11	垒 球	个	24	★
12	实心球	个	24	★
13	铅 球	个	12	
14	皮 尺	卷	1	
15	大体操垫	块	8	
16	小体操垫	块	24	★
17	低单杠	付	2	
18	高单杠	付	2	
19	低双杠	付	2	
20	高双杠	付	2	
21	肋 木	间	2	
22	平 梯	架	1	
23	剑（刀）	柄	24	★
24	棍	根	24	★
25	短跳绳	根	48	★
26	长跳绳	根	12	★
27	拔河绳	根	1	
28	篮球	只	24	★
29	篮球架	付	3	
30	足 球	只	24	★
31	足球门	付	1	
32	软式排球	只	24	★

33	排球架	付	3	
34	乒乓球台	张	2	
35	乒乓球拍或羽毛球拍	付	24	★
36	乒乓球或羽毛球	只	24	★
37	乒乓球或羽毛球网架	付	1	
38	录音机	台	1	
39	肺活量测试仪	台	2	

注：标注“★”的器材为低值易耗器材设备，应及时补充。

各中小学校都应根据学校班级的规模设置体育器材室一间。

三、中小学校教学卫生基本标准

（一）教室

1. 普通教室人均使用面积：小学不低于1.15平方米,中学不低于1.12 平方米。

2. 教室前排课桌前缘与黑板应有2 米以上距离。

3. 教室内各列课桌间应有不小于0.6 米宽的纵向走道，教室后应设置不小于0.6米的横行走道。后排课桌后缘距黑板不超过9米。

（二）课桌椅

1. 教室内在座学生应每人一席。

2. 每间教室内至少应设有2种不同高低型号的课桌椅。

（三）黑板

1. 黑板应完整无破损、无眩光，挂笔性能好，便于擦拭。

2. 黑板下缘与讲台地面的垂直距离：小学为0.8～0.9米，中学为1～1.1米;讲台桌面距教室地面的高度一般为1.2米。

（四）教室采光

1. 单侧采光的教室光线应从学生座位左侧射入，双侧采光的教室主采光窗应设在左侧。

2. 教室墙壁和顶棚为白色或浅色，窗户应采用无色透明玻璃。

3. 教室采光玻地比（窗的透光面积与室内地面面积之比）不得低于1：6。

（五）教室照明

1. 课桌面和黑板照度应分别不低于150LX和200LX，照度分布均匀。自然采光不足时应辅以人工照明。

2. 教室照明应配备40瓦荧光灯9盏以上，并符合节能环保要求。灯管宜垂直于黑板布置。教室照明应采用配有灯罩的灯具，不宜用裸灯，灯具距桌面的悬挂高度为

1.7～1.9米 。

3. 黑板照明应设2盏40瓦荧光灯，并配有灯罩。

（六）教室微小气候

1. 教室应设通气窗，寒冷地区应有采暖设备。

2. 新装修完的教室应进行室内空气检测，符合《室内空气质量标准》的可投入使用，并保持通风换气。

四、中小学校生活设施基本标准

（一）学生宿舍

1. 学生宿舍不应与教学用房合建。男、女生宿舍应分区或分单元布置。一层出入口及门窗，应设置安全防护设施。

2. 学生宿舍的居室，人均使用面积不应低于3.0平方米。

3. 应保证学生一人一床，上铺应设有符合安全要求的防护栏。

4. 宿舍应保证通风良好，寒冷地区宿舍应设有换气窗。

5. 学生宿舍应设有厕所、盥洗设施。宿舍设室外厕所的，厕所距离宿舍不超过30米，并应设有路灯。

（二）学校集体食堂

1. 学校食堂应取得卫生许可证。食堂从业人员应取得健康证明后方可上岗。

2. 食堂应距污染源25米以上。

3. 食堂应有相对独立的食品原料存放间、食品加工操作间、食品出售场所。

4. 食堂加工操作间最小使用面积不得小于8平方米；墙壁应有1.5米以上的瓷砖或其他防水、防潮、可清洗的材料装修的墙裙；地面应由防水、防滑、无毒、易清洗的材料装修；配备有足够的通风、排烟装置和有效的防蝇、防尘、防鼠、污水排放以及存放废弃物的设施和设备。

5. 食堂应当有洗刷、消毒池等清洗设施设备。采用化学消毒时，需具备2个以上的水池（容器），不得与清洗蔬菜、肉类等设备混用。

（三）学校生活饮用水

1. 学校必须为学生提供充足、安全卫生的饮水以及相关设施。

2. 供学校生活用水的自备井、二次供水的储水池（罐），应有安全防护和消毒设施，自备水源必须远离污染源。

3. 采用二次供水的学校应取得有效的二次供水卫生许可证后方可向学生供水。

（四）学校厕所

1. 新建教学楼应每层设厕所。独立设置的厕所与生活饮用水水源和食堂相距30米以上。

2. 女生应按每15人设一个蹲位；男生应按每30人设一个蹲位，每40人设1米长的小便槽。

3. 厕所内宜设置单排蹲位，蹲位不得建于蓄粪池之上，并与之有隔断；蓄粪池应加盖。小学厕所蹲位宽度（两脚踏位之间距离）不超过18厘米。

4. 厕所结构应安全、完整，应有顶、墙、门、窗和人工照明。

五、中小学校卫生（保健）室建设基本标准

（一）卫生（保健）室设置

1. 卫生室是指取得《医疗机构执业许可证》的学校卫生机构，承担学校预防保健、健康教育、常见病和传染病预防与控制、学校卫生日常检查并为师生提供必要的医疗服务。

2. 保健室是指未取得《医疗机构执业许可证》的学校卫生机构，在卫生专业人员指导下开展学校预防保健、健康教育、常见病和传染病预防与控制、学校卫生日常检查。

3. 寄宿制学校必须设立卫生室，非寄宿制学校可视学校规模设立卫生室或保健室。

（二）卫生（保健）室人员配备要求

1. 寄宿制学校或600名学生以上的非寄宿制学校应配备卫生专业技术人员。卫生专业技术人员应持有卫生专业执业资格证书。

2. 600名学生以下的非寄宿制学校，应配备保健教师或卫生专业技术人员。保健教师由现任具有教师资格的教师担任。

3. 卫生专业技术人员和保健教师应接受学校卫生专业知识和急救技能培训，并取得相应的合格证书。

（三）卫生保健室设施与设备

1. 卫生室。

（1）卫生室建筑面积应大于40平方米，并有适应学校卫生工作需要的功能分区。

（2）卫生室应具备以下基本设备：视力表灯箱、杠杆式体重秤、身高坐高计、课桌椅测量尺、血压计、听诊器、体温计、急救箱、压舌板、诊察床、诊察桌、诊察凳、注射器、敷料缸、方盘、镊子、止血带、药品柜、污物桶、紫外线灯、高压灭菌锅等。

2. 保健室。

（1）保健室建筑面积应大于15平方米，并有适应学校卫生工作需要的功能分区。

（2）保健室应具备以下基本设备：视力表灯箱、杠杆式体重秤、身高坐高计、课桌椅测量尺、血压计、听诊器、体温计、急救箱、压舌板、观察床、诊察桌、诊察凳、止血带、污物桶等。

六、中小学生健康检查基本标准

（一）基本要求

每年对在校学生进行一次健康体检，并建立学生健康档案。地方教育行政部门和学校应选择符合相关要求的保健和医疗机构承担学生体检工作。

（二）健康体检项目

1. 问诊：既往病史，近期发热、咳嗽史或其他明显不适症状。

2. 内科检查项目：心、肺、肝、脾、血压。

3. 眼科检查项目：裸眼远视力、沙眼、急性传染性结膜炎。

4. 口腔检查：牙齿、牙周。

5. 外科检查项目：头、颈、脊柱、四肢、皮肤、淋巴结。

6. 形态指标：身高、体重。

7. 肝功能：谷丙转氨酶、胆红素。

8. 结核菌素试验。

（三）学生健康体检结果评价与反馈

学生健康体检单位在体检结束后，应进行个体与群体健康评价，并向学生、学校、教育行政部门反馈健康评价结果，分析学生主要健康问题，提出改善学生健康状况和进一步检查的建议。

（四）学生健康体检机构资质

1. 具有法人资格，并持有《医疗机构执业许可证》的保健和医疗机构，经向教育行政部门备案后，方可承担中小学生定期健康体检工作。

2. 设有专门的预防性健康体检科室及辅助功能设施，具有独立于诊疗区之外的健康人群体检场所。

（五）体检经费

健康检查费用标准由省级相关部门确定。义务教育阶段学生健康体检的费用由学校公用经费开支，其他学生健康检查费用由省级政府制定统一的费用标准和解决办法。

教育收费公示制度

(计价格[2002]792号2002年5月27)

一、为规范教育收费行为，完善监督管理措施，增加透明度，治理乱收费，国家计委、财政部、教育部决定在全国各级各类学校实行教育收费公示制度。

二、教育收费公示制度是学校通过设立公示栏、公示牌、公示墙等形式，向社会公布收费项目、收费标准等相关内容，便于社会监督学校严格执行国家教育收费政策，保护学生及其家长自身合法权益的制度。

三、教育收费公示制度适用于中华人民共和国境内国家举办的小学、初级普通中学、初级职业中学、普通高中、中等职业学校、高等学校，以及幼儿园(托儿所)和其他特殊教育学校的收费。社会力量举办的学校收费也应参照本规定执行。

四、凡按国家规定的审批权限和程序制定的教育收费，包括义务教育学校的杂费、借读费、有寄宿制学校的住宿费和非义务教育学校的学费、住宿费等学校所有的收费，均应实行公示制度。公示的主要内容包括收费项目、收费标准、收费依据(批准机关及文号)、收费范围、计费单位、投诉电话等。对家庭经济困难学生实行收费减免的政策也应进行公示。

五、学校要在校内通过公示栏、公示牌、公示墙等方式，向学生公示收费项目、收费标准等内容。学校在招生简章中要注明有关收费项目和标准。在开学时或学期结束后，通过收费报告单等方式向学生家长报告本学期学校收费情况，让学生家长了解学校的实际收费与规定的收费是否一致。

六、在学校校内设立的公示栏、公示牌、公示墙的制作材料、规格、样式，应根据实际情况及动态管理、长期置放和清楚方便的要求进行规范。要尽可能独立置放，位置明显，字体端正，实用规范。遇有损坏或字迹不清的，学校要及时更换、维修或刷新。

七、教育收费公示的内容，事前必须经过学校所在地的省级或市、县价格、财政主管部门和教育行政部门的审核。公示收费的内容，要严格执行规定的收费项目、标准及范围等。禁止将越权收费、超标准收费、自立项目收费等乱收费行为通过公示“合法化”。

八、遇有政策调整或其它情况变化时，学校要及时更新公示的有关内容。省、市、县价格、财政主管部门和教育行政部门要及时做好教育收费政策信息的沟通、传递工作，并督导学校做好公示栏、公示牌、公示墙的更新维护工作。

九、各级价格、财政主管部门和教育行政部门要通过电视、广播、报刊等新闻媒体向社会公示教育收费政策的制定和调整情况。并督促学校做好教育收费公示工作。

十、各地要加强对教育收费公示制度的监督检查。对违反规定的乱收费，按规定应公示而未公示的收费，或公示内容与规定政策不符的，学生有权拒绝缴纳，并有权向价格、财政主管部门和教育行政部门举报；价格、财政主管部门和教育行政部门要按照有关规定进行查处。

十一、各省、自治区、直辖市价格、财政主管部门和教育行政部门可结合当地实际情况，制定教育收费公示制度的具体实施办法。

财政部、国家税务总局关于教育税收政策的通知

（财税[2004]39号　2004年2月5日）

各省、自治区、直辖市、计划单列市财政厅（局）、国家税务局、地方税务局，新疆生产建设兵团财务局：

为了进一步促进教育事业发展，经国务院批准，现将有关教育的税收政策通知如下：

一、关于营业税、增值税、所得税

1. 对从事学历教育的学校提供教育劳务取得的收入，免征营业税。

2. 对学生勤工俭学提供劳务取得的收入，免征营业税。

3. 对学校从事技术开发、技术转让业务和与之相关的技术咨询、技术服务业务取得的收入，免征营业税。

4. 对托儿所、幼儿园提供养育服务取得的收入，免征营业税。

5. 对政府举办的高等、中等和初等学校（不含下属单位）举办进修班、培训班取得的收入，收入全部归学校所有的，免征营业税和企业所得税。

6. 对政府举办的职业学校设立的主要为在校学生提供实习场所、并由学校出资自办、由学校负责经营管理、经营收入归学校所有的企业，对其从事营业税暂行条例“服务业”税目规定的服务项目（广告业、桑拿、按摩、氧吧等除外）取得的收入，免征营业税和企业所得税。

7. 对特殊教育学校举办的企业可以比照福利企业标准，享受国家对福利企业实行的增值税和企业所得税优惠政策。

8. 纳税人通过中国境内非营利的社会团体、国家机关向教育事业的捐赠，准予在企业所得税和个人所得税前全额扣除。

9. 对高等学校、各类职业学校服务于各业的技术转让、技术培训、技术咨询、技术服务、技术承包所取得的技术性服务收入，暂免征收企业所得税。

10. 对学校经批准收取并纳入财政预算管理的或财政预算外资金专户管理的收费不征收企业所得税；对学校取得的财政拨款，从主管部门和上级单位取得的用于事业

发展的专项补助收入，不征收企业所得税。

11. 对个人取得的教育储蓄存款利息所得，免征个人所得税；对省级人民政府、国务院各部委和中国人民解放军军以上单位，以及外国组织、国际组织颁布的教育方面的奖学金，免征个人所得税；高等学校转化职务科技成果以股份或出资比例等股权形式给与个人奖励，获奖人在取得股份、出资比例时，暂不缴纳个人所得税；取得按股份、出资比例分红或转让股权、出资比例所得时，依法缴纳个人所得税。

二、关于房产税、城镇土地使用税、印花税

对国家拨付事业经费和企业办的各类学校、托儿所、幼儿园自用的房产、土地，免征房产税、城镇土地使用税；对财产所有人将财产赠给学校所立的书据，免征印花税。

三、关于耕地占用税、契税、农业税和农业特产税

1. 对学校、幼儿园经批准征用的耕地，免征耕地占用税。享受免税的学校用地的具体范围是：全日制大、中、小学校（包括部门、企业办的学校）的教学用房、实验室、操场、图书馆、办公室及师生员工食堂宿舍用地。学校从事非农业生产经营占用的耕地，不予免税。职工夜校、学习班、培训中心、函授学校等不在免税之列。

2. 国家机关、事业单位、社会团体、军事单位承受土地房屋权属用于教学、科研的，免征契税。用于教学的，是指教室（教学楼）以及其他直接用于教学的土地、房屋。用于科研的，是指科学实验的场所以及其他直接用于科研的土地、房屋。对县级以上人民政府教育行政主管部门或劳动行政主管部门审批并颁发办学许可证，由企业事业组织、社会团体及其他社会和公民个人利用非国家财政性教育经费面向社会举办的学校及教育机构，其承受的土地、房屋权属用于教学的，免征契税。

3. 对农业院校进行科学实验的土地免征农业税。对农业院校进行科学实验所取得的农业特产品收入，在实验期间免征农业特产税。

四、关于关税

1. 对境外捐赠人无偿捐赠的直接用于各类职业学校、高中、初中、小学、幼儿园教育的教学仪器、图书、资料和一般学习用品，免征进口关税和进口环节增值税。

上述捐赠用品不包括国家明令不予减免进口税的20种商品。其他相关事宜按照国务院批准的《扶贫、慈善性捐赠物质免征进口税收暂行办法》办理。

2. 对教育部承认学历的大专以上全日制高等院校以及财政部会同国务院有关部门批准的其他学校，不以营利为目的，在合理数量范围内的进口国内不能生产的科学研究和教学用品，直接用于科学研究或教学的，免征进口关税和进口环节增值税、消费税（不包括国家明令不予减免进口税的20种商品）。科学研究和教学用品的范围等有关具体规定，按照国务院批准的《科学研究和教学用品免征进口税收暂行规定》执行。

五、取消下列税收优惠政策

1. 财政部、国家税务总局《关于企业所得税若干优惠政策的通知》［（94）财税字第001号］第八条第一款和第三款关于校办企业从事生产经营的所得免征所得税的规定。其中因取消所得税优惠政策而增加的财政收入，按现行财政体制由中央与地方财政分享，专项列入财政预算，仍然全部用于教育事业。应归中央财政的补偿资金，列中央教育专项，用于改善全国特别是农村地区的中小学办学条件和资助家庭经济困难学生；应归地方财政的补偿资金，列省级教育专项，主要用于改善本地区农村中小学办学条件和资助农村家庭经济困难的中小学生。

2. 《关于学校办企业征收流转税问题的通知》（国税发［1994］156号）第三条第一款和第三款，关于校办企业生产的应税货物，凡用于本校教学科研方面的，免征增值税；校办企业凡为本校教学、科研服务提供的应税劳务免征营业税的规定。

六、本通知自2004年1月1日起执行，此前规定与本通知不符的，以本通知为准。

民办教育收费管理暂行办法

（发改价格[2005]309号2008年12月9日）

第一条 为促进民办教育的健康发展，规范民办学校的收费行为，保障民办学校和受教育者的合法权益，根据《中华人民共和国价格法》、《中华人民共和国民办教育促进法》和《中华人民共和国民办教育促进法实施条例》制定本办法。

第二条 本办法适用于国家机构以外的社会组织或者个人，利用非国家财政性经费，面向社会举办的各级各类民办教育学校和教育机构（以下简称“民办学校”）。

第三条 民办学校对接受教育者可以收取学费（或培训费，下同），对在校住宿的学生可以收取住宿费。民办学校为学生在校学习期间提供方便而代收代管的费用，应遵循“学生自愿，据实收取，及时结算，定期公布”的原则，不得与学费、住宿费一并统一收取。

第四条 制定或调整民办学校对接受学历教育的受教育者收取的学费、住宿费标准，由民办学校提出书面申请，按学校类别和隶属关系报教育行政部门或劳动和社会保障行政部门审核，由教育行政部门或劳动和社会保障行政部门报价格主管部门批准。

民办学校对非学历教育的其他受教育者收取的学费、住宿费标准，由民办学校自行确定，报价格主管部门备案。

第五条 民办学校申请制定或调整学历教育收费标准应提交下列材料：

（一）申请学校的有关情况，包括学校名称、地址、法定代表人、法人登记证书以及教育行政部门或劳动和社会保障行政部门颁发的办学许可证；

（二）申请制定或调整教育收费标准的具体项目；

（三）现行教育收费标准和申请制定的教育收费标准或拟调整教育收费标准的幅度，以及年度收费额和调整后的收费增减额；

（四）申请制定或调整教育收费标准的依据和理由；

（五）申请制定或调整教育收费标准对学生负担及学校收支的影响；

（六）申请学校近三年的收入和支出状况，包括教职工人数、按规定折合标准的在校生人数、生均教育培养成本,财务决算报表中的固定资产购建和大修理支出情况、教育设备购置情况、工资总额及其福利费用支出等主要指标;

（七）价格主管部门、教育行政部门、劳动和社会保障行政部门要求提供的其他材料。

申请学校提供的材料应当真实有效。

第六条 民办学校学历教育学费标准按照补偿教育成本的原则并适当考虑合理回报的因素制定。

教育成本包括人员经费、公务费、业务费、修缮费、固定资产折旧费等学校教育和管理的正常支出，不包括灾害损失、事故等非正常费用支出和校办产业及经营性费用支出。

民办学校学历教育住宿费标准按实际成本确定。

第七条 民办学校对接受学历教育的受教育者按学期或学年收取学费、住宿费。

第八条 受县级人民政府委托承担义务教育任务的民办学校，向协议就读的学生收取的费用，不得高于当地同级同类公办学校的收费标准。

第九条 民办学校学生退（转）学，学校应当根据实际情况退还学生一定费用。具体办法由省级教育行政部门、劳动和社会保障行政部门制定。

第十条 民办学校应通过设立公示栏、公示牌、公示墙等形式，向社会公示收费项目、收费标准等相关内容。

民办学校招生简章应写明学校性质、办学条件、收费项目和收费标准。民办学校对贫困生有学费减免规定和其他救助办法的，应在招生简章中明示。

第十一条 民办学校要按照有关会计制度的要求，建立健全财务管理和会计核算制度，实行成本核算，科学计算教育培养成本。

民办学校接受价格主管部门的监督检查时，要如实提供监督检查所必需的账簿、财务会计报告以及其他资料。

第十二条 民办学校取得的合法收费收入应主要用于教学活动和改善办学条件，任何单位和部门不得截留、平调。

任何组织和个人都不得违反法律、法规向民办教育机构收取任何费用。

第十三条 各级价格主管部门应加强对民办学校收费的管理和监督检查，引导学校建立健全收费管理制度，自觉执行国家的教育收费政策。对违反国家教育收费法律、法规和政策乱收费的行为，要依据《中华人民共和国价格法》、《价格违法行为行政处罚规定》等法律法规严肃查处。

第十四条 各省、自治区、直辖市人民政府价格主管部门、教育行政部门、劳动和社会保障行政部门可根据本办法制定具体实施细则。

第十五条 本办法由国家发展和改革委员会会同教育部、劳动和社会保障部负责解释。

第十六条 本办法自发布后30日施行。

国家七部委关于2009年规范教育收费进一步治理教育乱收费工作的实施意见

（教育部　国务院纠风办　监察部　国家发展改革委财政部　审计署　新闻出版总署教监[2009]5号2009年4月30日）

各省、自治区、直辖市教育厅（教委）、纠风办、监察厅（局）、发展改革委、物价局、财政厅（局）、审计厅（局）、新闻出版局，新疆生产建设兵团教育局、纠风办、监察局、发展改革委、物价局、财务局、审计局、新闻出版局，有关部门（单位）教育司（局），教育部部属各高等学校：

为认真贯彻落实第十七届中央纪委第三次全会和国务院第二次廉政工作会议精神，深入推进治理教育乱收费工作，进一步规范教育收费，现就2009年工作提出以下意见：

一、指导思想

以邓小平理论和“三个代表”重要思想为指导，深入贯彻落实科学发展观，坚持“谁主管、谁负责”的原则和相关部门各司其职、齐抓共管的工作格局；坚持教育、制度和监督并重，进一步完善规范教育收费的长效机制；坚持解放思想、求真务实，狠抓各项方针政策措施的贯彻落实，巩固已取得的工作成果，防止反弹；坚持学校收费工作透明公开制度，加强社会监督；推进教育协调发展，为促进教育公平，构建社会主义和谐社会作出贡献。

二、主要任务

1.深入推进义务教育经费保障机制改革，严禁“一边免费、一边乱收费”。

各地要切实履行好教育投入和收费监管责任，加强统筹协调，确保义务教育经费保障机制改革顺利运行和国家免费义务教育各项措施落到实处。严禁任何部门和单位截留、平调、挤占、挪用义务教育保障经费。要严格执行《教育部、国务院纠风办、监察部、国家发展改革委、财政部关于在农村义务教育经费保障机制改革中坚决制止学校乱收费的通知》（教财〔2006〕6号）规定。农村义务教育阶段住宿费取消后，各地要采取措施，切实保障学生宿舍维修、日常管理等相关费用的正常开支。使用非财政资金建设学生宿舍形成的债务，各地要结合实际，制定方案，逐步妥善解决。要继续加大教育投入，加强教育收费监管，严禁“一边免费、一边乱收费”。

2.严格教育收费审批权限，稳定各级各类学校收费标准。

各地要按照国家有关规定，进一步严格收费项目审批和标准核定工作。从2009年1月1日起，取消义务教育借读费。凡未经国务院同意或财政部、国家发展改革委、教育部批准，不得擅自设立教育收费项目。要切实做好教育收费文件的清理工作，坚决纠正越权设立教育收费项目、违规制定收费标准的行为。2009年8月底前各地要完成对涉及教育收费的文件清理工作，并将清理后所保留的收费项目、收费标准及举报电话通过当地省（区、市）政府网站等有关新闻媒体及时向社会公布，接受社会和人民群众的监督。2009年秋季开学前，各地要将文件清理工作情况分别报教育部、国家发展改革委、财政部。

要严格执行《国务院关于建立健全普通本科高校、高等职业学校和中等职业学校家庭经济困难学生资助政策体系的意见》（国发〔2007〕13号）的各项规定。除国家另有规定外，各级各类学校收费标准应保持基本稳定且不高于2006年秋季学期收费水平。按照《民办教育促进法》及其实施条例的规定，民办学校的收费标准由各地根据办学成本变化情况作适当调整。地方各级价格主管部门要会同同级财政部门进一步加强对学校收费标准的监管，切实稳定学校收费标准。

3.采取有力措施，继续做好改制学校清理规范工作。

按照《国家发展改革委、教育部关于做好清理整顿改制学校收费准备工作的通知》（发改价格[2005]2827号）和《教育部关于贯彻<义务教育法>进一步规范义务教育办学行为的若干意见》（教基[2006]19号）的要求，巩固义务教育阶段改制学校清理规范工作取得的成果。对于没有达到清理规范工作目标的义务阶段改制学校，要按照属地原则采取有力措施，加大工作力度，继续向前推进，确保2009年秋季开学前全面完成义务教育阶段改制学校清理规范工作。对于已经清理规范后的改制学校要严格按相关标准要求进行复核检查，严禁假清理、走过场，保证清理质量。2009年下半年，我们将对各地义务教育阶段改制学校清理规范情况进行检查。

各地要对公办普通高中改制学校情况进行调查摸底，区分不同情况，制订积极稳妥的工作方案，组织开展清理规范工作，拟用三年左右的时间完成普通高中改制学校的清理规范工作。坚决防止和纠正借改制之名的乱收费行为。

4.大力推进区域内义务教育均衡发展，认真解决城市义务教育阶段“择校”乱收费问题。

认真落实《义务教育法》，切实加大政府投入，加强薄弱学校建设，合理配置公共教育资源，积极推进区域内义务教育均衡发展。逐步取消义务教育阶段各类重点学校和重点班。教育部在调查研究的基础上，提出解决城市义务教育阶段“择校”问题的政策措施。各省（区、市）要结合当地实际情况，制定解决城市义务教育阶段“择校”问题的实施办法，并向社会公示。部际联席会议将对各地具体的实施情况进行统计上报，进行量化管理，对各地工作开展情况，适时组织检查、总结交流经验，推动各地落实。

5.加强对学校办学行为和收费行为的监管，促进各级各类学校依法办学、规范收费。

深入了解教辅材料散滥的问题，进一步加强对教辅材料编写、出版、发行和印制活动的管理，严禁任何部门、单位或个人在教辅材料编写、出版、发行过程中违规收取费用；严禁违反出版管理规定，擅自编印、统一征订教辅材料；严禁将教辅材料纳入《教学用书目录》、印发教辅材料《推荐目录》、搭售教辅材料以及强迫学生购买教辅材料等违规行为；严厉打击盗版和非法出版教辅材料等活动。

严禁举办各类收费补习班。中小学生在校期间的学习活动，必须纳入学校的正常教学活动范围，不得以任何名义另行收费，所有教学内容（包括复习）必须全部纳入正常教学过程之中。严禁学校、教师举办或与社会办学机构合作举办向学生收费的各种培训班、补习班、提高班等有偿培训。

要严格按照国家有关规定加强对中外合作办学收费的管理，杜绝以中外合作办学名义乱收费的行为。经依法批准的中外合作办学机构或项目，其收费按办学所在地省（区、市）人民政府的规定执行。对违反国家有关规定，超越职权审批或未经批准擅自设立或举办的中外合作办学机构或项目，应坚决取缔。

要严格执行《教育部关于进一步加强考研辅导活动管理的通知》（教学〔2008〕1号）规定，严禁高等学校及其教职工举办或与社会办学机构联合举办任何形式的考研辅导活动，高校教职工不得参与社会上组织的各种考研辅导活动和编写考研辅导书籍或资料，不得组织学生参加社会上各种考研辅导活动。加强对社会办学机构举办考研辅导活动的监管力度。

三、主要措施

1.加强宣传培训，接受社会监督。

要结合学习贯彻党的十七大精神，围绕国务院深化义务教育经费保障机制改革等重大决策，切实做好宣传培训工作，提高管理水平，增强政策透明度。全国治理教育乱收费部际联席会议各成员单位将结合各自的职能，有计划、有重点开展宣传、培训和指导工作。依照此精神，各地要结合实际，积极开展宣传、培训工作，并实行量化管理，建立统计上报制度。要充分发挥新闻媒体的作用，在全社会努力营造有利于治理工作深入开展的良好氛围。

2.切实加强学校服务性收费、代收费管理。

各省级人民政府要按照国家有关政策，结合本地情况，制定学校服务性收费和代收费管理办法，逐步建立规范学校服务性收费和代收费的长效机制。学校服务性收费和代收费必须坚持学生自愿和非赢利原则，即时发生即时收取，据实结算，多收的部分应及时退还；不得与学费合并统一收取，不得从中牟利，侵害学生利益。严禁将讲义资料、取暖、电子阅览等教学管理范围内的事项，作为服务性或代收费事项收费。严禁学校强制服务并收费，或只收费不服务，不得在代办收费中加收任何费用。

3.加强学校收费资金管理，完善学校经费收入、资金使用公示制度和经常性审计及审计公告制度。

各地要严格按照《财政部、教育部关于严禁截留和挪用学校收费收入加强学校收费资金管理的通知》（财综〔2003〕94号）的规定，加强对学校收费资金的管理。各级各类学校都要健全财务制度，严格执行“收支两条线”管理规定，合理编制预算；要严格教育收费公示制度，加强动态管理；要完善学校经费收入使用情况定期审计和公示制度，主动接受监督；严禁任何单位部门以任何形式截留、平调、挤占、挪用学校收费收入。

民办学校要严格执行国家发展改革委、教育部、原劳动和社会保障部《民办教育收费管理暂行办法》（发改价格〔2005〕309号）、《国务院办公厅关于加强民办高校规范管理引导民办高等教育健康发展的通知》（国办发〔2006〕101号）的有关规定，对收取的各项费用和使用情况应按规定予以公示。

4.严格执行公办普通高中招收择校生“三限”政策。

公办高中招收择校生以学校为单位计算，每个学校招收择校生的比例要控制在本校当年招收高中学生计划数（不包括择校生数）的30%以下，低于此比例的不得提高。严禁在“三限”政策之外以其他任何名义招收高收费学生。公办普通高中招收择校生，收取择校费后一律不准再收取学费。有条件的地区要逐步降低公办高中招收择校生的比例和收费标准，直至全部取消。

要切实加大公办普通高中招收择校生的信息公开力度，把招生资格和计划、收费项目和标准、学生入学条件和录取结果及时向社会全部公开。

5.继续实行高校招生“阳光工程”，严禁与招生录取挂钩的乱收费行为。

规范高校招生行为，尤其要规范民办高校(包括独立学院等)招生行为。要加强招生信息管理与服务平台建设，继续加大信息公开力度，确保所有学生可在高考招生各阶段了解和查询到应知、须知的招生政策及相关信息；严格按照规定要求及时对有关考生资格及录取信息进行公示；严禁体制外招生、冒用学历教育名义招生等违规行为；要加强对高校自主招生和特殊类型招生问题的调查研究，提出进一步促进招生工作公平公正的意见和建议，要严禁与招生录取挂钩的各种乱收费行为，切实加大对高校招生收费工作的监管。

6.深入开展创建规范教育收费示范县活动。

继续深入扎实地开展规范教育收费示范县（市、区）活动。全国治理教育乱收费部际联席会议办公室将对工作进展情况实行量化管理，宣传和交流一些地方好的做法和经验。

7.加强监督检查工作，严肃查处教育乱收费案件。

继续在全国组织开展治理教育乱收费专项检查和督查工作，坚持检查通报、反馈制度。严格实行责任追究制度。对涉及教育乱收费的案件，发现一起，查处一起；对典型案件要及时曝光；对情节严重、影响恶劣的案件，不但要严肃追究当事人的责任，还要追究相关领导的责任；充分发挥案件查处的警示作用。

辽宁省人民政府关于建立健全普通本科高校高等职业学校和中等职业学校家庭经济困难学生资助政策体系的实施意见

（辽政发[2007]35号2007年9月16日 ）

各市人民政府，省政府各厅委、各直属机构：

为切实解决家庭经济困难学生的就学问题，按照《国务院关于建立健全普通本科高校高等职业学校和中等职业学校家庭经济困难学生资助政策体系的意见》（国发〔2007〕13号）要求，省政府决定建立健全全省普通本科高校、高等职业学校和中等职业学校家庭经济困难学生资助政策体系（以下简称家庭经济困难学生资助政策体系），并结合全省实际，提出如下实施意见：

一、充分认识建立健全家庭经济困难学生资助政策体系的重大意义

党中央、国务院高度重视家庭经济困难学生的就学问题。近年来，全省按照国家要求，采取一系列措施，对农村义务教育阶段学生全部免除学杂费，并为家庭经济困难学生免费提供教科书、补助寄宿生生活费；对普通高等学校家庭经济困难学生设立国家助学奖学金和省政府助学奖学金，实施国家助学贷款政策；对中等职业学校家庭经济困难学生设立助学金等，取得了良好成效。

但是，家庭经济困难学生资助政策体系尚不完善，尤其是对普通本科高校、高等职业学校和中等职业学校家庭经济困难学生资助面偏窄、资助标准偏低的问题比较突出。建立健全家庭经济困难学生资助政策体系，使家庭经济困难学生能够上得起大学、接受职业教育，是实践“三个代表”重要思想、落实科学发展观、构建社会主义和谐社会的重要举措；是实施科教兴国和人才强国战略，优化教育结构，促进教育公平和社会公正的有效手段；是切实履行公共财政职能，推进基本公共服务均等化的必然要求。这是继全部免除农村义务教育阶段学生学杂费之后，促进教育公平的又一件大事，具有重大意义。

二、建立健全家庭经济困难学生资助政策体系的主要目标与基本原则

（一）建立健全家庭经济困难学生资助政策体系的主要目标是：按照《中共中央关于构建社会主义和谐社会若干重大问题的决定》的有关要求，加大财政投入，落实各项助学政策，扩大受助学生比例，提高资助水平，从制度建设上基本解决家庭经济困难学生的就学问题，通过教育载体把振兴老工业基地成果惠及百姓。同时，进一步优化教育结构，维护教育公平，促进教育持续健康发展。

（二）建立和健全家庭经济困难学生资助政策体系实行“加大财政投入、经费合理分担、政策导向明确、多元混合资助、各方责任清晰”的基本原则。

1.加大财政投入。建立和健全家庭经济困难学生资助政策体系后，受资助的学生范围有所扩大，资助标准进一步提高，按照公共财政体制的要求，要大幅度增加财政投入，建立以政府为主导的家庭经济困难学生资助政策体系。

2.经费合理分担。国家励志奖学金和国家助学金由各级政府按比例分担。省属普通高校和职业院校设立国家励志奖学金和国家助学金所需资金由省以上财政全额承担；市属普通高校和职业院校设立的国家励志奖学金和国家助学金由省以上和市建立分担机制；市、县（市、区）所属中等职业院校设立的国家励志奖学金和国家助学金，由省以上和市、县（市、区）建立分担机制。省在中央补助的基础上，根据财力状况对各市给予补助，市及市以下分担比例由市确定。对财力较困难的县（市、区），市本级应承担主要部分，市、县（市、区）分担比例应报省财政厅、省教育厅审核批准。

3.政策导向明确。在努力使家庭经济困难学生公平享有受教育机会的同时，鼓励学生刻苦学习，接受职业教育，学习国家最需要的专业，到艰苦地区基层单位就业；鼓励学校面向经济欠发达地区扩大招生规模。

4.多元混合资助。统筹政府、社会等不同资助渠道，对家庭经济困难学生采取奖、贷、助、补、减等多种方式进行资助。政府主要采取奖学金、助学金和助学贷款等方式资助家庭经济困难学生。同时，动员和引导社会各方面力量，帮助家庭经济困难学生完成学业。学校也要通过设立校内奖、助学金和减免学费等方式，承担起扶困助学的责任。

5.各方责任清晰。各级政府、各相关部门及学校明确分工，各司其职。财政、教育和劳动保障部门是建立健全家庭经济困难学生资助政策体系的主要责任单位，部门之间要落实责任、完善制度、通力合作，制定简便易行的操作办法，并将资助体系有关情况定期向社会公布，接受社会各届群众监督，确保各项政策措施顺利实施。

三、建立健全家庭经济困难学生资助政策体系的主要内容

（一）完善奖学金制度。在中央设立的国家奖学金之外，我省继续设立省政府奖学金，用于奖励省属和市属普通本科高校和高等职业学校全日制本专科在校生中特别优秀的学生，每年奖励1500名，奖励标准为每生每年8000元，所需资金全部由省政府承担。

设立国家励志奖学金，用于奖励资助普通本科高校和高等职业学校全日制本专科在校生中品学兼优的家庭经济困难学生，资助面平均约占全省高校在校生的3%，资助标准为每生每年5000元。国家励志奖学金适当向国家最需要的农、林、水、地、矿、油、核等专业的学生倾斜。国家励志奖学金与国家（省政府）奖学金不兼得。

省属高校国家励志奖学金所需资金由省以上负担。市属高校国家励志奖学金所需资金根据各市财力由各级财政按比例分担。省承担全省国家励志奖学金所需资金总量的60%，各市承担比例由省按各市资金需求和财力状况分市确定。

（二）完善国家助学金制度。设立国家助学金，用于资助普通本科高校、高等职业学校全日制本专科在校生中家庭经济困难学生和中等职业学校所有全日制在校农村学生及城市家庭经济困难学生。

普通本科高校和高等职业学校国家助学金资助面平均约占我省普通本科高校和高等职业学校在校生总数的15%。省财政厅、省教育厅根据生源情况、平均生活费用、院校类别等因素综合确定各省属高校和各市的资助面。各级政府要实事求是地将符合助学金补助标准的困难家庭学生纳入资助范围。平均资助标准为每生每年2000元，具体分为2个等级，一等国家助学金资助高校特困学生，标准为每人每年3000元，平均资助面为5%；二等国家助学金资助高校贫困学生，标准为每人每年1500元，平均资助面为10%。一等国家助学金和二等国家助学金不兼得。

中等职业学校国家助学金资助中专、技校、职教中心等中等职业教育阶段所有全日制在校农村学生和城市家庭经济困难学生。资助标准为每生每年1500元，资助2年，第三年实行学生工学结合、顶岗实习方式资助。

国家助学金所需资金由各级政府按照国家励志奖学金的资金分担办法共同承担。其中县级职教中心国家助学金所需资金由〖BFB〗省、市、县（市、区）共同承担，〖BFQB〗省比照国家励志奖学金的补助政策，对县级职教中心所在市给予补助，其余部分由市、县（市、区）承担，具体比例由市确定，对财力较困难的县（市、区），市本级应承担主要部分。

（三）进一步完善和落实国家助学贷款政策。大力开展生源地信用助学贷款。生源地信用助学贷款是国家助学贷款的重要组成部分，与国家助学贷款享有同等优惠政策。各级政府要高度重视，积极推动和鼓励金融机构开展相关工作。要进一步完善和落实现行国家助学贷款政策，制定与贷款风险和管理成本挂钩的国家助学贷款风险补偿金使用管理办法。相关金融机构要完善内部考核体系，采取更加积极有效措施，调动各级经办机构的积极性，确保应贷尽贷。

对普通本科高校和高等职业学校全日制本专科生，在校期间获得国家助学贷款、毕业后自愿到艰苦地区基层单位从事第一线工作且服务达到一定年限的，实行国家助学贷款代偿政策。

（四）学校要按照国家和省有关规定从事业收入中足额提取一定比例的经费，用于学费减免、国家助学贷款风险补偿、勤工助学、校内无息借款、校内奖助学金和特殊困难补助等。要进一步落实、完善鼓励捐资助学的相关优惠政策措施，充分发挥非营利组织的作用，积极引导和鼓励各级政府、企业和社会团体等面向各级各类学校设立奖学金、助学金。

普通高中以及普通高等学校全日制研究生的资助政策另行制定。

四、建立健全家庭经济困难学生资助政策体系的工作要求

普通本科高校、高等职业学校和中等职业学校家庭经济困难学生资助政策自2007年秋季开学起实施。各市、各有关部门和有关学校要按照省政府统一部署，周密安排，精心组织，扎扎实实地把这件惠及广大人民群众的大事抓好。

（一）加强组织领导。省财政厅、省教育厅、省劳动保障厅等部门要密切配合，制定相关管理办法，指导、检查和督促各市开展工作。各级政府要建立相应的工作机制，在整合现有资源的基础上，建立健全学生资助管理机构，制定具体的管理办法，切实抓好落实。教育部门要将学校家庭经济困难学生资助工作情况纳入办学水平评估指标体系。各级学校要把资助家庭经济困难学生作为工作重点，实施校长负责制，设立专门的助学管理机构，具体负责此项工作。

（二）建立实名制管理体系。省、市、县三级政府对所属学校所有符合家庭经济困难学生资助政策体系的各级各类学生，要建立统一的学生档案，由省教育厅、省劳动保障厅、省财政厅负责，制定统一、共享学生档案统计管理系统，实行实名制管理，对因未实行规范实名制管理而影响受助学生资助政策落实的要追究有关人员的行政责任。

（三）确保资金落实。各级财政要足额安排、及时拨付应当负担的资金，确保所辖区域内资助家庭经济困难学生资金落实到位。要切实加强助学资金管理，确保及时发放、专款专用。要加强监督检查，对于挤占挪用资金、弄虚作假套取资金等违法违规行为，要追究责任、严肃处理。

（四）规范收费管理。进一步严格收费立项、标准审批管理工作，规范学校收费行为，坚决制止乱收费。加大对服务性收费和代收费的监督力度，切实减轻学生及家长负担。决不允许一边加大助学力度，一边擅自提高收费标准、擅自设立收费项目。除国家另有规定外，今后5年各级各类学校的学费、住宿费标准不得高于2006年秋季相关标准。要对教育收费实行严格的“收支两条线”管理，规范支出管理。

（五）加大宣传力度。各市、各有关部门和有关学校要通过主流媒体和多种形式开展宣传活动，使这项惠民政策家喻户晓、深入人心，使广大学生知晓受助的权利。

汉语教师志愿者工作管理办法

（国家汉办　2008年12月31日）

第一条　为规范汉语教师志愿者（以下简称“志愿者”）管理工作，保证志愿者工作健康持续发展，特制定本办法。

第二条　本办法适用于由国家汉办选派的志愿者。

第三条　国家汉办负责志愿者工作的统筹规划和组织协调，每年定期发布下一年度志愿者工作实施计划，国家汉办设立“志愿者中心”，专门负责志愿者工作。

第四条　各省、自治区、直辖市教育厅（教委）和部属高等学校（以下简称“选派单位”）受国家汉办委托，负责本地区和本学校志愿者工作的实施和管理。选派单位须与国家汉办签订《汉语教师志愿者项目执行协议书》，明确双方的责任、权利和义务。

第五条　志愿者主要从在职教师、在读研究生、本科以上应届毕业生中选拔。优先派出具有教学经验人员和品学兼优的学生干部。

志愿者应符合以下条件：

（一）具备良好的政治和业务素质，热爱祖国，志愿从事汉语国际推广工作，具有奉献精神，有较强的组织纪律性和团队协作精神，品行端正，无犯罪记录；

（二）身体健康，具有良好的心理素质和适应能力；

（三）掌握汉语、中华文化、当代中国国情和教学理论知识，具备较好的汉语教学实践能力、外语沟通能力和跨文化交际能力，具有中华才艺专长；

（四）普通话达到二级甲等水平；英语达到大学英语四级以上水平；

（五）年龄一般在22岁至50岁之间。确属工作必需的，年龄可适当放宽；

志愿者选拔遵循公开、公平、公正、择优的原则。志愿者选派单位应严格遵守《汉语教师志愿者项目执行协议书》中规定的选拔程序，认真做好选拔工作。

第六条　志愿者派出前须接受综合能力培训和拓展训练。培训工作由国家汉办直接或委托选派单位组织，参照国家汉办制定的《国际汉语教师标准》和《汉语教师志愿者培训大纲》，结合志愿者派往国的实际情况制定具体方案实施。

培训结束后，由国家汉办统一组织对志愿者进行考试，考试合格者由国家汉办颁发《汉语教师志愿者资格证书》。

第七条　志愿者派出前，选派单位须与志愿者签订《汉语教师志愿者出国任教协议书》，明确双方的责任、权利和义务。

志愿者任期通常为一年，原则上不超过三年。任期结束后，志愿者须在协议规定时间内回国。如志愿者申请留任，须在任期结束前三个月向选派单位提交工作总结、留任申请和聘用方邀请，经审核同意后报国家汉办审批。

第八条 经国家汉办审批，向同一国家成批派出志愿者的选派单位，原则上每派出20名志愿者可选派或从派往国选聘一名管理教师承担志愿者国外管理工作。管理教师优先从优秀志愿者中选拔。

管理教师应具备政治素质好、业务能力强、外语水平高等条件，有较强的组织协调能力、服务意识和奉献精神。管理教师的主要职责是指导、督查志愿者的教学和日常行为，参与对志愿者的履职考评；协调志愿者与国外聘用方的关系，维护志愿者的正当权益；负责为志愿者提供必要的服务；处理突发事件等。原则上管理教师在外工作期限为两年，赴任前须接受培训。管理教师待遇参照《国家公派出国教师生活待遇管理规定》执行。

第九条 志愿者和管理教师在外工作期间接受驻外使领馆的指导。

第十条 国家汉办和选派单位应建立志愿者服务保障机制。设立志愿者网络交流平台和通畅的信息反馈渠道。在志愿者派往国具备条件的地方可建立“志愿者之家”。选派单位要指定专人与国外管理教师和志愿者保持联络，并对志愿者进行及时的心理辅导和业务指导，解决相关问题。

国家汉办和选派单位定期组团赴外慰问志愿者并巡视、调研志愿者工作。

第十一条 实行志愿者履职考评及奖惩制度。考评的主要依据是个人履职总结、聘用机构鉴定、管理教师评价。考评结果存入志愿者个人档案。

定期召开志愿者工作总结表彰大会，对优秀志愿者、优秀管理教师和先进选派单位进行表彰奖励。选派单位可结合实际情况，对优秀志愿者在留校工作、保送研究生、担任志愿者管理教师和公派汉语教师等方面给予优先安排。

对不认真履行协议，出现严重工作事故，或违犯当地有关法律法规，造成严重后果的志愿者和管理教师，国家汉办有权终止其服务工作，责令其立即回国，并向其选派单位通报。

第十二条 派出前为应届毕业生的志愿者，出国期间档案可留存原学校，回国后以应届毕业生身份就业；派出前为在职人员的志愿者，原单位应保留其公职、基本工资，并连续计算工龄。

第十三条 志愿者生活待遇按照《汉语教师志愿者生活待遇管理办法》执行。

第十四条 本办法由国家汉办负责解释。

第十五条 本办法自2009年1月1日起执行。国家汉办此前发布的其他志愿者管理规定同时废止。

辽宁省政府外国留学生奖学金暂行管理办法

（辽教发[2008]30号2008年3月14日）

为进一步推动辽宁省外国留学生教育事业的发展，扩大规模，提高层次，支持和鼓励更多外国优秀学生、学者来辽宁留学，经省政府同意设立辽宁省政府外国留学生奖学金（以下简称奖学金）。奖学金主要用于资助外国优秀的学生、学者到辽宁高等学校接受博士学位研究生的学历教育。省教育厅负责奖学金的具体实施和日常管理工作。现将奖学金的类别和申请条件、招生程序、资金管理、年度评审等事项规定如下：

一、奖学金类别和申请条件

（一）奖学金类别

“辽宁省政府外国留学生奖学金”为全额奖学金。学生类别为博士研究生，专业学习期限为3年，奖学金资助期限3年。标准为：平均54,000元人民币／人／年。内容包括：注册费、学费、实验费、实习费、基本教材费、住宿费、综合保险、基本生活费、导师津贴费等。国际旅费自行负担。奖学金生生活费按月发给，标准为：1,500元人民币／人／月。

（二）奖学金申请条件

1. 拥有外国国籍的公民，身体健康；
2. 遵守中国政府的法律法规，遵守学校约规章制度；
3. 具有中国教育部认可的硕士学位，年龄不超过40周岁；
4. 学习成绩优秀，需要有两名教授的推荐；
5. 未同时获得中国政府其他各类奖学金。

二、招生学校、专业及导师条件

（一）招生学校：辽宁省内具有博士学位授予权的高等学校；

（二）招生专业为适宜于外国留学生就读的专业，用外语指导及学习的语言根据导师情况适当确定；

（三）招生专业博士生导师应具备如下条件：

1. 具有教授专业技术职务，且正在博士生指导教师岗位工作；

2. 从事本专业领域国际前沿课题研究；

3. 能熟练使用一门外语对留学生进行指导。

三、招生人数

辽宁省政府外国留学生奖学金暂定每年500万元人民币，招生 30人。

四、奖学金的申请

（一）申请途径和受理时间

外国留学生可通过所在国负责留学生派遣的政府部门、相关机构、中国驻外使、领馆进行咨询，也可登录辽宁教育网站或辽宁省招收外国博士研究生的相关高等学校网站查询辽宁省政府外国留学生奖学金生招生情况。根据奖学金生的申请条件，按学年直接向经省教育厅确定的具有招收奖学金生资格的高等学校提出书面申请，申请的专业须为招生高等学校现有的可招收外国博士研究生的专业。奖学金生的申请每学年受理一次，申请受理的时间为每年1月至4月。各招生高校依照外国留学生博士研究生的入学标准及申请奖学金生的资格条件，及时子以受理。每年5月巧日前将奖学金生的申请情况上报省教育厅审批。

（二）申请材料（所有材料请用中文或英文提供）

申请人必须如实填写和提交以下申请材料：

1. 《辽宁省政府外国留学生奖学金申请表》（由省教一育厅统一印制）原件及复印件各一份；

2. 经过公证的最高学历证明和学习成绩单；如申请人为在校学生或已就业，需另外提交本人就读学校出具的在学证明或就业单位出具的在职证明；非中、英文本需附上经公证的相应的中文或英文的译文；

3. HSK的成绩单（根据录取高校的要求提供）；

4. 《外国人体格检查记录》（由中国卫生检疫部门统一印制）原件及复印件；

5. 来华学习和研究计划（不少于1000字）；

6. 须提交毕业院校两名教授或副教授的推荐信；

上述申请材料由各高等学校受理后，在上报审批时一并送达省教育厅，省教育厅不受理个人的申请。不论录取与否，申请人的申请材料均不退还。

（三）受理申请的高校和专业

凡经省教育厅确定的辽宁省招收外国博士研究生的全日制普通高校及其开设的专业，可接受辽宁省政府外国留学生奖学金生的申请。详情刊登在辽宁教育网（网址：www.lnen.cn）以及辽宁省招收外国博士研究生的相关高等学校网站。

五、奖学金生的录取程序

（一）受理申请。外国留学生根据奖学金的申请条件，向有关高校提出书面申请，各受理申请高校依照学校入学标准及奖学金生资格条件，参照本人志愿，对申请人材料进行全面审核，决定是否受理该申请人的奖学金生资格的申请。凡申请人不符合奖学金生资格的有关规定，或者申请材料不全，均被视为无效申请，各高校不予受理。

（二）组织评审。高校原则上应成立奖学金评审工作小组，按照公平、公正的原则，依照学校博士研究生入学标准及奖学金生资格条件，对申请人进行评审，提出本校奖学金生的预录取名单并报省教育厅。省教育厅组织有关专家对各高校上报的奖学金生预录取情况进行全面评审，决定其是否获得奖学金生入学资格。经批准后由各高等学校正式录取为辽宁省政府外国留学生奖学金生。

（三）录取及通知。省教育厅每年6月15日前将批准录取名单及有关审批手续寄送相关高校。高校应于每年6月底前将奖学金生的录取通知书发给申请者本人，并协助奖学金生办理相关入学手续。被录取的奖学金生应持有效普通护照、《外国留学人员来华签证申请表》（JW2O1表）、录取通知书和《外国人体格检查记录》到中国驻该国大使馆（总领馆）申请来华学习签证，并持上述文件来华。按所录取高等学校的有关入学规定，按时报到，办理注册手续。因故不能按期报到者，应直接向有关学校请假。未经学校批准而逾期不报到者，按自动放弃学籍处理，所获得的奖学金生资格亦自动取消。

（四）奖学金生的专业变更、转学和学习期限的延长。奖学金生来华后原则上不得变更专业、转学和延长学习期限。有特殊情况需要变更专业、转学和延长学习期限者，须由奖学金生录取学校向省教育厅提出申请，由省教育厅统一安排。未经批准而自行变更专业、转学或延长学习期限者，将被取消享受的奖学金生资格。

（五）注册备案工作。各有关高校在奖学金生报到注册后的一个月内，将实际录取的奖学金生的名单及申请材料复印件向省教育厅备案。以便省教育厅统一划拨奖学金生经费。

六、奖学金生学位授予

辽宁省政府外国留学生奖学金生学位授予由各高等学校依据国务院学位委员会《关于普通高等学校授予来华留学生我国学位试行办法》的有关规定执行。

七、奖学金的经费管理

辽宁省政府外国留学生奖学金经费由省财政厅、省教育厅共同管理。省教育厅负责提出奖学金经费使用方案报省财政厅。省财政厅每年根据全省奖学金生的招生计划，下达预算指标，并按国库集中支付管理有关规定支付资金。各相关高校按照“专款专用”的原则使用奖学金经费。因各种原因取消奖学金生资格的，所下达到各高校的奖学金经费预算指标结余转入下一年，在次年核定奖学金生经费预算指标中抵扣。各有关高校必须高度重视和切实做好奖学金的管理和使用，严格按规定执行，确保奖学金全部用于符合条件的外国留学生的培养。

奖学金生未请假而不按时到校注册、非健康原因离校或者旷课时间超过一个月者，取消奖学金资格。奖学金生来华后如被发现患有中国法律规定不准入境疾病者，应立即离境回国，取消奖学金资格。

奖学金生在学习期间患病或发生意外，按照综合保险的有关规足处理。因患严重疾病需要休学者，应回国休养，回国旅费自理；经学校批准休学者，享受奖学金资格最长可保留一年，但休学期间停发奖学金生生活费。奖学金生因其他原因休学者，其奖学金生资格不予保留。

奖学金生要求进行超出学校教学计划的实验或实习，所需费用由本人自理。

奖学金生的生活费自奖学金生入学之日起由各录取高等学校逐月定期发给。新生当月十五日（含十五日）之前注册的，发给全月奖学金生活费；十五日以后注册的，发给半个月奖学金生活费。毕业生的奖学金生活费发至学校确定的毕业之日以后的半个月。对休学、退学或结业回国者，奖学金生活费自下个月起停发。学校规定的假期内奖学金生活费照发；奖学金生假期内因离校而末能按时领取奖学金生活费，返校后可以补发。

八、奖学金工作评估

为充分发挥辽宁省政府外国留学生奖学金的激励作用，依照《辽宁省政府外国留学生奖学金年度评审办法》的有关规定，高等学校要对奖学金生每年进行一次综合评价，结果报省教育厅，决定其是否有资格继续享受奖学金。同时，省教育厅将邀请教育管理专家对各有关高校奖学金专项经费的使用、管理、执行、完成和效益等方面进行综合评估。各校奖学金工作绩效评估的情况，将作为省教育厅审定下一年度奖学金工作的依据。

九、附则

各相关高等学校要按此暂行管理办法要求，建立和完善接受奖学金生的管理机制，认真组织招生、录取和教学工作。同时，制定学校的具体实施细则，报省教育厅备案。本管理办法由辽宁省教育厅负责解释，并于2008年3月起试行。

附件：1. 辽宁省政府外国留学生奖学金生年度评审办法

2. 辽宁省政府外国留学生奖学金申请表（略）

辽宁省政府外国留学生奖学金生年度评审办法

第一条 为加强对辽宁省政府外国留学生奖学金（以下简称奖学金）的管理，发挥奖学金的效益和作用，根据辽宁省政府外国留学生奖学金暂行管理办法的有关规定，实施奖学金年度评审制度（以下简称年度评审），特制定本办法。

第二条 年度评审是指通过对享受奖学金的外国留学生（以下简称奖学金生）每年进行一次综合评价，决定其是否具有继续享受或者恢复享受奖学金的资格。

第三条 辽宁省教育厅负责年度评审的组织实施工作。各高校负责对本校奖学金生进行年度评审。

第四条 年度评审的内容为：

1. 学习成绩，包括本学年第一学期的各科考试、考核成绩和第二学期的学习基本情况；

2. 学习态度和考勤情况；

3. 行为表现和奖惩情况。

第五条 学校根据本校的教学和学籍管理等规定，制定年度评审的具体办法和评价标准，据此对奖学金生是否具有继续享受或者恢复享受奖学金的资格进行评审，提出“合格”或者“不合格”的评审意见，以及是否继续提供或者中止、取消奖学金的建议。省教育厅根据学校的评审意见和建议，决定是否继续向奖学金生提供奖学金，或者中止、取消其继续享受奖学金资格。

第六条 有下列情况之一者，中止其享受奖学金资格一年：

1. 年度考核成绩不合格；

2. 严重违反校规校纪者。

被中止享受奖学金资格者，自下一学年开学起停发其奖学金，但本人可按照学校有关规定申请自费或者减免部分费用留校继续学习。中止期满前，经本人申请，可以参加当年的年度评审，如评审合格，经省教育厅批准后，可以自下一学年起恢复发给奖学金。

第七条 有下列情况之一者，取消其享受奖学金的资格：1.受到勒令退学或者开除学籍处分的；2.在校学习期间累计两次未通过年度评审的；3.无正当理由不参加年度评审的。

被取消享受奖学金资格者，从公布之日起停发其奖学金，其享受奖学金的资格不得再恢复。

第八条 年度评审按以下程序进行：1.奖学金生必须按照所在学校规定的时间和要求，领取和如实填写由辽宁省教育厅统一印制的《辽宁省政府奖学金年度评审表》（以下简称《评审表》），并按规定期限提交给学校。2.学校按照年度评审要求和标准，将评审意见和建议填入《评审表》，于每年5月31日前将评审情况报告、评审合格者名单和评审不合格者的《评审表》报送省教育厅。3.需要转学的奖学金生，由转出学校负责对其进行年度评审，并负责将评审材料和评审决定转到转入学校。4.省教育厅于每年6月15日前将评审决定通知有关学校；学校在6月30日前将评审决定通知奖学金生本人。

第九条 本办法自公布之日起施行。

（二）基础教育

全国中小学校长任职条件和岗位要求（试行）

（教人[1991]38号1991年6月25日）

一、校长任职的基本条件

（一）拥护中国共产党的领导，热爱社会主义祖国，努力学习马克思主义。热爱社会主义的教育事业，认真贯彻执行党和国家的教育方针、政策、法规。关心爱护学生，刻苦钻研教育、教学业务。热爱本职工作。有一定的组织管理能力。团结同志，联系群众。严于律己，顾全大局。言行堪为师生的表率。

（二）乡（镇）完全小学以上的小学校长应有不低于中师毕业的文化程度，初级中学校长应有不低于大专毕业的文化程度，完全中学、高级中学校长应有不低于大学本科毕业的文化程度；中小学校长应分别具有中学一级、小学高级以上的教师职务；都应有从事相当年限教育教学工作的经历；都应接受岗位培训，并获得“岗位培训合格证书”。

（三）身体健康，能胜任工作。

二、校长的主要职责

（一）全面贯彻执行党和国家的教育方针、政策、法规，自觉抵制各种违反教育方针、政策、法规的倾向。坚持社会主义办学方向，努力培养德、智、体全面发展的社会主义事业的建设者和接班人。按教育规律办学，不断提高教育质量。

（二）认真执行党的知识分子政策和干部政策，团结、依靠教职员工。组织教师学习政治与钻研业务，使之不断提高政治思想、职业道德、文化业务水平及教育教学能力，注意培养班主任、中青年教师和业务骨干，努力建设又红又专的教师队伍。依靠党组织，积极做好教师和职工的思想政治工作。自觉接受党组织的监督。充分发扬民主，重视教职工代表大会在学校管理中的重要作用，注意发挥广大教师和职工工作的主动性、积极性和创造性。

（三）全面主持学校工作

1. 领导和组织德育工作。把德育放在首位，坚持教书育人、管理育人、服务育人、环境育人的工作方针，制订德育工作计划，建设德育工作骨干队伍，采取切实措施，坚持不懈地加强对学生的思想、政治、品德教育。

2. 领导和组织教学工作。坚持学校工作以教学为主，按照国家规定的教学计划、教学大纲，开齐各门课程，不偏科。遵循教学规律组织教学，建立和完善教学管理制度，搞好教学常规管理。深入教学第一线，正确指导教师进行教学活动，努力提高教学质量。

3. 领导和组织体育、卫生、美育、劳动教育工作及课外教育活动。确保学校体育、卫生、美育、劳动教育工作及课外教育活动生动活泼、有成效地开展。努力开展勤工俭学活动。建好学生劳动教育及劳动技术教育基地。

4. 领导和组织总务工作。贯彻勤俭办学原则，坚持总务工作以教书育人和教职工服务的方向。严格管理校产和财务。搞好校园建设。关心学生和教职工的生活，保护他们的健康。逐步改善办学条件和群众福利。

5. 配合党组织，支持和指导群众组织开展工作。充分发挥工会、共青团、少先队等群众组织在办学育人各项工作中的积极作用。

（四）发挥学校教育的主导作用，努力促进学校教育、家庭教育、社会教育的协调一致、相互配合，形成良好的育人环境。

三、校长的岗位要求

（一）基本政治素养

1. 坚持四项基本原则与改革开放，把坚定正确的政治方向放在首位；

2. 具有一定的马克思主义理论修养，能努力运用马克思主义的立场、观点和方法指导学校工作；

3. 热爱社会主义教育事业，热爱学校，热爱学生，尊重、团结、依靠教职工；

4. 实事求是，勤奋学习，作风民主，联系群众，顾全大局，公正廉洁，艰苦奋斗，严于律己；

5. 对待工作认真负责，一丝不苟；

6. 具有勇于进取及改革创新精神。

（二）岗位知识要求

1. 政治理论、国情知识：具有马克思主义基本理论和建设有中国特色的社会主义基本理论知识。具有中国近现代史和国情基本知识。

2. 教育政策法规知识：在实践中领会、掌握党和国家的教育方针、政策的基本精神与中小学教育法规的基本内容。初步掌握与教育有关法规的基本知识。

3. 学校管理知识：联系实际掌握学校管理的基本规律和方法，以及与学校管理相关的基本知识、技术和手段。

4. 教育学科知识：学习马克思主义关于教育的论述，了解社会主义教育的基本特点和规律，具有教育学科基本知识。熟悉主要课程教学大纲及有关学科的教材教法。具有中国教育史常识，了解中小学教育发展与改革的动态。

5. 其他相关知识：掌握与中小学教育有关的自然科学、社会科学基础知识，了解本地的历史、自然环境、经济与社会发展的基本情况以及民族与宗教政策等。

（三）岗位能力要求

1. 能根据党和国家的有关方针、政策、法规，制定学校发展规划和工作计划。

2. 善于做教职工和学生的思想政治工作及开展品德教育。能从实际出发，采取有效措施，促进学生全面发展。

3. 具有听课、评课及指导教学、教研、课外活动等工作的能力。具有指导教师提高业务水平和改进教学的能力。

4. 善于发挥群众团体的作用。能协调好学校内外各方面的关系，发挥社会、家长对搞好学校工作的积极作用。

5. 能以育人为中心，研究学校教育的新情况、新问题，并从实际出发，开展教育教学实验活动，总结经验，不断提高教育教学质量。

6. 有一定文字能力，能起草学校工作报告、计划、总结等。会讲普通话。具有较好的口头表达能力。

特级教师评选规定

（教人[1993]38号1993年1月10日）

第一条 为了鼓励广大中小学教师长期从事教育事业，进一步提高中小学教师的社会地位，表彰在中小学教育教学中有特殊贡献的教师，制定本规定。

第二条 “特级教师”是国家为了表彰特别优秀的中小学教师而特设的一种既具先进性、又有专业性的称号。特级教师应是师德的表率、育人的模范、教学的专家。

第三条 本规定适用于普通中学、小学、幼儿园、师范学校、盲聋哑学校、教师进修学校、职业中学、教学研究机构、校外教育机构的教师。

第四条 特级教师的条件：

（一）坚持党的基本路线，热爱社会主义祖国，忠诚人民的教育事业；认真贯彻执行教育方针；一贯模范履行教师职责，教书育人，为人师表。

（二）具有中小学校高级教师职务。对所教学科具有系统的、坚实的理论知识和丰富的教学经验；精通业务，严谨治学，教育教学效果特别显著。或者在学生思想政治教育和班主任工作方面有突出的专长和丰富的经验，并取得显著成绩；在教育教学改革中勇于创新或在教学法研究、教材建设中成绩卓著。在当地教育界有声望。

（三）在培训提高教师的思想政治、文化业务水平和教育教学能力方面做出显著贡献。

第五条 评选特级教师工作应有计划、经常性地进行。各省、自治区、直辖市在职特级教师总数一般控制在中小学教师总数的千万之一点五以内。评选的重点是在普通中小学教育教学第一线工作的教师。

第六条 评选特级教师的程序：

（一）在学校组织教师酝酿提名的基础上，地（市）、县教育行政部门可在适当范围内，广泛征求意见，通过全面考核，确定推荐人选，报省、自治区、直辖市教育行政部门。

（二）省、自治区、直辖市教育行政部门对地（市）、县的推荐人选审核后，送交由教育行政部门领导、特级教师、对中小学教育有研究的专家、校长组成的评审组织评审。

（三）省、自治区、直辖市教育行政部门根据特级教师评审组织的意见确定正式人选报省、自治区、直辖市人民政府批准，并报国务院教育行政部门备案。

第七条 授予特级教师称号，颁发特级教师证书，在各省、自治区、直辖市庆祝教师节大会上进行。要采用多种形式宣传特级教师的优秀事迹，推广特级教师的先进经验。

第八条 特级教师享受特级教师津贴，每人每月80元，退休后继续享受，数额不减。中小学民办教师评选为特级教师的，可享受同样津贴。所需经费由教育事业费列支。

第九条 特级教师要模范地做好本职工作。要不断钻研教育教学理论，坚持教育教学改革实验；研究教育教学中普遍存在的问题，积极主动提出改进办法；通过各种方式培养提高年轻教师。

特级教师应不断地总结教育教学、教育科学研究等方面的经验，并向学校和教育行政部门汇报。

第十条 学校和教育行政部门要为特级教师发挥作用创造条件。要支持特级教师的教育教学改革实验和教育科学研究。要积极为特级教师的学习提高和开展研究工作提供方便。

可为年龄较大、教育教学经验特别丰富的特级教师，选派有事业心、肯钻研的年轻教师做助手，协助他们进行教学改革实验，帮助他们总结、整理教育教学改革经验。

特级教师一般不宜兼任过多的社会职务，以保证他们有充足的时间和精力做好本职工作。

第十一条 特级教师退休后，根据工作需要和本人条件，可返聘继续从事教材编写、培养教师和其他有关工作。

第十二条 特级教师有下列情形之一的，由所在省、自治区、直辖市人民政府批准撤销特级教师称号：

（一）在评选特级教师工作中弄虚作假，不符合特级教师条件的；

（二）受到剥夺政治权利或者有期徒刑以上刑事处罚的；

（三）其他应予撤销称号的。

第十三条 特级教师调离中小学教育系统，其称号自行取消；取消、撤销称号，与称号有关的待遇即行中止。

第十四条 各省、自治区、直辖市教育行政部门可依据本规定，结合本地区的实际情况，制定特级教师评选和管理的具体办法。

第十五条 本规定由国务院教育行政部门负责解释。

第十六条 本规定自发布之日起施行。在此之前的文件，凡与本规定不一致的，按本规定执行。

普及义务教育评估验收暂行办法

（教基[1994]19号1994年9月24日发布）

第一章　总则

第一条　为保障本世纪末在全国普及初等义务教育和在大部分地区普及九年义务教育，根据《中华人民共和国义务教育法》及其实施细则的规定，国家教育委员会决定对普及九年或初等义务教育的县（市、市辖区，下同）进行评估验收。为此，特制定本办法。

第二条　普及九年或初等义务教育县的评估验收工作，由省、自治区、直辖市人民政府负责。国家教育委员会对此项工作进行指导、监督、检查。

第三条　九年义务教育包括初等和初级中等义务教育。在现阶段初等义务教育包括实行五年、六年制的教育；初级中等义务教育包括实行三年、四年制的普通初中和职业初中教育。

第四条　评估验收工作，应依据省、自治区、直辖市人民政府制定的义务教育实施规划，分期分批进行。

第五条　省、自治区、直辖市人民政府对在2000年前普及九年义务教育的县，应就其初等和初级中等教育普及情况，分段或一并进行评估验收；对在2000年前只普及初等义务教育的县，应就其初等教育阶段普及情况进行评估验收；对在2000年前只普及小学三年或四年义务教育的县，可组织阶段性评估。

第六条　评估验收以县、不设区的市、市辖区和国家划定的其他实施义务教育的县级行政区域为单位。

第二章　评估项目及指标要求

第七条　对普及九年义务教育县普及程度的基本要求

入学率：

初等教育阶段适龄儿童都能入学。初级中等教育阶段适龄少年，在城市和经济文化发达的县都能入学；其他县达到95%左右。

各类适龄残疾儿童、少年，在城市和经济文化发达的县达到80%左右，其他县达到60%左右（含在普通学校随班就读的学生，下同）。

辍学率：

初等教育和初级中等教育在校生年辍学率，城市和经济文化发达的县应分别控制在1%以下和2%以下；其他县应分别控制在1%左右和3%左右。

完成率：

15周岁人口中初等教育完成率一般达到98%左右。17周岁人口中初级中等教育完成率达到省级规定的要求。

文盲率：

15周岁人口中的文盲率一般控制在1%左右（识字人口含通过非正规教育达到扫盲要求的，下同）。

全县扫除青壮年文盲工作符合规定要求，并经省、自治区、直辖市人民政府评估验收。

第八条 对2000年前只能普及初等义务教育的县普及程度的基本要求适龄儿童入学率达到95%以上。县城和集镇的适龄残疾儿童、少年大多数能入学。

在校学生年辍学率控制在3%以下。

15周岁人口中初等教育完成率达到省级规定的要求。

15周岁人口中的文盲率控制在5%左右。

适龄女童入学率、辍学率和15周岁人口中初等教育完成率、文盲率均达到省级规定的要求。

第九条 师资水平的基本要求

小学、初中教师都能达到任职要求。

教师学历符合国家规定和取得相应专业合格证书的，小学达到90%以上；初中达到80%以上，确有实际困难的县在1995年前亦不得低于70%。

实施义务教育后补充的小学、初中教师学历均符合国家规定。

小学、初中校长均经岗位培训并取得合格证书。

第十条 办学条件的基本要求

小学、初中的设置符合义务教育法实施细则的规定。

小学、初中校舍均达到省级制定的分类标准要求，做到坚固、够用、适用。校舍中的危房能及时消除。

小学、初中的教学仪器设备和图书资料等均达到省级制定的分类配备标准要求，满足教学基本需要。

第十一条 教育经费的要求

财政对教育的拨款做到了“两个增长”。在教育支出总额中做到了以财政拨款为主。

财政拨发的按年度每生平均计算的公用经费达到省级制定的标准，并逐年增长。

教职工工资（包括各级政府出台的政策性补贴）按时足额发放。

在城乡均按规定足额征收了教育附加，并做到了专款专用，使用合理。

多渠道筹措义务教育资金，坚持依法集资办法、捐资助学，开展勤工俭学。

第十二条 教育质量的要求

小学、初中毕业班学生的毕业率达到省级规定的要求。

第十三条 凡本章已量化的指标，各地不得自行降低要求；凡本章未量化的指标，均由省、自治区、直辖市根据《中华人民共和国义务教育法》及其实施细则的规定，区别不同类型地区制定具体标准，并报国家教育委员会备案。

第十四条 对已经普及初等教育，但居住特别分散的边疆地区、深山区、牧区等，因自然条件不利，达到本办法第七条规定确有困难的，省、自治区可对初级中等教育阶段入学率、辍学率、完成率的要求做适当调整，并报国家教育委员会批准。

对2000年前只能普及初等义务教育县的村办小学，可先要求做到：班班有教室，校校无危房，学生人人有课桌凳，教师教学有教具和必备的资料。

第三章 评估验收程度

第十五条 按省级确定的义务教育实施规划期限普及了九年义务教育或初等义务教育的县，应先根据本办法认真进行自查，在自查的基础上，向省级人民政府提出评估验收申请报告。

第十六条 省、自治区、直辖市人民政府对提出申请的县，应组织教育和财政、人事以及其他有关部门的人员按本办法进行评估验收。凡达到各项要求的，经省级人民政府核准，即成为普及九年义务教育或初等义务教育县。有关评估验收的报告、资料等，应于每年10月底以前报国家教育委员会。

地级人民政府在评估验收工作中的职责，由省、自治区、直辖市确定。

第十七条 国家教育委员会经对省、自治区、直辖市所报评估验收材料进行审查，如发现有不符合本办法要求的，可责成有关省、自治区、直辖市进行复查，并有权对复查结论进行最终审核。

第十八条 国家教育委员会分期分批对各省、自治区、直辖市义务教育规划的实施工作和普及义务教育的水平进行评估。

第四章　表彰和处罚

第十九条　凡普及了九年义务教育或初等义务教育的县，由省、自治区、直辖市人民政府授予相应的称号，发给奖牌，并予以奖励。

第二十条　凡被省、自治区、直辖市授予“普及九年义务教育县”或“普及初等义务教育县”称号的，经审查，符合本办法规定要求的，由国家教育委员会分期分批公布名单。

国家教育委员会定期组织评选普及九年义务教育或普及初等义务教育先进县，并予以表彰。

第二十一条　国家教育委员会依据本办法第十八条的评估结果，对工作取得显著成绩的省、自治区、直辖市进行表彰。

第二十二条　凡普及九年或初等义务教育的县在接受评估验收后，必须继续采取措施，巩固、提高普及义务教育的水平。

第二十三条　有以下情形之一的，由省、自治区、直辖市人民政府撤消其普及九年或初等义务教育县的称号，并报国家教育委员会备案：

（一）在评估验收活动中有弄虚作假行为的；

（二）连续两年（非常情况除外）不能保持本办法规定各项要求的。

第二十四条　经评估因工作失职未能如期实现义务教育实施规划目标的，应按《中华人民共和国义务教育法实施细则》第38条的有关规定处理。

第五章　附则

第二十五条　省、自治区、直辖市人民政府可根据本办法，结合本地区的实际情况，制定具体实施办法，并报国家教育委员会备案。

第二十六条　本办法自公布之日起施行。

全国幼儿园园长任职资格职责和岗位要求（试行）

（教人[1996]10号1996年1月26日）

一、园长任职资格：

（一）拥护中国共产党的领导，热爱社会主义祖国，认真贯彻国家的教育方针。热爱幼儿教育事业。

（二）示范性幼儿园和乡镇中心幼儿园园长应具备幼儿师范学校（含职业学校幼教专业）毕业及其以上学历，有五年以上幼儿教育工作经历，并具有小学、幼儿园高级教师职务。

其他幼儿园园长应具备幼儿师范学校（含职业学校幼教专业）毕业及以上学历或高中毕业并获得幼儿园教师专业考试合格证书，有一定幼儿教育工作经历，并具有小学、幼儿园一级教师职务。

（三）获得幼儿园园长岗位培训合格证书。

（四）身体健康，能胜任工作。

二、园长的主要职责：

幼儿园实行园长负责制，园长全面主持幼儿园工作，其主要职责如下：

（一）贯彻执行党和国家有关幼儿教育的方针、政策以及教育法规、规章，坚持正确的办园方向。

（二）负责教职工的政治思想工作、职业道德教育，组织文化、业务学习；维护教职工的正当权益，关心并逐步改善教职工的生活和工作条件；发挥教职工（或教职工代表）代表大会在幼儿园民主管理中的作用，调动和发挥教职工的主动性、积极性和创造性。

（三）主持幼儿园的保教工作、领导和组织安全保卫、卫生保健工作，贯彻有关的法规和规章确保幼儿在国安全、卫生和健康；领导和组织教育工作，贯彻执行国家幼儿园课程标准 促进幼儿身心和谐发展。

（四）领导和组织行政工作，包括工作人员的考核、任免和奖惩及国合、设备和经费管理等。

（五）密切与家长和社区的联系。向家长和社区宣传正确的教育思想和科学育儿知识，争取家长和社区支持幼儿园工作。

三、园长岗位要求：

（一）基本思想品德要求：

1. 坚持党的基本路线，拥护党的十一届三中全会以来的方针政策。努力学习建设有中国特色社会主义理论。

2. 热爱幼儿教育事业，热爱幼儿，尊重、依靠、团结教职工。

3. 实事求是，公正廉洁，严于律己，以身作则，作风民主。

4. 敬业守职，努力学习，积极进取，勇于改革创新。

（二）岗位专业要求：

1. 正确领会和掌握国家的教育方针、政策和法规的基本精神，熟悉幼儿教育法规和规章，坚持依法办园。

2. 有一定的幼儿卫生、心理和教育的基本理论，了解和掌握幼儿身心发展和教育的基本规律，有正确的教育观念。正确掌握国家幼儿园课程的主要内容和基本精神，并能组织实施。

3. 有幼儿园科学管理的基本知识。

（二）岗位能力要求：

1. 能根据党和国家的有关方针、政策和法规、规章结合本园实际制订本园发展规划和工作计划并组织实施。

2. 有管理和指导保教工作的能力、能组织管理幼儿园卫生保健工作；指导教师制订适合幼儿发展水平的教育计划；正确评析保育教育工作；组织开展有效的教研工作，帮助保教人员提高业务水平，改进保教工作。

3. 有一定的组织协调能力。能调动教职工的积极性，善于依靠和动员家长、社区等各方面的力量参与和支持幼儿园建设。

4. 有一定的撰写文稿和口语表达能力、能拟定工作计划，撰写工作经验和研究报告，并指导教师撰写文稿。

中小学校财务制度

（财文字［1997］第281号1997年6月23日）

第一章 总则

第一条 为规范中小学校的财务行为，加强财务管理，提高资金使用效益，促进教育事业发展，根据《事业单位财务规则》和国家有关法规，结合中小学校特点，制定本制度。

第二条 本制度适用于各级人民政府举办的普通中小学校、职业中学、特殊教育学校、工读教育学校、幼儿园、成人中学和成人初等学校。企业事业组织、社会团体及其他社会组织举办的上述学校参照执行。

第三条 中小学校财务管理的基本原则是：贯彻执行国家有关法律、法规和财务规章制度；坚持勤俭办学的方针；正确处理事业发展需要和资金供给的关系，社会效益和经济效益的关系，国家、集体和个人三者利益的关系。

第四条 中小学校财务管理的主要任务是：合理编制学校预算；依法多渠道筹集事业资金；加强核算，提高资金使用效益；加强资产管理，防止国有资产流失；建立健全财务规章制度；对学校经济活动进行财务控制和监督；定期进行财务分析，如实反映学校财务状况。

第二章 财务管理体制

第五条 单独设置财务机构的中小学校，实行“统一领导、统一管理”的体制。学校的财务活动在校长的领导下，由财务部门统一管理。

不具备条件或不需要单独设置财务机构的中小学校，实行“集中管理、分校核算”的体制。即在一定区域内，设置中心财务机构，统一管理区域内中小学校的财务活动。学校只设报账员，在校长领导下，管理学校的财务活动，统一向中心财务机构报账。

具体实行何种体制，由地方根据当地实际情况确定。

第六条 中小学校财会人员的工作职责、工作权限、技术职称、任免奖罚，应严格按照《会计法》规定执行。

第七条 中小学校校办产业、勤工俭学项目的财务活动，由学校财务机构统一领导。

第三章 单位预算管理

第八条 预算是指中小学校根据教育事业发展计划和任务编制的年度财务收支计划。

中小学校预算包括收入预算和支出预算。

第九条 国家对中小学校实行“核定收支、定额或者定项补助、超支不补、结余留用”的预算管理办法。

定额或者定项补助标准根据中小学校特点、学校收支状况、事业发展计划以及国家财政政策和财力可能确定。

第十条 预算编制原则

中小学校预算编制，坚持“量入为出、统筹兼顾、保证重点、收支平衡”的原则，学校应当自求平衡，不得编制赤字预算。

第十一条 预算编制方法

（一）收入预算，应考虑学校维持正常运转和发展的基本需要，参考以前年度预算执行情况，根据预算年度的收入增减因素和措施测算编制。

（二）支出预算，根据学校开展教学及其他活动需要和财力可能测算编制。支出预算的编制，应在保证教学和行政管理人员工资的前提下，妥善安排其他各项支出。

第十二条 预算编报审批程序

中小学校预算由学校提出预算建议方案，按照国家预算支出分类和管理权限分别上报各有关主管部门审核汇总报财政部门核定预算控制数。中小学校根据预算控制数编制预算，由各有关主管部门汇总报财政部门审核批复后执行。

第十三条 预算执行和调整

中小学校预算在执行过程中，财政补助收入和从财政专户核拨的预算外资金一般不予调整；如果国家有关政策或事业计划有较大调整，对预算执行影响较大，确需调整时，可以报请主管部门或者财政部门调整预算。其余收入项目需要调增、调减的，由学校自行调整并报主管部门和财政部门备案。

收入预算调整后，相应调增或者调减支出预算。

第四章　收入管理

第十四条 收入是指中小学校开展教学及其他活动依法取得的非偿还性资金。

第十五条 中小学校收入包括：

（一）财政补助收入，即中小学校从财政部门取得的各项事业经费，包括教育事业费、教育费附加、地方教育附加费、公费医疗经费、住房改革经费等。上述财政补助收入，应当按照国家预算支出分类和不同的管理规定，进行管理和安排使用。

（二）上级补助收入，即中小学校从主管部门和上级单位取得的非财政补助收入。

（三）事业收入，即中小学校开展教学及其辅助活动依法取得的收入，包括：义务教育阶段学生缴纳的杂费；非义务教育阶段学生缴纳的学费；借读学生缴纳的借读费；住宿学生缴纳的住宿费；按照有关规定向学生收取的其他费用等。其中：按照国家规定应当上缴财政纳入预算的资金和应当缴入财政专户的预算外资金，要及时足额上缴，不计入事业收入；从财政专户核拨的预算外资金和部分经核准不上缴财政专户的预算外资金，计入事业收入。

（四）经营收入，即中小学校在教学及其辅助活动之外，开展非独立核算经营活动取得的收入。

（五）附属单位上缴收入，即中小学校附属独立核算的校办产业和勤工俭学项目按照有关规定上缴的收入。

（六）其他收入，即上述规定范围以外的各项收入，包括社会捐赠、投资收益、利息收入等。

第十六条 中小学校必须严格按照国家有关政策规定依法组织收入；各项收费必须严格执行国家规定的收费范围和标准，并使用符合国家规定的合法票据；各项收入必须全部纳入学校预算，统一管理，统一核算。

第五章　支出管理

第十七条 支出是指中小学校为开展教学及其他活动发生的各项资金耗费和损失。

第十八条 中小学校支出包括：

（一）事业支出，即中小学校开展教学及其辅助活动发生的支出。事业支出的内容包括基本工资、补助工资、其他工资、职工福利费、社会保障费、助学金、公务费、业务费、设备购置费、修缮费和其他费用。

（二）建设性支出，即中小学校用于建筑设施方面的支出，包括用专项资金和社会捐赠等新建、改扩建建筑设施发生的支出。

（三）经营支出，即中小学校在教学及其辅助活动之外开展非独立核算经营活动发生的支出。

（四）对附属单位补助支出，即中小学校用财政补助收入之外的收入对附属单位补助发生的支出。

第十九条 中小学校开展非独立核算经营活动，必须以不影响正常教学活动为前提。在开展非独立核算经营活动中，应当正确归集实际发生的各项费用；不能直接归集的，应当按照规定的比例合理分摊。

经营支出应当与经营收入配比。

第二十条 中小学校从有关部门取得的有指定项目和用途并且要求单独核算的专项资金，应当按照要求定期报送资金使用情况；项目完成后，应当报送资金支出决算和使用效果的书面报告，并接受有关部门的检查、验收。

第二十一条 中小学校的支出应当严格执行国家有关财务规章制度规定的开支范围及开支标准；国家有关财务规章制度没有统一规定的，由学校结合本校情况规定，报主管部门和财政部门备案。学校规定违反法律和国家政策的，主管部门和财政部门应当责令改正。

第二十二条 中小学校要加强对支出的管理，各项支出应按实际发生数列支，不得虚列虚报，不得以计划数和预算数代替。

第六章　结余及其分配

第二十三条 结余是指中小学校年度收入与支出相抵后的余额。

经营收支结余应当单独反映。可以按照国家有关规定弥补以前年度经营亏损，其余部分并入学校结余。

第二十四条 中小学校的结余（不含实行预算外资金结余上缴办法的预算外资金结余），除专项资金按照国家规定结转下一年度继续使用外，可以按照国家有关规定提取职工福利基金，剩余部分作为事业基金用于弥补以后年度收支差额；国家另有规定的，从其规定。

第七章　专用基金管理

第二十五条 专用基金是指中小学校按照规定提取和设置的有专门用途的资金。

第二十六条 专用基金包括修购基金、职工福利基金、医疗基金、奖教奖学基金等。

修购基金是按照事业收入和经营收入的一定比例提取，在修缮费和设备购置费中列支，以及按照其他规定转入，用于固定资产维修和购置的资金。

职工福利基金是按照结余的一定比例提取以及按照其他规定提取转入，用于职工集体福利设施、集体福利待遇等的资金。

医疗基金是按照规定标准提取，并参照公费医疗制度有关规定用于未纳入公费医疗经费开支范围的职工医疗开支的资金。

奖教奖学基金是接受社会捐赠，专门用于奖励教职工和学生的无须保留本金的资金。

中小学校可以按照国家有关规定，根据事业发展需要提取或者设置其他专用基金。

第二十七条 各项基金的提取比例和管理办法，国家有统一规定的，按照统一规定执行；没有统一规定的，由主管部门会同同级财政部门确定。

第八章 资产管理

第二十八条 资产是指中小学校占有或者使用的能以货币计量的经济资源，包括各种财产、债权和其他权利。

第二十九条 中小学校的资产包括流动资产、固定资产、无形资产和对外投资等。

第三十条 流动资产是指可以在一年以内变现或者耗用的资产，包括现金、各种存款、应收及暂付款项、借出款、存货等。

存货是指中小学校在开展教学及其他活动过程中为耗用而储存的资产，包括各类材料、燃料、消耗物资和低值易耗品等。

中小学校应当建立、健全现金及各种存款的内部管理制度。对应收及暂付款项应当及时清理结算，不得长期挂账；对确实无法收回的应收及暂付款项，要查明原因，分清责任，经规定程序批准后核销。对存货应当进行定期或者不定期的清查盘点，保证账实相符，存货的盘盈、盘亏应及时进行调整。

第三十一条 固定资产是指一般设备单位价值在500元以上、专用设备单位价值在800元以上，使用期限在一年以上，并在使用过程中基本保持原有物质形态的资产。单位价值虽未达到规定标准，但耐用时间在一年以上的大批同类物资，作为固定资产管理。

中小学校的固定资产一般分为六类：房屋和建筑物；专用设备；一般设备；文物和陈列品；图书；其他固定资产。中小学校应根据规定的固定资产标准，结合本校的具体情况，制定各类固定资产的明细目录。

第三十二条 固定资产的租赁，应经过有关部门批准，并向租赁者收取租赁费。租赁费计入经营收入。

第三十三条 中小学校固定资产的报废和转让，一般经单位负责人批准后核销。大型、精密、贵重的设备、仪器报废和转让，应当经过有关部门鉴定，报主管部门或国有资产管理部门、财政部门批准。

固定资产变价收入计入修购基金。

第三十四条 中小学校应当定期或者不定期地对固定资产进行清查盘点。年度终了前，应当进行一次全面的清查盘点，做到账、卡、物相符。对固定资产的盘盈、盘亏应当按规定程序及时处理。

第三十五条 无形资产是指不具有实物形态而能为使用者提供某种权利的资产，包括商标权、著作权、土地使用权、非专利技术、商誉以及其他财产权利。

中小学校转让无形资产，应当按照有关规定进行资产评估，取得的收入除国家另有规定外计入事业收入。中小学校取得无形资产而发生的支出，计入事业支出。

第三十六条 对外投资是指中小学校利用货币资金、实物、无形资产等向校办产业、勤工俭学项目和其他单位的投资。

中小学校对外投资，应当按照国家有关规定报主管部门、国有资产管理部门和财政部门批准或备案。

中小学校以实物、无形资产对外投资的，应当按照国家有关规定进行资产评估。

对校办产业和勤工俭学项目投资取得的收益，计入附属单位上缴收入；对其他单位投资取得的收益，计入其他收入；国家另有规定者除外。

第九章　负债管理

第三十七条 负债是指中小学校所承担的能以货币计量，需要以资产或劳务偿还的债务。

第三十八条 中小学校的负债包括借入款、应付及暂存款、应缴款项、代管款项等。

应缴款项包括中小学校收取的应当上缴财政预算的资金和应当上缴财政专户的预算外资金、应缴税金以及其他按照国家有关规定应当上缴的款项。

代管款项是指中小学校接受委托代为管理的各类款项。

第三十九条 中小学校应当对不同性质的负债分别管理，及时清理并按照规定办理结算，保证各项负债在规定期限内归还。

第十章　财务清算

第四十条　经国家有关部门批准，中小学校发生划转撤并时，应当进行财务清算。

第四十一条　中小学校财务清算，应当成立财务清算机构，在主管部门和财政部门、国有资产管理部门的监督指导下，对学校的财产、债权、债务等进行全面清理，编制财产目录和债权、债务清单，提出财产作价依据和债权、债务处理办法，做好国有资产的移交、接收、划转和管理工作，并妥善处理各项遗留问题。

第四十二条　划转撤并的中小学校财务清算结束后，经主管部门审核并报国有资产管理部门和财政部门批准，分别按照下列办法处理：

（一）因隶属关系改变，成建制划转的中小学校，其全部资产、债权、债务等无偿移交，并相应划转事业经费指标。

（二）撤销的中小学校，全部资产、债权、债务等由主管部门和财政部门核准处理。

（三）合并的中小学校，全部资产、债权、债务等移交接收单位或新组建单位。合并后多余的国有资产由主管部门和财政部门核准处理。

第十一章　财务报告和财务分析

第四十三条　财务报告是反映中小学校一定时期财务状况和事业发展成果的总结性书面文件。

中小学校应当按照国家预算支出分类和管理权限定期向各有关主管部门和财政部门以及其他有关的报表使用者提供财务报告。

第四十四条　中小学校报送的年度财务报告包括资产负债表、收支情况表、专用基金变动情况表、有关附表及财务情况说明书。

第四十五条　财务情况说明书，主要说明中小学校收入及其支出、结余及其分配、资产负债变动、专用基金变动的情况，对本期或者下期财务状况发生重大影响的事项，以及需要说明的其他事项。

第四十六条　中小学校的财务分析是财务管理工作的重要组成部分。中小学校应当按照主管部门的规定和要求，根据学校财务管理的需要，定期编制财务分析报告。财务分析的内容包括中小学校事业发展和预算执行、资产使用管理、收入、支出和专用基金变动以及财务管理情况、存在主要问题和改进措施等。

财务分析指标包括预算收支完成率、人员支出与公用支出分别占事业支出的比率、资产负债率、生均支出增减率等。

中小学校可以根据本校特点增加财务分析指标。

第十二章　财务监督

第四十七条　财务监督是贯彻国家财经法规以及学校财务规章制度，维护财经纪律的保证。中小学校必须接受国家有关部门的财务监督，并建立严密的内部监督制度。

第四十八条　中小学校的财务监督包括事前监督、事中监督和事后监督三种形式。学校可根据实际情况对不同的经济活动实行不同的监督方式。

第四十九条　中小学校的财会人员有权按《会计法》及其他有关规定行使财务监督权。对违反国家财经法规的行为，有权提出意见并向上级主管部门和其他有关部门反映。

第十三章　附则

第五十条　国家对中小学校的基本建设投资的财务管理，按照国家有关规定办理。

第五十一条　独立核算的中小学校校办产业及勤工俭学项目的财务管理，执行《企业财务通则》和同行业或者相近行业企业财务制度，不执行本制度。

第五十二条　各省、自治区、直辖市可根据本制度结合本地区实际情况制定管理办法。

第五十三条　中小学校可根据本制度结合学校实际情况制定具体的财务管理办法，报主管部门备案。

第五十四条　本制度由财政部、国家教育委员会负责解释和修订。

第五十五条　本制度自1997年1月1日起施行。凡与本制度不一致的，以本制度为准。

教育部关于印发《普通高中“研究性学习”实施指南（试行）》的通知

（教基[2001]6号2001年4月9日）

为全面实施素质教育，培养学生创新精神和实践能力，转变学生的学习方式和教师的教学方式，教育部在《全日制普通高级中学课程计划（试验修订稿）》中增设了包括研究性学习在内的综合实践活动。为促进参加普通高中课程试验的省、市有效地推进研究性学习的开展，我部组织研究制定了《普通高中“研究性学习”实施指南（试行）》（以下简称《实施指南》），现印发你们，并提出以下意见，请参照实施。

从实际出发，积极开展研究性学习活动。研究性学习是《全日制普通高级中学课程计划（试验修订稿）》中的重要内容，是全体普通高中学生的必修课。它对于改变学生的学习方式、促进教师教学方式的变化、培养学生的创新精神和实践能力具有重要的作用，各地必须予以充分重视。使用《全日制普通高中课程计划（试验修订稿）》的省（自治区、直辖市）要认真做好研究性学习的学习讨论和组织管理等工作，根据《实施指南》的要求，结合本地实际，遵循分步实施、分类指导的原则，提出本省推动不同地区、不同层次的学校开展研究性学习的实施方案。可首先从城市和有条件的农村地区开始，选择有代表性的学校进行试点，组织专家和教研人员做好对试点学校的指导工作，以点带面，推动研究性学习的深化。同时要关注有困难的地区和学校，研究其所面临的问题并帮助解决。2001年秋季仍执行现行普通高中课程计划的省（自治区、直辖市），可调整现行课程计划，参照《全日制普通高级中学课程计划（试验修订稿）》和《实施指南》的要求，鼓励学校创造条件开展研究性学习活动。

做好研究性学习的培训工作。各地要认真组织教育行政管理人员、教研人员、校长和教务人员的培训，使他们充分认识在高中开展研究性学习的重要性和必要性，准确把握高中研究性学习的特点和目标，正确理解研究性学习的有关内容、实施过程以及评价要求，加强对研究性学习活动的指导和管理，为学生开展研究性学习活动创造有利条件。教师是学生进行研究性学习活动的组织者、参与者和指导者。各地必须充分重视对教师的培训，使教师不断提高自身的科学素养和专业水平，树立正确的教学观念，激发学生主动探索、研究实际问题的兴趣，为学生潜能的发挥和实践能力的培养营造支持、鼓励与开放的环境，促进学生的发展。

因地制宜地开发和利用教育资源。研究性学习是学生在比较广泛教育资源的背景下所开展自主的、开放的、探究式的学习活动。学校应从实际出发，充分利用学校图书馆、实验室、计算机网络以及具有专长的教师等校内现有教育资源。同时，要积极争取社会各界的支持，开发和利用当地教育资源，包括高等院校、科研院所、学术团体、专业技术部门（包括农村实用技术研究与推广部门）的人力资源和研究资源，为学生进行研究性学习创造条件。

对研究性学习的评价要强调评价主体的多元化和评价方法、手段的多样性，特别关注学生参与研究性学习活动的过程，注重学生在学习过程中所获得的直接体验，把对学生的评价与对学生的指导紧密结合起来。要通过评价鼓励学生发挥自己的个性特长，施展才能，学会尊重和欣赏他人，激励学生积极进取，勇于创新。

开展研究性学习要求学生必须走出课堂、走出校门，积极地开展社会调查研究和实践活动。学校必须加强组织和管理工作，对学生进行必要的安全教育，增强安全防范意识和自我保护能力。同时，学校要加强与学生家庭、社会相关部门的沟通和联系，共同负责学生在社会调查等实践活动中的安全工作，确保学生的人身安全。

在普通高中开展研究性学习是一个新生事物，需要各地和学校在实践中积极探索，创造性地组织、指导研究性学习的开展，丰富完善研究性学习的理论与实践经验。希望各地将对《实施指南》的意见和建议反馈到我部基础教育司。

普通高中“研究性学习”实施指南（试行）

研究性学习是学生在教师指导下，从自然、社会和生活中选择和确定专题进行研究，并在研究过程中主动地获取知识、应用知识、解决问题的学习活动。研究性学习与社会实践、社区服务、劳动技术教育共同构成“综合实践活动”，作为必修课程列入《全日制普通高级中学课程计划（试验修订稿）》。为帮助学校有效地实施研究性学习，落实课程计划中的相关要求，特制订本指南。

一、设置研究性学习的目的

实施以培养创新精神和实践能力为重点的素质教育，关键是改变教师的教学方式和学生的学习方式。设置研究性学习的目的在于改变学生以单纯地接受教师传授知识为主的学习方式，为学生构建开放的学习环境，提供多渠道获取知识、并将学到的知识加以综合应用于实践的机会，促进他们形成积极的学习态度和良好的学习策略，培养创新精神和实践能力。

学生学习方式的改变，要求教师的教育观念和教学行为也必须发生转变。在研究性学习中，教师将成为学生学习的促进者、组织者和指导者。教师在参与指导研究性学习的过程中，必须不断地吸纳新知识，更新自身的知识结构，提高自身的综合素质，并建立新型的师生关系。

当前，受传统学科教学目标、内容、时间和教学方式的局限，在学科教学中普遍地实施研究性学习尚有一定的困难。因此，将研究性学习作为一项特别设立的教学活动作为必修课纳入《全日制普通高级中学课程计划（试验修订稿）》，将会逐步推进研究性学习的开展，并从制度上保障这一活动的深化，满足学生在开放性的现实情境中主动探索研究、获得亲身体验、培养解决实际问题能力的需要。

二、研究性学习的目标

研究性学习强调对所学知识、技能的实际运用，注重学习的过程和学生的实践与体验。因此，需要注重以下几项具体目标：

1. 获得亲身参与研究探索的体验

研究性学习强调学生通过自主参与类似于科学研究的学习活动，获得亲身体验，逐步形成善于质疑、乐于探究、勤于动手、努力求知的积极态度，产生积极情感，激发他们探索、创新的欲望。

2. 培养发现问题和解决问题的能力

研究性学习通常围绕一个需要解决的实际问题展开。在学习的过程中，通过引导和鼓励学生自主地发现和提出问题，设计解决问题的方案，收集和分析资料，调查研究，得出结论并进行成果交流活动，引导学生应用已有的知识与经验，学习和掌握一些科学的研究方法，培养发现问题和解决问题的能力。

3. 培养收集、分析和利用信息的能力

研究性学习是一个开放的学习过程。在学习中，培养学生围绕研究主题主动收集、加工处理和利用信息的能力是非常重要的。通过研究性学习，要帮助学生学会利用多种有效手段、通过多种途径获取信息，学会整理与归纳信息，学会判断和识别信息的价值，并恰当的利用信息，以培养收集、分析和利用信息的能力。

4. 学会分享与合作

合作的意识和能力，是现代人所应具备的基本素质。研究性学习的开展将努力创设有利于人际沟通与合作的教育环境，使学生学会交流和分享研究的信息、创意及成果，发展乐于合作的团队精神。

5. 培养科学态度和科学道德

在研究性学习的过程中，学生要认真、踏实的探究，实事求是地获得结论，尊重他人想法和成果，养成严谨、求实的科学态度和不断追求的进取精神，磨练不怕吃苦、勇于克服困难的意志品质。

6. 培养对社会的责任心和使命感

在研究性学习的过程中，通过社会实践和调查研究，学生要深入了解科学对于自然、社会与人类的意义与价值，学会关心国家和社会的进步，学会关注人类与环境和谐发展，形成积极的人生态度。

三、研究性学习的特点

研究性学习具有开放性、探究性和实践性的特点，是师生共同探索新知的学习过程，是师生围绕着解决问题共同完成研究内容的确定、方法的选择以及为解决问题相互合作和交流的过程。

（一）开放性。研究性学习的内容不是特定的知识体系，而是来源于学生的学习生活和社会生活，立足于研究、解决学生关注的一些社会问题或其他问题，涉及的范围很广泛。它可能是某学科的，也可能是多学科综合、交叉的；可能偏重于实践方面，也可能偏重于理论研究方面。

在同一主题下，由于个人兴趣、经验和研究活动的需要不同，研究视角的确定、研究目标的定位、切入口的选择、研究过程的设计、研究方法、手段的运用以及结果的表达等可以各不相同，具有很大的灵活性，为学习者、指导者发挥个性特长和才能提供了广阔的空间，从而形成一个开放的学习过程。

（二）探究性。在研究性学习过程中，学习的内容是在教师的指导下，学生自主确定的研究课题；学习的方式不是被动地记忆、理解教师传授的知识，而是敏锐地发现问题，主动地提出问题，积极地寻求解决问题的方法，探求结论的自主学习的过程。因此，研究性学习的课题，不宜由教师指定某个材料让学生理解、记忆，而应引导、归纳、呈现一些需要学习、探究的问题。这个问题可以由展示一个案例、介绍某些背景或创设一种情景引出，也可以直接提出；可以由教师提出，也可以引导学生自己发现和提出。要鼓励学生自主探究解决问题的方法并自己得出结论。

（三）实践性。研究性学习强调理论与社会、科学和生活实际的联系，特别关注环境问题、现代科技对当代生活的影响以及与社会发展密切相关的重大问题。要引导学生关注现实生活，亲身参与社会实践活动。同时研究性学习的设计与实施应为学生参与社会实践活动提供条件和可能。

四、研究性学习内容的选择和设计

（一）因地制宜，发掘资源。选择研究性学习的内容，要注意把对文献资料的利用和对现实生活中“活”资料的利用结合起来。要引导学生充分关注当地自然环境、人文环境以及现实的生产、生活，关注其赖以生存与发展的乡土和自己的生活环境，从中发现需要研究和解决的问题。把学生身边的事作为研究性学习的内容，有助于提高各地学校开展研究性学习的可行性，有利于培养爱家乡、爱祖国的情感以及社会责任感，有利于学生在研究性学习活动中保持较强的探索动机和创造欲望。

（二）重视资料积累，提供共享机会。学习内容的开放性为学生的主动探究、自主参与和师生合作探求新知识提供了广阔的空间。师生在研究性学习中所获取的信息、采用的方法策略、得到的体验和取得的成果，对于本人和他人，对于以后的各届学生，都具有宝贵的启示、借鉴作用。将这些资料积累起来，成为广大师生共享并能加以利用的学习资源，是学校进行研究性学习课程建设的重要途径。

（三）适应差异，发挥优势。不同地区、不同类型学校和不同学生开展研究性学习在内容和方法上是有层次差异和类型区别的，因而在学习目标的确定上可以各有侧重，在内容选择上可以各有特点。学校应根据自身的传统优势和校内外教育资源的状况，形成有地区和学校特点的研究性学习内容，同时为学生根据自己的兴趣、爱好和具体条件，自主选择研究课题留有足够的余地。另外，教师要在日常的各科教学中，结合教学内容，注重引导学生通过主动探究，解决一些开放性的问题，这也在一定程度上体现研究性学习的价值与性质，对于提高学科教学水平也具有积极的意义。

五、研究性学习的实施

在开展研究性学习的过程中，教师和学生的角色都具有新的特点，教育内容的呈现方式，学生的学习方式、教师的教学方式以及师生互动的形式都要发生较大变化。

（一）研究性学习的实施类型

依据研究内容的不同，研究性学习的实施主要可以区分为两大类：课题研究类和项目（活动）设计类。

课题研究以认识和解决某一问题为主要目的，具体包括调查研究、实验研究、文献研究等类型。

项目（活动）设计以解决一个比较复杂的操作问题为主要目的，一般包括社会性活动的设计和科技类项目的设计两种类型。前者如一次环境保护活动的策划，后者如某一设备、设施的制作、建设或改造的设计等。

一项专题的研究性学习活动，可以属于一种类型，也可以包括多种研究类型。综合性较强的专题，往往涉及多方面的研究内容，需要运用多种研究方法和手段，更需要参加者之间的分工协作。

研究性学习的组织形式主要有三种类型：小组合作研究、个人独立研究、个人研究与全班集体讨论相结合。

小组合作研究是经常采用的组织形式。学生一般由3—6人组成课题组，聘请有一定专长的成人（如本校教师、校外人士等）为指导教师。研究过程中，课题组成员各有独立的任务，既有分工，又有合作，各展所长，协作互补。

个人独立研究可以采用“开放式长作业”形式，即先由教师向全班学生布置研究性学习任务，可以提出一个综合性的研究专题，也可以不确定范围，由每个学生自定具体题目，并各自相对独立地开展研究活动，用几个月到半年时间完成研究性学习作业。

采用个人研究与全班集体讨论相结合的形式，全班同学需要围绕同一个研究主题，各自搜集资料、开展探究活动、取得结论或形成观点。再通过全班集体讨论或辩论，分享初步的研究成果，由此推动同学们在各自原有基础上深化研究，之后或进入第二轮研讨，或就此完成各自的论文。

（二）研究性学习实施的一般程序

研究性学习的实施一般可分三个阶段：进入问题情境阶段、实践体验阶段和表达交流阶段。在学习进行的过程中这三个阶段并不是截然分开的，而是相互交叉和交互推进的。

进入问题情境阶段

本阶段要求师生共同创设一定的问题情境，一般可以开设讲座、组织参观访问等。目的在于做好背景知识的铺垫，调动学生原有的知识和经验。然后经过讨论，提出核心问题，诱发学生探究的动机。在此基础上确定研究范围或研究题目。

同时，教师应帮助学生通过搜集相关资料，了解有关研究题目的知识水平，该题目中隐含的争议性的问题，使学生从多个角度认识、分析问题。在此基础上，学生可以建立研究小组，共同讨论和确定具体的研究方案，包括确定合适的研究方法、如何收集可能获得的信息、准备调查研究所要求的技能、可能采取的行动和可能得到的结果。在此过程中，学生要反思所确定的研究问题是否合适，是否需要改变问题。

实践体验阶段

在确定需要研究解决的问题以后，学生要进入具体解决问题的过程，通过实践、体验，形成一定的观念、态度，掌握一定的方法。

本阶段实践、体验的内容包括：①搜集和分析信息资料。学生应了解和学习收集资料的方法，掌握访谈、上网、查阅书刊杂志、问卷等获取资料的方式，并选择有效方式获取所需要的信息资料；要学会判断信息资料的真伪、优劣，识别对本课题研究具有重要关联的有价值的资料，淘汰边缘资料；学会有条理、有逻辑地整理与归纳资料，发现信息资料间的关联和趋势；最后综合整理信息进行判断，得出相应的结论。这时要反思所得结论是否充分地回答了要研究的问题，是否有必要采取其他方法获取证据以支持所得结论。②调查研究。学生应根据个人或小组集体设计的研究方案，按照确定的研究方法，选择合适的地方进行调查，获取调查结果。在这一过程中，学生应如实记载调查中所获得的基本信息，形成记录实践过程的文字、音像、制作等多种形式的“作品”，同时要学会从各种调研结果、实验、信息资料中归纳出解决问题的重要思路或观点，并反思对是否获得足以支持研究结论的证据，是否还存在其他解释的可能。③初步的交流。学生通过收集资料、调查研究得到的初步研究成果在小组内或个人之间充分交流，学会认识客观事物，认真对待他人意见和建议，正确地认识自我，并逐步丰富个人的研究成果，培养科学精神与科学态度。

表达和交流阶段

在这一阶段，学生要将取得的收获进行归纳整理、总结提炼，形成书面材料和口头报告材料。成果的表达方式要提倡多样化，除了按一定要求撰写实验报告、调查报告以外，还可以采取开辩论会、研讨会、搞展板、出墙报、编刊物（包括电子刊物）等方式，同时，还应要求学生以口头报告的方式向全班发表，或通过指导老师主持的答辩。

学生通过交流、研讨与同学们分享成果，这是研究性学习不可缺少的环节。在交流、研讨中，学生要学会欣赏和发现他人的优点，学会理解和宽容，学会客观地分析和辩证地思考，也要敢于和善于申辩。

（三）研究性学习实施中的教师指导

研究性学习强调学生的主体作用，同时，也重视教师的指导作用。在研究性学习实施过程中，教师应把学生作为学习探究和解决问题的主体，并注意转变自己的指导方式。

在研究性学习实施过程中，教师要及时了解学生开展研究活动时遇到的困难以及他们的需要，有针对性地进行指导。教师应成为学生研究信息交汇的枢纽，成为交流的组织者和建议者。在这一过程中要注意观察每一个学生在品德、能力、个性方面的发展，给予适时的鼓励和指导，帮助他们建立自信并进一步提高学习积极性。教师的指导切忌将学生的研究引向已有的结论，而是提供信息、启发思路、补充知识、介绍方法和线索，引导学生质疑、探究和创新。

在研究性学习实施过程中，教师必须通过多种方式争取家长和社会有关方面的关心、理解和参与，与学生一起开发对实施研究性学习有价值的校内外教育资源，为学生开展研究性学习提供良好的条件。

在研究性学习实施过程中，教师要指导学生写好研究日记，及时记载研究情况，真实记录个人体验，为以后进行总结和评价提供依据。

教师可以根据学校和班级实施研究性学习的不同目标和主客观条件，在不同的学习阶段进行重点的指导，如着重指导资料收集工作，或指导设计解决问题的方案，或指导学生如何形成结论，等等。

六、研究性学习的评价

评价是研究性学习过程中的重要环节。评价的内容与方式必须充分关注学习态度，重视学习的过程与方法，重视交流与合作，重视动手实践。

（一）研究性学习评价的一般原则

研究性学习强调学习的过程，强调对知识技能的应用，强调学生亲身参与探索性实践活动并获得感悟和体验，强调学生的全员参与。因此，要采用形成性评价的方式，重视对过程的评价和在过程中的评价，重视学生在学习过程中的自我评价和自我改进，使评价成为学生学会实践和反思、发现自我、欣赏别人的过程；同时，要强调评价的激励性，鼓励学生发挥自己的个性特长，施展自己的才能，努力形成激励广大学生积极进取、勇于创新的氛围。

（二）研究性学习评价的特点

评价主体的多元化。评价者可以是教师或教师小组，可以是学生或学生小组，可以是家长，也可以是与开展项目内容相关的企业、社区或有关部门等等。如果有的成果参加评奖或在报刊上公开发表，则意味着专业工作者和媒体也扮演了评价的角色。

评价内容的丰富性和灵活性。研究性学习评价的内容通常涉及到以下几个方面：

一是参与研究性学习活动的态度。它可以通过学生在活动过程中的表现来判断，如是否认真参加每一次课题组活动，是否认真努力地完成自己所承担的任务，是否做好资料积累和分析处理工作，是否主动提出研究和工作设想、建议，能否与他人合作，采纳他人的意见等。

二是在研究性学习活动中所获得的体验情况。这主要通过学生的自我陈述以及小组讨论记录、活动开展过程的记录等来反映，也可通过行为表现和学习的结果反映出来。

三是学习和研究的方法、技能掌握情况。要对学生在研究性学习活动各个环节中掌握和运用有关方法、技能的水平进行评价，如查阅和筛选资料，对资料归类和统计分析，使用新技术，对研究结果的表达与交流等。

四是学生创新精神和实践能力的发展情况。要考察学生在一项研究活动中从发现和提出问题、分析问题到解决问题的全过程所显示出的探究精神和能力，也要通过活动前后的比较和几次活动的比较来评价其发展状态。

五是学生的学习结果。研究性学习结果的形式多样，它可以是一篇研究论文、一份调查报告、一件模型、一块展板、一场主题演讲、一次口头报告、一本研究笔记，也可以是一项活动设计的方案。教师需要灵活掌握评价标准。

评价手段、方法的多样性。研究性学习的评价可以采取教师评价与学生的自评、互评相结合，对小组的评价与对组内个人的评价相结合，对书面材料的评价与对学生口头报告、活动、展示的评价相结合，定性评价与定量评价相结合、以定性评价为主等做法。

（三）研究性学习评价的实施

评价要贯穿于研究性学习的全过程。操作时可以重点从三个环节，即开题评价、中期评价和结题评价着手。

开题评价要关注学生发现问题、提出问题、提出解决问题设想的意识和能力，促使学生以积极的态度进入解决问题的过程中。

中期评价主要是检查研究计划的实施情况，研究中资料积累情况，以及研究过程中遇到的问题、困难和解决问题、克服困难的情况等。对评价结果要及时反馈，对于在研究中学生自己难以解决的问题，要通过教师指点、学生小组内部讨论、学生小组间交流、寻求校外帮助等方式予以解决。

结题评价主要对学生参与研究性学习全过程的情况、体验情况、资料积累情况、结题情况、研究结果及成果展示方式等进行评价。

评价的具体方案可以由指导教师提出，也可以在师生协商的基础上提出。鼓励由学生个人或学生小组自己设计评价方案，对自己的研究情况加以评价，充分发挥评价的教育功能。

研究性学习评价既要考虑学生参与活动、达成研究性学习目标的一般情况，又要关注学生在某一些方面的特别收获，顾及学生的个别差异。要使认真参加研究性学习活动的学生普遍获得成功的体验，也要让研究上卓有成效的少数优秀学生脱颖而出。研究性学习的评价既要着眼于对整个小组的评价，又要注意到个人在课题研究中所承担的角色、发挥的具体作用及进步的幅度。

七、研究性学习的管理

研究性学习是普通高中必修课，全体学生必须参与。研究性学习作为主要由学校自主开发的课程有许多新的特点，各级教育行政部门和学校要切实加强对实践的研究和指导，结合本地、本校实际努力开拓、创新，形成有效、可行的经验。

（一）学校对研究性学习的管理

学校必须从组织建设、制度建设、学习评定和统筹协调等方面着手，加强研究性学习的开发、实施、评价和管理。建立起相应的指导、管理小组，负责校内外指导力量的组织协调和设备利用、过程落实、实施检查等项工作的统筹安排，以保证研究性学习的有效实施。

结合本校实际情况，制订实施研究性学习的一年和三年规划。采取行之有效的措施，制定必要的规章制度，如计算教师工作量制度、课程建设档案制度、校内设施设备使用制度、课程实施情况的评价制度、教师指导经验的交流制度等，并建立家长和社区有效参与的机制，使研究性学习的实施和管理走向规范化的轨道。

注意加强各学科教师之间的联系与合作，发挥年级组在组织、协调方面的作用，强调班主任在研究性学习管理上的重要作用，加强对研究性学习的指导。

学校要因地制宜、因时制宜，充分开发利用各种教育资源，包括校内资源、社区资源和学生家庭中的教育资源。学校内部资源包括具有不同知识背景、特长、爱好的教师和职工，包括图书馆、实验室、计算机房、校园等设施、设备和场地，也包括反映学校文化的各种有形、无形的资源。有条件的地方应尽量利用高校、科研院所、学术团体、专业技术部门的人才资源，利用电子信息资源，为学生研究性学习的开展提供有力支持。要特别注意发展校外指导教师队伍，构建起指导学生研究性学习的人才资源库。

（二）教育行政部门对研究性学习的管理

研究性学习对于培养学生的创新精神和实践能力具有重大意义。教育行政部门必须从推进和深化素质教育的高度充分认识开展研究性学习的意义，增强教育改革的紧迫感，选择合乎实际的推进策略，切实履行管理职责，使研究性学习在学校中得以实施。

教育行政部门应从本地的实际出发，可采取先试点，再在面上推开的工作策略，积极创造条件，争取一两年内做到全面实施。

行政部门要把对学校的管理与指导结合起来。教师培训是开展研究性学习的关键。地方教育行政部门、学校和有关的教育研究、教师培训机构都要十分重视，通过多种形式开展教师培训工作，制订近期和中长期的培训计划，并切实加以落实。

教师培训的主要目标是促进教师教育观念的转变，提高对培养学生创新精神和实践能力重要性和迫切性的认识，促使教师更新知识，树立终身学习的观念，提高教师自身的科研素养和教师指导学生开展研究性学习的能力。在培训中，要帮助教师了解并掌握一些指导学生开展研究性学习的具体方法，尤其要让教师在不同类型的案例剖析中获得多方面的启示。鼓励、支持教师对研究性学习实施问题的探究，促进教师专业水平的提高。

地方教育行政部门应从实际出发，开拓思路，积极引导，加强素质教育的舆论宣传工作，支持和帮助学校开辟校外学习、研究的渠道，发展教育系统与外系统的联系，在创设有利于开展研究性学习的社会环境上发挥作用。

地方教育行政部门要采用多种形式，组织区域性的、校际的经验交流活动，鼓励先进，积极推动。要针对地区差异和学校类型差异，进行分层、分类指导，注意扶植、帮助有困难的地区和学校。

地方教育行政部门要在对学校教育教学工作的督导评估项目中增加对学校实施研究性学习情况（包括课程落实、制度建设、资源利用等方面的情况）的检查内容，并把它作为学校评优和示范性高中建设的重要指标之一。

要重视发挥教研、科研机构的作用。各级教研、科研机构具有指导本地学校开设研究性学习的职能。要组织力量开展切实的研究、指导工作。要及时发现和总结学校、教师在实践中的成功经验，加以推广应用，并根据学校、教师的实际问题和困难，采取针对性的指导措施，或向行政领导部门提出建议。

基础教育课程改革纲要（试行）

（教基[2001]17号2001年6月8日）

改革开放以来，我国基础教育取得了辉煌成就，基础教育课程建设也取得了显著成绩。但是，我国基础教育总体水平还不高，原有的基础教育课程已不能完全适应时代发展的需要。为贯彻《中共中央国务院关于深化教育改革全面推进素质教育的决定》（中发[1999]9号）和《国务院关于基础教育改革与发展的决定》（国发[2001]21号），教育部决定大力推进基础教育课程改革，调整和改革基础教育的课程体系、结构、内容，构建符合素质教育要求的新的基础教育课程体系。

新的课程体系涵盖幼儿教育、义务教育和普通高中教育。

一、课程改革的目标

1. 基础教育课程改革要以邓小平同志关于“教育要面向现代化，面向世界，面向未来”和江泽民同志“三个代表”的重要思想为指导，全面贯彻党的教育方针，全面推进素质教育。

新课程的培养目标应体现时代要求。要使学生具有爱国主义、集体主义精神，热爱社会主义，继承和发扬中华民族的优秀传统和革命传统；具有社会主义民主法制意识，遵守国家法律和社会公德；逐步形成正确的世界观、人生观、价值观；具有社会责任感，努力为人民服务；具有初步的创新精神、实践能力、科学和人文素养以及环境意识；具有适应终身学习的基础知识、基本技能和方法；具有健壮的体魄和良好的心理素质，养成健康的审美情趣和生活方式，成为有理想、有道德、有文化、有纪律的一代新人。

2. 基础教育课程改革的具体目标：

改变课程过于注重知识传授的倾向，强调形成积极主动的学习态度，使获得基础知识与基本技能的过程同时成为学会学习和形成正确价值观的过程。

改变课程结构过于强调学科本位、科目过多和缺乏整合的现状，整体设置九年一贯的课程门类和课时比例，设置综合课程，以适应不同地区和学生发展的需求，体现课程结构的均衡性、综合性和选择性。

改变课程内容“繁、难、偏、旧”和过于注重书本知识的现状，加强课程内容与学生生活以及现代社会科技发展的联系，关注学生的学习兴趣和经验，精选终身学习必备的基础知识和技能。

改变课程实施过于强调接受学习、死记硬背、机械训练的现状，倡导学生主动参与、乐于探究、勤于动手，培养学生搜集和处理信息的能力、获取新知识的能力、分析和解决问题的能力，以及交流与合作的能力。

改变课程评价过分强调甄别与选拔的功能，发挥评价促进学生发展，教师提高和改进教学实践的功能。

改变课程管理过于集中的状况，实行国家、地方、学校三级课程管理，增强课程对地方、学校及学生的适应性。

二、课程结构

3. 整体设置九年一贯的义务教育课程。

小学阶段以综合课程为主。小学低年级设品德与生活、语文、数学、体育、艺术（或音乐、美术）；小学中高年级设品德与社会、语文、数学、科学、外语、综合实践活动、体育、艺术（或音乐、美术）。

初中阶段设置分科与综合相结合的课程，主要包括思想品德、语文、数学、外语、科学（或物理、化学、生物）、历史与社会（或历史、地理）、体育与健康、艺术（或音乐、美术）以及综合实践活动。积极倡导各地选择综合课程。学校应努力创造条件开设选修课程。在义务教育阶段的语文、艺术、美术课中要加强写字教学。

4. 高中以分科课程为主。为使学生在普遍达到基本要求的前提下实现有个性的发展，课程标准应有不同水平的要求，在开设必修课的同时,设置丰富多样的选修课程，开设技术类课程。积极试行学分制管理。

5. 从小学至高中设置综合实践活动并作为必修课程，其内容主要包括：信息技术教育、研究性学习、社区服务与社会实践以及劳动与技术教育。强调学生通过实践，增强探究和创新意识,学习科学研究的方法，发展综合运用知识的能力。增进学校与社会的密切联系，培养学生的社会责任感。在课程的实施过程中，加强信息技术教育，培养学生利用信息技术的意识和能力。了解必要的通用技术和职业分工，形成初步技术能力。

6. 农村中学课程要为当地社会经济发展服务，在达到国家课程基本要求的同时，可根据现代农业发展和农村产业结构的调整因地制宜地设置符合当地需要的课程，深化“农科教结合”和“三教统筹”等项改革，试行通过“绿色证书”教育及其它技术培训获得“双证”的做法。城市普通中学也要逐步开设职业技术课程。

三、课程标准

7. 国家课程标准是教材编写、教学、评估和考试命题的依据，是国家管理和评价课程的基础。应体现国家对不同阶段的学生在知识与技能、过程与方法、情感态度与价值观等方面的基本要求，规定各门课程的性质、目标、内容框架，提出教学和评价建议。

8. 制定国家课程标准要依据各门课程的特点，结合具体内容，加强德育的针对性、实效性和主动性，对学生进行爱国主义、集体主义和社会主义教育，加强中华民族优良传统、革命传统教育和国防教育，加强思想品质和道德教育，引导学生确立正确的世界观、人生观和价值观；要倡导科学精神、科学态度和科学方法，引导学生创新与实践。

9. 幼儿园教育要依据幼儿身心发展的特点和教育规律，坚持保教结合和以游戏为基本活动的原则，与家庭和社区密切配合，培养幼儿良好的行为习惯，保护和启发幼儿的好奇心和求知欲，促进幼儿身心全面和谐发展。

义务教育课程标准应适应普及义务教育的要求，让绝大多数学生经过努力都能够达到，体现国家对公民素质的基本要求，着眼于培养学生终身学习的愿望和能力。

普通高中课程标准应在坚持使学生普遍达到基本要求的前提下，有一定的层次性和选择性，并开设选修课程，以利于学生获得更多的选择和发展的机会，为培养学生的生存能力、实践能力和创造能力打下良好的基础。

四、教学过程

10. 教师在教学过程应与学生积极互动、共同发展，要处理好传授知识与培养能力的关系，注重培养学生的独立性和自主性，引导学生质疑、调查、探究，在实践中学习，促进学生在教师指导下主动地、富有个性地学习。教师应尊重学生的人格，关注个体差异，满足不同学生的学习需要，创设能引导学生主动参与的教育环境，激发学生的学习积极性，培养学生掌握和运用知识的态度和能力，使每个学生都能得到充分的发展。

11. 大力推进信息技术在教学过程中的普遍应用，促进信息技术与学科课程的整合，逐步实现教学内容的呈现方式、学生的学习方式，教师的教学方式和师生互动方式的变革，充分发挥信息技术的优势，为学生的学习和发展提供丰富多彩的教育环境和有力的学习工具。

五、教材开发与管理

12. 教材改革应有利于引导学生利用已有的知识与经验，主动探索知识的发生与发展，同时也应有利于教师创造性地进行教学。教材内容的选择应符合课程标准的要求，体现学生身心发展特点，反映社会、政治、经济、科技的发展需求；教材内容的组织应多样、生动，有利于学生探究，并提出观察、实验、操作、调查、讨论的建议。

积极开发并合理利用校内外各种课程资源。学校应充分发挥图书馆、实验室、专用教室及各类教学设施和实践基地的作用；广泛利用校外的图书馆、博物馆、展览馆、科技馆、工厂、农村、部队和科研院所等各种社会资源以及丰富的自然资源；积极利用并开发信息化课程资源。

13. 完善基础教育教材管理制度，实现教材的高质量与多样化。

实行国家基本要求指导下的教材多样化政策，鼓励有关机构、出版部门等依据国家课程标准组织编写中小学教材。建立教材编写的核准制度，教材编写者应根据教育部《关于中小学教材编写审定管理暂行办法》，向教育部申报，经资格核准通过后，方可编写。完善教材审查制度，除经教育部授权省级教材审查委员会外，按照国家课程标准编写的教材及跨省使用的地方课程的教材须经全国中小学教材审查委员会审查；地方教材须经省级教材审查委员会审查。教材审查实行编审分离。

改革中小学教材指定出版的方式和单一渠道发行的体制，严格遵循中小学教材版式的国家标准。教材的出版和发行试行公开竞标，国家免费提供的经济适用型教材实行政府采购，保证教材质量，降低价格。

加强对教材使用的管理。教育主管部门定期向学校和社会公布经审查通过的中小学教材目录，并逐步建立教材评价制度和在教育主管部门及专家指导下的教材选用制度。改革用行政手段指定使用教材的做法，严禁以不正当竞争手段推销教材。

六、课程评价

14. 建立促进学生全面发展的评价体系。评价不仅要关注学生的学业成绩，而且要发现和发展学生多方面的潜能，了解学生发展中的需求，帮助学生认识自我，建立自信。发挥评价的教育功能，促进学生在原有水平上的发展。

建立促进教师不断提高的评价体系。强调教师对自己教学行为的分析与反思，建立以教师自评为主，校长、教师、学生、家长共同参与的评价制度，使教师从多种渠道获得信息，不断提高教学水平。

建立促进课程不断发展的评价体系。周期性地对学校课程执行的情况、课程实施中的问题进行分析评估，调整课程内容、改进教学管理，形成课程不断革新的机制。

15. 继续改革和完善考试制度。

在普及九年义务教育的地区，实行小学毕业生免试就近升学的办法。鼓励各地中小学自行组织毕业考试。完善初中升高中的考试管理制度，考试内容应加强与社会实际和学生生活经验的联系，重视考查学生分析问题、解决问题的能力，部分学科可实行开卷考试。高中毕业会考改革方案由省级教育行政部门制定，继续实行会考的地方应突出水平考试的性质，减轻学生考试的负担。

高等院校招生考试制度改革，应与基础教育课程改革相衔接。要按照有助于高等学校选拔人才、有助于中学实施素质教育、有助于扩大高等学校办学自主权的原则，加强对学生能力和素质的考查，改革高等学校招生考试内容，探索多次机会、双向选择、综合评价的考试、选拔方式。

考试命题要依据课程标准，杜绝设置偏题、怪题的现象。教师应对每位学生的考试情况做出具体的分析指导，不得公布学生考试成绩并按考试成绩排列名次。

七、课程管理

16. 为保障和促进课程对不同地区、学校、学生的适应性，实行国家、地方和学校三级课程管理。

教育部总体规划基础教育课程，制订基础教育课程管理政策，确定国家课程门类和课时。制订国家课程标准，积极试行新的课程评价制度。

省级教育行政部门依据国家课程管理政策和本地区实际，制订本省（自治区、直辖市）实施国家课程的计划，规划地方课程，报教育部备案并组织实施。经教育部批准，省级教育行政部门可单独制订本省（自治区、直辖市）范围内使用的课程计划和课程标准。

学校在执行国家课程和地方课程的同时，应视当地社会、经济发展的具体情况，结合本校的传统和优势、学生的兴趣和需要，开发或选用适合本校的课程。各级教育行政部门要对课程的实施和开发进行指导和监督，学校有权利和责任反映在实施国家课程和地方课程中所遇到的问题。

八、教师的培养和培训

17. 师范院校和其他承担基础教育师资培养和培训任务的高等学校和培训机构应根据基础教育课程改革的目标与内容，调整培养目标、专业设置、课程结构，改革教学方法。中小学教师继续教育应以基础教育课程改革为核心内容。

地方教育行政部门应制定有效、持续的师资培训计划，教师进修培训机构要以实施新课程所必需的培训为主要任务，确保培训工作与新一轮课程改革的推进同步进行。

九、课程改革的组织与实施

18. 教育部领导并统筹全国基础教育课程改革工作；省级教育行政部门领导并规划本省（自治区、直辖市）的基础教育课程改革工作。

19. 基础教育课程改革是一项系统工程。应始终贯彻“先立后破，先实验后推广”的工作方针。各省（自治区、直辖市）都应建立课程改革实验区，实验区应分层推进，发挥示范、培训和指导的作用，加快实验区的滚动发展，为过渡到新课程做好准备。

基础教育课程改革必须坚持民主参与和科学决策的原则，积极鼓励高等院校、科研院所的专家、学者和优秀的中小学教师投身中小学课程教材改革；支持部分师范大学成立“基础教育课程研究中心”，开展中小学课程改革的研究工作，并积极参与基础教育课程改革实践；在教育行政部门的领导下，各级中小学教研机构要把基础教育课程改革作为中心工作，充分发挥教学研究、指导和服务等作用，并与基础教育课程研究中心建立联系，发挥各自的优势，共同推进基础教育课程改革；建立教育部门、家长以及社会各界有效参与课程建设和学校管理的制度；积极发挥新闻媒体的作用，引导社会各界深入讨论、关心并支持课程改革。

20. 建立课程教材持续发展的保障机制。各级教育行政部门应设立基础教育课程改革的专项经费。

为使新课程体系在实验区顺利推进，教育部在高考、中考、课程设置等方面对实验区给予政策支持。对参加基础教育课程改革的单位、集体、个人所取得的优秀成果，予以奖励。

幼儿园教育指导纲要（试行）

（教基[2001]20号2001年7月2日）

第一部分　总则

一、为贯彻《中华人民共和国教育法》、《幼儿园管理条例》和《幼儿园工作规程》，指导幼儿园深入实施素质教育，特制定本纲要。

二、幼儿园教育是基础教育的重要组成部分，是我国学校教育和终身教育的奠基阶段。城乡各类幼儿园都应从实际出发，因地制宜地实施素质教育，为幼儿一生的发展打好基础。

三、幼儿园应与家庭、社区密切合作，与小学相互衔接，综合利用各种教育资源，共同为幼儿的发展创造良好的条件。

四、幼儿园应为幼儿提供健康、丰富的生活和活动环境，满足他们多方面发展的需要，使他们在快乐的童年生活中获得有益于身心发展的经验。

五、幼儿园教育应尊重幼儿的人格和权利，尊重幼儿身心发展的规律和学习特点，以游戏为基本活动，保教并重，关注个别差异，促进每个幼儿富有个性的发展。

第二部分　教育内容与要求

幼儿园的教育内容是全面的、启蒙性的，可以相对划分为健康、语言、社会、科学、艺术等五个领域，也可作其它不同的划分。各领域的内容相互渗透，从不同的角度促进幼儿情感、态度、能力、知识、技能等方面的发展。

一、健康

（一）目标

1. 身体健康，在集体生活中情绪安定、愉快；

2. 生活、卫生习惯良好，有基本的生活自理能力；

3. 知道必要的安全保健常识，学习保护自己；

4. 喜欢参加体育活动，动作协调、灵活。

（二）内容与要求

1. 建立良好的师生、同伴关系，让幼儿在集体生活中感到温暖，心情愉快，形成安全感、信赖感。

2. 与家长配合，根据幼儿的需要建立科学的生活常规。培养幼儿良好的饮食、睡眠、盥洗、排泄等生活习惯和生活自理能力。

3. 教育幼儿爱清洁、讲卫生，注意保持个人和生活场所的整洁和卫生。

4. 密切结合幼儿的生活进行安全、营养和保健教育，提高幼儿的自我保护意识和能力。

5. 开展丰富多彩的户外游戏和体育活动，培养幼儿参加体育活动的兴趣和习惯，增强体质，提高对环境的适应能力。

6. 用幼儿感兴趣的方式发展基本动作，提高动作的协调性、灵活性。

7. 在体育活动中，培养幼儿坚强、勇敢、不怕困难的意志品质和主动、乐观、合作的态度。

（三）指导要点

1. 幼儿园必须把保护幼儿的生命和促进幼儿的健康放在工作的首位。树立正确的健康观念，在重视幼儿身体健康的同时，要高度重视幼儿的心理健康。

2. 既要高度重视和满足幼儿受保护、受照顾的需要，又要尊重和满足他们不断增长的独立要求，避免过度保护和包办代替，鼓励并指导幼儿自理、自立的尝试。

3. 健康领域的活动要充分尊重幼儿生长发育的规律，严禁以任何名义进行有损幼儿健康的比赛、表演或训练等。

4. 培养幼儿对体育活动的兴趣是幼儿园体育的重要目标，要根据幼儿的特点组织生动有趣、形式多样的体育活动，吸引幼儿主动参与。

二、语言

（一）目标

1. 乐意与人交谈，讲话礼貌；

2. 注意倾听对方讲话，能理解日常用语；

3. 能清楚地说出自己想说的事；

4. 喜欢听故事、看图书；

5. 能听懂和会说普通话。

（二）内容与要求

1. 创造一个自由、宽松的语言交往环境，支持、鼓励、吸引幼儿与教师、同伴或其他人交谈，体验语言交流的乐趣，学习使用适当的、礼貌的语言交往。

2. 养成幼儿注意倾听的习惯，发展语言理解能力。

3. 鼓励幼儿大胆、清楚地表达自己的想法和感受，尝试说明、描述简单的事物或过程，发展语言表达能力和思维能力。

4. 引导幼儿接触优秀的儿童文学作品，使之感受语言的丰富和优美，并通过多种活动帮助幼儿加深对作品的体验和理解。

5. 培养幼儿对生活中常见的简单标记和文字符号的兴趣。

6. 利用图书、绘画和其他多种方式，引发幼儿对书籍、阅读和书写的兴趣，培养前阅读和前书写技能。

7. 提供普通话的语言环境，帮助幼儿熟悉、听懂并学说普通话。少数民族地区还应帮助幼儿学习本民族语言。

（三）指导要点

1. 语言能力是在运用的过程中发展起来的，发展幼儿语言的关键是创设一个能使他们想说、敢说、喜欢说、有机会说并能得到积极应答的环境。

2. 幼儿语言的发展与其情感、经验、思维、社会交往能力等其它方面的发展密切相关，因此，发展幼儿语言的重要途径是通过互相渗透的各领域的教育，在丰富多彩的活动中去扩展幼儿的经验，提供促进语言发展的条件。

3. 幼儿的语言学习具有个别化的特点，教师与幼儿的个别交流、幼儿之间的自由交谈等，对幼儿语言发展具有特殊意义。

4. 对有语言障碍的儿童要给予特别关注，要与家长和有关方面密切配合，积极地帮助他们提高语言能力。

三、社会

（一）目标

1. 能主动地参与各项活动，有自信心；

2. 乐意与人交往，学习互助、合作和分享，有同情心；

3. 理解并遵守日常生活中基本的社会行为规则；

4. 能努力做好力所能及的事，不怕困难，有初步的责任感；

5. 爱父母长辈、老师和同伴，爱集体、爱家乡、爱祖国。

（二）内容与要求

1. 引导幼儿参加各种集体活动，体验与教师、同伴等共同生活的乐趣，帮助他们正确认识自己和他人，养成对他人、社会亲近、合作的态度，学习初步的人际交往技能。

2. 为每个幼儿提供表现自己长处和获得成功的机会，增强其自尊心和自信心。

3. 提供自由活动的机会，支持幼儿自主地选择、计划活动，鼓励他们通过多方面的努力解决问题，不轻易放弃克服困难的尝试。

4. 在共同的生活和活动中，以多种方式引导幼儿认识、体验并理解基本的社会行为规则，学习自律和尊重他人。

5．教育幼儿爱护玩具和其他物品，爱护公物和公共环境。

6．与家庭、社区合作，引导幼儿了解自己的亲人以及与自己生活有关的各行各业人们的劳动，培养其对劳动者的热爱和对劳动成果的尊重。

7．充分利用社会资源，引导幼儿实际感受祖国文化的丰富与优秀，感受家乡的变化和发展，激发幼儿爱家乡、爱祖国的情感。

8．适当向幼儿介绍我国各民族和世界其他国家、民族的文化，使其感知人类文化的多样性和差异性，培养理解、尊重、平等的态度。

（三）指导要点

1．社会领域的教育具有潜移默化的特点。幼儿社会态度和社会情感的培养尤应渗透在多种活动和一日生活的各个环节之中，要创设一个能使幼儿感受到接纳、关爱和支持的良好环境，避免单一呆板的言语说教。

2．幼儿与成人、同伴之间的共同生活、交往、探索、游戏等，是其社会学习的重要途径。应为幼儿提供人际间相互交往和共同活动的机会和条件，并加以指导。

3．社会学习是一个漫长的积累过程，需要幼儿园、家庭和社会密切合作，协调一致，共同促进幼儿良好社会性品质的形成。

四、科学

1．对周围的事物、现象感兴趣，有好奇心和求知欲；

2．能运用各种感官，动手动脑，探究问题；

3．能用适当的方式表达、交流探索的过程和结果；

4．能从生活和游戏中感受事物的数量关系并体验到数学的重要和有趣；

5．爱护动植物，关心周围环境，亲近大自然，珍惜自然资源，有初步的环保意识。

（二）内容与要求

1．引导幼儿对身边常见事物和现象的特点、变化规律产生兴趣和探究的欲望。

2．为幼儿的探究活动创造宽松的环境，让每个幼儿都有机会参与尝试，支持、鼓励他们大胆提出问题，发表不同意见，学会尊重别人的观点和经验。

3．提供丰富的可操作的材料，为每个幼儿都能运用多种感官。多种方式进行探索提供活动的条件。

4．通过引导幼儿积极参加小组讨论、探索等方式，培养幼儿合作学习的意识和能力，学习用多种方式表现、交流、分享探索的过程和结果。

5．引导幼儿对周围环境中的数、量、形、时间和空间等现象产生兴趣，建构初步的数概念，并学习用简单的数学方法解决生活和游戏中某些简单的问题。

6．从生活或媒体中幼儿熟悉的科技成果入手，引导幼儿感受科学技术对生活的影响，培养他们对科学的兴趣和对科学家的崇敬。

7. 在幼儿生活经验的基础上，帮助幼儿了解自然、环境与人类生活的关系。从身边的小事入手，培养初步的环保意识和行为。

（三）指导要点

1. 幼儿的科学教育是科学启蒙教育，重在激发幼儿的认识兴趣和探究欲望。

2. 要尽量创造条件让幼儿实际参加探究活动，使他们感受科学探究的过程和方法，体验发现的乐趣。

3. 科学教育应密切联系幼儿的实际生活进行，利用身边的事物与现象作为科学探索的对象。

五、艺术

（一）目标

1. 能初步感受并喜爱环境、生活和艺术中的美；

2. 喜欢参加艺术活动，并能大胆地表现自己的情感和体验；

3. 能用自己喜欢的方式进行艺术表现活动。

（二）内容与要求

1. 引导幼儿接触周围环境和生活中美好的人、事、物，丰富他们的感性经验和审美情趣，激发他们表现美、创造美的情趣。

2. 在艺术活动中面向全体幼儿，要针对他们的不同特点和需要，让每个幼儿都得到美的熏陶和培养。对有艺术天赋的幼儿要注意发展他们的艺术潜能。

3. 提供自由表现的机会，鼓励幼儿用不同艺术形式大胆地表达自己的情感、理解和想象，尊重每个幼儿的想法和创造，肯定和接纳他们独特的审美感受和表现方式，分享他们创造的快乐。

4. 在支持、鼓励幼儿积极参加各种艺术活动并大胆表现的同时，帮助他们提高表现的技能和能力。

5. 指导幼儿利用身边的物品或废旧材料制作玩具、手工艺品等来美化自己的生活或开展其他活动。

6. 为幼儿创设展示自己作品的条件，引导幼儿相互交流、相互欣赏、共同提高。

（三）指导要点

1. 艺术是实施美育的主要途径，应充分发挥艺术的情感教育功能，促进幼儿健全人格的形成。要避免仅仅重视表现技能或艺术活动的结果，而忽视幼儿在活动过程中的情感体验和态度的倾向。

2. 幼儿的创作过程和作品是他们表达自己的认识和情感的重要方式，应支持幼儿富有个性和创造性的表达，克服过分强调技能技巧和标准化要求的偏向。

3. 幼儿艺术活动的能力是在大胆表现的过程中逐渐发展起来的，教师的作用应主要在于激发幼儿感受美、表现美的情趣，丰富他们的审美经验，使之体验自由表达和创造的快乐。在此基础上，根据幼儿的发展状况和需要，对表现方式和技能技巧给予适时、适当的指导。

第三部分　组织与实施

一、幼儿园的教育是为所有在园幼儿的健康成长服务的，要为每一个儿童，包括有特殊需要的儿童提供积极的支持和帮助。

二、幼儿园的教育活动，是教师以多种形式有目的、有计划地引导幼儿生动、活泼、主动活动的教育过程。

三、教育活动的组织与实施过程是教师创造性地开展工作的过程。教师要根据本《纲要》，从本地、本国的条件出发，结合本班幼儿的实际情况，制定切实可行的工作计划并灵活地执行。

四、教育活动目标要以《幼儿园工作规程》和本《纲要》所提出的各领域目标为指导，结合本班幼儿的发展水平、经验和需要来确定。

五、教育活动内容的选择应遵照本《纲要》第二部分的有关条款进行，同时体现以下原则：

（一）既适合幼儿的现有水平，又有一定的挑战性。

（二）既符合幼儿的现实需要，又有利于其长远发展。

（三）既贴近幼儿的生活来选择幼儿感兴趣的事物和问题，又有助于拓展幼儿的经验和视野。

六、教育活动内容的组织应充分考虑幼儿的学习特点和认识规律，各领域的内容要有机联系，相互渗透，注重综合性、趣味性、活动性，寓教育于生活、游戏之中。

七、教育活动的组织形式应根据需要合理安排，因时、因地、因内容、因材料灵活地运用。

八、环境是重要的教育资源，应通过环境的创设和利用，有效地促进幼儿的发展。

（一）幼儿园的空间、设施、活动材料和常规要求等应有利于引发、支持幼儿的游戏和各种探索活动，有利于引发、支持幼儿与周围环境之间积极的相互作用。

（二）幼儿同伴群体及幼儿园教师集体是宝贵的教育资源，应充分发挥这一资源的作用。

（三）教师的态度和管理方式应有助于形成安全、温馨的心理环境；言行举止应成为幼儿学习的良好榜样。

（四）家庭是幼儿园重要的合作伙伴。应本着尊重、平等、合作的原则，争取家长的理解、支持和主动参与，并积极支持、帮助家长提高教育能力。

（五）充分利用自然环境和社区的教育资源，扩展幼儿生活和学习的空间。幼儿园同时应为社区的早期教育提供服务。

九、科学、合理地安排和组织一日生活。

（一）时间安排应有相对的稳定性与灵活性，既有利于形成秩序，又能满足幼儿的合理需要，照顾到个体差异。

（二）教师直接指导的活动和间接指导的活动相结合，保证幼儿每天有适当的自主选择和自由活动时间。教师直接指导的集体活动要能保证幼儿的积极参与，避免时间的隐性浪费。

（三）尽量减少不必要的集体行动和过渡环节，减少和消除消极等待现象。

（四）建立良好的常规，避免不必要的管理行为，逐步引导幼儿学习自我管理。

十、教师应成为幼儿学习活动的支持者、合作者、引导者。

（一）以关怀、接纳、尊重的态度与幼儿交往。耐心倾听，努力理解幼儿的想法与感受，支持、鼓励他们大胆探索与表达。

（二）善于发现幼儿感兴趣的事物、游戏和偶发事件中所隐含的教育价值，把握时机，积极引导。

（三）关注幼儿在活动中的表现和反应，敏感地察觉他们的需要，及时以适当的方式应答，形成合作探究式的师生互动。

（四）尊重幼儿在发展水平、能力、经验、学习方式等方面的个体差异，因人施教，努力使每一个幼儿都能获得满足和成功。

（五）关注幼儿的特殊需要，包括各种发展潜能和不同发展障碍，与家庭密切配合，共同促进幼儿健康成长。

十一、幼儿园教育要与0—3岁儿童的保育教育以及小学教育相互衔接。

第四部分　教育评价

一、教育评价是幼儿园教育工作的重要组成部分，是了解教育的适宜性、有效性，调整和改进工作，促进每一个幼儿发展，提高教育质量的必要手段。

二、管理人员、教师、幼儿及其家长均是幼儿园教育评价工作的参与者。评价过程是各方共同参与、相互支持与合作的过程。

三、评价的过程，是教师运用专业知识审视教育实践，发现、分析、研究、解决问题的过程，也是其自我成长的重要途径。

四、幼儿园教育工作评价实行以教师自评为主，园长以及有关管理人员、其他教师和家长等参与评价的制度。

五、评价应自然地伴随着整个教育过程进行。综合采用观察、谈话、作品分析等多种方法。

六、幼儿的行为表现和发展变化具有重要的评价意义，教师应视之为重要的评价信息和改进工作的依据。

七、教育工作评价宜重点考察以下方面：

（一）教育计划和教育活动的目标是否建立在了解本班幼儿现状的基础上。

（二）教育的内容、方式、策略、环境条件是否能调动幼儿学习的积极性。

（三）教育过程是否能为幼儿提供有益的学习经验，并符合其发展需要。

（四）教育内容、要求能否兼顾群体需要和个体差异，使每个幼儿都能得到发展，都有成功感。

（五）教师的指导是否有利于幼儿主动、有效地学习。

八、对幼儿发展状况的评估，要注意：

（一）明确评价的目的是了解幼儿的发展需要，以便提供更加适宜的帮助和指导。

（二）全面了解幼儿的发展状况，防止片面性，尤其要避免只重知识和技能，忽略情感、社会性和实际能力的倾向。

（三）在日常活动与教育教学过程中采用自然的方法进行。平时观察所获的具有典型意义的幼儿行为表现和所积累的各种作品等，是评价的重要依据。

（四）承认和关注幼儿的个体差异，避免用划一的标准评价不同的幼儿，在幼儿面前慎用横向的比较。

（五）以发展的眼光看待幼儿，既要了解现有水平，更要关注其发展的速度、特点和倾向等。

义务教育课程设置实验方案

（教基[2001]28号2001年11月19日）

根据《国务院关于基础教育改革与发展的决定》和《基础教育课程改革纲要（试行）》构建符合素质教育要求的新的基础教育课程体系的要求，设置义务教育阶段的课程。课程设置应体现义务教育的基本性质，遵循学生身心发展规律，适应社会进步、经济发展和科学技术发展的要求，为学生的持续、全面发展奠定基础。

一、培养目标

全面贯彻党的教育方针，体现时代要求，使学生具有爱国主义、集体主义精神，热爱社会主义，继承和发扬中华民族的优秀传统和革命传统；具有社会主义民主法制意识，遵守国家法律和社会公德；逐步形成正确的世界观、人生观、价值观；具有社会责任感，努力为人民服务；具有初步的创新精神、实践能力、科学和人文素养以及环境意识；具有适应终身学习的基础知识、基本技能和方法；具有健壮的体魄和良好的心理素质，养成健康的审美情趣和生活方式，成为有理想、有道德、有文化、有纪律的一代新人。

二、课程设置的原则

1. 均衡设置课程

根据德智体美等方面全面发展的要求，均衡设置课程，各门课程比例适当，并可按照地方、学校实际和学生的不同需求进行适度调整，保证学生和谐、全面发展；依据学生身心发展的规律和学科知识的内在逻辑，义务教育阶段九年一贯整体设置课程；根据不同年龄段儿童成长的需要和认知规律，根据时代发展和社会发展对人才的要求，课程门类由低年级到高年级逐渐增加。

2. 加强课程的综合性

注重学生经验，加强学科渗透。各门课程都应重视学科知识、社会生活和学生经验的整合，改变课程过于强调学科本位的现象。

设置综合课程。一至二年级设品德与生活课， 三至六年级设品德与社会课，旨在适应儿童生活范围逐步从家庭扩展到学校、社会，经验不断丰富以及社会性逐步发展；三至九年级设科学课，旨在从生活经验出发，让学生体验探究过程，学习科学方法，形成科学精神；一至九年级设艺术课，旨在丰富学生的艺术经验，发展感受美、创造美、鉴赏美德能力，提高审美情趣。

增设综合实践活动，内容主要包括：信息技术教育、研究性学习、社区服务与社会实践以及劳动与技术教育等。使学生通过亲身实践，发展收集与处理信息的能力、综合运用知识解决问题的能力以及交流与合作的能力，增强社会责任感，并逐步形成创新精神与实践能力。

3. 加强课程的选择性

国家通过设置供选择的分科或综合课程，提供各门课程课时的弹性比例和地方、学校自主开发或选用课程的空间，增强课程对地方、学校、学生的适应性，鼓励各地发挥创造性，办出有特色的学校。

在达到九年义务教育基本要求的前提下,农村普通中学试行“绿色证书”教育,形成有农村特点的学校课程结构。城市普通中学也要逐步开设职业技术课程。

三、课程设置

义务教育课程设置表

<table>
<tr><td></td><td colspan="9">年级</td></tr>
<tr><td rowspan="11">课程门类</td><td>一</td><td>二</td><td>三</td><td>四</td><td>五</td><td>六</td><td>七</td><td>八</td><td>九</td></tr>
<tr><td colspan="2" rowspan="3">品德与生活</td><td colspan="4" rowspan="2">品德与社会</td><td>思想品德</td><td>思想品德</td><td>思想品德</td></tr>
<tr><td colspan="3">历史与社会
（或选用历史、地理）</td></tr>
<tr><td colspan="4">科学</td><td colspan="3">科学
（或选用生物、物理、化学）</td></tr>
<tr><td>语文</td><td>语文</td><td>语文</td><td>语文</td><td>语文</td><td>语文</td><td>语文</td><td>语文</td><td>语文</td></tr>
<tr><td>数学</td><td>数学</td><td>数学</td><td>数学</td><td>数学</td><td>数学</td><td>数学</td><td>数学</td><td>数学</td></tr>
<tr><td></td><td></td><td>外语</td><td>外语</td><td>外语</td><td>外语</td><td>外语</td><td>外语</td><td>外语</td></tr>
<tr><td>体育</td><td>体育</td><td>体育</td><td>体育</td><td>体育</td><td>体育</td><td>体育与健康</td><td>体育与健康</td><td>体育与健康</td></tr>
<tr><td colspan="9">艺术
（或选择：音乐、美术）</td></tr>
<tr><td colspan="2"></td><td colspan="7">综合实践活动</td></tr>
<tr><td colspan="9">地方与学校课程</td></tr>
</table>

表二：

义务教育课程设置及比例

<table>
<tr><td rowspan="2"></td><td colspan="9">年级</td><td rowspan="2">九年课时总计(比例)</td></tr>
<tr><td>一</td><td>二</td><td>三</td><td>四</td><td>五</td><td>六</td><td>七</td><td>八</td><td>九</td></tr>
<tr><td rowspan="10">课程门类</td><td>品德与生活</td><td>品德与生活</td><td>品德与社会</td><td>品德与社会</td><td>品德与社会</td><td>品德与社会</td><td>思想品德</td><td>思想品德</td><td>思想品德</td><td>7—9%</td></tr>
<tr><td></td><td></td><td></td><td></td><td></td><td></td><td colspan="3">历史与社会（或选择历史、地理）</td><td>3—4%</td></tr>
<tr><td></td><td></td><td>科学</td><td>科学</td><td>科学</td><td>科学</td><td colspan="3">科学（或选择生物、物理、化学）</td><td>7—9%</td></tr>
<tr><td>语文</td><td>语文</td><td>语文</td><td>语文</td><td>语文</td><td>语文</td><td>语文</td><td>语文</td><td>语文</td><td>20—22%</td></tr>
<tr><td>数学</td><td>数学</td><td>数学</td><td>数学</td><td>数学</td><td>数学</td><td>数学</td><td>数学</td><td>数学</td><td>13—15%</td></tr>
<tr><td></td><td></td><td>外语</td><td>外语</td><td>外语</td><td>外语</td><td>外语</td><td>外语</td><td>外语</td><td>6—8%</td></tr>
<tr><td>体育</td><td>体育</td><td>体育</td><td>体育</td><td>体育</td><td>体育</td><td>体育与健康</td><td>体育与健康</td><td>体育与健康</td><td>10—11%</td></tr>
<tr><td colspan="9">艺 术（或选择音乐、美术）</td><td>9—11%</td></tr>
<tr><td colspan="2"></td><td colspan="7">综合实践活动</td><td rowspan="2">16—20%</td></tr>
<tr><td colspan="9">地方与学校课程</td></tr>
<tr><td>周总课时数（节）</td><td>26</td><td>26</td><td>30</td><td>30</td><td>30</td><td>30</td><td>34</td><td>34</td><td>34</td><td>274</td></tr>
<tr><td>学年总课时（节）</td><td>910</td><td>910</td><td>1050</td><td>1050</td><td>1050</td><td>1050</td><td>1190</td><td>1190</td><td>1122</td><td>9522</td></tr>
</table>

注：1. 表格内为各门课的周课时数，九年总课时按每学年35周上课时间计算。

2. 综合时间活动主要包括：信息技术教育、研究新学习、社区服务与社会实践以及劳动与技术教育。

四、义务教育课程设置的有关说明

1. 表一为义务教育阶段一至九年级的课程设置，表二为义务教育阶段各年级周课时数、学年总课时数、九年总课时数和各门课程课时比例，每门课的课时比例有一定弹性幅度。地方与学校课程的课时和综合实践活动的课时共占总课时的16%—20%。

省级教育行政部门可根据本省（自治区、直辖市）不同地区社会、经济、文化发展的实际情况，制定不同的课程计划；学年课时总数和周课时数应控制在国家所规定的范围内；根据教育部关于地方课程、学校课程管理与开发的指导意见，提出本省（自治区、直辖市）地方课程、学校课程管理与开发的具体要求，报教育部备案。

民族学校、复式教学点、简易小学等学校的课程设置，由省级教育行政部门自主决定。

2. 每学年上课时间35周。学校机动时间2周，由学校视具体情况自行安排，如学校传统活动、文化节、运动会、远足等。复习考试时间2周（初中最后一年的第二学期毕业复习考试增加2周）。寒暑假、国家法定节假日共13周。

3. 晨会、班队会、科技文体活动等，由学校自主安排。

4. 综合实践活动是国家规定的必修课，其具体内容由地方和学校根据教育部的有关要求自主开发或选用。综合实践活动的课时可与地方、学校自主使用的课时结合在一起使用，可以分散安排，也可以集中安排。

为培养学生的创新精神和实践能力，各门课程普遍增加了实践活动，学校在做学年教学安排时，应根据活动的性质和内容，统筹合理安排。

5. 初中阶段的学校再选择分科与综合相结合的课程时，若西安着科学、历史、地理、可相应减少自然地理的内容；若选择历史与社会、生物、物理、化学，则应参照相关课程标准安排自然地理的内容。

6. 各门课程均应结合本学科特点，有机地进行思想道德教育。环境、健康、国防、安全等教育应渗透在相应课程中进行。

7. 一至六年级设体育课，七至九年级设体育与健康课，均应贯彻“健康第一”的原则。七至九年级体育与健康课程标准中要求的健康知识，应在学生进行相关体育活动时，使学生了解，但不得组织笔试。

8. 小学开设英语课程的起始年级一般为三年级。各省级教育行政部门可结合实际，确定本地区小学开设英语课程的工作目标和步骤。

初中阶段开设外语课程的语种，可在英语、日语、俄语等语种中任选一种。外国语学校或其他有条件的学校可开设第二外语。民族地区的中小学校，外语课程的设置由省级教育行政部门决定。

中小学心理健康教育指导纲要

（教基[2002]14号2002年8月1日）

良好的心理素质是人的全面素质中的重要组成部分。心理健康教育是提高中小学生心理素质的教育，是实施素质教育的重要内容。中小学生正处在身心发展的重要时期，随着生理、心理的发育和发展、社会阅历的扩展及思维方式的变化，特别是面对社会竞争的压力，他们在学习、生活、人际交往、升学就业和自我意识等方面，会遇到各种各样的心理困惑或问题。因此，在中小学开展心理健康教育，是学生健康成长的需要，是推进素质教育的必然要求。为了深入贯彻《公民道德建设实施纲要》和《国务院关于基础教育改革与发展的决定》及《中共中央办公厅国务院办公厅关于适应新形势进一步加强和改进中小学德育工作的意见》，进一步指导和规范中小学心理健康教育工作，在总结实验区工作经验的基础上，特制定本纲要。

一、心理健康教育的指导思想和基本原则

1. 开展中小学心理健康教育工作，必须坚持以马列主义、毛泽东思想、邓小平理论、“三个代表”重要思想为指导，贯彻党的教育方针，落实《公民道德建设实施纲要》和《国务院关于基础教育改革与发展的决定》及《中共中央办公厅国务院办公厅关于适应新形势进一步加强和改进中小学德育工作的意见》，坚持育人为本，根据中小学生生理、心理发展特点和规律，运用心理健康教育的理论和方法，培养中小学生良好的心理素质，促进他们身心全面和谐发展。

2. 开展中小学心理健康教育，要立足教育，重在指导，遵循学生身心发展规律，保证心理健康教育的实践性与实效性。为此，必须坚持以下基本原则：根据学生心理发展特点和身心发展规律，有针对性地实施教育；面向全体学生，通过普遍开展教育活动，使学生对心理健康教育有积极的认识，使心理素质逐步得到提高；关注个别差异，根据不同学生的不同需要开展多种形式的教育和辅导，提高他们的心理健康水平；尊重学生，以学生为主体，充分启发和调动学生的积极性。积极做到心理健康教育的科学性与针对性相结合；面向全体学生与关注个别差异相结合；尊重、理解与真诚同感相结合；预防、矫治和发展相结合；教师的科学辅导与学生的主动参与相结合；助人与自助相结合。

二、心理健康教育的目标与任务

3．心理健康教育的总目标是：提高全体学生的心理素质，充分开发他们的潜能，培养学生乐观、向上的心理品质，促进学生人格的健全发展。

心理健康教育的具体目标是：使学生不断正确认识自我，增强调控自我、承受挫折、适应环境的能力；培养学生健全的人格和良好的个性心理品质；对少数有心理困扰或心理障碍的学生，给予科学有效的心理咨询和辅导，使他们尽快摆脱障碍，调节自我，提高心理健康水平，增强自我教育能力。

4．心理健康教育的主要任务是全面推进素质教育，增强学校德育工作的针对性、实效性和主动性，帮助学生树立在出现心理行为问题时的求助意识，促进学生形成健康的心理素质，维护学生的心理健康，减少和避免对他们心理健康的各种不利影响；培养身心健康，具有创新精神和实践能力，有理想、有道德、有文化、有纪律的一代新人。

按照“积极推进、实事求是、分区规划、分类指导”的工作原则，不同地区应根据本地实际，积极做好心理健康教育的工作。

大中城市和经济发达地区，要普遍开展心理健康教育工作。教师要在具有较全面的心理学理论知识和进行心理辅导的专门技能以及提高自身良好的个性心理品质上有显著提高。

有条件的城镇中小学和农村中小学，要从实际出发，有计划、有步骤地开展心理健康教育工作。要抓好心理健康教育骨干教师队伍建设，同时在总结经验的基础上加强区域性心理健康教育的整体推进工作。

暂不具备条件的农村和边远地区，要从实际出发，制定出中小学地区性的心理健康教育的发展规划；重点抓好一批心理健康教育的试点学校，积极开展心理健康教育教师的培训工作；逐步推进心理健康教育工作。

三、心理健康教育的主要内容

5．心理健康教育的主要内容包括：普及心理健康基本知识，树立心理健康意识，了解简单的心理调节方法，认识心理异常现象，以及初步掌握心理保健常识，其重点是学会学习、人际交往、升学择业以及生活和社会适应等方面的常识。

6．城镇中小学和农村中小学的心理健康教育，必须从不同地区的实际和学生身心发展特点出发，做到循序渐进，设置分阶段的具体教育内容。

小学低年级主要包括：帮助学生适应新的环境、新的集体、新的学习生活与感受学习知识的乐趣；乐与老师、同学交往，在谦让、友善的交往中体验友情。

小学中、高年级主要包括：帮助学生在学习生活中品尝解决困难的快乐，调整学习心态，提高学习兴趣与自信心，正确对待自己的学习成绩，克服厌学心理，体验学习成功的乐趣，培养面临毕业升学的进取态度；培养集体意识，在班级活动中，善于与更多的同学交往，健全开朗、合群、乐学、自立的健康人格，培养自主自动参与活动的能力。

初中年级主要包括：帮助学生适应中学的学习环境和学习要求，培养正确的学习观念，发展其学习能力，改善学习方法；把握升学选择的方向；了解自己，学会克服青春期的烦恼，逐步学会调节和控制自己的情绪，抑制自己的冲动行为；加强自我认识，客观地评价自己，积极与同学、老师和家长进行有效的沟通；逐步适应生活和社会的各种变化，培养对挫折的耐受能力。

高中年级主要包括：帮助学生具有适应高中学习环境的能力，发展创造性思维，充分开发学习的潜能，在克服困难取得成绩的学习生活中获得情感体验；在了解自己的能力、特长、兴趣和社会就业条件的基础上，确立自己的职业志向，进行职业的选择和准备；正确认识自己的人际关系的状况，正确对待和异性伙伴的交往，建立对他人的积极情感反应和体验。提高承受挫折和应对挫折的能力，形成良好的意志品质。

四、心理健康教育的途径和方法

7. 开展心理健康教育的途径和方法可以多种多样，不同学校应根据自身的实际情况灵活选择、使用，注意发挥各种方式和途径的综合作用，增强心理健康教育的效果。心理健康教育的形式在小学可以以游戏和活动为主，营造乐学、合群的良好氛围；初中以活动和体验为主，在做好心理品质教育的同时，要突出品格修养的教育；高中以体验和调适为主，并提倡课内与课外、教育与指导、咨询与服务的紧密配合。

8. 开设心理健康选修课、活动课或专题讲座。包括心理训练、问题辨析、情境设计、角色扮演、游戏辅导、心理知识讲座等，旨在普及心理健康科学常识，帮助学生掌握一般的心理保健知识，培养良好的心理素质。要注意防止心理健康教育学科化的倾向。

9. 个别咨询与辅导。开设心理咨询室（或心理辅导室）进行个别辅导是教师和学生通过一对一的沟通方式，对学生在学习和生活中出现的问题给予直接的指导，排解心理困扰，并对有关的心理行为问题进行诊断、矫治的有效途径。对于极个别有严重心理疾病的学生，能够及时识别并转介到医学心理诊治部门。

10. 要把心理健康教育贯穿在学校教育教学活动之中。要创设符合心理健康教育所要求的物质环境、人际环境、心理环境。寻找心理健康教育的契机，注重发挥教师在教育教学中人格魅力和为人师表的作用，建立起民主、平等、相互尊重的新型师生关系。班级、团队活动和班主任工作要渗透心理健康教育。

11. 积极开通学校与家庭同步实施心理健康教育的渠道。学校要指导家长转变教子观念，了解和掌握心理健康教育的方法，注重自身良好心理素质的养成，营造家庭心理健康教育的环境，以家长的理想、追求、品格和行为影响孩子。

五、心理健康教育的组织实施

12. 加强对中小学心理健康教育工作的领导和管理。心理健康教育工作是学校教育工作的重要组成部分，各级教育行政部门和学校，要切实加强对心理健康教育工作的领导，积极支持开展中小学心理健康教育工作，帮助解决工作中的困难和问题。要通过多种途径和方式，根据本地、本校教育教学实际，保证心理健康教育时间，课时可在地方课程或学校课程时间中安排。各地教育行政部门要把心理健康教育工作纳入到对学校督导评估之中，加强对教师和咨询人员的管理，建立相应的规章制度。

13. 加强师资队伍建设是搞好心理健康教育工作的关键。学校要逐步建立在校长领导下，以班主任和专兼职心理辅导教师为骨干，全体教师共同参与的心理健康教育工作体制。专职人员的编制可从学校总编制中统筹解决。统筹安排中小学专职心理辅导教师专业技术职务评聘工作。根据学校实际情况，可聘请一定数量的兼职教师或心理咨询人员。

要重视教师心理健康教育工作。各级教育行政部门和学校要把教师心理健康教育作为教师职业道德教育的一个方面，为教师学习心理健康教育知识提供必要的条件。要关心教师的工作、学习和生活，从实际出发，采取切实可行的措施，减轻教师的精神紧张和心理压力，使他们学会心理调适，增强应对能力，有效地提高心理健康水平。

14. 要积极开展心理健康教育的教师培训。教育部将组织有关专家编写教师培训用书，并有计划、分期分批地培训骨干教师。高等学校的心理学专业和教育学专业要积极为中小学输送合格的心理健康教育教师。师范院校要开设与心理健康教育有关的课程，以帮助师范学生和中小学教师掌握心理健康教育的基础知识和技能。各级教育行政部门要积极组织对从事心理健康教育教师的专业培训，把对心理健康教育教师的培训列入当地和学校师资培训计划以及在职教师继续教育的培训系列。培训包括理论知识学习、操作技能训练、案例分析和实践锻炼等内容。通过培训提高专、兼职心理健康教育教师的基本理论、专业知识和操作技能水平。

15. 加强心理健康教育的教研活动和课题研究。学校在进行心理健康教育时，要从学生实际出发，强调集体备课，统一做好安排。要以学生成长过程中遇到的各种问题和需要为主线，通过教研活动，明确心理健康教育的重点、难点，掌握科学的教育方法，提高心理健康教育的质量。坚持理论与实践相结合，通过带课题培训与合作研究等方式，推广优秀科研成果。

16. 各种心理健康教育自助读本或相关教育材料的编写、审查和选用要根据本指导纲要的统一要求进行。自2002年秋季开学起，凡进入中小学的自助读本或相关教育材料必须按有关规定，经教育部或省级教育行政部门组织专家审定后方可使用。

17. 各地在组织实施过程中，要注意心理健康教育与德育工作的密切联系，既不能用德育工作来代替心理健康教育，也不能以心理健康教育取代德育工作。不能把学生的心理问题简单归结为思想品德问题。同时，各地应根据中央和教育部的文件精神，对此项工作统一规范称为“心理健康教育”。

18. 心理咨询是一项科学性、专业性很强的工作，也是心理健康教育的一条重要渠道。大中城市具备条件的中小学校要逐步建立和完善心理咨询室（或心理辅导室），配置专职人员。对心理咨询或辅导人员要提出明确要求。严格遵循保密原则，谨慎使用心理测试量表或其他测试手段，不能强迫学生接受心理测试，禁止使用影响学生心理健康的仪器，如测谎仪、CT脑电仪等。

19. 各地教育行政部门和学校既要积极创造条件，又要从实际出发，有计划、有步骤地开展心理健康教育工作。既要充分利用社会心理健康教育的资源，又要注意防止心理健康教育医学化和学科化的倾向。不能把心理健康教育搞成心理学知识的传授和心理学理论的教育，也不能把心理健康教育看成是中小学各学科课程的综合或思想品德课的重复，更不许考试。

20. 加强心理健康教育的课题研究与科学管理，特别要注重心理健康教育与德育、与人的全面发展关系的研究。各级教育行政部门对此项工作要给予大力指导，积极支持科研部门广泛开展科学研究活动，保证心理健康教育工作科学、健康地发展。

中小学图书馆（室）规程（修订）

（教基[2003]5号2003年3月25日）

第一章 总则

第一条 为加强中小学图书馆（室）（以下简称图书馆）规范化、科学化、现代化建设，为学校教育教学服务，特制定本规程。

第二条 本规程所指的图书馆是指由政府、企事业单位、社会团体、其他社会组织及公民个人依法举办的全日制中小学校的图书馆。

第三条 图书馆是中小学校的书刊资料信息中心，是为学校教育、教学和教育科学研究服务的机构。

图书馆的基本任务：

贯彻党和国家的教育方针，采集各类文献信息，为师生提供书刊资料、信息；利用书刊资料对学生进行政治思想品德、文化科学知识等方面的教育；指导学生课内外阅读，开展文献检索与利用知识的教育活动；培养学生收集、整理资料，利用信息的能力和终身学习的能力；促进学生德、智、体、美等全面发展。

第二章 管理体制和人员

第四条 省级教育行政部门负责图书馆建设工作的规划和管理工作，指导教育技术装备机构做好图书馆建设的组织、协调、配备、使用、培训、评估等具体业务工作。

图书馆实行校长领导下的馆长负责制。

第五条 图书馆负责人要具有图书馆专业知识。中学图书馆工作人员应具备大专以上文化程度，小学图书馆工作人员应具备中专（含高中）以上文化程度，并具有基本的图书馆专业技能和计算机操作技能。图书馆要设专职管理人员。图书馆工作人员编制在本校教职工编制总数内合理确定。

第六条 图书馆专业人员实行专业技术职务聘任制。

图书馆工作人员专业技术职务聘任参照国家有关规定执行，图书馆工作人员在调资晋级或评奖时，应与教学人员和教学辅助人员等同看待，并按国家有关规定享受相应的福利待遇。

第三章　管理与使用

第七条　图书馆应根据学校教育、教学和教研工作的需要广泛采集国内外相关图书资料。

有条件的学校图书馆要积极配备各类电子读物，将有保存价值的馆藏馆图书制作成电子文档。

第八条　图书资料的配备应以学生需求为主，兼顾教师。图书馆藏书，应当包括适合中小学生阅读的各类图书和报刊，供师生使用的工具书、教学参考书、教育教学研究的理论书籍和应用型的专业书籍。图书馆藏书应做到结构合理，要按《中小学图书馆（室）藏书分类比》配备。

第九条　图书馆藏书量不得低于《图书馆（室）藏书量》的规定标准。各地可结合本地区中小学校特点和实际情况制定图书复本量标准及增新剔旧（剔除）原则。配备复本量应视学校规模而定。图书馆每年要剔旧更新图书，一般每年新增图书比例应不少于藏书标准的1%。

第十条　图书馆建立书刊总括登录和个别登录两种帐目。

第十一条　图书应按《中国图书馆图书分类法》进行分类；期刊应按《中国图书馆图书分类法期刊分类表》进行分类。

第十二条　图书著录应符合国家规定的《普通图书著录规则》标准；期刊著录应符合国家规定的《连续出版物著录规则》，计算机编目按《中文图书机读目录格式》进行。

第十三条　实行卡片目录的中学图书馆应设有书名目录和分类目录，条件好的图书馆可增设著者的目录。小学图书馆要设书名目录。

采用全开架借阅和半开架借阅方式的小学图书馆可不设书名目录。

实行计算机管理的图书馆，计算机能够满足师生进行书目检索的，可废止卡片目录。

第十四条　图书馆应以全开架借阅和半开架代阅为主。要开展好外借、阅览、宣传推荐服务工作，并发挥班级图书角、图书箱的作用。

第十五条　图书馆要配合学科教师组织形式多样的读书活动，对学生进行课外阅读指导，并开展图书情报教育课、图书和图书馆知识介绍、工具书使用方法、图书的选择和读书以及读书卫生知识等方面的指导。学校应开设阅读指导课并纳入教学计划，有条件的学校要开设电子阅览指导课，指导学生正确运用电子阅读系统。

第十六条　各地要充分发挥图书馆的作用，鼓励图书馆对社会开放。经济欠发达地区，要重视和加强乡镇中心图书馆的建设，辐射周边学校，做到资源共享。

第四章　条件保障

第十七条　图书馆应配备书架、阅览桌椅、出纳台、报刊架、书柜、目录柜、文件柜、陈列柜、办公桌椅、装订设备、安全设备等必要的设施、设备，并有计划地配置复印、声像、文献保护、计算机（网络设备）、扫描仪、刻录机、打印机等设备。图书馆要设置藏书室（包括学生供书处）、学生阅览室、教师阅览室。有条件的学校可按学科分类调协阅览室的电子阅览室、电子资料室、多功能学术报告厅等。

图书馆应逐步实行计算机管理。图书馆要重视和加强图书馆与校园网（城域网）的结合，实现网上电子图书资源共享。

第十八条 城市中小学校图书馆建设标准应不低于现行《城市普通中小学校校舍建设标准》的规定，有条件的学校可建立独立的图书馆。电子阅览室生均使用面积不低于1.9平方米。

农村中小学校图书馆的规模由各地教育行政部门结合实际情况参照上述标准制定。

图书馆应有良好的避风、换气、采光、照明、防火、防潮、防虫等条件。

第十九条 图书馆建设应以政府投入为主。各级教育行政部门每年应在教育经费中按一定比例设立图书专项经费，各地教育图书管理部门要做好统筹安排，组织实施。学校要多渠道筹措图书经费。

提倡和鼓励社会和个人捐助图书馆建设。

第五章 附则

第二十条 特殊教育学校图书馆的建设参照本规程执行，各地乡镇中小学图书中心的建设参照本规程高标准要求执行。

第二十一条 本规程自2003年5月1日起施行，1991年8月29日发布的《中小学图书馆（室）规程》同时废止。

附表一

图书馆（室）藏书量

	完全中学		高级中学		初级中学		小学	
	1类	2类	1类	2类	1类	2类	1类	2类
人均藏书量（册数）（按在校学生数）	45	30	50	35	40	25	30	15
报刊种娄	120	100	120	100	80	60	60	40
工具书、教学参考书种类	250	200	250	200	180	120	120	80

附表二

中小学图书馆（室）藏书分类比例表

<table>
<tr><td colspan="3">部类</td><td colspan="2">分类比例</td></tr>
<tr><td>五大部类</td><td colspan="2">22个基本部类</td><td>小学</td><td>中学</td></tr>
<tr><td>第一大类</td><td colspan="2">A马列主义毛泽东思想</td><td>1.5%</td><td>2%</td></tr>
<tr><td>第二大类</td><td colspan="2">B哲学、宗教</td><td>1.5%</td><td>2%</td></tr>
<tr><td rowspan="11">第三大类</td><td colspan="2">C社会科学纵论</td><td rowspan="11">64%</td><td rowspan="11">54%</td></tr>
<tr><td colspan="2">D政治法律</td></tr>
<tr><td colspan="2">E军事</td></tr>
<tr><td colspan="2">F经济</td></tr>
<tr><td rowspan="3">G</td><td>文化科学</td></tr>
<tr><td>教育</td></tr>
<tr><td>体育</td></tr>
<tr><td colspan="2">H语言文学</td></tr>
<tr><td colspan="2">I文学</td></tr>
<tr><td colspan="2">J艺术</td></tr>
<tr><td colspan="2">K历史地理</td></tr>
<tr><td rowspan="10">第四大类</td><td colspan="2">N自然科学总论</td><td rowspan="10">28%</td><td rowspan="10">38%</td></tr>
<tr><td colspan="2">O数理科学和化学</td></tr>
<tr><td colspan="2">P天文学地球科学</td></tr>
<tr><td colspan="2">Q生物科学</td></tr>
<tr><td colspan="2">R医药卫生</td></tr>
<tr><td colspan="2">S农业科学</td></tr>
<tr><td colspan="2">T工业技术</td></tr>
<tr><td colspan="2">U交通运输</td></tr>
<tr><td colspan="2">V航空、航天</td></tr>
<tr><td colspan="2">X环境科学、劳动保护科学</td></tr>
<tr><td>第五大类</td><td colspan="2">Z综合性图书</td><td>5%</td><td>4%</td></tr>
</table>

中小学生守则、小学生日常行为规范（修订）和中学生日常行为规范（修订）

（教基[2004]6号2004年9月1日）

中小学生守则

1. 热爱祖国，热爱人民，热爱中国共产党。
2. 遵守法律法规，增强法律意识。遵守校规校纪，遵守社会公德。
3. 热爱科学，努力学习，勤思好问，乐于探究，积极参加社会实践和有益的活动。
4. 珍爱生命，注意安全，锻炼身体，讲究卫生。
5. 自尊自爱，自信自强，生活习惯文明健康。
6. 积极参加劳动，勤俭朴素，自己能做的事自己做。
7. 孝敬父母，尊敬师长，礼貌待人。
8. 热爱集体，团结同学，互相帮助，关心他人。
9. 诚实守信，言行一致，知错就改，有责任心。
10. 热爱大自然，爱护生活环境。

小学生日常行为规范（修订）

1. 尊敬国旗、国徽,会唱国歌，升降国旗、奏唱国歌时肃立、脱帽、行注目礼，少先队员行队礼。
2. 尊敬父母，关心父母身体健康，主动为家庭做力所能及的事。听从父母和长辈的教导，外出或回到家要主动打招呼。
3. 尊敬老师，见面行礼，主动问好，接受老师的教导，与老师交流。

4. 尊老爱幼，平等待人。同学之间友好相处，互相关心，互相帮助。不欺负弱小，不讥笑、戏弄他人。尊重残疾人。尊重他人的民族习惯。

5. 待人有礼貌，说话文明，讲普通话，会用礼貌用语。不骂人，不打架。到他人房间先敲门，经允许再进入，不随意翻动别人的物品，不打扰别人的工作、学习和休息。

6. 诚实守信，不说谎话，知错就改，不随意拿别人的东西，借东西及时归还，答应别人的事努力做到，做不到时表示歉意。考试不作弊。

7. 虚心学习别人的长处和优点，不嫉妒别人。遇到挫折和失败不灰心，不气馁，遇到困难努力克服。

8. 爱惜粮食和学习、生活用品。节约水电，不比吃穿，不乱花钱。

9. 衣着整洁，经常洗澡，勤剪指甲，勤洗头，早晚刷牙，饭前便后要洗手。自己能做的事自己做，衣物用品摆放整齐，学会收拾房间、洗衣服、洗餐具等家务劳动。

10. 按时上学，不迟到，不早退，不逃学，有病有事要请假，放学后按时回家。参加活动守时，不能参加事先请假。

11. 课前准备好学习用品，上课专心听讲，积极思考，大胆提问，回答问题声音清楚，不随意打断他人发言。课间活动有秩序。

12. 课前预习，课后认真复习，按时完成作业，书写工整，卷面整洁。

13. 坚持锻炼身体，认真做广播体操和眼保健操，坐、立、行、读书、写字姿势正确。积极参加有益的文体活动。

14. 认真做值日，保持教室、校园整洁。保护环境，爱护花草树木、庄稼和有益动物，不随地吐痰，不乱扔果皮纸屑等废弃物。

15. 爱护公物，不在课桌椅、建筑物和文物古迹上涂抹刻画。损坏公物要赔偿。拾到东西归还失主或交公。

16. 积极参加集体活动，认真完成集体交给的任务，少先队员服从队的决议，不做有损集体荣誉的事，集体成员之间相互尊重，学会合作。积极参加学校组织的各种劳动和社会实践活动，多观察，勤动手。

17. 遵守交通法规，过马路走人行横道，不乱穿马路，不在公路、铁路、码头玩耍和追逐打闹。

18. 遵守公共秩序，在公共场所守不拥挤，不喧哗，礼让他人。乘公共车、船等主动购票，主动给老幼病残孕让座。不做法律禁止的事。

19. 珍爱生命，注意安全，防火、防溺水、防触电、防盗、防中毒，不做有危险的游戏。

20. 阅读、观看健康有益的图书、报刊、音像和网上信息，收听、收看内容健康的广播电视节目。不吸烟、不喝酒、不赌博，远离毒品，不参加封建迷信活动，不进入网吧等未成年人不宜入内的场所。敢于斗争，遇到坏人坏事主动报告。

中学生日常行为规范（修订）

一、自尊自爱，注重仪表

1. 维护国家荣誉，尊敬国旗、国徽，会唱国歌，升降国旗、奏唱国歌时要肃立、脱帽、行注目礼，少先队员行队礼。

2. 穿戴整洁、朴素大方，不烫发，不染发，不化妆，不佩戴首饰，男生不留长发，女生不穿高跟鞋。

3. 讲究卫生，养成良好的卫生习惯。不随地吐痰，不乱扔废弃物。

4. 举止文明，不说脏话，不骂人，不打架，不赌博。不涉足未成年人不宜的活动和场所。

5. 情趣健康，不看色情、凶杀、暴力、封建迷信的书刊、音像制品，不听不唱不健康歌曲，不参加迷信活动。

6. 爱惜名誉，拾金不昧，抵制不良诱惑，不做有损人格的事。

7. 注意安全，防火灾、防溺水、防触电、防盗、防中毒等。

二、诚实守信，礼貌待人

8. 平等待人，与人为善。尊重他人的人格、宗教信仰、民族风俗习惯。谦恭礼让，尊老爱幼，帮助残疾人。

9. 尊重教职工，见面行礼或主动问好，回答师长问话要起立，给老师提意见态度要诚恳。

10. 同学之间互相尊重、团结互助、理解宽容、真诚相待、正常交往，不以大欺小，不欺侮同学，不戏弄他人，发生矛盾多做自我批评。

11. 使用礼貌用语，讲话注意场合，态度友善，要讲普通话。接受或递送物品时要起立并用双手。

12. 未经允许不进入他人房间、不动用他人物品、不看他人信件和日记。

13. 不随意打断他人的讲话，不打扰他人学习工作和休息，妨碍他人要道歉。

14. 诚实守信，言行一致，答应他人的事要做到，做不到时表示歉意，借他人钱物要及时归还。不说谎，不骗人，不弄虚作假，知错就改。

15. 上、下课时起立向老师致敬，下课时，请老师先行。

三、遵规守纪，勤奋学习

16. 按时到校，不迟到，不早退，不旷课。

17. 上课专心听讲，勤于思考，积极参加讨论，勇于发表见解。

18. 认真预习、复习，主动学习，按时完成作业，考试不作弊。

19. 积极参加生产劳动和社会实践，积极参加学校组织的其他活动，遵守活动的要求和规定。

20. 认真值日，保持教室、校园整洁优美。不在教室和校园内追逐打闹喧哗，维护学校良好秩序。

21. 爱护校舍和公物，不在黑板、墙壁、课桌、布告栏等处乱涂改刻画。借用公物要按时归还，损坏东西要赔偿。

22. 遵守宿舍和食堂的制度，爱惜粮食，节约水电，服从管理。

23. 正确对待困难和挫折，不自卑，不嫉妒，不偏激，保持心理健康。

四、勤劳俭朴，孝敬父母

24. 生活节俭，不互相攀比，不乱花钱。

25. 学会料理个人生活，自己的衣物用品收放整齐。

26. 生活有规律，按时作息，珍惜时间，合理安排课余生活，坚持锻炼身体。

27. 经常与父母交流生活、学习、思想等情况，尊重父母意见和教导。

28. 外出和到家时，向父母打招呼，未经家长同意，不得在外住宿或留宿他人。

29. 体贴帮助父母长辈，主动承担力所能及的家务劳动，关心照顾兄弟姐妹。

30. 对家长有意见要有礼貌地提出，讲道理，不任性，不耍脾气，不顶撞。

31. 待客热情，起立迎送。不影响邻里正常生活，邻里有困难时主动关心帮助。

五、严于律己，遵守公德

32. 遵守国家法律，不做法律禁止的事。

33. 遵守交通法规，不闯红灯，不违章骑车，过马路走人行横道，不跨越隔离栏。

34. 遵守公共秩序，乘公共交通工具主动购票，给老、幼、病、残、孕及师长让座，不争抢座位。

35. 爱护公用设施、文物古迹，爱护庄稼、花草、树木，爱护有益动物和生态环境。

36、遵守网络道德和安全规定，不浏览、不制作、不传播不良信息，慎交网友，不进入营业性网吧。

37. 珍爱生命，不吸烟，不喝酒，不滥用药物，拒绝毒品。不参加各种名目的非法组织，不参加非法活动。

38. 公共场所不喧哗，瞻仰烈士陵园等相关场所保持肃穆。

39. 观看演出和比赛，不起哄滋扰，做文明观众。

40. 见义勇为，敢于斗争，对违反社会公德的行为要进行劝阻，发现违法犯罪行为及时报告。

少先队辅导员工作纲要(试行)

(中少发[2005]14号)

为进一步指导和规范少先队辅导员的工作，明确少先队辅导员在少年儿童每个年龄阶段的具体任务，制定本纲要。

本纲要涉及少先队的工作理念和目标、分年级工作内容和活动建议、主要职责等少先队辅导员日常工作的各个方面。

本纲要明确了各年级少先队工作的主要内容，对各年级的基本目标、主要工作、需要关注的问题以及基础工作与特色活动相结合的实施原则作了扼要的提示，并从“工作内容”、“工作与活动建议”、“激励方式”三方面提出了具体要求。

本纲要中列出的不同年级的工作内容之间存在着内在逻辑联系，从低年级到高年级循序渐进，不断强化工作成果，体现了少先队教育的整体性和一贯性。

本纲要遵循少年儿童的成长规律，坚持以人为本，突出少先队员的主体性。贯穿两条主线，一是发挥少先队的优势，开展少先队教育活动，提高少先队员综合素质；二是从少先队作为少年儿童自己组织的角度，关注少年儿童身心健康成长，培养少先队员健全人格。

本纲要在保证少先队辅导员完成基本工作的同时，又留下充分的创造空间。辅导员可根据时代要求和当地实际情况，开展特色活动，增设特色奖章。“工作与活动建议”的内容要求辅导员举一反三，灵活运用。

本纲要所涉及的工作内容主要是针对学校的大中队辅导员，志愿辅导员参照执行。

第一部分　总述

一、少先队的基本特征

中国少年先锋队是中国共产党创立和领导的中国少年儿童的群众组织，是少年儿童学习中国特色社会主义和共产主义的学校，是建设中国特色社会主义和共产主义的预备队。党委托中国共产主义青年团直接领导少先队。

少先队的基本特征:

（一）儿童性

少先队面向6至14周岁的少年儿童。少先队开展的各项活动适合这一阶段少年儿童的年龄特点。

（二）群众性

少先队面向所有适龄儿童，凡愿意参加少先队，愿意遵守队章，向学校少先队组织提出申请的，都应被批准成为少先队员。少先队开展的各项活动面向全体少先队员。

（三）教育性

少先队全面贯彻党的教育方针，按照实践育人的要求，努力提高少年儿童的综合素质，促进他们全面发展。

（四）政治性

少先队是中国共产党创立和领导的，是少年儿童学习中国特色社会主义和共产主义的学校，是建设中国特色社会主义和共产主义的预备队，具有鲜明的政治属性。

（五）自主性

少先队是少年儿童自己的组织，队员在少先队集体中充分发挥积极性和主动性，自己管理自己，自己教育自己。

二、少先队工作的主要任务

少先队辅导员和少先队工作者按照党的要求，在共青团的直接领导下，依托少先队组织，通过少先队活动，把少年儿童培养成中国特色社会主义事业合格建设者和接班人。少先队工作的主要任务：

（一）团结教育少年儿童

吸收全体适龄少年儿童加入到组织中，帮助他们学习和继承少先队的好思想、好作风，爱祖国、爱人民、爱劳动、爱科学、爱护公共财物，努力学习，锻炼身体，参与实践，培养能力，立志为建设中国特色社会主义贡献力量。

（二）代表和组织少年儿童参与社会生活

通过多种合法途径和渠道，代表少年儿童参与国家的政治生活、经济生活和文化生活，表达少年儿童意愿。

（三）维护少年儿童合法权益

努力满足少年儿童成长的多种需求，依法维护少年儿童的合法权益。

三、少先队工作的基本理念

马克思列宁主义、毛泽东思想、邓小平理论和“三个代表”重要思想是少先队工作的根本指针。党的指导思想是少先队的指导思想。少先队按照党指引的方向，把培养有理想、有道德、有文化、有纪律的，德智体美全面发展的中国特色社会主义事业合格建设者和接班人作为根本任务。

少先队工作的基本理念：

（一）少年儿童是少先队工作的主体

让少年儿童在少先队的生活中自我教育、自我管理、自我发展，做少先队组织的主人。

（二）竭诚为少年儿童健康成长服务是少先队一切工作的出发点和落脚点

从少年儿童的学习、生活、娱乐、安全等多方面的具体需求入手，为他们办实事、办好事，一切为了少年儿童，为了一切少年儿童，为了少年儿童的一切。

（三）体验教育是少先队教育的基本途径

把开展丰富多彩的实践活动作为主要方式，引导少年儿童在学校生活、家庭生活、社会生活和大自然的实践中感悟做人做事的道理，逐步养成良好的行为习惯。

（四）加强基层组织建设是少先队工作的基本保障

让每一名少年儿童都参加到少先队组织中，让每一个基层组织都有辅导员指导，让每一名少先队员都充分享有自己的权利、履行自己的义务。

（五）开发和利用社会资源是少先队工作的重要手段

既要利用校内教育阵地，又要利用社会教育阵地，既要依靠校内辅导员，又要依靠由社会各界人士组成的志愿辅导员，积极争取社会各方面对少先队的支持。

四、少先队辅导员的基本要求

少先队辅导员是少年儿童的亲密朋友和指导者。少先队的各项工作和任务都要依靠少先队辅导员具体实施。少先队辅导员要坚持以人为本，尊重少年儿童的成长规律和教育规律，不断提高自身的思想道德素质和业务素质，努力达到以下要求：

（一）做少年儿童人生追求的引领者

用鲜活通俗的语言、生动典型的事例，向少年儿童传播做人做事的道理，引导少年儿童养成高尚的思想品质和良好的道德情操，树立正确的理想信念。

（二）做少年儿童实践体验的组织者

精心设计和组织开展内容鲜活、形式新颖、吸引力强的实践活动，为少年儿童创造体验的条件，搭设体验的舞台，营造体验的氛围，通过真情实感的体验，让少年儿童养成良好的行为习惯。

（三）做少年儿童健康成长的服务者

根据少年儿童身心发展的特点和规律，满腔热情地关注少年儿童遇到的问题，耐心细致地解释少年儿童出现的困惑，为他们提供全面、具体、科学的服务。

（四）做少年儿童合法权益的保护者

维护少年儿童的具体利益，关心他们的学习、生活和成长，及时反映少年儿童的意愿，依法维护他们的合法权益。

（五）做少年儿童良好发展环境的营造者

在少先队基层组织中营造健康向上的氛围，善于调动、整合社会各方面的资源和力量，努力营造有利于少年儿童健康成长的良好社会环境。

第二部分　工作目标

一、总目标

坚持把思想道德教育放在首位，努力提高少年儿童思想道德素质、科学文化素质和身心健康素质，把少年儿童培养成为中国特色社会主义事业的合格建设者和接班人。

二、具体目标

（一）培养少先队员热爱少先队的情感。让少先队员清楚了解并不断加深对少先队章程的理解，熟悉少先队组织生活，在少先队的小干部、小家务岗位上承担工作，深切感受自己是少先队的主人，珍爱红领巾，热爱少先队，愿为少先队增光彩。

（二）培养少先队员的全面素质。组织少先队员开展雏鹰争章活动，引导他们从日常学习、生活的具体环节入手，分阶段为自己确立“雏鹰奖章”的新目标，鼓励他们通过自己的努力争得“雏鹰奖章”。对于少先队开展的时间跨度较长的重点活动，也要以“雏鹰奖章’作为少先队员取得收获的标志。

（三）培养少先队员的爱心。帮助少先队员至少结交一个不同地区或不同民族或不同生活状况的手拉手小伙伴，互通手拉手交友信，互为对方做一件力所能及的事情，共同做一件有意义的事情。

（四）培养少先队员对生活的正确态度和行为习惯。组织少先队员在学校生活、家庭生活、社会生活和大自然中开展体验活动，每一次活动都要帮助他们寻找一个岗位，扮演一个角色，获得一种感受，明白一个道理，学习一种本领，培养一种习惯。

第三部分　分年级工作内容（略）

第四部分　大队辅导员主要职责

一、抓好学校少先队基础建设

（一）组织建设

1. 做好组织发展工作

小学大队辅导员在学年开始后及时组织一年级班级与高年级中队结成友谊班队，

由高年级队员担任小辅导员，对新生进行队前教育。辅导大队委员会吸收达到队龄、提出申请的学生入队，适时举行集体入队仪式。

中学大队辅导员指导大队委员会做好“推荐优秀少先队员作团的发展对象”的工作，做好少先队和共青团的衔接。做好超龄队员的离队工作，适时举行集体离队仪式。

2. 做好日常的组织管理工作

指导大队委员会做好队员的队籍管理以及队员的组织关系转接。定期上好队课。每学年结束阶段做好队员和队集体的考核和表彰工作。

3. 指导大队委员会召开每年一次的学校少先队代表大会

少先队代表大会每年举行一次，可在学年开始时或结合“六一”、10月13日少先队建队纪念日活动召开。少代会上，大队委员会要报告一年的工作情况，对今后的工作和活动提出建议。大会要作出决议，表彰先进，民主选举出新一届大队委员会。

4. 组织并协助做好少先队大队建设

大队委员会由7至13人组成，根据工作需要，设队长、副队长、旗手和学习、劳动、文娱、体育、组织、宣传等委员。大队建设要做到有组织、有辅导员、有活动、有阵地、有制度。大队集会每学期不少于两次。

5. 指导中队辅导员规范少先队中队、小队建设

中队委员会由3至7人组成，由队员民主选举产生。根据工作需要，设队长、副队长、旗手和学习、劳动、文娱、体育、组织、宣传等委员。中队辅导员由中队委员会聘请。中队建设做到组织好、活动好、阵地好。中队集会每月不少于一次。

小队由5至13人组成，设正、副小队长，由小队全体队员民主选举产生。小队建设要做到“自愿组合、合理编队、自取队名、自定目标、经常活动、建立阵地、辅导员自聘”，每周开展一次活动。

（二）礼仪建设

加强少先队礼仪建设，规范使用队旗、红领巾、队歌、队礼、呼号、誓词、鼓号音乐、队服、队干部标志等少先队特有的礼仪标记，按规范举行少先队大队和中队的队会、入队仪式、少先队检阅式、升旗仪式、列队仪式、离队仪式等。

（三）阵地建设

1. 建立并使用好少先队队室

规范化队室的面积不小于10平方米，有会议桌、椅子、鼓号橱、资料柜、旗杆、旗架等基本设施，鼓、号、旗等礼仪用品，队徽、呼号、队歌、作风、誓词、队史挂图等队的标记，毛泽东、邓小平、江泽民为少年儿童和少先队的重要题词，少先队工作资料、活动成果等档案陈列。要善于利用少先队队室这个阵地，向队员进行组织教育。

2. 建立并使用好少先队阵地

辅导少先队小干部创建、使用和管理队报、红领巾橱窗、光荣榜、红领巾广播

站、红领巾电视台等大队宣传阵地。指导并督促各中队办好板报、争章园地、队角等中队宣传阵地。大、中队宣传阵地建设要注重经常性、时效性和多样性，充分发挥它们的育人功能。

建立并使用好爱国主义教育基地、红领巾劳动实践基地、科技活动基地、国防教育基地等少先队教育基地。

（四）队伍建设

1. 强化中队辅导员队伍管理

指导各中队委员会每学年举行中队辅导员聘请仪式，颁发聘书并献红领巾。召集中队辅导员每月召开一次会议，学习交流，开展培训，做到有计划、有布置、有检查、有记录。指导各中队辅导员积极参与少先队教育科研活动。做好对中队辅导员的考核评价工作，依据中队建设的要求，通过观摩评比、阵地检查等方式，每学期进行一次考评，并视情况予以奖励或督促。

2. 强化少先队干部队伍管理

按照民主选举、定期轮流任职的要求，协助大队委员会按岗位标准做好队干部选举工作，大队干部每届任期为一个学年；督促各中队做好中队、小队干部的选举工作，中队、小队干部每届任期为一个学期。指导大队委员会每学期制定工作计划并认真落实。定期举办队长学校，进行队知识、队干部技能和素质培训，帮助队干部增强服务意识，提高服务能力。建立对队干部的民主评议制度，每学期开展一次。

3. 加强学校少先队志愿辅导员队伍建设

把热爱少年儿童、热心少年儿童工作的青年志愿者、青年岗位能手、“五老”（老干部、老战士、老专家、老教师、老模范）等各界人士请进学校，担任学校少先队志愿辅导员。做好少先队志愿辅导员的聘任、培训、表彰等工作。

二、开展大队各项活动

（一）开展主题教育活动

按照上级少先队组织的整体工作部署，结合学校实际情况、队员身心需求，每学期开展一到两项主题教育活动。

（二）开展节假日活动

抓住契机组织队员开展有意义的活动，通过恰当的形式体现节假日的文化内涵，突出少先队教育特色，形成传统。

（三）开展红领巾社团活动

辅导队员自己组织、定期开展富有特色的社团活动。协助红领巾社团聘请有专长的人士担任社团志愿辅导员。指导大队委员会做好社团的管理工作。

三、指导和协调中队辅导员工作

（一）每学年初，通过培训使中队辅导员学习了解本年级少先队工作目标、内容、要求、实施方法等。

（二）每学期初，指导中队辅导员结合中队实际制订切实可行的工作计划，明确思路，保证实效。

（三）结合全国和当地少先队组织的主题教育活动，通过开展以组织教育、手拉手、雏鹰争章等为重点内容的大队活动、联合中队会等途径，帮助并促进中队辅导员落实工作计划。

（四）按照分年级工作内容，制定中队辅导员工作考核标准并纳入学校考核体系，每学期末进行考核。每学年结束时对成绩显著者予以表彰。

四、协助学校行政管理工作

（一）参加学校行政领导会议，汇报少先队工作情况，规划少先队工作内容，推动少先队工作开展。

（二）每学期末在学校行政领导会议上作本学期学校少先队工作总结汇报。

（三）配合学校从少先队工作角度对中队辅导员工作进行考核、评比及表彰。

（四）配合学校德育工作，加强少年儿童思想道德教育。

五、协助社区少工委工作

（一）协助社区少工委建立健全社区少先队组织

根据队章规定，在社区建立大队或中队，中队下设小队。要协助社区少工委依托社区团建抓好社区队建，逐步在街道、城镇建立社区少工委。在居委会或微型社区，由社区少工委牵头，按就近就便和自主自愿的原则把少先队员组织起来。学校大队辅导员要做好本校少先队员参加社区队组织的资料备案工作。

（二）协助社区少工委加强社区少先队志愿辅导员队伍建设

协助社区少工委组织动员社区里的青年志愿者、青年岗位能手、“五老”、各界劳动模范、队员家长等热心人士，建立一支有力的社区少先队志愿辅导员队伍。协助社区少工委抓好社区少先队志愿辅导员的招募、登记、培训、聘任、使用、考核、表彰等环节，提高他们的工作水平，推动社区少先队工作不断发展。

（三）协助社区少工委加强社区少先队阵地建设

协助社区少工委开发社区少先队工作和活动的多种资源，整合并利用好少年宫（家、站、少年活动中心）、爱国主义教育基地、少先队社会实践基地等场所，以及少年军校、少年科学院、知心家庭学校、热线电话、知心信箱、心理咨询室、法律援助中心等服务载体。有条件的社区少先队组织要建立图书馆（角）、队室、宣传栏和其他少年儿童素质培训站（点），为社区少先队活动提供依托。

（四）协助社区少工委开展社区少先队活动

协助社区少工委根据全队的工作部署，结合当地实际，充分发挥时间和空间的优势，利用社区的各种资源和设施，引导队员开展“雏鹰争章”、社区文娱、社区服务等活动。对全体队员进行社区少先队活动的方法指导，及时与社区少工委沟通相关信息。

第五部分　实施建议

一、过程建议

第三部分“分年级工作内容”中提示的“基本目标”和“主要工作”是每个年级要完成的重点任务，而不是工作的全部。比如，“基本目标”中二年级的热爱中国共产党教育、三年级的热爱祖国教育、四年级的民主教育和责任意识教育、五年级的民族精神教育、六年级的理想教育等，其他年级都可以以适当的方式开展。

第三部分“分年级工作内容”中，涉及到的活动都要按照体验教育的理念开展，检验活动效果的标准就是在活动过程中，少年儿童是否身心参与，是否有了亲身感受，是否有了新的收获。坚决避免把少年儿童作为道具，进行形式主义的活动。

第三部分“分年级工作内容”中“需要关注的问题”，需要辅导员细心观察、发现。除了本纲要提示的问题外，还要善于从精神状态甚至表情中发现每一个少年儿童可能存在的具体问题。解决问题的方式也不能仅靠活动，还要个别指导，“一把钥匙开一把锁”，把温暖和关怀送到每一个少年儿童的心坎上。

第四部分“大队辅导员的主要职责”涉及到的所有项目，都是对少年儿童进行教育和引导工作的有机组成部分，所有工作的环节和细节都不能离开这一目标，一切为了教育，一切为了少年儿童的健康成长，不能“见物不见人“，就工作论工作，就组织建设搞组织建设。

二、激励与评价建议

“雏鹰奖章”是对少先队员参加少先队活动、努力提高各方面素质的激励和评价体系。本纲要分年级激励方式中，仅列举了队员在本阶段应获得的基础奖章，各地区、各学校完全可以同时开展具有特色的活动，增设具有特色的雏鹰奖章。争章的过程必须是体验教育的过程，获得“雏鹰奖章”不能靠对知识点的死记硬背，而是要少年儿童全身心地参与过程，既有技能上的提高，又有情感上的触动，还要有内心的收获。

本纲要提出的基本任务和要求是对辅导员进行评价和考核的主要依据，也可作为学校对辅导员确定工作职责、核定工作量的依据。各省、自治区、直辖市可依据本纲要，区分不同地区、不同情况制定对辅导员进行评价考核的具体办法。

第六部分　附录

1. 体验教育

体验教育是共青团和少先队组织在总结50多年来少先队的优良传统和基本经验的基础上提出来的，是少先队适应新形势进一步加强少年儿童思想道德教育的有效途径。

体验教育的内涵，是组织和引导少年儿童在亲身实践中，把做人做事的基本道理内化为健康的心理品格，转化为良好的行为习惯的过程。这是一个道德认知的过程、道德情感升华的过程、道德实践的过程和人的社会化过程。在实践中的体验，以不同层次的内涵伴随在少年儿童道德认知的不同阶段和全过程，伴随在少年儿童道德内化的知、情、意、行的不同阶段和全过程，伴随在少年儿童道德养成的不同阶段和全过程，伴随在少年儿童道德形成的不同阶段和逐步社会化的全过程。

体验教育的实施，以从人与人、人与社会、人与自然、人与自我四个方面的关系中提炼出的少年儿童应当养成的良好行为习惯为内容，以自己的身份和视角、以他人的身份和视角或进入设定的实践和情境中去体验为形式，达到使教育内容触动少年儿童的心灵，进入少年儿童的内心，最终外化为少年儿童的实际行动的目标，从而为少年儿童养成良好的行为习惯奠定基础。

2. “手拉手”互助活动

“手拉手”互助活动开始于90年代初，由共青团中央、全国少工委联合有关部门共同发起，旨在倡导城市和农村、富裕地区和贫困地区、健康的和有残疾的以及不同民族的少年儿童之间相互通信交往，互帮互助，共受教益的一项实践教育活动。

“手拉手”互助活动的宗旨是：通过少先队员和队组织之间的交流、互助、服务，引导少年儿童了解国情，认知社会，从小培养爱国主义、集体主义和社会主义精神，培养乐于助人、团结友爱的健全人格。

开展“手拉手”互助活动的方针是：以城市为主导，辐射广大农村和老、少、边、贫地区；强调互助互学，共同进步，防止单纯的救助行为；提倡就近就便，量力而行。

每一位参加“手拉手”互助活动的少先队员都要经过三个步骤。第一步：“手拉手找朋友”。基层少先队组织提供贫困地区或有困难的少年儿童的名单，并组织队员填写“手拉手友情卡”，找到需要帮助的小伙伴。第二步：“手拉手交朋友”。参加活动的队员要做到“五个一”：交一个手拉手好朋友，写一封手拉手交友信，给小伙伴寄一本好书(或一份报纸、一件文具)，为小伙伴做一件好事，向小伙伴学一种新知识(或新本领)。第三步：“手拉手看朋友”。各级少先队组织要利用寒暑假组织队员就近就便看望手拉手小伙伴，共同参加各种实践活动，体验生活。

3. “雏鹰争章”活动

“雏鹰争章”活动是1993年启动的"中国少年雏鹰行动"的重要组成部分。根据江泽民同志“自学、自理、自护、自强、自律，做社会主义事业的合格建设者和接班人”的题词精神，全国少工委从少年儿童的年龄特征出发，把对少年儿童的思想道德素质、科学文化素质和健康素质等方面的要求，具体内化为若干枚“雏鹰奖章”，鼓励少年儿童从日常生活及学习的具体环节入手，通过定章、争章、考章、颁章、护章，不断为自己确立新的目标，发现自己的潜能，看到自己的进步，证明自己的成功。

“雏鹰争章”活动面向全体少年儿童，人人可为，天天可为，打破了传统的单纯靠分数评价优劣的模式，成为衡量少年儿童综合素质的重要依据。各种奖章如同一根根纽带，把社会各方面的力量凝聚在一起，把校内和校外教育有机结合起来，为社会各方面关心支持素质教育提供了有效的载体。

4. “民族精神代代传”活动

为全面贯彻落实党的十六大精神和“三个代表”重要思想，在亿万少年儿童中弘扬和培育民族精神，2003年10月，中宣部、中央文明办、共青团中央、教育部、全国少工委在全国少年儿童中共同开展“民族精神代代传”活动。

此项活动以弘扬和培育以爱国主义为核心的团结统一、爱好和平、勤劳勇敢、自强不息的伟大民族精神为主题，以丰富多彩的体验教育活动为载体，通过形式多样的学习实践活动，引导少年儿童以少先队中队、小队的组织形式，开展以“中国了不起、中国人了不起、做个了不起的中国人”为主要内容的“三个了不起”系列活动，教育引导少年儿童了解民族精神的丰富内涵，感受民族精神的伟大力量，逐步树立民族自尊心和自豪感，从小立志为实现中华民族的伟大复兴做好全面准备。

5. 少年军校活动

少年军校是共青团、少先队组织在解放军和武警部队的积极参与和热情支持下，在教育行政部门的统一协调和指导下，面向全体少年儿童开展的国防教育形式。自创办以来，少年军校的活动内容不断丰富，活动方式不断创新，活动阵地不断设立，已经成为对少年儿童进行国防教育和提高他们多方面素质的重要载体，被写入了2001年4月28日公布施行的《中华人民共和国国防教育法》。

少年军校活动是目前在广大少年儿童中进行的爱国、爱党、爱军教育的重要活动之一。据不完全统计，截止到2004年底，全国已有各级各类少年军校13000所，在少年儿童校外教育中发挥着独特的作用。

6. 中国少年儿童平安行动

“中国少年儿童平安行动”是共青团中央、教育部、公安部、全国少工委于2000年4月共同开展的“少年儿童平安回家”活动的深化和拓展，是一项引导全社会都来关注和预防少年儿童意外伤害、促进少年儿童健康成长的社会公益活动，旨在进一步贯彻落实《中华人民共和国教育法》和《中华人民共和国未成年人保护法》，以共青团、少先队组织和教育、公安部门为主导，通过多种方式增强少年儿童自我保护的意识和能力，提高全社会预防少年儿童意外伤害的责任意识，营造全社会维护少年儿童合法权益、为少年儿童健康成长服务的良好氛围。

7. 中华少年小甲A足球活动

“中华少年小甲A足球活动”旨在贯彻落实邓小平同志“足球从娃娃抓起”的指示，促进和发展我国少年儿童足球事业，2000年初由共青团中央、全国少工委发起并联合中国足球协会、中央电视台共同主办，每年一届，是迄今为止少先队组织开展的规模最大、影响最广泛、参与人数最多的全国性少年足球活动。

小甲A足球活动的基本理念是“体验足球，快乐成长”，它引导少年儿童在活动中体验“用心出智慧、配合有力量、顽强能进步”（小甲A足球队的口号）的道理，领悟“激情欣赏，文明表达”（小甲A啦啦队的口号）和“积极参与，热情服务"”（小甲A志愿者服务队的口号）中蕴涵的民族精神和道德要求。活动的主要内容是动员和组织少先队员结合自身实际，在学校和社区自主选择参加足球游戏活动、足球文化活动和足球竞技活动。活动的基本组织形式是依托学校少先队组织或社区少先队活动阵地，因地制宜地建立形式多样的基层“小甲A红领巾足球俱乐部”，按照“免费入会、自愿参加、自由组合、定期交流、集中展示、共同进步”的原则，自主组建“小甲A足球队”、“小甲A啦啦队”和“小甲A志愿者服务队”等活动队，开展经常性的小甲A足球活动。

8.中国少年科学院

“中国少年科学院”是共青团中央、全国少工委于1999年创建的以6—16岁少年儿童为主要服务对象，以少年儿童校外教育阵地为依托，以培养少年儿童创新精神和实践能力、提高少年儿童科学文化和思想道德素质为目标的实践教育活动。

中国少年科学院的主要任务是通过开展科技培训、科技实践、科技竞赛和科技争章活动向全国少年儿童普及科技知识，发现和培养优秀少年科技人才，建设科技教育培训和科学体验阵地，开展少年儿童校外科技教育理论研究，举办国内外少年儿童科技交流活动，建立和完善科学体验活动指导队伍。

几年来，中国少年科学院活动在各级少先队组织和少年儿童校外教育领域产生广泛影响。中国少年科学院“小院士”评选、全国“青少年走进科学世界”科普活动、“争当小实验家”全国少年儿童科学体验活动、“走进美妙的数学花园”中国少年数学论坛、“科技之星”全国少年儿童科普竞赛、少年科学院科技创新论坛等一系列科技教育实践活动，得到了少年儿童和少年儿童工作者的积极参与和高度认可，也得到了社会各界的大力支持和广泛关注。中国少年科学院活动按照社会化的工作思路，积极争取科技场馆、科研院所、重点实验室、中小学、校外教育机构、社区活动场所的支持和参与。截至目前，共命名了63个“全国青少年走进科学世界科技活动示范基地”、300余个“中国少年科学院科普基地”、“全国少年儿童科学体验活动基地”、“全国青少年数学培训基地”。

免费教科书政府采购工作暂行办法

（教财[2005]6号2005年1月29日）

中央对中西部农村义务教育阶段贫困家庭学生实行免费提供教科书的制度，是切实减轻农民经济负担，保证农村贫困学生接受义务教育，保障农村义务教育持续健康发展的重大战略举措。对免费教科书实行政府采购，是确保免费提供教科书工作顺利进行的重要措施。为加强免费教科书采购工作的管理，根据《国务院办公厅转发体改办等部门关于降低中小学教材价格深化教材管理体制改革意见的通知》精神和《中华人民共和国政府采购法》，特制定本办法。

一、中央财政免费提供的教科书实行政府采购。这项规定在2004年秋季学期试行，从2005年开始正式实施。

二、各地教育、财政部门要在当地党委、政府的领导下，从实践"三个代表"重要思想，以人为本、执政为民的高度，统一思想，高度重视，通力合作，周密组织，作为一项政治任务来完成好免费教科书的采购工作。

地方县级以上教育、财政等部门应成立由分管领导参加的免费提供教科书工作领导小组。省级教育、财政部门联合成立免费教科书采购办公室(设在省级教育部门)，要抽调精干人员办理免费教科书的采购工作，按时完成采购任务，确保“课前到书，免费用书”。

三、免费教科书由省(自治区、直辖市)教育、财政部门按照本地政府采购管理办法规定的程序、方法统一进行采购，其具体采购事宜应当委托经省级以上财政部门登记备案的政府采购业务代理机构办理。

各地市、县级教育、财政部门必须按要求配合上级部门做好免费教科书采购的有关工作，包括确定、统计上报享受免费教科书资助的学生数，汇总上报教材选用的情况。县级教育、财政部门负责组织验收、发放免费教科书。

四、免费教科书政府采购的对象(即供应商)是符合教材出版发行资质的出版发行机构和出版发行联营机构或若干出版发行单位组成的联合体。教科书是特殊商品，为保证教材使用的连续性，确定的免费教科书供应商有效期应在1年以上。免费教科书政府采购最终确定的供应商必须通过适当途径和方法，按照合同约定将教科书运送到有关学校。

教育部、财政部组织省级教育、财政部门每年对免费教科书供应商提供的图书质量、销售价格、服务水平进行综合评比，公布获得优秀等次的供应商名单。

五、免费教科书政府采购应充分引入和培育竞争机制，严格遵循公开、公平、公正的原则，实行公开招标；对暂不具备公开招标条件的省份，可采用邀请招标、竞争性谈判、单一来源采购、询价的方式。免费教科书政府采购打破省界区域限制，面向全国进行。

六、为保证免费教科书采购工作的顺利实施，对中西部农村地区，省级教育行政部门要加大对教科书选用工作的指导，选用的教科书尽量集中，避免因选用教科书过于分散，影响到省级教育、财政部门统一组织的政府采购。免费教科书政府采购既要适应中小学教材多样化的要求，又要在本省份范围内相对统一农村中小学教学用书，优先选用质量好、价格低的教科书。省级教育、财政部门可通过公开招标的方式对免费教科书的供应商进行资格预审，对评审合格的供应商通过竞争性谈判的方式确定几家信誉好、实力强、价格低的供应商，然后再要求各学校从中选用教科书。

七、中央财政对农村义务教育阶段贫困家庭学生免费提供国家课程必修科目的教科书。对小学生免费提供品德与生活(品德与社会)、语文、数学、外语、科学、艺术(或选择音乐、美术)、综合实践活动(信息技术等)科目的教科书；对初中生免费提供思想品德、语文、数学、外语、科学(或选择生物、物理、化学)、历史与社会(或选择历史、地理)、艺术(或选择音乐、美术)、体育与健康、综合实践活动(信息技术等)科目的教科书。

免费提供的教科书均应从教育部和省级教育行政部门颁布的《中小学教学用书目录》中选用。免费教科书的扉页上须以适当方式标明“本书由国家免费提供”字样。

地方如要编写地方课程的教材，应限页数，限价格，同时地方财政也必须对这些学生免费提供。学校不得再以其他名目向受资助的贫困学生收取涉及教科书的任何费用。

八、免费教科书政府采购的指导标准是，每生每学期小学生35元、初中生70元、特教学生35元。各地应制订分年级分学科的采购价指导标准。免费教科书政府采购价原则上不得突破指导价标准，超出指导价标准的经费必须由省级财政承担。

对经论证无法按指导价标准采购的省份，可由省级教育、财政部门提出书面申请，由教育部、财政部委托教育部教育政府采购中心代为采购，并由教育部指导该省份选用教科书。

九、政府采购的免费教科书印刷质量必须符合《中华人民共和国质量法》和《图书质量管理规定》的有关规定，必须具有出版单位的质量保证书。

十、财政部、教育部将提前向有关省份下达下一个学期免费教科书中央专项资金预算控制数。中央财政下达的免费教科书专项资金要统一纳入省级财政国库管理，实行分账核算集中支付，确保专款专用，不得下拨到下级财政。省级财政部门要根据省级教育行政部门逐级汇总上报的免费教科书验收等情况，审核无误后，根据合同约定，将免费教科书经费直接支付给供应商。免费教科书政府采购节约下来的资金仍用于资助农村义务教育阶段贫困家庭学生。

十一、免费教科书政府采购价包括出版、发行、包装、保险、运输等费用，严禁向学生收取与免费教科书有关的任何费用。禁止任何部门和单位在采购免费教科书时搭售教辅用书及其他资料。

十二、各地应加强对免费教科书政府采购工作的管理，建立有效的监督检查工作机制，坚决防止发生腐败等违法违纪问题。省级教育、财政纪检监察部门负责对免费教科书采购活动进行监督。教材选用结果、政府采购和免费教科书供应商的服务等情况必须以有效的方式向社会公告。教育部、财政部将对各地免费教科书政府采购工作的实施情况进行严格检查，对玩忽职守，违反采购程序，徇私舞弊的，依法依纪严肃处理。对工作不力、出现严重问题的省份，中央将取消其免费教科书政府采购的资格，并予以通报批评。

每年年底，省级教育、财政部门应将当年免费教科书政府采购情况联合上报教育部、财政部。

十三、本办法由教育部、财政部负责解释。以往有关规定与本办法不一致的，以本办法为准。各地应根据本办法，制定本地区免费教科书政府采购工作的具体实施办法。

教育部关于贯彻《义务教育法》进一步规范义务教育办学行为的若干意见

（教基[2006]19号2006年8月24日）

各省、自治区、直辖市教育厅（教委），新疆生产建设兵团教育局：

为认真贯彻落实新修订的《中华人民共和国义务教育法》，严格依法行政、依法治教、依法办学，促进义务教育持续健康发展，现就进一步依法规范义务教育办学行为的有关问题提出如下意见：

一、依法加强省级统筹职能，落实县级政府规范办学行为的责任

按照《义务教育法》规定的义务教育管理体制，各省、自治区、直辖市人民政府及其教育行政部门应依据《义务教育法》有关规定，结合当地实际情况，因地制宜地制定和完善规范义务教育办学行为的有关规定，明确政策界限，把握政策尺度，指导和督促地（市）、县（区）人民政府及其教育行政部门依法规范义务教育办学行为。

县级人民政府及其教育行政部门负有规范本行政区域内所有义务教育阶段学校办学行为的直接管理责任，要牢固树立法制意识，严格执行有关法律法规和政策，及时纠正各种违法的办学行为。

二、依法建立义务教育经费保障机制，严格规范公办学校收费行为

各地要切实落实政府举办义务教育的责任，进一步巩固和完善义务教育经费保障机制，把维持学校运转的日常经费和事业发展的建设经费全面纳入财政预算，不留缺口。在义务教育经费保障机制建立之后，公办学校按照国家规定开展的教育教学活动和合理的办学支出要从公用经费中开支，不得自行以各种形式向学生和家长收费。

省级教育行政部门要全面清理义务教育阶段公办学校的服务性收费项目，坚决废止与国家法律法规政策相违背的收费项目。

三、依法规范公办改制学校，切实维护公共教育资源

自新修订的《义务教育法》实施之日起，任何部门和个人不得改变或者变相改变义务教育阶段公办学校的性质，不得将公办学校出售、转让。闲置的义务教育阶段公办学校资产，由县级以上教育行政部门统筹处置，并全部用于公共教育事业，重点用于义务教育和学前教育。

地方各级教育行政部门要依法停止义务教育阶段公办学校改制的审批。省级教育行政部门要会同财政、国有资产管理等部门对本地义务教育阶段改制学校进行全面清理，并在明晰学校资产属性、学校办学性质、确保公共教育资源不流失的前提下，广泛听取当地人民群众的意见，提出解决现有改制学校问题的政策措施，并依法加以规范。

四、依法规范公共教育资源配置，不得举办各种名目的重点学校、重点班

地方各级教育行政部门要抓紧制订或完善本地区义务教育阶段学校办学基本标准，合理配置公共教育资源，切实加大对薄弱学校的支持力度，加快推进区域内义务教育均衡发展。不能利用公共教育资源集中建设或支持少数窗口学校、示范学校。要积极推动学区内各学校优秀课程、优秀教师、实验设备、图书资料、体育场馆等教育教学资源的共享。

学校要均衡编班，均衡配置校内教育教学资源，不能以各种名义在校内分设重点班和非重点班。要建立健全帮扶学习困难学生的工作机制，给予学习困难的学生以更多的关心和帮助。

省级教育行政部门要对本地区义务教育阶段学校举办的各类实验班进行全面清理，进一步明确审批权限和程序。任何部门、单位和个人未经教育行政部门批准，不得擅自在学校举办实验班。确因教育教学改革需要举办的，要严格控制数量和规模，开展实验所需经费由审批部门统筹解决，不得向学生加收费用。

五、依法规范教育教学秩序，严格执行国家有关规定

地方各级教育行政部门和学校要严格执行国家课程方案，不得随意增加考试科目的课时，也不得随意减少非考试科目的教学时间。要严格执行课程计划中关于开展文体活动和社会实践等方面的规定，确保学生每天锻炼一小时，保证小学生每学年参加社会实践活动的时间不少于10天，初中学生每学年不少于20天。

省级教育行政部门要根据本地实际提出中小学学期、寒暑假和学校作息时间安排的指导意见，严格控制学生在校学习时间。学校和教师不得占用节假日和休息时间组织学生上课和集体补课，不得要求和统一组织学生参加各种学科辅导班和学科竞赛。

地方各级教育行政部门必须在教育部发布的《中小学教学用书目录》中选用教材。任何单位和个人不得以任何形式强迫学校、学生订购教辅材料。

各地要依法坚持就近免试入学制度，不能采取各种形式的考试、考核、测试选拔学生，不能将各种竞赛成绩作为招生的依据。要严格控制学生在校考试次数，不得公布学生考试成绩，不得按考试成绩对学生进行排名。

六、依法规范教师职业行为，切实加强教师管理

地方各级教育行政部门和学校要倡导尊师重教，依法保障教师合法权益，不断改善教师工作和生活条件，努力建设高素质的教师队伍。要认真贯彻落实《教育部关于进一步加强和改进师德建设的意见》（教师〔2005〕1号），强化师德教育和考核，引导广大教师热爱学生，教书育人，为人师表。积极推进教师聘任制，通过签约方式，明确教师责任、权利和义务。尤其是对教师本职工作、校外兼职等方面要提出明确的职业要求，加强教师工作考核，对严重违约者可予以解聘。坚决纠正一些教师把主要精力用于校外补课的错误做法。

广大教师要为人师表，遵守国家的法律法规和学校的各项规章制度，严格执行教学计划，认真完成本职工作。要平等对待每一个学生，尊重学生的人格，不得歧视学生，不得对学生实施体罚、变相体罚或者侮辱人格尊严的行为，不得侵犯学生合法权益，特别是要主动关心帮助学习困难的学生，促进全体学生共同成长进步。

七、依法加强督导检查，完善奖惩机制

地方各级教育行政部门要在同级人民政府领导下，按照《义务教育法》所规定的法律责任，建立健全工作机制，严肃查处各类违法违规的办学行为，同时，对依法办学成绩突出的单位和个人予以表彰奖励。

各级人民政府教育督导机构要把规范义务教育办学行为作为教育督导的重要内容，纳入到对学校的综合督导评估中，指导和督促下级人民政府及其教育行政部门和学校依法办学，督导情况要及时向社会公布。建立督学责任区，发挥督学在规范学校办学行为中的重要作用。

教育部将运用督导检查和通报机制，督促各地及时查处、纠正各种违法、违规办学行为。

少先队辅导员管理办法（试行）

（中青联发[2007]24号2007年6月11日）

第一章　总则

第一条　少先队辅导员是少先队员的亲密朋友和指导者，是我国未成年人思想道德建设队伍的重要组成部分，是实施素质教育的重要力量。为加强少先队辅导员队伍建设，规范辅导员的工作，根据《中国少年先锋队章程》以及团中央、教育部等部委关于加强少先队工作的政策、规定，制定本办法。

第二条　本办法适用于各级少先队总辅导员、少先队大队辅导员、少先队中队辅导员和少先队志愿辅导员。

第三条　各级少先队组织要认真贯彻本办法的要求，努力引导少先队辅导员做少先队员人生追求的引领者、实践体验的组织者、健康成长的服务者、合法权益的保护者和良好发展氛围的营造者。

第二章　辅导员的任职条件

第四条　辅导员应具备以下基本条件：

1. 忠诚党的教育事业，具有坚定的政治方向，能自觉实践邓小平理论和“三个代表”重要思想，树立和落实科学发展观。

2. 热爱少年儿童，热爱少先队工作，品行端正，作风正派，具有奉献精神，竭诚为少年儿童健康成长服务。

3. 掌握教育规律和当代少年儿童成长规律，引导少年儿童在实践体验中提高全面素质。

4. 综合素质比较全面，具有较强的组织协调能力、语言文字表达能力和一定的理论研究能力。

第五条　农村学校的大中队辅导员和乡（镇）总辅导员应具有中师以上（含中师）文化程度。城区中小学校的大中队辅导员和省（区、市）、市（地）、县（市、区）总辅导员应具有大专以上（含大专）文化程度。

第六条 大队辅导员和乡镇总辅导员应具有2年以上教育教学经验，省（区、市）、市（地）、县（市、区）总辅导员应具有3年以上的少先队工作经验。

第七条 少先队大队辅导员上岗前必须参加由县级以上（含县级）少工委组织的专业培训，并由县级以上（含县级）少工委颁发由全国少工委制定统一格式的《少先队辅导员培训合格证书》。

第三章 辅导员的配备与管理

第八条 省（区、市）、市（地）、县（市、区）、乡（镇）少工委应设少先队总辅导员。总辅导员应由长期从事少先队工作，具有丰富经验、较强组织协调能力和较高理论研究水平的人士担任。省级、市级总辅导员应设在同级团委，县（市、区）级总辅导员可设在同级团委，也可设在同级教育行政部门。省（区、市）、市（地）、县（市、区）总辅导员应按不低于同级团委或教育行政部门中层副职的标准配备。乡（镇）总辅导员由中心校少先队大队辅导员兼任。

第九条 大队辅导员由所在学校推荐、上级团委聘请、从事学校少先队工作的优秀教师担任。在配备与管理上应做到：

1. 有15个教学班以上的小学，初一、初二两个年级有8个教学班以上的中学，应配备一名少先队大队辅导员。中学的大队辅导员可由中学团委（总支）书记或团委副书记兼任。

2. 大队辅导员在已与学校明确了聘用关系的人员范围内，按照队章的规定聘请，三年一聘，聘请的第一年为试用期，试用期间考核如不合格则随时解聘，工作业绩突出者可续聘。学校对大队辅导员进行调整时，需征求上级团委意见，并做到随缺随补。团组织聘请辅导员应举行仪式，颁发聘书。

3. 大队辅导员按学校中层管理人员进行管理和使用，列席校务会议。从事少先队工作多年，且成绩特别突出者，可列入教育系统后备干部培养序列。

4. 符合《中学教师职务试行条例》或《小学教师职务试行条例》要求的大队辅导员可按有关规定评聘相应专业技术职务。

5. 大队辅导员每周兼课一般不超过6课时，从事少先队的工作时间每周不低于10课时。大队辅导员的工作量要折算成相应的教学工作量。大队辅导员节假日组织开展少先队活动，学校应给予适当调休。

第十条 初中和小学以班级为单位成立少先队中队，中队辅导员一般由班主任兼任，也可由其他课任教师兼任。聘请中队辅导员要举行仪式，颁发聘书。

第十一条 学校和社区少先队组织要至少聘请一名志愿辅导员。少先队志愿辅导员应从各行各业的先进人物、优秀青年学生、志愿者和解放军指战员、武警官兵、公安民警以及老干部、老战士、老专家、老教师、老模范等社会各界热心少年儿童工作的人士中聘请。聘请志愿辅导员要举行仪式，颁发聘书。县（市、区）少工委要对志愿辅导员及时进行登记注册，并对他们进行培训。

第四章　辅导员的职责

第十二条　各级总辅导员的职责是：在同级少工委的领导下，参与团委、教育行政部门、少工委对本区域内少先队工作计划的研究、制订和重大活动的设计、实施；参与对基层辅导员的工作指导和业务培训；及时向上级少工委和有关部门反映基层辅导员在工作、学习、生活中遇到的实际问题，并参与会同有关部门协商解决。

第十三条　少先队大队辅导员的职责是：抓好学校少先队基础建设；组织开展少先队大队的各项活动；指导和协调中队辅导员工作；培训中队辅导员；关注队员的身心健康，反映他们的意见和成长中的需求，争取学校、家长、社会的支持和配合；维护少年儿童的合法权益，促进他们健康成长全面发展；协助学校行政管理工作；协助社区少工委工作。

第十四条　少先队中队辅导员的职责是：在大队辅导员的领导下，指导中队委员会制订计划、开展工作、组织活动；指导中队集体建设，帮助队员学会当家作主。

第十五条　少先队志愿辅导员的职责是：充分利用自身的优势和专长，辅导少年儿童开展丰富多彩的实践体验和文娱活动；维护少年儿童的合法权益；为学校和社区的少先队工作创造条件，提供支持。

第五章　对辅导员的培训

第十六条　各级少工委要把对辅导员的培训作为重要的工作任务，制订年度培训计划，利用寒暑假和节假日对辅导员进行培训，并为他们参加培训创造条件。

第十七条　辅导员培训以“实际、实用、实效”为宗旨，应着重做好上岗前的专业培训、在岗期间的业务培训和更新知识的专项培训等。

第十八条　辅导员培训内容主要包括政治理论、少先队业务、少先队重大工作项目等。辅导员培训大纲、计划、教材要由省级以上（含省级）少工委组织专家编写。

第十九条　辅导员培训按照分级培训、分类负责的原则实施，分为全国、省、市、县四个层次。全国和省级少工委的培训以总辅导员、骨干大队辅导员及专项培训为主，市（地）、县（市、区）两级培训要扩大到中队辅导员，县级少工委培训要以中队辅导员为主。

第二十条　各级少工委要努力创造条件为辅导员受训提供经费支持。要落实各级团费的10%用于少先队辅导员的培训的要求，同时积极争取财政和相关方面的支持。各中小学校应把辅导员的培训纳入教师继续教育体系。

第二十一条　新任或拟任辅导员的优秀教师，参加上岗培训的时间一般不少于3天。在岗的大中队辅导员、总辅导员每年累计参加各类培训（含以会代训）的时间一般不少于5天。培训结束要颁发相应的证书。

第六章　对辅导员的业绩考核

第二十二条　省（区、市）、市（地）、县（市、区）、总辅导员由同级团委、教育行政部门、少工委负责考核。乡（镇）总辅导员、大队辅导员由县（市、区）少工委按照《少先队辅导员工作纲要（试行）》的要求进行考核。中队辅导员由学校少先队大队委员会和大队辅导员共同考核。

第二十三条　对各级总辅导员的考核可结合单位工作考评一年进行一次。对大、中队辅导员的考核每学期进行一次，并建立考核档案。

第二十四条　对大、中队辅导员的考核主要应包括以下环节：（1）个人进行工作总结；（2）在所在学校进行民主测评，广泛听取各方面意见；（3）确定考核等次。考核分为优秀、称职、不称职三个等次。考核结果要作为辅导员聘请、评选先进的重要依据，考核不称职者应予解聘。

第二十五条　考核应坚持客观公正的原则。辅导员的考核结果应以书面形式通知本人，并报上级少工委备案。

第七章　对辅导员的奖励

第二十六条　对经正式聘请，工作有显著成绩或作出特殊贡献的各级总辅导员、大中队辅导员和志愿辅导员，由各级团委、少工委联合教育行政部门等共同表彰，并授予“十佳少先队辅导员”、“十佳少先队志愿辅导员”、“优秀少先队辅导员”的荣誉称号。

第二十七条　受到表彰的大中队优秀辅导员和乡（镇）优秀总辅导员应享受同级优秀教师的待遇。

第二十八条　辅导员在少先队工作中获得的各种奖励和研究成果，应与中小学教师在教学方面获得的奖励和研究成果同等对待，并记入本人档案，作为考核、聘用、职务和工资晋升的重要依据。

第二十九条 共青团组织表彰的先进工作者，教育行政部门表彰的优秀教师，少先队辅导员要占一定比例。

第八章 附则

第三十条 本办法由共青团中央、全国少工委、教育部、人事部共同制定，本办法的解释权属发文部委。省级少工委可联合相关部门依据本办法制定具体的实施办法或细则。

第三十一条 本办法自发布之日起实施。

中小学教师职业道德规范

(教师[2008]2号2008年9月1日)

一、爱国守法。热爱祖国，热爱人民，拥护中国共产党领导，拥护社会主义。全面贯彻国家教育方针，自觉遵守教育法律法规，依法履行教师职责权利。不得有违背党和国家方针政策的言行。

二、爱岗敬业。忠诚于人民教育事业，志存高远，勤恳敬业，甘为人梯，乐于奉献。对工作高度负责，认真备课上课，认真批改作业，认真辅导学生。不得敷衍塞责。

三、关爱学生。关心爱护全体学生，尊重学生人格，平等公正对待学生。对学生严慈相济，做学生的良师益友。保护学生安全，关心学生健康，维护学生权益。不讽刺、挖苦、歧视学生，不体罚或变相体罚学生。

四、教书育人。遵循教育规律，实施素质教育。循循善诱，诲人不倦，因材施教。培养学生良好品行，激发学生创新精神，促进学生全面发展。不以分数作为评价学生的唯一标准。

五、为人师表。坚守高尚情操，知荣明耻，严于律己，以身作则。衣着得体，语言规范，举止文明。关心集体，团结协作，尊重同事，尊重家长。作风正派，廉洁奉公。自觉抵制有偿家教，不利用职务之便谋取私利。

六、终身学习。崇尚科学精神，树立终身学习理念，拓宽知识视野，更新知识结构。潜心钻研业务，勇于探索创新，不断提高专业素养和教育教学水平。

中小学健康教育指导纲要

（教体艺[2008]12号2008年12月1日）

为贯彻落实《中共中央国务院关于加强青少年体育增强青少年体质的意见》（中发[2007]7号）对健康教育提出的工作要求，进一步加强学校健康教育工作，培养学生的健康意识与公共卫生意识，掌握健康知识和技能，促进学生养成健康的行为和生活方式,依据《中国公民健康素养-基本知识与技能（试行）》及新时期学校健康教育的需求，特制定本纲要。

一、指导思想、目标和基本原则

1.以邓小平理论和“三个代表”重要思想为指导，按照科学发展观的要求，全面贯彻党的教育方针，认真落实健康第一的指导思想，把增强学生健康素质作为学校教育的基本目标之一，促进学生健康成长。

2.健康教育是以促进健康为核心的教育。通过有计划地开展学校健康教育，培养学生的健康意识与公共卫生意识，掌握必要的健康知识和技能，促进学生自觉地采纳和保持有益于健康的行为和生活方式，减少或消除影响健康的危险因素，为一生的健康奠定坚实的基础。

3.学校健康教育要把培养青少年的健康意识，提高学生的健康素质作为根本的出发点，注重实用性和实效性。坚持健康知识传授与健康技能传授并重原则；健康知识和技能传授呈螺旋式递进原则；健康知识传授、健康意识与健康行为形成相统一原则；总体要求与地方实际相结合原则；健康教育理论知识和学生生活实际相结合原则。做到突出重点、循序渐进，不断强化和促进健康知识的掌握、健康技能的提高、健康意识的形成、健康行为和生活方式的建立。

二、健康教育具体目标和基本内容

中小学健康教育内容包括五个领域：健康行为与生活方式、疾病预防、心理健康、生长发育与青春期保健、安全应急与避险。

根据儿童青少年生长发育的不同阶段，依照小学低年级、小学中年级、小学高年级、初中年级、高中年级五级水平，把五个领域的内容合理分配到五级水平中，分别为水平一（小学1-2年级）、水平二（小学3-4年级）、水平三（小学5-6年级）、水平四（初中7-9年级）、水平五（高中10-12年级）。五个不同水平互相衔接，完成中小学校健康教育的总体目标。

（一）水平一（小学1–2年级）

1.目标

知道个人卫生习惯对健康的影响，初步掌握正确的个人卫生知识；了解保护眼睛和牙齿的知识；知道偏食、挑食对健康的影响，养成良好的饮水、饮食习惯；了解自己的身体，学会自我保护；学会加入同伴群体的技能，能够与人友好相处；了解道路交通和玩耍中的安全常识，掌握一些简单的紧急求助方法；了解环境卫生对个人健康的影响，初步树立维护环境卫生意识。

2.基本内容

（1）健康行为与生活方式：不随地吐痰，不乱丢果皮纸屑等垃圾；咳嗽、打喷嚏时遮掩口鼻；勤洗澡、勤换衣、勤洗头、勤剪指甲（包含头虱的预防）；不共用毛巾和牙刷等洗漱用品（包含沙眼的预防）；不随地大小便，饭前便后要洗手；正确的洗手方法；正确的身体坐、立、行姿势，预防脊柱弯曲异常；正确的读写姿势；正确做眼保健操；每天早晚刷牙，饭后漱口；正确的刷牙方法以及选择适宜的牙刷和牙膏；预防龋齿（认识龋齿的成因、注意口腔卫生、定期检查）；适量饮水有益健康，每日适宜饮水量，提倡喝白开水；吃好早餐，一日三餐有规律；偏食、挑食对健康的影响；经常喝牛奶、食用豆类及豆制品有益生长发育和健康；经常开窗通气有利健康；文明如厕、自觉维护厕所卫生；知道蚊子、苍蝇、老鼠、蟑螂等会传播疾病。

（2）疾病预防：接种疫苗可以预防一些传染病。

（3）心理健康：日常生活中的礼貌用语，与同学友好相处技能。

（4）生长发育与青春期保健：生命孕育、成长基本知识，知道“我从哪里来”。

（5）安全应急与避险：常见的交通安全标志；行人应遵守的基本交通规则；乘车安全知识；不玩危险游戏，注意游戏安全；燃放鞭炮要注意安全；不玩火，使用电源要注意安全；使用文具、玩具要注意卫生安全；远离野生动物，不与宠物打闹；家养犬要注射疫苗；发生紧急情况，会拨打求助电话（医疗求助电话：120，火警电话：119，匪警电话：110）。

（二）水平二（小学3–4年级）

1.目标

进一步了解保护眼睛、预防近视眼知识，学会合理用眼；了解食品卫生基本知识，初步树立食品卫生意识；了解体育锻炼对健康的作用，初步学会合理安排课外作息时间；初步了解烟草对健康的危害；了解肠道寄生虫病、常见呼吸道传染病和营养不良等疾病的基本知识及预防方法；了解容易导致意外伤害的危险因素，熟悉常见的意外伤害的预防与简单处理方法；了解日常生活中的安全常识，掌握简单的避险与逃生技能；初步了解生命的意义和价值，树立保护生命的意识。

2.基本内容

（1）健康行为与生活方式：读书写字、看电视、用电脑的卫生要求；预防近视（认识近视的成因、学会合理用眼、注意用眼卫生、定期检查）；预防眼外伤；不吃不洁、腐败变质、超过保质期的食品；生吃蔬菜水果要洗净；人体所需的主要营养素；体育锻炼有利于促进生长发育和预防疾病；睡眠卫生要求；生活垃圾应该分类放置；烟草中含有多种有害于健康的物质，避免被动吸烟。

（2）疾病预防：蛔虫、蛲虫等肠道寄生虫病对健康的危害与预防；营养不良、肥胖对健康的危害与预防；认识传染病（重点为传播链）；常见呼吸道传染病（流感、水痘、腮腺炎、麻疹、流脑等）的预防；冻疮的预防（可根据地方实际选择）；学生应接种的疫苗。

（3）生长发育与青春期保健：人的生命周期包括诞生、发育、成熟、衰老、死亡；初步了解儿童青少年身体主要器官的功能，学会保护自己。

（4）安全应急与避险：游泳和滑冰的安全知识；不乱服药物，不乱用化妆品；火灾发生时的逃生与求助；地震发生时的逃生与求助；动物咬伤或抓伤后应立即冲洗伤口，及时就医，及时注射狂犬疫苗；鼻出血的简单处理；简便止血方法（指压法、加压包扎法）。

（三）水平三（小学5-6年级）

1. 目标

了解健康的含义与健康的生活方式，初步形成健康意识；了解营养对促进儿童少年生长发育的意义，树立正确的营养观；了解食品卫生知识，养成良好的饮食卫生习惯；了解烟草对健康的危害，树立吸烟有害健康的意识；了解毒品危害的简单知识，远离毒品危害；掌握常见肠道传染病、虫媒传染病基本知识和预防方法，树立卫生防病意识；了解常见地方病如碘缺乏病、血吸虫病对健康的危害，掌握预防方法；了解青春期生理发育基本知识，初步掌握相关的卫生保健知识；了解日常生活中的安全常识，学会体育锻炼中的自我监护，提高自我保护的能力。

2. 基本内容

（1）健康行为与生活方式：健康不仅仅是没有疾病或不虚弱，而是身体、心理、社会适应的完好状态；健康的生活方式（主要包括合理膳食、适量运动、戒烟限酒、心理平衡）有利于健康；膳食应以谷类为主，多吃蔬菜水果和薯类，注意荤素搭配；日常生活饮食应适度，不暴饮暴食，不盲目节食，适当零食；购买包装食品应注意查看生产日期、保质期、包装有无涨包或破损，不购买无证摊贩食品；容易引起食物中毒的常见食品（发芽土豆、不熟扁豆和豆浆、毒蘑菇、新鲜黄花菜、河豚鱼等）；不采摘、不食用野果、野菜；体育锻炼时自我监护的主要内容（主观感觉和客观检查的指标）；发现视力异常，应到正规医院眼科进行视力检查、验光，注意配戴眼镜的卫生要求；吸烟和被动吸烟会导致癌症、心血管疾病、呼吸系统疾病等多种疾病；不吸烟、不饮酒。常见毒品的名称；毒品对个人和家庭的危害，自我保护的常识和简单方法，能够远离毒品。

（2）疾病预防：贫血对健康的危害与预防；常见肠道传染病（细菌性痢疾、伤寒与副伤寒、甲型肝炎等）的预防；疟疾的预防；流行性出血性结膜炎（红眼病）的预防；碘缺乏病对人体健康的危害；食用碘盐可以预防碘缺乏病；血吸虫病的预防（可根据地方实际选择）。

（3）心理健康：保持自信，自己的事情自己做。

（4）生长发育与青春期保健：青春期的生长发育特点；男女少年在青春发育期的差异（男性、女性第二性征的具体表现）；女生月经初潮及意义（月经形成以及周期计算）；男生首次遗精及意义；变声期的保健知识；青春期的个人卫生知识。体温、脉搏测量方法及其测量的意义。

（5）安全应急与避险：骑自行车安全常识；常见的危险标识（如高压、易燃、易爆、剧毒、放射性、生物安全），远离危险物；煤气中毒的发生原因和预防；触电、雷击的预防；中暑的预防和处理；轻微烫烧伤和割、刺、擦、挫伤等的自我处理；提高网络安全防范意识。

（四）水平四（初中阶段）

1.目标

了解生活方式与健康的关系，建立文明、健康的生活方式；进一步了解平衡膳食、合理营养意义，养成科学、营养的饮食习惯；了解充足睡眠对儿童少年生长发育的重要意义；了解预防食物中毒的基本知识；进一步了解常见传染病预防知识，增强卫生防病能力；了解艾滋病基本知识和预防方法，熟悉毒品预防基本知识，增强抵御毒品和艾滋病的能力；了解青春期心理变化特点，学会保持愉快情绪和增进心理健康；进一步了解青春期发育的基本知识，掌握青春期卫生保健知识和青春期常见生理问题的预防和处理方法；了解什么是性侵害，掌握预防方法和技能；掌握简单的用药安全常识；学会自救互救的基本技能，提高应对突发事件的能力；了解网络使用的利弊，合理利用网络。

2.基本内容

（1）健康行为与生活方式：不良生活方式有害健康，慢性非传染性疾病（恶性肿瘤、冠心病、糖尿病、脑卒中）的发生与不健康的生活方式有关；膳食平衡有利于促进健康；青春期充足的营养素，保证生长发育的需要。保证充足的睡眠有利于生长发育和健康（小学生每天睡眠时间10个小时，初中生每天睡眠时间9个小时，高中生每天睡眠时间8小时）；食物中毒的常见原因（细菌性、化学性、有毒动植物等）；发现病死禽畜要报告，不吃病死禽畜肉；适宜保存食品，腐败变质食品会引起食物中毒；拒绝吸烟、饮酒的技巧；毒品对个人、家庭和社会的危害；拒绝毒品的方法；吸毒违法，拒绝毒品。

（2）疾病预防：乙型脑炎的预防；疥疮的预防；肺结核病的预防；肝炎的预防（包括甲型肝炎、乙（丙）型肝炎等）；不歧视乙肝病人及感染者；艾滋病的基本知识；艾滋病的危害；艾滋病的预防方法；判断安全行为与不安全行为，拒绝不安全行为的技巧；学会如何寻求帮助的途径和方法；与预防艾滋病相关的青春期生理和心理知识；吸毒与艾滋病；不歧视艾滋病病毒感染者与患者。

（3）心理健康：不良情绪对健康的影响；调控情绪的基本方法；建立自我认同，客观认识和对待自己；根据自己的学习能力和状况确定合理的学习目标；异性交往的原则。

（4）生长发育与青春期保健：热爱生活，珍爱生命；青春期心理发育的特点和变化规律，正确对待青春期心理变化；痤疮发生的原因、预防方法；月经期间的卫生保健常识，痛经的症状及处理；选择和佩戴适宜的胸罩的知识。

（5）安全应急与避险：有病应及时就医；服药要遵从医嘱，不乱服药物；不擅自服用、不滥用镇静催眠等成瘾性药物；不擅自服用止痛药物；保健品不能代替药品；毒物中毒的应急处理；溺水的应急处理；骨折简易应急处理知识（固定、搬运）；识别容易发生性侵害的危险因素，保护自己不受性侵害；预防网络成瘾。

（五）水平五（高中阶段）

1. 目标

了解中国居民膳食指南，了解常见食物的选购知识，进一步了解预防艾滋病基本知识，正确对待艾滋病病毒感染者和患者；学会正确处理人际关系，培养有效的交流能力，掌握缓解压力等基本的心理调适技能；进一步了解青春期保健知识，认识婚前性行为对身心健康的危害，树立健康文明的性观念和性道德。

2. 基本内容

（1）健康行为与生活方式：食品选购基本知识；中国居民膳食指南的内容。

（2）疾病预防：艾滋病的预防知识和方法；艾滋病的流行趋势及对社会经济带来的危害；HIV感染者与艾滋病病人的区别；艾滋病的窗口期和潜伏期；无偿献血知识；不歧视艾滋病病毒感染者与患者。

（3）心理健康：合理宣泄与倾诉的适宜途径，客观看待事物；人际交往中的原则和方法，做到主动、诚恳、公平、谦虚、宽厚地与人交往；缓解压力的基本方法；认识竞争的积极意义；正确应对失败和挫折；考试等特殊时期常见的心理问题与应对。

（4）生长发育与青春期保健：热爱生活，珍爱生命；青春期常见的发育异常，发现不正常要及时就医；婚前性行为严重影响青少年身心健康；避免婚前性行为。

（5）安全应急与避险：网络交友的危险性。

三、实施途径及保障机制

（一）学校要通过学科教学和班会、团会、校会、升旗仪式、专题讲座、墙报、板报等多种宣传教育形式开展健康教育。学科教学每学期应安排6-7课时，主要载体课程为《体育与健康》，健康教育教学课时安排可有一定灵活性，如遇在下雨（雪）或高温（严寒）等不适宜户外体育教学的天气时可安排健康教育课。另外，小学阶段还应与《品德与生活》《品德与社会》等学科的教学内容结合，中学阶段应与《生物》等学科教学有机结合。对无法在《体育与健康》等相关课程中渗透的健康教育内容，可以利用综合实践活动和地方课程的时间，采用多种形式，向学生传授健康知识和技能。

(二)各地教育行政部门和学校要重视健康教育师资建设，把健康教育师资培训列入在职教师继续教育的培训系列和教师校本培训计划，分层次开展培训工作，不断提高教师开展健康教育的水平。中小学健康教育师资以现有健康教育专兼职教师和体育教师为基础。要重视健康教育教学研究工作，各级教研部门要把健康教育教学研究纳入教研工作计划，针对不同学段学生特点，开展以知识传播与技能培养相结合的教学研究工作。

(三)各地应加强教学资源建设，积极开发健康教育的教学课件、教学图文资料、音像制品等教学资源，增强健康教育实施效果。凡进入中小学校的自助读本或相关教育材料必须按有关规定，经审定后方可使用；健康教育自助读本或者相关教育材料的购买由各地根据本地实际情况采取多种方式解决，不得向学生收费增加学生负担。大力提倡学校使用公用图书经费统一购买，供学生循环使用。

(四)要重视对健康教育的评价和督导。各地教育行政部门和学校应将健康教育实施过程与健康教育实施效果作为评价重点。评价的重点包括学生健康意识的建立、基本知识和技能的掌握和卫生习惯、健康行为的形成，以及学校对健康教育课程（活动）的安排、必要的资源配置、实施情况以及实际效果。各地教育行政部门应将学校实施健康教育情况列入学校督导考核的重要指标之一。

(五)充分利用现有资源。健康是一个广泛的概念，涉及到生活的方方面面，学校健康教育体现在教育过程的各个环节，各地在组织实施过程中，要注意健康教育与其他相关教育，如安全教育、心理健康教育有机结合，把课堂内教学与课堂外教学活动结合起来，发挥整体教育效应。

(六)学校健康教育是学校教育的一部分，学校管理者应以大健康观为指导，全面、统筹思考学校的健康教育工作，应将健康教育教学、健康环境创设、健康服务提供有机结合，为学生践行健康行为提供支持，以实现促进学生健康发展的目标。

中小学生健康体检管理办法

（卫医发[2008]37号2008年6月27日）

为贯彻落实《中共中央国务院关于加强青少年体育增强青少年体质的意见》精神，根据《学校卫生工作条例》、《国家学校体育卫生条件试行基本标准》、《预防性健康检查管理办法》的规定要求，特制定本管理办法。

一、健康体检基本要求

（一）新生入学应建立健康档案。学校应组织所有入学新生进行健康体检，建立健康档案。小学新生可在家长或监护人的陪伴下前往指定的健康体检机构或由健康体检机构人员前往学校进行健康体检。

（二）在校学生每年进行1次常规健康体检。

（三）在校学生健康体检的场所可以设置在医疗机构内或学校校内。设置在学校内的体检场地，应能满足健康体检对检查环境的要求。

二、健康体检项目

（一）病史询问。

（二）体检项目。

1.内科常规检查：心、肺、肝、脾；

2.眼科检查：视力、沙眼、结膜炎；

3.口腔科检查：牙齿、牙周；

4.外科检查：头部、颈部、胸部、脊柱、四肢、皮肤、淋巴结；

5.形体指标检查：身高、体重；

6.生理功能指标检查：血压；

7.实验室检查：

（1）结核菌素试验*；

（2）肝功能**：谷丙转氨酶、胆红素。

注：“*”小学、初中入学新生必检项目；

“**”寄宿制学生必要时到符合规定的医疗机构进行的体检项目。

其他项目应根据国家相关法律、法规、规定所要求开展的检查项目或根据地方具体情况，进行适当增补，涉及实验室和影像学检查必须在医疗机构内完成。

三、健康检查结果反馈与档案管理

（一）学生健康体检机构在体检结束后，应分别向学生（家长）、学校和当地教育行政部门反馈学生个体健康体检结果与学生群体健康评价结果。

（二）健康检查结果的反馈形式。

健康体检机构以个体报告单形式向学生反馈健康体检结果；以学校汇总报告单形式向学校反馈学生体检结果；将所负责的体检学校的学生体检结果统计汇总，以区域学校汇总报告单形式上报当地教育行政部门，当地教育行政部门再逐级上报。

（三）健康体检报告单内容。

1.个体报告单内容应包括学生个体体检项目的客观结果、对体检结果的综合评价以及健康指导建议；

2.学校汇总报告单内容应包括学校不同年级男女生的生长发育、营养状况的分布、视力不良、龋齿检出率、传染病或缺陷的检出率，不同年级存在的主要健康问题以及健康指导意见；

3.区域学校汇总报告单内容应包括所检查学校学生的总体健康状况分析，包括生长发育、营养状况的分布、视力不良、龋齿检出率、传染病或缺陷检出率以及健康指导意见。

（四）健康检查报告单的反馈时限。

个体报告单应于健康检查后2周内反馈学生；学校汇总报告单应于检查后1个月内反馈给学校；区域学校汇总报告单应于检查后2个月内反馈当地教育行政部门。

（五）学生健康档案管理。

学校和教育行政部门应将学生健康档案纳入学校档案管理内容，实行学生健康体检资料台账管理制度；应根据学生健康体检结果和体检单位给出的健康指导意见，研究制订促进学生健康的措施，有针对性地开展促进学生健康的各项工作。

四、健康体检机构资质

（一）机构条件。

1.具有法人资格、持有有效的《医疗机构执业许可证》、由政府举办的公立性医疗机构（包括教育行政部门所属的区域性中小学卫生保健机构）；

学生健康体检机构必须报经学校主管教育行政部门备案；

2.能独立开展学生健康检查工作；

3.能对学生健康检查状况进行个体和群体评价、分析、反馈，并提出健康指导建议；

4.有独立、固定的办公场所和足够的学生健康检查场所、工作条件和必备的合格的医疗检查设备与检验仪器；

5.有健全的规章制度、有国家制定或认可的医疗护理技术操作规程。

（二）人员要求。

1.体检岗位设置合理，管理职责明确。

2.有足够的与学生健康体检项目相适应的管理、技术、质量控制和统计人员；按体检项目确定从事健康体检的人员，每个体检项目不得少于1人（其中：检验人员不少于2人）。

3.具有与学生健康检查工作和学生常见病防治有关的知识和经验。

4.专业技术负责人应熟悉本专业业务，技术人员的专业与学生健康检查的项目相符合。

5.内科、外科、口腔科、眼科检查及实验室检验的人员必须具有相应的专业技术职务任职资格；各专业体检医师至少有1人具有中级以上专业技术职务任职资格。

6.具有中级以上专业技术职务任职资格的人员不得少于从事学生健康检查总人数的30%。

（三）场所设置基本要求。

具有独立于医院诊疗区之外的健康人群体检场所，设有专门的检查室及辅助功能设施：

1.有学生集合场地，并设有室内候诊区（不小于20平方米）；

2.男女分开的内科、外科检查室（各不少于1间）；

3.眼科、口腔科检查室；

4.化验室、消毒供应室；

5.男、女卫生间。

体检场所应按照《医院消毒技术规范》的要求进行消毒处理，符合《医院消毒卫生标准（GB15982—1995）》中三类环境的消毒卫生标准，保证卫生安全。医疗废物处理应符合国务院《医疗废物管理条例》的规定。生物样本的采集和留存应符合国家有关卫生标准的规定和相关检验技术规范的要求；生物样本的运输应按照国家相关规定执行。

（四）仪器设备。

学生健康体检所需的医疗检查设备与检验仪器的种类、数量、性能、量程、精度能满足工作需要，并能良好运行，定期校验；仪器设备有完整的操作规程。

1.实验室基本设备：

（1）分光光度计；

（2）恒温箱；

（3）离心机；

（4）电冰箱；

（5）高压灭菌设备；

（6）显微镜；

（7）紫外线灯。

2.体检基本设备：

（1）听诊器；

（2）血压计；

（3）身高坐高计；

（4）体重秤（杠杆式）；

（5）对数灯光视力表箱；

（6）检眼镜片箱；

（7）口腔科器械（平面口镜、五号探针）；

（8）全自动或半自动生化仪；

（9）诊察床；

（10）与开展的诊查科目相应的其他设备。

体检器具的消毒应符合《医院消毒卫生标准（GB15982—1995）》中的医疗用品卫生标准的规定。

（五）其他。

1.学生体检表由各省（区、市）卫生行政部门统一制定；

2.健康体检机构应有良好的内务管理，检查仪器放置合理，便于操作，配有必要的消毒、防污染、防火、控制进入等安全措施；

3.检测方法应尽可能采用国际、国家、行业或地方规定的方法或标准；

4.编制有质量管理体系文件，并严格开展质量控制；

5.为检验样品建立唯一识别系统和状态标识，应当编制有关样品采集、接收、流转、保存和安全处置的书面程序；

6.体检报告按照规定书写、更改、审核、签章、分发、保存和统计；

7.开展健康体检的机构应按照有关规定收取体检费用。

五、健康体检经费及管理

（一）义务教育阶段学生健康体检的费用由学校公用经费开支，学生健康体检经费管理（拨付）办法由省级教育、财政部门共同制定。

（二）义务教育阶段的学生健康体检具体费用标准由省级财政、物价、教育、卫生等相关部门根据本管理办法确定的健康体检项目，以及当地教育、卫生状况和经济发展水平确定。

（三）非义务教育阶段的学生健康体检费用标准和解决办法，由省级人民政府统一制定。

六、健康体检培训与考核

各省（区、市）落实本管理办法，参加学生健康体检的机构及人员必须进行统一培训，统一体检标准。县级以上卫生行政部门负责组织健康体检人员的培训、考核。健康体检人员必须经培训考核合格后方可上岗。

教育部关于当前加强中小学管理规范办学行为的指导意见

（教基一[2009]7号2009年4月22日）

各省、自治区、直辖市教育厅(教委)，新疆生产建设兵团教育局：

进入新世纪以来，我国基础教育事业快速发展，整体上进入更加注重内涵发展和提高质量的新阶段。加强中小学规范管理，办好每一所学校，成为新时期基础教育实现科学发展的必然要求。近些年来，教育部相继出台了一系列规章制度，各地也进行了积极有益的探索和实践，加强了中小学校的管理。但目前一些地方和学校仍然存在着办学行为不规范的突出问题，不符合素质教育的要求，不能很好地适应基础教育发展的新形势，制约着新时期基础教育持续健康发展,成为人民群众普遍关注的热点问题。为进一步全面贯彻党的教育方针，大力推进素质教育，切实加强中小学管理，现提出如下指导意见：

一、强化责任，进一步明确和落实地方各级教育行政部门和学校的管理职责和工作任务

1.加强省级统筹，整体提升本行政区域内中小学管理水平。省级教育行政部门应加强对本行政区域内中小学管理工作的监督指导，将其列入重要议事日程，提出整体推进的政策措施。

——制定和完善本地区中小学校管理基本规范，组织排查突出问题，有针对性地提出加强中小学管理规范办学行为的目标任务和工作要求。

——加强对地（市）、县级教育行政部门的指导，大力倡导科学的教育发展观和政绩观，建立健全学业水平考试和教育质量监测制度，坚决禁止下达升学指标和简单用升学率奖惩教育工作的做法，形成有利于推进素质教育的工作机制。

——加强教育经费统筹，切实保障区域内基础教育学校的基本办学条件，为实施规范化管理奠定良好基础。

——组织开展全省（区、市）范围内的中小学管理随机督导检查，督促地(市)、县（区）教育行政部门切实履行管理职责，落实规范办学的各项要求。

——积极营造尊重教师、尊重教育的良好社会风气，依法保障学校的办学自主权，为学校实施素质教育，提高教育质量创造良好社会环境。

2.强化以县为主管理，切实把各项要求落实到每一所学校。县级教育行政部门要把加强中小学管理规范办学行为作为“以县为主”管理的重要内容，完善工作机制，依法实施管理。

——具体分析当地中小学办学行为、学生课业负担及体质健康状况，研究制定符合当地实际的管理办法，建立督学责任区制度，及时纠正行政区域内各种不规范办学行为，切实维护区域内中小学校正常教学秩序和办学秩序。

——加强教育质量管理，指导和保障学校科学安排课程，全面落实国家教育教学基本要求。切实加强学校校长和教师队伍建设，组织落实对校长、教师的培训。

——均衡配置县域内义务教育公共资源，加大对农村学校和薄弱学校的扶持力度，进一步缩小校际之间差距。指导中小学校合理编制经费预算。规范学校收费，加强学校财务管理。坚决抵制截留、挤占、挪用教育经费和学校资源的违法违规行为。

——完善和强化乡镇中心学校的管理功能，健全覆盖所有学校和教学点的管理体系。协调各有关部门共同维护校园及周边秩序，做好学校安全教育和管理，确保师生安全。

3.坚持依法治校，科学规范学校内部管理。中小学校要严格遵守国家法律法规，形成依法办学、自我约束的发展机制。

——依法落实校长负责制，健全校内各项规章制度，完善教职工代表大会制度，实行民主管理，坚持校务公开，接受社会监督。

——坚持育人为本、德育为先。认真执行国家课程方案，严格遵循教育规律，不随意提高教学难度，不组织学生参加各种有违教育规律的竞赛和不当竞争，不占用学生法定休息时间加班加点或集体补课。坚持健康第一，注重创新精神培养，不挤占体育课、艺术课、综合社会实践等教学时间。切实加强安全教育和管理。

——认真贯彻《中小学教师职业道德规范》，强化教师教书育人职责和岗位要求。注重教师专业成长，努力提高教师职业道德水平和教学业务能力。保障教师身心健康。

——加强学校财务管理和资产管理。科学编制学校预算，严格执行财务制度。坚持收支公开，主动接受审计，坚决杜绝学校设立小金库和帐外帐，规范各种收费。

二、抓住重点，认真解决好当前一些违背教育规律、影响正常教育教学秩序的突出问题

当前要集中力量解决好人民群众普遍关心、社会反响强烈的热点难点问题，力争在较短时间内取得明显成效。

1.科学安排作息时间，切实减轻学生过重课业负担。地方各级教育行政部门要根据当地实际情况，按照不同学段和年级、走读生和寄宿生的实际需要，对学生休息时间、在校学习（包括自习）时间、体育锻炼时间、在校活动内容和家庭作业等方面作出科学合理安排和严格规定，并组织全面检查。坚决纠正各种随意侵占学生休息时间的做法，正确引导家长和社会积极参与，切实把课内外过重的课业负担减下来，依法保障学生的休息权利。

2.严格执行课程计划，切实提高教育教学质量。省级教育行政部门要研究制定实施国家课程、地方课程和学校课程的相关政策和管理制度。地（市）、县（区）教育行政部门要全面督促落实本地区课程实施计划，并坚决纠正任何违背教育规律、随意加深课程难度、随意增减课程和课时、赶超教学进度和提前结束课程的现象。坚持学生每天锻炼一小时，保障学校开展团队活动和社会实践活动时间。鼓励和表彰在规定教学时间内、通过提高课堂教学效果和学生学习效率、提高教育质量的先进学校和优秀教师，大力倡导和推广一些地方和学校减负增效的成功做法。

3.严格规范考试科目与次数，逐步完善教育评价办法。各地要对小学、初中、高中的考试科目和考试次数在全面排查的基础上加以科学规范。坚决制止随意组织学校参加各种统考、联考或其他竞赛、考级等现象。学校考试命题要科学合理，考试内容要符合课程方案的基本要求，不得随意提升考试难度，增加考试次数。积极探索以完成本学段国家规定教育目标为基本标准、以学业水平测试和学生综合素质等为主要指标的综合评价体系。不以升学率对学校排队，不以考试成绩对学生排名。加强高考信息管理，制止对高考成绩的各种炒作。

4.加强招生管理，严格规范招生秩序。义务教育阶段学校坚持免试就近入学原则，不得违规提前招生和举行任何形式的选拔性考试。制止各种学科竞赛、特长评级与义务教育阶段学校录取相挂钩。要及时根据生源变化情况合理调整学校招生范围，每学年向社会公布行政区域内各义务教育阶段学校招生范围、招生时间、招生计划及有关要求。普通高中招生要坚持全面评价、择优录取原则，将初中学生综合素质评价结果作为招生录取的重要参考依据，积极倡导和逐步推行将示范性高中大部分招生指标均衡分配到区域内初中的办法。严格执行高中“三限”政策。

5.合理规划学校布局，避免简单撤点并校。各地要按照国家规定的基本办学要求，统筹城乡学校建设和改造规划。在优先方便学生就近入学、不加重农民负担的前提下，根据学龄人口变化，合理布局农村义务教育阶段学校，因地制宜地科学配置教育资源。撤点并校要十分慎重，坚持一切从实际出发，防止“一刀切”和“一哄而起”。采取有效措施，认真解决城镇化以及学校布局调整过程中出现的大班额现象和农村校舍闲置等问题。

6.健全工作机制，强化农村寄宿制学校管理。地方各级教育行政部门要建立健全寄宿制学校管理制度，争取和落实相关编制，配备必要的管理人员，促进寄宿制学校管理的规范化和科学化。特别要加强学生宿舍、食堂、厕所和校园周边安全管理，重视食品和饮水卫生，防止传染病流行；改善寄宿制学校师生的学习、工作和生活条件，丰富寄宿制学生业余生活，重视寄宿制学生的身心健康。

7.重视学校安全管理，确保师生安全。地方各级教育行政部门和学校要建立和完善重大突发事件的应急预案，在当地政府的领导下认真实施好全国中小学校舍安全工程。建立健全校内各项安全管理制度和安全应急机制，切实落实各项安全防范措施，及时报告和消除各种安全隐患。

8.大力推进义务教育均衡发展，有效化解择校现象。各地要进一步加大推进义务教育均衡发展的力度，公平配置公共教育资源并向农村学校、薄弱学校适度倾斜。切实加强农村学校教师队伍建设，积极实施好农村教师特设岗位计划。推动校长和教师的交流，加强对农村学校和薄弱学校的对口支援。大力发展现代远程教育，促进优质教育资源共享。各地特别是大中城市要结合当地实际，加强调查研究，完善政策措施，研究提出本地区治理义务教育择校乱收费现象的政策措施和实施步骤。

三、加强领导，建立和完善加强中小学管理规范办学行为的工作机制

地方各级教育行政部门和广大中小学校要进一步提高认识，统一思想，从贯彻落实科学发展观、构建社会主义和谐社会的高度，把加强中小学管理规范办学行为工作摆上突出位置，切实抓紧抓好。

1.省级教育行政部门每年要确定本行政区域内加强中小学管理规范办学行为的工作重点，提出明确要求，做出专门工作部署，采取有力措施，加大落实力度，并把落实情况上报教育部。

2.各地各级教育督导部门要加强对中小学管理规范办学行为的督导检查，将其作为新时期教育综合督导的重要内容，作为衡量巩固提高义务教育工作和推进基础教育现代化的重要指标，作为表彰奖励、行风评议、政绩考核的重要依据，强化监管，建立全方位、经常化的督导检查机制。

3.教育部将组织对各地规范办学进行随机性的国家督导和工作抽查，对教育工作先进地区进行表彰。省级和地（市）级教育行政部门要建立健全中小学管理工作推进机制，交流经验，及时推广。凡是对本行政区域内中小学不规范办学行为长期视而不见、不能及时制止和纠正的，上一级教育行政部门应及时通报当地政府，要求限期改正，进行责任追究。

4.地方各级教育行政部门要将加强学校管理和规范办学行为的有关规定、解决问题的进展情况和规范办学行为的督导结果在本行政区域内予以公告，并主动接受学生、家长、社会各界和舆论监督。

中华人民共和国教育部

中小学班主任工作规定

（教基一[2009]12号2009年8月12日）

第一章　总则

第一条　为进一步推进未成年人思想道德建设，加强中小学班主任工作，充分发挥班主任在教育学生中的重要作用，制定本规定。

第二条　班主任是中小学日常思想道德教育和学生管理工作的主要实施者，是中小学生健康成长的引领者，班主任要努力成为中小学生的人生导师。

班主任是中小学的重要岗位，从事班主任工作是中小学教师的重要职责。教师担任班主任期间应将班主任工作作为主业。

第三条　加强班主任队伍建设是坚持育人为本、德育为先的重要体现。政府有关部门和学校应为班主任开展工作创造有利条件，保障其享有的待遇与权利。

第二章　配备与选聘

第四条　中小学每个班级应当配备一名班主任。

第五条　班主任由学校从班级任课教师中选聘。聘期由学校确定，担任一个班级的班主任时间一般应连续1学年以上。

第六条　教师初次担任班主任应接受岗前培训，符合选聘条件后学校方可聘用。

第七条　选聘班主任应当在教师任职条件的基础上突出考查以下条件：

（一）作风正派，心理健康，为人师表；

（二）热爱学生，善于与学生、学生家长及其他任课教师沟通；

（三）爱岗敬业，具有较强的教育引导和组织管理能力。

第三章　职责与任务

第八条　全面了解班级内每一个学生，深入分析学生思想、心理、学习、生活状况。关心爱护全体学生，平等对待每一个学生，尊重学生人格。采取多种方式与学生沟通，有针对性地进行思想道德教育，促进学生德智体美全面发展。

第九条　认真做好班级的日常管理工作，维护班级良好秩序，培养学生的规则意识、责任意识和集体荣誉感，营造民主和谐、团结互助、健康向上的集体氛围。指导班委会和团队工作。

第十条　组织、指导开展班会、团队会（日）、文体娱乐、社会实践、春（秋）游等形式多样的班级活动，注重调动学生的积极性和主动性，并做好安全防护工作。

第十一条　组织做好学生的综合素质评价工作，指导学生认真记载成长记录，实事求是地评定学生操行，向学校提出奖惩建议。

第十二条　经常与任课教师和其他教职员工沟通，主动与学生家长、学生所在社区联系，努力形成教育合力。

第四章　待遇与权利

第十三条　学校在教育管理工作中应充分发挥班主任的骨干作用，注重听取班主任意见。

第十四条　班主任工作量按当地教师标准课时工作量的一半计入教师基本工作量。各地要合理安排班主任的课时工作量，确保班主任做好班级管理工作。

第十五条　班主任津贴纳入绩效工资管理。在绩效工资分配中要向班主任倾斜。对于班主任承担超课时工作量的，以超课时补贴发放班主任津贴。

第十六条　班主任在日常教育教学管理中，有采取适当方式对学生进行批评教育的权利。

第五章　培养与培训

第十七条　教育行政部门和学校应制订班主任培养培训规划，有组织地开展班主任岗位培训。

第十八条　教师教育机构应承担班主任培训任务，教育硕士专业学位教育中应设立中小学班主任工作培养方向。

第六章 考核与奖惩

第十九条 教育行政部门建立科学的班主任工作评价体系和奖惩制度。对长期从事班主任工作或在班主任岗位上做出突出贡献的教师定期予以表彰奖励。选拔学校管理干部应优先考虑长期从事班主任工作的优秀班主任。

第二十条 学校建立班主任工作档案，定期组织对班主任的考核工作。考核结果作为教师聘任、奖励和职务晋升的重要依据。对不能履行班主任职责的，应调离班主任岗位。

第七章 附则

第二十一条 各地可根据本规定，结合当地实际情况，制定中小学班主任工作的具体实施办法。

第二十二条 本规定自发布之日起施行。

中小学实验室规程

（教基二[2009]11号2009年11月25日）

第一章　总则

第一条 为贯彻党和国家的教育方针，适应全面推进素质教育，深化课程改革，全面提高教学质量的需要，促进义务教育均衡发展，加强实验室建设与管理，为学校教育教学服务，特制定本规程。

第二条 本规程适用于各级政府、企事业单位、社会团体、其他社会组织及公民个人依法举办的全日制普通中小学。

第三条 本规程所指实验室包括：中学理科实验室、通用技术实验室、小学科学(自然)实验室、艺术专用教室、历史地理专用教室、实践活动室和开设其他课程需要的专用教室等。

第四条 实验室是学校基本的办学条件之一，也是重要的课程资源。实验室应成为学校进行素质教育、开展实验教学、综合实践活动、培养学生实践创新能力的重要场所和科学启蒙园地。

第五条 实验室应提供按照国家课程标准规定的实验内容和要求开设实验课的环境和条件，应满足进行课堂演示实验和学生分组实验的要求。

第二章　设置与仪器配备

第六条 实验室建设应执行《中小学实验室装备规范》(教基〔2006〕16号)，教学仪器设备(包括课程教学中演示实验、分组实验、教学训练和综合实践活动所需要的仪器、设备、工具、教具、材料、用品)的配备应符合国家标准和规范要求。实验室应根据教育部的有关规定和课程标准进行设置，实验室的数量要与学校的规模相适应，保证满足教学需要。高中应设物理、化学、生物实验室，通用技术、艺术等专用教室和开设其他课程需要的专用教室；初中应设物理、化学、生物实验室和开设其他课程需要的专用教室；小学应设科学(自然)实验室或综合实验室和开设其他课程需要的专用教室。

第七条 实验室用房包含实验教学用房、配套用房和附属用房。实验教学用房主要用于师生开展实验教学活动；配套用房主要用于储藏和陈列仪器、设备、试剂、挂图、标本、模型；附属用房主要是准备室、实验室管理员办公室、教具维修室、暗室等。实验教学用房的面积应能够满足分组实验教学的需要并适度冗余，配套用房和附属用房的面积应能够满足仪器设备存放和实验教学准备活动的正常开展。

第八条 实验室应有良好的通风、换气、采光、照明、防火、防潮、防霉等条件，应符合教学的要求。要做到安全、环保，根据需要设置电源、网络接口和给排水管道、以及排气、排污、排毒等设施，为实验教学的开展和实验操作考核创造良好的条件。实验室要有相应的实验桌凳，满足学生分组实验的需要；仪器室要有数量充足的仪器柜，按学科分类存放仪器、试剂、标本、模型等。

第九条 学校应根据选用的国家课程、地方课程和校本课程教材的教学需要，采取按国家和地方相关标准选配、定制、自制的方法，配齐配足课程教学中演示实验、分组实验、教学训练和综合实践活动所需要的教学仪器设备。做好教学仪器设备更新工作，逐步提高学校的装备水平。

第十条 教学仪器设备的采购必须遵循国家有关政策法规的规定和教学仪器采购的特点进行。采购的教学仪器设备必须经权威检测机构检测合格，必须符合国家相关标准，严禁不合格产品流入学校。

第十一条 实验室建设和实验教学要有相应的经费保障。地方教育行政部门要加大对中小学实验室建设的投入，教学仪器设备购置费用和实验室日常维护经费以及开展实验教学所必要添置的耗材费用应纳入学校教育公用经费开支范围。

第三章　管理与人员

第十二条 地方各级教育行政部门要加强对实验室建设的领导。制定实验室建设规划、实验室管理和教学规范；做好督导实验教学和考核、评估实验室使用效益等工作。

第十三条 学校要加强对实验室工作的领导和管理。要有一名学校负责人分管学校的实验室工作。对实验室工作应做到有计划、有检查、有总结，经费有落实，及时解决实验室建设和实验教学中遇到的各种问题。有条件的学校要利用课余时间向学生开放实验室。

第十四条 实验室要有科学、规范的管理制度。坚持按制度办事，采取切实有力的措施，保证各项管理制度的落实。

第十五条 实验室要维持科学、文明、安全的实验教学环境。科学制定实验操作程序，要有处理突发情况的各项措施，确保教师和学生的人身安全。

第十六条 实验室管理工作应做到规范化、科学化、现代化。应建立实验室建设档案、管理档案和实验教学档案，对教学仪器设备进行信息化管理，对实验室的“建、配、管、用”进行跟踪记录，提高实验室的综合效益。

第十七条 教学仪器设备应按学科和类别，分室、分柜、定位存放。要根据仪器的不同结构、性能和特点，做好防尘、防潮、防腐蚀、防曝晒、防蛀、防变质、防磁、防压等工作。

第十八条 化学药品要和仪器分开存放，并贴有明显标签。易燃、易爆、剧毒药品，应易地单独放置，要有专人保管，并严格执行领用手续。

第十九条 实验室教学仪器设备要经常处于良好的状态，保证实验教学的正常开展。做好仪器设备的管理、维修、维护、计量标定等工作。电学仪器要定期通电或及时充电，仪器要定期擦拭，化学试剂要经常检查存放情况，生物浸制标本应按要求定期补液。

第二十条 学校对教学仪器设备要建立有关的账册。每学年应对仪器设备进行核查清点，做到账物相符、账账相符，按规定程序做好报损、报废工作，并根据需要及时补充不足的设备和药品。

第二十一条 中小学校应设实验室管理员岗位。实验室管理员应具备相应的专业技能，并具有大专以上学历或具有中级以上相应系列专业技术职务。实验室管理员的编制在学校教职工总编制内解决，可根据从事实验室管理的工作量进行设定。

第二十二条 实验室管理员应纳入教师继续教育培训工作之中，坚持培训上岗制度。地方教育行政部门要制定实验室管理员培训计划，加强对实验室管理员的培训工作，制定实验室管理员工作职责和学校实验室工作考核评估指标体系，并认真组织考核。

第四章　附则

第二十三条 地方各级教育行政部门要根据本规程，结合本地的实际情况，制定有关的实施细则或补充规定。

第二十四条 本规程自公布之日起施行。

关于建立普通高中家庭经济困难学生国家资助制度的意见

（财教[2010]356号2010年9月19日）

国务院有关部委、有关直属机构，各省、自治区、直辖市、计划单列市财政厅（局）、教育厅（教委、教育局），新疆生产建设兵团财务局、教育局：

为贯彻落实《国家中长期教育改革和发展规划纲要（2010–2020年）》（中发〔2010〕12号）精神，完善国家资助政策体系，加快普及高中阶段教育，切实解决普通高中家庭经济困难学生的就学问题，现就建立健全普通高中家庭经济困难学生资助政策体系提出如下意见：

一、充分认识建立健全普通高中家庭经济困难学生资助政策体系的重大意义

党中央、国务院历来高度重视家庭经济困难学生的就学问题。近年来，国家采取一系列有力措施，不断完善助学政策体系，大幅度增加助学经费投入，全面免除义务教育阶段学生学杂费，向全部农村学生提供免费教科书，对家庭经济困难寄宿生补助生活费，建立健全了普通本科高校、高等职业学校和中等职业学校家庭经济困难学生资助政策体系，安排部分彩票公益金用于普通高中助学，并逐步对中等职业教育实行免学费政策，较好地解决了家庭经济困难学生的就学问题。

但目前我国普通高中家庭经济困难学生国家资助制度尚未完全建立，多数普通高中家庭经济困难学生尚未得到有效资助。建立普通高中家庭经济困难学生国家资助制度，是贯彻落实科学发展观、构建社会主义和谐社会的重要举措，是实施科教兴国和人才强国战略，优化教育结构，加快普及高中阶段教育的有效手段，对于完善国家资助政策体系，帮助家庭经济困难学生顺利完成学业，促进教育公平，具有重大意义。

二、建立普通高中家庭经济困难学生国家资助制度的原则及主要内容

按照“加大财政投入、经费合理分担、政策导向明确、多元混合资助、各方责任清晰”的基本原则，建立以政府为主导，国家助学金为主体，学校减免学费等为补充，社会力量积极参与的普通高中家庭经济困难学生资助政策体系，从制度上基本解决普通高中家庭经济困难学生的就学问题。

（一）建立国家助学金制度。从2010年秋季学期起，中央与地方共同设立国家助学金，用于资助普通高中在校生中的家庭经济困难学生，资助面约占全国普通高中在校生总数的20%。财政部、教育部根据生源情况、平均生活费用等因素综合确定各省资助面。其中：东部地区为10%、中部地区为20%、西部地区为30%。各地可结合实际，在确定资助面时适当向农村地区、贫困地区和民族地区倾斜。国家助学金平均资助标准为每生每年1500元，具体标准由各地结合实际在1000元-3000元范围内确定，可以分为2-3档。

国家助学金所需资金由中央与地方按比例分担。其中：西部地区为8:2，中部地区为6:4；东部地区除直辖市外，按照财力状况分省确定。省以下分担比例由各地根据中央确定的原则自行确定。

（二）建立学费减免等制度。普通高中要从事业收入中提取一定比例的经费，用于减免学费、设立校内奖助学金和特殊困难补助等。

（三）鼓励社会捐资助学。要进一步落实、完善鼓励捐资助学的相关优惠政策措施，积极引导和鼓励企业、社会团体及个人等面向普通高中设立奖学金、助学金。

三、加强组织领导，确保政策顺利实施

（一）加强组织领导。各地财政、教育部门要密切配合，制定本地区具体的实施方案，确保政策顺利实施。教育部门要将普通高中资助工作纳入办学水平评估指标体系。各普通高中要把资助家庭经济困难学生作为一项重要的工作任务，实行校长负责制，指定专门机构，确定专职人员，具体负责此项工作。

（二）落实分担责任。省级财政部门要合理确定省内普通高中助学经费具体的分担办法，完善省以下转移支付制度，确保区域内各级财政应当负担的资金落实到位。

（三）强化资金管理。各级财政、教育部门和普通高中要切实加强资助资金管理，确保资金及时发放、专款专用。各级教育行政部门和有关学校要加强学生的学籍管理，确保学生资助信息真实、可靠。要加强监督检查，对于挤占挪用资金、弄虚作假套取资金等行为，将按照《财政违法行为处罚处分条例》（国务院令427号）有关规定严肃处理。

（四）加大宣传力度。各地区、各有关部门和各学校要通过多种形式开展宣传，使党和政府的这项惠民政策家喻户晓、深入人心，使广大学生知晓受助的权利，营造良好的社会氛围。

普通高中国家助学金管理暂行办法

（财教[2010]461号2010年11月3日）

第一条 根据《财政部教育部关于建立普通高中家庭经济困难学生国家资助制度的意见》（财教[2010]356号），为加强普通高中国家助学金管理，确保资助工作顺利实施，制定本办法。

第二条 本办法适用于根据国家有关规定批准设立、实施普通高中学历教育的全日制普通高中学校和完全中学的高中部。

第三条 普通高中国家助学金的资助对象为具有正式注册学籍的普通高中在校生中的家庭经济困难学生。

第四条 普通高中国家助学金资助面约占全国普通高中在校生总数的20%。财政部、教育部根据生源情况、平均生活费用等因素综合确定各省资助面。其中：东部地区为10%、中部地区为20%、西部地区为30%。各地可结合实际，在确定资助面时适当向农村地区、贫困地区和民族地区倾斜。

第五条 国家助学金由中央和地方政府共同出资设立。地方所属普通高中国家助学金所需资金由中央与地方财政按比例分担。中央部门所属普通高中国家助学金政策，与所在地区同步实施，所需经费按照现行经费渠道予以保障。

第六条 普通高中国家助学金平均资助标准为每生每年1500元，用于资助家庭经济困难学生的学习和生活费用开支，具体标准由各地结合实际在1000元-3000元范围内确定，可以分为2-3档。

第七条 国家助学金的基本申请条件：

1.热爱祖国，拥护中国共产党的领导；

2.遵守宪法和法律，遵守学校规章制度；

3.诚实守信，道德品质优良；

4.勤奋学习，积极上进；

5.家庭经济困难，生活俭朴。

第八条 国家助学金按学年申请和评审，按学期发放。

第九条 每年5月底前，财政部、教育部将国家助学金分配名额及预算下达中央主管部门和省级财政、教育部门。每年8月底前，地方财政、教育部门和中央主管部门负责将国家助学金分配名额和预算逐级下达到所属普通高中。

第十条 各普通高中要根据本办法和各地制定的国家助学金实施细则，结合家庭经济困难学生等级认定情况，于每年9月30日前受理学生申请，并按照公开、公平、公正的原则，对学生提交的《普通高中国家助学金申请表》及相关材料，组织由学校领导、班主任和学生代表组成的评审小组进行认真评审，并在学校内进行不少于5个工作日的公示。公示无异议后，即可发放国家助学金。每年11月15日前，各普通高中将当年国家助学金政策的落实情况报同级教育、财政部门备案。

第十一条 各普通高中要把资助家庭经济困难学生作为一项重要的工作任务，实行校长负责制，指定专门机构，确定专职人员，具体负责此项工作。学校要制定国家助学金具体实施办法，要为每位受助学生分别办理银行储蓄卡，直接将国家助学金发放到受助学生手中，一律不得以实物或服务等形式，抵顶或扣减国家助学金。为学生办理银行储蓄卡，不得向学生收取卡费或押金等费用，也不得从学生享受的国家助学金中抵扣。

各普通高中要建立专门档案，将学生申请表、受理结果、资金发放等有关凭证和工作情况分年度建档备查。

第十二条 各地教育行政部门和普通高中要加强学生学籍管理，统筹利用现有中小学电子学籍信息系统，建立完善普通高中学生电子学籍及学生资助信息系统，确保学生资助信息真实、可靠。

第十三条 各级财政、教育部门和普通高中要切实加强国家助学金的管理，严格执行国家财经法规和相关管理办法的规定，对国家助学金实行分账核算，专款专用，同时接受财政、审计、纪检监察、主管机关等部门的检查和监督。对于挤占挪用资金、弄虚作假套取资金等行为，将按照《财政违法行为处罚处分条例》（国务院令427号）有关规定严肃处理。

第十四条 普通高中要从事业收入中足额提取3%-5%的经费，用于减免学费、设立校内奖助学金和特殊困难补助等支出。中央部门所属普通高中提取的具体比例由财政部商中央主管部门确定，地方所属普通高中提取的具体比例由各省（自治区、直辖市）确定。

第十五条 民办普通高中学校按照国家有关规定规范办学、举办者按照本办法第十四条规定的比例从事业收入中足额提取经费用于资助家庭经济困难学生的，其招收的符合本办法规定申请条件的普通高中学生，也可以申请国家助学金，具体办法由各省（自治区、直辖市）制定。

第十六条 各级财政、教育部门要进一步落实、完善鼓励捐资助学的相关优惠政策措施，积极引导和鼓励企业、社会团体及个人等面向普通高中设立奖学金、助学金。

第十七条 本办法由财政部、教育部负责解释。

第十八条 本办法自发布之日起执行。

幼儿园收费管理暂行办法

（发改价格[2011]3207号　2011年12月31日）

第一条　为加强幼儿园收费管理工作，规范幼儿园收费行为，保障受教育者和幼儿园的合法权益，根据《中华人民共和国价格法》、《中华人民共和国教育法》、《中华人民共和国民办教育促进法》、《中华人民共和国民办教育促进法实施条例》、《幼儿园管理条例》等法律法规规定和《国务院关于当前发展学前教育的若干意见》的有关要求制定本办法。

第二条　本办法适用于中华人民共和国境内所有经教育行政主管部门依法批准的公办和民办全日制、寄宿制、半日制幼儿园及小学附设的学前班、幼儿班(以下简称“幼儿园”)。

第三条　学前教育属于非义务教育，幼儿园可向入园幼儿收取保育教育费(以下简称“保教费”)，对在幼儿园住宿的幼儿可以收取住宿费。

第四条　公办幼儿园的保教费、住宿费收入纳入行政事业性收费管理，民办幼儿园的保教费、住宿费收入纳入经营服务性收费管理。

第五条　制定或调整公办幼儿园保教费标准，由省级教育行政部门根据当地城乡经济发展水平、办园成本和群众承受能力等实际情况提出意见，经省级价格主管部门、财政部门审核后，三部门共同报省级人民政府审定。

制定或调整公办幼儿园住宿费标准，由当地教育行政部门提出意见，报当地价格主管部门会同财政部门审批。

第六条　提出制定或调整公办幼儿园保教费标准意见时，应提交下列材料：

(一)申请制定或调整收费标准的具体项目；

(二)现行收费标准和申请制定的收费标准或拟调整收费标准的幅度，以及年度收费额和调整后的收费增减额；

(三)申请制定或调整收费标准的依据和理由；

(四)申请制定或调整收费标准对幼儿家长负担及幼儿园收支的影响；

(五)价格主管部门、财政部门要求提供的其他材料。

上述材料应当真实有效。

第七条　公办幼儿园保教费标准根据年生均保育教育成本的一定比例确定。

保育教育成本包括以下项目：教职工工资、津贴、补贴及福利、社会保障支出、公务费、业务费、修缮费等正常办园费用支出。不包括灾害损失、事故、经营性费用支出等非正常办园费用支出。

第八条 公办幼儿园住宿费标准按照实际成本确定，不得以营利为目的。

第九条 民办幼儿园保教费、住宿费标准，由幼儿园按照《民办教育促进法》及其实施条例规定，根据保育教育和住宿成本合理确定，报当地价格主管部门、教育行政部门备案后执行。

享受政府财政补助(包括政府购买服务、减免租金和税收、以奖代补、派驻公办教师、安排专项奖补资金、优惠划拨土地等)的民办幼儿园，可由当地人民政府有关部门以合同约定等方式确定最高收费标准，由民办幼儿园在最高标准范围内制定具体收费标准，报当地价格、教育、财政部门备案后执行。

第十条 民办幼儿园将保教费、住宿费标准报有关部门备案时，应提交下列材料：

(一)幼儿园有关情况，包括幼儿园名称、地址、法定代表人、法定登记证书以及教育行政部门颁发的办园许可证；

(二)制定收费标准的具体成本列支项目，包括教职工工资、津贴、补贴及福利、社会保障支出、公务费、业务费、修缮费、固定资产折旧费等正常办园费用支出。不包括灾害损失、事故、经营性经费支出等非正常办园费用支出；

(三)幼儿园教职工人数、在园幼儿人数、生均保育教育成本、固定资产购建情况等；

(四)价格、教育、财政部门要求提供的其他材料。

第十一条 幼儿园为在园幼儿教育、生活提供方便而代收代管的费用，应遵循“家长自愿，据实收取，及时结算，定期公布”的原则，不得与保教费一并统一收取。

幼儿园服务性收费和代收费项目由省级教育行政部门根据当地实际情况提出意见，经省级价格主管部门、财政部门审核，三部门共同报省级人民政府批准后执行。

幼儿园不得收取书本费。

第十二条 幼儿园除收取保教费、住宿费及省级人民政府批准的服务性收费、代收费外，不得再向幼儿家长收取其他费用。

幼儿园不得在保教费外以开办实验班、特色班、兴趣班、课后培训班和亲子班等特色教育为名向幼儿家长另行收取费用，不得以任何名义向幼儿家长收取与入园挂钩的赞助费、捐资助学费、建校费、教育成本补偿费等费用。

第十三条 社会团体、个人自愿对幼儿园的捐资助学费，按照国家《公益事业捐赠法》和有关社会捐助教育经费的财务管理办法执行。

第十四条 幼儿园对入园幼儿按月或按学期收取保教费，不得跨学期预收。

第十五条 幼儿因故退(转)园的，幼儿园应当根据已发生的实际保教成本情况退还幼儿家长一定预收费用。具体退费办法由省级教育、价格和财政部门制定。

第十六条 对家庭经济困难的幼儿、孤儿和残疾幼儿，应酌情减免收取保教费。具体减免办法由省级教育、价格和财政部门制定。

第十七条 幼儿园应通过设立公示栏、公示牌、公示墙等形式，向社会公示收费项目、收费标准等相关内容。

幼儿园招生简章应写明幼儿园性质、办园条件、收费项目和收费标准等内容。

第十八条 公办幼儿园收取保教费、住宿费，应到价格主管部门办理收费许可证，按规定进行收费许可证年审，并按照财务隶属关系使用财政部或省级财政部门印(监)制的财政票据。民办幼儿园收取保教费、住宿费，要按规定使用税务机关统一印制的税务发票。

第十九条 幼儿园接受价格、教育、财政部门的收费监督检查时，要如实提供监督检查所必需的账簿、财务报告、会计核算等资料。

第二十条 幼儿园取得的合法收费收入应主要用于幼儿保育、教育活动和改善办园条件，任何单位和部门不得截留、平调。

任何组织和个人不得违反法律、法规规定向幼儿园收取任何费用。

第二十一条 各级价格、教育、财政部门应加强对幼儿园收费的管理和监督检查，督促幼儿园建立健全收费管理制度，自觉执行国家制定的幼儿园教育收费政策。对违反国家教育收费法律、法规、政策和本办法规定的行为，要依据《中华人民共和国价格法》、《价格违法行为行政处罚规定》等法律法规以及行政事业性收费管理制度的相关规定严肃查处。

第二十二条 各省、自治区、直辖市人民政府价格、教育、财政部门要根据本办法制定具体实施细则。

第二十三条 本办法由国家发展和改革委员会会同教育部、财政部负责解释。

第二十四条 本办法自发布后30日施行。

关于加大财政投入支持学前教育发展的通知

（财教[2011]405号2011年9月5日）

各省、自治区、直辖市人民政府，新疆生产建设兵团：

为贯彻落实《国家中长期教育改革和发展规划纲要（2010-2020年）》（以下简称《教育规划纲要》）和《国务院关于当前发展学前教育的若干意见》（国发〔2010〕41号）精神，进一步扩大学前教育资源，着力解决当前存在的“入园难”问题，满足适龄儿童入园需求，经国务院同意，现就加大财政投入支持学前教育发展有关事项通知如下：

一、充分认识财政支持学前教育发展的重要性和紧迫性

学前教育是国民教育体系的重要组成部分，是重要的社会公益事业。办好学前教育，关系亿万儿童的健康成长，关系千家万户的切身利益，关系国家和民族的未来。改革开放特别是新世纪以来，我国学前教育取得长足发展，普及程度逐步提高。但是学前教育仍是教育发展中的薄弱环节，主要表现为教育资源短缺、投入不足，师资队伍不健全，体制机制不完善，城乡区域发展不平衡，一些地方“入园难”、“入园贵”问题突出。

党中央、国务院高度重视学前教育发展，《教育规划纲要》提出了到2020年基本普及学前教育的目标。各地要从构建社会主义和谐社会和建设人力资源强国的高度，进一步统一思想，提高认识，切实增强使命感、责任感和紧迫感，把大力发展学前教育作为贯彻落实《教育规划纲要》的突破口和重大的民生工程，制定切实可行的规划和措施，抓紧抓好。

支持学前教育发展是公共财政的重要职责。各级财政部门要切实加大学前教育财政投入，积极配合教育等部门，进一步完善体制机制，推进综合改革，坚持公益性和普惠性，构建覆盖城乡、布局合理的学前教育公共服务体系，为幼儿和家长提供方便就近、灵活多样、多种层次的学前教育服务，促进学前教育事业科学发展。

二、财政支持学前教育发展的基本原则

（一）政府主导，社会参与。坚持政府主导，按照“广覆盖、保基本、有质量”

的要求，大力发展公办幼儿园，积极扶持民办幼儿园，形成公办民办并举的办园格局。建立政府投入、社会举办者投入、家庭合理负担的投入机制，积极动员社会力量投资办园、捐资助园，多渠道筹措学前教育资金，多形式扩大学前教育资源。

（二）地方为主，中央奖补。地方政府是发展学前教育的责任主体。地方各级财政部门要加大投入力度，研究制定支持学前教育发展的政策措施。中央财政根据地方工作开展情况，主要采取奖补方式，支持地方学前教育发展。

（三）因地制宜，突出重点。各地要从实际出发，科学规划、合理布局、循序渐进、勤俭节约，探索适合当地实际的学前教育发展模式，根据客观需求合理规划建设改造规模，不搞“一刀切”，做到速度与质量、规模与内涵相统一，积极稳妥地推进学前教育发展；坚决防止不顾条件、大干快上、搞豪华建设，造成资源闲置浪费和产生新的债务。各地要对城市和农村不同类型幼儿园提出分类支持政策，把加快发展农村学前教育作为工作重点。中央财政重点支持各地特别是中西部地区农村学前教育发展，以及家庭经济困难儿童、进城务工人员随迁子女和留守儿童接受学前教育。

（四）立足长远，创新机制。各地要建立健全经费投入及使用管理机制，以投入促改革，以改革促发展，整体推进学前教育在办园、收费、管理、用人和提高保教质量等方面的改革。注重经费使用绩效，建立督促检查和考核奖惩机制，形成推动学前教育发展的合力。

三、当前财政支持学前教育发展的重点工作

为实现《教育规划纲要》确定的学前教育发展目标，各地要加大对学前教育的投入，统筹城乡学前教育发展，多渠道扩大学前教育资源，加强幼儿师资队伍建设，逐步建立家庭经济困难儿童入园资助制度。为支持和引导地方加快发展学前教育，考虑各地经济社会发展实际，当前中央财政重点支持以下4大类7个重点项目。

（一）支持中西部农村扩大学前教育资源（简称“校舍改建类”项目）。

1.利用农村闲置校舍改建幼儿园。从2011年开始，用3年时间，中央财政支持中西部地区和东部困难地区选择农村闲置校舍和其他富余公共资源改建成幼儿园，保证园舍的安全，配备必要的玩教具、保教和生活设施设备等。中央财政按照拟改建的闲置校舍面积、新增入园幼儿数和每平方米500元的测算标准，分地区按一定比例予以补助。西部地区，中央补助80%；中部地区，中央补助60%；东部困难地区，中央分省确定补助比例。

2.农村小学增设附属幼儿园。从2011年起，用3年时间，中央财政支持中西部地区和东部困难地区依托当地农村小学或教学点现有富余校舍资源，增设附属幼儿园，进行功能改造，配备必要的玩教具、保教和生活设施设备等，满足基本办园需要。中央财政按照每班5万元的标准对增设附属幼儿园予以一次性补助。

3.开展学前教育巡回支教试点。从2011年起，中西部地区和东部困难地区省份可自行申报试点，从农村幼儿园教师、大中专毕业生或幼儿师范毕业生中招聘巡回支教志愿者，依托乡村幼儿园等可用资源，对偏远地区适龄儿童和家长提供灵活多样的学前教育巡回指导。中央财政对巡回支教志愿者在岗期间的工作生活补贴以及参加社会保险等费用给予补助。其中：西部地区每人每年补助1.5万元，中部地区每人每年补助1万元，东部困难地区每人每年补助0.5万元；对新设立的巡回支教点一次性补助1.5万元。

（二）鼓励社会参与、多渠道多形式举办幼儿园（简称“综合奖补类”项目）。

1.积极扶持民办幼儿园发展。各地要制定优惠政策，通过保证合理用地、减免税费等方式，鼓励和支持社会力量以多种形式举办民办幼儿园；采取政府购买服务、减免租金、以奖代补、派驻公办教师等多种方式，引导和支持民办幼儿园提供普惠性、低收费服务。中央财政安排“扶持民办幼儿园发展奖补资金”，根据各地扶持普惠性、低收费民办幼儿园发展的工作实绩给予奖补。

2.鼓励城市多渠道多形式办园和妥善解决进城务工人员随迁子女入园。各地对行政区域内各级各类城市集体、企业、事业单位等举办的幼儿园面向社会提供普惠性、低收费学前教育服务的，要研究制定相应的扶持政策。按照以流入地政府为主、以普惠性幼儿园为主的原则，妥善解决进城务工人员随迁子女入园问题。中央财政视地方工作情况给予奖补。

（三）实施幼儿教师国家级培训计划（简称“幼师培训类”项目）。

从2011年起，将中西部地区农村幼儿教师培训纳入“中小学教师国家级培训计划”，由中央财政安排专项资金予以支持。引导地方科学制定幼儿教师培训规划，创新培训模式，完善培训体系，全面提高幼儿教师队伍整体素质和专业化水平。

（四）建立学前教育资助制度（简称“幼儿资助类”项目）。

按照“地方先行、中央补助”的原则，从2011年秋季学期起，由地方结合实际先行建立学前教育资助制度，对家庭经济困难儿童、孤儿和残疾儿童入园给予资助。中央财政视地方工作情况给予奖补。

以上各类项目具体实施方案，由财政部、教育部另行制定印发。

四、中央专项资金的管理

（一）先有规划，后有支持。规划布局是财政投入政策的基础。各地要结合社会经济发展实际和适龄人口变化趋势，科学制定幼儿园建设布点布局和发展规划，从源头上避免重复和浪费。各地要优先利用闲置校舍和其他富余公共资源改建幼儿园，科学制定2011–2015年扩大学前教育资源规划，具体包括：学前教育基本情况和闲置校舍状况、发展目标及年度任务、主要政策措施、资金筹措方案、具体保障措施等内容（参照附件1、附件2格式）。

（二）科学分配，目标管理。中央财政按照上述支持政策、4大类项目特点以及具备的条件，采取因素法等方式分配资金，对地方实行目标管理。对“校舍改建类”和“幼师培训类”项目，中央财政分别按照地方扩大学前教育资源规划、幼儿教师人数等因素先行下达预算控制数，由各地按照预算控制数编制年度实施计划，报财政部、教育部同意后实施。对“综合奖补类”和“幼儿资助类”项目，由各地先行组织实施，中央财政根据实施效果予以奖补。项目结束年度，中央财政再安排一定资金，结合监督考核情况，对工作开展较好、努力程度较高、实现普及目标的省份，给予奖励。

为提高资金使用效益，中央财政根据各地学前教育发展实际和党中央、国务院有关指示精神，适时调整各大类项目的支持内容和投入结构。

（三）集中申报，分类使用。中央专项资金对地方实行集中申报、分类使用。省级财政、教育部门是各类项目的申报主体、审核主体、管理主体。2011年，各地扩大学前教育资源规划和2011年度各类项目实施计划、“综合奖补类”资金申请文件于9月底前上报财政部、教育部。以后年度，各类项目年度实施计划和“综合奖补类”资金申请文件于每年3月底前上报财政部、教育部。

各地在安排4大类中央专项资金时，原则上要按照计划使用。执行中如遇特殊事项，可由各地根据实际情况，在同类项目内部调剂使用，但不得跨类别调整项目资金。

五、推进改革，强化监管，提高资金使用绩效

（一）推进教育综合改革。

制定公办幼儿园收费管理制度，加强民办幼儿园收费管理，完善备案程序，加强分类指导。幼儿园实行收费公示制度，接受社会监督。加强收费监管，坚决查处乱收费。

深化幼儿园人事制度改革，创新用人机制，健全幼儿教师准入制度，严把入口关。切实维护幼儿教师权益。

严格执行幼儿园准入制度，完善和落实幼儿园年检制度。遵循儿童身心发展特点和教育规律，防止和纠正“小学化”倾向。强化对各类幼儿园保教质量的监督和指导，建立幼儿园保教质量评估监测体系。

（二）加强精细化管理。

建立信息管理系统。2011年12月底前，教育部牵头建立幼儿园信息管理系统，全面掌握幼儿学籍，教师的数量、资质、待遇，办园条件等方面的情况，并定期更新维护，确保信息真实、可靠，为日常管理提供基础信息服务。

研究制定幼儿园财务管理制度。加强幼儿园财务管理，健全内控制度。对公办幼儿园和接受政府经常性资助的普惠性民办幼儿园，要建立预决算制度，实行财务公开，定期公开幼儿园师资、入园幼儿数和经费收支情况，接受社会监督。

建立幼儿园资产管理制度。对公办幼儿园的国有资产，按照《事业单位国有资产管理暂行办法》（财政部令第36号）和地方事业单位国有资产管理的有关办法进行管理。对社会力量利用国有资产开办幼儿园的，应明确产权，建立相应的资产管理制度。

（三）建立监督考核机制。

各省（区、市）财政、教育部门要建立督促检查、考核奖惩和问责机制，确保发展学前教育的各项政策措施落到实处，取得实效。要建立资金"谁使用、谁负责"的制度，对经费安排使用、项目进展、政策效果等情况进行监督检查，及时发现并解决问题，对违法违纪行为要依法追究当事人和负责人的责任。要充分发挥城乡基层组织、学生家长和社会公众的监督作用。

为提高资金使用绩效，中央有关部门要建立监督考核机制，教育部及国家教育督导团以省级教育部门为考核对象，重点考核各地贯彻落实《教育规划纲要》以及扩大学前教育资源规划情况，对未能如期完成目标的省份，加强督导和问责；财政部以省级财政部门为考核对象，重点考核中央财政4大类项目资金落实、项目进展和项目绩效情况，对虚报冒领、挤占、挪用中央专项资金的，中央财政按违纪金额双倍扣减其下一年度专项资金。

（四）加大宣传工作力度。

各地要将财政支持学前教育发展政策的宣传工作列入重要议事日程，制订切实可行的宣传方案，通过广播、电视、报纸、网络等多种媒体，采取多种形式，向社会广泛宣传，使党和政府的这项惠民政策家喻户晓、深入人心。要充分发挥新闻媒体的舆论引导和监督作用，动员全社会进一步关心支持学前教育事业的发展，营造良好的社会氛围。

辽宁省人民政府关于深化农村义务教育经费保障机制改革的实施意见

（辽政发[2006]22号2006年6月1日）

各市人民政府，省政府各厅委、各直属机构：

为贯彻党的十六大和十六届三中、五中全会精神，落实科学发展观，强化政府对农村义务教育的保障责任，普及和巩固九年义务教育，促进社会主义新农村建设，按照《国务院关于深化农村义务教育经费保障机制改革的通知》（国发[2005]43号）要求，结合我省实际，省政府决定，从2006年起在我省全面实施农村义务教育经费保障机制改革，现提出如下实施意见。

一、充分认识深化农村义务教育经费保障机制改革的重要意义

农村义务教育在全面建设小康社会、构建社会主义和谐社会中具有基础性、先导性和全局性的重要作用。实施农村税费改革以来，国家逐步将农村义务教育纳入公共财政保障范围。我省各级政府按照新增教育经费主要用于农村的要求，进一步加大农村义务教育投入，全面拓展保障范围，成绩显著。但从农村义务教育经费保障机制方面看，仍然存在各级政府投入责任不明确、经费供需矛盾突出、教育资源配置不合理和农民教育负担有待进一步减轻等问题，必须从理顺机制入手，通过深化改革从根本上加以解决。党中央、国务院从建设社会主义新农村的高度出发，决定实施深化农村义务教育经费保障机制改革。这项改革是进一步巩固和发展农村税费改革成果，推进农村综合改革的重要内容；是完善以人为本的公共财政支出体系，强化政府对农村的公共服务，推进基本公共服务均等化的必然要求；是实行“各级政府责任明确，财政分级投入，经费稳定增长，管理以县为主”的农村义务教育管理体制，加快农村义务教育事业发展的有效手段。各级政府和有关部门必须统一思想，提高认识，切实按照国务院的部署，扎扎实实把各项改革政策贯彻落实到位。

二、加强对农村义务教育经费保障机制改革工作的组织领导

各级政府要加强对农村义务教育经费保障机制改革工作的组织领导。省政府成立农村义务教育经费保障机制改革领导小组，负责审定全省农村义务教育经费保障机制改革年度目标、任务和实施计划；统筹落实农村义务教育经费保障机制改革各项资金，建立管理机制；研究决定实施农村义务教育经费保障机制改革的重大事项和问题。领导小组下设办公室，由省财政、教育部门抽调力量组成，负责农村义务教育经费保障机制改革各项工作的组织实施。省直有关部门按照职责分工，密切配合，切实加强对农村义务教育经费保障机制改革工作的指导和协调。各市、县（市、区）政府要成立相应的领导小组及工作机构，确保各项改革政策贯彻落实到位。

三、农村义务教育经费保障机制改革的目标要求

从2006年起，我省全面实施农村义务教育经费保障机制改革。计划用5年时间，按照“明确责任、各级共担、加大投入、全面保障、分步实施”的基本原则，全面落实政府对农村义务教育的经费保障责任，建立各级政府分项目、按比例分担的农村义务教育经费保障机制。切实保障农村义务教育经费需求，加快公共财政建设步伐，减轻农民负担，推进农村综合改革，促进社会主义新农村建设。

四、农村义务教育经费保障机制改革的具体内容和资金保障措施

（一）全部免除农村义务教育阶段学生学杂费，对贫困家庭学生免费提供教科书并补助寄宿生生活费。

从2006年春季入学起，全省农村义务教育阶段学生按照“一费制”标准全部免除学杂费。享受免除学杂费政策的对象包括：在农村地区（含镇）义务教育阶段公办学校就读的学生；在农垦、林场等所属义务教育阶段学校就读的学生；在县城所在地义务教育阶段公办学校就读的享受最低生活保障政策的贫困家庭学生；在城市市区以及城市郊区所辖农村中小学义务教育阶段公办学校就读的学生。免除学杂费标准按照省教育厅《关于辽宁省义务教育阶段学校推行“一费制”收费办法的实施意见》（辽教发〔2004〕127号）中规定的农村中小学年生均杂费标准执行，即城镇小学170元、农村小学140元、城镇初中240元、农村初中200元。全省（不含大连市）免除学杂费资金由各级财政按比例分担，省承担全省免除学杂费资金总量的60%，各市承担比例由省按各市所辖区域内免除学杂费资金需求和财力状况分市确定。市、县（市、区）分担比例由市确定，市本级财力相对较好的市，要承担主要部分。省承担补助资金一经确定，将作为基数补助各市，由各市按照每年所辖区内农村中小学实际在校生人数核定补助数额。

继续对贫困家庭学生实施免费提供教科书并补助寄宿生生活费政策，其中，免费教科书资金按照省政府《关于对全省困难家庭学生实施免费义务教育的通知》（辽政发〔2003〕34号）有关要求和省政府制订的“一费制”标准等政策执行，省承担资金按2005年核定的对各市补助基数确定，其余部分由所在市承担；补助寄宿生生活费资金按每生每学年不低于300元的标准由各市自行承担，各市可根据当地实际情况提高补助标准，市、县（市、区）分担比例由各市自行确定。

农垦、林场等所属义务教育阶段中小学经费保障机制改革，按农垦、林场体制和农村税费改革的要求，与所在地区农村同步实施，所需经费按现行体制予以保障。享受城市最低生活保障政策家庭的义务教育阶段学生，与当地农村义务教育阶段中小学生同步享受免除学杂费和免费提供教科书政策，经费由所在城市予以保障。进城务工农民子女在城市义务教育阶段学校就读的，与所在城市义务教育阶段学生享受同等政策。

（二）逐步提高农村义务教育阶段中小学公用经费保障水平。原农村中小学公用经费包括按“一费制”标准学生缴纳的杂费和财政拨款安排的生均预算内公用经费。2006年，在免除学杂费的同时，先落实省制订的“一费制”农村中小学预算内年生均公用经费财政拨款最低标准，即城镇小学150元、农村小学130元、城镇初中220元、农村初中170元。在此基础上，为促进农村义务教育均衡发展，2007年和2008年两年，按照中央统一部署，逐步提高农村中小学公用经费保障水平。2009年，中央将出台农村义务教育阶段中小学公用经费基准定额。我省将按照2008年生均公用经费基本标准低于中央基准定额的差额部分，当年安排50%。2010年，农村义务教育阶段中小学公用经费基准定额全部落实到位。上述不同阶段，保障农村中小学公用经费投入所需资金由各级财政按照免除学杂费资金的分担比例共同承担。财力较好的市可适当提高标准，所需经费自行承担。省财政承担部分通过农村税费改革转移支付中乡村两级办学补助部分和一般转移支付予以安排。

（三）建立农村义务教育阶段中小学校舍维修改造长效机制。从2006年起，按照农村义务教育阶段中小学在校生人数、校舍生均面积、校舍使用年限、单位造价等因素测算校舍维修改造资金，建立全省农村义务教育阶段中小学校舍维修改造的长效机制。农村中小学校舍维修改造所需资金由市、县（市、区）共同承担。省综合考虑各市农村中小学校舍维修改造预算资金安排情况、财力状况、农村中小学校舍维修改造成效和农村中小学布局调整情况，给予奖励性补助。该项资金主要用于农村义务教育阶段公办中小学的教学及教学辅助用房、行政办公用房、生活服务用房等校舍的维修改造（重点用于D级危房），不得用于偿还债务或挪作他用。农村中小学校舍维修改造专项资金实行专户管理，封闭运行，集中支付。2006年，省、市、县（市、区）统筹安排校舍维修改造资金，结合布局调整和农村中小学九年一贯制（寄宿制）学校建设，重点解决域内现存D级危房，以后年度形成的危房纳入校舍维修改造长效机制解决。

（四）巩固和完善农村中小学教师工资保障机制。省继续按照现行体制，对各市农村中小学教师工资经费给予支持，并加大对财力相对薄弱地区的转移支付力度，进一步巩固农村中小学教师工资“一个统一、全额统筹”的县统筹机制，确保农村中小学教师工资按照国家标准按时足额发放。

（五）加强农村中小学教师的培训。省教育行政部门要制定农村中小学教师培训规划，市、县（市、区）教育行政部门依据培训规划，结合本地实际，制定和落实本辖区内农村中小学教师培训计划。教师培训机构要按照政府编制的教师培训计划和工作要求，认真做好培训的组织和教学工作，确保培训质量。省财政设立农村中小学教师培训专项资金，用于省级骨干教师培训，对财力困难地区给予适当补助。市、县（市、区）财政应当设立教师培训专项资金，用于支持开展以新理念、新课程、新技术和师德教育为主要内容的教师全员培训和继续教育。学校按年度公用经费预算总额的5%安排教师培训费，用于教师按照学校年度培训计划参加培训所承担的费用支出。

（六）确保各级政府应承担的资金落实到位。各级政府要分项目、按比例及时足额落实农村义务教育经费保障机制改革资金。省政府承担全省农村义务教育经费保障机制改革所需资金的主要部分，对财力相对困难的地区予以适当倾斜，并负责统筹落实省以下各级政府应承担的农村义务教育经费保障机制改革资金。市以下各级政府要积极调整财政支出结构，努力筹集资金，安排新增财力，确保应承担的农村义务教育经费落到实处。各市政府在落实改革资金时，要按照省政府确定的分担数额在预算中予以足额安排，不能将责任层层下放，防止出现省加大了投入，市以下相应减少投入的“挤出效应”。

五、建立完善预算编制和资金支付制度

农村义务教育经费保障机制改革实施后，按照农村义务教育“管理以县为主”管理体制的要求，对农村中小学经费实行“校财局管”。要按照部门综合预算改革的要求，建立健全农村中小学校预算编制制度，农村中小学各项收支全部纳入县级财政预算，由县级教育行政部门汇总编制报同级财政部门，村小（教学点）由所在乡镇的中心学校统一编列。各级财政部门要根据农村中小学实际情况合理编制资金计划，科学调度资金，根据预算执行进度将农村义务教育经费拨付到农村中小学校，其中，校舍维修改造经费全部纳入县级财政统一管理，不得下拨至乡镇和学校。

六、严格规范收费行为

免除农村义务教育阶段中小学生学杂费后，全面清理现行农村义务教育阶段学校收费政策，全部取消农村义务教育阶段学校各项行政事业性收费，规范各类服务性收费。学校只能按“一费制”规定收取课本费、作业本费两项代收费项目和寄宿生生活费。严格控制地方教材的科目和价格，教辅材料应由学生自愿购买，学校不得强制统一购买。学校代学生购买课本、作业本，应据实结算，不得收取任何形式的“回扣”和手续费。各级政府及相关部门要严格把关，坚决杜绝乱收费。

七、加快推进教育综合改革

深化教师人事制度改革，依法全面实施教师资格准入制度。加强农村中小学编制管理，坚决清退不合格教职工。制定校长、教师交流、轮岗制度，切实提高农村中小学师资水平和管理水平。推进城市、县城教师和大学生到农村支教制度，有计划、有步骤、有针对性地做好选派工作。全面实施素质教育，加快农村中小学课程改革。推行教科书政府采购，逐步建立教科书循环使用制度。建立以素质教育为宗旨的义务教育评价体系。促进教育公平，防止教育资源过度向少数学校集中。

八、构建有力的监督约束和激励机制

省政府建立农村义务教育保障机制改革目标责任制度和考核评估制度，并定期检查各市、县级政府农村义务教育经费落实情况。对资金落实到位和改革成效突出的地区给予表彰奖励；对资金未落实到位或挤占、挪用、截留农村义务教育经费的，要相应扣减该市县税收返还或一般转移支付资金，专项用于农村义务教育经费，并依法追究相关单位和人员的责任。

各级政府在农村义务教育经费安排和使用过程中，要切实做到公开透明，把落实农村义务教育经费保障责任与投入情况向同级人民代表大会报告，并向社会公布，接受社会监督。各级财政、教育、物价、审计、监察等有关部门要加强对农村义务教育经费安排使用、贫困学生界定、中小学收费等情况的监督检查。各级政府要改进教育督导工作，把农村义务教育经费保障机制改革和教育综合改革作为今后教育督导的重要内容。通过齐抓共管，真正使农村义务教育经费保障工作成为德政工程、民心工程和阳光工程。

辽宁省人民政府关于免除城市义务教育阶段学生学杂费的实施意见

（辽政发[2008]32号2008年9月8日）

各市人民政府，省政府各厅委、各直属机构：

为全面贯彻《中华人民共和国义务教育法》，落实科学发展观，促进教育公平，强化政府对义务教育的保障责任，根据《国务院关于做好免除城市义务教育阶段学生学杂费工作的通知》（国发〔2008〕25号），结合我省实际，现就我省免除城市义务教育阶段学生学杂费提出如下实施意见：

一、免除城市义务教育阶段学生学杂费的基本原则

我省免除城市义务教育阶段学生学杂费工作，应当坚持“省级统筹、以区为主、深化改革、加强保障”的基本原则，在免除学杂费的同时，各级财政要足额安排城市义务教育阶段学校预算内公用经费，确保学校正常、稳定运转。要按照国家的有关要求，以免除城市义务教育阶段学生学杂费为先导，循序渐进，逐步解决城市义务教育均衡发展和体制改革等相关问题。

二、免除城市义务教育阶段学生学杂费政策的主要内容

从2008年秋季开学起，全部免除城市义务教育阶段学生学杂费。其主要内容包括：

（一）免除城市义务教育阶段学生学杂费的标准和享受对象。

免除城市义务教育阶段学生学杂费标准：按照省教育厅、省物价局、省财政厅《关于辽宁省义务教育阶段学校推行“一费制”收费办法的实施意见》（辽教发〔2004〕127号）中规定的生均杂费标准执行，即小学每生每年170元，初中每生每年240元。

享受免除学杂费政策的对象：在辽宁省城市义务教育阶段公办学校就读的本省户籍学生、按规定享受免除学杂费政策的进城务工人员随迁子女和在接受政府委托、承担义务教育任务的民办学校就读的学生。

对享受城市居民最低生活保障政策的家庭经济困难学生和进城务工人员随迁子女继续免费提供教科书，并对确需寄宿的学生补助生活费。

（二）免除城市义务教育阶段学生学杂费的经费承担责任。

为支持各市、区做好城市义务教育免除学杂费工作，全省（不含大连市）免除学杂费资金将由各级财政按比例分担，省承担全省免除学杂费资金总量的60%，各市承担比例由省按各市所辖区域内免除学杂费资金需求和财力状况分市确定。市、区分担比例由市确定，市本级财力相对较好的，要承担主要部分。省承担补助资金作为基数补助各市，各市要按照每年所辖区内城市义务教育实际在校生人数核定补助数额。

企业、行政事业单位举办的义务教育阶段学校免除学杂费所需资金按现行渠道解决。

（三）免除城市义务教育阶段学生学杂费的预算管理与资金拨付。

实施免除学杂费政策后，各市、区要将城市义务教育阶段公办中小学公用经费按规定标准全额纳入本级预算，不留缺口，及时足额落实。要进一步健全城市义务教育阶段学校预算编制制度，将各项收支全部纳入预算管理。城市义务教育阶段学校要参照省财政厅、省教育厅《关于印发辽宁省农村中小学公用经费支出管理暂行办法的通知》（辽财教〔2006〕394号）使用和管理公用经费，严禁以任何理由、任何方式截留、滞留、挤占和挪用，或用于平衡财政预算。

为确保城市义务教育阶段学生免除学杂费资金及时足额拨付并做到安全运行，各级财政安排的公用经费补助资金要做到分别列支、专户管理、封闭运行。中央财政补助资金由省财政直接拨付至区级中央资金特设专户。省财政补助资金通过省教育专户直接拨付至区教育专户。市以下补助资金也要实行专户管理，做到封闭运行。

（四）切实解决好进城务工人员随迁子女就学问题。

进城务工人员随迁子女接受义务教育要以流入地为主、公办学校为主解决。各级政府要将进城务工人员随迁子女义务教育纳入公共教育体系，根据进城务工人员随迁子女流入的数量、分布和变化趋势等情况，合理规划学校布局和发展。

对符合当地政府规定接受条件的进城务工人员随迁子女，要按照就近入学的原则统筹安排在公办学校就读，免除学杂费和教科书费，不收取借读费。各级政府要按照预算内生均公用经费标准和实际接收人数，对接受进城务工人员随迁子女的公办学校足额拨付教育经费。

对于接受进城务工人员随迁子女较多、现有教育资源不足的城市，当地政府要加大教育资源统筹力度，采取切实有效措施，改善学校办学条件，在校长和教师的配备上予以支持，保证学校基本需要。

三、进一步规范办学行为，推进教育综合改革

全面清理城市义务教育阶段改制学校。不得举办或变相举办重点校、重点班，切实解决义务教育择校问题。进一步严格收费立项、标准审批管理工作，规范学校收费行为。坚决取消违反国家规定的各项收费项目，规范义务教育阶段服务性收费和代收费。服务性收费、代收费的项目和标准要经省政府审定。严格执行教育收费公示制度，收费必须坚持学生自愿和非营利原则，严禁强制服务，强行代收，坚决制止乱收费。

加大教育改革统筹推进力度。深化教师人事制度改革，全面实施教师资格准入制度。统筹城市义务教育教师资源，合理配置学校师资。深化教学内容、教学方式、质量评价制度改革，建立以素质教育为核心的义务教育评价体系，提高城市义务教育质量。促进教育公平，防止教育资源向少数学校集中。

四、合理配置教育资源，促进城市义务教育均衡发展

地方各级政府要在全部免除城市义务教育阶段学生学杂费基础上，统筹规划，加大投入，合理配置教育资源，推进城市义务教育均衡发展。

（一）保障城市义务教育阶段中小学公用经费。

省教育厅会同省财政厅负责城市义务教育阶段学校预算内生均公用经费基本标准的监督落实工作。市以下各级政府要保障城市义务教育阶段学校预算内生均公用经费不得低于省定基本标准，并根据城市义务教育发展的实际需要，适时提高预算内生均公用经费标准；要加大政府的统筹力度，逐步使同一区域内义务教育学校运转水平基本相当。积极探索，逐步解决义务教育择校问题。

（二）建立城市义务教育学校建设和改善办学条件长效机制。

各级政府要在城镇化和城市建设规划中坚持公共资源配置优先满足义务教育需要，统筹义务教育学校用地和建设，保证学生就近入学。公办小学、初中等学校校舍建设、维修改造所需资金由政府安排。要进一步加大城市义务教育薄弱学校改造力度，缩小校际间差距。

（三）统筹城市地区义务教育教师工资收入。

要进一步完善相关制度，保障教师合理待遇。市以下各级政府要按照《中华人民共和国义务教育法》和省政府有关规定，结合国家和我省事业单位收入分配制度改革，逐步做到同一区域内义务教育学校之间教师平均工资水平大体相当，保证教师队伍稳定，推进教师交流，促进义务教育均衡发展。

五、切实加强领导，确保资金到位

各级政府要加强对免除城市义务教育阶段学生学杂费工作的组织领导。省政府将原农村义务教育经费保障机制改革领导小组改为义务教育经费保障机制改革领导小组，负责审定全省义务教育经费保障机制改革年度目标、任务和实施计划，建立管理机制，统筹落实改革各项资金，研究决定实施改革的重大事项和问题。领导小组下设办公室，负责义务教育经费保障机制改革工作的组织实施。各市、县（市、区）政府要建立相应的工作机制，在整合现有资源的基础上，实行分层次管理，层层抓落实。

各级政府要分项目、按比例及时足额落实城市义务教育阶段学生免除学杂费资金。省承担全省所需资金的主要部分，并负责统筹落实省以下各级政府应承担的资金，对财力相对困难的地区予以适当倾斜。市以下各级政府要积极调整财政支出结构，努力筹集资金，安排新增财力，确保应承担的城市义务教育阶段学生免除学杂费资金落到实处。各市政府在落实免除学杂费资金时，要按照省政府确定的分担数额在预算中予以足额安排，不能将责任层层下放，防止出现省加大了投入，市以下相应减少投入的“挤出效应”。要切实加强资金管理，确保及时支付、专款专用。对于挤占挪用资金、弄虚作假套取资金等违法违规行为，要进行通报，并追究责任、严肃处理。

各级政府和有关部门要高度重视免除城市义务教育阶段学生学杂费的宣传工作，广泛利用各种宣传媒介，向全社会进行深入宣传，营造良好的改革氛围，确保免除城市义务教育阶段学生学杂费工作顺利实施。

辽宁省人民政府办公厅转发省人力资源社会保障厅、省财政厅、省教育厅关于全省义务教育学校绩效工资实施意见的通知

（辽政办发〔2009〕90号2009年7月21日）

各市人民政府，省政府各厅委、各直属机构：

经省政府同意，现将省人力资源社会保障厅、省财政厅、省教育厅《关于全省义务教育学校绩效工资的实施意见》，转发给你们，请认真贯彻执行。

关于全省义务教育学校绩效工资的实施意见

根据《国务院办公厅转发人力资源社会保障部 财政部 教育部关于义务教育学校实施绩效工资指导意见的通知》（国办发[2008]133号）精神，结合我省实际，对全省义务教育学校实施绩效工资提出以下意见：

一、实施范围

按国家规定执行事业单位岗位绩效工资制度的义务教育学校正式工作人员，纳入绩效工资的实施范围。

二、绩效工资总量的核定

义务教育学校实施绩效工资同清理规范津贴补贴相结合，在清理规范津贴补贴的基础上实施绩效工资。

（一）县级以上政府人事、财政部门要对义务教育学校现有的津贴补贴进行清理和规范，对违规发放的津贴补贴一律取消。

义务教育教师规范后的津贴补贴平均水平，由县级以上政府人事、财政部门按照教师平均工资水平不低于所在县级行政区域公务员平均工资水平的原则确定。

（二）绩效工资总量暂按学校工作人员上年度12月份基本工资额度和规范后的津贴补贴平均水平核定，即将规范后的津贴补贴和原国家规定的年终一次性奖金纳入绩效工资总量。

（三）在人事、财政部门核定的绩效工资总量内，学校主管部门具体核定学校绩效工资总量时，要合理统筹，同一县级行政区域义务教育学校的绩效工资水平要大体平衡。对农村学校特别是条件艰苦的学校要给予适当倾斜。

（四）义务教育学校绩效工资总量随着基本工资和学校所在县级行政区域公务员规范后津贴补贴的调整相应调整。

三、绩效工资的分配

（一）绩效工资分为基础性和奖励性两部分，基础性占绩效工资总量的70%，奖励性占绩效工资总量的30%。

（二）基础性绩效工资主要体现地区经济发展水平、物价水平、岗位职责等因素，具体项目和标准由县级以上政府人事、财政、教育部门确定。

（三）奖励性绩效工资主要体现工作量和实际贡献等因素，由学校主管部门区别各义务教育学校的不同情况，统筹核拨到学校，学校在考核的基础上，确定具体的分配方式和办法。

（四）各地可根据实际情况，在绩效工资中设立班主任津贴、岗位津贴、农村学校教师津贴、超课时津贴、教育教学成果奖励等项目。

（五）充分发挥绩效工资分配的激励导向作用。根据考核结果，在分配中坚持多劳多得，优绩优酬，重点向一线教师、骨干教师和做出突出成绩的其他工作人员倾斜。

（六）学校制定绩效工资分配办法要充分发扬民主，广泛征求教职工的意见，做到公开、公平、公正。分配办法经学校领导班子集体研究、教职工代表大会讨论，报学校主管部门批准，并在本校公开。

（七）校长的基础性绩效工资，按县级以上政府人事、财政、教育部门确定的项目和标准执行，奖励性绩效工资，由学校主管部门在绩效工资总量内，根据对校长的考核结果统筹确定。

四、实施时间

义务教育学校的绩效工资从2009年1月1日起实施。

五、相关政策

（一）学校根据规定在《中共中央办公厅 国务院办公厅转发〈中央纪委、中央组织部、监察部、财政部、人事部、审计署关于严肃纪律加强公务员工资管理的通知〉的通知》（厅字[2005]10号）下发前发放的改革性补贴，除超过规定标准和范围发放的之外，暂时保留，不纳入绩效工资，另行规范。在规范办法出台前，一律不得出台新的改革性补贴项目、提高现有改革性补贴项目的标准和扩大发放范围。

（二）原国家规定的班主任津贴与绩效工资中的班主任津贴项目归并，不再分设，纳入绩效工资管理。教育部门要统筹平衡同一县级行政区域的班主任津贴标准。

（三）绩效工资不作为计发离退休费的基数。

（四）在实施绩效工资的同时，对义务教育学校离退休教师发放生活补贴。其中，离休人员生活补贴按中共中央纪委、中共中央组织部、监察部、财政部、人力资源和社会保障部、审计署《关于解决离休人员待遇有关问题的通知》（中纪发[2008]40号）确定，退休人员生活补贴标准由县级以上政府人事、财政部门确定。

（五）义务教育学校实施绩效工资时，对完全中学中从事非义务教育教师的津贴补贴问题，由学校统筹考虑。

六、经费保障与财务管理

（一）义务教育学校实施绩效工资所需经费，纳入财政预算。按照管理以县为主、经费省级统筹的原则，确保义务教育学校实施绩效工资所需资金落实到位。县级财政要优先保障义务教育学校实施绩效工资所需经费。省级财政要调控省以下财力水平差异，加大对财力薄弱地区的补助力度，既要确保中央财政对农村义务教育学校实施绩效工资的补助资金全部下达给县级财政，又要统筹财力性转移支付补助增量优先安排用于县级以下义务教育学校实施绩效工资经费补助。同时，要强化市级财政履行对县级财政资金补助的责任，进一步加大转移支付的力度，确保义务教育学校绩效工资经费落实到位。

（二）要规范学校财务管理，严格执行国务院关于免除义务教育阶段学生学杂费等费用的规定，严禁“一边免费、一边乱收费”。学校的国有资产实行统一管理，各类政府非税收入一律按照有关规定上缴同级财政，严格实行“收支两条线”。严禁利用收费收入和公用经费自行发放津贴补贴。

（三）学校绩效工资应专款专用，分帐核算，纳入工资统一发放。具体发放由县级以上政府人事、财政、教育部门根据工资统发的有关规定，结合义务教育学校绩效考核办法确定。

七、组织实施

（一）各级人事、财政、教育部门要各司其职，各负其责，密切配合，共同做好工作。人事部门要发挥牵头作用，会同财政、教育部门，抓紧制定具体实施办法。财政部门要会同人事部门对义务教育学校现有的津贴补贴进行清理，积极筹措资金，确保义务教育学校绩效工资资金落实到位。教育部门要抓紧制定绩效考核办法，认真指导和严格督促学校落实各项政策，规范学校收支行为和内部分配，确保各项政策落到实处。

（二）各市、县（市、区）政府人事、财政、教育部门按照本实施意见和国家有关规定，结合当地实际，制定本行政区域内义务教育学校绩效工资的实施办法，报上一级政府人事、财政、教育部门批准后实施。各市要将批准的各县（市、区）义务教育学校绩效工资实施办法和每年核定的绩效工资的总量和水平报省人力资源社会保障厅、省财政厅、省教育厅备案。各县（市、区）每年年初要将本地区义务教育学校规范后的津贴补贴平均水平向省人力资源社会保障厅、省财政厅、省教育厅报告。

（三）各地区、各有关部门和单位要严格执行国家政策，严格遵守纪律。实施绩效工资后，义务教育学校不得在核定的绩效工资总量外自行发放任何津贴补贴或奖金，不得违反规定的程序和办法进行分配。对违反政策规定的，坚决予以纠正，并进行严肃处理。

（四）各地区、各有关部门要统筹义务教育学校实施绩效工资与当地规范公务员津贴补贴工作。要从本地区的实际情况出发，认真分析、及时研究和妥善处理实施中出现的问题。要特别关注社会各方面的反映，正确引导社会舆论，确保义务教育学校绩效工资平稳顺利实施。

辽宁省中小学卫生保健教师岗位管理规定（试行）

（辽教发[2005]89号2005年6月27日）

第一章　总则

第一条　为了提高中小学卫生保健教师的素质，加强对卫生保健工作的管理，根据《中华人民共和国教师法》和《学校卫生工作条例》结合我省实际，制定本管理规定。

第二条　学校卫生保健工作的主要任务是：监测学生健康状况；对学生进行健康教育，培养学生良好的卫生习惯；改善学校卫生环境和教学卫生条件；加强对传染病、学生常见病的预防和治疗。

第二章　适用范围及岗位设置

第三条　本规定适用于本省行政区域内的，从事中小学卫生保健工作的教师，其中包括：

（一）普通中小学、幼儿园和有在校生的其它教育机构的卫生保健教师、公共卫生教育教师、心理健康咨询教师；

（二）中小学卫生保健所的卫生保健教师；

（三）各级基础教研部门、教师进修院校从事卫生保健工作的教师。

第四条　学校卫生保健人员的岗位设置。

城市普通中小学、农村中心小学和普通中学，按学生人数600：1的比例配备专职卫生保健人员。

学生人数不足600人的学校，可以配备专职或者兼职卫生保健教师，开展学校卫生保健工作。

第三章　职责和任职条件

第五条 学校卫生保健教师应其备下列基本条件：

（一）应是从事中小学（幼儿园）卫生保健工作，在教育主管部门备案的在职教师；

（二）应具备辽宁省中小学教师职务任职条规定的学历、资历要求；

（三）卫生保健教师应经过岗前培训，掌握相应的卫生保健知识，并获得《卫生保健工作岗位今格证书》。

第六条 卫生保健教师应履行下列工作职责：

（一）在上级业务部门的指导下，提出学校卫生年度工作计划，并做出工作总结；

（二）定期组织学生健康检查，对学生发育水平、健康状况做出评价、建立学生健康档案，对学生健康资料进行统计分析；

（三）对学生进行卫生知识、心理健康教育、培养学生养成良好的卫生习惯和健康的心理。做好学生卫生员培训工作。

（四）做好近视眼、沙眼、龋齿、寄生虫、寄生虫、营养不良、贫血等学生常见病的群体防治工作。

（五）加强对学校传染病的预防和管理，并协助上级业务部门组织好学生预防接种工作。

（六）对学校的教学卫生、体育卫生、劳动卫生、饮食卫生、环境卫生等进行监督检查，促进学校卫生条件改善。

（七）及时做好学生一般伤病的初诊救护和转诊工作。

第七条 卫生保健教师的岗位要求：

（一）小学三级卫生保健教师

1. 在上级业务部门指导下，能定期组织学生身体检查，建立学生健康档案；

2. 能按教学计划开展学校公共卫生、心理健康教育；

3. 能开展预防近视、沙眼、龋齿、寄生虫、贫血、营养不良等学生常见病防治工作；

4. 参加继续教育，完成岗前培训的规定学分；

5. 能完成年度工作任务，年底考核评价结果为优秀或合格。

（二）小学二级、中学三级卫生保健教师

1. 在上级业务部门指导下，能对学生身体发育和健康状况做出比较、分析和评价，能建立比较完整的学生健康档案；

2. 能按教学计划开展学校公共卫生、心理健康教育，并有一定成效；

3. 能够开展预防近视、沙眼、龋齿、寄生虫、贫血、营养不良等学生常见病的防治工作；并及时做一好学生一般伤病的初疗救护和转诊工作；

4. 在上级业务部门的指导下，能开展学生卫生保健的研究活动；

5. 参加继续教育，完成规定的进修学分；

6. 能完成年度工作任务，年度考核评价结果为优秀或合格。

（三）小学一级、中学二级卫生保健教师

1. 能独立提出学校卫生工作计划；组织开展学生健康体检；能对学生的生长发育和健康状况做出比较、分析和评价：建立完整的学生健康档案；并写出卫生学的调查报告或技术性总结，提出学术见解与建议；

2. 熟悉国家有关条例、法规，能对学校的教学卫生、体育卫生、营养卫生进行预防性卫生监督；熟悉健康监测的各项内容和指标，掌握学生传染病的诊断标准，能完成学生体质健康监测与统计工作；

3. 能按教学计划开展学校公共卫生、心理健康教育，并且成果显著；

4. 能开展学生卫生保健的研究活动；

5. 参加继续教育，完成规定的进修学分；

6. 能完成年度工作任务，年度考核评价结果为优秀或合格者。

（四）小学高级、中学一级卫生保健教师

1. 能应用基础医学、预防医学等知识和理论指导实际工作；在教学中能解决青春期卫生、心理卫生等较复杂技术问题；

2. 了解本专业国内技术发展的新动态和新成就. 能将学生体质健康研究的新理论和新技术应用于实际工作；

3. 能掌握体格检查的各种测量方法，并具有组织现场调查和撰写调查报告的能力：能培养和指导下级保健教师，使之能独立进行学校卫生监督、监测工作；

4. 能指导下级卫全保健教师开展卫生保健的研究活动；

5. 参加继续教育进修，在卫生保健研究方面有显著成效；

6. 能完成年度工作任务，年度考核评价结果为优秀或合格。

（五）中学高级卫生保健教师

1. 掌握基础医学、预防医学、卫生服务和心理健康等知识与技能，熟悉国家有关条例、法规和卫生标准，能解决业务实践中的复杂技术性问题：

2. 能参加继续教育等形式的业务进修，掌握国内外学校卫生最新信息。在教学和科研中，能开创新的技术领域，促进本专业技术的不断发展并取得学术和教学成果；

3. 能胜任培训小学高级和中学一级卫生保健教师的工作；

4. 能制定科学研究方案并组织实施，能指导中学一级、小学高级卫生保健教师开展卫生保健的研究活动；

5. 能完成年度工作任务，年度考核评价结果为优秀或合格。

第四章　附则

第八条　学校要保持卫生保健教师的相对稳定，调离卫生保健工作岗位时，要征得当地教育主管部门的同意。

第九条　学校要重视卫生保健工作，改善卫生保健人员的工作环境，要按照《中小学卫生室器械与设备目录》，配齐卫生室器材。

第十条　学校要关心卫生保健教师的成长，在评选先进以及福利待遇等方面，要与其他教师一视同仁。

第十一条　学校卫生技术人员在取得教师资格证后，可以参加卫生保健教师的职务评审与岗位聘任。

第十二条　各市教育行政部门要在教师职务评审组中，建立学校卫生保健学科评审组，具体负责辖区内学校卫生保健教师的学科评审晋升工作。学校卫生保健教师的职务岗位数额由教育主管部门按教师相应比例统一掌握。

第十三条　本规定至发布之日起执行。

（三）职业教育

辽宁省规范中小学办学行为的规定

（辽教发[2012]22号2012年2月27日）

为贯彻落实国家和省教育规划纲要，进一步规范中小学办学行为，切实减轻学生过重的课业负担，深入实施素质教育，根据《中华人民共和国教育法》、《中华人民共和国教师法》、《中华人民共和国义务教育法》、《中华人民共和国民办教育促进法》、《中华人民共和国行政许可法》、《中华人民共和国民办教育促进法实施条例》、《辽宁省义务教育条例》等相关法律法规和国家相关文件制定本规定。

一、严格执行国家、省定课程计划

1. 各中小学校要严格执行国家、省定的课程方案、课程计划，按照规定开齐课程、开足课时。保证体育课、艺术课、团队活动和综合社会实践活动时间。纠正随意加深课程难度、增减课程和课时、赶超教学进度的行为。

2. 中小学校要保障中小学生每天一小时校园体育活动，保障学生每月一天校外实践体验活动时间。

二、严格控制学生在校集中学习时间

3. 走读生每天在校集中学习时间，小学生、初中生、高中生分别不超过6小时、7小时、8小时。不上早、晚自习。

城市走读生早上到校时间冬季不早于7:50，夏季不早于7:30；放学时间冬季不晚于17:30（小学不晚于17：00），夏季不晚于18:00（小学不晚于17：30）。

4. 寄宿生每天在校学习时间（包括自习），小学生不超过8小时，初中生不超过9小时，高中生不超过11小时。

三、严格控制教师布置给学生的书面家庭作业量

5. 学校要统筹学生的家庭作业时间，小学一、二年级不留书面家庭作业，小学其他年级书面家庭作业控制在1小时以内。

6. 初中和高中学生每天书面家庭作业总量分别控制在1.5小时、2小时以内。

7. 班主任及任课教师应适时对学生给予个性化学法指导。

四、严格规范考试管理

8. 市、县（市、区）教育部门应规范初中升学考试、高中学业水平考试外其他形式的统一考试，严格控制考试科目和考试次数。

9. 各级教育行政部门不得随意组织学校参加各种统考、联考或其他竞赛、考级等。

10. 市、县（市、区）教育部门严格规范学校层面考试，考试命题科学合理，考试内容符合课程标准要求，不得随意提升考试难度，增加考试次数。

五、严禁学校、教师违规补课

11. 各中小学校不得占用学生法定假日、午间休息和自习时间组织集体补课。

12. 学校、教师不得对学生实行有偿补课。学校要组织骨干教师为学困生义务补课。

13. 学校、教师不得组织学生参加社会举办的文化课补习班。

六、严禁违规乱发教材和教辅材料

14. 由市级教育行政部门按照国家、省每年颁布的中小学教科书用书目录统筹决定征订使用教科书。

15. 教辅材料实行“一科一辅”制。不得组织小学一、二年级学生订购教辅材料。

16. 严禁任何部门、学校和个人组织学生统一征订除中小学教辅推荐目录以外的任何教辅材料，由学生及父母（或监护人）自愿选择订阅目录内的教辅材料；教师不得向学生推荐或变相推荐教辅材料。

七、严禁下达高考、中考升学指标

17. 教育部门不得以任何形式向所辖学校下达高考、中考升学指标。

18. 教育部门、学校不得以高考、中考升学率或考试成绩为标准进行各种学校、班级的荣誉排名和相关奖惩。

八、严禁炒作中考、高考成绩

19. 完善教育信息公开制度，加强和规范各级各类学校对外提供教育服务信息的工作，保障公众对教育的知情权、参与权和监督权。

20. 各地、各有关部门及工作人员、各级各类学校和教师不得以任何方式公布考生的成绩、名次及中考、高考录取信息，或以任何方式炒作学校的升学人数、升学率及升入重点高中、重点大学情况的信息。

21. 各宣传媒体不得宣传炒作学校的升学率、升学考试平均成绩等情况；不得宣传炒作所谓的中考“状元”、高考“状元”及高分数学生等。

九、严格规范义务教育阶段学校招生

22. 城市义务教育阶段公办学校应当按照划定的学区招生，并将招生结果向社会公布，不得擅自跨学区招生。

23. 义务教育阶段公办学校除经教育行政部门批准的体育、艺术等特长生招生可以进行专业技能测试外，一律不准采取或者变相采取考试、测试、面试等形式选拔学生。

24. 学校要坚持公开、公正、公平的原则实施分班，不得设置重点班、快慢（好差）班、实验班、特长班、补习班、奥数班等。

25. 学校、教师不得根据考试成绩对学生排名和编排学生座位。

十、严格制止普通高中违规招生行为

26. 各普通高中要严格遵守招生纪律。公办普通高中不得招收规定区域外的学生。

27. 公办普通高中不得违背“三限”（限人数、限分数、限钱数）政策招收择校生。

28. 公办普通高中不得举办或参与举办复读班或复读学校，不得招收复读生。

十一、规范和严格民办学校和非学历教育培训机构的管理

29. 各市教育行政部门按照中小学校办学条件确定民办学校招生计划，各民办学校应严格执行招生计划，严禁突破招生人数、招生范围和招生条件；严禁学校通过给生源学校校长或老师回扣等不正当方式招生。

义务教育阶段的民办初中招生应在每年6月1日以后进行，不得提前招生、举办或与培训机构联合举办、委托举办生源预备班。

30. 取得文化课补习办学许可的培训机构，课时课量设置要符合教育规律和接受者身心健康。其他办学机构应严格遵守办学行政许可的规定，不得擅自扩大办学范围，开展文化课补习。

各类民办教育机构不得以升入某中小学的名义开办直升班、预备班。

31. 强化民办非学历教育培训机构的年审。

十二、建立责任追究制度

32. 加强教育行政执法。各级教育行政部门要会同有关部门加强行政执法，按照“谁主管、谁负责”的原则，建立规范办学行为的责任制，分级管理，分工负责，强化工作问责，严肃追究责任。各地要将规范办学行为和学业负担监测列入基础教育强县（市、区）建设、教育督导、学校考核和行风评议的指标体系中，做为重要内容加强督导检查。对各地在规范办学行为过程中出现的负面影响较大的违法违规事例，在基础教育强县（市、区）建设评比中，实行“一票否决”。

33．教育部门、学校、教师及非学历教育培训机构违反本规定的，依照有关法律、法规、规章的规定给予行政处罚；对违反本规定的个人，依照有关法律、法规、规章及其他相关规定给予处分。

34．加强监督检查。各级教育、监察、纠风部门要建立专项督察制度，健全长效机制，坚持定期检查和随机抽查相结合、坚持学校自检与社会广泛监督相结合，对规范办学行为进行督察和监管，严肃查处违法违规违纪行为。各部门联合组织开展规范办学的专项整治活动。学校要加强校务公开尤其是收费和支出情况的公开，自觉接受各方面的监督。

35．加强舆论宣传，发挥引导作用。教育行政部门和学校要加大宣传力度，营造正面、健康的教育舆论环境，营造学生父母能够理解和接受的社会文化氛围，促进学校规范办学行为，实施素质教育，为广大中小学的健康成长创造良好的教育环境。

36．本规定自发布之日起施行。

全国职业中学校长主要职责及岗位要求（试行）

（教职[1993]18号1993年12月28日）

一、校长的主要职责

校长对外是学校的法人代表，对内全面领导学校工作，职业中学实行校长负责制。校长要：

（一）全面贯彻执行党和国家的教育方针、政策、法规。坚持社会主义办学方向，努力培养德、智、体全面发展、具有良好职业道德和技能的社会主义事业的建设者和接班人。按职业技术教育规律办学，致力改革、开拓，不断提高教育质量。

（二）认真执行党的知识分子政策和干部政策，团结、依靠教职员工。组织教师学习政治与钻研业务，使之不断提高政治思想、职业道德、文化业务水平及教育教学能力。培养中层干部、班主任、中青年教师和业务骨干，努力建设又红又专的教师队伍。依靠党组织，积极做好教师和职工的思想政治工作。自觉接受党组织的监督。充分发扬民主，重视教职工代表大会在学校管理中的重要作用，发挥广大教师和职工工作的主动性、积极性和创造性。

（三）全面主持学校工作。

1. 领导和组织德育工作。坚持教书育人、管理育人、服务育人、环境育人，切实加强和不断改进德育工作。制定德育工作计划，建设德育工作骨干队伍，采取切实措施，坚持不懈地加强对学生的思想政治教育、职业道德、职业理想和行为规范教育。

2. 领导和组织教学工作。坚持学校工作以教学（含实践教学）为主，组织和领导学校教学改革，按照国家和地方规定的教学计划、教学大纲的原则，开好各门课程，遵循职业技术教育教学规律组织教学，注重理论与实践相结合，建立和完善教学管理制度，搞好教学常规管理。深入教学第一线，正确指导教师进行教学活动，努力提高教学质量。

3. 领导和组织学校的体育、卫生、美育和课外活动，培养学生的特长及适应社会、适应工作的能力，使学生生动活泼、健康地发展。

4. 领导和办好学校的校办企业和生产实习基地。走教育与生产劳动相结合、“产教结合”的道路。充分利用学校技术、设备、学生参加生产的优势和税收的优惠政策，努力提高经济效益。

5. 领导和组织总务工作。贯彻勤俭办学的原则，坚持总务工作为教书育人和教职工服务的方向。严格管理学校财务和财产。搞好校园建设。关心学生和教职工的生活，保护他们的健康。逐步改善办学条件和教职工福利。

6. 配合党组织，支持和指导群众组织开展工作。充分发挥工会、共青团、民主党派等组织在办学育人各项工作中的积极作用。

二、校长的岗位要求

（一）资历要求

1. 职业高级中学校长一般应具有大学本科毕业的学历或同等学力；职业初级中学校长应具有大专毕业的学历或同等学力。

2. 正校长和教学副校长应具有从事三年以上教育教学工作的经历，分管校办产业的副校长应有从事生产或经营的能力。

3. 接受过岗位培训，并获得“岗位培训合格证书”。

（二）政治及思想品德要求

1. 拥护中国共产党的领导，热爱社会主义祖国，努力学习马列主义、毛泽东思想和建设有中国特色的社会主义理论。

2. 坚持党的“一个中心，两个基本点”的基本路线，锐意改革，开拓进取。

3. 具有一定的马克思主义理论修养，能努力运用马克思主义的立场、观点和方法指导学校工作。

4. 热爱职业技术教育事业，关心爱护学生，尊重、团结、依靠教职工。

5. 实事求是，勤奋工作，作风民主，联系群众，顾全大局，公正廉洁，艰苦奋斗，严于律己，为人师表。

（三）岗位知识要求

1. 具有马克思主义基本理论知识，党的建设有中国特色的社会主义理论的基本知识和中国近现代史和国情基本知识。

2. 掌握党和国家关于职业技术教育方针、政策的基本精神及有关法规的基本内容，以及市场经济的基本知识。

3. 要关心、熟悉相关专业的经济技术知识和政策，劳动用工政策和制度。了解学校所设专业有关的基本知识和本地经济社会发展状况及趋势。

4. 掌握职业技术学校管理的基本规律和方法，以及与学校管理相关的基本知识、技术和手段。

5. 了解国内外职业技术教育的基本情况，熟悉国内相关的一些先进学校的办学经验。

（四）岗位能力要求

1. 根据党和国家的有关方针、政策、法规及当地经济发展的需求，制定及决策学校发展规划、工作计划及学校管理制度。

2. 善于做教职工和学生的思想政治工作及开展职业道德教育。

3. 具有领导学校教学及校办产业工作的能力。

4. 较好地处理校内外关系，能与社会上各有关单位，特别是和学校所办专业有关的经济、企业部门建立联系，密切合作。具有一定的社交能力。

5. 以育人为中心，研究学校教育的新情况、新问题，并从实际出发，总结经验，开拓创新，不断提高质量和办学水平。

6. 具有一定的文字能力和较好的口头表达能力。

（五）身体要求

身体健康，能胜任校长工作。

中等职业学校教师职业道德规范（试行）

（教职成[2000]4号2000年5月16日）

一、坚持正确方向。学习、宣传马列主义、毛泽东思想和邓小平理论，拥护党的路线、方针、政策，自觉遵守《教育法》、《教师法》、《职业教育法》等法律法规。全面贯彻党和国家的教育方针，积极实施素质教育，促进学生在德、智、体、美等方面全面主动地发展。

二、热爱职业教育。忠诚于职业教育事业，爱岗敬业，教书育人。树立正确教育思想，全面履行教师职责。自觉遵守学校规章制度，认真完成教育教学任务，积极参与教育教学改革。

三、关心爱护学生。热爱全体学生，尊重学生人格，公正对待学生，维护学生合法权益与身心健康。深入了解学生，严格要求学生，实行因材施教，实现教学相长。

四、刻苦钻研业务。树立优良学风，坚持终身学习。不断更新知识结构，努力增强实践能力。积极开展教育教学研究，努力改进教育教学方法，不断提高教育教学水平。探索职业教育教学规律，掌握现代教育教学手段，积极开拓，勇于创新。

五、善于团结协作。尊重同志，胸襟开阔，相互学习，相互帮助，正确处理竞争与合作的关系。维护集体荣誉，创建文明校风，优化育人环境。

六、自觉为人师表。注重言表风范，加强人格修养，维护教师形象，坚持以身作则。廉洁从教，作风正派，严于律已，乐于奉献。

高等职业学校设置标准（暂行）

（教发[2000]41号2000年3月15日）

第一条 设置高等职业学校，必须配备具有较高政治素质和管理能力、品德高尚、熟悉高等教育、具有高等学校副高级以上专业技术职务的专职校（院）长和副校（院）长，同时配备专职德育工作者和具有副高级以上专业技术职务、具有从事高等教育工作经历的系科、专业负责人。

第二条 设置高等职业学校必须配备专、兼职结合的教师队伍，其人数应与专业设置、在校学生人数相适应。在建校初期，具有大学本科以上学历的专任教师一般不能少于70人，其中副高级专业技术职务以上的专任教师人数不应低于 本校专任教师总数的20%；每个专业至少配备副高级专业技术职务以上的专任教师2人，中级专业技术职务以上的本专业的“双师型”专任教师2人；每门主要专业技能课程至少配备相关专业中级技术职务以上的专任教师2人。

第三条 设置高等职业学校，须有与学校的学科门类、规模相适应的土地和校舍，以保证教学、实践环节和师生生活、体育锻炼与学校长远发展的需要。建校初期，生均教学、实验、行政用房建筑面积不得低于20平方米；校园占地面积一般应在150亩左右（此为参考标准）。

必须配备与专业设置相适应的必要的实习实训场所、教学仪器设备和图书资料。适用的教学仪器设备的总值，在建校初期不能少于600万元；适用图书不能少于8万册。

第四条 课程设置必须突出高等职业学校的特色。实践教学课时一般应占教学计划总课时40%左右（不同科类专业可做适当调整）；教学计划中规定的实验、实训课的开出率在90%以上；每个专业必须拥有相应的基础技能训练、模拟操作的条件和稳定的实习、实践活动基地。一般都必须开设外语课和计算机课并配备相应的设备。

第五条 建校后首次招生专业数应在5个左右。

第六条 设置高等职业学校所需基本建设投资和正常教学等各项工作所需的经费，须有稳定、可靠的来源和切实的保证。

第七条 新建高等职业学校应在4年内达到以下基本要求：

1. 全日制在校生规模不少于2000人；

2. 大学本科以上学历的专任教师不少于100人，其中，具有副高级专业技术职务以上的专任教师人数不低于本校专任教师总数的25%；

3. 与专业设置相适应的教学仪器设备的总值不少于1000万元，校舍建筑面积不低于6万平方米，适用图书不少于15万册；

4. 形成了具有高等职业技术教育特色的完备的教学计划、教学大纲和健全的教学管理制度。

对于达不到上述基本要求的学校，视为不合格学校进行。适当处理。

第八条 位于边远地区、民办或特殊类别的高等职业学校，在设置时，其办学规模及其相应的办学条件可以适当放宽要求。

第九条 自本标准发布之日以前制定的高等职业学校有关设置标准与本标准不一致的，以本标准为准。

普通高等学校高职高专教育专业设置管理办法(试行)

(教高[2004]4号2004年10月19日)

一、为推进高等学校面向社会依法自主办学的进程，加强高职高专教育专业设置的宏观管理，促进高职高专教育的持续健康发展，根据《中华人民共和国高等教育法》、《中华人民共和国职业教育法》，以及当前我国高职高专教育改革和发展的实际状况，制订本办法。

二、由教育部组织制订的《普通高等学校高职高专教育指导性专业目录》（以下简称《目录》）是国家对高职高专教育进行宏观指导的一项基本文件，是指导高等学校设置和调整专业，教育行政部门进行教育统计和人才预测等工作的重要依据，也可作为社会用人单位选择和接收毕业生的重要参考。教育部将按照专业大类目录原则不变、专业类目录相对稳定、专业目录基本放开的原则对《目录》进行管理。

三、《目录》所列专业是根据高职高专教育的特点，以职业岗位群或行业为主兼顾学科分类的原则进行划分的，体现了职业性与学科性的结合，并兼顾了与本科目录的衔接。专业名称采取了“宽窄并存”的做法，专业内涵体现了多样性与普遍性相结合的特点，同一名称的专业，不同地区不同院校可以且提倡有不同的侧重与特点。各省级教育行政部门和高等学校在管理和设置高职高专教育专业的过程中，应充分发挥《目录》的指导作用。

四、《目录》分设农林牧渔、交通运输、生化与药品、资源开发与测绘、材料与能源、土建、水利、制造、电子信息、环保气象与安全、轻纺食品、财经、医药卫生、旅游、公共事业、文化教育、艺术设计传媒、公安、法律19个大类，下设78个二级类，共532种专业。为体现职业教育的特点，管理类专业暂分别归属于不同的专业大类中。

五、各省级教育行政部门可通过检查、评估等方式，依据高等学校的办学条件、办学质量和办学效益等实际情况，核定学校举办高职高专教育的专业类范围和新增专业的数量。原则上，高等学校可在核定的专业类中自主设置和调整目录内专业，也可依据专业目录中的专业名称以“（ ）”形式标出专业方向或本校该专业内涵的特色。

学校依法自主设置的专业应报所属省级教育行政部门备案。省级教育行政部门指导院校设置和调整高职高专教育专业时，还应注意：根据有关规定制定《目录》外专业设置标准与听证制度，以保证专业设置的科学性和规范性；按照国家有关规定管理医学类、公安类等国家控制专业；高等学校的专业设置范围和年增专业数量等权限应与院校的评估结论挂钩；对连续三年达不到本省份平均就业率的高职高专教育专业，应通过调节招生计划等方式减少或限制招生。教育类专业（分类代码6602）一般限于师范高等专科学校中设置。

六、各省级教育行政部门应从2004年开始，于次年1月底前将备案的高职高专教育专业及相关内容汇总整理后，填写《普通高等学校高职高专教育专业设置情况表》报送教育部高等教育司。教育部将对各地上报的专业信息进行汇总，并向社会公布，以促进信息交流，实现资源共享。

对新增设的《目录》外专业，省级教育行政部门应按照目前的代码序列顺序编制相应的专业代码，并在代码后用本省份简称（如“冀”、“鲁”）标出，供本省份使用。教育部将对上报的《目录》外专业进行统筹协调，每两年对《目录》进行一次更新。对于设置较普遍的《目录》外专业，根据举办情况给予正式专业代码并予以公布。

七、高等学校要根据我国经济发展、科技进步和产业结构调整的要求，以适应生产、建设、管理、服务第一线岗位的需要为原则，从本校高职高专教育师资、实训等办学条件出发，特别应注意遵循市场经济条件下经济发展和职业岗位的变化规律，调整和设置专业。同时，应注意遵循高等教育规律，保持教育工作的相对稳定性。

八、各省级教育行政部门可根据本地区的具体情况，依照本办法精神制定本省（自治区、直辖市）的高职高专教育专业设置管理的《补充规定》或《实施细则》，切实加强对本地区高职高专教育专业设置的宏观管理和指导。努力形成合理的专业结构和布局，促进我国高职高专教育规模、结构、质量、效益协调发展。

九、本办法适用于独立设置的高职高专院校、本科院校举办的职业技术学院，也可供独立设置的成人高等学校和有关高等教育机构参考使用。

中等职业学校学生实习管理办法

（教职成[2007]4号2007年6月26日）

第一条 为规范管理中等职业学校开展学生实习工作，保护实习学生的合法权益，根据《中华人民共和国教育法》、《中华人民共和国劳动法》、《中华人民共和国职业教育法》和国家有关规定，制定本办法。

第二条 中等职业学校（以下简称“学校”）学生实习，应全面贯彻国家的教育方针，实施素质教育，坚持教育与生产劳动相结合，遵循职业教育规律，培养学生职业道德和职业技能，促进学生全面发展和就业，提高教育质量。

第三条 本办法所称学生实习，主要是指中等职业学校按照专业培养目标要求和教学计划的安排，组织在校学生到企业等用人单位进行的教学实习和顶岗实习，是中等职业学校专业教学的重要内容。中等职业学校三年级学生要到生产服务一线参加顶岗实习。

第四条 学生实习由学校和实习单位共同组织和管理。学校和实习单位在安排学生实习时，要共同制订实习计划，开展专业教学和职业技能训练，组织参加相应的职业资格考试；要建立辅导员制度，定期开展团组织活动，加强思想政治教育和职业道德教育。学校和实习单位在学生实习期间，要维护学生的合法权益，确保学生在实习期间的人身安全和身心健康。

第五条 组织安排学生实习，要严格遵守国家有关法律法规,为学生实习提供必要的实习条件和安全健康的实习劳动环境。不得安排一年级学生到企业等单位顶岗实习；不得安排学生从事高空、井下、放射性、高毒、易燃易爆、国家规定的第四级体力劳动强度以及其他具有安全隐患的实习劳动；不得安排学生到酒吧、夜总会、歌厅、洗浴中心等营业性娱乐场所实习；不得安排学生每天顶岗实习超过8小时；不得通过中介机构代理组织、安排和管理实习工作。

第六条 学校应当建立健全学生实习管理制度，要有专门的实习管理机构，要加强实习指导教师队伍建设，要建立学生实习管理档案，定期检查实习情况，处理实习中出现的有关问题，确保学生实习工作的正常秩序。

第七条 实习单位要指定专门人员负责学生实习工作，根据需要推荐安排有经验的技术或管理人员担任实习指导教师。

第八条 实习单位应向实习学生支付合理的实习报酬。学校和实习单位不得扣发或拖欠学生的实习报酬。

第九条 企业接收学生实习并支付给实习学生的报酬，按照《财政部 国家税务总局关于企业支付学生实习报酬有关所得税政策问题的通知》（财税[2006]107号）有关规定在计算缴纳企业所得税前扣除。

第十条 建立学校、实习单位和学生家长经常性的学生实习信息通报制度。学生到实习单位顶岗实习前，学校、实习单位和学生本人或家长应当签订书面协议，明确各方的责任、权利和义务。学生在校内参加教学实习，学校和学生本人或家长是否签订书面协议，由学校根据情况确定。

第十一条 学校安排学生赴国（境）外实习的，应当根据需要通过国家驻外有关机构了解实习环境、实习单位和实习内容等情况，必要时可派人实地考察。要选派指导教师全程参与，做好实习期间的管理和相关服务工作。

第十二条 学校和实习单位应当加强对实习学生的实习劳动安全教育，增强学生安全意识，提高其自我防护能力；要为实习学生购买意外伤害保险等相关保险，具体事宜由学校和实习单位协商办理。实习期间学生人身伤害事故的赔偿，依据《学生伤害事故处理办法》和有关法律法规处理。

第十三条 实习学生应当严格遵守学校和实习单位的规章制度，服从管理；未经学校批准，不准擅自离开实习单位；不得自行在外联系住宿；违反实习纪律的学生，应接受指导教师、学校和实习单位的批评教育，情节严重的，学校可责令其暂停实习，限期改正。学生实习考核的成绩应当作为评价学生的重要依据。

第十四条 各级教育行政部门应当加强实习管理工作，建立健全实习管理制度，加强监督检查，协调有关职能部门、实习单位和其他有关方面，共同做好实习管理工作，保证实习工作的健康、安全和有序开展。

第十五条 对积极开展中等职业学校学生顶岗实习工作、管理规范、成绩显著的学校和单位，以及先进个人给予表彰奖励。

第十六条 对不履行实习管理职责的学校和实习单位，负有管理责任的政府有关部门应当责令其限期改正，对拒不改正或者因工作失误造成重大损失的，应当对直接负责的主管人员和其他直接责任人员给予行政处分；构成犯罪的，依法追究刑事责任。

第十七条 本办法自发布之日起施行。

国家示范性高等职业院校建设计划管理暂行办法

（教高[2007]12号2007年6月7日）

第一章 总则

第一条 为规范和加强国家示范性高等职业院校建设计划（以下简称建设计划）项目管理，保证建设计划顺利实施，根据《国务院关于大力发展职业教育的决定》（国发〔2005〕35号）、《教育部、财政部关于实施国家示范性高等职业院校建设计划，加快发展高等职业教育改革与发展的意见》（教高〔2006〕14号）和国家有关规章制度，制定本办法。

第二条 建设计划以提高高等职业院校办学质量为目标，以推进改革和实现优质资源共享为手段，支持办学定位准确、产学结合紧密、改革成绩突出的100所高等职业院校（以下简称项目院校）进一步加强内涵建设，发挥项目院校的示范作用，带动高等职业教育改革与发展，逐步形成结构合理、功能完善、质量优良的高等职业教育体系，更好地为经济建设和社会发展服务。

第三条 按照“地方为主、中央引导、突出重点、协调发展”的原则，建设计划实行中央、地方（包括项目院校举办方，下同）和项目院校分级管理的方式，以院校管理为基础，地方管理为主。

第四条 建设计划专项资金由中央、地方和项目院校共同承担，按照统一规划、专账核算、专款专用、结余留用的原则，实行项目管理。

第二章 管理职责

第五条 教育部、财政部负责规划和设计建设计划，制订实施方案，对项目建设过程中的重大问题进行决策。教育部、财政部共同成立建设计划领导小组，全面领导建设计划日常工作。建设计划领导小组下设办公室，负责建设计划的具体组织管理和日常事务，主要履行以下职责：

（一）负责统筹指导建设计划的相关工作；

（二）起草相关政策、绩效考核办法等；

（三）组织评审项目院校，审核项目院校建设方案和项目建设任务书；

（四）开展业务咨询和专题研究工作；

（五）建立信息采集与绩效监控系统，开展年度绩效考评工作；

（六）协调、指导项目院校的项目建设工作，组织验收建设成果。

第六条 省级教育和财政部门是项目实施的地方行政主管部门，主要履行以下职责：

（一）按照教育部、财政部要求，组织项目院校的申报、预审和推荐工作；

（二）负责指导、检查、监督本地区项目院校的建设进展情况，及时协调、解决建设过程中的问题；

（三）负责统筹落实项目院校的建设资金，对建设资金的使用进行监督，确保专项资金使用效益；

（四）向教育部、财政部报送本地区项目阶段进展报告和项目完成总结性报告。

第七条 项目院校举办方是项目院校的主管单位，主要履行以下职责：

（一）按照教育部、财政部要求，指导所属高职院校进行项目申请，确保落实相关政策和建设资金。

（二）负责指导、检查所属项目院校的建设进展情况，监督项目院校定期进行自查，及时协调、解决建设过程中的问题。

第八条 项目院校法人代表为项目建设主要责任人。项目院校应有专门机构具体负责本校项目建设的规划、实施、管理和检查等工作，主要履行以下职责：

（一）按照教育部、财政部及本办法的要求，编制、报送项目建设方案和项目任务书,并对申报材料的真实性负责。

（二）按照批复的项目建设方案和任务书确定的建设内容，组织实施项目建设，确保项目建设进度、建设投资和预期目标。

（三）统筹安排各渠道建设资金，按照有关财务制度及本办法规定，科学、合理使用建设资金，确保资金使用效益。

（四）每年2月底将上年度项目建设进展、年度资金使用等情况形成年度报告，上报省级教育、财政部门。

（五）接受教育、财政、审计、监察等部门对项目实施过程和结果进行监控、检查和审计。

第三章　申报评审与组织实施

第九条　申报评审工作按照教育部、财政部公布的年度建设计划执行，包括预审、论证、推荐、评审、公示和公布结果等六个环节。

（一）预审。省级教育、财政部门按照教育部、财政部年度建设计划项目申报通知，组织独立设置的高等职业院校进行申报，并根据预审标准，在院校举办方承诺支持的基础上，对各申报院校进行资格审查。

（二）论证。省级教育、财政部门组织有关专家，对通过资格审查的申报院校建设方案和项目预算进行论证，形成可行性研究报告。

（三）推荐。省级教育、财政部门对通过预审、论证的院校，填写《国家示范性高等职业院校建设项目推荐书》(以下简称《推荐书》)，并按照年度项目推荐名额，确定推荐院校名单，上报教育部和财政部。

（四）评审。教育部、财政部联合组织专家，对推荐上报的职业院校进行评审。

（五）公示。年度评审工作结束后，教育部、财政部将对评审结果在相关媒体予以公示，公示期为7天。

（六）公布结果。公示期满后，教育部、财政部联合确定并公布年度立项建设院校名单，下达《国家示范性高等职业院校项目建设任务书》（以下简称《任务书》）。

第十条　财政部、教育部根据已批准项目院校的重点建设任务等因素，下达中央财政专项资金总预算控制数及年度预算控制数。省级教育、财政部门根据中央财政支持的重点专业项目表和预算控制数，组织项目院校及其举办方修订建设方案和项目预算，认真填写《任务书》，并制定相应的保障措施，切实统筹落实《推荐书》对项目院校所承诺的政策及资金支持责任。

第十一条　省级教育、财政部门组织专家对修订后的建设方案、项目预算和任务书进行充分论证，并将通过论证的建设方案和任务书报送教育部和财政部。教育部和财政部对新的建设方案和任务书审核批复后，正式启动项目建设工作。

第十二条　项目院校按照批复的建设方案和《任务书》，组织实施项目建设。建设方案一经审定，必须严格执行，项目建设过程中一般不得调整。如确需调整的，项目院校须报经省级教育、财政部门核准后，由省级教育、财政部门报教育部、财政部核定。

第四章　资金管理

第十三条　建设计划的资金包括中央财政专项资金、地方财政专项资金、项目院校举办方安排的专项资金和院校自筹专项资金（以下简称专项资金）。中央专项资金一次确定、三年到位，逐年考核，适时调整。

第十四条 财政部、教育部下达项目院校中央财政专项资金总预算及年度预算后，地方财政专项资金、项目院校举办方的专项资金应与中央专项资金同步足额拨付到项目院校，院校自筹专项资金也应按计划及时到位。

第十五条 项目院校应统筹安排使用不同渠道下达或筹集的专项资金，科学、合理编制本校建设项目的总预算及年度预算。项目预算是项目院校综合预算的组成部分，应纳入学校总体预算。

第十六条 中央专项资金主要用于支持项目院校改善教学实验实训条件、培养专业带头人和骨干教师、改革课程体系和建设共享型专业教学资源库等。地方专项资金主要用于满足项目院校教学实训基础设施基本建设、师资队伍、课程建设的需要等。

第十七条 专项资金支出主要包括：

（一）实验实训条件建设费：是指项目院校建设过程中购置、调试、改造、维护实验实训设备以及相关实训制度建设、规程设计发生的费用。中央专项资金用于购置中央财政重点支持专业的实验实训设备和相关实训制度建设、规程设计。中央专项资金用于实验实训设备购置部分的经费一般不超过中央专项资金总额的50%。

（二）课程建设费：是指项目院校按照工学结合人才培养模式改革要求,对学校重点建设专业和特色专业进行教学研究，调整课程体系和教学内容，改革教学方法和手段，开发相应教材和教学课件等发生的费用。

（三）师资队伍建设费：是指项目院校用于专业带头人、骨干教师及“双师型”教师的培养、聘用及引进教师、聘请专家所需经费。中央专项资金用于培养专业带头人和骨干教师，以及从行业、企业聘用有丰富一线实践经验的兼职教师。中央专项资金用于师资队伍建设部分的经费一般不超过中央专项资金总额的15%，其中1/3可用于聘用上述类型兼职教师。地方和项目院校必须安排一定经费用于师资队伍建设，其中用于聘用上述类型兼职教师的经费原则上不低于中央专项资金。

（四）共享型专业教学资源库建设费：是指中央专项资金用于支持基础性强、需求量大、覆盖面广、共享程度高的专业教学资源库开发以及项目公共管理平台建设费用。

教育部、财政部负责制订教学资源库建设规划，通过公开招标确定资源库建设单位，指导、监督资源库建设。

（五）其他费用：是指除上述费用支出外，其他与项目院校建设相关的“对口支援”等非基建类费用支出。

（六）基本建设费：是指与建设任务相关的基本建设支出，按照现行有关基本建设投资管理办法进行管理。

（七）项目管理费：是指建设计划领导小组办公室在实施项目建设中所必须开支的经费，主要用于建设计划领导小组办公室统一组织的项目论证、评审、考核、验收所需的会议费、差旅费、办公费、交通费、专家劳务费等。

项目管理费由建设计划领导小组办公室每年根据实际工作需要提出年度预算建议数，经财政部审定后在年度预算中安排。

第十八条 项目院校负责对建设项目的实施、资金投向及年度资金调度安排、固定资产购置等实行全过程管理，严格执行国家有关财经法律法规和本办法的规定，确保专项资金年度使用计划按期完成。专项资金当年结余，可结转下年继续使用，不得挪作他用。

第十九条 专项资金按财政国库管理制度的有关规定办理支付，纳入项目院校财务机构统一管理，并设置单独账簿进行核算，专款专用、专账管理。

第二十条 凡纳入政府采购的支出项目，必须按照《中华人民共和国政府采购法》的有关规定，经过招投标、集中采购等规范程序后方可列支。

第二十一条 项目院校应将项目收支情况按预算科目纳入年度单位决算统一编报。

第二十二条 凡使用财政性资金形成的资产，均为国有资产。项目院校应按照国家有关规定加强管理，合理使用，认真维护。

第二十三条 专项资金不得用于项目院校偿还贷款、支付利息、捐赠赞助、对外投资、抵偿罚款等与示范院校建设项目无关的其他支出。

第五章　监督检查与验收

第二十四条 建立部际联合监督检查、地方监管和项目院校自我监测的三级监控考核体系，对项目院校建设计划的实施实行事前充分论证、事中监控管理指导、事后效益监测评价的全过程监控和考核。

（一）建设计划领导小组办公室依据项目院校的项目建设方案和任务书，采集绩效考核信息，组织专家或委托中介机构对项目院校进行年度检查或考核。检查或考核的结果，作为调整年度项目预算安排的重要依据。

（二）省级教育、财政部门负责指导项目的实施，检查和监督项目院校的建设进展情况，及时解决建设过程中的问题。

（三）项目院校举办方负责领导项目的实施，切实履行各项资金及政策支持承诺，确保项目实施质量与进度。

（四）项目院校对项目建设日常工作进行管理和监督，建立资金管理责任制。

第二十五条 在检查中有下列行为之一的，建设计划领导小组可视其情节轻重给予警告、中止或取消项目等处理。

（一）编报虚假预算，套取国家财政资金；

（二）项目执行不力，未开展实质性的建设工作；

（三）擅自改变项目总体目标和主要建设内容；

（四）项目经费的使用不符合有关财务制度的规定；

（五）无违规行为，但无正当理由未完成项目总体目标延期两年未验收的；

（六）其他违反国家法律法规和本办法规定的行为。

第二十六条 项目完成后，项目院校应会同其举办方共同撰写项目总结报告，由省级教育、财政部门向教育部、财政部申请项目验收。项目总结报告的内容一般包括：项目建设基本情况，建设目标完成情况和成效，重点专业建设与人才培养模式改革成效，高等职业教育改革发展及其对区域经济社会发展的贡献度，示范与辐射成效，以及专项资金预算执行情况和使用效果，资金管理情况与存在问题等。教育部、财政部将对项目院校建设与完成情况进行检查与验收。

第二十七条 对于按项目总体目标和项目内容如期或提前完成、通过验收，成绩突出的项目院校，以及在项目组织和管理工作中表现出色的省级教育和财政部门、院校举办方，教育部、财政部将给予适当表彰。

第六章　附则

第二十八条 本办法自发布之日起实行，各地应按照本办法的规定制订实施细则。各项目院校应会同其举办方按本办法的规定结合实际情况制订具体管理办法。

第二十九条 本办法由教育部、财政部负责解释和修订。

中等职业学校管理规程

（教职成[2010]6号2010年5月13日）

第一章　总则

第一条　为进一步规范中等职业学校管理，全面提高管理水平、教育质量和办学效益，促进中等职业教育科学发展，依据《中华人民共和国教育法》、《中华人民共和国职业教育法》等相关法律法规，制定本规程。

第二条　本规程适用于依法设立的各类中等职业学校（包括普通中等专业学校、成人中等专业学校、职业高中、技工学校）。中等职业学校的设立依据国家和省级教育行政部门发布的中等职业学校设置标准，其设立、变更、终止应当报省级教育行政部门依法审批或备案。

第三条　中等职业学校实行学历教育和职业培训相结合，职前教育和职后教育相结合。积极开展农村实用技术培训、农村劳动力转移培训、农民工培训、下岗再就业培训、社区居民培训等各类教育培训活动。

第四条　中等职业学校实行全日制和非全日制相结合的教育形式。实施学历教育，主要招收初中毕业生和具有同等学力的人员，基本学制以三年为主；招收高中毕业生，基本学制以一年为主。学校在对学生进行高中层次文化知识教育的同时，根据职业岗位的要求实施职业道德教育、职业知识教育和职业技能训练，培养与我国社会主义现代化建设要求相适应，具有综合职业能力，在生产、管理、服务一线工作的高素质劳动者和技能型人才。

第五条　各级教育行政部门负有中等职业学校管理和组织领导职责，其他相关部门按照各自职责负责中等职业学校相关管理工作。

省级教育行政部门应当加强对学校办学资质的审核和监管，在每年春季招生工作开始前，公布本地区本年度具有招生和享受国家助学政策的学校名单。

第六条　学校应当依法制定学校章程，按照章程自主办学。学校实行校长负责制，聘任具备法定任职条件、熟悉职业教育规律、敬业创新、管理能力强的人员担任校长。新任校长应当经过岗前培训，持证上岗。学校章程中应当明确校长在学校发展规划、行政管理、教育教学管理、人事管理、财务管理等方面的责任、权利和义务。

学校建立健全校长考核及激励约束机制。

第二章　学校内部管理体制

第七条　学校建立校长全面负责行政工作、党组织保障监督、教职工民主参与管理的内部管理体制。民办学校实行理事会或者董事会领导下的校长负责制。

学校建立党组织，并确保党组织发挥监督、保障和参与重大决策的作用。学校应当在党组织领导下，建立共青团、学生会组织，组织开展生动有效的思想政治教育活动。

第八条　学校建立和完善教职工代表大会制度，依法保障教职工参与民主管理和监督的权利，发挥教职工代表大会参与学校重大决策的作用。学校建立工会组织，维护教职工合法权益。

第九条　学校根据国家有关政策，结合自身发展实际，合理设置内部管理机构，并明确其职责，规模较大的学校可以设置若干专业部（系），实行校、部（系）二级管理。

第三章　教职工管理

第十条　学校按照人事管理规定，科学设置各类岗位，公共基础课教师和专业技能课教师保持合理比例，实行固定岗位和流动岗位相结合、专职岗位和兼职岗位相结合的岗位管理办法，逐步提高同时具有教师资格证书和职业资格证书的“双师型”教师比例，不断优化教职工队伍结构。

第十一条　学校实行教师聘任制。根据《中华人民共和国教师法》和国家关于事业单位人员聘用制度的有关规定，科学制定学校教师聘任管理制度和具体管理办法。按照公开、平等、竞争、择优的原则，在定员、定岗、定责的基础上聘任、解聘或辞退教职工。学校应当建立健全保障教职工合法权益的程序和制度。

第十二条　学校实行教师职务制度。逐步提高同时具有中等职业学校教师职务和职业资格证书的专业课教师比例，实习指导教师应当具有相当于助理工程师及以上专业技术职务或者中级及以上工人技术等级。

学校建立有利于引进企业优秀专业技术人才到学校担任专、兼职教师的聘任制度。学校可以根据需要通过“特岗、特聘、特邀”等形式，向行业组织、企业和事业单位聘任专业课教师或实习指导教师。

第十三条　学校建立教师到企业实践制度。专业技能课教师、实习指导教师每两年应当有两个月以上时间到企业或生产服务一线实践。鼓励教师参加高一级学历进修或提高业务能力的培训。

第十四条 学校按照国家有关规定要求，建立健全师德考评奖励机制，开展师德师风教育、法制教育和安全教育。

学校应当加强班主任队伍建设，建立健全班主任业绩考核和激励约束机制。

第四章 教学管理

第十五条 学校应当设立教学管理机构，制定教学管理制度，建立健全教学管理运行机制，保证教学计划的实施。

第十六条 学校实行工学结合的人才培养模式，坚持专业教育与生产实践相结合。

第十七条 学校根据经济社会发展和劳动力市场需求，按照《中等职业学校专业目录》设置的专业，应当经学校主管部门同意，地市级以上教育行政部门核准，报省级教育行政部门备案。设置《中等职业学校专业目录》外专业，应当经省级教育行政部门核准，报国家教育行政部门备案。

学校应当与行业企业紧密合作，共同建立专业建设委员会和专业教学指导委员会，加强专业建设和教学指导。

第十八条 学校根据国家教育行政部门发布的指导性教学文件，制订实施性教学计划。

学校依据国家教育行政部门发布的教学大纲或教学指导方案组织教学、检查教学质量、评价教学效果、选编教材和装备教学设施。加强课程管理，严格执行国家教育行政部门设置的公共基础课程和专业技能课程，设置必修课和选修课。

第十九条 学校应当建立严格规范的教材管理制度。优先选用国家规划教材。根据培养目标和产业发展需要，可以开发使用校本教材。

第二十条 学校应当加强教学过程管理。建立健全教学质量监控与评价制度，有部门专门负责教学督导工作，定期组织实施综合性教学质量检查。

第二十一条 学校应当加强校内外实习实训基地的建设，加强对实践性教学环节的管理，保证实践教学的质量。建立健全学生实习就业管理制度，学校应有相应机构负责学生实习就业工作，加强对学生的安全教育，增强学生安全意识，提高学生自我防护能力。学校应当做好学生实习责任保险工作。

第二十二条 学校应当积极推行学历证书与职业资格证书并举的“双证书”制度。专业技能课程的教学内容应当与职业资格标准相结合，突出职业技能训练。学校应当组织学生参加职业技能鉴定，开展技能竞赛活动。

第二十三条 学校应当设立教学研究机构，加强教研和科研工作，积极组织教师参与国家和地方的教研活动。

第五章　德育管理

第二十四条　学校应当将德育工作放在首位，遵循学生身心发展规律，增强德育工作的针对性、实效性、时代性和吸引力，把社会主义核心价值体系融入职业教育人才培养的全过程，将德育全方位融入学校各方面工作。

第二十五条　学校应当加强对德育工作的组织和领导，明确各部门育人责任，设置德育和学生管理专门机构，建立专兼职学生管理队伍，使德育落实到教育教学工作的各个环节。

第二十六条　学校应当加强校园文化建设，优化校园人文环境和自然环境，完善校园文化活动设施，注重汲取产业文化的优秀成分，发挥文化、环境育人作用。

充分发挥共青团、学生会等学生社团组织在校园文化建设中的独特作用，开展丰富多彩的校园文化活动。

第二十七条　学校应当按照相关要求开足德育课课程，发挥德育课在德育工作的主渠道、主阵地作用。加强其他课程教学和实习实训等环节的德育工作，强化职业道德教育。加强学生的心理健康教育。

第二十八条　学校应当建立和完善学生思想道德评价制度，改革德育考核办法，加强德育过程的评价管理，建立学生德育档案。

第六章　学生管理

第二十九条　学校应当依法保护学生合法权益，平等对待学生，尊重学生的个体差异，促进学生全面发展。

第三十条　学校应当严格执行国家教育行政部门发布的中等职业学校学生学籍管理及其他有关规定，认真做好学生入学注册、课堂教学、成绩考核、实习实训、学籍变动、纪律与考勤、奖励与处分以及毕业、结业等各项管理工作。

第三十一条　学校根据《中等职业学校德育大纲》等规定，制定学生日常行为管理规范，做好学生日常行为管理工作。

第三十二条　学校建立健全学生学习管理制度，加强学风建设，引导学生刻苦钻研理论和实践知识，努力提高综合职业素养。

第三十三条　学校建立健全学生奖励和处分制度，学生奖学金、助学金、减免学费等制度。

第七章　招生管理与就业服务

第三十四条　学校应当根据有关规定，按照教育行政部门和招生管理部门的要求，明确学校招生管理部门职责，做好招生工作，严肃招生纪律，规范招生行为。坚决杜绝有偿招生和通过非法中介招生，不得与不具备中等职业学历教育资质的学校或机构联合招生。学校发布招生广告（含招生简章），应当真实准确，并按照有关规定报教育行政部门备案。

第三十五条　学校应当加强职业指导工作，做好毕业生就业、创业服务工作，维护毕业生的合法权益。

第三十六条　学校应当制定招生管理和就业服务的规章制度，对违反规定的，应当追究相关部门和人员的责任。

第三十七条　学校违反有关规定开展招生和就业服务活动的，教育行政部门应当依据法律和有关规定给予严肃处理；对涉嫌犯罪的，应当移送司法机关，依法追究有关人员的法律责任。

第八章　资产管理与后勤服务

第三十八条　学校应当做好校园总体规划，做到功能分区合理，满足发展要求，体现职业教育特色。加强校园建设和管理，建设安全、整洁、文明、优美、和谐的学习、工作和生活环境。

第三十九条　学校应当依法建立健全财务、会计制度和资产管理制度，做好规范收费和财务公开，建立健全会计账簿，加强内部控制和审计制度。

第四十条　学校应当依照国家有关规定，加强和规范对国家助学金和免学费补助资金的管理，健全资助体系和监管机制，防范和杜绝违反国家有关规定骗取国家助学金和免学费补助资金等违规违法行为。

第四十一条　学校应当做好资产的登记、使用、维护、折旧和报废等资产管理工作。

第四十二条　学校应当按照规定，建立和完善设施设备采购、管理和使用制度。加强对教学设施，实习实训设施的管理。

第四十三条　学校应当加强后勤管理工作，创新后勤服务管理机制，促进后勤服务社会化，提高服务质量和效益。

第四十四条　学校应当依照有关规定，做好膳食、宿舍管理等后勤保障工作，为师生提供优质服务。

第九章　安全管理

第四十五条　学校应当制定安全预防、日常安全管理、应急处理等安全管理制度，落实安全责任制。设立安全管理机构，配备安全管理人员，全面开展安全管理工作。

第四十六条　学校应当保证校内建筑物及其附属设施、教学设备、土地、道路、绿化设施、交通工具等学校设施设备符合安全标准，定期检查，消除安全隐患。

第四十七条　学校应当加强学生的法制、安全、卫生防疫等教育，开展逃生避险、救护演练、消防演练等活动，增强学生的法制意识、安全意识、卫生意识。

第四十八条　学校应当保障校内活动中的学生和教职员工的安全，保障经由学校组织或批准的校外活动中学生和教职员工的安全。加强学生实验、实习实训安全管理。

第四十九条　学校应当加强与当地公安机关和社区的联系，建立校园安全联防制度和安全工作协调机制，加强学校周边环境综合治理。

第十章　附则

第五十条　各省、自治区、直辖市教育行政部门可以依照本规程制定实施细则或相应的管理制度。

第五十一条　本规程从发布之日起施行。

中等职业学校学生学籍管理办法

（教职成[2010]7号2010年5月13日）

第一章　总则

第一条　为加强中等职业学校学生学籍管理，保证学校正常的教育教学秩序，维护学生的合法权益，推进中等职业教育持续健康发展，依据《中华人民共和国教育法》、《中华人民共和国职业教育法》及其他有关法律法规，制定本办法。

第二条　本办法适用于中等职业学历教育学生的学籍管理，“3+2”分段五年制高等职业教育学生前三年学籍管理依照本办法执行。

第三条　中等职业学校应当加强学生学籍管理，建立健全学籍管理部门和相关制度，保障基本工作条件，落实管理责任，切实加强学籍管理。国家、省（区、市）、市（州）、县（市、区）教育行政部门对学校学籍管理工作实行分级管理，省级教育行政部门具有统筹管理的责任。

第二章　入学与注册

第四条　按照省级有关部门职业教育招生规定录取的学生，持录取通知书及本人身份证或户籍簿，按学校有关要求和规定到学校办理报到、注册手续。新生在办理报到、注册手续后取得学籍。

第五条　学校应当从学生入学之日起建立学生学籍档案，学生学籍档案内容包括：

1. 基本信息；
2. 思想品德评价材料；
3. 公共基础课程和专业技能课程成绩；
4. 享受国家助学金和学费减免的信息；
5. 在校期间的奖惩材料；
6. 毕业生信息登记表。

学籍档案由专人管理，学生离校时，由学校归档保存或移交相关部门。

第六条 学校应当将新生基本信息，各年级学生变动名册（包括转入、转出、留级、休学、退学、注销、复学、死亡的学生等情况）及时输入中等职业学校学生信息管理系统，并报教育主管部门。教育主管部门逐级审核后上报至国家教育行政部门。

第七条 新生应当按照学校规定时间到校报到，办理入学注册手续。因特殊情况，不能如期报到，应当持有关证明向学校提出书面申请。如在学校规定期限内不到学校办理相关手续，视为放弃入学资格。

第八条 学生入学后，学校发现其不符合招生条件，应当注销其学籍，并报教育主管部门备案。

第九条 新生实行春、秋两季注册，春季注册截止日期为4月20日（限非应届初中毕业生）；秋季注册截止日期为11月20日。

第十条 外籍或无国籍人员进入中等职业学校就读，应当按照国家留学生管理办法办理就读手续。港、澳、台学生按照国家有关政策办理就读手续。

第十一条 东部、中部和西部联合招生合作办学招收的学生，注册及学籍管理由学生当前就读学校按学校所在省（区、市）有关规定执行，不得重复注册学籍。

学校不得以虚假学生信息注册学生学籍，不得为同一学生以不同类型的高中阶段教育学校身份分别注册学籍，不得以不同类型职业学校身份分别向教育部门和人力资源社会保障部门申报学生学籍。

第三章 学习形式与修业年限

第十二条 学校实施全日制学历教育，主要招收初中毕业生或具有同等学力者，基本学制以3年为主；招收普通高中毕业生或同等学力者，基本学制以1年为主。

采用弹性学习形式的学生的修业年限，初中毕业起点或具有同等学力人员，学习时间原则上为3至6年；高中毕业起点或具有同等学力人员，学习时间原则上为1至3年。

第十三条 学校对实行学分制的学生，允许其在基本学制的基础上提前或推迟毕业，提前毕业一般不超过1年，推迟毕业一般不超过3年。

第四章 学籍变动与信息变更

第十四条 学生学籍变动包括转学、转专业、留级、休学、注销、复学及退学。采用弹性学习形式的学生，原则上不予转学、转专业或休学。

第十五条 学生因户籍迁移、家庭搬迁或个人意愿等原因可以申请转学。转学由学生本人和监护人提出申请，经转出学校同意，再向转入学校提出转学申请，转入学校同意后办理转学手续。对跨省转学的学生，由转入、转出学校分别报所在市级和省级教育行政部门备案。

在中等职业学校学习未满一学期的，不予转学；毕业年级学生不予转学；休学期间不予转学。

普通高中学生可以转入中等职业学校，但学习时间不得少于1年半。

第十六条 有下列情况之一，经学校批准，可以转专业：

1. 学生确有某一方面特长或兴趣爱好，转专业后有利于学生就业或长远发展；

2. 学生有某一方面生理缺陷或患有某种疾病，经县级及以上医院证明，不宜在原专业学习，可以转入本校其他专业学习；

3. 学生留级或休学，复学时原专业已停止招生。

已经享受免学费政策的涉农专业学生原则上不得转入其他专业，特殊情况应当经省级教育行政部门批准。

跨专业大类转专业，原则上在一年级第一学期结束前办理；同一专业大类转专业原则上在二年级第一学期结束前办理。毕业年级学生不得转专业。

第十七条 学生休学由学生本人和监护人提出申请，学校审核同意后，报教育行政部门备案。学生因病必须休学，应当持县级及以上医院病情诊断证明书。

学生休学期限、次数由学校规定。因依法服兵役而休学，休学期限与其服役期限相当。学生休学期间，不享受在校学生待遇。

第十八条 学生退学由学生本人和监护人提出申请，经学校批准，可办理退学手续。学生退学后，学校应当及时报教育主管部门备案。

学生具有下列情况之一，学校可以做退学处理：

1. 休学期满无特殊情况两周内未办理复学手续；

2. 连续休学两年，仍不能复学；

3. 一学期旷课累计达90课时以上；

4. 擅自离校连续两周以上。

第十九条 学生非正常死亡，学校应当及时报教育主管部门备案，教育主管部门逐级上报至省级教育行政部门备案。

第二十条 已注册学生（含注册毕业学生）各项信息修改属于信息变更，主要包括学生姓名、性别、出生日期、家庭住址、身份证号码、户口性质等。对信息变更，应当由学生本人或监护人提供合法身份证明等相关资料，学校修改后及时报教育行政部门备案。

第五章 成绩考核

第二十一条 学生应当按照学校规定参加教学活动。采用弹性学习形式的学生公共基础课程教学应当达到国家教育行政部门发布的教学大纲的基本要求，专业技能课程教学应当达到相应专业全日制的教学要求。

第二十二条 学校按照国家或行业有关标准和要求组织考试、考查。采用弹性学习形式的学生的专业能力评价可以视其工作经历、获得职业资格证书情况，折算相应学分或免于相关专业技能课程考试、考查。

第二十三条 学业成绩优秀的学生，由本人申请，经学校审批后，可以参加高一年级的课程考核，合格者可以获得相应的成绩或学分。

第二十四条 学生所学课程考试、考查不合格，学校应当提供补考机会，补考次数和时间由学校确定。学生缓考、留级由学校规定。学校应当及时将留级学生情况报教育主管部门备案。

第二十五条 考试、考查和学生思想品德评价结果，学校应当及时记入学生学籍档案。

第六章　工学交替与顶岗实习

第二十六条 学校应当按照法律法规和国家教育行政部门文件规定组织学生顶岗实习。实施工学交替的学校应当制订具体的实施方案，并报教育主管部门备案。

第二十七条 学生顶岗实习和工学交替阶段结束后，应当由企业和学校共同完成学生实习鉴定。学校应当将学生实习单位、岗位、鉴定结果等情况记入学籍档案。

第二十八条 采用弹性学习形式的学生有与所学专业相关工作经历的，学校可以视情况减少顶岗实习时间或免除顶岗实习。

第七章　奖励与处分

第二十九条 学生在德、智、体、美等方面表现突出，应当予以表彰和奖励。

学生奖励分为国家、省、市、县、校等层次，奖项包括单项奖和综合奖，具体办法由各级教育行政部门和学校分别制定。

对学生的表彰和奖励应当予以公示。

第三十条 学校对于有不良行为的学生，可以视其情节和态度分别给予警告、严重警告、记过、留校察看、开除学籍等处分。

学校做出开除学籍决定，应当报教育主管部门核准。

受警告、严重警告、记过、留校察看处分的学生，经过一段时间的教育，能深刻认识错误、确有改正进步的，应当撤销其处分。

第三十一条 学生受到校级及以上奖励或处分，学校应当及时通知学生或其监护人。学生对学校做出的处分决定有异议的，可以按照有关规定提出申诉。

学校应当依法建立学生申诉的程序与机构，受理并处理学生对处分不服提出的申诉。

学生对学校做出的申诉复查决定不服的，可以在收到复查决定之日起15个工作日内，向教育主管部门提出书面申诉。

教育主管部门应当在收到申诉申请之日起30个工作日内做出处理并答复。

第三十二条 对学生的奖励、记过及以上处分有关资料应当存入学生学籍档案。

对学生的处分撤销后，学校应当将原处分决定和有关资料从学生个人学籍档案中移出。

第八章 毕业与结业

第三十三条 学生达到以下要求，准予毕业：

1. 思想品德评价合格；
2. 修满教学计划规定的全部课程且成绩合格，或修满规定学分；
3. 顶岗实习或工学交替实习鉴定合格。

第三十四条 学生如提前修满教学计划规定的全部课程且达到毕业条件，经本人申请，学校同意，可以在学制规定年限内提前毕业。

第三十五条 毕业证书由国家教育行政部门统一格式并监制，省级教育行政部门统一印制，学校颁发。采用弹性学习形式的学生毕业证书应当注明学习形式和修业时间。

第三十六条 对于在规定的学习年限内，考核成绩（含实习）仍有不及格且未达到留级规定，或思想品德评价不合格者，以及实行学分制的学校未修满规定学分的学生，发给结业证书。

第三十七条 对未完成教学计划规定的课程而中途退学的学生，学校应当发给学生写实性学习证明。

第三十八条 毕业证书遗失可以由省级教育行政部门或其委托的机构出具学历证明书，补办学历证明书所需证明材料由省级教育行政部门规定。学历证明书与毕业证书具有同等效力。

第九章 附则

第三十九条 各级教育行政部门和学校应当运用全国中等职业学校学生信息管理系统，及时准确填报、更新学生学籍信息。

第四十条 省级教育行政部门和学校应当根据本办法结合实际需要制定具体实施细则，并报上级教育行政部门备案。

第四十一条 本办法自发布之日起施行，教育部发布的原中等职业学校学生学籍管理相关规定同时废止。

中等职业学校设置标准

（教职成[2010]12号2010年7月6日）

第一条 为规范中等职业学校的设置，促进学校建设，保证教育质量，提高办学效益，依据《教育法》、《职业教育法》制定本标准。

第二条 本标准适用于公民、法人和其他组织依法设置的各类中等职业学校。

第三条 设置中等职业学校，应当符合当地职业教育发展规划，并达到《职业教育法》规定的基本条件。

第四条 中等职业学校应当具备法人条件，并按照国家有关规定办理法人登记。

第五条 设置中等职业学校，应具有学校章程。学校章程包括：名称、校址、办学宗旨、学校内部管理体制和运行机制、教职工管理、学生管理、教育教学管理、校产和财务管理、学校章程的修订等内容。

第六条 中等职业学校应当具备基本的办学规模。其中，学校学历教育在校生数应在1200人以上。

第七条 中等职业学校应当具有与学校办学规模相适应的专任教师队伍，兼职教师比例适当。

专任教师一般不少于60人，师生比达到1：20，专任教师学历应达到国家有关规定。专任教师中，具有高级专业技术职务人数不低于20%。

专业教师数应不低于本校专任教师数的50%，其中双师型教师不低于30%。每个专业至少应配备具有相关专业中级以上专业技术职务的专任教师2人。

聘请有实践经验的兼职教师应占本校专任教师总数的20%左右。

第八条 应有与办学规模和专业设置相适应的校园、校舍和设施。

校园占地面积（不含教职工宿舍和相对独立的附属机构）：新建学校的建设规划总用地不少于40000平方米；生均用地面积指标不少于33平方米。

校舍建筑面积（不含教职工宿舍和相对独立的附属机构）：新建学校建筑规划面积不少于24000平方米；生均校舍建筑面积指标不少20平方米。

体育用地：应有200米以上环型跑道的田径场，有满足教学和体育活动需要的其他设施和场地，符合《学校体育工作条例》的基本要求。卫生保健、校园安全机构健全，教学、生活设施设备符合《学校卫生工作条例》的基本要求，校园安全有保障。

图书馆和阅览室：适用印刷图书生均不少于30册；报刊种类80种以上；教师阅览（资料）室和学生阅览室的座位数应分别按不低于专任教师总数的20%和学生总数的10%设置。

仪器设备：应当具有与专业设置相匹配、满足教学要求的实验、实习设施和仪器设备。工科类专业和医药类专业生均仪器设备价值不低于3000元，其他专业生均仪器设备价值不低于2500元。

实习、实训基地：要有与所设专业相适应的校内实训基地和相对稳定的校外实习基地，能够满足学生实习、实训需要。

要具备能够应用现代教育技术手段，实施现代远程职业教育及学校管理信息化所需的软、硬件设施、设备。其中，学校计算机拥有数量不少于每百生15台。

第九条 中等职业学校实行校长负责制。中等职业学校应当配备有较高思想政治素质和较强管理能力、熟悉职业教育发展规律的学校领导。

校长应具有从事三年以上教育教学工作的经历，校长及教学副校长应具有本科以上学历和高级专业技术职务，其他校级领导应具有本科以上学历和中级以上专业技术职务。

第十条 设置中等职业学校，应具有符合当地社会经济建设所需要的专业，有明确的教学计划、教学大纲等教学文件，以及相适应的课程标准和教材。

第十一条 中等职业学校应当具有必要的教育教学和管理等工作机构。

第十二条 中等职业学校办学经费应依据《职业教育法》和地方有关法规多渠道筹措落实。学校基本建设、实验实训设备、教师培训和生均经费等正常经费，应有稳定、可靠的来源和切实的保证。

第十三条 本标准为设置中等职业学校的基本标准，是教育行政部门审批、检查、评估、督导中等职业学校的基本依据。如今后国家有关部门对中等职业学校生均用地面积和生均校舍建筑面积有新规定，以新规定为准。省级教育行政部门可制定高于本标准的中等职业学校设置办法。

对于边远贫困地区设置中等职业学校，其办学规模和相应的办学条件可适当放宽要求。具体标准由省级教育行政部门依据本标准制定，报教育部备案。

对体育、艺术、特殊教育等类别中等职业学校，其办学规模及其相应办学条件的基本要求，由教育部会同有关部门另行公布。

第十四条 本标准自发布之日起施行。2001年教育部制定的《中等职业学校设置标准（试行）》同时废止。

中等职业学校专业设置管理办法（试行）

（教职成厅[2010]9号2010年9月10日）

总则

为进一步规范和完善中等职业学校专业设置管理，引导中等职业学校依法自主设置专业，促进人才培养质量和办学水平的提高，根据《中华人民共和国职业教育法》和有关规定，制定本办法。

中等职业学校专业设置要以科学发展观为指导，坚持以服务为宗旨，以就业为导向，适应经济社会发展、科技进步，特别是经济发展方式转变和产业结构调整升级的需要，适应各地、各行业对生产、服务一线高素质劳动者和技能型人才培养的需要，适应学生职业生涯发展的需要。

国家鼓励中等职业学校设置符合国家重点产业、新兴产业和区域支柱产业、特色产业的发展需求以及就业前景良好的专业。

中等职业学校依照相关规定要求，可自主开设、调整和停办专业。

中等职业学校设置专业应以教育部发布的《中等职业学校专业目录》（以下简称《目录》）为基本依据。

各地和中等职业学校应做好专业建设规划，优化资源配置和专业结构，根据学校办学条件和区域产业结构情况设置专业，避免专业盲目设置和重复建设。

国务院教育行政部门负责全国中等职业学校专业设置的宏观指导，制定并定期修订《目录》。

行业主管部门负责本行业领域中等职业学校相关专业设置的指导工作。

省级教育行政部门负责本行政区域中等职业学校专业设置的统筹管理。

市（地）、县级教育行政部门管理中等职业学校专业设置的职责由各省（区、市）自行确定。

设置条件

中等职业学校设置专业须具备以下条件：

（一）依据国家有关文件规定制定的、符合专业培养目标的完整的实施性教学计划和相关教学文件；

（二）开设专业必需的经费和校舍、仪器设备、实习实训场所，以及图书资料、数字化教学资源等基本办学条件；

（三）完成所开设专业教学任务所必需的教师队伍、教学辅助人员和相关行业、企业兼职专业教师；

（四）具有中级以上专业技术职务（职称）、从事该专业教学的专业教师，行业、企业兼职教师应保持相对稳定。

各地应根据区域经济社会发展实际，结合专业特点，进一步明确上述基本条件的相关细化指标，使专业设置条件要求具体化。

各地教育行政部门在审查、备案新设专业时，应优先考虑有相关专业建设基础的学校；中等职业学校设置专业应注重结合自身的专业优势，重点建设与学校分类属性相一致的专业，以利于办出特色，培育专业品牌。

设置程序

中等职业学校设置专业应遵循以下程序：

开展行业、企业、就业市场调研，做好人才需求分析和预测；

进行专业设置必要性和可行性论证；

根据国家有关文件规定，制定符合专业培养目标的完整的实施性教学计划和相关教学文件；

经相关行业、企业、教学、课程专家论证；

征求相关部门意见，报教育行政部门备案。

中等职业学校开设《目录》内专业，须经学校主管部门同意，报省级教育行政部门备案；开设《目录》外专业，须经省级教育行政部门备案后试办，按国家有关规定进行管理。

中等职业学校开设医药卫生、公安司法、教育类等国家控制专业，应严格审查其办学资质。开设“保安”、“学前教育”专业以及“农村医学”、“中医”等医学类专业，应当符合相关行业主管部门规定的相关条件，报省级教育行政部门备案后开设。

中等职业学校应根据经济社会发展、职业岗位和就业市场需求变化，及时对已开设专业的专业内涵、专业教学内容等进行调整。

中等职业学校根据办学实际停办已开设的专业，报市（地）级教育行政部门备案。

指导与检查

省级教育行政部门对本行政区域内的中等职业学校专业设置实行指导、检查和监督。各地要定期对本地区中等职业学校专业设置管理情况进行检查指导，对试办的《目录》外专业要限期检查评估。新设《目录》外专业，由省级教育行政部门于每年

3月报教育部备案。

各地要建立由行业、企业、教科研机构和教育行政部门等组成的中等职业学校专业建设指导组织或机构，充分发挥其在中等职业学校专业建设中的作用。

中等职业学校应建立专业设置评议委员会，根据学校专业建设规划，定期对学校专业设置情况进行审议。

省级教育行政部门每年要对本行政区域内的中等职业学校专业设置情况进行汇总，并向社会集中公布当年具有招生资格的学校和专业。对专业办学条件不达标、教学管理混乱、教学质量低下、就业率过低的，主管教育行政部门应责令学校限期整改；整改后仍达不到要求的，应暂停该专业招生。

附则

省级教育行政部门应根据本办法要求，制定本行政区域中等职业学校专业设置管理实施细则，并报教育部备案。

本办法适用于实施中等职业学历教育的各类中等职业学校。

本办法自发布之日起施行，教育部印发的《关于中等职业学校专业设置管理的原则意见》（教职成[2000]8号）同时废止。

中等职业学校免学费补助资金管理暂行办法

（财教[2010]3号2010年1月28日）

第一条 根据《财政部、国家发展改革委、教育部、人力资源社会保障部关于中等职业学校农村家庭经济困难学生和涉农专业学生免学费工作的意见》(财教[2009]442号)要求，为加强中等职业学校免学费补助资金的管理，确保免学费政策顺利实施，制定本办法。

第二条 本办法所称中等职业学校是指经政府有关部门依法批准设立，实施全日制中等学历教育的各类职业学校，包括公办和民办的普通中专、成人中专、职业高中、技工学校和高等学校附属的中专部、中等职业学校等。

第三条 中等职业学校免学费补助资金是指中等职业学校学生享受免学费政策后，为弥补学校运转出现的经费缺口，财政核拨的补助资金，包括一、二年级免学费补助资金和公办学校三年级顶岗实习困难专业免学费补助资金。

第四条 中等职业学校免学费补助资金由中央和地方财政共同承担，省级财政统筹落实，省和省以下各级财政根据各省(区、市)人民政府及其价格主管部门批准的公办中等职业学校学费标准予以补助。

第五条 中央财政统一按每生每年平均2000元测算标准和一定比例与地方财政分担，具体分担比例为：西部地区，不分生源，分担比例为8∶2；中部地区，生源地为西部地区的，分担比例为8∶2，生源地为其他地区的，分担比例为6∶4；东部地区，生源地为西部地区和中部地区的，分担比例分别为8∶2和6∶4，生源地为东部地区的，分担比例分省确定。

第六条 对公办中等职业学校免学费资金的补助方式为：第一、二学年因免除学费导致学校运转出现的经费缺口，由财政按免除学费的标准给予补助；第三学年因免除学费导致学校运转出现的经费缺口，财政原则上不予补助，由学校通过校企合作和顶岗实习等方式获取的收入予以弥补。对涉农专业和经认定顶岗实习有困难的其他专业，财政按一定标准给予适当补助。

第七条 对民办中等职业学校学生的补助方式为：对一、二年级符合免学费条件的学生，按照当地同类型同专业公办中等职业学校免学费标准给予补助。学费标准高出公办学校免学费标准部分由学生家庭负担；低于公办学校免学费标准的，按民办学校实际学费标准予以补助。

第八条 各级财政部门要及时拨付免学费补助资金，保证中等职业学校教育教学活动的正常开展。

第九条 中等职业学校对农村家庭经济困难学生的认定要坚持公开、公平、公正的原则，在每学期开学一个月内将农村家庭经济困难学生名单及其相关信息在校内进行不少于5个工作日的公示。

第十条 中等职业学校免学费工作实行校长负责制，校长对上报的学生信息的真实性和补助资金的使用管理负主要责任。中等职业学校要加强财务管理，建立规范的预决算制度，按照预算管理的要求，编制综合预算，收支全部纳入学校预算管理，年终要编制决算。

第十一条 各地职业教育行政管理部门要完善中等职业学校学籍信息管理系统，建立农村家庭经济困难学生和涉农专业学生的信息档案，保证享受免学费政策的学生信息完整和准确。

第十二条 各级财政、教育和人力资源社会保障部门要加强对中等职业学校免学费补助资金使用情况的监督检查。对虚报学生人数，骗取财政补助资金或挤占、挪用、截留免学费补助资金等违规行为，按照《财政违法行为处罚处分条例》(国务院令第427号)有关规定严肃处理。涉嫌犯罪的，移交司法机关。

第十三条 每年春季学期开学前，各地职业教育行政管理部门要对中等职业学校办学资质进行全面清查并公示，对不合格的学校，取消其享受免学费补助资金的资格。要根据《民办教育促进法》的规定，加强对民办中等职业学校的监管，纳入免学费补助范围的民办学校名单由省级教育和人力资源社会保障部门负责审定。

第十四条 本办法由财政部、教育部和人力资源社会保障部负责解释。各省(区、市)可依据本办法制定实施细则。

第十五条 本办法自发布之日起执行。

国家中等职业教育改革发展示范学校建设计划项目管理暂行办法

（教职成[2011]7号2011年7月6日）

第一章　总则

第一条　为加强国家中等职业教育改革发展示范学校建设计划项目管理，规范项目建设工作，提高项目管理水平，保证建设计划顺利实施，根据《教育部　人力资源和社会保障部　财政部关于实施国家中等职业教育改革发展示范学校建设计划的意见》（教职成[2010]9号）和国家有关规章制度，制定本办法。

第二条　建设计划以提高中等职业教育改革发展水平为目标，支持1000所办学定位准确、产教结合紧密、改革成绩突出的中等职业学校（以下简称项目学校），以推进工学结合、校企合作、顶岗实习为重点，以加强队伍建设、完善内部管理、创新教育内容、改进教育手段为保障，进一步深化办学模式、培养模式、教学模式和评价模式改革，切实加强内涵建设，着力提高人才培养质量。通过建设，使项目学校成为全国中等职业教育改革创新的示范、提高质量的示范和办出特色的示范，在中等职业教育改革发展中发挥骨干、引领和辐射作用。

第三条　建设计划坚持“中央引导、地方为主、行业参与、校企合作、学校实施”的原则，采取中央、地方和项目学校分级管理的方式，以学校管理为基础，地方管理为主。同时，鼓励行业、企业和社会有关方面有效参与和支持。

第四条　实施建设计划所需资金主要由中央财政支持。地方财政安排相应的经费予以支持，保障项目学校改革创新的基础能力和重点任务的实施。同时，鼓励企业积极参与，开展合作办学。

第二章　管理职责

第五条　教育部、人力资源社会保障部和财政部负责制定项目建设的总体规划和规范要求，制定项目管理办法等，对项目建设过程中的重大问题进行决策。主要履行以下职责：

（一）负责统筹指导建设计划的相关工作；

（二）制定相关政策、管理规定和绩效考核办法等；

（三）组织专家复核地方上报的项目学校名单、项目建设实施方案和任务书及项目建设进展报告等；

（四）按计划组织开展政策发布、业务咨询和培训等工作；

（五）建立项目建设信息采集与绩效监控系统，开展年度绩效考评工作；

（六）协调、指导项目学校的项目建设工作，组织开展调研督查、年度检查、项目验收、挂牌表彰、成果宣传等。

第六条 省级教育、人力资源社会保障和财政部门是项目实施的地方行政主管部门，主要履行以下职责：

（一）按照教育部、人力资源社会保障部和财政部要求，组织本地区项目学校的申报、评审和推荐工作；

（二）负责指导、检查、监督本地区项目学校的项目建设工作，监督本地区项目学校按项目建设任务书完成建设任务，及时协调、解决项目建设过程中出现的问题；

（三）负责统筹落实和筹集项目学校的建设资金，对建设资金的使用进行监督，确保专款专用；

（四）向教育部、人力资源社会保障部和财政部报送本地区项目建设阶段进展报告和项目完成总结性报告。

第七条 项目学校举办者是项目学校的主管单位，主要履行以下职责：

（一）按照教育部、人力资源社会保障部和财政部的要求，指导所属中等职业学校进行项目申请，确保落实相关政策；

（二）负责指导、检查所属项目学校的项目工作，监督项目学校定期进行自查，及时协调、解决项目建设过程中出现的问题；

（三）按要求向省级教育、人力资源社会保障和财政部门报送所属项目学校项目建设阶段进展报告和项目完成总结性报告。

第八条 项目学校法人代表为项目建设主要责任人。项目学校应设立专门机构具体负责本校项目建设的规划、实施、管理和检查等工作，主要履行以下职责：

（一）按照教育部、人力资源社会保障部和财政部有关规定及本办法的要求，编制、报送学校立项申报书、项目建设方案和项目建设任务书，并对有关申报材料的真实性负责；

（二）按照批复的项目建设方案和任务书确定的建设内容，组织实施项目建设，确保项目建设进度和预期目标；

（三）统筹安排各渠道建设资金，按照有关财务制度及本办法规定，科学、规范和合理使用建设资金，确保资金使用效益；

（四）将上年度项目建设进展、年度资金使用等情况形成年度报告，上报省级教育、人力资源社会保障和财政部门；

（五）接受教育、人力资源社会保障、财政、审计、监察等部门对项目实施过程和结果进行监控、检查和审计。

第三章　申报评审与组织实施

第九条　申报评审工作按照教育部、人力资源社会保障部和财政部公布的年度建设计划执行，包括核定申报指标、地方预审推荐、中央组织复核、统一社会公示、正式发文公布等环节。

（一）核定申报指标。教育部、人力资源社会保障部和财政部根据因素分配法确定和下达各省、自治区、直辖市年度申报的项目学校控制数。

（二）地方预审推荐。地方中等职业学校按照教育部、人力资源社会保障部和财政部有关文件要求，上报申报材料，提出基本建设思路、初步设想和计划方案。省级教育行政部门会同同级人力资源社会保障和财政部门按照中央下达的项目学校控制数，组织专家对项目学校的申报材料进行预审，确定本地区拟推荐申报的项目学校，统一报至教育部、人力资源社会保障部和财政部。

（三）中央组织复核。教育部会同人力资源社会保障部和财政部组成专家组，根据《国家中等职业教育改革发展示范学校建设计划项目学校遴选基本条件》，对各地推荐申报的项目学校申报材料进行复核，根据需要对项目学校申报信息进行现场核查。

（四）统一社会公示。复核结束后，在教育部网站（www.moe.gov.cn）上公布拟立项支持的项目学校名单，公示期为7个工作日（法定节假日除外），接受社会监督和质询。

（五）正式发文公布。公示期满后，教育部会同人力资源社会保障部和财政部公布项目学校名单。

第十条　教育部、人力资源社会保障部和财政部根据已批准项目学校的重点建设任务等因素，下达中央财政专项资金总预算控制数及年度预算控制数。省级教育、人力资源社会保障和财政部门据此组织项目学校及其举办者制定项目建设方案，并填写项目建设任务书，以及制定相应的保障措施和管理办法。

第十一条　省级教育、人力资源社会保障和财政部门组织专家对修订后的项目建设方案和任务书进行评审论证，并将通过评审论证的项目建设方案和任务书报送教育部、人力资源社会保障部和财政部。教育部、人力资源社会保障部和财政部组织专家对各项目学校的项目建设方案和任务书进行复核，达到要求的予以批复。批复后，正式启动项目建设工作。

第十二条 项目学校按照中央批复的项目建设方案和任务书，组织实施项目建设。项目建设方案和任务书一经审定，必须严格执行，项目建设过程中一般不得自行调整。如确需调整的，项目学校须报经省级教育、人力资源社会保障和财政部门核准后，由省级教育、人力资源社会保障和财政部门报教育部、人力资源社会保障部和财政部核定。

第四章 资金管理

第十三条 建设计划的资金包括中央财政专项资金、地方财政专项资金、项目学校举办者安排的专项资金和学校自筹专项资金（以下简称专项资金）。中央专项资金一次确定、分两年到位，逐年考核，并根据年度检查情况适时调整。

第十四条 财政部下达项目学校中央财政专项资金总预算及年度预算后，地方财政专项资金和项目学校举办者安排的专项资金等应按项目实施进度足额拨付到项目学校。

第十五条 项目学校应统筹安排使用不同渠道的专项资金，科学、规范、合理地编制本校建设项目的总预算及年度预算。项目预算是项目学校综合预算的组成部分，应纳入学校总体预算。

第十六条 中央专项资金主要用于支持项目学校改善教学、实习和实训条件，开展工学结合、校企合作和实习实训，培养专业带头人和骨干教师，建设专业、课程和教材体系等。

第十七条 中央财政专项资金支出主要包括：

（一）基础能力建设费：主要用于购置中央财政重点支持专业所需的实验实训设备。用于基础能力建设的费用不得超过中央财政专项资金总额的20%。

（二）校企合作机制建设费：主要用于项目学校加强与企业的合作，包括开展工学结合，共同建设生产性、服务性实训环境等。中央财政专项资金不支持项目学校开办以赢利为目的的企业。

（三）专业课程建设费：主要用于项目学校按照校企合作、工学结合和顶岗实习人才培养模式改革的要求,对重点支持专业进行科学研究，加强专业建设，优化课程内容，创新教学方法和手段，开发校本教材、课件和优质资源等方面的支出。

（四）师资队伍建设费：主要用于项目学校培养专业带头人、骨干教师、“双师型”教师，以及从行业、企业聘用有丰富一线实践经验的兼职教师等方面的支出。用于教师培训进修的费用不得超过中央财政专项资金总额的10%。

第十八条 项目学校要严格按照项目建设方案和任务书提出的目标组织项目建设，严格遵守国家有关财经法律法规和本办法的规定，加强资金管理。专项资金当年结余，可结转下年继续使用，不得挪作他用。

第十九条 专项资金按财政国库管理制度的有关规定办理支付，纳入项目学校财务机构统一管理，并设置单独账簿进行明细核算，专款专用、专账管理。

第二十条 凡纳入政府采购的支出项目，必须按照《中华人民共和国政府采购法》的有关规定，经过招投标、集中采购等规范程序后方可列支。

第二十一条 项目学校应将年度项目收支情况纳入单位决算统一编报。

第二十二条 凡使用财政性资金形成的资产，均为国有资产。项目学校应按照国家有关规定加强管理，合理使用。

第二十三条 中央财政专项资金不得用于项目学校偿还贷款、支付利息、捐赠赞助、对外投资、抵偿罚款以及与项目实施无关的其他支出。

第五章 监督检查与验收

第二十四条 项目建设周期原则为2年。起始日期自教育部、人力资源社会保障部和财政部批复项目学校项目建设方案和任务书之日起计算。

第二十五条 建立部际联合监督检查、地方监管和项目学校自我监测的三级监控考核体系，对项目学校建设计划的实施实行事前科学论证、事中监控指导、事后效益评价的全过程审核、监控和考核。

（一）教育部、人力资源社会保障部和财政部依据项目学校的项目建设方案和任务书，分阶段采集绩效考核信息，组织对项目学校进行年度检查，检查结果作为调整年度项目预算安排的重要依据。对年度绩效考核不合格的项目学校，终止经费支持。

（二）省级教育、人力资源社会保障和财政部门负责指导项目的实施，检查和监督项目学校的建设进展情况，及时解决建设过程中的问题。

（三）项目学校举办者负责领导项目的实施，切实履行各项资金及政策支持承诺，确保项目实施质量与进度。

（四）项目学校负责项目建设日常工作和过程管理，设立专门机构，建立管理责任制和绩效考评机制。

第二十六条 在计划实施过程中有下列行为之一的，可视其情节轻重给予警告、中止或取消项目等处理。

（一）编报虚假申报信息，骗取项目学校建设权；

（二）项目执行不力，未开展实质性的建设工作；

（三）擅自改变项目总体目标和主要建设内容；

（四）项目经费的使用不符合有关财务制度的规定；

（五）无违规行为，但无正当理由未完成项目总体目标延期两年未验收的；

（六）其他违反国家法律法规和本办法规定的行为。

第二十七条 项目完成后，项目学校应撰写项目总结报告，由省级教育、人力资源社会保障和财政部门初审后，向教育部、人力资源社会保障部和财政部申请项目验收。总结报告的内容主要包括：项目建设基本情况，建设目标任务完成情况和成效，对区域经济社会发展的贡献度，对其他地区和学校进行示范、带动和辐射的成效，以及专项资金预算执行情况和使用效果，资金管理情况与存在的问题等。

第二十八条 教育部、人力资源社会保障部和财政部对项目学校建设情况进行评估与验收。对通过验收的项目学校，授予“国家中等职业教育改革发展示范学校”称号，予以挂牌。对未通过验收的项目学校予以通报，不予挂牌。

第六章 附则

第二十九条 本办法自发布之日起实行，各地应按照本办法的规定制订实施细则。各项目学校应会同其举办者按本办法的规定，结合实际情况制订具体管理办法。

第三十条 本办法由教育部、人力资源社会保障部和财政部负责解释和修订。

教育部关于推进中等和高等职业教育协调发展的指导意见

（教职成[2011]9号2011年8月30日）

各省、自治区、直辖市教育厅（教委），新疆生产建设兵团教育局：

为全面落实《国家中长期教育改革和发展规划纲要（2010–2020年）》关于到2020年形成现代职业教育体系和增强职业教育吸引力的要求，以科学发展观为指导，探索系统培养技能型人才制度，增强职业教育服务经济社会发展、促进学生全面发展的能力，现就推进中等和高等职业教育协调发展提出如下指导意见：

一、把握方向 适应国家加快转变经济发展方式和改善民生的迫切要求

1．转变经济发展方式赋予职业教育新使命。“十二五”时期国家以科学发展为主题，以加快转变经济发展方式为主线，把经济结构战略性调整作为主攻方向，促进经济长期平稳较快发展和社会和谐稳定。要求职业教育加快改革与发展，提升服务能力，承担起时代赋予的历史新使命。

2．发展现代产业体系赋予职业教育新任务。“十二五”时期，加快发展现代农业，提高制造业核心竞争力，推动服务业大发展，建设现代产业体系，迫切需要加快建设现代职业教育体系，系统培养数以亿计的适应现代产业发展要求的高素质技能型人才，为现代产业体系建设提供强有力的人才支撑。

3．构建终身教育体系赋予职业教育新内涵。把保障和改善民生作为加快转变经济发展方式的根本出发点和落脚点，把促进就业放在经济社会发展的优先位置，构建灵活开放的终身教育体系，努力做到学历教育和非学历教育协调发展、职业教育和普通教育相互沟通、职前教育和职后教育有效衔接，为形成学习型社会奠定坚实基础，要求必须把职业教育摆在更加突出的位置，充分发挥职业教育面向人人、服务区域、促进就业、改善民生的功能和独特优势，满足社会成员多样化学习和人的全面发展需要。

4．建设现代职业教育体系赋予职业教育新要求。当前职业教育仍然是我国教育事业的薄弱环节，中等和高等职业教育在专业、课程与教材体系，教学与考试评价等方面仍然存在脱节、断层或重复现象，职业教育整体吸引力不强，与加强技能型人才系统培养的要求尚有较大差距。教育规划纲要明确将中等和高等职业教育协调发展作为建设现代职业教育体系的重要任务。这是构建现代职业教育体系，增强职业教育支撑产业发展的能力，实现职业教育科学发展的关键所在。为此，迫切需要更新观念、明确定位、突出特色、提高水平，促进中等和高等职业教育协调发展。

二、协调发展 奠定建设现代职业教育体系的基础

5. 以科学定位为立足点，优化职业教育层次结构。构建现代职业教育体系，必须适应经济发展方式转变、产业结构调整和社会发展要求；必须体现终身教育理念，坚持学校教育与各类职业培训并举、全日制与非全日制并重；必须树立系统培养的理念，坚持就业导向，明确人才培养规格、梯次和结构；必须明确中等和高等职业学校定位，在各自层面上办出特色、提高质量，促进学生全面发展。中等职业教育是高中阶段教育的重要组成部分，重点培养技能型人才，发挥基础性作用；高等职业教育是高等教育的重要组成部分，重点培养高端技能型人才，发挥引领作用。完善高端技能型人才通过应用本科教育对口培养的制度，积极探索高端技能型人才专业硕士培养制度。

6. 以对接产业为切入点，强化职业教育办学特色。以经济社会发展需求为依据，坚持以服务为宗旨、以就业为导向，创新体制机制，推进产教结合，实行校企合作、工学结合，促进专业与产业对接、课程内容与职业标准对接、教学过程与生产过程对接、学历证书与职业资格证书对接、职业教育与终身学习对接。遵循经济社会发展规律和人的发展规律，统筹中等和高等职业教育发展重点与节奏，整合资源，优势互补，合作共赢，强化职业教育办学特色，增强服务经济社会发展和人的全面发展的能力。

7. 以内涵建设为着力点，整体提升职业学校办学水平。现阶段中等职业教育要以保证规模、加强建设和提高质量作为工作重点，拓展办学思路，整合办学资源，深化专业与课程改革，加强“双师型”教师队伍建设。高等职业教育要以提高质量、创新体制和办出特色为重点，优化结构，强化内涵，提升社会服务能力，努力建设中国特色、世界水准的高等职业教育。

三、实施衔接 系统培养高素质技能型人才

8. 适应区域产业需求，明晰人才培养目标。围绕区域发展总体规划和主体功能区定位对不同层次、类型人才的需求，合理确定中等和高等职业学校的人才培养规格，以专业人才培养方案为载体，强化学生职业道德、职业技能、就业创业能力的培养，注重中等和高等职业教育在培养目标、专业内涵、教学条件等方面的延续与衔接，形成适应区域经济结构布局和产业升级需要，优势互补、分工协作的职业教育格局。

9. 紧贴产业转型升级，优化专业结构布局。根据经济社会发展实际需要和不同职业对技能型人才成长的特定要求，研究确定中等和高等职业教育接续专业，修订中等和高等职业教育专业目录，做好专业设置的衔接，逐步编制中等和高等职业教育相衔接的专业教学标准，为技能型人才培养提供教学基本规范。推动各地职业教育专业设置信息发布平台与专业设置预警机制建设，优化专业的布局、类型和层次结构。

10. 深化专业教学改革，创新课程体系和教材。职业学校的专业教学既要满足学生的就业要求，又要为学生职业发展和继续学习打好基础。初中后五年制和主要招收中等职业教育毕业生的高等职业教育专业，要围绕中等和高等职业教育接续专业的人才培养目标，系统设计、统筹规划课程开发和教材建设，明确各自的教学重点，制定课程标准，调整课程结构与内容，完善教学管理与评价，推进专业课程体系和教材的有机衔接。

11. 强化学生素质培养，改进教育教学过程。改革以学校和课堂为中心的传统教学方式，重视实践教学、项目教学和团队学习；开设丰富多彩的课程，提高学生学习的积极性和主动性；研究借鉴优秀企业文化，培育具有职业学校特点的校园文化；强化学生诚实守信、爱岗敬业的职业素质教育，加强学生就业创业能力和创新意识培养，促进职业学校学生人人成才。

12. 改造提升传统教学，加快信息技术应用。推进现代化教学手段和方法改革，加快建设宽带、融合、安全、泛在的下一代信息基础设施，推动信息化与职业教育的深度融合。大力开发数字化专业教学资源，建立学生自主学习管理平台，提升学校管理工作的信息化水平，促进优质教学资源的共享，拓展学生学习空间。

13. 改革招生考试制度，拓宽人才成长途径。根据社会人才需求和技能型人才成长规律，完善职业学校毕业生直接升学和继续学习制度，推广“知识+技能”的考试考查方式。探索中等和高等职业教育贯通的人才培养模式，研究确定优先发展的区域、学校和专业，规范初中后五年制高等职业教育。研究制定在实践岗位有突出贡献的技能型人才直接进入高等职业学校学习的办法。搭建终身学习“立交桥”，为职业教育毕业生在职继续学习提供条件。

14. 坚持以能力为核心，推进评价模式改革。以能力为核心，以职业资格标准为纽带，促进中等和高等职业教育人才培养质量评价标准和评价主体有效衔接。推行“双证书”制度，积极组织和参与技能竞赛活动，探索中职与高职学生技能水平评价的互通互认；吸收行业、企业、研究机构和其他社会组织共同参与人才培养质量评价，将毕业生就业率、就业质量、创业成效等作为衡量人才培养质量的重要指标，形成相互衔接的多元评价机制。

15. 加强师资队伍建设，注重教师培养培训。构建现代职业教育体系要注重为教师发展提供空间，调动教师的工作积极性。高等职业学校教师的职务（职称）评聘、表彰与奖励继续纳入高等教育系列；推进中等职业学校教师职务（职称）制度改革。

完善职业学校教师定期到企业实践制度，在企业建立一批专业教师实践基地，通过参与企业生产实践提高教师专业能力与执教水平。鼓励中等和高等职业学校教师联合开展企业技术应用、新产品开发等服务活动。各地要建立职业学校教师准入制度，新进专业教师应具有一定年限的行业企业实践经历。建立健全技能人才到职业学校从教制度，制定完善企业和社会专业技术人员到校担任兼职教师措施。

16. 推进产教合作对接，强化行业指导作用。支持和鼓励行业主管部门和行业组织开展本行业各级各类技能型人才需求预测，参与中等和高等职业教育专业设置和建设，指导人才培养方案设计，促进课程内容和职业资格标准融通；推动和督促企业与职业学校共建教学与生产合一的开放式实训基地，合作开展兼职教师选聘；组织指导职业学校教师企业实践、学生实习、就业推荐等工作。

17. 发挥职教集团作用，促进校企深度合作。引导和鼓励中等和高等职业学校以专业和产业为纽带，与行业、企业和区域经济建立紧密联系，创新集团化职业教育发展模式。切实发挥职业教育集团的资源整合优化作用，实现资源共享和优势互补，形成教学链、产业链、利益链的融合体。积极发挥职业教育集团的平台作用，建立校企合作双赢机制，以合作办学促发展，以合作育人促就业，实现不同区域、不同层次职业教育协调发展。

四、加强保障 营造中等和高等职业教育协调发展的政策环境

18. 强化政府责任，加强统筹规划管理。省级政府相关部门应加大对区域内职业教育的统筹，支持和督促市（地）、县级政府履行职责，促进职业教育区域协作和优质资源共享。地方各级政府相关部门要遵循职业教育发展规律，把握中等和高等职业教育办学定位，推进职业教育综合改革，完善政策措施，合理规划职业教育规模、结构和布局，改善办学条件，提高行业企业和社会参与职业教育的积极性，支持行业、企业发展职业教育，促进现代职业教育体系建设。

19. 加大投入力度，健全经费保障机制。各地要加快制定和落实中等和高等职业学校学生人均经费基本标准和学生人均财政拨款基本标准。认真落实城市教育费附加安排用于职业教育的比例不低于30%的规定。高等职业学校逐步实现生均预算内拨款标准达到本地区同等类型普通本科院校的生均预算内经费标准。中等职业学校按编制足额拨付经费。对举办有初中后五年制高等职业教育、中等职业教育的高等职业学校，要按照国家有关规定，落实其中等职业教育阶段的资助和免学费政策。进一步提高新增教育经费中用于职业教育的比例，基本形成促进中等和高等职业教育协调发展的经费投入稳定增长机制。充分调动全社会的积极性，健全多渠道筹措职业教育经费的投入机制，完善财政、税收、金融和土地等优惠政策，形成有利于中等和高等职业教育协调发展的政策合力。

20. 重视分类指导，促进学校多样化发展。切实加强三年基本学制的中等职业教育教学基本建设，根据中等职业学校设置标准充实办学资源，加强规范管理；增加中等职业学校毕业生进入高等职业学校继续学习的比例，优选招生专业，重视综合素质培养；探索高中阶段教育多样化发展，对未升学的普通高中毕业生实施一年制中等职业教育，强化技能培养。全面提高招收普通高中毕业生的三年制高等职业教育教学质量，加强专业技能训练；规范初中后五年制高等职业教育，依据区域产业发展对技能型人才的需求，参照高等职业教育专业目录，分批确定初中后五年制高等职业教育的招生专业，加强课程整体设计。大力发展各类非全日制职业教育，切实根据生源特点制定培养方案，注重因材施教。依据专业人才培养的特殊需要，中等和高等职业学校可申请适当延长或缩短基本修业年限，毕业证书应对生源、学制、学习渠道、培养地点等给予写实性描述。

21. 推进普职渗透，丰富学生发展途径。鼓励有条件的普通高中适当增加职业教育课程，采取多种方式为在校生提供职业教育。中等职业学校要积极创造条件，为普通高中在校生转入学习提供渠道；职业学校要为本科院校学生技能培训提供方便。结合地区实际，鼓励中小学加强劳动技术、通用技术课程教学，中等职业学校要为其提供教师、场地、资源等方面的支持，鼓励普通高中、初级中学开设职业指导课程；对于希望升入职业学校或较早开始职业生涯的初三学生，初级中学可以通过开设职业教育班或与职业学校合作等方式，开展职业教育。当地教育行政部门要做好课程衔接、教师协作、资源共享等方面的组织协调工作。

22. 完善制度建设，优化协调发展环境。根据本地实际，制定促进本地区职业教育发展、促进校企合作的地方性法规和政策，进一步明确和落实政府、学校、行业、企业等的法律责任和权利，推行职业资格证书和劳动就业准入制度，为中等和高等职业教育协调发展提供制度保障。健全职业教育督导评估机制，以督查经费投入、办学条件达标和教学质量为主，加强督政、督学，把中等和高等职业教育协调发展纳入政府工作绩效考核。积极开展中等和高等职业教育协调发展的研究，吸收企业等参加教育质量评估，探索建立职业教育第三方质量评价制度。加强宣传，营造良好的社会环境，全面推进中等和高等职业教育协调发展。

辽宁省高等职业技术院校教师职务任职条件的补充要求（试行）

（辽教发[2003]48号2003年3月21日）

高等职业技术院校是高等教育体系的组成部分，高等职业技术院校教师职务评聘工作执行原国家教委制发的《高等学校教师职务试行条件》。根据原省教委制发的《辽宁省高等学校教师职务任职条件的具体要求》，结合我省高等职业技术院校的实际情况，现提出我省高等职业技术院校教师职务任职条件的补充要求。

一、关于教师职务的基本任职条件

原省教委制发的《辽宁省高等学校教师职务任职条件的具体要求》，原则上适用于高等职业技术院校。其中，思想政治条件与职业道德要求、教学工作量、学位(学历)、资历、进修、外语等基本任职条件，原则上适用于高等职业技术院校教师职务评聘工作。1998年以来，原省教委对晋升教师职务任职资历做出了部分修改，即：取得硕士学位五年以上并任副教授五年以上的教师，经学校推荐可按正常晋升条件申报评审教授职务。这一政策适用于高等职业技术院校。

有关院校及各级教师职务评聘机构，在教师职务评聘中，执行上述教师职务基本任职条件的同时，也要充分体现高等职业技术院校教师的工作特点（如职业道德方面的特殊要求，实践教学环节等），坚持和充分体现教师职务评聘工作的政策导向，促进高等职业技术院校教师队伍素质的提高和完善。

二、关于“学术水平”的要求

对高等职业技术院校教师“学术水平”的要求，不应局限于理论研究，其中应包括职业技术教育研究和应用技术研究等方面的水平。在学术水平方面，高等职业技术院校与普通高校教师不是知识含量和理论水平的差别，而是知识结构研究领域和方向的差别。在教师职务评聘工作中，要注意体现高等职业技术院校办学特色和教师工作的特点。

（一）讲师

具有本专业较扎实的基础理论和专业知识，了解本专业国内外发展现状和趋势，并能将先进技术应用于专业教育和生产实践，取得较好效果；有一定科研和技术开发能力，公开发表过代表本人研究水平的学术论文、设计方案、艺术作品或出版著作。

（二）副教授

具有本专业系统、扎实的理论基础和专业知识，掌握本专业国内外发展现状和趋势，及时吸收最新科技成果应用于生产实际，并获得一定的经济和社会效益；具有扎实的高等职业技术教育理论基础知识，改革教学方法，教学质量高，具有指导青年教师的能力。具备下列条件之一：

1. 公开发表过与本专业相关的较高水平的学术论文三篇，或公开出版过专著、编写过本专业教材一部（如主编教材，本人撰写部分不少于7万字；如参编教材，本人撰写部分不少于10万字）。

2. 获省级优秀教学成果奖。

3. 获市科技进步奖一等奖（主持人）。

4. 连续三次在学校年度考核中被评为优秀等次，并有公开发表的学术论文或公开出版的学术著作、教材等（本人撰写部分不少于3万字）。

（三）教授

具有本专业广博、坚实的基础理论知识和专业知识，掌握本专业国内外发展现状和趋势，根据生产技术和社会经济发展需要，开拓新的技术研究领域，并取得重要成果；教学经验丰富，教学成果卓著，具有指导高级研修人员的能力。具备下列条件之一：

1. 公开发表具有国际水平或国内领先水平的学术论文两篇，并有公开出版的有创新的学术专著或主编过通用教材一部（本人撰写部分不少于10万字；如无专著或教材，需发表上述水平的论文五篇以上）。

2. 获国家优秀教学成果奖，或获得省级优秀教学成果一等奖。

3. 获国家自然科学奖、科技进步奖、发明奖、星火奖或获国家社会科学奖及获省科技进步二等奖以上。

二、关于“实践能力”的要求

技术应用能力是对高等职业技术院校教师最基本的专业素养要求，技术应用能力与学术水平一并反映教师的专业技术水平。高等职业技术院校实践教学不仅是教学环节的一部分，而且是重要的教学过程。高等职业技术院校教师应有较强的技术应用能力。

（一）讲师

掌握本专业所必需的技术应用能力，胜任所教课程实践环节的教学工作。文史财经类教师能独立地开展调研咨询工作，理工科教师应具备较强的实际动手能力。实践技能要求较强的专业课教师应取得执业资格，或具备非教师系列中级以上专业技术职务任职资格。公共课教师应了解所教学生所学专业的基础知识，基础课教师应掌握学生所学与所教课程相关的后续课程基本内容。

（二）副教授

具有较丰富的职业技术教育、生产实践经验和较高水平的专业技术应用能力；具有指导实训室（车间、厂、场）建设或新产品开发、研制的能力；实践教学经验丰富，在实训、实习、实际操作等实践教学中培养学生技术应用能力，取得较好的效果。满足下列条件之一：

1. 取得相关专业中级专业技术职务（非教师系列）任职资格或取得高级技术等级证书。

2. 通过处理重要技术问题或解决疑难技术问题而撰写有较大价值的专项技术分析或重要项目可行性报告两篇以上（经市级行业主管部门鉴定或采纳）。

3. 在新技术、新工艺、新产品的引进、开发或新技术成果的转化、推广中取得较好的社会效益和经济效益，通过市级行业主管部门鉴定。

4. 参与大中型企业的生产管理和经营活动，提出创见性的建议被采纳或在社会咨询方面有较大的影响，通过市级行业主管部门鉴定。

5. 主持过高等职业技术院校实训基地（含实训室、车间、厂、场，下同）的建设、改建或改造，并制订实训基地的实训操作规程，熟练掌握实训基地的功能、维护、保养及安全技术，实训基地在人才培养中的作用显著。

6. 主持过高等职业技术教育实训项目的研究、设计、开发工作，所开发的实训项目设计合理、对培养学生技术应用能力有新意、有一定的社会效益或经济效益。

（三）教授

具有丰富的职业技术教育、生产实践经验和高水平的专业技术应用能力；具有主持和指导实习基地建设或新产品的开发、研制和生产的能力；在实训、实习、实际操作等实践环节教学中培养学生技术应用能力，取得显著效果；具有解决、处理重大复杂、关键性技术问题的能力。具备下列条件之一：

1. 取得相关专业高级专业技术职务（非教师系列）任职资格。

2. 通过处理重大技术问题或解决疑难技术问题而撰写有重大价值的专项技术分析报告或重大项目可行性研究报告两篇以上（经省级行业主管部门鉴定或被采纳实施）。

3. 主持推广、开发的新技术、新工艺、新产品或处理重大、关键技术问题，通过省级行业主管部门鉴定，获得较大的社会和经济效益。

4. 主持高等职业技术院校两个以上实训基地的建设、改建或改造，并制订实训基地的实训操作规程，熟练掌握实训基地的功能、维护、保养及安全技术，实训基地在人才培养中的作用显著。

5. 主持过高等职业技术教育两个以上实训项目的研究、设计、开发工作，所开发的实训项目设计合理、对培养学生技术应用能力有新意、有一定的社会效益或经济效益。

在教师职务评聘工作中，对学术水平和技术应用能力的要求，要注意区别不同类型学校和承担不同任务教师的具体情况，注意相关专业技术职务资格（考试、评审）和执业资格（认定方式）等情况，注意反映不同专业教师学术水平和技术应用能力的成果和作品的形式差别。注重对公共课、基础课教学研究成果、教学改革成果和业绩的要求。注重对专业课教师在解决生产技术、社会经济发展实际问题方面的研究成果和技术应用要求。

辽宁省中等职业学校教师职务任职条件具体要求

（辽教发[2004]46号2004年4月2日）

根据原国家教委制发的《中等专业学校教师职务试行条例》和《辽宁省人民政府关于大力推进职业教育改革与发展的决定》，结合我省中等职业学校的实际情况，特制订中等职业学校教师职务任职条件具体要求。

一、思想政治和职业道德要求

1. 中等职业学校教师要坚决拥护中国共产党的领导，热爱社会主义祖国，努力学习马列主义、毛泽东思想、邓小平理论和“三个代表”重要思想，全面贯彻党的教育方针，热爱职业教育，有良好的职业道德，遵纪守法,教书育人，为人师表,认真履行岗位职责，勇于创新，学风端正。

2. 下列情况均不能确定和晋升教师职务

在思想品德方面犯有严重错误者；职业道德较差，不能为人师表，在校内或社会上影响较坏，无明显悔改者；因违反党纪和国家政策、法律法规，或工作严重失职造成重大责任事故或经济损失，受到党内警告或行政记过处分未满一年者；在教师职务评聘中弄虚作假者；年度考核不合格者。

二、学历、资历

普通院校全日制毕业生通过考核确定教师职务。获得学士学位一年，从事本专业教学工作一年可确定为助理讲师职务；获得硕士学位累计从事本专业教学工作三年，可确定为讲师职务；获得博士学位可确定为讲师职务。

1. 晋升讲师

大学本科毕业四年以上，担任助理讲师职务四年以上；获得第二学士学位三年以上，担任助理讲师职务三年以上。

2. 晋升高级讲师

大学本科毕业五年以上，担任讲师职务五年以上；获得硕士学位担任讲师职务五年以上；获得博士学位担任讲师职务二年以上。

3. 晋升教授级高级讲师

大学本科毕业担任高级讲师职务九年以上；获得硕士学位五年，担任高级讲师职务五年以上；获得博士学位担任高级讲师职务五年以上。

三、教学工作

1．晋升教师职务，任现职期间年均授课时数一般应在300学时以上（含实践教学学时，实践教学每周折合30至35学时）。

2．晋升讲师职务应独立、系统地担任一门以上（含一门）课程的讲授工作；晋升高级讲师和教授级高级讲师职务应独立、系统地担任一门主干课或两门以上（含两门）课程的讲授工作，并独立开设一门以上选修课。

3．以科技咨询、技术开发为主或兼任学校管理工作的教师，在授课时数上可降低要求，但不能低于规定学时数的二分之一。

四、教书育人工作

1．晋升教师职务，任现职期间原则上应担任一年以上班主任工作。

2．晋升讲师职务，应能正确掌握教育方法，根据学生的年龄特征和思想实际进行思想政治及品德教育。

3．晋升高级讲师和教授级高级讲师职务，应具有学生思想政治教育或班主任工作方面比较丰富的经验，善于结合学科特点，寓思想品德教育于学科教学之中。

五、关于学术水平的要求

（一）晋升讲师

具有本专业较扎实的基础理论和专业知识。正确掌握教学方法，教学效果优良。有一定的教育教学研究能力。

（二）晋升高级讲师

具有本专业系统、扎实的理论基础和专业知识，掌握本专业国内外发展现状和趋势。具有扎实的中等职业教育理论基础知识，教学方法先进，具有较高的教学艺术，教学质量高，教学效果好。具有指导青年教师的能力。具备下列条件之一：

1．公开发表过本专业较高水平的学术论文，或公开出版过专著、编写过本专业教材（参编者本人撰写五万字以上）。

2．获得市级科技进步奖（主持人）。

3．主持或主要参与省级以上本专业教育教学改革课题研究，研究成果处于省内领先水平，在同行中影响较大。

（三）晋升教授级高级讲师

具有本专业广博、坚实的基础理论知识和专业知识，掌握本专业国内外发展现状和趋势。根据生产技术和社会经济发展需要，开拓新的技术研究领域，并取得重要成果。教学经验丰富，教学成果卓著，指导中高级青年教师成效突出。具备下列条件之一：

1. 公开发表过具有国际水平或国内领先水平的学术论文两篇，并有公开出版的有创新的学术专著或主编过规划教材一部（本人撰写部分不少于8万字；如无专著或教材，需发表上述水平的论文五篇以上）。

2. 获得国家自然科学奖、科技进步奖、发明奖、星火奖或获得国家社会科学奖及获得省科技进步二等奖、省社会科学二等奖以上。

3. 教育教学成果对全省职业教育改革与发展做出重要贡献，在省内外有较大影响。

六、关于实践能力的要求

（一）晋升讲师

掌握本专业所必需的技术应用能力，胜任所教课程实践环节的教学工作。文史财经类教师能独立地开展调研咨询工作，理工科教师具备较强的实际动手能力。实践技能要求较强的专业课教师应取得执业资格，或具备非教师系列专业技术职务任职资格，或取得相关专业（工种）中级技术等级证书。公共课教师应了解所教学生所学专业的基础知识，基础课教师应掌握学生所学与所教课程相关的后续课程基本内容。

（二）晋升高级讲师

具有较丰富的职业技术教育、生产实践经验和较高水平的专业技术应用能力；实践教学经验丰富，在实训、实习、实际操作等实践教学中培养学生技术应用能力，取得较好的效果。具备下列条件中的两条：

1. 取得相关专业中级技术职务（非教师系列）任职资格或取得相关专业（工种）高级技术等级证书。

2. 通过处理重要技术问题或解决疑难技术问题而撰写有价值的专项技术分析或重要项目可行性报告一篇以上（经市级行业主管部门鉴定或采纳）。

3. 在新技术、新工艺、新产品的引进、开发或新技术成果的转化、推广中取得较好的社会效益和经济效益，通过市级行业主管部门鉴定。

4. 参与大中型企业的生产管理和经营活动，提出创见性的建议被采纳或在社会咨询方面有较大的影响，通过市级行业主管部门鉴定。

5. 主持过中等职业学校实验实训基地（含实训室、车间、厂、场，下同）的建设、改建或改造，能够制订或完善实验实训规程。

6. 主持过中等职业教育实验实训项目的研究、设计、开发工作，所开发的项目设计合理、对培养学生技术应用能力有新意、有一定的社会效益或经济效益。

7. 公开发表过有创建的本学科（专业）教育教学研究论文。

（三）晋升教授级高级讲师

具有丰富的职业技术教育、生产实践经验和高水平的专业技术应用能力；具有主持和指导实验实训基地建设或新产品的开发、研制和生产的能力；在实训、实习、实际操作等实践教学环节中培养学生技术应用能力，取得显著效果；具有解决、处理重大复杂、关键性技术问题的能力。具备下列条件中的两条：

1. 取得相关专业高级专业技术职务（非教师系列）任职资格。

2. 通过处理重大技术问题或解决疑难技术问题而撰写的有重大价值的专项技术分析报告或重大项目可行性研究报告两篇以上（经省级行业主管部门鉴定或被采纳）。

3. 主持推广、开发的新技术、新工艺、新产品或处理重大、关键技术问题，获得较大的社会和经济效益，通过省级行业主管部门鉴定。

4. 参与大中型企业的生产管理和经营活动，提出创见性的建议被采纳或在社会咨询方面有较大的影响，通过省级行业主管部门鉴定。

5. 在学校实验实训基地的建设、改建或改造以及制订和完善实验实训基地的操作规程等工作中，成绩显著，在省内有较大影响。

6. 主持过中等职业教育两个以上实验实训项目的研究、设计、开发工作，所开发的项目设计合理、对培养学生技术应用能力有新意、有一定的社会效益或经济效益。

7. 公开发表过两篇以上有创建的本专业建设方面的研究论文。

七、关于进修的要求

教师任现职期间都应根据学科特点及工作需要参加基础理论或技术应用能力等方面的培训进修，不断更新基础知识、改善知识结构、提高教育教学能力和水平。高级讲师晋升教授级高级讲师职务，应学习过博士学位的主要课程，或参加过相应水平的讲习班、研讨班的学习和研讨。

八、关于外语和计算机的要求

（一）晋升讲师

要求获得职称外语考试C级证书和职称计算机考试中级证书。

（二）晋升高级讲师

要求获得职称外语考试B级证书和职称计算机考试高级证书。

（三）晋升教授级高级讲师

要求获得职称外语考试A级证书和职称计算机考试高级证书。

在教师职务评聘工作中，对学术水平和技术应用能力的要求，要注意区别不同类型学校和承担不同任务教师的具体情况，注意相关专业技术职务资格（考试、评审）和执业资格（认定方式）等情况，注意反映不同专业教师学术水平和技术应用能力的成果和作品的形式差别。注重对公共课、基础课教师教学研究成果、教学改革成果和业绩的要求。注重对专业课教师在解决生产技术、社会经济发展实际问题方面的研究成果和技术应用能力的要求。

（四）高等教育

国务院学位委员会关于授予国外有关人士名誉博士学位暂行规定

（学位(89)003号1989年2月27日）

第一条 为了贯彻执行《中华人民共和国学位条例》和《中华人民共和国学位条例暂行实施办法》关于名誉博士学位的有关规定，首先建立并完善我国授予国外有关人士名誉博士学位制度，特制定本暂行规定。

第二条 我国授予国外有关人士名誉博士学位，是经国务院学位委员会批准、博士学位授予单位授予的一种荣誉称号，目的在于表彰国外卓越的学者、科学家或著名的政治家、社会活动家在学术、经济、教育、科学、文化和卫生等领域，以及社会发展和人类进步事业中的突出贡献。

第三条 我国的名誉博士学位，一般应按我国规定的授予学位的学科门类授予；必要时也可统称为“名誉博士学位”。

授予对象与条件

第四条 我国授予国外有关人士名誉博士学位的对象，主要是国外卓越的学者、科学家，适当考虑著名的政治家、社会活动家。

第五条 国外卓越的学者、科学家，具备下列条件者，经批准可以授予名誉博士学位：

（一）在学术上造诣高深，在科学界享有盛誉，曾在某一学科领域取得重大成就，获得国际学术界公认的奖励；

（二）以自己的学术活动或科学成就，在促进我国与他国之间的学术交流、友好合作，以及发展我国经济、教育、科学、文化和卫生等事业方面作出过重要贡献。

第六条 国外著名的政治家、社会活动家，具备下列条件之一者，经批准可以授予名誉博士学位：

（一）对于维护世界和平与人类进步事业，或对支持我国在国际上的合法权益、扩大我国在国际上的影响等方面作出过特殊贡献并享有国际声望的政治家；

（二）对于发展我国与他国之间的友好关系，促进友好往来和全面合作，对于繁荣我国经济，发展我国教育、科学、文化和卫生等事业方面作出过重大贡献的社会活动家。

授予单位与主管部门

第七条 授予名誉博士学位的单位，必须是博士学位授予单位，由国务院学位委员会掌握。

第八条 名誉博士学位授予单位的学位评定委员会的主要职责：

（一）审议通过并提出拟授予名誉博士学位人员（简称拟授人员，下同）名单，受理、审定有关单位或部门推荐的拟授人员名单；

（二）负责名誉博士学位的申报和授予工作，研究处理申报和授予工作中的有关事项。

第九条 名誉博士学位授予单位提出的拟授人员，除应具备本暂行规定第四至第六条的规定，还应符合以下条件：

（一）拟授人员与授予单位有一定的学术交往，关系比较密切，对促进授予单位教学、科研工作的发展，或对促进授予单位与他国有关单位之间的学术交流、科学研究、人才培养等方面作出重要贡献；

（二）拟授人员的学术专长（或职业类别）与授予单位所包含的学科门类有关。

第十条 名誉博士学位授予单位的学位评定委员会对拟授人员应采取会议讨论或无记名投票方式，获全体委员三分之二以上（含三分之二）同意，方可作出列入拟授人员名单的决定。

报送拟授人员名单时，应同时提供下列申报材料：

（一）关于拟授予名誉博士学位的申请报告和《拟授予名誉博士学位人员呈报表》以及拟授人员的简历及其公开出版的著作目录；

（二）关于拟授人员资格审查结果的报告或说明；

（三）关于本单位相同学科专家（博士生指导教师或教授、研究员；拟授人员是著名政治家，相同学科专家可以是知名人士。下同）一至二人和其他博士学位授予单位相同学科专家二至三人的推荐信。

第十一条 名誉博士学位授予单位的上级主管部门负责审核拟授人员名单。审核的主要内容是：授予单位提出的拟授人员是否合适，申报材料是否齐全和详实，拟授人员的主要情况是否清楚等。审核同意后报国务院学位委员会审批。

报批手续与授予工作

第十二条 申报拟授人员名单，按下列程序办理：

（一）名誉博士学位授予单位将拟授人员名单及其申报材料（一式三份）报送上级主管部门审核；

（二）上级主管部门审核同意后，将拟授人员名单及其申报材料（一式二份）报国务院学位委员会审批。

第十三条 国务院学位委员会审批拟授人员名单，采取以下办法。

（一）国务院学位委员会在定期召开的例行会议上讨论，获全体委员半数以上同意，作出授予名誉博士学位的决定；

（二）国务院学位委员会采取通讯征求意见的办法，获全体委员半数以上同意，作出授予名誉博士学位的决定。

第十四条 授予名誉博士学位，应选择适当时机，举行相应的授予仪式，并颁发《名誉博士学位证书》。

第十五条 名誉博士学位授予单位应在批准授予名誉博士学位的两年内完成授予工作。凡需延期授予的，授予单位应事先提出报告，经国务院学位委员会正、副主任委员或秘书长同意后方可延期授予。

其他规定

第十六条 非名誉博士学位授予单位或其他有关部门推荐拟授人员名单时，须履行以下职责：

（一）为拟授人员联系合适的名誉博士学位授予单位；

（二）向名誉博士学位授予单位提供拟授人员的简况，包括主要经历、重要的学术成就和社会活动等书面材料，并正式提出推荐函；

（三）约请有关方面的相同学科专家二至三人撰写推荐信。

第十七条 已由我国某一名誉博士学位授予单位授予名誉博士学位的国外有关人士，其他授予单位一般不再对其授予名誉博士学位。

第十八条 名誉博士学位授予单位和推荐单位在拟授人员未经国务院学位委员会批准之前，不得向本人许愿承诺。

第十九条 《名誉博士学位证书》由国务院学位委员会统一印制。

第二十条 本暂行规定由国务院学位委员会负责解释。

高等学校财务制度

（财文字[1997]第280号1997年6月23日）

第一章　总则

第一条　为规范高等学校财务行为，加强财务管理，提高资金使用效益，促进事业发展，根据《事业单位财务规则》和国家有关法规，结合高等学校特点，制定本制度。

第二条　本制度适用于各级人民政府举办的全日制普通高等学校、成人高等学校。普通中等专业学校、技工学校、成人中等专业学校依照执行。企业事业组织、社会团体及其他社会组织举办的上述学校参照执行。

第三条　高等学校财务管理的基本原则是：贯彻执行国家有关法律、法规和财务规章制度；坚持勤俭办学的方针；正确处理事业发展需要和资金供给的关系，社会效益和经济效益的关系，国家、集体和个人三者利益的关系。

第四条　高等学校财务管理的主要任务是：依法多渠道筹集事业资金；合理编制学校预算，并对预算执行过程进行控制和管理；科学配置学校资源，努力节约支出，提高资金使用效益；加强资产管理，防止国有资产流失；建立健全财务规章制度，规范校内经济秩序；如实反映学校财务状况；对学校经济活动的合法性、合理性进行监督。

第二章　财务管理体制

第五条　高等学校实行“统一领导、集中管理”的财务管理体制；规模较大的学校实行“统一领导、分级管理”的财务管理体制。

第六条　高等学校财务工作实行校（院）长负责制。

符合条件的高等学校，应设置总会计师，协助校（院）长全面领导学校的财务工作。

凡设置总会计师的高等学校，不设与总会计师职权重叠的副校（院）长。

规模较小的高等学校，由主管财务工作的校（院）长代行总会计师职权。

第七条 高等学校必须单独设置财务处（室），作为学校的一级财务机构，在校（院）长和总会计师的领导下，统一管理学校的各项财务工作，不得在财务处（室）之外设置同级财务机构。

第八条 高等学校校内后勤、科技开发、校办产业及基本建设等部门因工作需要设置的财务机构，只能作为学校的二级财务机构，其财会业务接受财政处（室）的统一领导。高等学校二级财务机构必须遵守和执行学校的统一制定的财务规章制度，并接受财务处（室）的监督和检查。

第九条 高等学校校内设置财务会计机构，必须相应配备专职财会人员。校内各级财会主管人员的任免应当经过上一级财务主管部门同意，不得任意调动或者撤换。财会人员的调入、调出、专业技术职务的评聘须由财务部门会同有关部门办理。

第三章 单位预算管理

第十条 高等学校预算是指高等学校根据事业发展计划和任务编制和年度财务收支计划。

高等学校必须在预算年度开始前编制预算。预算的内容包括收入预算和支出预算。预算由校级预算和所属各级预算组成。

第十一条 预算编制原则

高等学校编制预算必须坚持“量入为出、收支平衡”的总原则。收入预算坚持积极稳妥原则；支出预算坚持统筹兼顾、保证重点、勤俭节约等原则。

第十二条 预算编制方法

高等学校预算参考以前年度预算执行情况，根据预算年度事业发展计划和任务与财力可能，以及年度收支增减因素进行编制。校级预算和所属各级预算必须各自平衡，不得编制赤字预算。

第十三条 预算编制和审批程序

高等学校预算由学校财务处（室）根据各单位收支计划，提出预算建议方案，经学校最高财务决策机构审议通过后，按照国家预算支出分类和管理权限分别上报各有关主管部门，审核汇总报财政部门核定预算控制数（一级预算单位直接报财政部门、下同）。高等学校根据预算控制数编制预算，由各有关主管部门汇总报财政部门审核批复后执行。

第十四条 预算调整

高等学校预算在执行过程中，对财政补助收入和从财政专户核拨的预算外资金收入一般不予调整；如果国家有关政策或事业计划有较大调整，对收支预算影响较大，确需调整时，可以报请主管部门或者财政部门调整预算。其余收入项目需要调增、调减的，由学校自行调整并报主管部门和财政部门备案。

收入预算调整后，相应调增或者调减支出预算。

第四章　收入调整

第十五条　收入是指高等学校开展教学、科研及其他活动依法取得的非偿还性资金。

第十六条　高等学校收入包括：

（一）财政补助收入，即高等学校从财政部门取得的各类事业经费，具体包括：

1. 教育经费拨款，即高等学校从中央和地方财政取得的教育经费，包括教育事业费等。

2. 科研经费拨款，即高等学校从有关主管部门取得的科学研究经费，包括科学事业费和科技三项费用等。

3. 其他经费拨款，即高等学校取得的上述拨款以外的事业经费，包括公费医疗经费、住房改革经费等。

上述财政补助收入，应当按照国家预算支出分类和不同的管理规定，进行管理和安排使用。

（二）上级补助收入，即高等学校从主管部门和上级单位取得的非财政补助收入。

（三）事业收入，即高等学校开展教学、科研及其辅助活动取得的收入。包括：

1. 教学收入，指高等学校开展教学及其辅助活动所取得的收入，包括：通过学历和非学历教育向单位或学生个人收取的学费、培训费、住宿费和其他教学收入。

2. 科研收入，指高等学校开展科研及其辅助活动所取得的收入，包括：通过承接科技项目、开展科研协作、转让科技成果、进行科技咨询所取得的收入和其他科研收入。

上述事业收入中，按照国家规定应当上缴财政纳入预算的资金和应当缴入财政专户的预算外资金，应及时足额上缴，不计入事业收入；从财政专户核拨的预算外资金和部分经核准不上缴财政专户的预算外资金，计入事业收入。

（四）经营收入，即高等学校在教学、科研及其辅助活动之外，开展非独立核算经营活动取得的收入。

（五）附属单位上缴收入，即高等学校附属独立核算单位按照有关规定上缴的收入。

（六）其他收入，即上述规定范围以外的各项收入，包括投资收益、捐赠收入、利息收入等。

第十七条 高等学校必须严格按照国家有关政策规定依法组织收入；各项收费必须严格执行国家规定的收费范围和标准，并使用符合国家规定的合法票据；各项收入必须全部纳入学校预算，统一管理，统一核算。

第五章 支出管理

第十八条 支出是指高等学校开展教学、科研及其他活动发生的各项资金耗费和损失。

第十九条 高等学校支出包括：

（一）事业支出，即高等学校开展教学、科研及其辅助活动发生的支出。事业支出的内容包括基本工资、补助工资、其他工资、职工福利费、社会保障费、助学金、公务费、业务费、设备购置费、修缮费和其他费用。

事业支出按其用途划分为教学支出、科研支出、业务辅助支出、行政管理支出、后勤支出、学生事务支出和福利保障支出。

教学支出是指高等学校各教学单位为培养各类学生发生在教学过程中的支出。

科研支出是指高等学校为完成所承担的科研任务，以及所属科研机构发生在科学研究过程中的支出。

业务辅助支出是指高等学校图书馆、计算中心、电教中心、测试中心等教学、科研辅助部门为支持教学、科研活动所发生的支出。

行政管理支出是指高等学校行政管理部门为完成学校的行政管理任务所发生的支出。

后勤支出是指高等学校的后勤部门为完成所承担的后勤保障任务所发生的支出。

学生事务支出是指高等学校在教学业务以外，直接用于学生事务性的各类费用开支，包括学生奖贷基金、助学金、勤工助学基金、学生物价补贴、学生医疗费和学生活动费等。

福利保障支出是指高等学校用于教职工社会保障和福利待遇以及离退休人员社会保障和福利待遇方面的各类费用开支。

（二）经营支出，即高等学校在教学、科研及其辅助活动之外开展非独立核算经营活动发生的支出。

（三）自筹基本建设支出，即事业单位用财政补助收入以外的资金安排自筹基本建设发生的支出。事业单位应在保证事业支出需要，保持预算收支平衡的基础上，统筹安排自筹基本建设支出，随年度预算报主管部门和财政部门核批，并按审批权限，报经有关部门列入基本建设计划。核定的自筹基本建设资金纳入基本建设财务管理。

（四）对附属单位补助支出，即高等学校用财政补助收入之外的收入对附属单位补助发生的支出。

第二十条 高等学校在开展教学、科研和非独立核算的经营活动中，应当正确归集实际发生的各项费用；不能直接归集的，应当按照规定的比例合理分摊。

经营支出应当与经营收入配比。

第二十一条 高等学校从有关部门取得的有指定项目和用途并且要求单独核算的专项资金，应当按照要求定期报送资金的使用情况；项目完成后，应当报送资金支出决算和使用效果的书面报告，并接受有关部门和检查、验收。

第二十二条 高等学校要加强对支出的管理，各项支出应按实际发生数列支，不得虚列虚报，不得以计划数和预算数代替。对校内各单位包干使用的经费和核定定额的费用，其包干基数和定额标准要本着勤俭节约的原则科学合理地制定。

第二十三条 高等学校的支出应当严格执行国家有关财务规章制度规定的开支范围及开支标准；国家有关财务规章制度没有统一规定的，由学校结合本校情况规定，报主管部门和财政部门备案。学校规定违反法律和国家政策的，主管部门和财政部门应当责令改正。

第六章 结余及其分配

第二十四条 结余是指高等学校年度收入与支出相抵后的余额。

经营收支结余应当单独反映。经营收支结余可以按照国家有关规定弥补以前年度经营亏损，其余部分并入学校结余。

第二十五条 高等学校的结余（不含实行预算外资金结余上缴办法的预算外资金结余），除专项资金按照国家规定结转下一年度继续使用外，可以按照国家有关规定提取职工福利基金，剩余部分作为事业基金用于弥补以后年度收支差额；国家另有规定的，从其规定。

第七章 专用基金管理

第二十六条 专用基金是指高等学校按照规定提取和设置的有专门用途的资金。

第二十七条 专用基金包括修购基金、职工福利基金、学生奖贷基金、勤工助学基金等。

修购基金是按照事业收入和经营收入的一定比例提取，在修缮费和设备购置费中列支，以及按照其他规定转入，用于固定资产维修和购置的资金。

职工福利基金是按照结余的一定比例提取以及按照其他规定提取转入，用于职工集体福利设施，集体福利待遇等的资金。

学生奖贷基金是按照规定提取用于发放学生奖学金和贷款的资金。

勤工助学基金是按照规定从教育事业费和事业收入中提取的，用于支持学生开展勤工助学活动报酬以及困难学生补助的资金。

高等学校可以按照国家有关规定，根据事业发展需要提取或者设置其他专用基金。

第二十八条 各项基金的提取比例和管理办法，国家有统一规定的，按照统一规定执行；没有统一规定的，由主管部门会同同级财政部门确定。

第八章 资产管理

第二十九条 资产是指高等学校占有或者使用的能以货币计量的经济资源，包括各种财产、债仅和其他权利。

第三十条 高等学校的资产包括流动资产、固定资产、无形资产和对外投资等。

第三十一条 流动资产是指可以在一年以内变现或者耗用的资产，包括现金、各种存款、应收及暂付款项、借出款、存货等。

存货是指高等学校在开展教学、科研及其他活动过程中为耗用而储存的资产，包括各类材料、燃料、消耗物资、低值易耗品等。

高等学校应当建立健全现金及各种存款的内部管理制度。对应收入暂付款项应当及时清理结算，不得长期挂帐；对确实无法收回的应收及暂付款项，要查明原因，分清责任，按规定程序批准后核销。对存货应当进行定期或者不定期的清查盘点，保证帐实相符，存货的盘盈、盘亏应及时进行调整。

第三十二条 固定资产是指一般设备单位价值在500元以上、专用设备单位价值在800元以上，使用期限在一年以上，并在使用过程中基本保持原有物质形态的资产。单位价值虽未达到规定标准，但耐用时间在一年以上的大批同类物资，作为固定资产管理。

高等学校的固定资产一般分为六类：房屋和建筑物；专用设备；一般设备；文物和陈列品；图书；其他固定资产。高等学校应根据规定的固定资产标准，结合本校的具体情况，制定各类固定资产的明细目录。

第三十三条 高等学校固定资产的报废和转让，一般经单位负责人批准后核销。大型、精密、贵重的设备、仪器报废和转让，应当经过有关部门鉴定，报主管部门或国有资产管理部门、财政部门批准。

固定资产的变价收入应当转入修购基金；但是，国家另有规定的除外。

第三十四条 高等学校应当定期或者不定期地对固定资产进行清查盘点。年度终了前，应当进行一次全面的清查盘点，做到帐、卡、物相符。对固定资产的盘盈、盘亏应当按规定程序及时处理。

高等学校应结合本校的实际情况，制定固定资产管理办法。

第三十五条 无形资产是指不具有实物形态而能为使用者提供某种权利的资产，包括专利权、商标权、著作权、土地使用权、非专利技术、商誉以及其他财产权利。

高等学校转让无形资产，应当按照有关规定进行资产评估，取得收入除国家另有规定外计入事业收入。高等学校取得无形资产而发生的支出，计入事业支出。

第三十六条 对外投资是指高等学校利用货币资金、实物、无形资产等向校办产业和其他单位的投资。

高等学校对外投资，应当按照国家有关规定报主管部门、国有资产管理部门和财政部门批准或备案。

高等学校以实物、无形资产对外投资的，应当按照国家有关规定进行资产评估。

对校办产业投资取得的收益，计入附属单位上缴收入；对其他单位投资取得的收益，计入其他收入；国家另有规定者除外。

第九章　负债管理

第三十七条 负债是指高等学校所承担的能以货币计量，需要以资产或劳务偿还的债务。

第三十八条 高等学校的负债包括借入款、应付及暂存款、应缴款项、代管款项等。

应缴款项包括高等学校收取的应当上缴财政纳入预算的资金和应当上缴财政专户的预算外资金、应缴税金以及其他按照国家有关规定应当上缴的款项。

代管款项是指高等学校接受委托代为管理的各类款项。

第三十九条 高等学校应当对不同性质的负债分别管理，及时清理并按照规定办理结算，保证各项负债在规定期限内归还。

第十章　财务清算

第四十条 经国家有关部门批准，高等学校发生划转撤并时，应当进行财务清算。

第四十一条 高等学校财务清算，应当成立财务清算机构，在主管部门和财政部门、国有资产管理部门的监督指导下，对学校的财产、债权、债务等进行全面清理，编制财产目录和债权、债务清单，提出财产作价依据和债权、债务处理办法，做好国有资产的移交、接收、划转和管理工作，并妥善处理各项遗留问题。

第四十二条 划转撤并的高等学校财务清算结束后，经主管部门审核并报国有资产管理部门和财政部门批准，分别按照下列办法处理：

（一）因隶属关系改变，成建制划转的高等学校，其全部资产、债权、债务等无偿移交，并相应划转事业经费指标。

（二）撤销的高等学校，全部资产、债权、债务等由主管部门和财政部门核准处理。

（三）合并的高等学校，全部资产、债权、债务等移交接收单位或新组建单位。合并后多余的国有资产由主管部门和财政部门核准处理。

第十一章　财务报告和财务分析

第四十三条 财务报告是反映高等学校一定时期财务状况和事业发展成果的总结性书面文件。

高等学校应当按照国家预算支出分类和管理权限定期向各有关主管部门和财政部门以及其他有关的报表使用者提供财务报告。

第四十四条 高等学校报送的年度财务报告包括资产负债表、收支情况表、专用基金变动情况表 有关附表及财务情况说明书。

第四十五条 财务情况说明书，主要说明高等学校收入及其支出、结余及其分配、资产负债变动、专用基金变动的情况，对本期或者下期财务状况发生重大影响的事项，以及需要说明的其他事项。

第四十六条 高等学校的财务分析是财务管理工作的重要组成部分。高等学校应当按照主管部门的规定和要求，根据学校财务管理的需要，定期编制财务分析报告。财务分析的内容包括高等学校事业发展和预算执行、资产使用管理、收入、支出和专用基金变动以及财务管理情况、存在主要问题和改进措施等。

财务分析指标包括经费自给率、预算收支完成率、人员支出与公用支出分别占事业支出的比率、资产负债率、生均支出增减率等。

高等学校可以根据本校特点增加财务分析指标。

第十二章　财务监督

第四十七条 财务监督是贯彻国家财经法规以及学校财务规章制度，维护财经纪律的保证。高等学校必须接受国家有关部门的财务监督，并建立严密和内部监督制度。

第四十八条 高等学校的财务监督包括事前监督、事中监督和事后监督三种形式。学校可根据实际情况对不同的经济活动实行不同的监督方式。

建立和健全各级经济责任制和建立健全财务主管人员离任审计制度是实施财务监督的主要内容。

第四十九条 高等学校的财会人员有权按《会计法》及其他有关规定行使财务监督权。对违反国家财经法规的行为，有权提出意见并向上级主管部门和其他有关部门反映。

第十三章 附则

第五十条 国家对高等学校的基本建设投资的财务管理，按照国家有关规定办理。

第五十一条 独立核算的高等学校校办产业的财务管理执行《企业财务通则》和同行业或者相近行业企业的财务制度，不执行本制度。

第五十二条 各高等学校应根据本制度结合学校实际情况制定具体的财务管理办法，报主管部门备案。

第五十三条 本制度由财政部、国家教育委员会负责解释和修订。

第五十四条 本制度自1997年1月1日起施行，凡与本制度不一致的，以本制度为准。

国务院学位委员会关于授予具有研究生毕业同等学力人员硕士、博士学位的规定

（学位[1998]54号1998年7月3日）

总则

第一条 为多渠道促进我国高层次专门人才的成长，适应社会主义现代化建设的需要，做好授予具有研究生毕业同等学力人员硕士、博士学位工作，根据《中华人民共和国学位条例》、《中华人民共和国学位条例暂行实施办法》，特制定本规定。

第二条 凡是拥护《中华人民共和国宪法》，遵守法律、法规，品行端正，在教学、科研、专门技术、管理等方面做出成绩，具有研究生毕业同等学力，学术水平或专门技术水平已达到学位授予标准的人员（以下简称同等学力人员），均可按照本规定，向有关学位授予单位申请硕士、博士学位。

第三条 经国务院学位委员会批准，有权向同等学力人员授予硕士、博士学位的单位，可以在已授予毕业研究生学位的学科、专业，授予同等学力人员硕士、博士学位。

第四条 各级学位授予的标准按照《中华人民共和国学位条例》、《中华人民共和国学位条例暂行实施办法》的规定执行。

第五条 授予同等学力人员专业学位的办法，参照本规定另行制订。

硕士学位的申请与授予

第六条 资格审查

（一）申请人必须已获得学士学位，并在获得学士学位后工作三年以上，在申请学位的专业或相近专业做出成绩。

（二）申请人应在学位授予单位规定的期限内，向学位授予单位提交以下材料：

1. 学士学位证书；

2. 最后学历证明；

3. 已发表或出版的与申请学位专业相关的学术论文、专著或其他成果；

4. 申请人所在单位向学位授予单位提供的申请人的简历、思想政治表现、工作成绩、科研成果、业务能力、理论基础、专业知识和外语程度等方面情况的材料（加印密封）。

（三）学位授予单位应收齐上述材料，在规定的期限内，对申请人进行资格审查。对确定具有申请资格的中请人，按本规定第七条的要求进行同等学力水平的认足。

第七条 同等学力水平认定

学位授予单位应从以下三个方面认定申请人是否具备硕士研究生毕业同等学力水平。

（一）对申请人在教学、科研、专门技术、管理等方面做出成绩的认定。

（二）对申请人专业知识结构及水平的认定。

1. 学位授予单位组织的课程考试。

学位授予单位的学位与研究生教育管理部门组织对已经资格审查合格的申请人，按硕士研究生培养方案规定的课程进行考试。考试应在学位授予单位严格按相同专业在校研究生的考试要求和评卷标准进行。

2. 国家组织的水平考试。

（1）申请人应通过同等学力人员申请硕士学位外国语水平全国统一考试（成绩单由考试部门直接提供）；

（2）申请人应通过同等学力人员申请硕士学位学科综合水平全国统一考试（成绩单由考试部门直接提供）。

申请人自通过资格审查之日起，必须在四年内完成学位授予单位组织的全部课程考试和国家组织的水平考试，且成绩合格。四年内未通过课程考试和国家组织的水平考试者，本次申请无效。

（三）学位论文水平的认定。

申请人应在通过全部考试后的一年内提出学位论文。学位授予单位应指定指导教师对申请人的论文进行必要的指导。论文答辩应在申请人提交论文后的半年内完成。

1. 论文要求。

申请人提交的论文应对所研究的课题有新见解，表明作者具有从事科学研究、管理工作或独立担负专门技术工作的能力。

申请人同他人合作完成的论文、著作或发明、发现等，对其中确属本人独立完成的部分，可以由本人整理为学位论文，并附送该项工作主持人签署的书面意见或共同发表论文、著作的其他作者的证明信，以及合作完成的论文、著作等。

论文用中文撰写，论文要有中文和外文摘要。

2. 论文评阅。

（1）论文评阅人：学位授予单位聘请至少三名具有高级专业技术职务的专家为论文评阅人。论文评阅人应是责任心强，学风正派，在相应学科领域学术造诣较深，近年来在科学研究中有成绩的专家。聘请的论文评阅人中至少有一位是学位授予单位和申请人所在单位以外的专家。学位授予单位不得聘请申请人的导师作为论文评阅人。

学位论文应在论文答辩日期二个月以前，由学位授予单位的有关管理部门送交论文评阅人。

论文在送交评阅时，评阅人的姓名不得告知申请人，评阅意见应密封传递。

（2）论文评阅：论文评阅人应根据学位论文要求对论文是否达到硕士学位水平进行认真、细致的评阅，提出评阅意见及对论文的修改要求。

3. 论文答辩。

（1）论文答辩委员会组成：论文答辩委员会由不少于五名具有高级专业技术职务的专家组成，其中至少有三人是研究生导师、一人是学位授予单位和申请人所在单位以外的专家。申请人的导师不能聘为论文答辩委员会成员。论文答辩委员会的组成人选应先得到学位授予单位学位评定委员会的认可。

学位授予单位的有关管理部门，应在论文答辩日期半个月以前，将学位论文送交论文答辩委员会成员。

（2）论文答辩：论文答辩委员会根据答辩的情况，就是否建议授予硕士学位作出决议。决议采取不记名投票方式，经全体成员三分之二以上同意，方为通过。决议经论文答辩委员会主席签字后，报送学位评定分委员会审议。论文答辩应有详细的记录。论文答辩应公开举行。

（3）论文答辩未通过，本次申请无效。论文答辩未通过，但论文答辩委员会建议修改论文后再重新答辩者，可在半年后至一年内重新答辩一次，答辩仍未通过或逾期未申请者，本次申请无效。

申请人不得同时向两个及以上学位授予单位提出申请。

第八条 学位授予

申请人通过同等学力水平认定，经学位授予单位学位评定分委员会同意，报学位评定委员会批准，授予硕士学位并颁发学位证书。

博士学位的申请与授予

第九条 资格审查

（一）申请人必须已获得硕士学位，并在获得硕士学位后工作五年以上。

（二）申请人应在教学、科研、专门技术领域做出突出成绩，在申请学位的学科领域独立发表过高水平的学术论文，或出版过高水平的专著，其科研成果获得国家级或省部级以上奖励。

（三）具备申请博士学位基本条件的同等学力人员，应当在学位授予单位规定的期限内，向学位授予单位提交以下材料：

1. 硕士学位证书；

2. 最后学历证明；

3. 准备申请博士学位的学位论文；

4. 公开发表的有关学术论文，出版的专著，以及科研成果获奖的证明材料；

5. 申请人所在单位向学位授予单位介绍申请人的简历、思想政治表现、工作成绩、科研成果、业务能力、理论基础、专业知识和外语程度等方面情况的材料（加印密封）；

6. 两位教授或相当专业技术职务专家的推荐书（加印密封），其中至少有一名博士生指导教师。

学位授予单位应在规定的期限内，组织专家小组对申请人进行资格审查。对已确定具有申请资格的申请人，按本规定第十条的要求进行同等学力水平的认定。

第十条　同等学力水平认定

学位授予单位应从以下三个方面认定申请人是否具备博士研究生毕业同等学力水平。

（一）对申请人完成本职工作，在教学、科研、专门技术等方面做出成绩的认定。

（二）对申请人专业理论基础、知识结构及水平的认定。

学位授予单位的学位与研究生教育管理部门应对已经资格审查合格的申请人，按博士研究生培养方案规定的课程组织考试。自通过资格审查之曰起，一年内完成全部课程考试，且成绩合格。未通过课程考试者，本次申请无效。

对于在科学或专门技术上有重要的著作、发明、发现或发展者，经有关专家推荐，学位授予单位同意，可以免除部分或全部课程考试，直接申请参加博士论文答辩。

（三）学位论文水平的认定。

博士学位论文答辩应在申请人通过全部课程考试后的一年内完成。学位授予单位应指定博士生指导教师对申请人的论文进行必要的指导。

1. 论文要求及科研工作。

（1）申请人提交的博士学位论文，应是在工作实践中由本人独立完成的成果，表明作者具有独立从事科学研究工作的能力，在科学或专门技术上做出创造性的成果。

（2）申请人同他人合作完成的论文、著作或发明、发现等，对其中确属本人独立完成的部分，可以由本人整理为学位论文提出申请，并附送该项工作主持人签署的书面意见和共同发表论文、著作的其他作者的证明材料，以及合作完成的论文、著作等。

（3）论文用中文撰写，论文要有中文和外文摘要。

（4）申请人必须到学位授予单位，在该单位指定的博士生指导教师的指导下，参加为期不少于三个月的与论文相关的科学研究工作。申请人应在学位授予单位的相应学科专业学位授权点报告其论文工作情况并接受质疑。

2. 论文评阅。

（1）论文评阅人：学位授予单位聘请不少于五名教授或相当专业技术职务的专家为论文评阅人，其中学位授予单位和申请人所在单位以外的专家至少三名。论文评阅人应是责任心强，学风正派，在相应学科领域学术造诣较深，近年来在科学研究中有突出成绩的专家。申请人的导师、推荐人不能聘为论文评阅人。

学位论文应在论文答辩日期三个月以前，由学位授予单位的有关管理部门送交论文评阅人。

评阅人的姓名不得告知申请人，评阅意见应密封传递。

（2）论文评阅：论文评阅人应根据学位论文要求对论文是否达到博士学位水平进行认真、细致的评阅，提出评阅意见及对论文的修改意见。

3. 论文答辩。

（1）论文答辩委员会组成：论文答辩委员会由不少于七名具有高级专业技术职务的专家组成，其中至少有四人是博士生导师、二人是学位授予单位和申请人所在单位以外的专家。申请人的推荐人、导师不能聘为论文答辩委员会成员。论文答辩委员会的组成人选应先得到学位授予单位学位评定委员会的认可。

学位授予单位的有关管理部门，应在论文答辩日期一个月以前，将学位论文送交论文答辩委员会成员。

（2）论文答辩：论文答辩委员会根据答辩的情况，就是否建议授予博士学位作出决议。决议采取不记名投票方式，经全体成员三分之二以上同意，方为通过。决议经论文答辩委员会主席签字后，报送学位评定分委员会。论文答辩应有详细记录。论文答辩应公开举行。

（3）论文答辩未通过，本次申请无效。论文答辩未通过，但论文答辩委员会建议修改论文再重新答辩者，可在半年后至二年内重新答辩一次；答辩仍未通过或逾期未申请者，本次申请无效。

第十一条 学位授予

申请人通过同等学力水平认定，经学位授予单位学位评定分委员会同意，报学位评定委员会批准，作出授予博士学位的决定；授予学位人员的姓名及其博士论文题目等应及时向社会或申请人所在单位公布，并经三个月的争议期后颁发学位证书。

申请人不得同时向两个及以上学位授予单位提出申请。

组织和管理

第十二条 学位授予单位学位评定委员会在批准授予同等学力人员硕士、博士学位时，应严格执行审批程序，认真履行职责。学位评定委员会办公室或相应机构负责组织对申请人的资格审核、课程考试、论文评阅、论文答辩等工作。应配备专职人员，处理日常工作。

第十三条 学位授予单位接受同等学力人员申请学位所需开支的经费，由学位授予单位参照研究生有关经费标准，做出合理的规定。

第十四条 根据《中华人民共和国学位条例暂行实施办法》第二十四条的规定，申请人在通过资格认定后，为准备参加学位课程考试或论文答辩，可享有不超过两个月的假期。

博士学位申请人的所在单位应允许申请人到学位授予单位参加为期不少于三个月的与论文有关的科学研究

第十五条 学位授予单位向同等学力人员颁发学位证书和向有关单位送交学位论文，均按照国务院学位委员会的有关规定执行。学位证书需单独编号。

第十六条 学位授予单位应建立同等学力人员申请学位的档案管理制度。

第十七条 学位授予单位应根据本规定，制定本单位开展授予同等学力人员硕士、博士学位工作的实施细则。

质量监督

第十八条 学位授予单位应建立健全质量保证与监督体系，对授予同等学力人员学位工作进行自我检查与评估。

省级学位委员会和学位授予单位的上级主管部门，应加强对此项工作的领导，检查、监督学位授予单位授予同等学力人员学位的质量。

国务院学位委员会办公室组织实施对同等学力人员学位授予质量的检查评估。

第十九条 对违反本规定，不能保证学位授予质量的学位授予单位，由国务院学位委员会作出限期改正、暂停或停止授予具有研究生毕业同等学力人员硕士、博士学位工作的决定。

附则

第二十条 本规定经国务院学位委员会通过后发布施行。

第二十一条 本规定由国务院学位委员会负责解释。

关于普通高等学校招收和培养香港特别行政区澳门地区及台湾省学生的暂行规定

（教外港[1999]22号1999年04月02日）

第一章　总则

第一条　为规范内地（祖国大陆）普通高等学校对香港特别行政区、澳门地区及台湾省（以下简称“港澳台”）的招生，加强对在校港澳台学生的教育教学和生活管理，保证教育教学质量，特制定本规定。

第二条　普通高等学校招收和培养港澳台学生适用本规定。符合内地（祖国大陆）规定条件的港澳台地区的永久居民依据本规定可申请到内地（祖国大陆）普通高等学校就读。

第三条　普通高等学校招收和培养港澳台学生应当坚持保证质量、一视同仁、适当照顾的原则。

第四条　中华人民共和国教育部（以下简称“教育部”）归口管理内地（祖国大陆）普通高等学校招收和培养港澳台学生的工作。其职责是：

（一）制定招收和培养港澳台学生的政策和规章；

（二）举办中华人民共和国普通高等学校联合招收港澳台学生考试（以下简称“联合招生考试”）、从港澳台地区招收研究生的统一入学考试，并负责考试报名点和考点的设立；

（三）审批或授权省、自治区、直辖市教育行政部门审批普通高等学校招收港澳台学生的资格；

（四）设立和发放港澳台学生政府奖学金。

第五条　省、自治区、直辖市教育行政部门管理本行政区域内港澳台学生的招收、培养工作。其职责是：

（一）贯彻执行国家关于招收、培养港澳台学生的政策和管理规定；

（二）根据教育部的授权，审批本行政区域内普通高等学校招收港澳台研究生、本科生、进修生、旁听生等的资格；

（三）审批在校港澳台学生转学；

（四）为在校台湾学生出具到当地公安机关办理暂住手续的证明；

（五）法律、法规、规章规定的其他职责。

第六条 教育行政部门应当对普通高等学校招收和培养港澳台学生工作加强监督，依法开展评估。

第二章 招生

第七条 具备下列条件的普通高等学校，可申请招收港澳台学生：

（一）具有实施全日制本科及本科以上学历教育资格；

（二）具有良好的师资条件和教学科研设备；

（三）校园及周边环境良好，具备适合港澳台学生生活的食宿条件；

（四）设有对港澳台学生的管理机构或配有专门负责人员，建立健全关于港澳台学生招收、培养和管理的各项规章制度。

第八条 普通高等学校按照国家有关规定，录取通过教育部组织的联合招生考试和面向港澳台地区的研究生招生考试、或通过内地（祖国大陆）研究生考试的港澳台学生。教育部设立普通高等学校联合招收港澳台学生办公室，具体负责组织联合招生考试的宣传、阅卷、投档及录取等工作。

第九条 经教育部批准，普通高等学校可单独或联合举办对港澳台地区学生的招生考试，录取考试合格的港澳台学生。

第十条 参加教育部组织的或经教育部批准的招生考试未被录取而考分接近录取分数的港澳台学生，可申请就读预科班。预科生学习一年，经学校考核合格后，报所在地省级教育行政部门批准，可转为本科生。

第十一条 已获得大专以上（含大专）学历或正在内地（祖国大陆）以外的大学就读本科专业的港澳台学生，可向内地（祖国大陆）普通高等学校申请插班就读与原所学专业相同或相近的本科课程，经省级教育行政部门批准，试读一年。试读期满，经所在试读学校考核合格、并报所在地省级教育行政部门批准，可转为正式本科生，并升入高一年级就读。

第十二条 学校接收进修生、旁听生等不参加教育部组织的或教育部批准的招生考试的学生，应报学校所在地省级教育行政部门批准。

第十三条 普通高等学校在完成港澳台学生招生工作后一个月内，应将招收港澳台学生的情况向所在地省、自治区、直辖市教育行政部门备案。省、自治区、直辖市教育行政部门应当在本行政区域完成对港澳台地区招生工作三个月内，将各校招收港澳台学生的工作情况报送教育部。

第三章　教学和管理

第十四条　高等学校对港澳台学生的培养工作，应以教育教学为中心。对港澳台学生，思想品行上要积极引导，学习上严格要求，生活上适当照顾。

第十五条　学校应当根据港澳台地区学生的特点，有针对性地组织和开展教育教学工作，采取切实可行的措施，不断提高教育教学质量。

第十六条　学校应通过开设相应课程和组织课外活动等各种方式，使港澳台学生了解祖国国情和法律，加强品行修养，提高全面素质。港澳台学生可申请免修政治课和军训课。

第十七条　学校应当按照校内统一的学籍管理规定对港澳台学生施行学籍管理。港澳台学生应当遵守学校的规章制度和纪律。

第十八条　学校应当对港澳台学生提供适当的住宿条件，关心港澳台学生的生活，加强对港澳台学生的生活管理。经港澳台学生申请，学校同意，港澳台学生可住学校中内地（祖国大陆）学生的宿舍。学校根据需要，可就近统一为港澳台学生租用宿舍，但应负责对租用宿舍的管理。有条件的地方，经当地公安部门批准，学生也可自行在校外租用住房并按规定登记。

第十九条　学校应当按照国家有关规定向港澳台学生收取学费及其他费用。不得违反国家规定高收费和滥收费。

第二十条　未按本规定进行对港澳台学生的培养工作，造成管理混乱，教学质量低下的，由教育行政部门责令限期改正或予以整顿，造成严重后果或恶劣影响的，对有关负责人给予行政处分。

第四章　附则

第二十一条　普通高等专科学校、成人高等学校、中等专业技术学校和职业技术学校招收港澳台学生的具体办法，由教育部另行规定。

第二十二条　经教育部批准可以从港澳台人士中招收研究生的科研机构，参照本规定开展招收港澳台学生的工作。

第二十三条　本规定自发布之日起施行。自本规定施行之日起，其他教育规章及规范性文件，凡与本规定相抵触的，以本规定为准。

教育部关于普通高等学校招生监察工作的暂行规定

（教监[2000]1号2000年6月13日）

第一章 总则

第一条 为维护国家招生政策、法规、制度的权威性、严肃性，保证普通高等学校招生工作的顺利进行，进一步规范招生监察工作，依据《中华人民共和国行政监察法》和国家有关招生管理工作的规定，制定本暂行规定。

第二条 招生监察应当遵循“参与中监督，监督中服务”的原则，积极配合招生管理部门开展工作，共同维护教育的良好形象和社会公共利益。

第三条 招生监察工作应有利于国家招生政策、法规、制度的贯彻实施，有利于“德智体全面考核，择优录取”和“公平竞争、公正选拔”原则的全面体现，有利于高等学校合理地选拔培养人才，有利于维护广大考生的合法权益。

第二章 工作机制

第四条 教育部及监察部驻教育部监察局负责指导、检查全国普通高等学校的招生监察工作。

第五条 省（自治区、直辖市）、市（地区）、县普通高等学校招生委员会下设立招生监察办公室，为非常设机构，相对独立地开展工作。

第六条 招生监察办公室由同级纪检监察机关、教育部门纪检监察、招生管理机构的人员和高等学校的代表组成。招生监察办公室主任一般由教育部门纪检监察机构负责人担任。

第七条 招生监察办公室接受同级招生委员会、教育行政部门和教育纪检监察机关的领导，负责本辖区的招生监察工作。

第八条 高等学校应成立由主管纪检监察工作的校领导和有关部门负责人组成的

招生监察办公室，负责本校的招生监察工作。

第三章　职责权限

第九条　监督检查招生考试管理部门和高等学校贯彻执行国家各类招生政策、法规、制度的情况。

第十条　配合有关部门对招生工作人员进行国家招生政策、法规、制度和纪律的教育。

第十一条　监督检查招生管理部门及其工作人员依法行政、履行职责的情况，对不符合程序和规定的做法，提出监察意见，督促其及时整改。

第十二条　受理有关涉及违反国家招生政策、规定与纪律问题的投诉和举报，督促或会同有关部门进行调查处理，维护考生和招生工作人员的合法权益。

第十三条　督促、会同有关部门查处招生工作人员和其他相关人员的违法违纪行为，按照国家有关规定，追究当事人和有关责任者的行政责任，触犯刑律的要移交司法机关处理。

第四章　监察事项

第十四条　对招生管理工作的全过程实施监督，重点检查考风考纪、评卷登分、录取新生等环节的情况，提出改进工作的意见和建议。

第十五条　监督检查考生电子档案制作，特别是有关考生的体检、志愿、成绩等信息的采集维护情况，维护考生的合法权益。

第十六条　督促、指导高等学校处理录取工作中遗留问题。

第十七条　对高等学校新生入学资格审查工作进行监督检查。

第五章　制度和要求

第十八条　招生监察人员应熟悉业务，作风正派，坚持原则，实事求是，廉洁自律，秉公执纪，坚决杜绝以权谋私等腐败行为，自觉接受组织和群众的监督。

第十九条　实行现场办公制度。录取期间，招生监察办公室要进驻录取场所，履行职责，开展工作。

第二十条　实行参加会议制度。在录取期间，招生监察办公室负责人应参加招生管理部门研究有关招生政策等重要事项的会议。

第二十一条 实行回避制度。直系亲属参加高等学校招生考试的招生监察工作人员，应主动申请回避，不得参加当年的招生监察工作。

第二十二条 实行工作报告制度。录取期间，遇有重大问题或疑难问题，应及时向教育纪检监察机关和招生管理部门请示。录取结束后，省、自治区、直辖市和教育部直属高校要向教育部及监察部驻教育部监察局提交招生监察工作总结报告。

第六章 附则

第二十三条 省、自治区、直辖市和普通高等学校招生监察机构应根据本《暂行规定》制定具体实施细则。

第二十四条 成人高等学校、中等专业学校和中等学校的招生监察工作，参照此规定精神执行。

第二十五条 本《暂行规定》由监察部驻教育部监察局负责解释。

第二十六条 本《暂行规定》自发布之日起施行。

现代远程教育校外学习中心（点）暂行管理办法

（教高厅[2003]2号2003年3月14日）

第一条 为加强现代远程教育校外学习中心（点）（以下简称校外学习中心（点））的管理，进一步规范现代远程教育教学支持服务活动，特制定本办法。

第二条 本办法所称校外学习中心（点）是指经教育部批准开展现代远程教育试点的高等学校（以下简称试点高校）自建自用或共建共享的校外学习中心（点），以及经教育部批准开展现代远程教育教学支持服务的社会公共服务体系（以下简称公共服务体系）所建设的校外学习中心（点）。

第三条 校外学习中心（点）是接受试点高校的委托，根据试点高校统一要求和工作安排，配合试点高校进行招生宣传、生源组织、学生学习支持、学籍和日常管理，开展现代远程教育支持服务的机构。校外学习中心（点）不得从事以独立办学为目的的各类教学活动和发放各类毕业证书或培训资格证书，不得从事任何与现代远程教育支持服务无关的经营性活动。校外学习中心（点）不得下设分支机构性质的其它校外学习中心（点）。

第四条 校外学习中心（点）依托建设的单位应当具有事业或企业法人资格，具备从事教育或相关服务资格，能独立承担相应的法律责任。

第五条 拟设立的校外学习中心（点）应当具备下列条件：

（一）有符合支持服务要求的专职管理人员、服务人员和技术人员，保证试点高校的教学实施和对学生的辅导工作，保证设备的正常运转。

（二）有相对独立场所，教学服务设施齐备和相对集中，学习环境优良。

（三）具有百兆以上局域网条件，并与CHINANET或CERNET等国家公用的传输网络连接，至少有512K以上的接入带宽；具有功能和数量符合教学要求的专用服务器；为使用通讯卫星开展远程教育的试点高校提供支持服务的校外学习中心（点）应当具备经有关部门批准使用的、能够接收现代远程教育试点高校信息的卫星接收设备。实现在局域网上存储和共享教学信息。

（四）具有符合教学要求的多媒体网络教室，配备联网多媒体计算机、视频投影机或大屏幕投影电视、双向视频教学系统、不间断电源等设备。联网多媒体计算机数量保证每6个学生不少于一台，总数量不少于50台。

（五）具有以下功能的相应的远程教育教学软件：

1. 向学生提供试点高校的教育资源，支持学生以多种形式实现有效的学习。

2. 支持教师、学生在互联网上搜索和传递信息。

3. 对学生学习过程和教师教学过程进行监控与管理。

（六）符合国家与地方有关安全、消防、卫生等方面的要求。

第六条 设立校外学习中心（点）应当由试点高校或公共服务体系向校外学习中心（点）所在地省级教育行政部门提出申请并报送以下材料：

（一）拟设立校外学习中心（点）的类别、层次、设置地点、通信地址、邮政编码、负责人身份证复印件、联系人、联系电话及电子邮件信箱等以及依托建设的单位的概况、法人证明复印件等。

（二）拟设立的校外学习中心（点）的管理方式、学习支持服务、学习支持队伍和信息安全保障措施。

（三）拟设立的校外学习中心（点）的学习场地、配套设施、网络环境及其它必要的条件与设施、资金等证明材料。

（四）试点高校设立自建自用或共建共享的校外学习中心（点）应当提供教育部批准开展现代远程教育试点的文件以及试点高校在本地区实施现代远程教育的方案和委托协议。公共服务体系设立校外学习中心（点）应当提供教育部批准开展现代远程教育教学支持服务的文件。

第七条 试点高校或公共服务体系设立校外学习中心（点）由校外学习中心（点）所在地省级教育行政部门审批。省级教育行政部门在每年3月和10月受理申请，并在收到申请后的30天内做出答复。各省级教育行政部门定期将批准设立的校外学习中心（点）报教育部备案并向社会公布。

第八条 校外学习中心（点）应执行试点高校有关现代远程教育的各项规章制度，依法维护试点高校知识产权。

第九条 校外学习中心（点）应当遵守国家计算机与网络安全管理条例，有专人负责计算机网络、有线电视及其它通信网络的信息安全，配备网络安全设施和相关的系统软件，防止非法信息的传入和扩散，防止计算机病毒攻击等人为破坏。

第十条 试点高校设立、指导和管理校外学习中心（点）的情况，是评估试点高校现代远程教育工作的重要内容。

省级教育行政部门负责对所管辖的校外学习中心（点）的监督、检查和评估。评估不合格的校外学习中心（点），应当要求其进行整改或取消其支持服务的资格，并将处理意见报教育部备案。试点高校应当做好有关善后工作。

第十一条 本办法自公布之日起实行，现行文件中与本办法相冲突的，以本办法为准。

高等学校重点实验室建设与管理暂行办法

（教技[2003]2号2003年4月16日）

第一章　总则

第一条　为规范和加强高等学校国家重点实验室和教育部重点实验室（以下简称重点实验室）的建设和运行管理，根据国家重点实验室建设与管理暂行办法，特制定本办法。

第二条　重点实验室是国家科技创新体系的重要组成部分，是国家组织高水平基础研究和应用基础研究、聚集和培养优秀科学家、开展学术交流的重要基地。

第三条　重点实验室的任务是根据国家科技发展方针，面向国际科技前沿和我国现代化建设，围绕国民经济、社会发展及国家安全面临的重大科技问题，开展创新性研究，培养创新性人才。其目标是获取原始创新成果和自主知识产权。

第四条　重点实验室是依托高等学校具有相对独立性的科研实体，依托高等学校要赋予实验室相对独立的人事权和财务权，为独立的预算单位，在资源分配上，计划单列，与院、系平行。

第五条　重点实验室是学科建设的重点，依托高等学校应将其列入重点建设和发展的范畴。

第六条　重点实验室实行“开放、流动、联合、竞争”的运行机制。

第七条　重点实验室要接受定期评估，优胜劣汰，动态发展。

第二章　管理职责

第八条　教育部是重点实验室的行政主管部门，主要职责是：

（一）贯彻国家有关重点实验室建设和管理的方针、政策和规章，支持重点实验室的建设和发展。

（二）指导重点实验室的运行和管理，组织实施重点实验室建设。

（三）编制教育部重点实验室发展规划。制定相关的政策和规章。

（四）审批教育部重点实验室立项、重组、合并、降级和撤消。

（五）聘任重点实验室主任和学术委员会主任。

（六）组织对教育部重点实验室的验收和评估。

（七）拨发、配套有关经费。

第九条 各省、自治区、直辖市教育行政部门对地方所属高等学校重点实验室的主要职责是：

（一）制定地方高等学校重点实验室的发展规划。

（二）组织地方高等学校申请重点实验室立项，组织实施重点实验室建设，并指导运行和管理组织编报建设申请书、计划任务书和验收报告。

（三）审核重点实验室主任和学术委员会主任。

（四）监督项目建设和重点实验室的运行。

（五）落实项目建设和重点实验室运行的配套经费。

第十条 高等学校是重点实验室建设的依托单位，负责项目的具体实施和重点实验室的直接管理，主要职责是：

（一）成立党委书记或校长负责的，科技、人事、财务、国有资产、研究生院（部）、211办（学科建设办）等部门参加的重点实验室建设管理委员会，协调解决重点实验室发展中的重大问题。

（二）提供开放运行经费，设立重点实验室主任基金，以及提供其他配套条件和后勤保障。

（三）将重点实验室建设列入学科建设计划,支持相关学科优秀人才在实验室和院系（所）间的流动。

（四）负责遴选、推荐重点实验室主任及学术委员会主任候选人，聘任重点实验室副主任、学术委员会副主任和学术委员会委员。

（五）对重点实验室进行年度考核，组织做好重点实验室验收与评估的相关工作。

（六）根据学术委员会建议，提出重点实验室研究方向和目标等重大调整意见报教育部。

（七）根据本办法，制定本校重点实验室建设与管理实施细则。

第三章　立项与建设

第十一条 重点实验室的立项与建设管理主要包括立项申请、评审、计划实施、验收、调整等。

第十二条 重点实验室立项申请的基本条件：

（一）研究方向和目标明确。所从事的研究工作在本学科领域属国内一流水平，具有明显特色。具备承担国家重大科研任务或工程项目，进行跨学科综合研究和培养高层次人才的能力，能够广泛开展国际学术交流与合作。

（二）在所从事的研究领域内有国内外知名的学术带头人和团结协作、管理能力强的领导班子；有一支学术水平高、年龄与知识结构合理、敢于创新的优秀研究群体；有良好的科研传统和学术氛围。

（三）具有一定面积的研究场所和一定规模的研究实验手段（实验室面积不低于3000平方米，并相对集中;比较先进的仪器设备原值不低于2000万元，部分纯基础学科除外）。有稳定的管理、技术人员队伍与比较健全的管理制度。

（四）依托单位应保证实验室运行经费（每年不低于50万元），并提供必要的技术支撑、后勤保障和国内外合作与交流的条件。

（五）一般应为重点学科，并符合重点实验室发展的总体布局。

（六）国家重点实验室立项时，一般应当是已运行并对外开放2年以上的部门或地方重点实验室；地方高等学校申请教育部重点实验室立项时，一般应当是已运行并对外开放2年以上的地方重点实验室。

已建成的重点实验室也要按照上述条件进行建设和发展。

第十三条 符合重点实验室立项申请基本条件的高等学校，可根据有关要求，按规定的格式填写《国家重点实验室建设项目申请书》或《教育部重点实验室建设项目申请书》，依托单位对重点实验室建设项目申请书审核，确保申请书内容的真实性，签署配套经费及条件保障支持等意见后，以依托单位名义向教育部行文请示。

地方高等学校的立项申请需由地方教育行政部门向教育部行文请示。

第十四条 教育部组织专家对高等学校提交的《国家重点实验室建设项目申请书》进行论证、签署意见后报送科技部。通过科技部组织的专家评审后，由依托单位填写《国家重点实验室建设项目计划任务书》，由依托单位按正式公文的形式报教育部。教育部审核、签署意见后，报科技部批准立项建设。

《教育部重点实验室建设项目申请书》通过教育部组织的专家评审后，由依托单位填写《教育部重点实验室建设项目计划任务书》，由依托单位按正式公文的形式报教育部，教育部签署意见后，批准立项建设。

地方高等学校的立项申请需经地方教育行政部门审定后，报教育部批准立项。

《国家重点实验室建设项目计划任务书》或《教育部重点实验室建设项目计划任务书》作为建设项目实施的基本文件和购置设备、验收的主要依据。

第十五条 凡通过科技部或教育部审定的重点实验室建设项目，有关高等学校应根据《国家重点实验室建设项目计划任务书》或《教育部重点实验室建设项目计划任务书》的要求安排建设、配套资金以及必要的运行费用。重点实验室建设项目应列入依托单位重点学科建设和发展计划。

第十六条 重点实验室的建设经费，主要用于购置具有国际先进水平的仪器、设备、软件等。大型仪器、设备、装置以及基本建设应采用招投标方式进行。重点实验室用房及水、电、气等配套条件，要尽量利用现有设施调剂解决。必须新建或扩建的，应纳入教育部下达给各依托单位的预算内基本建设计划，提前或同步进行安排。

第十七条 项目建设期间，项目负责人根据计划任务书组织建设。以书面形式每6个月向教育部汇报工作进展，以作为评价建设项目、拨付年度计划建设经费、运行经费和验收的依据。依托单位必须保证建设期限内建设项目负责人、研究骨干和技术、管理人员的相对稳定。对连续半年不在岗的项目负责人，依托单位应及时调整并书面报告教育部。

第十八条 重点实验室在建设期间应充分考虑网络建设、管理体系建设以及对外开放平台建设，鼓励利用现代信息技术，探索有利于科技创新的新型科研组织形式。

第十九条 重点实验室建设坚持“边建设、边研究、边开放”的原则。建设期间，重点实验室必须设立学术委员会，经依托单位批准后，报教育部备案。研究方向、任务与目标或建设内容与计划任务书有较大变化的，依托单位须报教育部再行审批。

第二十条 重点实验室建设期限一般不超过2年。建成后，依托单位向教育部报送《国家重点实验室建设项目验收申请书》或《教育部重点实验室建设项目验收申请书》，申请验收。

地方高等学校申请验收的需经地方教育行政部门审定后，报教育部申请验收。

第二十一条 教育部根据验收申请书,对仪器、设备、队伍建设情况、建设经费使用情况及依托单位的配套及支撑条件落实情况等进行检查，确定是否同意对重点实验室建设项目进行验收。

第二十二条 教育部组织验收专家组对教育部重点实验室进行验收（国家重点实验室由科技部组织验收专家组进行验收）。验收专家组一般由7－9人组成，包括学术专家和管理专家，其中管理专家不超过2人。重点实验室验收实行回避制度，依托单位人员与聘任的实验室学术委员会委员均不能作为验收专家组成员。

第二十三条 验收专家组按重点实验室建设项目计划任务书以及验收申请书，听取实验室建设总结报告，进行实地考察，对实验室的研究方向、目标、水平、可持续发展、实验条件、科研及人才培养能力、建设经费使用和仪器配备以及学术委员会组成、开放运行和管理等方面进行综合评议，形成验收专家组意见。

第二十四条 在确认落实解决验收中提出的各项问题后，教育部发文批准重点实验室挂牌（国家重点实验室需由科技部批准），正式开放运行，同时聘任重点实验室主任和学术委员会主任。

第二十五条 教育部积极争取有效的经费渠道支持重点实验室设备更新。确需更新设备的由重点实验室填报《国家重点实验室设备更新申请书》或《教育部重点实验室设备更新申请书》，由依托单位按正式公文报送教育部。必要时主管部门有权调配由国家装备的大型科研仪器设备。

第二十六条 重点实验室仪器设备更新应纳入依托单位的重点建设范畴。

第二十七条 重点实验室仪器设备更新计划完成后，教育部组织验收专家组，对完成情况进行验收。

第二十八条 根据国民经济和学科发展的需要以及重点实验室运行状况，教育部可调整重点实验室的布局、研究方向及组成，并对重点实验室进行重组、整合、撤消等。国家重点实验室的调整、重组等工作由科技部负责进行。

第二十九条 确因学科发展需对重点实验室更名，或变更主要研究方向，或对联合实验室进行调整、重组，须由实验室主任提出书面报告，经学术委员会或组织相关学科的专家进行论证，提出论证报告，由依托单位以正式公文报教育部。

第四章　运行与管理

第三十条 重点实验室实行依托单位领导下的主任负责制。

第三十一条 重点实验室主任负责实验室的全面工作。重点实验室必须设立一名专职副主任，负责实验室的日常管理。

第三十二条 重点实验室主任由依托单位推荐，教育部聘任。重点实验室主任的任职条件是：（1）本领域国内外知名的学术带头人。（2）具有较强的组织协调能力和凝聚力。（3）具有较强的管理能力和水平。（4）身体健康，年龄一般不超过60岁，原则上任期为5年，一般每年在实验室工作时间不少于8个月。

第三十三条 重点实验室主任采取“2+3”模式管理，即受聘的实验室主任工作2年后，教育部会同依托单位对实验室主任的工作和实验室的运行状况进行届中考核，考核通过后，继续聘任3年，否则予以解聘。

第三十四条 学术委员会是重点实验室的学术指导机构，主要任务是审议实验室的目标、任务和研究方向，审议实验室的重大学术活动、年度工作，审批开放研究课题。学术委员会会议每年至少召开一次。重点实验室主任要在会议上向学术委员会委员作实验室工作报告。

第三十五条 学术委员会由国内外优秀专家组成，人数不超过15人，其中依托单位的学术委员不超过总人数的三分之一，中青年学术委员不少于三分之一。

学术委员会主任由教育部聘任。学术委员会主任的任职条件是：（1）学术造诣高，在一线工作的国内外知名专家。（2）年龄不超过70岁。

学术委员会委员由依托单位聘任，报教育部备案。学术委员会委员的年龄不超过70岁，任期为5年。每次换届更换的人数不少于三分之一。

第三十六条 重点实验室必须设立专职秘书，协助做好实验室的日常管理工作。

第三十七条 重点实验室实行课题制管理和试行下聘一级的人事制度。重点实验室研究队伍由固定人员和流动人员组成，固定人员规模一般不少于50人，由实验室主任根据需要进行聘任。重点实验室应按需设岗，按岗聘任，重视高层次人才引进。要积极聘请承担国家重大科研项目的人员进入重点实验室工作。

第三十八条 重点实验室要根据研究方向设置开放基金和开放课题，吸引国内外优秀科技人才，加大开放力度，积极开展国际国内合作与学术交流。依托单位要提供配套条件和基金，逐步扩大开放研究和流动人员的比例。

第三十九条 重点实验室应开展多种形式的国内外学术交流与合作研究，鼓励国内外企业、政府、个人以不同形式向实验室捐赠仪器设备、设立访问学者基金、研究生奖学金。

第四十条 重点实验室主任基金由实验室主任管理，主要用于支持具有创新思想的课题、新研究方向的启动和优秀年轻人才的培养。在符合国家有关政策的前提下，可用于岗位补贴、绩效奖励等。

重点实验室主任基金在运行经费中列支。

第四十一条 重点实验室应加强知识产权保护。固定人员与流动人员在重点实验室完成的研究成果包括专著、论文、软件、数据库等均应署本重点实验室名称，专利申请、技术成果转让按国家有关规定办理。在国外学习、进修、从事客座研究的重点实验室固定人员，凡涉及实验室工作、成果的，在论文、专著等发表时，也均应署本重点实验室名称。申报奖励按国家有关规定办理。

第四十二条 重点实验室应重视和加强管理工作，仪器设备要相对集中，统一管理，凡符合开放条件的仪器设备都要对外开放。要建立和完善规章制度，加强对仪器设备和计算机网络的建设与管理，重视学风建设和科学道德建设，加强数据、资料、成果的科学性和真实性审核以及保存工作，并确保统计数据的真实性。

第四十三条 加强重点实验室信息化工作。实验室必须建立内部信息管理系统，有独立的网站或网页，并保持运行良好。

第四十四条 重点实验室是学术机构，不允许以其名义，从事或参加以盈利为目的的商业活动。

第五章　考核与评估

第四十五条　依托单位应当每年对重点实验室工作进行年度考核，考核结果报教育部备案。

第四十六条　重点实验室必须编制年度报告，于每年1月30日前将上一年的《国家重点实验室工作年报》或《教育部重点实验室工作年报》报送教育部。

第四十七条　在年度考核的基础上，科技部或教育部组织重点实验室周期评估，评估工作委托中介机构按不同领域，本着“公开、公平、公正”和坚持“依靠专家、发扬民主、实事求是、公正合理”的原则进行。执行《国家重点实验室评估规则》、《教育部重点实验室评估规则》。

第四十八条 按照优胜劣汰的规则，对被评估为优秀的教育部或地方重点实验室，符合重点实验室总体规划的，可申请升级为国家或教育部重点实验室。对评估不达标、不符合学科发展要求的国家或教育部重点实验室，要予以降级或淘汰。

第六章　附则

第四十九条　国家重点实验室统一命名为“××国家重点实验室（依托单位）”，英文名称为“State Key Laboratory of ×× （依托单位）”。如：摩擦学国家重点实验室（清华大学），State Key Laboratory of Tribology (Tsinghua University)。

第五十条　教育部重点实验室统一命名为“××教育部重点实验室（依托单位），英文名称为Key Laboratory of××（依托单位），Ministry of Education。如：神经科学教育部重点实验室（北京大学），Key Laboratory of Neuroscience(Peking University), Ministry of Education。

第五十一条 重点实验室标牌和印章的制作标准另行发布。

第五十二条　重点实验室经费管理办法另行发布。

第五十三条　依托高等学校建设的其他部门（行业、地方）重点实验室是高等学校科技创新的重要组成部分，其管理办法可参照本办法自行制定。

第五十四条　本办法自公布之日起施行，原《高等学校开放实验室管理办法》同时废止。

普通高等学校招生体检工作指导意见

（教学[2003]3号2003年3月3日）

一、患有下列疾病者，学校可以不予录取

1、严重心脏病（先天性心脏病经手术治愈，或房室间隔缺损分流量少，动脉导管未闭返流血量少，经二级以上医院专科检查确定无需手术者除外）、心肌病、高血压病。

2、重症支气管扩张、哮喘，恶性肿瘤、慢性肾炎、尿毒症。

3、严重的血液、内分泌及代谢系统疾病、风湿性疾病。

4、重症或难治性癫痫或其他神经系统疾病;严重精神病未治愈、精神活性物质滥用和依赖。

5、慢性肝炎病人并且肝功能不正常者（肝炎病原携带者但肝功能正常者除外）。

6、结核病除下列情况外可以不予录取。

（1）原发型肺结核、浸润性肺结核已硬结稳定；结核型胸膜炎已治愈或治愈后遗有胸膜肥厚者；

（2）一切肺外结核（肾结核、骨结核、腹膜结核等等）、血行性播散型肺结核治愈后一年以上未复发，经二级以上医院（或结核病防治所）专科检查无变化者；

（3）淋巴腺结核已临床治愈无症状者。

二、患有下列疾病者，学校有关专业可不予录取

1、轻度色觉异常（俗称色弱）不能录取的专业：以颜色波长作为严格技术标准的化学类、化工与制药类、药学类、生物科学类、公安技术类、地质学类各专业，医学类各专业；生物工程、生物医学工程、动物医学、动物科学、野生动物与自然保护区管理、心理学、应用心理学、生态学、侦察学、特种能源工程与烟火技术、考古学、海洋科学、海洋技术、轮机工程、食品科学与工程、轻化工程、林产化工、农学、园艺、植物保护、茶学、林学、园林、蚕学、农业资源与环境、水产养殖学、海洋渔业科学与技术、材料化学、环境工程、高分子材料与工程、过程装备与控制工程、学前教育、特殊教育、体育教育、运动训练、运动人体科学、民族传统体育各专业。

2、色觉异常II度（俗称色盲）不能录取的专业，除同轻度色觉异常外，还包括美术学、绘画、艺术设计、摄影、动画、博物馆学、应用物理学、天文学、地理科学、应用气象学、材料物理、矿物加工工程、资源勘探工程、冶金工程、无机非金属材料工程、交通运输、油气储运工程等专业。专科专业与以上专业相同或相近专业。

3、不能准确识别红、黄、绿、兰、紫各种颜色中任何一种颜色的导线、按键、信号灯、几何图形者不能录取的专业：除同轻度色觉异常、色觉异常II度两类列出专业外，还包括经济学类、管理科学与工程类、工商管理类、公共管理类、农业经济管理类、图书档案学类各专业。不能准确在显示器上识别红、黄、绿、兰、紫各颜色中任何一种颜色的数码、字母者不能录取到计算机科学与技术等专业。

4、裸眼视力任何一眼低于5.0者，不能录取的专业：飞行技术、航海技术、消防工程、刑事科学技术、侦察。专科专业：海洋船舶驾驶及与以上专业相同或相近专业（如民航空中交通管制）。

5、裸眼视力任何一眼低于4.8者，不能录取的专业：轮机工程、运动训练、民族传统体育。专科专业：烹饪与营养、烹饪工艺等。

6、乙型肝炎表面抗原携带者不能录取的专业：学前教育、航海技术、飞行技术等。专科专业：面点工艺、西餐工艺、烹饪与营养、烹饪工艺、食品科学与工程等。

三、患有下列疾病不宜就读的专业

1、主要脏器：肺、肝、肾、脾、胃肠等动过较大手术，功能恢复良好，或曾患有心肌炎、胃或十二指肠溃疡、慢性支气管炎、风湿性关节炎等病史，甲状腺机能亢进已治愈一年的，不宜就读地矿类、水利类、交通运输类、能源动力类、公安学类、体育学类、海洋科学类、大气科学类、水产类、测绘类、海洋工程类、林业工程类、武器类、森林资源类、环境科学类、环境生态类、旅游管理类、草业科学类各专业，及土木工程、消防工程、农业水利工程、农学、法医学、水土保持与荒漠化防治、动物科学各专业。专科专业不宜就读烹饪工艺、西餐工艺、面点工艺、烹饪与营养、表演、舞蹈学、雕塑、考古学、地质学、建筑工程、交通土建工程、工业设备安装工程、铁道与桥梁工程、公路与城市道路工程、公路与桥梁工程、铁道工程、工业与民用建筑工程专业。

2、先天性心脏病经手术治愈，或房室间隔缺损分流量少，动脉导管未闭返流血量少，经二级以上医院专科检查确定无需手术者不宜就读的专业同第三部分第一条。

3、肢体残疾（不继续恶化），不宜就读的专业同第三部分第一条。

4、屈光不正（近视眼或远视眼，下同）任何一眼矫正到4.8镜片度数大于400度的，不宜就读海洋技术、海洋科学、测控技术与仪器、核工程与核技术、生物医学工程、服装设计与工程、飞行器制造工程。专科专业：与以上相同或相近专业。

5、任何一眼矫正到4.8镜片度数大于800度的，不宜就读地矿类、水利类、土建类、动物生产类、水产类、材料类、能源动力类、化工与制药类、武器类、农业工程类、林业工程类、植物生产类、森林资源类、环境生态类、医学类、心理学类、环境与安全类、环境科学类、电子信息科学类、材料科学类、地质学类、大气科学类及地理科学、测绘工程、交通工程、交通运输、油气储运工程、船舶与海洋工程、生物工程、草业科学、动物医学各专业。专科专业：与以上相同或相近专业。

6、一眼失明另一眼矫正到4.8镜片度数大于400度的，不宜就读工学、农学、医学、法学各专业及应用物理学、应用化学、生物技术、地质学、生态学、环境科学、海洋科学、海洋技术、生物科学、应用心理学等专业。

7、两耳听力均在3米以内，或一耳听力在5米另一耳全聋的，不宜就读法学各专业、外国语言文学各专业以及外交学、新闻学、侦察学、学前教育、音乐学、录音艺术、土木工程、交通运输、动物科学、动物医学各专业、医学各专业。

8、嗅觉迟钝、口吃、步态异常、驼背，面部疤痕、血管瘤、黑色素痣、白癜风的，不宜就读教育学类、公安学类各专业以及外交学、法学、新闻学、音乐表演、表演各专业。

9、斜视、嗅觉迟钝、口吃不宜就读医学类专业。

此部分内容供考生在报考专业志愿时参考。学校不得以此为依据，拒绝录取达到相关要求的考生。

四、其他

1、未列入专业目录或经教育部批准有权自定新的学科专业，学校招生时可根据专业性质、特点，提出学习本专业对身体素质、生理条件的要求，并在招生章程中明确刊登，做好咨询解释工作。

2、公安类普通高等学校招生体检按公政治[2000]137号文件执行。

3、中国人民解放军院校招收学员体格检查按[1997]后联字2号文件执行。

教育部关于高等学校进一步做好名誉教授聘请工作的若干意见

（教人[2003]1号2003年1月28日）

各省、自治区、直辖市教育厅（教委），新疆生产建设兵团教委，国务院有关部委，部属各高等学校：

根据《高等教育法》和《国务院关于取消第一批行政审批项目的决定》（国发[2002]24号）的有关规定，除其他国家或地区的政界要人、知名人士、高级公务员，高等学校可按照国家规定的条件和程序自行聘请境外著名专家学者为名誉教授，不再报教育主管部门审批。根据国务院《关于行政审批制度改革工作的实施意见》（国发[2001]33号）关于对取消行政审批的事项要制定后续监管措施、避免管理脱节的要求，为有利于高等学校进一步做好名誉教授聘请工作，现提出如下意见：

一、聘请对象与条件

名誉教授是高等学校授予境外著名专家学者的荣誉性学术称号。其聘请对象一般应是具备下列条件的境外著名专家学者：

（一）具有博士学位或者教授职务；

（二）学术造诣深，知名度高，曾在某一学科领域取得重大成就，获得国际学术界公认；

（三）能够在推进学科建设、促进学术交流和国际合作等方面发挥重要作用。

二、聘请程序

1.提出人选 高等学校或者学院、系、所按照学校教学、科研工作的实际需要和聘请条件提出拟聘人选。

2.同行专家评议 请两位以上相同或相近学科专业的国内知名教授，对名誉教授拟聘人选的学术水平、学术声望以及与学校可能的合作与贡献等进行评议，提出同行专家评议意见。

3.集体决策 高等学校学术委员会集体审议通过名誉教授聘请名单。

4.授予称号 高等学校聘请名誉教授应举行相应的授予仪式，并颁发聘书。仪式一般应在中国境内举行。确需在国外授予的，一般委托我驻外使（领）馆教育处（组）代授。

5.上报有关信息 高等学校应将所聘请名誉教授的有关材料（个人履历、同行专家评议意见等）建立信息数据库，并及时将名誉教授名单(包括姓名、所在国家和地区、出生年月、学位、所在单位及专业技术职务、专业、受聘学校、受聘时间)报上级教育主管部门，以便在互联网上公布。

三、其他要求

1.高等学校应保证授予名誉教授的质量和授予工作的严肃性，不得因捐赠等原因授予不具备条件的人士名誉教授称号。

2.因对外交往需要，高等学校授予其他国家或地区的政界要人、高级公务员、知名人士名誉教授称号，须按规定程序报教育主管部门审批。

3.高等学校授予名誉教授工作,要防止和避免多所高等学校在同一时期同时聘请同一位境外人士为名誉教授。

4.高等学校应采取多种方式经常与被授予名誉教授的专家教授保持联系,充分发挥其在提高学校教学科研水平、促进学校改革和发展中的作用。

5.高等学校应根据本意见制定本校聘请名誉教授的实施办法,并报上级教育主管部门备案。

6.高等学校聘请境外人士为客座教授的程序和条件另文规定。

《关于当前聘请名誉教授问题的通知》（[87]教师管厅字008号）、《关于普通高等学校授予名誉教授称号的补充通知》（教人厅[1992]6号）、《关于高等学校授予台湾人士为名誉教授、聘请台湾学者为客座教授的通知》（教外港[1996]99号）、《关于开展内地与香港教育交流若干问题的意见》（教外港[1999]5号）与本意见不一致的部分，以本意见为准。

教育部关于普通高等学校招生录取工作监督办法

（教监[2003]3号2003年6月16日）

第一条 为了确保普通高等学校招生制度改革和招生录取工作的顺利进行，适应网上招生录取管理的规律和特点，进一步完善监督制约机制，依据国家有关招生工作规定和《教育部关于普通高等学校招生监察工作的暂行规定》，制定本办法。

第二条 招生录取的监督工作，应切实保证国家招生政策、法规、计划、制度的贯彻实施，全面体现“德智体美等方面综合评价、全面考核、择优录取”和“公平竞争、公正选拔”的原则，有利于高等学校选拔符合培养要求的新生，维护广大考生的合法权益，维护社会的稳定和教育事业的良好形象。

第三条 教育部及监察部驻教育部监察局负责指导、检查全国高等学校招生录取监督工作。

第四条 省级教育行政部门、省级高校招生部门及省级教育监察部门、省级招生监察办公室负责指导、检查在本地区招生的高等学校招生录取监督工作。

第五条 高等学校应成立由主管招生工作的校领导、纪委书记和有关部门负责人参加的招生领导小组，统一领导学校的招生管理和监督工作。组长由主管招生工作的校领导担任，副组长由纪委书记担任。

第六条 招生期间，高等学校应成立招生监察办公室，由学校纪检监察干部、特邀监察员等相关人员组成，纪委副书记或监察处长担任办公室主任。招生监察办公室为非常设机构，在学校招生领导小组的领导下，具体实施对本校招生录取的监督工作。

第七条 招生监察部门负责监督检查本校国家招生政策、法规、制度和纪律的贯彻执行情况；依法对招生管理部门及其工作人员履行职责情况进行监督，支持招生工作人员正确履行职责；配合招生管理部门开展工作，保证招生任务完成。

第八条 招生监察部门应参与对学校选派招生工作人员的审查；参与学校招生章程的制定与修改；配合有关部门对招生及招生监察人员进行国家招生政策、法规、制度、纪律的教育及相关业务培训；督促学校招生工作人员按照招生程序、时间要求，完成提档、阅档、审核、退档各环节工作，并及时妥善处理好省级招生办公室提出的意见、建议。

第九条 经教育部批准的高等学校招收保送生、自主选拔录取的名单，统考统录的预录名单、退档名单，以及使用调节性计划录取的名单，在向省级高校招生办公室上载或上报前，须经学校招生管理部门审核、招生监察部门复核后，送主管校领导审批。

第十条 定向生、预科生、专升本、艺术类专业招生及体育和艺术特长生的录取名单，要经学校招生领导小组集体研究决定，并由主管校领导、招生管理部门和招生监察部门负责人签署意见。

第十一条 招生监察部门监督检查新生入学资格审查工作，尤其要加强对保送生、体育和艺术特长生等资格审查和跟踪监督，对不符合录取条件的学生，向招生管理部门提出清退的意见。

第十二条 招生监察部门对有关涉及违反国家招生政策、法规、制度、纪律的投诉和举报，要督促或会同有关部门进行调查，并按照有关规定进行处理，维护招生工作的权威性、严肃性和考生的合法权益。

第十三条 高等学校应为本校招生监察部门提供必要的技术支持和条件保证，以便于随时掌握招生录取全过程的工作状态，及时发现问题，督促处理。

第十四条 招生监察部门及其工作人员应掌握国家有关招生政策、法规、制度、纪律和招生管理业务，熟悉招生管理工作的规律和特点，不断探索招生监察工作规律和特点，认真做好招生录取全过程的监督工作。

第十五条 高等学校可根据本办法制订具体实施细则。

第十六条 成人高等学校招生录取监督工作参照本办法执行。

第十七条 本办法由监察部驻教育部监察局负责解释。

第十八条 本办法自发布之日起施行。

普通高等学校基本办学条件指标（试行）

（教发[2004]2号2004年2月6日）

表一、基本办学条件指标：合格

学校类别	本　　科				
	生师比	具有研究生学位教师占专任教师的比例（%）	生均教学行政用房（平方米/生）	生均教学科研仪器设备值（元/生）	生均图书（册/生）
综合、师范、民族院校	18	30	14	5000	100
工科、农、林院校	18	30	16	5000	80
医学院校	16	30	16	5000	80
语文、财经、政法院校	18	30	9	3000	100
体育院校	11	30	22	4000	70
艺术院校	11	30	18	4000	80

学校类别	高　职（专　科）				
	生师比	具有研究生学位教师占专任教师的比例（%）	生均教学行政用房（平方米/生）	生均教学科研仪器设备值（元/生）	生均图书（册/生）
综合、师范、民族院校	18	15	14	4000	80
工科、农、林院校	18	15	16	4000	60
医学院校	16	15	16	4000	60
语文、财经、政法院校	18	15	9	3000	80
体育院校	13	15	22	3000	50
艺术院校	13	15	18	3000	60

备注：

1. 聘请校外教师经折算后计入教师总数，原则上聘请校外教师数不超过专任教师总数的四分之一。

2. 凡生师比指标不高于表中数值，且其它指标不低于表中数值的学校为合格学校。

表二、基本办学条件指标：限制招生

学校类别	本科				
	生师比	具有研究生学位教师占专任教师的比例（%）	生均教学行政用房（平方米/生）	生均教学科研仪器设备值（元/生）	生均图书（册/生）
综合、师范、民族院校	22	10	8	3000	50
工科、农、林、医学院校	22	10	9	3000	40
语文、财经、政法院校	23	10	5	2000	50
体育院校	17	10	13	2000	35
艺术院校	17	10	11	2000	40

	高职（专科）				
	生师比	具有研究生学位教师占专任教师的比例（%）	生均教学行政用房（平方米/生）	生均教学科研仪器设备值（元/生）	生均图书（册/生）
综合、师范、民族院校	22	5	8	2500	45
工科、农、林、医学院校	22	5	9	2500	35
语文、财经、政法院校	23	5	5	2000	45
体育院校	17	5	13	2000	30
艺术院校	17	5	11	2000	35

备注：

1. 生师比指标高于表中数值或其它某一项指标低于表中数值，即该项指标未达到规定要求。

2. 凡有一项指标未达到规定要求的学校，即被确定为限制招生（黄牌）学校。

3. 凡两项或两项以上指标未达到规定要求的学校，即被确定为暂停招生（红牌）学校。

4.凡连续三年被确定为“黄”牌的学校，第三年即被确定为暂停招生（红牌）学校。

表三、监测办学条件指标：合格要求

学校类别	本科							高职（专科）						
	具有高级职务教师占专任教师的比例（%）	生均占地面积（平方米/生）	生均宿舍面积（平方米/生）	百名学生配教学用计算机台数（台）	百名学生配多媒体教室和语音实验室座位数（个）	新增教学科研仪器设备所占比例（%）	生均年进书量（册）	具有高级职务教师占专任教师的比例（%）	生均占地面积（平方米/生）	生均宿舍面积（平方米/生）	百名学生配教学用计算机台数（台）	百名学生配多媒体教室和语音实验室座位数（个）	新增教学科研仪器设备所占比例（%）	生均年进书量（册）
综合、师范、民族院校	30	54	6.5	10	7	10	4	20	54	6.5	8	7	10	3
工、农、林、医学院校	30	59	6.5	10	7	10	3	20	59	6.5	8	7	10	2
语文、财经、政法院校	30	54	6.5	10	7	10	4	20	54	6.5	8	7	10	3
体育院校	30	88	6.5	10	7	10	3	20	88	6.5	8	7	10	2
艺术院校	30	88	6.5	10	7	10	4	20	88	6.5	8	7	10	3

备注：

1. 凡教学仪器设备总值超过1亿元的高校，当年新增教学仪器设备值超过1000万元，该项指标即为合格。

2. 凡折合在校生超过30000人的高校，当年进书量超过9万册，该项指标即为合格。

备注：

办学条件指标测算办法

折合在校生数=普通本、专科（高职）生数+硕士生数*1.5+博士生数*2+留学生数*3+预科生数+进修生数+成人脱产班学生数+夜大（业余）学生数*0.3+函授生数*0.1

全日制在校生数=普通本、专科（高职）生数+研究生数+留学生数+预科生数+成人脱产班学生数+进修生数

教师总数=专任教师数+聘请校外教师数*0.5

1. 生师比=折合在校生数/教师总数

2. 具有研究生学位教师占专任教师的比例=具有研究生学位专任教师数/专任教师数

3. 生均教学行政用房=（教学及辅助用房面积+行政办公用房面积）/全日制在校生数

4. 生均教学科研仪器设备值=教学科研仪器设备资产总值/折合在校生数

5. 生均图书=图书总数/折合在校生数

6. 具有高级职务教师占专任教师的比例=具有副高级以上职务的专任教师数/专任教师数

7. 生均占地面积=占地面积/全日制在校生数

8. 生均学生宿舍面积=学生宿舍面积/全日制在校生数

9. 百名学生配教学用计算机台数=（教学用计算机台数/全日制在校生数）*100

10. 百名学生配多媒体教室和语音实验室座位数=（多媒体教室和语音实验室座位数/全日制在校生数）*100

11. 新增教学科研仪器设备所占比例=当年新增教学科研仪器设备值/（教学科研仪器设备资产总值－当年新增教学科研仪器设备值）

12. 生均年进书量=当年新增图书量/折合在校生数

说明：

1. 进修生数指进修及培训时间在一年以上的学生数。

2. 电子类图书、附属医院临床教学人员已在相关指标的定量中予以考虑，测算时均不包括在内。

教育部工程研究中心建设与管理暂行办法

（教技[2004]2号2004年10月19日）

第一章　总则

第一条　为加强高等学校科技创新能力建设、完善高等学校科技创新体系、强化高等学校社会服务功能，教育部有计划、有步骤地开展了教育部工程研究中心（以下简称工程中心）建设。为加强和规范工程中心的建设与运行管理，促进工程中心持续健康发展，制订本办法。

第二条　工程中心是高等学校科技创新体系的重要组成部分。是高等学校加强资源共享、促进学科建设与发展、组织工程技术研究与开发、加快科技成果转化、培养和聚集高层次科技创新人才和管理人才、组织科技合作与交流的重要基地和平台。

第三条　工程中心建设宗旨是以国家中长期科学与技术发展规划为指导，结合学校学科整体规划，面向国际高新技术发展方向和国家经济建设、社会进步、国家安全的发展战略，将具有重要市场价值的科技成果进行工程化研究和系统集成，转化为适合规模生产所需要的工程化共性、关键技术或具有市场竞争力的技术产品。

第四条　工程中心建设目标是形成科技成果产业化的工程化验证环境和对科技成果进行技术经济分析和工程评估的能力；建成一支一流的技术创新开发与系统集成队伍；形成不断创新的可持续发展能力，推动行业技术进步。

第五条　工程中心主要任务是以国家战略需求为目标，以技术集成创新为核心，持续不断地为社会提供工程化技术成果；研究提出行业技术标准、规范；促进国外引进先进技术的消化、吸收和创新；推动学科交叉，培养科技创新人才及管理人才；为行业和相关领域的发展提供信息和咨询服务；开展国际合作与交流。

第六条　工程中心是依托高等学校开展工程技术创新与系统集成的科研实体，是学校学科建设的重要内涵。高等学校要将其列入重点学科建设和科技创新基地建设与发展规划。工程中心在资源分配上计划单列，是相对独立、与院系平行的依托高等学校的二级机构。

第七条 教育部对工程中心实行定期评估，动态管理，优胜劣汰，滚动发展的管理机制。

第二章 管理职责

第八条 教育部是工程中心的行政主管部门，其主要职责是：

（一）依据国家科技发展战略及行业技术发展状况，编制工程中心发展规划与实施计划，制订有关工程中心建设与管理政策和办法。指导工程中心的运行和管理。

（二）确定工程中心立项，组织工程中心的验收与评估。

（三）聘任工程中心主任，对工程中心技术委员会主任进行备案。

（四）根据情况发展，调整现有工程中心规划布局。

第九条 各省、自治区、直辖市教育行政管理部门对依托地方高等学校建设的工程中心的主要职责是：

（一）配合教育部制订所属地方高等学校工程中心的发展规划与计划；创造条件，将工程中心纳入区域创新规划。

（二）组织地方高等学校工程中心的申报与建设，指导辖区工程中心的运行和管理。

（三）初审地方高等学校推荐的工程中心主任人选，对技术委员会主任进行备案。

（四）落实工程中心建设、运行的配套条件与地方相关政策。

第十条 高等学校是工程中心建设的依托单位，负责工程中心的建设与日常管理。主要职责是：

（一）组织编制工程中心建设项目可行性研究报告，负责工程中心的建设实施。

（二）将工程中心的建设发展纳入学校相关规划，根据工程中心所依托的学科特点、产业背景和学校管理实际情况，制定有利于工程中心发展的管理体制和运行机制；协调并解决工程中心建设发展中的重大问题，落实资金及其他配套条件。

（三）负责遴选推荐和考核工程中心主任，聘任工程中心副主任、技术委员会主任、副主任和委员。

（四）制定有利于工程中心建设与发展的考评体系，负责工程中心日常考核和预评估，并将考核和预评估结果报送上级主管部门。配合主管部门做好工程中心的验收与评估工作。

（五）根据技术委员会建议，及时向教育部报送工程中心建设与发展中的重大问题。

第三章　立项与建设

第十一条　工程中心的立项与建设管理主要包括立项申请、评审、计划实施等。

第十二条　工程中心建设项目应具备以下条件：

（一）依托重点学科或优势学科群，整合各方面资源高起点构建；在相应技术领域中有坚实的工程技术开发与成果转化工作基础、特色和业绩；具有相关支撑学科、技术的系统集成条件，有利于推动学科交叉，可以为学校的长远发展提供有力支撑。

（二）拥有一批自主知识产权和良好市场前景的重大科技成果。

（三）已有科研成果工程化所需要的部分装备和基础设施，并能够为项目的建设、运行提供必要的配套保障。

（四）具有较强市场意识和转化经验的精干管理班子和技术带头人，能够在该领域建成一支结构合理、工程化研究开发与转化素质较高的高水平技术创新队伍。

（五）具有较好的工程化运作管理水平和有效的人才激励机制。

（六）拟申请的工程中心已纳入所在地方和依托高等学校科技创新基地建设规划或相关计划，具有明确的发展目标与建设思路，所提组建方案切实可行，建设配套资金落实。

第十三条　符合工程中心立项申请基本条件的高等学校，根据工程中心建设规划，编写《教育部工程研究中心建设项目可行性研究报告》（附1）一式两份行文报送教育部。

第十四条　教育部对报送的《教育部工程研究中心建设项目可行性研究报告》进行资格审查，审查合格的可行性研究报告将组织专家进行论证（或根据情况采取实地考察）。根据专家论证意见，教育部经综合研究后择优批复立项。

依托地方高等学校立项建设的工程中心采取省部共建方式。

第十五条　依托高等学校依据立项批复，落实资金与建设条件，组织项目具体实施。工程中心建设期间，依托高等学校要加强监督管理，按时报送年度工作总结。教育部将对工程中心建设情况进行检查。

第十六条　依托高等学校应当保证工程中心建设期内负责人的相对稳定。对连续六个月不上岗的工程中心负责人，依托单位应当及时调整并书面报教育部同意。工程中心建设过程中，如对原计划进行重大调整，须经教育部组织专家重新论证并批准后实施。

第十七条　原则上工程中心固定资产新增投资规模不低于1000万元，研发和成果转化用房不低于5000平方米，且相对集中。确有行业或领域特点者，须在立项申请时说明，并按教育部批复的建设规模执行。

第十八条　工程中心建设资金可实行多元化融资，鼓励社会投资机构、企业或个人投资工程中心的成果转化工作。中心建设资金的国家拨款要专款专用，主要用于购置工程化研究开发、试验所必需的设备、仪器，引进必要的技术软件和进行人员培训。

第十九条 工程中心建设期原则二年。通过验收后，转入运行。

第四章 运行与管理

第二十条 工程中心应加强体制创新和机制创新，根据实际情况探索不同的管理模式和运行机制，促进工程中心的建设和发展，取得良好的经济和社会效益。

第二十一条 在依托单位领导下，工程中心实行主任负责制，主持工程中心全面工作，并向依托单位提名推荐工程中心副主任和技术委员会成员人选。

第二十二条 工程中心主任的任职条件是：具有较深的学术造诣、较高的工程技术水平和开拓创新意识；熟悉相关行业国内外的技术发展趋势；有较强的组织管理能力和市场开拓能力；身体健康，精力充沛，年龄原则上不超过50岁。

第二十三条 工程中心主任由依托高等学校提名，教育部聘任。工程中心主任任期5年，采取“2+3”考核管理模式，即工程中心主任受聘2年后，依托单位对工程中心业绩和工程中心主任进行届中考核并报教育部核准。对考核不通过的教育部将予以解聘。

第二十四条 技术委员会是工程中心的技术咨询机构，其职责是负责审议工程中心的发展战略、研究开发计划，评价工程设计与试验方案，提供技术经济咨询和市场信息，审议工程中心年度工作等。技术委员会会议每年至少召开一次。

第二十五条 技术委员会由工程中心所在领域科技界、工程界和相关企业与经济界专家组成，其中依托单位人员不超过总人数的三分之一，中青年委员不少于总人数的三分之一。技术委员会委员每届任期五年，换届时委员须更换三分之一左右。

第二十六条 工程中心实行项目合同制和人员聘任制。研究开发队伍由固定人员和客座流动人员组成，规模一般在100人左右。固定人员由工程中心主任在校内外聘任。客座流动人员由项目负责人根据工作需要和研发项目的实际情况聘任，经工程中心主任核准后作为流动编制，其相关费用在项目经费中支付。

第二十七条 工程中心要建立健全内部管理规章制度，注重工程化开发设施和网络环境建设，提高使用效率，重视知识产权保护，学术道德建设，加强数据、资料、成果的真实性审核及存档工作。

第二十八条 工程中心原则上应实行相对独立的财务核算，按照国家相关法规管理，其成果转化收益主要用于依托高等学校的学科建设和工程中心的可持续发展。

第五章　验收与评估

第二十九条　依托高等学校完成工程中心建设任务后，应及时进行总结并提出验收申请，编写《教育部工程研究中心建设总结报告》（附2）报送教育部。

省部共建工程中心的验收申请需经地方省级教育行政部门审核同意后报教育部。

第三十条　教育部依据《教育部工程研究中心验收大纲》（附3）和批复的《教育部工程研究中心建设项目可行性研究报告》及相关文件组织专家对工程中心进行验收。

第三十一条　教育部对通过验收的工程中心正式命名并授牌，纳入教育部工程中心序列管理，聘任工程中心主任。对于未通过验收的工程中心，教育部责成依托高等学校对验收专家组提出的问题限期加以整改。被责令整改的工程中心一年之内可再申请验收，通过验收后正式命名并授牌，仍未通过验收的将被撤消。

第三十二条　对于建成后运行满三年的工程中心，教育部将组织专家依据《教育部工程研究中心评估大纲》（附4）对工程中心进行绩效评估并予以公布。

对建设成绩和评估结果优秀的工程中心教育部将给予支持和相关扶持，并视情况推荐申报国家工程（技术）研究中心。对评估绩效不佳的工程中心，教育部给予黄牌警告并责令限期整改，一年内再次评估绩效仍无较大改观的予以撤消。

第三十三条　工程中心建设和运行引入竞争和激励机制，实行动态管理，滚动发展，达到鼓励先进、淘汰落后、调整布局的目的。鼓励高等学校中同现有工程中心技术领域、工作方向相近的技术创新平台，在现有工程中心评估前提出工程中心立项建议，按照优胜劣汰原则，滚动支持。

第六章　附则

第三十四条　工程中心命名统一为“XXX教育部工程研究中心”，英文名称为“Engineering Research Center of XXX， Ministry of Education”。工程中心通过验收后，可根据教育部批复文件刻制工程中心印章。

第三十五条　依托军队和国务院有关部门所属高等学校建设的工程中心，其建设和管理模式，可参照地方高等学校执行。

第三十六条　本办法自发布之日起施行，由教育部负责解释。各高等学校可据此制定相应细则和实施办法。

国家助学贷款风险补偿专项资金管理办法

（教财[2004]15号2004年6月28日）

第一条 根据《国务院办公厅转发教育部财政部人民银行银监会关于进一步完善国家助学贷款工作若干意见的通知》（国办发[2004]51 号）规定，为加强国家助学贷款风险补偿专项资金的管理，制订本办法。

第二条 国家助学贷款风险补偿专项资金是根据“风险分担”的原则，按当年实际发放的国家助学贷款金额的一定比例对经办银行给予补偿。具体比例按照国家助学贷款管理中心与经办银行签订的贷款合作协议执行。

本办法所称经办银行是指与国家助学贷款管理中心签订合作协议的中标银行。

第三条 风险补偿专项资金按照行政隶属关系，由财政和高校各承担50%，由国家助学贷款管理中心负责管理，专款专用。中央部委所属院校风险补偿专项资金由全国国家助学贷款管理中心管理，地方院校风险补偿专项资金由所在省、自治区、直辖市、计划单列市的国家助学贷款管理中心管理。

第四条 财政部门应承担的风险补偿专项资金，由国家助学贷款管理中心根据贷款发生额及风险补偿比例提出经费需求预算，经教育主管部门审核，编入年度部门预算，报同级财政部门审批。

第五条 各普通高校应承担的风险补偿专项资金，由财政部门在每年向普通高校返还按“收支两条线”管理的学费收入时，直接拨给同级教育主管部门。

第六条 当年尚未有毕业学生进入还款期的高校所承担的风险补偿专项资金，按以下公式计算：

所承担的风险补偿专项资金=当年实际贷款额×风险补偿比例×50%。

第七条 已有毕业学生进入还款期的高校，其所承担的风险补偿专项资金与上一学年度本校学生的金额违约率挂钩，由国家助学贷款管理中心负责考核确定。

第八条 金额违约率是指连续超过90天未履行合同的贷款本息金额占进入还款期的贷款本息金额的比率。

第九条 经办银行于每年9月底前，将上一学年度（上年9月1日–当年8月31日）

实际发放的国家助学贷款金额和违约率按高校进行统计汇总，经高校确认后，提供给国家助学贷款管理中心。

第十条 国家助学贷款管理中心根据银行提供的贷款实际发放额和违约率，采用加权平均方式，计算确定各高校本年度的风险补偿专项资金。

第十一条 国家助学贷款管理中心应于10月底前将高校所应承担的风险补偿专项资金数额报送同级财政部门，作为财政部门扣拨经费的依据。

第十二条 国家助学贷款管理中心应将各校所应承担的风险补偿专项资金的具体数额书面通知高校，高校据此在有关会计科目中列支。

第十三条 国家助学贷款管理中心根据银行实际发放贷款额，按照协议比例，确定实际应支付给银行的风险补偿专项资金，并按协议规定，在每年12月底前将补偿资金及时、足额拨付给经办银行。

第十四条 国家助学贷款管理中心每年应将风险补偿专项资金的管理、使用情况编制决算报告，经教育主管部门审核、财政部门审批后，抄报人民银行(分行或中心支行)、银监会(局)，并向高校通报。

第十五条 国家助学贷款管理中心对风险补偿专项资金的管理与使用，要接受教育主管部门、财政部门的监督，并接受同级审计部门的审计。

第十六条 本办法由教育部、财政部、人民银行、银监会四部门以联合发文形式负责解释。

教育部、中共中央宣传部、公安部、监察部、信息产业部、国家保密局、武警总部关于全面加强教育考试环境综合整治工作的通知

（教学[2004]15号2004年5月17日）

各省、自治区、直辖市人民政府：

近年来，随着我国教育事业的发展，国家教育统一考试规模不断扩大。在地方各级人民政府的领导和支持下，各有关部门积极配合，各级教育行政部门和招生考试机构精心组织，采取有力措施，基本保证了国家教育统一考试的安全顺利进行，人民群众较为满意。但是，国家教育统一考试环境和考风考纪仍存在一些问题，严重违纪舞弊现象时有发生，极个别地方考场秩序混乱，甚至出现试卷被盗、泄密等恶性案件。为进一步做好国家教育统一考试工作、全面加强教育考试环境综合整治，确保国家教育统一考试的安全，经国务院同意，现就有关问题通知如下：

一、统一思想，提高认识。国家教育统一考试是国家选拔人才的重要方式，涉及千家万户，事关考生和广大人民群众切身利益，确保国家教育统一考试安全，维护国家教育统一考试的权威性、公正性和严肃性具有十分重要的意义。党中央、国务院十分重视教育考试工作。地方各级人民政府和有关部门要从践行“三个代表”重要思想的高度，从加强党风政纪、精神文明建设和社会诚信的高度，切实提高对当前进一步加强国家教育统一考试安全保密和考风考纪工作重要性和紧迫性的认识。

二、加强领导，齐抓共管。教育考试涉及许多部门，要齐抓共管，综合整治。经国务院同意，已经建立了国家教育统一考试工作部际联席会议制度，由教育部、中宣部、最高人民法院、公安部、监察部、信息产业部、国家保密局、武警总部等部门组成，由教育部牵头。联席会议负责统筹协调并解决国家教育统一考试环境综合整治工作中的有关问题；快速有效地处理突发性重大问题；提出政策措施和建议；督促、检

查、指导有关政策措施的落实。各地要切实加强对国家教育统一考试的领导和管理。进一步加强和发挥高等学校招生委员会、高等教育自学考试委员会的工作职能，紧密联系和配合，针对考试中可能发生的问题，制订切实有效的防范措施；一旦发生问题要快速、有效地予以解决。

三、狠抓各个工作环节，确保考试安全。要按照《中华人民共和国保守国家秘密法》的要求，加强对命题和试卷印制、运送、保管以及考试实施、评卷等每一个考试环节的监控与管理，确保不发生考题泄露和考卷丢失、被盗等恶性事件。制订重大突发事件应急预案，健全完善规章制度，落实相关责任。狠抓各项安全保密和防止考试违规措施及硬件条件的落实。2004年高考前，所有试卷定点印制单位、试卷保密室等安全措施必须达标，各地要组织专项检查，逐一验收，不留空白。

四、加强对涉考工作人员的培训和管理。要选派公正、廉洁、认真负责的人员参加考试工作。加强政策、业务、纪律等岗前培训，未经培训合格不得上岗。对考试工作人员因失职、失察造成考场大面积舞弊或评卷混乱等事故的，根据情节给予行政或纪律处分；触犯刑律的，移送司法机关追究刑事责任。

五、加强考场管理. 严肃处理考试违规行为。要完善考场规章制度，严格按照考务规章制度组织实施考试，加大考前检查和考试巡查力度。有条件的地方以及考试管理相对薄弱的地区，要尽快建立一批采用现代化技术手段实施实时监控的考场，确保不发生大面积、有组织的集体舞弊事件。当前要重点打击雇人代考或替考、利用现代通讯工具舞弊等严重违规行为。对违规者，如是在校学生，按有关规定严肃处理，直至开除学籍；如是国家工作人员，由考试机构通报其所在单位，有关部门根据情节给予党纪或政纪处分。纪检监察部门要加强对考试工作的监督检查。对于“考场腐败”案件及有关责任人要一查到底，决不姑息。

六、严格执法，加强依法治考。对盗窃、传播、出售试卷以及考前以出售试题为名进行诈骗等违法犯罪行为，公安机关要依法进行查处，严厉打击。对泄密相关责任人，要依法追究责任。要加快教育考试立法步伐，抓紧起草教育考试方面的法规，为依法治考提供法律保证。

七、进一步深化教育改革，做好普通高等学校招生统一考试部分省自行命题工作。高考分省命题有利于全面推进素质教育，有利于地方政府对各级各类教育以及教育与经济社会发展的统筹，有利于降低安全风险。承担高考命题工作的省(自治区、直辖市)要加强领导，精心设计、精心组织、精心实施。加强招生考试机构建设，在政策、人员编制、经费等方面给予支持和保障，确保命题工作安全和试题质量。

八、加强宣传教育，营造良好社会氛围。要加大对端正考风考纪、诚信、守规、守纪、守法意识的宣传力度。教育系统要对学生进行考试纪律专项教育，并把学生考试诚信作为对其思想品德考核的重要方面。要把教师参加考试或执行考试管理的情况，作为对教师品行要求的重要方面。要全面综合治理学校教育环境，把考风作为评价学校办学水平的重要内容。要充分发挥社会舆论监督的作用，对重大违规事件，在抓紧查处后，要在新闻媒体上曝光。

各级有关部门要根据本通知要求，明确责任，狠抓落实，制订相应的工作方案和应急预案。从严治考，务求在短期内国家教育统一考试环境综合整治工作取得明显成效，考试环境得到显著改善。

高等学校哲学社会科学研究学术规范（试行）

（教社政函[2004]34号2004年8月16日）

一、总则

（一）为规范高等学校（以下简称高校）哲学社会科学研究工作，加强学风建设和职业道德修养，保障学术自由，促进学术交流、学术积累与学术创新，进一步发展和繁荣高校哲学社会科学研究事业，特制订《高等学校哲学社会科学研究学术规范（试行）》（以下简称本规范）。

（二）本规范由广大专家学者广泛讨论、共同参与制订，是高校师生及相关人员在学术活动中自律的准则。

二、基本规范

（三）高校哲学社会科学研究应以马克思列宁主义、毛泽东思想、邓小平理论和“三个代表”重要思想为指导，遵循解放思想、实事求是、与时俱进的思想路线，贯彻“百花齐放、百家争鸣”的方针，不断推动学术进步。

（四）高校哲学社会科学研究工作者应以推动社会主义物质文明、政治文明和精神文明建设为己任，具有强烈的历史使命感和社会责任感，勇于学术创新，努力创造先进文化，积极弘扬科学精神、人文精神与民族精神。

（五）高校哲学社会科学研究工作者应遵守《中华人民共和国著作权法》《中华人民共和国专利法》《中华人民共和国国家通用语言文字法》等相关法律、法规。

（六）高校哲学社会科学研究工作者应模范遵守学术道德。

三、学术引文规范

（七）引文应以原始文献和第一手资料为原则。凡引用他人观点、方案、资料、数据等，无论曾否发表，无论是纸质或电子版，均应详加注释。凡转引文献资料，应如实说明。

（八）学术论著应合理使用引文。对已有学术成果的介绍、评论、引用和注释，应力求客观、公允、准确。

伪注，伪造、篡改文献和数据等，均属学术不端行为。

四、学术成果规范

（九）不得以任何方式抄袭、剽窃或侵吞他人学术成果。

（十）应注重学术质量，反对粗制滥造和低水平重复，避免片面追求数量的倾向。

（十一）应充分尊重和借鉴已有的学术成果，注重调查研究，在全面掌握相关研究资料和学术信息的基础上，精心设计研究方案，讲究科学方法。力求论证缜密，表达准确。

（十二）学术成果文本应规范使用中国语言文字、标点符号、数字及外国语言文字。

（十三）学术成果不应重复发表。另有约定再次发表时，应注明出处。

（十四）学术成果的署名应实事求是。署名者应对该项成果承担相应的学术责任、道义责任和法律责任。

（十五）凡接受合法资助的研究项目，其最终成果应与资助申请和立项通知相一致；若需修改，应事先与资助方协商，并征得其同意。

（十六）研究成果发表时，应以适当方式向提供过指导、建议、帮助或资助的个人或机构致谢。

五、学术评价规范

（十七）学术评价应坚持客观、公正、公开的原则。

（十八）学术评价应以学术价值或社会效益为基本标准。对基础研究成果的评价，应以学术积累和学术创新为主要尺度；对应用研究成果的评价，应注重其社会效益或经济效益。

（十九）学术评价机构应坚持程序公正、标准合理，采用同行专家评审制，实行回避制度、民主表决制度，建立结果公示和意见反馈机制。

评审意见应措辞严谨、准确，慎用“原创”、“首创”、“首次”、“国内领先”、“国际领先”、“世界水平”、“填补重大空白”、“重大突破”等词语。

评价机构和评审专家应对其评价意见负责，并对评议过程保密，对不当评价、虚假评价、泄密、披露不实信息或恶意中伤等造成的后果承担相应责任。

（二十）被评价者不得干扰评价过程。否则，应对其不正当行为引发的一切后果负责。

六、学术批评规范

（二十一）应大力倡导学术批评，积极推进不同学术观点之间的自由讨论、相互交流与学术争鸣。

（二十二）学术批评应该以学术为中心，以文本为依据，以理服人。批评者应正当行使学术批评的权利，并承担相应的责任。被批评者有反批评的权利，但不得对批评者压制或报复。

七、附则

（二十三）本规范将根据哲学社会科学研究事业发展的需要不断修订和完善。

（二十四）各高校可根据本规范，结合具体情况，制订相应的学术规范及其实施办法，并对侵犯知识产权或违反学术道德的学术不端行为加以监督和惩处。

（二十五）本规范的解释权归教育部社会科学委员会。

教育部关于实行高等学校招生工作责任制及责任追究暂行办法

(教监[2005]4号2005年3月15日)

第一条 为确保国家高等学校(以下简称高校)招生法规、制度、政策和规定的贯彻落实，全面体现招生工作的公平、公正，根据国家有关法律、法规和规定，特制定本办法。

第二条 本办法适用于各级政府举办和管理的普通高等学校、成人高等学校、民办高等学校，以及由普通高等学校申办的独立学院。

第三条 高校招生期间，各级教育行政部门、招生考试机构和高校党政主要领导作为第一责任人，要对本部门、本地区、本校的招生工作负全面领导责任；分管招生工作领导作为直接主管责任人，要承担领导、组织、协调和监管的责任；招生部门负责人要在规定的职责范围内履行相应职责；招生工作人员要严格执行有关程序和规定，依法正确履行职责。

第四条 对违反高校招生、考试管理规定的行为，将依照国家有关规定作出行政处罚；构成违纪的，依照党和国家的有关规定，追究纪律责任；构威犯罪的，依法追究刑事责任。

第五条 对在高校招生、考试中的违纪违规行为，将按照党风廉政建设责任制规定和"谁主管，谁负责"的原则，追究有关责任者的相应责任:

1.属于集体决策的，追究主要领导的责任；

2.属于分管领导或部门负责人决策的，追究有关领导或负责人的责任；

3.属于招生考试工作人员个人行为的，追究有关当事者的责任。

第六条 对在高校招生、考试中发生下列行为之一的，按照有关规定追究任:

1.不执行国家有关规定，擅自扩大本部门、本地区或本校招生规模的；

2.以任何名义和理由，向考生收取与招生录取挂钩费用的；

3.违反国家有关规定，录取不符合录取条件的考生的；

4.以任何方式影响、干扰招生工作正常秩序的；

5.参与社会中介机构或个人非法招生活动的；

6.在报名、考试、录取等招生工作中，有徇私舞弊、弄虚作假行为的；

7.考场纪律混乱、考试秩序失控，出现大面积考试作弊现象的；

8.索取或者收受考生及其家长的礼品、现金和有价证券的。

第七条 各级教育行政部门、招生考试机构和高校应完善和建立重要事项报告制度、调整计划使用备案制度、回避制度和招生督察等制度，强化招生考试的管理和监督，对发现问题及时纠正和处理。

第八条 各级教育纪检监察部门要积极配合招生管理部门开展工作，针对招生工作中发现的问题，提出改进建议或行政监察建议。

第九条 各级教育纪检监察部门要认真实行对招生管理部门及招生工作人员履行职责的监督，严肃查处招生中的违法违纪案件。对本部门、本地区、本学校招生工作监督不力或不履行监督责任的，以及瞒案不报、压案不查的，将按照有关规定追究有关责任者和主管领导的责任。

第十条 本办法自发布之日起施行。

高等学校学生行为准则

（教学[2005]5 号2005年3月25日）

一、志存高远，坚定信念。努力学习马克思列宁主义、毛泽东思想、邓小平理论和“三个代表”重要思想，面向世界，了解国情，确立在中国共产党领导下走社会主义道路、实现中华民族伟大复兴的共同理想和坚定信念，努力成为有理想、有道德、有文化、有纪律的社会主义新人。

二、热爱祖国，服务人民。弘扬民族精神，维护国家利益和民族团结。不参与违反四项基本原则、影响国家统一和社会稳定的活动。培养同人民群众的深厚感情，正确处理国家、集体和个人三者利益关系，增强社会责任感，甘愿为祖国为人民奉献。

三、勤奋学习，自强不息。追求真理，崇尚科学；刻苦钻研，严谨求实；积极实践，勇于创新；珍惜时间，学业有成。

四、遵纪守法，弘扬正气。遵守宪法、法律法规，遵守校纪校规；正确行使权利，依法履行义务；敬廉崇洁，公道正派；敢于并善于同各种违法违纪行为作斗争。

五、诚实守信，严于律己。履约践诺，知行统一；遵从学术规范，恪守学术道德，不作弊，不剽窃；自尊自爱，自省自律；文明使用互联网；自觉抵制黄、赌、毒等不良诱惑。

六、明礼修身，团结友爱。弘扬传统美德，遵守社会公德，男女交往文明；关心集体，爱护公物，热心公益；尊敬师长，友爱同学，团结合作；仪表整洁，待人礼貌；豁达宽容，积极向上。

七、勤俭节约，艰苦奋斗。热爱劳动，珍惜他人和社会劳动成果；生活俭朴，杜绝浪费；不追求超越自身和家庭实际的物质享受。

八、强健体魄，热爱生活。积极参加文体活动，提高身体素质，保持心理健康；磨砺意志，不怕挫折，提高适应能力；增强安全意识，防止意外事故；关爱自然，爱护环境，珍惜资源。

教育部 国家发展改革委财政部关于进一步规范高校收费管理若干问题的通知

（教财[2006]2号2006年5月12日）

近年来，在党中央、国务院的高度重视下，经有关方面共同努力，高校收费管理工作不断加强，收费行为日趋规范，乱收费势头得到一定遏制。但是，高校收费工作仍存在一些亟待解决的问题，随着高等教育改革和发展的不断深化，一些新的教育、教学形式的收费政策尚不明确；高校为学生提供服务的收费和代收费等收费行为缺乏必要的规范；部分地方和高校仍存在擅立收费项目和提高标准等违规收费行为。为进一步加强公办高等学校（以下简称高校）收费管理，规范高校收费行为，坚决治理乱收费，维护高校和学生的正当权益，保障学校、学生正常的教学及学习生活，促进高等教育事业持续健康发展，现就有关问题通知如下：

一、加强对高校行政事业性收费的管理

高校行政事业性收费包括学费、住宿费和考试费三类。

（一）学费。高校按照国家有关法规和政策规定，向经教育行政部门批准招收的各类普通、成人和高等函授教育本专科（高职）生，预科生，专升本学生；第二学位、双专业、双学位、辅修专业学位学生；各类国家没有安排财政拨款的研究生（包括专业学位研究生，在职攻读硕士、博士学位研究生，申请硕士、博士学位的同等学力人员，示范性软件学院工程硕士研究生，委托培养、自筹经费硕士、博士研究生，研究生课程进修班学生等）；以本硕连读、本硕博连读形式学习的本科阶段的学生；自费来华留学生；参加高等学历教育文凭考试、自考助学班、应用型自考大专班学习的学生等收取学费。

学费应按学年或学期收取，不得跨学年预收。学生缴纳学费后，如因故退学或提前结束学业，高校应根据学生实际学习时间，按月计退剩余的学费。

高校学费标准按属地化原则管理。国家现行高校收费政策有规定的，执行现行规定；没有规定的，由省级教育行政部门综合考虑实际成本、当地经济发展水平和居民经济承受能力等因素提出意见，报同级价格、财政部门审核，并经省级人民政府批准后执行。

（二）住宿费。高校为在本校接受各类教育的学生提供住宿的，向学生收取住宿费。住宿费应按学年或学期收取，不得跨学年预收。如学生因故退学或提前结束学业，高校应根据其实际住宿时间，按月计退剩余的住宿费。

住宿费标准按属地化原则管理。国家有现行规定的，执行现行规定；没有规定的，由省级教育行政部门综合考虑实际成本、住宿条件和当地经济发展水平等因素提出意见，报同级价格、财政部门按照成本补偿和非营利原则进行审核，并经省级人民政府批准后执行。

（三）考试费。高校根据国家有关规定，代教育行政部门或自行组织硕士、博士研究生入学考试，专业硕士、博士研究生入学考试，在职人员攻读硕士、博士学位入学考试，同等学力人员申请硕士、博士学位水平考试，网络教育学生入学考试，专升本考试，保送生测试，艺术类、体育类学生入学专业测试，高水平运动员以及其他特殊类型学生入学测试，来华留学生申请、注册和考试等招生入学报名考试（含笔试、复试或面试），向参加考试的考生收取考试费。高校其他教育考试收费按照相关文件规定执行。

高校考试费收费标准，国家有明确规定的，按现行规定执行；没有规定的，由省级教育行政部门提出意见，报同级价格部门会同财政部门审批。

高校行政事业性收费的项目管理，应按现行行政事业性收费的有关制度规定，抓好落实工作。

二、规范高校服务性收费和代收费管理

（一）服务性收费。高校为在校学生提供由学生自愿选择的服务并收取相应的服务性收费。服务性收费必须坚持学生自愿和非营利原则，即时发生即时收取，不得与学费合并统一收取，严禁高校强制服务，或只收费不服务。高校向校外人员和单位提供服务的，也可收取相应的服务性费用。各地规范高校服务性收费管理的具体意见，由省级教育行政部门提出，报同级价格、财政部门审核，并经省级人民政府批准后执行。

高校以学校或院（系、所、中心等）名义，按照自愿原则面向在校学生和社会人员提供各类培训服务，向其收取培训费。培训费具体标准由高校按照成本补偿和非营利的原则制定，报所在地省级教育、价格、财政部门备案后执行。高校根据国家有关部门的要求或接受委托承办的培训班，向接受培训的人员收取的培训费，按照现行规定执行。

（二）代收费。为方便学生学习和生活，在自愿前提下，高校可以替提供服务的单位代收代付相关费用。高校不得强行统一收取代收费，也不得在学生缴纳学费时合并收取，并应及时据实结算、多退少补，不得在代办收费中加收任何费用。高校学生公寓内床上用品和日用品由学生自主采购，不得强行统一配备。

各地规范高校代收费管理的具体意见，由省级教育行政部门提出，报同级价格、财政部门审核，并经省级人民政府批准后执行。

三、严格执行教育收费公示制度

各地教育、价格、财政部门和各高校要按照本通知和《教育部等七部门关于2006年治理教育乱收费工作的实施意见》（教监〔2006〕6号）的有关规定，对高校收费项目和标准进行一次全面清理，并严格按照原国家计委、财政部、教育部《关于印发〈教育收费公示制度〉的通知》（计价格〔2002〕792号）的有关规定，将经有关部门审核批准的收费项目和标准向学生和社会进行公示，主动接受学生、家长和社会的监督。未经公示，不得收费。高校在招生简章中必须注明学费、住宿费的收费标准。

四、加强许可证、收费票据和资金的管理

高校收取行政事业性收费和服务性收费，必须到指定的价格主管部门办理收费许可证。高校收取行政事业性收费时要按照财务隶属关系使用财政部门印（监）制的财政票据，在收取服务性收费时应使用相应的税务发票。

高校行政事业性收费应当由学校财务部门统一收取、管理和核算，并严格实行“收支两条线”管理，收入按照国家有关规定和学校财务隶属关系及时全额上缴财政专户或国库，支出由财政部门按预算核拨。服务性收费原则上也应由学校财务部门统一收取，不具备条件的，可由学校相关职能部门收取，但应由学校财务部门统一进行管理和核算，严禁由高校财务部门之外的其他部门自立账户进行管理和核算。

高校的行政事业性收费和服务性收费收入应全部用于学校的办学支出。地方各级人民政府及有关部门不得将学校的收费收入用于平衡预算，也不得以任何形式挤占、截留、挪用学校收费资金。学校要严格按照批准的预算，使用收费资金，不得随意乱发钱物。

五、加强监督检查，坚决治理高校乱收费

高校要切实落实收费管理“一把手负责制”和责任追究制，自觉规范收费行为。各地教育、价格、财政、审计部门要加强对学校收费的监督，对高校不按国家规定的收费项目和标准收费，或违反规定巧立名目乱收费的，要按各自的职责依法进行严肃查处，并依照相关法规的规定追究有关负责人的责任。

香港特别行政区、澳门特别行政区、台湾地区学生来内地（祖国大陆）高校接受学历与非学历教育的，与大陆学生执行相同的收费政策。

教育部 国家发展改革委 财政部

国家重点学科建设与管理暂行办法

（教研[2006]3号2006年10月27日）

第一章　总则

第一条　为规范和加强国家重点学科的管理，促进国家重点学科建设，特制定本办法。

第二条　国家重点学科是国家根据发展战略与重大需求，而择优确定并重点建设的培养创新人才、开展科学研究的重要基地，在高等教育学科体系中居于骨干和引领地位。其建设目标是：一批学科总体水平处于国内同类学科前列，其中部分学科达到国际同类学科先进水平。提升我国高等教育的创新能力和人才培养能力，为建设创新型国家提供人才和智力支撑。

第三条　国家重点学科须具备的基本条件是：

1. 主要学科方向对推动学科发展、科技创新，促进我国经济建设、社会进步、文化发展和国防建设等具有重要意义。

2. 拥有学术造诣高、具有一定国际影响或国内知名的学术带头人，有一支结构合理的高水平学术团队。

3. 应有完整的本科生和研究生培养体系，培养的博士生质量和数量位于国内同类学科的前列。

4. 具有鲜明的学科特色，在本学科领域有较大的学术影响；已取得较高水平的成果，对经济建设和社会文化发展做出了重要贡献；承担着国家重要的研究项目。

5. 教学、科研条件居国内同类学科先进水平，具有较强支撑相关学科的能力，有良好的图书文献和现代化信息保障体系。

6. 学术气氛浓厚，国际国内学术交流活跃。

第四条　国家重点学科一般按照一级学科和二级学科分设，其口径以现行的《授予博士、硕士学位和培养研究生的学科、专业目录》为依据。

第二章 建设与经费

第五条 国家重点学科要以世界先进水平为努力方向，以国际同类学科先进水平为参照，不断开拓创新，更新学科内涵，形成具有国际竞争力的主流方向。采取有力措施，以人为本，不断提高人才培养质量。

第六条 国家重点学科的一个建设周期为五年。各国家重点学科都要根据学科发展的趋势、国家和所在地区建设和发展的需要，结合本学科的特点和基础，制订学科建设与发展规划。规划内容主要包括建设目标、主要研究方向、队伍建设、人才培养、环境和基础条件建设、经费筹措、预期成效等方面。

第七条 凝炼学科方向是做好国家重点学科建设规划的核心，各国家重点学科要与国际同类高水平学科进行比较，掌握本学科领域发展动态，紧密结合国家创新体系建设和哲学社会科学繁荣计划，瞄准国家及区域重大需求，根据自身学科优势，确定本学科研究方向。

第八条 师资队伍是国家重点学科建设的关键，各国家重点学科所在单位要制订相应的优秀学术骨干选拔和引进办法，明确学科负责人在学科建设中的职责，为优秀学者和学术团队的发展创造条件，完善激励和约束机制。

第九条 基础设施条件是国家重点学科发展的重要保障，各国家重点学科所在单位要加强对国家重点学科的实验室、现代化信息环境、图书文献等基础设施和条件的建设。

第十条 各国家重点学科要建立国家重点学科信息网页，介绍本学科的基本情况和发展动态，促进信息交流，鼓励接受国内外访问学者，增强在国内外学术界的影响力，带动国内同类学科水平的提高。

第十一条 国家重点学科的建设经费由国家、有关部门（单位）、省（自治区、直辖市）和所在单位共同筹集，鼓励社会资金投入建设。

第十二条 国家重点学科所在单位应加强对国家重点学科建设经费的管理，专款专用，遵守资金财务管理的有关规定，提高资金建设效益。

第三章 考核与认定

第十三条 国家重点学科所在单位应加强对国家重点学科的自我评估和检查，及时总结建设中的经验，发现存在的问题并及时予以改正。

第十四条 教育部对国家重点学科实行抽查和定期考核。考核工作采取同行专家评议、实地检查等方式。

第十五条 教育部在对国家重点学科考核的基础上，对符合条件的将重新确定为国家重点学科；对建设成效差、经整改后仍不符合要求的予以淘汰。

第十六条 二级学科国家重点学科的增补，将与国家和区域发展的重大需求相结合，经地方省级教育行政部门选优推荐并通过专家评审后增补。对在国家经济建设、社会发展过程中做出突出贡献的学科，经教育部考核后，可特批为国家重点学科。

第十七条 教育部在国家重点学科考核的基础上，从符合条件的二级学科国家重点学科中，按照一级学科国家重点学科的认定标准和程序确定一级学科国家重点学科。

第四章　管理与职责

第十八条 国家重点学科实行国家、主管部门（单位）或省（自治区、直辖市）和所在单位三级建设与管理体制，逐步加大地方教育行政部门对其行政区域内国家重点学科建设与管理的统筹力度。

第十九条 教育部是国家重点学科的主管部门，应加强对国家重点学科建设的指导和宏观调控，在执行有关学科建设项目时，对国家重点学科给予倾斜。其主要职责是：

1. 负责国家重点学科总体发展的规划。
2. 制定国家重点学科发展的政策和规章，宏观指导国家重点学科的建设。
3. 负责国家重点学科的确定、评估、考核和撤消。
4. 筹措国家重点学科建设资金。

第二十条 有关部门（单位）和省（自治区、直辖市）教育行政部门是本部门（地区）国家重点学科的建设与管理部门，应将本部门（地区）内的国家重点学科建设纳入本部门（地区）重点学科建设规划，实施建设与管理。主要职责是：

1. 贯彻国家有关国家重点学科建设与管理的政策和规章，并负责制订本部门（地区）国家重点学科建设与管理细则。
2. 配合教育部做好国家重点学科的考核、评估和确定等有关工作。
3. 负责本部门（地区）的国家重点学科统筹、建设和管理，并筹措和落实建设资金。

第二十一条 国家重点学科所在单位是国家重点学科建设与管理的执行部门，负责本单位国家重点学科的建设和日常管理工作。主要职责是：

1. 制订本单位国家重点学科的建设规划并组织实施。
2. 配合国家和有关主管部门做好对国家重点学科的评估、考核和检查工作。
3. 负责筹措和落实本单位国家重点学科建设资金，及时解决建设中遇到的问题，并提供资源和政策保障。

4. 按要求及时向上级部门报告建设工作的有关情况。

第五章　附则

第二十二条　有关部门（单位）或省（自治区、直辖市）和国家重点学科所在单位可根据本办法制订相应的实施细则。

第二十三条　本办法自公布之日起施行。

教育部办公厅关于加强高等学校使用外国教材管理的通知

（教高厅[2006]5号2006年11月10日）

各省、自治区、直辖市教育厅（教委），新疆生产建设兵团教育局，有关部门（单位）教育司（局），部属各高等学校：

近年来，随着我国高等教育事业的发展和教学改革的深入,高等学校使用外国教材的数量逐年增加，对高等教育教学质量的提高发挥了重要作用。高等学校在使用外国教材过程中，注重知识产权保护工作，取得了显著成绩。但是，也存在少数高等学校未经授权擅自复制和使用外国教材、侵犯著作权的情况。今年9月，全国“扫黄打非”工作小组办公室、教育部、新闻出版总署、国家版权局下发了《关于严厉打击盗版盗印及非法销售、使用外国原版教材的紧急通知》（扫黄打非办联[2006]38号），对打击盗版等工作提出了明确要求。为认真落实《通知》精神，进一步加强高等学校使用外国教材管理工作，现就有关要求重申如下：

一、高等学校选用外国教材，应由主讲教师或教研室提出，经院（系）审议、学校教学管理部门审定后，方可使用。

二、高等学校要认真执行《中华人民共和国著作权法》。使用的外国教材，必须是原版或授权的国内版教材。任何单位和个人未经权利人授权许可，都不得擅自复制、使用外国教材。

三、高等学校出版社出版国外教材，必须经权利人授权许可。未经许可不得擅自出版发行。

四、对违反规定复制、出版、使用外国教材者，应追究当事人和有关院系、出版社、学校领导的责任，并依照有关法律和规定严肃处理。

请各高等学校主管部门将本通知转发至所属各高等学校。各高等学校要认真对本校近年来复制、使用外国教材的情况进行一次全面的检查，并于今年12月底前完成自查自纠工作，停止一切涉嫌侵权的行为。

全国普通高等学校推荐优秀应届本科毕业生免试攻读硕士学位研究生工作管理办法（试行）

（教学[2006]14号2006年7月12日）

第一章　总则

第一条　为促进普通高等学校推荐优秀应届本科毕业生免试攻读硕士学位研究生（以下简称推免生）工作的健康发展，进一步提高招生工作质量，加大拔尖创新人才选拔培养力度，引导高等学校全面实施素质教育，制定本办法。

第二条　全国普通高等学校和研究机构（以下统称为招生单位）进行推荐、接收推免生的工作，均适用本办法。

第三条　本办法所称免试，是指普通高校应届本科毕业生不必经过全国硕士研究生入学统一考试的初试，直接进入复试；本办法所称推荐是指普通高等学校按规定对本校优秀应届本科毕业生进行遴选，确认其免初试资格并向招生单位推荐；本办法所称接收，是指招生单位对报考本单位的具有免初试资格的考生进行的复试和录取。

第四条　推免生工作是全国硕士研究生招生工作的重要组成部分，是研究生招生制度改革的重要内容，是激励高校在校学生勤奋学习、积极创新、全面发展的有效措施，是提高研究生选拔质量，培养拔尖创新人才的重要保证。

第五条　推免生工作应做到公开、公正、公平。推荐学校和接收单位均应制订科学、规范、明确的推荐标准、接收标准及公开透明的工作程序。

第六条　进行推荐和接收工作，应坚持德、智、体全面衡量、择优选拔。在对考生平时学习和科研能力综合测评基础上，突出对考生创新精神、创新能力和专业能力倾向等的考查。

第七条　提倡优势互补、加强交流，鼓励推免生在不同地区间、招生单位间及不同学科间的交流。

第八条 教育部负责全国高等学校推免生工作的宏观管理，制订全国普通高等学校推免生工作管理办法，规定开展推荐工作的高等学校的标准和条件；遴选专家组成推免生工作专家委员会，对高等学校是否可以开展推荐工作进行评议；公布可开展推荐工作的学校名单和年度推荐名额。

省、自治区、直辖市研究生招生工作部门具体负责本行政区域内高等学校推免生的管理和监督工作。

开展推荐工作的高等学校，应成立由校领导牵头，各有关职能部门负责人及专家教授代表等组成的推免生遴选工作领导小组，负责本校推荐工作；校内院（系）应成立由有关负责人和教师代表组成的推荐工作小组，具体实施本单位推荐工作。

各招生单位的招生领导小组负责推免生的接收工作。

第九条 教育部对年度推免生规模实行总量控制。

第二章 推荐

第十条 开展推荐工作的高等学校应具备以下条件：

（一）教学质量优秀。

（二）具有经国务院学位委员会批准的博士学位授予权；或具有经国务院学位委员会批准的硕士学位授予权，且独立招收硕士研究生连续15年（体育、艺术院校连续6年）以上。

（三）招生工作秩序良好。

（四）办学行为规范。

第十一条 高等学校认为本校符合第十条规定的条件，可以向学校所在地省级研究生招生主管部门提出进行推免生工作的申请。省级主管部门核实并遴选后转报教育部，教育部组织推免生工作专家委员会评议后，向社会公示。公示后无异议的，由教育部通知并公布开展推荐工作的高等学校名单。

第十二条 教育部按照以下原则确定高等学校推免生名额：

（一）教育部批准设立研究生院的高等学校一般按应届本科毕业生数的15%左右确定。

（二）未设立研究生院的“211工程”建设高等学校一般按应届本科毕业生数的5%左右确定。

（三）其他高等学校一般按应届本科毕业生数的2%确定，其中初次开展推荐工作的高等学校，前3年每年一般按应届本科毕业生数的1%确定。

（四）经教育部确定的人文、理科等人才培养基地的高等学校，按教育部批准的基地班招生人数的50%左右，单独增加推免生名额，由学校统筹安排。

（五）对国家发展急需的专业适当增加推免生名额。

教育部可根据研究生教育改革与发展的形势，对上述比例做适当调整。

第十三条 高等学校不得将推免生名额跨学校使用，不得以推免生工作为由进行本硕连读培养和宣传。截至教育部规定时间后，被确定的推免生如果无招生单位接收或本人放弃，则该生推免生资格作废，名额不得转让。

第十四条 高等学校从具备下列条件的学生中择优遴选推免生：

（一）纳入国家普通本科招生计划录取的应届毕业生（不含专升本、第二学士学位、独立学院学生）。

（二）具有高尚的爱国主义情操和集体主义精神，社会主义信念坚定，社会责任感强，遵纪守法，积极向上，身心健康。

（三）勤奋学习，刻苦钻研，成绩优秀；学术研究兴趣浓厚，有较强的创新意识、创新能力和专业能力倾向。

（四）诚实守信，学风端正，无任何考试作弊和剽窃他人学术成果记录。

（五）品行表现优良，无任何违法违纪受处分记录。

（六）对有特殊学术专长或具有突出培养潜质者，经三名以上本校本专业教授联名推荐，经学校推免生遴选工作领导小组严格审查，可不受综合排名限制，但学生有关说明材料和教授推荐信要进行公示。

（七）在制定综合评价体系时，可对文艺、体育及社会工作特长等因素予以适当考虑。但具备这些特长者必须参加综合排名，不得单列。

高等学校可按上述要求制订推免生的具体条件，但应符合法律、行政法规、规章和国家政策。

第十五条 推荐工作须完成以下程序：

（一）学校按照本办法的原则和规定，制订年度推荐工作实施办法，于推荐工作启动前在校内各院（系）公布。

（二）符合申请条件的学生，可向学校提交申请，填写《普通高等学校推荐免试攻读硕士学位研究生资格申请表》，并提交相应证明材料。

（三）学校按照规定进行综合测评，择优确定初选名单。

（四）通过初选的学生，要填写教育部统一制定格式的《全国推荐免试攻读硕士学位研究生登记表》（见附表，以下简称《推免生登记表》），经院（系）推荐工作小组审核盖章后，报本校推免生遴选工作领导小组审定。

（五）学校将审定的名单在各院（系）和校内网站公示，公示期不少于7天。对有异议的学生，学校要查明情况，公布处理结果。如无异议，由学校报省级招办备案。未经公示的推免生资格无效。

（六）省级招办按照有关规定核查《推免生登记表》，并加盖公章。

通过上述程序的学生即取得推免生的资格。

第三章　接收

第十六条　招生单位拟接收推免生数量应通过专业目录向社会公布，各招生专业一般均应留出一定名额招收统考生。

第十七条　设有研究生院的高等学校接收本校推免生的人数，不得超过本校推免生总数的65%，其中地处西部省份或军工、矿业、石油、地质、农林等特殊类型的高等学校，上述比例可适当放宽，但不得超过75%。

第十八条　招生单位接收推免生按照以下程序进行：

（一）招生单位在网上公布接收推免生的具体要求和预计人数。

（二）具有推免生资格的考生，向报考的招生单位提交《推免生登记表》及有关材料。

（三）招生单位对推免生申请者的材料进行审查、评议，确定复试名单，在招生单位规定时间内，向申请者发出复试或不予接收复试的通知。

（四）招生单位对推免生申请者进行复试。经复试后确定拟录取名单，并公示7天以上，无异议的由招生单位通知该考生。

招生单位应制订对推免生申请者的复试办法，规范程序和复试内容。

第十九条　具有推免生资格的考生被录取后仍须参加全国硕士研究生招生考试网上报名，并按规定及时到指定报考点予以现场确认。

第二十条　超过教育部规定时限接收推免生的无效。

没有《推免生登记表》的申请者不得受理其申请。

未经复试的申请者不得录取。

入学前未取得学士学位或本科毕业证书，或受到处分的，取消录取资格。

第四章　管理与监督

第二十一条　推荐及接收单位应加强管理，完善监督制度。涉及推免生工作的原则、方法、程序和结果等重要事项都应认真研究，集体决策。

第二十二条　推荐及接收单位应将推免生政策规定、有关推免生资格、招收推免生名额、录取信息、考生咨询及申诉渠道等进行公开。

第二十三条　高等学校应当将推免生工作中学生的申诉，纳入校内申诉渠道。

第二十四条　有关主管部门应当加强对高等学校推免生工作的管理与监督。

第二十五条 对在申请推免生过程中弄虚作假的学生，一经发现，即取消推免生资格，对已录取者取消录取资格和学籍，由推荐单位按学生管理规定进行相应处理。

第二十六条 推荐及接收单位未按本办法实施的，由有关主管部门给予通报批评、减少推免生名额处理；情节严重者，给予停止该单位进行推免生工作的处理，并对直接主管人员和直接责任人员追究责任。违反《教育法》、《高等教育法》、《中华人民共和国学位条例》等以及其他法律法规的，依法严肃处理。

第二十七条 本办法自公布之日起试行。此前教育部印发的有关推荐和招收免试攻读硕士学位研究生的文件，与本办法不一致的，以本办法为准。

普通本科学校设置暂行规定

（教发[2006]18号2006年9月28日）

为做好高等学校设置工作，保证普通本科学校设置的质量，现就普通本科学校（独立设置的学院和大学）的设置制定本暂行规定。

一、设置标准

（一）办学规模

普通本科学校主要实施本科及本科以上教育。

称为学院的，全日制在校生规模应在5 000人以上。

称为大学的，全日制在校生规模应在8 000人以上，在校研究生数不低于全日制在校生总数的5%。

艺术、体育及其他特殊科类或有特殊需要的学院，经教育部批准，办学规模可以不受此限。

（二）学科与专业

1.在人文学科（哲学、文学、历史学）、社会学科（经济学、法学、教育学）、理学、工学、农学、医学、管理学等学科门类中，称为学院的应拥有1个以上学科门类作为主要学科，称为大学的应拥有3个以上学科门类作为主要学科。

2.称为学院的其主要学科门类中应能覆盖该学科门类3个以上的专业；称为大学的其每个主要学科门类中的普通本科专业应能覆盖该学科门类3个以上的一级学科，每个主要学科门类的全日制本科以上在校生均不低于学校全日制本科以上在校生总数的15%，且至少有2个硕士学位授予点，学校的普通本科专业总数至少在20个以上。

（三）师资队伍

1.普通本科学校应具有较强的教学、科研力量，专任教师总数一般应使生师比不高于18：1；兼任教师人数应当不超过本校专任教师总数的1/4。

2.称为学院的在建校初期专任教师总数不少于280人。专任教师中具有研究生学历的教师数占专任教师总数的比例应不低于30%，具有副高级专业技术职务以上的专任教师人数一般应不低于专任教师总数的30%，其中具有正教授职务的专任教师应不少于10人。各门公共必修课程和专业基础必修课程，至少应当分别配备具有副高级专业技术职务以上的专任教师2人；各门专业必修课程，至少应当分别配备具有副高级专业技术职务以上的专任教师1人；每个专业至少配备具有正高级专业技术职务的专任教师1人。

3.称为大学的专任教师中具有研究生学历的人员比例一般应达到50%以上，其中具有博士学位的专任教师占专任教师总数的比例一般应达到20%以上；具有高级专业技术职务的专任教师数一般应不低于400人，其中具有正教授职务的专任教师一般应不低于100人。

（四）教学与科研水平

1.普通本科学校应具有较强的教学力量和较高的教学水平，在教育部组织的教学水平评估中，评估结论应达到“良好”以上（对申办学院的学校是指高职高专学校教学工作水平评估；对学院更名为大学的学校是指普通高等学校本科教学工作水平评估）。称为大学的学校应在近两届教学成果评选中至少有2个以上项目获得过国家级一、二等奖或省级一等奖。

2.普通本科学校应具有较高的科学研究水平。称为大学的学校还应达到以下标准：

（1）近5年年均科研经费，以人文、社会学科为主的学校至少应达到500万元，其他类高校至少应达到3 000万元；

（2）近5年来科研成果获得省部级以上（含省部级）奖励20项，其中至少应有2个国家级奖励；

（3）至少设有省部级以上（含省部级）重点实验室2个和重点学科2个；

（4）一般至少应具有10个硕士点，并且有5届以上硕士毕业生。

（五）基础设施

1.土地。普通本科学校生均占地面积应达到60平方米以上。学院建校初期的校园占地面积应达到500亩以上。

2.建筑面积。普通本科学校的生均校舍建筑面积应达到30平方米以上。称为学院的学校，建校初期其总建筑面积应不低于15万平方米；普通本科学校的生均教学科研行政用房面积，理、工、农、医类应不低于20平方米，人文、社科、管理类应不低于15平方米，体育、艺术类应不低于30平方米。

3.仪器设备。普通本科学校生均教学科研仪器设备值，理、工、农、医类和师范院校应不低于5 000 元，人文、社会科学类院校应不低于3 000元，体育、艺术类院校应不低于4 000元。

4.图书。普通本科学校生均适用图书，理、工、农、医类应不低于80册，人文、社会科学类和师范院校应不低于100册，体育、艺术类应不低于80册。

各校都应建有现代电子图书系统和计算机网络服务体系。

5.实习、实训场所。普通本科学校必须拥有相应的教学实践、实习基地。以理学、工学、农林等科类专业教育为主的学校应当有必需的教学实习工厂和农（林）场和固定的生产实习基地；以师范类专业教育为主的学校应当有附属的实验学校或固定的实习学校；以医学专业教育为主的学校至少应当有一所直属附属医院和适用需要的教学医院。

（六）办学经费

普通本科学校所需基本建设投资和教育事业费，须有稳定、可靠的来源和切实的保证。

（七）领导班子

必须具备《教育法》、《高等教育法》、《民办教育促进法》等有关法律规定的关于高等学校领导任职条件要求，具有较高政治素质和管理能力、品德高尚、熟悉高等教育、有高等教育副高级以上专业技术职务的专职领导班子。

位于少数民族地区和边远地区的普通本科学校，在设置时，其办学规模和有关条件在要求上可以适当放宽。

设置民办普通本科学校，应参照上述标准执行。

二、学校名称

1.本科层次的普通高等学校称为“××大学”或“××学院”。

2.设置普通学校，应当根据学校的人才培养目标、办学层次、类型、学科门类、教学和科研水平、规模、领导体制、所在地等，确定名实相符的学校名称。

3.校名不冠以“中国”、“中华”、“国家”等字样，不以个人姓名命名，不使用省、自治区、直辖市和学校所在城市以外的地域名。

4.普通高等学校实行一校一名制。

三、设置申请

1.教育部每年第4季度办理设置普通本科学校的审批手续。设置普通本科学校的主管部门，应当在每年第3季度提出申请，逾期则延至下次审批时间办理。

2.设置普通本科学校的审批，一般分为审批筹建和审批正式建校招生两个阶段。完全具备建校招生条件的，也可直接申请建校招生。

3.设置普通本科学校，应当由学校的主管部门委托其教育行政部门邀请规划、人才、劳动人事、财政、基本建设等有关部门和专家共同进行考察、论证，并提出论证报告。论证报告应包括下列内容：（1）拟建学校的名称、校址、类型、办学定位、学科和专业设置、规模、领导体制、办学特色、服务面向；（2）人才需求预测、办学效益、本地区高等教育的布局结构；（3）拟建学校的发展规划，特别是师资队伍建设规划、学科建设规划和校园基本建设规划；（4）拟建学校的经费来源和财政保障。

4.凡经过论证，确需设置普通本科学校的，按学校隶属关系，由省、自治区、直辖市人民政府或国务院有关部门向教育部提出申请，并附交论证报告及拟设学校的章程。国务院有关部门申请设立普通本科学校的，还应当附交学校所在地的省、自治区、直辖市人民政府的意见书。

5.普通本科学校的筹建期限，从批准之日起，应当不少于1年，最长不超过5年。拟要求“去筹”、正式设立的普通本科学校，须在其正式批准的筹建期满后，由其主管部门向教育部提出正式设立的申请。

6.凡提出设置普通本科学校的申请，在经由教育部形式审查通过后，由教育部委托全国高校设置评议委员会进行考察、评议；通过考察、评议的学校，由教育部正式批准设立。未通过教育部形式审查或未通过全国高校设置评议委员会考察、评议的学校，若仍需设置，需在下次由学校主管部门重新向教育部提出申请。凡未通过考察、评议的学校，教育部将以书面形式告知其主管部门。

本《暂行规定》自发布之日起实施。此前教育部发布的有关普通本科学校设置问题的文件与本《暂行规定》不一致的，以本《暂行规定》为准。

普通高等学校新生学籍电子注册暂行办法

（教学[2007]3号2007年3月13日）

第一条 为适应高等教育改革发展的需要，进一步规范普通高等学校（以下简称高等学校）办学行为，维护高等教育的公平、公正保护学生的合法权益依据《高等教育法》、《普通高等学校学生管理规定》制定本办法。

第二条 实行高等学校新生学籍电子注册是政府运用现代信息技术手段，对高等学校招收的普通高等学历教育本专科新生学籍注册工作实施监督的管理方式。

第三条 各省、自治区、直辖市高等学校招生委员会办公室（以下简称省级招办）按照国家有关招生规定和核准并公布的年度招生计划对高等学校拟录取的考生予以核准备案并办理录取手续每年9月1日之前将各高等学校在本地的招生录取数据信息报教育部。教育部对所报录取数据信息汇总审核后通过中国高等教育学生信息网分发至省级教育行政部门，供高等学核核对。

第四条 新生报到后，高等学校按国家招生规定和《普通高等学校学生管理规定》对其进行入学资格复查。复查包括在网上核对以下录取信息内容；

（一）考生号、姓名、性别、民族、出生日期、身份证号、入学年月；

（二）录取院校、专业层次（本科、专科<高职>、预科），录取类型（统考、单招、保送等）。

复查合格取得学籍的依据本办法及时进行学籍电子注册。

第五条 高等学校核对录取信息有误或网上没有录取信息的学生，应当及时与学生生源地省级招办复核。省级招办对高等学校要求复核的录取信息应当认真负责地办理对确属工作原因漏报及需要更正的信息须及时补报教育部，并将复核结果及时反馈学校。

第六条 高等学校对录取信息内容不完整的进行补充；对放弃入学资格、取消入学资格、保留入学资格的学生，在录取信息中予以标注（按《关于启用学籍学历信息管理平台和做好2005年高校入学新生数据核对工作的通知》所附数据格式）。

第七条 高等学校对按预科录取的新生注册为预科，不得直接注册为本科或专科。经预科阶段学习达到转入本科或专科培养要求的，应当在转入当年将学生数据信息报所在地省级教育行政部门备案，并正式办理新生学籍电子注册。

第八条 高等学校举办普通专科生升入本科、五年一贯制。三二分段制、第二学士学位、港澳台侨、来华留学等各种办学形式的高等教育必须严格按照国家相关规定招生，由学校所在地省级教育行政部门审核录取信息，于9月30日之前将审核结果反馈所在学校，并报教育部备案。

第九条 高等学校新生学籍电子注册工作应当在学生入学第一学期开学后3个月内完成，并将学籍电子注册数据和统计数据（统计表附后）以纸介质和电子版方式报所在地省级教育行政部门。

第十条 省级教育行政部门审核注册结果并反馈高等学校；报属地高等学校学籍电子注册数据、注册人数及未报到人数统计数据至教育部。

第十一条 高等学校和省级教育行政部门分别在各自网站公布已注册新生学籍信息供学生本人查询并将网站名称、网址告学生。网上公布的新生学籍信息内容为学校名称、姓名、性别、专业、层次、入学年月。学生以本人姓名、考生号、身份证号码进入网站查询学籍注册情况。

第十二条 学生在校期间变更有关注册信息属于姓名、身份证号等关键信息变更的须由学生提供合法性证明材料，学校比照考生录取档案严格审核修改，报省级教育行政部门备案。

第十三条 教育部建立高等学校新生学籍电子注册数据信息档案库，对学生学籍信息、学历证书电子注册进行统筹管理。

第十四条 新生学籍电子注册结果是学生毕业时学历证书电子注册的重要审核依据。对高等学校未按国家有关规定招收的学生，不予学籍注册省级教育行政部门不得上网公布，责令高等学校退回所招学生并妥善处理，不得遗留隐患；情节严重的报教育部备案作为核定该校下一年度招生计划的参考因素。高等学校将违规录取的学生留校学习而出现的问题其责任由高等学校及其相关负责人承担。

第十五条 各省级教育行政部门要对本地区招生、新生学籍电子注册工作进行统筹并保证新生学籍电子注册工作及网络建设所需人员、经费的落实。

第十六条 各高等学校要严格按照本办法认真做好新生学籍电子注册工作；各省级教育行政部门要切实履行管理、检查和监督职能。对于因工作失误或弄虚作假而造成严重后果的，将严肃追究当事人和主要领导的责任。

第十七条 新生学籍电子注册制度从2007级新生开始实施，本办法由教育部负责解释。

高等学校勤工助学管理办法

（教财[2007]7号2007年6月26日）

第一章　总则

第一条　为规范管理高等学校学生勤工助学工作，促进勤工助学活动健康、有序开展，保障学生的合法权益，培养学生自立自强精神，增强学生社会实践能力，帮助学生顺利完成学业，特制定本办法。

第二条　本办法所称高等学校是指根据国家有关规定批准设立、实施高等学历教育的全日制普通本科高等学校、高等职业学校和高等专科学校（以下简称学校）。

第三条　本办法所称学生是指学校招收的本专科（含高职、第二学士学位）学生和研究生。

第四条　本办法所称勤工助学活动是指学生在学校的组织下利用课余时间，通过劳动取得合法报酬，用于改善学习和生活条件的社会实践活动。勤工助学是学校学生资助工作的重要组成部分，是提高学生综合素质和资助家庭经济困难学生的有效途径。

第五条　勤工助学活动必须坚持"立足校园、服务社会"的宗旨，按照学有余力、自愿申请、信息公开、扶困优先、竞争上岗、遵纪守法的原则，由学校在不影响正常教学秩序和学生正常学习的前提下有组织地开展。

第六条　勤工助学活动由学校统一组织和管理。任何单位或个人未经学校学生资助管理机构同意，不得聘用在校学生打工。学生私自在校外打工的行为，不在本办法规定之列。

第二章　组织机构

第七条　学校学生资助工作领导小组全面领导勤工助学工作，负责协调学校的财务、人事、学工、教务、科研、后勤、团委等部门，配合学生资助管理机构开展相关工作。充分发挥学生会等学生社团组织在勤工助学工作中的作用，共同做好勤工助学工作。

第八条 学校学生资助管理机构下设专门的学生勤工助学管理服务组织，具体负责勤工助学的日常管理工作。

第三章 学校的职责

第九条 组织开展勤工助学活动是学校学生工作的一项重要内容。学校要加强领导，认真组织，积极鼓励校内有关职能部门充分发挥作用，在工作安排、人员配备、资金落实、办公场地、活动场所及助学岗位设置等方面给予大力支持，为学生勤工助学活动提供指导、服务和保障。

第十条 根据本办法的规定，结合学校实际情况，制订并不断完善本校学生勤工助学活动的实施办法。

第十一条 根据国家有关规定，筹措经费，设立勤工助学专项资金，并制订资金使用与管理办法。

第十二条 加强对勤工助学学生的思想政治教育，帮助他们树立正确的劳动观。对在勤工助学活动中表现突出的学生予以表彰和奖励。对违反勤工助学协议的学生，可按照协议停止其勤工助学活动。对在勤工助学活动中违反校纪校规的，按照学校管理规定进行教育和处理。

第四章 学生勤工助学管理服务组织的职责

第十三条 确定校内勤工助学岗位。协调校内各单位，引导和组织学生积极参加勤工助学活动，指导和监督学生的勤工助学活动。

第十四条 开发校外勤工助学资源。积极收集校外勤工助学信息，开拓校外勤工助学渠道，增加校外勤工助学岗位，并纳入学校管理。

第十五条 接受学生参加勤工助学活动的申请，安排学生勤工助学岗位，为学生和用人单位提供及时有效的服务。

第十六条 在学校学生资助管理机构的领导下，配合学校财务部门共同管理和使用学校勤工助学专项资金，制订校内勤工助学岗位的报酬标准，并负责酬金的发放和管理工作。

第十七条 组织学生开展必要的勤工助学岗前培训和安全教育，维护勤工助学学生的合法权益。

第十八条 安排勤工助学岗位，应优先考虑家庭经济困难的学生。

第十九条　不得组织学生参加有毒、有害和危险的生产作业以及超过学生身体承受能力、有碍学生健康的劳动。

第五章　校内勤工助学岗位的设置

第二十条　设岗原则：以工时定岗位。

（一）按每个家庭经济困难学生月平均上岗工时不低于20小时为标准，测算出学期内全校每月需要的勤工助学总工时数（20工时×家庭经济困难学生总数），统筹安排、设置校内勤工助学岗位。

（二）设置的岗位数量既要满足学生的工时需求，又要保证学生不因参加勤工助学而影响学习。学生参加勤工助学的时间原则上每周不超过8小时，每月不超过40小时。

第二十一条　岗位类型：勤工助学岗位分固定岗位和临时岗位。

（一）固定岗位是指持续一个学期以上的长期性岗位和寒暑假期间的连续性岗位；

（二）临时岗位是指不具有长期性，通过一次或几次勤工助学活动即完成任务的工作岗位；

（三）校内勤工助学岗位设置应以校内教学助理、科研助理、行政管理助理和后勤服务等为主；

（四）学校后勤部门应大幅度减少雇用临时工，调整出适合学生参与管理和服务的岗位，为学生提供更多的勤工助学机会。

第六章　校外勤工助学活动的管理

第二十二条　校外勤工助学活动必须由学校学生勤工助学管理服务组织统一管理，并注重与学生学业的有机结合。

第二十三条　校外用人单位聘用学生勤工助学，须向学校学生勤工助学管理服务组织提出申请，提供法人资格证书副本和相关的证明文件。经审核同意，学校学生勤工助学管理服务组织推荐适合用人单位工作要求的学生参加勤工助学活动。

第七章　勤工助学酬金标准及支付

第二十四条　校内固定岗位按月计酬。以每月40个工时的酬金原则上不低于当地政府或有关部门制定的最低工资标准或居民最低生活保障标准为计酬基准，可适当上下浮动。

第二十五条 校内临时岗位按小时计酬。每小时酬金可参照学校当地政府或有关部门规定的最低小时工资标准合理确定，原则上不低于每小时8元人民币。

第二十六条 校外勤工助学酬金标准不应低于学校当地政府或有关部门规定的最低工资标准，由用人单位、学校与学生协商确定，并写入聘用协议。

第二十七条 学生参与校内非营利性单位的勤工助学活动，其劳动报酬由学生勤工助学管理服务组织从勤工助学专项资金中支付；学生参与校内营利性单位或有专门经费项目的勤工助学活动，其劳动报酬原则上由用人单位支付或从项目经费中开支；学生参加校外勤工助学，其劳动报酬由校外用人单位按协议支付。

第八章 法律责任

第二十八条 学生在校内开展勤工助学活动的，学生勤工助学管理服务组织必须与学生签订具有法律效力的协议书。学生在校外开展勤工助学活动的，学生勤工助学管理服务组织必须经学校授权，代表学校与用人单位和学生三方签订具有法律效力的协议书。签订协议书并办理相关聘用手续后，学生方可开展勤工助学活动。

协议书必须明确学校、用人单位和学生等各方的权利和义务，开展勤工助学活动的学生如发生意外伤害事故的处理办法以及争议解决方法。

第二十九条 在勤工助学活动中，若出现协议纠纷或学生意外伤害事故，协议各方应按照签订的协议协商解决。如不能达成一致意见，按照有关法律法规规定的程序办理。

第九章 附则

第三十条 本办法由教育部、财政部负责解释。

第三十一条 本办法自公布之日起施行。

普通本科高校、高等职业学校国家奖学金管理暂行办法

（财教[2007]90号　2007年6月26日）

第一章　总则

第一条　为激励普通本科高校、高等职业学校学生勤奋学习、努力进取，在德、智、体、美等方面得到全面发展，根据《国务院关于建立健全普通本科高校、高等职业学校和中等职业学校家庭经济困难学生资助政策体系的意见》（国发〔2007〕13号），制定本办法。

第二条　本办法所称普通本科高校、高等职业学校是指根据国家有关规定批准设立、实施高等学历教育的全日制普通本科高等学校、高等职业学校和高等专科学校（以下简称高校）。

第三条　国家奖学金由中央政府出资设立，用于奖励高校全日制本专科（含高职、第二学士学位）学生（以下简称学生）中特别优秀的学生。

中央高校国家奖学金的名额由财政部商有关部门确定。地方高校国家奖学金的名额由各省（自治区、直辖市）根据财政部、教育部确定的总人数，以及高校数量、类别、办学层次、办学质量、在校本专科生人数等因素确定。在分配国家奖学金名额时，对办学水平较高的高校、以农林水地矿油核等国家需要的特殊学科专业为主的高校予以适当倾斜。

第二章　奖励标准与基本条件

第四条　国家奖学金的奖励标准为每人每年8000元。

第五条　国家奖学金的基本申请条件:

1.热爱社会主义祖国，拥护中国共产党的领导；

2.遵守宪法和法律，遵守学校规章制度；

3.诚实守信，道德品质优良；

4.在校期间学习成绩优异，社会实践、创新能力、综合素质等方面特别突出。

第三章　名额分配与预算下达

第六条　全国学生资助管理中心根据财政部、教育部确定的当年国家奖学金的总人数，按照本办法第三条的规定，于每年5月底前，提出各省(自治区、直辖市)和中央部门所属高校国家奖学金名额分配建议方案，报财政部、教育部审批。

第七条　每年7月31日前，财政部、教育部将国家奖学金分配名额和预算下达中央主管部门和省级财政、教育部门。

每年9月1日前，中央主管部门和省及省以下财政、教育部门负责将国家奖学金名额和预算下达所属各高校。

第四章　评审

第八条　国家奖学金每学年评审一次，实行等额评审，坚持公开、公平、公正、择优的原则。

第九条　获得国家奖学金的学生为高校在校生中二年级以上（含二年级）的学生。

同一学年内，获得国家奖学金的家庭经济困难学生可以同时申请并获得国家助学金，但不能同时获得国家励志奖学金。

第十条　高校要根据本办法的规定，制定具体评审办法，并报主管部门备案。

第十一条　高校学生资助管理机构具体负责组织评审工作，提出本校当年国家奖学金获奖学生建议名单，报学校领导集体研究审定后，在校内进行不少于5个工作日的公示。公示无异议后，每年10月31日前，中央高校将评审结果报中央主管部门，地方高校将评审结果逐级报至省级教育部门。中央主管部门和省级教育部门审核、汇总后，统一报教育部审批。教育部于每年11月15日前批复并公告。

第五章　奖学金发放、管理与监督

第十二条　高校于每年11月30日前将国家奖学金一次性发放给获奖学生，颁发国家统一印制的奖励证书，并记入学生学籍档案。

第十三条 各高校要切实加强管理，认真做好国家奖学金的评审和发放工作，确保国家奖学金用于奖励特别优秀的学生。

第十四条 各省（自治区、直辖市）、有关部门和高校必须严格执行国家相关财经法规和本办法的规定，对国家奖学金实行分账核算，专款专用，不得截留、挤占、挪用，同时应接受财政、审计、纪检监察、主管机关等部门的检查和监督。

第六章　附则

第十五条 民办高校（含独立学院）国家奖学金管理办法由各省（自治区、直辖市）制定。各省（自治区、直辖市）在制定办法时，应综合考虑学校的办学质量、学费标准、招生录取分数、一次性就业率、学科专业设置等因素。

第十六条 本办法由财政部、教育部负责解释。各省（自治区、直辖市）要根据本办法制定实施细则，并报财政部、教育部备案。

第十七条 本办法自发布之日起施行。《财政部 教育部关于印发〈国家助学奖学金管理办法〉的通知》（财教[2005]75号）同时废止。

普通本科高校、高等职业学校国家励志奖学金管理暂行办法

（财教[2007]91号2007年6月27日）

第一章　总则

第一条　为激励普通本科高校、高等职业学校家庭经济困难学生勤奋学习、努力进取，在德、智、体、美等方面得到全面发展，根据《国务院关于建立健全普通本科高校、高等职业学校和中等职业学校家庭经济困难学生资助政策体系的意见》（国发〔2007〕13号），制定本办法。

第二条　本办法所称普通本科高校、高等职业学校是指根据国家有关规定批准设立、实施高等学历教育的全日制普通本科高等学校、高等职业学校和高等专科学校（以下简称高校）。

第三条　国家励志奖学金用于奖励资助高校全日制本专科(含高职、第二学士学位)学生（以下简称学生）中品学兼优的家庭经济困难学生。

中央高校国家励志奖学金的奖励资助名额由财政部商有关部门确定。地方高校国家励志奖学金的奖励资助名额由各省、自治区、直辖市根据财政部、教育部确定的总人数，以及高校数量、类别、办学层次、办学质量、在校本专科生人数和生源结构等因素确定。在分配国家励志奖学金名额时，对办学水平较高的高校，以农林水地矿油核等国家需要的特殊学科专业为主的高校予以适当倾斜。

第四条　国家励志奖学金由中央和地方政府共同出资设立。中央部门所属高校国家励志奖学金所需资金由中央财政负担。地方所属高校国家励志奖学金所需资金根据各地财力及生源状况由中央与地方财政按比例分担。

国家鼓励各省、自治区、直辖市加大家庭经济困难学生资助力度，超出中央核定总额部分的国家励志奖学金所需资金由中央财政给予适当补助。

第二章　奖励标准与申请条件

第五条　国家励志奖学金的奖励标准为每人每年5000元。

第六条　国家励志奖学金的基本申请条件：

1.热爱社会主义祖国，拥护中国共产党的领导；

2.遵守宪法和法律，遵守学校规章制度；

3.诚实守信，道德品质优良；

4.在校期间学习成绩优秀；

5.家庭经济困难，生活俭朴。

第三章　名额分配与预算下达

第七条　每年5月底前，中央主管部门和各省、自治区、直辖市要根据本办法第三条的规定，提出所属高校国家励志奖学金名额分配建议方案，报财政部、教育部。

财政部、教育部委托全国学生资助管理中心对中央主管部门和各省、自治区、直辖市报送的国家励志奖学金名额分配建议方案进行审核。

第八条　每年7月31日前，财政部、教育部结合全国学生资助管理中心审核意见，将国家励志奖学金分配名额和预算下达中央主管部门和省级财政、教育部门。

第九条　每年9月1日前，中央主管部门和省以下财政、教育部门负责将国家励志奖学金名额和预算下达所属各高校。

第四章　申请与评审

第十条　国家励志奖学金实行等额评审，坚持公开、公平、公正、择优的原则。

第十一条　国家励志奖学金申请与评审工作由高校组织实施。高校要根据本办法的规定，制定具体评审办法，并报中央主管部门或省级教育行政部门备案。高校在开展国家励志奖学金评审工作中，要对农林水地矿油核等国家需要的特殊学科专业学生予以适当倾斜。

第十二条　国家励志奖学金按学年申请和评审。申请国家励志奖学金的学生为高校在校生中二年级以上（含二年级）的学生。

同一学年内，申请国家励志奖学金的学生可以同时申请并获得国家助学金，但不能同时获得国家奖学金。

试行免费教育的教育部直属师范院校师范类专业学生不再同时获得国家励志奖学金。

第十三条 每年9月30日前，学生根据本办法规定的国家励志奖学金的基本申请条件及其他有关规定，向学校提出申请，并递交《普通本科高校、高等职业学校国家励志奖学金申请表》（见附表）。

第十四条 高校学生资助管理机构负责组织评审，提出本校当年国家励志奖学金获奖学生建议名单，报学校领导集体研究通过后，在校内进行不少于5个工作日的公示。公示无异议后，每年10月31日前，中央高校评审结果报中央主管部门，地方高校评审结果逐级报至省级教育部门。中央主管部门和省级教育部门于11月15日前批复。

第五章 奖学金发放、管理与监督

第十五条 高校于每年11月30日前将国家励志奖学金一次性发放给获奖学生，并记入学生的学籍档案。

第十六条 地方财政部门要按有关规定落实所负担的资金，及时拨付，加强管理。

第十七条 各高校要切实加强管理，认真做好国家励志奖学金的评审和发放工作，确保国家励志奖学金真正用于资助品学兼优的家庭经济困难学生。

第十八条 各省、自治区、直辖市、各有关部门和高校必须严格执行国家相关财经法规和本办法的规定，对国家励志奖学金实行分账核算，专款专用，不得截留、挤占、挪用，同时应接受财政、审计、纪检监察、主管机关等部门的检查和监督。

第六章 附则

第十九条 高校要按照国家有关规定，从事业收入中足额提取4–6%的经费用于资助家庭经济困难学生。中央高校提取的具体比例由财政部商中央主管部门确定，地方高校提取的具体比例由各省、自治区、直辖市确定。

第二十条 民办高校（含独立学院）按照国家有关规定规范办学、举办者按照本办法第十九条规定的比例从事业收入中足额提取经费用于资助家庭经济困难学生的，其招收的符合本办法规定申请条件的普通本专科（含高职、第二学士学位）学生，也可以申请国家励志奖学金。具体评审管理办法，由各省、自治区、直辖市研究制定。各省、自治区、直辖市在制定评审管理办法时，应综合考虑学校的办学质量、学费标准、招生录取分数、一次性就业率、学科专业设置等因素。

第二十一条 本办法由财政部、教育部负责解释。各省、自治区、直辖市要根据本办法制定实施细则，并报财政部、教育部备案。

第二十二条 本办法自公布之日起施行。

普通本科高校、高等职业学校国家助学金管理暂行办法

（财教[2007]92号2007年6月27日）

第一章　总则

第一条　为体现党和政府对普通本科高校、高等职业学校家庭经济困难学生的关怀，帮助他们顺利完成学业，根据《国务院关于建立健全普通本科高校、高等职业学校和中等职业学校家庭经济困难学生资助政策体系的意见》（国发〔2007〕13号），制定本办法。

第二条　本办法所称普通本科高校、高等职业学校是指根据国家有关规定批准设立、实施高等学历教育的全日制普通本科高等学校、高等职业学校和高等专科学校（以下简称高校）。

第三条　国家助学金用于资助高校全日制本专科（含高职、第二学士学位）在校生中的家庭经济困难学生。

中央高校国家助学金的资助名额由财政部商有关部门确定。地方高校国家助学金的资助名额由各省（自治区、直辖市）根据财政部、教育部确定的总人数，以及高校数量、类别、办学层次、办学质量、在校本专科生人数和生源结构等因素确定。在分配国家助学金名额时，对民族院校、以农林水地矿油核等国家需要的特殊学科专业为主的高校予以适当倾斜。

第四条　国家助学金由中央和地方政府共同出资设立。中央部门所属高校国家助学金所需资金由中央财政负担。地方所属高校国家助学金所需资金根据各地财力及生源状况由中央与地方财政按比例分担。

国家鼓励各省（自治区、直辖市）加大家庭经济困难学生资助力度，超出中央核定总额部分的国家助学金所需资金由中央财政给予适当补助。

第二章　资助标准与申请条件

第五条　国家助学金主要资助家庭经济困难学生的生活费用开支。国家助学金的

平均资助标准为每生每年2000元，具体标准在每生每年1000—3000元范围内确定，可以分为2—3档。中央高校国家助学金分档及具体标准由财政部商有关部门确定，地方高校国家助学金分档及具体标准由各省（自治区、直辖市）确定。

第六条 国家助学金的基本申请条件：

1.热爱社会主义祖国，拥护中国共产党的领导；

2.遵守宪法和法律，遵守学校规章制度；

3.诚实守信，道德品质优良；

4.勤奋学习，积极上进；

5.家庭经济困难，生活俭朴。

第三章 名额分配与预算下达

第七条 每年5月底前，中央主管部门和各省（自治区、直辖市）要根据国家确定的有关原则和本办法第三条、第五条的规定，提出所属高校国家助学金名额分配建议方案，报财政部、教育部。

财政部、教育部委托全国学生资助管理中心对中央主管部门和各省（自治区、直辖市）报送的国家助学金名额分配建议方案进行审核。

第八条 每年7月31日前，财政部、教育部结合全国学生资助管理中心审核意见，将国家助学金分配名额和预算下达中央主管部门和省级财政、教育部门。

第九条 每年9月1日前，中央主管部门和省以下财政、教育部门负责将国家助学金预算下达所属各高校。

第四章 申请与评审

第十条 国家助学金的评定工作坚持公开、公平、公正的原则。

第十一条 国家助学金申请与评审工作由高校组织实施。高校要根据本办法的规定，制定具体评审办法，并报中央主管部门或省级教育部门备案。高校在开展国家助学金评审工作中，要对农林水地矿油核等国家需要的特殊学科专业学生予以适当倾斜。

第十二条 国家助学金按学年申请和评审。

第十三条 每年9月30日前，学生根据本办法规定的国家助学金的基本申请条件及其他有关规定，向学校提出申请，并递交《普通本科高校、高等职业学校国家助学金申请表》（见附表）。

在同一学年内，申请并获得国家助学金的学生，可同时申请并获得国家奖学金或国家励志奖学金。

试行免费教育的教育部直属师范院校师范类专业学生，不再同时获得国家助学金。

第十四条 高校学生资助管理机构结合本校家庭经济困难学生等级认定情况，组织评审，提出享受国家助学金资助初步名单及资助档次，报学校领导集体研究通过后，于每年11月15日前，将本校当年国家助学金政策的落实情况按隶属关系报至中央主管部门或省级教育部门备案。

第五章　助学金发放、管理与监督

第十五条 高校应按月将国家助学金发放到受助学生手中。

第十六条 地方财政部门应按有关规定落实所负担的资金，及时拨付，加强管理。

第十七条 各高校应切实加强管理，认真做好国家助学金的评审和发放工作，确保国家助学金用于资助家庭经济困难的学生。

第十八条 各省（自治区、直辖市）、有关部门和高校必须严格执行国家相关财经法规和本办法的规定，对国家助学金实行分账核算，专款专用，不得截留、挤占、挪用，同时应接受财政、审计、纪检监察、主管机关等部门的检查和监督。

第六章　附则

第十九条 高校要按照国家有关规定，从事业收入中足额提取4—6%的经费用于资助家庭经济困难学生。中央高校提取的具体比例由财政部商中央主管部门确定，地方高校提取的具体比例由各省（自治区、直辖市）确定。

第二十条 民办高校（含独立学院）按照国家有关规定规范办学、举办者按照本办法第十九条规定的比例从事业收入中足额提取经费用于资助家庭经济困难学生的，其招收的符合本办法规定申请条件的普通本专科（含高职、第二学士学位）学生，也可以申请国家助学金，具体评审管理办法，由各省（自治区、直辖市）制定。各省（自治区、直辖市）在制定评审管理办法时，应综合考虑学校的学费标准、招生录取分数、一次性就业率、学科专业设置等因素。

第二十一条 本办法由财政部、教育部负责解释。各省（自治区、直辖市）要根据本办法制定实施细则，并报财政部、教育部备案。

第二十二条 本办法自发布之日起施行。《财政部、教育部关于印发<国家助学奖学金管理办法>的通知》（财教[2005]75号）同时废止。

国家公派出国留学研究生管理规定（试行）

（教外留[2007]462007年7月16日）

第一章　总则

第一条　为实施国家科教兴国和人才强国战略，加快高层次人才培养，规范国家公派出国留学研究生(以下简称公派研究生)派出管理工作，提高国家公派出国留学效益，制定本规定。

第二条　本规定所称公派研究生是指按照国家留学基金资助方式选派到国外攻读硕士、博士学位的研究生，以及在国内攻读博士学位期间赴国外从事课题研究的联合培养博士研究生。

第三条　公派研究生选拔、派出和管理部门的职责是：

1.国家留学基金管理委员会(以下简称留学基金委)在教育部领导下，按照国家公派出国留学方针政策，负责公派研究生的选拔和管理等工作。

2.我驻外使(领)馆教育(文化)处(组)(以下简称使领馆)负责公派研究生在国外留学期间的管理工作。

3.教育部留学服务中心、教育部出国留学人员上海集训部、广州留学人员服务管理中心等部门(以下简称留学服务机构)负责为公派研究生出国留学办理签证、购买出国机票等提供服务。

4.公派研究生推选单位根据国家留学基金重点资助领域，结合本单位学科建设规划和人才培养计划，负责向留学基金委推荐品学兼优的人选，指导联系国外高水平学校，对公派研究生在国外留学期间的业务学习进行必要指导。

推选单位应对推选的公派研究生切实负起管理责任，与留学基金委和使领馆共同做好公派研究生管理工作。

第二章　选拔与派出

第四条　公派研究生选拔按照“个人申请，单位推荐，专家评审，择优录取”方式进行。具体办法另行制定。

第五条　留学基金委完成公派研究生选拔录取工作后应及时将录取文件与名单通知推选单位、留学服务机构和有关使领馆。

第六条　国家对公派研究生实行“签约派出，违约赔偿”的管理办法。公派研究生出国前应与留学基金委签订《资助出国留学协议书》(见附1，以下简称《协议书》)、交纳出国留学保证金。《协议书》须经公证生效。

经公证的《协议书》应交存推选单位一份备案。

第七条　公派研究生(在职人员除外)原则上应与推选单位签订意(定)向就业协议后派出。

第八条　出国前系在校学生的公派研究生出国留学，应及时办理学籍和离校等有关手续。推选单位应在国家规定的留学期限内保存档案和户籍。

在校生超过规定留学期限未归，其档案和户籍由推选单位按照有关规定办理。

第九条　出国前系应届毕业生的公派研究生出国留学，推选单位应在国家规定的留学期限内保存档案和户籍。

应届毕业生超过规定留学期限未归，推选单位可将其档案和户籍迁转回生源所在地。

第十条　推选单位应设置专门机构和人员，归口负责公派研究生管理工作，建立专门的公派研究生管理档案；对本单位公派研究生统一进行出国前的思想教育和培训，组织学习国家公派留学有关政策和管理规定，对办理出国手续进行指导和帮助；为公派研究生指定专门的指导教师或联系人。

指定教师或联系人应与公派研究生保持经常联系，对其专业学习进行指导，发现问题，及时解决。

第十一条　留学服务机构依据留学基金委提供的录取文件和公派研究生本人所持《国家留学基金资助出国留学资格证书》(见附2)，代为验收公派研究生的《协议书》和查验“出国留学保证金交存证明”后，按有关规定办理出国手续，开具《国家公派留学人员报到证明》(见附3)等。

第十二条　留学服务机构为公派研究生办理出国手续后，应及时准确地将出国信息和有关材料报送我有关使领馆和留学基金委，保证国内外管理工作有效衔接。

第三章　国外管理与联系

第十三条　公派研究生应在抵达留学目的地10日内凭《国家留学基金资助出国留

学资格证书》和《国家公派留学人员报到证明》向所属使领馆报到(本人到场或邮寄等适当方式)，并按使领馆要求办理报到或网上注册等手续。

第十四条 公派研究生应与使领馆和推选单位保持经常联系，每学期末向使领馆和国内推选单位报送《国家公派出国留学人员学习/研修情况报告表》(见附4)。

第十五条 公派研究生在留学期间应自觉维护祖国荣誉，遵守我国和留学所在国法律，尊重当地人民的风俗习惯，与当地人民友好交往。

第十六条 使领馆应高度重视，积极关心公派研究生在外学习期间思想和学习情况，建立定期联系、随访制度，认真及时做好对公派研究生的经费发放工作。每学年向教育部、留学基金委报告公派研究生在外管理情况。

第十七条 推选单位应积极配合留学基金委和使领馆处理管理过程中出现的有关问题。对公派研究生留学期间申请延长留学期限、提前回国、从事博士后研究等问题，应及时向留学基金委提出明确意见，并采取有效措施确保本单位推选的公派研究生学有所成、回国服务。

第十八条 国家留学基金为公派研究生提供的奖学金中包含伙食费、住宿费、交通费、电话费、书籍资料费、医疗保险费、交际费、一次性安置费和零用费等。公派研究生抵达留学所在国后，应从留学所在国实际情况出发，并按照留学所在国政府或留学院校(研究机构)要求及时购买医疗保险。

第十九条 公派研究生应勤奋学习，提高效率，在规定留学期限内完成学业并按期回国服务。未经留学基金委批准同意，留学期间不得擅自改变留学身份、留学期限、留学国家和留学院校(研究机构)。

提前取得学位回国视为提前完成留学计划、按期回国。

公派研究生不得申请办理有关移民国家的豁免。

第二十条 公派研究生一般应在被录取留学院校(研究机构)完成学业。在规定的留学期限内确因学业或研究需要变更留学单位，应履行下列手续：

在所留学院校(研究机构)内部变更院系或专业，应出示推选单位和国外导师(合作者)的同意函，报使领馆备案；

变更留学院校(研究机构)，应提前两个月向使领馆提出申请，出具推选单位意见函、原留学院校或导师(合作者)意见函和新接受留学院校或导师(合作者)的同意接受函，由使领馆报留学基金委审批。

留学单位的变更只限于在原留学所在国内。

经批准变更留学院校的公派研究生抵达新的留学院校后，应于10日内向现所属使领馆报到。原所属使领馆应将有关情况和材料及时转交(告)现所属使领馆，共同做好管理上的衔接工作。

第二十一条 公派研究生因故不能继续学习、确需提前回国者，应向使领馆提出申请，出具推选单位和国外留学院校或导师(合作者)意见以及相关证明，由使领馆报留学基金委审批。

公派研究生一经批准提前回国，当次国家公派留学资格即终止。

经留学基金委批准提前回国的公派研究生中，推选单位按照学校(籍)管理规定可以为其恢复国内学业(籍)者，由推选单位按规定办理复学手续；在职人员回原人事关系所在单位；应届毕业生按已有毕业学历自谋职业。

对未经批准擅自提前回国者，留学基金委根据有关规定处理。

第二十二条 公派研究生留学期间可利用留学所在国留学院校(研究机构)假期回国休假或收集资料。回国休假或收集资料应征得留学院校或导师(合作者)同意，报使领馆审批。

公派研究生在规定的留学期限内可以回国休假：留学期限在12个月至24个月(含)之间的，回国时间不超过1个月，奖学金照发；留学期限在24个月(不含)以上的，回国时间不超过2个月或每年一次不超过1个月，奖学金照发，回国旅费自理；回国时间超过以上次数和时间，自超出之日起停发奖学金。

在规定的留学期限内赴留学所在国以外国家休假或考察，费用自理，在同一年度内，公派研究生回国休假或赴留学所在国以外国家休假或考察只能选择一项，不能同时享受。赴留学所在国以外国家休假或考察，一次不超过15天的，奖学金照发；超过以上次数和时间的，自超出之日起停发奖学金。

第二十三条 公派研究生因病不能坚持学习中途休学回国，应征得留学院校导师(合作者)同意，办理或补办国外留学院校学籍保留手续，使领馆应及时将有关情况报留学基金委审批。

公派研究生因病中途休学回国一般以一学期为限；期满未康复可申请继续休学，累计不应超过一年(含)。在此期间经治疗康复，应向留学基金委提交国内医疗机构体检合格证明、推选单位意见和国外留学院校学籍保留及同意接收函等相关材料，留学基金委征求使领馆意见后决定其是否返回留学国继续完成学业；经治疗仍无法返回留学国进行正常学习者，按第二十一条作为提前回国办理。

公派研究生因病中途休学回国时间累计超过一年，国家公派留学资格自动取消。推选单位按照学校(籍)管理规定可以为其恢复国内学业(籍)者，由推选单位按学校(籍)管理规定办理复学手续；在职人员回原人事关系所在单位；应届毕业生按已有毕业学历自谋职业。

公派研究生因病中途休学回国期间，国外奖学金生活费停发；出国前系在职(校)人员者，因病中途休学回国期间的国内医疗费由推选单位按本单位规定负担；出国前系非在职(校)人员者，国内医疗费由个人负担。

第二十四条 公派研究生在留学期间参加国际学术会议或进行短期学术考察，应征得留学院校导师(合作者)同意并向使领馆报告。

参加国际学术会议或短期学术考察的费用自理。

第二十五条 公派研究生在规定留学期限内未能获得学位者，如因学业问题确需延长学习时间且留学院校导师证明可在延长时间内获得学位，由本人提前2个月向使领馆提交书面申请，出具留学院校导师和推选单位意见函，由使领馆根据其日常学习表现提出明确意见，报留学基金委审批。

经批准延长期限者应与留学基金委办理续签《协议书》等有关手续。

批准延长期限内费用自理。

第二十六条 公派研究生在规定留学期限内虽经努力但仍无法获得学位者，使领馆应将其学习态度、日常表现和所在国留学院校实际情况报告留学基金委，经批准后开具有关证明，办理结(肄)业手续回国。

第二十七条 对于国家急需专业领域的、在国外获得博士学位的公派研究生，在留学所在国签证政策允许前提下，经推选单位同意、留学基金委批准并办理续签《协议书》手续，可继续从事不超过两年的博士后研究。

1.公派研究生本人应提前2个月向使领馆提出申请，出具推选单位和国外留学院校或导师(合作者)意见函，由使领馆提出明确意见报留学基金委审批。

2.留学基金委根据博士后研究课题与国家科学技术、经济发展结合情况进行审批，必要时组织专家进行评议和评审。博士后研究结束回国，应向留学基金委提交研究成果报告。

3.从事博士后研究期间一切费用自理。

第二十八条 对纪律涣散、从事与学业无关的活动严重影响学习、留学院校和导师(合作者)反映其表现恶劣者，使领馆一经发现应给予批评教育；对仍不改正者，要及时报告留学基金委，留学基金委按照有关规定处理。

第二十九条 公派研究生学习期满回国，由使领馆按国家规定选定回国路线、提供国际旅费，乘坐中国民航班机回国；无中国民航班机，购买外国航班机票应以安全、经济为原则。

第三十条 公派研究生一经签约派出，其在外期间的国家公派留学身份不因经费资助来源或待遇变化而改变。如获其他奖学金，应经留学基金委同意并签订补充协议，且始终应遵守国家公派留学有关规定，履行按期回国服务等相关义务。

如自行放弃国家留学基金资助和国家公派留学身份、单方面终止协议，留学基金委按照有关规定处理。

第三十一条 公派研究生留学期间改变国籍，视为放弃国家公派留学身份，留学基金委按照有关规定处理。

第四章 回国与服务

第三十二条 公派研究生应按期回国，填写《国家公派出国留学人员回国报到提取保证金证明表》(见附5)，由推选单位在相应栏目中签署意见，尽快向留学基金委报到(京外人员可通过信函、传真或电子邮件方式报到)，按要求递交书面材料。留学基金委审核上述材料后，通知有关金融机构将出国前交存的保证金返还公派研究生本人。

第三十三条 公派研究生(不含在职人员)学成回国，按照国家有关就业政策和规定以及与国内有关单位的定(意)向协议就业。

第三十四条 推选单位要把公派研究生的回国工作纳入本单位人才培养总体规划，对学成回国研究生的就业、创业等问题积极加以引导，为其回国工作和创业创造有利条件。

第三十五条 教育部留学服务中心应按照国家规定，为在国外取得学位回国、落实工作单位的公派研究生办理回国工作的相关手续，为其回国工作和创业提供必要的服务。

公派研究生出国前与推选单位签有回国定向就业协议的，推选单位应及时将该名单报教育部留学服务中心备案。

联合培养博士研究生回国后应回推选单位办理以上有关手续。

第三十六条 公派研究生按期回国后应在国内连续服务至少两年。

第五章 违约追偿

第三十七条 在留学期间擅自变更留学国别和留学身份、自行放弃国家留学基金资助和国家公派留学身份、单方面终止协议、未完成留学计划擅自提前回国、从事与学业无关活动严重影响学习、表现极为恶劣以及未按规定留学期限回国逾期3个月(不含)以上、未完成回国服务期等违反《协议书》约定的行为，构成全部违约。违约人员应赔偿全部留学基金资助费用并支付全部留学基金资助费用30%的违约金。

未按规定留学期限回国逾期3个月(含)以内的行为，构成部分违约。违约人员应赔偿全部留学基金资助费用20%的违约金。经使领馆批准，仍可提供回国机票。

因航班等特殊原因超出规定留学期限1个月(含)以内抵达国内的，不作违约处理。

第三十八条 出国前尚未还清国家助学贷款的留学人员，出国期间应按国家助学贷款有关规定偿还贷款，确有偿还困难的应办理相应延期手续；对逾期不归违约人员，应按《协议书》和国家助学贷款有关规定履行相关义务。

第三十九条 使领馆应及时将公派研究生违约情况和为其资助留学经费情况报告

留学基金委，协助留学基金委做好违约追偿工作。

第四十条 推选单位应及时向留学基金委提供所掌握的本单位违约人员的有关情况和信息，协助留学基金委开展违约追偿工作。

第四十一条 对违反《协议书》约定的违约行为，留学基金委根据国家法律规定和《协议书》有关条款对违约人进行违约追偿。违约人本人或其保证人(即协议书丙方)应承担相应违约责任。

1.如违约人员按《协议书》规定承担相应违约责任，如数予以经济赔偿，不再追究其法律责任。如违约人员未按《协议书》规定承担违约责任做出赔偿，则将要求其国内保证人承担经济责任。如违约人员及其保证人均不承担约定的经济赔偿责任，则将在国内通过法律途径解决。

2.对违约事件，特别是对不按《协议书》约定履行经济赔偿责任者，除通过法律途径解决外，必要时还将采取其它辅助手段，如以留学基金委名义向国外有关方面通报违约事实；将违约名单予以公布等。

3.违约人员完成经济赔偿后，即了结了与留学基金委所签《协议书》的义务，但国家公派留学人员的身份不变。协议了结情况由留学基金委通报使领馆、违约人员本人和推选单位。

第六章 评估

第四十二条 教育部建立评估体系和激励机制，对公派研究生出国留学的总体效益和有关项目的实施情况进行评估，特别对各推选单位派出人员的质量、留学效果和按期回国等情况进行综合评估，并根据评估结果调整各推选单位的选派计划和选派规模，以保证国家留学基金的使用效益和国家人才培养目标的实现。

该评估也将作为对有关使领馆和留学服务机构留学管理与服务工作绩效评估的一部分，以促进留学管理工作的加强与提高。

第七章 附则

第四十三条 本规定由教育部、财政部负责解释。

第四十四条 本规定自印发之日起施行。此前已印发的有关规定与本规定相抵触的，以本规定为准。

高等学校科学研究优秀成果奖（人文社会科学）奖励办法

（教社科[2009]1号2009年3月12日）

第一章　总则

第一条　为奖励高等学校在人文社会科学研究领域做出突出贡献的研究人员，鼓励积极探索，勇于创新，推动高校人文社会科学事业繁荣发展,更好地为建设中国特色社会主义服务，教育部设立高等学校科学研究优秀成果奖（人文社会科学），特制定本办法。

第二条　高等学校科学研究优秀成果奖（人文社会科学）评奖工作，坚持以马克思列宁主义、毛泽东思想、邓小平理论和“三个代表”重要思想为指导，深入贯彻落实科学发展观，坚持为人民服务、为社会主义服务的方向和百花齐放、百家争鸣的方针，坚持解放思想、实事求是、与时俱进。

第三条　高等学校科学研究优秀成果奖（人文社会科学）每三年评选一次，包括下列奖项：

高等学校科学研究优秀成果著作奖（人文社会科学）；

高等学校科学研究优秀成果论文奖（人文社会科学）；

高等学校科学研究优秀成果研究报告奖（人文社会科学）。

为推进马克思主义大众化和人文社会科学知识传播普及，设立高等学校科学研究优秀成果普及奖（人文社会科学）。

所有奖项分设特等奖、一等奖、二等奖、三等奖。

第四条　教育部设立高等学校科学研究优秀成果奖（人文社会科学）奖励委员会（以下简称奖励委员会），由教育部社会科学委员会主任、副主任、各学部召集人和教育部有关司局、有关单位负责人组成。奖励委员会负责审定评奖方案、聘请评审委员会专家、拟定获奖名单和奖励等级等。

第五条　评审委员会依照本办法的规定，负责评审工作。评审委员会专家应根据申报项目的学科分布等具体情况，从全国范围内遴选在相关研究领域内学术造诣高、学风优良的专家学者组成。

第六条 奖励委员会办公室设在教育部社会科学司，由奖励委员会授权负责评奖组织等具体工作。

第二章 申报条件与组织

第七条 普通高等学校均可按要求推荐申报。申报者资格为：成果公开出版、发表或向实际工作部门提交研究咨询报告期间，正式人事关系在高等学校的教师和研究人员（包括离退休人员）。

第八条 推荐申报成果包括著作（含专著、工具书、古籍整理、译著）、论文、研究报告（含调研报告、咨询报告等）以及普及类成果(教材、教辅和文学艺术类作品除外)。

第九条 申报人应按规定填写申请表，向所在学校提出申请。申报材料须真实可靠，符合国家知识产权保护的有关规定。

第十条 地方院校和其他部委院校以所在省、自治区、直辖市教育厅（教委）为单位，教育部直属高校以学校为单位（以下简称申报单位）限额推荐申报。申报单位对申报材料进行汇总、审核后，在规定日期内集中向奖励委员会办公室提交。奖励委员会办公室不受理个人申报材料。

第十一条 奖励委员会办公室对推荐申报材料进行形式审查，审查的主要内容为推荐奖励范围、成果形式、申请书等是否符合要求。所有推荐材料在“中国高校人文社会科学网”进行公示。

第三章 评审标准

第十二条 获奖成果必须坚持以马克思主义为指导，观点鲜明，论据充分，资料翔实，数据准确，逻辑严密，方法科学，具有创新性和前沿性，符合学术道德和学术规范，体现政治标准与学术标准的统一。

第十三条 基础研究类获奖成果应在理论上有所建树，在学术上有所创新，填补了本研究领域的某些空白，推动了学科建设和理论发展，得到学术界的重视和好评。

第十四条 应用研究类获奖成果应在解决国家和区域经济社会发展中的重大现实问题上有所突破，为党和各级政府有关部门、企事业单位提供了具有重要参考价值的决策咨询意见和建议，产生显著的经济效益和社会效益。

第十五条 普及类获奖成果应具有较强的科学性、知识性和可读性，在宣传党的创新理论、阐释解答人民群众关心的热点难点问题以及人文社会科学知识传播普及方面产生良好社会效果。

第四章　评审原则与程序

第十六条　评审工作坚持质量第一、宁缺勿滥和公开、公平、公正的原则。评审工作实行回避制度，申报者不参加奖励委员会和评审委员会。

第十七条 评审采取集中独立评审的方式进行。评审委员会专家依据本办法规定的评审标准，独立对申请材料进行定性评价和定量评价，提出获奖人选和奖励等级的建议。奖励委员会办公室对评审委员会作出的获奖人选和奖励等级的建议进行复核。

第十八条　奖励委员会召开全体会议听取奖励委员会办公室关于评奖工作情况汇报，审定获奖成果名单和奖励等级。

第十九条　拟获奖成果名单自公布之日起在“中国高校人文社会科学网”进行为期1个月的公示。

第二十条　奖励委员会向教育部报告评奖结果，由教育部批准、公布评奖结果并授奖。

第五章　异议与处理

第二十一条 公示期间，任何单位或个人如有异议，均可向奖励委员会办公室提出。异议应以书面形式（包括必要的证明材料）提出。单位提出的异议，须在异议材料上加盖本单位公章，并写明联系人姓名、通讯地址和电话；个人提出的异议，须在异议材料上签署真实姓名，并写明本人的工作单位、通讯地址和电话。不符合本款规定和要求的异议，不予受理。

奖励委员会办公室对有异议的材料组织专家调查，提出处理意见并报奖励委员会审议裁定。奖励委员会办公室对提出异议的单位和个人给予保密。

第二十二条　推荐单位或个人提供虚假数据、材料，协助他人骗取奖励的，经奖励委员会办公室核实，通报批评或取消其参评资格。

第二十三条　剽窃他人科研成果，或者以其他不正当手段骗取奖励的，经奖励委员会核实并报教育部批准后，撤销其奖励，追回奖励证书和奖金。

第二十四条　参与评奖活动的有关人员在评审活动中弄虚作假、徇私舞弊、泄露秘密，依据有关规定给予处分。

第六章　附则

第二十五条　本办法自公布之日起施行，由奖励委员会办公室负责解释。原《中国高校人文社会科学研究成果奖励暂行办法》同时废止。

高等学校科学研究优秀成果奖（科学技术）奖励办法

（教技发[2009]2号2009年4月9日）

第一章　总则

第一条　为了调动高等学校广大教师和科技工作者、科研组织进行科技创新、自主创新和推动科技进步的积极性，加速我国教育和科学技术事业的发展，根据《国家科学技术奖励条例》，结合高等学校实际情况，制定本办法。

第二条　高等学校科学研究优秀成果奖（科学技术）用以鼓励在推动科学技术进步中做出突出贡献的高等学校的教师、科技工作者和科研组织，授予我国公民和组织，并对同一项目授奖的公民、组织按照贡献大小排序。高等学校科学研究优秀成果奖（科学技术）包括下列奖项：

高等学校科学研究优秀成果奖自然科学奖；

高等学校科学研究优秀成果奖技术发明奖；

高等学校科学研究优秀成果奖科学技术进步奖；

高等学校科学研究优秀成果奖专利奖。

第三条　高等学校科学研究优秀成果奖（科学技术）贯彻尊重知识、尊重人才的方针，其推荐、评审和授奖实行公开、公平、公正原则，不受任何组织或者个人的非法干涉。

第四条　高等学校科学研究优秀成果奖（科学技术）设立高等学校科学研究优秀成果奖（科学技术）奖励委员会。高等学校科学研究优秀成果奖（科学技术）奖励委员会聘请有关专家、学者组成评审委员会，依照本办法的规定，负责高等学校科学研究优秀成果奖（科学技术）的评审工作。评审委员会的评审结果经高等学校科学研究优秀成果奖（科学技术）奖励委员会审核后，报教育部批准。

第五条　评审委员会专家应当根据当年申报项目的学科分布等具体情况，由从全国高等学校范围内遴选的，在相关学科领域有较高学术造诣、学风端正的专家、学者组成。

第六条 高等学校科学研究优秀成果奖（科学技术）的评审组织管理部门（以下简称评审组织管理部门）和日常办事机构设在教育部科技发展中心，负责评审的组织管理工作。

第二章 高等学校科学研究优秀成果奖（科学技术）的申报条件

第七条 高等学校科学研究优秀成果奖自然科学奖（以下简称自然科学奖）授予在基础研究和应用基础研究中做出重要科学发现的个人和单位。

重要科学发现应具备下列条件：

（一）前人尚未发现或者尚未阐明。指该项自然科学发现为国内外首次提出，或者其科学理论在国内外首次阐明，且主要论著为国内外首次发表。

（二）具有重大科学价值。指在学术上处于国际同类研究的领先或者先进水平，并在科学理论、学说上有创见，在研究方法、手段上有创新，以及在基础数据的收集和综合分析上有创造性和系统性的贡献；并对科学技术的发展有重要意义，或者对经济建设和社会发展具有重要影响。

（三）得到国内外自然科学界公认。指主要论著已公开发行或者出版一年以上，其重要科学结论已为国内外同行引用或已应用。

第八条 高等学校科学研究优秀成果奖技术发明奖（以下简称技术发明奖）授予在运用科学技术知识做出产品、工艺、材料及其系统等重要技术发明的个人和单位。

重要技术发明应具备下列条件：

（一）前人尚未发明或尚未公开。指该项技术发明为国内外首创，或者虽然国内外已有但主要技术内容尚未在国内外公开出版物、媒体及各种公众信息渠道上发表或者公开，也未曾公开使用。

（二）具有先进性和创造性。指该项技术发明与国内外已有同类技术相比较，其技术构思有实质性的特点和显著的进步，主要性能（性状）、技术经济指标、科学技术水平及其促进科学技术进步的作用和意义等方面综合优于同类技术。

（三）经实施，创造了显著经济效益或社会效益，或具有明显的应用前景。指该项技术发明成熟，并实施应用一年以上，取得良好的效果。直接关系到人身和社会安全的技术发明成果，如动植物新品种、药品、食品、基因工程技术等，在未获得行政机关审批之前，不得推荐。

第九条 高等学校科学研究优秀成果奖科学技术进步奖（以下简称科技进步奖）授予在应用推广先进科学技术成果、完成重要科学技术工程、计划、项目等方面做出创造性贡献的个人和单位。分为技术开发、社会公益、国家安全三类。

科技进步奖的成果应当具备下列条件：

（一）技术创新性突出。在技术上有创新，特别是在高新技术领域进行自主创新，形成了产业的主导技术和名牌产品，或者应用高新技术对传统产业进行装备和改造，通过技术创新，提升传统产业，增加行业的技术含量；技术难度较大，解决了行业发展中的热点、难点和关键问题；总体技术水平和主要技术经济指标达到了行业的领先水平。

（二）经济效益或者社会效益显著。所开发的成果经过一年以上的实施应用，产生了明显的经济效益或者社会效益，实现了技术创新的市场价值或者社会价值，为经济建设、社会发展和国家安全做出了很大贡献。

（三）推动行业科技进步作用明显。成果的转化程度高，具有较强的示范、带动和扩散能力，提高了行业的技术水平、竞争能力和系统创新能力，促进了产业结构的调整、优化、升级及产品的更新换代，对行业的发展具有很大作用。

第十条 高等学校科学研究优秀成果奖专利奖（以下简称专利奖）授予高等学校拥有的优秀专利的发明人及专利权人。

优秀专利应具备下列条件：

（一）已被授权发明专利的科研成果或已被授权实用新型专利的科研成果（不含国防专利和保密专利）；专利实施后取得了明显的经济效益或社会效益。

（二）不存在专利权属纠纷、发明人或设计人纠纷、撤销专利权的请求和宣告专利权无效请求的专利。

第十一条 高等学校科学研究优秀成果奖（科学技术）设一等奖、二等奖两个等级。 高等学校科学研究优秀成果奖（科学技术）每年奖励总数不超过320项。

第三章　高等学校科学研究优秀成果奖（科学技术）的评审标准

第十二条 自然科学奖的主要完成人必须是该项自然科学发现代表论著的作者，并具备下列条件之一：

（一）提出总体学术思想、研究方案；

（二）发现与阐明重要科学现象、特性和规律，并创立科学理论和学说，或者提出研究方法和手段，以及对重要基础数据进行收集和综合分析等；

（三）解决关键性学术疑难问题或者实验技术难点。

自然科学奖的主要完成单位应在成果的研究过程中，主持或参与研究计划或方案的制订及组织实施，并提供技术、经费或设备等条件，对该项成果的研究起到重要作用的单位。获奖单位必须是主要完成人所在的单位。

第十三条 由中外学者合作完成的论著，中国学者应为主要研究者，且不存在知识产权权属的争议，并由国外学术机构或人员提供书面证明材料。

第十四条 自然科学奖的评审标准为：

（一）在科学上取得了突破性的进展，学术上为国际同类研究的领先水平，并为学术界所公认和广泛引用，推动了本学科或其分支学科或相关学科的发展，或者对经济建设、社会发展有很大影响的，可评为一等奖；

（二）在科学上取得重要的进展，学术上为国际同类研究的先进水平，并为学术界所公认和引用，推动了本学科或者其分支学科的发展，或者对经济建设、社会发展有较大影响的，可评为二等奖。

第十五条 技术发明奖的主要完成人必须是该项技术发明的全部或部分创造性技术内容的独立完成人；技术发明奖的主要完成单位是指发明成果的主要完成人所在单位，并对该项发明的完成起重要作用。

第十六条 技术发明奖的评审标准为：

（一）属国内外首创的重要技术发明，技术思路独特，技术上有很大的创新，技术经济指标达到了国际同类技术的领先水平，推动了相关领域的技术进步，已产生了显著的经济效益或者社会效益或具有明显的应用前景，可评为一等奖；

（二）属国内外首创，或者国内外已有但尚未公开的主要技术发明，技术思路新颖，技术上有较大的创新，技术经济指标达到了国际同类技术的先进水平，对本领域的技术进步有推动作用，并产生了明显的经济效益、社会效益或具有明显的应用前景，可评为二等奖。

第十七条 科技进步奖的主要完成人应当具备下列条件之一：

（一）在提出和确定项目的总体技术方案中做出重要贡献；

（二）在关键技术和疑难问题的解决中做出重要贡献；

（三）在成果转化和应用推广过程中做出重要贡献；

（四）在高新技术产业化的技术实施过程中做出创造性贡献。

科技进步奖的主要完成单位是指科技成果的主要完成人所在单位，在项目研制、开发、投产应用和推广过程中提供技术、设备和人员等条件，对成果的完成起到重要作用的单位。行政管理部门一般不得作为主要完成单位。

第十八条 科技进步奖的评审标准为：

（一）技术开发类：在关键技术和系统集成上有重要创新，技术难度大，总体技术水平和主要技术经济指标达到了国际同类技术的先进水平，市场竞争力强，成果转化程度高，取得了显著的经济效益，对行业的技术进步和产业结构优化升级有很大作用的，可评为一等奖；在关键技术和系统集成上有较大创新，技术难度较大，总体技术水平和主要技术经济指标达到了国内同类技术的领先水平，并接近国际同类技术的先进水平，市场竞争力较强，成果转化程度较高，取得了明显的经济效益，对行业的技术进步和产业结构调整有较大意义的，可评为二等奖。

（二）社会公益类：在关键技术和系统集成上有重要创新，技术难度大，总体技术水平和主要技术指标达到了国际同类技术的先进水平，并在行业得到广泛应用，取得了显著的社会效益，对科技发展和社会进步有很大意义的，可评为一等奖；在关键技术和系统集成上有较大创新，技术难度较大，总体技术水平和主要技术指标达到了国内同类技术的领先水平，并接近国际同类技术的先进水平，在行业较大范围应用，取得了明显的社会效益，对科技发展和社会进步有较大意义的，可评为二等奖。

（三）国家安全类：在关键技术和系统集成上有重要创新，技术难度大，总体技术达到国际同类技术的先进水平，应用效果突出，对国防建设和保障国家安全具有很大作用的，可评为一等奖；在关键技术和系统集成上有较大创新，技术难度较大，总体技术达到国内同类技术的领先水平，并接近国际同类技术的先进水平，应用效果突出，对国防建设和保障国家安全有较大作用的，可评为二等奖。

第十九条 专利奖的主要完成人应当是该项专利的发明人及在实施该专利技术中做出突出贡献的有关人员；主要完成单位是指该项专利的专利权人及实施该专利技术的单位。

第二十条 专利奖的评审标准为：

（一）发明专利类：发明原创性强，技术经济指标达到国际同类技术的领先水平，对促进本领域的技术进步与创新有突出的作用，专利实施后取得了显著的经济效益或社会效益的，可评为一等奖；技术思路新颖，技术上有较大的创新，技术经济指标达到国际同类技术的先进水平，对本领域的技术进步与创新有促进作用，专利实施后取得了明显的经济效益或社会效益的，可评为二等奖。

（二）实用新型专利类：技术方案构思独特、新颖，技术上有很大的创新，对本领域的技术进步有推动作用，专利实施后取得了很大的经济效益或社会效益的，可评为一等奖；技术方案构思巧妙、新颖，技术上有较大的创新，对本领域的技术进步有推动作用，专利实施后取得了较大的经济效益或社会效益的，可评为二等奖。

第四章　高等学校科学研究优秀成果奖（科学技术）的推荐办法

第二十一条 高等学校科学研究优秀成果奖（科学技术）每年评审、推荐一次。

第二十二条 高等学校科学研究优秀成果奖（科学技术）由下列单位和个人推荐：

省、自治区、直辖市教育厅（教委）

教育部直属高等学校

中国科学院院士、中国工程院院士

第二十三条 全国各高等学校均可以依据本办法推荐项目。其中，地方高等学校的各类研究成果需经学校批准后，由省、自治区、直辖市教育厅（教委）审核后向评审组织管理部门推荐；教育部直属高等学校的各类研究成果，经学校批准，可直接向评审组织管理部门推荐。

第二十四条 3名以上（含3名）中国科学院院士、中国工程院院士可联署直接向评审组织管理部门推荐1项所熟悉专业的高等学校科学研究优秀成果奖（科学技术）。

第二十五条 两个以上（含两个）单位合作完成的项目，应当协商后，由第一完成单位组织推荐，但第一完成单位应当是高等学校。

第二十六条 推荐单位、推荐人认为有关专家参加评审可能影响评审公正性的，可以要求回避，并书面提出理由。每项推荐所提出的回避专家人数不得超过3人。

第二十七条 有下列情形之一的，不得推荐高等学校科学研究优秀成果奖（科学技术）：

（一）已获得过国家级、省（部）级科学技术奖的；

（二）在知识产权以及完成单位、完成人署名等方面存在争议，尚未解决的；

（三）依照有关法律、法规规定必须取得有关许可证，且直接关系到人身和社会安全、公共利益的项目，尚未获得行政主管部门批准的。

第二十八条 往年推荐过的未授奖项目，在此后的研究开发活动中又获得新的实质性进展，并符合规定条件的，可以按规定的程序和要求重新推荐。

第二十九条 推荐高等学校科学研究优秀成果奖（科学技术）的项目需按有关规定填写《推荐书》，提供相关材料。推荐书及相关材料应当完整、真实。

第五章　高等学校科学研究优秀成果奖（科学技术）的评审和授予

第三十条 评审组织管理部门负责组织对《推荐书》及相关材料进行形式审查，审查的主要内容为推荐奖励范围、推荐时间、推荐书等是否符合要求。推荐技术发明奖、科技进步奖、专利奖的，还需审查经济效益、社会效益、推广应用情况等。

第三十一条 形式审查合格的项目按以下程序进行评审：

（一）送同行专家进行通信评审；

（二）在专家通信评审的基础上，召开高等学校科学研究优秀成果奖（科学技术）专家评审委员会会议，提出建议奖励种类、奖励等级、奖励人员和单位。

第三十二条 自然科学奖、技术发明奖、科技进步奖、专利奖的一等奖应当由出席评审委员会会议委员的三分之二多数（含三分之二）通过。

自然科学奖、技术发明奖、科技进步奖、专利奖的二等奖应当由出席评审委员会会议委员的二分之一以上多数（不含二分之一）通过。

第三十三条 高等学校科学研究优秀成果奖（科学技术）实行回避制度，推荐项目的主要完成人不能作为当年的评审专家。

第三十四条 评审委员会提出的拟授奖项目，经审核后，报教育部批准。

第三十五条 授奖项目应当以公告的形式向社会公开。自公告之日起一个月内国内外任何组织、个人均可提出异议，逾期未提出异议的或在期限内提出异议，经复议仍维持原评审结果的，即为授奖项目。

第三十六条 高等学校科学研究优秀成果奖（科学技术）由教育部授奖。

第六章　高等学校科学研究优秀成果奖（科学技术）的异议及处理

第三十七条 对公告的拟授奖项目如有异议，自公告之日起一个月内可向评审组织管理部门提出。逾期提出的异议，除属弄虚作假和剽窃成果或成果有原则性错误的异议外，不予受理。

第三十八条 对授奖项目提出异议者，应当以书面形式写明项目名称、授奖等级以及自己的真实姓名、工作单位、联系地址（如需保密，请注明）。对所提出的异议，应包括有关证据。未按上述要求提出的异议，不予受理。

第三十九条 异议分为实质性异议和非实质性异议。凡对涉及授奖项目的创新性、先进性、实用性和《推荐书》填写不实所提的异议为实质性异议；对主要完成人、主要完成单位及其排序的异议，为非实质性异议。推荐单位、推荐专家、完成人和完成单位对评审等级的意见，不属于异议范围。

第四十条 实质性异议由评审组织管理部门会同有关推荐单位或者推荐专家协助处理。涉及异议的任何一方应当积极配合，不得推诿和延误。推荐单位或者推荐专家接到异议通知后，应当在规定的时间内核实异议材料，并如期做出答复。必要时，评审组织管理部门可以组织有关专家进行调查、复议，提出处理意见，并根据需要报请下一年度高等学校科学研究优秀成果奖（科学技术）专家评审委员会决定。非实质性异议由推荐单位或者推荐专家负责协调，提出初步处理意见报评审组织管理部门审核。推荐单位或者推荐专家在规定的时间内未提出调查、核实报告，被视为弃权。涉及国家安全成果的异议，由有关部门处理，并将处理结果报评审组织管理部门。

第四十一条 参加处理异议问题的单位和人员，要以对国家、对人民负责的态度，严肃认真、实事求是、秉公办理、严守秘密。

第七章 罚则

第四十二条 剽窃、侵夺他人的发现、发明或者其他科学技术成果的，或者以其他不正当手段骗取高等学校科学研究优秀成果奖（科学技术）的，由评审组织管理部门报教育部批准后撤销其奖励。

第四十三条 推荐单位或推荐专家提供虚假数据、材料，协助他人骗取高等学校科学研究优秀成果奖（科学技术）的，由评审组织管理部门报教育部批准后，通报批评或者取消其推荐资格。

第四十四条 参与高等学校科学研究优秀成果奖（科学技术）活动的有关人员在评审活动中弄虚作假、徇私舞弊、泄露秘密，依据有关规定给予处分。

第八章 附则

第四十五条 本办法自公布之日起施行。

学位授予和人才培养学科目录设置与管理办法

（学位[2009]10号2009年2月25日）

第一章　总则

第一条 为进一步发挥学科专业目录（以下简称学科目录）在人才培养和学科建设中的指导作用，规范学科专业的设置与管理，依据《中华人民共和国学位条例》和《中华人民共和国高等教育法》，制订本办法。

第二条 学科目录适用于学士、硕士、博士的学位授予与人才培养，并用于学科建设和教育统计分类等工作。

第三条 学科目录分为学科门类、一级学科（本科教育中称为“专业类”，下同）和二级学科（本科专业目录中为“专业”，下同）三级。学科门类和一级学科是国家进行学位授权审核与学科管理、学位授予单位开展学位授予与人才培养工作的基本依据，二级学科是学位授予单位实施人才培养的参考依据。

第四条 学科目录实行分层管理，采取规定性与自主性相结合、相对稳定与动态调整相结合的管理机制。

第二章　学科门类的设置与调整

第五条 学科门类是对具有一定关联学科的归类。其设置应符合学科发展和人才培养的需要，并兼顾教育统计分类的惯例。

第六条 学科门类的设置应保持相对稳定。如需调整（包括增设、更名、撤销，下同），按照以下程序进行：

（一）由国务院学位委员会办公室根据学科发展、人才培养和教育统计分类的要求提出调整方案；

（二）广泛征求学位授予单位和专家意见；

（三）报国务院学位委员会会同教育部批准后，编制成学科门类目录。

第三章　一级学科的设置与调整

第七条　一级学科是具有共同理论基础或研究领域相对一致的学科集合。一级学科原则上按学科属性进行设置，须符合以下基本条件：

（一）具有确定的研究对象，形成了相对独立、自成体系的理论、知识基础和研究方法；

（二）一般应有若干可归属的二级学科；

（三）已得到学术界的普遍认同。在构成本学科的领域或方向内，有一定数量的学位授予单位已开展了较长时间的科学研究和人才培养工作；

（四）社会对该学科人才有较稳定和一定规模的需求。

第八条　一级学科的调整每10年进行一次，调整程序为：

（一）一定数量学位授予单位或国家有关部门提出调整动议，并依据本办法第七条的规定提出论证报告；

（二）国务院学位委员会相关学科评议组对调整动议和论证报告进行评议，提出评审意见；

（三）国务院学位委员会办公室根据论证报告、专家评审意见提出调整方案；

（四）国务院学位委员会办公室将调整方案再次征求学位授予单位和专家意见；

（五）报国务院学位委员会会同教育部批准后，编制成一级学科目录。

第四章　二级学科的设置与调整

第九条　二级学科是组成一级学科的基本单元。二级学科设置应符合以下基本条件：

（一）与所属一级学科下的其他二级学科有相近的理论基础，或是所属一级学科研究对象的不同方面；

（二）具有相对独立的专业知识体系，已形成若干明确的研究方向；

（三）社会对该学科人才有一定规模的需求。

第十条　授予硕士、博士学位和培养研究生的二级学科，原则上由学位授予单位依据国务院学位委员会、教育部发布的学科目录，在一级学科学位授权权限内自主设置与调整。

（一）二级学科目录每5年编制一次。由教育部有关职能部门在对现有二级学科的招生、学位授予和毕业生就业等情况进行统计分析的基础上，将已有一定数量学位授予单位设置的、社会广泛认同的、且有较大培养规模的二级学科编制成二级学科目录。

（二）学位授予单位根据国家经济和社会发展对人才的需求，结合本单位学科建设目标和人才培养条件，按本一级学科学位授权权限，可在二级学科目录内，自主设置与调整本一级学科下的二级学科。

（三）学位授予单位按本一级学科学位授权权限，在二级学科目录外，自主增设（含更名，下同）二级学科，须符合本办法第九条的规定，并遵循以下基本程序：

1. 根据经济和社会发展的需要，学科发展和本单位人才培养条件，提出二级学科的增设方案，并进行必要性、可行性论证；

2. 聘请7人以上（含7人）的外单位（应为博士学位授予单位）的同行专家对增设方案进行评议；

3. 学位授予单位应在规定的时间内，将二级学科设置论证方案、参加评议的专家名单、评议意见等材料在指定的信息平台进行公示，接受同行专家及其他学位授予单位为期30天的质询；

4. 学位授予单位根据公示结果，经本单位学位评定委员会审核并表决通过后，做出增设二级学科的决定，并将增设的二级学科名单及公示材料、公示结果报教育部有关职能部门备案；

5. 学位授予单位撤销已增设的二级学科，须经本单位学位评定委员会审核，表决通过后，做出撤销二级学科的决定，报教育部有关职能部门备案。

学位授予单位在同一一级学科下，自主增设二级学科目录外二级学科的数量一般不超过2个。

（四）各学位授予单位在二级学科目录内和二级学科目录外自主设置的二级学科名单，须在指定的信息平台向社会公布。

（五）交叉学科须按照学位授予单位在二级学科目录外自主增设二级学科的程序进行设置，挂靠在所交叉的学科中基础理论相近的一级学科下进行教育统计。

第十一条 授予学士学位和培养本科生的二级学科目录由教育部有关职能部门依据国务院学位委员会、教育部发布的学科目录，每10年编制一次。高等学校依据高等学校本科专业设置的有关规定申请增设新专业，由教育部备案或审批后统一向社会公布。

第五章 管理与职责

第十二条 国务院学位委员会、教育部作为学科目录设置和管理的决策机构，其职责是：

（一）制定学科目录的设置与管理办法；

（二）统筹规划全国的学科目录设置与调整工作；

（三）批准学科门类、一级学科的设置与调整方案，定期发布学科目录。

第十三条 教育部有关职能部门作为学科目录设置和管理的执行机构，其职责是：

（一）按照发布的学科目录对学位授予单位的人才培养工作进行宏观管理；

（二）收集和发布学科相关信息，组织学科设置与调整的论证工作，引导和规范学科设置；

（三）负责二级学科自主设置（或设置）的备案审查（或审批），定期编制二级学科目录；

（四）承办国务院学位委员会、教育部涉及学科目录的其他相关工作。

第十四条 学位授予单位在学科目录设置与管理中的职责是：

（一）依据学科目录，实施学位授予和人才培养工作；

（二）依据本办法制订本单位二级学科、交叉学科设置的原则、要求和程序；

（三）按规定报送招生、学位授予和毕业生就业等信息；

（四）根据学科发展趋势，提出学科设置建议。

第六章　附则

第十五条 本办法由国务院学位委员会负责解释。

第十六条 专业学位的学位授予和人才培养学科目录设置与管理办法另行制订。

第十七条 教育部有关职能部门应依据本办法制订二级学科自主设置的实施细则。

第十八条 本办法自公布之日起施行。

教育部办公厅关于民办高校校长变更（连任）核准有关规定的通知

(教发厅[2009]3号2009年5月5日)

各省、自治区、直辖市教育厅（教委），新疆生产建设兵团教育局，有关部门（单位）教育司（局），部属有关高等学校：

根据《中华人民共和国民办教育促进法》及其实施条例的有关规定，结合近年来民办高校发展的实际情况，现就民办高校校长变更（连任）核准的有关规定通知如下：

一、本通知所指民办高校为教育部批准正式设立的民办本科学校、民办高等专科学校和独立学院（以下简称学校）。上述学校的校长（不包括副校长）变更，须经学校董事会（理事会）2/3以上组成人员同意，省级教育行政部门审核后，报教育部核准。

二、校长任职的基本条件

1.具有中华人民共和国国籍，在中国境内定居的公民。具有政治权利和完全民事行为能力。

2.身体健康，年龄不超过70岁。遵守宪法和法律，热爱教育事业，具有良好的思想品德。

3.应具有大学本科以上学历，副高职以上专业技术职称，10年以上从事高等教育管理的经历。

三、校长变更核准须报送的材料

1.省级教育行政部门的审核报告。学校申请校长变更核准的文件。《民办高校校长变更（连任）核准表》（以下简称《核准表》，表式附后）一式两份。

2.近两年学校年度检查的情况。办学许可证（副本）复印件。

3.拟任校长的身份证（正、反）复印件。学历证书复印件。专业技术职称证书复印件。

4.学校董事会（理事会）组成人员名单及董事会（理事会）2/3以上人员同意变更校长决定的签名原件。

四、审批机关核准的时限及告知形式教育部在收到省级教育行政部门上报的有关材料后的45个工作日内，做出核准变更或不核准变更的决定，并在《核准表》上明确意见。有教育部明确意见的《核准表》返回省级教育行政部门。

校长任期满4年要求连任的，请填写《核准表》，省级教育行政部门初审同意后，一式两份报教育部核准。

中央财政支持地方高校发展专项资金管理办法

（财教[2010]21号2010年4月15日）

第一条 为促进高等教育区域协调发展，提高地方高等教育质量，中央财政设立支持地方高校发展专项资金（以下简称专项资金），支持地方高校的重点发展和特色办学。为加强对专项资金的科学化、精细化管理，提高资金使用效益，根据国家有关财经法规，制定本办法。

第二条 专项资金支持的地方高校（以下简称地方高校），包括：

（一）原“中央与地方共建高等学校专项资金”支持的普通高校；

（二）其他办学层次较高，学科特色鲜明，符合行业和地方区域经济及社会发展需要的地方普通本科高等学校。

省级财政部门按照上述要求提出本省（区、市）地方高校支持范围上报财政部，财政部根据各省下划高校数量、高等教育规模和向中西部区域倾斜的原则确定中央财政支持的地方高校范围。

第三条 专项资金主要用于地方高校重点学科建设、教学实验平台建设、科研平台和专业能力实践基地建设、公共服务体系建设以及人才培养和创新团队建设等。

（一）特色重点学科建设

支持地方非“211工程”学校国家重点学科的学科方向、队伍建设、人才培养、科学研究、学术交流和条件建设等。

（二）省级重点学科建设

支持省级重点学科、重点实验室、重点研究基地条件建设。

（三）教学实验平台建设

支持基础教学实验室和专业实验室建设。对涉及落实国家重大战略决策、区域经济社会发展急需的专业建设予以优先支持。

（四）科研平台和专业能力实践基地建设

支持高校科学构建科研和实践教学体系，建设科研平台、工程训练中心、创新基地和实训实践基地。

（五）公共服务体系建设

支持校园水、电、气、暖等主要基础设施更新和节能改造，校园网络基础建设，数字图书信息资源和共享平台建设。

（六）人才培养和创新团队建设

支持创新人才引进和培养，师资队伍培训和学术交流，以及创新团队建设。

第四条 专项资金的安排坚持“择优促优、突出重点、扶持特色”的原则。

第五条 省级财政部门应加大对本省（区、市）高校的财政投入。地方高校应积极筹措资金用于相关的配套条件建设，并积极引导社会资金投入。

第六条 专项资金实行项目管理。

第七条 项目申请和审批程序

（一）省级财政部门应根据本省（区、市）高等教育发展规划，结合地方财力，确定规划期内专项资金支持重点方向和建设目标，在专项资金规定的使用范围内指导地方高校编制建设规划（三年一期）。规划电子版汇总报送财政部备案。

（二）地方高校根据建设规划确定年度申报项目，填写“中央财政支持地方高校发展专项资金项目申请书”（格式见附件2），经主管部门审核后，报省级财政部门。

（三）省级财政部门组织专家或委托中介机构对地方高校提交的申请书开展项目评估，编制《××省（区、市）中央财政支持地方高校发展专项资金项目预算申请汇总表》（格式见附件3），并于每年3月底前向财政部提交书面申请报告。申请报告的内容应包括省级财政部门申请文件、地方高校项目预算申请汇总表和专家评审意见。

（四）财政部对各地报送资料进行审核后，确定并下达项目预算。省级财政部门应在中央财政项目预算下达后15个工作日内将项目预算批复到有关地方高校。

第八条 特色重点学科项目按照《教育部 财政部关于实施“特色重点学科项目”的意见》（教研〔2009〕3号）精神实施，纳入专项资金统一管理。项目预算由省级主管部门初审后，报省级财政部门。省级财政部门编制《××省（区、市）中央财政支持地方高校发展专项资金特色重点学科项目预算申请汇总表》（格式见附件4），与专项资金项目预算一并报财政部。财政部单独审核下达项目预算。

2007年经教育部批准的一级学科国家重点学科，均应按一级学科建设“特色重点学科项目”，各有关地方高校在编制特色重点学科项目预算时要突出综合优势和整体水平，促进学科交叉、融合和新兴学科的生长。2007年经教育部批准的二级学科国家重点学科，均应按二级学科建设“特色重点学科项目”，各有关地方高校在编制特色重点学科项目预算时要突出特色和优势，在重点方向上取得突破。

第九条 有关主管部门和地方高校应严格遵守《中华人民共和国保守秘密法》，维护国家的安全和利益，将拟报材料中涉及国家秘密的内容进行去密处理后再上报。

第十条 专项资金的使用管理和监督

（一）地方高校要严格按照财政部门批复的项目及预算执行，并制定具体的实施方案，报省级财政部门备案。专项资金项目年度预算一经审定下达，必须严格执行，一般不予调整；确有必要调整时，经省级财政部门同意后报财政部批准。

（二）专项资金应专款专用，专项管理。项目年度预算应确保按期完成，如确因特殊情况当年未完成的，可结转下年继续使用，不得挪作他用。

（三）专项资金不得用于基本建设、津贴补贴、对外投资、偿还债务、捐赠赞助以及与项目无关的其他支出。

（四）在项目实施中，纳入政府采购的项目应按照当地政府采购的有关规定执行。

（五）省级财政部门负责本地区专项资金使用情况的评估、监督、检查和管理，应于每年年底前编写年度专项资金使用管理情况报财政部。

第十一条 专项资金的考核和追踪问效

（一）财政部将组织专家或委托中介机构对地方财政投入情况、专项资金使用情况和项目建设情况开展专项检查和绩效评价。对地方财政投入努力程度较高、项目绩效评价整体较好的省份，中央财政将在安排下年度资金时给予倾斜。

（二）有以下情况之一的地方高校，中央财政将不再给予支持，情节严重的还将追究有关人员的责任：

申报项目弄虚作假，骗取中央专项资金；

截留、挤占、挪用中央专项资金；

资金使用违反本办法和相关法律法规规定；

项目绩效评价情况差。

第十二条 省级财政部门应依据本办法结合当地实际制定具体的实施管理办法，完善制度建设，加强资金管理，并积极探索管理机制创新，提高资金使用效益。

第十三条 本办法由财政部负责解释和修订。

第十四条 本办法自发布之日起施行。《中央与地方共建高等学校专项资金管理办法》（财教[2002]213号）同时废止。

高校学生科技创业实习基地认定办法（试行）

（教技厅[2010]2号2010年4月8日）

第一章　总则

第一条　为贯彻落实党中央国务院关于促进高校学生就业工作的总体部署，发挥科技园区在创新创业人才培养、以创业带动就业方面的作用，加强和规范高校学生科技创业实习基地的建设、运行和管理，推动基地的健康快速发展，制定本办法。

第二条　本办法所称的高校学生科技创业实习基地是指依托高新技术产业开发区、大学科技园或其他园区等设立的，为高校学生提供实习、实训、创业和就业的综合服务平台，简称“双实双业”基地。

本办法所称学生是指高校在校生和应届毕业生以及毕业两年内（含两年）的往届毕业生。

第三条　“双实双业”基地建设坚持以人为本，以提升能力为核心，以鼓励创业为重点，择优认定、分步实施、动态管理。

第四条　“双实双业”基地的主要任务是开展创业教育和培训，接纳学生实习实训，促进学生创业就业，整合各方优势资源，为提高高校人才培养质量，实现以创业带动就业提供支撑和服务。

第二章　职责

第五条　教育部、科技部是“双实双业”基地的组织管理部门，主要职责是：

（一）统筹规划基地建设，研究制定相关政策；

（二）组织基地的申报和评审，发布认定名单；

（三）宏观指导基地的运行发展，实施动态管理；

（四）协调解决基地建设和发展过程中的重大事项。

第六条　各省、自治区、直辖市、计划单列市及新疆生产建设兵团的教育、科技行政部门是本行政区“双实双业”基地的主管部门，主要职责是：

（一）落实国家有关政策，制定促进本地区基地建设和发展的政策措施；

（二）组织本地区基地的申报，指导基地的运行发展；

（三）根据国家有关规定建立相应的管理制度，配合做好监督、检查等各项工作；

（四）为本地区基地的建设与发展提供必要的支持保障。

第七条 高新技术产业开发区、大学科技园或其他园区作为“双实双业”基地的依托单位，其主要职责是：

（一）将基地建设纳入依托单位重点工作，构建符合高校学生特点的“双实双业”支撑体系；

（二）建立科学的管理体制和运行机制，引导企业为高校学生提供实习就业岗位，组织学生开展实训创业；

（三）提供基地建设和发展所需的必要条件，保证基地健康持续发展；

（四）协调和组织引进创业投资公司、银行、担保公司等金融机构和中介服务组织为基地和创业企业提供投融资服务；

（五）定期向基地主管部门报送运行情况和统计数据。

第三章 认定

第八条 “双实双业”基地的认定条件：

（一）设有专门的管理部门或专人负责基地的建设和管理；

（二）有与高校签署开展学生实习实训、创业就业合作的文件；

（三）每年有10家以上的在园企业为高校学生提供不少于100个实习或就业岗位，实习岗位的工作内容需具备一定的技术技能含量；

（四）为学生提供多种创业、就业及职业技能实训，年实训不低于200人次；

（五）为学生创业企业提供的场地面积达到500平方米，在园学生创业企业数15家以上；

（六）为学生创业企业提供至少12个月的房租减免，提供专业服务与咨询，配备相应的公共设施或设备；

（七）建立公共信息服务平台，发布相关政策、实习就业岗位、创业实训等信息；

（八）地方政府、高校有支持和鼓励学生到基地实习、实训、创业、就业的具体政策。

第九条 学生创业企业应具备以下条件：

（一）企业注册地及工作场所应在依托单位内；

（二）企业创办人为在校本（专）科生、研究生，应届毕业生和毕业两年内（含两年）的往届毕业生；

（三）企业创办人或团队所占公司股份不低于30%；

（四）企业成立时间一般不超过3年；

（五）企业一般应为科技型企业。

第十条　“双实双业”基地认定的程序：

（一）申报“双实双业”基地的单位向本地区主管部门提出认定申请，并提交《高校学生科技创业实习基地申请报告》；

（二）主管部门对报告进行初审，将通过初审的申报单位名单及材料，正式行文报送教育部、科技部；

（三）教育部、科技部组织专家对申请报告进行评审，必要时进行现场考察。

（四）教育部、科技部根据专家评审意见研究确定认定名单并发文公布。

第十一条　“双实双业”基地实行动态管理。教育部、科技部对基地进行定期评估，对建设成效显著的基地进行表扬，对达不到条件的基地责令限期整改，对整改后仍不能达到条件的将撤销“高校学生科技创业实习基地”称号。

第十二条　“双实双业”基地实施统计年报制度。教育部、科技部委托有关机构负责统计数据的收集和整理。本地区主管部门负责于每年3月31日前组织上报本地区基地的上年度统计数据。

第十三条　对在“双实双业”基地申报、认定和评估过程中弄虚作假的单位一经查出，取消其申报资格或“高校学生科技创业实习基地”称号。

第四章　政策措施

第十四条　国家相关科技计划优先支持“双实双业”基地依托单位的申报项目。

第十五条　鼓励国家科技计划项目承担单位聘用高校毕业生参与科研项目研究，其劳务费和有关社会保险补助按规定从项目中列支，具体办法按国科发财〔2009〕97号文件执行。

第十六条　教育部、科技部把“双实双业”基地的建设列入相关单位的绩效考核指标体系。

第五章　附则

第十七条　各省、自治区、直辖市、计划单列市和新疆生产建设兵团的教育、科技行政部门可参照本办法制定相应的实施办法和细则。

第十八条　本办法由教育部、科技部负责解释。

第十九条　本办法自发布之日起实施。

高等学校毕业生学费和国家助学贷款代偿暂行办法

（财教[2009]15号2009年3月11日）

第一条 为引导和鼓励高校毕业生面向中西部地区和艰苦边远地区基层单位就业，根据《中共中央关于推进农村改革发展若干重大问题的决定》（中发〔2008〕16号）和《国务院办公厅关于加强普通高等学校毕业生就业工作的通知》（国办发〔2009〕3号）有关精神，制定本办法。

第二条 高校毕业生到中西部地区和艰苦边远地区基层单位就业、服务期在3年以上（含3年）的，其学费由国家实行代偿。在校学习期间获得国家助学贷款（含高校国家助学贷款和生源地信用助学贷款，下同）的，代偿的学费优先用于偿还国家助学贷款本金及其全部偿还之前产生的利息。

第三条 本办法中高校毕业生是指中央部门所属普通高等学校中的全日制本专科生（含高职）、研究生、第二学士学位应届毕业生。定向、委培以及在校学习期间已享受免除学费政策的学生除外。

第四条 本办法中，西部地区是指西藏、内蒙古、广西、重庆、四川、贵州、云南、陕西、甘肃、青海、宁夏、新疆等12个省（自治区、直辖市）。

中部地区是指河北、山西、吉林、黑龙江、安徽、江西、河南、湖北、湖南、海南等10个省。

艰苦边远地区是指除上述地区外，国务院规定的艰苦边远地区。

第五条 本办法中的基层单位是指：

（一）中西部地区和艰苦边远地区县以下机关、企事业单位，包括乡（镇）政府机关、农村中小学、国有农（牧、林）场、农业技术推广站、畜牧兽医站、乡镇卫生院、计划生育服务站、乡镇文化站等；

（二）工作现场地处中西部地区和艰苦边远地区县以下的气象、地震、地质、水电施工、煤炭、石油、航海、核工业等中央单位艰苦行业生产第一线。

第六条 凡符合以下全部条件的高校毕业生，可申请学费和国家助学贷款代偿：

（一）拥护中国共产党的领导，热爱祖国，遵守宪法和法律；

（二）在校期间遵守学校各项规章制度，诚实守信，道德品质良好，学习成绩合格；

（三）毕业时自愿到中西部地区和艰苦边远地区基层单位工作、服务期在3年以上（含3年）。

第七条 每个高校毕业生每学年代偿学费和国家助学贷款的金额最高不超过6000元。毕业生在校学习期间每年实际缴纳的学费或获得的国家助学贷款低于6000元的，按照实际缴纳的学费或获得的国家助学贷款金额实行代偿。毕业生在校学习期间每年实际缴纳的学费或获得的国家助学贷款高于6000元的，按照每年6000元的金额实行代偿。

本科、专科（高职）、研究生和第二学士学位毕业生代偿学费和国家助学贷款的年限，分别按照国家规定的相应学制计算。

第八条 国家对到中西部地区和艰苦边远地区基层单位就业的获得学费和国家助学贷款代偿资格的高校毕业生采取分年度代偿的办法，学生毕业后每年代偿学费或国家助学贷款总额的1/3，3年代偿完毕。

第九条 按本办法确定的学费和国家助学贷款代偿所需资金，由中央财政安排。

第十条 符合条件的高校毕业生，按以下程序申请学费和国家助学贷款代偿：

（一）高校毕业生本人在办理离校手续时向学校递交《学费和国家助学贷款代偿申请表》和毕业生本人、就业单位与学校三方签署的到中西部地区和艰苦边远地区基层单位服务3年以上的就业协议。

（二）在校学习期间获得国家助学贷款的高校毕业生，在与国家助学贷款经办银行签订毕业后的还款计划书时，应注明已申请国家助学贷款代偿，如果获得国家助学贷款代偿资格，不需自行向银行还款。

（三）高校根据上述材料，按本办法规定，审查申请资格；在每年6月底前，将符合条件的高校毕业生相关材料集中报送全国学生资助管理中心审批。对存在“二次定岗”的毕业生，高校应在毕业生提交有关证明材料并经审查后，最迟于当年12月底前将申请材料集中报送全国学生资助管理中心审批。

全国学生资助管理中心在收到高校申请材料后一个月内，将审批确定的获得学费和国家助学贷款代偿资格的学生名单通知有关高校及国家助学贷款经办银行，同时将有关审批文件报教育部、财政部备案。

第十一条 高校需在每年6月30日前将获得学费和国家助学贷款代偿资格的高校毕业生当年在职在岗情况报送全国学生资助管理中心。

高校毕业生所在高校要建立与就业单位和国家助学贷款经办银行定期联系制度。高校要专门为经资格审查合格的学费和国家助学贷款代偿的高校毕业生建立完整准确的档案，并将高校毕业生在本学段学习期间获得学费和国家助学贷款代偿情况书面通知毕业生本人、就业单位人事部门及国家助学贷款经办银行。同时，还应主动了解并定期向全国学生资助管理中心和国家助学贷款经办银行通报毕业生的工作情况，以便经办银行及时掌握借款学生的动态情况，做好国家助学贷款业务贷后管理工作。

第十二条 除因正常调动、提拔、工作需要换岗而离开中西部地区和艰苦边远地区基层单位外，对于未满3年服务年限，提前离开中西部地区和艰苦边远地区基层单位的高校毕业生，就业单位人事部门应要求其及时向办理代偿的原高校申请取消学费和国家助学贷款代偿资格。

对于取消学费代偿资格的毕业生，高校应及时将有关情况报送全国学生资助管理中心。全国学生资助管理中心从当年开始停止对其学费的代偿。

对于取消国家助学贷款代偿资格的毕业生，改由其本人负责偿还余下的国家助学贷款本息。就业单位应当及时将有关情况通报给高校，并凭毕业生重新签订的国家助学贷款还款计划书为其办理离职手续。高校应将有关情况及时通知全国学生资助管理中心和国家助学贷款经办银行。

对于不及时向高校提出取消学费和国家助学贷款代偿资格申请、不与银行重新签订还款计划书、提前离岗的高校毕业生，一律视为严重违约，国家有关部门要将其不良信用记录及时录入国家金融业统一征信平台相关数据库。

第十三条 学费和国家助学贷款代偿资格经全国学生资助管理中心审定后，有关部门（单位）应按照部门预算管理的有关规定，将学费和国家助学贷款代偿资助项目经费编入部门预算。财政部及时将代偿资金拨付给全国学生资助管理中心。全国学生资助管理中心应在收到财政部拨付的代偿资金15个工作日内，将代偿资金拨付给高校。高校应于15个工作日内将代偿资金代为偿还给高校毕业生国家助学贷款经办银行或返还给高校毕业生本人。

第十四条 有关高校要严格执行国家相关财经法规和本办法的规定，对代偿资金实行分账核算，专款专用，不得截留、挤占、挪用，同时应接受财政、审计、纪检监察、主管机关等部门的检查和监督。

第十五条 对于弄虚作假的高校和高校毕业生，一经查实，除收回国家代偿资金外，将按有关规定追究相关责任。

第十六条 各省（自治区、直辖市）要参照本办法规定的原则，制定吸引和鼓励高校毕业生面向本辖区艰苦边远地区基层单位就业的学费和国家助学贷款代偿办法。

第十七条 本办法自公布之日起施行。财政部、教育部印发的《高等学校毕业生国家助学贷款代偿资助暂行办法》（财教〔2006〕133号）同时废止。

教育部高校辅导员培训和研修基地建设与管理办法（试行）

（教思政厅[2011]3号2011年4月2日）

第一章　总则

第一条　为加强教育部高校辅导员培训和研修基地（以下简称辅导员基地）的建设与管理，根据《普通高等学校辅导员队伍建设规定》（教育部令第24号），特制定本办法。

第二条　高校辅导员队伍是加强和改进大学生思想政治教育的骨干力量。加强辅导员基地建设与管理是加强辅导员队伍建设的重要举措，有利于提高辅导员队伍的整体水平，建设一支政治强、业务精、纪律严、作风正的高素质队伍。

第三条　辅导员基地要承担培训、研究、咨询等方面的任务。

1. 辅导员基地要承担辅导员的上岗培训、日常培训、高级研修、学历学位教育等任务。

2. 辅导员基地要积极开展大学生思想政治教育特别是辅导员队伍建设等方面的专题研究，不断加强相关理论探索和创新。

3. 辅导员基地要为教育部和省（区、市）教育工作部门制订大学生思想政治教育特别是辅导员队伍建设等相关政策提供决策咨询，努力成为上级主管部门的智库。

第二章　管理体制

第四条　辅导员基地由教育部主管，所在省（区、市）教育工作部门协管。

第五条　教育部思想政治工作司具体负责辅导员基地建设与管理工作。其主要职责是：

1. 加强对辅导员基地的管理与指导。围绕辅导员基地建设和发展，研究制订相关政策，给予政策支持。组织专家对辅导员基地建设与管理及培训质量进行检查考核。

2. 加强工作总结与交流。及时总结辅导员基地建设与管理的特色做法和经验，以适当方式进行宣传推广。建立辅导员基地联席会议制度，组织召开全国辅导员基地工作会、研讨会等。

3. 建立全国辅导员培训师资专家库，组织编写培训大纲和示范性培训教材。

4. 协调辅导员跨省（区、市）培训工作。

5. 主持全国性的示范培训等其他事项。

第六条 省（区、市）教育工作部门负责同志要高度重视辅导员基地建设和发展，有关职能处室要有专人负责辅导员基地相关工作。其主要职责是：

1. 根据教育部制定的辅导员培训规划和本地区辅导员培训的实际需求，编制本地区的培训规划，并及时下达给辅导员基地，明确具体培训任务和要求。

2. 研究制订推动辅导员基地建设和发展的有关政策，积极协调有关部门和单位，在政策、资金等方面给予辅导员基地必要的支持。

3. 加强对辅导员基地的管理与指导，帮助其选聘校外优秀培训师资，着力提升培训质量。

第七条 辅导员基地依托高校要确定辅导员基地建设与管理领导机构。辅导员基地主任要由学校党委主要负责同志或分管负责同志担任；办公室可挂靠在相关职能部门或教学单位，并有专人负责日常工作，有条件的高校也可独立设置办公室。其主要职责是：

1. 加强统筹规划和协调，充分调动校内外各方面力量为辅导员基地建设和发展提供保障。

2. 根据教育部和省（区、市）教育工作部门的辅导员培训规划及下达的培训任务，编制本基地的年度培训计划。

3. 制订具体培训方案并负责实施，对培训项目进行质量监控。

4. 协调有关部门，做好辅导员学历学位教育工作。

5. 组织开展大学生思想政治教育特别辅导员队伍建设相关研究，承担上级主管部门交办的其他任务。

6. 负责向教育部思想政治工作司提交年度工作计划和工作总结。

第三章 日常建设与管理

第八条 制订科学合理的培训方案。要以促进辅导员提高综合素质、增强解决实际问题能力为目标，结合辅导员多层次培训的实际需要，通过研究和论证，有针对性地设置培训课程，做到理论与实践相结合、教学与科研相结合、系统学习与专题研究相结合。

第九条 加强相关学科建设。进一步凝练学科方向、汇聚学科队伍、构建学科基地，大力加强本校马克思主义理论一级学科及思想政治教育等二级学科建设，为大学生思想政治教育特别是辅导员队伍建设提供强有力的学理支撑。

第十条 加强师资队伍建设。注重本校相关学科教师梯队的构建，着力建设一支相对稳定、业务水平较高的辅导员培训师资队伍。积极挖掘利用校内外师资力量，注重从一线大学生思想政治教育工作骨干中选拔培训师资。

第十一条 加强科学研究和学术交流。积极组织开展大学生思想政治教育特别是辅导员队伍建设等方面的理论研究，推动理论创新。积极承办全国性或地区性学术会议，加大辅导员基地间和高校间在工作实践、理论研讨等多方面的交流。

第十二条 加强经费投入与管理。各依托高校每年要为辅导员基地投入不少于30万元的专项经费，主要用于辅导员基地的日常办公、图书资料、师资培训、科学研究和学术交流等。该经费应专款专用，列入学校年度经费预算，由学校财务部门统一管理核算。各辅导员基地组织的任何培训均不得以谋利为目的。各省（区、市）教育工作部门应将辅导员培训纳入本地教师培训计划，与受训辅导员所在高校共同承担相关费用。

第四章　检查考核

第十三条 为促使辅导员基地全面履行职责，教育部和省（区、市）教育工作部门负责对辅导员基地进行检查考核，并帮助其解决有关实际问题。

第十四条 每3年为一个考核周期，期间辅导员基地至少要接受一次检查考核。检查考核采取自查和抽查相结合的方式进行：

1. 自查：辅导员基地依托高校要对辅导员基地承担的培训、研究、咨询等方面的任务完成情况进行自查，及时总结经验，发现并解决问题。各依托高校要将自查报告及时报送教育部思想政治工作司。

2. 抽查：教育部组织专家对辅导员基地进行随机抽查。对考核结果为优秀的基地，在政策方面予以倾斜。对考核结果为不合格的基地，予以警告，限期整改；一年后复查结果仍不合格的，撤销辅导员基地资格。

第五章　附则

第十五条 本办法从发布之日起施行。

第十六条 本办法由教育部思想政治工作司负责解释和修改。

辽宁省人民政府办公厅转发省教育厅关于进一步推进我省国家助学贷款工作意见的通知

（辽政办发[2008]62号2008年9月23日）

各市人民政府，省政府各厅委、各直属机构：

经省政府同意，现将省教育厅《关于进一步推进我省国家助学贷款工作的意见》转发给你们，请认真贯彻执行。

关于进一步推进我省国家助学贷款工作的意见

我省自1999年启动国家助学贷款试点特别是按国家助学贷款新机制运行以来，国家助学贷款管理、发放各项工作都取得了一定成效。为贯彻落实《国务院关于建立健全普通本科高校高等职业学校和中等职业学校家庭经济困难学生资助政策体系的意见》（国发〔2007〕13号），进一步加强国家助学贷款管理，完善国家助学贷款管理机制，现就进一步推进我省国家助学贷款工作提出如下意见：

一、指导原则

按照“积极推进、完善机制、防范风险、应贷尽贷”的原则，强化政府、银行、学校及学生的责任，建立还贷约束机制和风险防范机制，有效控制、化解和分担贷款风险，调动经办银行开办国家助学贷款工作的积极性，使每一名符合国家助学贷款条件的学生都能得到资助，顺利完成学业。

二、主要工作和目标

（一）建立国家助学贷款风险保障机制。依据现行国家助学贷款政策和运行模式，结合目前国家助学贷款管理特别是贷后管理薄弱的实际，从2008年起引入保险机制参与国家助学贷款管理，由经办银行和保险机构共同开办信用保险助学贷款业务，即由经办银行在发放国家助学贷款后，向保险机构投保国家助学贷款信用险。依托保险机构网络和信息技术平台，协助经办银行对信用保险助学贷款业务进行事前信息征集、事中风险监控、事后跟踪催收贷款和损失补偿等全过程管理，动态跟踪借款学生去向，及时提醒和催收贷款，以提高借款学生的还贷率，并对发生贷款损失的经办银行及时给予补偿，化解经办银行和高校的贷款风险，形成政府、银行、保险机构和高校共同参与、共同分担、共同化解的国家助学贷款风险保障新机制。

（二）提高国家助学贷款风险补偿比例。省政府决定将国家助学贷款风险补偿金由8%提高到10%。风险补偿金由开办国家助学贷款业务的学校和其主管财政部门各负担50%。风险补偿金按当年国家助学贷款实际发放额支付给经办银行。经办银行可用风险补偿金支付参与国家助学贷款业务保险机构的助学贷款信用险保费。国家助学贷款风险补偿金比例根据助学贷款运作成本、有关金融政策和财政承受能力经省政府批准后可适当调整。

（三）扩大生源地助学贷款试点范围。在2007年阜新蒙古族自治县、彰武县开办生源地助学贷款试点的基础上，从2008年起进一步扩大试点范围，惠及更多经济相对落后地区家庭经济困难学生。凡属纳入生源地助学贷款试点县（市）户籍，当年考入省内普通高等院校（含高等职业学校、民办高校和独立学院）的本专科学生，均可申请生源地助学贷款。

（四）提高国家助学贷款覆盖面和满足率。凡辽宁省地方所属普通高等院校（含高等职业学校、民办高校和独立学院）全部纳入开办国家助学贷款业务范围；凡在上述学校就读的家庭经济困难的全日制普通本专科生、研究生（含当年新生，以下简称“借款学生”）全部纳入贷款对象。信用保险助学贷款规模原则上覆盖在校学生总数的20%，具体人数根据各学校的贷款需求确定，以彻底解决目前国家助学贷款开展不均衡和满足率低的问题。

三、信用保险助学贷款的政策内容

（一）申请信用保险助学贷款学生的条件。具有中华人民共和国国籍且持有中华人民共和国居民身份证；具有完全民事行为能力（未成年人申请国家助学贷款须由其法定监护人书面同意）；诚实守信，遵纪守法，无违法违纪行为；学习刻苦，能够正常完成学业；家庭经济困难，家庭经济收入难以支付完成学业所需基本费用（学费、住宿费）。

（二）信用保险助学贷款的额度。原则上每生每学年6000元，收费较高的学校和专业可适当提高贷款额度，具体贷款额度由学校和经办银行商议确定。信用保险助学贷款按学制年限，实行一次申请分年度发放。考入我省地方普通高等院校的外省（区、市）已获得当地生源地助学贷款的学生，不再享受我省信用保险助学贷款政策。

（三）信用保险助学贷款的利率、期限和申请程序。信用保险助学贷款的利率和利息分担比例及工作流程，按国家助学贷款的有关规定执行。信用保险助学贷款还款最长期限为借款学生毕业后6年。借款学生毕业后根据就业情况，可选择在1至2年内开始还贷，6年内还清。若需办理展期，则必须具备良好的个人信用记录，定期与贷款发放银行联系，并经贷款发放银行和保险机构共同确认。信用保险助学贷款由各高校协助经办银行组织学生集中申请，具体工作可参照国家助学贷款申请程序操作。

四、生源地助学贷款的政策规定

（一）扩大生源地助学贷款试点范围。省农村信用合作联社确定在去年阜新市所辖彰武县和阜新蒙古族自治县开办生源地助学贷款业务的基础上，2008年扩大到康平县、岫岩县、清原县、新宾县、桓仁县、宽甸县、义县、昌图县、西丰县、朝阳县、喀左蒙古族自治县、建平县、北票市、凌源市、建昌县等15个县（市）。

（二）申请条件、程序和风险管理。凡属上述县（市）户籍2008年被省内全日制普通本科高校、高等职业学校（含民办高校和独立学院）正式录取的新生，经当地有关部门（农村学生由户籍所在乡、镇审核；县镇非农业户口学生由县民政部门审核，并经县（市）教育行政部门统一复核）审核确认为家庭经济困难学生，均可到本县农村信用社指定业务网点申请办理生源地助学贷款。已获得生源地助学贷款的学生入学后不再申请其他形式的助学贷款。生源地助学贷款按年度申请、审批和发放。每个借款人每年申请助学贷款原则上不超过6000元。生源地助学贷款只用于借款学生在校期间的学费和住宿费。生源地助学贷款期限、贴息和风险补偿金办法按试点阶段的有关规定执行。生源地助学贷款也可引入保险机构参与贷后管理。具体办法由省农村信用合作联社与有关保险机构商议确定。

五、组织管理

信用保险助学贷款和生源地助学贷款是国家助学贷款的组成部分。各级政府要高度重视国家助学贷款工作，特别是各级教育、财政、金融部门及高等学校要各负其责，互相配合，建立良性的国家助学贷款运行体系，促进我省各项助学贷款工作健康持续稳定发展。

（一）省政府成立辽宁省国家助学贷款工作协调组。由主管副省长任组长，省政府办公厅、省教育厅、省财政厅、省民政厅、省人民银行沈阳分行、省银监局、省保监局等部门为成员单位。协调组主要负责制定全省地方高校国家助学贷款工作方案，监督、检查国家助学贷款政策落实情况，研究解决国家助学贷款实施过程中出现的问题。各市政府要成立相应的协调组织，指导本市高校国家助学贷款工作。

（二）部门职责。

省教育厅负责全省各项助学贷款具体组织实施与日常管理工作。会同有关部门负责通过招标方式确定助学贷款经办银行，与经办银行签订助学贷款合作协议；协助经办银行监督、管理各项助学贷款的发放、使用和催收工作，及时核拨省属高校国家助学贷款贴息和风险补偿金。加强省学生资助管理中心建设，在人员、办公场所和工作经费上给予保证。指导市、县级教育行政部门做好国家助学贷款日常工作。

省财政厅负责筹措省属高校有关助学贷款贴息经费和风险补偿资金，在年度预算中予以足额安排，并及时下拨。监督各市财政部门国家助学贷款风险补偿资金和贴息资金的使用情况。

市属高校国家助学贷款贴息和风险补偿金由市财政部门负责筹措和管理。

各级财政部门参与国家助学贷款或生源地助学贷款的相关管理工作。

人民银行沈阳分行、辽宁银监局、辽宁保监局负责根据国家有关政策，督促协调我省助学贷款经办银行开办有关助学贷款业务，审批有关办法，监督助学贷款执行情况。同时相互配合，做好借款学生数据共享工作。辽宁保监局负责根据国家有关政策，对保险机构的偿付能力进行监督。

经省政府确定的经办银行负责按照有关助学贷款业务合作协议，制定助学贷款具体操作办法；审核各高校报送的学生个人贷款申请材料，按贷款条件审核发放贷款。并与保险机构共同催收贷款。

承办助学贷款的保险机构按照有关助学贷款保险业务合作协议，负责制定和实施承保业务操作流程、协助经办银行加强贷后管理、跟踪借款学生去向、提醒和催收贷款、赔付贷款损失等具体措施。

普通高等学校负责组织本校经济困难学生的贷款申请，并对申请贷款学生进行资格初审；与经办银行签订有关助学贷款合作协议；负责应承担的风险补偿金的筹措和拨付；监督学生按贷款合同规定的用途使用贷款；协助经办银行组织贷款的发放工作，协助经办银行和保险机构做好贷款的回收工作，及时向有关经办银行提供在校期间学生的变动情况和国家助学贷款的实际发放情况，加强学生法律和诚信教育。各高校要设立专门机构统一管理国家助学贷款工作。普通高等学校要会同承办助学贷款的保险机构共同为借款学生提供自主创业机会，具体方式由普通高校与保险机构另行确定。

高校毕业学生接收单位负责协助经办银行做好催收助学贷款工作。对获得助学贷款的毕业生，其接收单位有协助经办银行和保险机构催收贷款的责任。对借款学生加强诚信教育，催促或帮助其偿还贷款，并在其工作变动时，提前告知经办银行。

借款学生及家长负有按期偿还助学贷款的责任，认真履行助学贷款还款协议，按时偿还借款。其家长有责任偿还或催还贷款。

六、工作要求

（一）信用保险助学贷款和生源地助学贷款业务于2008年秋季普通高校开学后开展。由省教育厅会同省财政厅、人民银行沈阳分行、辽宁银监局、辽宁保监局和有关商业银行共同研究制定具体实施方案，并及时组织签订省级信用保险助学贷款业务合作协议和生源地助学贷款业务合作协议，确保按期启动。信用保险助学贷款业务合作协议原则上4年一期。

（二）加强信用保险助学贷款和生源地助学贷款的宣传工作。利用各种新闻媒体大力宣传省委、省政府对资助家庭经济困难学生的重视和关怀，详实解读信用保险助学贷款和生源地助学贷款的有关政策，让广大农村和城市困难家庭学生了解助学贷款的申请、审核和审批方式及流程，及时办理助学贷款。

（三）参与信用保险助学贷款的保险机构，必须具备相关资质并经国家保险监管部门批准办理助学贷款信用保险业务及有偿付能力的保险机构；并经有关部门审核，确认其承办信用保险助学贷款业务资格。由贷款发放银行自主确定具体保险机构。

（四）助学贷款经办银行要积极支持国家助学贷款工作，按照有关助学贷款条件和审批程序认真组织发放助学贷款，使每一名符合助学贷款条件的学生都能及时获得助学贷款。同时，对助学贷款风险进行充分评估，采取切实措施降低贷款风险，促进国家助学贷款良性健康发展。各高校要积极支持、配合经办银行开办有关助学贷款业务。建立健全工作机构，配备得力人员负责助学贷款工作。

（五）根据目前我省国家助学贷款业务合作协议，原承办国家助学贷款的商业银行具有承办信用保险助学贷款业务的优先权。

（六）承办国家助学贷款业务的经办银行和保险机构依托人民银行个人征信系统建立国家助学贷款信息管理平台，实行信息共享，有效掌握借款学生的情况，提高催收贷款能力和工作效率。

（七）各高校要协助经办银行及保险机构开展诚信教育、信贷风险管理、逾期催收和违约通报工作。对恶意违约不按规定偿还贷款的学生，通过各种媒体对违约人及所就读的学校给予曝光。

（八）有意向承办信用保险助学贷款业务的保险机构和商业银行要提前做好合作协议签订准备工作。

辽宁省普通高等学校招生考试分数复核工作实施细则（试行）

（辽招考委字[2011]35号2011年6月21日）

第一章　总则

第一条 为顺利完成辽宁省普通高等学校招生考试分数复核工作，切实加强分数复核工作管理，体现考试的公正、公平，特制订本实施细则。

第二条 分数复核是普通高等学校招生考试评卷工作的重要环节，关系到高考评卷工作的公信力，关系到高考工作的公正、公平，有关单位及部门应予高度重视，严格管理，措施到位，责任到人，确保分数复核工作平稳、顺利。

第三条 分数复核工作要以服务考生为宗旨，做到“公正公平、安全保密、严肃认真”。

第四条 分数复核实行二次分数复核评估、专家仲裁终结制。

第五条 凡符合评卷程序，按评卷细则、评分标准评阅的试卷不予二次分数复核。

第二章　分数复核对象、科目和内容

第六条 凡参加当年普通高考的考生，在分数发布后对本人成绩有疑义均可报名登记，申请分数复核。

第七条 普通高考文化课考试的全部科目均在分数复核之列。分数复核的内容：1.检查考生申请分数复核的科目是否存在漏评（1小题以上题目未评为漏评）；2.检查考生申请分数复核科目的小题分、大题分、总分等是否存在漏登分，分数合成有无差错。考生不能查看答卷。

第三章 分数复核工作组织机构及职责

第八条 辽宁省高中等教育招生考试委员会办公室（以下简称“省招考办”）负责按照相关政策、规定及要求组织实施分数复核工作。市、县（区）招考办负责通知、组织申请分数复核考生报名，告知考生分数复核结果等工作。

第九条 成立分数复核工作领导小组，下设管理组、二次分数复核评估组、专家仲裁组、技术支持组和信访组。

领导小组职责：负责分数复核工作的组织领导，确定分数复核工作地点、组成人员，按照相关规定实施分数复核工作管理，处理分数复核工作中的重要问题等。

管理组职责：按领导小组的要求组织管理分数复核工作，掌握分数复核工作进度，监督分数复核工作人员行为，负责及时解决分数复核工作中的具体问题，重大问题提交领导小组处理。

二次分数复核评估组职责：对考生二次分数复核的申请进行评估，检查考生二次分数复核申请理由是否合理、依据是否充分、试卷评阅程序是否存在问题、是否执行评卷细则等内容，并出具是否需要二次分数复核的评估意见。

专家仲裁组职责：按领导小组要求和相关规定，负责对二次分数复核评估组提交的需要二次分数复核的试题、试卷进行复核，出具仲裁意见。

技术支持组职责：负责考生答卷及分数信息管理，负责网上评卷和分数复核系统运行保障、网络安全、技术培训与指导，负责分数复核现场的技术支持、数据备份、数据统计，负责汇总分数复核报名数据，将分数复核结果传送各市招考办。

信访组职责：负责接待分数复核来访人员，解释考生对分数复核结果的疑问。

第四章 分数复核工作程序

第十条 申请分数复核的考生必须在规定时间内持《准考证》、《高考成绩通知单》到本人高考报名所在的县(市、区)招考办按规定程序提出分数复核申请，缴纳分数复核手续费。逾期不予受理。

第十一条 各市招考办负责汇总考生分数复核申请，在规定时间内将本市申请分数复核的考生数据库通过“辽宁省普招数据信息管理平台”上报省招考办。

第十二条 省招考办依据各市上报的申请分数复核数据组织分数复核工作，并将分数复核结果数据库通过“辽宁省普招数据信息管理平台”下发各市招考办。

第十三条 各市招考办在规定时间内将分数复核结果数据库下发县（市、区），县（市、区）招考办负责将分数复核结果通知考生。

第十四条 考生对首次分数复核结果有疑义，须在规定时间内向市招考办提出二次分数复核申请，按规定格式填写并提交二次分数复核申请表。逾期不予受理。省招考办不直接受理考生个人申请。

第十五条 各市招考办在规定时间内，将考生二次分数复核申请表汇总上报省招考办。

第十六条 二次分数复核评估组对申请二次分数复核的相关试卷进行评估，出具评估意见。对于二次分数复核评估组提出不予二次复核的试卷，由所在市、县（市、区）招考办将评估意见告知相关考生。二次分数复核评估组认定需进行二次复核的试卷，提交专家仲裁组。

第十七条 二次分数复核评估组提交的试题、试卷，由专家仲裁组进行复核，并做出仲裁终结意见，由所在市、县（市、区）招考办将仲裁结果告知相关考生。

第十八条 属分数复核内容范围内的分数误差，无论是正误差还是负误差，均由分数复核管理组人员将复核的结果做详细记录，并签字。然后经省招考办分管主任签字后报领导小组批准，在录取工作开始前予以成绩更正。

第五章　安全保密及工作纪律

第十九条 选聘思想政治觉悟高，工作责任心强，业务水平高，作风正派，遵守纪律，身体健康，当年无直系亲属参加高考的专家和工作人员承担高考分数复核工作。专家仲裁组成员应具有副高级以上职称。

第二十条 分数复核工作人员和有关专家必须遵守封闭式管理的相关规定和要求，不接待客人，不与外界联系，遵守工作时间，按时保质保量完成工作任务。

第二十一条 设置专用的分数复核场所，实行封闭式管理，与分数复核工作无关人员未经允许不得进入分数复核场所。

第二十二条 分数复核实行保密方式，查阅分数或分数复核时，相关试卷隐去考生姓名和准考证号等信息。

第二十三条 加强分数复核情况、考生成绩等相关信息的安全保密工作，确保数据安全。严禁泄漏未正式公布的考生信息、试卷信息、分数信息等。

第二十四条 经省招考办分管主任授权的工作人员方可使用内部网络计算机，未经授权人员不得操作、使用内部网络的任何计算机。

第二十五条 数据实行备份制度。分数数据库由数据管理员和系统管理员共同负责。数据管理员每天定时对数据进行备份。

第二十六条 计算机密码由省招考办专人负责掌管，重要计算机的密码必须有二人以上共同掌管。

第二十七条 做好计算机机房、计算机硬件设备和分数复核软件的安全和维护工作，确保分数复核工作顺利、安全。

第六章 附则

第二十八条 参与分数复核的所有人员如违反本实施细则，依法依规，严肃处理。

第二十九条 本实施细则从2011年起实行。省招考委、省教育厅2008年5月12日印发的《辽宁省普通高等学校招生考试查分工作实施细则（试行）》（辽招考委字[2008]31号）同时废止。

第三十条 本实施细则由辽宁省招考办负责解释。

辽宁省普通高等学校辅导员工作规程（试行）

（辽教发[2005]121号2005年9月13日）

第一章　总则

第一条 为贯彻落实《中共中央、国务院关于进一步加强和改进大学生思想政治教育的意见》（中发[2004]16号）、《教育部关于加强高等学校辅导员班主任队伍建设的意见》（教社政[2005]2号）和《中共辽宁省委、辽宁省人民政府关于进一步加强和改进大学生思想政治教育的实施意见》（辽委发[2005]18号），促进高等学校辅导员工作的科学化、规范化、职业化、制度化，特制定本工作规程。

第二条 辅导员是高等学校教师队伍的重要组成部分，是大学生思想政治教育的骨干力量，是大学生健康成长的指导者和引路人，是对大学生进行政治引导、思想教育、学习督导、行为引导及相关事务管理的教师。

第二章　辅导员的配备与管理

第三条 辅导员应根据工作需要，按年级或专业配备。专职辅导员按全日制本专科学生人数200：1的比例配备，原则上要保证各院系每个年级（或专业）至少配备一名专职辅导员。专职辅导员暂时不足时，高等学校可配备兼职辅导员，并应结合学校实际，在2—3年内按规定尽快配齐专职辅导员。

第四条 学校党委学生工作部负责全校辅导员队伍的管理工作（暂未设学校党委的民办高等学校，可由学生处负责），为便于工作，学生工作部可与学生处合署办公。

高等学校所属各院（系）应设立学生工作办公室，具体负责本院（系）辅导员的日常管理工作。学生工作办公室主任一般由院（系）主管学生工作的党政负责人兼任。

高等学校应根据学校实际设立大学生生活园区工作办公室。院（系、生活园区）学生工作办公室在学校学生工作部的指导下开展大学生思想政治教育工作。

第三章　辅导员的任职条件与工作职责

第五条 辅导员应具备以下任职条件：

（一）具备较高的思想政治素质和道德素质，原则上应是中共党员或预备党员。

（二）热爱大学生思想政治教育工作，热爱学生，具有奉献精神和开拓创新精神。

（三）具有较高的理论水平，掌握马克思列宁主义、毛泽东思想、邓小平理论和“三个代表”重要思想的基本原理；熟悉思想政治教育、伦理学、管理学、教育学、社会学、心理学、时事政策、就业指导、学生事务管理以及法律等方面的相关知识。

（四）具有较强的组织管理能力、协调能力、语言文字表达能力和调研能力。

（五）本科院校的辅导员一般应具备硕士以上学位或学力，新选聘的应届毕业生应在五年内达到上述要求；高等职业院校的辅导员一般应具备学士以上学位。

（六）身心健康，人格健全，品行端正。

第六条 辅导员应履行以下工作职责：

（一）政治指导。贯彻执行党的教育方针和有关政策，教育和引导学生树立科学的世界观、人生观和价值观；协助党组织做好学生入党积极分子和学生党员的教育、培养、考察和管理工作。

（二）思想教育。掌握学生的思想动态，做好学生日常思想教育工作，维护学校稳定；可兼职从事思想政治理论课、党课、团课及人文哲学社会科学方面课程的教学，指导学生开展课内外理论学习，对学生实施思想政治理论教育；正确区分学生的思想和心理问题，关注学生的心理健康状况，协助相关部门开展心理健康教育和咨询工作。

（三）行为引导。负责年级和班级学生干部的选拔、使用和培养工作；做好学生奖惩等日常管理工作，帮助学生树立正确的纪律、道德和法制观念；按照学校的统一安排，进驻学生公寓，做好生活园区的学生工作；指导、帮助学生开展社会实践、校园文化等课外活动，培养学生的综合素质，促进学生的全面发展。

（四）事务管理。协助有关部门做好贫困学生资助、就业指导等工作，做好学校交付的其他相关工作。

（五）做好与家长和社会的沟通、协调工作。

第四章　辅导员的选聘与培训

第七条 专职辅导员可采取以下几种途径选聘：

（一）从符合条件的在职党员教师和党政干部中选聘。

（二）从应届毕业留校工作的研究生或全日制本科生中择优选聘。

（三）从免试推荐的硕士、博士研究生中选聘。有免试推荐硕士、博士研究生权的院校，每年应留出一定免试推荐名额用于选聘辅导员，受聘学生保留学籍，应先从事两年以上辅导员工作，再攻读研究生。

（四）鼓励从本校外符合条件的人员中选聘。

第八条 兼职辅导员参照专职辅导员的选聘办法，主要在专业课教师中选聘，也可从从事教辅工作、有大学本科学历的党员教师中选聘。

第九条 选聘辅导员由学校各院（系）提出用人计划，由学校学生工作部统一组织考核，学校党委审核确定，任期一般与所带年级学生的学制一致。聘任时，向应聘辅导员颁发证书，明确任期及工作职责。对于任期中有重大不称职行为的辅导员，聘任部门可以随时解聘。

第十条 实行辅导员培训制度。辅导员队伍的培训要纳入高等学校教师培训计划，享受有关政策支持。

（一）岗前培训制度。新选聘的专职辅导员在上岗前，必须接受辅导员岗前培训，经过培训达到基本要求，取得培训证书，方可上岗工作。

（二）例会制度。通过例会学习文件，交流经验。辅导员例会可根据院校工作实际设定为周例会、旬例会或月例会。

（三）定期培训制度。对辅导员进行专题培训，通过培训提高辅导员的政策水平和工作能力。

（四）在职学习制度。高等学校应积极鼓励辅导员在职攻读与大学生思想政治教育相关的硕士、博士学位，不断提高辅导员队伍的学历、学位层次。

第十一条 省教育厅面向辅导员设立专项科研课题，对大学生思想政治教育工作开展专题研究。各高等学校应创造条件，支持和鼓励辅导员立足岗位，开展科研活动，提高辅导员队伍的思想业务素质。

第五章　辅导员工作的考核与奖励

第十二条 实行辅导员工作考核制度。辅导员的考核分学年考核和届期考核，学年考核作为届期考核的主要依据。

第十三条 辅导员工作的考核包括德、能、勤、绩、廉等方面，重点考核对大学生进行政治指导、思想教育、行为引导、事务管理等方面的情况，以及大学生对辅导员工作的评价情况。

第十四条 对辅导员工作的考核主要采取个人自评、民主评议与院（系）考核相结合的方式进行，考核应充分听取学生的意见。

第十五条 辅导员工作的考核结果分为优秀、称职、基本称职和不称职四个等次。

第十六条 辅导员工作考核由高等学校各院（系）组织，考核人员由学校学生工作部代表、各院（系）党政负责人、院（系）学生工作办公室成员、学生代表、辅导员代表等组成。

第十七条 辅导员工作的考核结果要送学校党委组织部、学生工作部、人事（师资）处备案，并存入本人工作业绩档案。辅导员的工作业绩作为年度考核、提职晋级、评优奖励、进修学习的重要依据。考核优秀票不足80%的辅导员不能申报省优秀辅导员，考核不称职票超过20%（含）以上的辅导员应调离辅导员岗位。

第十八条 对工作不负责任或因工作失职造成严重后果的辅导员，学校应给予相应的纪律处分，并根据实际情况对其担任的辅导员工作予以调整。

第十九条 实行辅导员工作奖励制度。各地各高等学校应设立相应奖项和奖励基金，对工作业绩突出的辅导员进行表彰奖励。省教育厅每两年评选表彰一次全省普通高等学校学生思想政治教育先进工作者，对优秀辅导员进行表彰。

第六章　辅导员工作的政策保障

第二十条 高等学校要将辅导员的岗位津贴等纳入学校内部分配体系统筹考虑，确保辅导员的实际收入与本校专任教师的平均收入相当。省委、省政府决定按每月不低于200元的标准设立专职辅导员工作补贴，经费按高等学校财政隶属关系列入财政预算。

第二十一条 高等学校要把有发展潜力的专职辅导员作为学校的后备干部进行培养，根据工作需要，向校内管理工作岗位输送或向地方组织部门推荐。高等学校选拔党政领导干部，要重视专职辅导员的经历。高等学校在聘任行政非领导职务时，同等条件下优先解决专职辅导员的职务；非领导职数较紧张的高等学校，可适当增加职数，用于专职辅导员的职务聘任；对表现突出、成绩显著的专职辅导员可破格提拔或越级晋升非领导职务。

第二十二条 各高等学校教师职务评审委员会要成立专门的评审组织，按各校教师职务岗位职数的适当比例评聘专职辅导员的教师职务，确保专职辅导员高中级教师岗位职数不被占用。

第二十三条 学校在安排进修培训、参加会议、国内外学习考察等人选时，应把辅导员纳入教师队伍一并加以考虑。

第七章　附则

第二十四条 本工作规程由中共辽宁省委高等学校工作委员会、辽宁省教育厅负责解释。

第二十五条 本工作规程自发布之日起试行。

辽宁省普通高等学校班主任（导师）工作规程（试行）

（辽教发[2005]121号2005年9月13日）

第一章　总　则

第一条　为了适应新时期高等教育改革和发展要求，做好新形势下大学生思想政治教育工作，充分发挥班主任（导师）在学生思想教育与成才发展中的指导作用，促进班主任（导师）工作的科学化、规范化、制度化，根据《中共中央、国务院关于进一步加强和改进大学生思想政治教育的意见》（中发[2004]16号）、《教育部关于加强高等学校辅导员班主任队伍建设的意见》（教社政[2005]2号）和《中共辽宁省委、辽宁省人民政府关于进一步加强和改进大学生思想政治教育的实施意见》（辽委发[2005]18号），制定本工作规程。

第二条　高等学校班主任（导师）是高等学校从事德育工作、开展大学生思想政治教育的重要力量，是大学生健康成长的指导者和引路人，是由各高等学校聘任到学生年级、班级，协助辅导员对学生进行思想教育、行为引导、学习指导，促进学生全面发展的教师。

第二章　班主任(导师)的设置与管理

第三条　高等职业（专科）学校可设置班主任，本科高等学校可设置班导师，实施学分制的高等职业（专科）学校也可设置导师。

第四条　各高等学校以自然班为单位设置班主任（导师），每班应配备一名。导师也可分别在不同的年级带学生，原则上所带学生数不宜超过24人。

第五条　各高校学校党委学生工作部负责班主任（导师）工作的宏观指导，各院（系）学生工作办公室具体负责本院系班主任（导师）的管理工作。

第六条　班主任（导师）可由各高等学校所在院（系）直接聘任，名单由所在院

（系）报学校学生工作部备案，任期一般与所带年级学制一致。聘任时向应聘教师颁发证书，明确任期、工作职责等事宜。

第七条 高等学校思想政治理论课教师和青年党员教师原则上都应担任班主任（导师）。

第三章 班主任(导师)的任职条件

第八条 坚持四项基本原则，忠诚党的教育事业，认真贯彻党的路线、方针和政策，思想素质好。

第九条 熟悉人才培养规律，有高度责任心、事业心和实干精神，作风正派，为人师表，关心学生，教书育人，热爱班主任（导师）工作，奉献精神强。

第十条 有一定的教学和工作经验，有较高的学术水平和较广博的科学文化知识，具有一定的创新精神和组织管理能力，业务和工作能力强。

第十一条 身心健康，人格健全，品德端正。

第四章 班主任(导师)的工作职责

第十二条 对学生进行思想品德教育。经常深入学生了解情况，每周抽出一定时间与学生谈心，掌握学生基本情况，及时了解学生思想动态，对在学习、心理、生活等方面存在突出问题的学生要随时关心、教育和帮助；坚持思想灌输和人格影响相结合，做到以身作则、率先垂范；协助党组织做好班级入党积极分子和党员的教育、培养和考察工作，院（系）党组织在发展学生入党时须征求班主任（导师）的意见。

第十三条 对学生进行学习指导。帮助学生端正学习态度，明确学习目的；指导学生的专业学习；指导学生开展科技创新活动，培养学生独立思维能力和创新能力；指导学生做好职业生涯规划、考研准备、择业就业等工作。

第十四条 对学生进行行为引导。教育学生严格遵守国家法律法规和学校的各项规章制度，自觉遵守社会公德和大学生行为准则；定期召开班会，加强班级建设，营造良好班风；从基础文明抓起，培养学生良好的行为习惯和艰苦奋斗、文明修身意识；建立家校联系制度，与学生家长保持经常的联系；协助辅导员做好本班突发事件的处理工作。

第十五条 对学生进行身心健康教育。重视学生心理素质的培养，关注特殊群体心理健康问题，优化个性结构，注重心理疏导，塑造健全人格；指导学生参与有益于身心健康的体育、文艺、科技活动和各种社会实践活动，培养学生自我教育、自我管理、自我服务和自我完善意识。

第十六条 做好学生管理工作。协助辅导员做好学生干部的选拔、使用和培养，以及学生综合评定、奖学金评定、助学贷款申请、困难补助发放、勤工助学等工作。完成学校和所在院（系）交办的其他任务。

第五章 班主任(导师)工作的考核与奖惩

第十七条 实行班主任（导师）工作考核制度。考核分学年考核和届期考核，学年考核的成绩作为届期考核的主要依据。

第十八条 对班主任（导师）的业绩考核分德、能、勤、绩、廉等方面，重点考核对大学生进行思想品德教育、学习指导、行为引导等方面的情况，以及大学生对本班工作的满意度和班主任（导师）工作的评价情况。

第十九条 班主任（导师）考核由高等学校各院（系）组织。考核人员由学校学生工作部代表、各院（系）党政负责人、院（系）学生工作办公室成员、学生代表、班主任（导师）代表等组成。

第二十条 对班主任（导师）工作的考核采取个人总结、民主评议、学院（系）考核的方式进行。考核应充分听取学生的意见。

第二十一条 班主任（导师）工作考核分为优秀、称职、基本称职、不称职四种。

第二十二条 班主任（导师）工作的考核结果要送学校党委组织部、学生工作部、人事（师资）处备案，并存入本人工作业绩档案。考核优秀票未超过80%的班主任（导师）不得申报省优秀班主任（导师），考核不称职票超过20%的班主任（导师），应解除其聘任并在二年内不得从事班主任（导师）工作、当年不得晋升高一级专业技术职务。

第二十三条 班主任（导师）的工作业绩作为年度考核、提职晋级、评优奖励、进修学习的重要依据。专任教师晋升高一级教师职务时，原则上要有担任班主任（导师）等学生教育管理工作的经历。

第二十四条 各高等学校应对优秀班主任（导师）进行表彰奖励。省教育厅每两年评选表彰一次全省普通高等学校学生思想政治教育先进工作者，对工作业绩突出的班主任（导师）给予表彰奖励。

第二十五条 对工作不负责任或因工作失职造成严重后果的班主任（导师），学校应给予相应的纪律处分，并根据实际情况对其班主任（导师）工作予以调整。

第六章　班主任(导师)的培训

第二十六条 班主任（导师）实行上岗培训制度。新任班主任（导师）应接受岗前培训，在任班主任（导师）应定期接受专题培训。培训以学校为主进行。

第二十七条 高等学校应对班主任（导师）进行思想政治理论、形势与政策、学生管理事务、教育政策法规、心理健康知识等方面的培训，使班主任（导师）具备履行工作职责必备的基本知识和能力。

第二十八条 高等学校应将班主任（导师）培训纳入师资培训计划和思想政治教育工作队伍培训计划，精心组织实施。

第二十九条 高等学校应鼓励班主任（导师）立足本职深入开展工作研究，探索班主任（导师）工作规律，提高工作实效性。省教育厅将组织有关高等学校开展班主任（导师）工作的专题研究，并组织高等学校班主任（导师）骨干开展专题培训工作。

第七章　班主任(导师)工作的政策保障

第三十条 高等学校应为班主任（导师）履行职责提供必要的条件。班主任（导师）可列席学校关于思想政治教育的相关会议，阅读相关文件。

第三十一条 班主任（导师）的工作应计入教学工作量，或给予一定的工作责任津贴，具体标准应不低于每生每月三元，所需费用纳入学校内部收入分配体系统筹解决。

第三十二条 高等学校应为班主任（导师）的业务进修、脱产培训、国内外学习考察等创造条件，并在同等条件优先作出安排。

第八章 附 则

第三十三条 本工作规程由中共辽宁省委高等学校工作委员会、辽宁省教育厅负责解释。

第三十四条 本工作规程自发布之日起试行。

辽宁省困难家庭高校毕业生就业援助资金管理办法（暂行）

（辽教发[2007]054号2007年6月14日）

第一章　总则

第一条　“辽宁省困难家庭高校毕业生就业援助资金”（以下简称援助资金）是省政府设立的，专项用于为零就业家庭、城镇低保家庭、农村贫困家庭和残疾人家庭等困难家庭高校毕业生（以下简称贫困生）提供求职补贴、为未就业的贫困生提供就业见习补贴以及购买一定数量的就业岗位等就业援助项目的资金。为加强援助资金的管理，保证资金申请的公开、公正，审批的科学、合理，提高资金使用效率，制定本管理办法。

第二章　资金来源和管理

第二条 援助资金的来源。

（一）政府投入的3000万元援助资金；

（二）资金的存款利息收入；

（三）社会捐赠等其他来源。

第三条 援助资金的管理。

省教育厅会同省财政厅共同负责援助资金项目的申请受理、审核和发放；负责援助资金的运作和管理，编制援助资金的年度财务决算和工作计划等工作。援助资金实行专户管理，专账核算，专人管理，封闭运行；专户存储所得利息，全额结转，继续用于贫困生的就业援助工作。

第三章　援助资金的使用

第四条 资金的使用实行公示、公告、实名制，由省教育厅会同省财政厅组织实施，主动接受社会和群众的监督。

第五条 资金的使用应遵守国家的有关法律、行政法规和财务规章制度；坚持公正受理、科学管理、公开透明、专款专用的原则。

第六条 援助资金的使用对象：

（一）来自零就业家庭、城镇低保家庭、农村贫困家庭和残疾人家庭以及在校享受国家助学贷款的2007届辽宁籍省内普通高校毕业生；

（二）户口档案已迁回辽宁省尚未就业的毕业于省外普通高校（辽宁籍）符合相关条件的2007届贫困毕业生。

其中，升学、出国、参军、指令性就业、暂不就业的除外。

第七条 援助资金的使用方向及使用标准：

（一）为贫困生提供求职补贴。按500元/人的标准，用于补贴辽宁籍省内高校贫困生求职过程中发生的费用。

（二）为未就业贫困生提供就业见习补贴。按600元/人/月的标准，用于支付贫困生的就业见习补贴。

（三）购买、储备一定数量的就业岗位，用于安置贫困生。

第四章　援助资金的申请、受理和发放

第八条 求职补贴的申请、受理和发放：

（一）求职补贴的申请对象为辽宁籍省内高校贫困生。

（二）求职补贴的申请程序：

1.贫困生到所在高校就业主管部门填写《辽宁省困难家庭高校毕业生求职补贴申请表》（一式三份）；

2.高校须按申请要求对申请者进行初审；

3.高校将初审合格的贫困生进行公示；

4.高校在规定的时间内将符合条件的贫困生名单及相应的《辽宁省困难家庭高校毕业生求职补贴申请表》上报省教育厅、抄报省财政厅。

（三）求职补贴的受理和发放：

1.省教育厅采取公开方式受理申请。收到申请材料后，首先进行受理审查并提出审查意见；

2.省教育厅会同省财政厅确定发放求职补贴的名单，制定发放方案。部委属、省

属高校贫困生求职补贴由省财政直接核拨至学校，由学校代发给贫困生；市属高校贫困生求职补贴由省财政核拨到市财政，由市财政转拨给学校，再由学校代发给贫困生。

第九条 见习补贴的申请、受理和发放：

（一）见习补贴的申请对象为符合第六条规定的所有未就业贫困生。

（二）省内高校未就业贫困生见习补贴的申请、受理和发放：

1.符合求职补贴发放标准的未就业贫困生到所在高校就业主管部门填写《辽宁省高校毕业生就业实习基地贫困生见习补贴申请表》（一式三份）；

2.高校统一组织符合条件的贫困生到就业实习基地（包括辽宁省高校毕业生就业实习基地和省内高校建立的就业实习基地）见习，在规定的时间内将见习生名单（经实习基地审核盖章）及相应的《辽宁省高校毕业生就业实习基地贫困生见习补贴申请表》上报省教育厅；

3.省教育厅采取公开方式受理申请。收到申请材料后，首先进行受理审查并提出审查意见；

4.省教育厅会同省财政厅确定发放见习补贴的名单，制定发放方案。部委属、省属高校贫困生见习补贴由省财政直接核拨至学校，由学校代发给贫困生；市属高校贫困生见习补贴由省财政核拨到市财政，由市财政转拨给学校，再由学校代发给贫困生。

（三）符合条件的辽宁生源省外未就业贫困生见习补贴的申请、受理和发放：

1.符合见习补贴发放标准的贫困生到辽宁省高等学校毕业生就业指导服务中心（以下简称就业中心）报名，填写《辽宁省高校毕业生就业实习基地贫困生见习补贴申请表》（一式三份）；

2.就业中心根据要求对申请者进行初审，对初审合格者进行公示，组织参加就业见习，并在规定的时间内将见习生名单（经实习基地审核盖章）及相应的《辽宁省高校毕业生就业实习基地贫困生见习补贴申请表》上报省教育厅；

3.省教育厅采取公开方式受理申请。收到申请材料后，首先进行受理审查并提出审查意见；

4.省教育厅会同省财政厅确定发放见习补贴的名单，制定发放方案。省财政将见习补贴核拨至就业中心，由就业中心代发给见习生。

第十条 援助资金的申请本着“诚实申领”的原则，对申请者虚报、谎报、代报等行为一经核实收回已发放相关资金，并将其失信行为记入诚信档案，纳入我省教育诚信体系。

第五章　援助资金的监督与检查

第十一条 要建立援助资金管理的监督检查机制。财政部门要依法加强对援助资金使用情况的监督检查，配合审计、监察等有关部门做好审计、检查工作。

第十二条 有下列违规行为的，按照下列规定处理：

（一）对骗取、套取、贪污援助资金的，由财政部门会同审计、纪检监察、司法等部门依法对相关单位和责任人进行处理。

（二）对滞留、截留、挪用、挤占援助资金的，由财政部门会同审计、纪检监察等部门责令其限期改正；逾期不改的，视情节轻重，依法对相关单位和责任人进行处理。

（三）其他违反法律法规的行为，视情节轻重依法予以处罚。

第六章　附则

第十三条 本管理办法由辽宁省教育厅、辽宁省财政厅负责解释。

第十四条 本管理办法自颁布之日起执行。

辽宁省高等学校辅导员评审教师职务基本任职条件（试行）

（辽教发[2008]69号2008年7月2日）

为贯彻《中共中央 国务院关于进一步加强和改进大学生思想政治教育的意见》（中发[2004]16号），落实《普通高等学校辅导员队伍建设规定》（教育部令第24号），加强高等学校辅导员队伍建设，根据《教师法》和《高等学校教师职务试行条例》的有关规定，结合辽宁省高等学校辅导员队伍的实际，特制定本教师职务基本任职条件。

一、适用范围

第一条 本任职条件适用于本省各类高等学校在职在岗的专职学生思想政治教育教师，具体范围包括：

高等学校专职辅导员、院（系、部）团总支（支部）书记，分管学生工作的院（系、部）党总支（支部）副书记，仍从事学生思想政治教育工作的院（系、部）党总支（支部）书记，学校主管学生思想政治工作的学生工作部、团委、就业指导中心的工作人员（曾连续从事学生思想政治工作五年以上），以及分管学生思想政治教育工作的校级领导。

二、思想政治条件与职业道德要求

第二条 遵守国家法律和法规，热爱祖国，拥护中国共产党的领导，热爱人民的教育事业，贯彻国家的教育方针，坚持正确的政治方向。重视学生的思想道德建设和思想政治教育，以良好的思想政治素质影响和引领学生，具有良好的职业道德和敬业精神，为人师表，教书育人，敬业爱岗。能全面、熟练地履行岗位职责，积极承担工作任务。团结合作，勇于创新。学风端正，治学严谨。

第三条 有下列情况之一者，不能晋升教师职务：

1. 违反国家法律、法规和党的政策、纪律，或者工作严重失职造成重大责任事故或经济损失，受到党内严重警告以上或行政记大过以上处分未满一年者；

2. 违反工作纪律，有违师德规范，造成恶劣影响者；

3. 无故不接受工作任务，不履行岗位职责，年度考核不合格者；

4. 违背学术规范，弄虚作假、抄袭剽窃，搞不正之风干扰评聘工作者。

三、学历、资历条件与任职能力要求

第四条 学历、资历条件

1. 考核确定职务条件

获硕士学位、研究生班毕业、获第二学士学位，或获学士学位从事大学生思想政治工作一年以上者，经考核合格，可确定助教职务。

获博士学位，或获硕士学位后在高校从事大学生思想政治工作一年以上，累计工作满三年者，经考核合格，可确定讲师职务。

2. 晋升职务条件

晋升讲师职务，一般要求从事大学生思想政治工作年限累计两年以上。没有学士学位的应担任助教职务五年以上；获学士学位的应担任助教职务四年以上；获研究生班毕业证书或第二学士学位证书的应担任助教职务三年以上；获硕士学位的应担任助教职务二年以上。

晋升副教授职务，一般要求从事大学生思想政治工作连续五年以上。没有硕士学位的应担任讲师职务六年以上；获硕士学位的应担任讲师职务五年以上；获博士学位的应担任讲师职务二年以上。

晋升教授职务，一般要求从事大学生思想政治工作连续五年以上，具备思想政治教育相关专业博士学位者，从事学生工作年限累计三年以上，具备其他专业博士学位者，从事学生工作年限累计五年以上。没有博士学位的应担任副教授职务七年以上（其中获硕士学位五年以上并任副教授职务五年以上的业务骨干教师，可按正常条件晋升）；获博士学位的应担任副教授职务五年以上。

第五条 任职能力要求

1. 进修培训要求

任现职以来根据所从事的学生思想政治教育工作需要，完成国家和省有关大学生思想政治教育工作者所规定的培训任务和其它继续教育任务，达到规定的要求，不断提高政治理论水平、教学与研究水平和综合工作能力。新任辅导员应参加由辽宁省教育厅组织的高等学校辅导员上岗培训，并取得培训合格证书。

2. 专业理论知识要求

晋升讲师职务，具有较高的政策水平，具有本学科较系统而坚实的理论基础和相关知识；具有一定的组织、协调和综合管理能力，具体从事学校某一方面或一个年级的学生思想政治教育工作。在工作中具有改革、创新意识，能针对新时期学生思想工作的新特点和新形势，提出新的工作方法和工作思路，并取得明显的工作成效，得到领导和学生的好评。

晋升副教授职务，具有系统而坚实的马克思主义理论基础；有较丰富的思想政治教育专业知识和相关的哲学、社会科学知识；对大学生中有影响的社会思潮具有较强的剖析能力。具有较强的组织管理能力和综合协调能力。具体负责学校某一方面的学生思想政治教育工作或全面负责一个院（系、部）学生思想政治教育工作。组织完成具有全局意义的报告、总结、规章制度等。能为学生思想政治教育工作的改革提供决策依据。在思想政治教育工作中开拓创新，并取得较大的成效，其经验在省内外有较大的影响。

晋升教授职务，具有较高的马克思主义理论水平；有比较渊博的从事思想政治教育所需的专业知识和相关的哲学、社会科学知识；了解国内外较有影响的社会思潮的主要观点和发展趋势，并对其中某一领域有比较深入、系统的研究。具有较强的组织协调能力、决策能力和驾驭全局的能力。遵循教育规律，依法治教，全面贯彻国家的教育方针，善于在工作中开拓进取，改革创新，开创学校思想政治教育工作的新局面。所分管的学校思想政治教育工作独具特色，对高等学校教育管理改革产生较大的积极影响。

3. 外语、计算机要求

熟练掌握一门外语，取得专业技术人员职称外语等级考试相应级别的合格证书或符合免试条件。

通过计算机应用能力考试，取得相应级别的合格证书或符合免试条件。

四、业务条件

第六条 晋升讲师职务业务条件

（一）教育教学工作

讲授过思想政治教育方面的课程，或卓有成效地指导过两次以上学生社会调查等实践活动，或心理咨询，或上党课，或面向学生开展形势政策专题讲座等。根据需要，组织和指导学生会、学生社团开展活动。

（二）学术水平与业绩成果

具有一定的科学研究能力。能运用思想政治教育领域最新研究成果和经验，对学生思想政治教育工作、学生的思想状况和社会上主要观点进行深入分析、研究。研究成果对进一步做好学生思想政治教育工作具有一定的指导作用。

（三）工作实绩要求

具有一定的学生思想政治教育工作专业知识和实践经验，在学生思想政治教育工作中取得一定成绩，申报者当年学生测评满意率85%以上。

第七条 晋升副教授职务业务条件

（一）教育教学工作

任现职以来，独立、系统讲授过一门思想政治教育方面的课程，教学效果好。或者结合新时期学生的思想特点，定期组织面向学生的专题讲座，上党课，开展心理咨询，组织指导学生开展社会调查等实践活动。卓有成效地开展学生思想政治教育工作，帮助学生树立正确的世界观、人生观、价值观，促进学生全面发展、健康成长。

（二）学术水平与业绩成果

1. 具有较强的科学研究能力。针对学生的思想发展状况和思想政治教育工作的现状，运用思想政治教育方面最新研究成果和相关学科知识，对一些重要问题进行深入、系统的研究，提出新观点和新的工作方法。其研究成果对高等学校的学生思想政治教育工作具有积极的指导作用。

2. 任现职以来，在省级以上刊物上独立或作为第一作者公开发表对实际工作有积极指导作用、有较高学术水平的研究论文（简称研究论文，下同）2篇以上，代表作经同行专家鉴定达到副教授学术水平。同时具备下列条件之一：

（1）作为主要成员（排名前2位）获得省级以上教育主管部门（含省人文社科研究规划部门，下同）思想政治教育方面科研奖励。

（2）公开出版过学生思想政治教育方面论著、译著或教材(本人撰写部分不少于4万字)，经同行专家鉴定达到副教授学术水平。

（3）作为主要参加者（前2名）承担省、部级学生思想政治教育方面教学、科研课题，并通过成果鉴定，经同行专家鉴定达到副教授学术水平。

（4）作为主要撰稿者（前2名）起草的工作经验材料（在本人所主持的工作领域）在省级以上相关会议上进行过交流，或者撰写的调研报告为省级以上领导机关提供了参考决策。

（三）工作实绩要求

具有较丰富的学生思想政治教育工作专业知识和实践经验，在学生思想政治教育工作中取得显著成绩，申报者当年学生测评满意率80%以上。任现职以来，具备下列条件之一：

1. 个人或所带学生团体累计获得省级以上教育主管部门颁发的荣誉称号1次以上。

2. 个人或所带学生团体累计获得市级教育主管部门颁发的荣誉称号2次以上。

3. 个人或所带学生团体累计获得校级荣誉称号3次以上（荣誉称号的认定以证书签章是否为校级行政或者党委的签章为准）。

第八条 晋升教授职务业务条件

（一）教育教学工作

1. 独立、系统地担任过一门以上思想政治教育课程的教学工作，年均教学工作量不少于专职教师规定工作量的四分之一。教学态度认真严谨、经验丰富，教书育人成绩突出。

2. 为学校思想政治教育教师队伍建设作出突出贡献。指导过青年思想政治教育教师，并积极组织专职学生思想政治教育教师队伍的建设，运用现代最新知识和政治理论，使学校思想政治教育队伍的整体素质和水平有较大幅度的提高，是学校公认的思想政治教育领域的带头人。

（二）学术水平与业绩成果

1. 具有很强的科学研究能力，并具有指导和组织课题研究的能力。运用政治理论和相关学科知识，针对新时期学生思想的新特点、新形势，对思想政治教育中具有规律性问题和发展趋势进行深入、系统的研究，积极提出学生思想政治教育工作的新思路、新方法、新举措，经实施取得显著成效。其工作实绩与研究成果对高等学校学生思想政治教育工作有较大的指导意义。

2. 任现职以来，在省级以上人文社会科学研究核心刊物上独立或作为第一作者发表4篇以上对学生思想政治教育工作有重要指导作用、高水平的学生思想政治教育方面的研究论文，代表作经同行专家鉴定达到教授学术水平。同时具备下列条件之一：

（1）正式出版学生思想政治教育方面学术著作（本人为第一作者或主编，并撰写8万字以上），经同行专家鉴定达到教授学术水平。

（2）承担并完成省级以上主管部门组织的思想政治教育工作研究课题1项，本人为主要设计者、组织者。

（3）作为主持者获得省级以上教育主管部门思想政治教育方面科研奖励1次以上。

（三）工作实绩要求

具有丰富的学生思想政治教育工作专业知识和实践经验，在学生思想政治教育工作中成绩突出，申报者当年学生测评满意率80%以上。任现职以来，具备下列条件之一：

（1）个人或所带学生团体累计获得省级以上教育主管部门颁发的荣誉称号2次以上。

（2）个人或所带学生团体累计获得市级教育主管部门颁发的荣誉称号3次以上。

（3）个人或所带学生团体累计获得校级荣誉称号4次以上（荣誉称号的认定以证书签章是否为校级行政或者党委的签章为准）。

五、附则

第九条 本条件中所称以上、以下，包括本数。

第十条 本条件中所要求的论文为公开发表在有“CN”、“ISSN”刊号上的学术论文；论著、译著或教材为有“ISBN”书号的正式出版物。在学术刊物的“增刊、特刊、专刊、专辑”上发表的论文及论文集上收集的论文均不计入规定的数量，只供参考。

第十一条 教学、科研奖励等级及名次；项目、课题成果鉴定水平均以获奖证书和鉴定报告为准。教学和教学研究方面的论文、研究成果和获奖，均视同于相应的科研论文、研究成果及获奖。

第十二条 本条件由辽宁省教育厅负责解释。

第十三条 本条件自颁发之日起执行。

辽宁省属高校内部审计工作规定

（辽教发[2011]39号2011年5月9日）

第一章　总则

第一条　为了建立健全省属高校内部审计制度，规范内部审计工作，根据《中华人民共和国审计法》、《审计署关于内部审计工作的规定》和《教育系统内部审计工作规定》等法律、法规，制定本规定。

第二条　高校内部审计是高校内部审计机构、审计人员对本单位及所属单位财务收支、经济活动的真实、合法和效益进行独立监督、评价的行为。

第三条　高校应建立健全本校内部审计制度，设置独立的内部审计机构，配备审计人员，开展内部审计工作，促进学校遵守国家财经法规，规范内部管理，加强廉政建设，维护自身合法权益，防范风险，提高资金使用效益。

第二章　组织和领导

第四条　省教育厅负责指导和检查省属高校内部审计工作，并组织对省属高校实施审计。

第五条　高校内部审计机构在本单位主要负责人的领导下，依据法律、法规和政策，结合本单位的规章制度，独立开展对本单位及所属单位内部审计工作，对本单位主要负责人负责并报告工作，同时接受国家审计机关和省教育厅的业务指导和检查。

第六条　省属高校主要负责人领导本单位内部审计工作的主要职责：

（一）建立健全内部审计机构，完善内部审计规章制度；

（二）定期研究、部署和检查审计工作，听取内部审计机构的工作汇报，及时审批年度审计工作计划、审计报告，督促审计意见和审计决定的执行；

（三）支持内部审计机构和审计人员依法履行职责，并提供经费保证和工作条件；

（四）对成绩显著的内部审计机构和审计人员进行表彰和奖励；

（五）加强审计队伍建设，切实解决审计人员在培训、专业职务评聘和待遇等方面存在的实际困难和问题。

第三章 内部审计机构和审计人员

第七条 高校应按照职责分明、科学管理和审计独立性的原则设置内部审计机构。

第八条 高校应当保证审计工作所必需的专职人员编制，配备具有内部审计岗位资格的审计人员。审计人员实行审计专业技术资格制度，具体按照国家有关规定执行。内部审计人员具备下列条件之一的，方可任职：具有审计、会计、经济及相关专业中级及中级以上专业技术职称；具有注册会计师、注册审计师、资产评估师等相关执业证书；审计、会计及相关专业，本科以上学历工作满两年以上、大专学历工作满四年以上。

第九条 内部审计机构在审计过程中应当严格执行内部审计制度，保证审计业务质量，提高工作效率。内部审计人员办理审计事项，应当严格遵守内部审计准则和内部审计人员职业道德规范，做到独立、客观、公正、保密。审计人员对其在执行职务中知悉的国家秘密和被审计机构的商业秘密，负有保密的义务。审计人员办理审计事项，与被审计机构或审计事项有直接利害关系的，或与被审计机构责任人有亲属关系的，应当回避。

第十条 审计人员依法履行职责，受法律保护，任何单位和个人不得设置障碍和打击报复。

第十一条 审计人员应当按照国家的有关规定，参加岗位资格培训和后续教育。后续教育采取学时累积法，每两年为一个周期，时间不得少于80学时（第一年不得少于30学时）。

第四章 内部审计机构职责和权限

第十二条 内部审计机构和审计人员主要对下列事项进行审计：

（一）财务收支及有关经济活动．各单位内部审计机构配合财务部门加强财务管理，对本单位资金收支的真实性、完整性、合法性以及账务处理的正确性进行严格监督，定期进行审计调查；

（二）预算执行和决算。要组织力量，对高校预算执行和决算情况进行定期审计和审计调查，并按规定及时公布审计和审计调查结果。预算执行审计应重点对高校预算管理、收入预算执行情况、支出预算执行情况和预算执行结果进行审查。主要包括预算编制、批复和调整是否科学、合理、合规，收入预算是否真实、合法、完整，支出预算是否真实、合法、有效。同时，要对预算收入、预算支出执行的结果和差异原因等进行确认和评价。决算审计应重点对高校年度财务报告反映的财务状况、年度收支结果和事业发展计划完成情况进行审查。主要包括各收支项目、往来款项、货币资金和财产物资的年终清理结算是否真实、客观、合法，决算报表及财务情况说明书是否全面、完整、正确。同时，要对各项资金使用效益情况进行确认和评价；

（三）预算内、预算外资金的管理和使用；

（四）专项资金的筹措、拨付、管理和使用；

（五）固定资产的管理和使用；

（六）建设、修缮工程项目；

（七）对外投资项目；

（八）内部控制制度的健全、有效及风险管理；

（九）经济管理和效益情况；

（十）部门负责人的任期经济责任；

（十一）省教育厅等业务部门和本单位主要负责人交办的其他事项。

第十三条 内部审计机构对本单位和所属单位财务收支及有关经济活动中的重大事项组织或进行专项审计调查，并向本单位领导和省教育厅报告审计调查结果。内部审计机构每年须向本单位主要负责人和省教育厅报送内部审计工作计划和工作报告。

第十四条 内部审计机构根据工作需要，经本单位负责人批准，可委托社会中介机构对有关事项进行专项审计。

第十五条 内部审计机构在履行审计职责时，具有下列主要权限：

（一）要求有关机构按时报送财务收支计划、预算执行情况、决算、会计报表和其他有关文件、资料等；

（二）对审计涉及的有关事项，向有关机构和个人进行调查并取得有关文件、资料和证明材料；

（三）审查会计凭证、账簿等，检查资金和财产，检查有关电子数据和资料，勘察现场实物；

（四）参与制定有关的规章制度，起草内部审计规章制度；

（五）参加本单位的有关会议，召开与审计事项有关的会议；

（六）对正在进行的严重违法违纪、严重损失浪费的行为，做出临时的制止决定；

（七）对可能转移、隐匿、篡改、毁弃的会计凭证、会计账簿、会计报表以及与经济活动有关的资料，经本单位主要负责人批准，有权采取暂时封存的措施；

（八）提出改进管理、提高经济效益的建议；对模范遵守和维护财经法纪成绩显著的单位和人员提出给予表彰的建议；对违法违规和造成损失浪费的行为提出纠正、处理的意见；对严重违法违规和造成严重损失浪费的有关单位和人员提出移交纪检、监察或司法部门处理的建议。

第十六条 高校可以利用国家审计机关、省教育厅和社会中介机构的审计结果；内部审计的审计结果经本单位主要负责人批准同意后，可提供给有关部门。

第五章　内部审计工作程序

第十七条 内部审计机构应当根据本单位的中心工作和省教育厅的部署，制定年度审计工作计划，报经本单位主要负责人批准后组织实施。

第十八条 内部审计机构实施审计，应组成审计组，编制审计方案，并在实施审计前向被审计单位送达审计通知书。

第十九条 审计人员对审计事项实施审计，取得有关证明材料，编制审计工作底稿。实施过程中，审计人员应通过必要的实质性测试等技术手段，降低审计风险。

第二十条 审计组对审计事项实施审计后，编制审计报告，并征求被审计单位意见．被审计单位应当自接到审计报告之日起十个工作日内，将书面意见送交审计组，逾期即视为无异议。

第二十一条 内部审计机构负责人对审计报告进行审核后，报本单位主要负责人审批。

第二十二条 内部审计机构应对重要审计事项进行后续审计，检查被审计单位对审计发现的问题所采取的纠正措施是否到位及其效果是否明显。

第二十三条 内部审计机构在审计事项结束后，应当按照有关规定建立和管理审计档案。

第六章　法律责任

第二十四条 违反本规定，有下列行为之一的单位和个人，内部审计机构根据情节轻重，可以提出警告、通报批评、经济处罚或移送纪检监察机关处理等建议，报本单位主要负责人，本单位主要负责人应及时予以处理：

（一）拒绝或拖延提供与审计事项有关的文件、会计资料和证明材料的；

（二）转移、隐匿、篡改、毁弃有关文件和会计资料的；

（三）转移、隐匿违法所得财产的；

（四）弄虚作假，隐瞒事实真相的；

（五）阻挠审计人员行使职权，抗拒、破坏监督检查的；

（六）拒不执行审计决定的；

（七）报复陷害审计人员或检举人员的。

以上行为构成犯罪的，应当移交司法机关处理。

第二十五条 违反本规定，有下列行为之一的内部审计机构和审计人员，由本单位根据有关规定给予批评教育或行政处分：

（一）利用职权，谋取私利的；

（二）弄虚作假，徇私舞弊的；

（三）玩忽职守，给国家和单位造成重大损失的；

（四）泄露国家秘密和被审计单位秘密的。

以上行为构成犯罪的，应当移交司法机关处理。

第七章　附则

第二十六条 高校可以根据本规定，结合实际情况，制定本校具体实施办法，并报省教育厅备案。

第二十七条 本规定由辽宁省教育厅负责解释。

第二十八条 本规定自发布之日起施行。

辽宁省教育厅专项资金评审管理办法

（辽教发[2011]40号2011年5月9日）

第一章　总则

第一条　为加强省教育厅部门预算专项资金管理，规范资金评审程序，促进资金分配公平、公正、公开，提高专项资金绩效水平，根据现行财经法规与专项资金管理办法，商省财政厅同意，制定本办法。

第二条　本办法适用于中央和省财政安排由省级教育、财政部门组织评审的专项资金。

第三条　专项资金评审程序为：申报初审、专家评审、联合审议、网上公示、审批下达和归档管理。

第二章　评审类型与条件

第四条　按项目申报途径，可划分为申报省教育厅项目；同时申报省教育厅、省财政厅项目两类。

按评审方式，可划分为委托外评（省教育厅委托外部专业机构评审）、省教育厅组织专家评审和省教育厅、省财政厅共同组织评审三类。

第五条　省教育厅委托外评的项目，由业务处室提出并报经主管厅长同意后，与委托单位签订委评协议，由受托方评审；省教育厅组织专家评审项目，由厅财务处与省财政厅会商后，由省教育厅组织专家评审；省教育厅、省财政厅共同组织评审项目，由两厅共同组织专家评审。

第六条　申报项目必须符合该专项管理办法明确的支持范围；申报材料必须符合相关规定，做到规范、完整；申报时间必须在规定时限内. 对于未满足这三项条件的项目，省教育厅、省财政厅将不纳入评审项目库，不予支持。

第三章　专家评审

第七条　省教育厅、省财政厅依据现行管理办法，结合教育事业发展需要，制定我省各专项评审的评价指标体系。评审专家依据指标体系，对申报项目进行评价并打分，形成专家打分底稿和专家评审意见。

第八条　专家评审组的组建。专家一般应具有高级技术职务，具有较深学术造诣、知识面较广、作风民主、办事公正、业务能力强。评审组成员的专业结构配置合理。为保证评审工作的公正性，与参审项目有直接关系的人员不得参加该项目的评审。按照项目特点，专家特长，由项目组织者推荐专家评审组组长，由专家组长组织评审会。

第九条　专家评审组在评审工作中应遵循：（一）评审组成员发现与评审对象存在直系亲属关系、直接经济利益关系或有其他可能影响评审公正的情形，应当主动向评审组长申请回避。评审组成员如发现他人存在上述现象，有权向组长提出要求其回避；（二）评审组成员不得利用评审委员的特殊身份和影响力，单独或与有关人员共同为评审对象获得专项资金支持提供便利；（三）评审组成员要严格遵守保密规定，不得擅自披露评审结果、其他评审组成员的意见和相关的保密信息。

第四章　联合审议

第十条　省教育厅、省财政厅依据专家评审意见，统筹分析年度专项资金的预算额度、实施单位财务状况、以往年度单位项目实施与管理情况等因素，共同提出专项资金分配方案。

第五章　网上公示

第十一条　项目分配方案由省教育厅在辽宁教育网（http://www.lnen.cn）上向社会公示，接受社会监督，公示时间为7天。

第十二条　公示期内没有提出异议的项目，将予以确认；对有异议的项目，评审组织者应重新审核．经核实确属不应补助的项目，取消其享受专项资金补助资格。

第六章　审批下达

第十三条　省财政厅、省教育厅根据公示结果，向相关单位下达年度专项预算指标。

第十四条　项目实施单位应自觉遵守国家财经纪律与管理办法，不得截留、挤占、挪用专项资金，切实提高资金使用效益，并接受财政、教育、审计、监察等部门的监督检查，发现问题要及时予以纠正。

第七章　归档管理

第十五条　项目组织者对各单位申请项目的材料、专家打分底稿、专家评审意见、项目分配意见等归档立卷，实行档案管理，以备查，管理期限为项目公示后三年。

第十六条　项目实施单位对专项预算指标等重要文件，依据现行档案管理办法进行归档管理。

第八章　附则

第十七条 本办法由省教育厅负责解释。

第十八条 本办法自发布之日起施行。

辽宁省属高校内部会计控制规定

（辽教发[2011]41号2011年5月9日）

第一章　总则

第一条 为了促进和完善省属高校内部会计控制建设，充分发挥内部会计监督职能，规范会计核算工作，提高财务管理水平，根据《中华人民共和国会计法》、《内部会计控制规范——基本规范》及《高等学校会计制度》等法规制度，制定本规定。

第二条 本规定所称内部会计控制是指单位为了提高会计信息质量，保护资产的安全、完整，确保财经法律法规和规章制度的贯彻执行而制定和实施的一系列控制方法、措施和程序。

第三条 本规定适用于省属各公办高校。省属民办高校可参照本规定执行。

第四条 各高校应根据国家有关法律法规和本规定，制定和建立适合本单位工作和管理要求的内部会计控制制度，并认真组织实施。

第五条 各高校负责人对本规定的贯彻落实和本单位内部会计控制制度的建立健全及有效实施负责。高校财务部门具体组织本单位内部会计控制制度的落实。

第二章　内部控制的目标和原则

第六条 内部会计控制应达到以下基本目标：

（一）确保国家有关财经法律法规和单位内部规章制度得到充分、有效的贯彻执行。

（二）堵塞漏洞、消除隐患，防止并及时发现、纠正错误及舞弊行为，保护单位资产的安全、完整。

（三）规范单位会计行为，保证财务报表等会计资料真实、准确、完整。

（四）保证财务活动按照适当的授权进行。

第七条 内部会计控制应遵循以下基本原则：

（一）合法性原则。内部会计控制应当符合国家财经法律法规规定。

（二）全面性原则。内部会计控制应涵盖单位内部涉及财务和会计工作的各项经济业务及相关岗位，是全单位性的工作，任何个人都不得拥有超越内部会计控制的权力。

（三）针对性原则。内部会计控制应结合实际情况，要有针对性。

（四）岗位合理性原则。内部会计控制应当保证单位内部涉及会计工作的机构、岗位的合理设置及其职责权限的合理划分，坚持不相容职务相互分离，确保不同机构和岗位之间权责分明、相互制约、相互监督。

（五）可操作性原则。以合理的控制成本达到最佳的控制效果。

（六）不断完善原则。内部会计控制在执行中出现的问题应及时修正加以完善。

第三章　内部会计控制的机构与人员

第八条　高校实行“统一领导、集中管理”，或“统一领导、分级管理、集中核算”的财务管理体制一。高校必须确保财务规章制度、经济分配政策、经济资源配置、财务收支预算、会计核算等高度统一。

第九条　高校应成立由学校主要领导负责、相关领导和部门负责人参与的财经领导小组，统一领导和协调学校的财经工作，提高学校对财经工作的统筹调控能力。

第十条　高校党政一把手要树立科学的发展观和政绩观，全面履行财务工作的组织领导责任和经济责任，严格遵守和落实各项规章制度，建立健全财务机构，完善学校规章制度，保证财务机构的编制规模同学校的财务管理与会计核算工作任务要求相适应，保证财务工作具有必要的工作经费和工作条件，解决财务人员在培训、专业职务评聘等方面存在的问题，切实重视并支持财务工作。

第十一条　高校由总会计师或副校（院长）分管财务工作的，原则上不再分管基建、后勤、产业、有经济分配自主权或经济承包的二级单位等经费支出额度大、与学校在整体经济利益关系密切的部门工作。

第十二条　高校应设立总会计师岗位，协助校（院）长分管财务工作，提升经费使用和资产管理专业化水平。

第十三条　高校财务部门具体负责学校财务管理与会计核算工作，在学校财务工作中处于中心地位，校内其他非独立经营的二级财务会计机构和独立核算单位在财务业务上应接受其指导与管理。高校应对二级单位实行会计委派制，加强财务管理与监督。委派会计人员应由学校财务部门统一管理。学校要明确委派会计人员的职责与权限，建立健全委派会计人员的选拔聘用、业务考核等制度。

第十四条　财务岗位设置须合法、合规，财务负责人、会计人员须具备《会计法》规定的从业资格，不得违规任用财务负责人和会计人员。

第四章　内部会计控制的内容

第十五条　内部会计控制的内容主要包括：货币资金、实物资产、无形资产、债权债务、对外投资、工程项目（基本建设）、采购与付款、收入、支出、担保等经济业务的会计控制。

第十六条　高校应当根据国家法规制度对货币资金收支和保管业务建立严格的授权批准制度，办理货币资金业务的不相容岗位应当分离，相关机构和人员应当相互制约，确保货币资金的安全。月终，会计须编制“银行余额调节表”，查清未达款项明细及原因。单位要建立财务负责人对每月银行对账单的审核、复核签字归档制度，应建立定期、不定期的现金查库制度。

第十七条　高校应当根据国有资产管理法规制度，建立本校实物资产管理的岗位责任制度，对实物资产的验收入库、领用、发出、盘点、保管及处置等关键环节进行控制，年终进行实物资产清查盘点，做到账表相符、账卡相符、账实相符，防止各种实物资产被盗、毁损和流失。不得由同一部门或一人办理固定资产业务的全过程。

第十八条　高校应当完善无形资产管理制度；掌握无形资产状况，明晰产权关系，实施产权管理；保障无形资产的安全、完整，依据《高等学校会计制度》将无形资产合理入账；促进无形资产的开发利用，规范无形资产处置行为，提高无形资产经济效益；强化对经营性无形资产监督，促进其保值增值。无形资产一般在发生自行开发、购置、受让、转让、对外投资等行为并经过法定机构评估后，才能计价。

第十九条　高校应当加强债权债务管理，控制财务风险，维护学校合法权益，确保学校稳定。加强债权控制，明确债权审批权限，健全审批手续，实行责任追究制度，对发生的大额债权必须要有保全措施。建立健全应收款项、预付款项和备用金的催收、清理制度，严格审批，及时清理；加强债务控制，要充分考虑资产总额及构成、偿债能力、对可持续发展的影响等因素，严格控制举债规模。大额债务发生必须经领导集体决策，审批人必须在职责权限范围内审批。建立债务授权审批、合同、付款和清理结算的控制制度。定期进行债务清理，编制债务账龄分析报告，及时清偿债务，防范和控制财务风险。学校要严格贯彻国家和省贷款管理政策规定，强化银行贷款管理，未经审批不得擅自办理新增贷款等业务。

第二十条　高校应当建立规范的对外投资决策机制和程序，通过实行重大投资决策集体审议联签等责任制度，加强投资项目立项、评估、决策、实施、投资处置等环节的会计控制，严格控制投资风险，防止国有资产流失。学校所有对外投资必须事先立项，组织由校财务、审计、纪检等职能部门和有关专家或由有资质的中介机构进行风险性、收益性论证评估，经校领导集体决策，报省教育厅审批后方可实施。决策过程应有完整的书面记录及决策人员签字。严禁个人自行决定对外投资或者擅自改变集体决策意见。学校以无形资产对外投资的，必须按照国家有关规定进行资产评估、确认，以确认的价值进行对外投资，并及时进行账务处理。学校要特别加强对校办产业投资的管理，明确与校办产业的产权关系、投资方式与金额、收益分配政策、管理权责等重要事项，切实维护学校经济利益。学校不得由同一部门或一人办理对外投资业务的全过程。

第二十一条 高校应当建立健全工程项目管理制度，规范的工程项目决策程序，明确相关机构和人员的职责权限，建立工程项目投资决策的责任制度，加强工程项目的预算、招投标、质量管理、工程价款支付等环节的会计控制，防范决策失误及工程发包、承包、施工、验收等过程中的舞弊行为。学校应根据国家和省基本建设财务管理制度和办法，准确核算基本建设收支，及时将基本建设形成的固定资产入账，严格控制建设成本，减少资金损失和浪费，提高投资效果。

第二十二条 高校应当合理设置采购与付款业务的机构和岗位，合理、足额编制政府采购预算，建立和完善采购与付款的会计控制程序，加强请购、审批、合同订立、采购、验收、付款等环节的会计控制，堵塞采购环节的漏洞，减少采购风险。

第二十三条 高校应当建立收入、价格、票据、退费管理制度和岗位责任制，合法合规获取各类收入，确保全部收入纳入预算管理，加强账户管理，收入须存入经财政审批、备案的账户，严禁公款私存，严禁设置“账外账”和“小金库”。

高校财务部门负责收入管理和账户管理，统一管理各种收入票据，并制定购买、领用登记、收缴等管理办法。校内有经济收入的各经济责任单位，其收入必须坚持应缴尽交，先缴后支，先结余后分配。校内非独立经营、收入支出没纳入学校一级账务管理的二级管理单位，必须向学校财务部门编报年度财务收支预算和决算。每月终了编报财务收支月报，条件成熟后校财务处应合并账务或报表，确保实现学校综合财务预决算。学校各级单位的负责人，不得直接办理本单位财务收入、支出业务。学校各级单位从事财务工作岗位的人员，均不得将经办的收入存放在学校规定的账户外。

高校要切实落实收费管理“一把手负责制”和责任追究制，自觉规范收费行为，严格执行收费的审批、公示、许可证等管理规定，确保按国家规定的收费项目和收费标准收费，不得违反规定巧立名目乱收费。

第二十四条 高校应当建立健全支出管理制度和岗位责任制，加强支出管理，按照勤俭办事业原则，合理安排各项支出，严格支出申请、审批、审核、支付管理，明确支出权限、责任和控制措施，确保支出符合财经法规规定范畴，严格项目支出管理，提高资金使用效益。

第二十五条 高校应当加强对担保业务的会计控制，严格控制担保行为。学校所有担保业务必须事先立项，组织由校财务、审计、纪检等职能部门和有关专家或由有资质的中介机构进行风险性、收益性论证评估，经校领导集体决策，报省教育厅审批后方可实施。

第五章　内部会计控制的方法

第二十六条　内部会计控制的方法主要包括：不相容职务相互分离控制、授权批准控制、会计系统控制、预算控制、财产保全控制、内部报告控制、电子信息技术控制等。

第二十七条　不相容职务相互分离控制要求单位按照不相容职务相分离的原则，合理设置会计及相关工作岗位，明确职责权限，形成相互制衡机制。不相容职务主要包括：授权批准、业务经办、会计记录、财产保管、稽核检查等职务。

第二十八条　授权批准控制要求单位明确规定涉及会计及相关工作的授权批准的范围、权限、程序、责任等内容，学校内部的各级管理层必须在授权范围内行使职权和承担责任，经办人员也必须在授权范围内办理业务。

高校的财务规章制度、各项经济分配政策、经济责任制的制定，必须在符合国家法律法规及有关规章制度的前提下由单位集体研究制定，不得各自为政，令出多门。制度一经确立，不得随意变更。单位须建立、完善和明确主要领导、财务工作人员的经济责任体系，将经济责任落实到岗位和人。各级岗位的经济责任人，同时是执行财经法规和财务制度的责任人。

第二十九条　会计系统控制要求单位依据《会计法》、《高等学校会计制度》、政府收支分类改革后会计核算办法等制度，建立适合本单位的会计系统，明确会计凭证、会计账薄和财务会计报告的处理程序，建立和完善会计档案保管和会计工作交接办法，实行会计人员岗位责任制，充分发挥会计的监督职能。

第三十条　预算控制要求单位加强预算编制、执行、分析、考核等环节的管理，明确预算项目，建立预算标准，规范预算的编制、审定、下达和执行程序，及时分析和控制预算差异，采取改进措施，确保预算的执行。预算编制要确保真实、完整，要明确区分基本支出和项目支出，收入全额纳入预算管理。单位在科学编报年度财务预算的同时，应建立预算调整制度以适应财务工作要求，完善预算管理制度。预算执行中，要严格执行国库集中支付、收支两条线、政府采购等制度，做到应收尽收、应缴尽缴，足额编制实施政府采购预算，严控支出管理。预算资金实行责任人限额审批，限额以上资金实行集体审批。严格控制无预算的资金支出。

第三十一条　财产保全控制要求各单位应根据《事业单位国有资产管理暂行办法》（2006）等法规，制定本单位资产管理细则，进行财产保全。一学校要采取定期盘点‘财产记录、账实核对、财产保险等措施，确保各种财产的安全完整。每预算年度结束，要及时进行资产清查与盘点，确保资产账表相符、账证相符、账实相符，要及时清理往来账款，确需办理资产盘盈、资产核销的业务，要按规定程序报省教育厅审批处理，不得私自处理。

第三十二条 内部报告控制要求单位建立和完善内部报告制度，全面反映经济活动情况，及时提供业务活动中的重要信息，增强内部管理的时效性和针对性。

第三十三条 电子信息技术控制要求运用电子信息技术手段建立内部会计控制系统，减少和消除人为操纵因素，确保内部会计控制的有效实施；同时要加强对财务会计电子信息系统开发与维护、数据输入与输出、文件储存与保管、网络安全等方面的控制。

第六章　内部会计控制的检查

第三十四条 学校应高度重视内部会计控制监督检查工作，指定专门机构或人员具体负责此项工作的监督检查，确保内部会计控制的贯彻实施。内部会计控制检查的主要职责是：

（一）对内部会计控制的执行情况进行检查和评价。

（二）出具检查报告，对涉及会计工作的各项经济业务、内部机构和岗位在内部控制上存在的缺陷提出改进建议。

（三）对执行内部会计控制成效显著的内部机构和人员提出表彰建议，对违反内部会计控制的内部机构和人员提出处理意见。

第三十五条 学校内部会计控制，应成为单位内部审计工作的一个重要工作内容，财务审计报告应对内部控制上存在的缺陷提出改进建议。

第三十六条 学校可适时聘请会计师事务所对单位内部控制的建立健全及实施状况进行评价，不断完善内部控制制度，健全机制。

第三十七条 省教育厅等部门，根据《会计法》等有关财经法规和本规定对各高校的内部会计控制工作进行监督检查。

第七章　附则

第三十八条 本规定由辽宁省教育厅负责解释。

第三十九条 本规定自发布之日起施行。

十三　其他教育相关法律法规节选

（一）对教育的优惠与扶持

中华人民共和国个人所得税法

（全国人大常委会　2011年6月30日）

第四条 下列各项个人所得，免纳个人所得税：

一、省级人民政府、国务院部委和中国人民解放军军以上单位，以及外国组织、国际组织颁发的科学、教育、技术、文化、卫生、体育、环境保护等方面的奖金；

二、国债和国家发行的金融债券利息；

三、按照国家统一规定发给的补贴、津贴；

四、福利费、抚恤金、救济金；

五、保险赔款；

六、军人的转业费、复员费；

七、按照国家统一规定发给干部、职工的安家费、退职费、退休工资、离休工资、离休生活补助费；

八、依照我国有关法律规定应予免税的各国驻华使馆、领事馆的外交代表、领事官员和其他人员的所得；

九、中国政府参加的国际公约、签订的协议中规定免税的所得；

十、经国务院财政部门批准免税的所得。

第六条 应纳税所得额的计算：

一、工资、薪金所得，以每月收入额减除费用三千五百元后的余额，为应纳税所得额。

二、个体工商户的生产、经营所得，以每一纳税年度的收入总额，减除成本、费用以及损失后的余额，为应纳税所得额。

三、对企事业单位的承包经营、承租经营所得，以每一纳税年度的收入总额，减除必要费用后的余额，为应纳税所得额。

四、劳务报酬所得、稿酬所得、特许权使用费所得、财产租赁所得，每次收入不超过四千元的，减除费用八百元；四千元以上的，减除百分之二十的费用，其余额为应纳税所得额。

五、财产转让所得，以转让财产的收入额减除财产原值和合理费用后的余额，为应纳税所得额。

六、利息、股息、红利所得，偶然所得和其他所得，以每次收入额为应纳税所得额。

个人将其所得对教育事业和其他公益事业捐赠的部分，按照国务院有关规定从应纳税所得中扣除。

对在中国境内无住所而在中国境内取得工资、薪金所得的纳税义务人和在中国境内有住所而在中国境外取得工资、薪金所得的纳税义务人，可以根据其平均收入水平、生活水平以及汇率变化情况确定附加减除费用，附加减除费用适用的范围和标准由国务院规定。

中华人民共和国海关法

（全国人大常委会　2000年07月08日）

第四十四条　海关依照法律、行政法规的规定，对与进出境货物有关的知识产权实施保护。

需要向海关申报知识产权状况的，进出口货物收发货人及其代理人应当按照国家规定向海关如实申报有关知识产权状况，并提交合法使用有关知识产权的证明文件。

中华人民共和国著作权法

（全国人大常委会　2001年10月27日）

第二十二条　【著作权的合理使用】在下列情况下使用作品，可以不经著作权人许可，不向其支付报酬，但应当指明作者姓名、作品名称，并且不得侵犯著作权人依照本法享有的其他权利：

（一）为个人学习、研究或者欣赏，使用他人已经发表的作品；

（二）为介绍、评论某一作品或者说明某一问题，在作品中适当引用他人已经发表的作品；

（三）为报道时事新闻，在报纸、期刊、广播电台、电视台等媒体中不可避免地再现或者引用已经发表的作品；

（四）报纸、期刊、广播电台、电视台等媒体刊登或者播放其他报纸、期刊、广播电台、电视台等媒体已经发表的关于政治、经济、宗教问题的时事性文章，但作者声明不许刊登、播放的除外；

（五）报纸、期刊、广播电台、电视台等媒体刊登或者播放在公众集会上发表的讲话，但作者声明不许刊登、播放的除外；

（六）为学校课堂教学或者科学研究，翻译或者少量复制已经发表的作品，供教学或者科研人员使用，但不得出版发行；

（七）国家机关为执行公务在合理范围内使用已经发表的作品；

（八）图书馆、档案馆、纪念馆、博物馆、美术馆等为陈列或者保存版本的需要，复制本馆收藏的作品；

（九）免费表演已经发表的作品，该表演未向公众收取费用，也未向表演者支付报酬；

（十）对设置或者陈列在室外公共场所的艺术作品进行临摹、绘画、摄影、录像；

（十一）将中国公民、法人或者其他组织已经发表的以汉语言文字创作的作品翻译成少数民族语言文字作品在国内出版发行；

（十二）将已经发表的作品改成盲文出版。

前款规定适用于对出版者、表演者、录音录像制作者、广播电台、电视台的权利的限制。

中华人民共和国农业技术推广法

（全国人大常委会　1993年07月02日）

第二十二条　国家农业技术推广机构向农业劳动者推广农业技术，除本条第二款另有规定外，实行无偿服务。

农业技术推广机构、农业科研单位、有关学校以及科技人员，以技术转让、技术服务和技术承包等形式提供农业技术的，可以实行有偿服务，其合法收入受法律保护。进行农业技术转让、技术服务和技术承包，当事人各方应当订立合同，约定各自的权利和义务。

国家农业技术推广机构推广农业技术所需的经费，由政府财政拨给。

第二十六条 农业技术推广机构、农业科研单位和有关学校根据农村经济发展的需要，可以开展技术指导与物资供应相结合等多种形式的经营服务。对农业技术推广机构、农业科研单位和有关学校举办的为农业服务的企业，国家在税收、信贷等方面给予优惠。

中华人民共和国农业法

（全国人大常委会 2002年12月28日）

◎第七章 农业科技与农业教育

第四十八条 国务院和省级人民政府应当制定农业科技、农业教育发展规划，发展农业科技、教育事业。

县级以上人民政府应当按照国家有关规定逐步增加农业科技经费和农业教育经费。

国家鼓励、吸引企业等社会力量增加农业科技投入，鼓励农民、农业生产经营组织、企业事业单位等依法举办农业科技、教育事业。

第四十九条 国家保护植物新品种、农产品地理标志等知识产权，鼓励和引导农业科研、教育单位加强农业科学技术的基础研究和应用研究，传播和普及农业科学技术知识，加速科技成果转化与产业化，促进农业科学技术进步。

国务院有关部门应当组织农业重大关键技术的科技攻关。国家采取措施促进国际农业科技、教育合作与交流，鼓励引进国外先进技术。

第五十条 国家扶持农业技术推广事业，建立政府扶持和市场引导相结合，有偿与无偿服务相结合，国家农业技术推广机构和社会力量相结合的农业技术推广体系，促使先进的农业技术尽快应用于农业生产。

第五十一条 国家设立的农业技术推广机构应当以农业技术试验示范基地为依托，承担公共所需的关键性技术的推广和示范工作，为农民和农业生产经营组织提供公益性农业技术服务。

县级以上人民政府应当根据农业生产发展需要，稳定和加强农业技术推广队伍，保障农业技术推广机构的工作经费。

各级人民政府应当采取措施，按照国家规定保障和改善从事农业技术推广工作的专业科技人员的工作条件、工资待遇和生活条件，鼓励他们为农业服务。

第五十二条 农业科研单位、有关学校、农业技术推广机构以及科技人员，根据农民和农业生产经营组织的需要，可以提供无偿服务，也可以通过技术转让、技术服务、技术承包、技术入股等形式，提供有偿服务，取得合法收益。农业科研单位、有关学校、农业技术推广机构以及科技人员应当提高服务水平，保证服务质量。

对农业科研单位、有关学校、农业技术推广机构举办的为农业服务的企业，国家在税收、信贷等方面给予优惠。

国家鼓励农民、农民专业合作经济组织、供销合作社、企业事业单位等参与农业技术推广工作。

第五十三条 国家建立农业专业技术人员继续教育制度。县级以上人民政府农业行政主管部门会同教育、人事等有关部门制定农业专业技术人员继续教育计划，并组织实施。

第五十四条 国家在农村依法实施义务教育，并保障义务教育经费。国家在农村举办的普通中小学校教职工工资由县级人民政府按照国家规定统一发放，校舍等教学设施的建设和维护经费由县级人民政府按照国家规定统一安排。

第五十五条 国家发展农业职业教育。国务院有关部门按照国家职业资格证书制度的统一规定，开展农业行业的职业分类、职业技能鉴定工作，管理农业行业的职业资格证书。

第五十六条 国家采取措施鼓励农民采用先进的农业技术，支持农民举办各种科技组织，开展农业实用技术培训、农民绿色证书培训和其他就业培训，提高农民的文化技术素质。

中华人民共和国城市房地产管理法

（全国人大常委会　2007年08月30日）

第二十四条 下列建设用地的土地使用权，确属必需的，可以由县级以上人民政府依法批准划拨：

（一）国家机关用地和军事用地；

（二）城市基础设施用地和公益事业用地；

（三）国家重点扶持的能源、交通、水利等项目用地；

（四）法律、行政法规规定的其他用地。

中华人民共和国担保法

（全国人大常委会　1995年06月30日）

第九条　【公益法人作为保证人的禁止】学校、幼儿园、医院等以公益为目的的事业单位、社会团体不得为保证人。

第三十七条　【不得设定抵押的财产】下列财产不得抵押：

（一）土地所有权；

（二）耕地、宅基地、自留地、自留山等集体所有的土地使用权，但本法第三十四条第（五）项、第三十六条第三款规定的除外；

（三）学校、幼儿园、医院等以公益为目的的事业单位、社会团体的教育设施、医疗卫生设施和其他社会公益设施；

（四）所有权、使用权不明或者有争议的财产；

（五）依法被查封、扣押、监管的财产；

（六）依法不得抵押的其他财产。

中华人民共和国契税暂行条例

（国务院　1997年07月07日）

第六条 有下列情形之一的，减征或者免征契税：

（一）国家机关、事业单位、社会团体、军事单位承受土地、房屋用于办公、教学、医疗、科研和军事设施的，免征；

（二）城镇职工按规定第一次购买公有住房的，免征；

（三）因不可抗力灭失住房而重新购买住房的，酌情准予减征或者免征；

（四）财政部规定的其他减征、免征契税的项目。

中华人民共和国耕地占用税暂行条例

（国务院　2007年12月01日）

第八条　下列情形免征耕地占用税：

（一）军事设施占用耕地；

（二）学校、幼儿园、养老院、医院占用耕地。

楼堂馆所建设管理暂行条例

（国务院　1988年09月22日）

第四条　下列建筑物，按当地一般民用建筑标准建设的按基本建设程序办理，高于当地一般民用建筑标准或者建设总投资三千万元以上（含三千万元，下同）的依照本条例的规定进行管理：

（一）文教、卫生、体育单位根据事业发展和业务需要建设的教学楼、档案馆、研究楼、资料楼、实验楼、影剧院、博物馆、科技馆、图书馆、排演场、文化站、体育馆；

（二）科研设计单位的业务用房；

（三）工矿企业建设的劳动保护用房、文化福利设施；

（四）商业服务业的旅馆、餐馆、商场、综合性商业服务楼；

（五）银行系统的储蓄网点；

（六）行政机关、群众团体的简易招待所、食堂兼礼堂。

第二十一条　楼堂馆所项目的资金来源必须符合国家的有关规定。下列资金不得用于楼堂馆所项目建设：

（一）企业流动资金；

（二）企业生产发展资金；

（三）各类救济资金；

（四）扶贫资金；

（五）教育经费；

（六）其他专项资金。

中华人民共和国城镇土地使用税暂行条例

（国务院　2006年12月31日）

第六条 下列土地免缴土地使用税：

（一）国家机关、人民团体、军队自用的土地；

（二）由国家财政部门拨付事业经费的单位自用的土地；

（三）宗教寺庙、公园、名胜古迹自用的土地；

（四）市政街道、广场、绿化地带等公共用地；

（五）直接用于农、林、牧、渔业的生产用地；

（六）经批准开山填海整治的土地和改造的废弃土地，从使用的月份起免缴土地使用税5年至10年；

（七）由财政部另行规定免税的能源、交通、水利设施用地和其他用地。

中华人民共和国印花税暂行条例

（国务院　1988年08月06日）

第四条 下列凭证免纳印花税：

（一）已缴纳印花税的凭证的副本或者抄本；

（二）财产所有人将财产赠给政府、社会福利单位、学校所立的书据；

（三）经财政部批准免税的其他凭证。

中华人民共和国乡村集体所有制企业条例

（国务院　1990年06月03日）

第三十二条　企业税后利润，留给企业的部分不应低于６０％，由企业自主安排，主要用作增加生产发展基金，进行技术改造和扩大再生产，适当增加福利基金和奖励基金。

企业税后利润交给企业所有者的部分，主要用于扶持农业基本建设、农业技术服务、农村公益事业、企业更新改造或者发展新企业。

计算机软件保护条例

（国务院　2001年12月20日）

第十七条　为了学习和研究软件内含的设计思想和原理，通过安装、显示、传输或者存储软件等方式使用软件的，可以不经软件著作权人许可，不向其支付报酬。

中华人民共和国归侨侨眷权益保护法实施办法

（国务院　2004年06月23日）

第十条　在安置归侨的农场、林场等企业所在的地方设置的学校、医疗保健机构，应当纳入地方人民政府的教育、卫生规划，统一管理。

中华人民共和国营业税暂行条例

（国务院　2008年11月10日）

第八条　下列项目免征营业税：

（一）托儿所、幼儿园、养老院、残疾人福利机构提供的育养服务，婚姻介绍，殡葬服务；

（二）残疾人员个人提供的劳务；

（三）医院、诊所和其他医疗机构提供的医疗服务；

（四）学校和其他教育机构提供的教育劳务，学生勤工俭学提供的劳务；

（五）农业机耕、排灌、病虫害防治、植物保护、农牧保险以及相关技术培训业务，家禽、牲畜、水生动物的配种和疾病防治；

（六）纪念馆、博物馆、文化馆、文物保护单位管理机构、美术馆、展览馆、书画院、图书馆举办文化活动的门票收入，宗教场所举办文化、宗教活动的门票收入；

（七）境内保险机构为出口货物提供的保险产品。

除前款规定外，营业税的免税、减税项目由国务院规定。任何地区、部门均不得规定免税、减税项目。

中华人民共和国增值税暂行条例

（国务院　2008年11月10日）

第十五条 下列项目免征增值税：

（一）农业生产者销售的自产农产品；

（二）避孕药品和用具；

（三）古旧图书；

（四）直接用于科学研究、科学试验和教学的进口仪器、设备；

（五）外国政府、国际组织无偿援助的进口物资和设备；

（六）由残疾人的组织直接进口供残疾人专用的物品；

（七）销售的自己使用过的物品。

除前款规定外，增值税的免税、减税项目由国务院规定。任何地区、部门均不得规定免税、减税项目。

中华人民共和国个人所得税法实施条例

（国务院　2011年7月19日）

第八条　税法第二条所说的各项个人所得的范围：

（一）工资、薪金所得，是指个人因任职或者受雇而取得的工资、薪金、奖金、年终加薪、劳动分红、津贴、补贴以及与任职或者受雇有关的其他所得。

（二）个体工商户的生产、经营所得，是指：

1.个体工商户从事工业、手工业、建筑业、交通运输业、商业、饮食业、服务业、修理业以及其他行业生产、经营取得的所得；

2.个人经政府有关部门批准，取得执照，从事办学、医疗、咨询以及其他有偿服务活动取得的所得；

3.其他个人从事个体工商业生产、经营取得的所得；

4.上述个体工商户和个人取得的与生产、经营有关的各项应纳税所得。

（三）对企事业单位的承包经营、承租经营所得，是指个人承包经营、承租经营以及转包、转租取得的所得，包括个人按月或者按次取得的工资、薪金性质的所得。

（四）劳务报酬所得，是指个人从事设计、装潢、安装、制图、化验、测试、医疗、法律、会计、咨询、讲学、新闻、广播、翻译、审稿、书画、雕刻、影视、录音、录像、演出、表演、广告、展览、技术服务、介绍服务、经纪服务、代办服务以及其他劳务取得的所得。

（五）稿酬所得，是指个人因其作品以图书、报刊形式出版、发表而取得的所得。

（六）特许权使用费所得，是指个人提供专利权、商标权、著作权、非专利技术以及其他特许权的使用权取得的所得；提供著作权的使用权取得的所得，不包括稿酬所得。

（七）利息、股息、红利所得，是指个人拥有债权、股权而取得的利息、股息、红利所得。

（八）财产租赁所得，是指个人出租建筑物、土地使用权、机器设备、车船以及其他财产取得的所得。

（九）财产转让所得，是指个人转让有价证券、股权、建筑物、土地使用权、机器设备、车船以及其他财产取得的所得。

（十）偶然所得，是指个人得奖、中奖、中彩以及其他偶然性质的所得。

个人取得的所得，难以界定应纳税所得项目的，由主管税务机关确定。

第二十四条 税法第六条第二款所说的个人将其所得对教育事业和其他公益事业的捐赠，是指个人将其所得通过中国境内的社会团体、国家机关向教育和其他社会公益事业以及遭受严重自然灾害地区、贫困地区的捐赠。

捐赠额未超过纳税义务人申报的应纳税所得额30%的部分，可以从其应纳税所得额中扣除。

第二十八条 税法第六条第三款所说的附加减除费用适用的范围，是指：

（一）在中国境内的外商投资企业和外国企业中工作的外籍人员；

（二）应聘在中国境内的企业、事业单位、社会团体、国家机关中工作的外籍专家；

（三）在中国境内有住所而在中国境外任职或者受雇取得工资、薪金所得的个人；

（四）国务院财政、税务主管部门确定的其他人员。

基本农田保护条例

（国务院　1998年12月27日）

第十条 下列耕地应当划入基本农田保护区，严格管理：

（一）经国务院有关主管部门或者县级以上地方人民政府批准确定的粮、棉、油生产基地内的耕地；

（二）有良好的水利与水土保持设施的耕地，正在实施改造计划以及可以改造的中、低产田；

（三）蔬菜生产基地；

（四）农业科研、教学试验田。

根据土地利用总体规划，铁路、公路等交通沿线，城市和村庄、集镇建设用地区周边的耕地，应当优先划入基本农田保护区；需要退耕还林、还牧、还湖的耕地，不应当划入基本农田保护区。

（二）公民受教育权益保护

中华人民共和国婚姻法

（全国人大常委会　2001年04月28日）

第二十三条　父母有保护和教育未成年子女的权利和义务。在未成年子女对国家、集体或他人造成损害时，父母有承担民事责任的义务。

第三十七条　离婚后，一方抚养的子女，另一方应负担必要的生活费和教育费的一部或全部，负担费用的多少和期限的长短，由双方协议；协议不成时，由人民法院判决。

关于子女生活费和教育费的协议或判决，不妨碍子女在必要时向父母任何一方提出超过协议或判决原定数额的合理要求。

中华人民共和国民族区域自治法

（全国人大常委会　2001年02月28日）

第十一条　民族自治地方的自治机关保障各民族公民有宗教信仰自由。

任何国家机关、社会团体和个人不得强制公民信仰宗教或者不信仰宗教，不得歧视信仰宗教的公民和不信仰宗教的公民。

国家保护正常的宗教活动。

任何人不得利用宗教进行破坏社会秩序、损害公民身体健康、妨碍国家教育制度的活动。

宗教团体和宗教事务不受外国势力的支配。

第三十六条　民族自治地方的自治机关根据国家的教育方针，依照法律规定，决定本地方的教育规划，各级各类学校的设置、学制、办学形式、教学内容、教学用语和招生办法。

第三十七条 民族自治地方的自治机关自主地发展民族教育，扫除文盲，举办各类学校，普及九年义务教育，采取多种形式发展普通高级中等教育和中等职业技术教育，根据条件和需要发展高等教育，培养各少数民族专业人才。

民族自治地方的自治机关为少数民族牧区和经济困难、居住分散的少数民族山区，设立以寄宿为主和助学金为主的公办民族小学和民族中学，保障就读学生完成义务教育阶段的学业。办学经费和助学金由当地财政解决，当地财政困难的，上级财政应当给予补助。

招收少数民族学生为主的学校（班级）和其他教育机构，有条件的应当采用少数民族文字的课本，并用少数民族语言讲课；根据情况从小学低年级或者高年级起开设汉语文课程，推广全国通用的普通话和规范汉字。各级人民政府要在财政方面扶持少数民族文字的教材和出版物的编译和出版工作。

第四十二条 民族自治地方的自治机关积极开展和其他地方的教育、科学技术、文化艺术、卫生、体育等方面的交流和协作。

自治区、自治州的自治机关依照国家规定，可以和国外进行教育、科学技术、文化艺术、卫生、体育等方面的交流。

第五十条 民族自治地方的自治机关帮助聚居在本地方的其他少数民族，建立相应的自治地方或者民族乡。

民族自治地方的自治机关帮助本地方各民族发展经济、教育、科学技术、文化、卫生、体育事业。

民族自治地方的自治机关照顾本地方散居民族的特点和需要。

第六十四条 上级国家机关应当组织、支持和鼓励经济发达地区与民族自治地方开展经济、技术协作和多层次、多方面的对口支援，帮助和促进民族自治地方经济、教育、科学技术、文化、卫生、体育事业的发展。

中华人民共和国兵役法

（全国人大常委会　2011年10月29日）

第六十条 义务兵退出现役，按照国家规定发给退役金，由安置地的县级以上地方人民政府接收，根据当地的实际情况，可以发给经济补助。

义务兵退出现役，安置地的县级以上地方人民政府应当组织其免费参加职业教育、技能培训，经考试考核合格的，发给相应的学历证书、职业资格证书并推荐就业。退出现役义务兵就业享受国家扶持优惠政策。

义务兵退出现役，可以免试进入中等职业学校学习；报考普通高等学校以及接受成人教育的，享受加分以及其他优惠政策；在国家规定的年限内考入普通高等学校或者进入中等职业学校学习的，享受国家发给的助学金。

义务兵退出现役，报考公务员、应聘事业单位职位的，在军队服现役经历视为基层工作经历，同等条件下应当优先录用或者聘用。

服现役期间平时荣获二等功以上奖励或者战时荣获三等功以上奖励以及属于烈士子女和因战致残被评定为五级至八级残疾等级的义务兵退出现役，由安置地的县级以上地方人民政府安排工作；待安排工作期间由当地人民政府按照国家有关规定发给生活补助费；本人自愿选择自主就业的，依照本条第一款至第四款规定办理。

国家根据经济社会发展水平，适时调整退役金的标准。退出现役士兵安置所需经费，由中央和地方各级人民政府共同负担。

中华人民共和国归侨侨眷权益保护法

（全国人大常委会　2000年10月31日）

第十一条　国家鼓励和引导归侨、侨眷依法投资兴办产业，特别是兴办高新技术企业，各级人民政府应当给予支持，其合法权益受法律保护。

第十四条　各级人民政府应当对归侨、侨眷就业给予照顾，提供必要的指导和服务。归侨学生、归侨子女和华侨在国内的子女升学，按照国家有关规定给予照顾。

第二十一条　归侨、侨眷申请自费出境学习、讲学的，或者因经商出境的，其所在单位和有关部门应当提供便利。

中华人民共和国收养法

（全国人大常委会　1998年11月04日）

第六条　收养人应当同时具备下列条件：

（一）无子女；

（二）有抚养教育被收养人的能力；

（三）未患有在医学上认为不应当收养子女的疾病；

（四）年满三十周岁。

第三十条 收养关系解除后，经养父母抚养的成年养子女，对缺乏劳动能力又缺乏生活来源的养父母，应当给付生活费。因养子女成年后虐待、遗弃养父母而解除收养关系的，养父母可以要求养子女补偿收养期间支出的生活费和教育费。

生父母要求解除收养关系的，养父母可以要求生父母适当补偿收养期间支出的生活费和教育费，但因养父母虐待、遗弃养子女而解除收养关系的除外。

中华人民共和国矿山安全法

（全国人大常委会 1992年11月07日）

第二十六条 矿山企业必须对职工进行安全教育、培训；未经安全教育、培训的，不得上岗作业。

矿山企业安全生产的特种作业人员必须接受专门培训，经考核合格缺德操作资格证书的，方可上岗作业。

第二十九条 矿山企业不得录用未成年人从事矿山井下劳动。

矿山企业对女职工按照国家规定实行特殊劳动保护，不得分配女职工从事矿山井下劳动

中华人民共和国劳动法

（全国人大常委会 1994年07月05日）

第十五条 【禁招未成年人和特殊行业相关规定】禁止用人单位招用未满十六周岁的未成年人。

文艺、体育和特种工艺单位招用未满十六周岁的未成年人，必须依照国家有关规定，履行审批手续，并保障其接受义务教育的权利。

第九十四条 【非法招用未成年工处罚】用人单位非法招用未满十六周岁的未成年人的，由劳动行政部门责令改正，处以罚款；情节严重的，由工商行政管理部门吊销营业执照。

中华人民共和国监狱法

（全国人大常委会　1994年12月29日）

第七十五条　对未成年犯执行刑罚应当以教育改造为主。未成年犯的劳动，应当符合未成年人的特点，以学习文化和生产技能为主。监狱应配合国家、社会、学校等教育机构为未成年犯接受义务教育提供必要的条件。

征兵工作条例

（国务院/中央军委　2001年09月05日）

第三条　每年12月31日以前年满18岁的男性公民，应当被征集服现役。当年未被征集的，在22岁以前，仍可以被征集服现役。

根据军队需要，可以按前款规定征集女性公民服现役。

根据军队需要和本人自愿的原则，可以征集当年12月31日以前年满17岁未满18岁的男女公民服现役。

有严重生理缺陷或者严重残疾不适合服兵役的公民，免征。应征公民是维持家庭生活的唯一劳动力或者是正在全日制学校就学的学生，可以缓征。

依照法律被剥夺政治权利的人，不征集。被羁押正在受侦查、起诉、审判的或者被判处徒刑、拘役、管制正在服刑的公民，不征集。

工人考核条例

（劳动部　1990年07月12日）

第六条　企业、事业单位和国家机关从社会招收录用新工人，包括录用技工学校、职业学校、职业高中的毕业生，以及就业训练中心和其他各种就业训练班结业的学生，须经工人考核组织的录用考核，方能择优录用。

大中型水利水电工程建设征地补偿和移民安置条例

（国务院　2006年07月07日）

第四十一条　各级人民政府应当加强移民安置区的交通、能源、水利、环保、通信、文化、教育、卫生、广播电视等基础设施建设，扶持移民安置区发展。

移民安置区地方人民政府应当将水库移民后期扶持纳入本级人民政府国民经济和社会发展规划。

全民所有制工业企业转换经营机制条例

（国务院　1992年07月23日）

第十七条　企业享有劳动用工权。

企业按照面向社会、公开招收、全面考核、择优录用的原则，自主决定招工的时间、条件、方式、数量。企业的招工范围，法律和国务院已有规定的，从其规定。企业从所在城镇人口中招工，不受城镇内行政区划的限制。

企业录用退出现役的军人、少数民族人员、妇女和残疾人，法律和国务院已有规定的，从其规定。

企业定向或者委托学校培养的毕业生，由原企业负责安排就业。对其他大专院校和中专、技工学校毕业生，在同等条件下，应当优先招收。

刑满释放人员，同其他社会待业人员一样，经企业考核合格，可以录用。在服刑期间保留职工身份的刑满释放人员，原企业应当予以安置。

企业有权决定用工形式。企业可以实行合同化管理或者全员劳动合同制。企业可以与职工签订有固定期限、无固定期限或者以完成特定生产工作任务为期限的劳动合同。企业和职工按照劳动合同规定，享有权利和承担义务。

企业有权在做好定员、定额的基础上，通过公开考评，择优上岗，实行合理劳动组合。对富余人员，企业可以采取发展第三产业、厂内转岗培训、提前退出岗位休养以及其他方式安置；政府有关部门可以通过厂际交流、职业介绍机构调剂等方式，帮助转换工作单位。富余人员也可以自谋职业。

企业有权依照法律、法规和企业规章，解除劳动合同、辞退、开除职工。对被解除劳动合同、辞退和开除的职工，待业保险机构依法提供待业保险金，劳动部门应当提供再就业的机会，对其中属于集体户口的人员，当地的公安、粮食部门应当准予办理户口的粮食供应关系迁移手续，城镇街道办事处应当予以接收。

中华人民共和国归侨侨眷权益保护法实施办法

（国务院　2004年06月23日）

第十七条　华侨子女回国就读实施义务教育的学校，应当视同当地居民子女办理入学手续；归侨学生、归侨子女和华侨在国内的子女报考国家举办的非义务教育的学校，教育等有关部门应当按照国家有关规定结合本地区实际情况给予照顾。

第二十四条　归侨、侨眷在获得前往国家（地区）的入境签证前，所在工作单位或者学校不得因其申请出境而对其免职、辞退、解除劳动关系、停发工资或者责令退学，并且不得收取保证金、抵押金。

归侨、侨眷按照国家有关探亲规定获准出境探亲的，在批准的假期内，其工作、租住的公房应当保留。

民族乡行政工作条例

（国务院　1993年09月15日）

第十四条　县级以上地方各级人民政府应当在师资、经费、教学设施等方面采取优惠政策，帮助民族乡发展教育事业，提高教育质量。

民族乡根据实际情况，可以兴办小学、中学和初级职业学校；牧区、山区以及经济困难的民族乡，在上级人民政府的帮助和指导下，可以设立以寄宿制和助学金为主的学校。

民族乡的中小学可以使用当地少数民族通用的语言文学教学，同时推广全国通用普通话。使用民族语言文字教学的中小学，其教育行政经费，教职工编制可以高于普通学校。

民族乡在上级人民政府的帮助和指导下，积极开展扫盲工作。

县级以上地方各级人民政府可以根据当地实际情况，在有关大中专院校和中学中设立民族班，尽可能使民族乡有一定数量的学生入学。

第二十条 民族乡应当采取多种形式和提供优惠待遇，引进人才参加本乡的社会主义建设事业。

县级以上地方各级人民政府应当采取调派、聘任、轮换等办法，组织教师、医生、科技人员等到民族乡工作。

县级以上地方各级人民政府对长期在边远地区的民族乡工作的教师、医生和科技人员，应当给予优惠待遇。

城市民族工作条例

（国务院　1993年09月15日）

第九条 城市人民政府应当重视发展少数民族教育事业，加强对少数民族教育事业的领导和支持。

城市人民政府应当采取适当措施，提高少数民族教师队伍的素质，办好各级各类民族学校（班），在经费、教师配备方面对民族学校（班）给予适当照顾，并根据当地少数民族的特点发展各种职业技术教育和成人教育。

地方招生部门可以按照国家有关规定，结合当地实际情况，对义务教育后阶段的少数民族考生，招生时给予适当照顾。

强制戒毒办法

（国务院　1995年01月12日）

第十九条 戒毒人员解除强制戒毒后，在升学、就业等方面不受歧视。解除强制戒毒的戒毒人员的家属、所在单位和户口所在地公安派出所应当继续对其进行帮助、教育，防止其再次吸食、注射毒品。

（三）教育行政与学校管理

华侨捐资兴办学校办法

（国务院　1957年08月02日）

第四条　侨校应该与公立学校同样贯彻执行国家的教育政策、法令，并且接受主管教育行政部门的领导。

第六条　侨校校长由创办人或者校董会提请主管教育行政部门任免，或者由主管教育行政部门征得创办人或者校董会同意后任免。

校长应该定期向校董会报告工作。

第七条　侨校教职员由教育行政部门统一调配，但是创办人或者校董会也可以向学校推荐。

教职员的政治待遇与公立学校相同。

中华人民共和国消防法

（全国人大常委会　2008年10月28日）

第六条　各级人民政府应当组织开展经常性的消防宣传教育，提高公民的消防安全意识。

机关、团体、企业、事业等单位，应当加强对本单位人员的消防宣传教育。

公安机关及其消防机构应当加强消防法律、法规的宣传，并督促、指导、协助有关单位做好消防宣传教育工作。

教育、人力资源行政主管部门和学校、有关职业培训机构应当将消防知识纳入教育、教学、培训的内容。

新闻、广播、电视等有关单位，应当有针对性地面向社会进行消防宣传教育。

工会、共产主义青年团、妇女联合会等团体应当结合各自工作对象的特点，组织开展消防宣传教育。

村民委员会、居民委员会应当协助人民政府以及公安机关等部门，加强消防宣传教育。

中华人民共和国森林法

（全国人大常委会　1998年04月29日）

第二十六条　各级人民政府应当制定植树造林规划，因地制宜地确定本地区提高森林覆盖率的奋斗目标。

各级人民政府应当组织各行各业和城乡居民完成植树造林规划确定的任务。

宜林荒山荒地，属于国家所有的，由林业主管部门和其他主管部门组织造林；属于集体所有的，由集体经济组织组织造林。

铁路公路两旁、江河两侧、湖泊水库周围，由各有关主管单位因地制宜地组织造林；工矿区，机关、学校用地，部队营区以及农场、牧场、渔场经营地区，由各该单位负责造林。

国家所有和集体所有的宜林荒山荒地可以由集体或者个人承包造林。

第三十二条　采伐林木必须申请采伐许可证，按许可证的规定进行采伐；农村居民采伐自留地和房前屋后个人所有的零星林木除外。

国有林业企业事业单位、机关、团体、部队、学校和其他国有企业事业单位采伐林木，由所在地县级以上林业主管部门依照有关规定审核发放采伐许可证。

铁路、公路的护路林和城镇林木的更新采伐，由有关主管部门依照有关规定审核发放采伐许可证。

农村集体经济组织采伐林木，由县级林业主管部门依照有关规定审核发放采伐许可证。

农村居民采伐自留山和个人承包集体的林木，由县级林业主管部门或者其委托的乡、镇人民政府依照有关规定审核发放采伐许可证。

采伐以生产竹材为主要目的的竹林，适用以上各款规定。

中华人民共和国兵役法

（国务院　2011年10月29日）

◎第八章　普通高等学校和普通高中学生的军事训练

第四十五条 普通高等学校的学生在就学期间，必须接受基本军事训练。

根据国防建设的需要，对适合担任军官职务的学生，再进行短期集中训练，考核合格的，经军事机关批准，服军官预备役。

第四十六条　普通高等学校设军事训练机构，配备军事教员，组织实施学生的军事训练。

第四十五条第二款规定的培养预备役军官的短期集中训练，由军事部门派出现役军官与普通高等学校军事训练机构共同组织实施。

第四十七条　通高中和中等职业学校，配备军事教员，对学生实施军事训练。

第四十八条　普通高等学校和普通高中学生的军事训练，由教育部、国防部负责。教育部门和军事部门设学生军事训练的工作机构或者配备专人，承办学生军事训练工作。

中华人民共和国烟草专卖法

（全国人大常委会　1991年06月29日）

第五条　国家加强对烟草专卖品的科学研究和技术开发，提高烟草制品的质量、降低焦油和其他有害成份的含量。

国家和社会加强吸烟危害健康的宣传教育，禁止或者限制在公共交通工具和公共场所吸烟，劝阻青少年吸烟，禁止中小学生吸烟。

中华人民共和国农业法

（全国人大常委会　2002年12月28日）

第四十八条　国务院和省级人民政府应当制定农业科技、农业教育发展规划，发展农业科技、教育事业。

县级以上人民政府应当按照国家有关规定逐步增加农业科技经费和农业教育经费。

国家鼓励、吸引企业等社会力量增加农业科技投入，鼓励农民、农业生产经营组织、企业事业单位等依法举办农业科技、教育事业。

第四十九条　国家保护植物新品种、农产品地理标志等知识产权，鼓励和引导农业科研、教育单位加强农业科学技术的基础研究和应用研究，传播和普及农业科学技术知识，加速科技成果转化与产业化，促进农业科学技术进步。

国务院有关部门应当组织农业重大关键技术的科技攻关。国家采取措施促进国际农业科技、教育合作与交流，鼓励引进国外先进技术。

中华人民共和国农业技术推广法

（全国人大常委会　1993年07月02日）

第十五条　农业科研单位和有关学校应当适应农村经济建设发展的需要，开展农业技术开发和推广工作，加快先进技术在农业生产中的普及应用。

教育部门应当在农村开展有关农业技术推广的职业技术教育和农业技术培训，提高农业技术推广人员和农业劳动者的技术素质。国家鼓励农业集体经济组织、企业事业单位和其他社会力量在农村开展农业技术教育。农业科研单位和有关学校的科技人员从事农业技术推广工作的，在评定职称时，应当将他们从事农业技术推广工作的实绩作为考核的重要内容。

第十八条　农业科研单位和有关学校应当把农业生产中需要解决的技术问题列为研究课题，其科研成果可以通过农业技术推广机构推广，也可以由该农业科研单位、该学校直接向农业劳动者和农业生产经营组织推广。

中华人民共和国监狱法

（全国人大常委会　1994年12月29日）

第六十三条　监狱应当根据不同情况，对罪犯进行扫盲教育、初等教育和初级中等教育，经考试合格的，由教育部门发给相应的学业证书。

第六十六条　罪犯的文化和职业技术教育，应当列入所在地区教育规划。监狱应当设立教室、图书阅览室等必要的教育设施。

中华人民共和国防洪法

（全国人大常委会　1997年08月29日）

第六条 任何单位和个人都有保护防洪工程设施和依法参加防汛抗洪的义务。

第四十七条　发生洪涝灾害后，有关人民政府应当组织有关部门、单位做好灾区的生活供给、卫生防疫、救灾物资供应、治安管理、学校复课、恢复生产和重建家园等救灾工作以及所管辖地区的各项水毁工程设施修复工作。水毁防洪工程设施的修复，应当优先列入有关部门的年度建设计划。

国家鼓励、扶持开展洪水保险。

科学技术档案工作条例

（国家科学技术委员会(已变更)/国家经济委员会(已变更)/国家建设委员会(已变更)/国家档案局　1980年12月27日）

第三条　科技档案工作是生产管理、技术管理、科研管理的重要组成部分，各工业、交通、基建、科研、农林、军事、地质、测绘、水文、气象、教育、卫生等单位（以下简称各单位），都应当把科技档案工作纳入生产管理工作 、技术管理工作 、科研管理工作之中，加强领导。

森林和野生动物类型自然保护区管理办法

（1985年6月21日国务院批准　1985年7月6日林业部发布）

第十条　自然保护区管理机构，可以根据自然资源情况，将自然保护区分为核心区、实验区。核心区只供进行观测研究。实验区可以进行科学实验、教学实习、参观考察和驯化培育珍稀动植物等活动。

第十三条　进入自然保护区从事科学研究、教育实习、参观考察、拍摄影片、登山等活动的单位和个人，必须经省、自治区、直辖市以上林业主管部门的同意。

任何部门、团体、单位与国外签署涉及国家自然保护区的协议，接待外国人到国家自然保护区从事有关活动，必须征得林业部的同意；涉及地方自然保护区的，必须征得省、自治区、直辖市林业主管部门的同意。

经批准进入自然保护区从事上述活动的，必须遵守本办法和有关规定，并交纳保护管理费。

中华人民共和国外国人入境出境管理法实施细则

（外交部/公安部　1994年07月15日）

第二十九条　外国人在宾馆、饭店、旅店、招待所、学校等企业、事业单位或者机关、团体及其他中国机构内住宿，应当出示有效护照或者居留证件，并填写临时住宿登记表。在非开放地区住宿还要出示旅行证。

中华人民共和国价格管理条例

（国务院　1987年09月11日）

第三十六条　对行政性收费、事业性收费，物价部门应当根据国家的价格方针、政策进行管理和监督，并会同有关部门核定收费标准。

中华人民共和国尘肺病防治条例

（国务院　1987年12月03日）

第十一条　严禁任何企业、事业单位将粉尘作业转嫁、外包或以联营的形式给没有防尘设施的乡镇、街道企业或个体工商户。

中、小学校各类校办的实习工厂或车间，禁止从事有粉尘的作业。

第十二条　职工使用的防止粉尘危害的防护用品，必须符合国家的有关标准。企业、事业单位应当建立严格的管理制度，并教育职工按规定和要求使用。

对初次从事粉尘作业的职工，由其所在单位进行防尘知识教育和考核，考试合格后方可从事粉尘作业。

不满十八周岁的末成年人，禁止从事粉尘作业

第二十三条　凡违反本条例规定，有下列行为之一的，卫生行政部门和劳动部门，可视其情节轻重，给予警告、限期治理、罚款和停业整顿的处罚。但停业整顿的处罚，需经当地人民政府同意。

（一）作业场所粉尘浓度超过国家卫生标准，逾期不采取措施的；

（二）任意拆除防尘设施，致使粉尘危害严重的；

（三）挪用防尘措施经费的；

（四）工程设计和竣工验收末经卫生行政部门、劳动部门和工会组织审查同意，擅自施工、投产的；

（五）将粉尘作业转嫁、外包或以联营的形式给没有防尘设施的乡镇、街道企业或个体工商户的；

（六）不执行健康检查制度和测尘制度的；

（七）强令尘肺病患者继续从事粉尘作业的；
（八）假报测尘结果或尘肺病诊断结果的；
（九）安排未成年人从事粉尘作业的。

禁止向企业摊派暂行条例

（国务院　1988年04月28日）

第四条　不得在法律、法规的规定之外向企业征收下列费用：
（一）各地教育部门、学校自定的职工子女入学费；
（二）建田费、垦复费；
（三）进入城市落户的人头费；
（四）煤气开发费；
（五）集中供电费；
（六）过路费；
（七）过桥费（集资或用贷款建桥的除外）；
（八）排水增容费；
（九）各种名目的治安管理费；
（十）各种名目的卫生费；
（十一）绿化费；
（十二）支农费；
（十三）各种名目的会议费；
（十四）其他名目的费用。

城市市区新建项目，需要征收城市建设配套费的，应当按照有关法律、法规的规定办理。

国家体育锻炼标准施行办法

（国家体育运动委员会(已变更)　1990年01月06日）

第二条　本办法规定的体育锻炼标准在学校中全面施行，机关、团体、事业单位和城市街道、农村乡镇可以根据条件施行。

国家体育运动委员会可以根据本办法的原则，会同有关部门制定军人、职工体育锻炼标准，分别在军队、工矿企业中施行。

第三条 本办法的施行工作，由体育运动委员会主管。各级体育运动委员会应当会同教育等有关部门督促所属基层单位有计划、有组织地施行。卫生部门应当负责卫生医务监督工作。

学校应当把体育锻炼标准的施行工作同体育课、课外活动紧密结合，并纳入学校工作计划。

第五条 体育锻炼按年龄（学生按年级和学段）分为四个组：

（一）儿童组：9—12岁（小学3—6年级）；

（二）少年乙组：13—15岁（初中）；

（三）少年甲组：16—18岁（高中）；

（四）成年组：19岁以上（大学）。

第八条 参加者必须按所属组别，从每类项目中各选择一项参加测验。五类项目的测验必须在一年内完成。一年的起止期，学生自秋季开学至第二年暑假结束日，其他人员自每年1月1日至12月31日。

中华人民共和国考古涉外工作管理办法

（国家文物局　1991年02月22日）

第十二条 外国留学人员（含本科生、研究生和进修生）以及外国研究学者在中国学习、研究考古学的批准期限在一年以上者，可以随同学习所在单位参加中方单独或者中外合作进行的考古调查、勘探、发掘活动。但须由其学习、研究所在单位征得考古调查、勘探、发掘单位的同意后，报国家文物局批准。

中华人民共和国著作权法实施条例

（国务院　2002年08月02日）

第十二条 职务作品完成两年内，经单位同意，作者许可第三人以与单位使用的相同方式使用作品所获报酬，由作者与单位按约定的比例分配。

作品完成两年的期限，自作者向单位交付作品之日起计算。

农民承担费用和劳务管理条例

（国务院　1991年12月07日）

第八条　乡统筹费用于安排乡村两级办学、计划生育、优抚、民兵训练、修建乡村道路等民公助事业。

乡统筹费可以用于五保户供养。五保户供养从乡统筹费中列支的，不得在村提留中重复列支。

第九条　乡统筹费内的乡村两级办学经费（即农村教育事业费附加）用于本乡范围内乡村两级的民办教育事业。

乡村两级办学经费在乡统筹费内所占比例，由省、自治区、直辖市人民政府教育主管部门提出，经同级农民负担监督管理部门审核，报省、自治区、直辖市人民政府批准，并报国务院农业行政主管部门和教育主管部门备案。

第十条　农村义务工，主要用于植树造林、防汛、公路建勤、修缮校舍等。按标准工日计算，每个农村劳动力每年承担五至十个农村义务工。

因抢险救灾，需要增加农村义务工的，由当地人民政府统筹安排。

中华人民共和国传染病防治法实施办法

（卫生部　1991年12月06日）

第十二条　国家对儿童实行预防接种证制度。

适龄儿童应当按照国家有关规定，接受预防接种。适龄儿童的家长或者监护人应当及时向医疗保健机构申请办理预防接种证。

托幼机构、学校在办理入托、入学手续时，应当查验预防接种证，未按规定接种的儿童应当及时补种。

中华人民共和国陆生野生动物保护实施条例

（林业部(已变更） 1992年03月01日）

第四条 县级以上各级人民政府有关主管部门应当鼓励、支持有关科研、教学单位开展野生动物科学研究工作。

第十一条 禁止猎捕、杀害国家重点保护野生动物。

有下列情形之一，需要猎捕国家重点保护野生动物的，必须申请特许猎捕证：

（一）为进行野生动物科学考察、资源调查，必须猎捕的；

（二）为驯养繁殖国家重点保护野生动物、必须从野外获取种源的；

（三）为承担省级以上科学研究项目或者国家医药生产任务，必须从野外获取国家重点保护野生动物的；

（四）为宣传、普及野生动物知识或者教学、展览的需要，必须从野外获取国家重点保护野生动物的；

（五）因国事活动的需要，必须从野外获取国家重点保护野生动物的；

（六）为调控国家重点保护野生动物种群数量和结构，经科学论证必须猎捕的；

（七）因其他特殊情况，必须捕捉、猎捕国家重点保护野生动物的。

第十九条 科研、教学单位对国家重点保护野生动物进行野外考察、科学研究，涉及国家一级保护野生动物的，由国务院林业行政主管部门统一安排；涉及国家二级保护野生动物的，由省、自治区、直辖市人民政府林业行政主管部门统一安排。当地野生动物行政主管部门应当给予支持。

植物检疫条例

（国务院 1992年05月13日）

第十三条 农林院校和试验研究单位对植物检疫对象的研究，不得在检疫的非疫区进行。因教学、科研确需在非疫区进行时，属于国务院农业主管部门、林业主管部门规定的植物检疫对象经须国务院农业主管部门、林业主管部门批准，属于省、自治区、直辖市规定的植物检疫对象须经省、自治区、直辖市农业主管部门、林业主管部门批准，并应采取严密措施防止扩散。

城市市容和环境卫生管理条例

（国务院　1992年06月28日）

第三十三条　按国家行政建制设立的市的市区内，禁止饲养鸡、鸭、鹅、兔、羊、猪等家畜家禽；因教学、科研以及其他特殊需要饲养的，须经其所在城市人民政府市容环境卫生行政主管部门批准。

中华人民共和国水土保持法实施条例

（国务院　1993年08月01日）

第七条　水土流失严重的省、自治区、直辖市，可以根据需要，设置水土保持中等专业学校或者在有关院校开设水土保持专业。中小学的有关课程，应当包含水土保持方面的内容。

音像制品管理条例

（国务院　2001年12月25日）

第三十条　进口供研究、教学参考的音像制品，应当委托音像制品成品进口经营单位依照本条例第二十八条的规定办理。

进口用于展览、展示的音像制品，经国务院文化行政部门批准后，到海关办理临时进口手续。

依照本条规定进口的音像制品，不得进行经营性复制、批发、零售、出租和放映。

中华人民共和国自然保护区条例

（国务院　1994年10月09日）

第十八条　自然保护区可以分为核心区、缓冲区和实验区。

自然保护区内保存完好的天然状态的生态系统以及珍稀、濒危动植物的集中分布地，应当划为核心区，禁止任何单位和个人进入；除依照本条例第二十七条的规定经批准外，也不允许进入从事科学研究活动。

核心区外围可以划定一定面积的缓冲区，只准进入从事科学研究观测活动。

缓冲区外围划为实验区，可以进入从事科学试验、教学实习、参观考察、旅游以及驯化、繁殖珍稀、濒危野生动植物等活动。

原批准建立自然保护区的人民政府认为必要时，可以在自然保护区的外围划定一定面积的外围保护地带。

第二十八条　禁止在自然保护区的缓冲区开展旅游和生产经营活动。因教学科研的目的，需要进入自然保护区的缓冲区从事非破坏性的科学研究、教学实习和标本采集活动的，应当事先向自然保护区管理机构提交申请和活动计划，经自然保护区管理机构批准。

从事前款活动的单位和个人，应当将其活动成果的副本提交自然保护区管理机构。

民兵武器装备管理条例

（国务院、中央军委 1995年06月03日）

第二十四条　高等院校学生军事训练用的教练枪，应当按照规定经过批准，由当地县人民武装部提供，由院校负责保管。

学生军事训练用的教练枪，必须经过技术处理，使其不能用于实弹射击。

第二十五条　高等院校、高级中学和相当于高级中学的学校学生军事训练所需的实弹射击用枪，由当地县人民武装部提供并负责管理。

第三十一条　民兵、学生军事训练所需弹药，由总参谋部规定标准和下达指标，逐级进行分配。

中华人民共和国知识产权海关保护条例

（国务院　2003年12月02日）

第二十七条　被扣留的侵权嫌疑货物，经海关调查后认定侵犯知识产权的，由海关予以没收。

海关没收侵犯知识产权货物后，应当将侵犯知识产权货物的有关情况书面通知知识产权权利人。

被没收的侵犯知识产权货物可以用于社会公益事业的，海关应当转交给有关公益机构用于社会公益事业；知识产权权利人有收购意愿的，海关可以有偿转让给知识产权权利人。被没收的侵犯知识产权货物无法用于社会公益事业且知识产权权利人无收购意愿的，海关可以在消除侵权特征后依法拍卖；侵权特征无法消除的，海关应当予以销毁。

（四）其它有关行政管理

中华人民共和国户口登记条例

（全国人大常委会　1958年01月09日）

第三条 户口登记工作，由各级公安机关主管。

城市和设有公安派出所的镇，以公安派出所管辖区为户口管辖区；乡和不设公安派出所的镇，以乡、镇管辖区为户口管辖区。乡、镇人民委员会和公安派出所为户口登记机关。

居住在机关、团体、学校、企业、事业等单位内部和公共宿舍的户口，由各单位指定专人，协助户口登记机关办理户口登记；分散居住的户口，由户口登记机关直接办理户口登记。

居住在军事机关和军人宿舍的非现役军人的户口，由各单位指定专人，协助户口登记机关办理户口登记。

农业、渔业、盐业、林业、牧畜业、手工业等生产合作社的户口，由合作社指定专人，协助户口登记机关办理户口登记。合作社以外的户口，由户口登记机关直接办理户口登记。

第十三条 公民迁移，从到达迁入地的时候起，城市在三日以内，农村在十日以内，由本人或者户主持迁移证件向户口登记机关申报迁入登记，缴销迁移证件。

没有迁移证件的公民，凭下列证件到迁入地的户口登记机关申报迁入登记：

（一）复员、转业和退伍的军人，凭县、市兵役机关或者团以上军事机关发给的证件；

（二）从国外回来的华侨和留学生，凭中华人民共和国护照或者入境证件；

（三）被人民法院、人民检察院或者公安机关释放的人，凭释放机关发给的证件。

中华人民共和国刑法

（全国人民代表大会　1997年03月14日）

第二百九十条　聚众扰乱社会秩序，情节严重，致使工作、生产、营业和教学、科研无法进行，造成严重损失的，对首要分子，处三年以上七年以下有期徒刑；对其他积极参加的，处三年以下有期徒刑、拘役、管制或者剥夺政治权利。

聚众冲击国家机关，致使国家机关工作无法进行，造成严重损失的，对首要分子，处五年以上十年以下有期徒刑；对其他积极参加的，处五年以下有期徒刑、拘役、管制或者剥夺政治权利。

中华人民共和国档案法

（全国人大常委会　1996年07月05日）

第二十条　机关、团体、企业事业单位和其他组织以及公民根据经济建设、国防建设、教学科研和其他各项工作的需要，可以按照有关规定，利用档案馆未开放的档案以及有关机关、团体、企业事业单位和其他组织保存的档案。

利用未开放档案的办法，由国家档案行政管理部门和有关主管部门规定。

中华人民共和国集会游行示威法

（全国人大常委会　1989年10月31日）

第七条　举行集会、游行、示威，必须依照本法规定向主管机关提出申请并获得许可。

下列活动不需申请：

（一）国家举行或者根据国家决定举行的庆祝、纪念等活动；

（二）国家机关、政党、社会团体、企业事业组织依照法律，组织章程举行的集会。

第十七条 以国家机关、社会团体、企业事业组织的名义组织或者参加集会、游行、示威，必须经本单位负责人批准。

全国人民代表大会常务委员会关于惩治走私、制作、贩卖、传播淫秽物品的犯罪分子的决定

（全国人大常委会 1990年12月28日）

三、在社会上传播淫秽的书刊、影片、录像带、录音带、图片或者其他淫秽物品，情节严重的，处二年以下有期徒刑或者拘役。情节较轻的，由公安机关依照治安管理处罚法的有关规定处罚。

组织播放淫秽的电影、录像等音像制品的，处三年以下有期徒刑或者拘役，可以并处罚金；情节严重的，处三年以上十年以下有期徒刑，并处罚金。情节较轻的，由公安机关依照治安管理处罚法的有关规定处罚。

制作、复制淫秽的电影、录像等音像制品组织播放的，依照第二款的规定从重处罚。

向不满十八岁的未成年人传播淫秽物品的，从重处罚。

不满十六岁的未成年人传抄、传看淫秽的图片、书刊或者其他淫秽物品的，家长、学校应当加强管教。

中华人民共和国劳动法

（全国人大常委会 1994年07月05日）

第二条 【适用范围】在中华人民共和国境内的企业、个体经济组织（以下统称用人单位）和与之形成劳动关系的劳动者，适用本法。

国家机关、事业组织、社会团体和与之建立劳动合同关系的劳动者，依照本法执行。

中华人民共和国广告法

（全国人大常委会　1994年10月27日）

第八条　广告不得损害未成年人和残疾人的身心健康。

中华人民共和国商业银行法

（全国人大常委会　2003年12月27日）

第四十八条　企业事业单位可以自主选择一家商业银行的营业场所开立一个办理日常转账结算和现金收付的基本账户，不得开立两个以上基本账户。

任何单位和个人不得将单位的资金以个人名义开立账户存储。

中华人民共和国居民身份证法

（全国人大常委会　2011年10月29日）

第十九条　国家机关或者金融、电信、交通、教育、医疗等单位的工作人员泄露在履行职责或者提供服务过程中获得的居民身份证记载的公民个人信息，构成犯罪的，依法追究刑事责任；尚不构成犯罪的，由公安机关处十日以上十五日以下拘留，并处五千元罚款，有违法所得的，没收违法所得。

单位有前款行为，构成犯罪的，依法追究刑事责任；尚不构成犯罪的，由公安机关对其直接负责的主管人员和其他直接责任人员，处十日以上十五日以下拘留，并处十万元以上五十万元以下罚款，有违法所得的，没收违法所得。

有前两款行为，对他人造成损害的，依法承担民事责任。

中华人民共和国预备役军官法

（全国人大常委会　2010年08月28日）

第十二条　预备役军官从下列人员中选拔：

（一）退出现役的军官和文职干部；

（二）退出现役的士兵；

（三）专职人民武装干部和民兵干部；

（四）普通高等学校毕业学生；

（五）非军事部门的专业技术人员；

（六）符合预备役军官基本条件的其他公民。

第五十三条　预备役军官参加军事训练、执行军事勤务期间，其工作单位是国家机关、社会团体、企业事业单位的，由其所在单位照发工资和奖金，其享受的福利待遇不变。前款规定以外的其他预备役军官参加军事训练、执行军事勤务期间，应当给予误工补贴，具体办法和标准由省、自治区、直辖市人民政府规定。

预备役军官参加军事训练、执行军事勤务按照国家规定给予伙食补助，报销往返差旅费。

反分裂国家法

（全国人民代表大会　2005年03月14日）

第六条　国家采取下列措施，维护台湾海峡地区和平稳定，发展两岸关系：

（一）鼓励和推动两岸人员往来，增进了解，增强互信；

（二）鼓励和推动两岸经济交流与合作，直接通邮通航通商，密切两岸经济关系，互利互惠；

（三）鼓励和推动两岸教育、科技、文化、卫生、体育交流，共同弘扬中华文化的优秀传统；

（四）鼓励和推动两岸共同打击犯罪；

（五）鼓励和推动有利于维护台湾海峡地区和平稳定、发展两岸关系的其他活动。

国家依法保护台湾同胞的权利和利益。

中华人民共和国环境影响评价法

（全国人大常委会　2002年10月28日）

第五条　国家鼓励有关单位、专家和公众以适当方式参与环境影响评价。

印铸刻字业暂行管理规则

（公安部　1951年08月15日）

第六条　凡经营印铸刻字业者，均须遵守下列事项：

一、遇有下列各项印刷铸刻情形之一者，须将底样及委托印刷刻字之机关证明文件，随时呈送当地人民公安机关核准备案后方得印制。

1. 刻制机关、团体、学校、公营企业之关防、钤记、官印、公章、胶皮印、负责首长之官印、名章等。

2. 印制布告、护照、委任状、袖章、符号、胸章、证券及文书信件等。

3. 铸造机关、团体、学校、公营企业使用之各种钢印、火印、号牌、徽章等或仿制该项式样者。

二、凡经营印铸刻字业者，均需备制营业登记薄，以备查验。属本条第一款规定之各印制品，承制者一律不准留样，不准仿制，或私自翻印。

三、遇有下列情形之一者，须迅速报告当地人民公安机关：

1. 伪造或仿造布告、护照、委任状、袖章、符号、胸章、证券及各机关之文件等。

2. 私自定制各机关、团体、学校、公营企业之钢印、火印、徽章、证明、号牌或仿制者。

3. 遇有定制非法之团体、机关戳记、印件、徽章或仿制者。

4. 印制反对人民民主、生产建设及宣传封建等各种反动印刷品者。

四、凡印刷铸刻本条第三款所规定之各项物品者，除没收其原料及成品外，得按照情节之轻重，予以惩处。

五、对人民公安机关之执行检查职务人员，应予协助进行。

国营企业固定资产折旧试行条例实施细则

（财政部　1986年05月19日）

第三条　《试行条例》第六条之（二）所称的“通过局部轮番大修实现整体更新的固定资产”，主要是指：

（一）企业的道路、围堤、驳岸、露天地坪、贮池（槽），矿山台阶，自来水厂的沉淀池、快滤池等。

（二）公路线上的桥梁、涵洞、隧道。

（三）公路线路（含护坡）。

（四）交通运输业的港口码头、浮码头、栈桥、护岸、驳岸、防波堤、导流堤、船闸等，但不包括港务管理的船舶。

（五）民航机场、停机坪、跑道。

（六）农业、水产企业的晒场、水渠、道路、桥涵、贮窖、堤坝、电柱、水库及其护堤、涵洞，鱼池等。

（七）其他经财政部审查通过局部轮番大修实现整体更新的固定资产。

中华人民共和国公民出境入境管理法实施细则

（外交部/公安部/交通部）　1994年07月15日）

第四条　本实施细则第三条第四项所称的证明是指：

（一）出境定居，须提交拟定居地亲友同意去定居的证明或者前往国家的定居许可证明；

（二）出境探亲访友，须提交亲友邀请证明；

（三）出境继承财产，须提交有合法继承权的证明；

（四）出境留学，须提交接受学校入学许可证和必需的经济保证证明；

（五）出境就业，须提交聘请、雇用单位或者雇主的聘用、雇用证明；

（六）出境旅游，须提交旅行社所需外汇费用证明。

中华人民共和国统计法实施细则

（国务院　2005年12月16日）

第二条　《统计法》所指的统计，是指运用各种统计方法对国民经济和社会发展情况进行统计调查、统计分析，提供统计资料和统计咨询意见，实行统计监督等活动的总称。

国民经济和社会发展的统计项目分类，由国家统计局规定、调整。

广告管理条例

（国务院　1987年10月26日）

第十一条　申请刊播、设置、张贴下列广告，应当提交有关证明：

（一）标明质量标准的商品广告，应当提交省辖市以上标准化管理部门或者经计量认证合格的质量检验机构的证明；

（二）标明获奖的商品广告，应当提交本届、本年度或者数届、数年度连续获奖的证书，并在广告中注明获奖级别和颁奖部门；

（三）标明优质产品称号的商品广告，应当提交政府颁发的优质产品证书，并在广告中标明授予优质产品称号的时间和部门；

（四）标明专利权和商品广告，应当提交专利证书；

（五）标明注册商标的商品广告，应当提交商标注册证；

（六）实施生产许可证的产品广告，应当提交生产许可证；

（七）文化、教育、卫生广告，应当提交上级行政主管部门的证明；

（八）其他各类广告，需要提交证明的，应当提交政府有关部门或者其授权单位的证明。

森林防火条例

（国务院　2008年12月01日）

第三十五条　扑救森林火灾应当以专业火灾扑救队伍为主要力量；组织群众扑救队伍扑救森林火灾的，不得动员残疾人、孕妇和未成年人以及其他不适宜参加森林火灾扑救的人员参加。

中华人民共和国城镇国有土地使用权出让和转让暂行条例

（国务院　1990年5月19日）

土地使用权出让最高年限按下列用途确定：

（一）居住用地七十年；

（二）工业用地五十年；

（三）教育、科技、文化、卫生、体育用地五十年；

（四）商业、旅游、娱乐用地四十年；

（五）综合或者其他用地五十年。

中国公民往来台湾地区管理办法

（国务院　1991年12月17日）

第八条　本办法第七条第四项所称的证明是指：

（一）前往定居，须提交确能在台湾定居的证明；

（二）探亲、访友，须提交台湾亲友关系的证明；

（三）旅游，须提交旅行所需费用的证明；

（四）接受、处理财产，须提交经过公证的对该项财产有合法权利的有关证明；

（五）处理婚姻事务，须提交经过公证的有关婚姻状况的证明；

（六）处理亲友丧事，须提交有关的函件或者通知；

（七）参加经济、科技、文化、教育、体育、学术等活动，须提交台湾相应机构、团体、个人邀请或者同意参加该项活动的证明；

（八）主管机关认为需要提交的其他证明。

中华人民共和国国库券条例

（国务院　1992年03月18日）

第二条　国库券的发行对象是：居民个人、个体工商户、企业、事业单位、机关、社会团体和其它组织。

中华人民共和国集会游行示威法实施条例

（公安部　1992年06月16日）

第三条　《集会游行示威法》第二条所称露天公共场所是指公众可以自由出入或者凭票可以进入的室外公共场所，不包括机关、团体、企业事业组织管理的内部露天场所；公共道路是指除机关、团体、企业事业组织内部的专用道路以外的道路和水路。

第十六条　以国家机关、社会团体、企业事业组织的名义组织或者参加集会、游行、示威的，其负责人在递交申请书时，必须同时递交该国家机关、社会团体、企业事业组织负责人签署并加盖公章的证明文件。

中华人民共和国企业劳动争议处理条例

（国务院 1993年07月06日）

第三十九条 国家机关、事业单位、社会团体与本单位工人之间，个体工商户与帮工、学徒之间，发生的劳动争议，参照本条例执行。

草原防火条例

（国务院 2008年11月29日）

第三十一条 扑救草原火灾应当组织和动员专业扑火队和受过专业培训的群众扑火队；接到扑救命令的单位和个人，必须迅速赶赴指定地点，投入扑救工作。

扑救草原火灾，不得动员残疾人、孕妇、未成年人和老年人参加。

需要中国人民解放军和中国人民武装警察部队参加草原火灾扑救的，依照《军队参加抢险救灾条例》的有关规定执行。

中华人民共和国自然保护区条例

（国务院 1994年10月09日）

第三十四条 违反本条例规定，有下列行为之一的单位和个人，由自然保护区管理机构责令其改正，并可以根据不同情节处以100元以上5000以下的罚款：

（一）擅自移动或者破坏自然保护区界标的；

（二）未经批准进入自然保护区或者在自然保护区内不服从管理机构管理的；

（三）经批准在自然保护区的缓冲区内从事科学研究、教学实习和标本采集的单位和个人，不向自然保护区管理机构提交活动成果副本的。

中华人民共和国地图编制出版管理条例

（国务院 1995年07月10日）

第十四条 全国性中、小学教学地图，由国务院教育行政管理部门会同国务院测绘行政主管部门和外交部组织审定；地方性中、小学教学地图，可以由省、自治区、直辖市人民政府教育行政管理部门会同省、自治区、直辖市人民政府负责管理测绘工作的部门组织审定。

任何出版单位不得出版未经审定的中、小学教学地图。

第十五条 中、小学教学地图，由中央级专门地图出版社按照国务院出版行政管理部门批准的地图出版范围出版；其他中央级出版社出版中、小学教学地图，以及地方出版社出版地方性中、小学教学地图的，应当经国务院出版行政管理部门商国务院测绘行政主管部门审核批准，方可按照批准的地图出版范围出版。但是，中、小学教科书中的插附地图除外。

娱乐场所管理条例

（国务院 2006年01月29日）

第二十三条 歌舞娱乐场所不得接纳未成年人。除国家法定节假日外，游艺娱乐场所设置的电子游戏机不得向未成年人提供。

第二十四条 娱乐场所不得招用未成年人；招用外国人的，应当按照国家有关规定为其办理外国人就业许可证。

第三十二条 文化主管部门、公安部门和其他有关部门的工作人员依法履行监督检查职责时，有权进入娱乐场所。娱乐场所应当予以配合，不得拒绝、阻挠。

文化主管部门、公安部门和其他有关部门的工作人员依法履行监督检查职责时，需要查阅闭路电视监控录像资料、从业人员名簿、营业日志等资料的，娱乐场所应当及时提供。

第三十三条 文化主管部门、公安部门和其他有关部门应当记录监督检查的情况和处理结果。监督检查记录由监督检查人员签字归档。公众有权查阅监督检查记录。

第三十四条 文化主管部门、公安部门和其他有关部门应当建立娱乐场所违法行为警示记录系统；对列入警示记录的娱乐场所，应当及时向社会公布，并加大监督检查力度。

第三十五条 文化主管部门、公安部门和其他有关部门应当建立相互间的信息通报制度，及时通报监督检查情况和处理结果。

第三十六条 任何单位或者个人发现娱乐场所内有违反本条例行为的，有权向文化主管部门、公安部门等有关部门举报。

文化主管部门、公安部门等有关部门接到举报，应当记录，并及时依法调查、处理；对不属于本部门职责范围的，应当及时移送有关部门。

第三十七条 上级人民政府文化主管部门、公安部门在必要时，可以依照本条例的规定调查、处理由下级人民政府文化主管部门、公安部门调查、处理的案件。

下级人民政府文化主管部门、公安部门认为案件重大、复杂的，可以请求移送上级人民政府文化主管部门、公安部门调查、处理。

第三十八条 文化主管部门、公安部门和其他有关部门及其工作人员违反本条例规定的，任何单位或者个人可以向依法有权处理的本级或者上一级机关举报。接到举报的机关应当依法及时调查、处理。

第三十九条 娱乐场所行业协会应当依照章程的规定，制定行业自律规范，加强对会员经营活动的指导、监督。

第四十条 违反本条例规定，擅自从事娱乐场所经营活动的，由工商行政管理部门、文化主管部门依法予以取缔；公安部门在查处治安、刑事案件时，发现擅自从事娱乐场所经营活动的，应当依法予以取缔。

后　记

改革开放以来，我国教育法制建设取得长足进展，教育法律法规体系得到完善。为加快推进教育系统依法行政、依法治教、依法治校进程，实施“六五”普法规划，增强教育行政部门、学校领导同志和教师法制意识，提升法律素养，办人民满意的教育，辽宁省教育厅编写了《现行教育法律法规规章汇编》。

依照全面性、实用性、有效性的原则，本书收录了现行有效的全部教育法律、行政法规、辽宁省地方性法规、教育部部门规章，及教育部部分规范性文件、辽宁省政府教育规章及部分规范性文件、教育相关法律法规及重要文件，共计350件，反映了教育法制的全貌，具有很强的权威性、系统性、实用性，不仅是政府及教育行政部门依法决策、依法行政、依法治教和学校依法办学、校长依法治校、教师依法施教的必备工具书，也是社会各界了解教育的重要文献。

本书从体例上做了精心编辑，分为：宪法、教育法律、与教育有重要关系的法律、中共中央国务院重要文件、教育行政法规、国务院规范性文件、党的有关重要文件、地方性教育法规、省委省政府重要文件、教育部规章、教育部辽宁省规范性文件、其他教育相关法律法规节选等十三个部分。

本书在编辑过程中得到了辽宁省教育厅副厅长、中共辽宁省委高校工委副书记周浩波同志的大力支持和指导，邱连波同志提出编写框架并统撰，张　、王刚同志负责辑录、整理。教育部政策法规司王大泉同志审读了目录并提出宝贵意见，陈刚及厅内有关处室负责同志对全书编撰给予支持和帮助。

为适应教育法制建设的需要，我们将根据教育法律、法规和规章内容的修改、调整，对本书的内容及时予以修订。

编　者

2012年9月